中華大藏經編輯局編

中華大藏經

漢文部分

六四

中華書局

圖書在版編目(CIP)數據

中華大藏經:漢文部分.第64册/《中華大藏經》編輯局編.
—北京:中華書局,1993.6(2021.5重印)
ISBN 978-7-101-01092-3

Ⅰ.中… Ⅱ.中… Ⅲ.大藏經 Ⅳ.B941

中國版本圖書館CIP數據核字(2021)第047297號

內封題簽:李一氓
裝幀設計:伍端端

中華大藏經(漢文部分)
第 六四 册
《中華大藏經》編輯局 編
*
中 華 書 局 出 版 發 行
(北京市豐臺區太平橋西里38號 100073)
http://www.zhbc.com.cn
E-mail:zhbc@zhbc.com.cn
北京虎彩文化傳播有限公司印刷
*
787×1092毫米 1/16・64¾印張・2插頁
1993年6月第1版 2021年5月北京第4次印刷
定價:600.00元

ISBN 978-7-101-01092-3

中華大藏經(漢文部分)

第六十四册目録

千字文編次　府——轂

三昧大教王經七卷

西天譯經三藏明教
大師法賢譯

大宋新譯三藏聖教序　府

御製

大矣哉我佛之教也化道群迷闡揚宗性廣博宏辯英彥莫能究其旨精微妙説庸愚豈可度其源義理幽玄眞空莫測包括萬象譬喻無垠綜法網之紀綱演無際之正教拔四生於苦海譯三藏之祕言天地變化乎陰陽日月盈虧乎寒暑大則説諸善惡細則比於恒沙含識萬端弗可盡述若窺像法如影隨形離六情以長存歷千劫而可久須彌納藏於芥子如來坦蕩於無邊達磨西來法傳東土宣揚妙理順從指歸彼岸菩提愛河生滅用行於五濁惡趣拯溺於三業途中經垂世以難窮道無私而永泰雪山貝葉若銀臺之耀目歲月煙蘿起香界之自遠巍巍罕測杳杳難名所以道資十聖德被三賢至道起於乾元衆妙生乎太易總繁形類豁開昏明絕彼是非開茲蒙昧有西域法師天息災等常持四忍早悟三乘翻

卷第一　第二張　府字號

貝葉之眞詮續人天之聖教芳猷重啓運偶昌時潤五聲於文章暢四始於風律堂堂容止穆穆輝華曠劫而昏塾重明玄門昭顯軌範而彌光妙法淨界騰音利益有情俱登覺岸無成障礙救諸疲羸冥昧慈悲浩汗物表柔伏貪很啓滌昏愚演小乘聲聞合其儀論大乘正覺立其性含靈悟而蒙福藏教欽而重興幻化迷途火宅深窬雖設其教不知者多善念生而無量潛臻惡業興而隨緣皆墮調御四衆積行十方澍花雨於金輪護恒沙於玉關有頂之風不可壞無際之水弗能漂澄寂湛然圓明清淨之智慧性空無染妄想解脱之因緣可以離煩惱於心田可以得清涼於宇宙朕勉非博學釋典微闡豈堪序文以示來者如際螢爝火不足比之於皎日將微蠡量海未能窮盡於深淵者哉

大方廣菩薩藏文殊師利根本儀軌經卷第一

西天譯經三藏朝散大夫試鴻臚少卿明教大師臣天息災奉　詔譯

序品第一

如是我聞一時世尊住淨光天上未曾有不思議清淨菩薩衆集會菩提道場是時世尊告淨光天子今此菩薩未曾有不思議行最上神通變化三摩地解脱道場菩薩以眞言句利益一切衆生無病壽命願一切衆生富貴圓滿

尒時彼淨光天子合掌恭敬發如是言世尊所説菩薩所行最上三摩地坐金剛座降伏魔冤轉妙法輪離一切世間貧病苦惱行世間眞言令使一切所願圓滿如來一切言教爲作利益一切衆生我今思惟是事如是是時釋迦牟尼佛觀察淨光天上入三摩地名清淨境界破暗光明入彼定時世尊眉間出大光明名開花照菩薩復出無數百千那由他俱胝光明遶佛三匝遶已往三千大千世界復過東北方百千恒河沙等世界彼有世界名曰開花彼佛世尊名開花王如來彼有童子名妙吉祥過去行大願力與菩薩摩訶薩同住彼見光明已面戴微笑告彼菩薩衆言佛子光照我等可共同去

尒時妙吉祥童子菩薩摩訶薩熙怡觀察所有光明面向而住尒時彼光復照彼開花世界及彼世尊開花王如來復遶三匝然後入妙吉祥童子頂上

尒時妙吉祥童子即從坐起遶彼世尊開花王如來三匝頭面作禮右膝著地白開花王如來言世尊釋迦牟尼如來應供正等正覺放光召我我今欲往娑婆世界釋迦牟尼佛所恭敬頂禮隨喜一切眞言行成就結壇祕密儀軌畫幢加持及一切如來灌頂祕密心印能令一切衆生所願圓滿如是説已

尒時開花王如來告妙吉祥童子言汝今所有願樂之事宜速往彼若見彼佛釋迦牟尼與我問訊起居少病少惱起居輕利安樂行不

尒時世尊開花王如來復告妙吉祥童子言童子此百千恒河沙如來應供正等正覺眞言行結壇祕密儀軌灌頂心印畫像加持行護摩行一切所願悉皆圓滿一切衆生愛敬明珠品儀過去未來現在智王自在受記眞言若有持誦國土安樂能伏他宪此儀軌法品一切世間出世間佛菩薩聲聞辟支佛菩薩地令得受行説已復説我亦如是願樂隨喜妙吉祥童子所有今事隨汝所去於釋迦佛前聞此正法及爲汝説此眞言

曩謨三滿哆没馱(引)喃(引)摩進怛野(引)(二合)鉢囉(二合)底賀哆舍(引)娑曩(引)喃(引)唵囉囉娑摩(二合)囉阿鉢囉(二合)底賀哆舍(引)娑曩曩俱摩囉嚕波馱(引)哩拏吽吽頻吒頻吒娑嚩(二合)賀

此是妙吉祥童子根本眞言一切如來心一切如來同所宣説我亦復説汝今當説汝到娑婆世界廣爲解説能作一切佛事復説釋迦如來所説

內心眞言

唵(引)嚩(引)吉也(二合)那曩莫

復説外心眞言

嚩吉也(二合)吽

尒時開花王如來爲妙吉祥童子説

三摩地名莊嚴一切菩薩行令得菩
提是時妙吉祥童子入此定時四方
無邊上下廣博一切諸佛滿此世界
而復讚言善哉善哉佛子汝能入此
最上三摩地一切聲聞辟支佛而不
能入乃至得入十地菩薩行者亦不
能入此三摩地
尒時開花王如來彼佛世尊同說此
妙吉祥童子內心祕密一切事成就
眞言名一字內祕密令一切衆生作
最上事於別眞言行亦得成就最上
事
尒時世尊開花王如來須臾默然佛
眼觀察一切世間一切諸佛彼諸世
尊慈意召請同說眞言
曩謨三滿哆沒馱引喃引唅
此妙吉祥內心能作一切事尒時妙
吉祥童子從彼三摩地起如壯士屈
伸臂頃復得速疾智三摩地名最上
變化以神通力於剎那間往娑婆世
界於淨光天上虛空中坐大摩尼寶
地放大光明照彼淨光一切諸天入
三摩地名明珠莊嚴照妙吉祥童子

入此定時現無數寶莊嚴樓閣無數
寶蓋繖廣百千由旬天衣大衣諸寶
瓔珞清淨莊嚴天花幢幡寶網鈴鐸
出微妙音復雨天香粖香及不退位
菩薩供養我世尊釋迦牟尼尒時彼
淨光天子見彼菩薩神通變化怪未
曾有身毛皆豎振動天宮迷悶驚怖
我今云何神通俱盡思惟此相高聲
唱言我佛釋迦牟尼願垂救護
尒時世尊釋迦牟尼告淨光諸天子
言勿生驚怖彼聖者是妙吉祥童子
菩薩摩訶薩從開花王如來佛剎來
於我處恭敬禮拜隨喜大事眞言方
廣未曾有甚深法句
尒時妙吉祥童子遶世尊釋迦牟尼
三匝頭面禮足熙怡瞻仰以微妙音
而說讚言
歸命調御大丈夫　歸命無上大丈夫
歸命最上大丈夫　能作一切事成就
歸命師子大丈夫　能破一切諸惡事
歸命無畏大丈夫　能破一切諸惡趣
歸命白蓮大丈夫　福智馨香無邊際
歸命蓮花大丈夫　清淨超過三界泥

歸命解脫大丈夫　能離一切諸苦惱
歸命寂靜大丈夫　能善調伏一切惡
歸命成就大丈夫　善知一切眞言語
歸命吉祥大丈夫　一切不祥能吉祥
歸命佛陀大丈夫　善知一切諸法藏
歸命如來一切法　善入眞實無戲論
歸命如來一切智　一切智智離幻法
所有三乘無漏道　令入涅槃而安住
尒時妙吉祥童子讚嘆歸命已而復
告言世尊我過東北方百千恒河沙
世界彼有佛剎名曰開花彼有世尊
名開花王如來應供正等覺明行足
善逝世間解無上士調御丈夫天人
師佛世尊說法初善中善後善其義
深遠其語巧妙純一無雜圓滿清白
梵行之相彼如是安住說法之相乃
至復說眞言行義修菩薩藏方便救
度令行三乘之道獲得甚深安樂爲
彼一切衆生如是宜說我此來時開
花王如來令我置敬足下問訊起居
少病少惱起居輕利安樂行不釋迦
牟尼佛甚爲希有於末世時示生說
法於三乘道利樂人天而皆平等行

大精進斷三界苦令彼有情於涅槃道得大安樂我佛世尊如是知此佛心童子復言云何能得不思議未曾有佛世尊自在變化心智意行深入法相百千那由他俱胝劫說彼一切正法善被一切色相究竟真實通達無相如是行德世尊可知我不能知

尒時妙吉祥童子以巳神力化作大寶蓮花座瞻仰釋迦世尊

尒時世尊釋迦牟尼聞妙吉祥童子菩薩摩訶薩捶捶言說開花王如來過去之事所願演說菩薩行法深妙儀軌以迦陵頻伽梵音聲相巧應群機告妙吉祥童子言善來妙言祥彼上人行法一切佛說為一切菩薩令得一切真言句祕密灌頂印壇儀軌長命少病隨意自在一切圓滿皆得成就一切智智儀軌過去未來現在略說令一切衆生所願圓滿若具戒德傳真言行令他愛敬若求智慧若欲隱身若行虛空足不履地或復入地或降伏一切所欲皆得若夜叉及夜叉女夜叉眷屬等毗舍尼毗舍支一切部多悉皆降伏若少年盛年耆年皆得長壽略說一切意願圓滿降伏增益息灾之事如有所作皆得成就此菩薩藏大寶儀軌法品一切佛說我令汝知此真言行儀軌法藏能清淨人能利多人天上人間一切衆生皆獲安樂

尒時妙吉祥童子入菩薩三摩地名一切佛威德明珠莊嚴照入此定時放大光明照恒河沙等世界佛刹及無數清淨菩薩上至色究竟天下至阿鼻地獄所有一切罪苦衆生息除灾患照一切聲聞緣覺菩薩諸佛已復入妙吉祥菩薩頂中又照東方世界所有佛刹諸佛如來為法集會其名曰

善乾闥婆耀吉祥如來藥師光王如來普照吉祥如來出生王如來娑羅王如來仁王如來無量壽如來正等智王如來無邊照王如來最上光明王如來如是等如來應供正等正覺各有菩薩圍繞皆來集會淨光天上

尒時釋迦牟尼如來應供正等正覺欲為妙吉祥童子說菩薩行真言句義儀軌品時復有南方西方北方四維上下一切佛刹一切諸佛其光普照亦來集會彼一一佛各有菩薩聲聞侍從圍繞各欲隨佛聽受如來無能勝教真言儀軌最上三摩地所謂妙臂菩薩妙寶菩薩妙戒菩薩妙眼菩薩妙樂菩薩妙法菩薩一切義成就菩薩一切出生菩薩法出生菩薩寶生菩薩寶吉祥菩薩妙吉祥菩薩不思議吉祥菩薩光明吉祥菩薩光吉祥菩薩智吉祥菩薩一切義吉祥菩薩一切寶手菩薩寶髻菩薩寶手菩薩妙幢手菩薩徧照藏菩薩寶藏菩薩智藏菩薩妙思議藏菩薩出法藏菩薩幢幡菩薩妙幢菩薩無邊幢菩薩光明幢菩薩無垢幢菩薩無餘幢菩薩虛空幢菩薩寶幢菩薩吼聲菩薩鼓音王菩薩無邊照智王菩薩破一切黑暗王菩薩破一切光王菩薩一切行深智王菩薩仁王菩薩深意王菩薩消除王菩薩無髻王菩薩日王菩薩無生出生王菩薩自性出生

土菩薩無性自性出生王菩薩不退地王菩薩自在光菩薩福德光菩薩世間光菩薩甘露光菩薩無邊光菩薩天王光菩薩自性光菩薩無性光菩薩隱身菩薩無觸菩薩無作菩薩不究竟菩薩無垢菩薩無火菩薩須提菩薩末底菩薩誐諦菩薩安樂菩薩目佉菩薩哩弥你弥菩薩計都菩薩歡喜菩薩因光菩薩你嚩菩薩天中天菩薩曩臾菩薩大車菩薩世間菩薩息災菩薩深喜菩薩鼓音菩薩成就菩薩白光菩薩最上菩薩淨天菩薩能忍菩薩能降菩薩難得菩薩遠行菩薩遠離菩薩遠住菩薩高菩薩極高菩薩虛空明菩薩普照菩薩自明菩薩仙人菩薩光淨菩薩不樂菩薩妙意菩薩大天菩薩清淨菩薩離垢菩薩調伏菩薩自息菩薩妙相菩薩白幢菩薩伊弥菩薩計弥菩薩童子菩薩無涼菩薩延壽菩薩妙生菩薩暗幢菩薩幡幢菩薩白幢菩薩妙幢天幢菩薩安住菩薩大祖菩薩父師菩薩善了菩薩寶執菩薩世現菩薩普現菩薩大現菩薩增益菩薩深光菩薩緊迦囉菩薩平等心菩薩世間利菩薩日光菩薩燃燈菩薩多聞菩薩一切義成菩薩得成就菩薩開光菩薩照耀菩薩鼓音聲菩薩妙音菩薩妙聲菩薩無邊音菩薩幢音菩薩寶仙人菩薩如是等菩薩摩訶薩而來集會

復有七佛如來金仙人如來羯拘村如來飲光如來火頂如來作變化如來勝觀如來能仁如來如是諸佛蒙光普照來淨光天坐寶蓮花亦有菩薩摩訶薩具眞實色相俱來會坐所謂

寶手菩薩金剛手菩薩妙手菩薩虛空手菩薩無邊手菩薩地手菩薩世間手菩薩深清淨菩薩妙積菩薩多積菩薩摩尼寶積菩薩寶象菩薩普象菩薩香象菩薩妙行菩薩清淨行菩薩世間行菩薩速行菩薩無邊行菩薩無邊稱菩薩妙稱菩薩無垢稱菩薩行稱菩薩離垢稱菩薩稱菩薩稱尊菩薩無尊爲尊菩薩世尊菩薩普尊菩薩慈菩薩無邊慈菩薩平等慈菩薩慈氏菩薩妙眼慈菩薩無量慈菩薩三世慈菩薩眞實菩薩三寶慈菩薩三歸慈菩薩三乘慈菩薩變化菩薩妙意殊菩薩妙法自在菩薩無性自在菩薩普遍自在菩薩世間自在菩薩觀自在菩薩妙觀自在菩薩勝觀自在菩薩世間菩薩尊妙尊菩薩鼓音吼菩薩清淨自在菩薩心自在菩薩聖衆菩薩妙相菩薩勝尊菩薩名稱菩薩日光菩薩光天菩薩善自在菩薩善菩薩深善菩薩無邊吉祥菩薩普徧吉祥菩薩世吉祥菩薩虛空虛空菩薩虛空自在藏菩薩地自在菩薩大自在菩薩大地菩薩地藏菩薩除一切蓋障菩薩普調伏普賢菩薩賢護菩薩妙財菩薩妙息菩薩妙花菩薩妙虛空菩薩虛空藏菩薩一切義藏菩薩一切出菩薩不住菩薩不住地滅罪菩薩不退菩薩不退轉菩薩一切法不繼菩薩如是等菩薩摩訶薩同來淨光天上釋迦牟尼佛所

復有菩薩摩訶薩行無量義變身爲
女人形以世間法引導一切衆生令
心堅固不退道意得不思議明句陁羅
尼或變種種飛禽形夜叉形羅刹形
摩尼寶形人非人等形如是所作殊
異色相隨意敎化一切衆生令入菩
薩行於明王法隨順解了若如來蓮
華金剛法部得入三昧一切世間出
世間不可違犯所言眞實安住三寶
威德不斷有大明王恒時守護所謂
佛頂明王出生明王極高明王白傘
蓋明王無邊蓋明王普蓋明王最勝
明王世間高明王尊勝明王蓮花光
明明王金光明明王白光明明王莊
嚴尊勝明王金積明王白積明王光
積明王寶積明王普積明王稱稱明
王寶積明王眞稱明王無性自性積
明王不虛誑稱明王如是等尊勝明
王入無邊法界如我圓滿衆生之願
令得具足一切佛心又此等尊勝明
王具足廣大不可思議無等法力如
虛空無涯經百千那臾多俱胝劫說
不能盡今爲汝等略而說之又此復

有明王眉明王眼明王睫明王耳明
王咽明王無畏明王悲明王慈明王
愍明王智慧明王光明明王意明王
光明王無垢明王衣明王如是等明
王變化無量無邊如來色相所謂如
來鉢如來法輪如來臥具如來乘如
來照耀如來言如來脣如來臍如來
垢如來幢如來幡如來幖幟如是等
如來色相眞言所說復有忿怒明王
及諸緊迦囉緊迦哩唧吒唧致努多
努底藥叉藥叉尼人非人等明王得
入最上法雲莊嚴三摩地復有無量
無邊百千俱胝眷屬圍繞供養恭敬
一切明王如是等衆悉皆來會淨光
天中

復有蓮華族大明王衆所謂十二臂
明王六臂明王四臂明王賀羅賀羅
明王不空索明王馬首明王無邊頸
明王妙頸明王青頸明王妙項明王
白項明王青項明王世項明王光明
明王觀照明王觀自在明王千光明
王意明王深意明王稱意明王蓮花
手明王意願明王救度明王歡喜明

王妙髻明王赤髻明王星明王星王
明王深善明王善神調伏明王如是
等蓮華族尊勝大明王得無量無邊
法雲三摩地亦來在會

復有無數女身明王得三摩地色相
端嚴如觀自在所謂

多羅明王蘇多羅明王曩致明王部
里俱胝明王阿難哆致明王路迦致
明王部弥鉢囉播致明王尾左羅致
明王悉多濕嚩哆明王摩賀濕嚩哆
明王白衣明王世衣明王無垢衣明
王覺友衣明王蓮花衣明王十力衣
明王稱意明王福德明王大福德明
王塢路迦明王盡垢明王得清淨明
王普爲明王盡苦明王逼鬼明王吉
祥明王大吉祥明王塔吉祥明王無
邊吉祥明王世吉祥明王名稱吉祥
明王世母明王普母明王佛母明王
婆詣你明王婆詣囉體明王蘇囉體
明王囉他嚩諦明王曩誐難多明王
捺摩你明王部多嚩諦明王阿迦里
沙尼明王按部多囉濕弥明王蘇囉
娑明王蘇囉嚩諦明王鉢囉毋捺明

王阿里唧嚩諦明王怛致明王三滿多怛致明王光明明王深善明王大善明王孔雀明明王大財明王施財明王大天明王大世明王陽焰明明王大火明王長壽明王高聲明王妙吼明王大地明王除病明王離一切病明王無我明王賢聖明王德稱明王敬愛明王速作明王無畏吉祥明王消除不吉明王月明王妙月明王大月明王鉢囉拏設嚩里明王畣虞隷明王末曩細明王努多明王努諦明王唧吒明王唧致明王緊迦囉明王緊迦里明王夜义明王夜刹明王羅义娑明王羅义細明王眦舍左明王眦舍旨明王如是等女身明王入蓮花族三昧妙觀無邊正法自性湛然猶若虛空行菩薩行愛樂變化與清淨菩薩往詣淨光天上釋迦牟尼佛所住立佛前恭敬供養

大方廣菩薩藏文殊師利根本儀軌經卷第一

大方廣菩薩藏文殊師利根本儀軌經卷第一

校勘記

一　底本，金藏廣勝寺本。

一　一頁中一行至本頁下二〇行序文，南、徑、清無。

一　一頁下五行第四字「騰」，資、磧作「勝」。

一　一頁下二二行譯者，資、磧、普、南作「西天譯經三藏朝散大夫試鴻臚少卿明教大師天息災詔譯」；徑、清作「宋西天三藏朝散大夫試鴻臚少卿明教大師天息災奉詔譯」。

一　一頁下末行品名，磧作「序品第」；南、徑、清作「序品第一之一」。

一　二頁上七行「富貴」，普作「富貢」。

一　二頁上二一行首字「王」，南作「主」。

一　二頁中一七行第二字「令」，資、磧、普、南、徑、清、麗作「今」。

一　三頁上二一行第一〇字「坐」，徑作「土」。

一　三頁下二〇行「置敬」，石、麗作「致敬」。

一　四頁上一一行「開花王」，磧作「開花主」。

一　四頁下末行「無生」，諸本作「無性」。

一　五頁下一四行第二、三字「虛空」，石、麗無。

一　七頁上一行「怛致」，諸本作「恒致」。二行同。

一　七頁上一一行第四字「未」，石、資、磧、普、南、徑、清作「末」。

大方廣菩薩藏文殊師利根本儀軌經卷第二府

西天譯經三藏朝散大夫試鴻臚少卿明教大師臣天息災奉 詔譯

序品第一之二

尒時金剛手菩薩告自明王衆言汝等今者集會於淨光天釋迦牟尼佛所令此明王具忿怒相與摩賀勢底等奉其教勅各將眷屬一念之間皆來集會

所謂最上明王有明明王能成就明王妙臂明王勝軍明王離欲明王愛樂明王圓滿明王金剛軍明王能金剛明王金剛作明王金剛臂明王金剛手明王金剛幢明王金剛幡明王金剛峯頂明王金剛頂明王金剛牙明王金剛清淨明王金剛毛明王金剛集明王金剛面明王金剛衣甲明王金剛頸明王金剛臆明王金剛臍明王金剛能明王金剛墻明王金剛城明王金剛器仗明王金剛弓明王金剛箭明王金剛曩囉左明王金剛鈎明王金剛鑠明王金剛地明王金剛忿怒眼明王金剛忿怒明王惹難多濕嚩囉明王部怛多濕嚩囉明王滿馱難多濕嚩囉明王摩賀普嚕怛多濕嚩囉明王摩呬濕嚩囉怛濕嚩囉明王難曩吠捺囉多濕嚩囉明王薩哩嚩尾你野哆濕嚩囉明王具囉明王蘇具囉明王刹波明王搗刹波明王播那你刹波明王尾那野建哆刹波明王蘇尾怛野娑刹波明王搗舃瑟摩刹波明王末囉明王摩賀末囉明王娑囉摩囉明王部陵誐哩致明王骨嚕馱明王摩賀骨嚕馱明王薩哩嚩骨嚕馱明王阿惹囉明王阿惹誐囉明王入嚩囉式沙明王曩巘哆明王難拏明王你囉難拏明王阿誐那明王囉俱誐明王嚩曩難拏明王弥伽明王摩賀弥伽明王迦羅明王迦羅俱吒明王室制怛囉明王嚕誐明王薩哩嚩部多明王撒刹鉢迦明王式羅明王摩賀式羅明王阿哩諦明王摩賀阿哩諦明王夜摩明王吠嚩濕嚩哆明王喻巘哆迦囉明王訖哩瑟拏波又明王具囉明王具囉嚕閉明王半致娑明王都摩囉明王

誐那明王鉢囉摩他曩明王誐囉婆曩明王儈賀囉明王阿哩迦明王喻嚩哆里迦明王鉢囉拏賀囉明王謏怛嚕近曩明王祢吠沙明王阿摩哩沙明王淨瓶明王甘露瓶明王無邊瓶明王寶瓶明王臂明王大臂明王摩賀嚕誐明王努瑟吒明王薩哩波明王尾薩哩波明王俱瑟姹明王惹野捺囉他明王尾捺囉嚩迦明王婆乂迦明王阿怛哩鉢多明王塢㒵摩明王等如是明王現大忿怒內含慈忍降伏有情令信佛法息除災害增益吉祥亦有百千那由他俱胝眷屬同詣佛所頂禮瞻仰釋迦牟尼及妙吉祥童子已復禮金剛手菩薩在大衆中安祥而坐

又此金剛手菩薩復有恒隨親近大甘露努怛也(合二)等大明王善能觀察法界自性如空無㝵亦與百千那由他眷屬來詣佛所所謂

寶帶明王妙帶明王金剛鑠明王金剛毫明王金剛舌明王金剛眉明王金剛眼明王金剛身明王金剛嚬蹙明王金剛耳明王金剛隸佉明王金剛針明王金剛拳明王金剛鉤明王金剛衣明王金剛雹明王金剛索明王舍羅明王嚩諦舍羅明王尾囉致明王嚩囉致明王迦弭你明王迦摩嚩日哩(合二)尼明王鉢世迦明王鉢世你明王摩賀鉢世你明王世佉囉嚩悉你明王祕密明王密意明王密住明王門住明王欲金剛明王意速明王極速明王急速明王妙眼明王大天明王婆摩你明王婆囉摩你明王速行明王成就明王無風明王長鬚明王畔拏你明王怛哩惹你明王努帝明王婆努帝明王麼摩計明王嚩摩你明王嚕閉尼明王嚕波嚩帝明王勝明王最勝明王無能勝明王增益明王歡喜明王喜金剛明王大勢明王稱意明王大金剛明王妙壽明王三世明王敬愛明王杖明王大杖明王善言明王大愛敬明王大財明王大義明王的底哩明王財力的底哩明王白明王能化明王妙清淨明王鍾明王劒利明王能針明王得謦明王妙衣明王柔軟明王深軟明王祕密主明王障㝵明王杵明王如是降一切部多大努怛也(合二)明王等與無數努底衆眷屬俱來集會復有無數陁羅尼正意妙觀三摩地相調伏衆生斷除諸惡所謂

金剛火迷惑陁羅尼妙頂樓閣陁羅尼大財陁羅尼寶山樓閣陁羅尼妙積陁羅尼多積陁羅尼花積陁羅尼難拏陁羅尼你誐囉賀陁羅尼阿迦哩沙拏陁羅尼計喻囉陁羅尼計喻囉嚩底陁羅尼特嚩惹誐囉陁羅尼囉怛曩誐囉計喻囉陁羅尼路迦誐囉計喻囉陁羅尼鉢多迦誐囉計喻囉陁羅尼怛哩鉢哩嚩哩哆陁羅尼路迦嚩哩哆陁羅尼婆賀婆囉嚩哩哆陁羅尼吠嚩濕嚩哆嚩哩哆陁羅尼薩哩嚩部哆嚩哩哆陁羅尼計都嚩帝陁羅尼囉怛曩嚩帝陁羅尼摩尼囉怛曩祖拏陁羅尼覺支大力陁羅尼無邊幢陁羅尼普幢陁羅尼寶幢陁羅尼名稱幢陁羅尼一切部多幢陁羅尼阿吠囉嚩底陁羅尼梭摩

囉陁羅尼妙清淨陁羅尼六面陁羅
尼無垢陁羅尼如是世稱陁羅尼等
無數陁羅尼復有百千俱胝陁羅尼
以為眷屬得無邊佛威德大菩薩三
摩地俱來佛會
復有佛剎無諸大覺世尊唯有辟支
聖衆口有劔牙住世經刧為諸衆生
輪迴生死而起大悲解說法眼令意
默然復後迴心觀察菩提復觀過去
業苦蓋障得入一地二地三地四地
乃至八地不退之位永斷輪迴不受
衆苦與諸徒衆皆來佛所所謂香醉
辟支佛普觙辟支佛普光辟支佛車
辟支佛時辟支佛你弥辟支佛塢波
你弭辟支佛歡喜辟支佛深喜辟支
佛嗚波哩辟支佛薩播哩濕嚩辟支
佛蘇播哩濕嚩辟支佛鼓辟支佛種
世辟支佛世光辟支佛得勝辟支佛
隱塵辟支佛塵辟支佛微塵辟支佛
分辟支佛極分辟支佛慄懺辟支佛
妙懺辟支佛日光辟支佛妙作光明
辟支佛光照辟支佛明照辟支佛善
聞辟支佛妙聞辟支佛愛樂辟支佛

善能調辟支佛無邊觙辟支佛斷輪
迴辟支佛白幢辟支佛慄懺幢辟支
佛妙幢辟支佛底沙辟支佛最上蓮
華辟支佛蓮華生辟支佛未曾有辟
支佛妙智辟支佛意辟支佛大王辟
支佛大積辟支佛寶飛辟支佛全眼
辟支佛善作辟支佛深善作辟支佛
自息辟支佛善意辟支佛法辟支佛
妙法辟支佛徧照辟支佛花辟支佛
大青辟支佛增益辟支佛眷屬辟支
佛遠離辟支佛難忍辟支佛金辟支
佛無垢辟支佛幢辟支佛月辟支佛
妙月辟支佛軍辟支佛勝軍辟支佛
帝釋辟支佛天王辟支佛那羅延辟
支佛如是等有百千那由他俱胝辟
支佛住不可思議無等無礙法界自
性無礙猶若虛空入中乘實行俱來
釋迦佛所集會聽法
復有無數百千俱胝尊者大聲聞衆
及其眷屬所謂
大迦葉尊者伽耶迦葉尊者優樓頻
螺迦葉尊者頻羅墮惹尊者賓頭盧
尊者嚩羅捺嚩惹尊者目乹連尊者

大目乹連尊者舍利子尊者大舍利
子尊者須菩提尊者大須菩提尊者
嬌梵波提尊者迦多演曩尊者大迦
多演曩尊者優波離尊者波捺哩迦
尊者羯賓那尊者難陁尊者阿難陁
尊者孫陁羅難陁尊者塢波難陁尊
者路迦部多尊者麼哩虞迦尊者塢
波麼哩虞迦尊者難你迦尊者塢波
難你迦尊者阿光摟馱尊者布囉拏
尊者三布囉拏尊者塢波布囉拏尊
者提瀰尊者布曩哩嚩蘇尊者嚕嚕
尊者勞捺囉迦尊者勞囉嚩尊者俱
嚕半吔迦尊者塢波半吔迦尊者迦
羅尊者蘇迦羅尊者哩嚩那尊者羅
護羅尊者賀哩多尊者塢波賀哩多
尊者達野曩尊者你達野以迦尊者
塢波以迦尊者塢波捺以迦尊者室
哩野娑尊者迦捺囉尊者尾愈補怛
囉尊者深財尊者烏閉多尊者徤拏
尊者底沙尊者麼賀底沙尊者三滿
多底沙尊者阿他野曩尊者得稱尊
者名稱尊者有財尊者財海尊者多
財尊者畢那嚩蹉尊者弃伽羅尊者

金頗羅尊者多果尊者無邊果尊者
正果尊者童子尊者童子迦葉尊者
麽護那尊者數拏舍縛陵擬迦尊者
難歡喜那曩尊者深喜尊者荏麽際
曩尊者降魔尊者麽呬濕縛娑尊者
縛切迦尊者俱嚕俱羅尊者烏波俱
嚕俱羅尊者俱胝迦羅拏尊者室囉
嚩拏尊者素嚕波囉多迦尊者仰擬
野迦尊者擬哩迦哩尼尊者迦俱胝
迦哩尼迦尊者縛哩史迦尊者際多
尊者素吩多尊者吉祥密尊者世密
尊者師密尊者虞嚕迦尊者乳底囉
娑尊者誐麽迦尊者賀弥迦尊者都
沙貨弥迦尊者尾沙俱胝迦尊者阿
曩吠那尊者烏波縛哩多曩尊者尾
縛哩多曩尊者烏摩多迦尊者乳多
尊者三滿多尊者跋那羅尊者蘇婆
捺囉路尊者莎誐多尊者烏波誐多
尊者路伽誐多尊者苦盡尊者賢劫
尊者大賢尊者事行尊者尊父尊者
誐底迦尊者補瑟娑羅尊者補瑟波
迦尸迦尊者烏波迦尸迦尊者大藥
尊者大福德尊者麽護惹尊者阿努

囉馱尊者囉吠迦尊者囉尸迦尊者
正梵尊者適悅尊者正世尊者遍曜
尊者正曜尊者等如是尊者於無邊
法界悟解脫味修三乘行獲小乘果
行四無量觀三解脫威儀具足永斷
輪迴清淨身心住涅槃界皆悉平等
一切無礙趣淨光天大牟尼所集會
聽法

復有無數尊者大苾芻尼皆證涅槃
觀想正道放智慧光離欲清淨恒居
佛剎積德無窮人天供養為大福田
於其世間殊勝第一所有二足四足
多足無足平等與慈俱獲利樂所謂
耶殊陁羅尊者耶殊尊者摩賀鉢囉
惹鉢囉尊者阿難多尊者蘇惹多尊
者難那尊者窣吐羅那尊者蘇難那
尊者地也以你尊者孫那哩尊者尾
舍佉尊者摩拏囉他尊者惹野嚩底
尊者尾囉尊者祢嚩多尊者蘇祢嚩
多尊者蘇祢嚩多尊者阿佗羅迦尊
者室哩野尊者鉢囉嚩囉尊者鉢囉
鉢哩焰嚩那尊者嚕呬尼尊者護國
尊者護主尊者三摩那尊者嚩布沙

尊者室彌馱尊者鉢哩摩尊者頭髻尊
者妙髻尊者普髻尊者斷輪迴尊者
妙觀尊者意速尊者計舍嚩尊者尾
瑟女羅尊者尾瑟女末底尊者妙意
尊者多意尊者增益尊者離苦尊者
作業尊者業果尊者最勝尊者尊勝
尊者嚩娑嚩尊者天尊者法施尊者
法擔沒囉尊者莎擔沒囉尊者大稱
尊者大意尊者歡喜尊者超三界尊
者離三毒尊者除苦惱尊者你哩尾
拏尊者三色尊者蓮花色尊者大蓮
花尊者蓮花光尊者蓮花尊者鉢捺
麽嚩底尊者三相尊者七色尊者憂
鉢羅色尊者如是等大尊者聲聞苾
芻尼皆來佛所頭面禮足隨喜菩薩
神通願聽眞言法句在大衆中安詳
而坐

介時世尊釋迦牟尼觀彼一切大衆
心意清淨性離諸染猶若虛空出過
三界告妙吉祥童子言汝今諦聽妙
吉祥汝修菩薩行佛說業果眞言行
義隨意所樂皆令汝得法句業句息
災句解脫句但行平等勿生疑惑亦

得如來十力普力大力能降魔冤名菩薩三摩地如如觀察尒時妙吉祥童子入三摩地以巳神力振動百千微塵數三千大千世界大光普照於是如來說眞言曰

曩莫三滿哆沒馱(引)喃(引)摩婆嚩娑嚩(二合)娑(引)嚩三滿誐哆(引)喃(引)曩莫鉢囉(二合)怛野(二合)迦沒馱(引)野室囉(二合)嚩迦(引)瀨曩謨(引)冐地薩怛嚩(二合)喃(引)捺舍部弭鉢囉(二合)底瑟恥(二合)諦(引)娑嚩(二合)囉拏(引)冐地薩怛嚩(引二合)喃(引)摩賀薩怛嚩(二合)喃(引)怛你野(二合)他(引)唵(引)佉佉佉(引)呬佉(引)呬努瑟吒(二合)薩怛嚩(二合)捺摩迦阿悉牟娑羅波囉戍波舍賀薩哆(二合)左覩哩部(二合)惹左覩哩目(二合)佉涉入嚩(二合)囉拏誐蹉誐蹉摩賀(引)尾近曩(二合)伽哆迦尾訖哩(二合)哆(引)曩曩曩薩哩嚩(二合)部哆娑焰迦囉阿吒吒賀娑曩曩(引)祢你(引)尾也(二合)伽囉(二合)左哩摩(二合)你嚩(引)薩曩俱嚕薩哩嚩(二合)迦哩軫(二合)砌那砌那薩哩嚩(二合)滿怛囉(引二合)頻那頻那波囉毋捺囉(二合)摩(引)迦哩涉(二合)薩哩嚩(二合)部旦(引)你哩摩(二合)他你哩摩(二合)地薩哩嚩(二合)勢瑟鷙(引二合)鉢囉(二合)吠舍野鉢囉(二合)吠舍野曼拏羅未地也(二合)吠嚩濕嚩(二合)哆祢尾柤哆羅俱嚕俱嚕摩麼(引)迦哩焰(二合)那賀那賀鉢左鉢左摩引尾揆嚩摩(引)尾揆嚩三摩野末覩娑摩(二合)囉吽吽頗吒頗吒薩普(引一合)吒野薩普(二合引)吒野薩普(引一合)吒野薩哩嚩(引二合)舍(引)波哩布羅迦呬(引)呬(引)婆誐鍐(引)緊迦囉(引)野悉摩摩薩哩嚩(引二合)囉拏(二合)娑馱也娑嚩(引二合)賀

尒時世尊說此眞言巳妙吉祥童子化爲大忿怒明王名焰曼德迦彼焰魔王等深懷驚怖何況餘人於世尊前而自住立是時大會衆生見此忿怒明王驚怖戰悚心生憂惱而作是念無別歸命無別哀愍無別主宰惟佛世尊願垂救護作是念巳尒時所有毋護哩多無邊世界四維上下胎生卵生濕生化生空居水陸一切有緣於剎那間皆來集會是時大忿怒明王而自告勅若此陁羅尼法句於佛像前舍利塔廟中供養經法處及離欲清淨人前可得讀誦若於耽欲人前持此眞言彼人不久身體乾枯而速命終若欲求事於鬧亂雜處不得持誦於慈云何彼持法者心不清淨後得怖畏大難必趣命終佛世尊菩薩摩訶薩起最上悲愍一向行法令諸衆生皆入一切智智安住法眼到涅槃岸通達三乘三寶不斷復以大悲力說眞言呪降伏魔王破壞陰身遠離惡事增益吉祥若復有人迷悶顚踣尋得惺悟若身體羸病必得調暢和悅長命無病富貴增勝所事成就如來大慈大悲大喜大捨威儀具足說此眞言行爲一切勝因勿得疑惑

尒時復有龍大龍夜叉大夜叉羅剎毗舍左大毗舍左布單那大布單那大迦吒布單曩摩多嚕大摩多囉供畔拏大供畔拏尾也(二合)拏大尾也(二合)拏吠多拏大吠多拏迦冐惹婆詣都喻(二合)大婆詣都喻(二合)拏枳你喻(二合)

大孥枳你揄合二祖史迦大祖史迦嶋娑哆囉迦大嶋娑哆囉迦紉嚳迦大紉嚳迦緊波迦嚕誐大緊波迦嚕誐阿波娑摩囉大阿波娑摩囉誐囉賀大誐囉賀阿迦舍摩哆嚕大阿迦舍摩哆嚕嚕閉拏大嚕閉拏尾嚕閉拏大尾嚕閉拏訖蘭那曩大訖蘭那曩蹉野大蹉野必哩沙迦大必哩沙迦緊迦囉大緊迦囉藥剎拏大藥剎拏入嚩囉大入嚩囉左覩哩他迦大左覩哩他迦你怛也二合入嚩囉尾沙摩入嚩囉舍哆你迦謨怛哩底迦縛底迦旆底迦室尼嗌閉迦扇底波卿左大卿左悉馱大悉馱喻諾曩大喻諾曩仙仁大仙仁緊曩囉大緊那囉摩護囉誐大摩護囉誐乾達婆大乾達婆天大天人大人聚落大聚落海大海河大河山大山庫藏大庫藏地大地樹大樹禽大禽王大王帝釋大天那羅延天及鬼主哩舍努焔魔梵大梵吠嚩濕嚩哆財主持國廣目增長滿賢珠賢般支迦金毗羅俱瑟摩羅賀哩多賀哩枳舍賀哩諦賓誐羅必哩焔迦囉阿羅他迦囉惹陵捺囉路計捺囉嶋閉捺囉祕密左囉左波羅惹羅左囉娑哆曩諾哩金山大山積眼三頭等如是復有無數大夜叉狩主與其百千那由他俱胝夜叉眷屬以菩薩神通威力皆來淨光天中集會聽法

復有無數大羅剎王與其百千那由他俱胝羅剎眷屬而來集會所謂十頭羅剎金山羅剎能破羅剎螺耳羅剎瓶耳羅剎普耳羅剎焔魔羅剎惡相羅剎醜惡羅剎大惡羅剎深惡羅剎阿叉羅剎焔魔鍾羅剎印捺囉吟羅剎路迦吟羅剎勇猛羅剎大勇猛羅剎叉羅剎三叉羅剎三頭羅剎無邊頭羅剎等來大衆中而爲聽法

復有無數大毗舍左亦與百千那由他俱胝眷屬俱所謂閉努毗舍左嶋波閉努毗舍左蘇閉努毗舍左無邊閉努毗舍左意願毗舍左無願毗舍左極拙毗舍左執持毗舍左蘇馱摩毗舍左惡毗舍左惡形毗舍左皆來集會而爲聽法

復有無數大龍王與百千那由他俱胝眷屬俱以忿怒明王威神之力亦來集會所謂

難陁龍王嶋波難陁龍王劍末羅龍王嶋波迦末羅龍王嚩蘇枳龍王無邊龍王得叉迦龍王蓮花龍王大蓮花龍王僧伽波羅龍王商伽龍王商伽波羅龍王鴦俱吒迦龍王俱隸迦龍王阿隸迦龍王摩尼龍王迦羅式那囉龍王俱隸尸迦龍王贊閉野龍王摩尼曩誐龍王摩那娑惹龍王拏供囉龍王嶋波拏供囉龍王洛俱吒龍王娑吠多龍王娑吠哆婆捺囉龍王你羅龍王你羅沒那龍王阿波羅羅龍王海龍王大海龍王等各坐一面而爲聽法

大方廣菩薩藏文殊師利根本儀軌經卷第二

大方廣菩薩藏文殊師利根本儀軌經卷第二

校勘記

一　底本，金藏廣勝寺本。八頁中原版缺，本頁下一行至五行及一一頁上、下原版漫漶，以麗藏本補、換。

一　八頁中二行譯者，資、磧、普、南作「西天譯經三藏朝散大夫試鴻臚少卿明教大師天息災奉詔譯」，徑、清作「宋西天三藏朝散大夫試鴻臚少卿明教大師天息災奉詔譯」。以下各卷同。

一　八頁中三行品名，資、磧、普作「序品之二」。

一　八頁下一五行第一一字「羅」，諸本作「日羅」。

一　九頁中七行「世佉」，普、徑、清作「世法」。

一　九頁下二〇行第五字「祖」，南、清作「怛」。

一　一〇頁上一三行末字「車」，徑、清作「專」。

一　一一頁中二〇行「蘇祢嚩多尊者」，麗無。

一　一二頁中末行「是時」，徑作「是明」。

一　一三頁上二一行第五字「濕」，磧作「泥」。

一　一三頁中一二行第四字「醜」，資、磧、普、南、徑、清作「配」。

一　一三頁中一五行「無邊」，徑作「無數」。

大方廣菩薩藏文殊師利根本儀軌經卷第三　府

西天譯經三藏朝散大夫試鴻臚少卿明教大師臣天息災奉　詔譯

序品第一之三

復有無數大仙之衆俱來在會所謂阿怛哩野大仙嚩悉瑟吒大仙嬌怛摩大仙娑誐囉他大仙惹恨拏大仙暗誐娑大仙阿摩悉諦大仙謨羅悉諦大仙阿誐悉諦大仙尾野娑大仙訖哩瑟拏大仙訖哩瑟拏嬌怛摩大仙暗鼻囉娑大仙夜摩捺誐曩大仙阿悉諦迦大仙牟尼大仙牟尼嚩囉大仙阿嚩囉大仙吠舍半夜曩大仙播囉舍囉大仙波囉戍大仙俞誐濕嚩囉大仙閉伽羅那大仙嚩隷閉迦大仙摩囉建拏大仙如是等大仙各與百千仙衆眷屬俱來聽法頂禮佛足退坐一面

復有羅睺羅王衆所謂鼻嚕拏羅睺羅王娑嚕尼羅睺羅王摩嚕拏羅睺羅王摩哩左羅睺羅王摩哩唧羅睺羅王祢鉢哆羅睺羅王等各與眷屬俱來集會

復有無數迦樓羅之衆所謂蘇波囉拏迦樓羅濕嚩哆波囉拏大仙迦樓羅半曩誐大仙迦樓羅波囉拏誐迦樓羅蘇惹哆博叉迦樓羅阿惹哆夜叉迦樓羅摩努惹博迦樓羅半曩誐曩舍曩迦樓羅伊曩諦野迦樓羅哩曩諦野迦樓羅吠曩諦野迦樓羅娑囉馱惹迦樓羅舍俱曩迦樓羅摩賀舍俱曩禽王等各與百千眷屬皆來集會

復有大緊那羅王之衆所謂捺嚕摩緊那羅王塢波捺嚕摩緊那羅王蘇捺嚕摩緊那羅王阿難陁捺嚕摩緊那羅王路迦捺嚕摩緊那羅王路捺嚕摩緊那羅王摩努囉薩迦緊那羅王摩護囉薩迦緊那羅王摩護惹薩迦緊那羅王摩護惹野緊那羅王賀尾賀緊那羅王尾嚕哆緊那羅王蘇濕嚩囉緊那羅王摩努誐也(二合)唧覩波捺迦囉緊那羅王塢波捺緊那羅王塢波那緊那羅王塢波多緊那羅王塢閉叉迦緊那羅王迦嚕拏緊那羅王阿嚕拏緊那羅王如是等與無

數百千眷屬俱來會坐而為聽法

復有娑婆世界欲色等諸天所謂梵衆天梵輔天大梵天少光天無量光天極光淨天少淨天無量淨天徧淨天廣果天福生天無雲天無想天無煩天無熱天善現天善見天色究竟天空無邊處識無邊處無所有處非想非非想處下及欲界他化自在天化樂天兜率陁天夜摩天忉利天四大王天恒憍天持鬘天堅手天或有山上住者巖嶺住者峯頂住者曠野住者城隍住者虛空住者中間住者地上住者林間住者屋舍住者及阿修羅王鉢囉賀囉那阿修羅王尾摩唧怛囉阿修羅王素唧怛囉阿修羅王乞史(二合)麼唧阿修羅王祢嚩唧怛囉阿修羅王囉護阿修羅王天王共戰阿修羅王麼護等無數阿修羅王與其百千那庾多俱胝眷屬以佛菩薩神通威力俱來集會作禮恭敬亦坐一面

復有世間空居大曜所謂日月大曜金大曜木大曜水大曜火大曜土大

曜羅護大曜劒波大曜計都大曜阿拏你大曜你哩具多大曜哆囉大曜馱嚩惹大曜軀囉大曜度没囉大曜度摩大曜嚩羅乞里乞义大曜勿哩瑟吒大曜烏波勿哩瑟致大曜曩瑟吒囉他大曜你哩曩瑟吒大曜賀娑多大曜摩瑟致大曜乞里瑟致大曜訥瑟大曜路建多大曜乞义野大曜尾你播多大曜阿播多大曜怛哩迦大曜阿播多大曜怛哩迦大曜麼娑多迦大曜俞嚩多大曜濕摩舍曩大曜閉尸多大曜嘮捺囉大曜濕吠多大曜阿鼻吩多大曜每怛囉大曜商俱大曜路嚩大曜勞捺囉迦大曜度嚩曩舍大曜嚩羅嚩曩大曜驅囉大曜阿嚕拏大曜尾賀悉多大曜麼你瑟吒大曜塞健那大曜娑曩大曜烏波娑曩曩大曜俱摩囉大曜訖哩拏曩大曜賀娑曩大曜鉢囉賀娑曩大曜曩哩多波迦大曜曩哩多迦大曜佉惹大曜尾嚕波大曜等如是無數大曜與其百千眷屬承佛威德俱來會坐

復有無數空居星宿所謂阿濕尾你星娑囉尼星訖哩底迦星嚕醯抳星没哩摩尸囉星阿囉捺囉星布曩哩嚩蘇星布沙也星阿失哩沙星麼伽星烏鼻哩頗攞虞你星賀娑多星唧怛囉星薩嚩底星尾舍佉星阿努囉馱星夵曳瑟吒星没嚕羅星烏剖阿星沙姹星失囉嚩拏星馱你瑟吒星設多鼻沙星烏剖欽捺囉播努星哩嚩帝星祢嚩帝星阿鼻惹星布曩星嚩星袛帝星鶩擬囉尸星曩乞义怛哩迦星烏波頗攞虞星頗攞虞帝星路迦鉢囉嚩囉星鉢囉嚩囉尼迦星失哩野尸星路迦麼多星伊囉星惹野嚩賀星阿囉他嚩帝星蘇左阿囉他星等與其百千眷屬承佛威神皆來集會趺坐聽法

復有三十六宮所謂羊宮牛宮女宮蠏宮師子宮童女宮秤宮蝎宮弓馬宮摩竭魚宮瓶宮魚宮猴宮大瓶宮淨瓶宮螺宮象宮水牛宮天宮人宮禽宮樂神宮世間宮衆生宮曜宮光明宮月明宮搓吒宮地宮暗宮塵宮

微塵宮苦宮樂宮解脫宮善挸宮復有辟支佛宮聲聞宮天人宮福德宮大福德宮畜生宮餓鬼宮地獄宮阿蘇囉宮神鬼宮藥义宮囉义娑宮及一切部多宮等或有居上居中居下或有定居相應或上等中等下等如是大宮與其百千眷屬俱來佛所一心禮足趺坐聽法

復有無數大藥义女所謂妙眼藥义女善眉藥义女長髮藥义女妙音藥义女妙意藥义女天意藥义女化眼藥义女圓滿藥义女祕密藥义女深密藥义女寶帶藥义女如蓮花藥义女無畏藥义女施無畏藥义女得勝藥义女最勝藥义女哩嚩底迦藥义女妙髮藥义女計扇覩藥义女阿哩囉藥义女麼努賀囉藥义女麼努嚩帝藥义女俱蘇摩嚩帝藥义女俱蘇摩布囉嚩枲你藥义女冰誐羅藥义女賀哩帝藥义女尾囉摩帝藥义女尾囉藥义女蘇尾囉藥义女蘇具拏藥义女具拏嚩帝藥义文蘇囉孫那哩藥义女囉娑藥义女玉呬喻多哩

藥叉女嚩吒嚩悉你藥叉女阿忒迦
藥叉女棄馱囉蘇那哩藥叉女阿路
迦藥叉女孫那哩藥叉女鉢囉娑嚩
帝藥叉女阿底舍野嚩帝藥叉女嚕
波嚩帝藥叉女嚕播藥叉女阿弥多
藥叉女掃弥也藥叉女迦拏藥叉女
弥曩藥叉女難袮袮藥叉女烏波難
袮袮藥叉女出世間藥叉女等如是
大藥叉女與其百千眷屬俱來詣佛
頂禮聽法
復有無數大毗舍支所謂曼拏哩迦
毗舍支謗素毗舍支舍支毗舍支嘮
捺囉毗舍支烏羅迦毗舍支入嚩羅
毗舍支婆娑毋擬囉毗舍支閉尸多
舍你毗舍支努嚩囉毗舍支普嚕麼
你毗舍支毋賀你毗舍支誐哩惹你
毗舍支嚕賀尼迦毗舍支虞嚕賀尼
迦毗舍支路建你迦毗舍支哩娑扇
底迦毗舍支閉路嚩帝毗舍支摩護
囉毗舍支努哩難多毗舍支嚧囉毗
舍支唧賀曩底迦毗舍支度麼毗舍
支底迦度摩毗舍支蘇度麼毗舍支
如是等大毗舍支與其百千眷屬俱

來集會
復有麼多嚕大麼多嚕遊行世間採
食花卉魅惑衆生所謂沒囉憾麼扼
麼多嚕麼呬濕嚩嚕麼多嚕吠瑟尾
麼多嚕俱麼哩麼多嚕左讃拏麼多
嚕嚩囉呬麼多嚕印捺哩麼多嚕夜
摩野麼多嚕阿誐曩曳麼多嚕吠嚩
娑嚩帝麼多嚕路建哆迦哩麼多嚕
嚩嚕尼麼多嚕愛捨你麼多嚕嚩野
尾野麼多嚕鉢囉播鉢囉拏賀囉麼
多嚕目佉曼尼你迦麼多嚕設俱你
麼多嚕大設俱你麼多嚕布哆曩麼
多嚕迦吒布哆曩麼多嚕塞建那麼
多嚕如是等無數大麼哆嚕與百千
眷屬皆來集會歸命世尊而作是言
曩謨沒馱野如是無數百千人及非
人衆生非衆生一切輪迴阿毗大地
獄等可虛空界悉皆清淨是諸衆生
無有憎愛佛威神力莊嚴菩薩如是
一切衆生頂上皆現化佛
尒時釋迦世尊觀彼一切世界嚴淨
若斯告妙吉祥童子汝宜略說眞實
菩薩藏眞言行義三摩地如所爲事

尒時妙吉祥童子於釋迦佛前欲說
菩薩藏眞言行義入三摩地名喻虛
空自性金剛堅固莊嚴妙吉祥童子
入此定時淨光天上金剛寶地廣無
數百千由旬尒時金剛手菩薩身如
寶山具大威德安吉祥而坐觀彼一
切衆生界內有無數夜叉羅剎乹闥
婆摩嚕哆毗舍左手相憎嫉
尒時妙吉祥童子知此無數夜叉之
衆勇猛強力手有憎嫉告焰曼德迦
忿怒明王言汝大忿怒相唯佛菩薩
可以化爲汝今擁護此大衆會一切
衆生惡者調伏善者令悟不信令
信乃至我本眞言義菩薩法藏方廣
總持曼拏羅儀則亦復如是宜專擁
護大忿怒明王如是聞已依勅奉行
於大衆前現大忿怒相降伏彼衆擁
護一切衆生復與無數百千忿怒眷
屬普使四方上下諸處大吼作聲彼
諸衆生攝心修善歸依三寶不得違
勅如是聞者若違聖勅頭破百分如
阿梨樹枝
尒時妙吉祥童子承佛菩薩威力略

說眞言行義法句儀軌若菩薩摩訶薩具足一法得成就眞言行云何一法若能觀見一法法無㝵相而得眞言成就

若菩薩摩訶薩安住二法復得成就眞言行云何二法不離菩提心於一切衆生其心平等如是二法成就眞言若菩薩摩訶薩安住三法於眞言本行而得成就云何三法於一切衆生心不捨離於菩薩戒行精進護持於眞言本行堅持不忌如是三法成就眞言

若菩薩摩訶薩令初發心菩薩安住四法於眞言行而得成就云何四法所謂不捨本眞言不斷他眞言於一切衆生慈心不斷於無量大悲廣行饒益如是四法令初心菩薩成就眞言

菩薩摩訶薩安住五法得菩薩藏眞言行圓滿云何五法所謂寂靜之處攝心居止山林曠野攝心居止觀察世間有爲之法教化衆生持戒多聞恒住正行如是具行五法於眞言行義成就圓滿

若菩薩摩訶薩安住六法於眞言行義成就圓滿云何六法所謂於三寶福田淨信不斷菩提大行淨信不斷世間眞言不生謗毀所說無㝵法界大乘經典甚深之義無復疑惑於真言行精進不退恭敬善法令不斷滅如是六法皆得眞言行義成就

若菩薩摩訶薩安住七法所求眞言行皆得趣入云何七法所謂觀想般若波羅蜜多甚深之法書寫讀誦爲他解說依菩薩行依時持誦默然護摩速修正行安住智慧清淨之意求大菩提趣入如來甚深之法於眞言本儀請召護持成就密行善解大慈大悲大喜大捨善觀衆生界法界實際皆無二相不捨一切不樂小乘之法上求一切智智如是七法皆得成就眞言行義

若菩薩摩訶薩安住八法於眞言行義皆得成就云何八法所謂行人見未曾見微妙色果菩薩神通變化之事不生疑惑心不顛倒受持眞言崇重本師又復受持佛菩薩本行儀法或有處非處勝田之地觀已財物如夢所見皆能給施永斷嫉妬煩惱之根常勤精進供養諸佛菩薩具足善根被大甲冑破諸魔軍令得大富菩提道場成就自身福德智慧親善知識

尒時妙吉祥童子略說八種行法於眞言本行皆得成就若有信敬三寶不捨菩提心設復犯戒誦持我眞言教品未曾有菩薩無邊行法發意皆得成就無復疑惑

尒時佛菩薩緣覺聲聞等一切大衆說如是言善哉善哉佛子汝種種宣說眞言法教修行儀軌爲一切衆生安心趣入了悟最上祕密之門若有人受持讀誦憶念此品法句或種種花香而用供養彼人若在軍陣及諸險難我當尒時乘象馬等現彼人前而爲降伏寃陣不久自然退散若有比丘比丘尼近士男近士女於自舍宅書寫供養獲大福報長命無病增益吉祥一切大衆聞此法已默然意

解

大方廣菩薩藏文殊師利根本儀軌經卷第三

乙巳歲高麗國大藏都監奉勅雕造

大方廣菩薩藏文殊師利根本儀軌經卷第三　第十五張　府

大方廣菩薩藏文殊師利根本儀軌經卷第三

校勘記

一　底本，麗藏本。

一　一六頁上四行第六字「羅」，諸本作「日羅」。

一　一六頁上一二行第三字「尸」，普、南、徑作「户」。

一　一六頁中二行第四字「尼」，徑、清作「尾」。

一　一六頁中一二行首字「哩」，資、磧、普、南、徑、清無。

一　一七頁上九行「詣佛」，磧作「請佛」。

一　一八頁上九行第四字「得」，徑作「行」。

一　一八頁上一九行首二字「菩薩」，資、磧、普、南、徑、清作「若菩薩」。

一　一八頁中一三行首字「摩」，石、資、磧、普、南、徑、清作「魔」。

一　一八頁下二一行「近士男近士女」，磧、普、南、徑、清作「近事男近事女」。

大方廣菩薩藏文殊師利根本儀軌經卷第四　府

西天譯經三藏朝散大夫試鴻臚少卿明教大師臣天息災奉　詔譯

菩薩變化儀軌品第二之一

尒時妙吉祥童子觀察會中一切大衆於是妙吉祥童子入觀照三摩地入此定已從其臍輪出大光明復有無數百千那由他俱胝光明以爲眷屬普徧照耀一切衆生界及淨光天

尒時金剛手菩薩摩訶薩告妙吉祥童子言汝今宜說曼拏羅法品儀軌令諸菩薩及一切衆生得入三昧復令一切衆生平等悟解眞言句所有世間出世間一切眞言行皆得成就金剛手祕密主如是說已

尒時妙吉祥童子欲說最上祕密曼拏羅儀軌明照一切以神變力於其右手指端之上悉皆現起一切大衆復出無數百千那由他俱胝光明照彼淨光天上一切衆會

尒時妙吉祥童子略說焰曼德迦忿怒明王心眞言具大無畏一切所作請召發遣息除災害增長吉祥降伏諸魔隱沒身形行坐虛空或行地上足不履地令他愛敬等皆得成就破一切暗如廣大明燈此大無畏三字眞言儀行法力最爲第一所求所作一切眞言義悉得成就即說大忿怒明王心眞言

唵引　惡吽引

此大忿怒明王心眞言大菩薩妙吉祥善說曼拏羅眞言行能作一切事破一切障㝵

尒時妙吉祥童子舉其右手摩忿怒明王頭稱如是言曩摩一切佛如是說已所有十方世界諸佛世尊無量菩薩具大福德三昧來赴會中是時忿怒明王復現大忿怒相即往一切世界剎土之中所有惡心大力衆生尋遣來集淨光天上大衆之中依位安住

又此衆生頂上各出熾盛光焰

尒時妙吉祥童子觀彼大衆心淨瞻仰而復告言此諸大衆汝當諦聽我此三昧若不依行如有違犯令此忿怒明王現大威力而自調伏何爲不

得違犯緣此祕密三昧眞言行義諸佛世尊菩薩大德平等法門汝今諦聽善思念之當爲汝說

曩謨三滿哆沒馱引喃引唵引羅囉三麼二合囉阿鉢囉二合底賀多舍引娑曩俱摩囉嚕波馱哩抳吽吽嘇吒嘇吒薩嚩二合引賀

聖者此是我根本眞言聖妙吉祥印名爲五髻大印若用此印持誦根本眞言一切所求皆得成就

復說心眞言作一切善事令心寂靜

唵嚩枳也二合捺曩莫入

說此印法名爲三髻增長一切福德

復說外心眞言

嚩枳也二合吽

說此印法亦名三髻能降伏一切衆生

復說內心微妙眞言

曩謨三滿哆沒馱喃曼

說此印法名孔雀座敬愛一切衆生

復有一切佛心大無畏八字眞言名最上增益大吉祥斷三界生死消除一切惡趣能滅一切災害作一切事

皆得安樂寂靜如現在見佛此妙吉祥菩薩宣布最上祕密眞言相爲一切衆生若有憶念一切所願皆得圓滿若有持誦之者所有五逆重罪皆得清淨即說眞言曰

唵阿尾囉吽佉左洛

聖者有此八字大無畏最上秘密心眞言與佛住世而無有異能作一切吉祥之事此大功德我今爲汝略而宣說若欲廣陳經無數百千那由他俱胝劫校量功德說不能盡若說此印法名爲大精進能圓滿一切願

復說召請衆聖眞言

唵引吲引吲引俱摩囉尾濕嚩二合嚕閉尼薩哩嚩二合嚩引羅娑史哆鉢囉二合野吲俱摩囉吉里二合拏怛娑二合羅馱二合冒馱你引阿野引吲娑誐挖曩引哩尼旻拏羅末地野二合底瑟姹二合底瑟姹二合三摩野摩拏娑摩二合囉阿鉢囉二合底賀哆舍娑曩吽摩引尾羅嚩嚕嚕頗吒娑嚩二合賀

此眞言是妙吉祥菩薩名請一切諸佛一切菩薩一切辟支佛聲聞天龍

夜又乾闥婆阿修羅誐嚕拏緊那羅摩睺羅伽毗舍左羅刹娑一切部多等夫欲召請先以香水加持七遍灑淨一切廣闊四維上下一切諸佛菩薩妙吉祥幷及眷屬一切世間出世間眞言一切部多衆一切衆生皆赴道場

曩謨三滿哆沒馱引喃引阿鉢囉二合底賀哆舍引娑曩喃引唵度度囉度囉度波嚩引悉你度波引哩唧二合史吽底瑟姹二合三摩野摩拏娑摩二合囉娑嚩引二合賀

此是獻香眞言若以白旃檀龍腦供俱摩香和合等燒此香時誦此眞言一切如來及諸菩薩一切聖衆皆受供養

前召請印名最上蓮華鬘能與一切衆生作大吉祥之事

若於諸佛如來一切菩薩及聖衆等獻閼伽水所用龍腦白檀供俱摩等香復用惹帝花適意花摩梨迦花末哩師迦花龍花末俱羅花賓尼哆誐囉花如是等香花用淹水內此名獻

閼伽水獻水眞言

曩謨三滿哆沒馱引喃引摩鉢囉二合底賀哆舍引娑曩引喃引怛你也二合他引吲引吲引摩賀引迦引嚕尼迦尾濕嚩二合嚕波馱哩尼引阿哩凝伽二合鉢囉二合底蹉鉢囉二合底蹉波野三摩野摩努娑摩二合囉底瑟姹二合底瑟姹二合曼拏羅末地也二合鉢囉二合吠舍野薩哩嚩二合部哆引努波迦佗哩二合根拏二合吽阿蘇囉尾左引哩尼娑縛二合賀引

此印名圓滿印能爲一切衆生作圓滿事

復說焚香眞言若彼獻香如前眞言

曩謨三滿哆沒馱引喃引曩謨二滿哆獻馱引嚩娑引娑室哩二合夜引野怛他引誐哆引野怛你也二合獻第獻第引獻第引獻馱引獻馱摩拏囉頸引鉢囉二合底蹉鉢囉二合底砌引難獻淡三滿哆引努左引哩尼引娑嚩二合賀引

此印名波羅嚩圓滿一切願

復說獻花眞言

曩謨三滿哆沒馱引喃引摩鉢囉二合底賀哆舍引娑曩喃引曩謨三俱蘇彌哆囉引惹寫怛他引誐哆寫怛你也二合他引俱蘇彌引俱蘇摩引你曳二合俱蘇摩布囉嚩引悉你俱蘇摩引嚩底娑嚩二合賀引

夫欲獻食先頂禮一切諸佛賢聖生不思議未曾有想今此真言正覺正說前後所有供獻皆依此儀念此真言

曩謨三滿哆沒馱升喃引摩鉢囉二合底賀哆舍娑曩引喃引怛你也二合他引呬引呬引娑誐嚩摩賀薩哩嚩二合沒馱引嚩路引吉哆摩引尾摞嚩伊難嚩隸誐哩二合恨拏二合播野誐哩二合恨拏二合誐哩二合吽薩哩嚩二合尾濕嚩二合囉囉吒吒薩頗二合吒娑嚩二合賀引

今此真言印名為大力消除一切諸惡

燃燈真言

曩謨三滿哆沒馱引喃引摩鉢囉二合底賀哆舍引娑曩引喃引薩哩嚩二合怛夢引馱迦引囉尾特鍛二合悉喃引曩謨三滿哆祖底巘馱引嚩婆引娑室哩二合夜引野怛他引誐哆引野怛你也二合他引呬引呬引娑誐鍛祖底囉舍弭二合設哆娑賀娑囉二合鉢囉二合底曼尼哆舍哩囉尾俱哩嚩二合摩賀引冒地薩怛嚩二合三滿哆入嚩二合囉引你瑜二合底哆沒哩底二合具哩那二合具哩那二合阿嚩路引迦野阿嚩路迦野曼拏羅薩哩嚩二合薩怛嚩二合難左

此是燃燈真言印名日廣開觀照一切衆生

曩謨三滿哆沒馱引喃引摩鉢囉二合底賀哆舍引娑曩引喃引怛你也二合他引入嚩二合入嚩二合羅入嚩二合羅入嚩二合羅野入嚩二合羅野吽尾冒馱迦賀哩訖哩二合瑟拏二合賓誐羅

此是燃火真言印名合掌光照一切衆生過去諸佛菩薩所說

尒時妙吉祥童子告祕密主金剛手菩薩言此微妙祕密真言汝等明王族部外現忿怒內含慈忍所有智者求一切真言皆得成就若彼金剛蓮花族等障㝵之時即說此明令彼降伏

曩謨薩哩嚩二合沒馱引喃引摩鉢囉二合底賀哆舍引娑曩引喃引怛你也二合他引唵迦囉迦囉俱嚕俱嚕摩摩引迦引哩焰二合伴惹伴惹薩哩嚩二合尾近難二合引那賀那賀薩哩嚩二合嚩羅二合尾那野劒引布哩嚩二合吒迦尒尾旦哆迦囉摩賀引尾訖哩二合哆嚕波馱哩尼鉢左鉢左薩哩嚩二合努瑟吒二合摩賀引誐拏鉢底唅尾旦哆迦囉滿馱滿馱薩哩嚩二合誐囉二合賀沙目佉沙部惹沙左囉拏嚕捺囉二合摩引曩野尾瑟拏二合摩引曩野沒囉二合憾摩二合你也二合祢嚩引曩曩野摩引尾摞嚩尾摞嚩羅護羅護曼拏羅末他也二合鉢囉二合吠舍野三摩野摩努娑摩二合囉吽吽吽吽吽頗吒頗吒

說此真言已告祕密主言此是大精進最上祕密名六面大忿怒明王能破障㝵若持誦此明得自在十地菩

薩猶可降伏何況諸惡障㝵若有持
誦供養大作擁護說此印法名爲大
乂破滅一切障㝵
復說忿怒明王心眞言
唵引佉哩二合瑟致哩二合哆引曩曩吽
薩哩嚩二合設怛嚕二合曩舍野薩旦二合
娑野頻吒頻吒
若有一切寃家逼害惱亂之時依法
念此眞言令彼寃家受病四日瘧病
得大苦惱若人恒常誦持無慈悲心
所求之事不得成就若人不信三寶
誦此呪法令彼生信定得成就印名
大乂與呪同用其驗剋成
復說外心眞言
唵佉哩二合迦羅嚕波吽癹
印名大乂若此明同用能調伏一切
惡者
復說內心眞言名爲一字一切佛說
印名大乂與明同用能消除一切惡
事降伏一切部多於曼拏羅中呪法
成就之時定見忿怒明王靈驗
復說發遣賢聖等眞言
曩謨薩哩嚩沒馱引喃引摩鉢囉二合

底賀哆舍娑曩引喃引怛你也二合
他引惹焰惹野蘇惹野摩賀迦引
嚕尼迦尾室左二合嚌閉尼引誐蹉
誐蹉娑嚩二合娑嚩喃引薩哩嚩二合
沒淡引室左二合尾娑哩惹二合野薩波
哩嚩引囉引娑嚩二合娑嚩喃左怛囉
二合鉢囉二合吠引舍野滿怛囉二合娑摩
二合囉薩哩嚩二合室左二合弭悉殿覩滿
怛囉二合播那引摩努囉淡左弭波
哩布囉野
此發遣眞言印名寶座亦名獻座若
欲發遣賢聖等專心志意念一七遍
依法加持所有一切世間出世間曼
拏羅眞言行皆得三昧成就諸聖衆
等歡喜而退
尒時妙吉祥童子復觀淨光天內一切
大衆說自已明王眞言
曩謨薩哩嚩二合沒馱引喃引摩鉢囉
二合底賀哆誐底喃引唵你哩致
妙吉祥說此眞言已化爲明王名枳
世你能作一切之事印名大五髻若
用此印法一切難作之事皆得成就
曩謨三滿哆沒馱引喃引摩鉢囉

二合底賀哆舍娑曩引喃引唵引你致
此眞言名摀波枳世你印名廣開一
切之事所求皆成若有一切凶惡宿
耀自然退散
曩謨三滿哆沒馱引喃引摩鉢囉二合
底賀哆誐底喃引唵引你入
此眞言名曩謀你印名寶座能成一
切之事所有夜乂之衆亦能遣來
曩謨三滿哆沒馱引喃引摩進部哆
嚕閉赦引唵引稍畢嚕二合
此眞言名波隸你印名大力能調伏
一切拏枳祢鬼妙吉祥所說一切諸
佛同說
曩謨三滿哆沒馱引喃引摩鉢囉二合
底賀哆誐底鉢囉二合左引哩赦引怛
你也二合他引唵引嚩囉祢引
此明名增長化相印名三髻持誦同
用速得富貴
曩謨三滿哆沒馱引喃引摩進底也
二合引部哆嚕閉拏引唵引部哩
印名乂同用消除一切瘧病
曩謨三滿哆沒馱引喃引摩進底也
二合引部哆嚕閉赦引唵引怛囉二合引哩

此明名哆囉印名大刀能成一切事復能滅除障㝵

曩謨三滿哆沒馱(引)喃(引)摩進底也(二合引)部哆嚕閉赦(引)怛你也(二合)他(引)唵尾路枳你

此明名大世印名嚩訖怛囉降伏一切世間皆得快樂

曩謨三滿哆沒馱(引)喃(引)摩進底也(二合)部哆嚕閉赦(引)怛你也(二合)他(引)唵尾濕吠(二合引)尾濕嚩(二合)三婆吠(引)尾濕嚩(二合)嚕閉尼迦賀迦賀阿尾舍(引)尾舍三摩野摩努

此明名大精進印名能瑟吒囉亦名變化能令一切衆生起大施願惠施一切有情

曩謨三滿哆沒馱(引)喃(引)摩進底也(二合引)部哆嚕閉赦(引)怛你也(二合)他(引)唵(引)濕吠(二合)諦(引)室哩(二合)嚩布(入)

此明名為大化印名孔雀座具不思議未曾有相作一切所欲之事無不成就能降伏世間童男童女生愛敬心

曩謨三滿哆沒馱(引)喃(引)摩進底也

(二合引)部哆嚕閉赦(引)怛你也(二合)他(引)唵(引)部契契哩婆虞哩薩哩嚩(二合)設怛嚕(二合)薩旦(二合)婆野沓婆野謨(引)賀野嚩舍摩(引)曩藥

此明名相應大明印名嚩訖怛囉能調伏造惡衆生

曩謨三滿哆沒馱(引)喃(引)摩鉢底(二合)賀哆誐底鉢囉(二合)左(引)哩拏(引)怛你也(二合)他(引)唵(引)室哩(二合入)

此明名大福德印名合掌佛自宣說能令有情得國王位

曩謨三滿哆沒馱(引)喃(引)薩哩嚩(二合)薩怛嚩(二合)婆野鉢囉(二合一)捺(引)曳喃(引)怛你也(二合)他唵(引)阿吠諦俱摩(引)哩嚕閉尼曀呬阿(引)誐蹉摩摩迦(引)哩焰(二合)俱嚕(入)

此名無能勝現童女身說甘露句印名合掌與此真言同用遠離一切冤家

曩謨三滿哆沒馱(引)喃(引)摩進底也(二合引)部哆嚕閉赦(引)怛你也(二合)他(引)唵(引)惹曳(引)唵(引)尾惹曳(引)唵(引)阿吠諦(引)唵(引)阿波囉(引)吠諦(引)

此真言內有四姊妹親近菩薩經行大地救度衆生令諸有情依行真言行如度得舡所作圓滿印名祕密

曩謨三滿哆沒馱(引)喃(引)路迦(引)誐囉(引二合)地鉢底喃(引)怛你也(二合)他唵(引)俱摩囉摩賀(引)俱摩(引)囉吉哩(引二合)拏彭摩佉冐地薩怛嚩(引二合)覩惹拏(二合)哆摩布囉(引)摩布囉(引)娑曩設吉曳(二合引)覩(引)你也(二合)哆波(引)尼囉訖旦(引二合)誐囉訖哆(二合)獻馱(引)覩隸(引)鉢曩必哩(二合)野佉佉佉呬佉呬吽吽涅哩(二合)怛也(二合)涅哩(二合)怛也(二合)囉訖哆(二合)補瑟波(引二合)唧哆沒哩底(二合)娑摩野摩拏娑摩(二合)囉部囉(二合)摩部囉(二合)摩部囉(二合)摩野部囉(引二合)摩野羅護羅護摩(引)尾覽摩薩哩嚩(二合)迦(引)哩野(引二合)尼弭俱嚕尾唧怛囉(二合)嚕波馱(引)哩尼底瑟吒(二合)底瑟吒(二合)吽吽薩哩嚩(引二合)沒馱(引)努惹拏(二合)諦(引)娑嚩(二合)賀(引)

尒時妙吉祥菩薩說此真言之時大地六種振動大自在天現極惡相童子天具火曜幖幟俱來教化調伏一

切惡業衆生妙吉祥所說大權菩薩
起慈愍心行菩薩行利樂一切愚癡
衆生印名大力與眞言同用令得梵
天等大福德果何況人身
尒時妙吉祥菩薩復說眞言名爲三
字爲悲愍衆生印名大力與眞言同
用令一切衆生得大福德
唵(引)吽(引)弱
此是三字眞言依法持誦所求皆成
復說外心眞言
曩謨三滿哆沒馱(引)喃(引)三滿覩(引)
你喻(引)(二合)底哆沒哩底喃(引)唵(引)尾
訖哩(二合)哆誐囉(二合)賀吽頗吒
妙吉祥菩薩爲親近者童子天說此
眞言能降伏一切部哆摩多羅等及
一切諸惡星曜如有部多等所著所
魅及惡曜照臨依法持誦彼等悉皆
恐怖而自退散即得解脫乃至求生
天界一切皆得印名大力與彼同用
曩謨三滿哆沒馱(引)喃(引)摩鉢囉
(二合)底賀哆舍(引)娑曩(引)喃(引)怛你也
(二合)他(引)唵(引)沒囉(二合)憾摩(二合)蘇沒
囉(二合)憾摩(二合)沒囉(二合)憾摩(二合)嚩哩左

(二合)細(引)扇(引)底俱嚕
此眞言大梵天菩薩所說令息灾害
若部多惱亂之時誦此眞言剎那退
散速得安樂印名五髻若說大梵天
調伏儀軌如四圍陁論
曩謨三滿哆沒馱(引)喃(引)摩鉢囉(二合)
底賀哆舍(引)娑曩(引)喃(引)怛你也(二合)
他唵(引)誐嚕拏嚩(引)賀曩作羯囉
(二合)波(引)尼左覩哩部(二合)惹吽吽三摩
努娑摩(二合)囉冒地薩怛嚩(二合)阿惹
拏(二合)波野底
妙吉祥說此眞言速能作於吉祥之
事印名三髻亦能破壞部哆及那羅
延此則皆是方便攝化衆生
曩謨三滿哆沒馱(引)喃(引)摩鉢囉(二合)
底賀哆舍(引)娑曩(引)喃(引)怛你也
(二合)他唵(引)摩賀(引)摩呬(引)室左(二合)
囉部哆(引)地波底沒哩(二合)沙特嚩(二合)
惹鉢囉(二合)覽嚩惹吒摩俱吒馱(引)
哩尼悉哆婆娑摩(二合)度娑哩哆沒
哩底(二合)吽頗吒頗吒冒地薩怛冒(二合)(引)
惹拏(二合)波野底(入)
此眞言我自宣說爲慈愍衆生印名

大叉與明同用亦破部多之衆

大方廣菩薩藏文殊師利根本儀軌經卷第四

乙巳歲高麗國大藏都監奉
勑雕造

大方廣菩薩藏文殊師利根本儀軌經卷第四

校勘記

一　底本，麗藏本。

一　二〇頁上三行「之一」，資、磧、普無。

一　二〇頁下一六行「亦名」，南、徑、清作「亦爲」。

一　二一頁上一行首字「皆」，磧作「者」。

一　二三頁中一二行「志意」，徑、清作「忘意」。

一　二四頁中六行「調伏」，資、磧、普、南、徑、清作「謂伏」。

大方廣菩薩藏文殊師利根本儀軌經卷第五　府

西天譯經三藏朝散大夫試鴻臚少卿明教大師臣天息災奉詔譯

菩薩變化儀軌品第二之二

所說眞言儀軌爲彼水陸有情及阿修羅等令具種種功德眞言曰

曩莫三滿哆沒馱(引)喃(引)摩鉢囉(二合)底賀哆舍(引)娑曩(引)喃(引)怛你也(二合)他(引)唵舍俱曩摩賀(引)舍俱曩鉢納摩(二合)尾怛怛博訖乂(合)薩哩嚩(二合)半曩誐曩(引)舍迦佉佉佉呬佉呬三摩野摩努娑摩(二合)囉吽底瑟吒(二合)冒地薩怛冒(二合)波野底(入)

此眞言行復用大印具足精進難化者能化難調者能調病苦之者速得平安消衆毒藥破諸惡事不生疑惑

復次菩薩眞言行力能隨衆生普偏教化如迦樓羅經說菩薩悲愍有情隨諸衆生或現爲迦樓羅鳥形容廣大降伏毒龍令彼生善此眞言儀軌說如來眞言族及蓮華族等多方變化利益有情而無究憎譬如慈母育養多子恩愛平等菩薩慈悲度諸衆生亦復如是我行眞言行過去佛說今我亦說妙吉祥復說

尒時妙吉祥童子觀察淨光天上一切大衆不思議未曾有事入三摩地名照見一切三昧安住菩薩所行法行令諸衆生悉得利樂入此三摩地已於淨光天化出不可思議未曾有摩尼寶藏種種莊嚴曼拏羅假使一切聲聞辟支佛乃至十地得自在菩薩而不能盡此曼拏羅何況凡夫之人此最上曼拏羅平等法行妙吉祥童子而能通達唯諸佛世尊一切菩薩聲聞辟支佛可能依法奉行得受灌頂妙吉祥童子不思議威德力行佛菩薩最上三摩地入曼拏羅心意現生之時唯自了知彼諸心智何可度量豈將有相工巧而圖畫邪

尒時妙吉祥童子告諸衆言聖者諦聽入大曼拏羅三昧如來菩薩不可違犯何況別餘衆生聖與非聖

尒時妙吉祥童子告金剛手祕密主言佛子三昧心法理出人情今爲如來入滅方便說之令諸衆生得入世間出世間一切眞言行皆得成就

尒時金剛手祕密主告妙吉祥童子言佛子世尊若涅槃之後爲諸衆生說曼拏羅眞言行令彼隨喜修學皆得成就無上佛道若有愚癡衆生不依法行違犯三昧眞言不成雖有大福梵行不依此儀不得三昧眞言不成若不依法假使帝釋巧設方便不得三昧眞言不成何況地居之人若善知教法依法行事念誦之時世間出世間眞言三昧決定成就入妙吉祥童子曼拏羅教法之者一切所求無不圓滿

尒時金剛手祕密主大菩薩請妙吉祥菩薩爲諸有情略說曼拏羅儀軌如是請已是時妙吉祥童子而爲宣說

夫建曼拏羅須在三長月於此月内須得白月勿使黒月於白月中或一日或十五日復須揀擇好日有吉祥星曜方得起壇若於三長月外欲建曼拏羅時得好吉祥之日早辰而可用之復須揀擇清淨之地或近城郭

或近入海河岸或向海中或阿闍梨自住處皆可起壇若近城郭向東北上不近不遠即可堪用所用之地無沙石瓦礫灰炭糞土髑髏之類並須去除令其清淨阿闍梨於此安住或七日至半月依法嚴持壇地然用無蟲五淨之水白檀香龍腦香供俱摩香和合水內用五髻大印念焔曼德迦大忿怒明王眞言八千徧加持淨水灑淨十方四維上下俱令清淨所居壇地四方各十六肘或十二肘或八肘此分上中下三等一切智智說此壇法若求國位安泰登其王位可用上壇若求增益福壽可用中壇若求一切吉祥之事可用下壇八肘者復次若別爲所求之事粉彼曼拏羅於其壇地掘深二肘若有炭灰塼石瓦礫骨髮虵蟲之類不可起壇須別覓好地而乃修辦不計山中曠野河岸一無障㝵直須正意細心觀察無蟲清淨之地所掘之地復須別取上好淨土而用塡之塡已實築平滿所塡淨土仍須用前五淨之水同和塡

之三等曼拏羅隨意可作又於壇四方各釘一佉祢囉木橛念忿怒明王眞言七徧加持於橛復以五色線亦誦忿怒明王眞言七徧以此五色線於曼拏羅四方纏繞此壇相四方中位名內院令阿闍梨居其中位念根本眞言八千徧結五髻大印同用誦眞言足已彼阿闍梨却出壇外旋繞曼拏羅西已面東踞草薦而坐志心頂禮一切諸佛及諸菩薩以前五色線繫四方橛上繞壇一匝用爲界繩精熟法事持誦一夜彼曼拏羅阿闍梨堅持清齋依根本儀軌舉動用心令修大乘行者依法持戒一夜同行法事復用五色粉念六字心眞言加持彼粉且按置曼拏羅中復於壇外四面莊嚴按置幢幡栽芭蕉樹及種種菓樹以爲門道然令鼓樂螺鈸等齊韻發聲此爲吉祥音樂等止已復爲四衆略說法要復於曼拏羅四方各讀大乘經典南方讀佛母般若波羅蜜經西方讀聖月光三摩地經北方讀聖華嚴經東方讀聖金光明

經如是法師讀此四本經法已阿闍梨從曼拏羅起用白檀龍腦供俱摩白色香用上好花同和一處念根本眞言加持以此香花散在曼拏羅一切處阿闍梨出外七日食酥復用二人至三人具大福德發菩提心持戒者同入曼拏羅中念根本眞言自作擁護以五色粉粉此壇上所用粉粖使金銀等五色寶微細如塵或銅等五色亦得若是國王及大福德人建造此壇上求無上菩提決定得成若有隨喜之者亦得菩提何況別餘吉祥之事無不成就若釋迦如來滅度之後惡世薄福衆生何能見聞如是大福德壇儀之法

尒時大光妙吉祥童子爲諸貧苦衆生略說曼拏羅儀軌用粳米爲粖微細如麪染成五色青黃赤白黑曼拏羅阿闍梨自結五髻大印念根本眞言加持彼粉然後阿闍梨於曼拏羅東南方依法作一火壇其壇闊二肘深一肘周迴如蓮華葉相用波羅舍木及吉祥菓樹木爲濕柴可長一尺

俱得濕潤者可用復使酥酪蜜三種搵濕柴兩頭結野瑟致印念根本真言請召火天復念一字心根本真言八百徧即作護摩（即是先前案也）次與巧妙畫人同行法事曼拏羅阿闍梨自戴頭冠內心志意想像諸佛菩薩如對目前復念獻香真言合掌恭敬頂禮諸佛菩薩頂禮妙吉祥童子已將前五色粉與彼畫人同共粉畫壇面先於曼拏羅中間畫釋迦牟尼佛坐寶師子座諸相具足如在淨光天上作説法相曼拏羅阿闍梨及同事畫人復念根本真言自作擁護次與一切鬼神出其生食於此壇外四方上下散施飲食令彼飽滿阿闍梨復須洗浴身體著潔淨衣近於火壇作擁護法復用酥供俱摩香和爲團食作八千箇阿闍梨坐吉祥淨草座上念根本真言用前團食而作護摩又用白芥子復誦焰曼德迦忿怒明王真言八百徧加持芥子合在淨器中或有不祥諸惡形相或有惡聲或暴惡風雨或日有惡相及種種障難但用前白

芥子作護摩七徧諸惡自滅若有人爲障難以芥子作護摩五徧彼人障難不成而自降伏經一刹那復得鬼魅所著假使天帝釋爲其障難亦乃不久而得無常何況惡心者人及非人等作其障難此焰曼德迦忿怒明王破壞怖畏其事如是又彼持誦者坐吉祥草座誦焰曼德迦忿怒明王巳於釋迦牟尼佛像右邊畫二辟支佛於蓮華座上結跏趺坐又於彼佛足前畫二大聲聞作聽法相彼聲聞右邊畫觀自在菩薩一切莊嚴如秋滿月座蓮華座左手執蓮華右手作施願相彼觀自在右邊畫白衣尊勝左手執蓮華右手頂禮世尊釋迦牟尼亦坐蓮華首戴寶冠偏袒右肩如是復畫多羅菩薩部哩俱胝菩薩各各如法而坐於彼菩薩之上復畫佛母般若波羅蜜多佛眼佛頂尊勝王及畫十六大菩薩所謂

普賢菩薩地藏菩薩虛空藏菩薩除蓋障菩薩滅罪菩薩慈氏菩薩手執白拂瞻仰世尊清淨行菩薩無垢幢

菩薩妙財菩薩月光菩薩無垢稱菩薩除一切病菩薩一切法自在王菩薩世間行菩薩大慧菩薩持慧菩薩如是十六大菩薩莊嚴色相普皆圓滿又於向上復畫忿怒大明王及諸明王蓮華部族依法結印隨處安住於壇四面各空闕位唯畫蓮華請召賢聖於此安排又於釋迦牟尼佛右邊畫二辟支佛一名嚩馱摩捺曩二名塢波哩瑟吒於佛左邊復畫二辟支佛一名賛捺曩二名悉馱於佛足下畫二大聲聞大迦葉波大迦多演曩所有一切壇向東開門又於聲聞左邊畫聖金剛手如優波羅色一切莊嚴色相圓滿右手執拂左手摩忿怒明王頂金剛拳明王金剛鉤明王金剛鏁明王妙臂明王金剛軍明王隨相幖幟逐位而坐一切忿怒明王及諸明王并其眷屬各各依法結印於彼左邊復畫羯磨金剛杵印於壇四面皆亦阿闍梨請召明王眷屬於此安居於彼壇上復畫八尊勝佛頂體有金色徧身光明各結印法似大

輪明王相貌圓滿莊嚴瞻仰觀佛所
謂
大輪尊勝佛頂白傘蓋佛頂尊勝佛
頂最勝佛頂光聚佛頂高佛頂等於
前辟支佛左邊畫門於門外右邊畫
一大菩薩名出世間行作持髮髻頭
冠右手持數珠左手持淨瓶面向門
作喜怒嚬蹙色門左邊畫一大菩薩
名無能勝相儀清淨亦戴頭冠左手
持瓶杖右手持數珠作施願相面向
門亦作喜怒嚬蹙相又於寶殿內有
法輪法輪下有師子座彼有大菩薩
即妙吉祥現童子相身如供俱摩香
色相儀清淨面戴喜怒左手持優鉢
羅花右手作施願持吉祥菓頭有五
髻眞珠瓔珞著嬌尸迦天衣偏袒右
肩光明徧照一切莊嚴皆作童子之
相坐蓮華座面向曼拏羅門觀瞻焰
曼德迦忿怒明王彼菩薩右邊蓮華
座下復畫焰曼德迦忿怒明王作大
恐相徧身光明瞻仰菩薩如受勑相
於右邊蓮華下畫五大菩薩作淨光
天子相所謂

無垢菩薩深善菩薩清淨菩薩滅障
菩薩普照菩薩一切如彼淨光天上
普皆徧有無數珍寶光明散種種花
殊勝莊嚴復以五色粉於曼拏羅四
方畫四門樓於曼拏羅東北畫上界
開花王如來宜小畫佛身坐蓮華座
作觀瞻釋迦佛相普放光明結跏趺
坐作施願手彼佛右邊畫大輪佛頂
尊勝印左邊光明聚印佛眼印般若
波羅蜜多印聖觀自在上般若波羅
蜜多印世尊右邊畫無量壽觀瞻如
來作施願手坐蓮華座普徧光明彼
佛右邊安衣鉢印如是次第有開空
之起復畫開華王如來及蓮華印右
邊畫佛頂光明聚印普徧光明彼右
邊安寶幢如來坐寶山上作說法相
於彼佛身出種種光焰作青綠紅色
普徧光明彼佛左邊粉畫尊勝佛頂
印轉法輪印皆有光明照曜左邊復
有錫杖淨瓶數珠及寶座印依次粉
之復於門類粉三股金剛杵普徧光
明於妙吉祥足下安五髻大印優鉢
羅花印皆具光明如是壇相並須具

足所有入曼拏羅門或東或西安置
俱得於曼拏羅外用五色細粉粉彼
四隅及四方門樓於內曼拏羅外四方
各空二肘於此粉畫大梵天具四頭
面著白天衣偏袒右肩以白線絡腋
身顏金色髻戴金冠左右兩手俱持
瓶杖復於右邊畫極光淨天子身有
金色著嬌閣邪衣天仙衣作禪定相
面含喜色髮髻戴冠白線絡腋結跏
趺坐右手作施願相右邊色究竟天
子著嬌閣邪衣天仙衣一切莊嚴面
含喜相結跏趺坐如在禪定白線絡
腋右手作施願相
依次復粉忉利天子夜摩天子覩史
天子化樂天子他化自在天子所有
儀相皆依次第一一周備又於帝釋
足下畫四大王天子恒嬌天子持鬘
天子堅手天子依其次第儀相具足
南方畫少光天福生天無熱天善見
天善現天等天子隨其相儀普令具
足及西方界位俱畫如是諸天又於
第二重曼拏羅外第三重曼拏羅四
面依次畫四天王北方入曼拏羅門

右邊畫財主及諸寶藏一切莊嚴如夜叉相儀右邊依次復畫寶賢滿賢夜叉主及訶利帝母大夜叉女懷抱愛童子作瞻仰曼拏羅相復有半支迦賓誐羅鼻沙拏等夜叉各近夜叉印位次有水天手執羂索又於四方畫八大龍王難陁龍王跋難陁龍王德叉迦龍王嚩蘇枳龍王等如是依其次第排兩位畫之次畫夜叉羅叉乹達婆緊那羅摩睺羅伽仙人聖人餓鬼毗舍左迦擭羅人非人等復畫最上大藥最上摩尼寶最大高山最大江河最大州城並須最大第一南方畫七箇摩哆羅并諸眷屬東南方畫火天普徧光明手持瓶杖數珠鬚髯戴冠著白衣天仙衣偏袒右肩白線絡腋身作金色種種莊嚴幖幟形相亦作兩位畫之此曼拏羅外大自在天乘牛手執三股叉及烏摩天女身有金色種種嚴飾次有童子天形如童子乘於孔雀手執槍六箇頭面面色紅著黃衣天仙衣左手執鈴紅幡次排部陵儗哩致大衆主作尫瘦

相難祢枳濕嚩囉大黑神七箇摩哆羅隨其幖幟相儀一一莊嚴復畫八天七仙人那羅延天四臂執寶棒螺劒乘金翅鳥一切莊嚴復安八宿曜二十七星宿臨行大地復有八小曜依位粉畫復畫十五日黑白之相十二宮分十二月年四妹乘船五兄弟住其水中其餘部類等但畫其印所有賢聖作兩位排列三重曼拏羅各列賢聖之位三重曼拏羅俱作四方相佛世尊衆聖中第一須畫右邊蓮華族聖觀自在左邊金剛族金剛手一一須畫普賢菩薩妙吉祥童子此是菩薩中第一依次須畫其餘但畫其印內曼拏羅外中曼拏羅剏於東位上畫娑婆世界主大梵天王及極光淨天南方畫色究竟天及無色界四天畫無形色位北方帝釋天主夜摩天主覩史天主樂變化天主他化天主及少光天子一一須畫天主其餘諸天但畫其印於第三重曼拏羅北方畫伊沙曩部多主并謢摩第二重近門畫童子天及妙吉祥乘孔雀

手執槍身紅色著黃衣偏袒右肩右手執鈴紅幡作童子相儀瞻仰曼拏羅東方畫飛禽摩哩建拏仙人其餘畫印東南方畫四妹及五兄弟同乘船在大海中行及火天如是南方畫尾鼻沙拏羅刹主住楞伽山中次畫金毗羅神如夜叉形在大樹下此是菩薩次畫餓鬼王及毗舍左王作醜惡相其餘但畫印次南方畫難陁烏波難陁龍王及日天子宿曜中第一西方畫迦毗羅牟尼仙人及尼乹子外道仙人皆作外道相依其次第復畫彼印西北方畫財主夜叉王五髻乹達婆王大樹緊那羅王其餘畫印第四重曼拏羅外畫五色緣道及印相具足曼拏羅四方畫四門樓及四大天王如前所有印相具足入門右邊畫優鉢羅華左邊畫蓮華及金剛斧劒槍三股叉寶棒寶輪娑嚩悉底迦寶瓶魚螺軍持淨瓶幢幡羂索鈴刀弓箭金鎚如是種種幖幟相狀印法四方俱畫於四方壇外復畫四大印又於曼拏羅北方復安五股金剛

杵普徧光明東方作小曼拏羅作三角相安蓮華普徧光明南方曼拏羅作半月相安鉢普徧光明西方曼拏羅圓圓相安青蓮華并莖葉普徧光明復於四隅有四印西北角曼拏羅作團圓相安羂索普徧光明西南角曼拏羅作半月相安杖普徧光明東南隅曼拏羅作三角相安鉞斧普徧光明東北方曼拏羅作四方相安劍普徧光明於曼拏羅門外用五色粉畫上中下三印所謂衣鉢革屣普徧光明爲利益一切衆生依此曼拏羅儀軌教說

大方廣菩薩藏文殊師利根本儀軌經卷第五

乙巳歲高麗國大藏都監奉
勅雕造

大方廣菩薩藏文殊師利根本儀軌經卷第五　第十六張　肅

大方廣菩薩藏文殊師利根本儀軌經卷第五
校勘記

一 底本，麗藏本。
一 二七頁上五行末字「曰」，資無。
一 二七頁下二一行第一三字「欲」，南、徑、清作「或」。
一 二八頁上四行「髑髏」，磧作「髑髖」。
一 二八頁上一〇行「灑淨」，資作「麁淨」。
一 二八頁中九行「志心」，磧、普、南、徑、清作「至心」。
一 二九頁上六行「志意」，磧、普、南、徑、清作「至意」。
一 二九頁下二二行「佛頂」，石作「佛項」。
一 三〇頁中三行第二字「皆」，資、磧、普、南、徑、清無。
一 三〇頁中六行第三字「王」，南作「主」。
一 三〇頁中一六行第一一字「作」，資、磧、普、南、徑、清作「而作」。
一 三〇頁中末行第三字「印」，磧作「座」。
一 三〇頁下七行「右邊」，徑、清作「左邊」。
一 三一頁上一二行「大藥」，石作「火藥」。
一 三一頁下四行第一三字「同」，資作「曰」。
一 三一頁下一九行「娑嚩」，資、磧、普、南作「婆嚩」；徑、清作「婆縛」。
一 三二頁上一一行「革屣」，磧作「華屣」。

大方廣菩薩藏文殊師利根本儀軌經卷第六　府

西天譯經三藏朝散大夫試鴻臚少卿明教大師臣天息災奉　詔譯

菩薩變化儀軌品第二之三

復次妙吉祥菩薩說言若曼拏羅阿闍梨攝受弟子須得六根圓滿人相具足若婆羅門剎帝利毗舍首陁發菩提心行大乘行不求小果持菩薩戒信善堅固樂求廣大國王福報等者而可度之若比丘比丘尼優婆塞優婆夷求受壇法棄捨上族清淨自性求大菩提讀誦經典欲入曼拏羅絜淨身心持戒一晝夜著淨衣服首髮塗香一日三時洗浴洗已然食龍腦香丁香恭俱摩等細妙之香於曼拏羅外不近不遠坐吉祥草座冥心持誦自作擁護若是先受灌頂剎帝利大國王子及有大勢力者一人至八人或童男或童女未知世法者妙吉祥菩薩自作童子形相與彼王童同為嬉樂因此誘引令入曼拏羅或所求王位長壽無病冨貴自在增長最上之事以此曼拏羅眞言之力此等童子決定成就吉祥之事

如前求大乘行者既安置已曼拏羅阿闍梨燒龍腦香依法出外以無蟲淨水隨意多少結五髻大印念根本眞言八百遍加持此水用此淨水以自洗浴著清淨衣近於火壇面向東北坐吉祥草座然用稻穀花龍腦香恭俱摩香白檀香和作搏食七千箇而作護摩依前儀則請召火天復用發遣阿闍梨却入曼拏羅復用八賢瓶並以繒綵莊嚴揷花枝菓子五穀更用金銀等五寶俱徧瓶上一瓶獻世尊釋迦牟尼第二瓶獻一切諸佛第三瓶獻辟支佛聲聞之衆第四瓶獻諸大菩薩第五瓶獻妙吉祥菩薩第六瓶獻一切諸天於第二重曼拏羅門內安置三瓶一瓶獻一切部多之衆一瓶獻一切衆生運心平等普施一切然後結五髻大印持誦眞言召請一切諸佛諸大菩薩一切聲聞辟支佛妙吉祥童子及一切部多召請儀軌如前所說召請訖已復用花菓粖香塗香燃燈獻食一切依前次

第所獻飲食用酥酪蜜等制造若是乳粥蘇蜜糖等精妙之食甘味具足供獻一切如來及一切諸大菩薩聲聞緣覺天人之衆復用油蜜食等作歡喜團誦根本眞言依法加持獻彼一切部多之衆復以殊妙香花悉底花多識嚕花龍花奔曩誐花等先獻諸佛菩薩聲聞緣覺聖非聖衆若悉底花獻如來族蓮華獻蓮華族摩俱羅花獻金剛手及諸凡聖之衆龍腦香於如來族前燒白檀香於蓮華族前燒安悉香於秘密主金剛手菩薩前燒復燃酥燈油燈等而用供養一切賢聖然須一一依法誦本部眞言具足儀軌密行方成如觀自在及金剛手所說眞言行法並在此經儀軌之內宜可依行

所有曼拏羅阿闍梨於此請召供養種種儀則須廣學深解即可爲師爲部多等速用潔淨素食列排彼位之前然以鼓樂螺鈸發吉祥音聲以香花燈燭四維上下普申供養阿闍梨於曼拏羅外旋繞一匝用前飲食念根本眞言祭彼一切部多等阿闍梨復自洗浴又以酪蜜酥粳米和爲團食八千箇念六字根本眞言而作護摩與先在曼拏羅弟子作擁護法若曼拏羅阿闍梨所受弟子如前所說發菩提心持大乘戒捨自上位承事諸佛菩薩成就智慧爲諸衆生心行平等於無上菩提道場一切智智志求不退此等有情入曼拏羅隨喜剎那之間斷諸煩惱即得解脫若先有五逆重罪亦得解脫又曼拏羅阿闍梨以無垢新淨衣念根本眞言七徧加持已復用白檀香恭俱摩香和合薰度衣上入曼拏羅者以此淨衣覆其頭面若前所說受灌頂位剎帝利王子或年三歲上至年十六歲者頭結五髻須齊整端嚴或一髻囊頭亦得乃至有大福力之人求最上位或求長壽等事以前香沐淨衣蓋其頭面引入第二曼拏羅中結優鉢羅印誦妙吉祥童子根本眞言復以白檀香恭俱摩香和合香水塗淨於手合掌捧花向曼拏羅擲之花落之處受彼本尊眞言生生持誦恒作菩提善友彼人不久得大菩提圓滿一切智智若人別求最上大富長壽之事決定成就三昧滅罪之法亦得成就受灌頂阿闍梨先於曼拏羅外不近不遠面向東方觀想受法弟子眉間復誦根本眞言受法者志心專注如受國王灌頂位時深信佛法僧三寶發菩提心行大乘行諸根清淨離妄攀緣於眞言行恒生愛樂所求之事速得圓滿若復有人心生疑惑試驗儀軌不得攝受令行壇法如前深信即得度脫五種灌頂之法皆須具大智慧心離邪妄行最上乘即與受法若非此等不得與受阿闍梨傳教之時發歡喜心依法志誠如與剎帝利授灌頂之位然可執持幢幡傘蓋白拂清淨供養之具螺鈸鼓樂妓舞讃嘆出種種吉祥音聲令受法者旋繞曼拏羅而申供養復須志心頂禮諸佛菩薩禮阿闍梨足發如是言我發勝心所有一切諸佛菩薩眞言法行一切世間出世間祕密解脫令我得

入一切法王成佛曼拏羅願令得入令我成佛發此願已坐吉祥草座面向東瞻仰曼拏羅先與受本尊灌頂令彼手結五髻大印彼人隨意樂誦真言法於樺皮上用牛黃水書之然用白檀恭俱摩香塗手及塗一椀器中用所寫樺皮真言安此椀內將向妙吉祥童子足下安置誦彼坐上明王根本真言八百徧令彼端坐吉祥草座與受五瓶灌頂先捻外曼拏羅近門安置者獻一切衆生平等賢瓶阿闍梨誦根本真言依法灌頂灌頂水足已將前樺皮真言授與令念如念得精熟真言行法速便成就若別真言祕密行法一念之間亦得成就或先有忘失文句法義速得現前明記不忘阿闍梨五種灌頂之法決定成就先授本尊灌頂其事如是

第二曼拏羅灌頂者用第二曼拏羅所獻一切諸天賢瓶如前依法與受灌頂儀則無異受灌頂已阿闍梨言汝得一切佛勅一切煩惱而得解脫一切世間出世間曼拏羅三昧一切真言印法皆得成就一切菩薩加持護念其事如是

第三曼拏羅灌頂是阿闍梨自受灌頂法用第三曼拏羅所獻一切聲聞辟支佛賢瓶依前儀軌於頭上灌頂灌頂訖已阿闍梨言汝得諸佛諸大菩薩教勅所有一切世間出世間真言書寫念誦及祕密曼拏羅真言儀軌印法之行皆得成就今生自行隨喜及過去所作乃至未來決定成佛

次最勝灌頂儀軌法事一切如前令用獻佛者賢瓶及獻菩薩賢瓶與彼灌頂灌水足已阿闍梨作如是言汝得一切佛勅及一切諸大菩薩衆聖之勅所有一切部多不見於汝不可惱害於一切衆生得無能勝最上第一於一切真言行隨意所求皆得成就時曼拏羅阿闍梨一一與受五種灌頂若有隨喜來者依其次第引入曼拏羅令彼頂禮供養一切佛及諸菩薩復令旋繞曼拏羅三匝然令却退從此阿闍梨却教授前灌頂弟子真言行經暫時間復捻獻妙吉祥大菩薩賢瓶令入曼拏羅者面向東飲水三掌阿闍梨復言此是大菩薩妙吉祥童子祕密三昧此得大福不得違犯一切真言不得毀謗一切諸佛菩薩皆須尊重隨順修學若不順者得違犯失真言不成而無福利是故汝等宜應信受復於曼拏羅以酪蜜酥粳米合和為其團食誦念八字心真言而為護摩作護摩已阿闍梨復入曼拏羅依前儀軌志心思惟所作法事獻花獻閼伽水燒香然於一切佛菩薩辟支佛一切天龍夜叉乹闥婆阿修羅迦樓羅緊那羅摩睺羅伽羅刹毗舍左部多聖人仙人及一切衆生麨散花供養復用白檀恭俱摩香水一一灑淨仍須內心觀想一切賢聖如對目前後依前儀發遣賢聖然後曼拏羅阿闍梨以所獻賢聖飲食及鬼神生食兼塗壇五色粉並須去除送入河中或施貧者亦得所有壇地以淨沙填平淨土為泥塗拭又用淨水掃灑清淨復用牛糞塗拭然使香水灑淨所有入曼拏羅受灌頂

者長以酥酪素食潔淨齋戒

曼拏羅儀則品第三

尒時妙吉祥童子觀彼淨光天上所集衆會已頂禮一切諸佛及大菩薩復說一字眞言最上祕密能消一切諸毒能作一切善事此明雖少能成就得一切曼拏羅法能成就一切降伏法眞言曰

曩莫三滿哆没馱引喃引怛你也二合他引唵引嗡入聲呼

妙吉祥童子說此眞言已白言一切聖衆及一切部多衆汝等諦聽此一字眞言爲第二種曼拏羅儀軌今且略說所建壇地或八肘或四肘先須潔淨地位四方平正隨處無妨用五色粉須阿闍梨自已粉畫不許別人粉畫其曼拏羅須三重具足先畫五髻大印妙吉祥印優鉢羅印牙印輪印杖印於内曼拏羅東方上畫前印相又於曼拏羅門外畫蓮華金剛杵優鉢羅花幢幡繒蓋門樓車象馬牛水牛娑嚩悉諦迦孔雀山羊白羊人物童子依位排畫安置三重曼拏羅然用濕阿波摩哩誐木爲柴八百條用酥酪蜜相和搵柴兩頭於曼拏羅東南方念一字眞言加持彼柴每拈一條誦一徧眞言而作護摩作護摩已隨其緣力獻閼伽花賢聖前飫鬼神前生食燃燈燒香皆念一字眞言及請召發遣亦念此眞言行此法教其曼拏羅若是求大福德於聚落中建置若求富貴於尼俱陁樹下建置若求子息及求妻妾於菩提樹下建置若求象馬於象馬廐中建置若求伏龍於大龍池邊建置若除一日及四日瘧病於空舍或聚落南面寂靜之處可建置若除羅剎執魅於尸陁林中或空舍建置若除毗舍左執魅於尾鼻多迦樹下建置或畀麻樹下亦得若除摩多羅及一切宿曜執魅於四衢道建置或近有死尸舍亦得若除没囉憾摩羅剎所魅於多羅樹下建置若除諸毒所中於曼拏羅内念一字眞言加持水七徧令彼飲之毒自消散如是或男或女若別有所求之事於四衢道或淨舍之内或菓樹下或白乳樹下或稻田之中或林野樹下無妨㝵處皆可起壇粉畫或有種種病苦或女人所作之病或諸惡鬼神等所作大病皆作擁護或一切拏枳你所作一切病及没囉憾摩迦波隷等所作病或空舍或無人住處或深隱處皆可起壇若欲建壇須得吉祥好日或於夜半或日中亦得餘時不可於其壇中獻閼伽花及發遣等事皆須念一字眞言若前一切所求之事但飲曼拏羅賢瓶之水一切皆獲吉祥一切病苦皆得解脫若求最上位速得國位若無子息令得子息惡業清淨貧者得富或男或女乃至於曼拏羅隨喜之間所求種種之事無不成就

上品幢像儀則品第四之一

復次妙吉祥童子觀察淨光天上所集大衆已五體投地禮釋迦牟尼足熙怡合掌白佛言善哉世尊廣爲利益一切衆生成就眞言儀則法行法雲降雨所求皆得所有畫像法則最上正等福田令得出生菩提種子一

切智智略爲解說一切所願皆使圓滿一切眞言正行皆令得果難成就者速得成就一切菩薩大行令得圓滿一切魔王令彼降伏唯願世尊悲愍有情普爲宣演願樂欲聞

尒時世尊釋迦牟尼告妙吉祥童子言善哉善哉妙吉祥汝爲慈愍一切衆生樂問如來儀則之法汝等諦聽善思念之我爲汝說

若欲求成一切眞言行須依儀則具憕像功德所作所求皆得成就過去諸佛所說我今亦說先於無塵清淨之地用潔淨兜羅綿受與入三昧人於其清淨之地令曼拏羅阿闍梨念此眞言八百徧加持此綿眞言曰

曩(引)莫薩哩嚩(二合)沒馱冒地薩怛嚩(二合)喃(引)阿鉢囉(二合)底賀哆誐底摩底鉢囉(二合)左(引)哩赦曩莫僧式馱曩穪佉鉢囉(二合)舍摩你(引)捺囉(二合)囉惹野怛他(引)誐哆(引)野(引)囉賀(二合)帝(引)三摩野(二合)三沒馱野怛你也(二合)他(引)唵(引)僧式馱野薩哩嚩(二合)尾近曩(二合)伽(引)哆迦摩賀(引)迦(引)嚕尼迦俱摩(引)囉嚕波馱(引)哩尼(引)尾俱哩嚩(二合)尾俱哩嚩(二合)三摩野摩努娑摩(二合)囉底瑟姹(一合)底瑟姹(二合)吽吽頗吒頗吒(半音)入

以此眞言加持巳復令有未知世法者童女婆羅門姓或剎帝利姓或毗舍姓亦得餘下姓者不用又須諸根具足身相端嚴容貌白色作餘色者不用復得父母聽許不許者不用又此童女須受十戒發菩提心慈愍衆生方可依法復揀擇白月白星宿吉祥之日又須天色晴朗無其陰暗風雨方可作法令前童女洗浴清淨著新淨衣服阿闍梨結眞言大印作擁護法用無蟲淨水入白檀香恭俱摩香誦眞言加持灑淨童女身上及兜羅綿及將此水於四維上下普皆灑淨復以白檀恭俱摩龍腦等香焚燒供養阿闍梨及同法事者依法獻香再三迎請諸佛世尊住十地大自在菩薩既迎請賢聖到阿闍梨志心供養香花相次或有孔雀鴛鴦鵝鴨鶴鴿如此吉祥之禽或從空來或水中來或地行來出微妙音發和雅聲持誦者知是吉祥感應必得諸佛菩薩降臨加備我所求事決定成就造憕之線亦得成就又復聞其鼓聲螺鈸聲鈴聲磬聲琴瑟方響種種樂聲或向空中或在地上亦是吉祥之瑞又或有男子女人童男童女時時說言此是聖人所作此最殊勝大有增益堪受此法當獲勝果如是之言皆是吉祥之聲阿闍梨唯自了知必得諸佛菩薩威德加備此所求法無不成就或如有人言捉奧不和合可破壞若事無有是處如是之言皆是不祥之聲又或見猿猴水牛狐狼驢畜猫兒等醜惡之獸二足四足等及聞彼作聲持誦者自然了知壇法不就求事不成持誦者阿闍梨須重結淨壇再作法如是直至七徧誦持人設有五逆罪至第七徧決定須得成就壇既成就令前童女面向東或向北坐吉祥草坐阿闍梨持誦眞言與作擁護令童女素食結齋將前兜羅綿教使童女令彼撚爲綿線或一兩三兩

大方廣菩薩文殊師利根本儀軌經卷第六　第十張　耐字号

五兩八兩至十六兩須得最上勾好兩數決定若上等壇法十六兩中等八兩下等五兩至一兩若作降伏法隨其自力臨時不定此壇若成如有過去宿業經剎那間而自消除前董女所撚綿線安淨器中一心觀注更不異緣復用龍腦香白檀香恭俱摩香同入淨器之中和裛綿線以摩梨迦花瞻蔔迦花而用供養令作擁護若誦眞言及一切事不得撥亂所用器物並須清淨無其蟲蟻

大方廣菩薩藏文殊師利根本儀軌經卷第六

大方廣菩薩藏文殊師利根本儀軌經卷第六

校勘記

一　底本，金藏廣勝寺本。

一　三三頁中二行譯者「試鴻臚少卿」，麗作「試鴻臚卿」。

一　三三頁中三行「之三」，石作「之餘」。

一　三三頁中一〇行「上族」，資無。

一　三三頁中一二行首字「潔」，資無。

一　三三頁中一三行「一日」，資無。

一　三四頁中四行第三字「先」，資、磧、普、南、徑、清作「現」。

一　三四頁中一三行「恭俱」，徑作「供俱」。

一　三四頁中一七行「裹頭」，徑作「裹頭」。

一　三四頁下七行「志心」，磧、普、南、徑、清作「至心」。下同。

一　三四頁下一二行「今行」，麗作「令行」。又「深信」，磧、南、徑、清作「法信」。

一　三四頁下一六行「志誠」，磧、普、南、徑、清作「至誠」。

一　三七頁上一三行第九字「受」，磧、普、南、徑、清作「授」。

一　三七頁中二二行第四字「相」，資、磧、普、南、徑、清無。

一　三七頁下三行「加備」，磧、普、南、徑、清作「加被」。

一　三七頁下一一行「加備」，石、磧、普、南、徑、清作「加被」。

一　三七頁下末行首字「受」，磧、徑、清作「授」。

大方廣菩薩藏文殊師利根本儀軌經卷第七　府

西天譯經三藏朝散大夫試鴻臚少卿明教大師臣天息災奉　詔譯

上品幢像儀則品第四之二

復次線法既成而求造幢之者彼所作人須身貌端正不肥不瘦無病無苦不老不弱不惡不醜喘息不麤瘡疥不患諸根具足形色端嚴復須心意柔和樂修善行智慧通達工巧最上可令作幢若得此人造其幢像利益第一又此幢像有三品別上品幢像有上品福利中品幢像中品福利下品幢像下品福利若得前造幢之人所要功價不計多少不得怖懼慳惜依價令作若自乏財方便求告令彼作幢必得成就幢像功德如得成就而用最上殊勝香花及人天愛樂珍玩寶器飲食衣服卧具湯藥一一供養令一切有情獲大利益正覺正說又阿闍梨復先為彼作幢之人受其齋戒又須揀擇吉日須得三長善月白月白日吉星宿曜可令造幢如要別月須值二月或三月花卉開芳

春和之景日初出時即令制造所有造幢使用器物繩線等物並須用牛糞淨土和水同洗洗已復用五種無蟲淨水重洗於寂靜之地用白檀恭俱摩香水作法灑淨用前造幢器物於此安置復以香花志心供養阿闍梨洗浴清淨著新淨衣戴冠服食白檀恭俱摩龍腦等香離飢渴想心懷歡喜持白芥子誦真言八百徧擲於芥子向四方四維上下復結五髻大印持其芥子於造幢人頂上加持得大擁護若上品幢闊四肘長八肘中品幢闊二肘長五肘下品幢闊佛尺一尺長三肘半佛尺者即身長八尺者一肘為佛尺也此是三品幢之定量又上品幢能成就最上入聖之事等中品幢佛滅度後求最上位求最上福德俱獲成就下品幢求人天快樂財帛珍寶及降伏之事俱獲成就若依此法決定成就若不依此法直如天帝亦不成就依法奉行賤下之人亦得成就諸佛世尊宣布法教真言密行利益一切衆生為菩提因

若人於此眞言法教志意受持所有
一切世間出世間曼拏羅無不成就
彼人不久得大菩提此法若不利益
菩提行者佛則不爲宣說又妙吉祥
童子所說幢像法則此中亦有日限
次第若造其幢志心制造或五日成
八日成十六日成若人專意經一晝
夜成此名最上成就利益甚多若彼
作人大小便利離其幢地百步之餘
其事訖已淨水洗浴別著淨衣復用
白檀塗其身體及於手足然須專心
志意細密堅牢如法爲幢又須尺量
合宜不得剩少所剩線頭如法繫結
用好幢竿平正懸挂就於白月吉辰
令造了畢與彼價直勿使大少令彼
安心如法受用阿闍梨以此幢身於
清淨處如法安置用上妙香花加持
供養擁護自身及於線幢大力妙吉
祥眞言所說過去諸佛亦說如是我
今亦爲宣說如是一切眞言行眞言
相具大精進有大勢力能作能成種
種佛事復能救度南閻浮提愚迷衆
生邪見顛倒棄背聖言輪迴黑暗令

得解脫若有信樂眞言依法受持發
大勇猛行大精進上求菩提決定成
就如佛所說若有不信衆生不能種
彼菩提種子譬如鹹鹵之地不能生
於百穀之苗集其種子信爲萬善之
根本而能出生一切智種於此眞言
信解受持所求之事皆得成就若彼
阿闍梨求彼畫者畫於幢像亦須自
解裝畫所用畫人須最上巧妙諸相
具足柔和慈善形色端嚴離諸過失
還令受戒加持一如造幢之儀則所用
彩色並須上好光淨離其塵垢然用
龍腦白檀恭俱摩等香薰裛彩色誦
眞言八百遍加持彼色復以龍花奔
曩誐花嚩俱羅花雨花馱覩瑟迦哩
花摩隸迦花俱蘇摩花等用散幢上
令彼畫人面向東坐吉祥草座一心
想念諸佛菩薩以求加被然可細意
精心描畫功德勿生疲倦先畫釋迦
牟尼佛一切諸相並須具足三十二
相八十種好坐寶蓮華圓光熾盛面
貌熙怡光明遍體作說法相所坐蓮
華琉璃爲莖於蓮花下復有大池池

中有二龍王一名難陁二名跋難陁
左手執蓮花莖右手頂禮瞻仰如來
半如人相半如虵形身白色具諸莊
嚴又彼蓮池多有蓮花荷葉水族飛
禽具相莊嚴殊妙端正又彼如來所
坐蓮莖上下周迴出無數蓮花次第
高低一一得所世尊左邊復有八大
菩薩各坐蓮華座
第一妙吉祥菩薩如白蓮色或恭俱
摩色或金色作童子相頭有五髻具
足莊嚴端正殊妙左手執優鉢羅花
右手頂禮如來面戴喜怒身具圓光
結跏趺坐第二蓮華聖月光菩薩亦
作童子相第三蓮華妙財菩薩第四
蓮華上菩薩能除一切蓋障第五虛
空藏菩薩第六地藏菩薩第七無價
菩薩第八妙眼意菩薩此諸菩薩皆
作童子之相一一圓滿莊嚴
彼佛右邊復有八大菩薩具種種莊
嚴
第一慈氏菩薩最近佛坐作梵行相
頭戴寶冠身眞金色體著紅衣復挂
紅仙衣身相端嚴具三種幖幟左手

持瓶杖於肩上挂黑鹿皮右手執數珠頂禮如來瞻仰世尊心如在定第二蓮華聖普賢菩薩身作紫綠色具一切莊嚴相左手執如意摩尼寶右手持吉祥菓作施願相第三聖觀自在菩薩身如中秋月色具一切莊嚴頂戴寶冠白衣絡腋頂中復戴化無量壽佛端嚴而坐左手執蓮華右手作施願相遍身光明如心作觀想第四聖金剛手菩薩身作金色一切莊嚴左手執金剛杵右手作施願相執菓身挂瓔珞頭戴寶冠冠有光明眞珠絡腋體著白衣復挂白仙衣偏袒右肩如觀自在第五蓮華大聖意菩薩第六善意菩薩第七遍照藏菩薩第八滅罪菩薩

如是彼諸菩薩各各手執經菓身挂仙衣諸相具足一切莊嚴彼菩薩上復盡八辟支佛作僧形相身著紅衣於寶蓮華上結跏趺坐如大丈夫面有善相遍身光明手作散花相散摩隸花雨花馱靚瑟迦里花龍花奔拏迦花二一畫之普散幢上

復於釋迦牟尼佛左邊聖妙吉祥上畫妙高山宮殿樓閣以無數妙寶莊嚴優鉢羅花遍滿其上於彼山中復畫八佛世尊

第一寶頂如來頂有琉璃寶紅蓮華寶帝青寶大青寶石藏寶等如是大寶普放光明猶如日出彼佛身著黃衣偏袒右肩結跏趺坐具三十二相八十種好一切莊嚴作說法相第二開花王如來身眞金色放大寶光散適意花龍花縛俱羅等花結跏趺坐觀察聖妙吉祥菩薩第三娑陵捺囉王如來身如金蓮華色作說法相第四妙眼如來第五穪鉢囉娑檆如來第六遍照如來第七藥師琉璃王如來第八斷一切苦王如來

如是八佛普皆金色目視釋迦如來手作無畏之相又於如來上空中有雲雨諸香花於幢二角畫二淨光天子住虛空中頂禮聲聞緣覺菩薩諸佛前說八辟支佛者所謂嚩馱辟支佛摩捺曩辟支佛贊捺曩辟支佛烏鉢哩瑟吒辟支佛濕吐多辟支佛悉多計覩辟支佛你珥辟支佛蘇你珥辟支佛於辟支佛後復畫八大聲聞尊者所謂尊者舍利弗尊者大目乾連尊者大迦葉尊者須菩提尊者羅睺羅尊者難陁尊者婆捺哩迦尊者劫賓那如是等聲聞緣覺諸相具足福德端嚴合掌虔恭瞻仰世尊

又於釋迦佛上面別畫二淨光天子身著花鬘衣手執寶蓋用眞珠瓔珞寶鬘蓮華大青寶等殊妙莊嚴覆釋迦如來頭頂又於佛足下有蓮華池與妙吉祥及烏鉢難陁龍王相近畫一寶山從蓮池出上有寶巖周迴寶樹挂珊瑚蔓草木花菓皆是珍寶莊嚴有大仙人於山居止此山北邊畫焰曼德迦忿怒明王作大惡相右手執索左手執杖面戴嚬眉腹形廣大身如墨色可喻黑雲鬚髮俱長作黃赤色兩眼俱紅十指甲長一切莊嚴挂虎皮衣瞻仰妙吉祥如受勑相遍體光焰能破壞一切障難於其山下坐大石上又近難陁龍王畫持誦者隨彼身貌衣服畫之右膝著地手執

香爐世尊釋迦牟尼足下右邊從蓮華池出大寶山莊嚴殊妙亦如前山之相於山北面亦畫忿怒明王又於聖觀自在下復畫其山作紅蓮華色亦以珍寶莊嚴以琉璃寶作山峯頂聖觀自在菩薩化一聖多羅菩薩居此山峯身眞金色不肥不瘦不老不少著種種衣最上著紅仙衣作女人相種種莊嚴左手執優鉢羅花右手作施願相面戴喜怒色結跏趺坐遍身光明瞻仰聖觀自在於前琉璃峯上復畫龍華樹其花殊妙滿樹開敷枝葉四垂在菩薩頂上如彼傘蓋於菩薩前種種珍寶光明嚴飾此菩薩能破一切障難斷諸怖畏若持誦之者與作擁護作天女像亦是佛所變化能施一切衆生所求之願皆得滿足復爲妙吉祥童子之母利益一切有情於此山中亦畫忿怒明王諸佛說言此大明王有大功能有大勢力具大暴惡作大忿怒能破一切障難若有毀謗聖教剛強衆生能善調伏令彼信受若有持誦之者而作擁護復有毀謗眞言輕慢三寶及造一切罪業或在空居或住地上或居地下並令調伏隨順修學於此所畫㡧像令四方四角上下周匝於㡧下面近緣畫大海龍王形如人相身體白色端嚴殊妙以摩尼珍寶莊飾於身遍身光明於其頂髻戴七龍頭具大福德行大精進名阿難多亦名大龍面北合掌瞻仰如來奉佛教勅利益世間一切衆生破諸障難此㡧儀則最爲殊勝過去如來隨機演說我今略說若有持誦之者彼人得無邊福復有俱胝劫所作重罪於一剎那中速得消散若有十惡五逆破戒造惡輪迴惡趣爲下賤類不曾於法受持隨喜若遇此㡧隨喜瞻仰於剎那間令罪速滅何況持誦之者於此眞言妙法常行成就若復有人經俱胝劫供養一切佛所得福德而無有量彼持誦者及有畫㡧功德者亦復如是福德無量若復有人以香花飲食供養恒河沙數无量諸佛及諸菩薩聲聞辟支迦彼獲福果不可稱量若人於此眞言儀軌讀誦供養所獲功德亦復如是不可稱量又復若有受法弟子於此㡧前成就一切眞言行求彼聲聞辟支佛及大菩薩彼人決定速得成就

中品㡧像儀則品第五

尒時世尊釋迦牟尼佛觀彼一切大衆願樂欲聞告妙吉祥童子言我爲汝等說彼中等㡧像法則汝今諦聽善思念之無復忘失妙吉祥若使功巧之人令造綿線及制畫㡧像加持軌範種種法則並如前說上等之事今此中等所有㡧像尺量停分及彼佛菩薩聲聞等執持儀則少有不同今於㡧上先畫淨光天以頗胝迦寶爲地白眞珠瓔珞普爲嚴飾寬廣平正殊妙第一於此天中畫世尊釋迦牟尼佛坐七寶師子之座一切諸相具足莊嚴對彼人天作說法相於佛右邊畫聖妙吉祥身如紅蓮花色或恭俱摩色或如日色左肩連挂優鉢羅花頭有五髻爲童子形面戴喜色合掌恭敬坐立右膝瞻仰世尊復於

世尊左邊畫聖觀自在面如秋天滿
月諸相莊嚴具如前說復加手執白
拂拂世尊身相次畫慈氏菩薩普賢
菩薩金剛手菩薩大意菩薩善意菩
薩虛空藏菩薩除蓋障菩薩皆如觀
自在菩薩一一莊嚴又彼菩薩上畫
八佛世尊所謂開花王如來寶頂如
來毗舍浮如來羯俱忖曩如來金仙
人如來迦葉如來妙眼如來俱那含
牟尼如來彼等如來著淺紅衣右手
作施願相左手執袈裟角偏袒右肩
遍身光明諸相具足於世尊右邊近
聖妙吉祥菩薩畫大會衆復畫八辟
支佛八大聲聞名号如前其中大目
乹連與舍利弗各執白拂侍立佛邊
依次復畫欲界四天王帝釋天主夜
摩天主覩史天主樂變化天主他化
天主及色界大梵天王淨光天子乃
至色究竟天次第畫之又世尊師子
座下直至幁緣畫大海水出大寶山
近幁一角畫持誦者依彼相儀右膝
著地手執香爐志意低頭又寶山中
畫焰曼德迦忿怒明王亦如前儀復
於世尊左邊師子座下聖觀自在足
下於寶山上畫多羅菩薩坐亦如前
儀於幁上二角相近畫二淨光天子
其身白色於上空中乘雲而住作雨
花相雨下瞻蔔迦花優鉢羅花蓮花
摩梨迦花雨花馱覩迦里迦花龍花
奔曩識花妙花如是種種香花具種
種色相佛說此中等幁像於其世間
成就中等增益利樂之事若有衆生
愚暗邪迷輪迴諸趣不能知彼妙吉
祥中等幁像但造五逆十惡一切重
罪若刹那中隨喜瞻禮是諸罪業速
得清淨復令病者得愈貧者得財無
子得子若有受持讀誦書寫供養此
人得大功德於人天中受福快樂彼
人命終之後當得成於無上佛道若
有令他書寫隨喜受持供養彼人獲
福經俱胝劫說不能盡

下品幁像儀則品第六

尒時世尊釋迦牟尼佛復告妙吉祥
童子言我今說彼第三下等幁像祕
密儀則若有一切衆生懶墮懈怠不
勤修習於此幁像隨喜瞻禮亦能成
就殊勝利益若造幁法則所有修線
造幁畫像加持大體儀軌亦如前說
令此幁內先畫妙吉祥於師子座上
結跏趺坐爲童子形諸相端嚴光明
普照作說法相左邊畫聖普賢菩薩
坐優鉢羅花座右手執拂左手執如
意寶身作紫綠色右邊畫聖觀自在
菩薩右手執拂左手持蓮華徧身光
明於妙吉祥師子座下至幁緣畫金
山復於師子座右邊畫焰曼德迦忿
怒明王彼明王下畫持誦者手執香
爐亦如前說於妙吉祥上畫開花王
如來彼佛身長十六指座寶山巖猶
如樓閣彼幁四面俱有寶山幁上面
山峯令高於上虛空畫二淨光天子
一名清淨二名妙淨降雨種種香花
亦如前說儀則無別令此第三下品
幁像有大增益若諸有情經百千俱
胝劫所作諸惡重罪若能志心隨喜
瞻禮一切業障皆得消散

若復有人供養諸佛經百千俱胝劫
所得功德不及依下品幁法持誦之
者十六分中一分功德所以者何此

幰像法勢力殊妙所作所求皆得成就復能降伏梵王仙人水天日天倶吠囉天羅刹財主阿修羅王摩睺羅伽月天風天焰魔天及那羅延等以此幰像眞言皆來降伏若求息災增益吉祥無不成就若欲調伏破壞情物不得用之佛不許作

大方廣菩薩藏文殊師利根本儀軌經卷第七

大方廣菩薩藏文殊師利根本儀軌經卷第七

校勘記

一　底本，金藏廣勝寺本。三九頁中原版缺，四〇頁中至次頁中原版漫漶，以麗藏本補、換。

一　三九頁中三行「之二」，石作「之餘」。

一　三九頁中一四行第六字「若」，磧、徑、清作「善」。

一　四〇頁上一行「志意」，磧、普、南、徑、清作「至意」。下同。

一　四一頁下一四行「花菓」，徑作「草菓」。

一　四二頁下一〇行末字「功」，磧、普、南、徑、清、麗作「工」。

一　四三頁中一一行第一〇字「十」，磧作「中」。

一　四三頁下一行「修線」，磧、普、南、徑、清作「綿線」。

一　四三頁下一五行「令高」，磧、南作「今高」。

大方廣菩薩藏文殊師利根本儀軌經卷第八　府

宋西天譯經三藏朝散大夫試鴻臚少卿明教大師臣天息災奉　詔譯

第四幀像儀則品第七

尒時妙吉祥童子即從坐起繞佛三匝頂禮佛足而白佛言善哉善哉如來應供正等正覺為利益世間一切衆生善能說此正法真言一切明義令諸有情依此道法方便修習成就一切菩薩真言行當得最上菩提涅槃令此真言甚深祕密拔濟世間利益廣大若佛滅後惡世之中一切聲聞緣覺菩薩聖賢普皆隱沒是時衆生懈怠放逸不信經法親近惡友虛妄姦詐邪見顛倒若聞此法驚怖疑惑此人命終入阿鼻獄流浪生死永不解脫唯願世尊慈悲憐愍方便解說真言相應幀像儀則令諸衆生降伏其心到無畏地

尒時釋迦如來告妙吉祥童子言善哉善哉妙吉祥汝能為於末世衆生問於如來最上祕密真言行義成就幀像要妙儀則汝等諦聽當為汝說我有六字真言名微妙心是一切真言最上祕密大義藏汝等信受無復疑惑若彼衆生成就此法降伏其心決定成就佛果菩提過去七十六俱胝佛同所宣說我今為汝及末世衆生略而說之

唵引嚩引訑身切替引惹藥

唵引嚩引訑身切世引誐引娑嚩二合入

唵引嚩引訑身切欠惹藥

唵引嚩引訑身切你瑟致二合引藥

唵引嚩引訑身切捺摩諾

唵引嚩引訑身切摩曩索

尒時世尊說此真言已告妙吉祥言此六道六字微妙心真言具足大力大精進最上無等一切諸佛同所宣說最勝殊妙若此真言流布世間利樂衆生如佛住世而無有異又此法教有上中下令微妙心最上第一開菩提道入如來族成正覺乘得無上果若如來法教將欲滅時令此真言能為擁護令得久住若復有人依此軌儀志心持誦求於世間最上福德無不成就設復有人心未諦信於此

壇儀試驗建置所求之事亦得成就何況志誠依法持誦

尒時世尊說此幀像儀則真言法教為未來世五濁衆生短命貧窮懈怠癡愚不能精進修廣大行隨彼淺機而略說之先令修合白線或一兩或半兩以線織幀幀長一肘闊半肘下留少許線脚或以絹帛為幀亦得如要幀大或長二肘四肘六肘八肘至十肘亦得所有髮毛等並須去之潔淨護持無令點汙用白檀龍腦恭俱摩等香薰裛其幀然於淨潔之地安置一清淨器物以幀盛彼器中然後用白檀恭俱摩龍腦等香入無蟲淨水之內相和灑裛線幀依法安置三日作其擁護阿闍梨志心清淨於白月十五日向幀前面東坐吉祥草座誦此真言八千徧

怛你也二合他引唵引呬引呬引娑誐鍐嚩護嚕鉢馱囉尾你也合一作弱誐引阿嚩路引迦野阿嚩路引迦野給引三摩野摩努娑摩一合俱摩引羅嚕波馱哩尼摩賀引冐地薩怛

嚩(二合)緊進囉(引)野細吽頗吒頗吒阿闍梨持此眞言足已只於㡧邊眠睡如夢中見好祥瑞㡧法必成堪令畫像如所夢不祥㡧法未成復於器中取出㡧身而令陰乾其㡧乾已別用圓滿潔淨之器盛㡧在中於清淨之地祕密之處依法安置令持誦者復念六字微妙心眞言一洛叉作其擁護彼㡧決定成就滿三日後取出㡧身就三長月令畫此㡧若欲別月修建之時須就白月吉日復得吉星曜直日仍至夜半子時令彼畫人持受戒品至於天明就清淨之地燒龍腦香然令畫㡧先畫聖妙吉祥童子作小童子相頭有五髻金色嚴身體著青衣復以青仙衣披挂身上於師子座上半跏趺坐右足踏於寶座寶座之下復有白蓮華作說法相上下端嚴諸相圓滿面戴喜怒之相觀視持誦之者右邊聖普賢坐白蓮華諸相具足一切莊嚴身紫綠色著於青衣眞珠瓔珞以爲絡腋左手執如意寶珠右手執白拂妙吉祥左邊畫聖

觀自在亦坐白蓮身如中秋月色諸相具足一切莊嚴亦著青衣還以眞珠瓔珞以爲絡腋左手執白蓮華右手執金柄拂面戴善相瞻仰於妙吉祥又此所坐白蓮從池水生於一莖幹有三枝蓮華中枝白蓮華坐妙吉祥兩邊白蓮華右坐普賢左坐觀自在其蓮華莖作大綠寶色於大無熱惱池出二大龍王一名難陁二名跋難陁身作白色一切莊嚴各於頭上戴七龍頭上半如人相下半如虵形於此池中捧白蓮華莖舉頭瞻視妙吉祥菩薩其池之內無數蓮華或開未開而用莊嚴又於聖妙吉祥右邊近㡧角畫持誦者如彼相儀畫之右膝著地手執香爐瞻仰道場會又於聖妙吉祥上近㡧二角畫二天子乘雲空中往來飛行作雨花相雨下殊妙之花徧於㡧上種種開敷如前儀則所有聖妙吉祥普賢觀自在及彼執持之物兼持誦阿闍梨並須依法周足畫之如不依法闕少一事壇法不成所求無就若人無力或可隨緣

建置其法不定如所得造㡧疋帛或一尺或一肘或半肘亦得爲㡧畫人或信法或不信法或持戒或不持戒或淨或不淨亦可得畫若彼持誦者或自或他須信重佛法持戒清淨發菩提心如是彼人於眞言行必得成就若人於外道邪論及彼小乘而不樂著於此大乘信樂修習必得成於無上佛道若於白法而不信者於菩提種終無出生之用譬如焦穀求絕其芽若人信受依法持誦所有世間出世間一切眞言及諸賢聖無不成就我今所說上中下品及彼小㡧法則之事一切所求皆得成就

第一成就最上法品第八

尒時世尊釋迦牟尼佛告妙吉祥童子言我爲衆生說此廣大殊勝㡧像法則能令少善衆生成就廣大功德今欲爲汝分別較量福德業報汝今諦聽善思念之

尒時妙吉祥童子白佛言世尊善哉善哉今爲我等分別較量眞言法行所得功德唯願世尊慈悲憐愍方便

解說

尒時釋迦如來於其面門放大光明其光四色青黃赤白普照大衆復照三千大千世界一切魔王失大威力所有摩尼珠寶一切宿曜日月光明皆所映蔽而無照燭於是佛光却入面門

尒時金剛手菩薩摩訶薩在大衆中即從坐起頭面禮足白佛言世尊以何因緣放大光明普照三千一切世界必有因緣願佛爲說

世尊告言金剛手如是如是如來現瑞必有所因今爲汝等說此妙吉祥根本儀軌眞言經王令彼有情所作所求皆得成就一切平等令入法行若有信敬受持讀誦書寫禮拜以龍腦香塗香及燒香花鬘繖蓋幢幡伎樂螺鈸妙音如是隨緣供養發迴向心欲求大福或聞法教依法奉行或隨喜恭敬我與彼人皆受阿耨多羅三藐三菩提記如是放光而宣此事若有先入三昧淨持戒品受灌頂者於此儀軌王根本心眞言外心眞言或別眞言及一字眞言却曠野處以水菓子及藥等根菓用充齋食潔淨身心隨意誦前眞言三十洛叉復上山峯上面西安置前第四幀像阿闍梨面東坐吉祥草座用白檀恭俱摩香水浸白蓮華一洛叉向幀前獻釋迦牟尼佛及諸佛菩薩緣覺聲聞一切賢聖又以龍腦香諸雜名花隨緣供獻天龍神等於幀前作護摩爐如蓮華相就三長月十五日夜半子時用白檀爲柴燒火復用恭俱摩龍腦和合作團數可八千用作護摩而爲擁護時釋迦牟尼佛徧身出光猶如火聚即時阿闍梨以恭俱摩白檀水淹白蓮華獻閼伽水速繞幀三匝即頂禮一切諸佛菩薩聲聞緣覺既頂禮已即收幀受持不久之間速得神通經一彈指須過梵天界到開花佛刹得見開花王如來及無數百千菩薩供養恭敬於妙吉祥前親得聽法住彼佛會壽命一劫所持幀像亦在彼處諸佛菩薩恒爲護念諸佛法藏皆悉通達復得無量神通大力入千佛刹徧現千身與妙吉祥而爲善知識此人決定成無上覺

第二成就最上法品第九

尒時一切大衆安詳而坐世尊釋迦牟尼佛於大衆中告彼天衆言汝等諦聽聖妙吉祥童子所行結壇眞言成就法若有持誦之者能作擁護令最上祕密微妙心大明王眞言一切佛說若誦此明如誦一切眞言汝等天衆不得違犯此明王眞言若依法持誦請召降伏假使聖妙吉祥尚不敢違何況別諸菩薩能破一切障難亦能破一切世間出世間眞言令一字眞言具大精進有大勢力唯一字眞言於一切眞言中最上無畏而得第一天衆問言今此眞言云何名爲一字復有何力世尊說言今此一字能具一切義能作一切事能斷一切呪能破一切罪業亦能圓滿一切眞言於一切世間出世間眞言中而爲最上爲一切如來心圓滿一切願更無能勝此眞言者

唵引　瑟致陵三合

此爲聖者最上祕密能作一切事名爲一字明王不得違犯能藏護衆生身令一切部多不能得見無能得便爲一切佛之吉祥能成就一切眞言能作一切世間師能作一切自在心能悲愍一切有情能破壞一切障難如意所作皆得成就一切眞言先所未念亦得精熟而不忘失自著衣服誦此眞言衣上加持見者愛敬加持齒木刷牙無患白迦囉尾囉木加持七徧若用刷齒所欲之者不求自得如有眼病用其塩粖加持七徧然將點眼速得除差

若患耳病用象糞內所生菌子及吉沒迦樹葉用慢火燒燒巳去皮令温和更入塩粖都共合和一處加持七徧以藥點耳剎那中即差

若女人難產生者而受痛苦用阿吒噜沙迦藥根以無蟲淨水磨藥塗於臍上自然生下毋子俱安

若人傷刀箭悪瘡用陳酥加持八徧喫此酥兼塗瘡上彼瘡立差

若患氣病及瀉痢青塩或紅塩或別塩加持七徧然喫此塩彼病立差

若人患吐逆用麼覩龍誐藥根以無蟲淨水磨誦此眞言加持或加持一徧二徧俱得除差

又女人難產用阿濕嚩巘馱藥根以黃牛酥煎巳復用黃牛乳同磨加持二十五徧女人月水後三日喫不得邪染夫自亦然若行邪染其藥無力若所生子於毋腹內或一年二年三年五年或多年不生或被他人禁呪不生或藥法制伏不生或自有病不生或所患病進退不恒令不產生如是種種障礙生產不得以加持力皆得產生俱獲安樂若是冤家作法障㝵難生用陳酥孔雀尾加持二十七徧合和同研細研巳丸如訶子大復用白乳糖酥加持二徧然後同喫服食七日而得平善若患頭疼用烏翅加持七徧以翅拂患人頭速得安樂若男女孩子所患諸病用阿嚕謨根你梨迦根使乳汁同磨加持八百徧然後服食即得安樂

若有患瘧病或三日二日一日恒日如是悪病用乳粥與酥同和加持八百遍與喫即得安樂若値捺吉你鬼執者自口念八百遍觀視病人即得安樂若一切人所値悪鬼執者所謂摩多囉布單曩吠多拏童子鬼等加持自手八百遍以自手摩患人頂即得安樂若誦一徧自身得擁護若誦兩徧同行者得擁護若誦三徧一家得擁護誦四徧聚落得擁護若誦五徧一州得擁護如是若誦千徧一國得擁護如是皆能擁護及彼調伏一切能作若有忘失文句還得明記令此眞言雖具調伏逼害之力佛不許作恐害情物

又復建壇之法於彼無人淨處或近河岸海岸或恒河岸或別餘江河之岸所有清淨之處持誦者一日三時洗浴換衣默然乞食以菜菓爲食食巳志心念眞言三十洛叉如有祥瑞時即所求成就便於加持之處安置第一幢像排列供養或用金器或銀器或銅器或瓦器或甆器等陳列香花而用供養復令一洛叉人燃燈一

洛义用都嚕瑟(二合)香油盋内滿盛以白氎布等爲其燈心於彼像前普徧燃之照曜一切相次之閒燈出光焰猶如火聚即時空中忽有鼓聲讚言善哉持誦阿闍梨若聞此聲速向燈前獻閼伽水旋繞三匝頂禮一切諸佛賢聖即收捧燈像而作受持不久之間及燃燈之人得大神通於虛空中有一洛义一天宮來迎此人復有諸天伎樂歌舞作唱天女讚嘆復得持明輪王與彼持誦之者受於灌頂諸燃燈者種種天衣而得嚴身徧體光明喻如日出住一大劫若阿闍梨爲天輪王壽命延長得諸同行及諸天人以爲侍者身體細妙下位難見於一切賢聖之中最上最尊天人愛敬於刹那中過於梵天持一切物供養諸佛及衆菩薩天帝之德亦不可及何況別諸天人與聖妙吉祥爲善知識於未來世當得成佛

復有成就之法先須於大曠野寂靜之地離諸喧閙人物之類復有蓮華池池畔須有山於此山上所有妙吉

大方廣菩薩藏文殊師利根本儀軌經卷第八　第十三張　竹

祥儀軌經中一字眞言及諸佛菩薩所說眞言彼人隨意受持作法者食蓮華根爲齋志心誦持眞言三十六洛义課誦畢已持執前儀軌所說第一燈安置山上用蓮華白檀恭俱摩香水浸佉祢囉木柴先安置蓮華三萬六千莖於爐内以所浸佉祢囉木同作護摩若護摩畢已世尊釋迦牟尼佛像於燈中放光照持誦者照已復入燈内令持誦者得五神通入菩薩地光淨如日隨意自在壽三十六劫復過三十六洛义佛刹彼佛威力令得見三十六俱胝佛持彼教法於彼佛所而作供養與聖妙吉祥爲善知識於未來世得無上菩提究竟涅槃

大方廣菩薩藏文殊師利根本儀軌經卷第八

乙巳歲高麗國大藏都監奉
勑雕造

大方廣菩薩藏文殊師利根本儀軌經卷第八　第十四張　溪

大方廣菩薩藏文殊師利根本儀軌經卷第八

校勘記

一　底本，麗藏本。

一　四五頁中五行第八字「今」，徑作「令」。

一　四五頁下二行「志誠」，磧、普、南、徑、清作「至誠」。

一　四六頁上一二行第四字「仍」，徑作「乃」。

一　四六頁上末行「左邊」，資、磧、普、南、徑、清作「右邊」。

一　四六頁中四行「善相」，資、磧、普、南、徑、清作「喜相」。

一　四七頁中一行第一〇字「却」，諸本作「去」。

一　四七頁下一二行第五字「諸」，資、普作「請」。

一　四八頁下一九行「三十」，磧、普、南、徑、清作「至十」。

一　四九頁中五行「恭俱摩」，資、磧、

普作「恭敬摩」。

一四九頁中一三行首字「令」，南作「令」。

大方廣菩薩藏文殊師利根本儀軌經卷第九　府

西天譯經三藏朝散大夫試鴻臚少卿明教大師臣天息災奉　詔譯

第三成就最上法品第十

尒時世尊釋迦牟尼佛復説此儀軌王最上成就法若彼誦者作法之時乘船入大恒河住河中間以乳爲食誦眞言三十洛叉别諸眞言誦之皆得若誦數足見一切龍即作護摩爐如蓮華相用前第一㸃面西安置獻大供養持誦者面東坐吉祥草座以白檀恭俱摩香薰龍花復用佉禰羅木爲柴入在爐中每一龍花加持七徧而作護摩如是護摩數滿三萬作護摩時如有龍現或持香藥或持寶物而與持誦者不得受之若護摩畢已得持明輪王速具神通一切龍王皆悉降伏如同侍從隨意自在無有能勝之者壽命三十中劫覩見聖妙吉祥尋以摩頂具五神通不久當來得成佛果復有成就最上法亦於大恒河中作法先用吉祥菓木一段爲其舟船牢固造作復用吉祥菓木

爲於篙棹所用船工心須巧妙多有方便運彼舟船往來安穩恒在中流持誦者所有受持根本眞言或六字眞言三字眞言一字眞言及明王眷屬眞言爲成就法於船中面西安㸃持誦者面東持於齋戒以乳菓子藥苗藥根等爲食一日三時洗浴三時換衣默然志心於彼㸃前誦前眞言六十洛叉持誦畢已船自往於大海所用之物隨行受持入大海時不得怕怖唯持誦者一人可得迴船餘者皆否須臾之間可行百千由旬然就海中作成就法先作護摩爐如甕用佉禰羅木爲柴用白檀龍腦龍花合和爲團以瓦器内盛或大或小臨時俱得團數須滿六十洛叉加持作護摩亦然於護摩時有楞伽國住者羅叉變醜惡形復有龍宫名大冨貴彼有大龍王從龍宫出變種種身現善惡相與彼羅刹發如是言汝起汝起爲我作主如是復有阿修羅夜叉天人摩護羅伽及一切聖者發善軟言勸請令起不得便起亦不得驚怖持

誦者即誦眞言左手結祈克印祈克彼等即生怕怖尋便退散護摩作畢龍鬼既無持誦者并所有舩剎那中間往色究竟天及諸剎土往來自在發菩提心見聖妙吉祥獲得五通大力所有一切龍一切羅叉一切夜叉一切阿修羅一切天人一切衆生皆悉降伏受誦者勑復得一切諸佛菩薩聖賢慈心護念所有摩多鬼及一切鬼神不見其身何況能爲惱亂

復有成就最上法用吉祥菓木一段於恒河濰製作舟舩復令一百二十人執燈身著白衣作於擁護然將第一燈如前儀則安置獻大供養復用龍花白檀恭俱摩龍腦合和爲團數作三萬以佉祢囉木爲柴用作護摩作護摩畢已人及舟舩剎那中間往彼梵世隨意自在復見聖妙吉祥得菩薩地具大五通住壽一劫作大持明輪王彼執燈者得持明天同爲侍從常供諸佛於未來世當成正覺

復有成就最上法或於河岸海岸及大海中離於喧閙寂靜之處起壇持誦求最上法皆得成就或雪山香山香醉山阿沒祢山三峯山及有花菓樹林之處如佛所說應是山川林野深淨之處離諸雜穢衆惡之類祈樂誦持眞言法行皆得成就若南印度或於吉祥山吉祥舍利塔等亦得成就法若北印度迦濕弥羅國你波羅國迦尾尸國以次小支那國大支那國所有山林河海清淨之處皆得成就眞言行法若於聚落城邑而作法者須是國王重臣信敬佛法人民士庶孝養父母恭敬賢聖無諸外道邪見衆生如是國土於寂靜處或於舍下或於露地皆可起壇求成就法若於中天大印度內所有殑伽河岸焰母曩河岸信度河岸捺哩摩(二合)那河岸嚩訖史(二合)河岸贊捺囉(二合)婆誐河岸淨岸迦嚩哩河岸娑囉薩底河岸臬多大河岸如是勝地可得成就最上法復有勝地金剛座大塔中轉法輪處安瑞像塔中及迦毗羅城摩耶夫人生太子處鷲峯山中花氏大城俱尸那城末度囉城曲女城嚩濟你城廣嚴城如是國土聚落皆是福德吉祥勝地所作所求皆得成就若有天人住處或屍陁林或有一堂一殿安尊像處或有花菓大樹下或山頂高顯處或優樓頻螺大池上或摩嚕波國滿城中及你奔拏河恒河入處海門邊鉢囉野誐大尸陁林及佛寺塔廟一切世間殊勝之地俱獲成就最上秘密法所有邊陲之地野外無諸花菓樹木之地不得作法所有惡人集聚不律儀處暫住即得久住持誦結壇作法然不成就若佛菩薩緣覺聲聞一切聖賢經行之處最爲殊勝其阿闍梨先須於眞言儀軌法則道業並須精熟復須持戒清淨離諸貪欲智惠通達利益衆生然可依法持明結壇誦呪作於護摩所求滅罪其罪皆除所求吉祥一切成就如起首作法先面西安置燈像持誦者面東座用蟻子所運之土恒河岸上土復用白檀恭俱摩龍腦等香合和爲泥於彼燈前作一孔雀於淨地生者長吉祥草於彼燈前作如車輪形令

持誦者右手執其輪左手執孔雀於白月十五日夜幢前作大供養燒龍腦香至天明日出時彼泥孔雀變成大孔雀王輪亦出光持誦者現作天身身有光明如日初出著最上衣莊嚴於身即時頂禮諸佛菩薩旋繞幢像已即自收幢經須臾之間乘彼孔雀過於梵天有無數百千那由他俱胝天人為其眷屬自作天輪王壽命六十中劫隨意自在富貴具足無能勝者親見聖妙吉祥為善知識此人不久當得成佛

復有成就法如是所樂柱杖淨瓶齒剎絡腕雄黃眼藥刀劒弓箭鉞斧鍾種器仗等或二足四足駝騾象馬師子龍虎等或飛禽之類孔雀白鶴鸞鳳等禽用白蠟所運之土或河岸土及諸妙香合和為泥如前器仗生類隨意所樂以泥作之或坐具臥具傘蓋頭冠一切莊嚴之具亦隨意作之或是僧家所用之物數珠革屣衣鉢錫杖剪刀鉗匙等物若是錫杖刀斧等並用上好鑌鐵作之其餘之物用前香泥修製修製既成復用五淨之水洗過然用閼伽水灑淨或一字真言或別真言誦八百徧以為結淨自作擁護以次如前所說於清淨祕密之處面西安置第一幢像持誦者面東坐於彼像前獻大供養燒龍腦香誦前根本真言至於天明日出之時等於十五日夜執持所造物像志心幢出大光所有前香泥象馬及彼鸞鳳乘之即可騰空自在若刀劒器仗乃至數珠革屣等執之亦然身如日出放大光明作天輪王為一切天主壽一大劫有無數百千那由他俱胝天人為其眷屬居最上摩尼寶殿前所乘象馬等類恒自隨身具大勢力自己真言常得成就他所呪法亦能破之於自誦者作大擁護令彼阿闍梨有大勢力具大精進成廣大身得聖妙吉祥讚言善哉以手摩頂為善知識乃至當得坐菩提道場成就佛身得一切眾生尊重供養令諸有情到真實際獲不退位是故我今略說最上成就法行於最上寂靜之地建置最上第一幢像作大最上殊勝供養行大最上真言事業所以持誦者乘空自在得天輪王大菩薩位具五神通往千佛剎於聖妙吉祥前成就一切智智復能布大法雲降甘露法雨普潤世間利樂有情以最上成就法力而能現作諸佛菩薩緣覺聲聞一切賢聖如是殊勝一切所欲吉祥之事皆得成就

第四淨行觀想護摩成就法品第十一

尒時世尊釋迦牟尼佛觀察淨光天中大會之眾根機成熟純善相應告妙吉祥童子言我為汝等欲說中品幢像儀則之事有中品事業中品成就法善哉汝等諦聽善思念之

尒時妙吉祥童子白佛言世尊如來為一切世間天人師利樂有情救拔群品唯願世尊悲愍我等及末世眾生今所有法略為宣說

世尊告妙吉祥汝今諦聽若有持誦阿闍梨若能修諸梵行持戒清淨身心柔軟悲愍有情若安居處於此一切真言成就法作其觀想持誦護摩

決定不虛皆得成就如儀軌王所說
若曼拏羅阿闍梨攝受弟子令入曼
拏羅與彼灌頂所受弟子依法進修
恒入三昧身心平等智惠明達所言
誠諦離諸妄念勇猛不退恭敬孝順
不老不少於諸利養而無愛著於自
戒行亦無缺犯悲愍有情一切平等
如是之者於此眞言密行先作精熟
而後求法又此阿闍梨於妙吉祥曼
拏羅眞言密行深入無礙得大惣持
善能分別三密妙行於法界性無畏
無著人相具足生貴族家勇猛精進
善療衆病斷貪嗔癡有如是德是名
曼拏羅阿闍梨與彼爲師其行無等
若彼弟子大欲求法於妙吉祥童子
儀軌三昧深懷愛樂發恭敬心五體
投地誠心告白我今願樂求受灌頂
唯願闍梨慈悲攝受阿闍梨觀彼弟
子威儀梵行戒品身心得如前說者
即時攝受依法軌儀試驗彼等與彼
灌頂教受眞言令入三昧學祕密印
如斯堅固信樂不退即爲解說一切
眞言成就儀軌若非此人於此儀軌

不得爲說若彼弟子得阿闍梨歡喜
隨自力緣如法供養時阿闍梨教授
養育如同父子所業既就復令隨處
建置道場所有儀軌如前所說揀好
壇地無諸雜穢瓦礫骸骨清淨之處
安置幢像召請賢聖以香花燈燭種
種供養獻閼伽水獻座及發遣一日
三時洗浴著新淨衣持誦等日日如
是復次阿闍梨精進持戒審諦思惟
微妙法界深猒世間遠離幻法於諸
眞言通達無二成就甚深最上法行
自作擁護如佛所說此眞言王若人
依行必獲聖道又持誦者善能分別
三世業報於微細罪生廣大怖所有
世間呪法諸佛眞言金剛部族蓮華
部族如是法教不憚辛勤勇猛修習
學令成就如得成就於寂靜處如理
思惟志心持誦利益有情植衆德本
有如是行德而可爲師若有學者書
寫受持眞言法行作曼拏羅求受灌
頂如得成就利益無盡復自隨其緣
力供養於師以飲食衣服卧具湯藥
香花燈菓恭敬供養如供諸佛而無

有異於四威儀無令缺犯保重於師
如保己命所學成就長壽無病一切
所願皆得滿足若彼弟子尊重事師
得師歡喜所有過去現在諸佛世尊
聲聞緣覺及諸菩薩一切天人皆生
歡喜若師有德無德有梵行無梵行
不得毀謗又師自道法如法解說無
復悋惜令彼修學長養法眼使一切
衆生歸依有處如是弟子依阿闍梨
得入諸佛祕密法藏如是阿闍梨依
彼弟子傳通聖法令下善種是故師
資相應成就佛法不斷三寶相續若
無弟子付受法教恒行慈愍貧苦衆
生與彼宣說入聖法財大乘儀軌眞
言法教上中下品修行要道最上希
有難得之法漸次誘引令得修習薰
生智種而得通達最上法行依教奉
行隨處還修曼拏羅法如前儀說揀
擇勝地於恒河岸信度河岸或大海
或大野或高山或近山或深山或樹
下或林中或中國聚落如是殊勝清
淨之處志誠持誦心離散亂隨緣乞
食食已默然冥心密誦降魔息灾無

不成就若復爲人所爲之者亦須信重愛樂忍辱柔和諸根無缺人相具足一切法事次第教授令彼早起於大河中取彼河水濾過無蟲用自洗浴令身無垢復用秫香志意加持然用塗身即令入壇彼阿闍梨亦自洗浴於河岸坐復用淨土洗手二十一徧然後刷牙整頓衣服於其佛前頭面作禮以香花飲食種種供養種種讚嘆重用香花獻閼伽水獻已禮敬復自白言某甲弟子無始流浪罪業無邊身口七支其過不一今對佛前志誠發露願罪消滅如是懺悔復從坐起於彼幢前坐吉祥草座手執數珠一心持誦所誦眞言須是依師傳受文言決定即許持誦若非傳受若句義差錯及別眞言不得持誦恐不成就又此壇法有上中下今唯說中品法事誦課儀軌眞言梵韻皆作中品又所發音韻亦不得高亦不得低聲調和雅文句分明此爲中等幢像亦然過去諸佛同所宣說又每誦眞言勿令異人聽聞恐彼疑惑返成墜

墮須於寂靜之處結界安居志心持誦若持誦時於夜第四分或半夜時趺坐持誦至早辰日出以次中午獻閼伽水發遣賢聖其事訖已宣揚義理解說法句以次讀誦經典讀十地經般若波羅蜜經等如是讀誦恭敬供養投地作禮復誦根本眞言調伏諸根專心佛道即得成就最上之法復次阿闍梨若入聚落求化食時默然淨行密誦法句顧瞻道路無蟲之地而得行之所乞之舍人有道心正見重佛即得乞食若無道心邪見顚倒非因計因不得往彼恐生疑謗墜墮彼等又於聚落若見美妙色聲等境不得貪著妄生適悅如入軍陣勇猛無畏破彼强敵如遇冤家深懷嫌猒若見女人想觀不淨臭惡膿血蛆蟲爛壞如屍陁林種種枯骸深生猒離若彼愚盲生顚倒見若處執樂非淨計淨於彼女色耽著不捨業繩纏縛墮六趣中輪迴往來無有窮盡生死相續苦惱不斷譬如有人執索鞦韆往復高低繩不離手業繩亦尒六

趣昇沉業不離身如輪給水如蟻循環而無窮盡佛說女人爲苦根本由是諸苦相續而生是故行人宜心遠離若阿闍梨如爲女人喻若得病無其增益所求不成上品中品乃至下品成就之法皆不成就爲破戒罪諸佛菩薩而無護念一切眞言都無勝力人天福報少分快樂亦不可有何況眞言最上之法又若親近女人於未來世欲求菩提涅槃永不成就何以故女色壞人障聖道故譬如有人截多羅樹頭於其截處芽永不生智種亦然女刀截故善芽不發是故女人過失既深切要遠離若彼智者心不邪亂離妄清淨觀彼女色如空中花如水中月不貪不著無得無捨於曼拏羅成最上法是名曼拏羅阿闍梨清淨乞食之行

大方廣菩薩藏文殊師利根本儀軌經卷第九

大方廣菩薩藏文殊師利根本儀軌經卷第九

校勘記

一 底本，金藏廣勝寺本。

一 五一頁中一五行「寶物」，南作「實物」。

一 五一頁下一二行第二字「否」，南作「死」。

一 五二頁上末行第四字「離」，徑作「雜」。

一 五二頁中二二行「夫人」，清作「天人」。

一 五三頁上八行「那由他」，徑作「那由地」。

一 五三頁下一〇行「第十一」，石、徑、清、麗作「第十一之一」。

一 五四頁上二一行「教受」，石、磧、普、南、徑、清、麗作「教授」。

一 五四頁中一九行「爲師」，徑、清作「於師」。

一 五四頁下二二行「志誠」，磧、普、南、徑、清作「至誠」。下同。

一 五五頁上五行「志意」，磧、普、南、徑、清作「至意」。

一 五五頁中一六行第九字「遇」，資、磧、普、南、徑、清作「過」。

一 五五頁中一九行第一〇字「若」，諸本作「苦」。

一 五五頁中二一行第二字「墮」，南作「隋」；徑、清作「隨」。

大方廣菩薩藏文殊師利根本儀軌經卷第十　府

宋西天譯經三藏朝散大夫試鴻臚少卿明教大師臣天息災奉　詔譯

第四淨行觀想護摩成就法品第十一之二

如是阿闍梨於彼王城聚落乞食歸已於清淨處安置其鉢即出房外用無蟲淨水舉其左手以洗雙足足既淨已復取淨土以洗於手持誦真言七遍而為加持然用清淨器物盛新退下黃牛糞以無蟲淨水相和調合於其佛前作七曼拏羅四方平正或一肘或半肘第一曼拏羅廣闊一肘獻釋迦牟尼佛第二曼拏羅獻菩薩第三曼拏羅獻本尊真言第四曼拏羅獻辟支佛第五曼拏羅獻三寶第六曼拏羅獻一切賢聖第七曼拏羅獻一切衆生令獲利益如是儀法日日修作不得缺犯作曼拏羅已復於寂靜之處密誦真言而重懺悔懺訖而起令彼淨人於河於泉等取無蟲淨水盛淨器內一心洗手復洗頭面耳鼻等皆令潔淨然漱口三二遍持誦五遍或七遍即捧空鉢往詣流泉河澗等處如法洗鉢洗已歸院以鉢盛前所求之飯少許而供養佛及本尊法教復誦真言所受用鉢或金作銀作銅作或瓦作或樹葉皆可為其應器所持鉢飯作供養已復分一分與後來者或客人或貧苦者不得多與量力施之恐自不足減於氣力有妨持誦及焚修事若是獻佛之食自不得喫轉施貧人或飛禽等若自喫食不得傷飽持誦成患餘剩之食施諸貧苦如是佛說一切衆生以食為命皆依食住假使天人阿修羅乾闥婆龍夜叉緊那羅羅叉餓鬼毗舍左部多烏娑哆囉迦及諸星曜等未有不依食住而不食者或自然飲食或造作段食若欲界人天唯是段食若色界諸天飲食細妙以禪定為食若無色四空香為食故是佛說令諸衆生依食資身進修道法持誦法教修諸梵行恭敬聖賢孝養父母乃至無上佛道成就不難譬如有人食所資故勇猛强力誓負重擔遠行前路不以為難行者亦然身力安健上求

菩提下度有情作大利樂亦不為難是故於過去世有佛世尊名曰迦葉如來應正等覺為彼一切貧苦衆生於其飲食恒所乏少令心逼迫常受飢苦利益彼等而為宣說最上真言令得具足種種飲食消除飢病佛言一切聲聞之輩有菩提行而欲進修須假段食以支身命汝今諦聽當為汝說是時會中聲聞之衆皆大歡喜而白佛言世尊法王甚為希有慈愍衆生三界第一唯願饒益我等說此最上真言是時釋迦牟尼即受其請發迦陵頻伽聲響如雷鼓告部多衆言汝今諦聽所有十方世界現在會者二足四足多足無足及過去未來一切衆生我今利樂於彼令得飲食豐足即說往昔迦葉世尊所說真言

曩莫三滿哆沒馱引喃引阿鉢囉二合底賀哆舍引娑曩引喃怛你野二合他唵引誐誐你引誐誐曩嚩唅引阿引曩野薩哩縛二合護盧護盧三摩野摩努娑摩二合囉阿引迦里沙二合尼摩引尾楞嚩摩引尾楞嚩野體引悉弭

(二合)旦弭(引)三波(引)捺野娑嚩(二合)賀(引)

尒時迦葉世尊正等正覺說此廣大眞言法時於虛空中起大飲食雲徧覆三千大千世界於其雲中降彼種種美食令彼衆生隨意取食皆獲飽滿離諸飢苦復有渴者於其雲中降八功德水於刹那間普皆充足時彼會中一切大衆嘆未曾有何故雲中有斯美膳是佛世尊所說微妙祕密眞言威力所置我得隨喜頂戴奉行即從坐起五體投地禮足歡喜而退一面

我釋迦世尊亦爲饒益慜念衆生說此儀軌王最上眞言令彼一切飢渴衆生充足飲食若持誦者先須依法求成眞言勝妙之行於山頂上安置聖妙吉祥中品幀像以種種香花飲食獻大供養持誦者每日喫三白食或只乳食亦得即誦迦葉如來正等正覺所說眞言七洛叉然用佉祢囉溼木優曇鉢溼木吉祥菓溼木皆長一尺以酥酪蜜搵令滋潤誦前眞言作於護摩八千徧於夜半已來於其天中起黑風雲彼持誦者不得怕怖亦不得起但誦聖妙吉祥八字心眞言與彼同伴法事之者作其擁護彼黑風雲即便自散又於空中現女人相一切莊嚴光明照耀向誦者言我得成就汝上人起誦者用惹帝花香獻閼伽水作此法時女人不現如是自身與其同伴二十五人所求飲食天自雨下及隨意受用之物皆得充足持誦者獻閼伽水發遣賢聖旋繞幀像三帀畢已作禮諸佛一切菩薩

復次作虛空行等成就法如先所說種種清淨之地或山或海等地持誦者及同伴人依前儀則持誦眞言作其擁護用中品幀面西安置持誦者面東坐吉祥草座用佉祢囉木爲柴以白蓮華酥酪蜜合和爲團作八千護摩每日三時而作護摩如是至二十一日到夜半時作護摩法畢持誦者即見聖妙吉祥所求皆得或虛空中行或隱沒身形或大福長壽或王所愛敬乃至成就聲聞辟支佛菩薩之地於五神通亦得成就今此壇法有大勝力所欲皆得請召聖賢發遣神鬼呪成仙藥及無智愚迷作種種過失以眞言威力亦得解脫

復次釋迦牟尼說中品成就法如前所說清淨勝地面西安置幀像持誦者面東坐吉祥草座以香花供養廣作法事每日三時志念眞言如是數滿六洛叉念誦畢已以迦尼迦囉花白檀恭俱摩香合和爲團作百千護摩其數足已幀自振動復出光明普徧照曜不久之間得三十三天帝釋之位若以此幀頂戴受持得入三地具五神通爲生說法復至七地乃至未來得成正覺若持誦者依前儀軌作法持誦皆得成就如迦葉世尊所說眞言依法持誦所求美食八功德水決定成就隨意豐足若依妙吉祥根本儀軌結界持誦所求金銀珍寶摩尼珠寶上妙仙藥等無不成就如上儀軌法行若彼阿闍梨勤誦修習常得成就又持誦者若依法持誦所乞得者種種飲食若欲食時先供聖賢深生慙愧然可自食若有餘食送

在河中或無人淨處施諸畜類有情
施已洗鉢一心專注若是瓦鉢洗已
薰乾其餘木鉢金銀等鉢洗淨無垢
即得受用若稍不淨不得使用如佛
教勅若乞食之鉢不得雜用盛物亦
不得喫食乃至香欒菓子等皆不得
盛又諸比丘如無應器或用荷葉喫
食或用蓮華葉優鉢羅葉妙香花葉
最上花葉布羅乂葉優曇鉢葉若尼
俱陁樹葉及根莖枝條俱不得用娑
羅樹葉阿没羅樹葉波吒羅樹葉室
里沙樹葉菩提樹葉並不得於葉中
盛食喫食復有釋迦如來行住坐卧
之處所有花菓樹木並不得受用若
有違犯破自三昧離前葉外其餘樹
葉許用喫食若瓦器銅器銀器金器
水精琉璃之器及鐵石等器皆得喫
食又若蓮華若諸樹葉或以供養諸
佛菩薩及聲聞緣覺者亦不得用若
持誦者如前所說樹葉及供獻佛衆
聖者花葉樹葉並不得受用喫食若
有求法持誦者受用供佛之葉喫食
之時下品成就之法決定不成何況
中品上品吉祥增益息災降伏一切
所願之事定不成就若有樂修淨行
精勤持戒得成就一切眞言者許共
同食若非此輩不得同食亦不得手
相招喚往來同食如所乞之食雖少
須作豊足之想若諸持誦之者依此
儀軌如是而行於一切眞言求成就
法如觀掌中必得成就汝等諦聽我
今復說潔淨眞言威力廣大若持誦
者念此眞言七徧所有一切飲食以
手按之成潔淨食可得自喫天人及
部多衆於彼身上以手摩觸按之皆
成潔淨眞言曰
曩莫三滿哆没馱引喃引阿鉢囉二合
底賀哆舍引娑曩引喃引怛你野二合
他引唵引薩里嚩二合緊唧沙曩引舍
你曩引舍野曩引舍野薩里嚩二合
訥瑟吒二合鉢囉二合喻訖旦二合三摩野
努娑摩二合囉吽弱娑嚩二合引賀
此眞言若喫食已復誦七徧以手摩
觸自身及頭頂上然經須刻之間於
彼㡧前讀誦一切經典佛母般若經
聖月燈經三摩地經十地經金光明
經孔雀王經寶幢陁羅尼經如是等
經早辰讀誦至於午時隨讀多少即
時迴向收經按上以淨衣蓋覆作禮
經卷往於河岸手捻淨土誦此眞言
七徧然後洗浴復說眞言曰
曩莫三滿哆没馱引喃引阿鉢囉二合
底賀哆舍引娑曩引喃引怛你野二合
他引唵引薩里嚩二合訥瑟站引二合鉢囉二合
訥瑟站二合娑旦二合婆野吽印你達囉
達里尼俱摩囉吉里二合拏嚕閉尼滿
馱滿馱三摩野摩努娑摩二合囉頗吒
娑嚩二合引賀
今此眞言於曼拏羅能結界擁護降
伏一切障難若以線上加持七徧繫
在身上一切處行作一切事皆得擁
護若結五髻大印誦一洛叉所求之
事無不成就若以瞿摩夷淨土用無
蟲水持誦者洗浴身上及塗壇地兼
所用器物並成潔淨不得用不流死
水惡水亦不得戲論衆生又須觀想
自身為苦為空無常無我無主無宰
無救無歸輪迴無已深懷苦想如入
深水一心專注若離此觀如鴛鴦去

伴恒增痛苦又彼誦者恒須觀想諸
佛境界七寶蓮池青黃赤白蓮花荷
葉滿池開敷於池四邊種種嚴飾世
尊於彼坐師子座金色光明圓滿相
好悉皆具足於佛右邊有聖妙吉祥
諸相莊嚴坐蓮花座手執白拂或坐
或立或紅或白或金色如是觀想彼
佛左邊有聖觀自在如中秋月色手
執白拂復有八菩薩慈氏普賢地藏
虛空藏除蓋障滅罪金剛手妙財并
前為十菩薩右邊八辟支佛贊那曩
辟支佛巘摩那曩辟支佛計都辟支
佛妣計都辟支佛白計都辟支佛哩
瑟吒辟支佛烏波哩瑟吒辟支佛你
弥辟支佛及八大聲聞大目乾連舍
利弗憍梵波提賓頭盧頗羅墮畢陵
伽婆娑羅賒羅大迦葉阿難陁如是
觀想又彼大聲聞相近有無邊比丘
衆於辟支佛相近有無邊辟支佛衆
八大菩薩相近有無邊菩薩衆乃至
大衆徧虛空界如是作其觀想又持
誦者復觀自身在池水之中水至於
臍以天上人間種種名花曼陁羅花

大曼陁羅花馱覩瑟迦里花雨花印
你嚩囉花蓮花大蓮花如是之花積
如妙高山及種種幢幡寶蓋天衣妙
香燃百千那由他俱胝燈而用供養
一切諸佛及諸菩薩聲聞緣覺兼與
一切衆生施食供養復想世尊眉間
放白毫光照一切有情若持誦者如
是依法儀軌作此觀行不久成就菩
提大果又佛說此觀行法則利益一
切衆生於持誦者勝行第一又如佛
說三種曼拏羅三品成就法三等幢
像儀則彼持誦者依法次第審用淨
心作其觀想能斷一切根隨煩惱然
後獻閼伽水發遣賢聖復想自身却
出水中方得觀行周圓汝誦真言者
恒令修習無復忘失若欲持誦如前
儀軌還於淨處安排幢像結界請召
供養加持作護摩求其擁護一如前
說令此儀中更令讚嘆諸佛菩薩賢
聖若欲大小便利遠離壇場無風密
處向日面東夜間面南亦不得思惟
佛法等事非潔淨處如是事訖用淨
土無蟲淨水洗手誦前真言三十徧

小便誦七徧或韈鼻湊唾去壇不近
不遠亦須洗淨兩手然於每日洗足
先洗右足後洗左足不得兩足相觸
然以塗香結淨又持誦者復有五種
清淨第一身業清淨第二口業清淨
第三意業清淨第四行真實清淨第
五說真實清淨法復能通達微妙第
一甚深之法遠離殺生偷盜邪婬妄
語惡口兩舌貪瞋邪見破戒非法若
行非法殺生偷盜愚癡邪見謗毀正
法是人永劫墮彼焰魔羅界為傍生
餓鬼或入黑繩等活乃至阿鼻大地
獄中受種種大苦設得人身諸根不
具愚迷闇鈍何能成就最上之法是
故持誦之者遠離諸惡親近善友依
法勤修於諸真言必得成就最上之
法

又此儀軌有上中下若持誦者一一
依其儀軌志心行法法事和合人法
具足所求之事一切成就又真言之
行所成之果全在儀軌儀軌圓滿是
事相應即真言有力功利殊常所欲
所求決定成就雖誦真言若虧儀軌

行不相應即眞言法無其勝用若求大果必不成就又此三品儀軌一一依法不得雜用若上品中用中品儀若中品内用上品法若下品中行中品事若下品中行上品法如是手有雜用三品所求皆不成就若彼行者起首作法如法行儀如儀作法心無二緣是行正法成就眞言復能利樂一切衆生若異此儀而行於法法成非法眞言不成行有唐捐福無所獲過去諸佛說此三昧福利群生若彼佛子於此儀軌王善能通達依法持誦即眞言相爲菩提道此人不久而坐道塲圓成大覺復次誦法之者於眞言法則深妙之事祕密之行雖得成就亦湏恒持戒品長作禪觀不斷持誦如壇法未成闕少供物可得暫住壇法周足勇猛精進課誦相續三昧不間累刼之罪而得除滅一切衆生皆獲功德譬如大轉輪王一切財寶悉皆具足隨意受用而無有盡今此眞言如來所說一切功德皆悉具足隨諸有情利樂無盡

大方廣菩薩藏文殊師利根本儀軌經卷第十

乙巳歲高麗國大藏都監奉
勅雕造

大方廣菩薩藏文殊師利根本儀軌經卷第十　校勘記

一　底本，麗藏本。

一　五七頁上三行「第十一之二」，磧、普、南作「第十二之二」。

一　五七頁中一六行「欲界」，資作「飲界」。

一　五七頁中二二行「誓負」，資、磧、普、南、徑、清作「擔負」。

一　五七頁下九行「皆大」，磧、普、徑、清作「廣大」。

一　五八頁上一〇行第六字「置」，南作「致」。

一　五八頁下七行「志念」，磧、普、南、徑、清作「至念」。

大方廣菩薩藏文殊師利根本儀軌經卷第十一　羅

西天譯經三藏朝散大夫試鴻臚少卿明教大師臣天息災奉　詔譯

數珠儀則品第十二

尒時世尊釋迦牟尼觀察諸淨光天衆告妙吉祥童子言妙吉祥汝今諦聽明真言行修行行人爲一切有情持誦真言及諸經法平等成就法數珠儀則一切真言汝當諦聽深心諦受

尒時妙吉祥童子聞是說已白世尊言善哉世尊願爲說彼一切真言行當令諸修行人及一切有情聞如是已皆悉能令獲得三昧

尒時世尊告妙吉祥童子言妙吉祥諦聽諦聽我今爲汝分別廣說所有一切樂真言行諸有情等若能清淨受持一心專精於一切義皆得成就我今說最初真言曰

曩莫三滿哆沒馱引喃引阿進怛野二合引訥部二合哆嚕閉詖引怛你也二合他引唵引俱嚕俱嚕薩哩嚩二合引囉他二合引娑引馱野娑馱野薩哩嚩二合

努瑟吒二合尾謨引賀你誐誐曩引末羅濕吠二合引尾戍引馱野娑嚩二合引賀引

此真言若有行人凡欲造作數珠一切諸事所求清淨至於鑽磨貫穿種種受持凡所作事皆悉成就初覩珠樹將欲收取先當加持彼樹及擁護自身須專注誠心念此真言三十七徧然於樹下眠宿一夜以求前相善惡之應彼人若於夢中見彼非人現醜惡相彼持課人如實知已復更日日於晨朝時往彼樹下瞻觀或更不見彼欲所採之珠此者乃是大不吉相彼持課人速當遠離彼樹往詣別處求吉祥樹珠樹數種第一金剛子第二印捺囉子第三菩提子第四摠子及別樹等子具足者若得此等諸子樹已當先使同行人上樹若無同行人當自上樹選最上枝有子具足者念前真言加持之彼上樹人每上樹時心不迷倒乃至身及杪枝直至收得其子此爲最上珠我說此珠爲最上用得最上法成就若至中枝獲

大方廣菩薩藏文殊師利根本儀軌經卷第十一　第二張　羅

中等珠得中法成就若至下枝獲下珠者當成就最下果報其子若是瘦屑及有蟲蝕皆不堪用若得西枝子爲珠者得法成就當獲財富若得北枝子爲珠者當得聖賢愛重夜叉及一切部多皆悉降伏至於天人乃至乾闥婆緊那羅羅剎等皆悉降伏若依儀軌作諸事業一切正事皆得增益復得一切成就所求皆得若得東枝復見彼枝有果見在若得彼子爲珠者凡所修行持課行人得持明成就作種種事皆得圓滿專心受持亦獲長壽若得南枝長而無菓彼雖有子不可爲珠若爲珠者害衆生命故彼持課人當一心遠離彼南枝若不長及有菓彼或有子堪爲珠者彼持課人亦須捨離何以故猶能殺寃家故若捨而不取乃獲福無量若得下枝長而下指乃至入地彼枝有子得爲珠者彼持課人當依儀軌專注受持念誦者凡是地中山間所有空窟有修羅住處是持課人皆悉能入与修羅男女同住於修羅宮中經於一

大方廣菩薩藏文殊師利根本儀軌經卷第十一　第三張　羅

刧受最上快樂初於樹上得珠子已下樹之時彼持課人誦前眞言而作擁護當求清淨之處次第成作或自或他隨心所欲隨彼遠近樂住之處或恒住處將欲辦造宜先一一清潔身心專注然執取珠子鑚持磨瑩一一逐件各念眞言或三徧或五徧或二十一徧誦眞言已智者説言令爲其事一一言述呪願畢已乃得珠體清淨復令童女合線而用五色絲合色如花鬘或三合或五合隨珠所受當須緊合智者選子切須匀好不得朽損及与缺減並須圓滿仍細爲上彼菩提子金剛子印捺羅子穂子等及用別子一一揀選殊妙上等彼持課人要當一心專注成辦此外或用金銀眞珠水精硨磲瑪瑙及以珊瑚種種諸寶或用最上摩尼寶等必須圓滿肥潤勿令缺減凡貫穿時攝心專注不得散亂珠成之後所有求願疾得靈應若無前來諸色樹子珎寶等物秖用吉祥草結作亦得珠數不定亦有三品上品一百八中品五十

四下品二十七別有最上品當用一千八十爲數復有用金銀銅鐵鍮石鈆錫等鑄或一種二種三種鑄成唯求堅牢圓滿勿令缺減仍須光明瑩淨如寶瓔珞凡持課行人當須持戒清淨然更就長流河水及別淨水清淨澡浴竟然將數珠先以淨土揩摩後用水洗然後復用五香水洗復以上妙塗香及上色白栴檀香及恭俱摩等香水摩拭竟彼持課行人將此珠就諸佛像處其佛像或塑或畫當求最上嚴飾第一等像釋迦牟尼佛人天之師依於佛言結其地界安置佛像於彼佛前端身正坐一心專注誦眞言一千八十徧或一百八徧以兩手捧奉上本師釋迦牟尼佛奉獻佛竟秖於佛前安置此珠放此珠時如圓壇相或如虵盤相纏相彼持課行人至夜秖於佛前地上布草眠宿以求前相若於夢中得見佛及辟支佛聲聞等相彼人所求決定成就若見童子及見幼小童子種種相貌復得施獻數珠彼持課人於陁羅尼

得一切成就或別見善相而於所求一切易得

大方廣菩薩藏文殊師利根本儀軌經護摩品第十三

尒時世尊釋迦牟尼佛復觀察諸淨光天衆告妙吉祥童子言妙吉祥今當廣説妙眞言句護摩等事最上儀則若有依行得持明成就所有安居火天微妙諸行最上儀則我今當説云何彼一切行人持明修行等事我今先説秘密火心眞言曰

唵烏底瑟姹二合賀哩冰誐羅路呬哆引乞乂二合捺呬捺那引波野吽發吒發吒薩哩嚩尾覲曩二合曩舍野薩嚩二合賀引

妙吉祥此是火天最上心明若有所作欲得一切成就常當先須持念此大火天心明三加持酥作護摩事請於火天必能來降若有行人依法修行作三種事所謂息災增益降伏等事所使乾濕柴木長短厚薄用不用法凡息災法當用無憂樹柴其柴可長一尺二尺厚可三指仍須潤澤依

法使用必獲吉祥若是枯朽及与半燒兼或蟲蝕皆不堪用或使葉者須得緑色及白色者若是黑色及有半燒蟲竅等亦不可使用作護摩爐亦不得太高凡作爐處須選勝地清淨之處或就山間或河岸邊或安居地或寒林或空舍並可為作或是深山頂空伽藍大曠野處亦得此等處是諸佛如來所說最上修行之處選得處已其地先須掘深一肘或三四肘已來除去其中一切不祥之物若是一生清淨之地無諸雜穢秖掘一肘已來更求好土用填其內其爐秖闊二肘或圓或方或半月搡周迴泥飾作蓮華緣於中間安三股金剛杵安置杵已仍備一切護摩所用之物復作草座薦去壇一肘安置持課行人於薦上坐作護摩事彼人求最上事速成就者先須自心決定不生疑慮若作息災當面東坐作增益者當面北坐若作降伏當面南坐彼持課人若欲所作成就者常須持誦勿令間斷作護摩時使用尾羅樹柴阿哩迦

柴布羅乂柴你乞嚕馱柴如上諸木皆須潤濕為息災增益等用若作降伏用乾枯者若阿摩樹柴及一頭尖者一切皆不得用若作增益息災等事無濕柴者即用乾者用時即使軟嫩青吉祥草周徧纏裹緑色柔潤如孔雀頸如是法則以為恒式其草若赤及乾枯者亦不得用若使用者我說此人獲無量罪作護摩時求恒常清淨無蟲之水以為灑淨當周徧灑三匝已著火天處復以草一握已來為一束著近手處要點火其末蓋菓得口吹及用觸衣觸葉及用手等扇火須用扇子及清淨衣物扇火其火著已持課行人為護摩等引三徧時得灑淨以右手作護摩取團食三擲并酥乳食等擲獻已誦根本真言礼本師釋迦牟尼佛及一切佛隨意作礼次持誦火天心真言一七徧請彼火天復以上妙香花獻請彼持誦人与智者坐位坐更不別用真言先以稻穀花蜜酪等相和揾濕柴三片作護摩火天若為增益事及真言事當

揾兩頭將欲作法事誦真言或一洛乂或一千八或一百八自初起首持誦一誦一擲柴物入火直至數滿不得間斷所使柴及酪乳蜜等須預備辦臨事不得闕用作護摩者先須知火煙焰色相吉祥成就不成就法若作息災護摩者火焰熾盛復一聚者兼得無煙者是吉祥相增益亦然有煙者降伏法非吉祥相佛所不讃若是息災得火焰白色是最上吉祥之相所作成就得真言成就若赤色者得增益成就若是煙作赤黑色者亦得三種成就若作雲色及種種相彼所作事及真言皆不能成就其火焰熾盛時於中或見大地色及種種相復如初起首依法復作持誦及護摩等如吉相現當得真言成就先所說曼拏羅儀則及作護摩請召發遣火天等事所有真言皆是過去諸佛如來親所宣說若有行人能於彼佛像前以猛利心不生疑慮誦彼真言如數滿足決定成就彼持課行人若是身邊先有世間一切罪業不清淨事

佛未加護當須重重懺謝誠心持誦後必能成就若於像前心不間斷恒時持誦或作護摩一切前事皆悉能知當來獲得菩薩位及五通天轉輪聖王等亦得為地下王亦得為虛空長壽抱軌(切身)天及得夜叉夜叉女及阿修羅衆降伏及能調伏諸鬼神等及得諸大天乃至菩薩摩訶薩十地之位彼持課行人若恒持誦不間斷及作護摩者而於世間所作成就至於增益息灾降伏三種之事決定獲得最上成就得見果報中下品事不為難也彼行人作護摩時當結五髻印誦枳世你真言作一切事擁護自身誦此真言七徧或八徧此為恒式真言曰

曩莫薩哩嚩(二合)没駄冐地薩怛嚩(二合引)曩(引)摩鉢囉(二合)底賀哆誐靜(切身)誐哆(引)喃(引)怛他(切身)他(引)唵(引)入嚩(二合)囉底瑟姹(二合)吽(牛鳴音字)嚕嚕尾濕嚩(二合)三婆嚩　三婆吠(引)娑嚩(二合引)賀(引)

此真言用加持柴及花香塗香一切護摩物等二徧或七徧擲入火爐一誦一擲乃至灑淨水亦須加持凡所作念誦護摩一切諸事依起首次第不失當來成就先結五髻大印及誦枳世你眞言而作擁護起首誦持當獲一切成就智若或得見祥瑞及妙善聲彼人得成就眞言施願彼諸行人先所求事作誦持々眞言者彼人當得一切成就若護摩中得鼓音殊勝妙聲彼持誦人得說護摩事一切處成就若復有祥瑞殊勝妙音飛禽種種聲相我說此聲是善吉祥復聞諸天適悅種種言音及現天蓋幢幡天女莊嚴之相及得閼伽滿瓶之瑞乃至復見世間最上無數色相此是種種眞言法成就之相

大方廣菩薩藏文殊師利根本儀軌經曼拏羅成就法大輪一字明王畫像儀則品第十四

尒時世尊復觀察淨光天衆告妙吉祥童子言汝妙吉祥有秘密明成就法是一切眞言中大眞言智如來法藏法雲入一切眞言自性虛空於世間出世間為最上師妙吉祥譬如如來正等正覺調御丈夫天人師佛世尊於一切有情中為最尊第一之師童子如是一切眞言中此明王為第一乃是過去恒河沙等無數如來最上之說佛世尊寶幢如來內心最上秘密一切吉祥法諸佛讚歎能施一切衆生無畏滅一切罪令一切衆生所願圓滿云何世尊釋迦牟尼眉間毫相放大光明請召十方一切如來彼光所照十方上下一切佛剎彼中依住一切衆生蒙光所照皆受快樂其光復還入世尊釋迦牟尼佛頂世尊頂上大光焰相普徧照耀一切衆生出忿怒大力種種色相圓光莊嚴身大輪一字王明王出已光照一切虛空上下一切明王復有百千俱胝那由他眷屬圍繞以一切世間出世間供養奉獻讚歎大輪明王為一切眞言力安住一切佛安住一切十地菩薩以最上寶滿一切虛空上下悉皆莊嚴復以大摩尼寶莊嚴身化百千俱胝那由他種種相光淨端嚴自稱說一字聲放大光明焰大光明於

世尊釋迦牟尼佛上面前虛空中瞻敬而住而彼光明照淨光天一切大衆

尒時世尊釋迦牟尼佛言我此大輪一字明是一切寶幢如來內心冣上秘密能於彼佛像前以猛利心不生疑慮誦彼眞言如數滿足決定成就彼持課行人若是身邊先有世間一切罪業不清淨事佛未加護當須重重懺謝誠心持誦後必能得成就若於像前心不間斷恒時持誦或作護摩一切前事皆悉能知當來獲得菩薩位及五通天轉輪聖王等亦得爲地下主亦得爲虛空長壽抱𩨨(切身)天及得夜叉夜叉女及阿修羅衆降伏及能調伏諸鬼神等及得諸大天乃至菩薩摩訶薩十地之位彼持課行人若恒持誦不間斷及作護摩者而於世間所作成就至於增益息災降伏三種之事決定獲得冣上成就得見果報中下品事不爲難也彼行人作護摩時當結五髻印誦枳世你眞言作一切事擁護自身誦此眞言七徧或八徧此爲恒式眞言曰

曩莫薩哩嚩(二合)沒馱冐地薩怛嚩(二合引)曩(引)摩鉢囉(二合)底賀哆誐[illegible](切身)誐哆(引)喃(引)怛他(切身)他(引)唵(引)入嚩(二合)羅底瑟吒(二合)吽(半音為呼)嚕嚕尾濕嚩(二合)三婆嚩三婆吠(引)娑嚩(二合引)賀(引)

此眞言用加持柴及花香塗香一切擁護我於一切寶幢如來處得彼娑陵捺囉王佛無量壽佛努鉢囉娑賀佛妙眼佛妙幢佛花王佛蘇閉那多佛路迦牟尼佛金光佛等及一切過去應正等覺悉皆隨喜宣說彼一字大輪明彼明去何所謂 唵部林(二合)

妙吉祥此是一切如來第一微妙內心名大吉祥大輪一字明若有求者得一切眞言成就汝妙吉祥此冣上儀軌王是一切眞言冣上秘密勑若持誦者所有一切業障皆得清淨誦者當先誦三洛叉徧數滿足時童子汝此儀軌王於一切世出世一切法一切眞言儀軌皆得成就若作擁護能隱身入一切部多中無所障礙於世間出世間不能爲害

尒時世尊釋迦牟尼佛說是大輪一字明王持誦儀軌時三千大千一切世界六種震動光照一切佛剎彼諸佛剎一切如來悉皆集會彼淨光天衆會而坐彼一切佛剎所有衆生之類光所照者得大福德及得聲聞辟支佛乃至令得菩薩十地不退轉位乃至無上正等正覺復有無量無邊世界無數衆生在於地獄餓鬼傍生苦趣住者蒙彼大明王大光明所照觸者皆得苦惱解脫受大快樂歡喜無量當來決定獲得三乘之位

尒時世尊釋迦牟尼佛復觀察彼大衆告妙吉祥童子言童子諦聽此大輪明王有大力勢一切無畏凡持誦行人所願圓滿得入一切眞言法廣大儀軌能得一切眞言成就能令衆生具足平等有大精進解諸方便成冣上智趣於菩提坐於道場得大涅盤

復次說廣大畫像儀則曼拏羅成就法若有如前安住眞言行人求成就大輪明王未曾有法於一切眞言冣

上自在有大力勢能滿一切所願能
破壞世間一切災難如佛現世若求
中下品事一切成就得大安樂極善
寂靜破諸罪業童子此大輪明王於
諸世間是天中天最上佛日名一切
法自性智眞如際最上儀軌凡所行
人宜應諦受若欲畫者先當以正心
專注求最上白氎勻細新好鮮白無
垢凡蠶絲所織皆不得用其氎闊一
肘長二肘若無當用樹皮無蟲蝕者
所求畫人必須長者清淨之士不得
酬價所索便与起首畫日須就三長
月吉祥之日畫人當先沐浴清淨著
鮮潔衣內外相應淳善專注仍与受
三歸五戒然後起首先畫本尊佛相
身如金色圓光周徧坐於大寶山大
寶龕中廣博相稱而用眞珠雜寶瓔
珞寶鬘莊嚴周徧內外衆寶嚴飾於
佛頂上獨畫繖蓋以衆寶莊嚴蓋上
畫二飛仙持蓋於佛右邊畫於行人
其寶山根下周迴四面畫大海水山
從海出像前周徧畫曇曩誐枳娑羅花
奔曩誐花嚩俱羅花瑜體迦花摩羅
迦花俱蘇摩花必哩焰盧花俱嚕嚩
花印捺嚩藍花爍誐地花奔拏哩迦
等種種花卉復以如是等花及衆妙
香和合作閼伽奉獻供養所畫本尊
當如迦尼迦花瞻蔔迦花色相具足
或如金色殊妙無比或畫寶勝佛或
畫大福最上寶幢牟尼佛得一切法
寶自在佛於大寶山大寶龕中結跏
趺坐用優鉢羅花莊嚴寶龕彼佛面
相慈悲端嚴作說法印施無畏相於
龕外畫持誦人偏袒右肩右膝著地
手執香鑪瞻仰供養山根四面畫大
海水山從海出此畫像彼持誦人當
依儀則如法念誦作彼增益所求皆
得

我今說彼曼拏羅天彼持誦人若持
誦時皆悉能解所持誦眞言恒須精
熟及得灌頂眞言儀軌妙吉祥此所
說曼拏羅具足受灌頂法此灌頂曼
拏羅一切眞言皆能知解恒時持誦
擁護自身及擁護同行之人灌頂大
師阿闍梨必須戒行具足有大智慧
具福德相身心柔軟悲愍含識恒爲
一切有情說於大乘凡所攝受弟子
不過八人多即遠離如前所說曼拏
羅儀軌皆是一切如來之所宣說汝
須敬重常所修行

大方廣菩薩藏文殊師利根本儀軌經卷第十一

乙巳歲高麗國大藏都監奉
勅雕造

大方廣菩薩藏文殊師利根本儀軌經卷第十一

校勘記

一　底本，麗藏本。

一　六二頁上一八行首字「我」，資作「成」。

一　六二頁中七行「收取」，清作「放取」。

一　六二頁中一四行首字「相」，石作「祥」。

一　六三頁上五行「清潔」，徑作「清淨」。

一　六三頁上一五行「揀選」，石作「棟選」。

一　六三頁下三行品名上經名「大方廣菩薩藏文殊師利根本儀軌經」，徑、清無。下品名例同。

一　六三頁下末行「二尺」，磧作「二火」。

一　六四頁下四行第八字「酪」，資、磧、南、徑、清作「酥」。

一　六四頁下八行「無煙者」，徑作「無焰者」。

一　六五頁上末行第六字「持」，資、磧、作「特」。

一　六五頁中四行「五髻」，資、磧作「五結」。

一　六五頁中一九行「第十四」，石作「第十四之一」。

一　六六頁上五行「一字」，南作「二字」。

一　六六頁上六行第三字至本頁中八行第二字「能……護」，石無。

一　六六頁下一〇行「苦趣」，資、磧作「若趣」。

大方廣菩薩藏文殊師利根本儀軌經卷第十二 羅

西天譯經三藏朝散大夫試鴻臚少卿明教大師臣天息災奉　詔譯

大輪明王畫像儀則曼拏羅成就法品第十四之餘

妙吉祥我今更說粉壇曼拏羅可二肘作或四肘或八肘不越此儀如前法度求河岸山頂及別最上清淨之處掌畫壇位作四方相開四門四隅四緣方停端正以五色粉作或間雜五色種種色相微妙莊嚴彼同事人當須懇懃專注心無煩惱無罪業行如法知事恒誦持者默然依法起首若作息災增益當於中心粉作大寶山大寶龕龕中作大寶光幢如來結跏趺坐轉法輪相於像前作三重供養及作光焰印如法莊嚴用彼光焰普徧蓋覆晃耀皆滿於中所粉本尊三界大師如日初出喻恭俱摩花色如輪王相頭戴寶冠身著天衣及種種殊妙花鬘莊嚴作大笑面如大精進大力那羅延天妙色端嚴非老非少右手作覩縛俱羅花左手持光焰熾盛輪坐大寶山座翹一足垂一足有光周徧火焰如火熾盛復如風吹如是莊嚴已彼持誦人於此像前所有求願一切成就及得一切眞言成就至於諸有情等若有煩惱及五逆罪犯諸禁戒諸無智人造一切罪若依法脩行皆得解脫若得見曼拏羅及持輪天尊於一剎那間處心隨喜者一切重罪皆得消滅於曼拏羅東門作芭蕉等莊嚴及作門額於門外誦眞言作灑淨及獻菓食香燈及五香花鬘等皆最上精潔處心鄭重於天尊前安最上殊勝賢瓶不得觸動彼護摩爐如前儀則安置然作護摩事所用柴當用佉你囉木波羅舍木吉祥木優曇鉢羅木阿哩迦木阿波末哩誐木等為柴作八千片或一千八十復以胡麻及稻穀花烏酪相和訖作護摩事彼行人就吉祥星日先當澡浴著新淨衣食三白食如是清淨已然作護摩誦大輪一字明及作法事依法滿足所求大願悉皆獲得大力具足一切無畏若末劫時持誦行人恒持誦者於世間及出世間一

切事皆得成就是大明力得大精進乃至十力者及梵天帝釋護世等那羅延天日月天等至於夜叉羅剎摩睺羅緊那羅誐嚕拏摩多囉人及仙人一切有情所說眞言皆得成就彼如是等此中請召皆悉集會若誦此大輪一字明王能降伏一切部多能召一切賢聖能得一切善師及得一切有情信樂若依法行如法畫像求河岸山頂最清淨處安置若欲作息災增益者凡是所用並先安置持誦者於此像前面東於草座上坐專心持誦不得散亂持誦聲不得太高亦不得太低若降伏部多速得成就若慈心悲愍世間有情所有憂苦逼迫無主無依及在惡趣輪迴諸苦者為作救護皆得成就但於像前一心思惟想作人間所有最上供養而奉獻之復於像前依法作護摩事以清淨園食與白檀龍腦恭俱摩等香合和作一百八團以此食擲於火中而作供養每一團一擲一誦眞言以佉你囉木鉢洛叉木他(切身)誐嚕駄木波羅

舍木以此等木爲柴若無此等木可用別木凡是蟲蝕及乾枯爛木皆不得用一切有刺木亦不得用若用者自獲重罪此廣說一字眞言儀軌於一切眞言中最上於一切事使用得成無疑至於請召此皆召得若護摩事當用不洛乂優曇鉢羅尼俱陁等柴酥蜜酪等搵柴兩頭專心作護摩當爲王家作護國事若爲求生天作護摩者當用恭俱摩及白檀等若求爲持明天主作護摩者用蓮花三十六洛乂作護摩後復作閼伽獻佛若得彼佛像上徧有光焰者於彼必得爲主乃至得生梵天及色究竟天乃至阿修羅中此後一切聖人中恒得爲主能破壞一切部多等以精進力大堅固力得法成就於持明天中恒得爲王壽命一劫命終之後決定趣於無上菩提

又復有法略說若用白蓮花白檀同作護摩一百洛乂數滿切成決定得見寶幢佛得見佛已得五神通獲得長壽住一大劫時得近佛復得見無

量世界諸佛於彼佛所恒作供養与佛同居復有大寶世界彼有世尊号最上牟尼最上第一寶幢如來於中而住彼持誦者得住彼中決定無疑

又復有最上法是如來最上之說用曩識枳婆羅花及龍腦白檀恭俱摩等和合持誦者作護摩七十八洛乂作護摩後所欲召請皆得來至得天歡喜所求皆得彼持誦人得佛摩頂於摩頂間證七地菩薩位名眞佛子得授記已決證菩提彼有知見皆從佛智修一切眞言行作大供養得五神通於一念間作眞言王具種種相亦令他人具一切相樂法供養於一剎那中發菩提心於諸佛剎百千世界皆能得到得見彼佛及諸菩薩親近供養得聞法要

又復有法若有行人以清淨心專注誠諦以金銀器或銅瓦器盛酥燃燈滿一洛乂數定百千不剩不少唯以男子爲同執事不得使女人執事彼燈一一執持於佛大輪王前供養奉獻一一皆徧每一燈誦眞言一徧不

得少剩如是供養竟於剎那間得所求成就聞鼓音普徧吼聲有無數天衆及佛菩薩住虛空中讚言善哉善哉汝誠智者善能修行汝定不復沉淪苦海獲大安樂寂靜無畏最上清淨八正之道善者所行汝已能行必趣涅槃成於佛道

復有法修眞言行求大輪一字相正覺所說是最上行大智法用你摩樹木作三股金剛杵兩頭中間作其停分常時安置像前若持誦時執持一心專注滿十六洛乂或八洛乂誦數滿已得法成就若得彼奉獻供養及金剛杵上徧有光焰熾盛者彼持誦人能往梵世及別天界於一切聖人中得爲主宰得爲持明天及得天上轉輪王等得轉自身作種種相妙色端嚴得延壽命住十中劫受尊勝快樂又復以菩提心修平等行遠離苦趣一切罪業得爲聖天命終之後復來人間亦受大快樂若是依法修行精進不退決定當證菩提之果

復有種種法若爲人作持誦供養修

此大輪王廣大儀軌者或求帝釋轉輪聖王持明天等諸殊勝事當誠心專注一切成就若已得先行法成就者於一夜中結跏趺坐持誦不斷直至早晨者彼人得五神通若於屍陁林中守不壞屍專心持誦一字明一夜不間斷若早晨得所作成就又復若於屍陁林中持誦忿怒大力一字明王六箇月得法成就者所求願滿又復欲成就一切莊嚴具者所謂白傘蓋革屣耳環瓔珞腕釧乃至衣鹿皮衣天衣淨瓶齒木及兜鍪鎧甲寶鈿寶帶乃至數珠蓮花等世間一切莊嚴皆得成就但於像前安伴種種物等乃至寶莊嚴諸器仗等當灑淨持誦八洛叉徧若得前件種種之物皆有光焰出觸持誦人者是法得最上成就隨觸之項持誦之人獲得神通又復持誦人或將泥土所造莊嚴所成器仗之類或有情衆禽之類乃至有想無想及種種界種種有命物類及一切部多等或自作或教他作但於像前如前儀法灑淨持誦滿六洛叉乃至七洛叉徧誦數滿已若於彼種種物上有光焰現觸持誦人彼人於所觸之頃獲得神通亦得最上成就能遊四方得長壽快樂轉身復得生於天上如是所作所求之事皆得成就亦得大力明王無量歡喜又復持誦之人如是修行廣大儀軌求大明力速成就者凡所作事必求清淨當用淨人身心清淨遠離憒閙好樂淨處恒常安住當用此人助修法事得法成就者得上品之果若用中下品人助修法事復自無上品專精之心所獲果報秖成中下品事若不爲大事不作護摩至於少時專心持誦者亦獲福德國王大人見者歡喜若恒持誦罪障消除此眞言王若恒持誦每日誦二徧或七八徧擁護自身於一切處常獲吉祥若所著衣經三加持者若有著者能除病苦若加持三衣有患鬼病者以衣觸之病自除差若有嗔怒之人想彼面目而加持之彼人若見嗔怒自息若是部多惡衆与人爲害作惱亂者但想被惱之人面目誦眞言王三十徧以自手口加持之彼人自免無所傷害若有人間一切嬰孩於睡眠食飲之間或備摩多囉鬼等恒爲驚怖惱亂者以眞言王加持六十徧鬼自遠離驚怖悉除若或有人住江河邊恒持誦眞言王者水中鬼神有毒無毒之類一切不能爲害如是大地人間有種種之事以大明加之無不獲驗

若復有人恒誦持此眞言王者或於見受苦惱速得安樂至於有大災難亦速獲消除若以青蓮花稻花及諸妙香和蜜作護摩者誦大輪明六百徧或一千八十徧者亦得退寃家之難逼惱息除若以摩利迦花白檀龍腦恭俱摩等作護摩者當得鬼神敬愛若恒誦持恒作護摩者於一切事無不獲得至於三品靈驗在持誦之人心所專注及不專注

大方廣菩薩藏文殊師利根本儀軌經一切法行義品第十五之一

介時金剛手菩薩摩訶薩於大衆中從坐而起繞佛三匝頂礼佛足白世

尊言善哉世尊善能演說一切明最上眞言相應大法雲一切如來心大輪明王大儀軌法令彼行人於一切義得圓滿果行無上道持誦護摩入於三昧得因果相現證大十力未曾有法決定得坐菩提道場善哉世尊惟願說彼修眞言行人求成就者於彼夢中見吉祥相於一切明而得成就又復爲彼行人与諸衆生作大饒益修諸法行而夢中見吉祥相知彼所作決定成就世尊云何成就吉祥之瑞願爲演說

尒時世尊釋迦牟尼佛告金剛手菩薩言善哉善哉金剛手汝大悲愍作夜叉王爲於世間衆多有情利益安樂復爲諸修行人而問於我彼於夢中見何祥瑞乃爲吉祥於一切明定獲成就金剛手諦聽諦聽汝善憶念我今爲汝一一宣說金剛手我先說言欲作法者先求清淨無礙之處所謂山中山頂山巖之處或河岸處清淨無礙作安居已安置佛像獻大供養然後取三長月白月吉祥日於夜

初分用白檀龍腦恭俱摩等香合和用佉你囉木柴著火於佛像前地上離佛四肘坐以團食一千作護摩若大火焰清淨無煙者復以蓮花八千作護摩以白檀揾蓮花護摩後結寶座印獻座作護摩時用火天根本眞言或用此眞言

曩莫三滿哆沒馱(引)南(引)摩鉢囉(二合)底賀哆舍娑曩(引)喃(引)怛他(引身)他(引)唵(引)俱摩(引)囉嚕閉尼(引)捺哩舍(二合)野捺哩舍(二合)野阿(引)怛摩(二合)努(引)訥部(二合)底謨婆(引)嚩野婆嚩(二合)半南(二合)弭(引)你吠(引)捺野野他(引)部旦吽吽頗吒頗吒娑嚩(引二合)賀(引)

此眞言能爲擁護若作一切護摩事竟求成就應吉祥前相者當於像前不近不遠布吉祥草於夜初分不睡作相應觀想一切佛及菩薩等分明見已頂礼懺悔仍捨自身奉一切佛然後以頭向東隨意而卧若於夜初分時所得之夢當知是陰所得於第二分時所得之夢此陽所得第三分時所得之夢是風所得俱非吉祥若

是第四分時所得之夢此爲眞實從陰所得夢者如是見摩尼水精眞珠瓔珞之聚或見大海大河大地處處水滿仍復流泝浮於自身或見水難水無邊際乘屋而渡或見雪山玉山水精山及見大雨又復見白繖蓋衆白莊嚴及眞珠網眞珠蓋及白象白馬等此夢是從陰所現又復見白色人白衣白拂及靚羅綿絹布白銀及塩等又復見粆糖菉豆油麻之類如上之物或觸或受又復或夢食餅食粥及酥乳油蜜種種所食之物如上之類或觸或食又復見鞍馬騎乘或坐或卧或觸或騎如上種種之夢相似之類皆是從陰所變非是眞實吉祥之應於夜第二分時若夢見火及大火焰熾照於四方及見閃電光照一切此是陽之所變又或見鉢納摩囉誐寶及見種種寶皆如火色又夢近火及復身觸以致熱惱又夢輿黃色種種之食又見天色昏暗不見日光又見虛空兼及大地乃至山石皆悉黃色又見車馬騎乘兼及大象一

切莊嚴皆作金色或坐或卧及以手觸皆是從陽所得又復見花鬘衣服及彼絡腋乃至自身悉皆金色有光有香如是乃至夢見種種異相並皆黄色此者皆是從陽所得於夜第三分時夢見光明照於虛空徧於四方又夢大地廣闊恒徧行發又夢上樹及上有刺之樹亦是從風所得又夢喫苦物及一切辛辢之物或復喫食菓子或生或熟亦皆辛辢又復夢見急性之人与之言語互相忤觸或見一切部多作舞或見自身作舞至於見種種惡相種種亂言此者皆是從風所變

又復有三種法合陰陽風三種所謂貪嗔癡三種貪爲陰嗔爲陽癡爲風及雜亂極雜亂相若樂於世法女人之相是陰所生樂於嗔恚多於鬬諍是陽所生癡者黑闇忘失樂多雜亂是風所生如是諸夢境三法所生凡求成就當隨夢境之相又隨順陰說衆生色相若人顔色鮮白端嚴光潤不愚不鈍有智有慧執志不迴復多勇猛有道心恒愛語長壽命最得陰人奉重生遇吉星復生魚宮必主軍兵爲護國重臣得大富貴所有求事非離眞言非因眞言隨自業果當求成就得成就已求大福德求第一品事皆得成就凡飲食自陰所發一切恒不得食又隨順陽說其行相恒嗔之相色多黑瘦好作惡事多爲邪行然有勇猛精進復有智力多好朋友多學問巧言說有道心學業不退意多怨念愛說瞋事多知世法有我見於苦無畏修眞言行精進不退必得成就所有求事隨業得成作降伏法速得成就一切誦者皆來奉重所有於他衆生或殺或害或侵或奪或爲已或爲他然於法得成佛所不許嗔相之人顔色多黑或紫色或雜色或艶色或黄赤色遠離最上眞金之色此人若蠍宮生是大曜阿室隷史星或木星處生宜食素愛酸辛之味壽命延長得宿命智又復隨順風說衆生行相順風之人身肢澁惡不太肥瘦性不聰明志不決定多有忘失住不恒所多有涕唾便痢觸穢處所又貪食多病心好嫉妬於諸有情多有嫌怨或得爲王多損佛法生陰星之處難知眞實此人若恒持誦作降伏敬愛求法必成若有衆生心發風狂迷倒之者此人持誦制之便退若作別善事業難得成就前已說陰陽風三種所得夢境又合貪嗔癡等三法所受身色心性所好可修可作諸事業等若復於夜第四分時得眞實夢境一切眞實於諸事業咸得成就

又復有多種宮事所謂羊宮牛宮男女宮蟹宮師子宮秤宮童女宮蠍宮人馬宮摩竭魚宮寶瓶宮魚宮天人宮阿修羅宮乹闥婆夜叉等宮乃至聖人等宮種種宮處種種有情而應受生禀種種形相有種種義業如來所說彼求一切業果修行得吉祥宮吉祥星相應者當獲廣大果報若無因業果報不成若法義具足得眞言成就彼持誦人須具功德知眞如理分別因果此有功德此無功德若具足業行得法成就如前業行依法所

說乃是過去如來行業功德爲諸有
情求種種夢境見種種形相獲得祥
瑞適意愛見或復見彼障難形相大
惡夢境彼持誦人必有上中下品三
種修習應須以最上大精進力求彼
成就於決定事業離成就不成就疑
惑之見求離障難者當更依法作彼
觀行想四字大明童子化作六面六
臂大明王大忿怒之相此明王形色
如大焰摩菩薩著豹皮衣虵作莊嚴
手執利劒現大威力破諸障難如日
出世黑暗消除所有一切作大障難
諸惡部多見此明王悉皆恐怖不敢
更作諸障難事持誦行人障難悉除
得法成就六臂大明王說此除障大
明大隨羅尼彼諸部多及諸天衆悉
皆諦聽隨羅尼曰
曩莫三滿哆没馱引喃引摩鉢囉二合
底賀哆舍引娑曩引喃引怛他切身他
引呬呬摩賀引骨嚕二合馱彭目佉
沙吒左引二合囉拏薩哩嚩二合尾覲曩
伽引哆迦吽吽牛吽音呼緊唧囉引野悉
尾曩引夜迦弥尾多引迦囉𡃤娑嚩

一合半喃二合弭引曩引舍野羅護羅護
三摩野摩努娑摩二合囉頗吒頗吒
娑嚩二合引賀
大忿怒明王說此隨羅尼已所有一
切作障難者驚懼怖畏身心戰動是
時妙吉祥童子頂礼世尊釋迦牟尼
佛足作礼敬已即入三昧
尒時世尊釋迦牟尼佛觀察彼淨光
忿怒明王有大威力所有持誦行人
天一切大衆作如是言汝等天衆此
求一切世及出世間眞言成就者被
部多等及惡衆生作諸障難行不饒
益者彼忿怒王令其自族而調伏之
不斷其命當令疾病受於苦惱擁護
誦者令得安住兼獲福德增長彼障
難者若不順其命頭破七分如阿梨
樹枝
尒時世尊作是說時彼妙吉祥童子
即出三昧佛告言童子汝所眞言義
深廣大諸儀軌中最上尊勝此忿怒
王大隨羅尼於諸世間令持誦人心
常憶念於晝夜中息彼寃心障難自
退常自擁護所作成就

大方廣菩薩藏文殊師利根本儀軌經卷第十二

乙巳歲高麗國大藏都監奉
勅彫造

大方廣菩薩藏文殊師利根本儀軌經卷第十二

校勘記

一 底本，麗藏本。

一 六九頁上四行末字「二」，磧作「三」。

一 七〇頁中八行末字「天」，徑、清作「大」。

一 七〇頁中九行「所求」，石作「所來」。

一 七〇頁中二一行第九字「使」，南作「倩」。

一 七一頁上三行「已得」，磧作「已侍」。

一 七一頁上一〇行「又復」，徑作「又法」。

一 七一頁下四行第二字「備」，磧、南、徑、清作「被」。

一 七一頁下二〇行「大方廣菩薩藏文殊師利根本儀軌經」，徑、清無。

一 七一頁下二一行「之一」，資、磧、南、徑、清無。

一 七二頁上一九行第二字「今」，磧作「本」。

一 七三頁下一〇行「於夜第四分時」，南作「於陽風四分時」。

一 七四頁中一六行第一三字「阿」，磧、徑作「何」。

大方廣菩薩藏文殊師利根本儀軌經卷第十三 寧

西天譯經三藏朝奉大夫試光祿卿明教大師臣天息災奉　詔譯

一切法行義品第十五之餘

我今復說善人相貌持誦修行於眞
言行得成就義上中下品法若復有
人族望尊高種姓清淨身相殊異色
如眞金頭如傘蓋鬚色紺青面如滿
月額相廣平眉不雜亂眼長而紅睫
不交雜鼻如截筒脣色赤好舌如蓮
葉牙齒齊白頷相青密頰圓齶深頂
髮右旋耳相垂下有精神復勇猛愛
語無嗔少貪離欲常好清淨樂著妙
衣好食上味淨行自居所言誠諦歸
重三寶供養賢聖孝順父母悲愍有
情智慧高深復長壽命修行決志精
進不退樂求菩薩摩訶薩位乃至無
上正等覺位斯等之人決定成就上
品之法必能了解一切儀軌甚深之
義又復有人或刹帝利及婆羅門諸
清淨種族人相具足身紫色或白色
背臆圓滿乳相高起毛毫右旋大腹
深臍其腰廣闊兩肩平滿兩脇兩肋
如師子王手臂臃長筋脉不現上下
相稱不麁不長具勇猛心好秘密行
樂於持戒復好布施言行眞實悲愍
一切學法無畏恒樂世間出世間智
發菩提心常供養三寶亦具大福德
勤行精進修持不退此之相人於中
品法決定成就又復有人種姓清淨
身肢具足無缺無減或紫色或白色
光澤肥好不大肥瘦偏順下分而有
殊特腰身廣闊腿相圓滿脛膝上下
不曲不戾如鹿王踹二隱密相具足
圓滿足掌之內紅色滋潤有吉祥輪
相幢相門樓相魚相幡相優鉢羅花
相如是諸相悉皆嚴好又復好樂清
淨不雜惡人少貪嗔癡有大福德常
行慈愍好行布施供養三寶亦復供
養三十三天於世出世法精進修習
斯等相人於第三品法決定成就又
復有人發菩提心修菩提行懃具如
上三品妙相又具種種功德慈悲喜
捨勇猛精進修習大明大陁羅尼志
行不退無怖無畏決定超越諸修行
人獲得最上第一成就之法

我前已說持誦行人以宿福故具諸
妙相而於修行決定成就又復有吉
祥星宿吉祥時分於一刹那一瞬息
間輪轉天際臨顧世間所有衆生於
此時分生時遇者有大吉祥獲大福
德修諸大法決定成就若有衆生無
宿善根多惡業故即於生時遇惡星
宿決定無福諸根缺減人相不具所
修大法決定不能得成就故若復生
時在於晨朝遇於鬼宿奎宿張宿星
宿元宿房宿角宿畢宿昴宿等及合
初出同時臨顧此人所作所修皆得
成就又於晨朝及日中時兼在白月
遇金星木星水星此等宿曜有大力
勢臨顧世間一切衆生於此之時人
若生者所修善業及修行持誦大明
大陁羅尼一切事業決定成就又復
此金星木星水星隨有一星與日與
月同居方所臨顧生者此人生後必
大富貴壽命長遠得大自在一切見
重又復有人於日中後日沒時生而
彼生者於此時分多遇惡星臨顧方
所惡星者所謂土星火星羅睺星計

都星多囉星及黑暗哩瑟吒等星如是等星亦非實惡若是上上品人宿善根力福慧具足生時遇者於大福德轉增威勢若是中品於善惡事各減其半若是下品善根微劣及有宿業如是之人生時遇者無有福德兼無智慧不修善業多貪嗔癡又於此時遇天晦暝風雨暴惡雹閃晃耀雷霆大震雨雹俱下於中雲色或變紅赤斯皆大惡若於生時遇著此者其人諸根缺減顏貌醜陋受身屈曲瘡癩莊嚴無主無依貧窮微賤或受戒律違犯不守聖賢悲愍傷其墜墮如是之人於惡增上於善轉退一切吉祥全無少分於諸修習真言行業如盲聾人不見不聞設遇聞見不能生信如是之事說不可盡又復如是衆生以少福故或被一切部多及摩多囉等諸惡鬼神住於身中而作惱亂復有衆生歸向三寶奉重賢聖乃至於佛十地菩薩辟支聲聞等處曾種善本以貪嗔重故不得解脫雖復有得生於天上乃至得生無色界天盡

三界際未免輪迴還復墮落閻浮生聚亦復受身或愚或癡又被部多及摩多羅等諸惡鬼神住於身中而作惱亂諸有智者及彼聖人見此事已廣說行相令彼持誦行人一一解了彼持誦人以常誦大陁羅尼大明力故諸鬼神等不能障礙彼持誦人心不昏迷威德具足於陁羅尼得大自在於此大地所有部多及哆囉等住人身中作惱亂者皆能呼召使來集現各各令其如實自說以陁羅尼力離彼人身又復與彼說深妙法令其調伏彼部多等去離人已恒病之人而得解脫以陁羅尼力調伏惡者增益善者於善於惡而得自在又前說陰陽風三種界合貪嗔癡三種法由貪嗔癡法不息滅故令陰陽風而有增盛又合地為四大地與水合火與風合又有虛空而為第五於上之數人所恒知彼醫病人於四大界心生疑惑身雖四大病從何生若不從生病自誰有於生不生起二種疑為四大外別有所作此人天人乃至非人

及諸有情所有增損唯除過去現在未來三世諸佛正徧知覺皆同所說無二無別如是善惡隨因得果種種苦惱皆自業作此下品人無福無依諸非人類乃得其便若是上品之人善力殊勝生合吉星唯有奇特祥瑞之應諸非人類及諸惡事悉皆遠離恒善寂靜得大安樂彼有所求大明大陁羅尼最上儀軌速得成就至於過去現在未來諸正徧知於經法中說於世間最上第一無我之法真如解脫最寂靜句無上句真言大陁羅尼一切儀軌成就之法使諸行人得一切智智我釋迦牟尼佛所說如是大儀軌法諸儀軌中王若有情等依法修行當得無病無盡句恒寂靜句無煩惱句菩提涅槃句乃至一切真言句義三種菩提一切智智所得因業諸儀軌中不能見聞乃是佛菩薩等為利益一切世間諸有情故所說所傳佛說如是廣大真言王儀軌時於三界中所有諸真言王無不降伏若復牟尼月沒世間空時佛教滅盡

此儀軌王乃住不行妙吉祥童子此大力真言王儀軌佛所宣說若有衆生後時聞已虔心信重志願求者於世間出世間諸所有法皆得成就諸佛所說無虛妄說若有行人於真言王恒持誦者及樂護摩法者彼同三世一切智智之所傳授安住真言王儀軌法中無疑所有世間一切衆生無有智慧於善惡事非善惡事真不吉事於如是事生疑惑者當爲此等說於如來應正等覺世出世間最上一切解脫之法令作種種世間所重真言王法爲於一切衆生之聚妙吉祥童子汝所求我說彼世間善惡之事及諸法要但爲利益一切衆生過去諸佛亦同所說可使未來佛種不斷若持誦者於此所說一切智力深生信重精進無疑所行之行同一切智智若持誦人於過去世曾作諸惡業障未盡而於今生所作事業不成就者當依諸佛所說悔法志心懺悔必得業障除滅復更依法修行速得成就或是愚迷之人輪迴業重不能

依法懺悔修行所作所求不能成就於諸有情無由利樂又復諸持誦人須修定業若不修定不能趣入解脫之門若能修定與法爲緣決定解脫速證菩提

大方廣菩薩藏文殊師利根本儀軌經注義品第十六

尒時世尊釋迦牟尼佛復觀察淨光天告妙吉祥童子言汝妙吉祥諦聽彼夜叉王金剛手菩薩於大衆中問我晝像法廣大事業我已先說又復問我一切真言行人所得之夢是善是惡我爲持誦之者說此一切夢應之時彼夜叉王金剛手菩薩心喜合掌以彼頭頂禮我足已白言世尊佛今所說利益世間及爲於我利益衆生使得快樂彼持誦者所得之夢善惡行相所得功德衆生求作若有恒行最上行業所得因果并過去未來現在一切善惡及一切智乃至所得無相無著無礙清淨最上真言相應善寂淨句及佛一切威力及說行人持真言法行稟上品形相與夢符契種種之事彼夜叉王復言最上師子

釋迦牟尼於賢劫中第四成佛坐樹降魔現大威力具大精進顯大智慧示大福德爲世所尊彼夜叉王金剛手菩薩以如是言伸讚歎已頂禮佛足還復本座默然而住

尒時大智妙吉祥童子而發問言釋迦牟尼佛及過去佛善哉世尊應正等覺彼廣大事智乃至衆多有情生處星宿善惡行相事智因果及修行所求增益事業彼持誦人心有所疑得成不成乃至求世間福最尊最高自在快樂求一切聖位乃至一切智智惟願世尊略而解說

尒時世尊釋迦牟尼佛聞此說已爲彼佛子發清淨梵音大精進法鼓之音又如迦陵頻伽微妙之音告彼童子妙吉祥言童子若有行人爲於世間利益一切求成就者當須誠諦專注慈心悲愍發大誓願清淨之心如是之人爲利他故決定成就妙吉祥童子若彼行人於最上大明大陁羅尼恒樂受持彼人是轉法輪降伏魔羅得最上適悅若復衆生耳聞目覩

心生愛樂決定獲得殊勝快樂妙吉祥童子白佛言如來威力及最上智無能知者而彼佛子亦復如是佛言妙吉祥彼佛子若行此行得相應成就至於一切世間最上之人不能知其威德智力乃至欲界天及色界無色界天及彼天主亦不能知其威德智力乃至初地至於十地亦皆不知妙吉祥唯佛如來能了知故汝妙吉祥最上儀軌過去未來及彼現在一切諸佛皆同名故若有聞者清淨修行無諸異緣攝心不亂彼之行人得寂靜住得最上善趣所作上法無諸障礙修眞言行速得成就求成佛道得大圓滿於菩提樹若行若坐爲諸衆生轉於法輪而此功德諸佛所說妙吉祥汝之名號若有念者佛說功德不可思議恒現威力所有過去一切佛無數眞言儀軌無能說者汝清淨妙吉祥童子能說一切諸佛眞言之行童子汝以佛智教於一切此淨光天一切大衆皆隨汝教無敢違者

大方廣菩薩藏文殊師利根本儀軌

經隨業因果品第十七

尒時釋迦牟尼佛入一切如來神通變化三摩地而於眉間放大光明作青黃紅白頗璃色等照於十方諸佛剎土一切世界於諸世界光明普照於須臾間普召一切天諸宿曜彼諸宿曜隨召而至到衆會已禮敬而住佛之光明威蓋衆會普徧照已還從世尊眉間而入彼諸宿曜及其眷屬見佛世尊眉光入時各各合掌戰懼餧命須臾之間迷悶倒地承佛慈力還自穌息

尒時世尊釋迦牟尼佛告一切宿曜并諸眷屬言汝等勿怖誠心諦聽諸星宿天汝聖天衆我念衆生愚癡無智不識我意我欲如是諸衆生等於諸世間起種種心修種種行利益自他趣求如來第一金剛堅固之身以迷倒故樂求人天阿修羅等復入輪迴曠野種種諸趣隨彼所作善惡之業受於世間種種之身所受之身無有主宰若復所作最上爲人天主除隨業緣餘無所有彼之業緣要假因

生彼因所生要從緣立如是因緣互相和合是生四大四大生蘊趣無邊行行趣他界是故分別無量出生後復命終以無智火業風作故性皆燒燃蓋爲不行平等三乘無礙之行大乘長時作隨因緣中乘辟支佛行自爲智不利他故小乘聲聞樂住斷見執心不迴無別求趣又復愚癡迷惑之時作種種業住於世間求世間成就若復於此寂靜無病句無煩惱句八正清淨無礙之道於如是法當懃修習離於不善諸惡之業彼自得住無礙三乘之行又復告星宿天彼息災者有三種法持誦行人修三種業得三種果於此三種當須了知又彼二種顚倒之業亦得見三種族彼復得見八種族又復見一種族一切眞言住佛清淨心寂靜涅槃族如是所說因業皆是眞言之相彼陰陽亦然說爲世間成就彼如是所作之業所得因果由如種穀見苗當知結實彼成就法亦復如是若得祥瑞定知成就譬如白色說爲最上陰陽亦然若

吉祥合為諸具足一切諸法皆是方便唯以一業而為最上彼若無業身無所住何得祥瑞若具如是祥瑞行相及以生族方知彼得種種善業若於相於業無所有者而於中間無能知者又如病人氣力羸少顏容瘦悴方知是患又復見衆生業得如是身是善是惡果報祥瑞說為生相星宿天我先已說一切衆生所生時節及彼吉日隨業所感合吉祥星又見飛禽種種之相復聞語言微妙之聲及於夢中得吉祥相如是祥瑞因緣行相彼持誦人於諸眞言法中求成就者當須了知是成就相又須知一切障難諸不吉相及惡夢寐諸星宿天往昔過去娑陵捺囉王佛正徧知者於菩提道場說大眞言王破一切障難及諸惡夢不祥等事皆得消滅令得菩提一切智智時彼魔王常興惡心作諸障難現彼種種大惡之相令彼見者生大怖畏於諸修行而令退屈彼魔福力久時而住彼持誦者以眞言王具佛威德大進精力大神通

大方廣菩薩藏根本儀軌經卷第十三 第十[illegible]張 [illegible]

力於須臾間破諸障難消滅一切惡夢惡相及惡衆生種種之事星宿天汝當諦聽彼過去娑陵捺囉王如來為調伏諸惡星宿及惡天魔一切部多等并諸眷屬乃至地居二足四足無足多足諸惡之類種種衆生以大眞言王調伏教化令生善心於他有情不生惱亂汝當聽說眞言王曰

曩莫三滿哆沒馱引喃引阿鉢囉二合底賀哆舍引娑曩引喃引怛儞他切身唵引佉佉呬佉呬吽吽入嚩二合囉入嚩二合囉鉢囉二合入嚩二合囉鉢囉二合入嚩二合囉底瑟姹二合底瑟姹二合瑟致哩二合頗吒頗吒

佛言此眞言王名為大佛頂熾盛光若有常持誦者能消滅一切諸惡不吉祥事能降伏一切部多能破一切障難能成就八十千種種吉祥之事若誦持者於持誦時心不散亂虔誠專注我天中天正等正覺須臾之間到彼諸星宿天及一切部多作惡之者所住之處以大佛頂眞言王無等精進力大精進力而降伏之令彼作

大方廣[illegible]

惡之者見此無數大佛頂王怕怖無量與諸眷屬悉皆求入三摩地而為救護

大方廣菩薩藏文殊師利根本儀軌經卷第十三

乙巳歲高麗國大藏都監奉
勅雕造

大方廣菩薩藏根本儀軌經卷第十三 第十五張 [illegible]

大方廣菩薩藏文殊師利根本儀軌經卷第十三

校勘記

一　底本，麗藏本。

一　七六頁中二行「不[糹坐]」，資、磧、普、南、徑、清作「不痤」。

一　七七頁上八行「電閃」，徑作「閃電」。

一　七七頁中一七行第九字「令」，資、磧、普、南、徑、清作「合」。

一　七八頁中六行品名上經名「大方廣菩薩藏文殊師利根本儀軌經」，徑、清無。以下品名例同。

一　七八頁中二一行「寂淨」，徑作「寂靜」。

一　七九頁中一一行「皈命」，資、磧、普、南、徑、清作「歸命」。又「迷悶」，磧作「迷闕」。

一　七九頁下一行首字至末行末字「生……若」與次頁上一行首字至末行末字「吉……通」，諸本互置。

大方廣菩薩藏文殊師利根本儀軌經卷第十四　羅

宋西天譯經三藏朝散大夫試鴻臚卿明教大師臣天息災奉　詔譯

陰陽善惡徵應品第十八

尒時世尊釋迦牟尼佛告一切世界所有一切十方住者一切大力最上諸宿曜天言聖者汝當諦聽我今演說一切眞言法義有諸求成就者兼承汝等宿曜之力當獲成就諸宿曜天今此妙吉祥大儀軌王救及諸儀軌汝等當住亦當依行

尒時世尊釋迦牟尼佛爲利益一切衆生說彼宿曜運行合於善惡彼持誦行人於眞言義及一切智求成就者或得成就及不成就之事星宿天若彼羊宮奎宿婁宿胃宿此三宿直又合火星直日彼持誦人於上中下三品之事一切所求皆不成就何以故緣彼惡星所障礙故若復昴宿畢宿觜宿參宿井宿鬼宿柳宿星宿張宿翼宿軫宿角宿亢宿氐宿房宿心宿尾宿箕宿斗宿牛宿女宿如上衆宿悉皆吉善於持誦人而有利益若危宿室宿壁宿此三宿直日若爲惡事當得成就又復奎宿直日人若生者具大福德有大勇猛及多所知又若虛宿直日福德正行皆得成就餘有最上星宿末法之時不爲災福所謂帝灑野二合烏波波捺星迦你瑟吒二合星你瑟吒二合星阿路迦星部誐捺星輸婆捺星阿你嚕馱星夜輸星帝惹囉吒星囉惹星及路迦星如是衆多星等數有六萬四千此星等於末法時彼無有力我今所說大儀軌王當有大力利益衆生而彼世間劫初成時一切衆生於虛空中自在行住而於彼時無老無死又彼之時無宿曜無日月亦無時節亦無陰陽亦無天人阿修羅等又彼之時雖有衆生未有族姓人皆清淨無善無惡亦無所食亦無食者亦無持齋亦無呪法彼多衆生但有世間之想以過去業牽因墮於地不能飛空是時便有所食便有貪悋身既重濁大力乃失是時便有日月星宿遂分晝夜乃有時節及與陰陽乃說天上人間勝劣

有異故有天人阿修羅等我於尒時身爲菩薩見彼衆生有如是已心悲愍故而現異身所謂現作仙人之身或現梵王之身大自在天身那羅延身迦樓羅身乃至夜叉羅刹毗舍左等種種之身於生生中爲一切衆生恒常解說菩提行義又復我於過去爲菩薩時世間一切衆生愚癡黑闇無智無慧我爲此等說於世間一切工巧技藝陰陽筭數園陁典籍正法邪法戒律本行乃至聲明論等我雖如是過去之世爲於世間說如此事我亦無有所得所知但爲菩提及解脫等如是雖在輪迴中行而彼輪迴不能繫縛於是久久之間樂求寂靜涅盤無著無滅眞正之句常依於法修其因行乃得自生之智成解脫業得佛菩提又復過去爲於菩提由如飢饉於外道處求脫輪迴而不能得於菩提道倍復甚難我以樂行善業得自生智復得涅盤依此修行而恒說於諸論誘喻衆生得解脫成就彼不知法人被此輪迴業緣長繩所縛

以此業力不能解脫善惡因果我故說此一法陰陽星宿分於善惡及說四護世等地水火風而此四大和合所作發生眾生種種集因而為彼時修真言行令得成就彼持誦人專心護持修善破惡於諸世間最尊最上於末法時得真言成就又令帝釋及自在天等之所出現於如是時佛亦現汝大智妙吉祥童子相行於世間悲愍一切眾生為令眾生於時時中得法成就妙吉祥有陰陽宿曜法二十八宿十二宮分各各分別彼宿曜等與宮相合隨諸有情各各生處宮分之位彼宿曜等或行或住或逆或順生善惡果若有眾生生於羊宮合於婁宿胃宿此等諸宿有力最宜貨易財寶豐溢若彼具足遇者得富貴自在若生時或值日沒彼人得惡事多歷險難受身瘦薄又好綺語若生時見日作紅色及大地紅色剎那瞬息之間彼有重德若復生背宿曜無所見者是彼種種眾生叢雜生處雜行所生亦得叢雜快樂富盛又如是

大方廣菩薩藏文殊師利根本儀軌經卷第十四　第四張　羅

時生處說三十種善惡果報若火星直日是惡生處然彼人大腹姿容潤澤長眼愛語又足心力若木星直日卯時生者及得日月星宿於晝夜分合其本位乃是賢聖生處若復生時宿曜逆倒果感不實事多邪惡若復生時得其正順必感善果於彼生地而得安住若復身相白色是其上人若有眾生生於牛宮合於昴宿畢宿此為上宮吉星所照須臾之間而彼眾生生者得富貴吉祥忍辱具足長壽多子豐饒財寶復得為君主此之生人作成就法於須臾間而知善惡若遇參宿有法知解為世間人之所愛見若遇昴宿者於三海中為主若生時宿曜分明得為一小國之主若生時宿曜具足重重臨照得為大地主或五年或十年處彼大位

若於陰陽宮生合於婆里識嚩星直日又與觜宿參宿井宿合日生者此人癡愚善惡不分好樂女人復多邪染受身黑色或復紫色然不慳悋好大捨財若土星直日於此宮中生者

大方廣菩薩藏文殊師利根本儀軌經卷第十四　第五張　羅

於彼日中或復夜中隨彼時分乃至須臾得值遇者大富自在有大心力其餘善惡稱量說之

若於蟹宮合鬼宿柳宿生者此所生人而有尊重是第一生處若得夜半時生是最上人此人受身金色或紫色清淨吉祥殊妙有異兼有大智若依法為因得一切義成就至於大財大位皆不難得

若於師子宮合於星宿張宿及得太陽直日生者此人有大勇猛復貪肉食亦復於深山險難之處得為其王亦獲自在若具如上之事及於彼處為王者此決定是日出時生

若於雙女宮生合於翼宿及軫宿者此人有勇猛好為盜心常散亂樂行邪染亦得為王或得為軍主若依此宮生者或得木星合者及得木為本命者此為最上常得護持遇惡皆吉

若於秤宮合於角宿亢宿氐宿生者此之生人注短仁義此宮非善若得月照及得金土同此宿分生者又在夜初分生者或得為王或有富貴若

大方廣菩薩藏文殊師利根本儀軌經卷第十四　第六張　羅

人生時不定或不貴者爲性貪愛亦多瞋怒若於禁呪好於飲博亦得大人愛樂見重

若人生於蝎宮合房宿心宿尾宿生者又得火星爲本命此人主慈心學業成就復多勇猛不怖危難能忍勞苦若得於日中時生者或得爲王於大戰陣決定得勝若彼火星如童子形一剎那間臨照此宫彼地彼時所有人主而誕其子冝應護持必具大智聰明多記孝順有力復好朋友壽命延長若火星逆倒事即差異

若人生於人馬宮合箕宿斗宿生者及得木爲本命若人於午後及夜分生者或求王位必破自族然後得成當在中年而得富貴雖得富貴須在小歲譬如人過中年如日過午而於大位大財稍更難得若是宿曜逆倒而見生之人事冝種種差異

若生於摩竭宮合於牛宿女宿生者及得土爲本命又或得在初夜及中夜早晨生者又更别有大吉星曜同照臨者當得王位又此人生處不擇

一切貴賤之族稟性柔和法主眼赤受身紫色或黑色有勇猛不怖畏或得王位合在多水之國而爲其主然長壽能忍勞苦若或星曜逆倒所有之事而必差忒

若人於寶瓶宮生合於虛宿危宿生者又得土爲本命此人若得生於夜分及早晨時又得月或金星臨照者是人得惡業清淨有大智慧富貴自在受用快樂如是星曜逆倒所臨照人得貧病苦惱

若人生雙魚宮合於室宿畢宿奎宿生者又得金爲本命又在夜半及日中時或過中少分已來生者及得金星及别吉曜同照臨者法合梵行清淨有大智慧具最上善知法吉祥此之生人身黄白色顔貌殊妙稟性仁孝眷屬和睦凡所爲事精進堅固長壽大福一切稱意合於東小國爲主彼地少寒及地多卑溼多居水中以宫分所主之故若得土木臨照此爲最上或得爲大國主若如是者此乃決定知其生時宫中多有最上吉祥

種種之星

又復更説年月日時壽命之量初一日至十五日爲白月十六日至三十日爲黑月二半月成一月十二月爲一年於此一年分六時或分三時末法之時人正壽命百歲於此壽量之數亦或短或長中夭不定又復人間多有非人侵害壽命行諸惡事而作驚怖又彼天人阿修羅等若行不善相鬬戰時此時人間現諸惡相所謂非時地動忽作風雹閃電異常天火黑煙處處皆起是彼計都星作日月蝕若有如是種種諸惡相現所現之國必定衆生感有重重疾病飢饉夭枉國王崩喪一切人民皆大憂惶諸出家人亦大怖畏

又復分别説諸地動若復婁宿井宿星宿此等宿日及宫分之地方所地動者彼之國内盜賊惡人處處皆起而爲侵害南方國王法有大災又復胃宿昴宿畢宿參宿此等宿日及彼宫分有地動者人民大怖及彼邊方一切惡人競爲賊盜國外四境諸小

王等手相侵害而為寃家病疾流行
死者非數又主西方國王崩喪又復
觜宿鬼宿柳宿張宿及彼翼宿此等
宿日及彼宮分若地動者國內大亂
人民不安因彼飢饉手相侵奪還被
繫縛受大苦惱又復軫宿角宿亢宿
氐宿房宿心宿此等宿日及彼宮分
有地動者雪山周迴徧有惡人及你
波羅國境內邊地一切小王決定手
相侵奪相殺又復尾宿箕宿此等宿
日及彼宮分有地動者於彼東方滿
城國烏吒國迦摩嚕國鍐誐羅國如
是諸國王等崩喪不疑又矯拏國主
侵犯他國自致其病或復崩喪又海
岸及恒河岸住者一切人民注有漂
汎及一切疾疫
若斗宿牛宿女宿危宿室宿壁宿奎
宿此等宿日及宮分之地若日中時
有地動者分野之地所有衆山一切
崩壞彼北印土西印土南印土周迴
四境住者手相侵奪有大災起處處
飢饉以至國破若早晨動者國內災
息人民安樂若上時有惡地動者彼

摩竭陁國中內外上人皆受苦惱國
王有難若過午後或晚際若有動者
國境之內一切出家之人有病疾起
或瘧病或瘡癬等苦惱之事七晝夜
後災沴乃退若日過時地動者四姓
修行上人受苦惱事或王及重臣知
法者有災又或婆羅門刹帝利毗舍
首陁乃至最上工巧之人於第一義
善能分別了解及修行乃至多聞多
記之者皆得病苦若晚後日沒之時
地動者雜類畜生等疫死若初夜分
時地動者及彼初夜前後動者兼現
不祥有大風雨及降大雹者必有他
兵侵擾逼奪大位若初夜第二分時
地動者他兵入境自患腹病及陽毒
陰毒諸疾疫病乃至致死自境人民
逃亡異地若夜第二分中間時地動
及有大風者帝宮之內樓閣臺樹皆
悉傾壞及彼樹木亦皆摧折乃至城
壁及寺舍殿堂及以山間傍生住處
皆悉破壞若夜半時地動者東方國
主有子大災兼彼國內人民飢饉若
過半夜後地動者大地災息一切安

樂若半夜後分地動者中國王必病
至崩後有苦惱惡事手相侵害若夜
第三分時動者凡是微賤之人而得
快樂唯蚊蝤蛺蝶之類一切皆死唯
得時熟若早晨地動者國中有大火
災若一切州日出時地動者中國一
切處賊起手有侵奪乃至國中七日
後有王崩喪若是過七日不定若地
動時或兼霹靂電光白色者亦大
不祥若無地動恒常霹靂電光白者
吉善若地動時電光赤色有火及有
黑煙者王當崩喪若地動時霹靂電
光作黃色及黃赤雜間色者有大災
難彼持誦人若於國中行時聞美妙
音有所魔難若聞鼓聲美善者即善
若聲惡者即惡而彼地處有極惡事
將來必定有穀貴飢饉之事若持誦
之人行於人間遇斯徵祥及宿曜之
者宜以成就之法而為利益若作法
者須求吉善宿曜直日方可作法吉
善星者婁宿胃宿鬼宿室宿壁宿奎
宿房宿如上宿曜直日為最上吉善
若得此日修成就法有成就義或結

壇亦得此宿曜中黄白色星直日最
爲上吉若十五日及月盡日或出往
他處所爲不成亦不得作一切眞言
曼拏羅儀軌必不得成就此日於眞
言必有魔難若月一日三日五日及
十三日十七日結壇吉若作護摩求
法成就者若得吉日吉星當獲成就
若得木星金星月星水星者吉合此
等吉星宜爲一切事常四日臨照世
間所有大地作成就法處障難不成
諸惡解脱翻惡爲善今説時分之量
自一彈指至一百彈指爲一初分時
四初分時爲一中分時四中分時爲
一移分時四移分時爲一日倍此爲
一晝夜分我今復説時分之量入滅
胸息最爲疾速以十入息爲一滅分
十滅爲一刹那分十刹那爲一須臾
分一百須臾爲一晝夜分彼知法者
當須了知此時分之量又復以一日
分爲三時若作念誦護摩求成就者
所有坐卧洗浴及彼食飲如是時分
當須了知又一晝一夜名爲一日十
五日爲半月兩半月爲一月陰陽者

當了知如是六月爲羅睺障時十二
月爲一年十二年爲大年如是一切
星曜及阿修羅於此大年之中或順
或逆作諸善惡又白月分十五日月
滿之時羅睺阿修羅王現全蝕日月
者大地中有大刀兵會當須了知如
是之事若現如是大惡相時有無數
障難至末法後世間之人不修福事
是令日月全被障蝕若於尾宿之分
或日没之際或月没之際或日月中
時如是之時蝕者乃是羅睺阿修羅
王影之所障東方之王決定崩喪必
有東方邊地之主而來侵害若婁宿
畢宿胃宿此等星宿之分日月蝕者
彼烏姹國主及一切人生種種病所
謂陰病陽病風病及發衆病若星宿
張宿翼宿軫宿亢宿氐宿此等宿分
若日月蝕者亦決定羅睺爲障此東
方羅拏國主鍐誐吒國及摩竭陁國
等王患眼病王子有大災仍有惡心
怨家來集極甚怖畏若參宿觜宿井
宿鬼宿柳宿如是星宿之分若見日
月蝕者彼摩竭陁國王而被侵害及

忠臣乃至人民等合有病苦怖畏之
事若房宿心宿之分若見蝕者一切
人民合有役病一切上人有種種苦
惱及禁縛侵害之事若箕宿斗宿女
宿如是之分有日蝕者及月有赤暈
者彼地分定有飢饉若斗宿牛宿室
宿危宿如是之分若有蝕者是羅睺
鄣蝕一切人民有王所逼迫及賊盜
之怖及國界之内處處飢饉人民憂
苦若奎宿壁宿之分若有蝕者若先
月蝕後有日蝕者於半月中摩竭陁
國王位損失今此所説大地動處兼
羅睺所現禎祥星宿之分日月之蝕
於彼彼處國界之内生起禎應作大
災難顯其善惡若地動處有煙起及
大陰雨若如是者五日中部縛國有
大災難彼恒河北邊一切人民疫病
亡没乃至人王亦有崩喪乃至雪山
四周深山之内彼有國土君主及大
臣等有種種憂苦崩喪乃至王子妃
后亦主亡歿若星宿之分有地動彼
處有煙現無雨過五日不晴或多日
人手不相見及不見人所住處彼人

手相各大驚怖者彼國及王俱說崩喪若地動時或有霹靂驚怖一切或有所說二三大惡夜中或現白虹若於白月時現白色烏或見怪異飛禽及不吉時節現飛禽怪異彼之所在有大怖畏復有二足四足無足多足飛禽傍生之類而爲怪者令人大怖必有大禍如是衆多無數怪異所現之時起諸災難所有如是善惡禎祥感應之事無不皆因衆生過去之時所作所修之業

大方廣菩薩藏文殊師利根本儀軌經卷第十四

乙巳歲高麗國大藏都監奉
勑彫造

大方廣菩薩藏文殊儀軌經卷第十四　第十六張　羅

大方廣菩薩藏文殊師利根本儀軌經卷
第十四
校勘記

一　底本，麗藏本。
一　八二頁上一四行第一〇字「之」，資、磧、普、南、徑、清無。
一　八二頁下三行「仙人」，資、磧、普、南、徑、清作「此人」。
一　八三頁上末行「富盛」，磧作「當盛」。
一　八三頁下二二行第六字「土」，磧作「上」。
一　八四頁上一行「貧愛」，諸本作「貪愛」。
一　八四頁上七行第一二字「爲」，資、磧、普、南、徑、清無。
一　八四頁中五行第四字「必」，石作「不」。
一　八四頁下三行「十六」，資、磧、普、南、徑、清作「十五」。
一　八四頁下一三行「若有」，磧、徑、清作「共有」。
一　八四頁下一四行「重重」，南作「種種」。又末字「天」，南作「夭」。
一　八四頁下一七行「井宿」，磧作「非宿」。
一　八五頁中一八行首字「及」，徑作「乃」。
一　八六頁中六行「大刀」，磧作「大力」。
一　八六頁中一五行「烏姹國主」。磧作「烏姹羅王」。
一　八六頁中一九行「國主」，磧、南、徑、清作「國王」。
一　八六頁下三行「促病」，資、磧、普、南、徑、清作「疫病」。

大方廣菩薩藏文殊師利根本儀軌經卷第十五　羅

西天譯經三藏朝散大夫試鴻臚少卿傳教大師天息災　奉　詔譯

略說大輪一字品第十九

尒時世尊釋迦牟尼佛復告諸宿曜天并諸眷屬言汝等諦聽此妙吉祥童子真言儀軌灌頂曼拏羅法護摩儀則汝等一切不得違犯彼持誦行人於最上儀軌求明成就者汝陰陽行步日辰星宿會遇之者汝等宿曜勿令無智諸惡等輩而為障礙當令佛法一切奉行汝諸天衆為作擁護所有一切諸惡等輩當須降伏發遣勿使得便令諸行人依法而住

尒時世尊釋迦牟尼佛入三摩地名為出生一切佛頂消除一切衆生諸惡障難是時世尊釋迦牟尼佛入三摩地已乃有十方世界一切如來集詣淨光天上來集會已咸共觀見世尊釋迦牟尼佛在三摩地是時諸佛各各前詣世尊釋迦牟尼佛所同聲讚請世尊不可思議大威德者以大無畏利益世間善說一切真言儀軌与諸如來所說無異世尊彼佛頂大輪一字明王具大精進有大力勢最尊最上於末法時能於世間作大利益決定能破一切部多及惡星宿乃至摩多囉等起於惡心作障難者當宜宣說復為悲愍一切衆生又復擁護持誦行人令得如願彼佛頂大輪一字明王具大精進一切自在唯願如來為利樂故說彼明王及与儀軌彼諸如來作是請已默然而住

是時佛會及三千大千世界佛神力故現大光明如大火聚於諸世間光所照處無一有情不快樂者

尒時世尊釋迦牟尼佛周徧觀察告淨光天所住一切天衆并一切聲聞辟支佛等及諸菩薩摩訶薩乃至在會諸如來言一切大衆善聽此佛頂大輪一字明王儀軌乃是一切如來無邊威力無能勝最上大輪大明王我今當說

尒時佛言我三界大師於末法時能調難調一切天龍夜叉乹闥婆阿脩羅緊那羅摩睺羅伽等乃至種種異

類諸惡衆生所有供養及種種事能令行人一切皆得我說佛頂大輪一字明王於末法時法欲滅時為法擁護若有於此大輪一字明王得成就者乃至於諸如來法欲滅時能為佛事復能擁護諸佛如來一切法藏汝諸天衆及一切衆生當以深心諦聽諦受即說佛頂大輪一字明日

部林 二合

天等此大輪一字明王乃是諸佛世尊一切智智真言之相住大悲行一切衆生之師為吉祥真言之主此佛頂一字法界如摩尼珠隨色變異佛說二種界謂有漏無漏界如來之身具足相界生於世間為有相尊說有漏色身分法界無相說為最上是無相界為住大悲行於世間而彼法界說為無漏分諸天等此真言之相摩尼無異一切智智亦復如是而此真言諸佛皆說若為大地一切之事皆能成就我今略說若能依法作一切事所求皆得

復次此大輪佛頂一字明王於佛滅

後末法之時行於世間爲無能勝諸眞言主諸佛菩薩悉所受持乃是過去佛菩薩等之所傳說此最上儀軌我今略說若復所在有彼行人專心持誦此大明者於彼所在五由旬内地界之中所有一切諸惡宿曜不能侵近乃至一切諸惡不能爲害至於天人聖人亦不敢近彼持誦者當自隨意若復更有他人於世間出世間求成就者彼人所有法則種種呪法悉能解除或以吉祥草一把握已誦眞言八百徧得數滿已以刀截斷或令自斷若爲呪法彼皆得斷若以吉祥草縛爲人用紅線繫彼人必縛若將瓦器呪八百徧瓦器破壞彼亦破壞若將芥子以人血染散於地上復以迦尾羅木枝打彼人授打先所說一切調伏法可依法作若爲息災當以乳汁作護摩用酥亦得或增益法亦同此作若作拳可禁一切眞言若欲解者心念自解或欲求眞言成就者如彼禁戍一切皆得成就或求別儀軌成就者同此亦得若此眞言成

就當用請召或用發遣乃至擁護悉皆可得至於隱身亦可能得若不依呪勑事不成者以酥蜜酪并脂麻合和作護摩八千徧一日三時至七日必得成就必依呪勑

若求成天人用濕松木柴八百片作護摩七夜得成若爲降龍用酥蜜酪作護摩來降若降夜叉用酪飰作護摩來降若降夜叉女所用亦然若降一切乾闥婆用無憂樹木柴及必哩演虞木柴兼花得降及降夜叉女龍女等法同若爲星曜用白芥子若爲王事亦同若爲婆羅門用花若爲吠舍用酥乳酪爲首陁用糠及塵土爲女人用鹽作護摩若爲童女用米緑豆同煑粥護摩若以稻穀花并脂麻和酥作護摩得一切降伏若一日三時作護摩滿七日七夜於一切事皆得如願如是作已如佛頂如來教彼天衆

尒時釋迦牟尼佛爲於世間說清淨法告最上第一佛子言妙吉祥大菩薩我此所說大輪一字明王一分儀

軌廣大尊勝如來天中天若經劫數說不能盡我今爲利益諸衆生故略而宣說

尒時妙吉祥大菩薩及十方一切諸如來等於彼淨光天上請大無畏正等正覺兩足之尊爲利益末法一切衆生故請說如是廣大無畏大明王眞言所有儀則速得成就

大方廣菩薩藏文殊師利根本儀軌經略說

一字大輪明王畫像成就品第二十之一

尒時世尊釋迦牟尼佛觀察淨光天告妙吉祥童子言妙吉祥諦聽所有最上大輪一字明王儀軌先已廣說我今復爲末法之時懈怠衆生鈍根無智不能修習廣大儀法而求成就今爲悲愍諸衆生故更略宣說同最上法當得成就

妙吉祥童子若有持誦行人求最上成就者先求新帛不截青線者當去塵埃令純清淨以上妙綵色畫一切世間主最上法王調御丈夫二足世尊寶幢如來轉法輪相圓光晃耀周徧莊嚴於佛前左面畫聖金剛手菩

薩次畫梵王右面畫持鬘天人次畫持誦行人於此像前每日三時燒沉水香誦眞言十洛叉數圓滿已然後成辦諸法若有行人求輪成就者先用鑌鐵作輪具十二輻就三長月吉日起首於像前一日三時燒沉水香誦眞言滿十洛叉數滿畢已於十五日獻種種供養燒沉香以手按輪誦眞言直至輪上光出其功得成就彼持誦人執輪爲持明輪王若他人於光出時得見者彼人亦得神通若人求繖蓋成就者作清淨殊妙白繖蓋上安金輪如法作已於像前繖蓋下坐誦眞言直至自起日日三時燒沉香誦眞言十洛叉數滿畢已於十五日獻種種供養手擎繖蓋誦眞言直至光焰出手執得成持明大輪王但是三長月就五日或十五日皆得成就於此成就之間得了知一切法得一切神通得諸佛菩薩護念得一切衆生尊重於世間中得千輪王爲眷屬若有求佛頂成就者當作杖可長一肘用金銀或銅或摩尼等作已手

按誦眞言直至光出長受持得隨意爲一切衆生說法壽命一大劫或求寶瓶成就者用金作瓶滿盛五寶五穀五藥用白繒蓋口於三長月吉日起首作法於次月得成就於彼瓶中所求皆得無盡或求如意寶成就者當以金作珠或以玻胝迦珠以白繒蓋如儀誦持得成就於所思求皆得如願如是得住天人中若有持佛無能勝眞言滿一俱胝獲得神通身如淨光天人壽命一大劫世尊此佛頂王白傘蓋等若誦十洛叉凡所作事皆得成就如是無能勝佛頂依別經中儀軌所作所求皆亦得成就次以佛頂大輪誦十洛叉能成一切眞言明大輪王若有求金剛杵成就者當用赤檀作獨股金剛杵或作鑌鐵金剛杵作成已於三長月十五日先以五淨水自洗浴訖於像前獻種種供養燃酥燈一百盞然後復以香水浴金剛杵訖然以自身奉上諸佛菩薩及此佛頂王白繖蓋及光聚等眷屬然更結界自作擁護亦擁護同修行

人作擁護已右手執金剛杵於像前坐澄寂身心過夜初分於夜第二分時專注虔誠誦眞言直至杵上光出彼一切持明天及龍藥叉乃至一切天人皆來集會讚嘆迎請歸於天上作天輪王得身如金剛手菩薩金剛力等於一剎那或須臾間直上色究竟天上住壽一大劫得見慈氏菩薩瞻禮聽法彼命終後隨願得生或有求劍成就者當求第一妙好之劍鋒利無缺者得已收掌先持戒然後就善月吉日於佛獻大供養手執如前誦法直至光出是得成就得成就已并及助伴皆得神通復變自身如十五六歲得飛行自在住壽一劫或有求雄黃成就者以無畏心於鬼宿直日收買上好雄黃不得酬價隨索便与得已於三晝夜淨持戒行復設食齋僧已求哀呪願如是作已更獻種種供養燃酥燈一千盞又三晝夜齋戒於一切有情發慈悲心以自身奉獻諸佛并大菩薩然誦眞言加持雄黃直至三種相現是法成就所謂熱

相煙相光焰相思惟如前某事成就若熱相成就者以芥子大點於眉間得一切天龍藥叉部多畢舍遮等住南贍部洲者常來擁護由如侍從壽命千歲若煙出成就者以芥子子大點眉間得隱身成就若欲入天龍之中隱身即入得於一切隱身中爲王壽命三千歲若光焰出用點眉間得成持明天王變身如天童子相端正第一超過一切天人并諸眷屬皆得神通住壽一刧命終之後生兜率天若求三戟又成就者當用鑌鐵作三戟又先誦眞言受持一年後起一沙塔獻大供養別出衆生食施一切可受此食者然結跏趺坐右手執三戟又誦眞言直至所座振動百千光明出現是法成就於須臾間轉身如第二大自在天爲持明天王面有三目具大神通威德自在得大自在天及一切天人等來雨花供養又得一切持明天及一切天人悉來雨花供養彼天人等皆共圍遶住壽一大刧命終之後得生極樂世界若有人見此

成就之時能瞻禮者亦獲得神通或是起惡心者彼瞻視之間即皆自退或有求屍成就者於屍林中收一屍未損壞者於徧身亦不得有瘢痕仍須身肢具足者得已用佉祢囉木四橛釘之彼持誦人於屍上坐用寶粖作護摩擲粖入口中彼屍從舌出如意寶見寶出已收之收得寶已成天輪王或所欲諸般器仗心所思惟皆悉能得寶光明出照百由旬皆悉晃耀得大隨意若壽命盡隨樂得生若生人間得四輪王位命終之後復生無垢世界復有屍成就法當求如前不壞之屍用四棗木橛釘之擲粖入口中作護摩得舌出已截取收得已与一百眷屬同得神通住壽一中刧居妙高山頂受大快樂命終之後復生人間得大自在若有求鉤成就者以吉祥草作鉤可長一肘作已取黑月一日夜用五淨水洗一夜得潔淨已於佛并金剛手菩薩獻大供養燃酥燈一百盞或求金剛鉤亦然以光聚白繖蓋先自作擁護依曼拏羅儀

則結界先加持橛誦七徧然取四方下位釘之結界訖於夜第二分時一心專注結跏趺坐以鉤及香花并種種供養禮拜奉獻諸佛菩薩已右手執鉤誦眞言直至地獄一切有情罪苦消滅已自得神通再禮諸佛菩薩禮已手執聖鉤行如天人一切天龍藥叉等遥見作禮住壽一刧命終之後得見金剛手菩薩住金剛手宫若求輪成就若得光明出得天輪王若求眞言成就誦彼大輪一字明滿一洛叉畢已一夜清淨身心無諸雜亂獻大供養已用阿里迦木柴著火用脂麻及酥蜜酪等和作八千團作護摩護摩畢眞言王自來常如侍從或有求大自在天成就者於大自在天獻大供養以阿里迦木柴八千片著火作護摩彼大自在天即來來時作大惡聲不得驚怖有言問行人何求誦者白言大自在天我求一切明成就天言如汝所求一切皆得言訖不現如是所求那羅延天及大梵天等皆得如願先所說彼天等成就儀則

若作時先深自擁護或有求降夜叉女念彼夜叉女名七晝夜用無憂樹花作護摩即來降伏作七晝夜竟決定須來來時或求作母或求作姊妹或求作妻或若不來得病頭裂或降龍女亦同夜叉女儀則若降夜叉當三月用酪飯作護摩畢已一夜身心清淨不得雜亂作大供養獻佛復出大衆生食奉夜叉但意中作念令彼夜叉降我若以酥蜜酪和合八千團近尼俱陁樹作護摩彼毗沙門等夜叉來現當奉獻阿里迦花閼伽水等毗沙門問言欲何所求誦者言當日日遣一夜叉來當要役使我於百由旬内凡有所須當隨我願我所樂去處要當隨意及藥成就所要皆作彼報言一切皆得或有求見金剛手菩薩得願成就者當先持誦精熟已依法修行或三或七重重求法成就於三長月十五日作大供養奉獻如來及獻金剛手菩薩齋設衆僧如是作已過夜初分於夜第二分時澄心思惟觀想金剛手菩薩如在目前以安

息香丸如蓮子大作護摩成夜一分時若得菩薩衣動及地震動或聞雷聲是諸天人先來下降雨花并金剛手菩薩与一切明王及最上明王等眷屬乃至一切天龍藥叉彥達縛緊那羅等前後圍遶來至誦所菩薩來已彼在地獄一切有情受大苦惱者於一刹那頃皆得解脫誦者得見菩薩祥瑞便禮拜獻閼伽水請菩薩住彼菩薩乃謂誦者言汝求何事誦者曰或求作天輪王或求入修羅宮或求一切天人中輪王乃至求金剛身及菩薩住處亦得至於求金剛手一切器仗思惟之間悉得生出住壽一大劫命終之後得生金剛世界乃至諸天悉得如願

大方廣菩薩藏文殊師利根本儀軌經卷第十五

乙巳歲高麗國大藏都監奉
勅雕造

大方廣菩薩藏文殊師利根本儀軌經卷
第十五

校勘記

一　底本，麗藏本。

一　八八頁上一八行首字「詣」，南、徑、清作「諸」。

一　八九頁上二行第三字「主」，南、徑、清作「亦」。

一　八九頁上一七行第一〇字「授」，徑作「受」。

一　八九頁中三行「詣麻」，南、徑、清作「油麻」。

一　八九頁下九行「大方廣菩薩藏文殊師利根本儀軌經」，徑、清無。

一　八九頁下一〇行第五字「明」，資、磧、普、徑、清無。又「之一」，資、磧、普、南、徑、清無。

一　八九頁下二〇行第四字「純」，資、磧、普、南、徑、清作「絶」。

一　九〇頁上一六行第八字「擎」，資、磧作「驚」。

一　九〇頁上二〇行第一二字「得」，資、磧、普、南、徑、清無。

一　九一頁上四行「贍部洲」，資、普、徑、清作「贍部洲」。

一　九一頁上一四行「別出衆生」，南、徑、清作「別奉天王」。又第一〇字「食」，資、磧、普、南、徑、清作「會」。

一　九一頁上一五行第一二字「執」，南、徑、清作「持」。

一　九一頁中四行「瘢痕」，石、資作「盤痕」；磧作「盤哀」。

一　九一頁中一一行第三字「大」，磧作「叉」。

一　九一頁中一六行「中刼」，磧作「千刼」。

一　九一頁中一九行「長一肘」，磧作「長一前」。

一　九一頁下七行「天人」，資、磧、普、南、徑、清作「是人」。

一　九一頁下一六行第一一字「大」，資、磧作「火」。

大方廣菩薩藏文殊師利根本儀軌經卷第十六　羅

西天譯經三藏朝散大夫試鴻臚少卿明教大師臣天息災奉　詔譯

略說一字大輪明王畫像成就品第二十之餘

如是略說儀則所有金剛手儀則及觀自在儀則乃至求梵天大自在天等世間出世間一切眞言成就者若不得成就當以此眞言同誦決定當得成就若更不成就當於如上大自在天等前持誦七晝夜內須現彼若不現頭破七分若求藥成就者或以酥及墨作點眼藥或求雄黃雌黃等成就先得彼藥已然求人乳同磨作五丸及与沉香白芥子等同丸於日月直日作大供養及出生供養彼日月天若得芥子作聲是最上第一成就當得世間一切衆生愛重及世間一切降伏所求皆得若得藥有煙出當於一切隱身中爲王壽命一中劫若得光焰出得變身如十五六童子顏皃如日初出得爲天中王壽命一大劫或求點眼藥用素嚕(二合)丹惹曩藥青蓮花木香白檀香等和合爲藥於一赤銅器中盛於太陰直日誦眞言加持直至煙出彼藥點眼得神通及隱身轉身如欲色界天人之相於一切隱身中爲王或求金剛杵用鑌鐵作三股長十六指或求劍等乃至三叉輪前一切器仗及衣鉢革屣絡腋等當於二月十三日或十九日於舍利塔所安像作大供養燃酥燈百盞復出生食供養已於像前坐吉祥草然後手執器仗及諸物等誦眞言直至振動得一切天人中王若得光出得天輪王如金剛手等力壽命一大劫命終生金剛世界彼助伴等見者亦得神通若求息災作爐如蓮花相依法用濕柴着火作護摩以滿杓酥同著火爲上復以酥蜜酪食等作團數滿八千作護摩若三晝夜者得身及助伴息災若七晝夜得一聚落息大災難若以舍你羅木八千或優曇木亦得以酥蜜酪和合作護摩息一切災及救天旱若乞食先誦三洛叉數就三長月十五日太陰直日起首三晝夜專注身心清淨無滌以黑牛乳汁作護摩誦百徧已得安居若以㮈里嚩草和酥蜜酪作護摩八千滿十晝夜得息中夭兼得延壽若加持幢及螺等於軍陣前執持吹作聲彼軍若見若聞當自退散若以五穀及諸香作閼伽水滿瓶當加持八百徧應有魔所執持作障難者以水洗浴決定解脫當得吉祥若作曼拏羅以此水作灌頂者滅一切罪若被星曜執持者當加持孔雀尾拂身當得除解若眼病用加持水洗即差若瘧病加持線繫即差若誦眞言与印同用當破壞阿修羅禁鑠若以佉你囉木濕柴八千片兩頭搵酥蜜酪等作護摩得大伏藏若入海及河以赤檀香搵蓮花百千擲入海及河中得蓮花爲積聚得大珍寶庫藏使用無盡若以吉祥菓搵酥蜜酪八千作護摩得大富貴或求成天人當用濕沉香木柴搵酥蜜酪八千作護摩日三時滿二十一晝夜滿已獲得若以酥蜜酪和合秔米作護摩得夜叉調伏又降伏夜叉用安悉香作丸搵酥蜜酪

護摩得成就若降伏乹闥婆用乳香作護摩降餓鬼用吉祥香作護摩若緊曩羅用娑哩惹囉婆香作護摩若為一切各各作障難各逐所用物八百作護摩滿七日當得除滅若求羅惹奉重以上好白芥子和油八百作護摩一日三時滿七晝夜成就若面向日誦一洛叉得滅一切罪若求一切明增益成就者當清齋以烏世囉草作形相已用白花作供養以乳汁八百徧作護摩亦以乳汁洗浴燒沉香誦眞言得增益若一作法得自擁護第二作法得擁護他人第三作法當擁護一聚落若有被他禁呪損壞者以烏世羅草作形相以白花作供養於佛頂王像前以白芥子酥蜜酪等和八千作護摩彼為呪者解除若不解除必當自損若有持誦行人於所持誦微少及有忘失者取最上樺皮用牛黃書彼明誦八百徧於明王獻大供養以一字明同誦八千徧於像前布吉祥草臥於所求事夢中一一來說或有求蓮花成就以赤檀香

大方廣菩薩藏經卷十六　第四張

作蓮花於明王獻大供養於三晝夜清淨專注已右手執蓮花誦眞言直至光焰出得天輪王成無能勝行命終之後生極樂世界或求成金剛杵者用白蟻土或沙土作獨股金剛杵作已默然乞食心不疑慮執金剛杵誦眞言八十洛叉以杵安白芥子中取大陰直日誦眞言直至芥子作聲是得成就然誦者執此金剛杵已能作一切事無不隨意欲破大山頂者擬之即破若擬龍龍即心破可使河泉來潮一切龍毒指即消滅或有魑魅惱亂有情者心想即除所有世間一切禁鏁悉能破壞此佛頂大輪成就獨股金剛杵凡有所作無有能障難者每持誦時以決定心依佛頂儀則持誦恒先誦佛眼明如是誦持皆得成就若於本尊獻蓮花誦一洛叉或入河海所要珎寶皆得或獻蓮花誦三洛叉得一切人尊重若獻蓮花誦五洛叉得南閻浮提人尊重或欲入山窟於窟前安像誦三洛叉一切不能障礙入中無疑於窟求聖藥得

大方廣菩薩藏根本儀軌經卷第十六　第五張

已却出或住其中一切不怖乃至那羅延天輪亦能破壞若於白月一日起首一日三時持誦以惹帝迦花者足大指下踏誦眞言直至足指光出彼光迴旋却入誦者身彼誦人於一剎那間轉身如童子為天中王并諸眷屬皆得神通住壽一大刧若於海岸邊安像面西以龍木柴燒火以龍乳一洛叉作護摩海水來潮現諸祥瑞不得怖畏直至海中有一人出如婆羅門相來問言欲我何作誦者報言降我每來之時令作皆得遣晝地作千葉蓮花誦者於中坐誦大明一千徧地即破裂誦者得神通得一千眷屬住壽一大刧得天中為王身具光明照於他人可五十由旬悉皆晃耀或有於三長月白月一日起首以惹帝花獻佛頂誦一洛叉直至佛頂光出入持誦者身中於一剎那間得五神通若誦十洛叉求證如如皆得成就此佛頂若與彼明同誦若召彼明決定得來彼若不來當自破壞此佛頂大輪一字眞言乃是如來眞實

大方廣菩薩藏根本儀軌經卷第十六　第六張

最上秘密天上人間一切眞言明王
亦是如來白傘蓋及光聚等眷屬一
切佛頂王成就儀軌諸佛頂王於一
切眞言得用當成就一切儀軌是最
上成就法若於非處不得用若用不
得成就或有欲開伏藏者到彼處已
用白色賢瓶用白檀作水滿盛復以
諸香作塗香塗瓶誦八千徧已於伏
藏處安置若有伏藏彼地自裂掘深
一肘已來可見彼物若有多人來者
皆各見水或有求師子成就者以白
蟻土捏作師子用牛黃塗師子身於
座上安置作大供養誦眞言直至振
動是得成就得成就已才乘師子得
轉身如童子與五眷屬俱得神通得
為梵天壽命千歲能往一切天中若
求象馬牛等亦尒若師子吼者震動
一切天人之座若或於蓮花池側以
蓮花一洛叉作供養得最上尊貴一
切所求得最上成就此大輪佛頂王
若至帝釋天帝釋離座迎接一切天
人遠見驚怖於一由旬內一切天人
隱除光明此大輪佛頂王同於如來

天上人間一切儀軌王悉皆降伏

大方廣菩薩藏文殊師利根本儀軌經一字根本心眞言儀則品第二十一

尒時世尊釋迦牟尼佛復觀察淨光
天一切天衆及菩薩辟支聲聞等告
妙吉祥童子言妙吉祥一切如來成
說此根本眞實法藏同如意寶爲滿
世間一切願故而彼佛刹諸佛如來
入涅槃時及末法時法欲滅時爲令
擁護如來一切眞言之藏童子汝眞
言儀軌王由如伏藏能令一切衆生
各各平等意願圓滿童子汝儀軌王
於諸如來儀軌王中得爲第一若有
念此大輪一字明王由如誦彼一切
如來大明王已童子汝一字儀軌王
是第一句是最上句乃往過去六十
二殑伽沙數劫彼時有佛号無量壽
智決定光明王如來應供正等覺明
行足善逝世間解無上士調御丈夫
天人師佛世尊若有衆生暫得聞此
如來名者消除五逆之罪若有念此
如來名者決定當得無上菩提何況
更於眞言以決定心求成就者若有

一切持誦行人欲得眞言成就者先
當於此無量壽智決定王如來作如
是念言歸依世尊無量壽智決定王
如來應供正等正覺及無量光佛寶
幢佛等一切如來而於諸佛各各作
禮已隨意誦眞言所求皆得若爲增
長福德當念三如來名号及禮一切
如來決定獲得無量福德彼持誦行
人若得眞言成就者於一切善法當
得圓滿得菩薩位當來決定獲得無
上菩提得見無量壽智決定王如來
應供正等正覺此一字眞言是一切
如來心於一切儀軌中最尊最上能
成就一切事業妙吉祥汝儀軌王最
尊最上秘密甚深爲於世間作大利
益若是衆生非佛弟子及無正心不
信如來所說之教又於佛法而加毀
謗者此大乘儀軌不得傳授復有我
慢惡人不信如來所說經教唯於聲
聞辟支佛而興供養如此人輩亦不
得傳授此人於眞言成就無有見分
若復有人發最上善心信於大乘於
佛菩薩心常供養如此人輩是眞行

人乃可傳授此如來所說妙吉祥大輪一字王眞言儀軌而此眞言能与快樂此眞言王是一切佛心一切眞言此中生出復是過去六十七俱胝佛之所宣說能爲衆生作大利益常爲衆生滅諸罪業常与衆生斷諸迷倒當令安住眞言妙覺法界之相傳此大力一字明王令久住世爲令法眼常觀世間此一字王能成就一切事能除滅一切惡若有依法作廣大善事常持誦一千八徧決定獲得種種吉祥彼昔無量壽智決定王佛說妙吉祥心谿字種子義兼烏字合爲一号与爲種子流傳世間佛滅度後末法之時依法念誦速得成就彼無量壽智決定王如來住彼佛刹名無量壽於彼刹中住無量劫轉妙法輪而彼如來以此眞言付最上第一佛子大力大精進大勤勇菩薩彼菩薩復付普賢彼普賢付佛子妙吉祥令我如來復爲汝說此眞言第一儀軌王最上法王之所宣說我爲利益一切有情復說佛名曩謨無量壽決定智王如來應正等覺曩謨娑羅花王如來應正等覺曩謨無量壽無量光如來應正等覺乃至寶幢如來應正等覺如是歸命頂禮三徧然後持誦一字眞言云何彼聖衆彼無量壽智決定王如來應正等覺說無量壽世界中爲利益一切衆生使得快樂復悲愍未來衆多衆生法末之後法欲滅時有諸惡人毀謗三寶爲欲調伏如是之人彼一切如來有第一佛子得大勤勇菩薩摩訶薩復傳普賢菩薩摩訶薩彼普賢菩薩摩訶薩傳付妙吉祥童子童子我今復爲一切衆生深生悲愍復想未來法末之時法欲滅時爲令擁護如來法藏令脩如說汝眞言大力儀軌若欲成就諸事業者先於山上清淨之處誦眞言三十洛叉爲先行法爲令身心法行俱得純熟以乳爲食默然持誦不得於別眞言法而起思想當須發菩提心歸命三尊清淨持戒復更請受菩薩戒如是脩清淨已方得作諸最上成就之法欲作法者先求畫人心本清淨兼与受戒兼求上好第一綵色如是得已方可作幀其幀闊佛一肘量長四尺如是作已用檀香龍腦恭俱摩等香水灑淨訖其畫人令潔淨食三白食著新淨衣取白月吉星直日或十五日於日初出時起首畫至午時午後便住日日如是直至畢手其幀上先畫無量壽世界其地徧畫諸寶蓮花或大青寶或頗胝迦寶大綠色寶以如是寶上下嚴飾中畫大寶宮殿幢幡繖蓋諸供養具皆悉殊妙復有光焰各各覆上嚴麗第一殿內中心畫師子座座上畫無量壽智決定王如來作說法相佛身紅色光明四照左邊畫寶優鉢羅花座座上畫大勤勇菩薩摩訶薩作瞻仰如來相右手執白拂左手持天菓作淺綠色光明普徧以種種莊嚴而嚴飾之右邊畫普賢菩薩摩訶薩坐寶優鉢羅花座身淺綠色頂戴寶冠著上妙青衣眞珠瓔珞寶鬘絡腋光焰普徧一切莊嚴右邊次畫聖妙吉祥菩薩坐

寶優鉢羅花座身黃金色如童子相
首有五髻面目端嚴諸相具足著妙
青衣以真珠寶而爲瓔珞及爲絡腋
莊嚴身相歡喜合掌瞻仰如來次下
畫持誦行人隨自儀容莊嚴鮮潔右
膝著地手持蓮花瓔低頭作奉獻相
次前於幢角上右邊畫二佛一名無
量光二名福光左邊畫二佛一名娑
羅花王二名寶幢此四如來身如金
色光明晃耀坐白蓮花座衆花莊嚴
種種嚴飾微妙第一結跏趺坐作說
法相於諸佛上畫種種雲雲中畫一
菩薩名爲妙眼身相具足光明普照
右手作施願左手執袈裟角如彼行
相而於雲中雨種種花供養如來之
相此世尊無量壽智決定王如來應
正等覺畫幢儀則与彼一字眞言及
最上佛頂王大輪佛頂王力等精進
等不可思議廣大功德最上之力我
已略說我先廣說一切佛頂王大輪
一字所有儀軌一切所作皆能成就
若有行人欲作成就之法至於不修
先行所作念誦一切能成何況於先

行法而有功績凡有修持隨意得果
或求富貴一切皆得若有於此世尊
無量壽智決定王如來成就像前處
心一隨喜者此人當來決定證得無
上菩提以此無量壽智決定王如來
及一切如來心威德故此爲一切佛
頂大輪王此爲妙吉祥童子心一字
大輪王略說如來力不思議威德不
思議神通變化不思議若有行人作
調伏法或不修先行或不持戒乃至
食酒肉等亦得法成就除不發菩提
心及不信重乃至毀謗三寶如是等
人若作破壞并調伏法必不能成何
況修中品上品之事凡持誦人一持
念擁護自身二持念擁護他人三持
念作大擁護已至於十地菩薩亦不
能動何況餘力而能得動若四持念
可救一切衆生諸苦惱事若五持念
已觀想佛世尊所求皆得若於月星
吉日依法於佛菩薩像前或經法及
舍利塔前先沐浴著新淨衣預持戒
一晝夜然後取無蟲清淨新水白香
花等於作法處地位作灑淨燒白檀

香恭俱摩香龍腦香燒如是等香作
護摩法若爲刹帝利用阿濕縛他濕
柴著火若爲婆羅門用鉢羅舍濕柴
著火若爲毗舍用佉你囉濕柴著火
若爲首陁用阿波摩里誐濕柴著火
如是等皆隨力兼用稻穀花同作護
摩作降伏法最爲第一於後作法准
此應知若爲降伏怨家各隨彼彼所
用濕柴八千斤作護摩後用酥八千
作護摩後復捻灰擲彼惡心怨家安
居方所又擲灰時結佛頂大輪一字
王印更用優鉢羅印得怨家退壞或
別有大災難及有心苦惱事以此得
迴如是更有別事隨意作法如有病
人与加持衣令著得身安樂若加持
眼藥點眼得一切人愛重若面南加
持七遍一切怒面觀察皆悉善心愛
重或以花菓及彼妙香加持七徧奉
与他人彼人覩之心自降重或更有
他人見者亦皆降重一切病者及身
疼痛加持溫水洗浴當得安樂此調
伏法於苦惱衆生皆不得作或無主
無依之人持誦者亦須悲愍於女

人愚人病人貧者苦惱者乃至賤人及二根人皆不得作若於上人有勇猛精進者大慳貪者大財大力者極我慢者如是人處可得爲作復有惡人毀謗賢善壞亂正法偷盜他財作諸惡事者亦可爲作復有不信一切眞言及相應法等惡心邪見如是等處當可爲作若有歸命三寶具正見有道心處不得用作復有法若有遠離佛僧常作嗔怒當於彼處擲灰加持自然迴向若是大力怨家亦可破壞若有大災難不得作此法當作三七日内得成就法可破逆一切怨家初一七日彼得心煩二七日已彼自受病若至三七日彼自破壞遠離及去他處不相遇會若有能作此法如是一向爲化衆生不爲他故可得爲作若違佛意害於有情作一切事佛所不許諸佛所說種種大業黑白二果若作黑不善業雜之業定得不善業雜之報持誦之人宜應遠離業雜黑業當修清淨善白之業得成善白清淨果報若害衆生當感地獄彼持

大方廣菩薩藏根本儀軌經卷第十六　第十六張　豫

誦人當勤憶念斷如是法持誦之人遠離殺生感最上報當生天上得解脫樂又持誦者若得眞言成就得天中天得一切智爲救化衆生起種種行修種種因作千事業隨意成就若作調伏法專心念誦依法護摩得下品成就於中品法少許成就但持誦法說上中下若持誦最上得最上報若持誦得中獲中品報若持誦下品得下品報於護摩法亦說三種稱量時節凡持誦護摩當勤修習最上無等等事業

大方廣菩薩藏文殊師利根本儀軌經卷第十六

乙巳歲高麗國大藏都監奉
勑彫造

大方廣菩薩藏根本儀軌經卷第十六　第十七張　豫

大方廣菩薩藏文殊師利根本儀軌經卷第十六

校勘記

一　底本，麗藏本。

一　九四頁上一行第一六字「卷」，石無。

一　九四頁下二行「㮈里嚩」，資、磧、普、南、徑、清作「㮈黑嚩」。

一　九四頁下末行「安悉」，資、磧、普、南、徑、清作「安息」。

一　九五頁中八行「大陰」，諸本作「太陰」。

一　九五頁下三行「惹帝迦」，資、磧、普、南、徑、清作「惹帝起」。

一　九六頁上六行「彼處」，石作「彼獻」。

一　九六頁上二〇行「大輪」，資、磧、普、南、徑、清作「天輪」。

一　九六頁中二行「大方廣菩薩藏文殊師利根本儀軌經」，徑、清無。

一　九七頁上九行首字「眼」，資、南、

徑作「服」。

一　九七頁上一〇行「一切惡」，南、徑、清作「一切罪」。

一　九七頁中一五行第一二字「令」，資、磧、普、南、徑、清作「今」。

一　九九頁上五行「壞亂」，資、磧、南作「懷亂」。

大方廣菩薩藏文殊師利根本儀軌經卷第十七　羅

西天譯經三藏朝散大夫試鴻臚少卿明教大師臣天息災奉　詔譯

妙吉祥心麼字唵字成就法儀則品第二十二

尒時世尊釋迦牟尼佛復觀察淨光天衆告妙吉祥童子言妙吉祥汝別有畫像儀則成就法能成就一切事業妙吉祥汝一字心真言或汝六字根本麼字真言或六字心或唵字真言如是等真言儀軌王於佛滅後末法之時佛刹空虛世間無主無人救度此儀軌三為主救度令得安住妙吉祥我今宣說儀軌次第如前用不截背線新帛清淨無垢長七肘闊三肘以白檀龍腦水調彩色畫我世尊釋迦牟尼佛坐蓮花座作說法目觀妙吉祥童子相於右邊次第畫妙財菩薩真實菩薩聖無盡意菩薩妙吉祥童子項禮世尊相左邊次第畫普賢菩薩聖觀自在菩薩賢護菩薩等所有如來相好一一具足諸菩薩相殊妙㝡上佛菩薩身量隨憶相稱其聖觀自在及妙財二菩薩手執白拂諸餘菩薩各各執花瞻仰如來種種莊嚴微妙第一於前下面畫一地天手捧寶亘從地涌出半身出地半身不現於上面空中畫二天人手持花鬘雨散天花如上佛菩薩等各有身光手相晃耀內外輝映一一嚴潔彩畫畢已持此畫像就舍利塔所如法安置畫像訖彼持誦行人內外嚴潔心不散亂於此像前面西而坐誦妙吉祥心或根本等真言滿一洛叉自初起首直至成就一日三時洗浴三時換衣持戒清淨默然乞食或菜或菓無諸葷雜所乞得食分作四分一分奉獻三寶一分奉獻妙吉祥菩薩一分施一切有情一分充自食勿令身心有所苦惱發如來意為諸衆生不起少心獨為自已作是觀想求願圓滿念真言獻香花燈塗乃至食等及沐浴諸聖沐浴者以香水沐浴諸聖像影然後於佛像前以諸花香食等恒常供獻每獻食供養先普獻三寶後獻慈氏次觀自在次普賢乃至虛空藏無盡意月光童子除蓋障聖

大方廣菩薩藏文殊儀軌經卷第十七　第二張　羅

金剛手聖多羅大孔雀明王聖無能勝佛母般若波羅蜜多香花塗香食等一切如是彼先獻已然後施從外一重地位一切馳驢象馬形作障礙者以白蟻封土作彼形像作形像已與種種飲食及菜菓等如是施已發遣遠離然後以吉祥草為座坐已發㝡上善心念一切佛名号然後只於側近清淨處布吉祥草於上臥及喫食來往經行等遠離尋常諸臥具等一日三時念佛名号及作觀想若是得見殊勝好夢不得去他人處說可於佛前言白如是依次第速疾誦真言一洛叉餘時常讀誦佛母般若波羅蜜多若念誦時瞻仰妙吉祥童子若作念誦莫令文句闕少若徧數滿足已然起作禮復以種種供養獻佛如是儀則先行精熟已持彼畫像隨於處所求諸成就

此先行成已復以白檀作妙吉祥菩薩坐蓮花座左手執佛母般若波羅蜜多經右手執菓如是作已於殊勝清淨之地面西安置於彼像前作護

大方廣菩薩藏文殊儀軌經卷第十七　第三張　羅

摩爐爲一切法作四方爐深二尺用五穀作泥飾護摩爐如是儀則用阿濕縛他木濕柴或用無憂樹木濕柴以如是等柴著火復用秔米和酥乳酪蜜等都盛一銅器中然後誦真言八千徧滿杓作護摩如是作已然後爲所求事取月一日起首作法用尼俱陁樹濕柴著火得見無煙已用真言請召火天真言曰

阿誐蹉賀里閉訥婆羅你鉢哆二合吽賀縛二合路呬哆叉祢呬捺捺引賀

誦此真言三徧請召護摩已然後請召妙吉祥菩薩真言曰

阿誐蹉誐蹉俱摩引囉部多薩里縛二合薩怛縛引二合囉他二合母你野二合覩娑婆賀焰迦囉波二合野獻淡補瑟半度半左鉢囉二合底仡里二合恨拏二合娑縛引二合賀

誦此真言伸請召已獻諸供養香花閼伽水等然後作護摩七徧七擲團食如是滿七日復用秔米油麻及酥乳等作粥奉獻及常自食足此後決定得見妙吉祥童子後用濕白檀長二指作柴八千片作護摩日日燒一百片至數滿足決定受人間最上施主供養或用惹帝花一洛叉作護摩決定得最上施主愛重或以蓮花一千搵酥蜜酪作護摩得大財寶若以三弭木濕柴著火油麻作護摩得大財主若早晨於河中以水作護摩得一切人愛重或以阿里迦木濕柴搵酥蜜酪一洛叉作護摩得千人受用豐足或用阿波末里誐木濕柴作護摩得一切病消除或用有乳木濕柴著火用油麻作團食一洛叉作護摩所求皆得若有國王求國土用蓮花一洛叉作護摩得願滿足或用大麥一洛叉作護摩得五穀受用無盡或用安息香必里焰虞香和酥作護摩得子息若以惹帝花捻一一花水中作護摩以餘花與人彼人齅之得愛重或以供俱摩花鬱香丁香口含之念誦人所見皆愛重或以胡椒誦八千徧已口含作瞋怒言彼自愛重若以結界得成隱身若見怨家意念之怨心自息若恒持誦得一切人愛重若於早晨以惹帝花并淨水地上作護摩得真言成就無敢違犯若有怖畏者意念即除若有怨怒者覩面自息若爲他人以一切香花作護摩彼獲愛重或以水誦七徧早晨飲惡業若惱決定除滅或將清水誦七徧洗面世間一切見者悉皆愛重若加持花與人得彼人愛重若以秔米作護摩一洛叉得人間第一尊貴以油麻及蓮花一千作護摩得錢一千若不酬價買安息香并娑惹囉娑香及吉祥香等與香水和合作護摩五日六箇月內得一千功德若一七日三時用曼陁羅花作護摩得牛用阿里迦花得穀用世里沙花得馬用無憂花得金用尾部里多吉花得衣又復若以惹帝花護摩及諸上妙花於水中作護摩但心中所求一切上衣皆得若加持眼藥七徧點眼貧者亦得大富若於夜分坐持誦於眠睡中得吉祥夢境若求極貴人愛重者求足下土與白芥子油麻和合作護摩七日

每日三時作必得若求貴重之人愛重者用娑羅怛迦和油麻作護摩七日七夜獲得或求婆羅門愛重者用乳粥并酥作護摩一切皆得若欲眤舍愛重者用大麥粆糖作護摩若欲首陁愛重者用團食作護摩即得若為救病誦八百徧摩病者頂一切得差一切病加持線繫身皆差若瘿病加持白蟻土塗之即差

復有七種儀則第一畫像儀則㝡上法如先所說求新帛清淨無雜畫聖妙吉祥菩薩如童子相身肉紅色坐蓮花座種種莊嚴右邊畫聖觀自在菩薩左邊畫普賢菩薩身量小如妙吉祥菩薩畫像成已求清淨之地及佛舍利塔處如法念誦滿一俱胝已得囉惹之福若用澀白檀柴搵供俱摩香水護摩一洛叉同前若用澀沉香柴搵酥蜜酪護摩同前若以惹帝花和酥蜜酪作護摩同前若用蓮華聚作護摩得錢如花聚大小若用尾部里哆吉菓一洛叉作護摩得大財主若用澀柴安息香同護摩八千得

穀若恒以脂麻護摩得穀無盡若以秔米一洛叉護摩得衣食應庶千人若以多子者菓子及舍彌菓子作護摩得妙童女供事若以舍弭樹葉作護摩一切如意以阿識悉帝花搵乳作護摩得淨行者奉重若用白迦囉尾囉花及迦尼迦囉花作護摩得㝡上人愛重用曼陁羅花作護摩得㝡上人愛重用曼陁羅花作護摩得一切首陁愛重用阿里迦花搵酥蜜酪作護摩救一切病若以如是儀則用香花一洛叉獻佛足下常受快樂若以菩提樹澀柴著火用舍彌花一千作護摩能除一切星曜所執若以牛黃書真言頂戴入軍陣一切器仗不傷若以真言成就妙吉祥菩薩乘象在軍陣前他軍見之自退若以童子相菩薩坐金孔雀安幢上擎於陣前他軍見之自退若以惹帝花一洛叉獻佛足即於彼處布吉祥草卧於夢中所求皆見若燃燈一千盞其中一盞用藕絲纏甘草為心燃燈供養彼人決定得見妙吉祥菩薩如一切讚

歎殊妙之相

又有求成第二儀則用一生金銀未曾別用者作妙吉祥童子右手作施願左手持佛母般若波羅蜜多經如是作已於舍利塔前安置對像誦真言一洛叉滿已於晨朝獻大供養以童男童女作諸歌舞自讀誦大乘經法供養畢獻三朶妙花及閼伽水獻已發遣先所說儀法有請召發遣等印若念誦時結蓮花印若請召用幢印若獻座用吉祥印若獻閼伽用滿印若獻花用一尊印若獻燈用願印獻香用合掌印獻塗香用孔雀坐印獻食用杖印凡作念誦前諸儀軌皆用此諸印法自初起首至法成就應是請召及諸供養發遣皆用印法直至畢日若以惹帝花獻佛及獻閼伽已於佛前卧於夢中得見佛作說法相有菩薩圍遶若為作如是種種之事當須持戒不得散亂於白月一日起首以吉祥香和蜜作護摩得最上尊貴若誦一俱胝得親見妙吉祥如人語話若得說法及得光照得不退

菩薩位
復有第三儀則用赤檀作童子相一
邊作愛子夭摩邪夫人手攀無憂樹
一邊安置鹽及白黑芥子和合以赤
檀作彼形相作已截斷作護摩彼自
愛重或以尼俱律陁樹子作護摩若
爲他作他得愛重或以憂鉢羅子若
爲他作護摩他得愛重或用棗子爲
人作護摩彼人得愛重若以烏曇鉢
羅子爲彼人作護摩彼人得愛重若
以悉哩嬭吒迦木作護摩得婆羅門
愛重若以藕作護摩得刹帝利愛重
若以龍花作護摩得毗舍愛重若以
稻穀作護摩得首陁愛重若以鹽及
乳糖和爲團八千作護摩一日三時
七日滿畢若爲他作彼得愛重若以
若棟葉芥子和油護摩一日三時七
日爲滿得彼愛重若以蓮花一洛叉
作護摩得金若以迦羅惹里迦花八
千作護摩得大聚落若以波吒羅花
作護摩得穀無盡若以吉祥花作護
摩得金若以菖蒲根搵酥蜜略作護
摩與一切論者論議得勝或没囉憾
大方廣菩薩藏根本儀軌經卷第十七 第十張 羅

弭藥酥和盛銅器中誦眞言直至一
萬然後自喫得於一切論者中得勝
若有嗔怒者誦八千已觀彼自息
復有第四儀則如前以新帛清淨無
垢已令畫人持戒用最上彩色畫聖
妙吉祥菩薩坐蓮座作說法相右邊
畫聖大弥佉羅左邊畫聖佛母般若
波羅蜜多菩薩端嚴相身著白衣一
切嚴飾下面畫蓮花池池中蓮花種
種繁滿畫龍王出半身相手執蓮花
於右邊畫消除障難聖無能勝大明
王相口出火焰作顰眉相左邊畫聖
鉢囉拏舍嚩里明王手執罥索鉞斧
眼紅黑色擁護持誦行人次畫持誦
人隨自顏色形相手捧蓮花鬘作瞻
仰妙吉祥菩薩相於上面畫持花鬘
散花天人以此畫像於有佛舍利塔
處面西安置行人於此像前誦眞言
一俱胝滿已獻大燈供養獻已復誦
聖般若波羅蜜多菩薩滿一萬徧注
意瞻仰妙吉祥菩薩相若得此畫像
動者得人間第一尊貴若得眼動得
作天人若笑得輪囉惹若得言語證
大方廣菩薩藏根本儀軌經卷第十七第十一張

得初地菩薩位入諸佛會聽法若於
此像前犂有犢黃牛乳取酥得酥已
盛於銅器中誦眞言直至三種相現
若得熱相誦者得大智慧大聞持等
若得煙出證隱身自在若是焰出當
獲神通復有以菖蒲根用惹帝花纏
用坏器盛已誦眞言直至苗出誦人
取喫得聞持誦一俱胝得親見妙吉
祥聽聞說法若以金作百葉蓮花已
於像前右膝著地誦眞言直至焰出
手執得天輪王他人不能得見若以
雄黃或雌黃合眼藥用吉祥草盛誦
眞言直至作聲用少許點眼中所有
地行一切夜叉羅刹及毗舍左等類
中當得爲主若以上等劍無損缺者
於像前手按誦眞言直至如虵起頭
若執之得天輪王住壽一劫若復以
雄黃用三種金裹雄黃丸子口中含
誦眞言直至振動誦人得隱身復得
六天自在若作此儀者其持誦行人
當須一切善法具足不得貪欲復有
取舍弭樹子及菩提樹子三金裹已
口中含誦眞言直至振動得隱身復
大方廣菩薩藏根本儀軌經卷第十七第十二張

得神通壽命千歲復以銀作輪持於脩羅窟前誦直至輪擊脩羅窟門開入中無障彼脩羅女出迎誦者入中壽命一劫復有用鐵作三戟叉持誦行人若持於阿脩羅窟前作念誦一切障難破壞彼自出迎若欲住彼得壽一劫當得見於弥勒世尊

復有第五儀則若用白阿里迦木作拇指大妙吉祥菩薩作巳獻阿里迦花一洛叉得貴人之位若用白迦囉尾囉根拇指許大作妙吉祥菩薩以迦囉尾囉花獻一洛叉得真言成就若以迦囉賀吒木作妙吉祥菩薩一尺許大以賀吒花獻一洛叉得多人愛重得為軍主若用白檀作五寸大妙吉祥菩薩以惹帝花獻一洛叉得貴人位若以菩提樹木作一指長像獻淨水一䈂得多人愛重若以一切香作像獻一切香花所求皆得若恒時以沉香木涇柒作護摩一切持誦人中得尊重恒時持誦除大五逆罪命終之後得覩見妙吉祥聽法若急誦八百於一切衆生中得隱身得為

大方廣菩薩藏文殊師利根本儀軌經卷第十七　第十三張　羅

持念主一切瞻仰愛重若為他作一切皆得如是童子儀則種種之事皆悉得作唯除貪欲

復有第六調伏儀則如是所說於末法時當為利益衆生使得成就我更與說第七儀則當為濁惡之時利益薄福衆生與傳此法令得菩薩三乘之道令解方便上下品事復為末法時一切衆生貪愛迷惑及瞋濁重者及為所繫縛者當為解脫道勝善果報如來所說真言儀軌有大力勢具大精進當為廣大利益末法之時一切衆生使得不空成就我釋師子人中最上天中之天當於妙吉祥法中略說如是最上利益之法令得一切所作成就

大方廣菩薩藏文殊師利根本儀軌經卷第十七

乙巳歲高麗國大藏都監奉
勑彫造

大方廣菩薩藏文殊師利根本儀軌經卷第十七　第十四張　羅

大方廣菩薩藏文殊師利根本儀軌經卷第十七

校勘記

一　底本，麗藏本。

一　一〇一頁上一八行「左邊」，資、磧、南、徑、清作「右邊」。

一　一〇二頁上二行末字「阿」，資作「何」。

一　一〇二頁上二二行「油麻」，石作「麻油」，下同。又末字「酥」，徑作「酪」。

一　一〇二頁中二行「八千片」，徑作「八十片」。

一　一〇三頁中八行至九行「得最上人愛重用曼陀羅花作護摩」，徑無。

一　一〇三頁中一一行第八字「若」，石作「苦」。

一　一〇三頁中二〇行第八字「布」，資、磧、普、南作「希」。

一　一〇三頁下一六行第四字「及」，徑作「反」。

一〇四頁上一七行第三字「葉」，資、磧、普、南、徑、清作「華」。

一〇四頁中二行第五字「喫」，諸本作「契」。

一〇四頁下一五行末字「者」，徑作「像」。

一〇四頁下二二行第二字「舍」，徑、清作「含」。

大方廣菩薩藏文殊師利根本儀軌經卷第十八　羅

西天譯經三藏朝散大夫試鴻臚少卿明教大師臣天息災奉　詔譯

妙吉祥六字心眞言品第二十三

尒時世尊釋迦牟尼佛復觀察淨光天告妙吉祥童子言妙吉祥復有第七儀則不空成就法彼有得成得大果報利益安樂所有一切惡業惡趣苦惱皆得消除當來決定獲得無上菩提妙吉祥我今說汝六字心眞言此眞言微妙不可思議力無等等解脫六道一切輪迴及免三苦大海久久沉溺解脫一切纏縛不染世間一切有情一切部多無能得見於輪迴道而得清淨得佛法分諸佛隨喜於一切眞言最尊最上復於一切為大富貴即說六字心眞言曰

唵嚩(引)枳曳(引二合)那曩摩

妙吉祥我今說此六字心成就法若有求成就者當以菜菓為食或乞食一日三時澡浴三時換衣身心清淨不得散亂誦眞言一洛叉為先行不得中闕一徧若是闕少法不成就須是專注心不異緣如是先行成已用織成帛不截背頭大小應量不剩不少如是得已然覓畫人仍令清淨持戒如是潔淨已用上好彩色畫此聖像於幀內先畫妙吉祥菩薩作童子相坐蓮花座說法之相偏袒右肩以種種微妙而為嚴飾左邊畫聖觀自在菩薩左手持蓮花右手執白拂右邊畫聖普賢菩薩上面畫雲雲中畫天人持鬘雨花而作供養於前下面畫持誦行人隨自相狀手執香鑪作瞻仰妙吉祥菩薩相周帀畫山下面畫蓮池於內隨意種種嚴飾畫像畢已於舍利塔所面西安置就白月吉日獻大供養以酥燃燈復以惹帝花八千一誦一擲散妙吉祥面直至散盡若得成就或聞吽字聲或得像振動若得聞吽字聲即得最上尊貴若得像振動即於一切論者中得為最上又能了知世間一切議論若不得如上成就者當於一切持誦法中得力若以濕沉香木為柴如中指長復以佉祢囉木柴於黑月夜搵都嚕瑟迦(二合)油作護摩直至日出必定當得見於聖妙吉祥菩薩若得見已持誦行人所有勝願求者必得唯於貪欲不得求乞或於黑月夜燒白檀不間斷直至日出得菩薩來說甚深法而令信解得信解已於一切病當得解脫決定獲得菩薩之地復有法用赤檀木刻作蓮花可六指量并莖皆赤檀作塗以千葉加持千徧已於月十五日就像前著荷葉上安置手按誦眞言至焰出執之須臾轉身如十五六男子色如眞金瑩淨光明過日天子得一切天人奉重供養住壽一大劫命終之後往生極樂世界復有法取太陰直日以白菖蒲根互淨水洗得清淨已於菩提葉上安置誦眞言直至三相現若得熱相得一切人愛重於一切論者中得勝若得煙相獲隱身成就住壽三萬歲若焰出得虛空行住壽一大劫復有法用有櫝黃牛乳取酥以銅器盛於七菩提葉上安置誦眞言直至三相現若熱得聞持煙隱身焰虛空行如前無異復有

法以蓮子口含於太陰直日誦真言直至振動復以三金裹口中含如前誦至振動得隱身若出口中蓮子一切人得見若以丁香口含誦六洛叉巳凡与人言一切愛重若食酥誦十二洛叉得為天人若乞食默誦一洛叉得隱身若誦百俱胝得說法如妙吉祥菩薩復如十地菩薩若恒誦持得一切義增長復有法以一切香藥作人形像斷之作護摩七夜內得愛重復有法以安息香作丸如小蓮子大揾酥百千作護摩得錢一洛叉又法持誦人或入河海以蓮花百千擲水中作護摩得大伏藏不可窮盡若以白芥子供俱摩香和合八千作護摩得囉惹愛重若以麻油和酥蜜酪作圓百千作護摩得大長者一切施与復有法若以不墮地犢摩夷作曼拏羅以阿提目訖多花獻大供養誦八百徧然讀誦大乘經法一月之內得大智慧復以牛黃誦八百巳點於眉間得一切人愛重若加持頭頂誦七徧一切人不輕慢若用枳里花一

萬作護摩得一切病除若日日誦七徧一切惡業決定滅盡若臨命終時誦八百徧得妙吉祥菩薩面前出現

大方廣菩薩藏文殊師利根本儀軌經修行地位時節儀則品第二十四

尒時世尊釋迦牟尼佛復觀察淨光天告妙吉祥童子言妙吉祥汝有大輪明王等及諸佛頂等一切真言儀則成就地位我今略說諸明王得成就處彼支那國及大支那國妙吉祥菩薩真言而得成就彼龜茲國中烏尼也二合曩國中迦濕弥羅國中及西印度并雪山四面北方一境得佛頂王最上成就所有過去佛說今佛所傳當來佛亦說若為息災前一切處得成就彼雪山及中國人間善心之地作息災者於蓮花族金剛族及寶族等真言而得成就又半支迦藥叉及訶利帝藥叉女巘達哩嚩等所有真言亦得成就又迦微國及摩伽陁國周徧內外迦摩嚕播國周徧內外路呬你也引二合適悅河岸而彼諸處亦得成就東印度一切處金毗羅神及

寶賢大將得成就海岸洲一切多水際處師子國適悅之地得一切真言成就彼賢聖多囉毗俱胝大吉祥白傘蓋等一切真言四童女大海中得成就又東印度周徧地位泯地也二合大野山中及摩呬捺囉二合山周徧彼童子天及妙吉祥得成就或有与持誦人作諸障難者變形如象一牙大力或作馬等形狀及種種相自或作伊舍那天子最上種種相皃亦說真言法得成就地如上作鄔者於一切深山大野中能為鄔難仍說種種魔多羅極惡宿曜及餓鬼趣餓鬼王藥人食者成就之地又復說一切部多成就之地復有南方鬼王住處閻魔真言而得成就并諸外道求極惡法之地彼金剛手亦說作惡法真言於南方求得成就當感罪業得不善果又彼南方唯曰天所說真言及伊舍那天所說真言乃可於彼而求成就西方得最上成就大力藥叉王是一切財主得一切部多愚癡迷惑者施財若有行人依法修所求法得成當

爲財主得大富貴又此大地中金剛手藥叉菩薩眞言得最上成就十地菩薩之位金剛手一切眞言得生蓮花族如是八族眞言八方得成就佛所說眞言北方得成就及東方亦得成就蓮花族所說眞言南方得成就金剛族西方得成就彼那吒不定方所彼寶賢族西北方得成就西南方一切藥叉族得成就東南方一切聲聞大德族得成就東北方辟支佛族得成就復有上方一切善行得成就下方世間一切入地眞言得成就彼八族中彼佛頂及出世間一切眞言得成就又佛頂大輪等於上方一切處亦得成就又金剛手於一切處得成就如是別眞言王一切金剛族蓮花族生者於一切時中亦決定得成就我以說一切成就地位今復說得生時節若於一切佛眞言求成就者及欲生蓮花族金剛族者當須三生中專注誠諦持誦修行得最上成就乃得生彼又或一心愛樂歸信三寶發菩提心修行大智又於眞言儀軌

一一了知又復持菩薩戒行菩薩行專心無二稟信奉行於一生中亦能生彼而此眞言如佛所說一切愚癡衆生永不能見聞何況於法而得成就此眞言三廣大儀軌我最上佛月第七如來之所宣說妙吉祥汝當諦聽汝爲第一佛子是大菩薩有大威力汝之眞言大力行義同佛世尊恒在於世如佛所說大輪佛頂王光聚佛頂王最勝白傘蓋如是等佛頂王在於世間如轉輪王於南閻浮提出生之時復如法王正等正覺二足之尊在於世間所說眞言於一切事皆得成就

大方廣菩薩藏文殊師利根本儀軌經執魅者儀則品第二十五

尒時世尊釋迦牟尼佛復觀察淨光天告妙吉祥童子言諦聽童子我先所說衆生之句今復說彼所行之事善惡祥瑞是時童子即從坐起以彼頭頂禮世尊足合掌恭信白世尊言善哉世尊願爲說彼衆多衆生變於已身生於他身而作惱亂所謂聖人

天人乾闥婆夜叉羅刹毗舍左摩睺羅伽乃至部多等及諸人非人類種種乘法所作之身往種種心行三昧有無數幖幟種種之相世尊天中之天今正是時願爲說之彼妙吉祥童子如是請已還復本座黙然而住

尒時世尊釋迦牟尼佛說於衆生種種根本心行祥瑞幖幟時節及呼召徧入他身一切衆生眞言之法斯有衆生以貪食故執魅於人者復有會遇過去怨家恨心瞋怒執魅人者乃至世間大地之中惱亂於人一切極惡之者彼有離欲最上善人住悲愍心降臨世間而爲救度彼最上善人法相具足有大力勢爲救世間行於教化臨照於世如彼日天若復有人具最上善業知其法要具足清淨精勤修習於白月時日没之際或初夜分見彼降臨彼大力離欲上人或在世間清淨國土以白月或圓滿月十五日或白星宿時吉日吉辰來降世間而有幖幟若來之時形如多羅樹住虛空中不至於地結跏趺坐而乃

發聲由如梵音言說最上無等等法而彼上人頂相具足住剎那間降於大地彼持誦者如是見已用惹帝花白檀供俱摩等和合作閼伽水禮拜奉獻復以伎樂而為供養誦者發虔志心唯為利益求其所願彼離欲上人慈心清淨乃為言說無數最上所樂正法得聞是已分明了知慈心悲愍不得生怖但念妙吉祥菩薩及結五髻印及別頂印而作結界亦結上下界彼如是時所有一切言說初中後善至於過去現在未來皆如實知彼天上人目視不瞬觀照慈愍凡所言說真實不虛所求真言成就樂物成就及生善趣至於應供乃至決定證大菩提所有求問如前祥瑞時節等事彼大力上人一切皆說彼持誦人如實知已於一剎那中作相應觀於自所求一切皆得至於所求真言速疾成就及一切富貴隨意皆得誦者然後獻閼伽水禮拜發遣此後如是作諸擁護依於儀則無不成就若或有人忽然倒地不自蘇省者用佛

所說真言及頂印或五髻印而作擁護被執之人須臾即起而得安樂一切眾生無大力勢無福威德被此諸惡眾生而作執魅彼大力上人与作擁護又大力上人言彼色界究竟天乃至欲界自在天等有諸天人欲來下趣生人國中所有色相及与標幟一一皆見生在彼地宮殿之處所有言語一一辯察可知真實若彼迦尸國并摩迦陁國所有執魅乃至言語是夜叉執魅若摩睺羅伽若緊曩羅等者皆作東印度語彼大力迦楼羅生東印度亦作東印度語彼緊曩羅亦作東印度語若是聖人天人及辟支迦乃至諸五通仙等皆作滿城語所有舍里摩多河邊言語及賀里計羅城言語不分明及不正多以羅字為言以捺字為語末此是毗舍左語若有作曩尼計羅州縛嚕沙州裸形外道及海中舍婆國及諸洲國住者眾生言語不正多以羅字為言語澁及不分明此為真怒鬼語若有作南印度阿捺囉國迦囉拏吒國捺囉弭

拏國俱薩羅國等及師子國及別海洲所生眾生多以拏字為言此為羅剎語若有作西印度吠你世國及摩羅縛國語言唯愛勇猛此是大力摩多囉語若有作捺舍羅嚩山吉祥山播惹里山如是諸山言者此是日天及諸星曜語若有作西印度阿里部捺國及香醉山及邊地生者人言乃至作隨方之言彼是俱悉摩拏語若以設字為語此是仙人語若以野囉羅嚩此四字為語以伽字為添句彼是阿修羅語若迦濕弥羅國及迦尾國是最上真言族及金剛手族生彼國中作彼中語若有作中印度族姓儀則言行標幟者是蓮花族生彼國中作彼國語若欲驗知者當用佛部真言而試驗之又恒河北岸一切雪地是夜叉及乹闥婆仙人等變彼人身作彼地語又恒河南岸大野之地及吉祥山中是羅剎烏多迦餓鬼及惡形作障難者摩多囉等乃至大惡星宿害人命者變彼人身作彼中語復次彼離欲上人於上所說一切皆

知一切悉同諸佛如來如先所説諸國土中所有衆多作悪惱亂人者諸悪之輩所有本形及彼言語善悪標幟及種種心行種種生地乃至時節我已具説若於衆生有如是惱亂之事者彼離欲大上人而來擁護与作安樂當以妙吉祥童子六字心真言而作種種儀法復用五髻大印同作擁護使衆生等獲得無量最上快樂

大方廣菩薩藏文殊師利根本儀軌經卷第十八

乙巳歲高麗國大藏都監奉

勑雕造

大方廣菩薩藏文殊師利根本儀軌經卷第十八　第七張　一

大方廣菩薩藏文殊師利根本儀軌經卷第十八

校勘記

一　底本，麗藏本。

一　一〇七頁中一一行「相狀」，資、磧、普、南、徑、清作「相扶」。

一　一〇七頁中一七行首字「盡」，資、磧、普、南、徑、清作「畫」。

一　一〇八頁上一四行「大伏藏」，資、磧、普、南、徑、清作「大藏伏」。

一　一〇八頁上一六行「麻油」，資、磧、普、南、徑、清作「油麻」。

一　一〇八頁中一行首字「萬」，南、徑、清作「方」。

一　一〇八頁中四行品名上經名「大方廣菩薩藏文特師利根本儀軌經」，徑、清無。以下品名例同。

一　一〇八頁下一五行第八字「方」，資、磧、南作「十」。

一　一〇九頁上二二行第二字「得」，資、磧、普、南、徑、清作「往」。

一　一〇九頁中二一行第九字「恭」，資、磧、南、徑、清作「恭敬」。

一　一〇九頁下二〇行「國土」，資、磧作「國上」。

一　一一〇頁上一〇行「結界」，資、磧、普、南、徑、清作「結果」。

一　一一〇頁上末行「穌眘」，徑、清作「酥醒」。

大方廣菩薩藏文殊師利根本儀軌經卷第十九 羅

西天譯經三藏朝散大夫試鴻臚少卿明教大師臣天息災奉 詔譯

如來藏大法寶法界相無數功德祥瑞品第二十六

尒時世尊釋迦牟尼佛復觀察淨光天衆告妙吉祥童子言童子彼如來藏法界相大法寶最上秘密勅當令衆生一一依行所有求成智證祥瑞標幟稱量種種之事及成就受用之物識一切部多等語非想等衆生音聲及知見在不在一切真言法則種種之事乃至佛一切法中用最上聲具真實義用非常聲具無常義於如是義要離繁雜又諸真言所闕重輕及中三種之事若音聲殊妙乃是持明天音得文句全足於經典語及世俗語中揀別真實義具真言義及別法行離諸繁雜於諸世間所有真言或以一字二字成於文句言音殊妙或以六七八字或九字十字乃至十重字得成真言音義具足或二十字至於百字此真言量隨彼文字多少結真言句乃至了解一字之義即全一切真言之義如來所說乃成上品廣大真言若彼佛子所說是爲中品若彼世間一切人天所說斯爲下品或以佛之所說一字或二字斯有千義此是佛菩薩等真言之量彼真言法所用文字音聲皆具真實之義善法嚴持彼真言行人或求成就用音聲相作成就法依彼五音離諸訛略不正言音若得言音具足方爲圓滿乃得相應成就若不依法及聲義不全於諸真言不得成就而彼行人長時不間默然持誦久久之間必得不空成就至於他世於法易得若持誦行人於三品修行事業要當悉知乃至下品一切世間所有人及非人一切部多等嫉妬之者所說真言文字一二三數或種種邊地之語及中國語各如本行結自語聲各各所說有百千種或一四句偈頌文義有定體式及定伽陁句義亦然各隨本義乎相依用而得爲上或缺少文字是爲聲義闕或訛略不正是爲不分明闕或文字不全是爲點畫闕彼諸智者

當須遠離如是諸國土中隨方言音於真言中少有闕減於一切法不能成就今此復說有漏無漏一切真言相若真言多舍字以唵字爲上義恒字爲其相此決定於中品得成就若真言先用唵字後用摩字以舍字爲添句此聲相具足決定於最上得成就左字具四方相別無添句字多字囉字二音具足彼二乘者多以多字等真言爲成就法吽字爲德生左字四方義者蓋有能成就真言之義若娑字囉字相合摩字爲後音合於摩字或合曩字等此真言者亦說爲最上若一切真言中有多字多者此真言說爲最善若吽字是焰魔天若多字多真言是帝釋天及風天若縛字是水天能利益世間而作增益若真言曀字多者是摩呬捺囉天若真言有先歸命三寶語此是息災作諸快樂若歸命別一切天各用彼天本師真言作一切事若真言多用捺字及頗吒字吽字等者此爲大忿怒有大力勢當於一切極惡衆生而爲使用

為能作破壞及斷命故彼諸持誦行人當一心遠離若輒有所作當感重罪作有二義若為息災及增益事可剎那之中為作彼持誦人於此眞言先須念誦有大功力若為一切息災增益可於俱迦河岸調伏一切罪業之處作不得於金剛族中作調伏法佛所不許若夜叉王所說眞言為調伏衆生而能變現大力為降伏相又一切法中所說有三種族復有八種族唯如來亦自成就三種而得配上中下品三種所謂息災法增益法調伏法此眞言儀軌所修行力唯說不得為調伏用蓋此下品事以斷衆生命故我一切智之所不許今此所說儀軌王中眞言體相大力功用甚深廣大若依作法無有闕事者得大聖力超越世間及出世間一切眞言等彼恒當得無數功德眞言成就

妙吉祥我今顯說無數之數乃至唯佛如來智所知量我今具說數始之一自一至十乃至二十三十次四十五十次六十七十八十九十直至滿

百妙吉祥百數滿已十十說之十百為千十千為摩庾多十庾多為一洛叉十洛叉為大洛叉十大洛叉為俱胝十俱胝為大俱胝十大俱胝為阿里沒捺十阿里沒捺為大阿里沒捺十大阿里沒捺為渴誐十渴誐為大渴誐十大渴誐為渴里嚩十渴里嚩為大渴里嚩十大渴里嚩為鉢納摩十鉢納摩為大鉢納摩十大鉢納摩為尾嚩賀十尾嚩賀為大尾嚩賀十大尾嚩賀為摩野十摩野為大摩野十大摩野為三毋捺囉如上為智筭數十三毋捺囉為大三毋捺囉十大三毋捺囉為娑誐囉十娑誐囉為大娑誐囉十大娑誐囉為鉢囉伽囉十鉢囉伽囉為大鉢囉伽囉十大鉢囉伽囉為阿世沙十阿世沙為大阿世沙十大阿世沙為僧蚶(切身)如上是量筭數十僧蚶(同上)為大僧蚶十大僧蚶為阿弭旦十阿弭旦為大阿弭旦及千阿弭旦為路迦十路迦為大路迦十大路迦為娑摩娑十娑摩娑為大娑摩娑十大娑摩娑為祖底十祖

底為大祖底十大祖底為摩賀囉世十摩賀囉世為深十深為體囉十體囉為大體囉十大體囉為嚩護摩怛十嚩護摩怛為他曩十他曩為大他曩如上為勇猛智筭數十大他曩為阿弭多乃至弭多為摩賀囉貪摩賀囉貪為酥酥嚕多酥酥嚕多為摩賀囉拏嚩摩賀囉拏嚩為鉢囉他摩鉢囉他摩為摩賀鉢囉他摩摩賀鉢囉他摩為悉里瑟姹悉里瑟姹為濟瑟姹濟瑟姹為曼你囉娑曼你囉娑為阿進忚(切身)阿進忚為大阿進忚(同上)大阿進忚(同上)為具囉具囉為捺囉[illegible](切身)捺囉[illegible]為你[illegible](切身)鉢多你[illegible]鉢多為輸婆輸婆為大地多大地多為弭多弭多為唧多唧多為尾剎波尾剎波為阿鼻路[illegible](切身)阿鼻路[illegible]為曩鼻囉[illegible]曩鼻囉[illegible]為辟(切身)摩辟摩為大辟摩大辟摩為闍嚩囉闍嚩囉為大闍嚩囉大闍嚩囉為佉里嚩佉里嚩為大佉里嚩如上是息災增益之處功德筭數後大智者於沒里瑟吒及烏捺迦心生迷處是為最上極最上

乃至佛剎最上如是筭數非世間人所能知故唯佛如來筭知其數復以佛剎最上者以恒河沙等佛剎微塵之數爲譬喻法而爲筭數此筭數量是一切智智無礙之所知量妙吉祥我於如是數量過去諸正覺所已曾供養復於不思議劫而爲菩薩爲諸衆生令得成佛我今所說眞言最上第一儀軌較量功德乃至過去未來見在一切正覺亦同此說童子我於末法之時爲於世間說此眞言廣大儀軌王若能依此修行所有一切天人阿修羅乃至大力那羅延天及世間出世間一切大力賢聖與此相應者皆得成就妙吉祥所有世間及出世間一切工巧技能虛空界相種種筭數內明法儀軌等陰陽法吉凶祥瑞一切部多言語善惡心行慓幟界處乃至一切衆生因果及圍陁典籍歌戲等事香藥方術種種之事我於過去爲菩薩時爲利益一切衆生常說如是之事而爲教導又爲一切衆生處於輪迴及在飢饉久久住者隨

彼衆生之所好樂我皆爲作使得如心妙吉祥如我爲善住作利益法彼善住種種業成就受種種衆生身我爲彼說相應義法令得破壞種種衆生身業彼如法作獲得色相具足富貴壽命妙吉祥我所利益皆悉如是又復我於過去之時用大悲心大慈心大願心愍諸衆生持誦種種法以利益心轉諸色相或作梵王相或作帝釋相或作大自在天或若那羅延天及彼財主乃里多天又作星宿種種形相知衆生心隨所好樂一一次第令得安居寂靜快樂我於長時輪轉遊行觀察世間一切衆生而爲宣說了義秘密眞言之相復依儀軌次第修行觀智於久遠時轉生佛族又任無我決定之行如是依行成佛菩提得最上安樂無諸病惱無事無憂寂靜涅盤一切解脫我今爲諸衆生現生此界轉於法輪爲諸行人演說如是眞言之法廣大儀軌而彼誦者於此廣大儀軌不得虛妄傳授乃至世間眞言儀軌皆須信重供養遠離

一切輕慢毀謗又諸行人於此廣大儀軌陰陽祥瑞吉祥法義不得妄說當住正心譬如諸藥物等得其成就是得果報是故於佛最上伽陁說吉祥義微細了解白月吉日合白星宿起首持誦求眞言成就衆善法則當須遠離諸不善事是故我於過去爲持誦者乃至所有了解世間陰陽術法及解諸儀法因果正論調伏法等我說如是種種諸法當爲利益一切衆生令彼一切受持眞言行人因此成就之法得趣佛道於諸法中皆得解脫如是受持眞言行人所有成就之法不得妄作乃至所有世間及出世間一切最上眞言明不得以不正心而加毀謗當以誠諦心恭信供養又此眞言三昧諸有教師行佛等引調諸佛子入佛曼拏羅及與三昧當使決定滅除過去見在未來三世諸不善業於他所得非聖眞言亦不得輕慢況於不空成就之者乃至世間大力眞言若有煩惱所生邪道色相彼不空成就者不得妄與傳授至於

心常瞋怒多於言語亦不得傳於此法若或傳授及與爲作決定不得所求果報若或心住寂靜恒修等引依法念誦一眞言者定獲果報若復一一如所儀則起決定最上殊勝之心持誦爲作之者於一切法無不成就又復有人久修善業心恒清淨於佛法中發殊勝心信重三寶者若求成就決定獲得最上成就功德

大方廣菩薩藏文殊師利根本儀軌經卷第十九

乙巳歲高麗國大藏都監奉

勅雕造

大方廣菩薩藏文殊師利根本儀軌經卷第十九　第十五張　[illegible]

大方廣菩薩藏文殊師利根本儀軌經卷

第十九

校勘記

一　底本，麗藏本。

一　一一二頁中一八行「所説」，資、磧、普、南、徑、清作「所語」。

一　一一二頁下四行第六字「舍」，石作「含」。六行第一二字同。

一　一一三頁中二一行「及千」，南、徑、清作「十大」。

一　一一四頁上一行「筭數」，徑作「等數」。

一　一一四頁上五行「無礙」，資、磧、南、徑、清作「爲礙」。

一　一一四頁上一九行「圍陁」，徑、清作「韋陀」。

一　一一四頁中一一行第七字「里」，資、磧、普、南、徑、清作「至」。

大方廣菩薩藏文殊師利根本儀軌經卷第二十　羅

西天譯經三藏朝散大夫試鴻臚卿明教大師臣天息災奉　詔譯

生無量功德果報品第二十七

尒時世尊釋迦牟尼佛復觀察淨光天告妙吉祥童子言妙吉祥所有一切真言廣大儀軌一切秘密明若有修行者生無量功德獲一切果報我今為修行者稱量成就速疾之義若有多生於此儀軌曾修行者法易成就而此成就為最為上童子若有衆生能依次第修習秘密明法者是最上修行是大智者若不依法無以得成若依法修行相應和合得最上句若依法修行誦真言者不得令口有聲若口有聲誦為非誦須默然持誦當得成就彼持誦行人求法成就者當須食三白食及諸菓藥若如是食者決定得最上法成就又若一心觀想決定當得安靜無惱若食不依法及不專注所求真言不得成就至於梵王及彼帝釋所有真言不能成就何況諸佛菩薩所有真言及彼慳貪我慢及性懈怠恒樂世法不能離慾如此之人無成就分至於天人阿修羅等真言之法若不依儀則及不專注亦不得作降伏等法若作者返得迷惑及与愚癡或作法人有如是相者將來當感惡趣之果若或見有如是等者當以佛部真言作降伏法而与救護得解脫已彼人復以專注次第再持誦者亦得成就以彼真言威德力故及得大善寂靜復得不空成就与作降伏救護者我說此人是衆生善友速能成就三乘平等寂靜之道又有專注身心依法念誦難成就者是人宿有輪迴之業更須重重懺悔求罪消滅必得解脫過是已後於真言中當得成就得見果報所作不虛若有因即有果若無因者定是無果因果和合有生有滅因儀則法生寂靜界以彼專心親近善友行於佛法作大佛事生大善性彼持誦行人若於末法之世人心顛倒之時於此法中得成就者於當來世亦得成就乃至究竟大善寂靜為於世間宣說

無造無作寂靜之句諸佛如來清淨之義一切諸佛不可言說而於其中說於秘密成就之句彼秘密句是佛如來無性自性之所生出以大法力為於世間當令衆生決定成就若復衆生於末法時修真言行求佛菩提於真如空相不能成就者當宜疾速於時時中不得間斷依於儀則作法修行承真言功決定成就此教法中有諸行人於佛在時修真言行速得最上成就於佛滅後像法之時修真言行得中品成就於末法時得下品成就於諸時中善能修習真言法行必定獲得三種大果若佛在時於如來族恒得成就於佛滅後唯蓮花族而得成就於末法時唯金剛族最得成就彼觀自在菩薩妙吉祥菩薩多羅菩薩部里俱胝菩薩金剛手菩薩如是等菩薩以願力故令諸衆生於真言中得決定成就若一切時有諸行人於真言中深心愛樂決定修習若為求諸聖賢及降伏一切夜叉羅剎用上品心決定成就若有行人於

末法時依慓幟說世間所有諸仙人阿修羅夜叉羅剎迦樓羅毗舍左乃至部多衆及彼宿曜人非人類住欲界者於人世間作不饒益者而作調伏決定成就所有大福德者梵王帝釋及嚕捺囉乃至伊舍那天那羅延天如是大福大力天等於諸行人一切所作皆悉隨願至於一切極惡部多於諸人中作惱亂者以真言力而調伏之皆得隨願若於末法之時大怖之中於諸真言無上品心不能於法精勤修習不得果報者於他世中亦不成就妙吉祥我今與汝受記汝於末法大怖之世可於是時救度化導善根衆生於佛法僧歸信供養之者乃至於彼修真言行人而作擁護

大方廣菩薩藏文殊師利根本儀軌經說

印儀則品第二十八

爾時世尊釋迦牟尼佛復觀察淨光天衆告妙吉祥童子言妙吉祥諦聽汝最上秘密真言及彼印法不得為無信衆生及於佛教無信重者宣說乃至不入曼拏羅三昧者斷三寶族

者不親近善友者無福無德者親近惡人者親近罪友者遠離佛法者一切虛妄者於此儀軌不依阿闍梨教者不受灌頂者於汝童子最上秘密曼拏羅三昧不見者不依如來族者如是人等皆不得為說何以故如是之人所持真言一切部多而不信受及不依行故為以心不信佛法遠離菩提道故所有印法儀軌不得傳付如是等人復不得於是人等而顯現故或有大愚迷者深貪愛者亦不得傳付若妄傳付者彼人於法不得成就彼持誦人是心顛倒彼人若得或輒有為作乃於自身速得破壞若是心信善者於三昧真如而獲得者歸重三寶常供養者於佛法中行儀軌者或有發菩提心知莊嚴菩提心恒行菩提道如是人等可與宣說印法儀則又有行於真言儀軌法求三昧次第者為欲求成大菩提道又復發菩薩辟支佛聲聞等心求正法者得為宣說秘密印法若以信心離大慳妬依於佛法行無礙行者當與宣說

秘密印法妙吉祥我說真言印法定量正滿八百不增不減乃至過去諸佛亦同此量汝妙吉祥大儀軌法平等無別所有一切佛真言藏所說亦爾妙吉祥凡有所作利益成就當須真言及印一一和合如車二輪不得闕一若闕一者無能運轉一切真言無印所作亦復如是若真言及印相應和合事速成就轉彼三界一切天人阿修羅等不為難事何況求作人間之事若依法修行決定得果印有真言二種相應求清淨儀則制伏部多若依第一佛子真言及印修行者於三種事如在掌中誦者得大地富貴一切隨意所有真言定印及印定真言真言不得闕印印亦不得闕於真言印及真言須具和合凡所作事必獲果證彼真言印手相依倚如因成果如果酬因持誦行人若依法用作無法不成若依儀則以一切定印所印真言作請召事無有不成乃至最上世界及輪迴中所有衆生用請召者亦無不成若或於此請召之事

有不成者當依儀則請大力諸菩薩乃至十地菩薩爲作擁護使一切部多等作障難者不能得見不能得近當令行人得法成就若具此一切佛眞言法印於行住中得爲擁護又一切眞言中有印一切印中亦有眞言印與眞言相生出若修行者依法念誦及作護摩一切聖道此中生出若彼行人精勤修習不懈不怠復不退屈得一切眞言不空成就佛之所言言不虛妄若依儀軌恒修行者有大利益妙吉祥童子此儀軌王眞言印法我皆重重宣說所有廣大利益果報亦重重宣說如是宣說此最上秘密廣大眞言印決定法時彼妙吉祥以童子相現熙怡顏問於世尊最上牟尼何因菩薩變化所生得大精進十地之位又此廣大眞言義法過去諸佛之所宣說今釋師子爲何亦說我今有疑唯願開示

尒時如來最上牟尼以迦陵頻伽微妙梵音說於菩薩得十地位又說眞言利益等事妙吉祥我於過去多劫

之前爲菩薩時有佛號開花王如來我於彼佛得此秘密大儀軌王即爲衆生作其利益以悲愍心發其大願願於最上如來佛法中生於末法時以此教法轉彼法輪我以如是經無量時爲於衆生得十地位於決後時此儀軌王我傳於汝我入滅後世間空虛南閻浮提速離如是佛法之藏汝於是時末法之中教彼衆生作此儀軌汝以此廣大儀軌王爲於衆生發起大行若於末法大怖之時或有衆生無正道心及有人王不行正法恒以惡心惱害衆生又有一切惡人非人於此大教欲作破壞妄加毀謗當爲此等不饒益者說此一切調伏法藏秘密眞言童子汝此過去爲利益故發菩薩行末於儀軌乃至於彼佛涅盤後以佛遺教而作佛事於世世中作童子形隨我行處以眞言相教化衆生童子此是汝之過去所作願力汝今復爲童子得我爲說童子汝復又於別佛剎土無佛世時爲於衆生以眞言相爲於一切愚癡之者

教導開化使知佛法求解脫道當復施與一切富貴童子我滅度後末法之時爲於世間一切衆生現汝最上童子之形當於大野雪地及適悅地乃至跋提河岸我涅盤處如是諸處隨大願心而作佛事

大方廣菩薩藏文殊師利根本儀軌經卷第二十

乙巳歲高麗國大藏都監奉
勑雕造

大方廣菩薩藏文殊師利根本儀軌經卷第二十

校勘記

一　底本，麗藏本。

一　一一六頁中一五行末字「於」，資、磧、普、南、徑、清作「於悔求罪消滅必得解脱過是已後於」。

一　一一七頁上六行第一一字「天」，資、磧、普、南、徑、清作「大」。

一　一一七頁上一三行「受記」，徑、清作「授記」。

一　一一七頁上一七行「大方廣菩薩藏文殊師利根本儀軌經」，徑、清無。

大宋新譯三藏聖教序

御製　　將

大矣哉我佛之教也化導群迷闡揚宗性廣博宏辯英彥莫能究其旨精微妙說庸愚豈可度其源義理幽玄真空莫測包括萬象譬喻無垠綜法網之紀綱演無際之正教拔四生於苦海譯三藏之祕言天地變化乎陰陽日月盈虧乎寒暑大則說諸善惡細則比於恒沙含識萬端弗可盡述若窺像法如影隨形離六情以長存歷千劫而可久須彌納藏於芥子如來坦蕩於無邊達磨西來法傳東土宣揚妙理順從指歸彼岸菩提愛河生滅用行於五濁惡趣拯溺於三業途中經垂世以難窮道無私而永泰所以道資十聖德被三賢至道起於雪山貝葉皆銀臺之耀目歲月煙蘿起香界之自遠巍巍罕測杳杳難名乾元衆妙生乎太易惣繁形類毅鑒昏明絕彼是非開茲蒙昧有西域法師天息災等常持四忍早悟三乘翻貝葉之真詮續人天之聖教芳猷重啓運偶昌時潤五聲於文章暢四始於風律堂堂容止穆穆輝華曠劫而昏塾重明玄門昭顯軌範而弥光妙法淨界騰音利益有情俱登覺岸無成障礙救諸疲羸冥昧慈悲浩汗物表季伏貪很啓滌昏愚演小乘聲聞合其儀論大乘正覺立其性含靈悟而蒙福藏教缺而重興幻化迷途火宅深喻雖設其教不知者多善念生而無量潛臻惡業興而隨緣皆墜調御四衆積行十方澍花雨於金輪護恒沙於玉關有頂之風不可壞無際之水弗能漂澄寂湛然圓明清淨之智慧性空無染妄想解脫之因緣可以離煩惱於心田可以得清涼於宇宙朕慚非博學釋典微開豈堪序文以示來者如麋螢爝火不足比之於皎日將微蠡量海未能窮盡於深淵者哉

佛說觀想佛母般若波羅蜜多菩薩經

西天譯經三藏朝散大夫試鴻臚少卿明教大師臣天息災奉　詔譯

灌頂真言

觀想佛母般若波羅蜜多菩薩經　第二張　將

唵引曩莫舍吉野合二母曩曳引怛他誐哆野引囉賀合二帝三藐三沒馱野

誦此真言七徧以手於頂上灌頂及摩觸徧身然後息念志心作佛母般若波羅蜜多菩薩觀行想此菩薩三面三眼身真金色坐吉祥藏師子座有千葉金蓮身有六臂右邊三臂第一臂執數珠第二臂執劍第三臂作施願相左邊三臂第一臂執經策第二臂執弓第三臂執如意寶如是六臂種種莊嚴於其身上復放無數百千那由他俱胝光明徧滿一切世界復想一切如來及多羅菩薩等一切菩薩具足相好莊嚴其身以諸香花而親供養如是觀想已復念心真言

唵引曩莫舍吉野合二母曩曳怛他引誐哆野引囉賀合二諦引三藐三沒馱引野怛你野合二他引唵引母你引母你摩賀引母你引曳引娑嚩合二引賀

次誦根本真言

怛你野合二他引唵惹曳引惹曳引鉢納摩合二引鼻阿嚩弭引阿嚩弭引娑囉娑羅尼地里地里囉引地里地囉

觀想佛母般若波羅蜜多菩薩經　第三張　將

(引)地里你嚩吻(引)努波(引)羅你没度(引)
吻(引)囉尼布囉野布囉野婆誐嚩
底薩里嚩(二合引)舍(引)摩摩波里布
囉野娑波里嚩囉寫薩里嚩(二合引)薩
怛鍐(二合)左薩里嚩(二合)迦里摩(二合引)嚩囉
拏你尾輸駄野尾輸駄野没駄(引)
地瑟姹(二合引)你曩娑嚩(二合引)賀(引)
誦此真言已復作觀行想彼佛母般
若波羅蜜多菩薩右邊有釋迦世尊
燃燈世尊無量壽世尊智決定世尊
光明王世尊雷聲吼音世尊金花世
尊散花世尊於菩薩左邊毗婆尸世
尊羯俱村那世尊迦諾迦牟尼世尊
迦葉世尊寶手世尊於菩薩前面大
徧照世尊寶生世尊阿弥陁世尊不
空成就世尊阿閦世尊於菩薩後面
最上蓮華世尊最上寶世尊喜吉祥
世尊琉璃光世尊不思議吉祥世尊
於菩薩前復有聖觀自在菩薩慈氏
菩薩普賢菩薩妙吉祥菩薩歸命菩
薩不思議吉祥聲菩薩金剛手菩薩
無盡意菩薩辯積菩薩無邊辯菩薩
虛空藏菩薩無垢稱菩薩自在行菩

觀想佛母般若波羅蜜多菩薩經　第二張　將

薩法生菩薩常啼菩薩月光菩薩法
雲菩薩地藏菩薩寶藏菩薩寶幢菩
薩尸棄菩薩香象菩薩金毗羅菩薩
如是等一切菩薩摩訶薩徧滿佛剎
復有嚩眉明王等亦在菩薩前如是
聖衆一一觀想已復想人間天上殊
妙香花珍寶供具以用供養佛母般
若波羅蜜多菩薩并諸眷屬一切菩
薩作此觀已是人不久當成正覺

佛說觀想佛母般若波羅蜜多菩薩經

觀想佛母般若波羅蜜多菩薩經　第三張　許

乙巳歲高麗國大藏都監奉
勅雕造

佛說觀想佛母般若波羅蜜多菩薩經

校勘記

一　底本，麗藏本。

一　一二〇頁上一行至本頁中二〇行序文，石、磧、普、南、徑、清無。

一　一二〇頁中二一行經名，石作「佛說觀想佛母般若波羅蜜多菩薩經一卷」。卷末經名同。

一　一二〇頁中二二行譯者，磧、普作「三藏法師天息災奉詔譯」；南、徑、清作「宋三藏法師天息災奉詔譯」。

一　一二一頁上一九行「菩薩前」，徑作「菩提前」。

大宋新譯三藏聖教序　將

御製

大矣哉我佛之教也化導群迷闡揚宗性廣博宏辯英彥莫能究其旨精微妙説庸愚豈可度其源義理幽玄真空莫測苞括萬象譬喻無垠綜法綱之紀綱演無際之正教拔四生於苦海譯三藏之秘言天地變化乎陰陽日月盈虧乎寒暑大則説諸善惡細則比於恒沙含識萬端弗可盡述若窺像法如影隨形離六情以長存歷千劫而可久須弥納藏於芥子如來坦蕩於無邊達磨西來法傳東土宣揚妙理順從指歸彼岸菩提愛河生滅用行於五濁惡趣拯溺於三業途中經垂世以難窮道無私而永泰雪山貝葉若銀臺之耀日歲月煙蘿起香界之自遠巍巍罕測杳杳難名所以道貫十聖德被三賢至道起於乾元衆妙生乎太易惣繁形類竅鑿昏明絶彼是非開兹蒙昧有西域法師天息災等常持四忍早悟三乘翔貝葉之真詮續人天之聖教芳猷重啓運偶昌時潤五聲於文章暢四始於風律堂堂容止穆穆輝華曠劫而昏蟄重明玄門昭顯軌範而弥光妙法淨界騰音利益有情倶登覺岸無成障礙救諸疲羸冥昧慈悲浩汗物表柔伏貪佷啓滌昏愚演小乘聲聞合其儀論大乘正覺立其性含靈悟而蒙福藏教缺而重興幻化迷途火宅深窬難設其教不知者多善念生而無量潛臻惡業興而隨緣皆墮調御四衆積行十方澍花雨於金輪護恒沙於王關有頂之風不可壞無際之水弗能漂澄寂湛然圓明清淨之智慧性空無染妄想解脱之因緣可以離煩惱於心田可以得清涼於宇宙朕懃非博學釋典微閑豈堪序文以示來者如爝螢爝火不足比之於皎日將微蠡量海未能窮盡於深淵者哉

佛為娑伽羅龍王所説大乘經

西天譯經三藏朝散大夫試鴻臚少卿傳法大師臣法護等奉　詔譯

如是我聞一時佛在大海中娑伽羅

龍王宮莊嚴道場與大比丘衆七千五百人俱并諸得大智慧菩薩摩訶薩自十方世界皆來集會復有百千俱胝那由他梵王帝釋及護世等天龍夜叉乾闥婆阿修羅誐嚕拏緊那羅摩睺羅伽等亦來集會

尒時世尊見彼一切大衆來集會已告娑伽羅龍王言龍主觀此世間種種行業皆從妄起種種心法當感種種果報若彼不了當生種種之趣

龍主汝當觀此大海之衆見作種種士夫色相龍主而彼一切色相由於一切善惡身口意業各各之心種種變化然此心法雖云色相由如幻化無可取故

龍主此之色相一切諸法本無所生亦無主宰復無有我亦無礙故如是種種所作之業諸法自性皆幻化相不可思議

龍主若有菩薩知一切法無生無滅無色無相如實知已所作所修一切善業而無修作所有色相及蘊處界一切生法悉無所見彼若如實得是

見已當復觀察殊妙色相龍主殊妙色相云何觀察當觀如來身相如來身者皆從百千俱胝那由他福德之所生故又如是之相云何嚴持云何恭信當得如是之相復得人間天上無老無死復得十百千他化自在天身乃至大梵天身此由心不散亂專注觀想瞻仰如來最妙之身實知此身一切色相殊妙莊嚴皆從善業所集而得

龍主如汝住宮一切莊嚴亦福所生至於梵王帝釋及護世等乃至天龍夜叉乾闥婆阿修羅迦樓羅緊曩羅摩睺羅伽人非人等所有一切莊嚴皆福所生

龍主又此大海之中所有衆生種種或有廣大或復微細多住醜陋彼一切身皆由種種心之所化龍主是故說言隨身口意業之所得龍主如是之報以業爲因業爲主宰汝當令諸衆生起智慧心所作所修隨學善業於諸邪見不作不住知彼邪見非爲究竟如是知已一切衆生當求爲師

咸來供養并得天上人間歸信供養

龍主而有一法能令衆生斷於一切惡趣之業云何一法所謂觀察善法而彼善法云何觀察當觀自身我於日夜行住坐卧所興心意無不是過如是覺察令四威儀中諸不善法不得發生如是斷盡諸不善法當令善法而得具足復使一切同善衆生悉皆當得聲聞辟支及菩薩等乃至無上正等正覺之位

龍主云何善法我令說之所謂十善之業是爲一切根本安住是生天上人間根本安住世間出世間殊勝善法根本安住聲聞辟支佛菩薩根本安住無上正等正覺根本安住云何爲彼根本安住所謂十善業道若能遠離殺生偷盜邪婬妄語綺語惡口兩舌乃至貪瞋邪見等若能如是遠離是爲十善業道乃是世間出世間根本安住

龍主士夫補特伽羅遠離殺生獲得十種善法云何十法所謂得無畏施他一切衆生得住慈心得正行得添

起一切衆生過失之念得少病樂得壽命長得種種非人而作擁護於眠睡覺寤皆悉安隱又得賢聖守護心不猒捨於睡寤中不見惡業苦惱之事自得不怖一切惡趣命終之後得生天上龍主士夫補特伽羅獲得如是十種善法行菩薩道得善心住善根成熟當得無上正等菩提

龍主士夫補特伽羅遠離偷盜獲得十依止法云何為十所謂得大富自在得免王難得免水火賊盜寃家之難得多眷屬善順和睦得多人愛樂不相苦惱凡所言說一切諦信得無量財寶皆悉集聚得此方他方一切稱讚於一切行處無怖無畏得他稱善名讚於智慧又得色力壽命辭辯相應於親非親心無分別不生惱害命終之後得生天界

龍主士夫補特伽羅遠離偷盜獲得如是十依止法以彼善根於諸佛法自能證知當得無上正等正覺

龍主士夫補特伽羅遠離邪婬獲得四智善法云何為四所謂降伏諸根

離於散亂得世間一切稱讚復得無量營從

龍主士夫補特伽羅遠離邪婬獲得如是四智善法以此善根當得無上正等正覺復證大丈夫陰藏隱密之相

龍主士夫補特伽羅遠離妄語獲得天上人間八種善法云何為八所謂得口氣清淨常如青蓮華香又得世間一切正見得天上人間一切愛樂得身口意清淨化彼一切有情令住三業清淨之行得清淨已咸皆歡喜得真實語言必誠信得過人辯所出言辭咸有方便於天上人間離諸過失龍主士夫補特伽羅遠離妄語獲得如是天上人間八種善法而彼善根獲得口業清淨誠實正行當得無上正等正覺

龍主士夫補特伽羅遠離綺語當得三種一向之法云何三種所謂得知法者一向愛樂得一向真實復生智慧得一向為人天師天上人間一切信樂龍主士夫補特伽羅遠離綺語獲得如是三種一向之法已此善根

迴向菩提得一切如來授記當證無上正等正覺龍主士夫補特伽羅遠離惡口獲得八種口過清淨而得八種善法云何為八所謂實語愛語依義語軟語離取語多人愛樂語善語有義利語龍主士夫補特伽羅遠離惡口獲得如是八種清淨口業以此善根迴向菩提當來證得無上正等正覺復得最上清淨梵音

龍主士夫補特伽羅遠離兩舌當得五種堅固云何五種堅固所謂得身堅固當得遠離一切怖畏之難故得眷屬堅固不為他人之所貪故得信堅固獲得信業果報故得法堅固獲得果證堅牢故得善友堅固常得愛語攝受故龍主士夫補特伽羅遠離兩舌獲得如是五種堅固以彼善根迴向菩提當證無上正等正覺使彼一切外道魔王等咸不能破壞故

龍主士夫補特伽羅遠離貪嫉獲得八種善法云何為八所謂得貪心消除得殺心不生得疾妬心不生得樂生聖族心為聖人尊重得慈心以善

業利益一切衆生得身端正得多人尊重得生於梵世龍主士夫補特伽羅遠離貪毒獲得如是八種善法以此善法迴向菩提心不退轉當證無上正等正覺

龍主士夫補特伽羅遠離瞋毒當得五種勝願圓滿云何爲五所謂修身口意不退諸根不亂當得一切廣大富貴圓滿得寃家降伏得一切廣大福德圓滿得受人天最上供養得一切廣大功德圓滿於最上受用心所欲者皆得圓滿如爲富貴發百千最上勝願如願圓滿龍主士夫補特伽羅遠離瞋毒獲得如是五種圓滿以此善根迴向菩提證得無上正等正覺而爲三界之所尊故

龍主士夫補特伽羅遠離邪見獲得十種功德之法云何爲十所謂得自心安善及同行善友深信因果得不爲身命作於罪業不久獲得賢聖之位得不迷善法修人天行不墮傍生及焰魔界行於聖道得最上福得離一切邪法得離身見得見一切罪性

皆空得天上人間正行不闕龍主士夫補特伽羅遠離邪見獲得如是十種功德以此善根迴向菩提速能證了一切佛法當得無上正等正覺

龍主復次觀於十不善法微細之行多墮地獄餓鬼畜生之趣龍主觀彼衆生若復殺生當墮地獄畜生焰魔等界後生人間以餘業故得二種報一者短命二者若惱若復偷盜當墮地獄畜生焰魔等界後生人間以餘業故得二種報一者自居貧賤二者不得他人財寶若復邪染當墮地獄畜生及焰魔界後生人間以餘業故得二種報一者愚癡二者妻不貞正若復妄語當墮地獄畜生及焰魔界後生人間以餘業故得二種報一者言不誠實二者人不信奉若復綺語當墮地獄畜生及焰魔界後生人間以餘業故得二種報一者言不真正二者所言無定若復惡口當墮地獄畜生及焰魔界後生人間以餘業故得二種報一者言多鬭諍二者人間不重若復兩舌當墮地獄畜生及焰

魔界後生人間以餘業故得二種報一者得下劣眷屬二者感親屬分離若復多貪當墮地獄畜生及焰魔界後生人間以餘業故得二種報一者不能利益他人二者常被他人侵害若復多瞋當墮地獄畜生及焰魔界後生人間以餘業故得二種報一者心常不喜二者多不稱意若復邪見當墮地獄畜生及焰魔界後生人間以餘業故得二種報一者邪見二者解怠龍主若有行於如是十不善法決定獲得如是果報復更別得無邊諸大苦蘊

龍主若復菩薩遠離殺生修菩薩道行於布施得大富長壽及無量福得離一切他侵之怖

龍主若復菩薩遠離偷盜修菩薩道行於布施得大富貴及無量福而於一切心無恪惜證得深智諸佛所說無上法義

龍主若復菩薩遠離邪染修菩薩道行於布施得大富貴獲無量福感善眷屬父母妻男悉無惡見

龍主若復菩薩遠離妄語修菩薩道行於布施得大富貴獲無量福當感所有語言一切善軟凡起誠願堅固不退

龍主若復菩薩遠離綺語修菩薩道行於布施得大富貴獲無量福所言真實聞者信受凡有所說斷一切疑

龍主若復菩薩遠離惡口修菩薩道行於布施得大富貴獲無量福所言可取聞無背捨於諸衆中無有其過

龍主若復菩薩遠離兩舌修菩薩道行於布施得大富貴獲無量福於諸眷屬心住平等愛之如一無有離散

龍主若復菩薩遠離貪毒修菩薩道行於布施得大富貴獲無量福得端正身諸根具足見者愛樂心無猒捨

龍主若復菩薩遠離瞋毒修菩薩道行於布施得大富貴獲無量福得於仇讎心無所起聞佛法要能生深信

龍主若復菩薩遠離邪見修菩薩道行於布施得大富貴獲無量福於三寶所而具正見常近於佛得聞妙法供養衆僧常無懈退教化衆生令發

菩提之心

龍主若能修此十善之業行菩薩道初以布施而為莊嚴果報圓滿得大富貴若以持戒而為莊嚴果報圓滿得一切佛法願滿具足若以忍辱而為莊嚴果報圓滿得佛菩提三十二相八十種好復得梵音具足若以精進而為莊嚴果報圓滿當能降伏天魔外道以諸佛法而救度之若以禪定而為莊嚴果報圓滿當得正念清淨法行具足若以智慧而為莊嚴果報圓滿當得永斷一切邪見若以大慈而為莊嚴果報圓滿能令一切衆生降伏一切微細煩惱若以大悲而為莊嚴果報圓滿當得一切衆生心不猒捨若以大喜而為莊嚴果報圓滿當得一心而無散亂若以大捨而為莊嚴果報圓滿當得微細煩惱皆悉除滅

龍主乃至以四攝法而為莊嚴果報圓滿當得一切衆生隨順化導若以四念處而為莊嚴於身受心法悉能解了若以四正斷而為莊嚴能使一

切不善之法皆悉斷滅得一切善法圓滿若以四神足而為莊嚴能得身心皆獲輕利若以五根而為莊嚴當得信進不退心無迷惑了諸業因求滅煩惱若以五力而為莊嚴當得不愚不癡及得永斷貪窮過失若以七覺支而為莊嚴當得覺悟一切如實之法若以八正道而為莊嚴當能證得正智若以奢摩他而為莊嚴當得斷於一切煩惱若以尾鉢舍曩莊嚴當得了悟一切法之智慧若以正道而為莊嚴當於有為無為一切方便悉能了知

龍主我今略說十善之法而有莊嚴至於十力四智及十八不共之法乃至如來一切法分皆得圓滿

龍主乃至廣大解說此十善業道莊嚴之事當令修學龍主譬如大地能與人界一切國城聚落乃至林樹及藥草等而為安住又復諸業皆有種子種子既有四大而成由如種穀初生芽莖乃至成熟皆依於地龍主此十善業道能為天上人間一切有情

佛爲娑伽羅龍王所說大乘經　第十張　若字號

勝妙安住能令一切有爲無爲得智
果報一切聲聞及辟支佛乃至菩薩
無上正等正覺而爲安住亦復爲一
切佛法根本安住龍主我此所說汝
等一切當以正心而生信解
尒時娑伽羅龍王并在會諸菩薩摩
訶薩一切聲聞及天人阿修羅乾闥
婆等一切大衆聞佛所說歡喜奉行

佛爲娑伽羅龍王所說大乘法經

佛爲娑伽羅龍王所說大乘經

校勘記

一　底本，金藏廣勝寺本。

一　一二二頁中一行至本頁下二〇行序文，諸本無。

一　一二二頁下二一行經名，石作「佛爲娑伽羅龍王所說大乘經一卷」，卷末經名同；徑、清作「佛爲娑伽羅龍王大乘法經」。

一　一二二頁下二二行譯者，資、磧、普、南作「西天譯經三藏朝散大夫試鴻臚少卿傳教大師臣施護奉詔譯」；徑、清作「宋西天三藏朝散大夫試鴻臚少卿傳教大師施護奉詔譯」。

一　一二三頁下一一行「我令」，諸本作「我今」。

一　一二四頁中一一行「二業」，諸本作「三業」。

一　一二五頁下一七行「龍主」，南作「龍王」。

一　一二六頁上一〇行第五字「背」，諸本作「肯」。

一　一二六頁中一五行末字「不」，徑、清作「無」。

一　一二六頁中一七行「一心」，資、磧、普、徑、清作「一切」。

一　一二七頁上一行末字「智」，資、磧、普、南、徑、清作「智慧」。

佛說十號經

西天譯經三藏朝散大夫試鴻臚少卿明教大師臣息災奉 詔譯　　將

如來應供正等覺明行足善逝世間解無上士調御丈夫天人師佛世尊

阿難白言云何如來佛告苾芻我昔因地為菩薩時歷修衆行為求無上正等正覺令得菩提涅槃一切真實以八聖道正見所證名為如來如過去正等正覺調伏息心得至涅槃故名如來

云何應供佛言昔在因位所行善法威儀戒品十善根力修令增長如是修習圓滿至究竟位證涅槃時斷盡一切煩惱令身口意清淨無染永害煩惱如斷多羅樹頭永不生芽復次貪瞋癡等煩惱盡故一切諸趣永不結生超過四難生老病死苦果之法惑苦二種而永不生立應供號

復次令彼世間所有衣服臥具飲食湯藥幢幡寶蓋香花燈菓及天上人間最上之物供養於佛獲得最上富貴吉祥之福是名應供之號

云何正等覺佛言如來具一切智於一切處無不了知以四念處四正斷四神足五根五力七覺支八聖道十二緣生四諦法等如是之法平等開覺一切衆生令起智斷惑證須陁洹果斯陁含果阿那含果阿羅漢具三明六通復於大乘作意思求歷修諸地斷盡結習成無上覺此名正等正覺

云何明行足佛言明謂天眼明宿命明漏盡明行足者為如來身口意業善修滿足正真清淨如有大衣鉢等自在觀照而無愛著於自願力一切之行修令滿足號明行足

云何善逝佛言即妙往之義如貪瞋癡等引諸有情往彼惡趣非名善逝如來正智能斷諸惑妙出世間能往佛果故名善逝

云何世間解無上士佛言世間者謂欲界色界無色界地獄餓鬼傍生等類各具色蘊受蘊想蘊行蘊識蘊眼根耳根鼻根舌根身根意根及彼六識所緣境等一切諸法名曰世間正

覺正知名世間解又彼世間所有二足四足多足無足欲色諸天有想無想非有想非無想若凡若聖一切有情之中唯佛第一最上無等名無上士

云何調御丈夫佛言佛是大丈夫而能調御善惡二類惡者起不善三業而作諸惡墮地獄餓鬼傍生而得惡報善者於身口意而修衆善得人天福果此之善惡皆由心作佛以第一義善涅槃之法顯示調御令離垢染獲得最上寂滅涅槃是故得名調御丈夫

云何天人師佛言非與阿難一苾芻為師所有苾芻苾芻尼烏波塞烏波夷及天上人間沙門婆羅門魔王外道釋梵龍天悉皆歸命依教奉行俱作佛子故名天人師

云何名佛智慧具足三覺圓明是故名佛

佛告阿難我昔經行之次有婆羅門而來問我何故汝之父母為汝立名呼為佛邪佛即荅言世所知者我能

了知世所觀者我亦能觀所得滅者我亦得滅我具一切智一切了知我從無數劫種種修行遠塵離垢令得無上菩提故立佛號

云何世尊佛言我於因地自審觀察所有善法戒法心法智慧法復觀貪等不善之法能招諸有生滅等苦以無漏智破彼煩惱得無上覺是故天人凡聖世出世間咸皆尊重故曰世尊

佛說十號經

乙巳歲高麗國大藏都監奉

勅雕造

佛說十號經　第四張　符

佛說十號經

校勘記

一　底本，麗藏本。

一　一二八頁上一行經名，石作「佛說十號經一卷」。卷末經名同。

一　一二八頁上二行譯者，資、磧、普作「三藏法師天息災奉詔譯」；南、徑作「宋三藏法師天息災奉詔譯」。

一　一二八頁上一二行「修令」，磧、普作「修合」。

一　一二八頁下一二行「寂滅」，資、磧、普、南、徑作「最滅」。

佛說寶生陁羅尼經　將

西天譯經三藏朝散大夫試鴻臚少卿傳法大師臣施護奉　詔譯

曩謨引囉怛曩二合囉濕弥二合贊捺囉二合鉢囉二合底曼尼哆尾你焰二合帝引惹具世濕嚩二合囉引羅引惹野怛他引誐哆引野引囉賀二合帝引三藐三沒馱引野怛你也二合他囉怛你二合引囉怛你二合引囉怛曩二合吉囉尼囉怛曩二合鉢囉二合底曼臧帝囉怛曩二合三婆尼引囉怛曩二合鉢囉二合鼻引囉怛努二合引訥誐二合帝引娑嚩二合引賀引

若有衆生於此如來陁羅尼名號受持供養彼人生得轉輪位成就梵行具大神通獲十種陁羅尼復值恒河沙等諸佛如來而無虛妄經俱胝刧不入輪迴路不斷菩提種不失菩提心永滅一切罪得報身如來若人持誦滿一七日是人當得天眼清淨若人耳聞恒復憶念是人決定當得菩提於過去世所作善根亦得現前若傳一人所有無間罪業悉得除滅永斷輪迴是人不被水火盜賊之所侵害而復諸根不缺衆病不生鬼魅不著衆所愛敬於當來世受持如來微妙之法供養諸佛若人聞已心喜禮拜讃歎是人功德無量無邊於生生中口出妙香廣一由旬身毛孔中恒有光明常自照曜常作如來勝利之事如何難陁具如是不可思議功德

佛說寶生陁羅尼經

佛說寶生陀羅尼經

校勘記

一　底本，麗藏本。

一　一三〇頁上一行經名，石作「佛說寶生陀羅尼經一卷」。卷末經名同。

一　一三〇頁上二行譯者，資、磧、普作「三藏法師施護奉詔譯」；南作「宋三藏法師施護奉詔譯」；徑作「宋西天三藏朝散大夫試鴻臚少卿傳法大師施護奉詔譯」。

佛說蓮華眼陁羅尼經

西天譯經三藏朝散大夫試鴻臚少卿傳法大師施護奉詔譯

曩謨引囉怛曩二合怛囉二合夜引野曩麼阿引哩也二合鉢納摩二合你引怛囉二合引野怛他引誐哆引野曩謨薩哩嚩二合你嚩囉拏尾瑟迦二合鼻尼冒地薩怛嚩二合野摩賀引薩怛嚩二合野怛你也二合他引唵引哆囉哆囉底哩底哩覩嚕覩嚕迦囉迦囉吉隸吉隸俱嚕俱嚕婆囉婆囉鼻哩鼻哩部嚕部嚕曩野曩野俱嚕俱嚕謨乞叉二合引播野娑嚩二合引賀引入嚩二合羅曩嚩呬你二合你鼻引娑嚩二合引賀引薩哩嚩二合怛他引誐哆引底瑟耻二合帝引娑嚩二合引賀麼麼薩哩嚩二合薩怛嚩二合難左娑嚩二合賀引

此蓮華眼陁羅尼若復有人於其晨朝恭敬供養及念此陁羅尼一百八徧一日二日乃至三七日志心持誦一切罪障悉皆除滅亦不患其眼病耳病鼻舌身病心不邪亂復得五種眼清淨五種鼻清淨五種舌清淨五種意清淨身相端直心離垢染於一切生中恒發菩提心與諸聖衆常得見佛而聽妙法直至菩提道場圓滿正覺

佛說蓮華眼陁羅尼經

乙巳歲高麗國大藏都監奉

勑雕造

蓮華眼陁羅尼經　第二張

佛說蓮華眼陀羅尼經

校勘記

一　底本，麗藏本。

一　一三一頁上一行經名，石作「佛說蓮華眼陁羅尼經一卷」。卷末經名同。

一　一三一頁上二行譯者，磧、普作「三藏法師施護奉詔譯」；南作「宋三藏法師施護奉詔譯」；徑、清作「宋西天三藏朝散大夫試鴻臚少卿傳法大師施護奉　詔譯」。

一　一三一頁上二〇行「三七日」，磧、普、南、徑、清作「三十七日」。

一　一三一頁中一行「鼻清淨」，徑作「病清淨」。

佛說大金剛香陀羅尼經　將

西天譯經三藏朝散大夫試鴻臚少卿傳法大師臣施護奉　詔譯

尒時世尊說此大明能降伏諸天宿曜此金剛香大力㝡勝如金剛寶有大利用能破諸山若有最上星曜而不降伏但念此金剛香真言天等星曜驚怖戰悚而自降伏如風吹樹枝隨風低仆即說陀羅尼曰

曩謨引囉怛曩二合怛囉二合夜引野曩莫室戰二合拏嚩日囉二合播引拏曳摩賀引藥乞叉二合細引曩引鉢多曳引唵引曩謨引婆誐嚩帝曳二合引阿哩也二合嚩日囉二合𡀔引馱引哩曳阿你引迦囉澀弥二合設哆娑賀娑囉二合鉢囉二合入嚩二合隸哆帝引惹娑引曳引烏誐囉二合鼻摩婆夜引曩迦引曳引尾迦囉引羅引曳引贊拏曳引左波羅引曳引摩賀引喻引詣引澀嚩二合哩曳引鼻瑟摩二合婆夜引曩迦引曳引沙乇目二合佉引曳引播嚩二合那舍部惹曳引捺嚩二合那舍你引怛囉二合引曳引尾枳囉拏二合計舍引曳引阿你迦嚕波尾尾馱尾

喞怛囉二合吠沙馱引囉尾曳引曀呬曳二合呬婆誐嚩底摩賀引嚩日囉二合𡀔馱引哩怛囉二合夜引赦引囉怛曩二合引薩帝曳二合曩怛你也二合他唵引阿引迦茶阿引迦茶末羅袮引嚩摩呬引澀嚩二合嚩誐嚕瑟嚷二合俱摩引嚩沒囉二合引憾摩二合赦印捺嚩二合贊捺嚩二合阿袮底焰二合藥羼囉引乂散沒囉二合憾摩二合囉乂散阿儗你二合夜曼嚩嚕赦嚩虞俱吠引嚩馱曩難馱哩二合底囉引瑟乇嚩二合尾嚕茶劍尾嚕播引羼吠室囉二合摩赦商俱迦囉赦虞引迦囉赦尾迦囉赦沒哩二合賀迦囉赦健乇迦囉赦訥嚕二合拏迦囉赦娑度二合羅迦囉赦摩賀引迦引嚩南袮枳引澀嚩二合嚩部凌二合儗哩致孕二合曩野劍尾曩引野劍半引喞劍那引摩劍路引賀劍謨引賀劍沙瑟致二合哩袮二合嚩俱引致也二合儗哩劍引唵迦引哩努哩誐二合迦引哩怛也二合曳你摩賀引迦引哩怛也二合曳你贊拏迦引哩怛也二合曳你野舍悉尾二合你逦引哩底焰二合伊舍引你也二合迦引陵摩賀引迦引陵嚩日囉二合迦

引陵商佉迦引陵阿迦引陵婆捺囉二合迦引陵努捺囉二合迦引陵祖羅迦引陵阿引儗你二合引焰引夜引曼引嚩引野尾焰二合設引隸迦嚩哩底焰二合囉引怛陵二合扇引底孕二合設訖底孕二合設多引乂孕二合摩賀引設哆引乂孕二合娑賀娑囉二合乂孕二合印捺囉引二合尼孕二合沒囉二合憾摩引二合尼孕二合憍引摩引哩孕二合摩引呬澀嚩二合哩孕二合吠引瑟拏二合尾孕二合倪里劍引蘇婆𡀔引左拶拏引撓涅陵二合嚩引囉引呬孕二合曳左引祢曳二合三摩曳曩底瑟跕二合底旦引薩哩嚩二合引阿引嚩引賀曳瑟也二合引弥始伽覽二合誐哩二合恨拏二合誐哩二合恨拏二合誐哩二合恨拏二合播野誐哩二合恨拏二合播野唵引護嚕護嚕羅羅羅羅遇嚕遇嚕祖嚕祖嚕母嚕母嚕杜母杜母馱摩馱摩馱囉馱囉塵囉摩囉野囉野囉摩囉摩羅覽誐覽誐覽誐波野覽誐波野惹羅波二合惹羅波二合播引野惹羅波引二合播野布囉野布囉野羅具羅具阿引尾引舍野阿引尾引舍野唵引曩謨引婆誐嚩底阿引哩也二合摩賀

(引)嚩曩羅(二合)巘(引)馱(引)哩悉馱室戰(二合)拏
嚩曩羅(二合)播(引)尼囉(引)惹拏(二合)波野底
唵呬曳(二合引)呬呬哩(二合)呬(引)賀(引)賀(引)賀
(引)賀(引)訶訶訶訶囉囉囉囉護(引)吽
吽發吒娑嚩(二合)賀(引)唵曩謨(引)娑誐
嚩底阿(引)哩也(二合)摩賀(引)嚩曩囉(二合)巘(引)
馱(引)哩阿你(引)迦囉溼弥(二合)設哆娑賀
娑囉(二合)鉢囉(二合)底滿尼哆舍里哩(引)悉
馱室戰(二合)拏嚩曩囉(二合)播尼囉惹拏(二合)
波野底唵呬呬哩(二合)呬(引)賀(引)賀(引)賀
(引)賀(引)護(引)護(引)護(引)護(引)撼賀吽吽吽
吽發吒發吒囉囉囉囉吽賀娑嚩(二合引)
賀唵惹敢(二合)娑你娑擔(二合)娑你曳(引)
娑嚩(二合引)賀薩哩嚩(二合)噜(引)沙鉢囉
(二合)舍摩你曳(引)娑嚩(二合引)賀(引)唵呬
哩(二合)賀(引)呬(引)護(引)吽發吒娑嚩(二合)
賀(引)唵呬哩(二合)阿(去聲)迦哩沙(二合)尼曳(引)
娑嚩(二合)賀(引)唵阿隷娑嚩(合)賀(引)
唵盎誐羅盎誐羅呬哩(二合)娑嚩(二合)賀(引)唵
惹羅波(二合)惹羅波(二合)波野惹羅波(二合)
波野娑嚩(二合)賀(引)唵(引)璨璨迦哩拏
涅哩(二合)怛也(二合)波野娑嚩(二合)賀(引)唵(引)
惹敢(二合)惹敢(二合)惹敢(二合)婆你曳(引)娑

大金剛香陁羅尼經　第六張　丹

嚩(二合)賀(引)唵(引)娑擔(二合)娑擔(二合)你曳(引)
娑嚩(二合)賀(引)唵(引)阿吒吒賀(引)細捫
左摩賀(引)憾賀唵(引)度曩度曩部
噜淹(二合)昔敢(二合)惹野護僧僧僧
賀囉護(引)摩哩那(二合)摩哩那(二合)部噜
唵(二合)部噜唵(二合)部噜唵(二合)呬哩(二合)部
噜唵(二合)鑁吽怛吒怛吒賀囉賀囉唵尾
囉尾囉佉佉佉(引)呬佉(引)呬輸(引)沙
野扇(引)底扇(引)底布瑟致(二合)布瑟致(二合)馱
哩(二合)底馱哩(二合)底必哩(二合)拏野必哩(二合)拏野
必哩(二合)底必哩(二合)底悉體(二合)囉悉體(二合)
囉賀呬(引)護(引)吽詃娑嚩(二合引)賀(引)
此陁羅尼令如來族降伏三界護持
佛法作大吉祥

大金剛香陁羅尼經

乙巳歲高麗國大藏都監奉
勅雕造

大金剛香陁羅尼經　第七張　丹

佛說大金剛香陀羅尼經

校勘記

一　底本，麗藏本。
一　一三二頁上一行經名，石作「佛說大金剛香陁羅尼經一卷」。
一　一三二頁上二行譯者，徑、清作「宋西天三藏朝散大夫試鴻臚卿傳法大師施護奉詔譯」。
一　一三三頁中卷末經名，石作「大金剛香陀羅尼經一卷」；徑作「佛說大金剛香陁羅尼經」。

大乘寶月童子問法經　將

西天譯經三藏朝散大夫試鴻臚少卿傳法大師臣施護奉詔譯

如是我聞一時佛在王舍城鷲峯山中與大苾芻衆五萬五千俱胝一心行菩提行無能勝菩薩等八萬百千無數俱胝那史多諸天人等百千那史多

尒時世尊於其食時著衣持鉢與苾芻衆并諸菩薩天龍神等恭敬圍繞入王舍大城於彼乞食是時頻婆娑羅王子名寶月童子因爲事故乘大龍象出王舍大城遥見世尊即下龍象而詣佛所到已致敬頭面禮足住立一面寶月童子白佛言如來應供正等正覺唯願世尊說彼十方如來所有名號若有信心善男子善女人聞是名已所有五逆等罪及一切業障悉皆消除於無上正等正覺速得不退

尒時世尊告寶月童子言善哉善哉汝能樂聞如來名號之義此意賢善一切罪業決定消除童子汝今諦聽善思念之我爲汝說童子過於東方百千俱胝那史多恒河沙等佛刹彼有世界名曰無憂彼有如來名賢吉祥應供等正覺少病少惱乃至爲諸衆生恒說妙法彼佛壽命六萬百千俱胝那史多無數劫彼世界中無其日月晝夜唯有佛光普照一切及照地獄傍生焰魔羅界一切衆生令得解脫無量衆生得無生法忍

佛言童子南方過百千俱胝那史多恒河沙等佛刹彼有世界名曰寂靜彼有如來名無邊光應供正等正覺爲諸衆生恒說妙法

佛言童子西方過百千俱胝那史多恒河沙等佛刹彼有世界名曰歡喜彼有如來名喜吉祥應供正等正覺爲諸衆生恒說妙法

佛言童子北方過百千俱胝那史多恒河沙等佛刹彼有世界名曰不動彼有如來名曰寶幢應供正等正覺爲諸衆生恒說妙法

佛言童子東南方過百千俱胝那史多恒河沙等佛刹彼有世界名曰正行彼有如來名曰無憂吉祥應供正

等正覺爲諸衆生恒說妙法

佛言童子西南方過百千俱胝那史多恒河沙等佛刹彼有世界名曰寶幢吉祥彼有如來名曰寶幢應供正等正覺爲諸衆生恒說妙法

佛言童子西北方過百千俱胝那史多恒河沙等佛刹彼有世界名曰妙聲彼有如來名吉祥花應供正等正覺爲諸衆生恒說妙法

佛言童子東北方過百千俱胝那史多恒河沙等佛刹彼有世界名曰安樂彼有如來名蓮華光嬉戲智應供正等正覺爲諸衆生恒說妙法

佛言童子下方過百千俱胝那史多恒河沙等佛刹彼有世界名曰廣大彼有如來名光明吉祥應供正等正覺爲諸衆生恒說妙法

佛言童子上方過百千俱胝那史多恒河沙等佛刹彼有世界名爲月光彼有如來名財吉祥應供正等正覺爲諸衆生恒說妙法童子如是一切世界佛刹皆有清淨旃檀樓閣所有如來名號若人聞已恭敬受持書寫讀誦廣爲人說所有五逆等一切罪

業悉皆消除亦不墮地獄傍生焰魔
羅界於無上正等正覺速得不退於
意云何童子於過去久無數及廣大
無邊無數劫時有世界名曰寶生彼
有如來名精進吉祥應供正等正覺
彼十如來於精進吉祥佛所爲菩薩
位於其佛前供養發願我等各於佛
刹成無上正等正覺之時若有衆生
經刹那間至須臾之間聞我十佛名
號聞已恭敬受持書寫讀誦廣爲人
說所有五逆等一切罪業悉皆消除
亦不墮地獄傍生焰魔羅界於無上
正等正覺速得不退
尒時寶月童子如是聞已而復白言
世尊彼佛如來壽量云何世尊荅言
彼佛壽十阿僧祇百千俱胝那由多
世界微塵等劫童子聞已白佛言彼
佛如來甚爲希有如是悲心發願爲
諸衆生得此壽量佛言童子若有衆
生聞此十佛名號恭敬受持書寫讀
誦信樂修行所有無量無邊福德悉
得具足三業之罪亦不能生童子若
有善男子善女人於恒河沙等佛刹
滿中七寶供養如來經百千歲獲福

大乘寶月童子問法經　第四張　持

無量若善男子善女人聞是十佛名
號恭敬信受書寫讀誦爲他解說所
得福德勝前供養無量無邊
尒時索訶世界主大梵天王帝釋天
子四天大王穌夜摩天子大自在天
子以最上旃檀香粖散世尊前而爲
供養白世尊言若有衆生於此正法
書寫讀誦信解受持得一切天人阿
修羅尊重禮拜所有地獄畜生焰魔
羅界阿修羅身及餓鬼趣皆得解脫
佛言若此正法耳根得聞受持讀誦
罪惡魔寃不能侵害於阿耨多羅三
藐三菩提速得不退尒時世尊而說
頌曰
持此世尊十名號　如是壽命俱胝劫
佛說功德不思議　未來成就二足尊
尒時頻婆娑羅王寶月童子白於世
尊而說伽他曰
大無畏善說　無邊無量佛　衆生最上師
我今歸命禮　如是今修學　一切佛知見
願斷於煩惱　速成於菩提
尒時童子說此頌已白世尊言我今
如是所有忍辱菩薩大智惣持法門
方廣之教佛菩提行如是修學行菩

大乘寶月童子問法經　第五張　持

提行
尒時世尊復說頌曰
若人受持佛名號　水火盜賊不能侵
毒藥刀杖王難等　一切諸苦自消除
如是速得於菩提　廣令流布佛名號
若此正法於末世時有人受持讀誦
此人命終速成佛道若以香花供養
一切諸佛經多劫時不如有人於此
正法暫時書寫讀誦所得福德無量
無邊若人以最上所愛七寶滿於一
切刹土之中供養一切諸佛亦不如
讀誦此經得福甚多佛說此經時無
量百千俱胝那由多衆生發阿耨多
羅三藐三菩提心無量無邊衆生得
無生忍不退轉於阿耨多羅三藐三
菩提佛說是語時寶月童子等皆大
歡喜作禮而退

大乘寶月童子問法經

乙巳歲高麗國大藏都監奉
勑彫造

大乘寶月童子問法經　第六張　持

大乘寶月童子問法經

校勘記

一 底本，麗藏本。

一 一三四頁上一行經名，石作「大乘寶月童子問法經一卷」。卷末經名同。

一 一三四頁上二行譯者，徑、清作「宋西天三藏朝散大夫試鴻臚少卿傳法大師施護奉詔譯」。

一 一三四頁中四行「等正覺」，徑、清作「正等正覺」。

一 一三四頁中二〇行「寶幢」，磧、普、南作「實幢」。

一 一三四頁下一一行末字「安」，磧作「寶」。

一 一三五頁中四行「索河」，磧、普、南、徑、清作「索訶」。

一 一三五頁中九行「畜生」，徑、清作「旁生」。

一 一三五頁中一五行「壽命俱胝劫」，徑作「受命俱胝刧」。

佛說一切如來安像三昧儀軌經　將

西天譯經三藏朝散大夫試鴻臚少卿傳法大師臣施護奉　詔譯

尒時世尊入三摩地名一切如來金剛安像三昧從三昧起說彼塑畫彫造莊嚴一切佛及諸賢聖之衆安像慶讚儀軌之法欲造佛像先得了知十種法則阿闍梨復須善知佛身一切圓滿之相及停分大小之量於息災增益等眞言印法儀軌之事皆悉明了然得於彼寺舍殿塔之内造諸尊像若所造佛像儀相闕少不得安像慶讚若儀相不圓令彼衆生現世未來得大苦怖是故一心求造圓滿若圓滿已令前知法阿闍梨依眞言儀軌請佛安像供養慶讚即得如來賢聖降臨隨喜成就功德若造像畢已經久時而不行安像慶讚於其後時反獲不吉設復有人供養禮拜終無福利如無智人人相不具令彼世間而生輕慢若阿闍梨請安佛像而不知法及闕少儀軌如酥入灰欲作護摩必無果報是故造像須具相圓滿令安像慶讚儀軌具足令諸有情得大福報

尒時有一菩薩而白佛言世尊佛身無相猶若虛空徧一切處云何令說令安佛像佛言汝今諦聽我為久修行者說彼法身無相無為徧一切處猶在虛空本自寂然不生不滅云何安像令為初發心衆生令彼得福作如是說安像慶讚結淨之法欲建曼拏羅先揀吉星吉日於結界勝地清淨之處陳設傘蓋幢幡香花燈菓然令阿闍梨依法儀軌一心召請先於結界地上下五色粉絣線作曼拏羅請五族如來及菩薩眷屬等須依此根本儀軌不得依別儀請召又阿闍梨入佛堂殿安像之時須手腕及指帶釧鐶等莊嚴於身阿闍梨并弟子一心觀想如來一切圓滿之相然後合掌作禮瞻仰聖賢以清淨香花香水燈菓依法儀軌獻閼伽香燈獻已入定心離疑念誦此眞言三徧

三摩野　薩怛鑁　三摩野　薩怛鑁

誦此眞言已而啓請言如一切佛安

住覩史陁天亦如佛在摩邪夫人胎藏願佛慈悲住此亦然願佛恒住弟子某甲為發善提心受此香花供養請佛像已復與施主弟子受戒所有供養儀則等一切須依阿闍梨言教不得怠慢令彼施主得大果報請召如來安住坐位以香花燈菓飲食誦眞言獻閼伽供養所有佛像面東安置用黃衣蓋覆阿闍梨作觀想想佛如一聚火誦此眞言七徧擲白芥子

唵　薩哩嚩(二合)　播(引)　波娑普(二合)　吒那賀　曩嚩日囉(二合引)　野　薩嚩(二合)　賀

誦此眞言已復想如來如眞實身諸相圓滿然以唵阿吽三字安在像身三處用唵字安頂上用阿字安口上用吽字安心上若誦得本尊根本眞言但安心上若請召印或金剛印或鉤印依法而作若人無力隨力令作所用器物或金銀寶玉銅石瓦器木器螺盃及樹葉皆得為閼伽供養若法中使銅器作閼伽最上如金石等佛像故暗塗香油在上用草刷子洗刷令淨然用歌讚妓樂令童女歌舞

等復誦香油眞言
唵薩哩嚩二合怛他誐哆迦野尾式馱
你引娑嚩二合賀引
若賢瓶用五或八以白檀香塗之種
種香水滿彼瓶中而即加持復令童
女合線染成五色上好新鮮纏瓶周
迴復用五寶五藥花菓等入於賢瓶
誦最勝佛頂眞言或白傘蓋眞言搬
白芥子以爲加持或念息災眞言亦得
若洗浴佛像先塗香油復用尼俱陁
樹葉優曇樹葉爲株五穀五種淨水
以銅器盛之洗浴佛像然令弟子一
切衆人誦於偈讚及諸歌樂以爲吉
祥之音適悅尊像如灌頂儀則乃誦
佛眼菩薩眞言能除一切垢
唵薩哩嚩二合囉祖引波賀囉拏娑嚩
二合引賀引
誦此眞言巳阿闍梨言如佛降生之
時沐浴佛身一切如來亦復如是我
今以清淨最上之水洗浴佛像復誦
灌頂眞言
唵薩哩嚩二合怛他引誐哆引鼻詵引
迦三摩野室哩二合曳引吽
若是畫像功德以鏡照彼所畫功德
一切如來安像三昧儀軌經　第四張　將

用前五種淨水寫於鏡上沐浴鏡中
影像若前金銀等像及所畫幀像沐
浴畢巳即誦著衣眞言
唵嚩曩二合嚩引娑細引娑嚩二合引賀
次誦安耳眞言
唵迦囉拏二合摩路引馱囉拏吽
次誦安鬚髩眞言
唵薩哩嚩二合枳引娑阿嚩哆引囉
拏吽娑嚩二合賀引
次誦安指甲眞言
唵薩哩嚩二合輸曩佉砌那曩囉惹
娑嚩二合賀
次誦安髭鬚眞言
唵薩哩嚩二合娑摩二合酥嚕二合馱囉
拏吽吽吅凌二合
次誦獻塗香眞言
唵嚩曩二合嚩弟引娑嚩二合引賀引
次誦安莊嚴眞言
唵嚩曩二合娑囉拏尾部瑟尼娑
嚩二合賀
誦此眞言巳依灌頂儀入曼拏羅與
佛像誦本尊三昧眞言
唵吽怛落訖哩惡
誦此眞言巳如是戴冠面東安置佛
一切如來安像三昧儀軌經　第五張　將

像令彼施主得大福利次用香花等
供養先誦獻花眞言
唵嚩日囉二合補瑟閉二合引吽
誦此眞言巳白言此花最上或水中
生或陸地生我今志心供養願佛納
受次誦獻香眞言
唵嚩日囉二合度閉
誦此眞言巳白言此香最上或自然
香或和合香我今志心供養願佛納
受次誦塗香眞言
唵嚩日囉二合巘弟引娑嚩二合賀
誦此眞言巳白言此是塗香最上殊
勝願佛納受次誦燈眞言
唵嚩日囉二合祢閉引娑嚩二合賀
誦此眞言巳白言此是燈供養或酥
燈或油燈光明破暗我今志心供養
願佛納受消除一切愚暗次誦食眞
言
唵賔努波引且鉢囉二合底仡哩二合
恨曩娑嚩二合賀
誦此眞言巳白言此是食供養最上
飲食色香美味一切具足我今志心
供養願佛納受如是供養儀則既巳
周備復爲佛像開眼之光明如點眼
一切如來安像三昧儀軌經　第六張　將

相似即誦開眼光眞言二道
唵作匇作匇三滿多作匇尾式馱
你(引)娑嚩賀
唵你(引)怛囉(合二)波吒路(引)波賀(引)囉
拏呬凌(合二)
次誦佛入定眞言
唵祢䫂(身切)你(引)曩三摩(引)地馳(身切)曩
必哩(合二)拏你娑嚩(合二)賀
誦此眞言已復令施主弟子入曼拏羅阿闍梨白言汝今請我安慶佛像我今爲汝所作儀軌悉皆周畢宜應灌頂誦此眞言
三摩野薩怛鍐
次作護摩或一千或五百或二百五十徧若護摩爐宜四方作用有白乳汁者溼柴入於爐内復用酥酪蜜及五穀合和用作護摩能與自身及一切弟子息災增益即誦作護摩眞言
唵嚩日囉(合二)喻世(引)娑嚩(合二)賀
此是作護摩眞言次誦增壽眞言
阿誐蹉賀哩賔誐羅祢鉢、哆(合二)吽賀嚩(合二)路(引)呬哆(引)乞叉(合二)祢(引)呬那那(引)波野伊難左弥(引)迦哩焰(合二)俱噜娑嚩(合二)賀
此是增壽眞言次誦息災增益眞言
唵嚩日囉(合二)布瑟吒(合二)曳娑嚩(合二)賀
此是息災增益眞言次爲火天於護摩爐安置座位作其觀想觀護摩爐三分之中空其一分爲火天座位
唵酥鉢囉(合二)底瑟姹(合二)哆嚩日囉(合二)娑嚩(合二)賀
此是安置火天眞言次以香花等獻護世及伊舍那天即誦護世眞言
印捺囉(合二)野娑嚩(合二)賀
誦此眞言已作其妓樂歌舞等發遣白言上來廣作佛事供養多不如法所來梵天天子并諸天衆等爲其施主依此儀軌於一切處作大息災增益往彼佛刹復有請召願賜降臨地水火風神等往本界中發善心愛敬所安佛像經百千劫護持施主及子孫眷屬并阿闍梨一切弟子普獲吉祥
若作壇法吉時者正月二月三月四月五月十一月十二月若所用日於白月二日三日七日十日十三日十五日黑月亦得復須就吉星宿直日即可作法若翼星畢星斗星觜星尾星心星鬼星箕星室星此是最上吉星求一切事皆得成就若井星得作法成就所求必遂兼得外來眷屬若尾星斗星觜星得人敬愛及得財物若參星得息災若箕星得子孫長壽若室星恒得美事成就若鬼星得一切最勝若心星房星得快樂稱意若木星水星金星吉善第一若此三星和合直日作安像慶讃儀則得最上福若前第三第七第六第十及第十一星此五星若與月合同用大吉若第二第六第十及第十一星與水星合同用大吉若第二第七第九及第十一星與木星合同用作召請結淨最善大吉若第六第七第十星與金星合同用大吉若第一第三第五星能破財物阿闍梨應如是善知星辰之力如作法日若得星耀和順所作之事於刹那之頃必得成就若安像慶讃獲福最上當得轉輪王位大國王位無復疑惑又若星曜相順無一

切障難所安佛像塔廟世世生生俱得成就人獲福利若造像工人及諸雜使之者俱與財帛善言慰安勿令失所方合儀法所有供養如來飰剩之食若人食者皆得滅罪阿闍梨即教化施主結緣增福施利所有金銀財帛象馬車乘隨力布施志心奉上令阿闍梨歡喜賢聖亦歡喜復於比丘比丘尼優婆塞優婆夷以其財食隨力供養令福圓滿於初夜分作大妓樂歌舞幡花螺鈸及施主眷屬圍繞恭敬曼拏羅內所有供養物色並須捨與阿闍梨不得別處破用亦不得別比丘處施與不合儀法壇法旣畢即收壇物若五色粉送入河中用衢摩邪淨水洗拭壇地如法結淨功德成就

一切如來安像三昧儀軌經

乙巳歲高麗國大藏都監奉

勅雕造

第十張

佛說一切如來安像三昧儀軌經

校勘記

一　底本，麗藏本。

一　一三七頁上一行經名前，石有大宋新譯三藏聖教序一篇。

一　一三七頁上一行經名，石作「佛說一切如來安像三昧儀軌經一卷」。

一　一三七頁上二行譯者，徑、清作「宋西天三藏朝散大夫試鴻臚少卿傳法大師施護奉詔譯」。

一　一三七頁中七行「猶在」，徑、清作「猶若」。

一　一三七頁中二二行首字至第六字「三摩野薩怛鑁」，徑無。

一　一三八頁上八行末字「掇」，石作「撤」。

一　一三八頁中末行「面東」，磧、南、徑、清作「而樂」。

一　一三八頁下末行「開眼」，清作「開取」。

一　一三九頁上一八行第一〇字「作」，南作「此」。

一　一三九頁中一七行「本界」，南作「彼界」。

一　一三九頁下一四行第八字「第」，磧、普、南、徑、清無。

一　一四〇頁上一四行第六字「施」，資、普無。

一　一四〇頁上卷末經名，石作「一切如來安像三昧儀軌經一卷」；徑、清作「佛說一切如來安像三昧儀軌經」。

佛說大自在天子因地經　將

西天譯經三藏朝散大夫試鴻臚少卿傳法大師臣施護奉詔譯

如是我聞一時佛在舍衛國祇樹給孤獨園尒時尊者大目乾連於其食時著衣持鉢以精進力運大神通放無數光其光金色徧照虛空復以神力變化其身或大或小或一或多如火光焰往崑崙山峯如雲其山頂內以金銀瑠璃真珠碼碯珊瑚摩尼種種諸寶莊嚴其地有諸宮殿一切玲寶殊妙莊嚴於其中間有大自在宮廣二由旬高五由旬光明照曜有六十大神恒常守護百千天女圍繞四邊作七種妓樂於宮四方而有七殿廣一俱盧舍各以七寶而用嚴飾復於四邊各有浴池甘露之水清淨彌滿於其池中生白蓮華俱母捺花如天白月金銀摩尼莊嚴其上彼大自在天子與烏摩天后於師子座上同座而坐彼諸天衆恒來圍繞恭敬供養其天忽聞琴樂之聲音韻微妙聞已愛著令心迷亂尒時尊者大目

乾連雖聞其樂以無畏善根調伏其心無所愛著如妙高山出于大海安住不動行精進妙行受一切世間衆所供養身相端嚴威儀具足手持鉢器烏摩天后忽然見已心生疑惑告天子言此是何人身被法服端嚴寂靜調伏諸根威儀具足圓光照曜如日初出安然不動如妙高山天聞言已觀察尊者而復告言天后汝知識耶天后答言我昔未見今亦不知大自在天白言此是大福德離欲佛弟子能破諸過教化衆生與作安樂因爲乞食而來至此烏摩天后聞是語已而白天曰彼師云何具何色相有何道德威力及未曾有法我願樂聞自在天曰彼人之師於三無數劫求大菩提廣修福力於其世間難作能作行檀波羅蜜施於飲食衣服卧具醫藥金銀珍寶奴婢車乘城邑聚落及大寶藏國王之位亦曾施諸婆羅門妻子男女於彼心中無其毫塵之許貪惜煩惱亦無貪愛之名又爲悲愍衆生故捨頭目髓腦鼻舌身肉而無毫塵之許痛苦之想亦無虛假之名

行真實施爲求菩提大威力果具足檀波羅蜜又於三無數劫爲對種種境界相故行戒波羅蜜堅守禁戒以持戒威德常得天人供養復爲冤親不等違順情差行忍辱波羅蜜以八正道調伏其心歡喜忍辱令心平等復爲上中下三品衆生愍念饒益利樂彼故行精進波羅蜜於晝夜中策勤修進復恐心意散亂妄緣還故行禪波羅蜜令心決定寂靜輕安復爲出生智慧讀誦分別微妙經典行般若波羅蜜如是三無數劫行六波羅蜜求一切智智今得佛位圓滿降伏一切魔王證寂滅理色心微妙具三十二相八十種好金色莊嚴圓光如日三界無等出輪迴難安樂解脫時大自在天說是語已烏摩天后聞復歡喜布施等行所得大果今聞可解復問於汝天自前因修何行業願賜歡喜爲我略說時大自在天而復白言汝今諦聽而爲汝說天后我於過去無數俱胝劫於大牟尼佛所布施供養修福持戒薰習智慧過是已來獲自在報於八生身中得八種自在我曾生生布施持戒苦行求主宰自在欲

樂解脱乃至究竟寂滅安樂亦然是
故布施智慧觀察一心守護修行不
斷説是語已大自在天於其宫内以
其金鉢滿盛百味殊妙香飯詣目連
前志心奉上目連尊者即受鉢飯騰
空欲迴大自在天具宿命智告目連
曰尊者大目乾連汝今暫住諦聽我
言極久遠時佛乃方出我念過去生
中於此大地爲其主宰能生滅世間
爲三界師無人等我汝聽此言一心
往彼香醉山中時大目乾連運神通
力騰空而往香醉山中彼山一面有
聖跡池名曰天水於此池中即便洗
浴旣洗浴已坐香醉山上開其金鉢
其飯殊妙色香具足變成天食目連
食已忽有天女奉上淨水目連受已
於身五分而皆結淨坐彼山上繫意
專心入定作觀思惟自在天言極久
遠時佛乃方出經於千生不能得知
百千生中亦不能知經俱胝百千生
中亦不能知從禪定起往摩呬印捺
囉山入定思惟亦不能知復入摩呬
印捺囉山王窟入定思惟亦不能知
從此徧歷七十諸山禪觀思惟亦莫

能知又往三十二洲寂坐思惟亦不
能知目連曰彼大自在天智慧所生
言意諸小聲聞辟支佛亦非能知而
乃一心告長老舍利弗尊者諦聽我
於崑崙山頂見大自在天而白我言
極久遠時佛乃出世我於此意終不
能知汝今尊者具大智慧深鑒精微
其天降雨經三年三月知其點數四
大海水知其滴數四大洲人知其心
行如是大智佛子於此言意應可了
知唯願慈悲略爲顯示時長老舍利
弗聞是語已即入禪定經百千俱胝
生思惟此事而不能知
尒時長老大迦葉白舍利弗曰大自
在天所言之法其意甚深微妙難測
若汝得其佛力方乃了知若以自力
思惟如持寸草量須彌山時大迦葉
而自思惟若電影之間剎那之頃觀
過去久遠之事如在掌中唯佛大智
乃能知之於是大迦葉發無垢清淨
之聲告大目連曰若大自在天自行
儀則人間天上無人了知唯三界無
等一切智智即可證知何以故謂佛
世尊於百千俱胝恒河沙數世界所

有過去現在一切衆生上中下品根
宜心行皆悉了知如觀掌内如是名
爲一切智智是時長老大目乾連舍
利弗大迦葉同詣佛所旋繞世尊五
體投地一心敬禮退坐一面
尒時世尊知彼心念顧示微笑時大
目乾連讚佛功德佛面端嚴如金蓮
開慈顔適悦福相深厚牙齒齊密身
體殊妙放大光明青黄赤白普照世
間山川幽谷無不朗然設使百千俱
胝日月團聚光明亦不能及宣清涼
法味三界普霑一切衆生無不蒙益
如是讚已恭敬作禮白言世尊我於
一時持其鉢器往大自在宫於彼乞
食時大自在天見我持鉢如法施食
而告我言極久遠時佛乃方出我於
此言終不通達佛具一切智世間所
有那更多俱胝恒河沙世界衆生心
行差別皆悉了知如視掌内其舌廣
長上覆面輪唯願牟尼爲決疑意
尒時世尊以微妙梵音告大目乾連
汝今諦聽善思念之吾當爲汝分別
解説彼於過去八萬四千劫前彼時

有佛正等正覺出現世間名功德海有一大城亦名功德海彼有婆羅門名曰寂靜有其二子一名商迦二名魯支漸次成長聰明多智俱猒生死作禮父母而白父言我欲入山於彼修道父母不從汝不得去復白父言須去修道如是三白即離父母入於山谷於其山間草菴而住去菴十一步外有老婆羅門修仙人之法復有一人亦相隣近而自修行忽因節日四人聚會而復相問各自愛樂所求之事魯支問老婆羅門曰汝修何行求何果報老婆羅門曰我所修者求梵天身天上千歲問隣近修行者汝修何行求何果報彼自荅云我求三界之主天上千歲商迦大仙而自告言我求天上千歲世間愛敬魯支仙人具大智慧而白彼言汝等三人所求成就得世間果報我今所求爲彼世間有色無色二足四足多足無足上中下等輪迴衆生皆令解脫如是後時佛從天上與無數百千俱胝那臾多釋梵人天凡聖之衆隨從圍繞

其佛安處金蓮之座身著紅衣面如滿月放吉祥光青黃赤白降臨大地照諸有情令心清淨彼前四人修行之者來詣佛所時老婆羅門以白吉祥草花供養於佛作禮旋繞而發願言以我此善爲梵世主五面端嚴與無數衆生施願圓滿次一仙人以一鐵片用供養佛復用香油塗佛足上而發願言以我此善得那羅延天身爲三界主宰次商迦仙人燃燈三盞施三條針志心供養而發願言獻此三燈三針願具三眼得三股叉於生生中恒行施願爲世間主宰得八自在成就欲樂心識聰利尒時魯支頭髻殊妙髮長赤色遂解頭髻布於道路告世尊言願佛慈悲踏我髮過佛之兩足於三界中得未曾有千輻網鞔有幢印幡印金剛杵印如是印相紋同綺畫妙善莊嚴佛遂踏過而發願言以我此善當得成佛救諸輪迴一切衆生如是四人各發願後其老婆羅門所修衆善獲梵王身具五頭面爲三界主用吉祥花布施感手持天

拂若次修行者所修善根得無邊福獲那羅延天身施鐵供養感手持輪寶名曰妙現能破一切修羅第三商迦仙人若施三燈感面生三目施於三針感得三股叉若旋繞世尊得世間愛敬八種自在爲其主宰能生滅世間第四魯支者布髮供養以願力故當得離欲出過三界成一切智智號天中天尒時世尊欲重宣此義而說頌曰

最上吉祥花　施已復旋繞　當得梵王身
稱爲索訶主　五面相莊嚴　手持於天拂
施鐵獲功德　得那羅延天　手持妙現輪
能破於修羅　燃彼三盞燈　三針同供養
面感三目生　手執三股叉　魯支大仙人
布髮而供養　以此妙善因　當得成佛果
自在天憶念　過去無數劫　彼等修行因
其後當作佛　出現於世間　聲聞不能知
唯佛無上覺　曉了能分別

尒時世尊告目連曰彼大自在天所生此身甚爲希有彼從梵天下降人間時寒林中有餓女鬼名曰幻化彼與鬼交鬼即有娠彼即託生在鬼腹內

後乃生身面有三目身有光明其母見已怕怖而走以彼福故光照寒林一切鬼衆是時鬼衆見光如日心生疑懼而即問曰汝是何人彼即荅云我是大自在天名曰自生鬼衆聞已恭敬禮拜而乃讃言勝力精進色相殊妙復有天人及彼梵天俱來瞻仰天人之衆見彼梵天具其五頭内一醜悪衆懐驚恐心生熱惱告大自在天可能爲我截去彼頭大自在天告天衆曰若截彼頭令我獲得殺梵天罪天衆復言如有過罪我等分受時大自在天許之言得尋即自變爲大鷹身以其手爪摘去一頭是故大自在天於其手中持梵天頭一切天人婆羅門衆普徧皆知佛説是語時長老大目乾連等一心聽受皆大歡喜

佛説大自在天因地經

乙巳歲高麗國大藏都監奉
勑雕造

佛説大自在天子因地經　第十張　特

佛説大自在天子因地經

校勘記

一　底本，麗藏本。

一　一四一頁上一行經名，石作「佛説大自在天子因地經一卷」。

一　一四一頁上二行譯者，徑作「宋西天三藏朝散大夫試鴻臚少卿傳教大師施護奉詔譯」。

一　一四一頁下一八行「修何行業」，磧作「修行行業」。

一　一四一頁下一九行「大自在天」，磧、普作「天自在天」。

一　一四一頁下二〇行「白言」，磧、普、南、徑作「告言」。

一　一四二頁上一七行「結淨」，徑作「潔淨」。

一　一四二頁中一行「三十二」，磧、南作「二十二」。

一　一四二頁下六行「顧示」，徑作「顧視」。

一　一四三頁中六行「梵世主」，磧作「梵世王」。

一　一四三頁中一八行首字「鞔」，磧、普、南、徑作「縵」。

一　一四三頁下一五行「面感」，資、磧、普、南、徑作「而感」。又「手執」，徑作「手持」。

一　一四三頁下二二行「女鬼」，資、磧、普、南、徑作「鬼女」。

一　一四四頁上三行「一切」，磧、普、南、徑作「時一切」。

一　一四四頁上七行「天人」，徑作「天女」。

一　一四四頁上一一行「天衆」，磧、普作「大衆」。

一　一四四頁上卷末經名，石作「佛説大自在天子因地經一卷」；資、磧、普、南、徑作「佛説大自在天子因地經」。

廣大蓮華莊嚴曼拏羅滅一切罪陀羅尼經　將

西天譯經三藏朝散大夫試鴻臚少卿傳法大師臣施護奉　詔譯

如是我聞一時佛在波羅柰國鹿野苑中瞻波無憂樹下與大比丘衆萬二千五十人俱并慈氏菩薩等諸菩薩摩訶薩及天龍夜叉羅刹阿修羅乾闥婆迦樓羅緊那羅摩睺羅伽人非人等恭敬圍繞而為說法初善中善後善其義深遠梵行清淨一切圓滿

尒時波羅柰國有大國王名曰梵壽身心純善慈愍有情於彼大地一切衆生養育如子其王出城遊行佛寺至精舍門須臾顧視有守門者而白聖衆梵壽大王今在門外將欲入寺即時聖衆速令知事僧排列花鬘知事僧聞已開其殿門求覓花鬘而無所有於佛頂上見有花鬘即取持行與尚座等并諸聖衆迎接國王所持花鬘即以奉上王即受之而戴頭上經須臾間忽然頭痛王自思惟云何如是我今應是夏熱出行致斯患苦王乃即時禮辭聖衆迴歸宮闈告近臣曰我患頭痛今擬沐浴汝宜速疾供辦香水王即解其一切莊嚴衣服即便洗浴有一宮人善解供承洗王身體沐浴久時頭痛不愈王乃出勅宣詔醫人醫人即至王遂告言我因夏熱出城遊行於道路中而患頭痛即便沐浴其疾不愈卿意云何醫人對曰王之所患傷於內熱即用牛頭栴檀塗其身上王即依奏塗其栴檀亦不得差於日夜分得大苦惱應諸醫人俱至王所互相視之而發言曰此疾所因不可測度深懷憂惱王既如是我等作何方便得免王疾言論之次王有一妹名酥鉢哩(二合)野發菩提心信重悲愍見王患苦心生怖懼以手摩頂而白王曰云何怖懼如怯弱之人王即告言酥鉢哩野我今不知云何而得不苦不怖妹復白言王若如是請詣佛所佛具大悲必為救濟王即告言汝所作意善哉善哉我為忘失今即須往尋勅重臣令速排列車輦騎乘時御車者駕五百乘車王與眷屬并諸臣寮出於城外往瞻波無憂樹下而詣佛所於其中路有一女人負薪為活手把柴擔生產路傍王妹見已不忍視之以手掩面迷悶倒地王見如是即問其妹云何苦惱汝為我說其王皇后名酥囉遜捺吒以意思惟而告王言彼酥鉢哩野迷悶倒地為見路傍擔柴女人生產其子苦惱甚深彼妹心慈不忍見之遂乃如是王既聞已即告皇后罪業宿報不可逃免王令宮人給賜財物濟彼貧乏速令歸家其妹迷悶以拂扇涼還得穌惺而復發言南無沒馱野大王貪女大苦我不忍見之相次前行遥見園林漸近精舍王乃下車執酥鉢哩野手入於園林見佛世尊如妙金山放大光明踰百千日其王見已即放妹手偏袒右肩脫其頭冠往詣佛前合掌恭敬旋繞世尊頂禮佛足投地良久時彼世尊舒金色臂摩於頭頂告彼王言汝起汝起王聞佛勅應聲即起經刹那間頭痛即愈身心適悅王甚歡喜時酥鉢哩野與諸眷屬同坐一處王見於妹面色憂愁而即問言云何愁惱令彼問佛妹既

聞已即從坐起偏袒右肩右膝著地合掌恭敬瞻仰尊顏白佛言世尊大王昨夜甚患頭痛王諸眷屬及大臣等皆懷憂惱因是事已俱來佛所於中路傍見一擔柴女人身著故衣頭鬉蓬亂聲嗄啼泣產生於子我爲見此得大驚怖深猒女身世尊我等云何得免女身又此大王所患頭痛名醫救療而不能痊今蒙世尊手摩頭頂經剎那間即得安樂有何因緣願佛慈悲而爲解說

尒時世尊聞是語已於其面門放大光明具種種色照於無邊無量世界而此光明復入於口尒時尊者阿難見佛光明普照世界以佛威德心腹懷疑即從坐起合掌恭敬頂禮佛足而白佛言世尊今日有何因緣放大光明普照佛剎唯願世尊略爲宣說佛告阿難於過去世此城之中有大國王名曰持光彼王皇后名曰無憂王所愛重第二夫人名阿努播摩其國界畔有一小國統領兵衆來侵大國時持光王即統四兵象馬車乘并諸大臣作於伎樂隨從出城奔往討伐王在中路軍兵暫止時后阿努播摩覺自懷妊將欲生產說與宮人令彼內官具以所事奏持光王時彼內官奏斯事已王即有勑令彼夫人却歸宮內夫人歸已難爲生產即遣大臣投哩迦共以斯事速奏王知王既聞已即乘車騎反歸宮闕至夫人處問訊安慰王見夫人生產苦惱對三寶前焚香灑水禱祝發願其灑餘之水賜夫人喫是時無憂皇后心懷嫉妬執於王手而告王曰阿努播摩夫人情性狂顛無其慚耻裸形垂髮神鬼無異王聞如是慚而不顧經須臾間阿努播摩生其太子身真金色相好端嚴福德圓備即以太子奉上大王王既見之心大歡喜復經少時宮人相聚有其一人說無憂皇后妬嫉之言時阿努播摩夫人忽聞其言即問宮人速令具說時彼宮人不敢隱藏具述前事阿努播摩夫人聞是說已心如割切而發言曰我何顛狂我何無慚唱苦搥胷迷悶倒地時彼宮人以水灑面執拂扇涼久時不惺因此命謝時諸宮人高聲啼哭王忽聞聲驚怪異常勑令內官往問所由內官奉命問守宮門人時守宮門者復問宮人緣何哭泣王速要知時彼宮人悲淒哽咽而即告言今爲阿努播摩夫人忽尒命終是以哭泣宜速奏王是時大臣聞是事已心懷憂惱面戴愁容奔往王前王遥見之知有災惱即問使曰莫是太子病耶夫人病耶使曰今爲阿努播摩夫人忽然命盡其王聞已深懷痛惱如樹斷根迷悶倒地時諸大臣等以水灑面良久乃穌群臣奏曰請王安心莫生憂惱宮嬪美女其數百千保益大王恒增歡樂王聞是安慰即得平復佛告阿難昔日無憂皇后生嫉妬心者今於路傍爲擔柴貧女生產者是昔日阿努播摩夫人性行慈愍今蘇鉢哩野是阿難於意云何若人多行貪心嫉妬而於後世得不可愛大惡果報

佛告阿難若梵壽王患於頭痛者爲王入於園林尚座令知事僧取其花鬘迎接於王時知事僧名曰淨軍後生年少身心散亂性行麤猛入彼殿

中無別花騐即於佛頂之上輙取花鬘用獻國王王既受已即戴頭上經刹那間而患頭痛致使群目眷屬悉皆愁惱王聞佛言因果無謬而即印言如是如是

尒時有一菩薩名曰大意在大衆中即從座起偏袒右肩合掌向佛白佛言世尊若有衆生於常住錢物將爲自用得何果報佛言此人命終墮阿毗地獄大意菩薩復白佛言此人云何救濟云何安慰以何爲主尒時世尊舒其右手告觀自在菩薩汝說汝說汝有大悲心眞言儀軌能救度一切衆生若此衆生入阿毗地獄者令此眞言善能救濟安慰及爲主宰觀自在菩薩聞是語已即從座起合掌白言世尊諦聽我有大悲心陁羅尼能與一切衆生作廣大利益世尊讃言善哉善哉我今諦聽以大金剛之印而以印之

尒時觀自在菩薩摩訶薩復白世尊我此大明陁羅尼決定消除一切罪業一切惡趣一切苦惱復令衆生安

住菩提之道令此眞言微妙最勝如大寶樹能圓滿一切願世尊復言觀自在菩薩汝但當說不思議廣大蓮華莊嚴曼拏羅陁羅尼心令此無能勝大力眞言圓滿有情一切之願尒時觀自在菩薩覲佛世尊第二第三作如是請頭面禮足住立佛前說此大悲心陁羅尼

曩謨(引)囉(引)怛曩(二合)怛囉(二合)夜(引)野曩麼阿哩也(二合)嚩路(引)吉帝(引)溼嚩(二合)囉(引)野冒地薩怛嚩(二合引)野摩賀(引)薩怛嚩(二合引)野摩賀(引)迦(引)嚕尼迦(引)野怛你也(二合)他鉢納弥(二合引)鉢納弥(二合引)鉢納摩(二合)鉢囉(二合)底瑟耻(二合)帝鉢納謨(二合引)那囉摩賀(引)曼拏羅弥喻唧娑囉娑囉迦囉迦囉枳哩枳哩俱嚕俱嚕摩賀(引)娑野三摩底社曩社曩尾杜曩尾杜曩唧哩孕(二合)摩賀(引)尾你曳(二合)輸馱野輸馱野薩哩嚩(二合)惹敢(二合)摩波覽波囉(引)尼弥(引)沒馱也(二合)沒馱也(二合)摩賀(引)惹拏(二合)曩鉢囉(二合)祢閉娑嚩(二合引)賀(引)

尒時觀自在菩薩說此大悲大明陁

羅尼已一切大地六種震動一切天宮龍宮及一切藥叉健達嚩阿修羅迦樓羅緊那羅摩睺羅伽等所居宮殿皆大震動一切魔王得大驚怖心懷憂惱一切惡龍及諸鬼魅迷悶倒地隱沒不現一切地獄有情承眞言光破罪苦暗即得解脫往生天上以天曼鉢羅花俱勿那花白蓮華曼陁羅花摩訶曼陁羅花於其佛前持用供養尒時世尊發廣大微妙梵音如迦陵頻伽聲讃觀自在菩薩所說陁羅尼甚深不可思議汝爲一切衆生復說畫像念誦廣大利益曼拏羅儀軌時觀自在菩薩即奉教勑而說儀軌須得清淨童女合於茸綫復令持戒結淨之人織成疋帛長其四肘三肘二肘或至一肘用香水浸上軸令展令結淨持戒之人畫於幀像於幀中間先畫觀自在菩薩坐蓮花座天衣絡腋頭上戴冠冠上有無量光佛以諸莊嚴而嚴飾之左手持蓮華右手作施願印於觀自在左邊畫吉祥菩薩手執白拂右邊畫蓮華吉祥菩

薩手執蓮華此二菩薩各坐蓮華座於幢上面相對畫二天人手持花鬘於幢下面畫其地天手執蓮華蓋畫難陁跋難陁二大龍王手捧觀自在蓮華座於彼座下右邊畫持誦者右膝著地手持蓮花於幢四邊空處徧畫蓮華具種種顏色復於幢下面畫大海水及水族之類憂鉢羅花俱勿那花白蓮華一一開敷復用足帛畫百葉蓮華作於四色安置幢前於彼蓮華上獻五供養復用米粉或白麵或香泥亦得作一輪如大拇指量又逐日獻蓮華八百以白檀水搵過復用白檀水作曼拏羅用蓮華印誦前蓮華真言獻華至一洛义時用白月八日或十五日結淨齋戒作金蓮華或銀蓮華八百作八種廣大莊嚴或為蓮華蓋蓮華幡等而為供養復於幢內小畫聖衆用五種飲食作大供養以一合殊妙蓮華獻於聖衆然後作安像慶讚儀則所有苾芻苾芻尼優婆塞優婆夷具信心者以齋食供養如是修崇所有自前破用他佛像

前塔廟內常住財物一切過罪悉皆除滅業障清淨亦不墮惡趣後生佛剎臨命終時坐見聖觀自在菩薩於廣大蓮華莊嚴曼拏羅樓閣中作安慰之言勿怖勿怖當生勝處不受安身是時觀自在菩薩說是語已於大衆中有一菩薩名師子意即從坐起合掌向佛白世尊言若梵壽王不知是佛頂上花鬘而忽戴之經剎那間尚感頭痛得大苦惱等若復有人知是佛像塔廟常住之物將自使用之時得何果報佛言師子意菩薩善哉善哉能問斯事若梵壽王心意清淨信重三寶悞戴花鬘而獲現報得其頭痛者譬如潔淨白衣下一墨點衆人見之其墨甚少若未來世衆生破用常住三寶之物譬如青衣擲於墨器之中所獲重罪於諸餘法無能救濟

復次師子意菩薩若有信心施主捨其財利造於寺舍塔廟或功德佛像或供養三寶若是國王大臣於彼僧處侵奪財物為已使用令彼苾芻受

其貪苦減於威勢迯精進力斷絕持誦有如是失彼諸王臣得大罪苦如前無異若有苾芻雖有信解辯才智慧而樂親近國王重臣廣求財利我慢貢高破犯戒律我今於此復以譬喻而明斯事師子意菩薩譬如有人飢御飲食食有毒藥其藥或一兩一分乃至如芥子許彼人食已決定命終出家之人亦復如是恃王威勢誑求財利所得供養非正命食此人決定當獲惡報尒時師子意菩薩白世尊言若有出家之人身披法衣妄求財利我慢貢高若王臣等敬重供養應無福利佛言師子意菩薩莫作是說譬如有人迷悶倒地依人扶策即得身起亦如大象陷彼泥中而人不能起彼象身須得別象扶翼而出又如有人受灌頂王或於後時失彼王位凡常之人無能護衛唯有力大臣威勢强勇能復王位師子意菩薩我教法中亦復如是若有依法者不依法者俱是佛子皆成利益若生輕毀何處得福尒時一切大衆聞是語已異

口同音高聲唱言世尊我等今者蒙
佛度脱大得忻慶令一切衆生得意
願圓滿
佛言若有人於此陁羅尼正法若自
書若使人書受持讀誦恭敬供養所
獲福德殊勝最上若復有人如是見
彼觀自在菩薩摩訶薩所傳第二法
輪大力陁羅尼正法之名是人以爲
建法幢吹法螺深種善根尒時梵壽
王及一切大衆發淨信心即從座起
合掌向佛而發誓言願我等今後永
不侵受佛寺塔廟聖衆常住之物及
一花一菓復於四大城門造四大寺
皆以七寶莊嚴願佛證知佛言如是
如是宜作勝利遠離嫉妬得正寂滅
時梵壽王作是願已遶佛三帀與其
眷屬還歸本處復爲百千衆生說此
正法廣行布施作大佛寺時王姝酥
鉢哩野優婆夷於王後宮爲諸婇女
五十萬人廣說妙法發誠實願作是
願已是諸宮女皆轉女身而成男子
彼一切人見是事已皆大驚怪於陁
羅尼法信受依行高聲唱言唯佛唯

廣大蓮華莊嚴曼拏羅滅一切罪陁羅尼經　第十三張　仕

法唯僧最上福田是真歸依若有供
養受持此陁羅尼者是人種佛善根
得福最上佛說此經已諸菩薩摩訶
薩及天人阿修羅乾闥婆人非人等
皆大歡喜信受而去

廣大蓮華莊嚴曼拏羅滅一切罪陁羅尼經

廣大蓮華莊嚴曼拏羅滅一切罪陁羅尼經　第十四張　竹

乙巳歲高麗國大藏都監奉
勑雕造

廣大蓮華莊嚴曼拏羅滅一切罪陀羅尼經

校勘記

一　底本，麗藏本。

一　一四五頁上一行經名，石作「廣大蓮華莊嚴曼拏羅滅一切罪陀羅尼經一卷」。

一　一四五頁上二行譯者，徑、清作「宋西天三藏朝散大夫試鴻臚少卿傳教大師施護奉詔譯」。

一　一四五頁上三行「一時」，石作「一切」。

一　一四五頁下一六行第八字「喻」，南作「踰」。

一　一四五頁下一九行第一三字「臂」，資、磧、普、南、徑、清作「寶臂」。

一　一四五頁下末行末字「旣」，資、磧、普、南、徑、清作「即」。

一　一四六頁上三行「昨夜」，徑、清作「日夜」。

一　一四六頁上一三行第三字「具」，

磧作「且」。

一四六頁下六行第六字「是」，磧作「見」。

一四七頁下一六行「結淨」，徑、清作「潔淨」。下同。

一四八頁中一行「過罪」，徑、清作「過非」。

一四八頁中一五行「譬如」，徑作「譬於」。

一四八頁中二二行「大臣」，普作「人臣」。

一四八頁下一行「減於」，磧作「滅於」；普、南、徑、清作「欲於」。

一四八頁下七行第二字「御」，石作「遇」。

一四八頁下一一行第二字「當」，資、磧、普、南、徑、清作「常」。

一四九頁中一行「歸仗」，徑、清作「歸依」。

佛說如意摩尼陁羅尼經　將

西天譯經三藏朝散大夫試鴻臚少卿傳法大師臣施護奉　詔譯

如是我聞一時佛在舍衛國迦利哩
城尒時世尊告尊者阿難今有陁羅
尼能除一切暴惡雷電汝當受持此
隨求如意寶經過去如来應正等覺
親所宣說我今亦說於其世間行大
悲愍利益安樂天上人間一切有情
阿難白言唯然世尊願樂欲聞我今
受持佛告阿難汝等當知東方有雷
電名曰阿伽南方有雷電名曰設帝
嚕西方有雷電名曰哆鉢囉二合娑比
方有雷電名曰掃那摩你阿難若有
善男子善女人知此雷電名号及住
處方位一切雷電不怖彼人若所在
之處書寫此雷電名號受持供養一
切雷電而不能傷尒時世尊說此擁
護眞言章句

怛你也二合一他引你弥你弥你弥孕吞
馱哩引怛哩二合路引迦引路吉你輸羅
播引尼你囉乞叉二合鈴切身薩哩嚩二合
尾你用二合娑曳引毗藥二合娑嚩二合
賀引

尒時聖觀自在菩薩摩訶薩在大衆
中即從座起合掌向佛白佛言世尊
我於此正法亦說擁護眞言章句

怛你也二合他引尾曩引舍鉢囉二合怛
也二合體迦鉢囉二合怛也二合弥怛哩二合
輸弟曰說帝二合尾摩隸引鉢囉二合
娑引娑迦二合哩引按拏哩引半拏哩
引濕尾二合引帝引半拏囉嚩引悉你
麼引帝引迦囉引羅迦閉羅賓誐
羅引乞史合一那地目乞史二合囉乞
史二合囉乞史二合鈴切身引薩哩嚩引二合
迦引羅沒哩二合底喻二合娑曳引毗藥
二合麼引弥引鉢舍滿二合覩薩哩嚩引二合
迦引羅沒哩二合怛也二合嚩入阿哩也引二合
嚩路引吉帝引濕嚩二合囉帝引惹娑
引娑嚩引二合賀

尒時秘密主金剛手菩薩往詣佛前
合掌頂禮白佛言世尊我今於此正
法之中亦說陁羅尼眞言章句

怛你也二合他引毋你毋你毋你摩帝毋
你摩帝穌摩帝摩賀引摩帝賀引
賀引賀引賀引摩帶引哩曩引二合悉

底二合帝引播引半嚩曰囉二合播引尼囉
憾涅哩二合荼娑嚩二合引賀引

世尊我此陁羅尼名無能勝擁護有
情若人書寫憶念所有一切恐怖及
其中夭悉令解脫

尒時大梵天王索訶世界主白佛言
世尊我爲利益一切衆生於此正法
亦說陁羅尼眞言章句

怛你也二合他引呬隸弥隸唧隸娑嚩二合引
賀引沒囉二合憾摩二合布哩引摩賀引
沒囉二合憾摩二合引尼引沒囉二合憾摩二合
誐哩鼻二合引補瑟波二合設娑哆二合哩
娑嚩二合引賀

世尊我此陁羅尼名梵天杖擁護一
切有情遠離中夭不生恐怖亦能除
滅一切罪業尒時帝釋天主詣佛前
立合掌頂禮白佛言世尊我今於此
正法亦說陁羅尼眞言章句

怛你也二合他引沒馱麼引旦臙引麼引
你你憍引哩㘑引馱引哩贊拏隸摩引
鄧詣布訖嚩二合悉娑引羅沒囉二合帝
引呬曩末馱用二合哆羅尼滿覩引隸
你計引作迦囉二合嚩引枳舍嚩哩舍引

嚩哩娑嚩(二合引)賀(引)

世尊我此陁羅尼名金剛座解脱一切怖畏遠離一切中夭

尒時持國天王增長天王廣目天王多聞天王俱詣佛前合掌頂禮白佛言世尊我等於此正法亦説陁羅尼眞言章句

怛你也(二合)他補瑟閉(二合引)穌補瑟閉(二合引)度波波哩賀(引)哩(引)阿(引)哩也(二合)鉢囉(二合)設悉帝(二合引)扇(引)帝(引)你哩目(二合)訖帝(二合引)蔓識隷曳(二合)呬囉拏也(二合)識哩鼻(二合引)娑覩(二合)帝(引)娑吺(二合)尾帝(引)娑嚩(二合引)賀

世尊我等四大天王所説陁羅尼名爲無怖於其恐怖能施無畏遠離中夭增延壽命

尒時復有大海龍王所謂大意龍王電光龍王無熱惱龍王電舌龍王百光龍王俱詣佛所合掌頂禮白佛言世尊我有陁羅尼名如意寶擁護有情若人書寫讀誦能除一切雷電怖畏一切中夭一切諸毒一切惡病及不吉祥鬼神亦不得便世尊若持此

佛説如意摩尼陁羅尼經　第四張　持

眞言我等龍類悉皆悲愍不生嫉妬於意云何龍趣之類行嫉妬心若聞此法而無嫉妬陁羅尼曰

怛你也(二合)他(引)阿惹哩(引)摩摩哩(引)阿蜜哩(二合)帝(引)阿訖乂(二合)曳(引)阿尾也(二合)曳(引)奔尼也(二合)鉢哩也(二合)曳(引)薩哩嚩(二合)播(引)波鉢囉(二合)舍摩你娑嚩(二合引)賀(引)阿哩也(二合)奔拏燥(引)播(引)枳曳(引)娑嚩(二合引)賀印捺囉(二合引)舍你曳(引)娑嚩(二合引)賀(引)弥(引)伽(引)舍你曳(引)娑嚩(二合引)賀(引)

尒時世尊聞彼大梵天王天帝釋護世四天王及大龍王等説此陁羅尼讃言善哉善哉能令多人得大安樂汝等護持流行正法佛説此經已一切大衆天龍阿修羅乾闥婆等皆大歡喜信受奉行

佛説如意摩尼陁羅尼經

乙巳歲高麗國大藏都監奉

勅彫造

佛説如意摩尼陁羅尼經　第五張　持

佛説如意摩尼陀羅尼經

校勘記

一　底本，麗藏本。

一　一五一頁上一行經名，石作「佛説如意摩尼陁羅尼經一卷」。卷末經名同。

一　一五一頁上二行譯者，磧、普作「三藏法師施護奉詔譯」；南作「宋三藏法師施護奉詔譯」；徑、清作「宋西天三藏朝散大夫試鴻臚少卿傳法大師施護奉詔譯」。

一　一五一頁中一八行「祕密主」，磧、普、南作「祕密王」。

一　一五一頁下一八行「章句」，磧、普、南作「章句曰」。

一　一五二頁上一八行「電光龍王」，磧、南、徑作「雷光龍王」。

大宋新譯三藏聖教序　相

御製

大矣哉我佛之教也化導群迷闡揚宗性廣博宏辯英彦莫能究其旨精微妙説庸愚豈可度其源義理幽玄眞空莫測包括萬象譬喻無垠綜法網之紀綱演無際之正教拔四生於苦海譯三藏之祕言天地變化乎陰陽日月盈虧乎寒暑大則説諸善惡細則比於恒沙含識萬端弗可盡述若窺像法如影隨形離六情以長存歷千劫而可久須彌納藏於芥子如來坦蕩於無邊達磨西來法傳東土宣揚妙理順從指歸彼岸菩提愛河生滅用行於五濁惡趣拯溺於三業途中經垂世以難窮道無私而永泰雪山貝葉若銀臺之耀目歲月煙蘿起香界之自遠巍巍罕測杳杳難名所以道資十聖德被三賢至道起於乾元衆妙生乎太易惣繁形類竅鑿昏明絶彼是非開茲蒙昧有西域法師天息災等常持四忍早悟三乘翻貝葉之真詮續人天之聖教芳猷重啓運偶昌時潤五聲於文章暢四始於風律堂堂容正穆穆輝華曠劫而昏蟄重明玄門昭顯軌範而弥光妙法淨界騰音利益有情俱登覺岸無成障礙救諸疲羸冥昧慈悲浩汗物表柔伏貪佷啓滌昏愚演小乘聲聞合其儀論大乘正覺立其性含靈悟而蒙福藏教缺而重興幻化迷途火宅深喻雖設其教不知者多善念生而無量潛臻惡業興而隨緣皆墮調御四衆積行十方澍花雨於金輪護恒沙於玉開有頂之風不可壞無際之水弗能漂澄寂湛然圓明清淨之智慧性空無染妄想解脱之因緣可以離煩惱於心田可以得清涼於宇宙朕慙非博學釋典微開豈堪序文以示来者如糜螢爝火不足比之於皎日將微蠡量海未能窮盡於深淵者哉

大金剛妙高山樓閣陀羅尼

西天譯經三藏朝散大夫試鴻臚少卿傳法大師臣施護奉詔譯

曩謨(引)囉怛曩(二合)怛囉(二合)夜(引)野曩麽

薩哩嚩(二合)没馱冐地薩怛吠(二合引)毗藥(二合)阿他(引)堵(引)嚩囉(二合)骨嚕(二合)馱尾也(二合)契也(二合)寫弭曩謨(引)没馱(引)野曩謨(引)達麽野曩麽僧伽(引)野曩麽薩鉢哆(二合)毗藥(二合)三藐三没弟(引)毗藥(二合)娑室囉(二合引)嚩迦冐(引)地薩怛嚩(二合)僧契(引)毗藥(二合)曩莫室戰(二合)拏嚩囉(二合)播(引)拏曳(引)摩賀(引)藥乞叉(二合)細(引)曩(引)地鉢哆曳(引)曩謨(引)嚩日覽(二合)俱舍尾你也(二合)囉(引)惹(引)野曩謨(引)嚩囉(二合)商迦羅(引)野曩謨(引)嚩囉(二合)娑曩(引)野曩謨(引)嚩囉(二合)吠(引)誐(引)野曩謨(引)嚩囉(二合)難拏(引)野曩謨(引)嚩囉(二合)囉訖旦(二合)誐野曩謨(引)摩賀(引)末羅野曩謨(引)嚩囉(二合)尾捺囉(二合引)播拏(引)野曩謨(引)捺囉(二合)尾拏野曩謨(引)嚩囉(二合)枳隸枳羅(引)野曩謨(引)嚩囉(二合)麽羅(引)野曩謨(引)嚩囉(二合)迦(引)羅(引)野曩謨(引)嚩囉(二合)護哆(引)娑曩野曩謨(引)嚩囉(二合)室凌(二合)佉羅野曩謨(引)酥悉弟迦囉(引)野尾你也(二合)囉(引)惹(引)野曩謨(引)阿波囉(引)尒哆野曩麽室戰(二合)拏沙瑟致(二合)毗俞(二合引)嚩囉(二合)

捺囉二合底毗藥二合曩謨引嚩曩二合骨嚕
二合弟引毗藥二合帝引衫引薩哩吠二合引衫
引曩麼娑訖哩三合怛嚩二合引布曩布曩
骨嚕二合馱阿嚩引賀曳瑟也二合引弥薩
怛曳二合怛三摩曳引曩左怛你也二合他
引酥嚕酥嚕酥嚕酥嚕揄嚕揄嚕
揄嚕賀曩賀曩賀曩那賀那賀那
賀鉢左鉢左鉢左柒婆柒婆柒婆惹野
嚩底嚩曩二合播引尼摩賀引末羅度
左囉骨嚕二合引馱曩曩戰拏尾捺囉二合引
波迦怛囉二合引娑迦囉乞义二合迦扇引底
迦保瑟致二合迦柒婆曩曩薩擔二合娑曩
謨引賀曩素引沙拏佉引軀哩那二合
枳囉拏薩擔二合娑迦賀引賀引娑誐
鑁引嚩曩二合播引尼度嚕度嚕祖嚕
祖嚕迦羅迦羅野他引迦朗娑誐鑁
嚩曩二合骨嚕二合引馱摩賀引末羅呬引
呬引摩嚕摩賀引部引部引嚕嚕嚕
引捺囉二合嚕捺囉二合唧隸唧隸吽吽
發吒發吒喻獻哆儗你二合惹誐怛鑁二合
引怛摩二合謨引賀曩迦囉引野吽吽發
吒尾你也二合囉引惹摩賀引吒吒賀
引娑引野吽吽發吒能瑟吒囉引三合迦

囉引拏野吽吽發吒摩賀引帝引惹
野吽吽發吒訖哩二合瑟拏二合唧怛羅二合
賓誐羅引野吽吽發吒入嚩二合隸哆
尾娑普二合凌誐摩羅引吒賀引娑引
野吽吽發吒摩賀引倍囉嚩捫左捫左
吒吒賀引娑引野吽吽發吒怛哩一合路
引枳也二合婆焰迦囉引野吽吽發吒薩
哩嚩二合部多尾馱摩曩迦囉引野吽
吽發吒呬引呬引度嚕度嚕尾引尾引
度度弭弭馱引嚩馱引嚩覩嚕覩嚕娑
摩娑摩劍波劍波枳隸枳隸吽吽發吒
薩普二合致哆迦摩羅沙吒怛凌三合設嚩
捺曩引野吽吽發吒摩賀引弥賀嚩
二合哆努尾涅嚩二合囉引野吽吽發吒頻
那頻那吽吽發吒滿馱滿馱吽吽發
吒嚩曩二合俱羅三摩野摩努娑摩
二合囉吽吽發吒訥哩難引二合哆喃引捺
摩迦引野吽吽發吒左羅左羅吽吽
發吒護嚕護嚕吽吽發吒薩哩嚩二合
尾近曩二合尾曩引野迦引南引尾曩
引娑摩吽吽發吒仡哩二合恨拏二合仡哩二合
恨拏二合吽吽發吒吒吽吽發吒尾摩
那摩賀引薩怛嚩二合嚩曩二合播尼囉

憾涅哩二合荼野他引設訖堵二合引悉婆誐
鑁引怛他引怛鑁二合鉢囉二合底必哩二合搓
護引曳引摩摩播也二合呬哆迦引摩薩
哩嚩二合薩怛嚩二合怛體嚩左伊難嚩
曩囉二合酥嚩日哩二合引拏謨引左曩二合旦引
娑頗二合引囉曳瑟也二合引弭帝引曳引摩
摩薩哩嚩二合薩怛吠二合引毗藥二合阿呬哆
迦謨引怛寫帝引吽吽發吒伊難左嚩
日覽二合酥嚩日哩二合嚩曩二合野娑嚩二合引
賀引摩賀引嚩曩二合野娑嚩二合引賀引
嚩曩二合骨嚕二合引馱野娑嚩二合引賀引
嚩曩二合散馱引囉野娑嚩二合引賀引嚩
曩囉二合弥佉羅引野娑嚩二合引賀引嚩曩
二合商迦羅引野娑嚩二合引賀引唧怛囉二合
賓誐羅引野娑嚩二合引賀引訖哩二合瑟拏
二合健拏引野娑嚩二合引賀引唧怛囉二合
迦引羅引野娑嚩二合引賀引呬呬娑嚩二合
賀引嚕哆嚕哆娑嚩二合引賀引野他引
嚩引祢怛他引迦引哩娑嚩二合引賀引訖哩
二合瑟拏二合唧怛囉二合賓誐羅引野娑嚩
引二合賀引阿儗你二合入嚩二合羅引娑涅哩二合
舍祢鉢哆二合帝引惹引野娑嚩二合引賀引
祢揄二合底摩賀引薩怛嚩二合引野娑嚩

二合引賀引鉢囉二合底佗哩一合恨拏二合三摩
野引野𡁠嚩二合引賀引布惹引縛羅二合
俱羅引野娑嚩二合引賀引薩哩嚩二合哆喩
引鉢捺囉二合吠引毗藥二合娑嚩二合引賀引
阿囉他二合迦引摩哆引薩哩吠二合引摩努
引囉他波哩布囉迦引娑嚩引呬唧
隸唧隸唧隸弥隸弥隸弥隸吽吽發
吒引娑嚩二合引賀引阿誐迦娑引哆羅難
底你吽吽發吒左覩哩摩二合賀引囉引
惹引迦曳迦引喃引娑補怛囉二合捺引囉
迦引嚩輸滿引馱末喃引祢引嚩引喃引
娑嚩喃鉢波引波野吽吽發吒尾捺囉
二合引波野吽吽發吒怛哩二合野悉怛凌三合
娑引喃引祢引嚩引喃引娑嚩喃鉢
波引波野吽吽發吒設骨嚕二合引祢引
嚩引喃引娑嚩喃鉢波引波野吽吽
發吒弥孕二合捺囉二合三娑嚩喃娑補
怛囉二合捺引囉迦引嚩輸沒哩二合馱
嚩引喃引祢引嚩引喃引娑嚩喃鉢
波引波野吽吽發吒沒囉二合引憾摩
二合拏引喃引祢引嚩引喃引娑嚩喃
鉢波引波野吽吽發吒祢引摩引喃
引祢引嚩引喃引娑嚩喃鉢波引波野

大金剛妙高山樓閣陀羅尼　第七張

吽吽發吒覩史多引喃引祢引嚩引
喃引娑嚩喃鉢波引波野吽吽發吒
你哩摩二合引拏囉底喃引祢引嚩引喃
引娑嚩喃鉢波引波野吽吽發吒波
哩你哩弥二合哆嚩娑挩底喃引祢引
嚩引喃引娑補怛囉二合捺引囉迦引
嚩輸滿馱嚩引喃引娑嚩喃鉢波
引波野吽吽發吒沒囉二合憾摩二合迦引
曳喃引祢引嚩引喃引娑嚩喃鉢波
引波野吽吽發吒沒囉二合憾摩二合布
嚕呬引哆引喃引祢引嚩引喃引娑
嚩喃鉢波引波野吽吽發吒阿鉢囉
二合摩引拏引娑引祢引嚩引喃引娑
嚩喃鉢波引波野吽吽發吒阿娑引
室左二合囉引赦引祢引嚩引喃引娑嚩
喃鉢波引波野吽吽發吒鉢底哆輸
娑引喃引祢引嚩引喃引娑嚩喃鉢
波引波野吽吽發吒阿鉢囉二合摩引
拏酥娑引喃引祢引嚩引喃引娑嚩
喃鉢波引波野吽吽發吒輸婆訖哩
二合捺哆二合喃引祢引嚩引喃引娑嚩喃
鉢波引波野吽吽發吒阿曩娑囉二合
迦引喃引祢引嚩引喃引娑嚩喃鉢

大金剛妙高山樓閣陀羅尼　第八張

波引波野吽吽發吒奔尼也二合鉢囉
二合室囉二合嚩引喃引祢引嚩引喃引娑
嚩喃鉢波引波野吽吽發吒勿哩二合賀
頗羅引喃引祢引嚩引喃引娑嚩喃
鉢波引波野吽吽發吒阿勿哩二合賀引
赦引祢引嚩引喃引娑嚩喃鉢波引
波野吽吽發吒阿怛播引喃引祢引
嚩引喃引娑嚩喃鉢波引波野吽吽
發吒酥涅哩舍二合曩引喃引祢引嚩引
喃引娑嚩喃鉢波引波野吽吽發吒
娑引哆羅酥涅哩舍二合曩祢引嚩引
喃引娑嚩喃鉢波引波野吽吽發吒
阿迦你瑟吒二合引喃引祢引嚩引喃引
娑嚩喃鉢波引波野吽吽發吒阿迦
引舍喃怛也二合野哆曩引喃引祢引嚩
引喃引娑嚩喃鉢波引波野吽吽發
吒尾惹拏二合曩引曩怛也二合引野哆曩
引喃引祢引嚩引喃引娑嚩喃鉢波引
波野吽吽發吒阿緊左怛也一合野哆
曩引喃引祢引嚩引喃引娑嚩喃鉢
波引波野吽吽發吒乃引嚩僧惹拏
二合曩引僧惹拏二合野哆曩引喃引祢
引嚩引喃引娑嚩喃鉢波引波野吽

大金剛妙高山樓閣陀羅尼　第九張

吽嚩吒麼引囉寫播引閉喃引娑
補怛囉二合波哩嚩引哩引拏祢引嚩
引喃引娑嚩喃劒波引波野吽吽嚩
吒阿曩嚩怛鉢哆二合寫曩引誐囉引
惹引寫祢引嚩引喃引娑嚩喃劒波
引波野吽吽嚩吒摩賀引三母捺囉
二合你嚩引細你喃引左覩哩娑二合儗你
喃引祢引嚩引喃引娑嚩喃劒波波
野吽吽嚩吒阿地目訖哆二合迦引舍摩
二合舍引曩嚩引細曩寫摩賀引迦引
囉寫祢引嚩引喃引娑嚩喃劒波引
波野吽吽嚩吒俱胝嚩哩沙二合你嚩引
細你喃引麼引怛哩二合誐拏寫祢引嚩
引喃引娑嚩喃劒波引波野吽吽嚩
吒娑引呬迦酥怛寫摩賀引賽你也二合
鉢底喃引祢引嚩引喃引娑嚩喃劒
波引波野吽吽嚩吒阿瑟吒二合尾孕二合
設底喃引摩賀引藥乞叉二合細引曩
引鉢底喃引祢引嚩引喃引娑嚩喃劒
波引波野吽吽嚩吒阿細底曩引喃引
誐娑賀娑囉二合赧引祢引嚩引喃引
娑嚩喃劒波引波野吽吽嚩吒尾
瑟尼所切此切聲字與上聲字二合用摩呬引濕嚩二合囉寫

野補怛囉二合波哩嚩引囉寫祢引嚩引
喃引娑嚩喃劒波引波野吽吽嚩吒
王呬也二合迦引喃引祢引嚩引喃引娑嚩
喃劒波引波野吽吽嚩吒部引部引
王呬也二合迦緊底瑟吒二合細引捫左引吒
賀引三尸伽嚕二合捫左捺哩舍二合焰野
他引末麥吽吽嚩吒部引部引骨嚕二合引
馱薩哩嚩二合沒馱引努惹拏二合哆阿
進怛也二合末羅波囉引訖囉二合摩阿
迦哩沙二合野阿迦哩沙二合野尸伽嚕二合
尸伽嚕二合薩哩嚩二合祢引嚩曩引誐延
乞叉二合囉引乞叉二合娑嚩馱哩嚩二合引酥
囉誐嚕拏緊曩囉摩護引囉誐
供畔引拏毗舍左阿波娑摩二合嚕引
怛摩引二合捺布怛曩羯吒布怛曩引
祢孕二合曩引誐野曩引誐野囉乞叉二合
囉乞叉二合摩摩吽吽嚩吒薩哩嚩二合
設覩嚕二合赧引訖囉二合摩尾訖囉二合
摩屋特鈸二合舍野吽吽嚩吒嚩吒阿謨
劒曩引舍野吽吽嚩吒吽尾旦曩引舍
野吽吽嚩吒阿謨劒屋捺囉二合引波野
吽吽嚩吒囉乞叉二合囉乞叉二合摩摩寫
薩哩吠二合毗諭二合引鉢捺囉二合冒引波娑

哩詣二合引毗藥二合吽吽嚩吒祢引嚩仡囉
二合賀曩引誐仡囉二合賀藥乞叉二合仡囉
二合賀囉引乞叉二合娑仡囉二合賀必哩二合引哆
仡囉二合賀毗舍左仡囉二合賀薩哩嚩二合
仡囉二合呬引毗藥二合吽吽嚩吒入嚩二合囉
引嚧迦引呬迦引祢尾二合底野迦引怛哩
三合引底野迦引左覩哩他二合迦薩哩嚩二合
入嚩二合囉引尾沙摩入嚩二合囉引吽吽
嚩吒末馱滿馱曩曩哆引拏曩曩哆哩惹
二合曩鉢囉二合賀囉拏薩哩吠二合毗諭二合引
鉢捺囉二合吠毗藥二合薩哩嚩二合嚕引誐
摩引囉努哩鼻二合乞叉二合建引哆引哩
引毗藥二合吽吽嚩吒謨引賀野謨引賀野
波囉作羯囉二合賽你焰二合吽吽嚩吒
薩哩嚩二合迦隸迦羅賀畔拏曩尾
仡囉二合賀尾嚩引祢引毗藥二合惹焰
俱嚕俱嚕吽吽嚩吒薩哩嚩二合波引
閉引毗諭引二合尾曩引舍野吽吽嚩吒
扇引底濕嚩二合悉怛野三合引野你引刹引
鈐身切俱嚕俱嚕娑引馱野娑引馱野
嚩曩二合骨嚕二合引馱摩賀引末羅
唧隸唧隸弥隸弥隸羅羅薩哩嚩二合惹
引藍摩引嚕布嚕布隸引哆引嚕藍

摩引噜藍佉僧祖噜祖隸引憾引鉿
引烏哩閉二合布哩閉二合倶哩閉二合錊囉二合
布囉尼二合尼伽囉二合羅尼喻二合酥噜
酥噜毋噜毋噜酥毋酥毋噜地迦致迦
致迦致迦致迦降二合迦致引惹曵引尾
惹曵引惹野帝引尾惹野帝引鼻引
細引摩賀引哩祁二合伽三部旦引誐弥
耨哆波羅引野尼努瑟吒二合引曩引努
娑引娑迦訥哩難二合哆引南引捺摩
迦橈捺囉二合引赧引尾捺囉二合引波迦尾
囉赧引尾囉酥摩也二合南引酥毗藥二合
阿悉馱引喃引悉弟迦囉阿悉馱引喃
引左尾曩引舍迦囉薩哩嚩二合怛他引
誐哆引三摩囉他二合麼引閉引哆薩
哩嚩二合没馱引波哩喻二合波引悉哆薩
哩嚩二合嚩日囉二合倶羅引地瑟恥二合哆
瞳呬曳二合引呬三摩野摩努波引羅野薩
哩嚩二合迦哩摩二合尼弥引娑引馱野曩
謨引倍囉嚩嚩日囉二合馱囉引野嚩嚧
二合播引拏曳引悉馱室戰二合拏嚩日囉
二合播引尼囉引惹拏二合波野底娑嚩二合
引賀引薩哩嚩二合没馱引地瑟恥二合哆
引野娑嚩二合引賀引

大金剛妙高山樓閣陁羅尼

乙巳歲高麗國大藏都監奉

勑雕造

大金剛妙高山樓閣陁羅尼　第十四張　增

大金剛妙高山樓閣陀羅尼

校勘記

一　底本，麗藏本。

一　一五三頁上一行至本頁中二〇行序文，諸本無。

一　一五三頁中二一行經名，石作「大金剛妙高山樓閣陁羅尼一卷」。卷末經名同。

一　一五三頁中二二行譯者，石作「西天譯經三藏朝散大夫試鴻臚少卿傳教大師施護奉詔譯」；資作「三藏大師施護奉」；磧、普作「三藏大師施護譯」；南作「宋三藏大師施護譯」；徑、清作「宋西天三藏朝散大夫試鴻臚少卿傳教大師施護奉詔譯」。

佛說普賢菩薩陀羅尼經　相

西天譯經三藏朝散大夫試鴻臚少卿傳教大師臣法天奉　詔譯

歸依普徧虛空界　三世清淨平等因
性等法光正覺道　變化人天利樂身
示居十地自在位　行大施願康衆生
功德相嚴名普賢　今說真言祕密教

尒時普賢菩薩摩訶薩欲現廣大變化而入三摩地名三界大自在入此三摩地已從清淨虛空界現无數身猶如塵沙普徧大千一切世界

尒時一切佛剎所有一切如來舒其右手摩普賢菩薩摩訶薩頂讚言善哉善哉佛子汝今當說一切佛母最上陀羅尼法尒時普賢菩薩身放千光普照十方一切佛剎悉皆震動即說陀羅尼

怛你也（二合）他（引）唵（引）曩謨（引）曩摩娑怛嚩（二合）部嚩你（引）溼嚩（二合）囉摩賀（引）部（引）誐（引）野阿三摩三摩阿弥哆娑摩阿難陀娑摩誐誐曩娑摩怛里（二合）婆嚩娑摩（引）尾（引）沙波摩波囉摩（引）囉他（二合）娑摩娑嚩（二合）婆（引）嚩娑摩怛他（引）誐哆娑摩阿囉惹娑摩輸弟娑摩没駄娑摩達里摩（二合）怛他（引）誐哆（引）娑摩僧賀尾沙摩娑摩嚧迦曩野娑（引）誐囉尾輸駄（引）路（引）迦呬呬囉没駄（二合）囉没駄（二合）尾惹野尾惹野暗（引）鉢囉（二合）設訖哆（二合）曩野（引）曩野憾唧囉（引）地瑟吒（二合）曩三部（引）誐暗娑曩（引）囉野（引）囉野達里摩（二合）（引）誐囉（二合）駄囉駄囉惹野惹野吽吽駄摩駄摩娑嚩（二合）（引）賀（引）

尒時普賢菩薩摩訶薩說此陀羅尼已佛即觀彼菩薩之身是過去先佛為悲愍一切衆生現變化身滿於三界諸世間中尒時諸大菩薩及天人阿修羅等從一切金剛峯起離自金寶莊嚴大景貴座來菩薩前而自唱言南無大慈大悲無邊大功德海最上成佛大陀羅尼法善能饒益過去未來現在三界無數衆生令得安住大法之位佛言若人聞此大陀羅尼法經無邊刧所作之罪皆悉除滅亦能枯竭煩惱大海摧壞我見高山譬如有人見百千佛經無邊刧所作善

根亦不能及此真言功德此大陀羅尼是一切如來心圓滿大功德海而能出生菩提智種成就一切智地而諸佛法皆不能及此大陀羅尼名號假使百千那由他俱胝刧亦難得聞若有人於此經典受持讀誦恭敬供養彼等衆生善解摠持能活慧命住如來位成就一切功德若有人讀誦此經一徧二徧乃至三徧彼人得最上功德能滅一切罪能斷一切煩惱復得值遇諸佛如來不受一切憂愁苦惱若於寂靜之處獨樹之下一心持誦彼人獲得一切成就之法衆所愛敬若有人於大林野結跏趺坐誦此經典滿於七徧彼人不久得大禪定斷一切煩惱復得普賢菩薩結跏趺坐而現於前若人隨自力分以香花供養誦此陀羅尼乃至困卧睡眠於其夢中見普賢菩薩舒其右手放法光明灌照身心作如是言善哉善哉佛子如來大曼拏羅轉身而得大菩薩位身心安樂具大福德智慧常得見於普賢菩薩摩訶薩若人以慈悲

心為一切衆生讀誦此經彼人得十波羅蜜圓滿滅除一切煩惱罪垢復得天人衛護如來讚言佛子汝若依行不久當入普賢之地

佛說普賢菩薩陀羅尼經

乙巳歲高麗國大藏都監奉

勅雕造

普賢菩薩陀羅尼經　第四張　恒

佛說普賢菩薩陀羅尼經

校勘記

一　底本，麗藏本。

一　一五八頁上一行經名，石作「佛說普賢菩薩陀羅尼經一卷」。卷末經名同。

一　一五八頁上二行譯者，資、磧作「三藏大師法天奉詔譯」；南、徑、清作「宋三藏大師法天奉詔譯」。

一　一五八頁中一六行「莊嚴」，資、磧作「莊敬」。

一　一五八頁中一九行第一一字「令」，磧作「今」。

一　一五八頁下一五行「大禪定」，磧作「六禪定」。

妙臂菩薩所問經卷第一　相

宋西天三藏朝散大夫試鴻臚少卿傳教大師臣法天奉　詔譯

得勝師助伴速獲悉地分第一

尒時藥叉主金剛手菩薩有大慈悲愍於後世放千光明端心而住於是妙臂菩薩以持誦者於一切真言明得成就義不成就義一心敬禮彼藥叉主金剛手菩薩而發問言菩薩我見世間有持誦人齋潔清淨精勤修行於真言明而不成就菩薩如日舒光無所不照唯願哀愍說彼因緣云何彼持誦人雖復精勤最上第一於諸真言上中下法由不能成云何修因而不得果莫是罪障而未滅除惟願菩薩說彼修持得成就義及不成就義諸障難事菩薩如佛所言智慧之明能滅癡暗癡暗不滅明慧可棄云何能使諸持誦人於諸修行而無疑惑菩薩云何誦持及護摩等所作事業諸真言王及諸賢聖不與成就惟願菩薩以大悲心一一顯說令無疑惑菩薩爲是法力無能耶爲所作非時耶爲種性非性耶爲真言字句闕剩耶爲修持輕慢耶爲供養不具耶惟願菩薩於種種事及彼障難一一開說使諸行人皆得曉了

尒時金剛手菩薩聞妙臂菩薩發如是正心利益言已乃須臾間瞑光明焰蓮花眼思惟觀察已告妙臂菩薩言妙臂汝大慈悲利益衆生此心清淨如夜滿月光明皎潔復無雲翳使諸行人不失正道入佛境界到於彼岸菩薩所作非求已樂於他有情故無嬈害見他苦惱如自苦惱見他快樂自亦快樂妙臂我觀汝意爲於有情由若赤子問於此義汝可諦聽爲汝解說妙臂我今所說依於佛言若有修行最上事業修真言行求成就者當須離諸煩惱起於深信發菩提心重佛法衆信重於我及復歸命大金剛族又復遠離十不善業於身口意凡所興起常離愚迷邪見等行若求果報須有智慧譬如農夫務其稼穡於肥壤地而下燋種雖功夫以時雨澤霶霈以種子燋故無由得生愚癡邪見亦復如是凡諸行人所修事

業先須自心離彼邪見愚癡等事不動不搖行十善法乃至恒行一切善法若有天魔阿修羅等乃至羅刹種種鬼神之類食血肉者以惡毒心行三界中惱害衆生於修行人使令散亂若有行人樂於我法修持誦習真言行者彼等若見自然恐怖不能侵惱若欲令彼種種大力天魔及諸宿曜乃至種種鬼神不能爲障而降伏者當須入彼三昧耶大曼拏羅以其入彼諸天大力聖衆所安住處是故名爲大曼拏羅亦復須入大明王大真言等最勝曼拏羅以其數入種種曼拏羅故是爲入彼諸佛菩薩大金剛族大明王等福聚之所是爲承事諸佛菩薩及明王等便得如是佛菩薩等影之覆護使彼作障天魔及阿修羅藥叉并諸龍鬼等無能侵惱望持誦人所居之地不敢侵近自然退散不爲障難所修上中下品成就之法世間出世間一切真言等而易成就蓋以數數入彼諸曼拏羅及三昧耶等承彼聖力而加護故一切惡心自然破壞既能入彼三昧耶大曼拏

羅仍須發勇猛心發菩提心唯信於
佛不信外道天魔等若背此心持誦
我法者當得自壞又復持誦行人求
成就者先須求依阿闍梨戒德清淨
無諸缺犯福德最勝者若獲此等阿
闍梨稟受持誦復自決志勇猛精進
於所修持易得成就速獲靈驗譬如
種田須依好地地既肥壤子實易得
若得勝師亦復如是若或靈驗難得
是有宿業應須隨取勝地或印沙為
塔或積土等為塔於中安像及藏舍
利當以種種香花燈塗妙幢幡蓋及
以妓樂而為供養復伸讚嘆專注虔
誠而作懺悔懺悔畢已依前持誦專
注不間定獲靈驗如是修行須具助
伴若無助伴修持是闕譬如車行須
全二輪若闕一者無由進趣修行助
伴亦復如是若求助伴者當求種族
尊勝形良端嚴諸根不缺心性調柔
好修善法智慧明利精勤勇猛有大
悲心恒樂布施信重三寶承事供養
不歸信於諸餘外道及天魔等此為
住賢劫中具足功德修行助伴諸持
誦人於諸修行速獲成就如此應知

妙臂菩薩所問經選求勝處分第二

復次持誦行人若欲修真言行求成
就者先求諸佛所説佛及菩薩辟支
聲聞昔所住處是為勝地如是等處
常有天龍阿修羅等而為守護供養
恭敬何以故以有天上人間最聖丈
夫曾所居止得此地已持誦行人亦
要清淨身心律儀具足常此居止若
無此程地秖得大河岸邊或小河邊
或泉池側乃至陂濼有清流渺滿無
諸水族毒惡之類其側亦得其處但
有蓮華烏鉢羅花及諸名花異果軟
草徧布或是山中巖窟之所是處清
淨無諸師子猛獸可畏之類得是處
已仍須墾掘深一肘量除去荊棘瓦
礫灰炭鹹鹵糠骨毛髮蟲窟之類乃
至掘深不能盡者亦可棄之更求別
處如前墾掘一肘之量別填淨土於
上立舍用淨土作塗內外塗飾復以
衢摩夷塗地於中坐卧常在地上不
用牀榻之類其室開門唯得向東向
西或向於北不得向南如是造立舍
已隨彼相應所作事業於彼方所安
置尊像安尊像處先用種種妙香而

塗飾之其所尊像或以彫刻或是鑄
成或是彩畫若是彩畫先求淨縷揀
去毛髮織成其幅量其大小長短相
稱存兩頭縷不得截棄既織成已用
香水漬渡復展令端正然令畫人蔬
食澡浴復受八戒內外清淨運心起
手凡所用彩色須求最上第一好者
無用皮膠用諸香膠調和彩色畫像
成已隨應方面安置定已用種種飲
食香花燈塗作大供養如無力廣辦
隨有供養但要專注虔誠信重讚歎
禮拜供養如是作已於此像前所作
所求速得成就其持誦行人將欲起
首持誦必先剃頭澡浴著新淨衣其
衣非用蠶絲亦不得白色可用布及
樹皮草木之類仍用赤土染壞其色
亦須受持乞食應器其器可用娑羅
木及於瓦器乃至銅鐵及匏瓠等事
持端正滑淨光潔不得踈漏及以缺
壞執此應器巡行乞食凡乞食所可
於聚落不近不遠多首陁處信重三
寶多有飲食之處無無外道婆羅門
處緣彼婆羅門執性無慚我慢所覆

又復外道若見行人執持應器巡行
乞食修於佛法誦念真言者便生瞋
恚而欲障難謂行人言汝若本族婆
羅門者可修婆羅門法奉行六法多
聞淨行信重諸天爲臣事王亦須娶
妻生男繼種若行此者是汝解脫云
何誦持釋教真言信行佛法行人若
是刹帝利種而作是言汝刹帝利種
應可奉行王法紹繼王位云何誦持
佛教真言背自本宗而求解脫乃至
毗舍首陁之類皆說本宗本事而得
解脫不合持誦佛教真言以求解脫
以瞋火燒心種種綺語多作方便而
爲障難惱亂行人使令退心修正道
者依時乞食不同外道過午而食凡
乞食處勿往外道之家及多外道之
處若論善惡因果之法能造善法當
證涅盤若作惡業終墮苦趣善惡之
果非由種族但爲世間妄分別故
復次衆生無始以來垢穢之身不由
食淨得身心淨諸惡遠離常修善法
以此方得身心清淨譬如有人身患
瘡故求藥塗瘡唯望除差不望餘故

行人喫食但爲除飢不爲適悅又如
有人陷於難處飢餓所逼殺子而食
爲除飢苦非貪滋味行人喫食亦復
如是喫食之法由如秤物物非輕重
秤自平正行人喫食亦復如是不得
過量亦勿減少但可支持勿傷飢飽
又如朽舍換柱所免崩摧以油膏轄
貴在前進行人喫食亦復如是但爲
支持非爲滋味是故佛言欲界有情
依食而住又復行人雖喫食飲支持
於身恒觀此身由如芭蕉無有堅實
常此制心不住貪愛凡乞食時持鉢
巡行次第而乞常須思念世尊所說
以智慧方便調伏六根勿令散亂所
覩妙色及諸塵境是魔境界欲惑人
心凡修行人而起方便寧以熱鐵燒
刺兩目不以亂心貪視妙色乃至殊
常種種塵境隨緣乞食而不住著常
作此觀調伏其心默然乞食巡行他
舍無上中下遠離取捨然不住新產
之家及多人飲酒之處男女迷醉愛
染之處衆多小兒戲樂之處諸男女
衆聚會之處戲伎男女作音樂處乃

至有惡犬處如是等處皆不應往乞
得食已持還本處洗足敷座然後可
喫其食未喫先分三分一分奉於本
尊而爲供養一施無礙一乃自食依
時而食食畢與漱使令清淨又須日
三澡浴先自清淨然以香花燈塗種
種供養讚歎禮拜所獻尊像一切食
飲切須潔淨離諸葷穢每持誦時坐
吉祥草凡所供養如不辦廣大但隨
力分奉於香花所謂零陵香閼哩迦(二合)
吉祥果没哩(二合)賀帝吉祥草仍及蓮
花和合供養使得適意行人持誦或
行或坐得通思念唯除卧時不許持
念念誦訖已恒於六時思念功德心
無間斷祈於圓滿

妙臂菩薩所問經分別數珠持心離障分第三

復次欲等煩惱與心合故說爲輪迴
根本煩惱若除由如清淨玻胝迦寶
若離輪迴乃名解脫又如水本清淨
於一刹那間塵能渾濁亦如有情心
源本淨於刹那頃被諸煩惱而爲染
污
復次說於數珠乃有多種所謂菩提

子金剛子蓮花子木槵子及與琫璅
諸寶錫鐵銅等隨取一物爲珠數一
百八如是得已持誦行人常保重之
凡持誦時於本尊前依法安坐調伏
諸根端身自在不得隈倚繫念本尊
及真言印契收攝其心勿令散亂然
取數珠右手執持左手仰承每誦真
言一偏乃掐一珠所持偏數恒須尅
定勿令少剩持念之法令脣微動勿
使有聲亦不露齒一心專注勿令散
動有情之界居凡夫位心如猿猴貪
著諸境樂而不捨又如大海被風所
激生起波濤不能自息凡夫覩境亦
復如是常須收攝不令散動勿令心
源而有波浪持誦行人若是疲倦將
欲昏睡恐其失念即起經行或觀四
方以適神思或用冷水洗其面目既
得醒寤復座持誦行人若是怖於勞
苦心有移動便作是念此身無主因
業所受無依無定隨業流轉輪迴八
苦何處得免至於寒暑飢渴蚉虱蚊
虻如是苦惱處處皆有又復貪欲若
盛作白骨及爛壞不淨之觀瞋恚若

妙臂菩薩所問經卷第一　第十張　相

盛作慈悲觀無明若盛作緣起觀又
復若遇寃家觀如親友知識或復親
友知識忽作寃家行者若是遇此寃
親境時莫起分別憎愛之心當住平
等無著正念又出道場時不得與婆
羅門吠舍首陁等語又復不應與不
男之人女人等語何以故蓋非樂法
之侶可與助伴同事等語或是入觸
便利等事便須入水澡浴使其潔淨
或獻香花燈塗讚歎供養乃至持戒
精進持誦修行一切善法皆悉迴向
阿耨多羅三藐三菩提譬如衆流皆
歸於海既入海已咸成一味集諸善
因總趣佛果無量福聚自然相隨譬
如有人耕田種穀唯望子實不爲藁
幹既豊子實其於藁幹自然而有求
趣佛果亦復如是一切福樂不求自
至又持誦人不應爲小而妨於大或
若有人來有來請便應答言待我自
得長壽及其一切樂具此心滿足然
後能滿一切有情之願
又復行人當要遠離世之八法所謂
善稱惡稱得利失利讚歎毀謗苦樂

妙臂菩薩所問經卷第一　第十一張　相

等事如是之法不得在心還如大海
不宿死屍乃至剎那亦不同處又如
室中然燈爲防風故飄皷若免光明
即盛如持誦人持誦真言亦須勤勇
加行若立善法增長亦復如是又持
誦人要在攝心不得歌舞戲樂我人
憍慢邪見邪染嫉妬懈怠懶惰睡眠
及入喜會迷醉邪論及無義論以至
瞋怒惡口兩舌如是等事皆須遠離
又復不得喫供養殘食及鬼神殘食
行人唯得食三白及樹菓菜根乳酪
漿等及大麥麵餅油麻滓及種種糜
粥等又持誦行人當須晝夜精勤如
法持誦常於諸佛法僧及遺身舍利
恭信祢重誠心懺悔願一切先罪悉
皆消滅每持誦時先依法請召持誦
了畢依法迴向發願訖然後發遣或
至夜分將欲眠睡於本尊側不近不
遠地上敷吉祥草於草上坐卧坐定
後然於一切有情起利樂心作慈悲
喜捨等觀然後眠睡

妙臂菩薩所問經說金剛杵頻那夜迦分第四

我今分別說諸跋折羅量其量或長

妙臂菩薩所問經卷第一　第十二張　切

八指或長十指或十二指或十六指或最長者不過二十指如是五類無有過者造跋折羅物或金或木隨所求事種種不同若欲求佛法真明成就用菩提木作跋折羅若降伏地天及持明天當用金作跋折羅若求大富貴用鍮石作跋折羅若降龍用熟銅作若降修羅入修羅窟用寶石作若欲成就一切法者可用金銀銅相和作若欲成就長命吉祥及無病多財寶乃至降諸宿曜者可用佉祢囉木作若欲降伏夜叉女者可用末度木作若欲降伏寃家用刺木作若降害極惡寃敵者可用人骨作若欲成幻術者用玻璃寶作若欲令極相憎嫌者用苦楝木作若欲興兵鬪敵及降鬼神用吠鼻多迦木作若欲成就夜叉乾闥婆阿修羅者可用栢木及松木作若欲成就龍女愛重者當以龍木作若欲成就變形者可用土及銀作若欲求財用無憂木作若欲成就對敵得勝者可用吉祥木及阿祖曩木柳木等作若欲求成就意樂者

可用赤檀白檀作如上所說造跋折羅皆須五股不得缺減小有破損即法不成仍須事持光淨殊妙端嚴可愛若念誦時先獻塗香及妙香花而爲供養然後發廣大慈悲之心手執跋折羅依法專注持誦本部真言如數滿畢不得少剩依時持誦滿畢數已然將彼跋折羅安本尊足下復以諸妙香花塗香等乃至作禮而供養之若持誦時手不執跋折羅者其法終不成就如再持誦依前次第而作不得虧闕又若於供養具諸事法等有所闕者當須一一作印以供養之然可念誦

凡成就法有多種物所謂雄黃雌黃牛黃黃丹及眼藥菖蒲等藥又有衣甲槍劒罥索三股叉諸器仗等如是等諸成就法有三等驗所說本尊真言及儀軌中乃至諸真言中成就之法亦不越此復次世間有持明行人持誦真言求成就處便有作障頻那夜迦隨持誦人伺求其便入其身中使持誦人心如迷醉及發諸病如是

種種而作障難彼作障者有其四部一曰摧壞二曰野干三曰一牙四曰龍象於此四部各有無量頻那夜迦而爲眷屬於大地中隨彼處處而作障難第一摧壞部主名曰無憂其部眷屬有七俱胝於其護世四王所說真言有持誦者彼作障難第二野干部主名曰象頭其部眷屬有十八俱胝於其大自在天所說真言而作障難第三一牙部主名曰垂髻其部眷屬有六十俱胝於其大梵天及帝釋天日天月天風天那羅延天如是天等所說真言有持誦者而作障難第四龍象部主名曰母哩達吒迦其部眷屬有俱胝那由他千洑頭摩於其佛教所說真言有持誦者彼作障難又有可利帝兒名曰愛子於其般支迦所說真言而作障難又摩尼賢將子名曰滿賢於其自部所說真言有持誦者彼子滿賢而作障難如是等諸頻那夜迦各於本部而作障難不欲行人得其成就或時變化作本真言主來就行人之處而受供養而彼

本真言主來至道場見是事已却還自宮而作是念云何如來與彼所願不知此等令於行人正修行者而得惱亂使彼持誦功不成就正使梵王帝釋諸天及龍不能破彼頻那夜迦作障誓願唯除大明真言有大功力能退如是諸作障者頻那夜迦諸修行人當依法持誦得數滿已然更成就妙曼拏羅及以護摩使作障難頻那夜迦退散遠離

妙臂菩薩所問經卷第一

乙巳歲高麗國大藏都監奉
勅雕造

妙臂菩薩所問經卷第一

校勘記

一　底本，麗藏本。

一　一六〇頁上一行前，石、資、磧、普有大宋新譯三藏聖教序一篇。

一　一六〇頁上二行譯者，南作「西天譯經三藏朝散大夫試鴻臚卿傳教大師臣法天奉詔譯」；徑、清作「宋西天三藏朝散大夫試鴻臚少卿傳教大師法天奉詔譯」。以下各卷同。

一　一六〇頁上四行末字「悲」，資、磧、普、南、徑、清無。

一　一六〇頁下八行第四字「令」，普作「今」。

一　一六一頁上一七行「無由」，徑作「無有」。

一　一六一頁上二〇行「精勤」，徑作「神觀」。

一　一六一頁中一行品名上經名「妙臂菩薩所問經」，徑、清無。以下各品例同。

一　一六一頁中六行「最聖」，徑、清作「最勝」。

一　一六一頁中一七行「更求」，磧、普、南、徑、清作「便求」。

一　一六一頁中一八行第一〇字「別」，徑作「則」。

一　一六一頁下一四行「新淨衣」，徑作「清淨衣」。

一　一六一頁下二二行第八字「羔」，資作「原」。

一　一六一頁下末行「執性」，徑作「執信」。

一　一六二頁上一八行「苦趣」，徑作「惡趣」。

一　一六二頁中四行「由如」，徑作「亦如」。

一　一六二頁中一〇行第一二字「飲」，資、磧、普、南、徑、清無。

一　一六二頁中一三行第七字「常」，南、徑、清作「當」。

一　一六二頁中一九行「比觀」，石、南、

徑、清作「此觀」。

一　一六二頁下一行「惡犬」，石作「惡吠」。

一　一六三頁上二行「珠數」，石作「數珠」；南作「珠故」。

一　一六三頁上一〇行「專注」，資、南、徑、清作「專法」。

一　一六三頁上一四行「收攝」，磧作「取攝」。

一　一六三頁上二一行「蚩虱」，資、磧、普、南、徑、清作「蚤虱」。

一　一六三頁中一六行首字、第九字「幹」，徑、清作「秆」。

一　一六三頁中一九行「有人來」，南作「有人求」。又「有來請」，徑、清作「有求請」。

一　一六三頁下二〇行「後然」，資、磧、普、南、徑、清作「然後」。

一　一六三頁下二二行「第四」，徑、清作「第四之一」。

一　一六四頁上一二行「末度」，磧、普、南、徑、清作「未度」。

一　一六四頁下五行「部主」，普作「部王」。

妙臂菩薩所問經卷第二　相

西天譯經三藏朝散大夫試鴻臚少卿傳教大師臣法天奉　詔譯

說金剛杵頻那夜迦分第四之餘

復次行人於持誦時及供養時乃至護摩時若不依法及闕儀則彼作障者而得其便又復行人心不決定而有疑惑謂此真言而可誦耶謂彼真言而可誦耶若作是念彼作障者即得其便又復行人談說世俗閑事至於農田貨易之類於自修行無有義利彼作障者而得其便彼頻那夜迦入行人身步步相隨伺求其短作諸障難令法不成譬如人行沿彼河岸身在岸上影落水中寸步相隨不相棄捨彼作障者入行人身不相棄捨亦復如是或有頻那夜迦於澡浴時得便入身或有頻那夜迦於念誦時得便入身或有於睡眠時得便入身或有於獻香花時得便入身或有於護摩時得便入身譬如日光照於火珠以因緣故而得火生彼頻那夜迦在行人身因得其短令行人心亂遂起貪瞋無明之火若頻那夜迦於澡浴時伺得其短入行人身遂令行人起種種過患忽覺飢渴思念飲食或起懈怠懶惰之念或躭眠睡或起瞋恚等事若頻那夜迦於獻塗香時伺得其短入行人身遂令行人起諸過患或思鄉國生緣之處或起懈怠之念或起欲想分別妙境若頻那夜迦於燒香時伺得其短破地而出入行人身遂令行人起諸過患或生嫉妬或發瞋恚或起邪見或思邪婬等事若頻那夜迦於獻燈時伺得其短入行人身遂令行人而發心病心悶痛苦以至損心若頻那夜迦於獻花時伺得其短入行人身遂令行人起諸過患或身壯熱或肢節疼痛或與助伴相諍以至離散若頻那夜迦於念誦時伺得其短入行人身遂令行人起諸過患或得病惱身體疼痛或患腹肚下痢無恒又復諸頻那夜迦悉入身中遂令行人起種種過患魔旣熾盛心遂迷惑不辯東西見諸異相或似念誦語不分明或無事緣行往

不定或心不決便起邪見或說無有生天亦無得罪或言無有修行定無聖力虛念真言妄受辛苦無善無惡無因無果亂言綺語種種無恒或手折草木或弄土塊或睡時齘齒或妄起欲想於彼女人而生愛樂彼之女人不樂行人或復彼樂自心不憤竟其夜分不能睡眠或復睡著即得惡夢乃見舍哩努二合攞及師子狼狗所趂或見驢騾豬豕猫兒野干之類又見鷲鳥鷺鷥鳥及鵰狐等飛恠之禽又復夢見裸形外道以乾澀骨而為莊嚴或夢短小惡相之人或夢身體白癩之人或夢赤鬚醜㒵之人或夢髑髏骨聚枯井枯池或夢破壞屋舍人所捨棄或夢惡人手持搶劍及諸器仗欲來侵害若於夢中見如是事即定知彼等諸頻那夜迦而作障難持誦行人即作甘露軍拏利忿怒明王法及念真言以為護身使如上頻那夜迦諸魔障等悉皆解脫不能侵惱若有常持此真言者一切魔障無由得便

復次持誦行人欲作法解除魔障求解脫者先請清淨有威德阿闍梨可就山中或是池側或林樹下或是聚落空閑之舍或是清淨四衢之道得是處已然用五色粉作曼拏羅五色者即黃青赤白黑等其曼拏羅量方四肘作四門中作坑方二肘於坑內布吉祥草於坑外四面分布安置真言主明王座位又於八方粉作本方天神以四寶瓶或用四新瓦瓶代之其瓦瓶不得用黑色及太燋太生者瓶內盛五穀五寶及香水令滿兼以赤蓮花及雜樹花枝等插於瓶內復以五色線纏瓶項安於四方爲灌頂用安置已然可請召諸明王等以上妙香花飲食及供具等而供養之復以酒肉蘆蔔蔬果之類供養八方天神及諸作障頻那夜迦等然後彼著障人於壇中坑內面東而坐其阿闍梨取四方瓶誦甘露軍拏利忿怒明王真言百徧加持彼瓶誦數滿已及依法作諸法事然後以此瓶水灌著障人頂彼著障人即得解脫此曼拏

羅非獨解脫魔障亦能滅一切罪增無量福若能依法修持無不獲得果驗者

妙臂菩薩所問經分別悉地相分第五

尒時彼持誦行人被諸魔障種種惱亂欲令退心者既知是魔即須作法而爲除解得除解已身心安靜無惱無垢譬如明月得雲退散離於障閉朗然天際住於空中照耀無礙彼之行人持誦修行獲離魔障亦復如是又復持誦不獲成就者譬如種子因地因時風雨不愆溉潤無失乃可生芽以至成熟若或種子不以其時不植於地使彼芽莖無由得生何況枝葉及果實耶持誦行人若不依法又不清淨於諸供養曾無虔潔於其所誦真言文字或有闕剩至於呼吸訛略不正是以種種悉地而不現前不獲成就亦復如是又如興雲降其雨澤隨衆生福而有多少隨持誦人所施功勤獲得成就亦復如是若是行人獲其勝地兼依法則至於所制亦無悞犯黑業消滅白業漸增持誦所

求即趣成就若其如是一一無失於諸成就得獲無疑

復次行人於持誦之中有所闕犯或是間斷本誦別持真言或將所誦真言授非同志致其所誦雖滿無成便應復更虔心倍前專注每日三時如法供養潔淨內外不失儀則更誦一洛叉徧得數滿已便可作護摩法而爲供養當以大麥或用稻花或以脂麻或白芥子或是蓮花隨用一物以酥相和數足四千或七千或八千乃至十千又以憂曇鉢羅木菩提樹木白赤阿哩迦木龍樹木無憂樹木吉祥木你虞嚕馱礲没羅木佉你囉舍弥木鉢羅叉木阿波末里誐末度木閻浮木以如上木隨取一木爲柴當使溼潤者若乾枯蟲竅或燒殘者並不得用其柴麁細如指長十二指截已以酥蜜酪搵兩頭與稻花或脂麻芥子等隨取一物同燒作護摩滿上數已前所闕犯還得清淨然後方可更求真言悉地得無障難

復次行人所持真言明主或有餘部

而相禁縛或截斷或破壞使其所求不得成就即作本尊形像置本部尊足下面相對誦諸部忿怒大威真言復以酥蜜酪灌沐本尊日日三時如是十日彼諸禁縛自然解脫

復次行人於所持真言所修行法自審無闕所求悉地由不成者必於其法有所虧闕然非自知定得境界但加精進日夜不懈者本尊自然來於夢中說其障因感應可期如海潮限其實諸部真言明主定不相破必無禁縛譬如二人而作密友約其一言自今已去勿往某舍亦復與彼不交言話而彼友人以相重故終不往彼及與言話持誦之法亦復如是是故行人不得以真言明而相破壞亦復不應互相禁縛乃至護摩作非善業又復行人不應於真言曼拏羅加減傳授亦復不得以此法彼法而相迴換亦復不應無故打縛有情不應護摩損彼肢體乃至致死害於有情亦復不應摧滅鬼族及治罰龍類亦復不應於一切鬼神星宿妄作禁縛等

事亦復不應呪法醫治嬰孩之病而妨大事

復次持明天及持明諸宗所說得成就義具法不同或說當具十法乃得悉地所謂行人助伴所成就物精勤處所勝地時節本尊真言財力具此十法悉地乃成又餘宗說具三種法悉地得成所謂真言行人助伴又一宗說四法得成所謂精勤好日好時并及處所又一宗說五法乃成所謂本尊真言處所財力所成就物又一宗說當具十法又一宗說當具八法乃至或說五法四法三法二法各於本宗而說定量唯佛教本宗我金剛族當具二法悉地乃成一者行人二者真言一行人者具足戒德正勤精進不於他人所有名利而生貪嫉於已財物乃至身命無所悋惜二真言者以所持誦本部真言之時當令文句滿足聲相分明所有欲求成就之法皆悉具足不得闕少又須得諸佛菩薩先所居處得是處已如法持誦決定獲得意願滿足是二法定得

悉地復次行人持誦之法喻若師子為飢所逼捉象而食必先奮迅全施力勢或捉羊鹿小獸之類所展力勢與象皆同行人持誦求彼成就上中下事必須精勤勇猛如師子王無有二相亦復如是

持誦行人於持誦時若住城隍闤闠之處當有蚤虱蚊蚋唼齧身體又或見聞女人裝嚴衣服環釧瓔珞種種之聲若住深山大林即有寒熱無恒或發病苦逼惱身心又復或有猛惡之獸欲來害人使起驚怖若住海岸即見風鼓海水作大波濤惡聲恐人令生怕怖若住江河陂池之側即有地蟲毒蠱害人之類持誦行人若在如是之處欲持誦者必先了知如是之事皆為魔難若遇是事當須可忍勿使心緣而有散亂或可別求勝處以進功行不得因逢此境而生退屈便須更發堅固勇猛之意若或退心恐起邪念邪念若起當被惡魔而得其便智者方便與有情樂勿令一切有情之類因斯獲罪當受苦果

復次持誦之者不得太急亦勿遅緩使聲和暢勿高勿嘿又不得心緣異境及與人雜語令誦間斷又於真言文句勿使闕失文句闕失義理乖違悉地難成因斯所致喻如路人背行求進離此過失速得靈驗又如川流晝夜不息持誦行人亦復如是日夜不間功德增長如彼江河流奔大海又復行人或是心觸染境便起著想遂成懈怠覺是魔事速須迴心當瞑兩目作於觀想或緣真言文句或觀本尊繫束其心令不散亂後逢此境心若不動此之行人得觀行成就

又持誦行人欲求悉地要在攝心定住一境心若調伏身自安住身既無撓心轉快樂身心一如名得三昧持誦行人得斯定念過現之罪悉皆消滅得罪滅已身心轉淨所作事業成就無疑佛佛所言一切諸法心為根本心不清淨當感貧窮醜陋之果或墮地獄畜生若心清淨當得生天及生人中受於快樂乃至遠離地水火風生老病死無常無我敗壞之樂後

得解脫寂滅涅槃之樂又復諸法從心所生非自然有亦非時節非自在天生非無因緣但緣無明輪迴生死四大和合假名為色色非有我我非有色色無我所我無色所如是四蘊畢竟皆空色如聚沫受如浮泡想及行識如焰幻等若能於法得如是見名為正見若起異見名為邪見

復次持誦行人所持真言若得數足爭知所修近於悉地若於睡時必得好夢若是夢見自身得幢幡寶蓋引入上妙宮殿或登樓閣或上高山或昇大樹又或夢騎師子白象白馬白牛或犛牛黃牛舍里努羅等又或夢聞空中作大雷聲又或夢中得人歡喜授與馨香花鬘鮮潔衣服或得水生果子或五色蓮花或得佛像或得佛設利羅或得大乘經典或見自身處大會中與佛菩薩同坐而食又或見自身入於塔寺或入僧房或見如來處於寶座為天龍八部說法自入會中亦坐聽法或見辟支佛說十二因緣法或見聲聞僧說四果證法或

見菩薩說六波羅蜜法或見諸天說天上快樂或見優婆塞說厭離家法或見優婆夷說厭女人法或見國王或見淨行婆羅門或見殊異丈夫或見端嚴女人或見大富長者或見耆行仙人或見持明諸仙或見妙持誦人或見自身吞納日月或見身渡大海及江河泉池或即飲如上水都盡無餘或見頭上火出或見入大火聚又復夢見大車滿中載物有牛及犢而共牽駕或夢得白拂或得革屣或得刀劍或得妙扇或得金寶璉璖真珠瓔珞又復或見巳之父母或見端正童女衆寶嚴身乃至或得上妙飲食若或得此如上吉祥好夢應須策勤精進歡喜勇猛何以故應知或於一月半月或一日或一刹那間必定獲得廣大悉地

妙臂菩薩所問經知近悉地分第六

復次行人自審持誦有力倍生愛樂於其染境心不攀緣於諸違犯罪不生起自無寒熱飢渴苦惱等事至於蚊蝱飛蟲乃至毒虵血食之類皆不

能害又復餓鬼毗舍左羯吒布單曩等皆亦不敢侵近行人之影行人所有言教一一信受又復倍覺聰明智慧善解文字書疏言義唯樂一切善法策勤精進又復得見地中寶藏如無障㝵身體無病塵垢不染身出香氣一切愛樂見者聞者悉皆歡喜又復無諸樂欲女人來相媚惑以其身心清淨得聞空中諸天言語或得見彼天身乃至得見阿修羅乾闥婆夜叉之類持誦行人若得如是吉祥相現便應喜慶自知已近真言悉地便須備辦成就法事

復次行人欲起首悉地先須具持八戒四日或三日或二晝夜仍須斷食方求悉地

尒時妙臂菩薩聞金剛手菩薩如是言已須臾嘿然即白金剛手菩薩言菩薩先言不由斷食而得清淨云何今日言令斷食又如佛言人之喫食由如膏車車或不膏難以前進其事云何時金剛手菩薩以如雷音作如是言我今不爲令心淨故而有是說但爲有情身本非淨稟於精血爲骨爲髓爲肉爲皮頭髮身毛面目耳鼻脂肪脾胃涎沫唾洟乃至大小便利九漏交流如是身分種種垢穢皆依地水火風流轉變化若求悉地先當清淨不欲於成就時令彼大小便利而有流出故說斷食而求清淨非爲妨道說如是事如是清淨身得安樂於成就時免其薰汙

又復行人於此之時忽生煩惱而有貪欲便須以慧作其觀想乃謂此身不淨所成復假食味以爲資持若作如是想時前所起念當時消滅乃至於身命財全無悋惜譬如夜分無量黑暗日光出時一切都盡亦復如是行者若是修持到此應當自知悉地不遠復次如是知已於白月八日或十四日或十五日取淨土及新淨衢摩夷相和塗地次用香塗地潔淨作賢聖位清淨訖以彼賢聖皆面東坐以香花燈塗飲食等次第奉獻先獻佛次獻大金剛族本部明主次獻所持真言主如是次第佛及菩薩乃至明主一一供養讚歎已復更發起大菩提心大慈悲心爲度一切生老病死苦惱衆生作是念已復更轉讀摩賀三摩惹經及吉祥伽陁如來祕密大智燈經及轉最上法輪經如是經等或徧轉讀或隨讀一經然後結八方界地界及虛空界等彼界如世人住處外牆用遮其惡結界防魔亦復如是當令惡心作障天魔阿修羅乃至一切鬼神等皆不得近兼復念被甲真言用護自身我先已說種種曼拏羅法當以五色粉隨作一曼拏羅作已先隨意作一護八方神彼神能摧諸作障難者又於曼拏羅四維畫金剛杵三股叉等然後誦獻師子座明呪茅座安曼拏羅中心以所成就物先用三菩提葉盛後用四菩提葉覆蓋安於座上然用呪呪香水灑之以除魔障然自坐左邊誦相應真言須臾間復用香水灑淨然後復以相應法護摩一千徧專心誦持不得間斷直至三種相現是爲得法成就三種相者所謂熱相煙相焰相若得熱

相者當得世間一切愛重若得煙相者當得隱身若得焰相者當得變成微妙之身成持明仙飛行虛空壽命長遠得悉地相如人至死冷觸入身周徧其體又如中陰至於胎藏孕者自覺又如世間諸有香氣人忽聞者香雖可得無有形影又如火珠照以日光日光入故火遂流出諸有行人悉地入身亦復如是前所成就是外諸物像或是內心求成就者別有所表彼持誦行人專注不間必感靈驗得悉地者或見所供養像而得振動或得像面毫光照耀或得像身振動或得空中降花或時無雲降微細雨或降妙香或感地動或聞天鼓自然之音或見天人阿修羅等住虛空中或聞諸天人等言語之音或聞種種大莊嚴具瓔珞環釧之響或見燈焰增長明淨金色或其油盡燈焰轉熾或聞空中有聲令說所求之願或覺身毛一切皆豎或現如是相已定審所求悉地成就當以上妙淨器盛滿生花及磨諸香水并著五寶和合作

閼伽水跟跪奉獻本尊及誦真言乃至以妙伽陀而伸讚歎當發歡喜正信之心精進不懈禮拜供養如是作已將所求事一一言說聖心不間有求必應得如願已一心專注而於本尊信樂讚歎再以閼伽奉獻供養更念本尊真言又念諸部發遣真言當依儀軌誦真言已禮拜請諸賢聖各還本位

妙臂菩薩所問經說成就分第七

復次行人專注持誦精勤不懈雖得如願所作成就但一切時恒須用意何以故緣彼一切極惡鬼神以惡業故於諸行人不欲成就若其成就彼真言力威德及處或百由旬或千由旬諸魔鬼神不敢侵近彼作是念此之行人令世後世而於我所無饒益故由是行人常須在意譬如有人被甲乘象復持弓箭及諸器仗上大戰陣彼諸怨敵見此威猛退散遠避無敢當者持誦行人若常持誦於法無闕乃至戒律無少違犯戒喻於甲真言喻弓箭勇猛如乘象若具如是惡

魔鬼神不敢侵近亦復如是

復次行人求吠多拏成就者於屍陁林中求不壞者其屍仍須身分具足全丈夫相又不得用背傴攣躄痤陋之者亦復不用極肥極瘦諸不圓滿乃至無上中品相人屍皆不堪用若是選得具上品相者冣為第一又復不得用因患氣患瘧及患痢病及患惡瘡乃至因被水中陸地虵蟲所螫行毒徧身吐沫死者如是之類皆不堪用若是選得屍已便須令助伴人執棒守護盡日直至夜分或只就屍林或別求空舍或獨樹下或四衢道或泉池側或寶山中若得如是上勝之地彼吠多拏必能速疾可得成就如上勝地隨求一處可愛樂地其地如儀得清淨已復以淨土及衢摩夷相和塗地地清淨已用青赤白黑及黃五色上妙之粉作三昧曼拏羅其曼拏羅種種名字我已先說於諸曼拏羅中隨作一種曼拏羅於曼拏羅中排四賢缾缾中添水各各令滿或用苦水然求隨時蔓花或種種異花

挿於鉼內於曼拏羅如是作巳令彼助伴發勇猛心不得怖畏先與屍淨髮復用賢鉼水沐浴令淨然後用油塗摩塗訖又用上好白衣裝裹如是畢巳然於所作曼拏羅中鋪吉祥草散種種花令彼助伴同舁此屍安曼拏羅中或頭東或頭北如法安置後以塗香燒香名花花鬘乃至酒肉種種之食而爲供養如不能廣辦但隨力分亦得然取與此曼拏羅相應之族本部真言而爲呪誦又復於此本族真言明主當起信心精虔奉重依於儀軌專注持誦以求成就復有一切潛行作障部多及龍必里多等行人復以供養物等先撒四方四維乃至上下施彼作障部多及龍必里多等及先誦真言而自擁護并護助伴令彼障等不能侵近然後持誦以求成就於持誦時若是屍立現諸惡相即知是魔種種作障之類行人審知是巳取白芥子和灰誦佛頂王真言擲彼屍面以真言大威力故諸作障者馳散四方障魔去巳屍卧如初若

妙臂菩薩所問經卷第二　第十九張　栢

是屍立無諸惡相即知是真言功力所求成就決定無疑若得如是便須自心決定凡是行人先所求願而於此時一一皆說或求示於伏藏或求入修羅窟取聖藥或欲乘劒或求眼藥及降鬼神乃至求囉惹愛重如是諸事並可成就行人常時當須行最上行用大真言力爲自擁護方得成就吠多拏法何故如是譬如猛獸雖猛少智而被惡人之所傷害行人若是不起上行不自擁護當被諸惡魔障而得其便亦復如是

妙臂菩薩所問經卷第二

丙午歲高麗國大藏都監奉勑雕造

妙臂菩薩所問經卷第二　第二十張　栢

妙臂菩薩所問經卷第二

校勘記

一　底本，麗藏本。

一　一六七頁上三行「之餘」，徑、清作「之二」。

一　一六七頁上八行「而可」，磧、南、徑、清作「不可」。

一　一六七頁中二〇行第一〇字「頻」，石作「類」。

一　一六七頁中末行末字「往」，徑、清作「住」。

一　一六七頁下一〇行「野干」，磧、普、徑、清作「野牛」。

一　一六七頁下一六行「搶劒」，資、磧、普、南、徑、清作「槍劍」。

一　一六八頁上二行末字「可」，清作「或」。

一　一六八頁上末行末字「拏」，徑作「耶」。

一　一六八頁中四行品名上經名「妙臂菩薩所問經」，徑、清無。以下各品品名例同。

一 一六八頁中八行「障閉」，徑、清作「障蔽」。

一 一六八頁中一二行「溉潤」，磧、普作「既潤」。

一 一六八頁下一五行「末度木」，資、磧、普、南、徑、清作「未度木」。

一 一六八頁下一九行第五字「酪」，資、磧、普作「酥」。又「脂麻」，石作「芝麻」。

一 一六八頁下末行「明主」，南作「明王」。

一 一六九頁上一三行「某舍」，徑作「其舍」。

一 一六九頁中一行「嬰孩」，資、磧、普、徑作「嬰孫」。

一 一六九頁中一六行第六字「人」，磧作「又」。

一 一六九頁下七行「闤闠」，諸本作「闤闠」。

一 一六九頁下一〇行「寒熱」，資、磧、普、南、徑、清作「寒勢」。

一 一七〇頁上一三行第六字「之」，磧作「心」。

一 一七〇頁下七行末字「大」，資、磧、普、南、徑、清無。

一 一七〇頁下一五行第四字「得」，清作「行」。

一 一七〇頁下一七行「一日」，徑作「一月」。

一 一七一頁中七行「斷食」，磧作「斷貪」。

一 一七一頁中九行末字「汙」，石作「汗」。

一 一七一頁中一一行「貪欲」，石作「食欲」。

一 一七一頁中末行第四字「主」，南作「王」。

一 一七二頁上一一行「不間」，資、磧、普作「不聞」。

一 一七二頁上一八行首字「大」，諸本作「天」。

一 一七一頁中一行「踞跪」，資、磧、普、南、徑、清作「長跪」。

一 一七二頁中一一行「持誦」，徑作「成就」。

一 一七二頁下四行「丈夫」，徑作「大夫」。

妙臂菩薩所問經卷第三　相

西天譯經三藏朝散大夫試鴻臚少卿傳教大師臣法天奉詔譯

召請鉢天說事分第八

復次若欲召請鉢天來下說事者彼鉢天下處而有數種所謂手指銅鏡清水火聚平正地琉璃地燈焰童子虛空中及諸供養器等處皆是鉢天下處若有行人請得來已於前所說下處自說天上人間過去未來現在乃至具說超越三世善惡等事若是行人請召之時不依儀則於法有闕或所誦真言文字訛略或是闕剩又或不具正信不讀大乘經法或不陳供養設有供養隨於處所不求清淨之地或時童子頭面眼目或手或足及諸身分無端嚴相若如是者彼諸行人雖復勤勞而鉢天不下非唯召請不來而亦返得不吉祥事若持誦行人欲作請召鉢天者當須修先行法先行法者謂先持誦鉢天真言一洛叉徧或三洛叉徧然後取白月吉祥之日其日不食求淨土釁摩夷等相和塗地作壇如牛皮量此是下鉢天處若欲於童子下者即將童子澡浴清淨著新白衣與授八戒內外清淨訖坐壇中心面西而坐以香花等而為供養行人自亦於壇內布吉祥草面東而坐誦本天真言一心祈請定獲成就若欲令於鏡中下者先取好鏡圓滿無損缺者用淨灰揩拭七徧或八徧或十徧令其瑩淨安壇中心鉢天若下即於鏡中現世出世之事若欲令於指上下者即先用紫礦水洗滌大指後用香油塗摩彼鉢天乃下若欲令於水中下者即取新水仍須濾過添於瓶內鉢天乃下於中現事若欲令於空地及諸尊像前燈焰火聚處下者即先持誦真言加持淨水灑之鉢天即下若於如上之處請得下已即奉種種香花而為供養令鉢天歡喜天歡喜已乃於夢中說善惡等事若或具修諸法而天不下者當更發大慈大悲利樂之心一日不食復受八戒於殊妙尊像前或舍利塔前布吉祥草端身正坐不動不

搖一心專注持誦本部母或本部主真言一洛叉徧或二洛叉徧得數滿已再作此法當誦忿怒王真言及呼我吽字者至於枯木亦可令入何況人處若欲令於童子處下者當先求取童男十人或童女十人如數不足或八或六或四或二並通須年十歲或十二歲又須是身相圓滿徧身血脉及諸骨節悉皆不現膚色鮮白頭頂端正髮黑光潤面如滿月眼目修長牙齒齊密手臂纖長臁圓可愛兩乳隆起身毛右旋心腹之間有三約文臍深平正膂細端直乃至股肱膝腨踝指及跟諸相端嚴悉皆具足人所見者愛樂不捨若得如是童子或童女即取白月八日或十四日或十五日或別吉祥日即先令澡浴清淨著新白衣或著真珠之衣而為莊嚴嚴飾畢已仍與授八戒訖將於壇中面東而坐行人其日自亦不食澡浴清淨著新白衣具種種香花花鬘塗香燒香然燈及上妙種種飲食供養本尊及護八方天神又別置供養奉

獻天人阿修羅及潛行鬼類如是作已持誦行人復以妙花散彼童子然後手執香鑪念鉢天真言其真言首當先呼吽字中間復加屹里(二合)訶拏(二合)之句至此以花投於童子又呼阿鼻舍字(三徧)又呼乞溢(二合)鉢囉(二合)如是誦者彼鉢天須臾即來入童子身亦須審知其相若是來者其童子顏容熙怡目視不瞬無出入息即知是其鉢天來已便可燒香及獻閼伽心中當須憶念最勝明王真言禮拜供養然可請問尊是何天勞屈至此我今於自於他有所疑事願為速說仍須速問不得遲疑而彼鉢天一一皆說多說三世善惡之事若苦若樂得利失利種種之事一一皆說如是說已宜應信受勿生疑惑所問事畢速須依法供養勞謝發遣請還本位

復次鉢天自身來下當有證驗可知彼天作童子相兩目圓瑩於黑睛外微有赤色面首端正顏容熙怡視物不瞬無出入息有意氣大人之相若如是者是真鉢天來下若是障魔來下者其狀亦如童子無出入息顏容醜惡眼圓多赤作瞋怒相張口怖畏若覩是相當知是魔羅剎及龍潛行鬼類既審知已速須作法除遣持誦行人即於壇所讀誦吉祥伽陁或大力明王經及三摩惹經及穢跡忿怒明王真言乃至大乘諸陁羅尼而發遣之如是不去當誦師子座真言用阿里迦木及波羅舍木為柴揾酥蜜酪并稻穀花或胡麻等護摩百徧然後誦忿怒軍拏利真言護摩三徧或七徧彼障魔更不敢住自然退去諸有智者當須解了如是之法一一修行若為是事勿令辛勤無所靈應

妙臂菩薩所問經說諸遮難分第九

復次妙臂菩薩問金剛手言行人修行持誦有何罪障不獲悉地願為宣說當令未來諸修行人一一了知於諸修行而無疑惑

介時金剛手菩薩告妙臂菩薩言妙臂若有行人於過去世乃至今生於身口意不能善護造諸重罪是故修行法難成就所謂殺阿羅漢及殺父母破和合僧以瞋怒心出佛身血及毀壞佛塔或殺菩薩或强以不淨行汙阿羅漢母或使人或自作逼奪三寶財物如是之過佛說此為五無間罪若有是過於法難成何以故以此重罪當墮地獄受苦一刼乃卒先罪方得出離故說此人雖復勤苦以業障故於諸真言終不成就又復於諸如來所說經法以其瞋心或火燒或水溺或方便毀壞或謗法身或殺持戒僧尼或無故殺持戒男子女人或以瞋心縱火焚燒伽藍若有此罪雖復勤勞亦不成就若或於佛法僧所興損害心不限多少我今說彼受報少分如是之人當墮無間地獄畢是罪報復生人間以餘業故設得人身生貧賤種或遇善友勸發無上菩提之心後又不定返却歸依外道天等彼外道天雖見歸依亦復不喜返生瞋害若此之人持誦修行終不成就若復有人從初發起無上菩提之心從是之後諸天及人宜應供養何以故彼人即是荷擔一切有情能於有

情施無畏故乃至於三寶種能繼嗣故是以不應返禮諸天又復不得作猛害之過及殺仙人又復不應於真言明互相破壞又或以瞋心故不供養真言明主又或乃至以足踐蓮花及諸印契又或無故手折草木之類又復禮拜諸惡藥叉之類或喫供養殘食及供養鬼神殘食或喫棄地之食又或於畜生女行不淨事或與女人於伽藍清淨之處行不淨事或以禁呪或用藥力害諸地蟲或乘象馬牛驢欲令急速强鞭攴之又於病患之人及苦難之人不發慈悲救濟之心如是等人於真言明終不成就

復次行人譬如虛空不可量度若復有人於三寶所而行損害後感其報不可度量亦復如是又復行人曾以羅網傷害有情畜養猫兒捉殺蟲鼠乃至籠禁鸚鵡飛禽之類如是之人不得成就又不得受用供養佛物又不得禮拜大自在天及日天月天火天那羅延天設使遭其苦難亦不應禮拜彼諸天等所有教法不應持誦

亦不應供養行彼法人於彼等法不瞋不喜亦不隨喜彼法儀則或有財寶欲行惠施者即先發大慈悲心先當禮拜一切諸佛次禮菩薩緣覺聲聞之衆何以故彼菩薩等如月初生已超衆曜後漸圓滿明照世間彼菩薩等亦復如是雖在地位終當取證無上菩提是故應須禮拜如是之衆又菩薩等乃是荷負一切有情之者所有發大慈悲欲救濟者宜應先禮此菩薩等又復世間有可愍者愚癡下劣有情於菩薩等不肯禮拜彼菩薩等具大精進神通難測行人若不禮拜非只所持誦法不獲成就亦乃輕於諸佛何以故譬如世間一切果實從花而得花喻菩薩果喻菩提是故行人宜應信禮若有菩薩爲利益故於貪欲者示現行欲乃至於善人惡人實無愛憎之心以慈悲故方便讚毀云何行人於菩薩等不生信禮彼諸菩薩或復示以種種真言明主之相爲欲隨願滿足有情之心是故應須信禮一切真言明主之師

妙臂菩薩所問經說勝道分第十

復次持誦行人於所修行勿生疑念當以八正道常爲資持行此道者於真言行定獲悉地又復當來常生天上人間勝妙之處過去諸佛修行此道得成正覺現在未來諸佛世尊亦復如是以身口意所修功德常依佛言不生疲勞如是修行名爲正業以其飲食湯藥衣服卧具諸所受用不生愛著是名正命於自於他不讚不毀遠離瞋恚如避火聚又如猛虎見火驚怖懼諸過咎常令如此是名正行不學占相男女吉凶等事不學天文地理陰陽之法乃至降龍及調象馬書算弧矢之藝能遠斯過是名正分別不應往觀鬪象馬牛羊雞鶴飛禽之類及諸男子相撲之戲能離斯過是名正念乃至不應言說王法國政及地方論兵戰相持之事婬坊婬女耽著之論亦不談說謎語亦不談說往昔所經之事乃至世間一切無益文字言論等事持誦行人當須遠離如是種種之過又若持誦求悉地

者至成就間不應時入城郭村落塔廟伽藍及外道所居神祠宮觀如是之處皆不應住若為持誦事不獲免當於如上之處隨求一處清淨勝地或即別求山間或是池側或就空舍或故神祠或樹下或河岸乃至山泉之側離諸喧雜無人之處專心持誦又復一年之內唯除三月夏安居時不行餘外若春雨時并及餘時隨意遊處山林泉池乃至如上一切勝處專心持誦行人若是修先行法誦數雖滿夏安居時不得作成就之法譬如苾芻夏安居時一切不作安坐寂靜持誦行人亦復如是唯於持誦不得間斷夏滿之後如法護身方作成就

復次欲求悉地者持誦數滿須作護摩作護摩爐亦有數種所謂蓮花相團圓相三角相四方相如是四種所用不同並須虔心製造當令如法欲作爐者先求淨土及瞿摩夷相和作泥泥爐爐須有脣極令牢固亦須四面作基陛相為供養聖賢之位若作

善事及求財寶乃至息災及愛重法者須作圓爐若為求一切事至於童女給侍之類須作蓮花爐若為調伏諸龍及一切鬼類或令火燒或令苦痛者須作四方爐若為作惡法欲令冤家心生怖畏馳走遠避不敢來近者須作三角爐所造爐並須如法依儀製作訖於爐四面徧敷吉祥草應是護摩之物並須安置爐外基下有瞿摩夷塗處然後於彼爐邊散種種花塗香燒香諸飲食等供養三寶及本部大金剛族明主真言主等供養訖然後於爐內生火其火不得口吹用扇子扇火得火著已先用稻花或用胡麻與酥相和誦本部明主真言一誦一擲或七徧或八徧乃至或二十徧擲於火中此名護摩供養明主供養訖然後依法護摩以求悉地行人先自擁護用忿怒軍拏利真言呪吉祥草或七徧或八徧或二十徧結作絡腋護身訖然後敷吉祥草面東而坐將酥蜜酪和白芥子器內盛之以所用柴搵兩頭誦本尊真言擲

於火中一誦一擲火初盛著先觀火焰知其吉祥及不吉祥之相其火若是不扇自然而著又得大熾無煙復無烓聲焰峯聚起一向右旋如日照然無諸障蔽其色如金或如珊瑚或廣或長相狀多異或如虹霓或如電閃或如孔雀尾或如蓮花朶或如護摩杓或如金剛杵或如三叉或如橫刀或如幢幡或如瓶螺或如拂或如車又或如諸樂器鼓笛等聲至於香氣亦如燒酥若得如是種種吉祥之相當知速獲廣大悉地又復其火初便難著雖著多煙其焰不能廣大熾盛漸却微劣以至爐滅設得不滅與煙相兼無紅赤色又如日輪在於雲中不能明顯或得火焰上騰即作牛頭之狀或如驢馬之狀或即大烓迸燒行人或即火氣如燒死屍行人若是得此相狀了知不吉所求悉地定不成就行人便須再以稻花白芥子酥蜜相和即誦赤身大力明王真言及穢跡忿怒明王真言等作護摩前不吉祥相自然不現一切消滅又復

行人不應以刃剃三處毛亦不應用
欒塗落亦不應以手拔棄譬如有人
手持利刃若無智慧速當自損若人
持誦不依儀法非唯法不成就亦當
別招自損若是行人持誦修行不依
儀則或不持戒或不清淨彼大明主
終不瞋害所有明主侍從眷屬見其
過故便即損害
復次持誦行人若欲持誦速悉地者
所有儀法不得纖毫闕犯使諸魔障
而得其便當須隨力辦種種飲食香
花果子等當祭天阿修羅欒乂及龍
揭路茶揭吒布單曩乾闥婆部多一
切諸鬼魅等以祈擁護不為障難備
祭食已即須虔心一一呼名啓請願
各降臨受於供養助成悉地即誦此
啓請真言真言曰
袮(引)嚩(引)阿酥囉(引)夜乂部旮誐(引)
悉馱(引)哆(引)乂也(二合)酥波囉拏(二合引)
羯吒布怛曩(引)室左(二合)巘達里嚩(二合)
囉剎佉囉(二合)賀惹多野室左(二合)曳(引)
計(引)唧部冐(引)尾曩扇帝袮尾也(二合)
你也(二合)悉帶(引)(二合)迦惹努必里(二合)體

尾多隸(引)憾訖里(二合)怛嚩(一合)拏隸
尾惹拏(二合引)波夜(引)弭旦(引)覩(引)補怛
囉(二合)捺妳(引)娑賀部里(二合)怛也(二合)僧
契(引)酥嚕(二合)怛嚩(二合引)伊賀演(引)覩阿
努誐囉(二合)賀(引)囉探(二合)揄弭不里(二合)
瑟致(二合引)你挽帝部哆(引)曳(引)難那你(引)
曳(引)左酥囉(引)羅曳(引)數曳(引)冐(引)
那夜(引)悉帝(二合引)囉滿袮里(引)數曩
誐里(引)數薩里吠(二合引)數唧曳(引)嚩扇
帝娑里醋薩里嚩(二合引)酥左僧誐弥(引)
數囉怛曩(二合引)羅曳(引)左(引)閉訖里
(二合)多(引)地嚩(引)娑(引)嚩(引)閉多拏(引)
詣(引)數左波羅嚩(二合)隸(引)數俱吠數
涇嚩(二合)部里(二合)數左你里惹(二合引)里(引)
數曳(引)誐囉(二合引)摩具(引)世(引)布囉
迦(引)曩你(引)嚩(引)輸你也(二合引)羅閉(引)
袮(引)嚩誐里(二合)吧(引)數曳(引)左尾賀(引)
囉唧(引)怛也(二合)嚩娑他(引)室囉(二合)弥(引)
數摩滯(引)數舍(引)羅(引)左供惹囉(引)
祓(引)曳(引)部部里(二合)哆(引)唧多誐里(二合)
吧(引)數扇帝囉他也(二合)酥尾體數左左
怛嚩(二合)里數曳(引)再迦沒里(二合)剎(引)
數摩賀(引)鉢體(引)數摩賀(引)舍摩(二合)

舍(引)你(引)數摩賀(引)嚩你(引)數僧吧(引)
怛里娑(二合)乞乂(二合引)尾揄(二合)史哆(引)酥
曳左嚩扇帝具(引)囉酥摩賀(引)吒
尾酥袮尾(二合)閉(引)數袮尾曳(二合引)數訖
里(二合)哆(引)羅夜(引)室左(二合)袮(引)嚕(引)
舍摩(二合)舍(引)你(引)你嚩扇帝曳(引)左
訶哩(二合)瑟吒(二合引)鉢囉(二合)娑怛曩(二合引)娑
囉(二合)惹巘馱摩(引)羅焰(二合)麼波末隣
袮波努帝左婆訖怛也(二合引)誐里(二合)恨
祓(二合)湅部旮覩閉挽覩再鍐伊難左
迦里摩(二合)娑頗楞祖產覩矐鍐覩訖
里(二合)怛嚩(二合引)誐囉(二合)賀布惹喃覩袮
誐里左(二合)曩怛吠(二合引)迦摩曩(引)覩俱
里也(二合)印捺囉(二合引)覩嚩日哩(二合)娑賀
部多僧契(引)伊鈴覩誐里(二合)恨祓(二合)
覩末隣你悉里(二合)瑟吒(二合引)阿詣你(二合)
里也(二合)冐(引)乃(引)里帝部鉢帝室左(二合)
阿鍐(引)波底里嚩(二合引)揄嚩曩(引)地
嚩室左(二合)伊舍(引)曩部哆(引)地鉢帝
宅左(二合)袮(引)冐(引)烏里嘆(二合)覩賁捺
囉(二合引)里迦(二合)閉哆(引)摩賀室左(二合)袮(引)
嚩(引)三摩娑哆(二合引)部尾曳(引)左曩(引)
誐(引)馱囉(引)玉吧也(二合)誐妳(引)娑弥(引)

哆引鉢囉二合底鉢囉二合底怛吠二合曩
你吠引那難覩娑嚩二合迦娑嚩二合迦引
歳引嚩祢舍引酥部怛嚩二合誐里二合
恨赦二合覩覩瑟吒二合娑嚩羅引娑
賽引你也二合娑補怛囉二合那引里引
娑嚩二合惹乃引娑弥引哆引度波末
隣補瑟波二合尾隷引波難左部昝覩
惹也二合伽覽二合覩閉挽覩冉鍐昧引
怛囉焔二合引弥劍引悉弟弥魿引祢
扇覩噎鍐覩嶪薩里嚩二合你拏引左
囉引赦引迦嚕引怛也二合惹娑覽二合
末隣迦里摩二合迦引里焔二合

妙臂菩薩所問經卷第三

乙巳歲高麗國大藏都監奉
勑雕造

妙臂菩薩所問經卷第三　第十六張

妙臂菩薩所問經卷第三
校勘記

一　底本，麗藏本。
一　一七五頁上九行「天上」，資、磧、普、南、徑、清作「天下」。
一　一七五頁中六行第七字「本」，徑、清作「鉢」。
一　一七五頁中一八行第六字「奉」，資、磧、普、南、徑、清作「舉」。
一　一七五頁中二二行「殊妙」，資、普作「珠妙」。
一　一七五頁下三行第一三字「及」，磧、南作「乃」。
一　一七五頁下一九行首字「嚴」，資、磧、普、南、徑、清無。
一　一七六頁中一五行品名上經名「妙臂菩薩所問經」，徑、清無。下品名例同。
一　一七六頁中一七行末字「宣」，磧作「冠」。
一　一七七頁上一八行「羅網」，諸本作「纙網」。
一　一七七頁中二二行「爲欲」，徑作「惟欲」。
一　一七七頁下三行「此道」，磧、南作「法道」。
一　一七七頁下一九行「兵戰」，資、磧、普、南、徑、清作「共戰」。
一　一七七頁下二〇行「躭著」，資、磧、普、南作「躭者」。
一　一七八頁上五行「池側」，資、磧、普作「池測」。
一　一七八頁上一二行「之法」，磧作「心法」。
一　一七八頁上一五行第六字「之」，資、磧、普、南、徑、清作「足」。
一　一七八頁中三行第六字「須」，磧作「頭」。
一　一七八頁下九行末二字「或如」，磧作「城如」。
一　一七八頁下末行第四字「相」，磧作「不」。
一　一七九頁上五行「招自損」，石作

「昭自損」。

一　一七九頁上一二行「阿修羅」，磧作「阿多羅」。

妙臂菩薩所問經卷第四　掲

西天譯經三藏朝散大夫試鴻臚少卿傳教大師臣法賢奉　詔譯

分別諸部分第十一

復次我今於持明藏分別佛菩薩等乃至諸部所說真言印契等如來所說三俱胝五洛叉真言及說明主名字故名持明藏又觀自在菩薩亦說三俱胝五洛叉真言而此部中真言主名曰馬首亦說自部種種曼拏羅名字復有七真言主此一一真言主皆十二臂或六臂或四臂持不空羂索隨意變現或四面頭戴寶冠以如意寶而為莊嚴光明晃耀如日照世此等真言主並是馬首曼拏羅所管復有八明妃所謂目精妙白君白觀一髻金顏名稱苾芻俱胝此等皆是蓮花部明妃亦說七俱胝真言并種種曼拏羅及諸手印為利益一切貧窮衆生及摧伏一切作障潛行鬼類復有十七真言王六十四眷屬又有八大心明王又有諸大忿怒明王甘露軍拏利明王最勝明王大福德明王等我此部名曰廣大金剛族說八洛叉真言復有大神名半支迦說二十千真言彼神有妃名弥伽羅說十千真言亦名半支迦部復有大神名摩尼跋陁羅說一洛叉真言又有財主說三洛叉真言名摩尼部復有一切天人阿修羅等信佛者即於佛前說無量真言此等散入諸部或有入我大金剛部者或有入大蓮花部者或有入阿閦毗也(二合)部者或入半支迦部者或入摩尼部者如是或入非部所攝如上所說種種真言之教於此五部之內諸有行人並可修行

復次世尊所說有內勝最上妙寶又復於此流出究竟法寶從此轉生八大丈夫不退衆寶如是三寶於三界中最尊最勝為大福田是故行人欲得滅罪生福及本尊現前速成悉地者於念誦時先應歸命如是三寶若有持誦我金剛部中真言者初應歸命三寶次復先稱那謨室戰拏跋折囉皤拏曳摩訶藥叉細那鉢怛曳然後即誦真言其蓮花部亦然半支迦

部摩尼部亦尒

復次持誦行人於持誦時必先歸命三寶次復歸命本部明主然可持誦本修真言若是行人不歸信佛又復唯信辟支聲聞等法信既不足及更內心常懷慳悋嫉妬者不得執持我教所說大跋折羅

復有比丘比丘尼優婆塞優婆夷等以邪見謗此大乘妙真言教言非正說是魔所說我說此人是大愚癡復謂我大金剛手是藥叉類非實本宗不肯信禮乃至復不信禮諸大菩薩若或持誦我妙真言者非久之間必招自損何以故然佛菩薩等豈有惡心損惱有情但緣部內一切眷屬諸鬼神等見此癡人執我大金剛族大跋折羅兼持誦我教妙真言者彼諸眷屬即當瞋目視之乃至破壞身命若有四衆修行行人常時讀誦方廣大乘之教又能為諸有情分別解說具大精進轉不退輪一心趣向無上菩提者當知是人持誦我教必定速得意樂成就

復次我已前說佛菩薩等種種真言之教汝應專心信受勿生疑念我今復更爲汝說彼世間出世間外道及天人魔梵等真言之教汝當諦聽大自在天說十俱胝真言那羅延天說三十千真言大梵天說六十千真言日天說二洛叉真言帝釋天衆說一十八千真言贊尼迦說八千真言火天說三千七百真言俱尾囉說三千真言諸龍王說五千真言鬼主說十二千真言護世四大天王共說四洛叉真言阿修羅王說二洛叉真言忉利天主說二洛叉真言如是天等各各具說種種真言印契并曼拏羅儀軌等可依法受持若違本教不唯真言不得成就亦乃自招過咎

妙臂菩薩所問經說八法分第十二

復次成就之法總有八種所謂成真言法成長年法藥成就法出伏藏法入修羅宮法合成金法土成金法成無價寶法此之八法說爲三品成真言成長年入修羅宮此三爲上品成無價寶出伏藏土成金此三爲中品

妙臂菩薩所問經卷第四　第四張　相

合成金藥成就此二爲下品若復有情智慧過人及有戒德亦復樂修大乘之法如是之人可求上品若復有情雖具修行未息貪欲可求中品若復有情在愚癡者必求下品諸有行人雖備受貧苦恒所不足者應求中品不應求下品若欲獲得八法種種成就者當須修福以爲資持若有福者求人天快樂及一切愛樂延長壽命威力特尊端正聰明法皆成就若有行人不戀世樂愛樂修行於三寶尊常在心念真言法則恒具修持復於念誦未嘗間斷如是之人必能成就及滅罪障解脫諸苦又復能於現在及彼未來成諸快樂唯佛所說真言威力更無異法譬如天火下降及降霜雹能傷草木無所免避真言威力能摧苦惱及諸罪障亦復如是又如劫樹能滿有情一切意願真言之力能與有情一切悉地及以富貴色力長壽亦復如是又復菩薩覩諸有情或遭王難或水火難乃至賊盜劫殺之難一切怖畏苦惱逼身菩薩於

妙臂菩薩所問經卷第四　第五張　扣

是即自變身爲真言王種種色相救濟有情令得解脫又復有情雖處居家愛著妙境於真言法及彼儀軌雖則日有持誦且非猛利精進於久久時乃成先行之數先行滿已或驗現前乃於是時方離五欲具戒清淨入於靜室更誦真言滿一洛叉然後不久即得所樂悉地

復次行人於持誦時或悉地時入曼拏羅近諸賢聖既修是法要須清淨澡浴之法先以淨水調和淨土偏塗其身然後入大水中隨意洗浴淨手足已或面東或面西蹲踞而坐作護身法即以右手取水偏灑其身不得令水有聲復以右手取水一掌掌中之水勿令有沫乃誦真言呪掌中水三偏吸三吸亦勿令有聲然後用水以大指拭口兩偏及灑身上以爲護身如後忽覺齒中有其殘穢又以手觸或即欬嗽洟唾或即覺氣逆噦更須如前呪水吸水拭口漱口澡浴畢已即入靜室此後不得輒與人語除助伴外應是男女在家出家之者及

妙臂菩薩所問經卷第四　第六張　相

外道婆羅門淨行之者童子童女及
復耆年乃至諸不男等如是人等悉
不得共相言語及相觸著若相觸著
又須同前洗浴及拭口漱口若有行
人恒樂清淨澡浴其身及樂持誦又
於有情普皆憐愍亦不於他利養心
生貪愛乞食自居修真言行如是之
人妙陁羅尼自然獲得
復次行人若求悉地於念誦時或有
人來奉施上妙衣服金銀珍寶裝嚴
騎乘塗香燒香乃至飲食及一切樂
具或多或少悉不得受
復次行人求成就時凡是大小便利
畢已一一並須依法用其水土重重
揩洗以求清淨若其不食斯最為上
免使觸穢薰於賢聖
復次行人將求成就慮其罪障不獲
現前即須預前重重念誦伸其懺悔
譬如夏熱之時風搖衆樹木相揩故
火遂生著功用不如自焚衆草如諸
行人以精進風搖淨戒樹生念誦火
焚燒罪草亦復如是又如冬時雪自
凝積日所照故雪自消散行人清淨

戒日舒光罪雪盡消亦復如是又如
室中千年黑闇一燈倏照黑闇都盡
亦如行人千生之中所積黑業忽從
慧火然念誦燈明力威光爍黑闇業
一切都盡
復次行人持誦修行乃至護摩由不
獲悉地者當以香泥和於淨砂或江
河邊或泉池側選其勝處印造成塔
滿一洛叉想同如來舍利之塔以虔
心故行人自無始已來所作罪障一
切消滅所求真言悉地乃於今生定
獲現前
復次持誦行人求悉地者以持戒為
根本然後運菩提心發精進勇施正
勤力持誦真言常不懈退於佛菩薩
倍生恭信譬如輪王具足七寶方理
國土而得安靜持誦行人奉戒清淨
乃至於佛菩薩倍生恭信若具此者
息滅罪障當獲悉地
復次行人修先行法以多為勝持誦
數滿然作護摩以護摩故即得本尊
歡喜是故行人於所求事即得意樂
成就若復行人作攝喜人法者意有

所樂乃至極遠迨百由旬自彼來者
皆是藥叉婦女若復有人欲成就藥
叉女者設得悉地非是殊勝譬如世
人衒賣女色與人為欲本求財寶不
求餘故彼藥叉女亦復如是變於身
形求行人所承事供給一切不違本
非情愛但以真言力之所攝故其藥
叉女來事行人雖即共居事無違者
然惡心恒在常伺其短候得過失即
便損害有愚癡者而為欲故求此悉
地不唯自犯邪行之過亦乃上違諸
佛菩薩辟支聲聞一切聖賢四大願
心孰有智人坦作斯過所有一切天
人阿修羅夜叉及龍乾闥婆乃至部
多并諸鬼類以信重佛故為利益故
於世尊前自說本明乞佛證許佛以
悲願一切攝受又復世尊為於未來
一切有情無主無依分別解說修真
言行使得上中及下三品之果上品
果者得神通入修羅窟隱身自在及
變身為藥叉女夫主或成聖藥或即
變身為密跡等或作鬼國之主或現
忿怒之相降諸鬼神及一切宿曜等

中品者爲求長年或求愛重或求貴位或求財富下品者以法威力及呪藥力治諸天龍夜叉一切部多潛行鬼類作執魅之病或以呪力治一切毒或禁或縛袪一切毒類或除一切藥毒之病

又復佛言於諸世間有毒無毒虵及衆蟲其類無量略而言之惣有四類所謂一牙二牙三牙四牙於此四類分八十種内二十種舉頭而行六種住即盤身十二種雖羞無毒十三種爲虵之王餘外有半虵半蟲之類又復有毒蟲之類所謂蝦蟇蜘蛛及虞獸等如是之類其數尚多然此蟲等毒有六種一者糞毒糞著於人即便毒發二者尿毒尿著人身即便毒發三者觸毒隨觸人身即便毒發四者涎毒涎所沾人即便毒發五者眼毒眼視於人即便毒發六者牙毒隨咬之處即便毒發前所說言虵四類者毒有深淺一牙所咬者有一牙痕此徵有毒名之曰傷二牙所咬者有二牙痕有血流出名曰血汙三牙所咬

有三牙痕將極所傷名之曰損此三類者雖毒可救四牙所咬者有四牙痕毒疾偏身定趣於死名曰命終此第四類或承法力而有差者然諸毒所中若用藥救不及真言之力何以故譬如大火興盛若遇大雨其火便息大真言力攝其毒類亦復如是諸有智者善知如是種種諸毒常時持誦大威真言與毒共戲無所怖畏何以故譬如師子與牛共戲亦復如是

復次有天魅阿修羅魅藥叉魅龍魅乾闥婆魅餓鬼魅乃至毗舍遮等種種之魅或求祭祀或復戲弄或欲殺害以如是故遊行世間常敢血肉伺求人過又復或因瞋故擊捉有情或因飢餓惱亂有情或令心亂或歌或舞或喜或悲或即愁惱或即亂語作如是等種種異相令人怪笑即以金剛鉤或甘露忿怒金剛等真言治之即得除差又有預知彼等諸魅之性及療治法然可無畏行摧伏事但以諸佛菩薩所說真言而加臨之何以故無有諸天真言之力能破佛菩薩

等真言之力

復次我今更説滅罪之法若有行人欲修此法者應就幽深清淨之處或近江河用香泥和砂造於制底中安法身妙偈彼梵天及一切天藥叉持明大仙乃至迦樓羅乾闥婆部多等類若有見者恭信禮拜一切合掌作如是言希有希有大慈悲者愍念一切諸有情等無依無住作如是事希有希有徵妙行人愍念有情作如是事以法威力故彼諸天等或見行人手執光明熾盛大金剛杵或見手執堅固鐵杵或見手執猛利大輪或見手執不空羂索或見手執三鈷大叉或見手執鋒利之劒或見執棒或一鈷叉或見具執種種器仗殊特可畏或見面相端嚴殊特凡有見者歡喜愛樂彼諸天等乃至部多等而作是言我等歸命尊者不久必得持明大仙乃至下及富貴等事若有修行如是正法彼人速獲罪障消滅不受大苦威耀世間如日出現我等護持如是行人勿令心亂乃至當獲如意成

就諸梵天等作是語已皆大歡喜頭面禮足各乘本坐退散而去

介時金剛手菩薩告妙臂菩薩言妙臂我今所說汝已聽聞可於世間流傳救度時妙臂菩薩稟受奉行頂禮而退即於世間廣為有情流傳宣說

妙臂菩薩所問經卷第四

乙巳歲高麗國大藏都監奉
勑雕造

妙臂菩薩所問經卷第四　第十三張　相

妙臂菩薩所問經卷第四

校勘記

一　底本，麗藏本。

一　一八二頁上二〇行第七字「王」，徑、清作「主」。次頁下一行第九字同。

一　一八二頁中一一行末字「非」，資、磧、普、南、徑、清作「諸」。

一　一八二頁中一三行「之內」，資、磧、普、南、徑、清作「之行」。

一　一八二頁中二〇行第一二字「初」，資、磧、普、南、徑、清作「切」。

一　一八二頁中二二行「藥叉」，磧作「樂叉」。

一　一八二頁下二〇行第六字「能」，磧作「進」。

一　一八三頁上一七行「妙臂菩薩所問經」，徑、清無。

一　一八三頁中九行末字「壽」，徑作「受」。

一　一八四頁上七行「貪愛」，南作「清淨」。

一　一八四頁上一〇行「裝嚴」，資、磧、普、南、徑、清作「莊嚴」。

一　一八四頁上一二行第四字「或」，資、磧、普、南、徑、清無。

一　一八四頁中四行第二字「火」，普作「大」。

一　一八四頁中一九行「息滅」，徑作「悉滅」。

一　一八四頁下六行第二字「求」，南、徑、清作「來」。

一　一八四頁下二二行「或作」，磧、普、徑、清作「或等」。

一　一八五頁中一五行第一〇字「擊」，資、磧、南、徑、清作「繫」。

一　一八五頁中一九行「剛鉤」，資、磧、普、南、徑、清作「剛劍」。

一　一八五頁下七行「恭信」，資、磧、普、南、徑、清作「恭敬」。

一　一八五頁下一四行第一二字「鈷」，徑、清作「股」。一六行首字同。

一　一八五頁下一六行第五字「具」，資、磧、普、南、徑、清作「其」。

佛説寶藏神大明曼拏羅儀軌經卷上　相

西天譯經三藏朝散大夫試鴻臚少卿傳教大師臣法賢奉詔譯

如是我聞一時佛在楞伽國於彼國
中有尾鼻瑟拏羅叉王月軍羅叉王
等於佛法中皆得不退復有住大福
德菩薩摩訶薩恭敬圍繞時彼世尊
運神通力上往虚空至吠覽婆界從
空而下於曩尼嚕閉祖摩里那樹下
安詳而坐尒時寶藏神夜叉王阿修
羅王毋唧隸那龍王五通飛五髻乾
達婆王子吉隸枳羅羅叉王火頂緊
曩羅王五髻緊曩羅王大樹緊曩羅
王財主夜叉王復有住不退地菩薩
摩訶薩心大歡喜異口同音而白佛
言希有世尊希有善逝所有過去如
來大功德正法得未曾聞而諸衆
生苦惱無量無主無宰無救無歸今
此正法能爲主宰而能救拔唯願世
尊利益安樂天上人間一切衆生説
此祕密曼拏羅儀軌心真言衆生若
聞行布施波羅蜜得阿耨多羅三藐
三菩提安樂圓滿
尒時復有夜叉等從座而起偏袒右
肩右膝著地合掌恭敬白世尊言曼
拏羅儀軌當爲宣説願樂欲聞
尒時世尊告彼夜叉王等大會之衆
汝今諦聽善男子此正法是大夜叉
王曼拏羅儀軌心真言真實祕密得
未曾有一切如來同所宣説
復有半尼所(二合)天子末羅賀天子酥
摩天子普酥摩天子惹野天子等於
其晨朝倶來佛所頭面禮足繞佛三
帀住立一面尒時彼菩薩摩訶薩以
其神力令曩尼囉閉祖摩里那樹下
起大光明普照一切
尒時世尊告彼菩薩摩訶薩言我今
欲説大富貴未曾有圓滿大法海汝
等當受持信順奉行
尒時寶藏神夜叉王從座而起偏袒
右肩右膝著地合掌恭敬白佛言世
尊唯願慈悲説此真實八大富貴未
曾有圓滿大法海我等受持奉行
世尊告言如是大腹蓮華色一切莊
嚴大夜叉王祕密法於寶藏神大夜
叉王兩邊有夜叉一名吉隸二名摩
隸恒傾寶藏北方名舍也(二合)摩夜叉
妙滿夜叉滿賢夜叉東方獲財夜叉

大財夜叉亦傾寶藏大腹一切莊嚴
大夜叉王如童子相守賢聖堂門誦
人應觀想此八大夜叉王即説八夜
叉眷屬真言
唵(引)馱曩(引)那野娑嚩(二合)(引)賀摩賀(引)
馱曩(引)那(引)野娑嚩(二合)(引)賀摩尼婆
捺囉(二合)(引)野娑嚩(二合)(引)賀布囉拏(二合)婆
捺囉(二合)(引)野娑嚩(二合)(引)賀惹敢(二合)婆
羅母契伞(合一)捺囉(二合)(引)野娑嚩(二合)(引)賀
惹敢(二合)婆囉左隣捺囉(二合)(引)野娑嚩(二合)(引)賀
賀唵(引)唧尾軍拏隸你(引)娑嚩(二合)(引)賀
唵(引)枳(引)隸摩(引)隸你(引)娑嚩(二合)(引)賀
此八眷屬夜叉王東方滿賢南方多
聞西方獲財北方寶賢等真言王一
切天人阿修羅皆生恭敬信受奉行
此八大夜叉王居八地自在大菩薩
位於其利生善能取捨安住三界一
切財寶於寶藏神右邊安置清淨寶
瓶及吉隸夜叉摩隸夜叉此二是寶
藏神兄弟亦居最上菩薩位一住西
南角誓願度脱一切衆生一住東北
方具大精進所見真實發歡喜誓願
若念名者所求皆得佛言我於過去
塵墨劫前深信佛法有大夜叉鬼王

於迦尸國請我受灌頂王位我於彼
時得入曼拏羅修秘密行爲諸衆生
說十善法令彼有情俱行十善各各
能捨一切財物我行布施波羅蜜多
清淨圓滿入歡喜地成菩薩位然後
斷除一切衆生貪病苦惱求一切智
願入如來應供正等正覺得佛智慧
過去諸佛亦復如是依真言教求成
就法已然後得成阿耨多羅三藐三
菩提是故汝寶藏神大夜叉王法爲
一切如來父母一切如來涅盤相汝
即如來能化夜叉形而爲利益一切
衆生我今說彼大夜叉王真言義曼
拏羅儀軌若彼誦人無財者令得財
無吉祥者令得吉祥一切所欲之事
令得成就我此曼拏羅法若見若聞
所有過去多劫多生愚癡所作一切
重罪皆悉消除
復能於寶藏神大明王菩薩同住親
近不久速得不退之地遠離一切貧
窮下賤諸苦煩惱身心適悅所有一
切空居宿曜及天龍夜叉乾闥婆阿
修羅迦樓羅緊那羅摩睺羅伽人非
人等諸惡心者皆不能爲害而作擁

護此八種大富貴夜叉王大法海廣
大圓滿若善男子等發深信心受持
此未曾有法修行梵行所得功德如
前無異
尒時寶藏神大夜叉王白佛言世尊
此八種富貴未曾有法我今受持願
作擁護息災吉祥我有心真言而能
利益安樂一切衆生於其世間悲愍
饒益願佛納受世尊我今知此正法
於過去世羯句忖那如來羯諾迦牟
尼如來及迦葉佛等互相傳說此心
真言我今欲說
尒時世尊告寶藏神大夜叉王汝宜
速說今正是時寶藏神大夜叉王聞
佛言已即說因緣此大夜叉王種種
變化譬如大火能燒一切煩惱薪亦
如人中王爲第一衆流之中海爲第
一星宿之中月爲第一此心真言亦
復如是所有四維上下世間出世間
中修行求福功德富貴最爲第一及
彼天上人間正等正覺二足世尊之
中亦爲第一
尒時寶藏神大夜叉王說此真言
曩謨引囉怛曩二合怛囉二合夜引野曩

謨引摩引尼婆捺囉二合野摩賀引藥
乞叉二合細引曩引鉢哆曳引唵引惹
敢二合婆羅惹隣引捺囉二合野娑
縛二合賀
尒時寶藏神大夜叉王說此真言已
三千大千一切世界六種震動所有
一切夜叉大將以其二手結印此印
相以頭指與大指相捻如鐶餘指並
舒此名衣印用此真言
唵引地里地里摩賀引三毋捺覽二合引
摩囉馱引囉迦引野娑縛二合引賀
次結莊嚴印以二手大指捻餘三指
甲兩頭各如環更相向上旋轉次復
相交此是莊嚴印用此真言
唵引弥引伽婆囉拏惹羅惹藍毋伽
曩娑縛二合賀
次拂印右手作拳左手叉腰此是拂
印用此真言
唵引賀囉賀囉囉惹計二合誐囉二合賀
囉二合囉拏也二合引野娑縛二合賀
次結曼拏羅印以二手合掌開其指
頭勿令相著垂手指向下此是曼拏
羅印及塗壇同用誦此真言

唵引俱胝羅瑜誐引嚩里哆二合必里二合夜引娑嚩二合賀

次結五色粉印將粉曼拏羅時以五指平正下覆於地此是五色粉印用此真言

呬引呬引嚕引曩末隸必里二合野揄引娑引野娑嚩二合賀

次結香印以二手作合掌令無名指中指頭拍入於掌內小指相合如針此是香印用此真言

唵引羅羅迦引羅引酥歡馱歡馱引野娑嚩二合賀

次結花印以二手大拍並豎此印香花同用真言亦尒令此儀軌諸佛如來亦乃略而說之若有供養此馱羅尼者如供諸佛而無有異如來應供正等正覺恒自攝受恒自長養若諸衆生依法持誦速入十地修十波羅蜜成就十力

尒時世尊於其座上觀察大衆告寶藏神大夜叉王汝寶藏神曼拏羅儀軌祕密真言及彼印法一切如來同所宣說毗鉢尸如來尸棄如來毗舍

浮如來羯句忖那如來羯諾迦牟尼如來迦葉波如來今我釋迦如來亦皆宣說善哉寶藏神汝今諦聽善思念之我為利益天上人間一切有情增長善根說於往昔求法之事我於過去無數劫中常往山中採柴為活忽於一日於其山野見一病比丘欲採於柴無力可為我自生悲愍心而施彼柴燃火造食供養看承經一日間而彼比丘身獲安樂心甚歡喜即為於我受三歸五戒令發菩提心然後說此曼拏羅祕密三昧儀軌時我得是真言王一心觀想依法受持而能成就聖寶藏神一切勝利之事作護摩三徧復作水護摩然後獻閼伽一日三時專心讀誦楞伽經如前作於觀想日日求法成就八種眷屬恒自擁護復書真言戴於頭上得寶藏神擁護若有人誦此真言一洛叉或二洛叉或三洛叉於舍利塔前安置幢幡受持齋戒為諸夜叉三夜出生供獻所求成就得最上神通具大神力若水護摩儀則令衆生獲大財寶

於江河寂靜之處先結齋戒然次入水內令水至臍以手掬水而作護摩復用塗香誦寶賢真言誦人觀想寶賢安頭指上滿賢安中指上獲財安無名指上毗沙門安手掌中計隸麽尼曼弟目契捺囉二合室囉二合室左二合哩引捺囉二合安大指上如是賢聖手相現見能為擁護佛說夜叉曼拏羅儀軌有如是功德何況智者誦人信佛重法持戒多聞一心清淨作最上曼拏羅福不可量

若欲作此曼拏羅須依清淨地並有花果樹林處掘地至膝廣闊十二肘用五淨水灑結淨然後實築平正如手掌誦夜叉王真言加持以種種香花而為供養若作法時須於白月吉日阿闍梨志心清淨以五種淨水作自結淨一心誦真言王作於擁護次於上下十方結界誦寶藏神真言加持香水依次灑淨用五色線令童女合造然後以供俱摩香水褭過用憂曇鉢木為橛拼線作曼拏羅先於東方起手作四方四角開四門於中方

安如來一切智王諸相圓滿向下安寶藏神色如青雲具足諸相以種種寶莊嚴於師子座上結跏趺坐其師子座以衆寶莊嚴放大光明如是殊妙右手作施願相掌有蓄摩勒果左手持寶囊滿種種寶復於寶藏神兩邊安置二金色夜叉王一名左隣捺囉二名目契捺囉身相相等於寶藏神下面安夜叉女七子母九子母於壇東方安夜叉母東南角安摩尼曩迦南方安曩誐曩婆迦西方安暗婆曩婆西南方安你羅曩婆北方安毗沙門西北方安大力大富伊舍曩天東北方安縛嚕拏大力天夜叉王次有惹敢(二合)婆羅夜叉護嚕護羅夜叉酥細拏夜叉娑野夜叉惹敢(二合)婆迦夜叉目吒迦夜叉囉訖哆(二合)吩縛夜叉摩護那囉夜叉安曼拏羅外第三重次安置夜叉女並須一一色相端嚴尾布羅夜叉女尾舍羅夜叉女贊捺囉輸末帝夜叉女誐縛夜叉女酥路左曩夜叉女鉢納摩薩曩夜叉女酥縛尾夜叉女摩賀摩野夜叉女酥

吉尸夜叉女馱曩麼羅夜叉女布室隸夜叉女拏嚕摩隸迦夜叉女手作施一切施願相及摩拏惹縛迦摩嚕閉酥嚕哆縛吉也(二合)酥捺里舍你摩護誐囉天帝釋等或二十或一百於曼拏羅外依其方位一一安置次金剛杵金剛劍金剛棒螺羂索幢輪三股叉外第一重安結界網第二重復安金剛杵第三重安金剛熾焰並令周帀次略明粉壇請召供養儀軌須用青黃赤白黑五色之粉先粉八方位地作八熾焰等如前所說次捻閼伽鉢滿盛香水及好花誦寶藏神心真言作於召請持誦者須自虔誠勿生疑惑若夜叉女等須各各念本真言召請令於有德智者請召天中天大明寶藏神既請召已然以摩羅帝花鬘色妙蓮華憂鉢羅花迦難摩花俱覽吒花緊輸迦花塗香燒香燃燈設食一切所須之物依次供獻次作護摩用紫礦安悉香龍腦香及白檀香於寶賢面前作護摩一千遍心供養於曼拏羅四角安閼伽瓶入五

穀五藥滿盛香水復於瓶口內插樹枝誦此寶藏神本尊真言

惹敢(二合)婆羅惹隣捺囉(二合引)野娑縛(二合引)賀

此真言能成一切事復次大夜叉王大智寶賢說夜叉心真言

唵(引)夜乞叉(二合)娑縛(二合引)賀

此真言亦能成就一切事

佛說寶藏神大明曼拏羅儀軌經卷上

乙巳歲高麗國大藏都監奉
勑雕造

佛説寶藏神大明曼拏羅儀軌經卷上

校勘記

一　底本，麗藏本。

一　一八七頁上二行譯者，磧、普、南作「西天譯經三藏朝散大夫試鴻臚少卿明教大師臣法天奉詔譯」；徑、清作「宋西天三藏朝散大夫試鴻臚少卿傳教大師法天奉詔譯」。徑、清卷下同。

一　一八七頁中二〇行「言如」，徑作「夜叉」。

一　一八八頁下一二行「三指」，磧、普、南、徑、清作「二指」。

一　一八九頁中一〇行第七字「獲」，徑作「護」。

一　一八九頁下一七行「淨水」，磧、普、南、徑、清作「清淨水」。

一　一八九頁下一八行末字「次」，磧、普、南、徑、清作「作」。

一　一八九頁下二二行「拼線」，徑、清作「絣線」。

一　一九〇頁上二〇行第八字「尾」，徑作「尼」。

一　一九〇頁中一七行第三字「明」，徑無。

一　一九〇頁下五行「能成」，磧、普、南、徑、清作「能成就」。

佛說寶藏神大明曼拏羅儀軌經卷下

西天譯經三藏朝散大夫試鴻臚卿傳法大師臣法賢奉詔譯

次下諸部真言請召發遣供獻加持
並皆通用

阿難哆鉢納摩二合引野娑縛二合引賀
此是蓮花寶藏真言
阿難哆商佉引野娑縛二合引賀引
此是硨磲寶藏真言
囉惹曩引婆引野馱曩引地鉢哆曳
娑縛二合引賀引
此是囉惹哆曩曩婆夜叉王真言
摩尼曩引婆引野引馱曩引地鉢哆
曳娑縛二合引賀引
此是囉怛曩二合曩引婆夜叉王真言
酥曩引婆引野馱曩引地鉢哆曳引
娑縛二合引賀
此是酥曩引婆夜叉王真言
暗婆曩引婆引野馱曩引地鉢哆曳引
娑縛二合引賀
此是暗婆曩引婆夜叉王真言
你囉曩引婆引野馱曩引地鉢哆曳
引娑縛二合賀

此是羅曩引婆夜叉王真言
吠室囉二合摩拏也二合野馱曩引地鉢
哆曳引娑縛二合引賀
此是毗沙門夜叉王真言
摩賀引曩引婆引野馱曩引地鉢哆
曳引娑縛二合賀
此是摩賀曩引婆夜叉王真言
賀囉惹敢二合婆迦吽頻吒娑縛二合賀
此是賀囉惹敢二合婆夜叉王真言
惹敢二合婆迦野㘕捺囉二合野娑縛
二合賀
此是惹敢二合婆迦夜叉王真言
護努護努喃曩引酥細拏也二合野
娑縛二合賀
此是酥細拏夜叉王真言
賀囉賀囉賛捺囉二合細引曩引野
娑縛二合引賀
此是賛捺囉二合細引曩夜叉王真言
惹婆曩引野娑縛二合賀
此是護摩真言
若作護摩用阿波摩陵誐滏柴以酥
酪蜜搵此柴頭持戒一晝夜作護摩
八千得大聰明能令誦人日記一千

頌永不忘失若以阿里迦木根作寶藏神相可長六指已來頭戴天冠種種莊嚴以香花供養然用阿波摩陵誐溼柴於酥酪蜜中搵過作護摩一洛叉日日得銀錢一百復說寶藏神心真言

曩謨(引)囉怛曩(二合)怛囉(二合)夜(引)野曩謨(引)摩(引)尼婆捺囉(二合引)野摩賀(引)藥乞叉(二合)細(引)曩(引)鉢哆曳(引)酥(引)縛(引)酥(引)尼訖里(二合引)尼野弥里致婆縛(二合引)賀

此寶藏神心真言能得最上成就若入水至膝作於護摩誦此真言能獲財利又若以你溼(二合)摩木可長四指令平正用持戒畫人畫寶賢相莊嚴具足以飲食等供獻已一日三時用焰多煙少之火使紫礦作護摩八千能降伏大財主

復說別夜叉王心真言文句用圓亦能令得最上成就

囉怛曩(二合)婆捺囉(二合)哆帝三摩野摩努瑟摩(二合)囉摩尼婆捺囉(二合)野婆誐縛覩(引)夜(引)唧哆婆覩(二合)馱摩

馱摩摩(引)唧囉摩賀(引)藥乞叉(二合)細(引)曩(引)必隣(二合)哆覩嚕覩嚕摩(引)尼婆捺囉(二合)覩嚕覩嚕摩(引)尼婆捺囉(二合)俱致俱致摩(引)尼婆捺囉(二合)覩致覩致摩(引)尼婆捺囉(二合)帝致帝致摩尼婆捺囉(二合)婆縛(二合引)賀

復有壇法不揀吉星曜日亦不假持戒之者但用阿里迦木或你溼(二合)摩木及別樹木作寶賢相以香花供養就日中用白芥子菜油塗在寶賢像身誦前真言百千遍日得八錢得已須令使盡不得留一錢日日如是

寶藏神復說真言儀軌令持誦者先自乞食持齋誦根本真言三洛叉然後於如來前設大供獻誦真言八千能得多財

次明水護摩每日以手掬水而却傾下水中如是至百掬或千掬對賢聖前而作供獻如是至六箇月能得大財

次說入大曼拏羅諸部灌頂真言

惹敢(二合)婆曩吒讃吒迦(引)野婆縛(一引)賀

此是讃吒迦夜叉女真言

囉訖哆(二合)即以(二合)賀縛(二合)婆縛(二合引)賀

此是囉訖哆吟縛夜叉女真言

摩護(引)那囉(引)野婆縛(二合引)賀

此是摩護那羅夜叉女真言

尾摩羅尾摩羅捺里舍(二合)你阿(引)夜(引)呬婆縛(二合)賀尾摩羅(引)尾摩羅尾舍(引)羅曩野你(引)冒馱(引)野婆縛(二合引)賀

此是尾摩羅尾舍羅夜叉女真言

賛捺囉(二合引)輸摩帝賛捺里(二合引)賛捺囉(二合)摩帝婆縛(二合引)賀

此是賛捺囉輸摩帝夜叉女真言

阿縛賀你酥路左曩唵(引)賛捺囉(二合)鉢納弥(二合引)婆縛(二合引)賀鉢納摩(二合)婆囉(引)酥訥嚕(二合)摩努(引)囉弥(引)婆縛(二合引)賀酥部嚕(二合)縛(引)護鉢囉(二合)怛也(二合)野婆縛(二合引)賀縛護縛呬你(二合)末隷伽吒具(引)致婆縛(二合引)賀

此是摩賀弥伽夜叉女等真言

酥枳(引)舍摩(引)隷枳(引)舍波里尼婆縛(二合引)賀

此是酥枳舍夜叉女真言

嚩曩摩引隸摩引隸你娑嚩二合引賀
此是摩曩摩羅夜叉女真言
烏里底二合瑟吒二合布室左二合隸引娑
嚩二合引賀
此是布左隸夜叉女真言
訥嚕二合摩摩引隸迦引迦引隸賀隸
訥嚕二合弥引枳隸枳隸娑嚩二合引賀
迦摩摩引隸你尾羅引悉你娑嚩二合引
賀迦摩摩隸薩里嚩二合引祢引嚩薩
里嚩二合誐羅二合摩努引惹尾引婆
誐嚩帝娑嚩二合賀摩努引惹嚩引迦
引摩嚕閉引婆引尾你娑嚩二合賀
此是迦摩嚕閉等夜叉女真言
酥嚕二合呬嚩引吉也二合緊迦里娑嚩
二合賀
此是酥嚕呬嚩引吉也二合夜叉女真
言
酥捺里舍二合你引迦引弥你娑嚩二合賀
此是酥那里舍曩夜叉女真言
摩護引誐里引二合娑焰迦里娑嚩二合賀
此是摩護佗囉夜叉女真言
印捺囉二合引野祢引嚩引地鉢呬野
娑嚩二合賀

此是帝釋心真言
阿誐曩二合引曳引賀尾也二合地鉢多曳
引娑嚩二合賀
此是火天真言
夜摩引野必里二合引哆引地鉢哆曳
引娑嚩二合引賀
此是夜摩天心真言
乃引里怛也二合曳引洛乞叉二合娑引地
鉢哆曳引娑嚩二合賀
此是乃乞里帝心真言
嚩嚕拏也二合野惹羅引地鉢多曳
引娑嚩引二合賀
此是水天心真言
嚩引野尾引捘哆里乞叉引二合地鉢哆
曳引娑嚩引二合賀
此是風天心真言
俱尾引囉引野馱曩鉢哆曳引娑嚩
引二合賀
此是俱尾羅心真言
伊舍曩引野馱曩引地鉢多曳引娑
嚩引二合賀
此是伊舍曩天心真言
惹里馱二合没囉二合憾摩二合尼所二合娑

嚩引二合賀
此是大梵天心真言
阿冒引尾瑟拏二合吠引娑嚩引二合賀
此是那羅延天心真言
阿你嚩里哆二合曩引野娑嚩引二合賀
此是金剛心真言
賀囉二合哆引娑曩引野娑嚩引二合賀
此是槊心真言
摩賀引寫引摩引野娑嚩引二合賀
此是杖心真言
佉陵誐二合尾摩羅馱引里尼娑嚩引二合
賀
此是劍心真言
嚩嚕拏嚩摩引野娑嚩引二合賀
此是羂索心真言
鉢囉二合普敢二合惹曩野娑嚩引二合賀
此是幢心真言
摩賀引爍引摩也二合囉娑摩曳娑嚩
引二合賀
此是輪心真言
左引隸引閉孕二合誐隸引娑嚩引二合賀
此是三股叉心真言并結界同用
娑囉捺引野娑嚩引二合賀

此是弓箭真言
唵引惹里馱二合惹羅縛曩羅二合半惹
囉引野娑縛二合賀
此是金剛網真言如是各各本尊真
言一一持誦加持賢瓶所有入曼拏
羅弟子用此賢瓶而與灌頂令得富
貴吉祥若入大曼拏羅志心依法虔
誠灌頂復能得見寶藏神三時敎勑
通達大印復作護摩以二十種物作
廣大供獻誦聖天及大夜叉王本尊
真言一日三時隨力供養得三昧真
言最上成就爲自擁護
佛言我今復說所作精熟最上印法
及真言句尒時大夜叉王等心生渴
仰請佛宣說
尒時世尊徧觀大會作師子吼告言
汝等諦聽諦聽今此寶藏神真言印
法具大慈悲難調伏者而能調伏與
一切衆生成就一切勝利之事夜叉
王等右膝著地合掌向佛默然而聽
尒時世尊如大師子自在無畏說真
言印二手平掌相竝二中指相交二
無名指如針屈第三節二頭指附無
名指大指順依頭指二小指如針此
是寶藏神根本印此印結中間得寶
藏神現身觀察誦人得施願成就誦
此真言
曩謨引囉怛曩二合怛囉二合夜野引曩
謨摩引尼婆捺囉二合引野摩賀引藥
乞叉二合細引曩引鉢多曳引唵引惹
敢二合婆羅惹隣捺囉引二合野娑縛二合
引賀
此真言及印於自身上五處用之作
此法時彼持誦人如自爲寶藏神
次作左隣捺羅夜叉王印以二手合
拳小指如針誦此真言
唵引左隣引捺囉二合野娑縛二合賀
此真言印能令夜叉王而作擁護
次作目契夜叉王印以手合拳小指
入掌無名指如針誦此真言
唵引目契孕二合捺囉二合野娑縛二合賀
此真言印亦能擁護誦人
次作一切夜叉女印以小指入掌無
名指屈第三節誦此真言
唵引悉你
此真言印亦能擁護召請亦得用
次作曼拏羅牆印以二手合拳頭指
各各如針誦此真言
唵引左隣捺囉二合滿馱袮苦發吒
次作曼拏羅上面網印前印相却令
頭指相合如針誦此真言
唵引目契孕二合捺囉二合引野發吒
次作曼拏羅橛印以二手作拳垂手
向地誦此真言
唵引賀里二合入
次召請七眷屬印如前根本印屈大
指誦此真言
曀呬曀呬袒嚕袒嚕惹羅婆野曩忩
里二合夜引野娑縛引二合賀
如是儀則能令七眷屬皆來集會
次作獻閼伽水印以二手作掬大指
及頭指附著中指誦此真言
唵引藥穰曩那引曳捺囉二合馱曩忩
里二合野鉢舍也二合鉢舍也引二合娑縛二合
引賀
次作獻座印合掌舉手三雙指屈第
三節中指磔開大指各各相離此是
寶藏神師子座印此印結中間夜叉
王幷眷屬同坐師子座於一切願誦

此真言

唵(引)惹取(二合)婆羅惹隣捺囉(二合)伊那
摩(引)婆曩摩里伽(二合)婆嚩(二合)(引)賀

次結洗浴印請召寶藏神并眷屬洗浴以二手作拳小指相交二無名指安入掌中二中指如針頭指附中指第三節大指亦附頭指誦此真言

唵(引)婆曩(引)(二合)曩必里(二合)野伽吒伽吒供婆惹羅婆嚩(二合)(引)賀

次結獻衣印以二手相竝如掌衣物誦此真言

乃(引)里哆(引)野囉(引)乂娑(引)地鉢哆曳(引)娑嚩(二合)(引)賀

次輪誦諸部真言發遣賢聖

嚩噜拏(引)野俱嚩囉(引)地鉢哆曳(引)娑嚩(二合)(引)賀嚩(引)野尾孕(二合)(引)哆里乞乂(二合)(引)地鉢哆野婆嚩(二合)(引)賀俱尾(引)囉(引)野馱曩(引)地鉢哆曳娑嚩(二合)(引)賀伊舍(引)曩(引)野部哆(引)地鉢哆曳(引)娑嚩(二合)(引)賀烏里馱(二合)沒囉(二合)憾摩(二合)尼婆嚩(二合)(引)賀冒吠(引)瑟拏(二合)尾(引)婆嚩(二合)(引)賀阿尾捥帝迦(引)野婆嚩(二合)(引)賀嚩曩(二合)護哆(引)婆曩(引)野婆嚩(二合)(引)賀設訖帝(二合)摩寫(引)摩(引)野婆嚩(二合)(引)賀難拏(引)佉陵誐(二合)尾摩羅左里尼婆嚩(二合)(引)賀嚩噜拏哆摩里嚩(二合)賀(引)曳(引)婆嚩(二合)(引)賀播(引)世(引)鉢囉(二合)普敢(二合)惹曩野婆嚩(二合)賀特嚩(二合)惹摩賀(引)爍摩也(二合)囉婆摩(一合)曳(引)婆嚩(二合)賀作羯囉(二合)麼(引)羅閉孕(二合)誐隷(引)婆嚩(二合)(引)賀怛里(二合)輪羅摩(引)羅閉孕(二合)誐隷婆嚩(二合)(引)賀祢舍滿馱婆囉那(引)野婆嚩(二合)(引)賀烏里馱(二合)惹羅嚩囉(二合)半惹囉婆嚩(二合)(引)賀

佛說寶藏神大明曼拏羅儀軌經卷下

佛說寶藏神大明曼拏羅儀軌經卷下

校勘記

一　底本，金藏廣勝寺本。

一　一九五頁下七行「㩜印」，磧、普、南、徑、清作「㩜印」。

佛說聖寶藏神儀軌經卷上　相

西天譯經三藏朝散大夫試鴻臚卿傳教大師臣法賢奉詔譯

歸命一切佛菩薩　頂禮依法寶藏神
藏神歡喜令求者　成就牟尼一切事

今說寶藏神廣大儀軌護摩法則若持誦之人須一向歸命三寶先受灌頂爲一切衆生慈心忍辱如所說法深信依行具此德者可行持誦儀軌之法欲作此法先自安坐諦淨身心思惟清淨之地可安賢聖堂殿之位所有河岸邊園林中山澗內聖賢經行處有聖跡處無盜賊處三惡不生清淨處但得一處殊妙及無虵蟲蚊蝱潔淨地位去其瓦石取河岸上淨土填令平正以五種淨水誦心真言及外心真言八百徧加持於水灑彼地上起首先誦真言如得好祥瑞之時即於彼處或面東或面西或面北作廣大殊勝賢聖堂殿復用五種淨水結淨自身其水仍加持八千徧施一切衆生及餓鬼等然自志誠齋戒一日三時沐浴又於三時換著新淨之衣意中思念三妙解脫如是而行於晚間入此道場持誦至求辰日半出時持誦終畢然後用淨水入淨土少許洗身上分即默然面東或面西或面北端坐洗身下分復別取淨土和水漱口三徧持聖無能勝真言以手摩頂徧加持亦三即得擁護自身復頂禮賢聖誦心真言或外心真言加持香水三徧以水灑賢聖堂即獻二十種供養結三昧印成金剛牆結金剛橛印成金剛網即以兩手平掌相對以二中指相並無名指屈第三節二頭指附彼無名指背二大指附二頭指邊二小指如金剛針作寶藏神根本印此印結中間當得寶藏神得現復誦根本真言

曩謨引囉怛曩二合怛囉二合夜引野曩謨引摩引尼婆捺囉二合野摩賀引藥叉細引曩引鉢哆曳引唵引惹惹敢反婆羅惹隷隷新反野娑嚩二合賀引

復誦心真言

囉怛曩二合婆捺囉二合曩帝惹惹敢反羅惹隷引捺囉二合野娑嚩二合賀引

復誦外心真言

囉怛曩二合婆捺囉二合曩帝惹惹敢反婆羅謨契反啓平捺囉二合引野娑嚩賀

誦此真言已即以二頭指豎如金剛此成金剛牆印二頭指如環此成金剛網印如是頭指相合此成金剛橛印此三印與寶藏神真言同用得大擁護

次請召賢聖於賢聖前作香臺以無蟲牛頭檀香及沉香等作香燭如是執彼香燭面向賢聖合掌恭敬安身不動即誦此真言

曀呬曳引二合呬婆誐鍐

誦此真言已即以大指屈入頭指中間作召請印復誦召請真言

囉怛曩二合婆捺囉二合曩帝曀呬曳引二合呬祖嚕祖嚕馱囉馱囉惹羅曩含野曩必哩二合野囉野娑嚩引二合賀

誦召請真言已得賢聖降臨即合掌各令三使指屈第三節以中指相拄大指相離作寶藏神師子座印以獻座此印結中間寶藏神并及眷屬皆坐其中而作施願

次作結淨用烏尸囉木作拂畫本尊賢聖色相即以右手作拳左手按畫作用拂印而用拂拭誦結淨真言七徧獻於賢聖真言曰

囉怛曩(二合)婆捺囉(二合)曩諦賀囉賀囉囉祖誐囉(二合)賀囉拏(引)野娑縛(二合)賀

復說曼拏羅結淨儀則以衢摩夷及香作泥塗曼拏羅地四方廣闊十二指若十二指已上亦合儀則乃作結淨印即以兩手各舒五指指各相離而下按地作結淨印已即誦曼拏羅真言七遍真言曰

囉怛曩(二合)婆捺囉(二合)曩帝俱胝羅俱胝羅(引)機哩哆(二合)必哩(二合)夜(引)野娑嚩(二合引)賀

復說燃燈儀則於新器中盛黃牛酥用覩羅綿為燈炷即以兩手作拳相合展兩大指兩小指相合如針作寶藏神燈印復誦燈真言七遍真言曰

囉怛曩(二合)婆捺囉(二合)曩帝護嚕護嚕鉢囉(二合)迦(引)舍野娑縛(二合)賀

復說洗浴賢聖儀則若是金銀玉石等像即可以水洗浴像身若是土壞綵畫幢像等以鏡照像浴其鏡像或夜後對月浴於像影作如是言我今獻浴即以兩手合掌令二小指相叉過二無名指入於掌中二頭指頭相抵屈如環二大指屈上節此是洗浴印復誦洗浴真言七遍真言曰

囉怛曩(二合)婆捺囉(二合)曩帝薩曩(二合引)曩必哩(二合)夜(引)佉吒佉吒婆惹羅供婆惹羅娑嚩(二合引)賀

復說塗香儀則以無蟲白檀牛頭栴檀等香為塗香結香印作如是言我今獻香即以二手大指相向磔開二頭指屈於中節作塗香印復誦塗香真言七遍真言曰

囉怛曩(二合)婆捺囉(二合)曩帝羅羅羅迦(引)羅迦羅酥獻馱獻馱必哩(二合)夜(引)野娑嚩(二合)賀

復說燒香儀則以無蟲白檀牛頭栴檀沉香乳香等於爐內裝燒之時作如是言我今獻香以二手大指頭捻中指等三指甲頭令二頭指屈第三節作燒香印復誦燒香真言七遍真言曰

囉怛曩(二合)婆捺囉(二合)曩帝覩嚕覩嚕摩賀(引)度波必哩(二合)夜野娑嚩(二合)賀(引)

復說獻花儀則惹帝花摩隸迦花曼陀羅花蓮花優鉢羅花摩俱羅花等而供養時作如是言我今獻花即以兩拳相向豎展二大指作獻花印復誦獻花真言七遍真言曰

囉怛曩(二合)婆捺囉(二合)曩帝補瑟波(二合)鉢囉(二合)嚕呬哩呬哩補瑟波(二合)祢(引)伽娑嚩(二合)賀(引)

復說五色粉壇獻食儀則用青黃赤白綠五色粉以惹帝花摩隸花等裹過專心粉曼拏羅及獻食時作如是言我今獻食即以兩手五指平正按地作五色粉壇獻食印復誦五色粉壇獻食真言七遍真言曰

囉怛曩(二合)婆捺囉(二合)曩帝呬(引)呬(引)摩賀譬(引)曩(引)麼隸必里(二合)野(引)輸(引)婆(引)野娑嚩(二合)賀

若所獻飲食用上好粆糖乳蜜造種種飲食及種種酥食其酥酪乳糖蜜

名三味甜食食中最上及用五穀食乳汁蔬菜等諸味具足白日供獻夜分即巳又以薑鹽胡椒三種具足作藥叉食每日夜分出此供養白日即巳若持誦者先須乞食或乳汁蔬菜果子等結齋食巳淨洗浴身然可課習所持之法令其精熟以前三白等食於賢聖堂外大樹下而爲供獻作如是言我今獻食即以二手平舒十指端直令二大指安掌中作獻食印復誦獻食真言七遍真言曰

囉怛曩(二合)婆捺囉(二合)曩帝舍迦舍迦麼隷囉(引)惹惹努鉚波迦麼隷捺(引)野迦袮(引)呬袮(引)呬娑縛(二合)賀

復說鈴儀則須用新鈴內有蕃聲相最妙者安挂曼拏羅門樓之上作如是言我今獻鈴即以右手覆下作鈴印復誦獻鈴真言一七遍真言曰

囉怛曩(二合)婆捺囉(二合)曩帝枳尼枳尼健吒迦囉拏具(引)鈸室里(二合)拏(尼尒反)娑縛(二合)賀

復說作蓋儀則以木作蓋身用新淨白綾綃等爲垂帶於帶上畫賢聖等

及於帶中間以珠寶莊嚴成其寶蓋作如是言我今獻寶蓋即合掌頂禮屈兩手中間如蓋相作寶蓋印復誦獻寶蓋真言七遍真言曰

羅怛曩(二合)婆捺囉(二合)曩帝仡里(二合)恨拏(二合)仡里(二合)恨拏(二合)蹉怛囉(二合)必里(二合)野蹉怛囉(二合)囉叉迦娑縛(二合)賀

復說幢幡儀則所造幢幡宜用新鮮顏色即以左手大指捻中指無名指小指頭指豎立少斜作幡印以右手大指捻無名指及小指豎立中指及頭指少斜振動作幢印復誦獻幢幡真言七遍真言曰

囉怛曩(二合)婆捺囉(二合)曩帝惹野惹野覩嚕覩嚕吠(引)惹演帝必里(二合)夜(引)野娑縛(二合)(引)賀

如是二十種供養其根本真言內心印外心印加持供獻皆可同用復以二手作拳小指如針作寶藏神印此印中間見寶藏神得歡喜我今說彼聖寶藏神曼拏羅能令無財者得一切財無善者獲一切善能成就一切事滅一切罪能得夜叉冨貴及得夜

叉同住

復說曼拏羅名夜叉門於清淨無人陸地樹林中以衢摩夷塗地種種香花恒用供養誦夜叉真言作灌頂法誦夜叉心真言作請召法及依法粉壇其曼拏羅令作四方每方各開一門方位周正於曼拏羅中心安寶藏神於寶藏上坐依次第裝嚴身色作白黃赤復作螺藏蓮花藏左名寶藏無量光右名寶藏金光東方安置夜叉王東南隅名摩尼光南方名寶光西南隅名水光西方名你囉羯囉舲西北隅名伊舍那天北方名寶賢此八爲大寶藏神眷屬若於此根本真言中求成就者細意思惟如法依行若不依者如行大地虛施辛苦令彼求者反成魔事是故一心於曼拏羅八眷屬處依法思惟志求成就五逆重罪皆悉除滅又持誦者先須受持齋戒常行慈悲喜捨所作曼拏羅先剷一土臺四方平正以香水灑淨却移大力寶藏神安置東北方却於曼拏羅中方安本尊釋迦牟尼佛結跏

趺坐合眼如入定相為三界師身真金色頂相圓滿一切莊嚴富貴第一彼佛左邊安大明菩薩名恒沙無畏觀自在身具四臂色如鵝如軍那花如月如真珠如乳色坐蓮華座手持蓮華頭作髮髻頂戴天冠上有無量光佛作善相圓滿誦者作如是言我今獻拂即以右手大指捻小指甲其餘三指如金剛杵相向上而轉作獻拂印復誦獻拂真言七遍真言曰

囉怛曩二合婆捺囉二合曩帝左摩囉左摩囉必里二合夜引野度吒度吒娑縛二合引賀

復說佛身莊嚴儀則所戴頭冠寶帶瓔珞等皆用金寶莊嚴如闕金寶而以木作莊嚴之具及用雌黃等色莊畫衣服作如是言我今獻此莊嚴即以二手大指各捻中指下三指甲以兩手頭指屈而相鉤向上轉作莊嚴印復誦莊嚴真言七遍真言曰

囉怛曩二合婆捺囉二合曩帝弥伽引婆囉拏惹藍引目伽曩娑縛二合引賀

復說供養儀則以殊妙花鬘香花寶

物及閼伽香藥清淨衣服眼藥金筋及五穀和合閼伽鉢供獻賢聖作如是言我今獻閼伽供養於師子座前即磔開大指作閼伽印復誦閼伽真言七遍真言如前誦如是持誦者於此閼伽真言法等先作精熟方可成就閼伽供養以頗璃寶等作十團食如闕緣以緑豆等五穀作十團食如闕五穀即以淨土為十團食而用供養次用果子如尾惹布囉迦果等應是吉祥甘美果子有殊妙香味自落者及果葉而為供養次用香如無妙香但以有香氣樹皮及花為粖作於香燭而為供養次用酥燈如無酥油以尸哩沙木或松脂等皆可燃燈而為供養若粉壇用七寶粖如闕緣即以五色米麪為粉如無米麪以上色白土或石粖淨沙染成五色可以粉壇次為賢聖出食如無飲食以果實藥根等代用如是儀則誦人雖闕緣須具二十種供獻若作曼拏羅須依行十波羅蜜無其罪業者而得成就不久速得法眼清淨證無為果若前

十團食用五寶或五金或五穀等若用五穀為團食須染成作五寶色如以菉豆為食即染為青色假作大青寶等而彼誦者作如是言我今獻閼伽等供養

次說發遣儀則用不蟲白檀及牛頭旃檀沉香龍花等即以中指無名指與大指相捻誦發遣真言加持七徧然後三說諸來賢聖隨自方位各歸本處以其香粖向空擲之用請召印磔開指頭亦成發遣印其發遣真言曰

囉怛曩二合婆捺囉二合曩帝呬呬訖里二合哆引帝引左婆捺囉二合婆誐鍐捺二合惹引拏二合誐蹉誐蹉娑縛二合引賀

持誦者乃自啓言我以信心為作利益唯願納受此閼伽香花等將自眷屬乘虛空道往本世界最上所居火天等天如楞嚴經天藏經等所說如是諸方各有賢聖東方過五十世界有世界名曰開花彼有世尊名開花王如來彼有菩薩名妙吉祥而住於彼西方有國名為極樂彼有世尊名

無量光如來彼有菩薩名觀自在而住於彼北方有國名阿拏縛底彼有聖金剛手菩薩寶賢菩薩滿賢菩薩及寶藏神等大菩薩而住於彼如是等衆令還本位前曼拏內所有幢幡寶蓋香花燈燭杖拂飲食種種殊妙閼伽花等當欲供獻之時持誦者於賢聖右邊面前而住就左邊供獻持誦及同事者即須預洗浴結淨一依儀則召請賢聖供獻事畢然後發遣

佛說聖寶藏神儀軌經卷上

乙巳歲高麗國大藏都監奉

勑彫造

聖寶藏神儀軌經卷　第十三張　竹

佛說聖寶藏神儀軌經卷上

校勘記

一　底本，麗藏本。

一　一九七頁上二行譯者，[徑]、[清]作「宋西天三藏朝散大夫試鴻臚少卿傳教大師法天奉詔譯」。卷下同。

一　一九七頁上二一行「志誠」，[磧]、[普]、[南]、[徑]、[清]作「至誠」。

一　一九七頁中二行第一一字「求」，[南]、[徑]、[清]作「來」。

一　一九七頁下一五行「真言」，[磧]、[普]、[南]、[徑]、[清]作「真言曰」。

一　一九八頁上一九行第一二字「針」，[磧]作「鉢」。

一　一九八頁中六行「二大指」，[南]作「一大指」。

一　一九八頁下一六行第五字「食」，[磧]無。

一　一九九頁上一行「三味」，[磧]、[普]、[南]、[徑]、[清]作「三昧」。

一　一九九頁上二行第九字「足」，[石]作「足足」。

一　一九九頁下八行「裝嚴」，[磧]、[普]、[南]、[徑]、[清]作「莊嚴」。

一　二〇〇頁上一〇行首字「拂」，[磧]、[南]作「佛」。又第六字[南]同。

一　二〇〇頁上一六行末字「莊」，[磧]、[普]、[南]、[徑]、[清]作「裝」。

一　二〇〇頁下六行第八字「不」，[石]作「無」。

一　二〇一頁上五行「曼拏」，[徑]、[清]作「曼拏羅」。

佛說聖寶藏神儀軌經卷下　相

西天譯經三藏朝散大夫試鴻臚少卿傳教大師臣　天奉詔

復次曼拏羅內所用供獻之物須具二十件每日三時供獻辰時供物午時酉時不得再用須別換新者若誦者力所不及許納價直迴贖於第二時第三時再特供獻每日三時皆然直候得壇法所求成就日速納前件一切價直若供獻時即結幢印誦幢真言曰

囉怛曩(二合)娑捺囉(二合)曩帝覩瑟也(二合)迦羅娑特嚩(二合)惹必里(二合)焰特嚩(二合)惹布惹迦娑嚩(二合引)賀

復說衣物儀則以無蟲疋帛造白衣二對於衣上畫金彩莊嚴塔相作如是言我今獻衣物即以兩手大指各捻頭指屈如環兩環相鉤餘指磔開作衣物印復誦衣物真言七遍真言曰

囉怛曩(二合)娑捺囉(二合)曩帝地里地里摩賀(引)三母捺覽(二合)摩囉馱娑嚩(二合引)賀

復說扇儀則用無蟲疋帛作扇其扇白色制度合儀扇柄端直以金寶莊畫二柄作如是言我今獻扇即以左手屈小指於掌內豎臂搖手作扇印復誦扇真言七遍真言曰

囉怛曩(二合)娑捺囉(二合)曩帝吠(引)覽婆嚩(引)喻馱(引)囉迦迦羅娑嚩(二合)賀

復說拂儀則作白拂如法莊畫拂柄用捺真言加持七遍然後於東北方安置曩婆夜叉王北方安毗沙門西北方安摩賀曩婆次安阿嚕尼所(二合)大力夜叉王次安鉢捺摩護努護努迦及酥細拏贊捺囉曾婆句讚吒迦囉訖哆吽麼摩護捺囉次安尾布羅左夜叉女此夜叉女最上端嚴次安尾布覽左贊捺隣(二合引)輸摩呬摩呬誐挽(引)左鉢路(引)左曩(引)左鉢納摩(二合)娑羅(引)酥部嚕(二合)嚩尾左夜叉尼摩賀(引)麼曳酥枳細左嚩曩麼(引)羅(引)左必里(二合引)溼嚩(二合)梨捺嚕(二合)摩麼黎迦左薩里嚩(二合)迦(引)摩頗羅鉢羅(二合)那(引)及摩努(引)惹嚩(引)迦摩嚕閉酥嚕(二合)哆嚩(引)吉也(二合)酥捺里舍(二合)

你摩護(引)誐囉(二合)唧(引)帝尾契也(二合)哆(引)等二十或一百依次第安置於外方位因陁羅等賢聖前作金剛網輪搶杖螺索幢三股叉及於東門安戟金剛焰等如是可及百種已上以摩羅帝花摩梨迦花憙婆五色粉獻塗香燒沉香誦心真言請召寶藏神及諸賢聖誦本真言請召夜叉女次獻花鬘摩羅帝花殊妙蓮花優鉢羅花迦難麼花俱魯嚩花及緊輪迦花一切賢聖依次第獻以紫礦安悉香龍腦香白檀香同作護摩於寶藏賢聖前置種種花種種供養之物或聞大惡聲如得破壞此是祥瑞不得恐怖所求之事決定成就當得寶藏神與大富貴此則曼拏羅儀則及所誦真言

唵(引)惹敢(二合)娑羅惹隣(引)捺羅(二合引)野娑嚩(二合引)賀阿地鉢帝摩賀(引)夜叉羅(引)惹地摩呬(引)擔努(引)夜叉鉢囉(二合)冒(引)捺夜夜叉娑(引)尾怛里(二合引)

唵(引)夜乞叉(二合)娑嚩(二合引)賀

次心真言

阿南哆鉢捺摩(二合)(引)野娑嚩(二合)(引)賀夜
乞叉(二合)尾你也(二合)(引)野娑嚩(二合)(引)賀
次蓮華藏真言
阿南哆商佉(引)野娑嚩(二合)賀
次螺藏真言
囉惹哆曩曩(引)娑野馱曩(引)地鉢哆曳
(引)娑嚩(二合)(引)賀酥曩曩(引)娑(引)野馱曩
(引)地鉢哆曳(引)娑嚩(二合)(引)賀
摩尼曩曩(引)娑(引)野馱曩(引)地鉢哆曳
(引)娑嚩(二合)(引)賀
囉怛曩(二合)曩(引)娑(引)野馱曩(引)地
鉢哆曳(引)娑嚩(二合)(引)賀酥曩曩娑野馱
曩地鉢哆曳(引)娑嚩(二合)(引)賀
暗没曩(引)娑(引)野馱曩(引)地鉢哆曳
(引)娑嚩(二合)(引)賀
你羅曩曩(引)娑(引)野馱曩曩地鉢哆曳(引)
娑嚩(二合)(引)賀
吠(引)室囉(二合)摩拏野馱曩地鉢哆曳
(引)娑嚩(二合)(引)賀
摩賀(引)曩曩(引)娑(引)野馱曩曩(引)地鉢哆
曳(引)娑嚩(二合)(引)賀賀囉賀囉惹敢(入二)
娑迦吽發吒娑嚩(二合)(引)賀
惹敢(二合)娑迦野鼻捺囉(二合)(引)曳(引)娑

嚩(二合)(引)賀
護嚕護嚕喃(引)曩(引)酥史拏(引)野娑
嚩(二合)(引)賀
賀囉賀囉賛捺囉(二合)細(引)曩野娑
嚩(二合)(引)賀
惹敢(二合)娑曩(引)野娑嚩(二合)(引)賀摩誐(引)
捺囉(引)野娑嚩(二合)(引)賀尾摩羅尾摩
羅捺里舍(二合)你(引)娑嚩(二合)賀尾摩羅
尾摩隸(引)尾舍(引)羅曩野你(引)冒馱
野娑嚩(二合)(引)賀賛捺覽(二合)(引)輸摩你
數布即以(二合)帝數布即以(二合)帝(引)賛
捺里(二合)(引)賛捺囉(二合)摩帝娑嚩(二合)賀賛
捺覽(二合)(引)輸摩帝娑嚩(二合)賀阿嚩(引)
賀你酥路(引)左你也鉢捺弥(二合)娑嚩
(二合)賀鉢捺摩(二合)娑囉(引)酥部嚕(二合)
(引)摩努(引)囉弥(引)娑嚩(二合)賀酥部嚕
(二合)酥部嚕(二合)嚩(引)護鉢囉(二合)怛也
(二合)曳(引)娑嚩(二合)賀嚩呬尾(二合)摩隸
波致謨(引)致娑嚩(二合)(引)賀摩賀(引)弥
(引)佉酥吉(引)舍摩(引)隸酥吉(引)舍摩
(引)隸吉(引)舍嚩囉尼娑嚩(二合)賀曩
嚩摩(引)隸你娑嚩(二合)(引)賀(引)烏骨(二合)底
瑟姹(二合)布室左(二合)隸(引)娑嚩(二合)(引)賀(引)

捺嚕(二合)摩麼(引)隸迦(引)頻隸捺嚕(二合)
摩枳隸枳隸娑嚩(二合)(引)賀迦摩摩
隸尾羅細你娑嚩(二合)賀薩里嚩(二合)誐
囉(二合)賀(引)摩努(引)惹味(引)娑誐嚩帝
娑嚩(二合)(引)賀(引)迦(引)摩嚕閉娑(引)尾
你娑嚩(二合)(引)賀酥嚕(二合)哆嚩(引)吉也(二合)
緊迦哩娑嚩(二合)(引)賀酥捺里舍(二合)你(引)
迦(引)弥你娑嚩(二合)(引)賀摩護(引)誐里(二合)(引)
娑野迦里娑嚩(二合)(引)賀印捺囉(二合)(引)野
祢(引)嚩(引)地鉢哆曳(引)娑嚩(二合)(引)賀阿
誐曩(二合)曳(引)賀尾也(二合)地鉢哆曳(引)
娑嚩(二合)(引)賀夜摩(引)野必里(二合)(引)哆地
鉢哆曳(引)娑嚩(二合)(引)賀

此等真言能令一切天龍夜叉乾闥婆阿修羅迦樓羅緊那羅摩睺羅伽必里哆毗舍左人非人等恭敬讚歎皆大歡喜又此真言利益一切衆生如如意寶如彼賢瓶如彼劫樹諸有所求皆得成就我今說此真言之法令彼持誦若彼不種善根衆生暫聞此法彼人永不墮於惡趣之難若有種善根者衆生之類樂聞書寫受持讀誦所得功德如佛如來功德無異

若有人受持心真言者是人得入何
毗跋致不久當成阿耨多羅三藐三
菩提永離惡道是人不貪不老無病
無苦種種之事俱得圓滿復得一切
有情愛樂尊重恭敬供養我今略說
持此真言所獲功德假使一切賢聖
及天龍夜叉乾闥婆阿修羅迦樓羅
緊那羅等不能知此功德之量說不
能盡如是我等及彼諸佛如來應供
正等正覺說此真言功德亦不能盡
何況菩薩摩訶薩聲聞辟支佛及諸
天人知此功德之量而說盡耶如來
一切智智功德無邊此大力寶藏神
所有功德亦復如是此真言王一切
如來真實之心能為一切世間主宰
救諸衆生惡心者調伏衆生苦惱者
而能出生一切智慧若求寶藏神當
於如來右邊畫神像白色手執拂子
儀相圓滿神像右邊畫金剛手菩薩
如青優鉢羅花色以真珠莊嚴儀相
圓滿菩薩前畫夜叉大悲寶賢子如
清水色身相圓滿面帶善顏手執毗
惹布羅果嚴著黃衣腹大頭冠破

損座垂左足如是誦人從頭至足一
一觀察儀軌具足如是正觀經一洛
叉時起心別作供養觀行想於水中
所生諸花陸地諸花種種好香一切
珍寶殊妙衣服及飲食燈鬘等而用
供獻得一切願圓滿如是專心觀想
已誦人復自白言我依三寶儀則信
受奉行然後依天龍儀則作護摩法
觀想寶賢大將執持火來著護摩爐
內滿賢大將爐中燃火獲財大將作
清淨法多聞大將鋪吉祥草座如來
儀則觀想成就次想頭真言燃火口
真言請召足真言作擁護求於成就
即作護摩滿手擲三度誦真言曰
阿誐曩二合曳引娑縛二合引賀
即結吉祥等印以二手作合掌中間
安置賢聖觀想誦真言經須臾之間
如風吹火觀想前所說乳汁作護摩
一洛叉先獻八大明王作護摩一洛
叉次獻寶賢大明王別作護摩一洛
叉得大富貴二洛叉得子孫興盛三
洛叉有大罪之者亦得成就之法如
是儀則專心恒作次以水作護摩用

花裛水以香水一千合作護摩獻寶
藏神恒令得財恒獲快樂復作一千
護摩得增長法依如是儀則如前觀
想作護摩滿獻三合水家得增長若
作護摩五洛叉能令陸像隱身及令
伏藏出現受用無盡獲最上快樂復
作足真言口真言等令一切所求之
事成就能禁怨家得過魔界永離深
苦行住坐臥所受福德與天帝釋等
其法如是

佛說聖寶藏神儀軌經卷下

乙巳歲高麗國大藏都監奉
勅雕造

佛説聖寶藏神儀軌經卷下

校勘記

一　底本，麗藏本。

一　二〇二頁中八行「莊晝」，石、磧、普、南、徑、清作「裝畫」。

一　二〇二頁下四行「搶杖」，磧、普、南、徑、清作「槍杖」。

一　二〇二頁下一六行第五字「此」，南作「比」。

一　二〇四頁上一行末字「何」，石、磧、普、南、徑、清作「阿」。

一　二〇四頁上末行「衣腹」，磧、普、南、徑、清作「衣服」。

一切如来大秘密王未曾有最上微妙大曼拏羅經卷第一　路

西天譯經三藏朝散大夫試鴻臚卿明教大師臣天息災奉　詔譯

相應行曼拏羅儀則品第一

如是我聞一時世尊在忉利天大善法堂是時乃有無數最上天人及龍夜叉羅刹乾闥婆阿修羅迦樓羅緊曩羅摩睺羅伽必里多大力阿波娑摩囉拏吉你部多吠多拏相應相毋鬼等是等猒於生死欲斷輪迴圍遶世尊求吉祥法亦復樂求無盡金剛界廣大智成就法是時復有無數為利三界作變化相清淨智大菩薩其名曰智金剛菩薩智鉤菩薩智欲菩薩智密菩薩灌頂吉祥菩薩大威神吉祥菩薩幢吉祥菩薩念吉祥菩薩法音菩薩智慧猛菩薩因猛菩薩口猛菩薩變化業菩薩變化界菩薩變化夜叉菩薩變化秘密菩薩如是等菩薩摩訶薩皆悉證得法智秘密三昧復有四族毋其名曰圓智三昧金剛毋寶智三昧金剛毋法智三昧金剛毋羯磨智三昧金剛毋復有四大神通菩薩其名曰金剛婆叉神通菩薩金剛妙入神通菩薩金剛不動光神通菩薩金剛喜神通菩薩復有八大秘密化身顯供養菩薩其名曰金剛樂菩薩金剛色菩薩金剛妙音菩薩金剛愛菩薩金剛薩寫菩薩金剛頗羅菩薩金剛最上莊嚴菩薩金剛妙香菩薩復有十六大力自在藥叉大忿怒明王等其名曰左無畏大忿怒明王無能勝大忿怒明王能成就大忿怒明王最上蓮花明大忿怒明王馬首大忿怒明王蓮花軍荼利大忿怒明王淨光大忿怒明王甘露軍荼利大忿怒明王大力大忿怒明王普光大忿怒明王吽嚕迦大忿怒明王嚕左迦大忿怒明王無邊大忿怒明王金剛不動大忿怒明王多囉大忿怒明王祖那大忿怒明王白繖蓋大忿怒明王最上明大忿怒明王六面大忿怒明王復有十六大女形明王等其名曰多羅大明王無能勝大明王孔雀大明王金剛鉤大明王大摒大明王顰眉大明王摩摩枳大明王金剛鎖大明王金剛拳大明王白色大明王寶髻大明王金剛行步大

明王金剛身大明王金剛香大明王持世大明王復有四相應相女形大明王復有六十四大金剛拏吉你復有四大地天其名曰不動大地天黃面大地天黑白色大地天紅面大地天如是等大地天能成就一切事能施一切欲能安住一切法復有八大癨者其名曰金剛口大癨者黃面大癨者醜面大癨者紅身大癨者多面大癨者三髻大癨者食血大癨者赤黃大癨者如是等大癨者常侵害有情令彼有情失於色力或奪其命如是等天及彼天主持明天持明天主乃至龍及龍主乾闥婆乾闥婆主緊曩羅緊曩羅主乃至所有惡心者極惡心者乃至善者極善者如是等衆皆来集會

尒時世尊觀察是會諸大衆已入毗盧遮那一切金剛曼拏羅莊嚴三摩地已即於眉間心間臍中放大光明照一切世界而彼光明照一切世界已還復来入金剛相應之心

尒時金剛手菩薩於大衆中整衣肅容從坐而起手擲金剛詣於佛所稽

首佛足重伸敬禮已合掌而說讚
言我今歸命毗盧遮那最上無畏能
說灌頂大陁羅尼成就調伏欲令有
情覺悟不生不滅無相之智能破輪
迴生死大怖如是讚已重白佛言大
悲世尊我今有疑欲當請問願賜哀
慜而為解說
世尊金剛阿闍梨作曼拏羅云何擇
地地有幾種云何作淨云何作橛云
何能破諸惡障難云何解除諸相禁
縛乃至諸龍云何降伏又持誦作法
云何護摩乃至火法當云何作又一
切曼拏羅當有幾種當開幾門門有
幾種其相云何又復外曼拏羅當有
何義內曼拏羅復有何義中間輪相
其義云何曼拏羅界云何聲畫云何
絣線所作本尊及彼賢聖身量云何
樓閣寶座當高幾許至於印契其相
云何又粉曼拏羅當云何作粉有幾
種下粉次第何是先後又阿闍梨攝
受弟子法則云何弟子脩行先脩何
法又持誦之人所脩先行法則云何
又復弟子入曼拏羅次第云何所奉
本尊諸有明契云何傳受獻食出生

儀有幾種於何闍梨奉獻何物又復
奉獻諸佛如來賢瓶大小之量當有
幾種瓶項瓶口當云何作又復云何
作灌頂法隨法當何所用又云何名
祕密曼拏羅世尊我今一一請問如
是之事為欲利樂一切有情唯願慈
悲廣為開說說是語已還復本座
尒時世尊告金剛手言善哉善哉汝
金剛手得大無畏具大悲愍而於我
前能發是問宜應諦聽當為汝說時
金剛手瞻仰專注受敎而住
佛言金剛手地種廣大各各有相大
略言之而有四種隨其四姓而分別
之四姓者所謂刹帝利婆羅門毗舍
首陁此者為四擇地之法隨其香味
或以顏色亦有四種第一刹帝利姓
求赤色地第二婆羅門姓求白色地
第三毗舍求深黃地第四首陁求黑
色地又以香氣而擇其地刹帝利地
雜蓮花香婆羅門地青蓮花香毗舍
之地女觸之香首陁之地雌黃之香
又以其味而分別之刹帝利地其味
如鐵復有甘味婆羅門地其味辛辨

毗舍之地其味唯甜首陁之地其味
苦辨如是之地當一心專注分別揀
擇得是地已結界釘橛作橛之法隨
曼拏羅儀亦有四種若為息災用有
乳木為橛若為增益用吉祥木及室
利沙木為橛若為降伏用佉你囉木
為橛若為調伏用鐵為橛
又復若隨祖那忿怒明王真言用息
災法橛若用蓮花最上明王真言當
用增益法橛若隨大力明王真言用
降伏及調伏法橛
又復若為辟除一切惡及驚怖障難
者當用普光印及槌印及彼真言若
為禁縛極惡之者當用金剛羯磨及
金剛鏁印真言等此印及真言若不
為極惡不得輒用若於極惡者用此
法後須却解放若解放後仍須與彼
出生食祭之
又復若於三種火壇作法時或弟子
作先行法時或作曼拏羅護摩時所
有禁縛調伏諸障難者以增益一切
成就明真言及以香花等為彼出生
用作祭祀

佛言金剛手作曼拏羅者有四種門
所為東南西北此為四種金剛手言
其門入者得何果報
佛言金剛手曼拏羅有外有內及與
中間作曼拏羅者作九分量此九分
者是最上曼拏羅正壁四門於此四
門所作所求果報各異若為求大地
主求劍成就求入修羅宮乃至安樂
及解脫智者可於東門持誦作法若
為求聖藥成就及豐富財穀乃至安
樂吉祥息諸災沴者可於南門持誦
作法若為求一切人愛重子孫隆盛
財穀豐富息災安樂者可於西門持
誦作法若為降伏怨家及調伏一切
極惡之者或作勇猛之事擁護持誦
之人可於北門持誦作法
復次金剛手若依真言儀軌修相應
行隨所信樂於各各門入悉能成就
若復信樂修相應儀軌一向專注究
於文義求無我法者入於東門
復次金剛手白世尊言外曼拏羅當
云何名
佛言金剛手外曼拏羅名如彼大寺
中有殿塔必有垣墻以為外護外曼
拏羅亦復如是
佛言金剛手又如智果當勤擁護方
可得成外曼拏羅亦復如是又如子
實包在瓤殼瓤殼在外子實在內內
曼拏羅亦復如是又於中心當安子
輪輪相所表顯真實義或安迦字表
羯磨義囉字表智義又金剛手白佛
言世尊內外已說云何是中
佛言以曼拏羅正分三分一分是外
一分是內一分是中
金剛手白言作曼拏羅絣線云何佛
言作上中下絣之
佛言金剛手先以智慧智方便相應
三昧觀想自身化為如來此觀成已
後以定印等引如如來金剛風虛空
令一切地界有金剛風徧滿又復觀
彼風輪地上有金剛明王旡字印又
復觀想四寶金剛山上有吽字名徧
現最上大金剛寶峯其上有大寶殿
以金剛寶柱寶鈴寶衣幢幡瓔珞種
種莊嚴而彼殿中有蓮花寶色如來
於中而住此名三昧曼拏羅作是觀
想一一了知已復自在行四金剛步
結大惡忿怒明王印及誦真言作金
剛拳無畏行步如舞作如是觀察然
後用印真言莊嚴曼拏羅中間安
相獻香花事金剛手若有行人能如
是發心一一不失者乃是行如來真
言之教者當以我威力灌頂法而
與灌頂彼行人如為一切有情三時
迴向無上智智果者應作相應相思
惟一切有情本尊應當如是一一了
知又金剛阿闍梨及修行同行乃至
弟子亦須如是解了然後加持地
結界作金剛地復以吉祥妙音讚歎
訖先於西北方志心以金剛最上明
而為供養次於東北方用金剛仗而
為供養次於東南方用金剛火而為
供養次於西南方用金剛劍而作供
養如是供養已然後阿闍梨將弟
子令執線相隨自西北方擘畫量度
次東北方次東南方次西南方如是
擘畫量度定已然後復自西北起
首順行絣線作界道作四方相分三
重作內外中如是定已請金剛阿闍

梨作種種供養於西北方持誦人左
邊先結龜印安於地上然阿闍梨自
西北方起首右膝著地右手下粉先
下白粉次赤粉次黃粉次緑粉最後
黑粉此下粉次第恒以爲式下粉不
得蓋著界道所下粉亦不得麁細
不勻或復曲戾所下粉先有缺處更
添補令全
又金剛手白世尊言用粉五色當何
所表復有何義
佛言譬如白色故舊之衣欲染愛樂
之色必先以水洗濯令淨既洗淨已
白色純粹然後染成所愛樂色令持
誦人及與弟子先有惡業之垢當以
曼拏羅法水洗淨後用深智義色染
成所愛樂色其白赤黃緑四色之粉
能滅所犯大梵行罪黑者表摩摩枳
菩薩之義其内曼拏羅中心當以純
白一色畫輪相其外曼拏羅所有門
及四角當安置閼伽瓶其瓶中當滿
盛五寶五藥五穀等金剛手言閼伽
之瓶爲有幾種其量云何
佛言金剛手閼伽之瓶當有七種所

一切如來大祕密王經卷第一　第十張

謂金瓶銀瓶銅瓶玻瓈瓶鐵瓶木瓶
瓦瓶如是等瓶是爲七種金剛手若
爲息災增益及灌頂法可用金瓶玻
瓈瓶瓦瓶若爲降伏調伏及作阿修
羅法可用銅瓶若作諸忿怒法可用
銀鐵及木等
復次金剛手彼閼伽瓶高二十指腹
闊十六指項高五指口廣八指此等
之量爲最上曼拏羅用其瓶色若爲
息災法用白色瓶若增益法用黃色
瓶若敬愛法用赤色瓶若降伏法用
極黑色瓶所有繫瓶繒帛一隨瓶色
又降伏法瓶其項臁細乃是吉祥
金剛手復白佛言云何爲弟子作灌
頂法灌頂曼拏羅其量云何
佛言金剛手先於大曼拏羅西北方
如内曼拏羅大小量畫灌頂曼拏羅
中間畫界或三重或七重四面畫門
於門中各畫本方天王乃至四隅上
下亦畫本位天王如天降下勢各各
執持天花妙鬘等又用四閼伽瓶其
瓶先以真言一一加持訖安於四角
然於曼拏羅中心畫師子座畫畢便

一切如來大祕密王經卷第一　第十一張

以多乳木所出之香及種種花乃至
上妙食等而爲供養若於此曼拏羅
所受灌頂者今生所有一切輕重之
罪悉得消滅
復次金剛手言曼拏羅中諸賢聖身
量及色云何乃至其座高低云何佛
言金剛手曼拏羅賢聖而有四種所
謂幖幟或鑄或畫或復木彫其量大
小應曼拏羅門隨彼所造當令圓滿
法印具足圓光嚴飾所造本尊倍令
殊勝又於東方安阿閦佛身淺青色
南方安寶生佛身淺黃色西方安無
量壽佛身純紅色北方安不空成就
佛身大緑寶色是諸如來各各坐於
蓮方寶座至於頭冠髮髻種種莊嚴
如諸如來無不具足又於中方作三
界道以純白色而作心輪輪中畫毗
盧印又阿閦如來作觸地印寶生如
來作施願印無量壽如來作定印不
空成就如來作施無畏印印與真言
同用又摽閼賢聖於金剛曼拏羅外
別安曼拏羅廣闊十尺莊嚴具足諸
賢聖座與佛座稍卑安排本族賢聖

一切如來大祕密王經卷第一　第十二張

又本族毋又護世及諸天主等座高低如曼拏羅又夜摩天王及彼天賢聖座高四指

復次金剛手如是作曼拏羅已其阿闍梨當須志心奉獻花鬘瓔珞及金剛鈴拂乃至妙香閼伽等其閼伽瓶當正造八所或十六所並須依法滿盛香水又用好酥燃燈斯為最上若或為成就法者當以白芥子油燃燈若為中下事者可用常油燃燈

復次金剛手言以花供養者隨各各法而有幾種乃至塗香燒香等物吉與不吉而有幾種

佛言彼摩里迦花無憂花摩俱羅花惹帝花贍波迦花鍮體迦花軍那花你摩里迦花怛誐囉花迦俱婆花如是諸花皆是吉祥可徧於三族而用供養又贍波迦花無憂花奔曩誐花如是等花可供養最上曼拏羅又俱吒惹花悉致迦花黃金花尸里含花建尼迦囉花俱母那花優鉢羅花如是諸花常供養大蓮花族又優鉢羅花怛誐羅花曲花迦難鋡花波吒羅

花白蓮花及種種蓮花妙香花妙解脫花調伏花新末里迦花如是等花可用供養秘密曼拏羅如上諸花並是吉祥花可依法供養又阿俱羅花迦囉尾囉花此等花者佛不許用非吉祥故又有諸花若是下臭兼及無剌亦未有人毀折者可隨力隨分而作供養此為中等可供養陁羅尼曼拏羅忿怒曼拏羅

又復有諸香等於供養義亦有分別所謂白檀麝香覩魯瑟迦香乳香烏尸覽香室哩吠瑟吒迦香鉿尸香母瑟吒香吉薩囉香如是諸香擣篩為粖用沙糖和是為和香此香可用供養最上曼拏羅又白檀香龍腦香沉香麝香及不蚛恭俱摩香如是等香可用供養中等曼拏羅又復以安息香牛角駝毛及鼠狼皮等為屑用摩你木汁和合為香如是等香可為調伏法用又復赤檀香及黑藥黑毛及苦辛香如是諸香可於調伏曼拏羅用若是隨力隨分得諸妙香者可用供養陁羅尼曼拏羅最上忿怒曼拏

羅等

又復以種種飲食奉獻曼拏羅賢聖等所謂酥乳酪酪及諸漿飲及餅糖餅油餅糖食乳粥及以種種蔬菜等而為奉獻

又復獻食當用諸器所謂金器銀器銅器瓦器或以樹葉或以荷葉或鉢羅樹葉如上諸器及葉但以未觸為最清淨是為最上又復作息災增益曼拏羅出生供養及阿闍梨自食者但只三白而為最上三白者乳酪秔米飯等或別三白色食亦得或為獻中等曼拏羅諸賢聖即加甜味食器用銅及葉若為調伏等事曼拏羅復加苦辛之味其阿闍梨所食不越三白

又復諸曼拏羅一一皆須外有幢幡瓔珞妙香花鬘塗香燒香燈燭閼伽水等而為供養

又復阿闍梨者於如上諸曼拏羅相應諸儀則法一一了知而於本尊真言印契甚深義理而能解了又復被精進甲冑執猛利器仗乘不退車堅

修三密於三界中有大威力受於人天最上供養如是阿闍梨常修等引爲諸弟子或作灌頂或作護摩起曼拏羅而作利益

復次金剛手言凡息災增益等作護摩事云何造爐云何印契

佛言金剛手諸護摩爐若廣說者有五百種今隨法說者略有四種一息災爐二增益爐三敬愛爐四降伏爐乃至諸成就法及調伏法亦不離此四種之法第一息災爐者其狀圓如蓮花相第二增益爐者其狀四方縱廣正等第三三角第四如半月真言印契各各隨法

復次金剛手息災爐者其色白爐緣如蓮花相增益爐者其色如黃金作金剛緣降伏爐者赤黑色及如火焰色敬愛爐者如半月唯赤色諸護摩爐隨爐各有印契息災增益用蓮花印敬愛用鉤印調伏用根本印如上諸印隨安護摩爐中其護摩爐高一肘深十二指下廣拳指一肘中心起一小臺縱廣八指高二指上面安印

一切如來大祕密王經卷第一　第十六張　路

息災增益法火天位畫高四指縱廣十二指中心作蓮花相高二指於此蓮花上坐火天其火天身色如乳色鬚髮具足頭冠莊嚴二手結定印著白衣眼中出光及入嚩羅字來入火中蓮花上坐光焰熾盛有百千重

復次金剛手作先行法護摩爐以五色粉塗飾作爐及以五蓮花而爲莊嚴其爐外四面周迴安各方本尊印或忿怒明王真言等

大忿怒明王真言曰

唵引努瑟吒二合嚩羅二合骨嚕二合馱賀曩賀曩吽發吒

大忿怒印

以左手按心舒三指以大指捻小指右手亦如是於心前相交如金剛杵此印作先行法爲最上法或用發遣一切禁縛以前右手作印與入嚩羅真言同用

入嚩羅真言曰

唵引入嚩二合羅吽發吒

復次持誦行人作羯磨火請召火天可用菩提木烏曇鉢木尼俱陁木多

一切如來大祕密王經卷第一　第十七張　路

乳樹木爲柴當令溼潤不得乾枯用燒火作請召法

召火天印

以右手平仰屈大指入掌中屈頭指第二節成印

召火天真言

唵引阿誐曩二合曳引瞻呬曳二合引呬扇引帝孕二合弥俱嚕護多引舍曩引野娑嚩二合引賀

以此印及真言請召大天入前火中蓮花中持誦人觀想火天身如雪色右手持數珠左手持淨瓶作慈悲相面有三目頭戴寶冠鬚髮莊嚴種種具足若是他族作曼拏羅用者一切成就當用各各本族心真言安蓮花中於後邊蓮花中安白象最上明王印右邊蓮花中安金剛棒左邊安蓮花其色如乳汁於一切處護摩同用更以閼伽水及香花等奉獻火天金剛毋酥尼儀則阿闍梨手執護摩杓滿杓作護摩

護摩真言

唵引吽誐哩二合恨拏二合誐哩二合恨拏

一切如來大祕密王經卷第一　第十八張　路

二合護多引娑曩引野悉地孕二合弥鉢囉二合野蹉娑嚩二合引賀

金剛毋酥尼執杓印

以右手執杓頭指作拳按於爐上又以二手作寶縛二小指相交其餘指如羯磨金剛杵印成作此印誦前真言滿杓作護摩供養火天已發遣移本位在爐内一邊

復次作護摩隨所作法念本尊名號爲先法然後志心供養依法以滿杓三獻作護摩復獻金剛雄等真言及印如是作已然後以本所爲事或爲息災或爲增益起曼拏羅作種種法供養賢聖得滿願已然後發遣請諸賢聖各還本位

一切如來大秘密王未曾有最上微妙大曼拏羅經卷第一

乙巳歲高麗國大藏都監奉
勅雕造

一切如來大秘密王經卷第一　第十九張　吕

一切如來大秘密王未曾有最上微妙大曼拏羅經卷第一

校勘記

一　底本，麗藏本。

一　二〇六頁上二行譯者，石、資、磧、普、南作「西天譯經三藏朝散大夫試鴻臚少卿明教大師天息災奉詔譯」；徑、清作「宋西天三藏朝散大夫試鴻臚少卿明教大師天息災奉詔譯」。以下各卷同。

一　二〇六頁中七行「十六」，徑、清作「十九」。

一　二〇七頁上二行首字至末行末字「言……生」與本頁中一行首字至末行末字「儀……粹」兩段經文，諸本互置。

一　二〇七頁上七行「解説」，資作「解脱」。

一　二〇七頁上二二行「所修」，資、磧、普、南、徑、清作「所作」。

一　二〇九頁上七行「不匀」，資、普作「不不匀」；磧、南、徑、清作「下不匀」。

一　二一〇頁上一六行「恒誐囉花」，資、磧、普、南、徑、清作「恒誐囉花」。

一　二一〇頁中六行第九字「若」，資、普作「苦」。

一　二一〇頁中二〇行「檀香」，資、磧、普、南、徑、清作「檀香」。

一切如來大祕密王未曾有最上微妙大曼拏羅經卷第二　路

西天譯經三藏朝散大夫試鴻臚少卿明教大師臣天息災奉　詔譯

灌頂品第二

尒時金剛手菩薩白佛言世尊我自知殊勝福德圓滿於微妙曼拏羅義今已得之復次何人可攝授而爲弟子又弟子所生何國而可攝授於四大姓剎帝利婆羅門毗舍首陁如是四姓可攝授者何姓爲上

佛言金剛手阿弥陁佛毗盧遮那佛乃是三界中祕密法主大阿闍梨無相無性不生不滅雖住祕密無祕密相後阿闍梨亦須如是分明了知若了知已乃是住三摩地金剛蓮花主具大悲心有大力者

金剛手彼弟子生處國土方所我今說之若剎帝利或婆羅門等種姓之人生舍衛國摩伽陁國支那國三摩怛吒國法你也國囉荼國你鉢羅國相尼邪國阿那多國俱薩羅國具尼迦國摩羅邪國捺囉尾拏國如是諸國所生之者皆可攝授又若無如上中國人者彼師子國人及一切國人亦可攝授又吉囉多國人亦得攝授緣彼國中曾生最上牟尼如上諸國若剎帝利及婆羅門種姓生者皆依阿闍梨稟受修行爲行人者必獲圓滿又阿闍梨者顏皃熙怡端正圓滿有慈悲心清淨心信實無僞降伏諸根少貪少欲具大辯才復有深智所言善軟亦復清爽性不慳悋好於布施無妬無畏遠離我慢常樂供養大阿闍梨及衆賢聖復能演說真如之法常行真言之行不稱己美恒讚他德於諸悉地所作所修一切圓滿於諸弟子亦不嫌毀又於弟子無所希望以大悲心告於賢聖令諸弟子依相應行得入一切曼拏羅復令弟子依於儀軌因果相應而得解脫又以真言印契真如之法傳付弟子弟子白言阿闍梨此真言印契真如之法云何而得阿闍梨言善哉善哉佛子諦聽佛說此真言從真如圓滿智以慧方便流出於三界中作化身佛現精進力勉諭示教於初中後其義深

一切如來大祕密王經卷第二　第三張　路

善以此三摩地依金剛蓮花行教金剛薩埵等我釋迦族爲悲愍一切有情作大德阿闍梨今於此族中得成就真言陁羅尼一百或三百薩所愛樂依真如相應力而得成就可以書寫傳付弟子持誦修行利樂有情令不斷絕弟子得阿闍梨傳付教授已禮阿闍梨足當以金銀珍寶及象馬等至於自身皆虔心奉獻阿闍梨及曼拏羅賢聖時阿闍梨作金剛薩埵相應之言子受此祕密之法時阿闍梨爲念證明伽陁時彼明衆爲作此證令某甲依法奉獻此金銀珍寶及象馬等爲求某事爲供養曼拏羅時阿闍梨別作灌頂曼拏羅令弟子於曼拏羅中師子座上跏趺而坐自結金剛合掌印安於當心而住時阿闍梨復以本尊明王真言加持第一閼伽缾安置曼拏羅中然後復誦本族尊心真言加持而與灌頂更以前印安頂上及安頸上而與灌頂又阿闍梨復稱弟子名我今以此明與某甲願一切曼拏羅賢聖哀愍納受弟子復以意

一切如來大祕密王經卷第二　第四張　路

所求事自稱告於賢聖其阿闍梨復結本尊根本印加持弟子額及心又與灌頂又結本族尊四印安頂上更誦眞言而與灌頂阿闍梨言汝令後所有一切世間灌頂之法汝已悉得又復以金剛拳儀則授金剛杵與灌頂弟子令常受持先以所授金剛杵安弟子心上與灌頂又安額次安頂而與灌頂如是灌頂已其阿闍梨告弟子言善男子汝已於一切如來及一切執金剛處而得灌頂汝已殊勝是眞出世間如得阿耨多羅三藐三菩提

復次以金剛杵付弟子而令受持阿闍梨言汝受此金剛杵汝是入金剛三昧者此成一切如來最上金剛杵汝恒受持當得最上金剛之智持金剛眞言曰

唵引薩里嚩二合怛他引誐多悉地嚩㗚二合

阿闍梨授與弟子祕密三昧者發廣大心不得慳恡何以故爲欲令一切有情獲大智圓滿故又復若有衆生

於阿闍梨妄加毀謗者汝當擁護若有於法生愛樂者可以金剛祕密三昧及祕密曼拏羅印而付授之又阿闍梨告弟子言汝具菩提心於祕密王志心護持

復次弟子如前得受隨緣種種灌頂已更可與五佛灌頂之法而與灌頂其灌頂儀者先須於灌頂曼拏羅所備辦香花燈塗及以幡蓋種種供養之具又一切儀式不得少闕然後令弟子預潔身心方入曼拏羅其阿闍梨爲弟子作諸法事然後結本尊印誦本尊眞言與弟子灌頂初中方毗盧遮那佛印以二大指二小指磔開餘指皆相著少屈成印安弟子頂誦本尊眞言與灌頂眞言曰

唵引薩里嚩二合怛他引誐多達里弥二合引涅嚩二合囉伊難薩里嚩二合怛他引多怛吠二合曩引鼻詵左郝

東方阿閦佛結金剛薩埵印以二手相又作拳豎二中指相著如針成印安弟子額上即誦眞言與灌頂眞言曰

唵引薩里嚩二合怛他引誐多惹拏二合曩引鼻瑟計拏引鼻詵左吽

南方寶生佛印用前金剛薩埵印屈二中指如寶安弟子右耳上誦本尊眞言與灌頂眞言曰

唵引薩里嚩二合怛他引誐多引鼻瑟迦囉怛曩二合鼻詵左怛嚂二合

西方觀自在王佛印用前金剛薩埵印屈二中指如蓮花葉成印安弟子頂後誦本尊眞言與灌頂眞言曰

唵引薩里嚩二合怛他引誐多引達里摩二合引鼻瑟計拏引鼻詵左四里二合

北方不空成就佛印用前金剛薩埵印豎二小指二中指相著如針成印安弟子左耳上誦本尊眞言與灌頂眞言曰

唵引薩里嚩二合怛他引誐多引鼻瑟計摩賀引尾涅嚩二合嚩曩二合引鼻詵左惡

次更與授五佛髻鬘灌頂如是得灌頂已如同於一切智智親授灌頂從此與名得稱爲大上人或稱爲阿闍梨悉受世間最上勝妙供養自在快

樂

阿闍梨品第三

復次金剛手菩薩白世尊言世尊凡阿闍梨所有供養曼拏羅賢聖金銀摩尼一切財物乃至所施象馬之類其阿闍梨受得之後當何所用願大牟尼為我開說佛言金剛手阿闍梨應有一切所施供養之物彼阿闍梨受已當分三分第一分奉於三寶第二分施與婆羅門外道尼乾子等第三分又分作二半分半分與阿闍梨同學半分阿闍梨自用又前三寶之分亦分為三分一佛二法三僧如是分已各各受用佛分者得造佛像及塔廟等其法分者可用書寫如來一切經法僧分者可造種種飲食供於衆僧阿闍梨若能如是分別次第亙不侵損者彼一切曼拏羅賢聖悉皆歡喜一切所求皆得成就若阿闍梨分分之後或復有人為其知事心住慳悋侵於三寶不依阿闍梨所有旨教者以因果故命終之後當墮叫喚地獄後生人間以其餘業生於犬中

復次金剛手白世尊言一切智智一切有情恒在心念惟願為我說於一切最上眞言之行云何大阿闍梨知息災增益及敬愛調伏等法乃至持誦之人修相應觀想及曼拏羅護摩之法者彼阿闍梨住智慧輪滅一切罪者

佛言金剛手若阿闍梨於眞言中修行者具大悲心愍念一切婆羅門外道尼乾等以眞實言勸喻開發令信甚深祕密之法而於同學亦不謗毀堅持五戒復行甚深十波羅蜜圓滿大智又復阿闍梨能救度有情能與除滅一切罪障又自遠離殺生及彼妄語自不飲酒亦不勸他何以故以彼飲酒是為一切過失根本若阿闍梨行不眞實妄稱有德又復執好俗間典籍文字歌詠又復讚嘆我執人執有情阿闍梨若如是者決定墮於地獄惡趣

又金剛手白言若阿闍梨受行世法恒取快樂恒食酒肉葷辛之味彼阿闍梨云何度弟子入曼拏羅云何度

弟子免輪迴之難云何可得眞言悉地我今疑惑其事云何

佛言金剛手無有阿闍梨受行世法恒取快樂樂食酒肉葷辛之味者若有阿闍梨樂修相應之行者乃眞得名阿闍梨金剛手汝聽菩薩之行我今說之菩薩行者奉持戒法行菩薩道深信堅固志樂相應住無分別無㝵之法不行妄語殺生飲酒戲樂我人見等如是奉戒無有過失此為阿闍梨所行菩薩之行若阿闍梨於一切事有所闕者是於戒行而闕於智金剛手菩薩白世尊言云何名智佛言金剛手對三界名智金剛手白言世尊云何名為三界佛言金剛手心即是三界金剛手白言云何名心佛言心者本無色相不可取捨由無色相徧行諸根由行諸根遂著境界譬如獼猴遭於罥羂心被境縛亦復如是金剛手復白佛言三界者云何說佛言金剛手三界者所謂貪界嗔界癡界金剛手彼若無心即無貪若無貪即無嗔若無嗔即無癡

復次金剛手菩薩心無色相徧入六
根根境相緣便成貪著金剛手心行
眼根見於違順於順起愛於逆生嗔
以心生嗔故即癡暗現前不能分別
是可非可無慚無愧不怖不懼由是
之故造種種罪惡業熾盛墮泥黎中
金剛手若有著貪嗔癡心垢過失被
黑暗業種種纏縛此非菩薩阿闍梨
行若阿闍梨行於菩薩相應之行如
玻胝寶清淨無垢自性寂靜智慧圓
滿如空中月無所障礙然後發菩提
心堅固不退以禪定印印於諸根令
彼諸根微妙無垢使菩提分圓滿具
足然後用法甘露水而常溉灌以妙
解脫風吹令增長復以住禪定印如
息不出觀自心上有大蓮花花上有
滿月輪白光四照復觀三昧印印於
中心以此三昧印等攝持三業不令
撒亂但少時間默然而住然後却以
眞言及印而警覺之既覺悟已復放
光明爲圓滿一切智智佛言所觀月
輪三昧印心相善界即是本尊如來
種子之智

復次衆生之心住十八界身如彼蓮
花花有香氣又金剛手如人以花薰
土或薰他物花雖不見香氣即存亦
復如是金剛手眞言種子依彼相應
如解脫性直至盡輪迴際種子不斷
以智方便成種種相又種子香攝受
觀想阿闍梨身一向不退能使阿闍
梨攝受一切有情行於救度乃至於
晝夜分亦不失時
金剛手菩薩白世尊言云何名時佛
言金剛手時有二種云何爲二佛言
一內二外金剛手言云何名爲內外
佛言金剛手我今爲汝說於外時外
時者以一晝夜分分爲八大時以二
小時爲一大時以四大時爲一晝倍
此爲一晝夜是爲八時又金剛手以
日月出没時及星出没時乃是持誦
行人作息災增益法時當得一切意
願成就若於此時發精進心行利樂
者一切魔障不敢侵近若是作忿怒
法者可用日午時及夜半時若用餘
時者不獲意願
金剛手菩薩白佛言世尊外時已說

內時云何佛言金剛手內時者此所
謂合於微妙秘密第一之說即以菩
提心相解脫之智爲於有情說彼眞
言法成就息災增益愛敬調伏等事
於二時中能成就二種法所謂相應
成就法及曼拏羅護摩法得此成就
如瑠璃寶應現色像一切無隱悉皆
成就亦復如是金剛手又以五息法
盡彼餘時一者日息二者月息三者
惹羅息四者毋祖吒息五者妙香息
先想日月二息行於身中周流上下
如燈照室黑暗除已快樂現前如是
照已住於腹中又想第三惹羅之息
如物流注向臍輪中或復左右旋轉
又想臍輪生一根本出生金剛蓮華
開敷圓滿又想第四毋祖吒息如彼
王身無目眞然住蓮華中然想有王
印在前復想日月之息行左右邊及
彼上下日住於上月住於下月光流
波如注甘露第五想妙香息自頂下
循行於額面達於眉鬚乃至於眼及
旋頭項周遊不斷平正而住金剛手
息者有情之命五者假名分別用此

持心竟此時分或復為一切有情以
眞言法圓滿成就金剛界蓮華之心
竟其時分無障無礙又或了知一切
妙法無相無用圓滿一切有情菩提
之心用此住心竟其時分或作息災
增益敬愛調伏妙曼拏羅竟於時分
金剛手如是内時種種諸法我今說
已汝今依行若復依行如是時者自
然安住樂生智慧若愛樂智慧自然
得一切法平等得法平等已得身安
住得身安住已得智安住以安住智
知菩提心住處知菩提心住處已復
得一切法殊勝之智以彼殊勝之智
知於過去現在未來之事金剛手菩
薩知彼智發生已當須知彼眼界相
應之法所為赤白等色長短麤細之
相金剛手以如是智慧智發生耳界
得聞音聲所聞音聲如其義理了解
能盡金剛手如是乃至鼻舌身意等
法以智慧智觀察了解皆悉能盡金
剛手阿闍梨得智慧智便能了知賢
聖第一之義知彼賢聖第一義已以
智慧智方便信解得生眞如之智知

彼眞如智已乃得諸相具足亦復得
三十七道品圓滿得知有情智慧智
生金剛手菩薩此阿闍梨如我於三
界中為如來具一切智智三摩地令
諸有情得生於智亦復如是復次金
剛手阿闍梨及諸行人持菩薩戒或
比丘戒要須遠離身邪行過唯於自
夫自妻雖行世法猶如服藥所得三
摩地智亦復能令有情得住正道其
阿闍梨具三界三摩地得知有情智
慧智生亦復能令有情智慧智生
金剛手菩薩白佛言世尊云何名三
摩地智慧智方便有情等
佛言金剛手菩薩三摩地智方便有
情等者乃是有情於諸根四大及與
身口意一向平等不動是等有情生
彼三摩地復次金剛手彼智慧智方
便最能發生有情大祕密觀想遠離
種種相信解如實眞如妙三摩地復
得自身行於正道
佛言金剛手從我眞如心智慧智方
便三摩地生出金剛薩埵菩薩金剛
王菩薩金剛愛菩薩金剛善哉菩薩

又於福德聚三摩地出生金剛寶菩
薩金剛光菩薩金剛幢菩薩金剛笑
菩薩又復於智慧門三摩地出生金
剛法菩薩金剛利菩薩金剛因菩薩
金剛語菩薩又於大精進三摩地出
生金剛業菩薩金剛護菩薩金剛牙
菩薩金剛拳菩薩又於適悅心三摩
地出生金剛戲菩薩金剛鬘菩薩金
剛歌菩薩金剛舞菩薩又於眞如薰
等三摩地出生金剛香菩薩金剛花
菩薩金剛燈菩薩金剛塗香菩薩又
於金剛智三摩地出生金剛鉤菩薩
金剛索菩薩金剛鏁菩薩金剛鈴菩
薩又復於六波羅蜜智慧三摩地起
變化相圓滿菩提行出生大慈菩薩
佛眼菩薩無能勝菩薩白毫相菩薩
孔雀明王菩薩大隨求菩薩又復有
三摩地出生大平等智慧力八護世
菩薩所謂觀自在菩薩金剛手菩薩
慈氏菩薩虛空藏菩薩普賢菩薩文
殊師利菩薩除蓋障菩薩地藏菩薩
又復有觀自在菩薩部以無數神通
作變化相菩薩馬首大明王及天人

阿脩羅等於大苦難中救度一切有情者所謂白菩薩大白菩薩摩摩吉菩薩頻眉菩薩含嚩里菩薩摩里支菩薩聖祖拏菩薩摩秫嚩底菩薩寶鬘菩薩大光菩薩最勝菩薩及最勝行菩薩又復有金剛部從金剛手菩薩心中出生如執金剛王此等菩薩能施成就所謂摩摩吉菩薩金剛拳菩薩嚩囉呬菩薩金剛鏁菩薩金剛努底菩薩金剛巘馱里菩薩金剛弥佉羅菩薩復有弥佉羅菩薩金剛少尼菩薩金剛波舍菩薩金剛速菩薩金剛秫羅菩薩金剛光焰口菩薩金剛光明菩薩金剛鉤菩薩金剛最勝莊嚴菩薩復有三秘密生大力甘露軍吒利等大忿怒明王此等明王於三族中平等又復有從金剛蓮花部生或從三摩地生或從智慧中生者作敬愛調伏法等最上明王所謂不動尊忿怒大明王無能勝忿怒大明王等

復次金剛手菩薩此菩薩等於三摩地或於智慧或以方便利益有情由如如來出於三界

金剛手持金剛阿闍梨或比丘或優婆塞等當遠離五罪信行三密以三摩地起智慧方便教化有情令生信解復入大難海中救度有情以智方便示於正道安住有情使彼有情不行邪道

金剛手若復阿闍梨行於世間樂行世法種種戲樂及食諸辛酒肉之味雖行世法而不能染何以故彼阿闍梨於三界中以智染身故世法而不能染金剛手譬如三界中諸有情等雖行世法具種種信解依三摩地能於世間爲諸有情而作利益

復次金剛手非有阿闍梨修行持戒修相應行者不能令有情安住無上之智

金剛手言如是如是阿闍梨修行持戒當得無上之智金剛手別解脫戒經法設有比丘發大勤力修行而自不能得阿耨多羅三藐三菩提何況令他有情得無上菩提

佛言金剛手譬如有人及蚊蝱等盡其力分以手足擊須彌山終不能損

金剛手若依別解脫戒修行比丘終不能得無上之智

復次金剛手若有比丘或俗人奉行秘密教爲阿闍梨能令一切有情生正等正覺種子者其比丘比丘尼優婆塞優婆夷尊重恭敬供養云何金剛手如我如來在三界中汝如是供養

一切如來大秘密王未曾有最上微妙大曼拏羅經卷第二

乙巳歲高麗國大藏都監奉

勑雕造

一切如來大秘密王未曾有最上微妙大曼拏羅經卷第二

校勘記

一 底本，麗藏本。

一 二一三頁上六行「攝授」，磧、普、南、徑、清作「攝受」。下同。

一 二一三頁中二一行末字「以」，南、徑、清無。

一 二一三頁下一一行第五字「子」，清作「弟子」。

一 二一三頁下一五行「令弟子」，磧、普、南作「今弟子」。

一 二一四頁中一二行末字「印」，資、磧、普作「即」。

一 二一四頁下二二行「大上人」，南、徑、清作「天上人」。

一 二一五頁上二一行末字「旨」，徑、清作「指」。

一 二一五頁中一八行第九字「復」，徑、清作「後」。

一 二一五頁下一九行第六字「胃」，資作「骨」。

一 二一六頁上二二行「心相」，資、磧、普、南、徑、清作「心想」。

一 二一六頁中一六行第六字「是」，資、磧、普、南、徑、清無。

一 二一六頁中一九行第九字「精」，資、磧、普作「精精」，南作「勤精」。

一 二一七頁下一八行第一二字「八」，南、徑、清作「及」。

一切如來大祕密王未曾有最上微妙大曼拏羅經卷第三　路

西天譯經三藏朝散大夫試鴻臚少卿明教大師臣天息災奉　詔譯

護摩法品第四

尒時觀自在菩薩摩訶薩知彼大衆心之所念乃爲毗盧遮那如來作禮禮已復禮世尊釋迦牟尼佛足作禮旋遶伸其恭敬合十指掌瞻仰世尊作如是言

世尊云何息災增益敬愛調伏等作護摩法云何火法及爐儀則又云何眞言成就劒成就及入修羅窟乃至眼藥等成就之法云何息災增益敬愛調伏成就之法護摩爐數云何護摩爐賢聖之數云何護摩杓大小尺寸之量云何護摩爐隨法各各之相云何諸護摩中成就火焰相及顏色香氣等又護摩法所用何物云何出食供養時觀自在菩薩以大自在智爲悲愍有情而作是說

尒時在會天龍夜叉緊曩羅必里多毗舍左阿鉢娑摩羅羅剎等異口同音讚言善哉善哉聖觀自在菩薩汝大悲愍爲欲利樂一切有情請問此義

尒時世尊如師子王示大無畏相觀察是會諸大衆已告觀自在菩薩言善哉善哉汝爲悲愍一切有情欲利樂故問於如來眞言成就護摩之法一切儀則汝當諦聽爲汝宣說時觀自在菩薩承如來敕一心聽受

尒時世尊以梵音聲爲一切有情說微妙言如降甘雨潤澤一切使諸有情各各受潤佛言一切息災增益敬愛降伏護摩之法及以護摩中一切賢聖之數乃至所用之物大小杓等及彼火焰色聲香等乃至火頂一切吉不吉相一切眞言法成就不成就相我今分別觀自在彼護摩爐數有五百悉能成就一切事業若息災法其護摩爐作圓相如食盤及如蓮花相或作吉祥果相或如槌相若爲息災及增益者作六角或四方或如吉祥果或如金剛杵或如寶相若爲敬愛及降伏者其爐如輪如鉤或如三

頂或如槌相若爲調伏及殺怨者當作三角及如三股叉

若爲星曜臨照者可用白色息災爐若爲擁護地天用黃白色或深黃色增益爐若爲敬愛用赤白色爐若爲降伏以風天爲本尊當用淡黑有煙赤黑色爐若爲調伏以忿怒焰曼德迦明王爲本尊若於爐內四維及彼中間安焰曼德迦明王得一切成就

觀自在菩薩白言護摩爐其量云何用何莊嚴用何印相其本尊位及與界道云何壁畫

佛言其護摩爐量高一肘廣闊一肘或半肘此爲定量不得增減其息災爐中安蓮華其增益爐中安金剛鏝其敬愛降伏爐中作風輪上安花鏝其調伏爐中作臺安印高四指廣闊亦四指或八指廣闊亦等其爐裏面分五亭以半亭作界道若護摩爐大小一肘量其外面脣闊四指高二指若闊八指高四指作界道於界道內作隨法本尊位亦隨法作光焰又於界道外作脣緣道高一指界道內本

尊位隨界道或八指高或四指高皆方亭其本尊身量亦高八指或四指然此本尊身顏色及印相皆觀想現前坐於本位若為作息災法觀想頂相寶瓶寶輪及八葉蓮華等印安於本位若作增益法觀想金剛吉相葉羯磨杵及幢蓋劍等印相安於本位若作敬愛降伏法即觀想金剛鉤金剛弓箭等印安於本位若於怨家作極惡調伏法即觀想金剛羯磨杵及槍戟叉等印安於本位其護摩爐亦有四門門中各有事相東門內安五股金剛杵印南門安寶印光焰四照西門安鉤印北門安槍或安輪或安羯磨杵等印如上息災增益及敬愛降伏乃至成藥成黃丹法成劍入修羅窟等諸成就護摩等法一切各用本所成就相應行相真言法護摩儀則及護摩爐等復次阿闍梨欲作息災增益敬愛降伏等一切護摩者宜預前備辦種種護摩所用之物皆悉了畢然阿闍梨於爐外相應方位寂靜安坐觀想護摩爐內縱廣十二指

指作安本尊位若作息災增益法先觀本尊位上有毗盧遮那如來頂戴寶冠髮髻下垂於金剛蓮花上結跏趺坐作入三摩地相種種莊嚴一切殊妙於本尊左右邊想佛母般若波羅蜜多菩薩及無能勝菩薩觀音菩薩佛眼菩薩又於爐內左右想安二淨光天子一名妙眼二名妙臂著白赤衣手執白花顏皃端嚴熙怡之相其誦人想自身并眷屬於爐外左右跪膝手執金剛蓮花而為供養此惟息災法儀若為增益復於本尊左邊想有地天從地涌出現半身相其身白色手持寶瓔儀容圓滿背月輪光頭有寶冠髮髻嚴好又復想佛母金剛界菩薩或佛母祖那菩薩於如來毫相而出又復想最勝佛頂明王身作艷色其面皃或作大青色或黃色如花開敷手執金剛杵有大力勢光明晃耀於本位上坐師子寶座復想佛母祖那有八臂莊嚴在右邊而坐次祖那右邊想宿吉祥菩薩想彼菩薩執閼伽瓶與持誦行人灌頂復想

左邊有佛母金剛界菩薩四臂身如寶花色光淨圓滿持金剛杵有大力勢其次左邊有持世菩薩右手持寶作施願左手執寶幢次左想有淨光天子一手持閼伽瓶一手持寶輪又於本尊後想有帝釋及輪王坐蓮華師子之座種種莊嚴手持金剛杵及蓮華等身有光明如大火聚具大威力自在無比其皃端嚴面有三目能於一切施與無畏若有阿闍梨依如上儀為人作增益護摩者彼人獲富貴吉祥永無退敗後當證得真如菩提

又復觀想彼欲天一切莊嚴身如紅蓮華色坐紅蓮華有二臂手執弓箭坐於本位又兩邊有女形明王能施成就右邊名金剛欲左邊名金剛鉤色相端嚴如紅蓮華有二臂或手執金剛杵或時執箭威德自在目視於箭又復想火天如金剛薩埵安於爐內次以其族內外眷屬或以其名或以真言與其本尊同作護摩令得成就

又想大力金剛光菩薩在於本位其相大惡身艶色其面如鐵色目赤作大嗔相所著衣亦作青色莊嚴具足光焰熾盛如劫劫火手執三股义或執金剛杵右邊有一神二臂身赤黑色其眼如烟色莊嚴具足其聲妙好左手持髑髏滿盛其血右手執劒徧有光焰左邊想有焰曼德迦明王現大惡相色如黑雲有六面作大醜相面有三目狗牙上出莊嚴具足乘水牛之座手中各各執大猛惡器仗此焰曼德迦明王從大無畏妙吉祥心中化出又想於護摩爐兩邊安焰魔王身皆黑色二臂現大惡相如焰曼德迦如是護摩法賢聖儀則若有阿闍梨及持誦行人能如是依法修行者得一切天人阿修羅及世間一切恭敬供養能爲是等作大吉祥滅一切罪

復次護摩所用柴其柴須溼潤所謂吉祥果木迦俱婆木阿摩囉木奔曩誐木曩誐計娑囉木尸里沙木囉努迦木闇浮木誐里娑里木阿里迦木

如上諸木爲增益法用

又憂曇鉢羅木菩提樹木尼俱陁木鉢羅义木舍彌木乳木白檀木如上諸木爲息災法用

又盎俱羅木佉你囉木箄母迦木酸棗木石榴木如上諸木並須有刺不乾枯者爲降伏法用

又以如上之木各各依法爲杓隨本法用所作護摩速得成就

復次觀自在菩薩白佛言世尊我今已聞護摩之儀其護摩杓未知儀則唯願爲我分別解說大小長短深淺麁細乃至色相及安印契法則云何

佛言善男子護摩之杓大約四等四等之義我今說之所造杓時分上中下又將中等分爲上下若爲增益用最上等若爲息災用中上等若爲敬愛降伏用中下等若爲怨家作極惡法及忿怒法者用最下等若依此法皆悉成就

復次善男子我今一一分別造護摩杓大小儀則大杓頭廣闊四指深二指作師面相中安印柄長二十四指

麁六指作團圓相低脣半指安柄觜長八指初四指闊漸銳如錐此是中上等於增益用

復次杓頭方四指深二指作虎面相安印柄長二十指麁五指低脣半指安柄觜長七指初闊四指漸銳如錐此是中次等作息災用

復次杓頭廣闊四指深二指如虵頭相中安印低脣半指安柄柄麁四指作團圓相觜長六指初闊四指漸銳如錐此第三等作敬愛降伏法用

復次最上法杓頭廣闊八指深四指內作鳳觜相低脣半指安柄柄長三十二指麁細可執觜長十二指初闊次細漸銳如錐其杓頭四緣刻羯磨金剛杵微細殊妙而爲莊嚴於一切法皆悉成就

復次作護摩時所有火焰相及香氣聲音分其好惡善男子其火焰或如繖蓋或如閼伽缾或如象耳或如金剛杵或如幢幡或如劒等乃至如菩提樹如蓮華敷如吉祥果如是之相皆是吉祥成就之相

次說火焰之色或白如新酥或如金
色或如大青寶色
又復護摩所有香氣如最上蓮花香
軍那花香優鉢羅花香沉香檀香若
作如是香氣是最上吉祥復說火聲
其聲如雲雷或如天鼓火焰右旋斯
為大吉祥相若是煙多難著焰赤黑
色左旋復如槍如虵頭及如有牙焰
頂破散或如驢脣及作惡聲又如屍
臭如是之相皆為不吉若為調伏此
知是吉必見成就若為敬愛降伏其
焰或赤或黃黑及如鉤相或如醉香
或如花香或如鉢吒羅香者其阿闍
梨誦人等以圓滿音頻念吽字者其
法決定當得成就
復次息災法中火天護摩法所用物
等烏曇鉢木菩提木尼俱陁木阿末
羅木馬鞭草脂麻兜羅綿稻穀花等
搵酥蜜作護摩者為最上吉祥
復次為增益作火天護摩法者用吉
祥果吉祥木葉及蓮華有圓滿吉祥
相復以團食脂麻粇米并白花蜜酪
等和合復用白檀松栢及羯俱婆木

阿里迦木波羅舍木檜木等如是諸
木者必獲最上吉祥
復次為降伏敬愛作火天護摩法者
當用鹽及白芥子諸有刺木溼潤者
必獲最上如願成就
復次為調伏作火天護摩法者當用
阿俱羅木佉你羅木藥果木曼陁羅
木沒里賀帝木白檀木栢木以如是
等諸苦澁木及藥物等者必得如願
成就
復次有諸護摩觀想火天身手顏色
各各不同法所有增益法觀彼火天
如憍釋迦身深黃色手執金剛杵住
本天宮作自在相
又復息災護摩法觀彼火天身白色
著白天衣手持閼伽瓶自在而住
又復敬愛降伏護摩法觀彼火天身
作赤色左手放光住風天位
又復調伏護摩法觀彼火天身黑及
如煙等色住在天宮
復有法觀想火天有四面四臂有大
力勢手執輪槍弓箭及鉤等此為一
切護摩成就法

尒時觀自在菩薩摩訶薩讚世尊言
善哉善哉如來於三界中為最上離
欲三密之主大自在牟尼三界之尊
我今歸依我今歸命如是讚已禮佛
而退復坐一面

一切如來大祕密王未曾有最上微妙大曼拏羅經卷第三

乙巳歲高麗國大藏都監奉
勑雕造

一切如來大秘密王未曾有最上微妙大曼拏羅經卷第三

校勘記

一　底本，麗藏本。

一　二二〇頁下六行「淡黑」，南作「炎黑」。

一　二二〇頁下一〇行第一〇字「爐」，徑作「爐」。

一　二二〇頁下二一行第一三字「道」，資、磧、普、南、徑、清無。

一　二二一頁上二一行「預前」，南、清作「預先」。

一　二二一頁中一六行第五字「或」，資、磧、普、南、徑、清作「成」。

一　二二一頁下一七行第二字「就」，普作「説」。

一　二二二頁上一五行第一一字「則」，資、磧、普作「財」。

一　二二二頁上二一行「吉祥」，磧、普、徑作「吉神」。

一　二二二頁上二二行「尸里沙木」，磧、普、南、徑、清作「尸里沙木」。

一　二二二頁中一二行「解説」，石作「解脱」。

一　二二三頁上末行「羯倶婆木」，資、磧、普、南、徑、清作「羯磨倶婆木」。

一切如來大祕密王未曾有最上微妙大曼拏羅經卷第四　路

西天譯經三藏朝散大夫試鴻臚少卿明教大師臣天息災奉　詔譯

先法攝受弟子品第五

尒時金剛手菩薩摩訶薩於大衆中即從坐起遶佛三帀合十指掌而白佛言世尊阿闍梨云何攝受弟子入曼拏羅復云何而作先法

佛言金剛手阿闍梨攝受弟子入曼拏羅者其弟子將入曼拏羅當預潔淨身心若內若外使令相應其阿闍梨方可引弟子至曼拏羅所令面北或面東跪坐手執白花當依本尊儀則以明王眞言加持水與弟子灑淨復用甘露軍吒利眞言及印與作擁護令弟子發無上菩提心

甘露軍吒利眞言曰

唵引阿蜜里二合帝引入嚩二合羅入嚩二合羅吽發吒

甘露軍吒利印

以二手相叉作拳竪二中指相著如針以頭指附中指第三節屈二大指入掌成印

以眞言及印加持擁護訖令弟子自發菩提心願云我今爲一切有情起不退心行菩薩行若我成佛誓度一切有情咸登佛果其阿闍梨復爲弟子發大悲心與弟子說於菩薩不退地法令弟子志求次爲弟子說佛所得功德如是說已然後與受三歸竟令弟子入三昧以線作結誦金剛羯磨眞言而作擁護眞言曰

唵引嚩曩引二合蜜里二合多摩賀引尾里也二合鉢囉二合底誐里二合恨拏二合娑嚩二合鉿

作擁護已令弟子直至得阿耨多羅三藐三菩提不復退轉

又復結金剛羯磨印用右手大小指相捻直舒餘指成印以此印復作擁護及與眞言同用眞言曰

唵引阿蜜里二合帝洛叉洛叉摩引吽發吒

誦此眞言以前印印弟子心上臂上頭上頂上而爲擁護又於十四日早辰食時亦如是坐已復與灑淨令塗香已手執白花作金剛合掌復與受

三歸幷五戒法已令安坐然後阿闍梨自結毗盧印入無相定想一切莊嚴之具頭冠瓔珞種種而自莊嚴已便想自身爲毗盧遮那如來放青赤黃白綠等光明普照一切復於彼毗盧遮那佛右邊想蓮花如摩尼相其蓮花上有寶生如來其如來身如日色亦放光明照於弟子其光至弟子左耳上住復想不空成就如來於弟子左耳中出現大風輪吹弟子身破壞復變成火聚作大燒然散如灰塵不見形像爲如般若波羅蜜多無相無色復次想無量壽佛如來於眉間毫相中出光光中有明名甘露大明王色相如毗盧遮那佛身眞金色手持髑髏中盛黃色甘露之水灑前灰塵令其止息塵相息已其塵聚作團又想阿閦如來心中出無量數相隨色光入彼灰塵之團如是想已總成眞實

尒時世尊毗盧遮那如來舒右手指前五色光幷眞珠等七寶甘露之水浮彼灰塵之團現作如來五色之相

即時又復變化一切弟子本形作是
觀想已復念眞言云
唵引阿蜜里二合多摩引隸你嚩曪
二合愈世嚩里嚩娑嚩二合引賀
以此眞言安前所變化身弟子如是
安已然後阿闍梨復以金剛利眞言
加持齒木及白花等以右手大指與
頭指捻花齒木等授與弟子弟子作
金剛合掌受齒木花等復以大惡忿
怒明王眞言加持線作結繫弟子右
臂以爲擁護眞言曰
唵引努瑟吒二合嚩囉二合骨嚕二合馱
賀曩賀曩薩里嚩二合波引半怛囉
二合吒吽發
復誦眞言曰
唵引嚩曪二合酥囉洛叉洛叉伊給引
吽發吒
又眞言曰
唵引嚩曪二合底訖叉拏二合佉那佉
那郝
金剛手彼阿闍梨觀想一切如來以
大神通變化作菩薩衆住虛空中各
各放光照於弟子復觀弟子運身徧

禮彼一切如來及菩薩衆乃至諸明
王等一切印契
又復弟子於十方一切佛菩薩等祈
求攝受弁及懺悔其弟子想自身立
於寶生蓮花羯磨部佛菩薩等面前
而作是言願我自從無始已來至於
今日從無明根生煩惱枝葉成身口
意不善之業願從今日得智慧風吹
法性火燒彼無始已來至於今日因
於三業所作之罪一切都盡無有遺
餘如是重重作是懺已復乞金剛手
蓮花羯磨部十方一切佛菩薩等乃
至一切印契眞言明王及衆賢聖皆
攝受我又我今歸命十方一切諸佛
圓滿涅盤遺身舍利願攝受我又復
我今對金剛蓮花羯磨部一切諸佛
一切印契眞言明王賢聖等捨於自
身及一切莊嚴之具願垂納受又願
一切最上大悲一切成就之師而垂
攝受願我所有迴向金剛手蓮花羯
磨部一切諸佛一切印契眞言明王
及衆賢聖如是善根令我於世間出
世間所有邪見皆悉除去一切正見

皆得現前所有世間出世間一切有
情悉皆能發如是善意者願得圓滿
亦得諸佛菩薩一切賢聖之所攝受
復作是念我佛世尊一切大悲普賢
之心乃是我身口意金剛本元而此
本元體淨無垢如大虛空我以是心
趣求最上菩提願如三世諸佛得成
正覺復爲一切有情持三種戒及衆
善法於此戒行堅牢受持復於最上
三寶而恒歸命至於佛一切秘密之
法印相及鈴杵等我一心受持所有
阿闍梨於大金剛族一日六時迴施
四衆專注不忘於大寶族恒常住彼
最上適悅三昧於大蓮花族所有三
乘微妙顯教密教恒樂受持於大羯
磨族成大菩提一切戒法誓取圓滿
恒樂依法以一切最上供養而獻諸
佛及衆賢聖復作是念云我今所發
無上菩提之心持一切戒正爲利樂
一切有情使未度者令得度未解
脫者得解脫未安者令得安已安者
得住寂靜而此正道最上吉祥於不
空乘當得圓滿是等有情圓滿果已

往彼彼𣪺成佛菩提恒以如是菩提之心而修利他之行阿闍梨以如是儀則攝受弟子以爲先法

復次阿闍梨再以甘露軍吒利眞言及印而作擁護其阿闍梨攝受弟子已將欲更以擁護之法而擁護者可令弟子於常修行作觀想壇外令面東坐受以齒木作淨已然後阿闍梨結甘露軍吒利印以二手互相附豎二中指相著如針以二頭指附二中指第三節以二大指入二中指中間成印

甘露軍吒利眞言曰

唵引阿蜜里二合帝引賀曩賀曩吽洛刹唆

其阿闍梨與弟子等於此時俱只不離曼拏羅所或至夜止宿亦可只在曼拏羅東面地上敷吉祥草眠卧卧時以頭向南面向曼拏羅本尊止宿至晨旦以金剛眞言加持其地及加持香水於曼拏羅所而爲灑淨其阿闍梨復須著新白衣從東北方誦眞言塗拭曼拏羅所眞言曰

唵引嚩日囉二合羯里摩二合囉惹尾囉洛乂腳酥誐多引怛摩二合惹你鼻俱引尸計引曩嚩娑怛里三合拏摩尼嚩曩二合囉引誐引地波三摩引里惹合夜引弥薩里嚩二合引誐囉引薩里嚩合尾近努二合扇多曳吽賀囉合護引呬曩唆吒

阿闍梨以此眞言塗拭曼拏羅已虔心奉獻香花等而爲供養以所求事告白諸聖賢志心禮拜禮已復更以種種歸命讚歎而讚於佛阿闍梨復云今願一切諸佛正徧知者乃至菩薩及諸聖賢忿怒明王等願爲證明我今依眞言教與諸佛子而作灌頂得灌頂已當令一切有情得無上智復得諸佛菩薩之所攝受作是語已於前所加持地中復以白檀香同爲塗飾作曼拏羅其阿闍梨手持鈴杵起勇猛心作忿怒相擲杵振鈴以嗔目瞻視曼拏羅地或如師子作威怒相行曼拏羅所或現微笑容作舞蹈相行曼拏羅所而作瞻視復自東北方起首徧四方四維各於本天位安本天主復稱吽字并念呬字內外瞻顧而作分別其阿闍梨手擲金剛杵自北方面南東邊作金剛步次行南方作金剛寶步西方作金剛蓮花步次北方作金剛羯磨步如是以各各方作本方本族行步及念眞言而作分布常求諸佛聖賢而作覆護又或暫出曼拏羅時常以堅固勇猛心不散亂於少時頃却入曼拏羅已便須端坐冥心復作觀想觀於諸佛初想東方佛位而作黑色次想南方佛位而作紅色次西方黃色或如花或如寶色次北方如大綠色其阿闍梨住曼拏羅所修行之者常以此儀而爲安住

復次阿闍梨或爲息災增益作曼拏羅分布聖位亦作金剛步先作觀想於中方想作白色於東方想作青色南方想作金色西方想作紅色北方想如黑雲色乃至作忿怒法亦作金剛步其阿闍梨及持誦人或作曼拏羅當隨法先觀想聖賢方位顏色已然作金剛步行於四方而作加持又

復先於中方面向中方作智金剛行步此金剛步名最上步復次阿闍梨或持誦人以勇猛精進心手擲金剛杵自在右旋遶曼拏羅所復以微妙梵音說金剛歌讚曰

嚩日囉(二合)薩怛嚩(二合)僧屹囉(二合)賀嚩日囉(二合)囉怛曩(二合)麼努多嚂嚩日囉(二合)達麼誐(引)野乃嚩日囉(二合)羯麼迦嚕(引)婆嚩

復次金剛手我今演說密中秘密微妙最上諸金剛步相分金剛手其金剛步者或以左足跟蹋右足指或以右足跟蹋左足指此名金剛步或行速疾者此名吠舍佉步

復次金剛手若於曼拏羅東方作金剛步者先以左足跟蹋右足指次右足跟蹋左足指次弟行步左旋者此名智金剛步

又復若於曼拏羅南方先於右足前安左足然以右足跟蹋左足指如是互相繞速移速起如彼浮漚者此名寶金剛步

又復若於曼拏羅西面先以左足跟

一切如來大秘密王經卷第四　第十張　正

蹋右足指於左邊畫地安足前復以右足跟蹋左足指於右邊畫地安足前此名金剛蓮花步

復次先依甘露軍吒利立西北方以吠舍佉步行至東北方以精進心繞曼拏羅直至西南方隨彼方面以種種讚歎供養復還本方位此名羯磨金剛步又復若於諸曼拏羅所初首作金剛步者須念金剛步眞言

金剛步眞言曰

唵(引)嚩日囉(二合)惹拏(二合)曩訖囉(二合)斛

吽發

當以如是儀攝受弟子

一切如來大秘密王未曾有最上微妙大曼拏羅經卷第四

乙巳歲高麗國大藏都監奉

勅雕造

一切如來大秘密王經卷第四　第十一張　次

一切如來大秘密王未曾有最上微妙大曼拏羅經卷第四

校勘記

一　底本，麗藏本。

一　二二六頁中二行首字「王」，石作「正」。

一　二二六頁下六行「大虛空」，諸本作「太虛空」。

一　二二七頁上二二行第五字「著」，磧、普作「者」。

一　二二七頁中二二行「瞻視」，清作「瞻現」。

一　二二七頁下二二行第五字「先」，資、磧、普、南、徑、清作「光」。

一切如來大祕密王未曾有最上微妙大曼拏羅經卷第五　路
西天譯經三藏朝散大夫試鴻臚少卿明教大師臣天息灾奉　詔譯
鈴杵相分出生儀則品第六
尒時金剛手菩薩從衆會中起如師
子王示其威德於彼大衆周徧觀察
已於世尊前不近不遠瞻仰而住乃
爲未來諸有情等而作是言世尊未
法之時有比丘比丘尼優婆塞優婆
夷等修眞言行者云何了知曼拏羅
賢聖之位及彼眞言印相乃至大相
應法及各各眞如之智
又復弟子入曼拏羅云何得福云何
得眞言成就云何阿闍梨而得解脫
尒時世尊告金剛手菩薩言我今爲
於有情以大悲心說密中之密最上
微妙眞如之智賢聖色相眞言悉地
一切解脫金剛手若得眞言成就一
切解脫者自然當得一切諸佛諸大
菩薩所得正道金剛手譬如轉輪聖
王於人世中最爲第一彼眞如智賢
聖色相乃至菩薩祕密明王諸忿怒
明王於三界中而爲最勝亦復如是

又復阿闍梨識五智之體解種種之
相於種種相而能深信現大無畏於
三摩地能生金剛蓮花界佛及生種
種賢聖又能破壞一切魔王幷諸眷
屬能成息災增益等法復能成就入
修羅宮及成就聖藥眼藥牛黃長年
藥乃至劒輪數珠賢瓶如意寶幢三
股叉等如是諸法彼阿闍梨及持誦
人若能一一了知者獲得廣大利益
復次金剛手諸曼拏羅中隨法賢聖
所有色相種種不同金剛手彼息災
增益最上成就法等曼拏羅中佛及
賢聖我今說之
金剛手中方賢聖者佛三界尊毗盧
遮那如來白色如滿月相頂戴寶冠
著紅衣最上微妙一切莊嚴於金剛
師子座上作金剛跏趺之坐東方阿
閦如來大青寶色其面圓滿猶如秋
月相好具足著妙青衣光明無數照
於一切種種莊嚴左手作金剛拳安
胜上右手作觸地印面東坐象座一
切莊嚴南方寶生智自在佛身如日
色面如滿月頂戴寶冠著黃白色衣

面向南坐左手作金剛拳安胜上右
手作施願印乘一切普徧智蓮花王
寶馬之座西方無量光如來身黃金
色面如滿月作入三摩地相鬚髯嚴
好頭冠莊嚴身著紅衣背月輪光迴
面向西坐忿怒明王座北方不空成
就如來身綠色面如滿月光明晃燿
現微笑容鬚髯嚴好頭冠殊妙著青
色衣種種莊嚴左手作金剛拳安胜
上右手作說法相坐大寶蓮花金翅
鳥王座有五義見怖
金剛手白言世尊云何名五義見怖
佛言金剛手我今說彼五義之道所
謂二諦及生滅無常五蘊等法是爲
五義金剛手如是諸法若有阿闍梨
及諸行人依法修行佛威德故令諸
行人於如是之見皆能省覺不執不
任悉能安任金剛眞實妙三摩地諸
佛境界金剛手汝今諦聽所有如來
金剛蓮花界大乘眞如心於三界中
出生種種三摩地色所謂金剛薩埵
菩薩而作月色金剛王菩薩黃色金
剛愛菩薩紅色金剛善哉菩薩青色

一切有情見者歡喜
又復福德聚金剛寶菩薩如日紅色
金剛光菩薩如淡紅色或淺黃色金
剛幢菩薩金剛笑菩薩俱淺青色又
復智慧門金剛法菩薩黃色得大無
畏相金剛利菩薩紅色如童子相金
剛因菩薩作淺青色金剛語菩薩黑
色又復大精進金剛業菩薩翡翠色
有大力勢金剛護菩薩黃色金剛藥
叉菩薩赤黑色口出利牙作大忿怒
相金剛拳菩薩大綠色又適悅心金
剛戲菩薩翡翠色金剛鬘菩薩紅色
常樂受持祕密之鬘金剛歌菩薩黃
色作祕密相金剛舞菩薩淺青色又
復眞如薰金剛香菩薩淺青色金剛
花菩薩紅黃色金剛燈菩薩紅色如
大光明破諸黑暗如一切智智之力
金剛塗香菩薩淺青色又復有堅固
智金剛鉤菩薩如大青色有大力勢
金剛索菩薩紅色如曼度迦花金剛
鏁菩薩黃赤色如童子相金剛鈴菩
薩有大光明能迷惡者又復各各畫
隨方至菩薩身隨方色與金剛鉤等

相向坐佛子隨衆生心所有信樂現
於神通又復眞如體能生一切法化
有情身作轉輪王復於金剛蓮花界
三摩地作變化相現種種形或現善
相示於無畏或現極惡示於忿怒復
有嚩日囉吽迦囉大忿怒明王身翡翠
色作顰眉相此明王於三界中最勝
復有大樂欲明王如牛乳色手持金
剛蓮花身如欲界天復有金剛欲自
在明王紅黑色住下方作幻化相手
持金剛亦大忿怒相眼目脩廣清淨
無垢復有金剛大笑明王紅色復有
大力最上金剛索明王身綠色此等
明王常護諸佛菩提道場復有十七
佛頂輪王所謂圓滿如來一切智智
大力輪王身黃色復有無垢佛頂輪
王身亦黃色或如深朱色復有大白
無垢佛頂輪王身如雪色復有最上
智未曾有佛頂輪王身大青寶色復
有蓮花薩埵三摩地化身佛頂輪王
具大悲心現種種力當令種種衆生
皆生信樂復有蓮花大自在佛頂輪
王身如白曼度迦花色復有三界最

勝大力不空蓮花佛頂輪王身黃色
降伏大地蓮花佛頂輪王身黃色降
伏大地蓮花佛頂輪王身如月色蓮
花吽迦囉佛頂輪王赤黑色蓮花開
敷大相應佛頂輪王黃金色世間最
上蓮花佛頂輪王黃白色蓮花大笑
佛頂輪王淺紅黑色大忿怒蓮花佛
頂輪王如蓮花色蓮花薩埵大白佛
頂輪王如金色十二面蓮花佛頂輪
王黃白色大忿怒大白蓮花佛頂輪
王蓮花色最上自在相應蓮花佛頂
輪王秋月色如是諸大輪王等所有
三摩地變化種種色相隨彼諸曼拏
羅持誦護摩成就之法自性正色及
彼眞言印相所有持誦之人若能依
法持誦修行一切成就
復次金剛手菩薩白佛言世尊此法
於未世時云何受持
佛言金剛手菩薩若有比丘比丘
尼優婆塞優婆夷爲一切有情行具
言教作大利益及求福報者當須受
持頂戴及戴臂上或絡腋中金剛手
彼人當得阿閦如來寶幢如來無量

光如來不空成就如來加持覆護由
如世人愛護其子
復次金剛手菩薩白佛言世尊云何
名金剛杵彼杵上下中間云何分別
唯願世尊以大智自在而爲開說
佛告金剛手菩薩言諦聽金剛杵者
以三印印之金剛手我今說五股杵
上五股表毗盧遮那佛阿閦佛寶生
佛無量光佛不空成就佛下五股者
表四波羅蜜所謂金剛波羅蜜等中
表清淨菩薩變化身忿怒明王金剛
手彼阿闍梨及彼持誦人若有依法
受持復發勇猛精進之心想自身如
金剛薩埵當得一切佛最上微妙法
界最上勇猛智清淨法
金剛手菩薩復言佛今已說金剛杵相
分所有隨佛隨法祕密眞言乃至別
相微妙金剛杵及一切眞言等調伏
藥叉羅刹并破壞一切極惡之者一
切法等唯願如來以自在智慧方便
演說
佛言金剛手金剛杵有隨部種種之
相若復五股作圓相令股不相著其

中股比餘股長半指節其杵上下正
分三分兩頭并中是名三分此金剛
智慧自在菩薩金剛杵或如寶形及
圓相頭稍磔開此寶部金剛杵或如
蓮花相寶莊此是蓮花部金剛杵或
如優鉢羅花形有四面作十二股於
蓮花中出股頭不相著此名羯磨金
剛杵或有三股亦是羯磨金剛杵若
復堅牢圓相作五股頭相著其股作
三稜相此是如來最上金剛杵若復
作九股上下猛焰相此是忿怒金剛
杵若復獨股即是微妙心金剛杵
又復降伏藥叉羅刹用金剛鉤亦於
調伏法而得成就又復屈如中指中
節此名金剛叉
又有微妙祕密金剛鈴亦分三亭或
分七亭其金剛鈴上有三界道其上
面杵或九股是忿怒變化明王鈴或
是七股亦是金剛忿怒明王鈴若上
面五股杵是五部金
又鈴有獨諻者有多諻者若或鈴聲
清響遠近樂聞用獨諻者於佛所說
眞言而得成就若二諻者得降龍法

成就若三諻者得降藥叉法成就若
四諻者於天人法得成就若五諻者
於阿修羅法得成就若六諻者於諸
聖人法中得成就若七諻者當於調
伏他呪而得成就
復次說諻之形相亦有分別若諻如
金剛杵相者此是金剛部金剛手法
中之相若諻如寶相者此是金剛寶
部之相若諻如蓮花者此是金剛蓮
花部之相若諻如金剛羯磨杵團圓
相者及如輪者此是羯磨部之相可
於一切羯磨法中使用若降拏枳你
及阿修羅者乃至作大忿怒法者亦
可用此羯磨鈴
金剛手菩薩復白佛言世尊作一切
曼拏羅時及作一切護摩法彼諸最
勝護世及諸宿曜乃至羅刹諸龍鬼
等云何而爲彼等作供養又作供養
時所用眞言云何
佛言金剛手彼一切護世及宿曜羅
刹等若作曼拏羅及護摩時當隨力
分求諸香花燈塗而爲供養每作供
養當須自東北方起首作供養復誦

眞言曰
曩莫室戰(二合)拏嚩囉(二合)播(引)拏曳(引)
烏骨瑟摩(二合)骨嚕(二合)馱摩賀(引)摩
羅賀曩賀曩尾(日林)(二合)娑阿曩野
阿曩野薩里嚩(二合)努瑟吒(二合)喃(引)吽
發吒娑嚩(二合)賀
此眞言若爲種種曼拏羅及護摩中
供養者當依如是儀則亦可於一切
處通用
復有呪食作供養先念請召一切眞
言曰
唵(引)祢(引)嚩曩(引)誐羅剎娑(引)部名
僧伽(引)悉馱尾你也(二合)馱囉室唧(二合)布
單曩羯吒布單曩嚕閉尼部多
吠多(引)拏巘馱里嚩(二合)阿酥囉緊
曩囉(引)阿鉢娑摩(二合引)嚕烏娑多(二合)
囉迦娑母多(引)室唧(二合引)嚩那(引)囉計(引)
娑賀賽(引)怛也(二合)僧契(引)室嚕怛嚩(二合)
左帝(引)阿(引)里焰(二合)覩娑里吠(二合)伊賀
部訖多(二合)迦(引)摩(引)阿誐蹉他阿誐
蹉他麼里沙(引二合)酥鉢囉拏佉囉(二合)
賀囉叉娑(引)室左(二合)曳計(引)唧部
冒(引)你嚩散底祢尾也(二合引)弥(引)撓(引)

舍摩(二合)捨你(引)左嚩你(引)左扇底曳
(引)酥摩不里(二合)瑟致(二合引)囉尾曼拏
隸(引)左佗囉(二合引)弥(引)數薩里嚩(二合)數
喃那曩嚩你(引)數娑鱗酥薩里嚩(二合)
(引)酥左娑誐弥(引)數嚩(引)閉多拏(引)
計(引)數左波羅末(二合)隸(引)數曳(引)
俱波嚩(引)播也(二合引)酥左曩惹里(引)數
囉怛曩(二合引)羅曳(引)左訖里(二合)多(引)地
嚩(引)娑(引)曩里(引)數薩里吠(二合)數戍
怛也(二合引)羅曳(引)祢(引)嚩佗里(二合)咽(引)嚩
散帝尾賀(引)囉制(引)怛也(二合引)娑嚩(二合)
怛也(二合引)舍囉(二合)弥(引)數囉他也(二合引)酥
吠(引)體數左左怛嚩里(引)數曳(引)阿
娑嚩(二合)舍(引)羅(引)誐祭(二合)滿祢里(引)阿
泰迦沒里剎(引)數摩賀(引)鉢體(引)數
祢尾(二合)閉數左曳(引)嚩散帝紇里(二合)
瑟吒(二合)摩曩娑(引)娑怛(二合)他(引)度波
補瑟葦(二合引)佗里(二合)恨赦(二合)覩(明發去)惹
敢(二合)覩閉挽覩薩里吠(二合)伊難左羯里
磨(二合)娑賀楞俱嚕他閉挽覩曳(引)
薩里嚩(二合)你婆(引)左囉(引)赦(引)
誦此眞言請召已然將所供養物香
花食等復以大力明王眞言及印而

加持之彼諸賢聖等方敢就食
大力明王眞言曰
唵(引)嚩囉(二合引)骨嚕(二合)馱摩賀(引)摩
羅惹致羅楞冒(引)那囉烏骨瑟摩
(二合)骨嚕(二合)馱賀曩那賀鉢左尾持
鍐(二合)娑野烏蹉(引)那野吽誐里(二合)
恨拏(二合)誐里(二合)恨拏(二合)誐里(二合)恨拏(二合)
播野部惹部惹部惹波野部惹波
野伊鈐(引)薩里嚩(二合)努瑟吒(二合)薩怛
嚩(二合引)吽吽吽發吒發吒發吒娑
嚩(二合)賀
大力明王印
以二手作拳以二大指小指相著合
竪成印
誦此眞言百徧結印加持所供養香
花食等令彼一切天龍夜叉羅剎等
得食如上勝妙供養之食得供養已
與彼阿闍梨所作曼拏羅及一切所
求皆悉如願種種所作悉皆成就
造塔功德品第七
復次金剛手菩薩白佛言世尊於未
來世有諸衆生或剎帝利婆羅門乃
至信心善男子善女人等是中若有

爲求法故或求福壽或自發心或隨
他發心造於塔廟所造佛塔及於佛
像乃至供養儀則云何
佛告金剛手菩薩言金剛手造塔像
儀者而有三種第一金銀銅鑄成第
二白檀木雕成第三香泥印成將欲
造於塔像者先選求殊勝吉祥清淨
之地得是地已相度可用方俾不定
多少掘深至膝去諸瓦礫灰炭及與
毛骨一切不祥之類然却於異處求
清淨之土塡築用吉祥木爲杵築實
當須平正勿令塵坌先以大明王眞
言而加持之
大明眞言曰
唵引曩摩悉怛里野四合持嚩二合努誐
哆引喃引薩里嚩二合怛他引誐多引喃引
怛你也二合他引唵引酥刹弥二合引酥刹弥二合引
努誐帝引扇引帝引扇引帝引難引
帝引難引帝引你囉引俱隸引野輸引
野輸引嚩底帝引祖引帝祖嚩底
薩里嚩二合没駄引地瑟姹二合曩地
瑟恥二合帝引娑嚩二合引賀
金剛手化大明乃是過去諸佛之所

受持我今宣說此明名一切如來藏
若加持地者於此地上所作功德於
一切有情能滅一切重罪能盡一切
惡業若諸有情得遇此明速證無上
菩提復次金剛手若諸有情欲以泥
印脫作佛像者先想二手中有阿字
得字現已復見字有光明晃耀若得
如是已方可取泥入手作團復念加
持作團眞言曰
唵引阿囉祖引尾囉祖引娑嚩二合引賀
復念眞言曰
唵引訖魯二合囉嚩囉二合誐里鼻二合
娑嚩二合引賀
念此眞言已將泥團入印中入印已
復念入印眞言曰
唵引涅里二合茶去嚩酥地引娑嚩二合引賀
將泥入印已想此泥波定便能成就
佛之相好作是念已又想二手中前
想成者阿字變成月輪又想月輪變
成日輪復想唵字變成毗盧遮那佛
處中而坐作入三摩地相此想成已
念所作成就眞言曰
唵引達里摩二合駄引覩誐里鼻二合引

娑嚩二合引賀
念此眞言已復念出印眞言曰
唵引達里摩二合駄引覩嚩囉二合娑嚩
二合引賀
念此眞言出印已又想野字變成大
蓮花座復想彼座有種種上妙珍寶
及以金銀而嚴飾之又想殊妙繖蓋
而覆其上作是想已復念莊嚴眞言
曰
唵引祢尾也二合囉娑嚩囉二合娑嚩二合引
賀
如是莊嚴已然後安置所作佛像復
念安像眞言曰
唵引酥鉢囉二合底瑟恥二合多嚩日嚕二合引
訥婆二合嚩引野娑嚩二合引賀
如是安置已然後逐日燒香獻花而
爲供養當用俱嚕吒花迦俱羅花俱
母那花若無此花者但隨力隨時所
得諸花亦可供養所獻香當求恭俱
摩香白檀香龍腦香等若無如上香
者即用隨所得者好香而爲供養
獻香眞言曰
唵引摩賀引弥引伽娑頗二合囉拏尸

羅度閉引娑嚩二合賀
獻花眞言曰
唵引薩里嚩二合囉嚩曰嚕
二合引娑嚩二合引賀
獻花鬘眞言曰
唵引祢尾也二合俱酥摩麽引羅引嚩
日嚕二合引娑嚩二合引賀
獻燈眞言曰
唵引達里麽二合引路引迦鉢囉二合祢波引
野娑嚩二合引賀
以如是勝妙寶蓋寶座一切珍寶乃
至上妙香花花鬘種種供養已復念
迴向眞言曰
唵引薩里嚩二合薩怛嚩二合紇里二合那野
誐里鼻二合引娑嚩二合引賀
佛告金剛手菩薩言若諸有情以眞
實心欲造佛塔供養者所獲果報我
今略說金剛手若諸有情以眞實心
造佛塔如阿摩勒果或高四指或高
一肘或高佛尺量一尺如上大小當
得大福金剛手譬如滿閻浮提一切
有情所有珍寶及種種樂具若有善
男子善女人以如是等珍寶及種種

樂具行檀波羅蜜悉皆布施三寶及
一切有情如是施已所獲福報其數
無量金剛手彼所造塔或如阿摩勒
果其福勝彼何況如四指及一肘或
佛一尺量金剛手若能如是造於佛
塔如造一切如來法界之藏金剛手
若如是塔者不得以足蹈泥若是蹈
泥者返招重罪不獲善報何以故以
彼心不敬重故
金剛手譬如有人身患重病不求眞
言威德之力亦復不求善友妙藥醫
治之力當自用意往屍多林中作火
壇法欲除病苦而作禳災以無智故
心住無明而於火中却得屍起不吉
之相彼人修塔心不專志失於恭敬
却獲罪報亦復如是造塔泥者當用
手和用諸香水如前印佛儀則眞言
加持其泥造塔成已當結金剛族忿
怒明王印及金剛族百字明加持而
作擁護安住然後復以左手作金剛
拳右手持佛入塔中想如金剛薩埵
菩薩持佛入塔亦得金剛薩埵擁護
安住已復結夜摩天印而作護門

夜摩天印
以二手作金剛拳以二中指頭相拄
成印作是印護門已次作發遣前來
初起首造於塔像或有觀想現前或
復自來隨喜乃至所請召來一切諸
佛賢聖及彼天龍鬼神旣有請來須
却發遣奉請各還本位結發遣印及
念眞言
發遣印
以二手作金剛拳相對少開二頭指
竪如針以二大指相顚倒成印
發遣眞言
唵引娑嚩二合婆引嚩秫馱嚩曩囉二合阿
賀左阿賀左尾娑里惹二合曳唵引唵引
盎盎誐蹉誐蹉達里摩二合馱引覩
誐里鼻二合引娑嚩二合引賀
以此眞言及印請諸賢聖及一切天
龍鬼神各還本位作是發遣已又想
前來種種所作皆爲利益恐於一切
蜎飛蠕動微細有情有所傷害或於
儀軌有所闕失何以故居凡夫位不
能觀察諸微細故若有如是之過若
不懺悔慮却招罪當用處至專注之

心念懺悔眞言曰

唵引阿迦引舍馱引覩誐里鼻引二合娑嚩引二合賀

如是作懺悔已復起大慈悲心迴向一切有情皆得無上福果此後任意以諸香花上妙供具及隨力隨時而作供養

復次金剛手菩薩我今復說造佛菩薩及衆賢聖等量功德金剛手若復有人造一尺量三摩地化身菩薩一千身功德果報不如造一化身如來像乃至佛搭功德亦復如是若復有人能造化身如來像化身菩薩像乃至諸化身賢聖之像所得功德無量無邊得大富貴所求成就

復次金剛手若復有人發精進心行於布施尊注不二於初中後不生退邑造百千佛以至圓滿此人所獲果報當生上族感身端正復得無病長壽後獲宿命之智

復次金剛手菩薩白佛言世尊若諸有情欲畫佛像及書經法乃至作大供養其法云何

介時世尊告金剛手言若有善男子善女人若自爲求增益善果畫於佛像及書經法者當選善畫之人諸根具足相皃圓滿於諸有情心無殺害亦不謗毀者如是之人盡於佛像及書經法者彼善男子善女人所獲功德殊勝無比

介時金剛手菩薩復白佛言世尊若善男子善女人得知如是正法種種儀則者其人云何

佛言金剛手若有善男子善女人得知如是正法種種儀則者是人眞是功德之主彼人如是依法作已復行布施及依法作護摩者所作所求一切成就

介時金剛手菩薩聞佛世尊如是說已從坐而起合掌向佛作是讚言善哉善哉快說如是微妙法要我今得聞願爲未來一切有情流傳演說如是讚已歡喜旋遶作禮而退

一切如來大祕密王未曾有最上微妙大曼拏羅經卷第五

乙巳歲高麗國大藏都監奉

勅雕造

一切如來大秘密王未曾有最上微妙大曼拏羅經卷第五

校勘記

一　底本，麗藏本。

一　二三〇頁上二二行末字「畫」，諸本作「盡」。

一　二三〇頁中一一行第一〇字「目」，資、磧、普作「自」。

一　二三一頁中二一行首字「又」，徑作「叉」。

一　二三一頁下四行「聖人」，磧作「聖叉」。

一　二三三頁上末行第四字「化」，諸本作「此」。

一　二三三頁下一二行「然後」，資、磧、普、南、徑、清作「然復」。

一　二三四頁上八行第五字「曰」，南無。

一　二三四頁下末行末字「之」，徑、清作「一」。

大宋新譯三藏聖教序　　路

御製

大矣哉我佛之教也化導群迷闡揚
宗性廣博玄辯英彥莫能究其旨精
微妙說庸愚豈可度其源義理幽玄
真空莫測包括萬象譬喻無垠綜法
網之紀綱演無際之正教拔四生於
苦海譯三藏之祕言天地變化乎陰
陽日月盈虧乎寒暑大則說諸善惡
細則比於恒沙合識萬端弗可盡述
若窺像法如影隨形離六情以長存
歷千劫而可久須弥納藏於芥子如
来坦蕩於無邊達磨西来法傳東土
宣揚妙理順從指歸彼岸菩提愛河
生滅用行於五濁惡趣拯溺於三業
途中經毒世以難窮道無私而永泰
雪山貝葉若銀臺之耀目歲月煙蘿
起香界之自遠巍巍罕測杳杳難名
所以道資十聖德被三賢至道起於
乾元衆妙生乎太易愡繁形類竅鑒
昏明絶彼是非闡茲蒙昧有西域法
師天息災等常持四忍早悟三乗翻
貝葉之真詮續人天之聖教芳猷重
啓運偶昌時潤五聲於文章暢四始
於風律堂堂容止穆穆輝華曠劫而
昏墊重明玄門昭顯軌範而弥光妙
法淨界騰音利益有情俱登覺岸無
成障礙救諸疲羸冥昧慈悲浩汗物
表柔伏貪佷啓滌昏愚演小乗聲聞
合其儀論大乗正覺立其性含靈悟
而蒙福藏教缺而重興幻化迷途火
宅深諭雖設其教不知者多善念生
而無量潛臻惡業興而隨緣皆墮調
御四衆積行十方澍花雨於金輪護
恒沙於玉闕有頂之風不可壞無際
之水弗能漂澄寂湛然圓明清淨之
智慧性空無染妄想解脫之因緣可
以離煩惱於心田可以得清涼於宇
宙朕慙非博學釋典微聞豈堪序文
以示來者如縈螢爝大不足比之於
皎日將微蠡量海未能窮盡於深淵
者哉

佛說大摩里支菩薩經卷第一

西天譯經三藏朝散大夫試鴻臚少卿明教大師臣天息災奉　詔譯

如是我聞一時佛在舍衛國祇樹給
孤獨園與大苾芻衆千二百五十人
俱并諸菩薩摩訶薩
尒時世尊告苾芻衆言有一菩薩名
摩里支而彼菩薩恒行日月之前彼
之日月不能得見菩薩今此菩薩而
不能見亦不能捉不能禁縛火不能
燒水不能漂離諸怖畏無敢輕慢諸
惡冤家皆不得便汝諸苾芻我昔知
彼摩里支菩薩摩訶薩名号亦不能
見不能捉不能禁縛火不能燒水不
能漂離諸怖畏無敢輕慢一切冤家
皆不能侵若有苾芻知彼菩薩名号
如上諸惡不能得便亦復如是即說
陁羅尼曰
怛你也(二合)他(引)唵(引)播那(引)訖囉(二合)
摩細烏那野摩細迦(引)囉摩細阿
里迦(二合)摩細摩里迦(二合)摩細烏里
摩(二合)摩細嚩曩摩細虞(入)囉摩(二合)摩
細支嚩囉摩細摩賀(引)支嚩囉摩
細按多里馱(引)(二合)曩摩細娑嚩(引)(二合)賀
復說摩里支菩薩陁羅尼能令有情
在道路中隱身非道路中隱身衆人
中隱身王難時隱身水火盜賊一切

諸難皆能隱身不令得便又復有有
煩惱者非煩惱者為作擁護有迷悶
者非迷悶者亦皆擁護乃至象王師
子龍虎之難一切時中常作擁護即
說陁羅尼曰
怛你也二合他阿路引多路引迦引路引
娑蹉路引三摩毋里馱二合致囉乞叉二合
鈴引薩波里嚩引覽薩里嚩二合薩怛
鍐二合引室左二合薩里嚩二合娑瑜引波捺
囉二合吠引毗藥二合娑嚩二合引賀曩謨引
囉怛曩二合怛囉二合夜引野摩里支祢
引嚩多引夜賀里二合廼野摩引嚩里多
二合以瑟也二合引弥怛你也二合他引唵引晚
多引隷嚩那引隷嚩囉引隷嚩囉引
賀目契薩里嚩二合努瑟吒二合鉢囉二合努
瑟吒二合引喃引滿馱滿馱目欠娑嚩二合引賀
唵引摩引里支引娑嚩二合賀唵引
嚩囉隷嚩那隷嚩囉引賀目契薩
里嚩二合努瑟吒二合鉢囉努瑟吒二合引喃
引滿馱滿馱娑嚩二合賀
介時世尊說此陁羅尼已會中苾芻
之衆并諸菩薩天人阿修羅乾闥婆
等一切大衆聞佛所說歡喜信受

復次佛言若有衆生依此廣大儀則
結大毗盧遮那印觀想日月光明如
是日月成摩里支菩薩而彼菩薩手
執針線縫惡冤家口之與眼令不為
吾佛言彼摩里支菩薩恒行日月之
前彼之日月雖復光明而不見彼菩
薩是故我今說大三寶真言曰
唵引播那引訖囉二合摩細波囉引訖
囉二合摩細烏那野摩細嚩那摩細廼
引囉摩細按多里馱二合曩摩細娑嚩
二合賀
引怛你也二合他引阿引隷引酥迦引隷引
毋隷三摩毋里馱二合致囉乞叉二合鈴薩
里嚩二合婆曳引數娑嚩二合引賀唵引
晚多隷引嚩那隷嚩囉引隷嚩囉引
賀目契薩里嚩二合努瑟吒二合曩滿馱
滿馱娑嚩二合賀
今此真言若人持誦之時凡有所求
須稱自名即時摩里支菩薩以慈悲
力為彼衆生於道路中擁護非道路
中擁護衆人中擁護水難時擁護火
難時擁護乃至一切之處悉皆擁護
今得增長一切吉祥之事

令有成就之法用好絲帛及板木等
於其上畫無憂樹於此樹下畫摩里
支菩薩身如黃金色作童女相挂青
天衣手執蓮華頂戴寶塔莊嚴如是
畫已於此憕前誦最上心真言八千
徧所求之事決定成就其真言曰
唵引摩引里支引娑嚩引二合賀
今此真言亦能消除一切病苦若人
於其摩里支菩薩憕前作護摩者而
能增益象馬財穀富樂之事其作護
摩者若用酪酥蜜努里嚩草作護摩
一千徧得人愛重無病安樂獲財寶
等若以酪稻穀粆糖作護摩一千能
降夜叉女若以芥子油[illegible]身切摩木作
護摩一千能生冤家病若以自身血
芥子油作護摩一千能殺彼冤家若
要却息除冤家災以乳汁作護摩一
千若要消除諸毒及降拏枳你鬼逐
日誦摩里支心真言八百徧復得聰
明其真言曰
唵引嚩囉隷引嚩那隷嚩囉引隷嚩
囉引賀目契薩里嚩二合努瑟砧二合引
滿馱滿馱娑嚩二合引賀

摩里支菩薩六字最上心真言。

唵(引)摩(引)里支(引)娑嚩(引)(二合)賀

此心真言印以二手合掌十指微曲如花開敷，却以二大指屈捻二中指如拳相結跏趺坐安印相於臍輪上。令此心印能成就最上一切事，若求最上勝法而得用之，若中下之事不許用之。此之心印速能成就廣大清淨吉祥福德，速能消除一切障難罪業，一切處常得衆人恭敬。

摩里支菩薩一百八名真言，若人持誦恒作擁護。其真言曰：

怛你也(二合)他(引)阿里迦(二合)摩細摩里迦(二合)烏那野摩細迺(引)囉摩細嚩曩摩細虞羅摩(二合)摩細支嚩囉摩細摩賀支嚩囉摩細桉多里馱(二合)曩摩細娑嚩(二合引)賀曩謨(引)囉怛曩(二合)怛囉(二合)夜(引)野怛你也(二合)他(引)唵(引)晚多(引)隷嚩那隷縛囉(引)隷嚩囉(引)賀目契薩里嚩(二合)努瑟吒(二合)鉢囉(二合)努瑟吒(二合)喃滿馱滿馱目欠娑嚩(二合)賀

此儀法出持明天品中次別明成就

法令彼行人先作觀想，想彼摩里支菩薩坐金色豬身之上，身著白衣，頂戴寶搭，左手執無憂樹花枝，復有群豬圍繞。作此觀已，若遠出道路，如有賊等大難，以手執自身衣角，念心真言七遍加持衣角，復結彼衣角，究賊等難不能侵害，復有成就之法。先令行人入三摩地，想月輪之上有一桉字，復更思惟一切法中都無有我，次觀自身徧虛空中如毗盧遮那佛相，於金剛蓮華藏師子座上結跏趺坐，身真金色，髮髻頭冠，結毗盧印，善相端嚴。憶念鋡字，時月輪出光普徧照曜，成摩里支菩薩，復誦此真言：

唵(引)摩里支(引)娑嚩(引)(二合)賀

是時菩薩手持針線，身現金色，縫彼惡者口之與眼，令不侵害，復有成就法。令童女合線二十一條，斷者勿用，誦根本真言一百八遍加持其線。真言曰：

曩謨(引)囉怛曩(二合)怛囉(二合)夜(引)野摩里支祢(引)嚩多(引)夜(引)賀里(二合)迺野摩嚩多以瑟也(引)(二合)弥怛你也(二合)他

(引)唵(引)晚底隷晚底隷晚多(引)隷嚩囉(引)隷嚩囉賀目契薩里嚩(二合)努瑟吒(二合)鉢囉(二合)努瑟吒(二合引)曩作閉里目(二合)欠滿馱(引)你娑嚩(二合引)賀

復念此真言一百八遍真言曰：

曩謨(引)摩里支(引)祢(引)嚩多(引)曳(引)怛你也(二合)他(引)唵(引)晚多隷嚩那(引)隷嚩囉(引)隷嚩囉(引)賀目契薩里嚩(二合)努瑟吒(二合引)誐囉(二合)砌滿馱(引)弥娑嚩(二合)賀

如是念誦加持已，若自擁護，以彼線結其七結，隨結念摩里支菩薩一聲，然後將線戴在頸上，如在道路有急難之處，復念摩里支菩薩真言，自身及彼同行之者俱得解脫。若於自住處如前作法，白日對日，夜分對月，誦此真言七遍，決定獲得成就。真言曰：

曩謨薩里嚩(二合)沒馱冐地薩怛吠(二合引)毗藥(二合)怛你也(二合)他(引)阿(引)隷(引)酥迦(引)隷安隷三摩母里馱(二合)致囉乞叉(二合)囉乞叉(二合)給薩里嚩(二合)婆曳毗藥(二合)娑嚩(二合)賀(此下真言並皆通用)

唵引嚩囉隷引嚩那隷引嚩囉賀
目契薩里嚩二合引努瑟吒二合引滿馱滿馱
娑嚩二合引賀
唵引摩里支引娑嚩二合引賀
唵引嚩囉隷引嚩那隷引嚩囉引
隷嚩囉賀目契薩里嚩二合努瑟吒
二合鉢囉二合努瑟吒二合引喃引滿馱滿馱
娑嚩二合賀
唵引摩引里支娑嚩二合引賀烏里摩
二合摩細嚩曩摩細虞羅摩二合摩細
支嚩囉摩細摩賀引支嚩囉摩細
梭多里馱二合引曩摩細
曩誐引囉怛曩二合怛囉二合夜引野怛
你也二合他引唵引晚多引隷嚩那隷
嚩囉引隷嚩囉引賀目契薩里嚩
二合滿馱滿馱娑嚩二合引賀
唵引摩里支引娑嚩二合引賀
唵引晚多隷晚多隷晚多隷嚩囉
引隷嚩囉引賀目契薩里嚩二合努瑟
吒二合引喃引滿馱滿馱娑嚩二合引賀
唵引摩里支引娑嚩二合引賀
唵引晚多引隷嚩囉引隷嚩囉引賀
目契薩里嚩二合努瑟吒二合鉢囉二合努

瑟吒引二合喃作囉曰欠滿馱引弥娑嚩
二合賀
唵引晚多隷嚩那引隷嚩囉引隷嚩
囉賀目契薩里嚩二合努瑟吒二合鉢囉
二合努瑟吒二合喃引誐囉二合體滿馱弥
娑嚩二合賀
唵　阿里迦二合摩細娑嚩引二合賀
唵引摩里迦二合摩細娑嚩引二合賀
唵引梭多里馱引二合曩摩細娑嚩引二合賀
唵引帝祖摩細娑嚩二合賀
唵引烏那野摩細娑嚩二合賀
唵引虞羅摩二合摩細娑嚩二合賀
唵引嚩曩摩細娑嚩二合賀
唵引支嚩囉摩細娑嚩二合賀
唵引摩賀引支嚩囉摩細娑嚩二合賀
如是等真言與前儀則同用所求之
事皆得成就復有成就法誦此最上
心真言
唵引摩里支引娑嚩引二合賀
所為息災增益調伏敬愛作法同用
必獲成就又持誦者如為降伏須作
觀想思惟彼人坐風輪之上以自手
執羂索及鉤以賀里字吽字安在他

人心中作觀想已召請可一百由旬
外或男或女俱來集會皆悉降伏而
無不順所求成就
復有成就法日初出時令一童女洗
浴清淨以白花旃檀塗身著白衣服
任衢摩夷作者曼拏羅中燒安悉香
用燕脂染手大指令念此真言一百
徧真言曰
唵引唧里唧里目娑嚩引二合賀
復誦真言八百徧加持其油將此油
亦塗大指上塗已指面明照能現天
人等像復誦唵鈐真言加持燈八百
徧其童女能見過去事如對目前及
能調伏一切毋鬼之衆復能更念唵
引晚多隷引鈐引目真言阿喻多數
決定能知一切善惡之事
復有成就法能令冤家生其病苦為
害不成用燒却人灰土及骨秣復取
冤家脚下土同和一處為塑作冤家
形復用毒藥芥子乳阿里迦木同合
書冤家名及真言書在屍衣之上其
真言曰
唵引摩引里支引阿毋劍入嚩二合里拏

誐里(二合)恨拏(二合)誐里(二合)恨拏(二合)波野吽
發吒娑嚩(引二合)賀
復誦此真言八百徧藏冤家舍下令
彼生病
或用一髑髏以前毒藥乳等於髑髏
上書冤家名及書一鉿字於鉿字周
迴書四箇囉字以佉祢囉木火炙其
髑髏彼髑髏作惡相藏在冤家舍中
決定生病若欲殺冤家命亦用毒藥
鹽芥子自身血合爲墨以人骨爲筆
亦於髑髏上書冤家名并書吽發二
字念真言八千徧彼決定死真言曰
唵(引)摩(引)里支(引)吽阿母劍摩(引)囉
野吽發吒娑嚩(引二合)賀
誦此真言已
若將髑髏埋在屍多林中第三日命
壞若欲令冤家心亂以烏翅一隻念
真言八千徧加持其翅藏冤家舍中
經一剎那間速令心亂真言曰
唵(引)摩(引)里支(引)左羅鉢囉(二合)左羅(引)
尸伽囉(合)誐(引)弥你阿母迦夢左(引)
吒野吽發吒娑嚩(引二合)賀
或觀想冤家乘駝亦一剎那中令得

心亂
若欲令冤家憎愛鬪諍用燒屍灰河
兩岸土及冤家足下土同和爲泥作
冤家形倒安其面以水牛及馬毛爲
索縛冤家身用毒藥芥子并油塗彼
身上用水牛血馬血及𣍢(身切)摩木於
屍衣上書冤家名書四箇發字中間
書一吽字周迴書鉿字圍之內於冤
家心中安置口誦真言及想冤家乘
水牛及馬互相持殺彼冤家即互相
憎嫉真言曰
唵(引)摩(引)里支(引)吽阿母劍尾祢吠
(二合引)沙野吽發娑嚩(引二合)賀
或作賀囉及努里誐二天形埋在屍
多林中念前真言亦得憎嫉或用水
牛角馬骨作冤家形以毒藥芥子水
牛血馬血書冤家名在冤家身上以
佉祢囉木火炙復念前真言一剎那
間彼互憎嫉其所作形亦藏冤家舍
中
我今復說大摩里支降伏冤兵之法
若有國土被隣國冤兵來侵境土時
大國王若欲破壞調伏於此成就之

法深生信重先請益阿闍梨如法供
養然叙所求之事時阿闍梨爲一
切衆生發慈愍心入三摩地彼曼拏
羅中一切供獻使用之物並須周足
及同作法事之者不得闕少於摩里
支菩薩前用白㲲作曼拏羅獻白
花燒香塗香并花鬘等以酪乳粆糖
作供養食念獻食等真言各七徧真
言曰
唵(引)摩(引)里支(引)博訖旦(二合)鉢囉(二合)
帝蹉娑嚩(二合)賀
誦塗香真言七徧
唵(引)摩(引)里支(引)巘馱鉢囉(一合)帝蹉
娑嚩(引二合)賀
誦花真言七徧
唵(引)摩(引)里支(引)補瑟波(二合)鉢囉(二合)帝
蹉娑嚩(引二合)賀
誦燈真言七徧
唵(引)摩(引)里支(引)祢波鉢囉(二合)帝蹉
娑嚩(引二合)賀
誦燒香真言七徧
唵(引)摩(引)里支(引)度波鉢囉(二合)帝蹉
娑嚩(引二合)賀

誦此眞言已阿闍梨發歡喜心迴旋
供養菩薩然觀想自身作大勇猛相
誦禁寃兵眞言三阿踰多眞言曰
唵(引)晩多(引)隷嚩那隷嚩囉(引)嚩囉
(引)賀曰契薩里嚩(二合)努瑟吒(二合)里布(引)
賽(引)你焰(二合)娑且(二合)婆野吽發吒娑
嚩(二合引)賀
誦此眞言清淨齋戒必見善惡祥瑞
然即作於護摩法先作護摩爐用波
羅舍木菩提樹木憂曇鉢樹木新溼
者爲柴各長十二指用乳酪粆糖揾
柴兩頭以努里嚩草同作護摩八千
誦前禁寃兵眞言亦八千即一切所
求之事皆能成就復次用樺皮及疋
帛上以供俱摩香牛黃同書眞言先
書寃人名次書鉿字圍繞次書室止
二字圍之復書末多隷菩薩眞言圍
繞周迴如花鬘相復書鉿字圍繞於
鉿字外書暗(引)鉿(引)探(引)鉿四字圍
繞四方作四門及四維上下逐方寫
金剛器仗令國王宰臣等或頭上或
臂上各戴一道能與一切軍衆作大
擁護入陣之時刀劒等器不能傷害

獲大勝捷復用寃兵傷死人衣或屍
多林屍衣用黃薑及雌黃書此眞言
在上又取河兩岸土及十字道中土
燒人灰同和作寃兵主形用前書者
眞言安置在寃兵主心中又取土或
米麪并黃薑合和作一豬將前寃兵
主安在豬口中復用椀二隻合其豬
身將詣寃兵之界地下安置以佉祢
囉木橛長八指釘彼心上以辛味酒
肉等祭之令阿闍梨乘象或乘車馬
面向陣前列幢旗上安摩里支菩薩
幢像身作黃色阿闍梨頭戴金冠身
著黃衣手執鈴杵發大勇猛之心復
想豬車車乘誦此禁寃兵眞言八千
作忿怒相寃兵自敗速得降伏眞言
曰
唵(引)晩多(引)隷嚩那(引)隷嚩囉(引)隷
嚩囉(引)賀曰契薩里嚩(二合)里布賽
(引)你焰(二合)娑且(二合)婆野吽發吒娑嚩
(二合引)賀
此成就法降伏寃軍無復疑惑
復有成就法能降他寃擁護自衆於
屍多林寂靜之處安摩里支菩薩幢

於彼幢前以衢摩夷作曼拏羅獻五
種供養隨其自力阿闍梨身著皂衣
頂戴皂冠手執鈴杵發勇猛心觀想
摩里支菩薩作忿怒相有三面面有
三目一作豬面利牙外出舌如閃電
爲大惡相身出光焰周徧照耀等十
二箇月光體著青衣偏袒青天衣光
如大青寶等身黃金色種種莊嚴臂
有其八右手持金剛杵金剛鉤左手
持弓無憂樹枝羂索頂戴寶塔立月
輪內右足如舞踏勢左足踏寃家身
阿闍梨念誦眞言作忿怒相復取河
兩岸土人骨粖燒屍灰同和作寃家
形復用苦鞞者毒藥鹽芥子及曼陀
羅汁同和於屍衣上書寃家名及眞
言亦入在寃家心中眞言
唵(引)晩多(引)隷嚩那(引)隷嚩囉(引)隷
嚩囉(引)賀曰契吽阿毋劒摩(引)囉野
吽發吒娑嚩(二合引)賀
復用乾屍肉及安悉香同和作丸以
人脂揾藥取燒屍殘柴爲火與芥子
油作護摩八千每一護摩稱寃兵師
王名作此法已欲要禁縛即得禁縛

欲要殺害即可殺害或阿闍梨面向
寃障用人骨粖及人脂芥子油作於
護摩口誦眞言一刹那中寃軍自降
復有成就法能息畜類災難若欲作
法用白檀供俱摩牛黄同和書眞言
於白幢上安置畜廐門樓之内復紙
上書眞言令牧放者頂戴復於畜類
頭上亦戴一本即書暗引給引探引
給引此四字眞言次書縛字周迴復
書給字周圍一帀如是書寫復用佉
祢囉木作橛長八指以五色線纏之
誦眞言一百徧釘其橛眞言曰
唵引摩引里支引吽薩里縛二合尾近
曩二合引烏酥那野吽嚩吒娑縛二合引賀
此眞言加持橛及發遣魔通用皆得
然後於彼廐中嚴飾清淨面東安置
摩引里支菩薩幀像於菩薩前作護
摩爐四方掘深一肘以香水灑淨爐
四角安四閼伽瓶入五穀香水滿中
以白檀塗瓶四面復用五種樹枝尼
俱陁樹菩提樹憂曇鉢樹阿没羅樹
阿里迦樹誦眞言八百徧安彼樹枝
在瓶口之内各用素帛二幅蓋瓶然

佛說大摩里支菩薩經卷第一　十九張　珍

用前加持者佉祢囉木橛釘護摩爐
四角中復用衢摩夷塗曼拏羅位次
以五色粉粉壇用俱酥摩花優鉢羅
花白蓮花妙香花以有味白檀薰彼
花散在壇上用乳酪粆糖粳米飯滿
鉢獻供養燃酥燈周迴嚴飾排立幢
幡幢上懸素帛二幡書前眞言燒安
悉香如是供養菩薩作大歡喜所求
成就次下別明護摩法

大摩里支菩薩經卷第一

乙巳歲高麗國大藏都監奉
勑雕造

佛說大摩里支菩薩經卷第一　第二十張　珍

佛說大摩里支菩薩經卷第一

校勘記

一　底本，麗藏本。

一　二三六頁上一行至本頁中二〇行序文，南無。

一　二三六頁上一行「大宋新譯三藏聖教序」，徑、清作「宋譯三藏聖教序」。

一　二三六頁上二行「御製」，徑、清作「宋太宗皇帝製」。

一　二三六頁上七行「拔四生」，徑作「板回生」。

一　二三六頁中二二行譯者，徑、清作「宋西天三藏朝散大夫試鴻臚少卿明教大師天息災奉詔譯」。以下各卷同。

一　二三六頁下一行第一字「孤」，石無。

一　二三七頁上一行「不令」，南、徑、清作「令不」。又「有有」，普、徑、清作「有」。

一　二三七頁中二一行末字「火」，資、磧、普、南作「大」。

一　二三八頁中一四行「眞言」，徑、清作「真言曰」。

一　二三八頁中一六行「手持」，徑作「手執」。

一　二三八頁中一七行「復有」，徑、清作「彼有」。

一　二三九頁下一四行「母鬼」，徑、清作「鬼母」。

一　二四一頁中七行「復用」，徑作「復將」。

一　二四一頁下七行「偏袒」，石、資作「褊袒」。

一　二四一頁下一六行「眞言」，南、徑、清作「真言曰」。

一　二四一頁下二二行末字至次行首字「師王」，諸本作「師主」。

一　二四二頁上一〇行末字「佉」，資、南作「法」。

一　二四二頁中四行第一〇字「味」，資、磧、普、南、徑、清作「米」。

一　二四二頁中末行經名，南、徑、清作「佛說大摩里支菩薩經卷第一」。

佛說大摩里支菩薩經卷第二　路

西天譯經三藏朝散大夫試鴻臚少卿明教大師臣天息災奉　詔譯

復次別明護摩之法於摩里支菩薩前掘護摩爐深一肘作四方相脣緣闊四指上作金剛杵一周如蓮花相爐中安金剛杖阿闍梨即以衢摩夷塗壇散花供養復自洗浴著白衣戴冠及諸莊嚴手持鈴杵發勇猛心加持護摩爐若遣諸魔用佉祢囉木橛四茵釘爐四角於爐四邊布吉祥草阿闍梨東邊面西坐吉祥草座結印誦真言一百遍加持使用之物安置右邊用淨水梡安在左邊當前安閼伽鉢以香水雜花安在鉢中用蜜酪揾尼俱律陀樹木憂曇鉢樹木為柴入於爐中即鑽木出火作於護摩觀想爐中生一阿字阿字化成月輪輪上復有火天即誦真言召請火天真言曰

唵（引）噎呬也（二合引）呬摩賀（引）部多祢（引）
嚩乙里（二合）史尾惹散多摩誐里（二合）呬
怛嚩（二合）阿（引）護帝摩（引）賀囉摩始
給（二合）散你賀覩（引）娑嚩唵（引）阿誐曩
（二合）曳祢波也（二合）祢波也（二合引）尾舍摩賀
（引）室里（二合）曳賀尾也（二合）迦尾也（二合）嚩
（引）賀曩（引）野娑嚩（引二合）賀

誦真言已復想火天坐月輪上四臂三眼三面光明如火清淨如月身出甘露手執器仗及軍持數珠蓮花鬘左手作施願即獻閼伽水及獻五種供養即作護摩三遍以水灑淨

次作息災法復觀想摩里支菩薩亦月輪中坐身如秋月之色面圓如月作童女相眼如白優鉢羅花身著白衣種種莊嚴善相圓滿光焰如火為息災故持甘露瓶常流甘露為熱惱衆生以甘露濟度作此觀已即於摩里支菩薩前獻護摩以牛骨及毛并努里嚩草用乳酪蜜揾作護摩八千即出一切鬼神等食作五種供養所獻之食用乳酪蜜乳粥脂麻粆糖同作團食獻鬼神用乳汁獻龍神用酪獻阿修羅乳粥獻天人用酥獻諸魔用酥煎食獻毗舍左用菉豆粥獻部多用酒肉食獻夜叉各以真言加持

七遍真言曰

唵（引）佉佉（引）佉（引）呬佉（引）呬誐里（二合）恨曩（二合）
誐里（二合）恨曩（二合）誐里（二合）恨曩（二合引）努薩
里嚩（二合）部帝迦（引）末陵娑嚩（二合）賀

誦此真言已入賢聖堂誦菩薩心真言八百遍以閼伽瓶水向安牛馬處灑淨所有畜類及家宅之難皆得止息如是一日三時誦真言及作護摩至七日滿決定災息菩薩心真言曰

唵（引）摩（引）里支娑嚩（引二合）賀

誦此真言已復結心印以二手作合掌拳其中指令大指入中指間結跏趺坐作此印法最上微妙能成一切事所有象馬牛羊等及其人口皆得息災安樂長壽

復次說護摩爐相若息災爐作圓相如蓮花中間作四方界道上作金剛鬘如是作已用波羅闍木尼俱律陀樹木及馬鞭草酪同作護摩復觀想滅罪火天其災自息

復次增益爐者其爐作四方相界道四指闊上以金剛鬘莊嚴中間作蓮花上安輪寶四角安紐摩杵器仗用

阿里迦木優曇鉢木及俱沒那花優鉢羅花白蓮花以蜜酪酥搵過作護摩復觀想火天如黃金色身相圓滿

復次敬愛爐者作三角如菩提樹葉於爐中安蓮花亦如菩提葉上安三股金剛杵周迴界道以金剛鉤鏁莊飾用菩提樹木脂麻鹽芥子染赤檀色其諸花鬘等及阿闍梨僧衣並作紅色觀想火天如曼度迦花色此花紅色名迦目迦火天

復次降伏爐者作半月相周迴界道亦金剛鏁莊嚴爐中安忿怒金剛杵用燒屍殘柴人肉人骨粖以人脂搵過用屠家火同作護摩觀想火天身著皂衣面惡口出利牙作大惡相如劫火洞燃名忿怒火天如是之法是大摩里支說依法而作決定成就

復次大曼拏羅成就法行毗盧遮那及一切佛同所宣說若最上曼拏羅作四方相每方作一門樓皆以瓔珞莊飾安置八柱於曼拏羅角安金剛杵寶如其明月中間安八角輪輪上安金剛杵遶輪安金剛鬘光焰如月

復於八方安八寶瓶入五大藥五穀五寶令滿各以素帛二幅蓋瓶上用白檀塗瓶以花鬘莊飾獻種種食燃燈供養其第一瓶入五大藥五穀五寶以白赤黃綠青五色絹蓋之於曼拏羅上以幔幕嚴飾羅列幢幡及諸花香令弟子入曼拏羅中以衣蓋頭面用白檀塗身即受灌頂臨受灌頂時頭戴天冠種種莊嚴而為得法弟子前一切使用之物先以此眞言加持

唵引摩引里支引娑嚩二合引賀

於曼拏羅中間安摩里支菩薩深黃色亦如赤金色身光如日頂戴寶塔體著青衣偏袒青天衣種種莊嚴身有六臂三面三眼乘豬左手執弓無憂樹枝及線右手執金剛杵針箭

東方安阿里迦二合摩細菩薩誦此眞言

唵引阿里迦二合摩細娑嚩二合引賀

此菩薩作童女相二臂一切莊嚴身如日初出之色偏袒青天衣手執針線縫寃家口眼

南方安摩里迦二合摩細菩薩誦此眞言

唵引摩里迦二合摩細娑嚩二合引賀

此菩薩亦童女相二臂一切莊嚴身作金色亦著青天衣拳無憂樹枝一手執針線

西方安桉多里駄二合引曩摩細菩薩誦此眞言

唵引桉多里駄二合引曩摩細娑嚩二合引賀

此菩薩亦現童女相二臂一切莊嚴身有熾焰亦著青天衣乘豬手執羂索及無憂樹枝

北方安帝祖摩細菩薩誦此眞言

唵引帝祖摩細娑嚩二合引賀

此菩薩亦現童女相二臂一切莊嚴亦著青天衣手執弓箭

東南方安烏那野摩細菩薩誦此眞言

唵引烏那野摩細娑嚩二合引賀

西南方安虞羅摩二合摩細菩薩誦此眞言

唵引虞羅摩二合摩細娑嚩二合引賀

西北方安縛曩囊摩細菩薩誦此眞言

唵引縛曩摩細娑嚩二合引賀
東北方安支縛羅摩細菩薩誦此真
言
唵引支縛囉摩細娑嚩二合引賀
如是菩薩各有三面三目內一豬面
皆現童女相具大勢力各有群豬隨
往若阿闍梨粉壇畫幢及作觀想並
依此儀能滅一切罪增長富貴吉祥
若恒持誦一切所求無不成就
復有成就法所謂息災增益敬愛降
伏此四種法通用最上心真言
唵引摩引里支引娑嚩二合引賀
復有真言即唵引鉿二字此二道真
言於前四種法皆得通用
又降伏法者用前心真言等及賀里
二合吽字阿闍梨作觀想安此三字真
言在降伏人心上復想彼人坐風輪
上以自手執羂索鉤鉤牽彼人如是
觀已可一百由旬內或男或女為冤
之者皆來降伏
若欲降伏逆命等者用鹽作彼人形
入火作護摩一日三時作至七日內
必見靈驗即得降伏

若欲息災用馬鞭草搵酥作護摩不
唯災息兼得長壽
若欲大人敬愛用烏曇鉢木菩提樹
木尼俱陁樹木鉢羅舍木澀用以三
甜食搵無憂樹花同作護摩百千即
得國王等敬愛七日之內復用靈驗
殊勝之事
復有成就法用多年爛黃牛角及豬
左耳血同合眼藥遇月蝕之日誦此
真言加持其藥真言曰
唵引摩引里支引按多里馱二合引曩摩
細娑嚩二合引賀
至月蝕退時住誦真言藥法即成以
藥點眼得隱身通或用黑猫身上垢
膩名為清淨眼藥復用三金同作丸
如遇月蝕之日以藥含在口中誦前
真言至月蝕退時即止以藥呪之力
亦得隱身通眾人不能見不能捉不
能禁縛不能劫盜亦不驚怖不被火
燒一切冤家不得其便復誦此真言
唵引摩引里支引按多里馱二合曩摩
細娑嚩二合引賀
此真言通一切處用皆得成就

復說護摩爐相爐高一肘量四方界
道闊四指金剛鏝安緣道爐中間安
蓮花於蓮花上安金剛杵如蓮花相
於爐四邊布吉祥草右邊安一切使
用之物左邊安淨水瓶鉢誦此真言
加持淨水真言曰
唵引摩引里支引發吒娑嚩二合引賀
加持水已用水灑淨發遣一切諸魔
即時召請火天誦此真言
唵引曀呬也二合引呬摩賀引部多祢引
嚩乞里二合史尾惹散多摩誐里二合呬怛
嚩二合引阿護帝摩引賀引囉摩室弥
二合散你呬覩引婆嚩唵引阿誐曩二合曳
引祢波也二合祢波也引二合尾娑摩賀引
室里二合曳引賀尾也二合迦尾也二合嚩引
賀曩引野娑嚩二合引賀
誦此真言召請火天入護摩爐火天
在日輪上三眼四臂手作施願持淨
瓶蓮花鏝杖數珠身黃赤色髮豎立
熾焰如一聚火擲護摩三徧獻火天
能滅一切罪然後阿闍梨觀想囉字
成日觀想阿字成月皆有熾焰如彼
火聚於彼日上安摩里支菩薩想已

即作護摩三徧獻於菩薩若求息災
須自洗浴著白衣若求增益著黃衣
若欲敬愛降伏著赤檀衣如是阿闍
梨覺悟依法
若以酪蜜酥搵蓮花作護摩一落叉
求尊貴之位決定得成或於菩薩幢
前以蓮花作護摩一落叉得見摩里
支菩薩本相得大富貴成就最上快
樂或以俱母那花優鉢羅花作護摩
一落叉亦得見彼菩薩所求成就
復有成就法誦此眞言
唵引晚多隸嚩那引隸嚩囉引隸嚩
囉引賀目契薩里嚩二合努瑟吒二合引喃
引目佉作蜀滿馱弥娑嚩二合引賀
誦眞言七徧加持衣服復作佉祢囉
木橛長四指戴在耳上於路行時若
見賊寇惡難禁縛彼等令心迷惑不
爲侵害或以雌黃黃薑赤土合爲顏
色於銅器中畫惡人形相復於羯摩
杵下書彼名安置水中必見靈驗於
路上往來所有惡人必自禁止不能
爲惡
復有成就法用牛黃及自身血於銅

器中畫人形相復於心上書心眞言
及彼人名即以銅器安置水中誦心
眞言仍觀想彼人坐風輪上以羂索
鉤牽彼人雖在一千由旬之外其人
或男或女而速自來即得降伏
復有成就法若有曾受灌頂孝敬阿
闍梨於眞言行得成就者作其觀想
想彼暗給引摔引給引四字安在四
方漸次化成四大山其山各廣一千
由旬色如大青寶山中間有一月輪
輪上有一給字其字變成自身如摩
里支形相於月輪中乘豬車而立身
作金色六臂殊妙三面各三眼一面
作豬相頂戴寶塔著黑衣及青天衣
右手持金剛杵有大光明及箭針左
手持弓線及無憂樹枝若夜作觀想
月輪畫作觀想日輪誦此眞言
桉多里馱二合引曩摩細娑嚩二合引賀
誦已言曰衆生不能見我於其後時
登涉道路而得衆人不見不能捉不
能禁縛不能刧盜不被輕欺無其驚
怖火不可燒一切寃家皆不得便

復有成就法用石黃藥酥畲多藥多
誐囉比根採此藥根時阿闍梨須臾
形露頭遇月蝕時或日蝕時修合爲
丸然後想此藥如同日月即含口中
默然而住晝夜不見隱身第一
復有成就法恒誦唵引給二字此眞
言妙中極妙密中深密於諸眞言殊
勝第一若恒持誦所欲皆得如來菩
提即得成佛
復有成就法觀想月輪之中有摩里
支菩薩坐身紫金色放金色光著青
衣及青天衣種種莊嚴六臂三面各
有三眼頂戴寶塔正面黃金色微笑
左面黑色出舌顰眉作大醜惡相令
人怕怖右面如同秋月圓滿清淨左
手執弓線及無憂樹枝右手執箭針
金剛杵若能如是觀想佛言所作不
虛一切所欲無不成就
復有大曼拏羅成就法以五色粉粉
大曼拏囉於曼拏羅外作四方安四
門樓復於門上以花鬘瓔珞莊嚴各
燃八燈壇四方四隅各安一閼伽瓶
各以青帛二幅蓋之周迴用白檀花

軆上以幔幕莊飾於曼拏羅中間安
八葉蓮花於蓮花中間安鉿字及摩
里支菩薩即誦此眞言
唵引摩引里支引娑嚩引二合賀
東方安阿里迦二合摩細菩薩誦此眞
言
唵引阿里迦二合摩細娑嚩引二合賀
南方安摩里迦二合摩細菩薩誦此眞
言
唵引摩里迦二合摩細娑嚩引二合賀
西方安桉多里馱引二合曩摩細菩薩誦
此眞言曰
唵引桉多里馱引二合曩摩細娑嚩引二合賀
北方安帝祖摩細菩薩誦此眞言
唵引帝祖摩細娑嚩引二合賀
東南方安波那訖羅摩細菩薩誦此
眞言
唵引波那引訖囉二合摩細娑嚩引二合賀
西南方安烏那野摩細菩薩誦此眞
言
唵引烏那野摩細娑嚩引二合賀
西北方安嚩曩摩細菩薩誦此眞言
唵引嚩曩摩細娑嚩引二合賀

東北方安支嚩囉摩細菩薩誦此眞
言
唵引支嚩囉摩細娑嚩引二合賀
上方安摩賀支嚩囉摩細菩薩誦此
眞言
唵引摩賀引支嚩囉摩細娑嚩引二合智
下方安波囉訖羅摩細菩薩誦此眞
言
唵引波囉引訖囉二合摩細娑嚩引二合賀
如是曼拏羅中依位安排賢聖獻種
種供養能施一切所欲之事若有受
此曼拏羅灌頂弟子如前法則盡此
幢像持誦供養彼人不久速得成就
復有成就法觀想虛空中日於日中
有寶塔塔內有一鉿字鉿字變成自
身作童女相身色如金光似初出之
日亦如聚火脣如曼度迦花色偏袒
赤天衣以腕釧耳鐶及寶帶等種種
莊嚴頂戴毗盧遮那佛及戴無憂花
軆八臂三面各三眼左手持索弓無
憂樹枝線右手執金剛杵針箭鉤正
面善相微笑作黃白色眼目脩廣清
淨端正作大勇猛相左為猪面容作

瞋怒亦甚醜惡色如大青寶光如十
二日輪顰眉出舌令人怕怖右面深
赤色如最上蓮花寶熾焰如火於日
宮後面出無憂樹樹枝有花於此樹
下有毗盧遮那佛四菩薩圍繞彼佛
頂戴寶冠善相圓滿作黃金色結毗
盧大印乘豬車立如舞勢亦作童女
相足下有風輪輪上有賀字變成羅
睺大曜如蝕日月相晝想日夜想月
作前觀想復誦此眞言曰
唵引摩引里支引娑嚩引二合賀
此眞言於其正面變成大力菩薩四
臂豬面著赤天衣一切莊嚴以大力
鉤牽拽冤家而降伏之復誦眞言曰
唵引晚多引隸嚩那引隸嚩囉引隸
嚩囉引賀目契娑嚩引二合賀
此眞言菩薩乘其風輪或男或女隨
意所欲皆能降伏安彼東方復誦眞
言曰
唵引晚多引隸嚩那引隸嚩囉引賀
目契薩里嚩二合努瑟吒二合鉢囉二合努
瑟吒二合喃引目欠滿馱引弥娑嚩引二合賀
此眞言菩薩四臂金色著赤天衣手

持無憂花針線縫寃家口眼安彼南方眞言曰

唵引 晚多引 隸嚩那引 隸嚩囉引 隸嚩囉引 賀目契薩里嚩二合 努瑟吒二合 鉢囉二合 努瑟吒二合 喃引 娑旦二合 娑野娑嚩引二合 賀

此眞言菩薩四臂童女相著赤天衣手執金剛索無憂樹枝及針頂戴無憂花鬘降伏寃家安西方眞言曰

唵引 晚多引 隸嚩那引 隸嚩囉引 隸嚩囉引 賀目契薩里嚩二合 薩怛鑁引二合 弥引 嚩舍摩引 曩野娑嚩引二合 賀

此眞言菩薩四臂著赤天衣種種莊嚴如初出日色熾焰如迦摩那火左手執弓無憂樹枝右手執箭金剛拃身有無畏大力如刼火相敬愛一切衆生安彼北方次下明起壇之法

佛說大摩里支菩薩經卷第二

乙巳歲高麗國大藏都監奉

勅雕造

佛說大摩里支菩薩經卷第二　第十六張　諮

佛說大摩里支菩薩經卷第二

校勘記

一　底本，麗藏本。

一　二四四頁上二行譯者，資、磧、普、南作「西天譯經三藏朝散大夫試鴻臚少卿明教大師天息災奉詔譯」。以下各卷同。

一　二四四頁上三行「別明」，南作「別分明」。

一　二四四頁下九行第一一字「心」，徑無。

一　二四五頁上一行「俱沒那花」，徑、清作「俱毋那花」。

一　二四五頁上一〇行「迦目」，南作「迦日」。

一　二四五頁中一六行「左手」，資、磧、普、南、徑、清作「左右手」。

一　二四五頁下一二行「樹枝」，普無。

一　二四六頁下末行首字「火」，資、磧、普作「大」。

一　二四七頁上一行「息災」，徑作「災息」。

一　二四七頁中四行「雖在」，徑、清作「其人雖在」。

一　二四七頁中五行末字「伏」，磧無。

一　二四七頁中八行首字「想」，資、磧、普、南、徑、清無。

一　二四七頁中末行首字「怖」，普作「怍」。

一　二四七頁下二行「囉比根」，石、徑作「囉北根」。

一　二四七頁下八行「如來」，徑作「如求」。

一　二四八頁上一行「莊飾」，徑作「莊嚴」。

佛說大摩里支菩薩經卷第三　路

西天譯經三藏朝散大夫試鴻臚少卿明教大師臣法賢奉　詔譯

復次起壇持誦之時先須獻齋食供養聖衆即求信重佛法能持齋戒畫像之人於寂静之處用妙好絹帛等畫摩里支菩薩供養其比丘及比丘尼童女等即詣河邊海岸山林或屍多林或尼俱陁樹下或園林或寺舍堂殿之内或舍利塔前如此之處即作曼拏羅安前菩薩㡧像獻五種供養誦前最上心等眞言一洛叉至第三日能滅一切罪至第四日夢見過海及上高山或見童女時作法者自然了知衆罪皆滅至第五日燈焰增長光明及聞妙香至第六日得見佛及菩薩至第七日決定得見摩里支菩薩持誦者發菩提心必得不退若見不祥之事或虵虺獮猴野猫驢馬象牛互相鬪競及侵害人但誦心眞言二洛叉即見菩薩本身增益吉祥所求成就復有眞言曰

唵引摩引里支引娑嚩引二合賀

此眞言誦八百徧得大聰敏日誦千徧得長壽無病增長大力衆人敬愛誦阿瑜多數得成就法誦一俱胝設先造五逆罪亦得成就若欲成就隱身點眼藥華屣聖劒含丸藥得神通得大人敬愛降伏冤家破壞冤家降伏兵衆降伏夜叉女破壞拏吉你鬼制彼藥毒除隔四日瘧病令諸天入悟失財却獲如是一切所欲所求之事誦此眞言王發勇猛心如摩里支菩薩一切能作無不成就

復有降伏成就法於無人寂静之處用白檀或衢摩夷塗曼拏羅安摩里支㡧於其㡧前用無憂樹花燕脂赤檀牛黃畫彼人形及書眞言并彼人名安在心中自作觀想想彼躶形深紅色垂髮以左手捏彼身如作禮相驚怖惶悚作是想已誦眞言稱彼人名三日内彼即降伏兼生敬愛

復有成就法用河兩岸土及冤家足下土同合作彼人形如前所說藥物等於屍衣上或樺皮上書彼人名及眞言置彼心中用無憂樹木作橛長

八指釘彼形心誦眞言稱彼名三日之内設是聖人須見降伏何況凡夫之類

復有成就法用黃蠟作彼人形以黃丹裝畫如前所說藥物等於樺皮書彼人名及眞言置彼心中亦用無憂樹木釘彼形心復用佉祢羅木火炙彼形亦得降伏若用芥子塗彼身三日之内設是天女亦可降之豈況人間女人耶

復有成就法用燒屍灰白蟻運出者土瓦輪上土彼人足下土同作彼人形用赤檀牛黃於樺皮上書眞言及彼名置彼心中以佉祢囉木火炙之於菩薩㡧前一日三時持誦七日之内設是國王亦自降伏何況常人

復有降伏夜叉女法就鬼宿直吉日於屍多林中以尼俱陁樹木作夜叉女形長一肘作少年相身貟端嚴具諸色相微屈右足左手攀尼俱陁樹枝用如前所說藥書其名并眞言就寂静無人處於夜分中以白檀塗曼拏羅上安摩里支㡧即散花燃燈燒

安悉香稱夜叉女名及誦眞言於第一日得夜叉女來現其祥瑞至第七日即得夜叉女持誦者當須默然至六箇月得法成就或母或妹等而欲施願時誦人日與我爲妻夜叉女從巳爲妻即將誦人歸本住處誦人得延壽一劫隨心自在若有障礙不得爲妻亦得大財主得廣大富貴於來生中得生夜叉界復有成就法令彼國王愛敬用尼俱陁樹根作彼王形分明端嚴然用牛黃燕脂供俱摩書彼王名及眞言安在心中作觀想以索鉤牽拽如是想巳即誦眞言令彼國王盡心敬愛承事供養

復有成就法就鬼宿直吉日用無憂樹木作形長一肘量復就鬼宿直日畫摩里支菩薩三面各三眼頂戴寶塔及無憂樹花鬘金環瓔珞寶帶腕釧指環種種莊嚴身作紫金色光如萬日著紅衣赤天衣左手執索無憂樹枝線右手執金剛杵箭針鉤正面有大光明眼相清淨圓滿適悦脣如摩尼珊瑚亦如曼度迦花及你摩果

左面醜惡顰眉出舌作瞋怒相如大青寶色人見怕怖右面作豬相如蓮華寶色頂戴寶塔內安舍利光如日月乘豬車立如舞蹈相於其車下有風輪輪上有賀字變成羅睺大曜如蝕日月若㡧畫畢志心齋童女隨力獻五供養若阿闍梨依此㡧法白日對日作夜分對月作其觀想復將此菩薩㡧於寂靜之處安置於彼㡧前以白檀或衢摩夷作曼拏羅誦眞言散花獻瓔珞幡蓋花鬘燃燈燒安悉香及種種飲食供養或用閼伽鉢或螺盃或金銀銅鐵等器供養次結毗盧大印安自身上誦本眞言請召摩里支菩薩眞言曰

唵(引)摩(引)里支(引)曀呬曳(二合引)呬

請召巳作觀想如觀㡧像而無有異時即獻五種供養眞言曰

唵(引)摩(引)里支(引)祢(引)嚩多(引)曳(引)阿怛囉(二合)散你呬多(引)弥(引)婆嚩阿努囉訖多(二合引)弥(引)婆嚩酥覩(引)瑟也(二合引)弥(引)婆嚩酥布(引)瑟也(二合引)弥(引)婆嚩薩里嚩(二合)悉(身切)左弥(引)鉢囉(二合)野蹉

獻供養巳用白檀塗花鬘嚴飾閼伽瓶以手捧擎誦眞言八百徧獻閼伽瓶如菩薩與自灌頂即作是言願我於今速成眞言法發勇猛心如摩里支菩薩復作觀想誦眞言一洛叉得見祥瑞或㡧像震動或燈焰增明或聞妙香或見熾火或見青煙或見光焰如不見祥瑞復誦眞言一倍至三倍必有祥瑞乃至一俱胝必見成就得菩薩現本相施彼所願令得所求成就或是聖劒眼藥革屣牛黃隱身丸藥聖藥神通等皆得殊勝最上若聖劒得成就者手執聖劒即得一切持明天主與諸天女長受娛樂此名聖劒成就若眼藥淂成就者以藥點眼所有一切世間天人阿修羅等以眼視之彼等有情皆大歡喜深生敬愛此名眼藥成就若革屣得成就者著此革屣經一日中行一千由旬復還本處此名革屣成就若牛黃得成就者以此牛黃點於額上令身能變種種形相衆人見之皆生敬愛此名牛黃成就若丸藥得成就者以藥会

口中令自身如大藥叉變現形相能行大地此名丸藥成就若聖藥得成就者所有一切物以藥點之皆成黃金亦能成就金剛之體此名聖藥成就而聖藥之力亦能得長壽神通天身除一切病皆變種種身相如摩里支菩薩神通無異如是之法一一須於摩里支菩薩㡧像之前持誦作觀想結志堅心方獲成就此等成就之法皆是毗盧遮那佛說

復有成就法亦令國王生其敬愛用赤檀牛黃恭俱摩於摩里支菩薩㡧像足下書彼王名持誦者自著緋衣獻赤色花燒安悉香供養菩薩即作觀想手持鉤索牽彼人來令彼禮拜心懷驚怕如是想已以眞言王大力於三日之内自來供養

復有成就法持誦者於菩薩㡧像前出自身血和合牛黃供俱摩書彼人名復書摩字圍繞於摩字外復書四箇悉怛哩（二合引）字圍繞（悉怛哩長三合字是一字也一箇今四箇字即十二箇華字也）於此四箇字外復書制字圍繞燒安悉香誦眞言八百徧作觀想彼人

佛說大摩里支菩薩經卷第七　䟽

在風輪上坐以手持於鉤索牽彼而來作觀想已彼人雖在一千由旬外亦來降伏

復有成就法用一男一女死屍同燒爲灰取此灰及熟迦里他菓子爲粖薩惹囉娑香水馬汗佛舍利少許就鬼宿直日同合爲丸觀想此藥如在日月火中對摩里支菩薩前誦眞言加持含藥口中即得藥叉神力能變身相行世間中

復有成就法用黑猫兒身上垢汗及眼内黑睛老烏眼黑豬左耳血佛舍利少許於鬼宿直日同合爲丸亦觀想此藥如在日月火中對摩里支菩薩前誦眞言加持含在口中能得欲天快樂

復有成就法用黑土梟眼老烏眼獖狐眼黑俱計羅鳥眼佛舍利少許取嚩日哩木内汁就鬼宿直日同合爲丸亦觀想此藥如在日月火中對摩里支菩薩前誦眞言加持即含口中而得隱身人不能見不能擒捉不能禁制不能刼盜火不能燒寃家不得

佛說大摩里支菩薩經卷第七　第八張　䟽

其便若志心持誦眞言加持此藥得隱身最妙

復有成就法能令童男童女入悟了知過去未來之事或童男或童女年十二歲者身貟端正眼相端直就無人寂靜之處洗浴潔淨身著白衣以白檀塗身花鬘嚴飾及令燒香阿闍梨以衢摩夷塗曼拏羅安彼童男童女壇中誦眞言八百徧而作加持誦眞言已復作觀想法想彼童男等心中有一月輪輪中有一䳘字深紅色如火作此觀想已發勇猛心如摩里支菩薩手執鈴杵燒安悉香經一刹那間即得入悟自然通一切之事本眞言曰

唵（引）摩（引）里支（引）阿（引）吠舍野阿（引）吠舍野度曩度曩鉤波鉤波鉤波（引）波野鉤波（引）波野鉾怛覽（二合）誐里（二合）怛曩（二合）誐里（二合）怛曩（二合）吽摩（引）里支（引）娑嚩（二合引）賀

復有成就法降伏惡龍若國土大旱必有惡龍制伏雲雨侵損苗稼令此經中有最上眞言三摩地名日大雨

佛說大摩里支菩薩經卷第七　第九張　䟽

若人持誦即得大雨滋荅一切苗稼及草木等皆令增長眞言曰

唵(引)摩(引)里支(引)尾布羅鉢囉(二合)縛里曩(引)詣(引)曩(引)誐賀里(二合)迦焰(引)里帝(引)(一合)入縛(二合)羅入縛(二合)羅薩里縛(二合)曩(引)誐(引)賀里(二合)迦野枳隸枳隸曩曩(引)誐俱羅尾持鍐(二合)娑你薩里縛(二合)努瑟吒(二合)曩(引)誐賀里(二合)迦野(引)你那賀那賀薩里縛(二合)努瑟吒(二合)曩誐娑縛曩鉢左鉢左鉢(引)左野鉢左野薩里縛(二合)努瑟吒(二合)曩(引)誐(引)阿(引)訖囉(二合)摩阿訖囉(二合)摩薩里縛(二合)三母捺囉(二合)娑(引)誐囉尾摩隸(引)尾訖囉(二合)摩摩賀(引)曩(引)誐帝惹縛里娑縛(引)(二合)賀

此眞言名晉光閃電龍心陁羅尼若志心持誦必降甘雨復有陁羅尼名日正道若能持誦亦降甘雨眞言曰

怛你也(二合)他(引)唵(引)摩(引)里支(引)左吒左吒尾左吒尾左吒秫攞(二合)他秫攞(二合)他舍縛里唧致娑縛(引)(二合)賀

誦此眞言用白芥子一百八箇於龍池內而作護摩即得大雨

復有成就法用薩惹囉娑香藥及蜜誦前眞言二十一徧燒香以獻龍王次作曼拏羅周迴畫龍開四門每門安七食鉢置種種飲食及諸花菓一一供養復安四閼伽瓶四出生鉢四香爐燒安悉香燃八盞燈阿闍梨於曼拏羅東門作護摩法用白芥子鹽同合和以迦羅尾羅柴火作護摩八百徧南閻浮提一切龍神皆發善心降於甘雨

復有成就法用白芥子油蜜迦羅尾羅花龍花合和爲丸誦眞言八百藥一千丸送入龍池一切龍神皆生歡喜即時降雨若不降雨彼一切龍速得頭痛受大苦惱不久破壞

復有成就法取灰三五升用醋和泥作丸一千誦眞言六十徧送入龍池之內一切諸龍皆大驚怕即時降雨普滋草木如不降雨身速生病及壞眼目

復有成就法用蓮花優鉢羅花雌黃銅粖白芥子鉢羅閣火炒糖水合和爲丸如棗核子大誦眞言八十徧加持如天旱時送藥七丸入龍池之內即降甘雨經七晝夜而不暫歇如不降雨一切龍池其水涸竭令彼諸龍心生熱惱或就龍池邊用藥一丸安竹竿上或安幢上以青線繫縛復書眞言亦安其上即降大雨晝夜不住若欲雨止即去其藥

復有成就法誦此眞言

唵(引)摩(引)里支(引)酥沒囉(二合)帝(引)縛囉(二合)凍尼弥隸弥隸娑縛(引)(二合)賀

誦此眞言以泥作龍身長八指具有九頭以朱砂裝畫於龍項之上繫其綵幡即作曼拏羅四方之位散花焚香獻白食供養以石榴枝拂拭龍身二十一徧次誦眞言一千八徧已稱彼龍名復誦眞言以石榴枝拂拭龍身其龍不樂本宮而來降伏若不速降雨令得命終

復有成就法用白芥子誦眞言一千八徧加持芥子擲擊龍身亦一千八徧其龍自然舉頭而行復以石榴枝擊彼龍身龍即方住口出二舌至其夜分龍現本形及一切龍悉皆降伏時持誦者一切所欲之事龍即隨順

不敢有違

復有成就法亦令龍王降雨用扎及白芥子逐日加持眞言一百八徧即周迴散白芥子其眞言曰

怛你也(二合)他(引)唵(引)摩(引)里支(引)左吒左吒尾左吒尾左吒秫拏(二合)他秫拏(二合)他舍嚩里喞致娑嚩(二合)賀

如阿闍梨依前法持誦供養若閻浮提內一切龍神不爲養育衆生降其甘雨即别誦三昧正道陁羅尼一七徧復用白芥子一百八誦前陁羅尼呪彼龍池即作護摩時一切龍宮眷屬皆得熱惱鑠胃零落陁羅尼曰

曩謨舍(引)吉也(二合)母曩曳(引)怛他(引)誐哆(引)野怛你也(二合)他部祭(引)部祭(引)怛怛嚩(二合)部祭鉢囉(二合)嚩囉部祭(引)三滿哆(引)迦(引)囉部祭(引)覩囉娑嚩(二合引)賀三摩野散袓(引)那你(引)娑嚩(二合)(引)賀曩誐囉散袓(引)那你(引)娑嚩(引)(二合)賀

若天旱至極久不降雨用阿里迦木白芥子酥酪迦羅尾羅花誦前眞言作護摩一千八百徧或就龍池或就井邊作法皆得一切龍神必降大雨

息除災害

佛說大摩里支菩薩經卷第三

乙巳歲高麗國大藏都監奉
勅雕造

佛說大摩里支菩薩經卷第三

校勘記

一　底本，麗藏本。

一　二五〇頁中四行「成就」，資、磧、普、南、徑、清作「消滅」。

一　二五〇頁下六行第四字「及」，徑作「彼」。

一　二五一頁上一行「安悉香」，徑、清作「安息香」。下同。

一　二五一頁上一三行末字「國」，南無。

一　二五一頁中二行「人見」，徑作「人皆」。

一　二五一頁中四行第五字「立」，徑作「玄」。

一　二五一頁中五行「大曜」，諸本作「大曬」。

一　二五一頁下二行「閼佉」，資、磧、普、南、徑作「閼伽」。

一　二五一頁下末行末字「会」，諸本作「含」。

一　二五二頁上一二行第五字「恭」，徑、清作「供」。

一　二五二頁上二一行小字「三合引」，石作「二合引」；資、磧、普、南、徑、清作「三合字」。

一　二五二頁中六行「馬汗」，磧、普作「馬汚」。

一　二五二頁中一二行第四字「睛」，資、磧、普作「晴」。

一　二五三頁中一一行「八百」，徑、清作「八百徧」。

一　二五三頁下一九行第八字「擊」，資、磧、普、南、徑、清作「繫」。二一行首字同。

一　二五四頁上二二行第七字「百」，資、磧、普、南、徑、清無。

佛說大摩里支菩薩經卷第四　　路

西天譯經三藏朝散大夫試鴻臚少卿明教大師臣法賢奉　詔譯

復有成就法即說頌曰
今此大菩薩　身徧於法界　清淨若虛空
慈光照世間　明等百千日　能發智慧焰
燒退煩惱魔　永斷貪瞋癡　長抛生死海
是故持誦者　依法而修學　澄心作觀想
如是阿闍梨淨志虔誠想彼月輪之
內有一給字變此給字而成自身如
八歲童女相經須臾之間身如閻浮
檀金色光明閃爍等百千日八臂二
足三面各三眼左右二面作豬相黑
色忿怒顰眉桂青天衣耳環指環腕
釧脚釧瓔珞鈴鐸等出微妙音如是
復有種種諸龍莊嚴身上有黃龍王
於其頂中放摩尼光周迴照曜又此
菩薩戴無憂花鬘髻竪立於其髻上
復戴寶塔又於塔中出無憂樹其花
開敷復於樹下有白蓮華毗盧如來
坐彼蓮華頂戴寶冠莊嚴鬘髻面目
端嚴身眞金色結跏趺坐執毗盧印
不動不搖如在定相身有光焰明照

世間安固不動如無風之火而復變
起雲中諸佛左手執弓有無邊德牽
其弓箭弦可至耳第二手持縛酥枳
龍口出二舌身如其線第三手持德
叉迦龍并無憂花第四手作期克印
并持羯里俱吒迦龍及索右手持俱
隸迦龍第二手持鉢納摩龍并牽弓
第三手持大鉢納摩龍亦出二舌并
針線第四手持商佉鉢羅龍以吉祥
草纏龍手彼諸龍王皆出二舌牙齒
鋒利眼有視毒頂有摩尼光普照十
方若彼第一龍王正面作深黃色有
微笑相光明閃爍如日初出脣如曼
度迦花面貌圓滿端正眉如初月鼻
如截筒眼如青蓮花葉右面清淨如
秋滿月放白色光如熾焰相左面青
色形相醜惡作大忿怒口出利牙令
衆怕怖光明照曜如聚千日熾焰赫
然相如劫火是諸龍衆不敢顧視若
見顰眉睚眼驚怖倒地衆皆仆面若
吐水降雨經剎那間水滿大地高至
日際如是龍王住佛手內於佛四邊
復有四大菩薩而自圍繞　　第藏路

於佛東邊安播那訖囉摩細菩薩誦
此眞言曰
唵引播那引訖囉二合摩細娑縛二合引賀
今此菩薩四臂三眼作豬面身著蕃
天衣乘黃豬身如大青寶色顰眉眨
眼口出利牙目顧龍王以左手執金
剛杵并針線鉤
於佛南邊安虞羅摩摩細菩薩誦此
眞言
唵引虞羅摩二合摩細娑縛二合引賀
今此菩薩如童女相面有三眼身作
黃色乘黑豬著青天衣一切莊嚴左
手作期克印持無憂花并索右手執
針并鉤
於佛西邊安縛曩摩細菩薩誦此眞
言
唵引縛曩摩細娑縛二合引賀
今此菩薩三面一面作豬相身淡赤
色著青天衣一切莊嚴執弓箭無憂
樹枝并鑠
於佛北邊安梭多里馱曩摩細菩薩
誦此眞言
唵引梭多里馱二合曩摩細娑縛二合引賀

今此菩薩三面四臂一面作豬相瞋
纏虵身如大綠寶色著紅天衣執鈴
杵線并鉤如是各戴寶塔
復有八大龍王亦皆圍繞東方安阿
難多大龍王色如黑水有七頭二手
合掌執持蓮華跏趺而坐瞻仰菩薩
恒與恒里部詣龍女同住此八大龍
王皆戴寶冠及有摩尼光明破一切
黑暗種種莊嚴復各有虵頭吐水降
雨次於南方安嚩酥枳龍王身作深
黃色西方安德义迦龍王身作白色
北方安迦里倶吒迦龍王身作赤色
東南方安商佉波羅龍王西南方安
大鉢納摩龍王西北方安鉢納摩龍
王東北方安倶隸迦龍王如是儀則
令有信心畫人受持齋戒就吉祥鬼
宿直日於寂靜處用好新疋帛畫此
幪法畫畢然後齋苾芻尼及童女於
彼幪前獻五供養而慶讚之若時天
旱向阿闍梨至心洗浴清淨持戒以乳
酪為食身著黑衣復命能者同作法
事欲作其法須就龍神居處或於海
岸或是河邊或近井泉或臨池沼等

如是之處用獨摩夷作曼拏羅安前
幪像又於仰慢之上或幢幡之上復
書眞言然以白芥子粳米作粖粉四
方壇仍置四門於四門外安蓮華位
蓮華上安風輪於風輪中安宮殿復
於殿中安八葉蓮華熾焰如火蓮華
上安降三世明王又取河入海處兩
岸土及白蟻運出土捏作龍王亦安
在八葉蓮華上龍王眷屬各各圍繞
左右龍女手執蓮華於龍心中安一
吽字龍頭上安朋字其龍亦有虵頭
及摩尼珠光復用白檀塗其龍身眞
珠瓔珞花鬘嚴飾復以倶母那花耎
鉢羅花白蓮花粖隸迦花散龍王前
安八閼伽瓶滿盛香水然燈八盞獻
八乳鉢滿盛香乳所獻飲食皆用酥
酪蜜乳糖粳米為食及稻穀花白芥
子然依方位誦眞言安八大龍王東
方安阿難多龍王誦此眞言
唵引曩莫娑嚩引二合賀
南方安嚩酥枳龍王誦此眞言
唵佉入娑嚩引一合賀
西方安德义迦龍王誦此眞言

唵引吽弱娑嚩引二合賀
北方安羯里倶吒迦龍王誦此眞言
唵引達娑嚩引二合賀
東南方安商佉鉢羅龍王誦此眞言
唵引嚩入莫娑嚩引二合賀
西南方安鉢納摩龍王誦此眞言
唵引頗吒娑嚩引二合賀
西北方安大蓮華龍王誦此眞言
唵引馱迦馱迦悉體娑嚩引二合賀
東北方安倶隸迦龍王誦此眞言
唵引嚩入娑嚩引二合賀
如是誦眞言時結一切龍王心印以
二手仰平小指相竝如針二無名指
相交押二中指第三節二頭指附中
指下文二大指磔開各微屈少許次
結焰曼德迦明王眞言印以二手合
掌用二大指按二中指屈第三節即
誦眞言
唵引焰曼引德迦吽
用此眞言印請召龍王及供獻香花
等供獻已阿闍梨持一乳鉢發勇猛
心入於水中水至於頭處住誦前眞
言即呪其龍呪已出水志心虔誠入

賢聖堂於曼拏羅東門內如前儀則
即作護摩用芥子鹽迦羅尾羅花以
芥子油搵過作護摩八千其龍即降
甘雨
復有成就法時持誦者作觀想想虛
空中紇字變成摩里支菩薩作童女
相身黃金色著青天衣種種莊嚴六
臂面容微笑脣如曼努迦花色眼如
憂鉢羅花葉圓光如月頂戴寶塔於
寶塔上出無憂樹其樹有花開敷殊
勝彼摩里支乘金色豬有群豬隨後
如是誦人作此觀想已仍結摩里支
印誦最上心真言若在道路遇冤家
軍兵不能見不能侵越不能劫盜等
復有成就法誦此真言
唵(引)挽多(引)隸嚩那隸嚩囉(引)隸嚩
囉(引)賀曰契薩里嚩(二合)努瑟吒(二合)鉢
囉(二合)努瑟吒(二合)南曰欠作曷史滿馱滿
馱娑嚩(二合引)賀
此真言通一切處用所求皆就若持
誦者先調停氣息專注身心牙齒相
咬舌拄上腭令鼻中氣息緊慢得所
經須臾閒即誦前真言二十一徧加

持衣服角誦真言已即結衣角觀想
摩里支菩薩若行道路所有盜賊冤
家皆不能見不能為害而得安樂
復有成就法就鬼宿直日令童女合
線線不令斷斷者不用其線或三股
至二十股者以豬血染過及牛黃同
染即誦前真言及稱彼冤家名二十
一徧即隨聲結線作二十一結如貫
花鬘相以其線結或繫手臂上或衣
服上復用豬牙安自耳上所有嶮難
自然得脫亦不能禁縛不敢輕欺無
諸驚怖等
復有成就法用豬耳藥并根花葉及
牛黃就鬼宿直日以豬牙研碎作丸
陰乾已後以藥點在額頭如國王見
者決定敬愛
復有藥法用惹演帝子白詣里迦尼
子牛黃就鬼宿直日以豬牙研碎亦
點額上如見國王決定歡喜若入軍
陣亦得勝彼及一切所求皆得成就
復有藥法用補怛覽惹里藥及惹致
迦藥魯難帝藥難努怛鉢羅藥但以
諸血和合陰乾搗為粖亦點額上見

者敬愛
復有藥法用惹致迦藥訖闌多藥室
囉挽帝藥或以諸血或水合和陰乾
搗末如前點之亦得國王等敬愛
復有藥法用訖闌多藥尾瑟努訖闌
多藥室囉挽帝藥魯難帝藥惹致迦
藥訖里惹隸藥部多計尸藥魯帝藥
難努怛鉢羅藥同和合如前點之亦
得敬愛
復有藥法用阿里迦木根蒨草根家
雀兒及木香誦人自身血和合點之
三界人天俱得敬愛
復有藥法用白囉摩心藥并汁你惹
藥子就鬼宿直日合和如前點之得
修行人敬愛
復有藥法用囉摩你喻帝藥魯難帝
藥足乳者誦人自身汗合和此名佉
祢囉丸密入於飲食內食之乃至大
自在天亦生敬愛
復有藥法用白馬鞭草及綠色馬鞭
草牛黃同以合和如前點之亦得帝
王敬愛
復有藥法用畢襄譏計娑囉花蓮花計

娑囉花俱母努花憂鉢羅花赤檀雄黄雌黄牛黄縛囉賀訖闌多藥尾瑟努訖闌多藥用豬血合和爲丸誦摩里支菩薩眞言以藥點額頂頸心二臂膊二足點巳變相如夜义能行於大地亦不能見不能侵逼不能禁縛不能刼盜不驚不怖一切冤家不得其便

復有藥法用水牛穿鼻索以曼陁羅柴燒其索女人屍上腕釧燒屍灰用曼陁羅樹汁及誦人汗和合如前點之刹那之間如天女等亦生敬愛

復有藥法用金翅鳥輪藥天主密藥尸羅魯藥左曩藥雌黄脩合點額亦得一切敬愛

復有藥法用金翅鳥輪藥天主密藥惹致迦藥魯難帝藥用水合和以點額上經刹那之間得國王大臣并及眷屬恒生敬愛

復有藥法用新婦所戴花死屍所戴花曼度迦花如是之花用供養那羅延天并取男女同燒者灰用前花同合和爲藥如無信心女人以此藥密

繫其身於其佛法恒生敬愛

復有藥法用尾瑟努訖闌多藥天主密藥羅刹拏藥魯難帝藥難那枳吒藥用水合和以點其額亦得一切之人敬愛乃至帝釋天女等恒所歸敬

復有印相成就法用二手合掌令十指頭磔開却屈二大指附二中指頭如環相結跏趺坐以印安於臍輪上至心專注此印最上若作最上勝法即用此印中下之法不得用之作印宜速得一切聖人於一切處常生恭敬獲得清淨大福吉祥亦能速滅一切重罪

復有觀想成就法淨志虔誠而作觀想思惟摩里支菩薩坐金色豬復有群豬圍繞或隨菩薩之後菩薩身金色著白天衣頂戴寶塔三面各三眼六臂左手執無憂樹花枝如是觀想成就復想自身亦如摩里支菩薩若遇大難作前觀想手執衣角誦眞言句加持七徧即結衣角能禁冤家口眼眞言曰

曩謨引囉怛曩二合怛囉二合夜引野引

謨引摩引里支引祢引嚩多引曳引賀里二合那野摩引嚩里多二合曳沙也二合引弥怛儞也二合他引唵引挽帝羅挽帝羅挽多引隷嚩那引隷嚩囉引隷嚩羅引賀曰契薩里嚩二合努瑟吒二合鉢囉二合努瑟吒二合喃引目欠滿馱引弥娑嚩二合引賀

復有眞言能縛冤家身令不自在眞言曰

曩謨引摩引里支引祢引嚩多引曳引怛儞也二合他引唵引挽多引隷嚩那引隷嚩囉引隷嚩囉引賀曰契薩里嚩二合努瑟吒二合鉢囉二合努瑟吒二合喃引誐囉二合新滿馱引弥娑嚩二合賀

若誦此眞言加持衣角不唯單巳更有多人隨從結衣同行道路所有諸難俱不能侵

復有成就法此是摩里支菩薩智海之法令持誦者先觀諸法一切皆空作此觀巳而自至心觀自心閒生一阿字想此阿字變成月輪於月輪上生微妙字其字金色光明普照其光廣大如降伏三界相經須臾間想微

妙字化成摩里支菩薩坐月輪蓮華之上身相端嚴著種種衣三面八臂作勇猛相作此觀想已結根本印誦心眞言一洛叉隨其壇法作護摩一千或那由他作此法時宜在三長月十五日先獻大供養誦眞言八千然求成就作前儀法無不成就所欲之事

復有成就法以摩里支根本眞言及八菩薩明王名同書作法能度一切惡難眞言曰

怛你也(二合)他(引)阿里迦(二合)摩(細)摩里迦(二合)摩(細)烏里摩(二合)摩(細)虞羅摩(二合)摩細縛曩摩(細)唧縛囉摩(細)摩賀(引)唧縛囉摩(細)桉多里馱(引)(二合)曩摩(細)曩謨(引)囉怛曩(二合)怛囉(二合)夜(引)野曩謨(引)摩里支(引)祢(引)縛多(引)曳(引)怛你也(二合)他(引)唵(引)捺多(引)隷縛那(引)隷縛囉(引)隷縛囉賀目契薩里縛(二合)努瑟吒(二合)鉢囉(二合)努瑟吒(二合)喃(引)捺摩喃(引)俱嚕娑縛(二合)(引)賀(引)

用好疋帛或紙或樺皮上以供俱摩香先書微妙梵字及所降伏人名於

其梵字及名周圍書八菩薩明王名及根本眞言三帀以眞言頭先從裏面書至外第三帀終如寫隨求之法若爲男以供俱摩香書若爲女用牛黃書於頭上或臂上戴之作大擁護能度一切惡難乃至天龍阿修羅等不敢驚怖

復有成就法善能禁縛一切冤家令不爲害用椀二隻以一隻椀盛(細)灰八分已來於灰上中心先書微妙梵字及彼人名次書八菩薩明王名及根本眞言三帀更用一椀蓋合於隱密處藏之能繫縛冤家不能爲害

復有成就法能殺彼冤家於死屍衣上如前書微妙梵字及眞言等書已將往屍多林内藏之令彼冤家速得命終

復有隱身成就法令持誦者志意虔誠觀想微妙梵字漸次變成自身作其青色放青色光明充滿虛空界作此觀想已誦前根本眞言一洛叉如是誦已自身於一切處不可繫縛衆人不見

復有成就法能禁凶惡以微妙梵字及自名與根本眞言同書樺皮上書已作觀想想前微妙梵字等出青赤光明獻香花供養如是出觀後將前梵字等藏在隱密處即誦根本眞言八千徧所行之處如遇凶惡彼自迷亂眼不見物

復有成就法以微妙梵字書爲八輻輪於輪中間書明王名及娑縛賀眞言降伏人名復想微妙梵字等出黃色光明普照虛空一切世界如是想已獻黃色花次誦眞言八千徧亦能禁縛於凶惡乃至軍陣器仗刀劍之類無所傷害火不能燒水不能漂乃至師子虎狼蚰蝎諸毒皆不能害

復有成就法作八輻輪於輪中心書娑縛(二合)賀字微妙梵字及降伏人名於輪輞上書八菩薩眞言根本眞言一切成就眞言輪輻之上亦書眞言如是書已若作息災增益敬愛降伏殺禁冤家令彼互相憎嫉及種種成就法則皆得通用隨願所求無不成就亦名摩里支如意寶輪

佛說大摩里支菩薩經卷第四

乙巳歲高麗國大藏都監奉

勅雕造

佛說大摩里支菩薩經卷第四　第十六張　哉

佛說大摩里支菩薩經卷第四

校勘記

一　底本，麗藏本。

一　二五六頁中九行「針線」，石作「釘線」。

一　二五七頁上一六行首字「令」，磧作「令」。

一　二五七頁中一二行「摩尼」，磧作「尼摩」。

一　二五七頁下八行「大蓮華」，普作「天蓮華」。

一　二五七頁下一〇行「東北方」，徑作「南北方」。

一　二五七頁下二一行「供獻」，資、磧、普、南、徑、清作「供養」。

一　二五八頁上二行「尾羅」，資、磧、普、南、徑、清作「尼羅」。

一　二五八頁中末行「諸血」，徑作「豬血」。

一　二五八頁下四行「搗末」，徑、清作「搗抹」。

一　二五八頁下一一行「木香」，南、徑、清作「木者」。

一　二五八頁下一五行「敬愛」，石作「愛敬」。

一　二五九頁上一行「俱母努」，徑、清作「俱母那」。

一　二五九頁上二二行第九字「者」，資、普、南、徑作「香」。

一　二五九頁上末行末字「密」，資、南作「蜜」。

一　二五九頁中二行「天主」，普作「天生」。

一　二六〇頁下一七行「人名」，普作「人多」。

一　二六〇頁下二一行「憎嫉」，徑作「增嫉」。

佛說大摩里支菩薩經卷第五　路

西天譯經三藏朝散大夫試鴻臚少卿明教大師臣法賢奉詔譯

一切持誦者　志心歸命禮　摩里支菩薩
分別如意輪　八輻秘密相　能斷諸煩惱
若人依法行　一切皆成就

此成就法於素帛上或樺皮上畫八輻輪於其輪心書微妙梵字以輪八輻即為八方位先於輪東輻畫第五菩薩南輻畫第六菩薩西輻畫第十二菩薩北輻畫第三菩薩東南輻畫第四菩薩西南輻畫第九菩薩西北輻畫第八菩薩東北輻畫第十菩薩於諸輻上書本尊真言一切成就真言俱從裏面寫真言頭次於輪輞周圍書嚩囉羅菩薩根本真言挽多隸菩薩真言摩里支菩薩真言摩細菩薩等真言此名一切成就如意寶輪若起首作法先求清淨地位得已即入隨意樂處結跏趺坐所求福德智慧速獲圓滿既安坐已結期克印安心上額上頂上即念吽發吒三字真言誦真言已卻出外捧前所說儀則懺像安置地位獻香水誦辟除真言灑淨飲食等而作觀想自心中有阿盎二字變此阿字成其月輪變其盎字成其日輪於日輪上有迦茶(去聲呼)二字於其二字有日月之光如鍊金色復出種種光明而此光明變成天人師如是想已即自作禮而誦真言以申供養真言曰

唵(引)摩(引)里支(引)娑訖旦(二合)鉢囉(二合)底蹉

此名獻食真言

唵(引)摩(引)里支(引)補瑟半(二合)鉢囉(二合)底蹉

此名花供養真言

唵(引)摩(引)里支(引)度半鉢囉(二合)底蹉

此名香供養真言

唵(引)摩(引)里支(引)祢半鉢囉(二合)底蹉

此名燈供養真言

唵(引)摩(引)里支(引)巘馱鉢囉(二合)底蹉

此名塗香供養真言

唵(引)摩(引)里支(引)娑嚩(二合引)賀

誦此真言獻閼伽水獻已安置左邊有力者具辦供養無力者但作觀想

供養既供養已歸命三寶我今歸依佛歸依法歸依僧所有諸功德我今盡隨喜所有一切罪悉皆得消滅我今發此最上菩提心自利利他願我成佛廣度一切衆生如是三發大願已入於三昧觀想一切諸法無我性空即誦無我真言

唵(引)舜你也(二合)多惹拏(二合)曩嚩囉(二合)娑嚩(二合)婆(引)嚩(引)怛摩(二合)俱憾

誦已復作觀想想彼真言如鏡中像如水中影乃至三界之相其義亦然即誦淨三業真言

唵(引)娑嚩(二合)婆(引)嚩秫馱(引)薩里嚩(二合)達里摩(二合)娑嚩(二合)婆(引)嚩秫度(引)阿憾

如是誦已復想月輪之內有一唵字變成吉祥毗盧遮那佛於金剛蓮華藏師子座上結跏趺坐身色如金手結毗盧印入三摩地頂戴寶冠一切莊嚴善相圓滿彼佛心中生其月輪有微妙梵字作深黃色其字變成無優花樹於其樹上復有月輪生一唅字放大光明擁護所居作法地位

復次成就法能去除寃家先於十方
釘橛從東方起首釘橛誦此眞言
唵引阿里迦二合摩細吽發吒娑縛二合
引賀
誦眞言巳觀想十方菩薩爲大惡相
面如明王有其豬頭口出利牙種種
光焰身有四臂右手執金剛杵鉤針
左手亦執金剛杵羂索線及一切菩
薩手臂色相慓幟具足現之能令一
切魔王隱沒不現復誦東方眞言菩
薩
唵引摩里迦引摩細娑縛二合引賀
南方眞言菩薩
唵引捘多里馱二合引曩摩細娑縛二合引賀
西方眞言菩薩
唵引帝引祖引摩細娑縛引二合賀
北方眞言菩薩
唵引波那引羯囉二合摩細逆嚩二合引賀
東南方眞言菩薩
唵引烏那野摩細娑嚩二合引賀
西南方眞言菩薩
唵引嚩曩摩細娑縛二合引賀
西北方眞言菩薩

唵引唧嚩囉摩細娑嚩二合引賀
東北方眞言菩薩
唵引摩賀唧嚩囉摩細娑嚩二合引賀
上方眞言菩薩
唵引波囉引羯囉二合摩細娑嚩二合引賀
下方眞言菩薩
唵引摩引里支吽薩里嚩二合尾近曩二合引
努嵯引那野吽發吒
若釘下方橛時即誦下方眞言即作
觀想上從地面下至水輪所有衆魔
皆悉禁縛又觀橛頂生其日輪日有
暗字變成火焰相如刧火光明照曜
等俱胝日釘十方橛儀則皆同復想
自心出一月輪被橛頂暗字光照月
輪變自身成摩里支菩薩相身如閻
浮檀金光明如日頂戴寶塔著紅天
衣腕釧耳環寶帶瓔珞及諸雜花種
種莊嚴八臂三面三眼光明照曜脣
如曼度迦花於頂上寶塔中有毗盧
遮那佛戴無憂樹花鬘左手執羂索
弓無優樹枝及線右手執金剛杵針
鉤箭正面善相微笑深黃色開目脣
如朱色勇猛自在左面作豬相醜惡

忿怒口出利牙自如大青寶色光明
等十二日顰眉吐舌見者驚怖右面
作深紅色如蓮華寶有大光明又於
摩里支殿上有大無優樹樹下復有
毗盧遮那佛頂戴寶冠身如金色善
相圓滿結毗盧大印乘豬車立如舞
蹈端正怡顔如童女相復想摩里支
菩薩下有風輪輪有憾字變成羅睺
大曜如月蝕相若作觀想法晝則對
日夜則對月此法得成常宜修習一
切所求無不成就
復次曼拏羅中有四菩薩圍繞東方
菩薩眞言曰
唵引摩引里支引捥多引隷嚩那引隷
嚩囉引賀目契阿母迦悉地摩引迦里
沙二合野羽娑嚩二合引賀
如是菩薩身作紅色一豬面三眼四
臂左手執羂索鉤右手執針金剛杵
著紅天衣隨意降伏無不成就南方
菩薩眞言曰
唵引摩引里支引嚩多引隷嚩那引隷
縛囉引賀目契薩里嚩二合努瑟吒二合引
喃引目欠滿馱滿馱吽娑嚩二合引賀

如是菩薩身作黃色著黃天衣左手執羂索金剛杵右手持無優樹枝及針縫惡者口眼西方菩薩眞言曰

唵引摩引里支引嚩多引隸嚩那引隸嚩囉引隸嚩囉引賀目契薩里嚩二合努瑟吒二合喃引娑旦二合娑野鑁娑嚩二合賀

如是菩薩亦作黃色著黃天衣右手執金剛杵針左手執羂索無優樹枝能禁止一切惡者北方菩薩眞言曰

唵引摩引里支引嚩多引隸嚩那引隸嚩囉引隸嚩囉引賀目契薩里嚩二合薩怛嚩二合弥引嚩舍摩引曩野斛引娑嚩二合引賀

如是菩薩衣服莊嚴色相如前身光照曜如日初出右手執荷金剛杵左手執無優樹枝弓愛敬一切衆生持誦者依此儀則而作觀想復結金剛鉤印誦眞言請召此印以二頭指背鉤二小指交臂月竪手眞言曰

弱吽挽斛引鉢囉二合嚩里多二合野

既請召已復作觀智三昧以除惡魔即獻閼伽水供養誦此眞言

唵引摩引里支引阿里伽二合鉢囉二合底

蹉娑嚩二合引賀

次獻音樂誦此眞言

唵引摩引里支引摩引祢焰二合鉢囉二合底娑嚩二合引賀

次請召菩薩眷屬即結摩里支印誦此眞言

唵引摩引里支引噎呬曳二合呬尾迦悉多仡里引二合拏引迦里沙二合曳引

其摩里支印以二手合掌令指頭微開屈二大指附於中指如環相結跏趺坐安印於臍中即成請召法此印於一切事皆得通用復想口中有一鈴字變成金剛杵此名法印復誦眞言

唵引摩引里支引阿怛囉二合撒你呬多引祢引娑嚩阿努囉訖炻二合弥引娑嚩酥覩引瑟喻引二合弥引娑嚩酥補瑟喻二合引弥引娑嚩薩里嚩二合悉馱切身弥引鉢囉二合野蹉

誦此眞言時即移前臍上印安心上頸上額上頂上如受灌頂復結大印作金剛合掌以二大指屈入掌中安在頭上心想毗盧遮那佛身相金色

亦結毗盧印即誦此眞言

唵引僕欠

誦眞言已以大印竪二中指作金剛縛名金剛波羅蜜印安在額上心想阿閦佛身相黑色以印觸地復誦眞言

唵引嚩囉二合薩怛嚩二合吽

誦眞言已移中指作如寶形名寶波羅蜜印安右耳上心想寶生如來身淺黃色手作施願相誦此眞言

唵引嚩囉二合囉怛曩二合怛覽二合引

誦眞言已以前印中指作蓮華形名法波羅蜜印安頂後心想無量光佛身紅色作入定相誦此眞言

唵引嚩囉二合達里摩二合呬里二合

誦眞言已復以二手合掌十指相叉二中指頭相對名羯摩波羅蜜印安左耳上心想不空成就佛身綠色結無畏印誦此眞言

唵引嚩囉二合羯里摩二合惡阿鼻詵左鈴

誦眞言已作忿怒相以手各作金剛拳如同被甲爲自擁護以金剛拳二手相並安心上頸上復於心上頸上

頟上如繫花鬘相復以二手左右彈
指歡喜誦此眞言
唵(引)嚩囉(二合)覲灑斛
誦眞言已想心上有一阿字變成月
輪輪上生一惡字變此惡字成羯摩
金剛杵結羯摩印誦此眞言
唵(引)嚩囉(二合)薩怛嚩(二合)僧誐囉(二合)賀
嚩囉(二合)囉怛曩(二合)摩努多囉嚩囉
(二合)達里摩(二合)誐(引)野乃(引)嚩囉(二合)羯
里摩(二合)迦嚕婆嚩
誦眞言已以二手作金剛拳心想金
剛嬉戲菩薩復誦此眞言
唵(引)嚩囉(二合)羅(引)細(引)
誦金剛鬘眞言
唵(引)嚩囉(二合)摩(引)隷(引)
誦金剛歌眞言
唵(引)嚩囉(二合)詣(引)帝(引)
誦金剛舞眞言
唵(引)嚩囉(二合)涅里(二合)怛曳(二合引)
誦金剛花眞言
唵(引)嚩囉(二合)補瑟閉(二合引)
誦金剛香眞言
唵(引)嚩囉(二合)度閉(引)

佛說大摩里支菩薩經卷第五　第十張　政

誦金剛燈眞言
唵(引)嚩囉(二合)祢閉(引)
誦金剛塗香眞言
唵(引)嚩囉(二合)巘弟
誦內外供養眞言
唵(引)阿迦(引)嚕(引)目欠薩里嚩(二合)達里
摩(二合)赧(引)阿(引)你也(二合)努怛半(二合)怛嚩
如是一切普同供養生大歡喜即自
隨心而作觀想如身心困倦作觀未
成即却持誦須不急不慢文字分明
言音和雅無令漏失求見一切賢聖
所欲成就勿生疑惑
次獻閼伽水及飲食等供養手持鈴
杵誦此眞言
唵(引)嚩囉(二合)建致(引)囉拏多鉢囉
(二合引)囉拏多三鉢囉(引二合)囉拏多沒馱
刹(引)怛囉(二合)鉢囉(二合)左(引)隷你(引)鉢囉
(二合)惹拏(二合)播(引)囉弥多(引)曩那婆嚩
(二合)婆(引)吠(引)馱囉紇里(二合)那野嚩覲(引)
沙尼吽吽吽
誦眞言已即擲金剛杵誦此眞言
唵(引)薩里嚩(二合)怛他(引)誐多悉地嚩
囉(二合)三摩野底瑟姹(二合)曀彭怛鑁(二合引)

佛說大摩里支菩薩經卷第五　第十一張

馱(引)囉野弥吅(皆入)吅吅吅吅吽
誦眞言已即讚歎佛誦此眞言
阿蔔(引)毗也(二合)嚩囉(二合)摩賀(引)惹拏
(二合)曩嚩囉(二合)馱覲摩賀(引)沒馱怛里
(二合)曼拏羅怛里(二合)嚩囉(二合)誐囉(二合)具(引)
沙嚩囉(二合)曩謨(引)娑覲(二合)帝
吠(引)嚕(引)左曩摩賀(引)秫馱嚩囉(二合)
扇(引)多摩賀(引)囉帝鉢囉(二合)訖里(二合)
底鉢囉(二合)娑(引)娑嚩(二合)覽(引)達里鈴
(二合)祢(引)舍嚩囉(二合)曩謨(引)娑覲(二合)帝
囉怛曩(二合)囉惹酥儞鼻哩也(二合)佉嚩囉
(二合)迦(引)舍蘇你里摩(二合)羅娑嚩(二合)婆(引)嚩
秫馱你里隸(引二合)波婆(引)沙玉吅也(二合)曩
謨娑覲(二合)帝
嚩囉(二合)阿弥多摩賀(引)囉(引)惹你里
嚩(二合)羯囉波(二合)佉嚩囉(二合)達里(二合)迦囉
(引)誐波(引)囉弥多(引)鉢囉(引二合)鉢多(二合)沙
嚩囉(二合)曩謨(引)娑覲(二合)帝
阿目(引)伽嚩囉(二合)僧沒馱薩里嚩(引二合)舍
波里布囉迦秫馱娑嚩(二合)婆(引)嚩三
部多嚩囉(二合)薩怛嚩(二合)曩謨(引)娑
覲(二合)帝
如是誦已傳法阿闍梨即得喫食乃

佛說大摩里支菩薩經卷第五　第十二張　路

至行住坐臥洗浴經行一切之事須依本尊部儀則方得成就若降伏息災須一日三時誦眞言獻諸供養及作觀想敬愛之法其義亦然自所作善隨意迴向所求之事決定成就

佛說大摩里支菩薩經卷第五

乙巳歲高麗國大藏都監奉
勑雕造

佛說大摩里支菩薩經卷第五　第十五張　路

佛說大摩里支菩薩經卷第五

校勘記

一　底本，麗藏本。

一　二六二頁上一〇行首字「二」，資、磧、普作「一」。又第五字「輻」，資、磧、普、南作「輪」。

一　二六二頁中四行夾註左「呼」，徑、清無。

一　二六二頁中八行第二字「申」，資、磧作「甲」。

一　二六二頁下二一行末字至次行首字「無優」，資、磧、普、南、徑、清作「無憂」。下同。

一　二六四頁上二行「手持」，徑作「手執」。

一　二六四頁上二一行「三昧」，資、磧、普、南、徑、清作「三時」。

一　二六四頁下一六行「相叉」，南、徑、清作「相交」。

一　二六五頁中一三行「次獻」，南作「欲獻」。

佛說大摩里支菩薩經卷第六　俠

西天譯經三藏朝散大夫試鴻臚少卿明教大師臣天息災奉　詔譯

復次發遣賢聖誦此真言

唵(引)訖里(二合)觀(引)縛(入)薩里嚩(二合)薩怛縛(引)(二合)囉他(二合)悉地那怛縛(二合)野他(引)努誐(引)誐蹉特嚩(二合)没馱尾沙焰布曩囉(引)誐摩曩(引)野左

誦此真言時作發遣根本印以二手於頂上作散印相及誦此真言

唵(引)摩(引)里支(引)目

誦真言已阿闍梨即隨意而行復誦百字真言為自擁護身口意業真言曰

唵(引)嚩嚩囉(合二)薩怛嚩(二合)三摩野摩努播羅野嚩曩囉(二合)薩怛嚩(二合)怛吠(二合)努波底瑟姹(二合)涅里(二合)跓(引)弥(引)婆嚩酥覩(引)瑟喻(二合)弥(引)婆嚩阿努囉訖覩(二合)弥(引)婆嚩酥布瑟喻(二合切)弥(引)婆嚩薩里嚩(二合)悉鈢(身切)弥(引)鉢囉(二合)野蹉薩里嚩(二合)羯里摩(二合)酥左弥(引)唧多室里(二合)焰俱嚕吽賀賀賀賀斛(引)婆誐鑁薩里嚩(二合)怛他(引)誐多嚩曩囉(二合)摩(引)弥(引)捫左嚩日里(二合)婆嚩摩賀(引)三摩野薩怛嚩(二合)惡

依如是儀軌志誠持誦如見祥瑞即別作其法如為息災用樺皮或疋帛書前所說如意寶輪阿闍梨須自了知真言儀軌輪內四門若為女用牛黃書若為男用供俱摩香書輪法既成復想輪上諸位賢聖滿手持甘露瓶與自灌頂各本賢聖真言誦阿喻多如是自他俱得災息若女人欲求子者於前如意寶輪上與真言同書此女人名阿闍梨結根本印想妙吉祥入女人身中即得滅罪感福相子而來受生無諸患難

復次增益法者用供俱摩香於樺皮上書如意寶輪真言及自已名即自頂戴然後面北想自心中有賢聖衆深黃色俱執寶瓶滿盛珍寶降入道場即加持中指而得增益為大財主

若作敬愛法亦用此輪以赤檀牛黃燕脂無憂樹花無名藥用血相和書敬愛真言於樺皮上用黃蠟作彼人形以樺皮輪安彼人心中用酥蜜紅花供養復作觀想想前如無憂樹花

攢射彼心面向水天位誦本真言阿喻多數至夜半加持無名指即得敬愛成就

若作降伏法儀則如前於輪上書降伏真言即自觀想已真言輪仰面降伏彼人以羂索鉤牽作觀想已即誦真言所欲降者皆來降伏

復次五逆之人欲令調伏法用毒藥芥子阿里迦木汁合和於日中時面南以人骨為筆於死屍衣上書前如意輪真言及書前敬愛真言更添為字發字加持頭指復用人骨秣燒人灰淨土五逆人足下土同合和為彼人形以真言輪置彼形心中用佉祢囉木火炙其形誦前降伏真言阿喻多數彼人即得重病若以彼形藏在神廟中及屍多林內復得熱病等此法係用調伏最上

復次令彼互相憎嫉法用水牛血馬血鈊(身切)摩木猫兒血鼠血合和於死屍衣上書前真言輪復取燒人灰河兩岸土及彼人足下土合和各作彼人之形其面西向以真言輪置在心

中然用水牛毛馬毛緊縛彼形復以三種毒藥塗之作法者想彼二人一乘水牛一乘馬互相馳殺如是想已用佉祢囉木火炙彼形誦真言阿喻多數以彼形藏在舍下或屍多林中即彼二人互為冤酬用此儀法欲界天等尚得如斯何況凡人

復次禁縛凶惡之法用毒藥芥子雌黃黃薑汁赤土同和於樺皮上書禁縛真言輪以輪安一椀中用灰覆滿復用一椀蓋之藏在密處誦真言阿喻多數彼人即得禁縛

復次發遣冤家法用赤色毒藥寧訖(身切)摩木汁合和為墨以烏翅為筆於死屍衣上或波羅舍木葉等書發遣真言作如意輪即自誦真言阿喻多數以輪繫於烏項上於西北方放之或南方亦得經剎那中間冤家自退

復次破壞冤家法用毒藥鹽芥子及自指上血合和一處以人骨為筆於死屍衣上或髑髏上書真言輪復用燒人灰及骨粖淨土冤家足下土并毒藥合和為泥作冤家形以真言輪

置彼形心中就日中時用佉祢囉木火炙其形即自面南想頭指上有三猪頭黑色仍誦真言阿喻多數復想冤形於自面前破碎無數有百千鷲鳥及烏鵶等食彼冤家如是想已以形藏冤家舍下或屍多林中於三日內冤家命終

復次求降雨之法如前儀則先觀想毗盧遮那佛次想如意寶輪上一切賢聖手持甘露瓶如奉師敕盡日呪龍即入三昧龍即降雨

復次求降雨法用供俱摩香白檀青黛於樺皮上書真言輪復取打瓦輪上土作龍形以青線繫真言輪於龍項上用乳汁一椀安龍在內復用一椀合之以金剛印印彼仍誦真言阿喻多數即送龍於龍堂內其雨大降

復次求降雨法用毒藥等於死屍衣上或破瓦瓶上書真言輪於輪心書唵吒二字輪東輻上畫阿難多大龍王南輻上畫縛酥枳龍王西輻上畫德义迦龍王北輻上畫羯句吒迦龍王東南輻上畫商佉羅龍王西南輻

上畫大蓮華龍王西北輻上畫蓮華龍王東北輻上畫俱里迦龍王於輪輞上畫一切降雨龍及書降雨真言如是復作觀想想佉祢囉木火中有摩里支菩薩作忿怒相想已即誦真言阿喻多數速降大雨若雨不止用金粖雌黃及黃薑合和於瓦椀上書真言以灰滿覆其椀用黃線繫於椀上以黃花供養即誦真言阿喻多數其雨速止

復次禁冤家法用毒藥等於死屍衣上書摩細菩薩真言及根本真言藏在密處即誦真言阿喻多數隨意經行一切冤家自然禁止

復次禁止冤兵不令侵境法若國王信重佛法恭敬阿闍梨作此壇法決定不侵用雌黃黃薑汁於死屍衣上書摩細菩薩真言及逆主名為如意寶輪取河兩岸土十字道中土或山上土燒人灰同和為泥作冤兵主形用真言輪置彼形心中復用泥作一猪形猪口之內含冤兵主足身體半垂都安在一椀中復用一椀合之將

往冤兵之界地內埋藏以佉祢囉木橛長八指釘冤形之上用飲食酒肉出生祭祀時阿闍梨懸摩里支幪像於幪後面隨意書眞言安在幢幡上發忿怒相如金剛明王即誦眞言阿喻多數乘象車往彼軍前冤兵如索繫手足無所施勇怖而自退

復次息災法先隨意出生食一切處供養然自心作觀想前如意寶輪一切賢聖擁護世人即依法請召已用甘露水供養即誦此眞言

唵引佉佉呬佉呬誐里二合恨曩二合誐里二合恨撥二合觀薩里縛二合部帝迦嚩隸摩摩扇帝孕二合俱里縛二合觀娑嚩二合引賀

誦此眞言已自他俱得息災

復次久雨不止祈晴之法令持誦者而作觀想想摩里支菩薩作黑煙色腹大面惡忿怒瞻顧復想眞言輪在菩薩心間如大劫火樹木乾枯如是想已即出舌舐食晌息之間天自晴朗

復次禁縛法用雌黃薑汁赤土和

合一處於銅器內畫彼人形復於心上書禁縛眞言輪於隱密之處安置水中以黃色花而爲供養即誦眞言所有來者往者冤惡之人皆能禁縛

復次令冤家心得迷亂法如前如意輪上書迷亂眞言等用人小便處土及蔓多羅木汁和合爲冤家形以眞言輪置彼形心中用屍多林火炙彼形誦眞言阿喻多數即藏彼形於冤家舍下速得迷亂或以蔓多羅子入於肉內安在水中浸七日取出與冤家喫或將和酒或用燒香俱得迷亂若要却除迷亂用乳汁洗浴自身誦眞言阿喻多數即得息災還復如故

復次若有女人夫所耽著欲令嫌棄法用拏心切摩花汁如無此花汁用毒藥自指頭上血同合和於死屍衣上書眞言及其夫名如前作輪用悉祖木汁搵過以棗木火炙即誦眞言阿喻多數以眞言輪埋於門下其夫即生憎嫌而無耽著

復次女人欲令人愛敬法用牛黃吉祥樹葉汁及人血於樺皮上同書眞

言輪及書自名誦眞言阿喻多數加持彼輪戴在頸上即得人所敬愛

如是摩里支菩薩眞言等若阿闍梨依法受持恒時持誦所求之事無不成就所謂聖劒眼藥革屣丸藥降伏夜叉女天女龍女阿修羅女緊曩羅女等悉皆隨順敬愛和合彼持明者以眞言威德如摩里支菩薩神通威力所有天龍夜叉乾闥婆羯吒布單曩毗舍左羅叉母鬼拏枳你鬼烏娑多囉迦餓鬼身鬼迷鬼大曜吠多拏嚕左迦及僕從諸惡鬼等懷惡心者彼持明者影尚不能侵何況害其身是故持明阿闍梨能獲清淨大福能增長廣大吉祥能消除一切重罪能成就本尊三昧當證毗盧法身摩里支經汝等宜應信受讀誦

復次息災增益等法起首之時各有時分作息災之法用早辰增益之法亦用早辰降伏之法用日中敬愛之法用夜半如是四法色相各異息災之法所用器物及持明者衣服並用白色增益之法所用器物及阿闍梨

衣服並用黃色敬愛之法所用器物
及阿闍梨衣服並用紅色降伏之法
所用器物及阿闍梨衣服並用黑色
如前所說如意寶輪書寫眞言應用
作法有二十二種求一切事皆悉眞
實無不成就彼阿闍梨依此軌儀通
達祕密此眞言王殊勝第一
正心歸命禮　摩里支菩薩　毗盧遮那佛
所說成就法　依此勝軌儀　慈悲復為說
我等如得聞　永離諸嶮難
復次若有於曼拏羅得受灌頂弟子
乘自師教持本三昧發清淨心求無
上道救度一切衆生者而作是法先
誦此眞言
唵(引)吽發吒
誦眞言已手作忿怒拳安心上頭上
額上頂上即以水漱口入賢聖堂展
摩里支菩薩懺誦辟魔眞言加持香
水眞言曰
唵(引)摩(引)里支(引)吽薩里縛(二合)尾近
喃(二合引)努蹉(引)那野娑縛(二合引)賀
誦眞言已即作觀想想自心中有阿
字變成月輪有盎字變成日輪其日

月相如融金之色復出羯磨光明其
光變成正等正覺天人師即自作禮
獻諸供養而誦眞言
唵(引)摩(引)里支(引)婆訖旦(二合)鉢囉(二合)
底蹉娑嚩(二合引)賀(引)
誦此眞言獻佛飲食
唵(引)摩(引)里支(引)補瑟半(二合)鉢囉(二合)底
蹉娑嚩(二合引)賀
誦此眞言獻佛花
唵(引)摩(引)里支(引)度半鉢囉(二合)底蹉
娑嚩(二合引)賀(引)
誦此眞言獻佛香
唵(引)摩(引)里支(引)祢半鉢囉(二合)底蹉娑
嚩(二合引)賀(引)
誦此眞言獻佛燈
唵(引)摩(引)里支(引)㘕馱鉢囉(二合)底蹉婆
嚩(二合引)賀(引)
誦此眞言獻佛塗香
唵(引)摩(引)里支(引)娑嚩(二合引)賀(引)
誦此眞言加持閼伽水如是一一供
獻若無力辦此飲食等供養者即觀
想飲食等一一供獻如是歸依佛法
僧三寶眞淨福田懺悔一切罪障已

所有隨喜諸善功德發願迴向曰
我發菩提心　所作諸功德　迴向於眞如
周徧於法界　一切諸衆生　同霑於利樂
普發無上心　俱成正等覺
如是誦偈三徧已即入三昧思惟一
切諸法而無有我作是觀已即誦無
我眞言
唵(引)輸你也(二合)多(引)惹拏(二合)曩嚩囉
(二合引)娑嚩(二合)婆(引)嚩(引)怛摩(二合)俱憾
誦眞言已復入三昧觀微妙字如幻
如化無其實性次觀三界六道九
有四生色等五塵內外四大唯從緣
生都無實體一切性空不離識故如
是觀已所有過現業障悉皆除滅即
誦三業清淨眞言
唵(引)娑嚩(二合)婆(引)嚩秫馱(引)薩里嚩
(二合)達里摩(二合)娑嚩(二合)婆(引)嚩秫度(引)憾
誦此眞言三徧即入三昧復想如意
寶輪上唵字變成毗盧遮那佛於蓮
華藏師子座上作金剛結跏趺坐身
作金色結毗盧印為入定相鬘髻頭
冠具一切莊嚴彼佛心上有其月輪
輪有第五第六微妙梵字具第一第

二音體如法界復於微妙字上有其日月如檀金色一切如來受持此字復能變化成五股金剛杵名如來族彼金剛杵以神通力入毗盧遮那身中而自宣說曼拏羅法此壇四方作四門樓下有八柱眞珠瓔珞以爲莊嚴於壇四角安其寶月月有半金剛曼拏羅中安八重金剛杵一一殊妙復以金剛周圍一帀放大光明如天秋月即誦安菩薩眞言

唵引阿里迦二合摩細娑嚩引二合賀

於東方安此菩薩身作紅色如童女相著青天衣一切莊嚴手持針線縫寃家口眼復誦安菩薩眞言

唵引摩里迦二合摩細娑嚩引二合賀引

於南方安此菩薩身作金色如童女相著青天衣一切莊嚴左手持無憂樹枝右手持針線復誦安菩薩眞言

唵引桉多里馱二合曩摩細娑嚩引二合賀

於西方安此菩薩身作黃色如童女相著青天衣一切莊嚴右手持無憂樹枝左手執羂索復誦安菩薩眞言

唵引帝引祖摩細娑嚩引二合賀

於北方安此菩薩身如日初出之色如童女相著青天衣一切莊嚴手執弓箭此四菩薩如是安任

佛說大摩里支菩薩經卷第六

乙巳歲高麗國大藏都監奉
勑雕造

佛說大摩里支菩薩經卷第六

校勘記

一　底本，麗藏本。

一　二六七頁中二行「志誠」，磧、普作「至誠」。

一　二六七頁中二〇行「無優」，資、磧、普、南、徑、清作「無憂」。下同。

一　二六七頁下五行「仰面」，資、磧、普作「仰而」；南、徑、清作「印而」。

一　二六七頁下一八行第三字「依」，南無。

一　二六八頁上六行「寃酬」，徑、清作「寃讎」。

一　二六八頁中九行第一二字「上」，南、徑、清作「王」。

一　二六八頁下一〇行第二字「雨」，磧、普作「疾」。

一　二六九頁上一九行第九字「復」，資、磧、普、南、徑、清無。

一　二六九頁下二行「敬愛」，徑作「愛敬」。

一二六九頁下二〇行「日中」，資、磧、普、南作「卧中」。

一二七〇頁上二二行「即作」，石作「即自」。

一二七〇頁中一行「金之色」，資、磧、普、南、徑、清作「金光色」。

一二七〇頁下四行「正等覺」，資、磧、普、南、徑、清作「正覺等」。

一二七〇頁下六行「諸法」，磧、普作「説法」。

一二七〇頁下一三行第二字「都」，石作「覩」。

一二七一頁上二〇行末三字至次行首字「如童女相」，諸本無。

佛說大摩里支菩薩經卷第七　伕
西天譯經三藏朝散大夫試鴻臚少卿明教大師臣天息災奉　詔譯
復次於曼拏羅四角安四菩薩東南
角安唵引烏那野摩細娑嚩二合引賀
菩薩
西南角安唵引虞羅摩二合摩細娑嚩
二合引賀菩薩
西北角安唵引嚩曩摩細娑嚩二合引賀
菩薩
東北角安唵引支嚩囉摩細娑嚩二合引
賀菩薩
如是菩薩各有三面一是豬面各乘
其豬色相莊嚴所執幖幟而無有別
復於外曼拏羅有四門安門有一菩
薩彼四菩薩眞言曰
唵引阿引路引娑嚩二合引賀
此是東門菩薩身白色
唵引多引路引娑嚩二合引賀
此是南門菩薩身黃色
唵引迦引路引娑嚩二合引賀
此是西門菩薩身赤色
唵引薩撻路引三摩母里馱二合致娑
嚩二合引賀
此是北門菩薩身綠色各有二臂守
護曼拏羅又於四角亦有四菩薩東
南角安金剛鉤菩薩眞言
唵引嚩多引隷娑嚩二合引賀
此菩薩如童女相作紅色一切莊嚴
亦有一豬面三目手持針線西南角
安金剛索菩薩眞言曰
唵引嚩那引隷娑嚩二合引賀
此菩薩亦如童女相身金色一切莊
嚴左手持無憂樹枝右手持針線能
斷一切惡者西北角安金剛鏁菩薩
眞言曰
唵引嚩囉引隷娑嚩二合引賀
此菩薩亦童女相身白色一切莊嚴
右手持無憂樹枝左手持羂索能成
就一切事東北角安金剛鈴菩薩眞
言曰
唵引嚩囉引賀目契娑嚩二合引賀
此菩薩亦童女相身紅色一切莊嚴
手持弓箭能作一切衆生敬愛此等
菩薩各具三面一是豬面各具二眼
乘豬而立如舞蹈相復次外曼拏羅
四方四隅各有一菩薩而守護之東方
菩薩眞言曰
唵引摩賀支嚩囉摩細娑嚩二合引賀
如是菩薩如童女相身色如雲乘豬
有三面各三目一作豬面二臂右手持
金剛鉤左手持金剛索口出利牙見
者恐怖東南方菩薩眞言曰
唵引嚩囉賀目契
如是菩薩色相幖幟悉同東方菩薩
南方菩薩眞言曰
唵引播那引訖囉二合摩細娑嚩二合引賀
如是菩薩亦如童女相身黃色一切
莊嚴三面各三目一豬面二臂左手
持金剛杵右手持無憂樹枝西南方
菩薩眞言曰
唵引嚩囉羅娑嚩二合引賀
如是菩薩身相幖幟悉同南方菩薩
西方菩薩眞言曰
唵引摩波囉訖囉二合摩細娑嚩二合引賀
如是菩薩亦如童女相身黃色三面
一豬面二臂手持弓箭西北方菩薩
眞言曰
唵引嚩那羅娑嚩二合引賀

如是菩薩身相標幟悉同西方菩薩
北方菩薩真言曰
唵引烏里摩二合摩細娑縛引二合賀
如是菩薩亦如童女相身綠色一切
莊嚴著青天衣手持針線東北方菩
薩真言曰
唵引縛囉引隷娑縛引二合賀
如是菩薩身相標幟悉同北方菩薩
此八大菩薩各有一豬面群豬圍繞
身相相似具大勢力擁護曼拏羅能
施成就法若持誦者依儀作觀而欲
所求皆得圓滿復想曼拏羅出一切
光明其光微妙入金剛杵內變成摩
里支菩薩身如閻浮檀金色放大光
明著青天衣頂戴寶塔足乘大豬六
臂三面正面金色端嚴微笑左面豬
相黑色醜惡口現利牙出舌顰眉作
大忿怒見者怕怖右面白色如天秋
月左手持弓線無憂樹枝右手持箭
針金剛杵如是想已曼拏羅中一切
賢聖依位擁護禁縛惡者不令得便
安住衆生皆獲快樂即時阿闍梨結
金剛鉤印誦真言請召賢聖此印以

二頭指背相鉤二小指亦背相鉤手
背緊相著豎印當胸誦此真言
嗡吽鍐斛引鉢囉二合縛里多二合野
請召賢聖已獻閼伽水以手捧掬即
誦此真言
唵引摩引里支引阿里建二合鉢囉二合底
蹉娑縛引二合賀
次誦動樂真言
唵引摩引里支引縛你焰二合鉢囉二合
底蹉娑嚩引二合賀
復結摩里支印誦此真言
唵引摩引里支引曀呬曳引二合呬尾迦
悉多引誐里引二合拏引迦里沙二合曳引
誦此真言已即結曼拏羅三昧印以
二手合掌指頭少開以二大指捻中
指如環相結跏趺坐安印臍上誦此
真言
唵引摩引里支引阿怛囉一合散你呬覩
弥引娑縛阿努囉訖多引二合弥娑縛酥
覩引瑟喻一合弥引娑縛酥布瑟喻二合
弥引娑縛薩里嚩二合悉地弥引鉢囉
二合野蹉
誦此真言時以前印復安心上頭上

額上頂上即時受灌頂用結此印以
二大指屈入掌中指頭相對以二中
指按其上餘指如金剛合掌安自頂
上觀想毗盧遮那佛身真金色結毗
盧印如在頂上誦此真言
唵引僕欠阿鼻詵左稔引
復以二手作金剛縛以二中指相合
豎直此名金剛波羅蜜印誦此真言
唵引嚩囉二合薩怛嚩二合吽
復以二中指微曲如寶形此名寶波
羅蜜印誦此真言
唵引嚩囉二合囉怛曩二合怛覽二合
復以二中指作如蓮華葉相此名法
波羅蜜印誦此真言
唵引嚩囉二合達里摩二合呬里二合
復以二中指相纏二大指亦尒此名
羯磨波羅蜜印誦此真言
唵引嚩囉二合羯里摩二合惡
誦此真言已阿闍梨言我今灌頂如
是以印安額上頂後右耳左耳次誦
阿閦佛真言作觸地印寶生佛真言
作施願印無量光佛真言作入定印
不空成就佛真言作無畏印復誦忿

怒真言

唵(引)捺囉(二合)

以二手各作金剛拳令頭指少屈安心上項上復胷上額上如繫花鬘以為擁護復用二手兩邊彈指即拍掌作歡喜相誦此歡喜真言

唵(引)嚩囉(二合)覩瑟也(二合)斛

復想阿字變成月輪輪有惡字變成羯磨金剛杵即結羯磨印誦此真言

唵(引)嚩囉(二合)薩怛嚩(二合)僧誐囉(二合)賀嚩囉(二合)囉怛曩(二合)摩努多覽嚩囉(二合)達里摩(二合)誐野乃嚩囉(二合)羯里摩(二合)迦嚕婆嚩

以二手作金剛拳誦金剛嬉戲真言

唵(引)嚩囉(二合)羅(引)細(引)吽唵(引)嚩囉(二合)摩(引)羅吽

唵(引)嚩囉(二合)詣帝(引)吽唵嚩囉(二合)涅里(二合)帝曳(二合)吽

唵(引)嚩囉(二合)補瑟閉(二合引)吽唵嚩囉(二合)度閉(引)吽

唵(引)嚩囉(二合)祢閉吽唵(引)嚩囉(二合)巘弟(引)吽

復誦內外供養真言

唵(引)阿迦(引)嚕(引)目欠薩里嚩(二合)達里摩(二合引)拏(引)阿(引)你也(二合引)努怛半(二合)曩怛嚩(二合引)

復作觀想想自心上出一月輪輪上有真言如花鬘相各有光明如輪內然燈及曼拏羅一切賢聖皆有光明如是想已即作持誦獻閼伽水誦閼伽真言獻飲食等五種供養誦本真言如是訖已左手執鈴誦鈴真言

唵(引)嚩囉(二合)建致囉拏多鉢囉(二合)拏多三鉢囉(二合引)囉拏多沒馱刹怛囉(二合)鉢囉(二合)左(引)里你(引)鉢囉(二合)惹拏(二合)播(引)囉弥多曩(引)那婆嚩(二合)娑(引)吠(引)嚩囉(二合)馱囉訖里(二合)那野(引)嚩覩(引)灑尼吽吽吽

誦此真言已復用右手擲金剛杵誦此真言

唵(引)薩里嚩(二合)怛他(引)誐多悉地嚩囉(二合)三摩野底瑟姹(二合)曀沙怛鑁(二合)馱(引)囉野(引)弥底吅吅吅吅吽

復誦讚歎五如來真言曰

阿芻毗也(二合)嚩囉(二合)摩賀(引)惹拏(二合)

曩嚩囉(二合)馱覩摩賀(引)沒馱怛里(合)曼拏羅怛里(二合)嚩囉(二合)誐囉也(三合)具(引)沙嚩囉(二合)曩謨(引)娑覩(二合)帝

吠嚕左曩摩賀(引)秫馱嚩囉(二合)扇(引)多摩賀囉帝(引)鉢囉(二合)訖里(二合)底鉢囉(二合)娑(引)娑嚩(二合)囉達里摩(二合引)祢(引)舍嚩囉(二合)曩謨娑覩(二合)帝

囉怛曩(二合)囉(引)惹酥儗鼻里也(二合)佉嚩囉(二合引)迦舍酥你里摩(二合)囉娑嚩(二合)婆(引)嚩秫馱你里隸(二合引)波婆(引)沙玉吅也(二合)曩謨(引)娑覩(二合)帝

嚩囉(二合)弥多摩賀(引)囉(引)惹你里嚩(二合)羯羅波(二合)佉嚩日里(二合)尾囉(引)誐播(引)囉弥多(引)鉢囉(二合)鉢多(二合)娑沙嚩囉(二合)曩謨(引)娑覩(二合)帝

阿目佉嚩囉(二合)僧沒馱薩里嚩(二合引)舍(引)波里布囉迦秫馱娑嚩(二合)娑(引)嚩三部多嚩囉(二合)薩怛嚩(二合)曩謨(引)娑覩(二合)帝

誦讚佛已其阿闍梨發勇猛心如彼本尊所有飲食洗浴坐具卧具及於經行一切之事皆依本尊祕密修習從早辰日中日沒如是三時持誦並

結印相作供養已復作觀想至第四時亦如是供養即以此善所作功德迴向實際及衆生界隨意所求無不成就即誦發遣眞言

唵引訖里二合覩引縛薩里嚩二合薩怛嚩二合引囉他二合悉地那怛嚩二合引野他引努誐引誐蹉特鍐二合没馱尾沙焰布曩引囉引誐摩曩引野左

作發遣印於自頂上散其印復誦此眞言

唵引摩引里支引曰

次誦百字眞言作自擁護身口意眞言曰

唵引縛曰囉二合薩怛縛二合三摩野摩努波引羅野縛曰囉二合薩怛縛二合怛吠二合引努波底瑟姹二合涅里二合跓引弥引婆縛酥覩瑟喻二合引弥引婆縛阿努囉訖覩二合引弥引婆縛酥布引瑟喻二合引弥引婆縛薩里縛二合悉地弥鉢囉二合野蹉薩里縛二合羯里摩二合酥左弥引唧多室里二合熘俱嚕吽賀賀賀賀斛引婆誐鍐薩里縛二合怛他引誐多縛曰囉二合摩引弥引門左縛日里二合婆縛摩賀引

三摩野薩怛嚩二合惡

如是持誦依法軌儀所欲所求一切成就

復有成就法依前幰像儀則一一觀想已復想自心之上有一月輪輪上有弟十二微妙梵字於字頭上有日月二曜出種種光明其光變成天人師即獻供養復想一切之法而無有我誦此眞言

唵引娑嚩二合婆引嚩秫弟

誦眞言已復入三昧唯有清淨寶性眞空之如心境寘合離諸分別復觀前梵字變成無憂樹於此樹上有甘露瓶瓶有鉿字化成摩里支菩薩依此相儀觀想自身亦成摩里支菩薩深黄色亦如閻浮檀金色或如日初出之色頂戴寶塔著紅天衣耳環腕釧寶帶瓔珞種種莊嚴八臂三面三目脣如曼度迦花色放大光明於寶塔内有毗盧遮那佛戴無憂花鬘左手持羂索弓無憂樹花枝及線右手持金剛杵針鉤箭正面善相微笑深黄色或檀金色眼相脩長脣如朱色

作大勇猛相左面豬容忿怒醜惡利牙外現出舌顰眉令人怕怖右面深紅如蓮花寶色出最上光明慈顏和悅如童女相手作毗盧印乘彼豬車立如舞蹈勢菩薩下復有風輪輪有賀字此字變成羅睺大曜如日月蝕作觀想時晝對日夜對月彼毗盧佛有四菩薩四方圍繞東方菩薩眞言曰

唵引摩引里支引嚩多引隸嚩那引隸嚩囉引隸嚩囉引賀引賀目契阿迦里沙二合野嗡娑嚩二合賀

如是此菩薩紅色著紅天衣三面一豬面各三目四臂左手持羂索無憂樹枝右手持針金剛鈎意欲降伏皆得成就南方菩薩眞言曰

唵引摩引里支引嚩多引隸嚩那引隸嚩囉引隸嚩囉引賀目契薩里嚩二合努瑟吒二合喃引目欠滿馱滿馱吽娑嚩二合引賀

如是此菩薩身作黄色著黄天衣左手持羂索金剛杵右手持無憂樹枝及針縫惡者口眼西方菩薩眞言曰

唵引摩引里支引縛多引隷嚩那引隷
嚩囉引賀目契薩里縛二合努瑟吒二合喃
引娑旦二合婆野鎩娑縛二合引賀
如是此菩薩衣服身色如前不異右
手持金剛杵及針左手持無憂樹枝
及羂索能禁縛一切惡者北方菩薩
眞言曰
唵引摩引里支引縛多引隷嚩那引隷
嚩囉引隷嚩囉引賀目契薩里縛二合薩
怛鎩二合引弥引嚩舍摩引曩野斛引娑
嚩二合引賀
如是此菩薩衣色如先身如初日之
色右手持箭及金剛杵左手持無憂
樹枝及弓敬愛一切衆生彼阿闍梨
應如是觀想彼四大菩薩智慧神力
難可度量於曼拏羅請召時用金剛
鉤印及本眞言如前儀則諸持誦阿
闍梨若依摩里支成就法行精進修
習勇猛不退而無缺犯如是衆生令
得菩薩清淨大智

佛說大摩里支菩薩經卷第七

乙巳歲高麗國大藏都監奉
勅雕造

佛說大摩里支菩薩經卷第七

校勘記

一　底本，麗藏本。
一　二七三頁中四行「眞言」，資、磧、普、南、徑作「真言曰」。
一　二七三頁中一二行首字「斷」，諸本作「迷」。
一　二七三頁中二二行「二眼」，諸本作「三眼」。
一　二七四頁上一四行第一二字「放」，資、磧、普、南、徑作「於」。
一　二七四頁下七行第八字「縛」，南、徑、清作「嚩」。
一　二七五頁上四行「心上項上」，諸本作「心上項上復心上項上」。
一　二七五頁中六行「有眞言」，資、磧、普、南、徑、清作「有其真言」。
一　二七五頁中一〇行「訖已」，資、磧、普、南、徑、清作「説已」。又「手執」，徑、清作「手持」。
一　二七五頁中一七行第一〇字「擲」，徑作「執」。
一　二七六頁中六行第一〇字「字」，南作「自」。
一　二七六頁中一三行第九字「於」，資、磧、普、南、徑、清作「枝」。
一　二七六頁中一八行「莊嚴」，石作「花嚴」。
一　二七六頁下一六行末字「曰」，南無。

大宋新譯三藏聖教序　伏
御製
大矣哉我佛之教也化導群迷闡揚宗性廣博宏辯英彥莫能究其旨精微妙說庸愚豈可度其源義理幽玄眞空莫測包括萬象譬喻無垠綜法網之紀綱演無際之正教拔四生於苦海譯三藏之祕言天地變化乎陰陽日月盈虧乎寒暑大則說諸善惡細則比於恒沙含識萬端弗可盡述若窺像法如影隨形離六情以長存歷千劫而可久須彌納藏於芥子如來坦蕩於無邊達磨西來法傳東土宣揚妙理順從指歸彼岸菩提愛河生滅用行於五濁惡趣拯溺於三業途中經垂世以難窮道無私而永泰雪山貝葉若銀臺之耀日歲月煙蘿起香界之自遠巍巍罕測杳杳難名所以道資十聖德被三賢至道起於乾元衆妙生乎太易物繁形類竅鑿昏明絕彼是非開茲蒙昧有西域法師天息災等常持四忍早悟三乘翻貝葉之眞詮續人天之聖教芳猷重啓運偶昌時潤五聲於文章暢四始於風律堂堂容止穆穆輝華曠劫而昏蟄重明玄門昭顯軌範而彌光妙法淨界騰音利益有情俱登覺岸無成障凝救諸疲羸冥昧慈悲浩汗物表柔伏貪倶啓滌昏愚演小乘聲聞合其儀論大乘正覺立其性含靈悟而蒙福藏教缺而重興幻化迷途火宅深喻雖設其教不知者多善念生而無量潛臻惡業興而隨緣皆墮調御四衆積行十方澍花雨於金輪護恒沙於王關有頂之風不可壞無際之水弗能漂澄寂湛然圓明清淨之智慧性空無染妄想解脫之因緣可以離煩惱於心田可以得清涼於宇宙朕慙非博學釋典徵闡豈堪序文以示來者如麋螢爝火不足比之於皎日將微蠡量海未能窮盡於深淵者哉

聖無能勝金剛火陀羅尼經
西天譯經三藏朝散大夫試鴻臚少卿傳教大師臣法賢奉　詔譯

如是我聞一時佛在妙高山寶峯樓

閣之中以種種金寶而用莊嚴出無數光周帀照曜於諸山巖復有栴檀沉水塗香抹香種種名花及諸寶蓋鈴鐸如是嚴飾

尒時有天龍夜叉阿修羅乾闥婆迦樓羅緊那羅摩睺羅伽及持明仙部多頻那夜迦毗舍左有形無形末怛里衆等來集會坐可徧五百由旬復有菩薩摩訶薩七千五百人苾芻衆一萬二千五百人倶來會坐而爲聽法

尒時會中天龍夜叉阿修羅乾闥婆迦樓羅緊那羅摩睺羅伽及持明仙衆部多頻那夜迦毗舍左有形無形末怛里衆等高聲唱言苦哉苦哉時釋迦牟尼如來應正等覺而復問言汝等云何高聲唱言怖畏苦惱彼衆等白言世尊我被大力聖者恐怖降伏而今來此唯願慈悲特垂救護世尊告言今此一切最上廣大曼拏羅中有菩薩摩訶薩得大地補處當紹灌頂法王之位而能覺悟善惡諸業當爲安慰汝之心意說是語已剎那

之間有菩薩摩訶薩名金剛手如金剛山放金色光普照世界頂戴寶冠面如滿月手執金剛棒金剛撅金剛羂索具大福力能破諸惡領五千金剛族而為眷屬其名曰金剛難拏大將金剛嚩囉誐囉婆大將金剛嚩囉計都大將金剛嚩囉嚩婆娑大將金剛你攞嚩囉大將金剛囉怛曩嚩囉大將金剛王四也嚩囉大將金剛作訖囉嚩囉大將金剛摩訶嚩囉難拏主金剛護世明王及金剛魔金剛頻那夜迦金剛曜童子金剛烏娑多羅迦金剛大惡等俱來集會大曼拏羅中放清淨光照曜一切能令眾生心懷歡喜時金剛手菩薩偏袒右肩頂禮佛足右遶三帀合掌住立

尒時世尊敕金剛手菩薩言今此會中有天龍夜叉阿修羅及諸部多之類高聲唱言怖畏苦惱汝為安慰令彼快樂於是金剛手菩薩即從座起於天龍阿修羅等部多眾前入三摩地名最上金剛器仗光明燈發大神通令三千大千世界雷電閃電如大

火焰是諸眾生見是事已即除苦惱怕怖復有恒河沙數眾生見是事已發清淨梵行持戒忍辱心一切財寶施金剛手菩薩皆願隨從聽受妙法是時金剛手菩薩即為天龍夜叉之眾說四諦緣生三摩地門十波羅蜜及本金剛族大曼拏羅儀則之法所有梵王天大自在天嚩嚕拏俱尸羅摩嚕多誐嚕拏那羅延天焰摩天帝釋天而得成就者阿修羅乾闥婆而得成就者乃至諸惡部多大羅叉等難調伏者而能調伏懷惡心者而發善心懷邪見者而得正見懷瞋恚者而起慈悲懷愚暗者而能明了先具強力者而失強力先能隱身者而不能隱他真言能自禁斷自真言能求圓滿住曼拏羅中覺悟調伏當如是等

尒時佛敕金剛手菩薩汝為宣說無能勝金剛火大陀羅尼令彼受持金剛手菩薩即以此陀羅尼真實威德之力放大光明照彼天人阿修羅等一切賢聖大會之眾復以陀羅尼力

故而令日月星宿光明不現大海涌沸妙高山王悉皆震動

尒時大光焰藏金寶峯中有金剛手童女變化自身如大熾焰即往虛空至大力菩薩摩訶薩前右繞三帀歸命頂禮住立一面告彼眾曰金剛手菩薩說如來三摩地心汝等當宜各捨金剛器仗等求此大陀羅尼法時世界主大梵王天人阿修羅等俱發聲言如菩薩敕我今奉行於是大自在天捨三股叉那羅延天捨輪焰摩天捨杖俱尾囉天捨棒帝釋天捨金剛杵摩嚕拏天捨羂索天魔捨其障難阿修羅捨其威力摩嚕多捨其迷著毋鬼眾離於散亂龍神眾離於恚毒夜叉羅剎緊那羅毗舍左部多沒囉賀摩羅剎娑鳩槃荼等皆去威力於菩薩前一心恭敬金剛手即說陀羅尼曰

曩謨(引)囉怛曩(二合)怛囉(二合)夜(引)野曩摩室戰(二合)拏嚩囉(二合)播(引)拏曳(引)摩賀(引)藥乞叉(二合)細(引)曩(引)鉢哆曳(引)怛你也(二合)他(引)怛他(引)誐多三摩(引)

地馱囉尼末(引)嚩里多(二合)以瑟也(二合引)
弥曀唎嚩日里(二合)俱胝羅俱胝播(引)
嚩迦俱羅尸契迦閉羅計尸怛致左
致祖(引)致謨(引)吒你迦里迦(二合)致母
致嚩致嚩日里(引二合)尼祢愈(二合)路
隸母俱母俱酥母酥母娑囉娑囉娑
普(二合)吒娑普(二合)吒娑普(二合)吒娑普(二合)
吒烏你愈(二合)帝(引)賓誐隸左致尼左
致入嚩(二合)羅賓誐隸薩里嚩(二合)祢嚩
誐拏鉢囉(二合)賀囉拏摩(引)野(引)悉
地捺(引)以計酥嚨嚕(引)嚩曩羅(二合)具(引)
尼(引)涅里(二合)荼娑囉鉢囉(二合)賀囉
尼囉怛曩(二合)怛囉(二合)野(引)祢迦羅部
帝(引)嚩曩羅(二合)馱囉尾溼嚩(二合引)娑你
迦(引)鉢囉(二合)賀哆鉢囉(二合)摩里那(二合)
你娑嚩(引二合)賀

若此陁羅尼有人聞已一心讀誦憶念受持是人得入一切世間出世間曼拏羅三昧若人隨喜恭敬是人不爲禁呪諸毒及一切恐怖之所惱害介時佛敕金剛手菩薩說大陁羅尼時欲色諸天一切天子於空界中雨種種殊妙香花而用供養復以微妙梵

音謌詠讚歎時大曼拏羅會一切聖賢苾芻衆等并大菩薩摩訶薩皆大歡喜信受奉行

聖無能勝金剛火陁羅尼經

乙巳歲高麗國大藏都監奉
勑雕造

聖無能勝金剛火陀羅尼經

校勘記

一　底本，麗藏本。

一　二七八頁上一行至本頁中二〇行序文，諸本無。

一　二七八頁中二二行譯者，資、磧、普、南作「西天譯經三藏朝散大夫試鴻臚少卿明教大師臣法天奉詔譯」；徑、清作「宋西天三藏朝散大夫試鴻臚少卿傳教大師法天奉詔譯」。

一　二七八頁下七行末二字至次行首字「末怛里」，徑、清作「未怛里」。

一　二七九頁上九行「金剛玉」，徑、清作「金剛王」一五行同。

一　二七九頁下一七行「皆去」，普、徑作「皆云」。

一　二八〇頁上二一行第一〇字「説」，資、磧、普、南、徑無。

一　二八〇頁中末行經名，石作「聖無能勝金剛火陁羅尼經一卷」。

大宋新譯三藏聖教序

御製

大矣哉我佛之教也化導羣迷闡揚宗性廣博宏辯英彥莫能究其肯精微妙説庸愚豈可度其源義理幽玄真空莫測苞括萬象譬喻無垠綜法網之紀綱演無際之正教拔四生於苦海譯三藏之祕言天地變化乎陰陽日月盈虧乎寒暑大則説諸善惡細則比於恒沙含識萬端非可盡述若窺像法如影隨形離六情以長存歷千劫而可久須弥納芥於芥子如來坦蕩於無邊達磨西來法傳東土宣揚妙理順從指歸彼岸菩提愛河生滅用行於五濁惡趣拯溺於三業遠中經垂世以難窮道無私而永泰雪山貝葉若銀臺之耀日歲月煙蘿起香界之自遠巍巍罕測杳杳難名所以道資十聖德被三賢至道起於乾元衆妙生乎太易總繁形類窮鑿昏明絶彼是非開茲蒙昧有西域法師天息災等常持四忍早悟三乘勸貝葉之真詮續人天之聖教芳猷重啓運偶昌時潤五聲於文章暢四始於風律堂堂容止穆穆輝華曠劫而昏墊重明玄門昭顯軌範而弥光妙法淨界騰音利益有情俱登覺岸無成障礙救諸疲羸冥昧慈悲浩汗物表柔伏貪很(狠)潛游小乘聲聞合其儀論大乘正覺立其性含靈悟而蒙福藏教欽而重興幻化迷途火宅深喻雖設其教不知者多善念生而無量消殄惡業興而隨緣皆墮調御四衆積行十方澍花雨於金輪護恒沙於玉關有頂之風不可壞無際之水弗能漂澄寂湛然圓明清淨之智慧性空無染妄想解脫之因緣可以離煩惱於心田可以得清涼於宇宙朕憋非博學釋典微聞豈堪序文以示來者如爝螢爝火不足比之於皎日將微蠡量海未能窮盡於深淵者哉

佛説聖莊嚴陀羅尼經卷上

西天譯經三藏朝散大夫試鴻臚少卿傳法大師臣施護奉　詔譯

如是我聞一時世尊在迦毗羅城無

憂樹園與阿難陀等大比丘衆及慈氏菩薩摩訶薩俱會一處是時復有天衆龍衆夜叉衆羅刹衆阿修羅衆迦樓羅衆乾闥婆衆緊曩羅衆毗舍遮衆畢哩多衆鳩槃茶衆布單曩衆執魅衆二十八大藥叉軍主衆四大藥叉軍主衆一切星曜衆乃至雪山若行諸仙衆如是等衆皆來集會

復有他方一切羅刹等衆所謂護迦你隷布寫那哩枳吒迦囉拏鯀摩娜摩賀賀哩摩怛哩衆如是等衆亦來集會

復有四方四大羅刹所謂東方賀哩羅刹南方一切羅刹西方枳設哩羅刹北方摩尼祖哆羅刹此四羅刹性極暴惡各有六十眷屬是等羅刹亦來在會

尒時淨飯王宮羅睺羅童子於夜臥時爲惡羅刹而來嬈亂數數驚怖不得安隱時羅睺羅毋耶輸陁羅及諸眷屬悉知世尊與諸聖衆在無憂樹園去宮城不遠於夜後分令羅睺羅與衆童子及諸侍人前後導從往詣

佛所時羅睺羅童子至佛會已頂禮佛足獨於佛前涕泣而住

尒時世尊告阿難言阿難汝見羅睺羅童子來詣我所涕泣已否阿難言唯然已見佛言阿難羅睺羅童子於夜臥時爲惡羅刹及種種鬼神而來嬈亂不得安隱故來我所而求擁護阿難非獨今日羅睺羅童子被此嬈亂不得安隱我滅度後末世之時一切衆生福力微劣於不善業增益熾盛由是諸惡羅刹及鬼神等遊行世間恒與衆生作不饒益種種嬈亂使無安隱我觀是事深可憐愍阿難我今爲擁護羅睺羅童子及愍念未來衆生說大莊嚴陁羅尼汝當諦聽是時阿難及會大衆咸各默然願佛宣說

尒時世尊即說大莊嚴陁羅尼曰

怛你也(二合引)他(引)伽你(引)誐囉(引二合)伽曩鉢底具弥(引)誐囉(引二合)具摩鉢底瑟波(二合)哩(引)迦伽哩尼迦囉鉢底娑(引)囉鉢底馱曩鉢底酥囉鉢底阿隷半阿隷半鉢底摩鉢底阿鉢底嚩

護鉢底護羅賀囉(引二合)呬隷誐囉(二合)護嚕烏底隷普呬隷唵(引)唧致隷鉢哆(二合)鉢致(引)吒吒吠(引)賀囉(引二合)唵(引)羅吠(引)摩尾娑哩(引)護麼賀(引)呬隷護護三滿多娑婆哩阿三滿多娑哩波隷佉娑哩(引)阿(引)撓哩哆(二合)摩賀(引)撓哩帝(引二合)伽你(引)弥佉隷(引)賀囉(引二合)娑嚩(引二合)賀(引)

阿難此大莊嚴陁羅尼乃是過去諸佛之所宣說我今爲擁護羅睺羅童子亦復利益末世衆生今復宣說阿難若有衆生被諸羅刹及惡鬼神種種嬈亂者當以此莊嚴陁羅尼書於紙素作彼隨求戴於身臂當令諸惡羅刹乃至世間一切食膏血者惡鬼神類不敢侵近悉皆奔走四方四維十由旬外遠避而去當令衆生得安隱樂

阿難若有衆生恒常讀誦此大莊嚴陁羅尼者所有一切刀杖毒藥不能爲害乃至邪明呪術罥索繫縛人及非人一切惡事悉皆解脫乃至十由旬內一切衆生皆蒙擁護一切災沴

咸皆殄滅

阿難若有衆主欲持念此大莊嚴陁羅尼擁護自身及爲饒益一切衆生者先當擇取清淨勝地預立幖幟然自齋戒香水澡浴當令身心内外清淨以線結界香泥塗地作曼拏羅於曼拏羅中備諸名花塗香燒香然燈種種供養面北端坐正念想佛世尊來降曼拏羅已然後奉獻種種供養歸命讃歎發堅固心勇猛不退爲欲饒益擁護諸衆生故及求現前所作成就故先當持誦結界莊嚴陁羅尼警覺召請梵王帝釋及一切天龍夜叉羅刹諸鬼神等皆來集會當令世間一切惱害衆生諸惡夜叉羅刹部多等聞此陁羅尼已驚怖退散無諸鄣難得願圓滿即說結界陁羅尼曰

怛你也二合引他你隷你隷尾摩隷引怛摩隷引護唧護唧悉哩底哩怛哩二合娑你引囉普莎賀引

阿難若誦此結界莊嚴陁羅尼已然後誦彼聖大莊嚴陁羅尼一切所作無不成就

尒時慈氏菩薩摩訶薩從座而起住立佛前白言世尊我亦爲欲擁護羅睺羅童子令得安隱亦復爲欲利益未來一切衆生所有被諸燒惱及一切惡人刀杖毒藥諸惡禁呪罥索繫縛如是等事悉令解脫於晝夜中安隱快樂亦說莊嚴陁羅尼惟願世尊許我宣說佛言當隨汝意尒時慈氏菩薩即說莊嚴陁羅尼曰

怛你也二合引他引阿嚩那引底播那引你阿尾那引努祖嚕祖嚕惹哩馱二合難尼引難尼引阿馱難尼引三滿哆難尼引你哩嚕二合尼引你哩弭引二合月你引扇引底娑嚩二合悉怛也引三合野喃摩摩薩哩嚩二合薩怛嚩引二合喃引左洛乞叉引二合俱嚕娑嚩引二合賀引

尒時娑婆世界主大梵天王前白佛言我亦爲欲擁護羅睺羅童子及擁護未來一切衆生說自莊嚴明惟願如來許我宣說佛言善哉善哉當隨汝意時大梵天王即說莊嚴明曰

三野體難盎虞哩引半虞哩引阿努哩引嫩努哩引尸契孕二合迦尸佉哩引嫩度哩引分哩努二合囉野底阿左阿左尾目左扇引底孕二合娑嚩二合悉怛野三合野喃俱嚕摩摩薩哩嚩二合薩怛嚩引二合喃引左娑嚩二合引賀引

尒時世尊知彼天衆龍衆夜叉等衆及諸鬼神各各爲欲擁護羅睺羅童子及未來衆生皆悉欲說自明佛言汝等天衆龍衆及諸鬼神等欲說自明爲擁護諸衆生者隨汝等意各各說之尒時善時分天即於佛前說自明曰

三野體難囉瑟致哩引三合波那引瑟致哩引三合嚕地囉迦囉尼引二合儼鼻哩引努哩努二合哩毋唧引設引訖哩二合囉引濟曳引二扇引底孕二合娑嚩二合悉怛也五合野喃迦嚕弭摩摩洛乞叉二合引俱嚕娑嚩引二合賀引

佛說聖莊嚴陁羅尼經卷上

佛說聖莊嚴陀羅尼經卷上

校勘記

一　底本，金藏廣勝寺本。

一　二八一頁中一行至本頁下二〇行序文，石、磧、普、南、徑、清、麗無。

一　二八一頁下二二行譯者，磧、普、南作「西天譯經三藏朝散大夫試鴻臚少卿明教大師臣施護奉詔譯」；徑、清作「宋西天譯經三藏朝散大夫試鴻臚少卿明教大師施護奉詔譯」。徑、清卷下同。

一　二八二頁上一四行「一切」，石、磧、普、南、徑、清、麗作「虔拏」。

一　二八三頁上一三行「警覺」，磧、普、南、徑、清作「驚覺」。

佛說聖莊嚴陀羅尼經卷下　俠

西天譯經三藏朝散大夫試鴻臚卿傳梵大師臣施護奉　詔譯

尒時帝釋天主說自莊嚴明曰

三野體難難左引度努㷍穌引那帝引穌引那帝引帝引那帝引帝引那帝引努哩弥二合引酥弥引那摩弥引那弥引底隸弥隸摩摩薩哩嚩二合薩怛嚩二合引喃引洛乞叉二合引迦嚕引引扇引底娑嚩二合悉怛也二合野喃野引嚩切摩引滿鄧迦嚕弥娑嚩二合引賀引

尒時毗沙門天王說自莊嚴明曰

三野體難難尼引馱努史引迦你愈二合引哆訖哩二合目枳引入嚩二合隸引那弥引尾賀隸娑引哩引娑囉嚩底扇引底娑嚩二合悉怛也三合野喃摩摩薩哩嚩二合薩怛嚩二合引喃引左夜引嚩切摩引滿度引婆挽覩娑嚩二合引賀引

尒時持國天王說自莊嚴明曰

三野體難馱哩引難馱哩引馱囉尼馱哩引阿左愈二合帝布嚕毋嚕扇引底孕二合娑嚩二合悉怛也三合野喃摩摩薩哩嚩二合薩怛嚩二合喃引左洛彝迦嚕引弥夜嚩切摩滿度引婆挽覩娑嚩二合引賀引

尒時增長天王說自莊嚴明曰

三野體難暗拏哩引半多哩引迦囉引帝引迦囉半帝引迦囉嚕鼻引迦哩馱哩引迦曩迦鉢怛哩二合引嚕嚕弥乞叉二合乞叉二合弥引阿引乞叉二合弥引波乞叉二合扇引底孕二合娑嚩二合悉怛也三合野喃摩摩薩哩嚩二合薩怛嚩二合喃引左洛乞叉二合引俱嚕夜引嚩切摩引滿鄧娑嚩覩娑嚩二合引賀引

尒時廣目天王說自莊嚴明曰

三野體難摩惹羅惹羅惹惹摩羅地哩地哩迦哩迦哩三滿哆枳哩枳哩扇引底娑嚩二合悉怛也三合野喃摩摩薩哩嚩二合薩怛嚩二合喃引左夜引嚩切引麼滿鄧迦嚕引弥娑嚩二合引賀引

尒時妙月天子說自莊嚴明曰

三野體難唵引嚩引祢引尾摩隸引鉢囉二合婆引娑嚩二合哩引設多囉濕弥引二合娑賀娑囉二合囉濕弥引二合鉢囉二合底娑囉底娑嚩二合

悉怛也(三合)野喃俱嚕摩摩薩哩嚩(二合)
薩怛嚩(二合)喃(引)夜嚩切摩(引)滿鄧迦嚕
(引)弥娑嚩(二合引)賀(引)
尒時一切天衆異口同聲說莊嚴明
曰
三野體難俱嚕俱嚕酥嚕酥嚕布嚕
布嚕扇(引)底孕(二合)娑嚩(二合)悉怛也
(三合)野喃俱嚕摩摩薩哩嚩(二合)薩怛
嚩(二合)喃(引)左野(引)嚩切摩滿鄧迦嚕
(引)弥娑嚩(二合引)賀(引)
尒時諸星宿天異口同聲說莊嚴明
曰
三野體難哆隸(引)哆摩隸(引)阿隸(引)
那隸(引)阿(引)迦(引)舍尾摩隸(引)扇(引)底
孕(二合)娑嚩(二合)悉怛也(三合)野喃迦嚕
(引)弥摩摩薩哩嚩(二合)薩怛嚩(二合)喃(引)
左野(引)嚩切摩(引)滿鄧迦嚕(引)弥娑嚩
(二合引)賀(引)
尒時一切龍衆異口同聲說莊嚴明
曰
三野體難嚩隸摩隸阿左隸麼地(引)
阿(引)戍麼地(引)布(引)計扇(引)底孕(二合)
娑嚩(二合)悉怛也(三合)野喃俱嚕摩摩薩

哩嚩(二合)薩怛嚩(二合)喃(引)左野(引)嚩切
摩滿鄧迦嚕(引)弥娑嚩(二合引)賀(引)
尒時二十八大藥叉軍主衆異口同
聲說莊嚴明曰
三野體難涅哩(二合)荼鉢底鉢底嚕嚕
達囉達囉扇底孕(二合)娑嚩(二合)悉怛
也(三合)野喃迦嚕(引)弥摩摩薩哩嚩(二合)
薩怛嚩(二合)喃(引)左野(引)嚩切摩(引)滿
鄧迦嚕(引)弥娑嚩(二合引)賀(引)
尒時畢隸多毗舍遮鳩槃荼等衆異
口同聲說莊嚴明曰
三野體難尾部底三挽哩哆(引)曩(引)
尾部底扇底孕(二合)娑嚩(二合)悉怛也(三合)
野喃摩摩薩哩嚩(二合)薩怛嚩(二合)喃
(引)左野(引)嚩切摩滿鄧迦嚕(引)弥娑
嚩(二合引)賀(引)
尒時布單曩羯吒布單曩衆異口同
聲說莊嚴明曰
三野體難波努弥(引)迦囉(引)帝(引)烏
馱野(二合)哆祖囉拏(二合)娑弥囉尼(引)
酤半底扇底孕(二合)娑嚩(二合)悉怛也
(三合)野喃迦嚕(引)弥摩摩薩哩嚩(二合)薩
怛嚩(二合引)室左(二合)野(引)嚩切摩(引)滿

鄧迦嚕(引)弥娑嚩(二合引)賀(引)
尒時一切末怛哩(二合)衆異口同聲說莊
嚴明曰
三野體難迦隸摩計(引)隸(引)哆哩(引)
哆摩哩(引)扇(引)底孕(二合)娑嚩(二合)悉
怛也(三合)野喃迦嚕(引)弥摩摩薩哩嚩
(二合)薩怛嚩(二合)喃(引)野(引)嚩切摩滿鄧
迦嚕(引)弥娑嚩(引二合)賀(引)
尒時日方四羅刹異口同聲說莊嚴
明曰
三野體難阿你(引)播(引)你(引)佉濟(引)
佉嚩濟(引)袪袪哩隸閉波哩賀(引)哩
扇底娑嚩(二合)悉怛也(二合)野喃迦嚕
(引)弥摩摩薩哩嚩(二合)薩怛嚩(二合引)喃
(引)左野(引)嚩切摩(引)滿鄧迦嚕(引)弥娑
嚩(二合引)賀(引)
尒時捺囉弥多羅刹女說莊嚴明曰
三野體難那那哩(引)那哩(引)賀賀賀
賀呬呬呬呬護護護尸枳枳枳唧枳
唧尾目契摩佉慈佉喫吒弥致桉吒
桉吒吒羅吒吒訖囉(二合)摩慈俱儒俱
儒努努努努嚕(二合)努嚕(二合)怛嚕
(二合)切弥隸弥弥隸阿曩過過(引)弥努

努努底體底弥底你體隸弥致唧底
弥致隸致閉致閉怛哩二合閉怛哩二合
尼努呬你毋呬你羅呬引嚩呬引那姹
閉引曳
尒時娑婆世界主大梵天王前白佛言世尊我等天衆龍衆夜叉衆乃至捺囉弥帝如是等衆悉於此時對世尊前各説自明爲欲擁護羅睺羅童子不令一切惡鬼神類侵近惱亂得晝安隱得夜安隱及一切時獲住快樂

世尊我等所説自明不唯擁護羅睺羅童子亦與未來一切衆生而作擁護世尊若有衆生得聞我等如是諸明當須志心憶念受持當令彼等一切行不饒益種種之類或一由旬或二由旬或三四由旬乃至十由旬内不敢侵近驚怖退散遠避而去能令如是十由旬内諸惡消滅疾沴不行刀兵毒藥皆悉遠離亦復不爲一切天龍夜叉羅刹乾闥婆阿修羅迦摟羅緊曩羅摩睺羅伽等而爲障礙亦復不爲一切部多非人之類而爲障礙

世尊如是等衆若有違逆不隨順者彼衆不容斤令離族

尒時世尊告阿難言此大梵天王而於我前説是誠實之言我已證知阿難我所宣説大莊嚴陁羅尼有大力勢能伏諸惡有所饒益我已先説阿難若復有人以彼一切人非人等邪明呪術欲於衆生執持繫縛種種惱亂或在地上或在虚空或在山際或在山頂及一切處以我聖莊嚴陁羅尼威德力故悉皆破滅於諸衆生不能爲害

佛復謂阿難言佛眞實法眞實僧眞實天眞實仙眞實如是五者不可違逆阿難如我所説汝善受持使於未來流行世間與諸衆生爲大饒益佛説是經已時羅睺羅童子得聞世尊説大莊嚴陁羅尼及承一切明而擁護故不離是會得安隱樂心意快然歡喜踊躍以頭著地禮如來足與諸侍人還復王宮慈氏菩薩阿難陁乃至天龍夜叉及一切人非人等聞佛所説歡喜信受禮佛而退

佛説聖莊嚴陁羅尼經卷下

乙巳歲高麗國大藏都監奉
勑雕造

佛説聖莊嚴陀羅尼經卷下

校勘記

一　底本，金藏廣勝寺本。二八七頁上、中、下三版，原版殘，以麗藏本换。

一　二八五頁中二行譯者，磧、普作「三藏大師施護奉詔譯」；南作「宋三藏大師施護奉詔譯」。

一　二八七頁上五行第七字「主」，磧作「王」。

佛說勝幡瓔珞陁羅尼經　　　　　　　　　　　　　　　　　　　　　侠
大宋新譯三藏聖教序
御製
大矣哉我佛之教也化導群迷闡揚宗性廣博宏辯英彥莫能究其旨精微妙說庸愚豈可度其源義理幽玄眞空莫測包括萬象譬喻無垠綜法網之紀綱演無際之正教拔四生於苦海譯三藏之祕言天地變化乎陰陽日月盈虧乎寒暑大則說諸善惡細則比於恒沙含識萬端弗可盡述若窺像法如影隨形離六情以長存歷千劫而可久須彌納藏於芥子如來坦蕩於無邊達磨西來法傳東土宣揚妙理順從指歸彼岸菩提愛河生滅用行於五濁惡趣拯溺於三業途中經垂世以難窮道無私而永泰雪山貝葉若銀臺之耀目歲月煙蘿起香界之自遠巍巍罕測杳杳難名所以道資十聖德被三賢至道起於乾元衆妙生乎太易總繁形類褒鑒昏明絕彼是非開茲蒙昧有西域法師天息災等常持四忍早悟三乘翻貝葉之眞詮續人天之聖教芳猷重啓運偶昌時潤五聲於文章暢四始於風律堂堂容止穆穆輝華曠劫而昏塾重明玄門昭顯軌範而彌光妙法淨界騰音利益有情俱登覺岸無成障礙救諸疲羸冥昧慈悲浩汗物表柔伏貪佷啓滌昏愚演小乘聲聞合其儀論大乘正覺立其性合靈悟而蒙福藏教斂而重興幻化迷途火宅深喻雖設其教不知者多善念生而無量潛臻惡業興而隨緣皆墮調御四衆積行十方澍花雨於金輪護恒沙於玉闕有頂之風不可壞無際之水弗能漂澄寂湛然圓明清淨之智慧性空無染妄想解脫之因緣可以離煩惱於心田可以得清源於宇宙朕懃非博學釋典微開豈堪序文以示來者如熒螢爝火不足比之於皎日將微蠡量海未能窮盡於深淵者哉

佛說勝幡瓔珞陁羅尼經
西天譯經三藏朝散大夫試鴻臚少卿傳法大師臣施護奉詔譯

如是我聞一時佛在喜樂山頂天宮

不遠仙人住處與大比丘衆千二百五十人俱復有菩薩摩訶薩文殊師利童子及賢護菩薩等十六大士皆來集會

尒時世尊三昧正受觀彼天上人間而欲說法平等施與當使有情得聞法已稱讚殊勝咸令歡喜

尒時大梵天王及天龍夜叉乾闥婆阿修羅迦樓羅緊曩羅摩睺羅伽人非人等亦來集會

是時大梵天王前詣佛所稽首佛足合掌恭肅而白佛言世尊一切有情造種種罪業身壞命終墮於惡趣或墮焰魔界或墮餓鬼界或墮畜生界既墮如是諸惡趣已受種種苦及彼色等輪迴亦然世尊大慈大悲無量善巧願施方便破壞如是一切有情罪業果報使得解脫

尒時觀世音菩薩摩訶薩與無數持明天前後圍繞亦來集會至佛所已五輪著地禮佛雙足合掌肅恭而白佛言世尊大威德者十力具足惟願方便施諸善巧救拔一切輪迴有情令得出離

佛言善哉善男子汝等諦聽今為汝等及未來世一切有情宣說最上勝幡明王若有得聞此名能稱念者當得無量無邊功德果報即說陀羅尼曰

怛你也(二合)他(引)迦囉迦囉枳哩枳哩俱嚕俱嚕娑囉娑囉悉哩悉哩酥嚕酥嚕薩哩嚩(二合)没馱(引)嚩路(二合)枳帝(引)縛囉嚩囉達哩摩(二合)目契(引)左囉左囉僧伽(引)地瑟恥(二合)帝(引)婆囉滚(二合)囉阿你迦没馱俱(引)胝婆(引)史帝(引)刹拏(引)刹拏(引)薩哩嚩(二合)羯哩麼(二合)嚩囉拏你薩哩嚩(二合)播(引)波你薩哩嚩(二合)嚩佉(引)你阿波曩野部哩(二合)吒部哩(二合)吒度哩(二合)吒度哩(二合)吒怛吒怛吒薩普(二合)吒野薩哩嚩(二合)羯哩麼(引)(二合)嚩囉拏(引)播(引)野訥哩誐(二合)底你薩哩嚩(二合)薩怛嚩(二合)(引)喃(引)左娑縛(二合)訶

善男子此勝幡瓔珞陀羅尼是彼恒河沙等諸佛同共宣說我為汝等令復宣說善男子此陀羅尼希有難遇譬彼如來出興於世難得值遇此陀羅尼得值遇者倍復甚難若有善男子善女人得聞是勝幡瓔珞陀羅尼名字信心受持恒常讀誦者是人所有五逆重罪悉皆滅盡得見果報獲大富貴於當來世得生上族若復善男子善女人以此陀羅尼殊勝功德廣宣流布為人解說或勸人書寫受持讀誦我即遙知乃至毗婆尸佛尸棄佛毗舍浮佛拘留孫佛羯諾迦牟尼佛迦葉佛如是過去恒河沙等如來應正等覺皆悉聞知是人功德無量無邊

尒時觀世音菩薩妙吉祥菩薩賢護菩薩等及大比丘衆乃至一切天及天人阿修羅乾闥婆人非人等聞佛所說皆大歡喜信受奉行

佛說勝幡瓔珞陀羅尼經

佛説勝幡瓔珞陀羅尼經

校勘記

一　底本，金藏廣勝寺本。

一　二八八頁中一行經名，諸本無。

一　二八八頁中二行至本頁下二〇行序文，諸本無。

一　二八八頁下二一行經名，石作「佛説勝幡瓔珞陁羅尼經一卷」。卷末經名同。

一　二八八頁下二二行譯者，資、磧、普、南作「西天譯經三藏朝散大夫試鴻臚少卿傳教大師臣施護奉詔譯」；徑、清作「宋西天譯經三藏朝散大夫試鴻臚少卿傳教大師施護奉詔譯」。

一　二八九頁中二行「善男」，石作「善哉」。

一　二八九頁中末行末字「令」，諸本作「今」。

大宋新譯三藏聖教序　二合　俠

御製

大矣哉我佛之教也化導群迷闡揚宗性廣博宏辯英彥莫能究其旨精微妙說庸愚豈可度其源義理幽玄眞空莫測包括萬象譬喻無垠綜法綱之紀綱演無際之正教拔四生於苦海譯三藏之祕言天地變化爭陰陽日月盈虧爭寒暑大則說諸善惡細則比於恒沙含識萬端弗可盡述若窺像法如影隨形離六情以長存歷千劫而可久須彌納藏於芥子如來坦蕩於無邊達磨西來法傳東土宣揚妙理順從指歸彼岸菩提愛河生滅用行於五濁惡趣拯溺於三業途中經垂世以難窮道無私而永泰雪山貝葉若銀臺之燿目歲月綿羅起香界之自遠巍巍罕測杳杳難名所以道資十聖德被三賢至道起於乾元衆妙生乎太易懋繁形類竅鑿昏明絶彼是非開茲蒙昧有西域法師天息災等常持四忍早悟三乘翻

貝葉之眞詮續人天之聖教芳猷重啓運偶昌時潤五聲於文章暢四始於風律堂堂容止穆穆輝華曠劫而昏墊重明玄門昭顯軌範而彌光妙法淨界騰音利益有情俱登覺岸無成障礙救諸疲羸冥昧慈悲浩汗物表柔伏貪佷啓滌昏愚演小乘聲聞合其儀論大乘正覺立其性含靈悟而蒙福藏教缺而重興幻化迷途火宅深喻雖設其教不知者多善念生而無量潛臻惡業興而隨緣皆墜調御四衆積行十方澍花雨於金輪護恒沙於玉關有頂之風不可壞無際之水弗能漂澄寂湛然圓明清淨之智慧性空無染妄想解脫之因緣可以離煩惱於心田可以得清涼於宇宙朕勲非博學釋典微聞豈堪序文以示來者如麼螢爝火不足比之於睒日將微蠡量海未能窮盡於深淵者哉

佛說花積樓閣陀羅尼經

西天譯經三藏朝散大夫試鴻臚少卿傳法大師臣施護奉　詔譯

如是我聞一時世尊在阿耨達池畔

佛說花積樓閣陁羅尼經　第三張　伏字号

熱惱龍王宮與大比丘衆四百五十
入俱復有師子遊戲菩薩等大菩薩
衆具足千人一切皆得陁羅尼十地
圓滿得灌頂已位居補處被大甲冑
趣諸佛德心不退轉名稱普聞如是
等菩薩摩訶薩悉從他方而來集會
尒時師子遊戲菩薩摩訶薩從座而
起偏袒右肩詣世尊前右膝著地合
掌恭肅而白佛言世尊如佛福蘊當
云何得又於如來作供養者云何因
果無量無邊唯願如來慈悲開示作
是說已疑心而住
尒時佛告師子遊戲菩薩摩訶薩言
善哉善哉善男子汝今問我如來福
蘊云何而得又於如來作供養者云
何因果無量無邊汝當諦聽今為汝
說
佛言善男子如來有五法具足功德
無量無邊云何五法所謂戒定慧解
脫解脫知見善男子如來具足如是
五法無量功德是故獲得福蘊無量
無邊善男子若於如來作供養者當
得涅槃若彼三乘隨其發心各各所

佛說花積樓閣陁羅尼經　第四張　伏字号

見而得涅槃善男子若見如來應正
等覺以清淨心諦信歸命尊重稱讚
又以衣服臥具病緣醫藥一切所須
而供養者所獲果報無量無邊善男
子若復如來般涅槃後有得如來舍
利如芥子等而供養者所獲果報於
一切中最又復作種種福若於如來
舍利作供養者其福最上師子遊戲
若復有人持於寶聚如妙高山等布
施供養聲聞及辟支佛所獲果報
不如在家及出家菩薩發無上正等
覺心以一金錢布施供養如來應正
覺以前方便善根於後方便善根百
分不及一千分不及一百千分不及
一乃至筭分數分譬喻分譬諭轉分
乃至筭數譬諭所不能及善男子又
復如來住世百年千年乃至百千年
應化畢已般涅槃後以佛舍利而起
妙塔若復有人於此塔所以香泥塗
地作曼拏羅施設花鬘塗香燒香然
燈志心供養乃至持一花一燈以為
供養或持帚拂除去塵坌或以一掬
水用為灑淨如是之人以志心故獲

佛說花積樓閣陁羅尼經　第五張　伏字号

福無量是人先世所有罪業當墮阿
鼻地獄以於塔所作供養故先世罪
報皆悉除滅善男子若復有人發一
念心歸命於佛又不中退復不輕慢
是人當來於百劫千劫乃至百千劫
中常感勝福生於人天不復墮落一
切惡趣
善男子我今說此花積樓閣陁羅尼
經為欲利益安樂天上人間一切衆
生故善男子若復有人得此花積樓
閣陁羅尼經志心受持讀誦供養又
復演彼真實義趣廣為人說是人永
不墮一切惡趣亦不生卑下種族常
生人天殊勝之處諸根圓滿獲宿命
通具足種種甚深辯才恒得值遇佛
法僧寶又得如來憶念覆護得菩提
心永不退轉
尒時世尊即說陁羅尼曰
怛你也(二合)他(一引)馱囉尼馱囉尼(二)毋
你(引)鉢囉(二合)婆(引)娑嚩(二合)哩(三引)悉
地(引)嚩賛捺哩(二合引四)曩(引)他(引)你哩賀
(引)(二合)哩(五引)阿(引)嚕(引)誐也(二合)嚩底(六)
冐馱嚩底(七)尾哩(引)烏迦致囉祖波

誐帝引入帝引祖嚩底九尾捨引羅沒地達哩麼二合引嚩婆引細十引阿乞乂二合野羯臘閉二合引十一羯臘波二合嚩底十二阿蜜哩二合哆羯臘閉二合引十三護哆引舍你引十四帝引祖嚩底你怛也二合三摩引四帝引十五帝引祖嚩底底乞乂皴三合捺哩二合野沒地婆嚩二合引賀引十六

善男子此陀羅尼乃是十方無量無邊諸佛如來同共宣說若復有人聞此陀羅尼經名字發至誠心恭信供養是人當來獲得無量無邊功德又復若人持此陀羅尼成先行已於二月三月或八月取白月八日起首發至誠心於一晝夜中六時念此陀羅尼及憶念諸佛如來心不散亂復以塗香妙花燒香然燈種種供養心不間斷至十五日決定得見世尊坐蓮花藏座說陀羅尼法持誦之人應時獲得意願圓滿心垢悉除證宿命通得諸禪定住四聖諦解諸法義論及工巧事業乃至臨命終時耳根不壞悉能了別一切勝事乃至或聞如來

為說四聖諦等無漏

尒時世尊說是陀羅尼經已師子遊戲菩薩摩訶薩及諸大菩薩大比丘衆天人阿修羅乾闥婆等聞佛所說皆大歡喜禮佛而退

佛說花積樓閣陀羅尼經

佛說花積樓閣陀羅尼經

校勘記

一　底本，金藏廣勝寺本。

一　二九一頁中一行至本頁下二〇行序文，諸本無。

一　二九一頁下二一行經名，石作「佛說花積樓閣陀羅尼經一卷」。卷末經名同。

一　二九一頁下二二行譯者，資、磧、普作「三藏法師施護奉詔譯」；南作「宋三藏法師施護奉詔譯」；徑、清作「宋西天譯經三藏朝散大夫試鴻臚少卿傳教大師施護奉詔譯」。

一　二九二頁上二行第八字「戱」，諸本作「戲」。下同。

一　二九三頁上一九行「誦之」，資、磧、普、南、徑、清作「呪之」。

千轉大明陀羅尼經　　俠

西天譯經三藏朝散大夫試鴻臚少卿傳法大師臣施護奉　詔譯

如是我聞一時世尊在忉利天中波利質多羅樹下尒時帝釋天主及與一切天人軍衆前後圍繞來詣佛所各各至誠合掌歸依瞻仰如來次第而住

尒時帝釋天主前白佛言世尊我有陀羅尼名千轉大明是陀羅尼於諸世間爲大饒益所有一切天龍夜叉餓鬼鳩槃茶等乃至人非人等聞此陀羅尼者悉皆降伏於諸衆生所有一切不饒益事悉皆除殄惟願世尊大慈大悲許我宣説佛言天主善哉善哉如汝所説彼大千轉大明陀羅尼能於世間作大饒益汝欲説者當隨汝意尒時帝釋天主即説千轉大明陀羅尼曰

怛你也(二合)他(引一)曩(引)呬怛寫娑帝(引二)娑誐嚩覩(引三)三野體難野過覩(引四)

一切部多聞此所説驚怖迷悶狂惑退散賓賢夜叉主及輪成就等現衆

色像使諸部多諸鬼神等及彼遊方空行起屍癨病諸惡鬼等乃至一切行毒根本邪法惱害衆生不饒益事悉皆解脫

阿曩(引)鉢帝(引一)烏播曩(引)鉢帝(引二)盎誐商迦哩(引三)儗哩(二合)恨拏(二合)哩(引)娑嚩(二合引)賀(引四)曩謨(引)没馱(引)野曩謨(引)達哩摩(二合引)野曩謨(引)僧伽(引)野(五)曩謨(引)阿(引)哩野(二合引)嚩路枳帝(引)濕嚩(二合)囉(引)野(六)冒地(引)薩埵(引)野(七)摩賀(引)薩埵(引)野(八)摩賀(引)迦(引)嚕尼迦(引)野(九)曩謨(引)阿(引)哩野(二合)摩賀(引)薩埵(二合引)摩波囉(二合引)鉢多(二合引)野(十)怛你也(二合)他(引十一)目訖帝(二合引)尾目訖帝(二合引十二)鼻(引)那你(引)尾鼻(引)那你(引十三)你哩摩(二合)隸(引十四)尾摩隸(引十五)穌目契(引)尾目契(引十六)蘗誐隸(引)穌蘗誐隸(十七)

一切王怖解脫一切星曜變怪怖解脫一切自他軍衆鬪戰怖解脫一切兵仗怖解脫一切水火漂焚怖解脫一切惡病苦惱怖解脫一切毒惡傷害怖解脫師子怖象怖熊怖虎怖一切惡獸等怖大海漂溺怖深山闃寂怖乃至諸水灘難怖如是諸怖悉皆解脫

曩謨娑(引)訖哩(二合引一)商迦致(引)商迦致(引二)迦嚕(引)致(引)迦嚕致(引)你曳(引)娑嚩(二合引)賀(引三)

入王宮時見大臣時行軍中時逢怨對時見毒虵毒龍時遇夜叉毗舍遮羅刹烏鉢娑摩(二合引)囉所魅時乃至山海險難中時如是怖畏悉皆解脫

曩謨(引)怛囉(二合引)赦婆嚩室囉(二合引)野赦(一)呬隸呬隸(二)唧隸唧隸(三)迦(引)播隸(四)摩(引)鄧霓娑嚩(二合引)賀(引五)

又復王法所執或被枷鏁杻械牢固其身一切枉橫憂苦逼切悉皆解脫

曩謨(引)多(引)哩(引)多(引)哩(引一)烏哆(引)哩(引二)覩哩(引)娑嚩(二合引)賀(引三)

又復星曜所持或惡夢變怪致諸病苦夭枉至死乃至鬪諍論理互相恐逼如是諸怖悉皆解脫

曩謨(引)左囉左囉(一)娑囉娑囉(二)尾娑囉尾娑囉(三)没馱野(二合)没馱野(二合二)(四)冒(引)馱(引)野弥底娑嚩(二合引)賀(五)洛

乞叉(二合)洛乞叉(二合)輅(六)薩哩嚩(二合)薩
怛嚩(二合引)喃(引)左娑嚩(二合引)賀(七引)阿(引)
哩野(二合)室哩(二合)滿哩馱(二合)覽(八)布瑟
致(二合)俱嚕娑嚩(二合引)賀(引)摩麼(九)布
哩嚩(二合)羅滿哩馱(二合)喃(十)扇(引)底孕
(二合)俱囉娑嚩(二合引)賀(十一引)曩謨(引)賀
帝(引)你賀帝(十二引)薩哩嚩(二合)努瑟燈
(二合)鉢囉(二合)底孕(二合)惹你(十三)謨(引)賀
(引)你謨(引)乞叉(二合)尼娑嚩(二合引)賀(十四引)曩
謨(引)迦致(引)你致迦吒致(引)娑嚩(二合引)賀
(十五引)曩謨(引)阿(引)囉尼嚩(引)囉尼(十六)
薩哩嚩(二合)你哩嚩(二合引)囉尼娑嚩(二合引)
賀(十七引)

又復一切惡人行不善事持邪禁呪作諸厭禱當令衆生迷癡狂惑如是等事悉皆解脫

嚕嚕計(一)哩嚕計(二)底瑟姹(二合)滿馱夜(引)頞(三)夜嚩(引)誐囉(二合)切(四)尾夢賛底(五)唧隷唧隷(六)迦(引)播(引)隷(七)迦瑟站(引二合)誐薩哩嚩(二合)哆(八)薩哩嚩(二合)婆曳毗藥(二合)娑嚩(二合引)賀(九引)

世尊我此千轉大明譬如轉輪聖王有摩尼寶名曰如意凡諸所欲自然

千轉大明陀羅尼經　第四張　俠

現前我此千轉大明亦復如是若有得者凡諸苦惱悉皆解脫世尊末世之時衆生薄福於三寶尊不知歸依恣身口心常造過惡是故世間諸惡鬼神伺得其便隱自形質假託變現於晝夜中惱害衆生使諸衆生得種種苦惱世尊若有衆生遇斯惡鬼種種惱亂苦惱之時乃至世間一切不可意時當於清淨之地取土七把每一把讀誦此大明加持七徧和作七丸繫於衣角當令一切行不饒益惡鬼神等不敢侵近恐怖退散當令是人晝夜安隱一切不祥悉皆殄滅介時帝釋天主說此千轉大明陀羅尼已踊躍歡喜與諸天衆禮佛而退

千轉大明陀羅尼經

乙巳歲高麗國大藏都監奉勑雕造

千轉大明陀羅尼經　第三張　俠

千轉大明陀羅尼經

校勘記

一　底本，麗藏本。

一　二九四頁上一行經名，石作「千轉大明陀羅尼經一卷」。卷末經名同作「三藏法師陀護奉詔譯」；資、磧、普、南作「宋三藏法師施護奉詔譯」；徑、清作「宋西天譯經三藏朝散大夫試鴻臚少卿傳教大師施護奉詔譯」。

一　二九四頁中一行首字「色」，徑作「生」。

一　二九五頁中九行末字「一」，諸本作「二一」。

一　二九五頁中一〇行第二字「讀」，諸本無。

佛說智光滅一切業障陀羅尼經　佚

西天譯經三藏朝散大夫試鴻臚卿傳法大師臣施護奉　詔譯

如是我聞一時世尊在日月天子宮復有智光如來眞實如來金光聚如來甚深聲王如來念怒如來寶月如來及普賢菩薩摩訶薩妙吉祥菩薩摩訶薩持地王菩薩摩訶薩金剛手菩薩摩訶薩與如是等諸佛菩薩摩訶薩俱

尒時世尊與諸如來及菩薩摩訶薩等於彼宮內勝幡樓閣中各各坐於閻浮檀金寶莊嚴師子之座巍巍堂堂由如金山威光晃然𢦏相照耀

尒時宮主日月天子見是諸佛及大菩薩威德熾盛超過諸天生希有心歡喜踊躍住立佛前內自思惟今此諸佛及大菩薩乃是一切衆生界燈必能照破諸惡黑暗云何令我復得陀羅尼變化智生於十方如彼威德當與一切衆生而作照明是時如來及諸佛菩薩摩訶薩等咸悉知彼宮主天子心之所念

尒時世尊謂宮主日月天子言天子汝可諦聽我今爲汝說佛菩薩名及陀羅尼是時宮主日月天子受教而聽即說佛菩薩名曰

曩謨智光如來曩謨眞實如來曩謨金光聚如來曩謨甚深聲王如來曩謨我釋迦牟尼如來曩謨念怒如來曩謨寶月如來曩謨普賢菩薩摩訶薩曩謨妙吉祥菩薩摩訶薩曩謨持地王菩薩摩訶薩曩謨金剛手菩薩摩訶薩復說陀羅尼曰

怛你也(二合)他(引一)三野體難作舄那那作舄鉢囉(二合)婆度囉弥(引)蹉迦囉(二)伊伊體探娑酥囉那娑酥囉那(三)阿他娑伊蹉娑(四)吠(引)囉吠(引)羅(引五)波里拏(引)摩左嚕沒哩底(二合)你(六)阿囉尼阿囉尼(七)迦羅(引)波尼(引)迦羅(引)波尼(引八)覩嚕度細覩嚕度細(九)覩哩吐(二合)嚕度細(十)囉(引)遜底遜底(十一)閉哩閉哩(十二)度嚕度嚕度嚕度嚕(十三)迦(引)羅迦(引)羅(十四)娑蹉(引)酥娑蹉酥(十五)詣羅詣羅(十六)詣羅(引)波野詣羅(引)波野(十七)賀酥嚕賀酥嚕(十八)

馱酥遜度遜部細蹉酥阿他娑(引)波你惹野嚕哩(引)他酥哩(引)枳囉(十九)虞哩摩(二合)虞哩摩(二十)虞哩摩(二合)播尼計(引)魯計(引)魯(二十一)計(引)羅(引)播尼迦囉迦(引二合)哩(引二十二)楞度祢(引)度嚕祢(引二十三)摩賀(引)度嚕祢(引二十四)迦囉迦囉(二十五)枳哩枳哩(二十六)尾普細尾普細(二十七)度酥度酥(二十八)賀酥賀酥(二十九)賀娑播尼娑嚩(二合引)賀(引三十)

尒時世尊說是陀羅尼已彼普賢菩薩摩訶薩告宮主日月天子言天子此陀羅尼乃是過去八十八俱胝諸佛同共宣說如來大慈大悲爲欲擁護利益一切衆生今復宣說天子此陀羅尼微妙希有難值難聞譬如優曇鉢花希有難見又如如來出現世間希有難值此陀羅尼亦復如是天子若佛滅後正法滅時或有衆生造五逆罪必當墮於阿鼻地獄是人若得值遇此陀羅尼能淨身心勇猛堅固於二十一晝夜晝三時夜三時心心相續無令間斷念此陀羅尼章句志心懺悔者是人無間之業滅盡無

餘天子又復是人以此陀羅尼章句威德力故可使阿鼻地獄破爲百分乃至無有遺餘復令是中罪業衆生亦得解脫各各生於南閻浮提悉得人身復得聞知此是諸佛菩薩以陀羅尼功德之力救拔於我何況持誦之人自身業耶

尒時普賢菩薩復謂宮主日月天子言天子我亦爲欲利益安樂一切衆生末世之時持誦此陀羅尼者亦說陀羅尼而爲擁護當令一切人非人等無能惱亂故即說陀羅尼曰

怛你也二合他一引度曩曩致摩賀引度曩致二酥嚕酥嚕娑嚩二合賀引三戍羯囉二合尾戍馱你馱囉娑嚩引二合賀引四柤底瑟鉢囉二合袮閉覩嚕娑嚩引二合賀引五鉢納摩二合麼引隸你六薩怛也二合羅帝引酥沒囉二合帝引七酥多閉阿鉢囉二合底賀沒弟八酥嚕酥嚕娑嚩二合賀引九馱囉馱囉十馱囉梢底曳引娑嚩二合賀引十一羅乞叉二合哩尒二合帝引十二度波波哩迦哩引十三左跓嚕跓嚕娑嚩引二合賀引十四

佛說智光滅一切業障陀羅尼經　第四張　佚

馱引囉馱引囉摩賀引馱引囉尼賔二合底曳引娑嚩二合賀引十五酥囉帝引酥沒囉二合帝引十六阿鉢囉二合底賀多沒弟十七馱囉馱囉馱隣底曳引娑嚩引二合賀引十八曩謨引婆誐嚩帝引十九惹拏二合曩囉迦二合野怛他引誐哆野悉殿覩弭引滿怛囉二合播那引娑嚩引二合賀引二十

尒時日月天子聞佛世尊及普賢菩薩摩訶薩說是佛菩薩名及陀羅尼已心中所疑皆悉除斷發菩提心誓不退轉歡喜踊躍作禮而退

佛說智光滅一切業障陀羅尼經

乙巳歲高麗國大藏都監奉
勑雕造

佛說智光滅一切業障陀羅尼經　第五張　佚

佛說智光滅一切業障陀羅尼經

校勘記

一　底本，麗藏本。

一　二九六頁上一行經名，石作「佛說智光滅一切業障陀羅尼經一卷」。卷末經名同。

一　二九六頁上二行譯者，資、磧、普、南作「西天譯經三藏朝散大夫試鴻臚少(「少」，資、普無)卿傳教大師臣施護奉詔譯」；徑、清作「宋西天三藏朝散大夫試鴻臚少卿傳教大師施護奉詔譯」。

一　二九六頁中一一行首字「薩」，諸本無。

大宋新譯三藏聖教序

御製

大矣哉我佛之教也化導群迷闡揚宗性廣博宏辯英彥莫能究其旨精微妙說庸愚豈可度其源義理幽玄眞空莫測包括萬象譬喻無垠綜法網之紀綱演無際之正教拔四生於苦海譯三藏之祕言天地變化乎陰陽日月盈虧乎寒暑大則說諸善惡細則比於恒沙含識萬端弗可盡述若窺像法如影隨形離六情以長存歷千劫而可久須彌納藏於芥子如來坦蕩於無邊達磨西來法傳東土宣揚妙理順從指歸彼岸菩提愛河生滅用行於五濁惡趣拯溺於三業途中經垂世以難窮道無私而永奉雪山貝葉若銀臺之耀目歲月煙蘿起香界之自遠巍巍罕測杳杳難名所以道貫十聖德被三賢至道起於乾元衆妙生乎太易摠繁形類窾鑿昏明絶彼是非開茲蒙昧有西域法師天息災等常持四忍早悟三乘翻貝葉之眞詮續人天之聖教芳猷重啓運偶昌時潤五聲於文章暢四始於風律堂堂容止穆穆輝華曠劫而昏墊重明玄門昭顯軌範而彌光妙法淨界騰音利益有情俱登覺岸無成障礙救諸疲羸冥昧慈悲浩汗物表柔伏貪佷啓滌昏愚演小乘聲聞合其儀論大乘正覺立其性含靈悟而蒙福藏教缺而重興幻化迷途火宅深喻雖設其教不知者多善念生而無量潛臻惡業興而隨緣皆墮調御四衆積行十方澍花雨於金輪護恒沙於玉關有頂之風不可壞無際之水弗能漂澄寂湛然圓明清淨之智慧性空無染妄想解脫之因緣可以離煩惱於心田可以得清涼於宇宙朕慙非博學釋典微開豈堪序文以示來者如爝螢爝火不足比之於皎日將微蠡量海未能窮盡於深淵者哉

賢聖集伽陁一百頌 俠

西天譯經三藏朝散大夫試鴻臚少卿明教大師臣 天息災奉 詔譯

稽首一切出世間 三界最尊功德海

智火能燒煩惱垢　正覺我今歸命禮
稽首能拔生死嶮　普竭憂惱貪癡海
破彼塵勞罪業山　我今歸禮妙法寶
稽首一切佛稱讚　八聖道行作莊嚴
無為禪定漸圓明　我今歸禮聖衆寶
內宮寶藏諸樓閣　金玉摩尼種種光
眞珠瓔珞廣莊嚴　百千天人恒遊履
若得安居天界中　脩嚴佛寺獲斯報
信心歸敬於三寶　給施財帛精舍中
受彼人天快樂已　當得涅槃寂滅果
精舍年深多摧壞　重修嚴飾供佛僧
常獲快樂住人天　亦得涅槃寂滅果
若於精舍施園林　座具衣服湯藥等
復遇惡世飢難時　施彼衆生飲食物
如是而獲無邊福　及得智者七聖財
消除一切惡道苦　永受大富無窮盡
諸佛如來行住處　若人到已生恭敬
承事供養兼聞法　深信修學依戒行
當獲廣大無邊果　譬如大海渺渺深
以器較量算不及　福德因緣亦如是
若人修建於佛殿　寒熱風雨不能侵
最先獲證寂滅法　圓滿一切隨意願
若人塑畫於佛像　憂惱疾病得解脫

復得生天勝妙身　大智吉祥及尊貴
若人重修於佛像　當得堅牢無病身
長壽色力諸相圓　後得涅槃寂靜樂
憂惱諍訟皆滅除　勇猛辯才人稱讚
調伏諸根而策勤　一切莊嚴衆所敬
若人修諸佛像等　遠離過失得生天
富貴端嚴衆所欽　一切福德皆具足
破損塔廟若重修　彼人無病身圓滿
一切世間可愛果　種種隨心皆具足
若造佛像及佛塔　形量至小如麥粒
不唯天上與人間　決定為王受快樂
有色無色生亦尒　富貴無邊不可量
當離生老病死苦　究竟菩提佛果圓
若於塔廟安舍利　及畫佛像而供養
得彼智光照大地　善逝淨妙佛富貴
安住無邊衆生界　同入平等無相性
若於寂靜山峯上　安置佛塔及相輪
形量可如指節許　當生一切人天中
端嚴大富色力安　後作三十三天子
若人以手開佛塔　當獲富貴及具足
身體光潔心柔軟　多知性淨無瞋恨
若有智者行檀度　施佛塗香及白檀
恭俱摩等種種香　當獲廣大可愛果

若人信佛生歡喜　持妙香花及音樂
種種供養佛如來　生天而感金寶池
以彼池蓮細香蘂　徧身霑惹而澡浴
曼那吉你水清淨　入者塵垢自然除
波濤流湧噴香冷　寶岸紅蓮周帀開
天等觀斯恒適意　給施佛僧得此報
如是功德不可量　是故諸經結頌讚
名衣及上服　施佛及施僧　後生天界時
最上天衣香　青黃種種色　百千摩尼寶
而用作莊嚴　富貴而無量　快樂亦無邊
獲斯勝妙果　若人生世間　而得作國王
具足諸色相　上妙繒綵衣　種種殊勝香
隨身恒受用　皆因施佛衣　成就如斯報
若有生天界　種種寶莊嚴　身挂珠瓔珞
頭戴寶玉冠　耳鐶及腕釧　如是富快樂
施佛莊嚴具　獲天勝妙果
若作大國王　身相廣嚴飾　瓔珞摩尼珠
玎璫聲響亮　亦是三寶田　布施莊嚴具
智者清淨心　施佛花鬘等　天上及人間
恒獲於快樂　復生後報中
成就七覺花　復生天山地　而為帝釋主
與彼諸眷屬　遊嬉於園林　種種花供養
而獲如是果　琉璃眞珠寶　金銀青綠等

莊嚴於繖蓋 圓圓如滿月 若王若大臣
而用覆頭頂 如佛說此因 施蓋獲斯報
解脫貪憂惱 無病恒安樂 復作世間王
亦是施蓋報 若於佛塔廟 布施於幢幡
當作天輪王 世上無能勝 遠離一切罪
於諸衆生中 而為於上首 恒得人供養
若人於塔廟 布施鈴鐸等 不生罪惡地
常得梵音聲 若人作伎樂 琴瑟鼓吹等
供養佛聖賢 令聞心適悅 當獲天耳根
莊嚴常清淨 復得金剛慧 摧壞煩惱山
若發信喜心 以妙色香味 種種美飲食
供養諸佛等 當生天界中 眷屬同寶座
以摩尼寶器 食天上妙饌 飢饉刀兵劫
永不生其中 若人以飲食 供養聖賢衆
當生人天中 美食常豐足 種種而最上
智者恒敬愛 若以美妙食 施彼出家者
常獲富樂身 辯才而長壽 色力相具足
施食報如是 若以慈愍心 施彼甘蜜水
酥乳酪漿等 令彼渴乏者 飲之獲安樂
亦得如前報 若以呵梨勒 林藤諸藥草
供施於聖賢 當生人天中 無病而長壽
恒獲身安樂 又彼施漿飲 後得生天宮
劫樹花芳感 所求隨意得 寶器酒蜜等

眷屬同所飲 又復於劫樹 能出莊嚴具
妓唱天樂等 悅樂天衆心 甘露復隨身
施飲獲斯報 若人設齋食 當得生人天
遠離於貧寒 長命足財寶 若以象馬等
車乘及輦輿 供施佛如來 當得大神通
若施鞋履等 恒生上族家 常有象馬車
永離貧辛苦 師長等有病 若人懃承事
當於一切處 所求皆成就 若施座具等
當生於天上 不受苦辛勤 常坐上妙座
敷設卧具施 生天恒快樂 身相廣端直
無畏人稱讚 修種雜園林 嚴飾諸屋宅
施人令遊止 身心生適悅 當招歡喜園
天人遊行處 與諸天女等 嬉戲受快樂
若於炎熱時 而作陰涼施 當感優曇鉢
尼俱昔提樹 復後得生天 恒受五欲樂
井泉及池沼 修飾令嚴淨 濟彼渴乏人
普皆令充足 後報得生天 或生於梵世
種種受快樂 復證寂滅果 若以鉢多羅
布施於三寶 當生一切處 富貴而快樂
於彼世間中 尊高德最上 復感諸衆生
恒時而供養 智者若施刀 當得生天上
智慧極聰利 永不值刀兵 若人施其針
智慧恒猛利 能斷諸煩惱 證彼寂靜道

佛說若有人 塑畫於佛像 生於天界中
身體真金色 清淨光如日 而諸天人衆
天男及天女 恒時而歸命 若彼智慧人
善能說法施 天上人間生 智德力具足
恒受於快樂 永離憂悲苦 於其後有身
得證寂滅道 若彼諸有情 書寫妙法寶
當得宿命智 富貴恒安樂 而滅一切罪
經彼俱胝劫 不墮於地獄 及與鬼畜生
若彼有智者 掃灑結壇場 旋繞散香花
恒時而供養 後生於人間 及生於天上
恒受於富貴 復證寂滅故 若以長明燈
供養佛賢聖 生彼人天中 三眼常清淨
慧眼與天眼 及於肉眼故 又彼施燈者
常得生天上 口亦不瘖瘂 耳眼無聾眇
又彼施燈者 非唯三眼淨 能於正覺法
一切悉通達 智者若施財 供養有德衆
沙門婆羅門 少施獲多報 廣得順道財
長時而受用 又彼行施者 食施畜生類
所獲於福德 而成於百倍 若以財食等
布施於罪人 功利漸加姝 獲福成千倍
若施持戒人 福獲千百倍 供養無心人
得益百俱胝 若人施有學 及彼無學者
所獲於福德 比前而最上 若施佛如來

當生於天上　大富永不斷　恒受於快樂
乃至盡輪迴　而證寂滅法　我集此一切
佛説伽陀經　略明於福報　普令生信受
假使千光日　吉祥照大地　夜分滿月輝
能開青蓮花　水天毗沙門　帝釋那羅延
上首諸天等　俱因行施得　日行於虛空
上下普皆照　能活諸物命　時至亦無常
帝釋四天王　并及諸天衆　福壽窮盡時
而入死冤口　憂悲苦惱大　不住被焚燒
是故勸汝等　觀察無常身　遠離欲渴心
勿躭人天樂　須臾不久長　皆歸於散壞
我發淨信心　捨離虛幻樂　常詣於佛前
合掌而親近　以自大菩提　而作解脱主

賢聖集伽陀一百頌

乙巳歲高麗國大藏都監奉

勅雕造

聖賢集伽陀一百頌

校勘記

一　底本，金藏廣勝寺本。二九九頁下至次頁上及三〇一頁上原版漫漶，以麗藏本换。

一　二九八頁中一行至本頁下二〇行序文，諸本無。

一　二九八頁下二一行經名，石作「聖賢集伽陁一百頌一卷」。卷末經名同。

一　二九八頁下二二行譯者，磧、普、南作「西天譯經三藏朝請大夫試鴻臚少卿明教大師臣施護奉詔譯」；徑、清作「宋西天三藏朝請大夫試鴻臚少卿明教大師施護奉詔譯」。

一　二九九頁上一四行「施彼」，磧、普、徑作「施復」。

一　二九九頁中一五行第五字「照」，麗作「極」。

一　二九九頁下一二行「勝香」，徑、清作「妙香」。

一　二九九頁下二一行「天山」，徑、清作「大山」。

一　三〇〇頁上七行首字「若」，徑作「苦」。

一　三〇〇頁上一八行「慈愍」，徑、清作「慈悲」。

一　三〇〇頁中一行第六字「又」，磧、普、南、徑、清作「入」。

一　三〇〇頁中六行「常有」，資、磧、普、南、徑、清作「當有」。

一　三〇〇頁下一八行「行施」，徑作「施行」。

大宋新譯三藏聖教序　槐

御製

大矣哉我佛之教也化導群迷闡揚宗性廣博宏辯英彥莫能究其旨精微妙說庸愚豈可度其源義理幽玄眞空莫測包括萬象譬喻無垠綜法網之紀綱演無際之正教拔四生於苦海譯三藏之祕言天地變化乎陰陽日月盈虧乎寒暑大則說諸善惡細則比於恒沙含識萬端弗可盡述若窺像法如影隨形離六情以長存歷千劫而可久須彌納藏於芥子如來坦蕩於無邊達磨西來法傳東土宣揚妙理順從指歸彼岸菩提愛河生滅用行於五濁惡趣拯溺於三業途中經垂世以難窮道無私而永泰雪山貝葉若銀臺之耀日歲月煙蘿起香界之自遠巍巍罕測杳杳難名所以道資十聖德被三賢至道起於乾元衆妙生乎太易揔繁形類竅鑿昏明絕彼是非開茲蒙昧有西域法師天息災等常持四忍早悟三乘翻貝葉之眞詮續人天之聖教芳猷重啓運偶昌時潤五聲於文章暢四始於風律堂堂容止穆穆輝華曠劫而昏塾重明玄門昭顯軌範而彌光妙法淨界騰音利益有情俱登覺岸無成障礙救諸疲羸冥昧慈悲浩汗物表柔伏貪佷啓滌昏愚演小乘聲聞合其儀論大乘正覺立其性含靈悟而蒙福藏教缺而重興幻化迷途火宅深喻雖設其教不知者多善念生而無量潛臻惡業興而隨緣皆墮調御四衆積行十方澍花雨於金輪護恒沙於玉關有頂之風不可壞無際之水弗能漂澄寂湛然圓明清淨之智慧性空無染妄想解脫之因緣可以離煩惱於心田可以得清涼於宇宙朕懃非博學釋典微聞豈堪序文以示來者如麋螢爝火不足比之於皎日將微塵量海未能窮盡於深淵者哉

佛說聖大揔持王經

西天譯經三藏朝散大夫試鴻臚少卿傳法大師臣施護奉　詔譯

如是我聞一時世尊在舍衛國祇樹

給孤獨園是時阿難安居異處守夏既滿從彼默然來詣佛會至佛會已五體投地禮佛雙足退坐一面顒俟佛誨

尒時世尊告阿難言阿難我今爲欲利益一切有情故說大陁羅尼章句汝當諦聽是時阿難受佛教勑身心凝然合掌而住

佛言阿難我有摩訶陁羅尼大揔持王乃是過去七十七俱胝如來之所宣說我亦隨喜阿難此大陁羅尼章句能令有情得大安樂威德勢力悉皆具足若有善男子善女人獲得値遇者作是思惟此大陁羅尼希有難遇譬若如來應正等覺出現於世難得値遇亦如優曇鉢花希有難見當作是念諦信供養

尒時世尊復謂阿難言若有善男子善女人於此大陁羅尼章句志心受持讀誦供養者刃不能傷毒不能中火不能燒水不能漂王法不加永無夭殁至於天人阿修羅摩嚕多迦樓羅乾闥婆緊那羅摩睺羅伽夜叉羅

剎卑哩多毗舍遮鳩槃茶布單曩阿
波三摩嚕諸如是等造作惡法行不
饒益者亦不能侵害乃至幻術邪明
諸惡法等亦不能嬈亂又復瘧病一
日二日三日四日或復多日或復須
臾或復風癀或復痰癊乃至頭痛如
是等病亦不能為害
尒時世尊即說陁羅尼曰
怛你也二合他引入嚩二合隷摩訶入
嚩二合隷二入嚩二合羅你摩訶入嚩二合
羅你三怛波你摩訶怛波你四入嚩二合
隷帝五鄔枳目枳六三半你摩訶三半
你娑嚩二合引賀七引
阿難我先語汝此大陁羅尼章句乃
是七十七俱胝諸佛如來之所宣說
我今復說阿難若有善男子善女人
於此大陁羅尼章句信心受持若讀
若誦及以思惟種種供養得宿命通
知七生事於菩提心永不退轉
尒時世尊復說陁羅尼曰
怛你也二合他一引按抳摩抳二乞叉二合
弥乞叉二合摩曳三摩曩祢四引阿曩努
五護隷引摩賀引護隷六引怛曩計七引

儼鼻哩八引努鉢囉二合娑四娑四娑
嚩二合訶九引
阿難此大陁羅尼章句乃是過去八
十八俱胝諸佛如來之所宣說我亦
隨喜今復宣說阿難若有善男子善
女人於此大陁羅尼章句信心受持
或讀或誦思惟供養是人得宿命通
知十四生事於菩提心永不退轉
尒時世尊又說陁羅尼曰
怛你也二合他一引桉致引挽致二引姹
計引姹囉計三引姹計引姹囉計引四
阿悉迦引悉麼引迦引悉五伊隷弥
隷六底隷弥隷七撓引囉吠摩賀引
撓引囉吠八引部旦誐弥九引部多波囉
野拏呼轉舌底弥孕二合誐隷十引摩賀引
底弥孕二合誐隷引十一三婆吠引摩
賀引三婆吠引娑嚩二合訶引十二
阿難此大陁羅尼章句具大威德力
勢無量若有善男子善女人信心受
持或讀或誦思惟供養者得宿命通
知二十一生之事於菩提心永不退
轉
尒時世尊又說陁羅尼曰

怛你也二合他一引阿計隷引嚩計隷
二引嚕隷引摩賀引嚕隷三引烏賀你
謨引賀你謨引賀你四呰婆你娑
亘二合婆你娑嚩二合訶引五
阿難此大陁羅尼具大威德有大力
勢功德無量倍勝於前能與有情作
大利益若有善男子善女人發誠信
心不生疑惑於此大陁羅尼受持讀
誦或為他人而作擁護或為救濟或
為息災者當使彼人刀杖不傷毒不
能中一切惡事無能損害若復有人
為自擁護以此陁羅尼書於素帛帶
持身臂所獲功德無量無邊又復智
者持此陁羅尼於枯樹下為作救濟
而彼枯樹尋復穌活根葉重生作
珊瑚色花實茂盛人所愛樂
阿難若有智者恒常受持悔於先身
所作罪業若復志心懺悔無不消滅
何以故阿難譬如日月威光廣大能
照世間以陁羅尼威德力故由能墮
落又如四大海水衆流所聚深廣無
比以陁羅尼威德力故亦能乾竭至
於大地無量無邊以陁羅尼威德力

故可分千段何有罪業而不滅耶
阿難如是等大陁羅尼章句所在之
處當須尊重恭信供養不得輕慢勿
復違逆若有天龍夜叉羅刹畢哩多
毗舍遮鳩槃茶布單那羯吒布單那
阿波三摩囉吠多拏人及非人諸如
是等造作惡法於諸世間行不饒益
者若於此大陁羅尼章句有所違逆
而不隨順者彼持國天王現極怒相
光焰不散都爲一聚以熱鐵輪破彼
頭頂分作七分如阿梨樹枝又彼帝
釋天主亦大忿怒光焰熾盛都爲一
聚以金剛杵而破彼頂分作七分如
阿梨樹枝又金剛手大藥叉主亦以
金剛杵擊破彼頂如阿梨樹枝又復
彼等若有違逆此大陁羅尼章句者
雖住天中永不能得水精王宮功德
水用

佛說是經已時阿難及是會大衆天
人阿修羅乾闥婆人非人等聞佛所
說歡喜奉行禮佛而退

佛說聖大惣持王經

乙巳歲高麗國大藏都監奉
勅雕造

佛說聖大惣持王經　第七張　思

佛說聖大總持王經

校勘記

一　底本，麗藏本。

一　三〇二頁上一行至本頁中二〇行序文，諸本無。

一　三〇二頁中二一行經名，石作「佛說聖大惣持王經一卷」。卷末經名同。

一　三〇二頁下二二行譯者，資、磧、普、南作「西天譯經三藏朝散大夫試鴻臚少卿傳教大師臣施護奉詔譯」；徑、清作「宋西天三藏朝散大夫試鴻臚少卿傳教大師施護奉詔譯」。

一　三〇三頁下末行「陁羅尼」，資、磧、普、南、徑、清作「此陀羅尼」。

一　三〇四頁上三行「恭信」，資、磧、普、南、徑、清作「恭敬」。

佛說尊勝大明王經　槐

西天譯經三藏朝散大夫試鴻臚少卿傳法大師臣施護奉　詔譯

尒時世尊告阿難言阿難有尊勝大明王乃是過去一切諸佛之所宣說阿難彼七俱胝如來亦隨喜宣說我今復為未來世中一切衆生宣揚顯說汝當諦聽阿難若有善男子善女人聞此尊勝大明欲受持讀誦者先須清淨身心歸命一切諸佛一切尊法一切聖衆又復歸命大悲觀自在菩薩摩訶薩亦復歸命擁護娑婆世界主乃至一切持明天等歸命如是諸佛菩薩及聖衆已然後可誦即說尊勝大明王曰

怛你也（二合）他（引）馱囉馱囉馱囉馱囉馱囉馱囉地里地里地里地里地里地里地里度嚕度嚕度嚕度嚕度嚕度嚕酥嚕酥嚕酥嚕酥嚕酥嚕酥嚕酥嚕摩囉摩囉摩囉摩囉摩囉摩囉摩囉摩囉弥里弥里弥里弥里弥里弥里弥里母嚕母嚕母嚕母嚕母嚕母嚕母嚕擁護於我及一切衆生呬隷呬隷呬隷呬隷呬隷呬隷呬隷呬隷呬隷護嚕護嚕護嚕護嚕護嚕護嚕護嚕護嚕護嚕吉隷吉隷吉隷吉隷吉隷吉隷吉隷吉隷吉隷弥隷弥隷弥隷弥隷弥隷弥隷弥隷弥隷弥隷唧隷唧隷唧隷唧隷唧隷唧隷唧隷唧隷唧隷唧隷祖嚕祖嚕祖嚕祖嚕祖嚕祖嚕祖嚕祖嚕祖嚕祖嚕薩哩嚩（二合）部多鉢囉（二合）底史（引）鄧迦嚕弥莎賀

一切寃家發惡心者極妄害者若欲於我及他衆生作諸惡法使生諸病或欲障閉令眼不見令耳不聞鼻不辯香口不能語乃至一切身分咸欲繫縛者而彼寃家或自作或令他作乃至彼類隨喜之者悉皆破壞

覩嚕覩嚕覩嚕覩嚕莎賀

一切魑魅魍魎吠多拏旋風鬼諸如是等一切鬼神欲起惡心行不饒益者退散四方遠離而去

左囉左囉莎賀摩囉摩囉莎賀弥里弥里莎賀度嚕度嚕莎賀

一切人非人等發起惡心禁制於我及他衆生使其狂亂或如癡迷或已作或欲作皆悉解除

你隷你囉計世莎賀閉帝閉多計世莎賀路（引）呬帝（引）路呬多計世莎賀阿嚩捺（引）帝（引）阿嚩捺（引）多計世莎賀濕吠（二合）帝（引）濕吠（二合）多嚩娑怛囉（三合）馱囉尼（引）曳（引）莎賀

王怖賊怖水火等怖拏吉你怖毗舍遮怖供畔拏怖羯吒布單曩怖影鬼怖諸如是等惡鬼神怖或在道路或在曠野晝夜行時一切安隱又復寃家見面除解鬪語除解如親眷屬相見歡喜

怛你也（二合）他（引）護嚕護嚕尼吉尼吉里尼吉里尼莎賀

一切邪明截斷破壞或自焚燒猶如灰燼或自傷害或自迷亂或釘橛崩倒或隱沒不現或依空作法自然墮落或有文字障礙不行焰魔王界振動驚怖

怛你也（二合）他（引）娑吒娑吒嘙吒嘙吒嘙吒嘙吒嘙吒部嚕部嚕母嚕母嚕莎賀

若魔若魔民以惡心相向或自在天

或夜义夜义女等乃至一切食血者食肉者食脂膏者食精氣者食涎沫者諸如是等所執所縛悉皆解脫乃至男女受胎處胎初生之時皆得安隱

阿難此尊勝大明王是世間母一切衆生咸同其子阿難若善男子善女人得聞如是尊勝大明能受持讀誦者是人無始巳來所有罪業皆得除滅一切吉祥而能增長見者歡喜所作成就又復善男子善女人以此明王書於紙素或頂或臂而常戴持一切不祥悉皆遠離於睡夢中亦無惡境火不能燒水不能漂一切諸惡皆不侵害又或掬水誦此明王加持巳吸在鼻中所有在身宿業亦得除滅復增善巧恒得安樂一切邪明呪詛不饒益事以此明王加持淨水或線或白芥子解除自退阿難我先告汝此大明王乃是過去七俱胝如來同共宣說我今復爲未來衆生無福無德有諸惡鬼種種惱亂不得安隱是故宣說汝善受持當使未來流傳不

斷與諸衆生而作恃怙

尒時世尊說是尊勝大明王巳尊者阿難歡喜信受禮佛而退

佛說尊勝大明王經

乙巳歲高麗國大藏都監奉
勑雕造

佛說尊勝大明王經
校勘記

一　底本，麗藏本。

一　三〇五頁上一行經名，石作「佛說尊勝大明王經一卷」。卷末經名同。

一　三〇五頁上二行譯者，資、磧、普、南作「西天譯經三藏朝散大夫試鴻臚少卿傳教大師施護奉詔譯」；徑、清作「宋西天三藏朝散大夫試鴻臚少卿傳教大師施護奉詔譯」。

一　三〇五頁上八行「大明」，資、磧、普、南、徑、清作「大明王」。

佛說如意寶摠持王經　梱

西天譯經三藏朝散大夫試鴻臚少卿傳法大師臣施護奉　詔譯

如是我聞一時佛在覩史多天宮中與妙住等無數千菩薩摩訶薩俱是諸菩薩摩訶薩皆得具足諸法轉不退輪一生當得無上正等正覺是時復有無量天衆并諸營從亦來集會尒時世尊在大衆中處大寶座顧視衆會欲說妙法時妙住菩薩摩訶薩從座而起詣世尊前五輪著地禮已白言世尊有彼善男子得此如意寶摠持章句一心受持於過去見在未來世尊不見不聞亦不值遇者是事云何當有何因唯願如來普為我等一一開說乃至未來一切衆生使無疑惑說是語已顒然而住尒時世尊告妙住菩薩言汝大方便能問斯事汝當諦聽為汝宣說

佛言妙住彼善男子受持此如意寶摠持章句者而於過去見在及彼未來雖行利益常住福業又復於此摠持章句疑未斷故妙住此雖受持而非受持所以者何此人住有為心無善巧智無方便故若彼善男子於此摠持章句心無疑惑決定專注是則名為真受持者是則名為知過去未來及以見在說法師名是則名為見過去未來及以見在說法師相亦復得見過去未來及以見在正徧知者何以故妙住是人於摠持門而妙解故又復於信不信而不住故又復了知無去無來不生不滅非空非不空無瑞相非無瑞相無願求非無願求亦復於如是法無取著故妙住彼善男子能如是積行住無所住是則名住是得涅盤是名受持供養此如意寶摠持章句是名得無趣無壞之義是名得無疑力是名得尸羅清淨是名得一切法平等究竟成佛見所說法無自無他非和合非不和合妙住彼善男子若恒修是行即得自無染若得無染亦得無縛若自無縛令他無縛若自他無縛亦不住解脫妙住若彼不染不縛不住解脫是則名為得如意寶摠持又於如來族名知過去佛最上之明亦名知未來佛最上

佛說如意寶摠持王經　第二張　梱

之明亦名知見在佛最上之明妙住此如意寶摠持章句乃是過去未來見在佛毋何因緣故為住過去未來見在得利益故妙住若菩薩摩訶薩受持此如意寶摠持章句者當知得名供養稱讚無數諸佛亦復得名於無數佛聞無上法又復得無數佛稱讚護念亦得佛無量福智生故妙住若受持此如意寶摠持章句者凡有所求無不獲得求聰明得聰明求摠持得摠持求七寶得七寶妙住若善男子於如是事有人求者當須於半月中清淨志心以乳為食於我佛族作大供養然持誦此如意寶摠持章句一心專注而無間斷凡所求事無不獲得妙住若有受持如是摠持章句者以此摠持章句威德之力設使有恒河沙數世界之中所有天龍阿修羅迦樓羅緊曩羅摩睺羅伽鳩槃荼乃至人非人等如是之衆有極惡之心無能惱亂以至星宿及尾也二合孥等亦不能惱害何以故以法力所加護故又有賢愛菩薩大金剛手

佛說如意寶摠持王經　第三張　梱

菩薩等而擁護故而此菩薩於此知足天乃至色究竟天而常擁護何況於人間持誦之者妙住非唯此菩薩等諸佛之心亦恒護念何以故爲受持此如意寶揔持章句故

尒時世尊說是法已妙住菩薩及會中無數千菩薩及天衆并諸營從等得聞法已歡喜踊躍禮佛而退

佛說如意寶揔持王經

乙巳歲高麗國大藏都監奉

勑彫造

佛說如意寶揔持王經　第四張　祖

佛說如意寶總持王經

校勘記

一　底本，麗藏本。

一　三〇七頁上一行前，石有大宋新譯三藏聖教序一篇。

一　三〇七頁上一行經名，石作「佛說如意寶揔持王經一卷」。卷末經名同。

一　三〇七頁上二行譯者，資、磧、普、南作「西天譯經三藏朝散大夫試鴻臚少卿傳教大師臣施護奉詔譯」；徑、清作「宋西天三藏朝散大夫試鴻臚少卿傳教大師施護奉詔譯」。

一　三〇七頁上四行「妙住」，資、磧、普、南、徑、清作「大妙住」。

一　三〇七頁中一五行「無疑」，諸本作「無礙」。

一　三〇七頁下一九行「緊曩羅」，徑、清作「緊那羅」。

一　三〇七頁下二二行夾註「二合」，徑、清無。

佛說持明藏八大摠持王經　槐

西天譯經三藏朝散大夫試鴻臚少卿傳法大師臣施護奉詔譯

尒時世尊爲末世衆生宣說持明藏
八大摠持王經令彼未來四衆之中
諸修行人爲一切衆生而作利益乃
至求諸悉地而獲成就
佛言若有行人發勇猛心堅固不退
於此八大摠持而修行者先須清淨
身心内外嚴潔直至成就無令間斷
若暫間斷不獲成就若欲持誦而修
行者每持誦時先須稱念曩謨一切
諸佛及法聖衆如是歸命三寶已竟
即虔心持誦即說陁羅尼曰
曩謨阿致嚩致曩致吒計姹囉計姹
計烏嚕摩帝嚕嚕摩帝覩嚕呬隸
弥隸薩哩嚩二合惹拏二合尾波那誐曩
莫薩哩嚩二合三摩三没馱曩悉殿覩
滿怛囉二合波曩莎賀
此陁羅尼乃是過去無量正等正覺
二足世尊之所宣說若欲修行於諸
衆生作息災增益及擁護者先須持
誦精熟成先行已有大功力然可爲
於衆生此陁羅尼法可於中秋時作
有大功力若於是時作者持念易成
能除八大怖畏苦復衆生常持誦者
恒得擁護晝夜安樂一切不祥悉皆
遠離福德增長無諸苦惱或在王城
或遇兵革欲脫種種危難者擇取吉
晨於日午時持誦作法當得解脫若
被天龍鬼神種種持魅者亦能解除
以持誦力至於枯樹亦可能令再生
花菓乃至令持誦之人獲宿命通知
無量生事
復說陁羅尼曰
普俱入嚩二合隸普俱入嚩二合隸三野
替摩賀引薩滿多摩賀入嚩二合隸
帝護計目計護計目計摩賀設誐捉
囉弥多野設細含覩摩賀入嚩二合隸
入嚩二合羅帝悉地蹉僧左摩囉捉
拏莎賀
此陁羅尼乃是行輪迴義成童子之
所宣說可於十月作持誦法爲諸衆
生而作利益當獲無量清淨果報復
說陁羅尼曰
酥那替引酥吠那那癡去聲呼下同烏那癡
涅里二合癡婆惹你引馱末隸引蹉

佛說持明藏八大摠持王經　第二張　槐

末曩致嚩致怛布二合嚕曩吒嚩吒
你引那替伊迦拶囉冒地薩除拏囉
珂悉地拶泥呼去呬謎泥上同尾莎賀
此陁羅尼乃是緣覺之所宣說可於
冬時求清淨處作持誦法能擁護一
切衆生
復說陁羅尼曰
多囉唧嚕嚕唧嚕吠嚕吠囉吒計呬
隸弥隸帝隸始隸曩曩致嚩致俱曩致
阿曩末帝摩曩末帝路引隸迦娑
迦悉迦娑始羅引路引羅摩馱烏末
野尼頗娑頗細引唵引尾婆嚩帝引
莎賀
此陁羅尼乃是俱胝羅漢之所宣說
能擁護一切衆生離諸怖畏是法可
於春時持誦作息災增益定獲成就
若依法無失功行不退可得隱身無
人能見
復說心陁羅尼曰
唵引按多捺嚩二合弥尾娑嚩酥莎賀
此心明以所未事復稱名誦九洛叉
所求必遂至數滿時備種種香花燃
燈供養佛法僧菩薩緣覺聲聞等若

佛說持明藏八大摠持王經　第三張　槐

乞食者當持鉢北行至於聚落可次
第行乞以七家爲限不得驀越而彼
七家所施之後福及七族所供養花
可求迦羅尾羅花及龍花等而爲㲉
上
復說陁羅尼曰
娑嚩你娑嚩你娑嚩曩曩目契嚕半弥
僧呬引摩賀迦波祢引唵引唧引隷
弥隷唵引迦伊底尾你虞賀給引蹉
曩野莎賀
此陁羅尼乃是預流之所宜說是法
可於夏時持誦以求成就作法之處
當求屍林或兩河間或橋上建立持
誦若爲他人作擁護者先求清淨童
女合線貫珠誦一洛叉所求成就或
取自身左肋上血搵白蓮花護摩誦
八百徧所求皆得或以黑猫兒死豬
死人等左眼睛同研和合并三金同
爲丸用娑羅樹汁同服所求必得成就
復說陁羅尼曰
阿迦細引迦細引曩迦細引誐拏迦羅
細引鉢囉二合拏那旦鉢囉二合拏那
嚩怛嚩二合唵引尾馱摩賀引尾馱細

引那閉多那閉嚕嚕弭呬唧隷弥隷
阿吽多吽拏哩野弥覩野曩謨薩哩
嚩二合沒馱三沒地三婆嚩二合喃莎賀
此陁羅尼乃是無能勝菩薩之所宜
說若有志心持誦經其一年必獲色
力殊勝吉祥安樂具足功德名稱遠聞
復說陁羅尼曰
曩謨囉旦曩二合怛囉二合夜野曩謨
娜誐弥鼻曩曩謨囉倶舍嚩哩曳二合
曩設馱覩毗藥二合迦引曳引曳引
阿曩閉尾惹你引具具烏沒馱二合佉
誐作羯囉二合莎賀
此陁羅尼乃是阿那含之所宜說能
救一切病苦若有患者行人執其手
誦此加持乳汁令服及令洗身設臨
命終亦可除差或呪摩曩尸羅藥安
病人耳中亦得除差若有行人成先
行已欲求悉地者或執數珠或輪但
依法持誦行人設使無福以法力故
亦獲成就
復說陁羅尼曰
波散你引迦羅里波散你引摩迦引
里波散你引摩迦引里波散你引多

迦引里多迦引里波散你引摩里迦引
里波散你引嚕羅里波散你引波散
曩迦引里帝曩謨阿左哩野二合波
引那引喃引唵引波散你引酥路引
弥計莎賀
此陁羅尼我於往昔爲菩薩時名妙
意持明天於四足中現身說此陁羅
尼而作利益若有志心受持者所願具
足若有衆生造衆惡業當墮畜生者
以此陁羅尼威德力故除滅先罪定
生人天此陁羅尼能成就種種事業
若復有人欲求成就種種事業者當
須修先行法得圓滿已然後將所求
成就物於大持明王前或日三時或
六時持誦每一時誦千徧爲限不得
虧闕直至悉地得悉地已所作圓滿
若人欲降冤家者當面南坐手畫冤
家頭面手按呪之冤自降伏若人一
日三時恒持誦者得一切人欽伏若
人面向南以烏麻作護摩者心所求
事一一皆得若以鉢置地手按加持
之必獲多施又若加持酥食之永不
患瘧及常輕安又若女人無乳加持

酥及鹽食之有乳又若女人無子加
持栴檀花為粖一日三時點額或以
藥繫項或繫手臂定生福子又若女
人惡性者夫誦加持之即性改柔善
又若夫惡性者妻誦加持之和栴檀
花粖令食即相欽重又若人渡水至
中流深處身力疲乏慮其沉没心若
憶念即得淺處或加持枯樹再生花
葉若加持枯池即水自游滿
復說陁羅尼曰
娑引帝引阿迦致尾迦致補捺禰切囉
尼二合阿引誐帝引娑摩引四帝引
悉地娑三帝引三波耶引赧曩謨
引娑覩二合阿左里阿赧
此陁羅尼我於往昔為極怒持明王
時之所宣說若人常受持者當獲吉
祥勝事若人持誦成先行已取畢鉢
羅花尾孕二合摩菓藏粖後用酥蜜
和然加持乳汁同服後持誦七晝夜
得大聰明若以虎及獯狐貓兒豬等
各取眼睛為粖等分合和作丸加持
內於自界中當得隱身若以微呰根藥
與乳蜜同和加持食之得顏皃不老

或於屍林或猸樹下或四衢道如是
之處不食持誦若獲成就當得空中
行住亦可遊於欲色天界若得劒成
就而為最上若於海岸及大河岸常
食乳汁或肉汁持誦十箇月日日相
應身心不退必獲海中河中異寶若
於山上有龍處常食菉豆及酥持誦
得龍送珠金若於憂曇鉢樹下持誦
常乞食誦不間斷至成就呪酥須臾
間成水服之得解世間種種之法若
以土捏作師子加持若得成就乘之
可往天界如是諸法一一修行若求
成就者得先行圓滿已依法復誦八
千徧必獲悉地
介時世尊說是持明藏八大揔持王
已告阿難言此秘密法汝善受持使
於未來流傳不斷令修行者與諸眾
生作大利益時彼阿難受佛教勅歡
喜踴躍作禮而退

佛說持明藏八大揔持王經

乙巳歲高麗國大藏都監奉
勑彫造

佛說持明藏八大總持王經

校勘記

一　底本，麗藏本。

一　三〇九頁上一行經名，石作「佛說持明藏八大揔持王經一卷」。卷末經名同。

一　三〇九頁上二行譯者，資、磧、普、南作「西天譯經三藏朝散大夫試鴻臚少卿傳教大師臣施護奉詔譯」；徑、清作「宋西天三藏朝散大夫試鴻臚少卿傳教大師施護奉詔譯」。

一　三一〇頁上一六行「左肋上」，磧、普、南、徑、清作「左肋下」。

佛說普賢曼拏羅經 杷

西天譯經三藏朝散大夫試鴻臚少卿傳法大師臣施護奉詔譯

如是我聞一時佛在王舍城鷲峯山中與大比丘衆五十百千人俱復有諸大菩薩摩訶薩皆是一切白法具足得無量智善巧方便能師子吼其名曰

普賢菩薩摩訶薩寶印手菩薩摩訶薩嬉戲菩薩摩訶薩功德莊嚴菩薩摩訶薩福德音聲菩薩摩訶薩大意菩薩摩訶薩德嚴菩薩摩訶薩如是等菩薩摩訶薩衆皆來集會

尒時世尊以大慈大悲普爲現在未來諸修行人欲修金剛薩埵祕密相應法速疾成就者宣說金剛界大曼拏羅法

佛言若有善男子欲入金剛界大曼拏羅修習普賢金剛薩埵相應祕密法速疾成就者先當發起勇猛堅固殊勝之心求彼世間清淨勝師請受灌頂已於彼師處傳受祕密相應印契儀法一一不謬專注記憶勿令忘誤然後隨欲於清淨勝處修習是法以求悉地得勝處已先當澡浴清淨嚴潔身心便於彼處先結界護身然後依法以香泥塗曼拏羅極令如法塗畢便於此曼拏羅中燒香散花種種供養向此曼拏羅作觀想想彼曼拏羅中有本尊如來得現前已不起壬座即取塗香塗手結印及念密言次結淨三業印二手金剛掌三誦本密言

唵(引)娑嚩(二合)婆(引)嚩秫馱(引)薩哩嚩(二合)達哩摩(二合)娑嚩(二合)婆(引)嚩秫度憾

誦此密言已散印復言我今自無始已來所有一切麤重身口意業今已清淨既清淨已願今所作一切事業則爲入彼金剛法因然更作意觀於本尊如來願我所作事業皆得成就便歸命讚歎即誦密言曰

唵(引)薩哩嚩(二合)怛他誐多(引)迦(引)野嚩枳唧(二合)多鉢囉(二合)拏昧嚩曩(二合)滿那喃迦(引)嚕弭

誦此密言已即以四種禮禮曼拏羅中本尊如來禮已長跪作金剛合掌

而說是言我今發無上菩提心惟願應正等覺三世之師方便攝受令我正得三種學戒爲諸衆生以金剛堅固力住持三寶利樂衆生我今於如來金剛界金剛薩埵眞如相應祕密法中從阿闍梨受大金剛族於六時修習行四種施法於大寶族受平等相應法於大蓮花族受三乘微妙祕密法於大事業族受具足一切供養事業從清淨眞如生大菩提法我發無上菩提心受如是法已當依法修習爲一切衆生而作饒益所有一切衆生無主宰者爲作主宰未解脫者令得解脫未安樂者令得安樂未到彼岸者令到彼岸行者發願已即誦金剛視密言

摩吒於兩目　應觀爲日月
二手金剛拳　各安於腰側
曼拏與香花　及餘供養具
因此目瞻視　去垢成清淨

金剛視密言曰

唵(引)嚩曩(二合)捺哩(二合)瑟致(二合)摩吒

二手金剛縛能解諸結使淨第八識

中一切雜染種金剛縛密言曰
唵引嚩囉二合滿馱三說
以此印誦密言故當得自身無始巳
來一切結使之縛悉皆解脫當令修
習一切功德圓滿次即以縛印於當
心礫開復誦密言曰
唵引嚩囉二合滿馱怛囉二合吒半音
以此印及誦密言當得自性金剛智
慧頓顯發故即以金剛鈴三振巳即
次觀自身中有惡字輪顯發有大威
德以是之故當使一切魔障不能惱
亂復得金剛堅固心不退轉得一切
成就次誦心密言曰
賀賀賀賀斛
誦心密言巳即入金剛薩埵堅固智
觀想盡虛空界一切性悉皆平等同
彼十六音聲次觀想自心成圓月輪
於月輪中想迦字得字了了分明現
巳復想月輪外有一迦字如星旋遶
得現前巳復想迦字心月輪中生一
金剛蓮花又於此蓮花中心出蓮花
印於此印上觀一憾字得字了了分
明現巳復觀自身等同金剛薩埵無
佛說普賢曼拏羅經　第四張　攝

異無別不動不推即擲金剛杵作如
是言我今不易此身從金剛法生為
金剛薩埵次又想自身成大三摩耶
薩埵即結金剛大三摩耶印誦密言
曰
唵引三摩喻憾摩賀引二摩喻憾
即以前三摩耶印印心額喉頂次結
世尊大印誦密言曰
唵引三摩耶薩怛嚩二合阿地底瑟姹
二合娑嚩二合鉿
復誦密言曰
唵引嚩囉二合達哩摩二合呬哩二合
由此印密言故令我身口意成金剛
三業次結成就大印誦密言曰
唵引三摩耶惡
次想前心月輪中金剛法惡字輪及
蓮華乃至蓮華中憾字一一皆是我
金剛法自性身中所顯發故如是想
巳即結金剛鉤印以二手作金剛拳
以二小指反相鉤二頭指屈如鉤誦
密言曰
唵引嚩囉二合俱舍弱
次結金剛索印不改前印即以二頭
佛說普賢曼拏羅經　第五張　攝

指反相鉤是名索印即誦密言曰
唵引嚩囉二合播引舍吽
次結金剛鎖印以二手內相叉是名
金剛鎖即誦密言曰
唵引嚩囉二合娑普二合吒鑁
次結金剛鈴印二手金剛縛三振如
振鈴是名金剛鈴即誦密言曰
唵引嚩囉二合吠舍惡
次觀自身同金剛薩埵智身得見前
巳即誦密言曰
弱吽鑁斛
次結三昧耶印即誦密言曰
唵引三昧耶娑怛鑁三合
誦此密言巳即復觀自心成圓月輪
想自身入此月輪成大金剛薩埵即
誦密言曰
唵引摩訶三昧耶娑怛鑁三合
次誦金剛法密言曰
唵引嚩囉二合達哩摩二合呬哩二合
誦此密言巳復觀前心月輪變成赤
色中有本尊如來相好殊異目如蓮
葉作微笑容慈悲歡喜安詳而住如
是觀巳次結四如來三昧耶密印各
佛說普賢曼拏羅經　第六張　攝

以本眞言而用加持身先結金剛薩埵印二手作金剛縛二中指竪如針名金剛薩埵印此印安於心即誦密言曰

唵引薩哩嚩二合嚩日哩二合阿地底瑟姹二合娑嚩二合鉿

不改前印相以二中指屈如寶是名金剛寶此印印於額即誦密言曰

唵引囉怛曩二合嚩日哩二合阿地底瑟姹二合娑嚩二合鉿

不改前印相以二中指如蓮葉名金剛蓮花印此印安於喉即誦密言曰

唵引達哩摩二合嚩日哩二合阿地底瑟姹二合娑嚩二合鉿

不改前印相以二中指相交竪名為羯磨印此印安於頂即誦密言曰

唵引羯哩摩二合嚩日哩二合阿地底瑟姹二合娑嚩二合鉿

次復觀想前赤色月輪中本尊如來即結彈指請召印交臂作金剛彈指乃至召請一切佛平等亦同左手彈指得一切善事速疾成就若右手彈指得速疾集會彈指密言曰

唵引嚩日囉二合三摩惹弱

次稱一百八名頌曰

金剛生大士　金剛諸如來
金剛乘普賢　金剛手頂禮
金剛王妙覺　金剛鉤如來
堅固不空王　金剛伏頂禮
金剛愛大樂　金剛箭降伏
金剛大魔欲　金剛弓頂禮
金剛意妙峯　金剛寂大愛
金剛歡喜王　金剛喜頂禮
金剛寶妙利　金剛空大寶
金剛虛空藏　金剛藏頂禮
金剛光大焰　金剛光佛日
金剛焰大照　金剛光頂禮
金剛幢妙利　金剛旗妙喜
金剛大寶幢　堅固鼓頂禮
金剛笑大喜　金剛思大希
金剛愛歡喜　金剛愛頂禮
金剛法妙利　金剛蓮妙淨
妙眼觀自在　金剛眼頂禮
金剛利大乘　金剛鉤大冐
妙吉祥甚深　金剛智頂禮
金剛因大利　金剛輪大乘
金剛妙慧轉　金剛刹頂禮
金剛言妙明　金剛念妙成
金剛成無言　金剛言頂禮
金剛業妙智　金剛事一切
金剛空大力　金剛業頂禮
金剛護大進　金剛冐大牢
忿怒妙精進　堅精進頂禮
堅食大善巧　金剛牙大怖
金剛峯破魔　堅威怒頂禮
金剛拳妙意　金剛縛解脫
金剛拳平等　堅固拳頂禮

由稱念此一百八名最上句故是得一切最初灌頂故若有於此名能尊重讚歎者是受持大金剛故若常諷諷此名句者是得持金剛舉是故我已先說觀想本尊如來得見前已即結金剛鉤印事業印召請得降臨已即結三昧耶印復誦密言曰

唵引嚩日囉二合達哩摩二合弱吽鑁斛

三昧耶薩怛鑁二合摩憾

復誦金剛法密言曰

唵引嚩日囉二合達哩摩二合呬哩二合

次以二頭指相柱屈如蓮花葉名金

剛法三昧耶印次大羯摩印世尊大
印次灌頂印次獻五供養已即持念
本所修習密言數滿足已結印誦八
供養明供養佛賢聖等即以二手作
金剛拳相應安膂側向左小低頭此
名嬉戲印即誦密言曰
唵引嚩囉二合羅細
次以二手作金剛拳以二頭指向額
及腦後如繫鬘勢此名曰鬘印即誦
密言曰
唵引嚩囉二合麼隸
次以二手如金剛掌反展開五指如
捧花勢此名曰謌印即誦密言曰
唵引嚩囉二合儗帝
次以二手作金剛拳先虛心合掌後
如舞勢此名曰舞印即誦密言曰
唵引嚩囉二合涅里二合帝也二合
次以二手作金剛縛然後下散此名
獻香印即誦密言曰
唵引嚩囉二合度閉
次以八指作金剛内縛於心前仰開
如捧花勢此名獻花印即誦密言曰
唵引嚩囉二合補瑟閉二合

次以二手作金剛縛竪開二頭指此
名獻燈印即誦密言曰
唵引嚩囉二合路計
次以二手作金剛縛當自心上開塗
是獻塗香印即誦密言曰
唵引嚩囉二合巘弟
如是諸密言印契有大威力當須運
心利益自他又復自住三昧耶相應
觀想心中有唵字輪現得字現已
復想唵字中流出寶蓋寶幢寶幡
腕釧耳鐶瓔珞衣冠等寶莊嚴具乃
至百味飲食七寶等雲一一運心徧
於佛菩薩前虔恭奉獻以伸供養即
作金剛合掌印散漫想獻十方一切
佛菩薩等如是供養已即將持誦或
所作善事迴向發願已即依法發遣
奉送賢聖
介時世尊說是法已在會諸大菩薩
摩訶薩及一切大苾芻衆等聞佛所
說歡喜信受禮佛而退
佛說普賢曼拏羅經
乙巳歲高麗國大藏都監奉
勅雕造

佛說普賢曼拏羅經

校勘記

一　底本，麗藏本。
一　三一二頁上一行經名，石作「佛說普賢曼拏羅經一卷」。卷末經名同。
一　三一二頁上二行譯者，徑、清作「宋西天三藏朝散大夫試鴻臚少卿傳法大師施護奉詔譯」。
一　三一三頁下一八行末字「曰」，徑無。
一　三一四頁中末行「大剎」，磧、普、南、徑、清作「大利」。
一　三一五頁上四行「二手」，磧、普、南作「一手」。
一　三一五頁上一三行第九字「即」，徑無。
一　三一五頁上一五行「拳先」，磧、普作「奉先」。

佛說最上意陁羅尼經　槐

西天譯經三藏朝散大夫試鴻臚少卿傳法大師臣施護奉　詔譯

如是我聞一時佛在救鴿城牛頭栴檀精舍與大比丘衆俱及天龍八部恭敬圍繞瞻仰而住

尒時世尊告阿難陁及諸大衆言我觀此南閻浮提末世之時一切衆生由薄福故有諸惡鬼神起諸災難惱亂衆生使不安隱有陁羅尼能為息滅及增吉祥我今宣說汝等諦聽時阿難陁及諸大衆奉佛教勅嘿然而聽

佛言阿難過去世時此閻浮提有一比丘名曰傳教於九月黑月十五日北方遊行去支那國不遠及四由旬忽於路次見一神人遠遠而住而此神人身長三十肘面圓四肘彼傳教比丘見此神人身量恢偉顏皃熙怡審諦觀察此非他人乃眞實是妙吉祥童子於是傳教比丘詣神人前五輪著地伸其禮敬作禮起已合掌瞻仰白神人言云何妙吉祥童子現如是相耶我今審知定非他聖時彼神人告比丘言誠如汝言我妙吉祥也時傳教比丘復白神人言何故今日現此相耶時彼神人告傳教比丘言汝知已否今南閻浮提當有災難薄福衆生得種種病受諸苦惱比丘白言今南閻浮提何故忽尒有此災難神人言今妙高山南面有阿修羅興起惡心將諸眷屬索天交戰時阿修羅遮障日月及以星辰光明不現復有無量極惡夜叉乾闥婆迦樓羅等住妙高山南面見阿修羅現是相已亦相黨助時天退敗修羅得勝時南閻浮提忽見如是日月星辰光明隱蔽諸不吉相處處出現風雨非時旱澇競作五穀苗稼秀而不實設有子實食乃無味當令衆生色力威光一切減劣復有地居毗舍闍等諸惡鬼類變易本形現其異相或作師子虎狼或作猗犬之狀亦復現彼女人之相惱亂衆生令得種種之病使其苦惱所謂瘦病風病痰吐之病眼目病頭痛病腹痛病乃至痔瘻病又復瘧病或頻日或隔日或須臾或連月或

患瘡癬或患疥癩諸惡疾病徧閻浮提令諸衆生受極苦惱薄福人輩無有免者至於耆年中年或少或幼因是疫沴多從夭歿比丘我以此事而懷傷愍故現斯狀告語人知比丘我今告汝若有衆生欲為自身及其眷屬乃至聚落迨於國界禳弥災沴增益福祥先於三寶深生信重然備名花珎菓燒香塗香種種供具而為供養當須志心於一七日不食日四時夜四時勇猛專注持誦最上意陁羅尼而彼災難必獲弥滅一切福祥而能增益比丘若欲持誦彼最上意陁羅尼者先須稽首稱念南无廣大甚深智慧振吼王如来名已即誦陁羅尼時彼神人為傳教比丘宣說最上意陁羅尼曰

怛你也二合他尾布羅誐里吟帝尾布羅濕嚩哩尾布羅喻你世阿羅誐帝莎賀曩謨薩哩嚩二合你嚩囉捉尾瑟剱比拏怛他誐多寫怛你也二合他引呬引摩呬引摩賀摩呬莎賀曩謨虞拏引迦囉寫怛他誐多寫怛你也二合

他誐誐曩迦哩誐誐曩三婆吠誐誐
曩吉哩帝二合帝引莎賀曩謨囉怛
曩二合娜誐二合多引曩謨怛他誐多
寫怛你也二合他引囉怛努引二合訥誐
二合帝引囉怛曩二合三婆吠莎賀曩
謨摩賀引阿[口*尔]多薩嚩二合弥你怛
他誐多寫怛你也二合他阿麼摩呬引
莎賀曩曩謨麼引曩薩旦二合婆寫怛
他誐多引寫怛你也引他引麼引曩
娑怛鑁二合秫馱鉢納摩二合莎哩鉢
納摩三婆吠迦哩呬多迦哩曳莎賀
曩謨薩哩嚩二合沒馱冐地薩埵喃
曩謨阿哩野曼祖室哩二合野怛你也二合
他引惹曳引惹野羅沒地引一合呬引
摩呬引摩賀摩呬引莎賀曩謨阿哩
野二合嚩路枳帝引濕嚩二合囉寫怛
你也二合他誐誐曩引茶曳二合誐誐
曩尾訖闌二合多瞎呬弥引莎賀曩
謨阿哩野二合三滿多婆捺囉二合寫怛
他誐多寫怛你也二合他引呬引婆捺
哩引二合摩賀引婆捺哩引二合阿蜜哩二合
多婆捺哩引二合尾誐多囉惹細引莎
賀曩謨阿哩野二合嚩日囉二合地波

多曳多野引怛你也二合他引吉哩帝
二合多薩哩嚩二合[口*尔]你引鼻入阿底
吉哩帝二合多薩哩嚩二合[口*尔]你引鼻
嚩日囉二合三婆吠引嚩日囉二合鼻引
那迦引野莎賀曩謨薩哩嚩二合沒
馱冐地薩埵喃怛你也二合他引濕吠
二合引多迦哩引鼻引入嚩二合羅你曳引
莎賀薩旦二合婆你謨引賀引你半
惹你奔拏哩迦引野莎賀摩賀引
難帝難婆你曳引莎賀努囉尾努
呈曳引莎賀羅尾訖里二合帝引莎
賀扇帝引悉吠引你嚩播尼曳引
莎賀覽謨引捺哩曳引迦引羅播
引世引吉哩帝二合多莎賀阿惹拏
二合曩尾馱摩你曳引莎賀馱引覩
迦哩曳引莎賀弥伽迦哩曳引莎賀
末羅鑁帝曳莎賀冐地孕二合誐難
帝曳莎賀羯哩摩二合娑引馱你迦
引野莎賀瞎迦囉引摩引野莎賀阿
瑜誐左哩尼曳引莎賀沒囉二合憾謨
二合引播引虞茶引上野莎賀薩哩嚩二合
迦哩摩二合嚩囉拏鼻悉史訖多二合
野莎賀薩哩嚩二合沒馱引鼻三塞

訖里二合多引野莎賀瞎迦悉陵二合
誐野莎賀阿悉陵二合誐野莎賀部
多引野莎賀阿部多野莎賀薩哩嚩
二合努具波三摩引野莎賀摩摩薩哩
嚩二合引唵引左莎賀

尒時神人說此最上意陀羅尼已告比丘傳教言汝今以此陀羅尼於南閻浮提十方之内國邑聚落處處傳說使諸衆生咸得聞知當令此陀羅尼廣宣流布何以故爲與衆生能增長功德故能與衆生除諸苦惱故能於世間除諸災難故能令諸惡鬼神息滅惡心故能令所在國邑聚落王及臣民一切皆得安隱快樂故比丘若有善男子善女人欲以此陀羅尼恭敬供養受持讀誦息除災難增長功德者應當發至誠心歸依三寶於一七日中日別備諸香花飲食供養於佛又日供七僧又至中夜於自家庭燃大炬火用爲照燎持誦此陀羅尼所有災難當得解脫比丘若善男子善女人能如是作者當得自身解脫比丘若二七日如是備種種香花

飲食供養佛僧一倍於前是人所有父母同得解脱比丘若於三七日能如是於佛法僧倍前以種種香花飲食恭敬供養者彼人所有男女并一切眷屬同得解脱比丘若四七日如是修持倍倍於前精虔不懈者彼人所住聚落一切人民咸得解脱比丘以要言之乃至七七日倍倍增勝於前供養奉佛法僧彼人所獲功德上及國王下及人民國界之内普得解脱比丘當知我今告汝汝持此法於此界他方速疾傳説使令流布何以故為能與衆生消除種種苦惱增長種種功德故比丘若復有人得聞是法知其利益心不恭敬又復不能廣為人説亦復不能自專讀誦比丘當知是人得匿法過同五逆罪比丘若有衆生得聞是法不違我教躬自依法受持讀誦供養恭敬復為他人依法修福又能流布廣利衆生比丘我即遥知先為此人往妙高山至天人阿修羅乾闥婆迦樓羅所以利益心降伏勸喻為其説法咸令歡喜使

彼天人阿修羅等息彼諍心手相恭敬即得閻浮提界災難息滅瘦沵不生諸惡鬼等各各潛隱一切衆生咸得安樂時彼神人説是事已隱形不現傳教比丘遵奉傳説

尒時世尊告諸大衆言彼妙吉祥童子於過去世以方便力為諸衆生説如是法我為汝等今復宣説汝等專心受持讀誦於未來世廣令流布消除災難增益吉祥時阿難陀及諸大衆聞佛説已咸悉歡喜專心受持禮佛而退

佛説最上意陀羅尼經

乙巳歲高麗國大藏都監奉

勑彫造

佛説最上意陀羅尼經

校勘記

一　底本，麗藏本。

一　三一六頁上一行經名，石作「佛説最上意陀羅尼經一卷」。卷末經名同。

一　三一六頁上二行譯者，資、磧、普作「三藏法師施護奉詔譯」；南作「宋三藏法師施護奉詔譯」；徑、清作「宋西天三藏朝散大夫試鴻臚少卿傳教大師施護奉詔譯」。

一　三一六頁上二一行第三字「地」，資作「他」。

一　三一六頁中一三行「星辰」，徑作「星宿」。

一　三一八頁上九行第一一字「獲」，磧、徑、清作「復」。

一　三一八頁上二一行第九字「往」，資、磧、普、南、徑、清作「住」。

佛說聖六字大明王陀羅尼經　槐

西天譯經三藏朝奉大夫試光祿卿傳法大師賜紫臣施護奉　詔譯

如是我聞一時世尊在舍衛國祇樹給孤獨園尒時世尊告尊者阿難言阿難汝當諦聽我有六字大明王陁羅尼乃是過去無量諸佛爲諸大士之所宣說阿難我今復爲汝等及末世有情宣說是陁羅尼當使有情於未來世得此陁羅尼者而得大利

尒時阿難及娑婆世界主大梵天王帝釋四天大王等白世尊言世尊大慈大悲願爲宣說當令我等及末世有情於長夜中得利益安樂

尒時世尊即說六字大明王陁羅尼曰

怛你也二合他一引難底隷二引摩度摩底三曼拏哩引計四引布哩引曩袮計引娑嚩二合引賀五引

尒時佛告阿難言若有衆生得聞此大明王陁羅尼章句名字信心受持憶念讀誦及以香花種種供養者是人所有王怖水火等怖乃至盜賊怨家之怖如是諸怖悉皆解脫又復毒藥乃至刀兵亦不能傷害又復天人非人夜叉羅刹俱畔拏乃至羯吒布單曩等所持所魅亦不能侵害又復瘧病一日二日三日四日或復多日或復須臾又復頭痛耳痛背痛腹痛乃至水腫諸惡病苦皆不能侵害於其晝夜常獲安隱一切所求皆得如願

尒時世尊又說陁羅尼曰

怛你也二合他一引阿拏哩二引波拏哩引三那弥引那摩你四嚩迦細引五俱酥計六引句引迦切計七引部多誐囉二合切引八帝濟引嚩底九野舍嚩底娑嚩二合引賀十引

佛告阿難若有衆生得聞是陁羅尼者我不見有一切天龍夜叉羅刹畢哩多毗舍遮部多俱畔拏布單曩羯吒布單曩乃至人非人等一切行不饒益者敢有違逆阿難如是等行不饒益者若有違逆我如是陁羅尼者當頭破七分如阿梨樹枝

尒時世尊復告阿難言如是陁羅尼功德力勢無量無邊利益衆生無有窮盡汝當受持廣令流布於後後世勿令斷絕佛說是經已阿難及大梵天王天帝釋四天大王等聞佛所說歡喜信受禮佛而退

佛說聖六字大明王陁羅尼經

乙巳歲高麗國大藏都監奉
勅雕造

佛說聖六字大明王陁羅尼經

校勘記

一　底本，麗藏本。

一　三一九頁上一行經名，石作「佛說聖六字大明王陁羅尼經一卷」。卷末經名同。

一　三一九頁上二行譯者，資、磧、普、南作「西天譯經三藏朝散大夫試鴻臚少卿傳教大師臣施護奉詔譯」；徑、清作「宋西天譯經三藏朝散大夫試鴻臚少卿傳教大師施護奉詔譯」。

佛說大威德金輪佛頂熾盛光如來消除一切災難陀羅尼經　槐

唐代失譯

尒時釋迦牟尼佛住淨居天宮告文殊師利菩薩摩訶薩及諸四衆八部遊空大天九執七曜十二宮神二十八星日月諸宿我昔於過去娑羅樹王佛所受此大威德金輪佛頂熾盛光如來消除一切災難陀羅尼法於未來世中若有國界日月五星羅睺計都彗孛妖怪惡星照臨所屬本命宮宿及諸星位或臨帝座於國於家幷分野處陵逼之時或進或入作諸災難者應於清淨處置立道場志心持是陀羅尼經一百八遍或一千八十遍若一日二日乃至七日依法修治壇場受持讀誦一切災難自然消滅不能為害若大白火星入於南斗於國於家及分野處作災難者應於一忿怒尊像前畫彼設覩嚕形念此真言加持其災即散移於不順王命悖逆人身上即說陀羅尼真言曰

南無(一)三滿哆没䭾喃阿鉢囉(二合)底(丁以反)賀哆舍薩曩喃(引)唵(引)佉佉佉呬佉呬吽(音牛)吽入嚩(二合)囉入嚩(二合)囉鉢囉(二合)入嚩(二合)囉鉢囉(二合)入嚩(二合)囉底瑟吒(二合)底瑟吒(二合)瑟緻(二合)哩瑟緻(二合)哩薩登(二合)吒薩登(二合)吒扇底迦室哩(二合)曳娑嚩(二合)賀

佛言若國界分野及男子女人被諸天星辰所臨身形但書寫此經志心受持讀誦常須護淨此陀羅尼一切如來同共宣說能成就八萬種大吉祥事復能滅除八萬種大不吉祥事若有國王大臣及諸眷屬一切庶民或被五星羅睺計都彗孛恠惡諸宿陵逼帝座於國於家幷分野處所屬宮宿災難競起或土星侵陵或進或退及宿世怨家欲相謀害諸惡横事口舌厭禱呪詛符書以為災難令諸衆生依法受持一切災禍不能為害變災為福皆得吉祥我說此真言不可思議功德無比祕密受持勿妄宣傳

佛告大衆若有國界不安災難起時及男子女人災祥變禍但請僧衆如法建立道場安置佛像潔戒護持香花燈燭隨分供養令諸衆生獲福無量其災即除

尒時如來復告大衆若人行年被金木水火土五星及羅睺計都日月諸宿臨身災難競起我有大吉祥真言名破宿曜若能受持志心憶念其災自滅變禍為福即說真言曰

唵(引)薩嚩諾刹怛囉(二合)糝摩曳室哩曳扇底迦呴嚧薩婆訶

尒時如來說是經時文殊師利菩薩摩訶薩及諸四衆遊空大天諸星辰等一切聖衆咸依佛勑頂禮奉持各還本宮天龍八部等聞佛所說皆大歡喜信受奉行

佛說熾盛光消災經

九曜真言曰

金

曩謨三滿哆没馱喃唵(引)摩賀咸尾(微一反)野娑嚩(二合)賀(引)

木

曩謨三滿哆没馱喃唵(引)印(上)捺囉

（二合）野婆嚩（二合）賀（引）

水

曩謨三滿跢沒馱喃唵（引）嚩（无可反）嚕拏

（上）野婆嚩（二合）賀（引）

火

曩謨三滿跢沒馱喃唵（引）阿（上）佉曩

（上）曳婆嚩（二合）賀（引）

土

曩謨三滿跢沒馱喃唵（引）鉢囉（二合）替

（上）曳婆嚩（二合）賀（引）

羅睺

曩謨三滿跢沒馱喃唵（引）羅（平）戶（上）曩

（上）阿（上）素囉（平）囉（上）惹野吽婆嚩（二合）賀（引）

計都

曩謨三滿跢沒馱喃唵（引）嚩日囉（二合）

計都諾乞察（二合）怛囉（二合）囉惹野吽婆

嚩（二合）賀（引）

日天

曩謨三滿跢沒馱喃唵（引）阿（去）你（入）

底也（二合）婆嚩（二合）賀（引）

月天

曩謨三滿跢沒馱喃唵（引）蘇（上）摩野

婆嚩（二合）賀（引）

乙巳歲高麗國大藏都監奉

勅雕造

第四張　杞

佛說大威德金輪佛頂熾盛光如來消除

一切災難陀羅尼經

校勘記

一　底本，麗藏本。

一　三二一頁上一行「佛說」，[石]無。

一　三二一頁上二行「陀羅尼經」下，[徑]有「九曜真言附」五字。

一　三二一頁上三行譯者，[石]無；[南]、[徑]、[清]作「唐代失譯人名」。

一　三二一頁上四行首字至一六行第二字「介……遍」，[石]無。

一　三二一頁上一三行「或進」，[徑]、[清]作「或退」。

一　三二一頁上一五行第六字「經」，[南]、[徑]、[清]無。

一　三二一頁上一七行首字「治」，[石]、[磧]、[南]、[徑]、[清]作「持」。

一　三二一頁上一八行首字「滅」，[磧]、[南]、[徑]、[清]作「散」。又「大白」，[石]、[磧]、[南]、[徑]、[清]作「太白」。

一　三二一頁中一一行「滅除」，[磧]、[南]、[徑]、[清]作「除滅」。

一　三二一頁中二〇行「勿妄」，[石]、[南]作「勿忘」。

一　三二一頁中末行「潔戒」，[徑]、[清]作「結界」。

一　三二一頁下一〇行第八字「時」，[磧]、[南]、[清]作「言」；[徑]作「已」。

一　三二一頁下一二行「奉持」，[磧]、[南]、[徑]、[清]作「奉行」。

一　三二一頁下一五行經名，[石]作「佛說熾盛光消災經一卷」；[南]、[徑]、[清]作「佛說大威德金輪佛頂熾盛光如來消除一切災難陀羅尼經」。

一　三二一頁下一七行「金」、二〇行「木」、次頁上二行「水」、五行「火」、八行「土」、一一行「羅睺」、一四行「計都」、一八行「日天」、二一行「月天」，[磧]、[南]、[徑]、[清]以夾註形式在呪語中出現。

大宋新譯三藏聖教序

御製

大矣哉我佛之教也化導群迷闡揚宗性廣博宏辯英彥莫能究其旨精微妙說庸愚豈可度其源義理幽玄眞空莫測苞括萬象譬喻無垠綜法網之紀綱演無際之正教拔四生於苦海譯三藏之祕言天地變化乎陰陽日月盈虧乎寒暑大則說諸善惡細則比於恒沙含識萬端弗可盡述若窺像法如影隨形離六情以長存歷千劫而可久須弥納藏於芥子如來坦蕩於無邊達磨西來法傳東土宣揚妙理順從指歸彼岸菩提愛河生滅用行於五濁惡趣拯溺於三業途中經垂世以難窮道無私而永泰雪山貝葉若銀臺之耀目歲月煙蘿起香界之自遠巍巍罕測杳杳難名所以道資十聖德被三賢至道起於乾元衆妙生乎太易惣繁形類𥩆鑿昏明絕彼是非開茲蒙昧有西域法師天息災等常持四忍早悟三乘翻貝葉之眞詮續人天之聖教芳猷重啓運偶昌時潤五聲於文章暢四始於風律堂堂容止穆穆輝華曠劫而昏塾重明玄門昭顯執範而弥光妙法淨界勝音利益有情俱登覺岸無成障礙救諸蒙蔽冥昧慈悲浩汗物表柔伏貪佷啓瀹昏愚演小乘聲聞合其儀論大乘正覺立其性含靈悟而蒙福藏教缺而重興幻化迷途火宅深喻雖設其教不知者多善念生而無量潛臻惡業興而隨緣皆墜調御四衆積行十方澍花雨於金輪護恒沙於玉關有頂之風不可壞無際之水弗能漂澄寂湛然圓明清淨之智慧性空無染妄想解脫之因緣可以離煩惱於心田可以得清涼於宇宙朕勲非博學釋典微開豈堪序文以示來者如爝螢爝火不足比之於皎日將微蠡量海未能窮盡於深淵者哉

摩訶帝經卷第一　第二張　雅字號　推

佛說衆許摩訶帝經卷第一

西天譯經三藏朝散大夫試鴻臚少卿明教大師臣法賢奉詔譯

如是我聞一時佛在迦毗羅國尼俱

陁林中尒時迦毗羅國有大釋衆而自思惟我佛世尊於過去世何處所生何姓何族有何因緣而思惟巳告諸衆曰釋迦世尊於過去世何處所生何姓何族有何因緣我等今者欲往佛所而問此義如佛所說依教受持如是言巳與大釋衆即往佛所頭面禮足依位而坐

尒時迦毗羅國大釋衆白佛言世尊我等大釋衆住迦毗羅國精舍之中而忽思惟我佛世尊於過去世何處所生何姓何族有何因緣我等不知今與釋衆來詣佛所而問此義唯願世尊為我宣說我等得聞依教受持

尒時世尊為斷衆疑即說此義告釋衆曰我先不欲宣說此義何以故所有諸魔外道若聞此事而復謗言沙門憍荅摩自說其美所樂即說非樂不說有何所益

尒時大目揵連在大衆中即從坐起瞻仰尊顏目不暫捨世尊告曰目連彼諸釋衆樂聞於我過去之事所生之處何姓何族有何因緣汝今志心

而為宣說

尒時會中大目揵連黙然思惟經須臾頃收僧伽梨衣安在頭邊右脇枕臥累足不動入三摩地而復觀察世尊過去之世所生之處若姓若族及因緣事如實了知無其錯謬即便出定於大衆前復坐本座尊者大目揵連告釋衆曰我於三昧觀彼憍荅摩往昔之事世界壞時彼諸衆生命終之後而得往生徧靜天中生彼天巳諸根圓滿身相端嚴衆苦不生身心適悅色相光明騰空自在以天甘味而為飲食壽量長時無中夭者尒時大地大水所生滿虛空中猶如大海風吹波浪如煎熟乳其水清涼爲彼後時一切衆生所食清淨最上地味

尒時大目揵連復告衆言當尒劫壞衆生生徧靜天者以彼天中福壽俱盡捨徧靜天生於人間所生之身亦如天界身相端嚴諸根無缺妙色廣大自有身光恒常照曜長壽喜樂騰空自在於其尒時無日月星辰無歲數月時等亦無男女衆生之相出生

地味以為飲食如是地味甘美細妙有情食巳而生愛著於其後時貪味轉盛忽令身體而得沉重所有身光忽然不見於是世間普皆黑暗尒時有情見是世間普皆黑暗種種驚惶心生憂惱由是世間出現日月及星曜等始分晝夜及其時候如是有情壽命長遠無諸病惱於其地味貪著多者色相損減而獲醜惡貪著少者其身色相恒自端嚴如是隨心分別二相黑白果報而彼衆生互相憎嫉而成不善以不善故由此地味即便隱沒以隱沒故令諸衆生心生熱惱作如是言今無所食深苦深苦又復思惟最上地味云何隱沒未來衆生云何得食令生苦惱疲乏之患而不可知不可言說

尒時大地之中不久之間即生地餅其味殊妙馨香甘美如迦梨尼迦囉花而諸衆生食此地餅充益身體長壽安樂身相端嚴氣力增盛若諸衆生貪食多者色相損減貪食少者色相如故無其損減由此分別二相黑

白而手相非行不善業令彼地餅隱没不見以不見故而諸衆生復生苦惱作如是言深苦深苦又復思惟所生地餅云何隱没其義不知而諸有情即得飢困疲乏之苦未來衆生當於何食由是不久爲彼衆生復生林藤其色殊妙香味甘美如是有情食此林藤氣力增盛壽量長遠形色端嚴人相具足又彼衆生貪食多者色相損減貪食少者色相如故如是有情分別二相黑白而手相非行不善業由是林藤隱没不見既不見已令諸衆生心生熱惱作如是言苦哉苦哉如是美味云何隱没其義不知我等云何而得飲食由是不久大地之中出生自然上味香稻其稻依時自然成熟尒時衆生即取食之亦甚香美充益肢體壽量長遠由是尒時食於香稻漸覺腹内有所妨㝵而即思惟云何除去作是念已即生二根男女差別形相各異尒時有情於色香味展轉愛著於自親愛而以香花衣服種種供養復以軟言慰喻歡喜令

彼所慶若有衆生於已非愛即便輕毀種種呵責或以瓦石手相鬭打行不善行又彼衆生所有過去正法令爲非法過去律儀令爲非律儀乃至晝夜時分亦顛倒分別譬如有人以斗量炭而爲平滿不正之行亦復如是以倒想故正法爲邪由是香稻亦復隱没尒時大目揵連告釋衆言由香稻隱没故令彼衆生逐日諸處尋求稻種而欲種之時有一人其性慵懶貪著財利雖有稻種而不能種此人知已而告之言汝有稻種與我少分我要種之彼人言曰我有香稻自要受用汝今若要我即與汝於後一日二日乃至七日却還我稻此人言曰善哉善哉若一日二日乃至七日或未得還如至半月一月即得還之作是言已即自思惟自前香稻非種自生不假勤力自在受用今得稻種須住田野廣施勤力晝夜相續方得生長如是念已心生苦惱涕淚悲泣又復思惟過去之世所有衆生色相端正諸根圓滿人相具足身心適悅

身有光明騰空自在壽命長遠所食地味猶如天饌而於後時於此美食生貪著故身即沉重光明即滅於是世間普皆黑暗又彼有情貪食少者身相不減貪食多者身相損減由此分別二相黑白手相輕毀行不善行由是尒時地味即滅地餅復生色相殊妙甘美馨香增益諸根身心適悅壽命長遠貪食少者身相不減貪食多者身相損減由此分別二相黑白手相輕毀行不善行尒時地餅亦復不見由此非久復生林藤色相殊妙其味甘善亦如天食充益肢體壽命長遠貪食少者身相不減貪食多者身相損減由此分別二相黑白手相輕毀行不善行尒時林藤亦復不見於是世間有自然香稻從地出生其米香美可長四指依時成熟其味甘美充益肢體壽量長遠由是衆生貪愛增故所有香稻亦没不見是故令者求此稻種住於田野廣施勤力方得成熟雖生稻米其米漸小於是衆生貪著地利廣占田野競多種植而

行非法生賊盜想於他田穫復行偷盜時有一人見是偷米如是一徧二徧乃至三徧而告言曰汝自有米何不自用去何於他而行偷盜從今之後勿更盜米賊聞是言猶不改過復於後時又行偷盜前人復見而責之曰前已誡汝勿行偷盜何故此時又亦作賊即集多人共以責斷復於彼時於衆人中揀一具福德者立為田主均分田土各令平等有不依法者令彼調伏田種若熟輸其少分以賞田主如是田主受行戒行安慰世間依法決斷合調伏者即便調伏由此世間立剎帝利姓名三摩達多王王有大臣名為有情其王後時生一太子名為愛子王有大臣名伊賀貝迦時愛子王生一太子名曰善友彼有大臣名帝羅迦時善友王復生一子名曰最上彼有大臣名阿跋羅建姹最上王有子名曰戒行彼有大臣名嚩羅惹伽其王頂上生一肉皰其皰柔軟常以兜羅綿拂拂於肉皰無諸疼痛其皰後熟自然破裂生一童子福

德端嚴具三十二相衆所愛重因以立名名頂生王纔下王頂即入內宮尒時戒行王內宮之中有六萬宮人各有妳乳俱白王言我有妳乳願妳太子由此因緣亦名我妳王

尒時世間所有衆生智慧漸增能細思惟稱量分別微細之事或是或非及工巧等是故立名號摩努沙尒時六大天子壽命無量有六大臣一名有情二名伊賀羅三名帝羅迦四名阿跋羅建姹五名多羅惹伽六名摩努悉如是六大臣聰明多智能治世間有大威德時頂生王於其右股生一肉皰其皰柔軟常以兜羅綿拂拂於肉皰離諸疼痛於後皰熟自然開裂生一童子身相端嚴具三十二相名為尼嚕有大智慧福德無量為金輪王統四天下尼嚕輪王於其後時在左股上亦生一皰其皰柔軟常以兜羅綿拂拂於肉皰無諸疼痛皰後還熟自然開裂生一童子端正殊妙具三十二相名烏波尼嚕智慧深遠福德無量為銀輪王統三天下烏波

尼嚕王還於後時向右足上生一肉皰其皰柔軟亦以兜羅綿拂拂於肉皰無諸疼痛於後皰熟自然開裂生一童子身相端嚴具三十二相名室尼嚕福慧深厚為銅輪王統二天下室尼嚕王於左足上有一肉皰其皰柔軟以兜羅綿拂拂於肉皰無諸疼痛於後皰熟自然開裂生一童子色相端正具三十二相名摩尼嚕福慧深厚為鐵輪王統一天下尒時大目揵連告釋衆言如是王位相繼至今其數極多如是衆許王有子名為愛王愛王有子名善友王善友王有子名最上王最上王有子名戒行王戒行王有子名頂生王頂生王有子名尼嚕王尼嚕王有子名烏波尼嚕王烏波尼嚕王有子名室尼嚕王室尼嚕王有子名摩尼嚕王摩尼嚕王有子名嚕唧王嚕唧王有子名酥嚕唧王酥嚕唧王有子名毋唧王毋唧王有子名毋唧鱗捺王毋唧鱗捺王有子名阿誐王阿誐王有子名阿儗羅他王阿儗囉他王有子名娑儗羅他

王娑儗囉他王有子名娑誐囉王娑誐囉王有子名摩賀娑誐囉王摩賀娑誐囉王有子名舍矩祢王舍矩祢王有子名摩賀舍矩祢王摩賀舍矩祢王有子名矩舍王矩舍王有子名烏波矩舍王烏波矩舍王有子名摩賀矩舍王摩賀矩舍王有子名酥捺哩舍曩王酥捺哩舍曩王有子名摩賀酥捺哩舍曩王摩賀酥捺哩舍曩王有子名鉢囉拏耶王鉢囉拏耶王有子名摩賀鉢囉拏耶王摩賀鉢羅拏耶王有子名鉢囉拏那王鉢囉拏那王有子名摩賀鉢囉拏那王摩賀鉢囉拏那王有子名鉢囉半迦囉王鉢囉半迦囉王有子名鉢囉多波王鉢囉多波王有子名嚩弥嚕王嚩弥嚕王有子名弥嚕摩多王弥嚕摩多王有子名阿哩啣王阿哩啣王有子名囉哩啣瑟摩王囉哩啣瑟摩王有子名曩哩啣瑟摩多王曩哩啣瑟摩多王有子名阿哩止娑滿多王如是等王子孫相繼共有一百大國王皆都布多羅迦城於最後王生其一王名降怨王彼王有大威德能降諸怨是故名降怨王如是此王子孫相繼帝位不絕有五萬四千王都阿喻馱也城又此最後王復生一子名無能勝王彼王子孫相繼帝位相承有六萬天子都波羅奈國於最後王又生一子名稱鉢囉娑訶王子孫相繼有八萬四千王都緊閉羅城於最後王復生一子名梵授王子孫相繼有三萬二千王都賀悉帝曩布里城於最後王復生一子名賀悉帝捺多王子孫相繼有五千王都怛叉尸羅城於最後王復生一子名娑多黎薩王子孫相繼有三萬二千王都烏囉娑大城於最後王復生一王名曩誐曩嚩曩王子孫相繼有三萬二千王都無能大城於最後王復生一王名勝軍王子孫相繼有一萬八千王都瞻波大城於最後王復生一子名龍天王子孫相繼有二萬五千王都怛摩黎多城於最後王復生一子名為仁王子孫相繼有一萬二千王亦都怛摩黎多城於最後王復生一子名為海王子孫相繼有一萬八千王都難多布里也城於最後王復生一子名妙意王子孫相繼有二萬五千王都王舍城於最後王復生一子名娑多謨努那王子孫相繼有一百王亦都波羅奈國於最後王復生一子名大軍王子孫相繼有一千王都矩舍嚩帝大城於最後王復生一子名海軍王子孫相繼有一千王都補多羅迦城於最後王復生一子名娑多半尼囉王子孫相繼有八萬四千王都矩舍嚩帝城於最後王復生一王名摩呬曰佉王子孫相繼有十萬王亦都波羅奈國於最後王復生一王名摩呬鉢帝王亦名地主王子孫相繼有一百王都阿喻馱大城中於最後王復生一王名持世王子孫相繼有八萬四千王都弥體羅城於最後王復生一王名大天王梵行清淨子孫相繼有八萬四千王亦都弥體羅城於最後王復生一王名你弥王彼王復生摩娛努王摩娛努王復生涅里姹你弥佉努王涅里姹你弥佉努王復生嚕波

佉努王嚕波佉努王復生佉努摩曩王佉努摩曩王復生佉努滿多王佉努滿多王復生酥涅里舍王酥涅里舍王復生娑涅里舍王娑涅里舍王復生酥嚕多細曩王酥嚕多細曩王復生達摩細曩王達摩細曩王復生尾你多王尾你多王復生摩賀尾你多王摩賀尾你多王復生尾你多細曩王尾你多細曩王復生阿輸迦王阿輸迦王復生尾誐多輸迦王尾誐多輸迦王復生頗羅娑埵王頗羅娑埵王復生惹羅娑埵王惹羅娑埵王復生没度摩囉王没度摩囉王復生阿嚕拏王阿嚕拏王復生你扇波帝王你扇波帝王復生里娛王里娛王復生商迦囉迦王商迦囉迦王復生阿難那王阿難那王復生阿那里舍目佉王阿那里舍目佉王復生惹那迦王惹那迦王復生散惹曩佉王散惹曩佉王復生惹曩沙娑王惹曩沙娑王復生寀曩播曩王寀曩播曩王復生鉢囉袒囉曩播曩王鉢囉袒囉曩播曩王復生阿吩多王阿吩多王

復生波羅吩多王波囉吩多王復生鉢囉底瑟恥多王鉢囉底瑟恥多王復生酥鉢囉底瑟恥多王酥鉢囉底瑟恥多王復生摩賀摩羅王摩賀摩羅王復生嚩賀曩王嚩賀曩王復生酥摩帝王酥摩帝王復生涅里姹嚩賀王涅里姹嚩賀王復生捺捨馱努王捺捨馱努王復生設多馱努王設多馱努王復生曩嚩帝馱努王曩嚩帝馱努王復生室左怛囉馱努王室左怛囉馱努王復生尾吩多馱努王尾吩多馱努王復生涅里姹馱努王涅里姹馱努王復生捺捨囉他王捺捨囉他王復生設多囉他王設多囉他王復生曩嚩帝囉他王曩嚩帝囉他王復生唧怛囉囉他王唧怛囉囉他王復生涅里姹囉他王如是等子孫相繼七萬七千王都僧迦大城又最後王復生一王名阿末麗沙王彼王有子名龍護王子孫相繼一百王都波羅奈國又於最後王生其一子名訖哩吉王尒時迦葉如來應供正徧知明行足善逝世間解無上士調

御丈夫天人師佛世尊出見世間彼佛世尊爲菩薩時持戒梵行發大誓願求無上覺於兜率天而爲補處機緣成熟下生於訖哩吉王宫捨位修行而成佛道

尒時訖哩吉王有一太子名曰善生此善生王復生王子如是子孫相繼有一百王其最後王復生一子名迦囉拏王於其後時生二王子一名瞿曇二名婆囉捺嚩惹此之王子愛樂王宫貪於國位恒自思惟安慰世間行於王事尒時瞿曇王子恒復思惟衆生生死沉没三塗苦惱輪迴而難出離作是念已即詣父王稽首拜跪而白王曰我今不樂王宫欲於山野修習梵行而求出家王即告言汝爲我子所有國土及於王位宰輔大臣如在指掌何故輕弃而求出家瞿曇白言大王我觀三界如幻如化無其堅實念念無常何堪愛樂我於今日辭王出家王既聞已知子志意即便聽許

尒時山中有一仙人名訖哩瑟拏吠

第六張　納字號

波野努於其山間以草爲菴居止修行時瞿曇童子即往彼處踴躍歡喜五體投地頂禮仙足而白仙曰我別王宮來於此處奉事仙人願賜攝受如是仙人觀於太子志意堅固即便攝受尒時童子即於山間採果給水奉事仙人如是辛勤累經歲月師以彼童精勤不退即爲立號亦名仙人於後父王迦囉拏而乃命終時弟婆囉捺惹即紹王位行其國事時瞿曇仙人知王命終告本師曰我今不能於其山中採果給水欲往城中而自住止師即告言瞿曇汝先來此善住山野何故於今却往城邑汝今去時勿往城內只於補多落迦城側近寂靜之處卓菴居止守護諸根精進梵行瞿曇童子聞是語已即往補多落迦大城之外寂靜之處卓菴結志崇修梵行

佛說衆許摩訶帝經卷第一

佛說衆許摩訶帝經卷第一

校勘記

一　底本，金藏廣勝寺本。

一　三二三頁中一行至本頁下二〇行序文，[南]、[徑]、[清]無。

一　三二三頁下二一行及卷末經名，[清]作「衆許摩訶帝經卷第一」。以下各卷例同。

一　三二三頁下二二行譯者，[徑]、[清]作「宋西天譯經三藏朝散大夫試鴻臚少卿傳教大師臣（「臣」，[清]無）法賢奉詔譯」。以下各卷同。

一　三二四頁上末行「汝令」，諸本作「汝今」。

一　三二四頁中一〇行「静天」，[徑]、[清]作「淨天」。下同。

一　三二五頁下一三行「甘善」，[資]、[磧]、[普]、[南]、[徑]、[清]作「甘美」。

一　三二五頁下一八行首字「米」，[資]、[磧]、[普]、[南]、[徑]、[清]作「味」。

一　三二五頁下末行「廣古」，諸本作「廣占」。

一　三二六頁上一三行第五字「合」，[磧]作「令」。

一　三二六頁中一五行第四字「離」，[資]、[磧]、[普]、[南]、[徑]、[清]作「無」。

一　三二六頁下末行「娑儗」，諸本作「婆儗」。

一　三二七頁下一〇行「娑多」，[資]、[磧]、[普]、[南]、[徑]、[清]作「婆多」。

佛說衆許摩訶帝經卷第二

西天譯經三藏朝散大夫試鴻臚少卿明教大師臣法賢奉 詔譯

尒時補多落迦大城有一婬女色相端嚴形體殊妙時有一人名弥里拏羅於此女人而生躭染即以金銀珠寶上妙衣服而給與之忽於後時復有一人於此婬女亦生愛著告婬女言我以金錢五百與汝受用汝可隨吾同爲娛樂婬女聞已即與同行乃令侍婢往白弥里拏羅今有他適未遑相就拏羅聞言即告婢曰彼若歸家速令來至我住園林之中婢迴本舍具以其事白於婬女婬女聞已略無行意婢知不允復往弥里拏羅處具說婬女違背之事彼人聞已心生忿怒遣婢勸說速令至我園林之中婢既受教以種種方便誘引婬女婬女遂行彼人見已呵責之曰我自昔來恒以衣服寶貨財物而常給濟何故於今棄背於我即持利劒殺彼婬女尒時瞿曇菴舍近彼園林弥里拏羅潛將所執利劒送置菴内而遂遁去時婬女婢高聲唱言此處殺人衆多聞已俱詣仙人所居菴舍獲彼利刃鮮血尚存衆人責言汝是仙人何故於今而行殺害作是語已即以縄索縛仙人手送往城中至王殿前衆人告曰此是出家仙人棄背梵行行不淨行復以利劒斷婬女命王聞是事心生忿怒即遣出城令以木簽貫其支體王宣令已是時仙人項戴花鬘身著青衣從者周迴手執器仗高聲唱言此是犯戒殺人之賊尒時仙人都無怯怖至城門外即依王法

尒時本師訖里瑟拏吠波野曩仙人來至菴中不見弟子即往隣近漸次尋訪忽見弟子縛其手足在木簽上受如是苦師既見已身毛驚竪悲淚涕泣問其弟子汝何如是有斯過罪又汝此身受諸苦惱晝夜疼痛云何當忍弟子白言大仙我於此身求諸疼痛都不可得師曰汝何如是離其苦惱弟子白言我對師前發誠實願若吾此身實無疼痛即令我師身爲金色作是願已經剎那頃師自變身

作眞金色一切人衆皆悉見之是故
立名金色仙人尒時弟子復問師曰
我此命終當生何處師曰准婆羅門
法若絶嗣子即無生處弟子白言我
作童子不樂王宫捨位出家豈有子
耶師即告曰汝於今者何不思惟在
王宫時娛樂之事弟子白言我今此
身見受王法苦相如是云何而能思
前娛樂尒時金色仙人具大神通經
刹那間於虛空中降大風雨淋弟子
身即得清涼離諸苦惱平復如故由
是弟子思前快樂而生欲心滴二滴
精墮於地面上尒時瞿曇仙人有四思
惟一思惟自身二思惟衆生三思惟衆
生成佛四思惟一切佛刹如是思已
其二滴精結成二卵每日出時被日
所照不久之間其卵自破生二童子
色相端正瞿曇仙人將此二童子入
甘蔗園棲泊居止瞿曇因日所炙尋
即命終尒時金色仙人來入園中問
言童子汝誰人耶童子荅言我即瞿
曇所生之子金仙聞已心生歡喜因
挈二童歸菴養育以初生時卵因日

照乃爲立名名爲日族爲第一姓復
是瞿曇所生之子因立瞿曇爲第二
姓又是自身所生因立阿儗囉娑爲
第三姓由於甘蔗園中收得養育因
立甘蔗爲第四姓
尒時有大國王名娑羅捺嚩惹其王
命終無子嗣位輔相大臣共議斯事
未委何人可當灌頂王位有一大臣白
群臣言先迦囉拏王有一太子名曰
瞿曇捨父王位於山林間事訖里瑟
拏吠波野曩仙人彼是釋種可得紹
嗣灌頂王位群臣聞已即往山中詣
仙人所頭面禮足白言大仙過去迦
囉拏王有一太子名曰瞿曇今在何
處大仙白言久已命終復爲群臣具
說上事大臣聞已心生懊惱我等今
者甚得大罪作是語已見二童子身
相端嚴問是誰耶金仙荅言此即瞿
曇所生之子群臣聞已俱懷踴躍令
此童子是王種族即令繼紹灌頂王
位是故立姓名甘蔗王此王之後子
孫相繼有一百甘蔗王都補多落迦
城其最後甘蔗王生其四子一名烏

羅迦目佉二名迦羅尼三名賀悉帝
曩野四名蘇曩布囉迦生四王子已
於其後時妃后命終王即愁惱以手
搘頤情懷悲痛時有大臣見王不樂
而共奏言大王云何而懷愁惱神情
不悅王即荅言我爲妃后今忽無常
有斯痛苦大臣聞已而白王言我聞
隣國小王王有一女具大福德端正
殊妙堪爲國后王語群臣彼小國王
欲侵我境云何成親大臣白言別有
小國亦生端正殊勝之女若納爲妃
甚適王情王既聞已即遣使臣往彼
小國具述王意欲娉其女立爲妃后
小王聞已歡喜慶慰乃告使臣若大
國王欲娉我女立爲妃后如生男子
令紹灌頂王位我即許之使臣迴國
具奏上事王聞所奏深情不悅我有
長子合紹王位云何幼小而得立耶
大臣白言但且娉納後時有子男女
未定王聞是語即以金銀珍寶羅紈
疋帛嚴身之具迎娶歸國於後懷妊
凡經九月載生一子身相端嚴乃於
生辰群臣慶賀王曰今我是子當立

何名大臣奏言彼小國王納女為妃
貴生太子繼王寶位今請立名名為
樂王命八夫人而為乳母養育太子
尒時大王欲令長子紹嗣王位其小
國王知是事已心生忿怒即遣使臣
具論前事先許我女生子為王何故
於今自違言約脫或如是我即齎將
兵衆討滅汝國時大國王聞此語已
即生愁惱告大臣言棄長立幼於理
非宜羣臣奏言彼小國王心力豪强
善於兵戰舉戈犯境必貽敗衂若遣
長子速疾出外即我家國當免兵禍
王聞是語默然未允尒時大臣共設
權謀即於近郊造一御園亭池花果
林巒池沼流泉飛閣處處徧滿復以
沉檀香木雜寶纓絡種種嚴飾殿宇
樓觀尒時大王長子與諸臣僚出城
遊賞見此園林詢問左右是誰所有
從臣對曰此是御園太子聞已即時
迴馬左右勸請暫入觀覽太子告曰
皇王御苑我何敢往從臣復白若是
臣下及諸庶民即不得入國王長子
遊翫無妨是時太子即便入園作樂

嬉戲有一大臣上請於王先造御園
今已成就請王觀看王聞所奏即時
臨幸衛近苑囿忽聞作樂王心疑慮
大臣白言太子先是在此作樂王遂
赫怒我造此園未曾遊觀云何太子
先入作樂其罪難捨即令出國大臣
諫爭王怒不已尋下詔命許將僕從
及其眷屬與限七日出離國城太子
承父王勑即與臣僚及諸親愛出補
多落迦大城去城匪遥而自安止王
復遣令遠處居住時雪山側婆儗囉
河岸邊有一仙人名迦毗羅淨持梵
行菴居修道太子復將眷屬依止仙
人採獵禽獸以活其命於後太子憶
念色慾顏容瘦悴仙人疑問太子具
言我思婬樂而致斯苦仙人白言勿
於親姊而行欲事餘可隨意太子耽
著男女衆多稚戲喧鬧日月滋甚仙
人心不虛靜根識散亂即告太子我
今欲往別處營居太子聞之深自慙
感大仙於此修行歲久道果已就不
可遷移我於今辰將領眷屬別求住
止仙人聞已甚適本心即於菴居側

近之處揀殊勝地以金瓶水澆地為
界令太子住其後人民熾盛眷屬繁
多依界脩城因建國土名迦毗羅國
復於後時有賢人指引別造一城名
曰指城王於此城亦號都邑
尒時尾嚕荼迦王問大臣曰我之太
子今在何處大臣白言今在雪山南
婆儗囉河側迦毗羅城建二大城以
為都邑臣僚士庶骨肉眷屬富盛繁
多有如大國時尾嚕荼迦甘蔗王曲
躬俛首問大臣言我之童子能有此
事大臣白言太子仁德致茲雄盛因
立姓氏尾嚕荼迦甘蔗王命終之後
能仁嗣位能仁有子名烏羅迦目迦
王烏羅迦目迦王有子名若迦捉王
若迦捉王有子名賀悉帝王賀悉帝
王有子名努布囉迦王努布囉迦王
有子名烏布囉迦王如是子孫相繼
有五萬五千王都迦毗羅大城於後
復有一王名十車王十車王後有九
十車王九十車王後有百車王百車
王後有畫車王畫車王後有最勝車
王最勝車王後有牢車王牢車王後

有十弓王十弓王後有九十弓王九十弓王後有百弓王　百弓王後有最勝弓王最勝弓王之後有盡弓王盡弓王之後有牢弓王此王於南閻浮提弓射第一時牢弓王有其二子一名星賀賀努王二名師子頰王尒時星賀賀努王生其四子一名淨飯王二名白飯王三曰斛飯王四名甘露飯王淨飯王有二子一名悉達多二名難陁白飯王有二子一名娑帝踈嚕二名婆捺哩迦斛飯王有二子一名摩賀曩摩二名阿你樓馱甘露飯王有二子一名阿難陁二名提婆達多淨飯王有女名蘇鉢囉白飯王有女名鉢怛囉摩黎斛飯王有女名跋捺黎甘露飯王有女名細嚩羅悉達多有子名羅怙羅此之佛子是過去衆許王種族今值佛世隨佛出家了悟生死善斷輪迴契證眞空而成聖位

尒時大目犍連説是語已即從座起合掌向佛佛言汝復本座善哉善哉汝能爲諸苾芻説於釋種過去所生種姓之事令諸苾芻快得善利長夜安隱時諸釋衆皆大歡喜信受奉行

尒時迦毗羅國主星賀賀努王具大福德資財無量人民熾盛國土豐實去此不遠有一國土名曰天指城有王名蘇鉢囉沒馱其國大富金銀珍寶處處盈滿彼王有妃名龍弭祢身色端嚴諸相具足於其國內有一長者宿植善本福德純厚眷屬熾盛庫藏衆多如毗沙門天王

尒時長者有一園苑衆卉名花流泉浴池亭臺樓閣異獸靈禽無不具足時蘇鉢囉沒馱王與其妃后及諸眷屬來於此園作樂遊戲時彼妃后見此園林種種華幾心生愛樂即告於王我要此園恒以遊戲王白妃言惟此園林長者所有云何能得我爲國王當自㭊造即命國人大興園苑泉池臺觀勝絶第一名龍弭祢園尒時酥鉢囉沒馱王長夜思惟我今云何得生一子爲金輪王如是思念忽於後時妃乃有娠懷妊九月誕生一女顏貌端正諸相具足福德智慧於其世間最爲殊勝如是衆人覩斯福相俱言希有應是咄首羯摩天所作或是幻化所成女生之後一日二日至三七日王爲此女集諸戚里及群臣等慶賀作樂即爲立名名爲摩耶其女身相而有八乳相師占曰此女後時當生貴子紹灌頂王位又於後時復生一女端嚴福相最爲其上初生之時有大光明徧照國城祥瑞非常因慶賀日即爲立名名摩賀摩耶相師占曰此女生男具三十二相爲金輪王

尒時酥鉢囉沒馱王聞彼星賀賀努王太子具有賢德即遣使人告彼國王我有二女一名摩耶二名摩賀摩耶初生之時相師占言此之二女若後生子具三十二相爲金輪王星賀賀努王聞已告淨飯太子曰酥鉢囉沒馱王欲娉二女與汝爲妻若後生子必作輪王即遣釋種五百人等往彼迎女尒時邊國別有一族名半拏嚩率領兵衆於其要路欲行劫奪釋衆知已慮遭惱害具述上事請王同

行王即白言我今年老䎍於戎事令子淨飯躬自討伐如獲勝捷當自立願

尒時星賀賀努王選練四兵付釋種華與子淨飯同殺惡族迦女迴歸即白王言王先所宣令別立願其義云何王即告言汝於今者當納一女以為已妻如後有子善加保護令嗣國位及王歿後其大臣等共立淨飯太子即紹王位時王國界人民豐盛王與夫人及諸宮嬪恒受快樂時釋迦菩薩在兜率天宮欲生人間作五種觀察一觀種姓菩薩思惟若婆羅門吠舍首陁種姓非上非我所生若刹帝利我即當生以彼時人重富貴故若生下姓人所不重令為攝化衆生令彼歸依是故當生刹帝利家二觀國土若其國土最上殊勝有上味甘蔗香美稻米肥力大牛無諸貪乞及鬪諍事如是國土名為中國我即往生恐彼有情而興毀言菩薩過去修大勝因云何於今却生邊地三觀時分若有增劫八萬歲時有情根鈍智慧愚劣非為法器是故不生若於減劫百歲之時雖近五濁彼時衆生根性猛利機器成熟是故菩薩即乃下生四觀上族若淨飯王自過去世成劫之初衆許王後子孫相繼至淨飯王俱是輪王之族是故菩薩即往受生五觀母身若是女人智慧甚深福德無量諸相端嚴持戒清潔過去諸佛同與受記我即受生今見摩耶具上功德復是王種即乃生彼尒時菩薩作是觀已復告六欲天子汝今諦聽我當下生南贍部洲訖賀摩耶汝等為我降甘露雨令我受樂天子告言南贍部洲有六大惡人一老迦葉二摩娑迦梨虞婆子三娑惹野尾囉致子四阿嗞多繼捨迦摩羅五迦魮(身切)野六你誐囉魮(身切)帝子南贍部洲復有六裸形外道一俱吒多努婆羅門二酥嚕拏多努婆羅門三摩擬拏羅門四梵受婆羅門五布娑迦囉婆羅門六路四魮(身切)婆羅門南贍部洲復有六大力士一烏捺囉矩囉摩子二阿囉拏三迦羅摩四酥䟦捺羅五波里没囉惹迦六散耶摩拏縛迦如是一十八種難可調伏尒時人間有一仙人年已衰老名烏盧尾羅迦葉思惟言曰當此國土福勝之地可十二由旬於其中間堪為菩薩安生說法之處願得菩薩速降人間為我說法令我長夜甚得善利

尒時菩薩告兜率天子汝今為我動一切樂諸天聞已競奏音樂尒時菩薩吹大法螺其聲高遠過於天樂一切音韻如是南贍部洲一十八種難調有情菩薩以無导辯振大法音令彼有情自然降伏亦復如是而說偈言

師子一吼衆獸伏　金剛一杵群峯碎
修羅無數一輪降　世間黑暗一日破

尒時六欲天子及天帝釋覩見菩薩乘六牙白象下兜率天處摩耶腹即降甘露守護母腹清淨安隱而說偈曰

我觀天子下閻浮　甘蔗王宮而受生
為利有情酬宿願　如日初出放光明

佛說衆許摩訶帝經卷第二

佛說衆許摩訶帝經卷第二

校勘記

一 底本，金藏廣勝寺本。

一 三三〇頁下八行「令以」，磧作「今以」。

一 三三〇頁下九行「項戴」，資、磧、普、南、徑、清、麗作「頂戴」。

一 三三一頁上四行第一二字「白」，資、磧、普、清作「曰」。

一 三三一頁上六行「思惟」，南、徑、清作「思念」。

一 三三一頁上七行「白言」，磧作「白事」。

一 三三一頁下一行「二名」，磧作「三名」。

一 三三一頁下四行「楷頤」，資、普、徑、清、麗作「揩頭」。

一 三三二頁上一三行「王聞」，清作「王問」。

一 三三二頁上二一行「復白」，南、徑、清作「復曰」。

一 三三三頁上八行「三曰」，徑、清作「三名」。

一 三三三頁中三行「國主」，磧、普作「國王」。

一 三三三頁中一三行「及諸」，資、磧、普、南、徑、清作「及其」。

一 三三三頁下一六行第六字「相」，資、磧、普、南、徑、清無。

一 三三四頁上一行第二字「王」，清作「時王」。

一 三三四頁中九行「受記」，徑、清作「授記」。

一 三三四頁中一五行「婆子」，資、磧、普、南、徑、清作「娑子」。

一 三三四頁下七行「善刹」，諸本作「善利」。

佛說衆許摩訶帝經卷第三 卿

西天譯經三藏朝散大夫試鴻臚少卿明教大師臣法賢奉 詔譯

尒時摩賀摩耶作四種夢一夢白象
口有六牙二夢白象從天來下入於
腹中三夢自身上大高山四夢衆多
豪貴大人俱來拜跪作是夢已即以
上事告淨飯王王以此夢問其相師
相師告王今此夫人必生太子具諸
相好若在王宮作轉輪王若是出家
修諸梵行成正等覺號天人師尒時
菩薩降生之時大地振動放大光明
衆生覩之歎未曾有帝釋天主護世
四王各持刀劒羂索及弓箭等守護
菩薩所有一切魔及非魔諸鬼神等
而不能害如摩尼珠及迦葉迦寶所
有一切穢惡塵垢而不能染菩薩之
身亦復如是又令毋身內外瑩淨由
如瑠璃能見菩薩色相諸根如彼水
精貫五色線令明顯露又令毋身氣
力增威無諸疾苦志意堅固受持五
戒精進無犯離諸過失
尒時摩賀摩耶告淨飯王我於今日
忽自思飲四大海水王以是語問諸
相師相師荅言摩賀摩耶必生太子
具諸相好修無上道成等正覺若不
飲海水太子身相而不圓滿時迦毗
羅國有一人名囉賴多嚩善解幻術
王即召至於正殿內化四大海水取
此海水與夫人飲飲此水已告於王
曰所有一切牢獄禁繫苦惱衆生請
王放免所有一切衣食貧乏寒餧衆
生願王布施如是種種作諸福業
尒時摩賀摩耶告淨飯王我今思於
園苑住止王即告彼酥鉢囉沒馱王
汝女摩賀摩耶樂住園苑酥鉢囉沒
馱王即遣工人大興營繕地位寬博
樓觀華煥名龍弭祢園時摩賀摩耶
與諸宮嬪同往園內見無憂樹芬芳
茂盛布葉開花即以右手攀彼樹枝
欲生太子觀諸人衆四邊圍繞示有
慚色天主知已乃作風雨令彼人衆
四散馳走尒時天主復自化身為一
老毋在夫人前欲收太子是時太子
初出毋胎身如金山如真金色令其
老毋收捧不及太子出言放放憍尸

第三張

迦我自出生是時大地即大振動放大光明普照世間衆生見之歎未曾有時淨飯王見斯祥瑞於太子前旋繞三匝禮太子足歎言善哉善哉我於今日生大丈夫福德之子令我長夜快得善利尒時太子身相圓滿内外瑩淨猶如瑠璃塵垢難織一切不著於其四方各行七步東方表涅槃最上南方表利樂羣生西方表解脱生死北方表永斷輪迴時諸天人於虛空中持白傘蓋覆菩薩頂又復諸天降二種雨或冷或溫灌頂沐浴又復空中諸天及龍作天伎樂雨曼多羅花優鉢羅花俱母那花奔拏里迦花及雨沉香檀香末香多摩羅香上妙衣服等尒時諸天於虛空中而說偈言

善生大牟尼　百福裝嚴相　斷盡煩惱塵
而證無上覺　能於圓滿身　放大光明色
遍照於世間　一切愚癡暗

尒時天子說此偈已有四國王各生一子舍衛國阿羅拏王生一太子王思惟曰我子生時世界清淨湛然安隱立名鉢囉洗曩喻那王舍城摩訶鉢那王生一太子王思惟曰我子生時有大光明能照世間立名尾弭娑囉俱尸那城設多你迦王生一太子王思惟曰我子生時世界光明天地朗然立名烏那野曩烏惹你國阿難多你弭努王生一太子王思惟曰我子生時有大光明無諸幽暗立名鉢囉愈多如是王子皆是菩薩聖感來生

復次去城不遠有一大山名緊使吉陁山中有一仙人名阿私陁恒處其山修持梵行尒時仙人有一外甥名曩羅那承事仙人求聞法要仙人即為說善惡法因此出家菩薩生時有大光明照耀世間曩羅那見之驚疑不測即入菴中問其師曰今此光明照耀世間猶如聚日云何而來師曰今此光明如真金色清涼寂靜照於三界此是佛生之瑞曩羅那告於師曰我今往彼禮拜菩薩仙人告言彼有大威德諸天龍神圍繞守護無能得見候佛世尊入迦毗羅國聞名之時汝可詣彼大得勝利

復次菩薩生時有五百白象有五百從人同時而生地中寶藏自然出現天降甘露諸小國王並來慶賀尒時淨飯王見此祥瑞種種殊勝而自言曰我子降生具大吉祥能圓滿一切福德能成就一切善事應為立號名一切義成

復次迦毗羅城有夜叉神名舍迦嚩馱曩若諸衆生所有男女初生之後將詣神廟令拜夜叉求其守護時淨飯王亦令太子乘四寶車詣彼神祠將至廟庭夜叉出迎拜於車前淨飯王曰天神至尊禮重菩薩應為立號名為天子又釋衆等輩氣志剛強難以調伏見此菩薩身相端嚴威容和雅人天仰重即自迴心捨其憍慢情性柔順默然瞻仰因斯立名名為寂默

尒時淨飯王告諭宫人與我勤力養育太子依時乳哺洗浴裝嚴用心保愛不令失所我子生時天降甘露相師視之有三十二大丈夫相若復在

家作轉輪王乃有金輪寶象寶馬寶摩尼寶玉女寶主藏寶主兵寶如是七寶悉皆具足千子圍繞甚爲希有勇猛無畏能破他寃尒時相師而說偈言

千輻金輪寶　轂輞相周圓　飛空行四方
須臾復本處　象寶最殊勝　白類於珂雪
巡遊贍部洲　隨處而無㝵　馬寶足威勢
青頭世希有　常往虛空行　往來如風轉
最上摩尼寶　光照一由旬　如夜黑暗中
當天出明月　女寶世希有　微妙甚端嚴
親侍於輪王　能知所思事　藏寶大威德
能主世間寶　海中地下珍　王須即令現
主兵臣巨力　能使於四兵　象馬步兼車
所到無違背

尒時淨飯王復問相師云何我子三十二相相師荅言三十二相者一太子足下有千輻輪紋轂輞三悉皆圓滿二太子手足皆悉柔軟如兜羅綿三太子手足猶如鵝王而有網鞔如眞金色四太子手足諸指纖長五太子足跟與趺相稱六太子足下平滿如香奩底七太子雙腨漸次纖圓如金色鹿王腨八太子雙臂脩直如象王鼻垂手過膝九太子陰相藏密不見亦如龍馬及其象王十太子身諸毛孔各一毛生紺青旋轉十一太子髮毛端直上靡嚴金色身衆所愛樂十二太子身皮薄潤塵垢不著十三太子身皮金色光曜如妙金臺衆寶裝嚴人天愛樂十四太子手足掌中頸及兩肩七處充滿十五太子肩頸殊妙一一圓滿十六太子雙腋之下一一充實十七太子容儀廣大圓滿端嚴十八太子身相脩廣端正出過人天十九太子體相周匝圓滿量等諸瞿陁樹二十太子頷臆身之上半威容廣大如師子王二十一太子常有光明面各一尋二十二太子齒具四十齊平如雪淨密根深堅固不動二十三太子口有四牙鮮白鋒利二十四太子口中一切所食常得上味能正呑咽津液通流永離衆病身心適悅二十五太子舌相廣淨能覆面輪至髮際等二十六太子梵音洪雅其聲振響猶如天鼓言詞婉約如頻伽音二十七太子眼睫作青紺色猶如牛王不相雜亂二十八太子眼睛紺青鮮白紅環相間青白分明二十九太子面輪如天滿月三十太子眉相彎長如天帝弓三十一太子兩眉中間有白毫相右旋柔軟如兜羅綿鮮白光淨逾於珂雪三十二太子頂上有鳥瑟膩沙金頂之骨高顯周圓亦如天蓋如是三十二大丈夫相於過去世無量百千萬億劫長時精進無間修習一切戒行及諸善法而無遺餘今得成就相好功德是故菩薩生淨飯宮飲食衣服臥具象馬一切珍寶無不具足眷屬熾盛王族不斷於人天中而無等等若不出家年三十二作金輪王

尒時摩賀摩耶生太子已七日命終生忉利天受五欲樂尒時太子顏容端正人天目覩敬愛不足假使世間巧妙金師以金造像亦復不及譬如諸天半努迦石有大光明照耀一切菩薩之身光明寂靜亦復如是又如蓮華開敷出水菡萏馨香一切有情

見者愛樂菩薩之身見者恭敬亦復如是又此菩薩兩目清淨明朗遠視見一由旬微細塵色過於天眼晝夜無異又此菩薩語言音聲美妙清響如頻伽音亦如雪山有其飛禽食於花水食已而醉發聲相呼其音和雅亦復如是

尒時曩羅那仙告白本師阿私陁仙人我今往彼迦毗羅城禮拜菩薩師言可往即與本師運神通力往迦毗羅城去城不遠菩薩威制令彼失通步行至城詣淨飯宮時守門人即以白王王乃勑門人引令入內王相見已歡喜無量請就牀座獻閼伽水作樂設食種種供養王即問言仙人去何因緣至此時阿私陁白王我今欲見一切義成大牟尼師王言今此太子正當睡眠且候須臾即得相見時阿私陁請就牀帷臨視太子尒時太子雖處睡眠兩眼俱開目不瞤動時阿私陁即說偈言

諸天觀境時　覩物眼不眴　菩薩雖睡眠
觀境亦如是

尒時仙人說此偈已宮人乳母捧持太子奉上仙人時阿私陁諦觀太子容皃非常即問王言曾有相師來占相否大王白言有婆羅門相此太子若不出家必得轉輪王位若能出家定成正覺仙人聞已即說偈言

昔墮邪見外道身　今逢福德輪王子
能除煩惱證菩提　善說甚深法海藏
雖圓相好棄輪王　成大牟尼救羣品
是故我今歸命禮　願得親近滅塵勞

尒時仙人說此偈已審觀自身壽命長短得見太子成佛事否如是觀已得見太子出彼王城入於山野年二十九於其山中六年苦行證甘露滅成無上道尒時仙人復觀自身值佛出世年命短促而不久遇甚懷感傷不覺失聲而自啼哭時淨飯王見仙人哭驚怪異常即說偈言

若人有男女　愛憐心不足　如是福相殊
覩之恒適悅　仙人見太子　云何而啼哭
我子若驚怖　忽然生病惱　未委意云何
速為我宣說

尒時阿私陁仙人聞是偈已即白王

言太子不久即成正覺去何於身而有怖畏假使空中降大金剛如彼貟珠滿空而下不能侵彼菩薩身之一毫世間所有一切大火而不能燒一切大風而不能吹一切毒藥而不能損刀劍弓箭而不能傷毒龍猛獸而不能害又此菩薩於過去世行大慈悲於諸衆生未曾捨離令彼有情常獲安隱去何菩薩有斯怖畏於虛空中恒有帝釋梵天王等而共守護我今啼哭自觀已身年命中夭於其佛世不得聽聞甚深法藏於其善財而無有分是故感傷而自啼泣請王無憂尒時阿私陁又復思惟我有神通菩薩威制令不顯現是故步行入於王宮今若出城而復屣步彼諸有情即起慢心大神通仙步出王城作是念已告淨飯王我今辭王出迦毗羅城與我修治四衢道路時淨飯王即勑有司修治道路去除砂礫穢惡之物以白檀香水灑地清淨處處竪立幢幡瓔珞燒衆妙香王幷諸臣長者居士恭敬圍繞出迦毗羅城送彼仙

人時阿私陁𨚗國王已隨意前行往
枳瑟計馱山即住山中修習禪定歲
月不久復得神通於其後時身少有
病服食良藥及花果等乃得除愈弟
子告曰我今出家爲求出世解脫甘
露師有所得願賜告諭師曰我自修
行歲月弥久於斯甘露猶尚未得去
何令我復爲於汝今有淨飯王子名
悉達多成等正覺得眞甘露於彼出
家一心梵行而求出離莫作族姓之
相及我人相即得成就無爲之法尒
時阿私陁仙人即說偈言
我住如是山　久修於梵行　雖復得神通
而未飲甘露　自知身無常　恒處於生滅
聚集假和合　即是無常法
尒時仙人說此偈已㬅嚢羅那感師誨
示禮拜供養即往波羅奈國見五百
摩拏嚩迦婆羅門念圍陁經知非究
竟而不親近即往佛所希聞法要尒
時㬅嚢羅那姓迦底丁也切以姓爲名佛爲
開示法要得寂滅樂乃名大迦底丁也切
復次太子在乳母懷執金器而食須臾
食已乳母即收金器器重如山舉之

不起即以上事具告於王王與宮人
同往取器亦不能舉即集國人同舉
金器其器愈重復駕大象五百頭挽
彼金器不能搖動金器少分何以故
由菩薩神力舉其左手一指鉤住金
器令象盡力而不能動尒時淨飯王
乃自思惟若菩薩舉其兩指鉤彼金
器假使百千大象亦不能動由是菩
薩有千象之力若諸童子欲與菩薩
鬬戲如小飛鵝比於大鶴其力不等
復次菩薩在王宮時與五百眷屬入
學讀書尒時本師將第一書令太子
讀太子告言此書我解其師乃令讀
第二書太子見之復白師云此書亦
解於是本師即以五百種書授與太
子太子白言此五百種書我一一俱
解如有他書即當與我師乃白言於
其世間只有此等五百種書此外無
有尒時太子即自寫書令師讀之師
乃歎言我自昔來目未曾覩太子告
曰此是梵書時彼梵王知我當紹輪
王之位傳授於我即以微妙梵音而
自讀誦時大梵天王於虛空中高聲

讚言此是梵天之書師聞天證深生
信解
尒時太子舅氏娑捺梨復有一人名
娑賀你嚩此二人者善解弓射有五
百人親學其藝又此二師互相言曰
彼提婆達多其性麤惡心多嫉妬所
有射法不宜告之若或教授必將害
物彼悉達多慈悲聰慜利濟有情堪
當傳習如是弓射有其五種一曰遠
射所發之箭能極遼遠二曰聞聲射
聞其聲音即可射之三曰中射所發
之箭隨意而中四曰親的射所發之
箭而無踈闕五斷物射所射之物無
不透斷如是菩薩善解五射
尒時毗舍離城有一大象形相端正
具大勢力彼國人衆咸共商議迦毗
羅城淨飯大王有一太子名悉達多
相師視之有轉輪王位即馳此象而
充貢獻乃以珠瓔珍寶種種嚴飾將
往迦毗羅城至王宮門時提婆達多
出門見象詰問門人曰此象從何所
來門人荅言毗舍離城聚落人衆爲
悉達多有轉輪王分馳獻此象時提

婆達多聞是事已心生嫉妬告門人曰彼悉達多何有王位即持器仗殺象命終尒時難陁見此死象知爲提婆嗔怒所殺難陁欲與闘其勇力即執象尾以手擲之象離本處七步之外時悉達多見其死象離於本處知是難陁示威力故手執象尾擲彼亂故

尒時悉達多太子顯自威神以其一手執持象尾向空而擲過七重城如投土塊時毗舍離城獻象之者見悉達多有大威力即說偈言

我等達馳象　爲獻於輪王　遇斯凶惡人
即時行殺害　難陁手執尾　擲象七步外
菩薩大威神　擲象如抛塊

佛說衆許摩訶帝經卷第三

較會藏經字學沙門臣　雲鼐　證義
講上生經唯識論賜紫沙門臣　顯丕　證義
講法華經百法唯識論賜紫沙門臣　寶達　證義
講法華經因明論賜紫沙門臣　譽　證義
講法華經百法論演教大師賜紫沙門臣　銜　證義

佛說衆許摩訶帝經卷第三

校勘記

一　底本，金藏廣勝寺本。三三六頁中原版殘，以麗藏本換。
一　三三七頁中一六行「照耀」，石作「照輝」。
一　三三七頁下末行「若復」，清作「若得」。
一　三三八頁上八行末字「㔟」，諸本作「勢」。
一　三三八頁上二〇行「綱鞔」，徑、清作「網縵」。
一　三三八頁上末行「香奩」，磧、南作「合奩」。
一　三三八頁下一行首字「頻」，磧作「類」。
一　三三八頁下一三行「飲食」，磧作「飯食」。
一　三三九頁中一〇行「歸命」，磧作「婦命」。
一　三三九頁中一四行末字「滅」，石作「法」。
一　三三九頁下二二行第五字「燒」，磧作「薩」。
一　三四〇頁中一〇行「鬪戲」，磧作「鬧戲」。
一　三四〇頁下七行「不宜」，普作「不宣」。
一　三四一頁上卷末譯者名錄，諸本無。

佛說眾許摩訶帝經卷第四　卿

西天譯經三藏朝散大夫試鴻臚少卿明教大師臣法賢奉　詔譯

尒時提婆達多手持弓箭出迦毗羅城而欲教射悉達多太子知已與五百眷屬亦出國城同爲弓射時提婆達多即持弓箭遙射一樹其樹中箭應弦而倒悉達多太子亦射一樹箭力甚大樹雖兩斷儼然不動提婆達多見樹如故疑箭不中白太子言常聞太子解五種射法云何射樹而不能中如是言已帝釋天主於虛空中而自思惟我須今日顯發菩薩神通威力若不如是云何有情知彼菩薩善能通達一切衆事作是念已即化大風吹中箭樹忽然倒地時提婆達多即自驚歎尒時太子又令安置七多羅樹七重鐵鼓七重鐵豬令衆射之時提婆達多顯自威力挽弓前射透一多羅樹難陁次之透二多羅樹悉達多太子即便隨射所有七多羅樹七重鐵鼓及鐵豬等皆悉透過其箭入地至龍王宮尒時龍王見菩薩箭以手捧之於箭入處涌水上流即有信心婆羅門長者起塔供養一切苾芻常來瞻禮尒時悉達多太子乃乘寶輦迴歸王城有一相師告太子曰至十二歲若不出家爲轉輪王統領四洲千子圍繞時淨飯王聞是事已心大歡喜即集羣臣及諸釋種具白斯事時有大臣白淨飯王若要太子紹輪王位速於國內公卿臣僚士庶之舍選擇淑女爲其妃配仍造種種上妙衣服眞珠瓔珞珍玩之具及舍宅樓閣等如是造已即選良辰令太子於王正殿坐師子座命公卿臣僚及長者居士等所有童女悉赴王宮如有端正福德殊勝之女太子樂者即賜上件珍玩物等納爲夫人尒時淨飯王即依所奏後至吉日命悉達多太子登王寶殿坐師子座所集童女俱來赴會尒時有一童女名耶輸陁羅而不赴召父問其故耶輸陁羅曰金帛財貨我家自有何須王宮而受錫賚父又告言汝至王宮太子見已或當揀擇納爲夫人豈獨寶玩而充贈遺耶童女聞已即著上妙衣服嚴身瓔珞而赴王宮太子見是童女福相殊勝身有光明心大歡喜下師子座依古儀禮手相設拜拜已復坐合掌恭肅時僚等俱白王言如是童女諸相具足福德深厚堪與太子爲其夫人王即詔命二萬童女圍繞耶輸陁羅同入宮室

尒時迦毗羅城不遠有一大河名嚕賀迦於河岸上有一大樹名娑囉迦里（切桒也）與太子同時而生此樹不久長及百肘太陽未出樹身柔軟爪甲能傷日既昇天則斧不能入火不能爇尋以河津汎漲浸壞樹根偃仆洪川下流乾涸時酥鉢囉沒馱王以嚕賀迦河爲大樹所塞水不通行國內民衆乏水受用發使出國告淨飯王顛木壅流邦人大恐欲假太子神力去樹導川時淨飯王默然不允若太子自去即當隨意有大臣名曰飡那潛知王意以方便力告太子言嚕賀迦河旁有園苑亭臺樓觀花卉池沼甚是嚴飾可去遊從太子聞言即

眾許摩訶帝經第四　第二張　卿

眾許摩訶帝經第四　第三張　卿

與眷屬及諸臣僚同出迦毗羅城往彼園中隨意遊戲時提婆達多見一飛鵝從空而過挽弓仰射墮太子前太子見之嗟念傷害與拔其箭放鵝飛去提婆達多遣人取鵝太子告曰我發善提心常行慈愍行利益諸有情不欲見損惱所有飛鵝拔箭放去令彼安隱汝宜迴心勿生嗔恨提婆達多聞是語已默然不悅尒時酥鉢囉没馱王知其太子近在園林即遣國人往彼河津出其大樹唱聲用力響震郊原太子聞之訪諸左右羣臣具白此是酥鉢囉没馱王遣其人衆出河中樹太子聞已我當自往去河不遠有一大窟毒龍所居太子至前龍乃出窟衆人恐懼慮傷太子即以利劒斷彼龍命龍有毒氣被觸之者徧身青黑因以立名迦路那夷太子行至河邊先令提婆達多出彼大樹提婆達多極其神力終不能舉次及難那盡力挽樹稍離於地是時太子以巳神力手把大樹折為兩段擲虛空中於河兩邊各下一段告衆人言此娑囉迦里(以朱也)娑樹是大良藥火不能燒若有瘡腫塗之即差汝等衆人勿復忘失太子作是語已即乘車騎迴歸城邑時有相師相太子曰若至七歲而不出家作轉輪王太子入城將至王宮釋種伽吒儗里有一女名娱閑迦在高樓上忽見太子身相端嚴心生戀仰太子見此女已令住車騎迴首觀瞻手執弓箭不覺墮地時諸人衆見此童女福相殊勝皆言此女堪事太子父淨飯王知是事已遣童女二萬圍繞娱閑迦女令入王宮尒時太子納夫人已思惟城外遊觀園苑即告御車人阿誐多汝今諦聽我思城外遊觀園苑與我如法安置裝嚴上好車騎時阿誐多聞是語已即於殿中如法裝飾上好車騎至太子前尒時太子即乘車騎出於城外於其馬前見一老人鬚白面皺策杖呻吟太子不識問阿誐多此是何人阿誐多曰此是老人太子問云何名為老阿誐多言幻化之體無有堅實四相遷移六情昏昧起坐無力執杖而行名之為老太子問云汝能免不阿誐多曰我何能免太子問云汝即不免我能免不阿誐多曰貴賤雖異幻體一般日月推遷無人能免大子聞已不悅而歸復自思惟四大假合五蘊無實始自少年便成衰老如是之相深可悲愍尒時淨飯王問阿誐多曰我子出外有何所見阿誐多曰太子出外見一老人鬚白面皺具說上事王既聞已憶前相師占言太子後必出家太子於今安處深宮受五欲樂情必愛著而不出家即說偈言

王聞相師占太子　恐後捨父求出家
令以五欲悅其情　愛著必繼輪王位

尒時太子又復思惟出城遊觀即告阿誐多汝今諦聽我思城外遊觀園苑與我如前安置裝嚴上好車騎時阿誐多聞是語已即往殿中如法裝飾上好車騎至太子前尒時太子即乘車騎出於城外於其馬前見一病人形體羸瘦心神劣弱太子不識問阿誐多曰此是何人阿誐多荅言此

是病人太子問云何名爲病車匿荅
云四大之體手相乖反而有病生形
容瘦惡心識無安此名爲病太子問
云汝能免耶阿識多言亦不能免又
復問言汝既不免我免得不阿識多
言俱是幻質云何獨免太子聞巳即
歸王宮復自思惟假合之身衆病所
集衆生愚迷深可憐愍時淨飯王問
阿識多曰太子出外有何所見尒時
阿識多具說上事王既聞巳恐子出
家復令宮中以五欲樂娛侍太子即
說偈言
色聲香味觸最妙　娛樂深宮太子情
若生愛樂而貪著　應不出家求覺道
尒時太子復自思惟出城遊觀即告
阿識多汝今諦聽我思城外遊觀園
苑與我如前安置裝嚴上好車騎時
阿識多聞是語巳即往廏中如法裝
飾上好車騎至太子前尒時太子即
乘車騎出於城外於其馬前見一死
人氣絶神逝猶如土木瓦石無所知
覺男女眷屬圍繞悲哭問阿識多曰
此是何人阿識多荅云此是死人太

子復問云何名死阿識多荅云有爲
之體壽有短長一旦無常永别親眷
此名爲死太子聞巳問阿識多曰汝
能免不阿識多荅云亦不可免太子
問云汝身不免我應免得阿識多荅
曰三界無常生滅不住太子之身亦
復如是太子尒時心不適悅却歸王
宮至王宮巳而復思惟無常之法念
念不住乃至有色無色非想非非想
處無有免斯無常大患於諸衆生深
可悲愍作是念巳情不適悅尒時淨
飯大王問阿識多曰太子出外有何
所見尒時阿識多具如上事一一宣
說王既聞巳思念昔時有婆羅門占
相太子福德淳厚諸相具足決定出
家成正覺道即令宮内以五欲樂種
種適悅令彼愛著捨出家意即說偈
言
我以五欲大富貴　適悅太子天中天
令彼無心求出家　付與輪王最上位
尒時悉達多太子復自思惟出城遊
觀即告阿識多我思城外遊觀園苑
與我如前安置裝嚴上好車騎於是

阿識多即往廏中如法裝飾上好車
騎至太子前尒時太子即乘車騎出
外遊觀時兜率天子作是思惟今玆
菩薩出城遊觀求出家緣我應當作
沙門之相持鉢乞食現太子前作是
念巳即剃鬚髮身被法服手持應器
住立馬首太子見巳迴問阿識多此
何人耶阿識多荅言是出家人太子
問云何名出家阿識多荅言此人了
悟生死誓斷輪迴修菩提因求解脫
果剃除鬚髮身被法服清淨身心此
名出家太子聞巳心生踊躍即便下
馬而問苾芻云何出家有何利益苾
芻荅言夫出家者離其親愛不著
榮樂恒修梵行堅守律儀棄背塵勞
禁縛根識妄念不生實行增長如是
進修名出家者太子聞巳歎言善哉
汝大丈夫於其濁世能善調伏能善
勤求是眞出家是眞善友言巳頂禮
上馬歸宮即於宮中至意思惟出家
之法其行甚妙其理甚深猒離王宮
欲求解脫時淨飯王問阿識多曰太子
出遊有何所見得悅樂不阿識多遊

巡具白上事王聞所奏又復思惟相師曾言若不出家必作輪王我須令展別設方便令彼太子斷出家意即告悉達多迦里沙迦聚落國之重地汝今往彼代吾撫臨當使一方人民和悅太子聞已迷悶不樂晝夜思念專求出家未遂本心往赴迦里沙迦聚落行至路次有五大寶藏從地湧出主藏神等白言太子此等寶藏菩薩所有唯願菩薩爲我受之太子告言此等寶藏衆寶所聚有情愛著非我所求主藏之神聞菩薩言知不領納即率同類入於大海尒時太子漸次前行至迦里沙迦聚落之界見有多人各執牛具苦力耕種手脚麤惡塵土坌身衣服破獘飢渴無力如是種種苦惱逼迫太子宿懷慈愍見之驚問左右告曰此是太子部內耕種之人太子聞之即令放免丁壯牛畜任自營生不令官司更有拘撿作是語已即往閻浮樹下結跏趺坐而入禪定其諸目僚僮僕吏民亦於樹下圍繞侍立經於食時淨飯王心自思惟太子出外已過時約由未迴歸我當自往觀視太子即嚴車駕出臨聚落至閻浮樹下乃見太子入三摩地身心不動日色雖轉樹影不移時淨飯王歎言善哉善哉大威德大丈夫甚爲稀有日行不住樹影不移以頭至地禮菩薩足而說偈言

善哉大丈夫　世間甚稀有　生時放光明
大地皆振動　今坐閻浮樹　日轉影不移
時衆普見聞　我今歸命禮

尒時太子從禪定起即乘車輦歸迦毗羅城經尸陁林見彼林中而有死人裸形臭惡支體壞爛於其世間深生猒離王與太子入迦毗羅城時有相師瞻見太子威德殊異告淨飯王今此太子於七日内若不出家定有轉輪聖王之位尒時相師即說偈言

大王今當知　悉達多太子　七日不出家
當作輪王位　統領四大洲　富有於七寶
如成正等覺　法財救世間

尒時相師説此偈已太子進車而漸前行時有釋種名迦羅乂摩其女名蜜里誐惹瞻見太子威儀尊重而興讚歎於太子前即說偈言

父得解脫樂　母身亦復然　生此悉達多
願與我爲夫　當成二足尊　圓證涅盤法
名聞徧十方　我今歸命禮

尒時太子聞是伽陁心生歡喜即以真珠瓔珞承其威力入窻牖中安著女項時淨飯王見是事已即以二萬宮人圍繞蜜里誐惹女入於王宮尒時太子有三夫人耶輸陁羅虞閉迦蜜里誐惹及六萬宮人朝夕供侍心無愛著專求捨棄時淨飯王知是事已告諭三王有婆羅門相我太子若七日内不令出家必作轉輪王汝等諸王於七晝夜可共守護復起民衆造七重城七重壕塹城安鐵門於門上下徧置鈴鐸若開門時鈴聲振響一由旬外尒時太子於其内宮與諸宮人妓舞作樂晝夜無異時淨飯王詔令羣臣於諸禁掖處處防衛仍遣四兵象馬車步於城四門分布巡察時淨飯王在城東門斛飯王在城南門白飯王在城西門甘露飯王在城北門各領臣僚夜不睡眠專心守護

復命大臣摩賀曩摩於其夜分不住來往巡歷四門警覺軍衆令不睡眠尒時摩賀曩摩領其人衆巡至東門而即問言何人在此不睡守護時淨飯王告言我今在此躬自防衛摩賀曩摩告言大王若不睡眠無諸過失時摩賀曩摩即說偈言

躭睡人如死　亦如魔魅人　若能止其睡
過咎必不生

尒時摩賀曩摩說此偈已即往南門而復問言此有何人不睡守護時斛飯王告言我今在此專心防衛摩賀曩摩告言大王若不睡眠無諸過失時摩賀曩摩即說偈言

人睡亦如死　須知有睡魔　若能止得睡
過咎必不生

尒時摩賀曩摩說此偈已即往西門而復問言此有何人不睡守護時白飯王告言我今在此專心防衛摩賀曩摩告言大王若不睡眠無諸過失時摩賀曩摩即說偈言

躭睡如飲酒　醉入於曠野　過失即隨生
是故須止睡

摩訶帝經第四　第十三張　平

佛說衆許摩訶帝經卷第四

乙巳歲高麗國大藏都監奉
勅彫造

摩訶帝經第四　第十四張　衍

佛說衆許摩訶帝經卷第四

校勘記

一　底本，麗藏本。
一　三四三頁上二一行「難那」，徑、清作「難陀」。
一　三四三頁中一六行「裝嚴」，資、磧、普、南、徑、清作「莊嚴」。下同。
一　三四三頁下四行「一般」，石作「一皴」。
一　三四四頁上一行「車匿」，磧、普、南、徑、清作「阿誐多」。
一　三四四頁下二行「太子」，徑作「天子」。
一　三四四頁下三行「天子」，徑作「太子」。
一　三四四頁下七行「馬首」，磧、普、南、徑、清作「馬前」。

佛說衆許摩訶帝經卷第五　御

西天譯經三藏朝散大夫試鴻臚少卿明教大師臣法賢奉　詔譯

尒時摩賀曩摩說此偈已即往北門高聲問言此有何人不睡守護甘露飯王言我於此處不睡守護摩賀曩摩言若不睡守護無諸過失而說偈言

怖睡如山嶮　亦如汎河海　一心防難危
止睡亦如是

時摩賀曩摩說此偈已即往市肆街巷處處巡行覺察衆人止睡守護而說偈言

依法離非法　實言勿妄言　淨飯王最上
止睡令守護

時摩賀曩摩說此偈已天色將曉詣淨飯王前而白王言過一晝夜內外安靜無諸魔難唯願大王更勑軍衆用心守護過七晝夜令彼太子定得輪王之位如是防護至六晝夜時忉利天主觀太子意欲往道場而說偈言

善哉大丈夫　牟尼釋師子　必捨王宮殿
趣求山野處　圓滿六波羅　成就無上智
拔濟於羣生　究竟至彼岸

尒時悉達多太子與諸宮嬪作於娛樂而忽思惟我今雖有耶輸陁羅娛閉迦蜜里誐惹如是夫人及六萬綵女若無男女便去修行衆人俱言悉達多太子非是丈夫出別之後即令耶輸身有懷妊由是太子為諸宮嬪說緣生幻有生死輪迴若不息心無有窮盡若與女人同其牀座如足履火速得大苦是故我今而生猒離作是語時有一婇女口吐涎沫手足紛紜髮鬢散亂迷悶倒地時諸宮人驚怖異常太子見之深生傷愍歎言苦哉去何有此死相不祥而說偈言

須臾變壞生惡相　手足紛紜涎沫流
觀此無常苦惱身　是故我今求解脫

尒時太子說此偈已觀諸衆生無有我人衆生壽者堅實之相如入尸陁林無所愛樂如履淤泥唯增臭惡如養毒蛇終無所益如電如夢如沫如泡根本無明覆而不覺如是觀已時淨飯王自說其四夢一夢滿月有其蝕障二夢日出復於東沒三夢大人衆來禮拜四夢自身笑而復哭耶輸陁羅亦說八夢一夢上族離散二夢吉祥座破三夢腕釧損墜四夢牙齒墮落五夢髭鬚亂垂六夢吉祥雲出於宮舍七夢滿月有其蝕障八夢日出未高復於東沒即時太子復自思惟曾作五夢一夢牀座如妙高山坐臥自在二夢兩手左托東海右托西海復以二足垂南海中三夢花果樹木及諸藥草長至天界四夢大身飛禽其類甚衆形白頭黑及諸小鳥種種顏色四方而來都至面前變為一色而禮其足五夢大石山上經行顧望太子自心思念我夢如此定得捨俗證大菩提尒時耶輸陁羅思前八夢告請太子占其吉凶太子曰一夢上族離散宗姓團聚未始暫分二夢吉祥座破座今如故三夢腕釧損墜見在汝臂四夢牙齒墮落非有墮者五夢鬚亂垂執覩垂鬚六夢吉祥雲出宮夫為吉祥我又在宮七夢月有蝕障今在天上何有障耶八夢日出

未高復於東没此時夜半日又未出所夢無惡汝何憂疑太子思惟此之八夢當應是我出家之兆即告耶輸陁羅我今當爲一切衆生往彼山間志求涅槃解脱之法耶輸陁羅言如夫所志我亦隨往

尒時帝釋天主及梵天王告太子言善哉善哉速捨五欲早出宫殿明相現前證一切智菩薩言憍尸迦我在深宫如虎入穽象馬車步四兵圍繞宫殿門戶並皆鏁閉處處懸鈴警覺守護云何而出帝釋告言但念過去無量阿僧祇刧所行行願爲斷衆苦度脱世間作是語時四大天等以威神力令彼衆人不能爲障即時帝釋化一寶階告般卿迦夜叉主言聖者菩薩現處高樓汝以寶階於前迎接夜叉聞已依敎奉行菩薩下之即見飡那令被馬王尋見飡那正當眠睡而説偈言

善哉飡那汝速起　被我馬王迦蹉迦
乘入諸佛修行山　求證牟尼無上覺

説此偈已飡那從睡眠覺即起合掌

告菩薩言事無倉卒何於夜半急要馬王欲乘遠去況此宫禁且無兵難賊難及水火之難云何如此菩薩言汝自昔來嘗奉驅馳云何於今而不相順飡那白言今當半夜眞僞難分慮有不虞以招大罪菩薩聞已默然思念恐人知覺自往中廄時天主帝釋手執火炬引路前行至其廄門牽致馬王馬即驚駭雙足跪地是時菩薩舉萬字福相百千威德之手作無畏印摩馬王頂告言迦蹉迦與我有緣若能送我雪山之中諸佛行處證得無上菩提之果降大法雨普潤世間一切有情皆獲利樂汝福無量時迦蹉迦即受教旨身足不動

尒時復有四大天子一名俱羅二名烏波俱羅三名波囉拏四名波囉拏舍嚩帝此四天子至菩薩前合掌恭敬告菩薩曰今知出外修菩提行我等四天願欲隨從菩薩問言汝有力耶第一天子言所有大地之土可以負行第二天子言所有大海江河可以負行第三天子言所有一切山嶽

可以負行第四天子言所有大地山嶽及河海等俱可負行而無疲困菩薩聞已即以神力移足蹋地地大振動四大天子住立不能而各驚怪誰知菩薩有斯威力我等四天云何懺謝是時飡那見是神力即牽馬王詣菩薩前

尒時大威德諸天及諸龍神傷愛別離於上空中啼泣下淚飡那言云何空中無雲下雨菩薩言此非降雨我將出外天龍傷別啼泣雨淚飡那聽受住立合掌菩薩即時深思佛身功德威儀利樂之法復思父母養育慈愛顧復之恩如不告辭有虧孝行作是念已即入殿内見淨飯王正當睡眠右繞一匝合掌啓白我於此時往雪山中求無上道度脱世間生老病死令諸衆生得大解脱言已而辭時有釋種摩賀曩摩瞻見太子戀慕憂惱悲泣涕淚云何因業輕捨王宮太子荅言我爲利益一切衆生求成佛果摩賀曩摩白云王勅我輩長時警護無令太子暫出宫禁太子告言我

於往昔發菩提心經三大阿僧祇劫歷修萬行求無上覺欲度衆生今此王宮非我所止摩賀曩摩闍是語時倍復憂惱涕淚悲泣發麤澁言苦哉苦哉我淨飯王所望不就致令太子棄捨深宮欲出遠行時耶輸陁羅聞是語已驚疑惶怖迷悶倒地良久乃穌告太子言緣何今日捨我而去娛閉迦蜜里誐惹及諸宮嬪悲淚前行告淨飯王太子無故欲離宮寢往彼山野如鬼魅所著無以遮止唯王當嚴勗勿令遠往王既聞已欲行誡勅帝釋梵王與諸天子接迎菩薩即出城外菩薩右邊色界天子善現威儀菩薩左邊欲界天子手執幢幡有無數天樂導引前行有百千天子於虛空中雨優鉢羅花俱母那花白蓮花及曼陁羅花復雨沉香末香旃檀之香種種上妙衣服復有天子歌舞作倡復有天子手捧馬足瞻仰菩薩一心隨行俱吠囉等無量諸天恭敬圍繞須臾之間至雪山中去迦毗羅城一十二由旬

亦時天主帝釋及大梵天王等合掌白言我等諸天發精進心隨侍菩薩來至山中若我菩薩成就阿耨多羅三藐三菩提時願垂攝受度脫我等住立右邊一心瞻仰菩薩即時為說偈言

我得最上道　一切佛行處　度脫於汝等
及彼諸有情

說此語已即脫寶冠上妙衣服告飡那曰將我衣服及彼馬王歸奉父王若不證菩提誓不迴也復說偈言

汝將馬王及寶衣　速歸本國迦毗羅
我住雪山修梵行　菩提未證而未歸

亦時菩薩說此偈已飡那聞之而復悲泣白言今此山中多有虎狼師子諸惡禽獸菩薩一身云何可止又此山野中皆有叢林荊棘土石磽确菩薩旦暮云何經行菩薩言飡那汝何愚迷衆生之身業惑所感四大和合性相違反老病死苦如至身時非擇尊貴上族富豪貧賤端正醜陋少壯老年冤親人我速歸散壞俱受無常云何修行怖諸危難飡那曰菩薩之

行其義如是王或見我不見太子必生憂惱如致大病其事云何菩薩言我今出家行菩提分法布施持戒忍辱精進禪定智慧成就十力四無所畏豈令父母得不吉耶作是語已即從座起合掌頂禮舉手執劒如優鉢羅花葉即自截鬚擲虛空中天主帝釋運大神力以手接鬚與諸天子安忉利天如法供養後有淨信婆羅門長者居士於此山地起立塔廟

亦時菩薩截鬚髮已問飡那曰汝意云何可能住此同修行不飡那曰王族之意不令住此何敢固違菩薩即以萬字福相百千威德之手摩迦蹉迦馬王頂授菩提記令彼飡那歸迦毗羅城行七晝夜至二更初到於城外園苑之中王勅宮人眷屬至園迎接唯見馬王不見太子時宮嬪眷屬俱向馬前抱馬王項高聲啼哭迦蹉迦馬聞是哭聲心思太子悲淚傷痛經須臾間迴顧兩邊即乃命終以宿因緣生六卄來婆羅門家利根結薄聰明多智太子成佛之後即詣佛所

聞法悟道得無生忍
尒時菩薩而復思惟我今落髮作沙門相去何身上得袈裟衣如是念已阿耨波摩城中有一長者眷屬熾盛財富無量如毗沙門家有十子人相端嚴智慧聰利俱樂出家淨修梵行因觀外境遷變無恒成辟支迦父亡之後老母信重製一袈裟施辟支迦子白母曰我當不久入於涅槃今此袈裟我若受之無所使用去此不遠有淨飯王子名悉達多不久得成阿耨多羅三藐三菩提以此袈裟奉彼菩薩能令老母得大果報說此語已運大神通於虛空中現其雲雷閃電風雨然後化火焚身入圓寂界是時老母臨將捨壽所持袈裟付與一女令奉菩薩此女忽然身得病患臨無常時安置樹上告樹神言以此袈裟與我奉彼淨飯王子悉達多時帝釋知是事已自變其身為一獵士手攜弓劍披此袈裟見太子來坐於路傍太子問曰汝是獵師去何身上有此憍尸迦衣細妙法服可以與我獵人告言唯此袈裟我非愛樂今欲與汝是服微妙恐人侵奪傷汝性命菩薩告言一切世間知我威力汝但施服勿懷憂慮帝釋天主即復本形頭面禮足乃以袈裟奉上菩薩授已即披與身不等帝釋見衣不等心自懷疑作是念時菩薩威神令其袈裟與身相等忉利諸天歸命供養婆羅門長者於後彼處建立塔廟恒有苾芻往來禮拜尒時菩薩威儀具足漸次經行見一仙人名婆哩譏嚩以手揩顋顏容不悅菩薩問言於意云何仙人荅言我此住處有多羅樹花果繁盛其味甘香忽然乾枯令我煩惱菩薩復問仙人住此本為修行花果枯朽致愁問耶仙人聞已心忽惺悟又見一菩薩色相端嚴瞻仰戀慕而復問言汝是出家菩薩不菩薩荅言汝見分明婆里譏嚩即斷疑惑法眼開淨請菩薩坐而以花果如法供養經須臾間菩薩復問迦毗羅城去此遠近仙人荅言從茲至彼十二由旬菩薩思惟城邑不遥如釋種來必作魔難即別仙人過殑伽河往王舍城以自工巧採取樹葉作為鉢器入城持鉢時民弥娑囉王在高樓上遥見菩薩身相端嚴威儀寂靜體挂法服手持應器巡門乞食而興歎言王舍城中所住之人無有如是威儀色相今此苾芻當非庶人下族之類應是王種捨位出家滅除罪業修持淨命尒時菩薩持鉢出城往一山中以鉢置地端坐入定思惟民弥娑囉王見我發心必有異意作是念時王告大臣我於樓上見一苾芻身相端嚴威儀調順非是庶人下族所生汝當訪尋今在何處即時遣使往至山間見此苾芻安詳而坐國王知已躬自臨幸接見瞻仰心生歡喜因告言曰汝之身皃甚是端嚴若為苾芻不相宜稱我有宮殿樓閣嬪妃美女最上富貴與汝受用勿作苾芻汝身何姓有何種族為我宣說菩薩白言雪山相近有迦毗羅城我之父王姓剎帝利名曰淨飯方理是國我須捨棄君父為求菩提若是愚癡貪愛之人假使世

閻并四大海滿中珍寶猶尚不足譬如大火然於乾薪貪愛身心亦復如是大王我觀此物由如冤家亦如毒虵一切憂惱怖畏根本大王假使大風而能吹動一切諸山於蘇迷盧終不能動假使世間所有珍寶最上貧財國城妻子象馬僮僕而能惑亂一切人心而於我心終不能動唯涅盤解脫是眞究竟尒時民弥娑囉王言汝今於此有何所求菩薩告言我求阿耨多羅三藐三菩提王言若成菩提願賜攝受菩薩荅言如是如是王生歡喜復歸本處尒時菩薩往鷲峯山山側非遥而有仙人勤修梵行能以一足履地住經一日菩薩聞之亦以一足履地住經兩日仙人復以五熱炙身立經一日菩薩於是立經兩日時彼仙人乎相驚怪降伏稱讚此是修行此是大沙門菩薩問言汝等修行於何所求一云我求帝釋一云我求梵王一云我求魔界之身尒時菩薩即自思惟今此仙人所修之行皆是邪道非我所依我今於此不求帝釋不求梵天不求魔界本為宿願利樂衆生求成佛果道既非眞宜應捨彼

佛說衆許摩訶帝經卷第五

乙巳歲高麗國大藏都監奉
勑彫造

佛說衆許摩訶帝經卷第五

校勘記

一 底本，麗藏本。
一 三四八頁上一九行「令被」，徑作「令鞁」；清作「令鞁」。
一 三四八頁上二一行第八字「被」，徑、清作「鞁」。
一 三四八頁中九行第一一字「跑」，石作「跪」。
一 三四八頁中一九行「菩提行」，資、磧、普、南、徑、清作「菩薩行」。
一 三四九頁中一七行第一三字「确」，石、資、磧、普作「硧」。
一 三四九頁下二二行「六菓」，諸本作「六業」。
一 三五〇頁中一一行末字「楷」，諸本作「揩」。

佛說衆許摩訶帝經卷第六　卿

西天譯經三藏朝散大夫試鴻臚少卿明教大師臣法賢奉詔譯

尒時菩薩即往阿囉拏迦羅摩處而學道法至已合掌勤拳致問汝宗行法其義云何阿囉拏迦羅摩曰我昔精進修習定慧至有想天三摩地門皆悉通達汝何不知菩薩即時思惟羅摩所得智慧及有想天三摩地門眞實不虛復自念言我於此法云何未得經刹那須禪定智慧皆獲成就而告言曰汝宗行法今我已得聽阿囉拏迦羅摩觀彼菩薩所得之法如實無謬尊重恭敬如自本師即以最上香花珍果一心供養菩薩復思今此行法而未究竟非爲正道即乃捨去往烏捺囉迦囉摩子處學修法行至已頂禮合掌問曰汝所得法是義云何時烏捺囉迦囉摩子言我昔精進修習智慧至非非想處三摩地門久已證得汝何不知菩薩聞已即觀彼人所修智慧及非非想處三摩地門而無虛謬復自思惟我於此法云何未得作是念時俱獲成就即乃告言汝之法行我今亦得時烏捺囉迦囉摩子心未信許諦意觀察如實無謬崇重供養過於本師尒時菩薩又自思惟此之法行亦未究竟非眞覺路速須捨彼別求明道時淨飯王臨御正殿憶念太子未知所止情懷憂惱近臣奏云離王舍城往烏捺囉迦囉摩子處單身介立勤求道法王既聞已心轉悲傷即遣親人三百往彼侍從時天指城酥鉢囉没馱王亦遣二百人往彼侍從此五百人至已禮足圍繞瞻仰菩薩自念棄捨王宮居山寂靜結志修習求甘露滅今此人衆晝夜煩雜而妨聖道唯留伯叔舅氏五人餘遣迴國菩薩即時將此五人往誐耶仙人聚落名烏嚕尾螺西曩野祢側近經行觀眺習靜之處尼連河次見一林野地土平正樹木幽閑如月清凉呼爲聖地告五人曰善男子若人於此修諸梵行未證寂滅不久證得我今依止求無上道即於樹下結跏趺坐學修禪觀閉口齧齒

舌拄上腭收攝心神如手握物經良久間毛孔出汗精進不退念定相應專注一心引發無漏而不現行復修別觀跏趺而坐合口閉目舌拄上腭屏住氣息令不出入良久之間氣逼頭頂疼痛至甚如錐刺腦受斯大苦心不顛倒亦不散亂堅固精進念定現前專注一心引發無漏而不現行如是息氣漸次運動從頭頂下至兩耳門痛楚復增如地獄苦菩薩尒時心不顛倒亦無散亂策勤猛利念定現前一心專注引發無漏亦未現行又復閉息外忘視聽氣積臟腑脹滿徧身苦惱至極無以方比菩薩尒時心不顛倒亦不散亂堅進修習念定現前專注一心引發無漏而不現行如是修已又自思念我於今後斷絕飲食時有天子適已觀知告菩薩言我此色身毛孔之內而有天上細妙珍食堪充供養菩薩告曰如我所食本非葷辛食出汝身亦非清淨若令我食必墮地獄天子但以隨方所有或米或豆聽汝豐儉以作供獻我即

受之天子奉敎以穀爲膳菩薩食巳身體羸瘦顏容憔悴心無苦惱亦無退失發精進意念定現前專注一心引發無漏亦未現行又節所食身轉羸惡兩目深陷如井現星菩薩尒時心無苦惱亦無退失發精進意念定現前專注一心引發無漏亦不現行又於所食減令極少或一豆一麻一米一麥如是食巳身力轉乏若行若步一起一倒尒時菩薩精進無退念定現前專注一心引發無漏亦不現行而復思惟此行非眞未至究竟作是念時有三天子詣菩薩前見其形容困憊變異各述菩薩顏皃不同或言黑色或紫緑者菩薩聞巳復自思惟我於此方如是勤苦容色變異終無所獲若求正覺何在節食正見相應取捨能忘是正菩提是眞究竟譬如濕柴體雖滋潤若遇火然必生熾焰又如婆羅門家雖行欲心無所著亦得解脫我今亦尒若依正法行無所著必證菩提

時淨飯王知彼太子在山野中精勤苦行日食麻麥求無上道涕淚悲泣心懷痛惱與酥鉢囉沒馱王各遣二百五十人侍衛給使時耶輸陁羅忽然懷妊王即告諭宮人眷屬自今而往不得說言太子在山苦行之事慮彼傷惱損動腹子

尒時菩薩往尸陁林中右脅枕屍累足而臥思想世間有爲生滅如蟻循環無有窮盡思巳復坐入三摩地時有童男童女而來林下瞻見菩薩閉目不動手執柴枝穿菩薩耳兩邊通過俱作是言此塵土鬼不得親近即以砂石瓦礫擲菩薩身而各捨去經須臾間出三摩地正念現前身心不動又自思惟今此所作亦非正行於無上道而不相應憶念昔日爲太子時暫出王宮往贍部樹下入三摩地彼處清淨遠離罪垢無諸穢惡出生善根於彼修行必圓道果作是念巳即便舉身欲往前行氣力羸劣而不能起即取飲饌并湯藥等節支服食仍以香油塗其身體澡浴眠寢安適身心增長勢力時彼五人而相謂曰昔者太子捨輪王位出迦毗羅城入山野中久茲苦行道果將就節志不堅何期於今恣情飲食香油塗體澡身安寢如是虧喪去何出離我等於此虛捐其功聞波羅奈國有鹿野苑羅漢聖衆恒住其中宜往彼處各求明道

尒時菩薩浴尼連河水體羸力弱舉步攸艱岸樹垂枝攀而得出即往西曩野你聚落之所其聚落內有二童女一名難那二名難那末羅身色端正心性慈善須聞太子在雪山下婆儗囉底河邊迦毗羅仙人處學修梵行具三十二相福德莊嚴深心悅慕願爲匹偶布施修福求遂所願尒時童女聞尼連河側有苦行仙人遂發勤誠欲施乳粥即以千牛分爲兩羣羣五百牛乳飲彼五百牛復以五百分爲兩羣羣二百五十牛乳飲二百五十牛如是分飲至八頭牛復羣八牛之乳最爲濃厚用玻瓈器煮乳麋粥於乳麋上現莎慈帝迦萬字千輪輻相時有一人見此輪相而自思念

若人得食速證無上菩提之果即告
童女我今飢渴當以糜粥而施於我
童女白言吾作此食施苦行仙人非
汝可取時天主帝釋即自化身為婆
羅門住立女前女以乳粥欲布施與
婆羅門曰我不敢受有世主大人宜
應供養童女復問世主何人婆羅門
言去此匪遥有大梵王童女承言即
詣彼處以粥奉施大梵王曰我不敢
受有淨光天子最上殊勝汝宜供養
女復往彼以粥布施淨光天子言我
不敢受有一菩薩浴尼連河身乏氣
力以手攀樹出河岸上被袈裟衣將
成佛果若能供養得大勝利童女聞
已即時馳往以鉢盛粥虔心上獻菩
薩默然而受其供食已擲鉢入尼連
河龍王至前欲取鉢器帝釋化身為
金翅鳥龍即驚退帝釋得鉢安忉利
天建塔供養尒時菩薩問二童女施
此乳糜有何所求童女答曰我聞雪
山相近婆儗囉河側迦毗羅仙人住
處有淨飯王童子身相端嚴當作輪
王欲求為夫菩薩告言彼童子者夙

修梵行離欲清淨名一切義成不久
之間當得菩提云何與汝而為夫耶
童女聞已默然住立菩薩舉身登一
石山峭峻孤拔林樹甚衆於此安坐
未逾時刻山即摧毀菩薩驚怪兹何
業緣時淨光天子白菩薩曰萬行今
圓四智將就此地薄祐而不能勝去此
不遠有金剛座三世如來成正覺處菩
薩即往天人引前足下生蓮海水泛
潮大地振響聲如扣鐘菩薩徐行至
一大窟內有黑龍昔無兩目聞地振
海潮即時出窟雙眼頓明得見菩薩
身相端嚴光逾聚日龍大歡喜瞻視
戀仰而說偈言

地振海潮俱作聲　我今聞速離宮殿
忽得光明見如來　一心瞻仰生歡喜

尒時龍王告菩薩言憶念昔時有佛
出世時我兩眼俱得光明見彼世尊
今亦如是復得眼開見佛身相即說
偈言

我昔承佛大威德　今我得覩相好身
必遇牟尼覺道成　見佛端正亦如是

尒時菩薩欲至金剛座先舉右足行

如牛王身若寶山袈裟不動心等虛
空面如滿月金光照耀蘊大法藥靈
禽異獸右旋隨轉有如是等十種祥
瑞菩薩思念以吉祥草鋪金剛座天
主帝釋即時化身往香醉山取吉祥
草其草柔軟如兜羅綿詣菩提樹前
陳金剛座上尒時菩薩舉相好身登
金剛座結跏趺坐而發誓言我不起
此座直至漏盡正意繫心入三摩地
時魔宮中有二種旗一名喜相二名
疑相動有所表時疑相旗忽然搖動
魔見驚疑慮有不吉即作觀想知淨
飯王子悉達多坐金剛座求無上覺
時魔波旬生嫉妬心變身為人詐作
淨飯王書至菩薩前致敬問訊云何
住此久不歸還提婆達多入太子宮
恣行非法及殺釋種菩薩初聞生三
種不善尋思婬欲親里殺害及起瞋
恚知魔所作復成三善一離欲二不
殺三無瞋魔復問言云何坐此菩提
樹下佛言我求無上智魔言無上之
智汝何得之佛言汝是魔罪之人設
一婆羅門供尚得自在報應我經三

大阿僧祇劫捨無數百千那由他俱
胝頭目髓腦國城妻子金銀珍寶利
益衆生求無上智云何不得魔言我
設一婆羅門會得富貴自在汝能與
我爲證汝經三大阿僧祇劫捨頭目
髓腦等利益衆生求無上智誰證於
汝尒時世尊於金剛座上即展右手
金剛莎帝迦萬字網鞔之相作無畏
印觸地面上告言爲我證明時地天
神從地涌出合掌唱言魔王我佛往
昔經三大阿僧祇劫捨無數百千那
由他俱胝頭目髓腦國城妻子金銀
珍寶利益衆生求無上智眞實不虛
汝魔勿疑魔王聞已心懷驚怖默自
思念若令菩薩成道侵我境界奪我
威光旋歸天宮別作魔計即化三女
端正莊嚴來於佛前窈窕逶迤詐爲
瞻仰而欲魔魅佛以神力變成老母
髮白面皺陋惡尫羸以鏡照之慚赧
而退魔王見已恨事不成心生熱惱
即時統領三十六俱胝鬼魅兵將身
披鎧甲手執槍劒及弓弩羂索種種
器仗復集毒龍猛獸象馬水牛虎狼

野干等奔豩同行又於空中現雲雷
電閃霹靂風雹四面一時逼惱侵害
佛眼視之愍彼愚迷入慈心定即時
淨光天子於虛空中變大傘蓋覆徧
空中遮止風雹刀劒弓箭種種器仗
俱作天花所謂優鉢羅花鉢納摩花
俱母那花奔茶利迦花繞金剛座如
供養佛即於三摩地運神通力合多
成一以一爲多上虛空中行住坐臥
身上出水身下出火履水如地等種
種神變已復觀彼衆布捺識囉邪見
疑惑貪欲瞋恚愚癡等及彼有情離
欲著欲有想無想等引近分解脫非
解脫如是等法通達明了以宿命通
觀魔等有情過去父母一生二生百
生千生乃至增劫減劫無數之劫世
界國土族姓眷屬富貴貧賤長壽短
壽命終生處無不證知以天眼通觀
魔等有情未來諸趣生死因果及身
語意等善不善業受報好醜究竟明
了又復思惟欲界色界無色界苦集
滅道四諦行相若染若淨分別俱生
根隨諸惑如是思已無漏智觀速得

現前見修二道頓捨不生成無上覺
尒時魔衆即皆退散復告淨飯王曰
悉達多太子於金剛座上而得無常
王既聞已與諸眷屬悲啼懊惱迷悶
倒地時有天人告淨飯王太子已成
無上菩提王聞是語心大歡喜及奏
王去甘露飯王生其一子耶輸陁羅
亦生一子王諸眷屬皆大踊躍
尒時淨飯王勅諸臣寮令街巷道陌
掃灑清淨燒衆妙香竪立幢幡眞珠
瓔珞於城四門皆聚金銀珍寶種種
財物施諸沙門婆羅門及諸外道貧
乞之人爲作福祐甘露飯王生子之
時眷屬歡喜名阿難陁耶輸陁羅生
子之時月有蝕障名羅護羅時淨飯
王言耶輸之子非佛之種耶輸聞已
恒懷憂惱王宮後園池岸一石名菩
薩石羅護羅坐石作戲毋忽見之而
立誓言若是佛種願水不溺如非佛
種即沉水下作是誓已以手推石子
亦隨落石浮水面子猶作戲時淨飯
王與諸眷屬來至岸上見子如是心
大歡喜讃言善哉甚爲希有尒時大

地振動佛光普照幽闇之處所有衆
生手得相覩歸命頂禮

佛說衆許摩訶帝經卷第六

乙巳歲高麗國大藏都監奉
勑雕造

摩訶帝經第六　第十三張　如

佛說衆許摩訶帝經卷第六

校勘記

一　底本，麗藏本。
一　三五二頁上四行「勤拳」，徑、清作「擎拳」。
一　三五二頁中一二行第一二字「至」，資、磧、普、南、徑、清作「王」。
一　三五二頁中一四行第一一字「滅」，石作「法」。
一　三五二頁中一八行「習靜」，徑作「寂靜」。
一　三五二頁下二行「出汗」，石作「汗出」。
一　三五三頁中二〇行第六字「往」，磧、普、南、徑、清作「在」。
一　三五三頁下一二行「頃聞」，南作「女聞」。
一　三五三頁下二二行「乳糜」，磧作「乳糜」。
一　三五三頁下二二行末二字至次行首二字「千輪輻相」，清作「千輻輪相」。
一　三五四頁上一六行「供食」，資、磧、普、南、徑、清作「供養」。
一　三五四頁上二〇行「乳糜」，石作「乳糜」。
一　三五四頁中四行「林樹」，石作「樹林」。
一　三五四頁中九行「引前」，南作「前言」。
一　三五四頁下五行第五字「時」，資、磧、普、南、徑、清作「現」。

佛說衆許摩訶帝經卷第七

西天譯經三藏朝散大夫試鴻臚卿明教大師臣法賢奉　詔譯

尒時有二梵天子住自梵界而作是念今南贍部洲有佛世尊於烏嚕尾羅池側尼蓮河邊菩提樹下成等正覺彼佛世尊而於樹下結跏趺坐於七晝夜入於火界時二梵天手相謂言我等天人亦有大力如展臂頃能到於彼我等今者宜速往彼以妙伽陁而伸讚請於是二天從彼梵界速至佛所旋遶瞻仰禮重畢已住立佛前時一天子先以伽陁而讚請曰

願佛起道樹　救度衆生界　爲說最上法
令得智法寶

第二天子亦說伽陁而讚請曰

佛面如滿月　心淨煩惱除　願說甘露法
行安樂世間

二梵天子說是伽陁讚請佛已隱而不現

尒時世尊出彼禪定觀諸世間說伽陁曰

世間所有諸欲樂　乃至天上所有樂
若比斷貪之大樂　十六分之不及一

復說伽陁曰

擔世苦重擔　迷苦而不捨　若捨苦重擔
能擔最上樂

復說伽陁曰

能斷世間一切愛　一切煩惱自除滅
知煩惱者脫輪迴　當得解脫之快樂

尒時世尊於七晝夜跏趺而坐入於禪定當尒之際亦無有人持食供養纔說偈已忽有商主名布薩婆梨迦將五百量車載諸寶貨欲往他國經過近地時布薩婆梨迦以宿善根力常起思念去何令我獲得善友及妙眷屬忽聞人言世尊入定七日不飲不食作是念言今佛世尊在烏嚕尾羅池側尼蓮河邊菩提樹下經七晝夜不飲不食而入禪定得解脫樂成等正覺此我善友當爲我益我今宜速詣彼奉食作最上供養發是心已時有天人以天報通聞知布薩婆梨迦發如是心乃觀照布薩婆梨迦及一切所將車乘等已乃先白佛言今商主布薩婆梨迦聞佛在此得解脫樂成等正覺於菩提樹下跏趺而坐入於禪定經七晝夜不飲不食彼人定來獻食供養希望果報求大安樂及利益故作是語已隱而不見於是布薩婆梨迦與同行親友自手辦造種種飲食美妙香潔品味成已即專注虔誠持以奉佛未至佛所復作斯念我今奉食爲最上供養如來必當演說最上之法而使我等以獻食因得天樂果作是念已尋至佛所即用頭面禮如來足禮已起立瞻仰而住時布薩婆梨迦白佛言世尊我與親友辦種種飲食而來供養願佛慈愍唯垂納受

尒時世尊許而未受何以故佛初成道未有應器作是思惟我若不以應器受斯供養者彼外道天魔必生毀謗作如是言豈有過去正等正覺爲利益衆生故如是受其供養耶佛作念時彼梵天子白佛言世尊過去正等正覺爲利益衆生故皆持應器而受檀施飲食供養於是世尊思欲應器彼四大天王即知佛意乃各於

自天令其妙工選取寶石於少時間造成應器清淨瑩徹殊妙無比時四天王造成鉢已各各自持同來奉獻至佛所已即以頭面禮世尊足禮已瞻仰住立一面尒時四大天王異口同聲白世尊言我等今者各以寶石造得應器同來奉上唯願世尊哀愍納受作是語已顒聽佛音

尒時世尊復自思惟今此四王各獻一鉢我若受一三天不喜我若受三一天生惱我今等受四天之鉢既受鉢已又復思惟用唯一器四鉢孰先即以神力合四爲一四器雖合楞際疊存於是世尊爲利生故即持此鉢於布薩婆梨迦處受所施食既納受已即謂布薩婆梨迦曰我今爲汝演說三歸汝當諦受時布薩婆梨迦奉教而住

世尊曰歸依佛歸依法歸依未來僧伽此是三歸盡汝形壽不得違悔時布薩婆梨迦白佛言我今歸依佛歸依法歸依未來僧伽盡此形壽不敢違悔

尒時世尊謂布薩婆梨迦曰隨喜布施感果不虛汝自捨施定獲快樂所求福報依願皆得亦復當證最上寂靜布薩婆梨迦若行布施所作福利人天及魔不能迷惑乃至禪定智慧若能盡行能竭苦源見前證聖是時布薩婆梨迦聞是說已心意快然歡喜踊躍願於未來出中憶念受持亦不忘失作是語已禮佛而退

尒時世尊受得商主布薩婆梨迦所施之食即持往彼尼連河邊即於岸上敷草而坐喫所受食食既畢已又復盥漱如是之際忽覺體中而發風病何以故佛出世間示斯爲緣欲令衆生知身如幻故是時天魔恐佛出世教化衆生出離三界當空我境常伺其隙欲來惑亂忽知發疾速離天界來至佛所而作是言善逝汝今不安涅盤時至我今請佛入大涅盤尒時世尊知是魔來欲亂我心佛謂魔言我涅盤未至我今直待聲聞弟子解佛法分智慧明達了知教本廣演法相乃至苾芻苾芻尼優婆塞優婆夷等修持梵行有衆多人欲周大地及彼天人皆證解脫我於是時方入涅盤時彼天魔聞佛語已知不涅盤心生懊惱於是天魔慙恥而退

尒時帝釋天主遥知世尊體發風病自天而下至贍部洲去菩提樹不近不遠有大訶梨勒林於中而住於此林中取得上好訶梨勒已疾往佛所到佛所已頭面著地禮世尊足禮已瞻仰住立一面白言世尊我知聖體小有風病此贍部洲有訶梨勒色妙馨香可療斯恙我今持來奉上世尊唯願大慈納受而食世尊受已尋便服食風病即除體安如故世尊慰勞帝釋乃退還歸天宮

尒時世尊又復離菩提樹往彼毋唧鱗那龍王宮到彼宮已於一樹下跏趺而坐入於禪定是時彼處七日七夜降霔大雨時毋唧鱗那龍王以雨方霔知佛在定恐其風雨之氣手侵佛身又恐蚊蚋蛸蠅唼嘍聖體遂以自身纏繞七匝卬首上覆如傘蓋相經七晝夜不動不搖佛將出定龍自

攝身龍王還宮復以種種花鬘塗香嚴飾其身來至佛所頂禮佛足白言世尊七日已來風雨之氣蚊蝻之類侵擾以否聖體去何於是世尊說伽陁曰

觀察於世間　一切衆生等　若得無侵害
歡喜復快樂　離欲斷煩惱　此樂難比喻
無明若調伏　斯為最上樂

尒時世尊說是伽陁𦍒龍王已即離彼處還來菩提樹下結跏趺坐經七晝夜入定觀察十二緣生去何根本而因得生所謂因於無明乃緣於行行緣識識緣名色名色緣六入六入緣觸觸緣受受緣愛愛緣取取緣有有緣生生緣老死憂悲苦惱由如是因得一大苦蘊集如是根本不生則一切得滅所謂無明滅即行滅行滅即識滅識滅即名色滅名色滅即六入滅六入滅即觸滅觸滅即受滅受滅即愛滅愛滅即取滅取滅即有滅有滅即生滅生滅即老死憂悲苦惱滅解如是滅則得一大苦蘊滅尒時世尊於七晝夜在於禪定如是觀察十二緣生已乃出三摩地而說伽陁曰

淨行觀察苦相時　知一一法有所因
若知苦相之不生　自然一切所愛斷
淨行觀察滅受時　知滅受法之無盡
若知滅受之不生　自然一切所愛斷
淨行觀察緣生時　乃知緣生法無盡
若知緣生之不生　自然一切所愛斷
淨行觀察有漏時　乃知有漏法無盡
若知有漏法不生　自然一切所愛斷
淨行觀察如是法　知如是法悉無生
如日徧照於世間　行住虛空無所礙
淨行觀察於苦相　知一一苦悉無生
破壞煩惱得無餘　如佛降伏魔羅軍

尒時世尊說伽陁已復說是言若有衆生斷於輪迴知甚深法微妙言辭悉能通解如是之人是有智者我為此等人說我令此等人知我今如是獨處林野依相應行見行法樂是時世尊說是語已自在行住無諸繫著不云說法亦不生心是時娑婆世界主大梵天王知於世尊不去說法亦不生心而作斯念若如是者世間滅壞何以故如來應正等覺出於世間如優曇鉢花時乃一現今不說法自取法樂當令一切有貪欲者樂邪法者不覺不悟去何世間而不滅壞我今往彼伸其勸請是時梵王娑婆世界主離彼梵界如展臂頃即至佛所住立佛前說伽陁曰

出世摩伽國　過去法無垢　悉開甘露門
演法濟衆生

世尊告言我法甚深難見難了我若輒說速取滅壞何以故世間一切樂邪法者有貪欲者不樂聽受不能覺悟何以故貪欲之者黑闇覆障故梵王白言世尊衆生者世間生世間老有利根鈍根及以中根乃至相好易化塵垢輕微諸異生等世尊譬如青蓮花或白蓮花等生於水中於水而長於水而老其中或有出水者或不出水者亦復如是世尊諸異生等若不為說種種妙法皆趣沉墜唯願善逝賜其法寶唯願善逝降於甘露尒時世尊受於梵王慇懃勸請已默而許之遂以佛眼審諦觀察世間衆

生世間生世間老鈍根者利根者乃
至於中下顏白之好醜易化與難化
少塵極少塵如是衆生等我若不為
說種種之妙法不知諸苦本悉趣於
沉墜世尊如是觀察知已而起大悲
將演妙法先說偈言
我今降法甘露雨　當潤樂聞及一切
從此人間得法因　若見弊魔不廣說
是時梵王娑婆世界主聞此偈已定
知世尊演說妙法身心快樂喜不自
勝即以頭面禮世尊足右繞三匝隱
沒而退尒時世尊即自思惟今者何
人先得聞法乃憶往昔阿囉拏迦羅
摩等仙人可先聞法何以故我於往
昔過彼住處受其妙供及受其囑我
今先為彼人說法作是念時乃有天
人來白佛言彼阿囉拏迦羅摩等皆
已命終方今七日世尊默知又聞天
告乃嗟歎曰無常大事世不驚乎又
念阿囉拏迦羅摩等薄祐如是不聞
正法耶尒時世尊復念何人可先聞
法彼嚕捺囉迦囉摩子亦曾供我亦
曾囑我作是念次彼有天人名曰囉

吒又告佛曰彼嚕捺囉迦囉摩子亦
趣無常世尊默知復聞天告世尊又
歎曰正法難聞薄祐乃尒於是世尊
思念五人我出王宮入山苦行是等
尋來供侍於我我應先為彼人說法
於是以淨天眼觀在何處見彼五人
在波羅奈國鹿野苑中於是世尊自
菩提樹往波羅奈國鹿野之苑時於
路次有一仙人名烏波識相遂而來
時彼仙人忽於路次得見世尊又見
身長丈六金色晃然相好端嚴殊特
起世驚歎良久乃作是言瞿曇瞿曇
覩汝相好湛然清淨復如金色非世
所同何因出家歸依何法誰為汝師
今復何去
尒時世尊乃說伽陁荅仙人曰
我今無所師　處世獨無侶　悟正等菩提
為最天人師　知世間諸法　不染亦不斷
具一切智力　當降魔羅軍
烏波識山人言瞿曇實如汝言是佛
無疑佛言如是了知及得漏盡降伏
罪業故號為佛時烏波識仙人又復
問言瞿曇今往何處佛言往波羅奈

國擊大法鼓轉大法輪當說世間未
曾有說亦復宣示過去佛勑當令世
間知法離欲佛說是已彼烏波識仙
人頂禮世尊隨路而去
尒時世尊即自往彼波羅奈國鹿野
之苑時彼五人其名灑替梨迦摩斛
梨迦末斛羅吟嚩鉢囉賀拏尾婆囉
多等方新澡沐香油塗身廣排飲饌
列坐食次彼五人等遥見世尊知非
他人皆大驚怪乎相議曰今此太子
居山苦行欲成佛道今乃退志還尋
我等我等安坐勿得迎侍世尊遥知
默而行詣佛身巍巍由如金山尊貴
吉祥相好具足有大威德無能儔匹
時五人等見佛脩近威德加臨無能
安坐皆起迎侍於是五人咸言善來
請當就坐是時五人或為佛敷座者
或汲水洗足者或奉上名衣者或接
手扶侍者於是五人承事於佛同於
往昔是時世尊安詳就坐從容而言
謂五人曰汝等五人初見我時共有
要議欲輕於我汝等甚愚汝等皆是
我族當行我戒是時世尊復告五人

曰汝等莫於如來生起輕慢何以故汝等若於如來起於輕慢者得無利益後於長夜獲大苦惱五人白言佛於昔時所有威儀最上世法殊妙之事後行苦行得最聖清淨無上之智通達妙法本所觸行今在何處佛言汝灑替梨迦末斛梨迦末斛羅吩嚩鉢囉賀拏尾娑囉多等若於衆生廣六供養廣大之施上妙飲食酥乳之味食畢沐浴香油塗身潔淨諸根嚴好殊麗前後顧視容色適悅汝等如是為見我者非見於我灑替梨迦等言如是如是時彼五人常行乞食世尊到已或三人乞食二人奉事或二人乞食三人奉事乎為給侍精進無懈佛因制之日有二事法修行之人而不得行云何二事為於色欲生貪此輪迴根非上人法若有人能自正其心修其苦行於此五蘊三毒如是諸法無迷無執智眼觀察斷彼輪迴離於苦樂行於中道復於正見正思惟正語正業正命正勤正念正定於此八正而廣修習獲於神通證於涅盤

得名中道當趣無上正等正覺我於是事悉辨無餘

尒時世尊如是說已又復觀知五人堪能受法即復告曰此是苦汝須知於是五人思惟以慧眼觀是法於過去世曾所聞聽菩提發生而得了知又復告曰此是集汝應斷於是五人復思是法以慧眼觀於過去世曾所聽聞菩提發生而得了知又復告曰此是滅汝應證於是五人又復思惟以慧眼觀此法過去已曾聞聽菩提發生還得了知又復告曰此是道汝應修於是五人又復思惟以慧眼觀察此法亦於過去之世曾所聞聽菩提發生還得了知尒時世尊又告五人曰苦法我已知集法我已斷滅法我已證道法我已修我以是法乃成佛道尒時世尊又告五人曰汝等可應學吾知於苦斷於集證於滅修其道汝等若能於此四諦真實之道而得了覺自然知彼無集無解無明無慧無菩提無不生乃至梵界魔界諸天世人沙門婆羅門等亦無所往離

顛倒相心意快然當來決證無上正等正覺尒時世尊如是三轉十二行法輪時尊者鉤捉等除去塵垢得法眼淨及彼八萬天人得法眼淨於是五人既悟道已乃白佛言我等欲於佛法出家願賜聽許尒時如來謂五人曰善來苾芻於是五人鬚髮自落袈裟著身成沙門形尒時世尊復謂鉤捉等言色是常是無常是苦是非苦是空是非空是有我是無我受想行識是常是無常是苦是非苦是空是不空是有我是無我鉤捉荅言世尊我觀色受想行識皆是無常苦空無我之法尒時五苾芻聞佛說是五蘊之法乃得漏盡證於無學時佛謂言汝等所作已辦梵行已立我生已滅永斷輪迴我與汝等六人當為世間第一福田三寶之名今已具足

尒時世尊說是法時有一夜叉名曰善摩高聲唱言今日世尊於波羅柰國鹿野苑中仙人住處三轉四諦十二行法輪為愍念利益世出世間梵魔天人沙門婆羅門等時彼善摩夜叉

作是唱已彼四大王天三十三天及彼諸天手相告唱須臾之間乃至梵界諸梵天等皆悉聞知世尊在彼波羅柰國鹿野苑中仙人住處三轉法輪三寶出見利樂人天及諸有情是時地即大動天亦大明於是梵王帝釋及諸天等各各執持寶幢幡蓋來詣佛所雨天妙花作天妓樂謌唄讚嘆種種供養歡喜踊躍禮佛而退

佛說衆許摩訶帝經卷第七

乙巳歲高麗國大藏都監奉

勅雕造

衆許摩經第七　第十五張　趣

佛說衆許摩訶帝經卷第七

校勘記

一　底本，麗藏本。

一　三五七頁中一一行第四字「量」，徑、清作「兩」。

一　三五七頁下六行第九字「味」，石作「未」。

一　三五七頁下一六行第一一字「若」，石作「苦」。

一　三五八頁上二〇行「違悔」，磧、普、南、徑、清作「違誨」。末行諸本同。

一　三五八頁中八行第八字「出」，諸本作「世」。

一　三五八頁下一行「大地」，磧、普、南、徑、清作「天地」。

一　三五九頁上一行首字「攝」，石作「捨」。

一　三六〇頁中九行第一二字「逆」，石作「送」。

一　三六〇頁中一一行第二字「長」，資、磧、普、南、徑、清無。

一　三六〇頁下七行「未斛羅」，資、磧、普、南、徑、清作「末斛羅」。

一　三六〇頁下一二行「迎侍」，資、磧、普、南、徑、清作「迎待」。

一　三六一頁上五行「最聖」，徑、清作「最勝」。

一　三六一頁上一六行第六字「日」，資、磧、普、南、徑、清作「曰」。

一　三六一頁下一行第三字「相」，資、磧、普、南、徑、清作「想」。

一　三六二頁上八行第一二字「謌」，徑作「訶」。

佛說衆許摩訶帝經卷第八　卿

西天譯經三藏朝散大夫試鴻臚少卿明教大師臣法賢奉　詔譯

尒時世尊初轉法輪度五苾芻已將諸苾芻往嚩囉迦河岸遊止暫住時波羅奈國中有俱梨迦長者子名曰耶舍家中巨富廣有財寶毋氏眷屬皆國中豪族多畜奴婢手誇強盛是奴婢輩皆悉年少聰明多藝復擅歌樂常侍左右時長者子耶舍忽於一日在自家中令諸妓人嚴容麗服鼓動音樂與諸眷屬恣其快樂自旦至夜方始停息時妓女輩各還所止以其困乏睡極昏重無所警覺時長者子耶舍於夜後分巡諸房室檢察庫藏見諸妓女門不掩閉身無拘檢或鬚髮蓬亂或衣服離身仰覆縱橫現露形體由如死人一無異別時長者子耶舍因果成熟出家時至覩斯相狀忽生猒離由如發狂耶舍以其富盛有摩尼所裝之履數及千緉於是著寶裝履夜詣王宮告守門者曰我苦我苦請報於王其守門者不肯聞報復詣後門亦謂守門者曰我苦我苦請報於王其守門者亦又不聽是時耶舍自夜後分直至天曉乃出城門至嚩囉迦河岸往來而行口中但言我苦我苦

尒時世尊在於彼岸晨旦經行於是耶舍遥見世尊威德端嚴無與等者知非常人乃告之曰聖者我苦聖者我苦尒時世尊即以軟言而慰呼之善男子汝來我今此處安樂無事時彼耶舍得聞世尊慈悲之聲軟言相呼即脫寶履致於岸側渡嚩囉河詣於佛所頂禮佛足却住一面於是世尊乃與耶舍同還遊止敷座而坐即為耶舍如應說法

尒時世尊謂耶舍曰布施持戒生天之因雖五欲自在輪迴未斷勿以天福心生喜樂汝今欲求割斷煩惱除去蓋障得解脫者當於聖道而加修習可證道跡可證涅槃又言耶舍我今問汝色是常是非常耶是苦非苦耶是空非空耶有我無我耶受想行識是常非常耶是苦非苦耶是空非

空耶有我無我耶時彼耶舍得聞世尊說如是法譬如白色之衣易為染著得離塵垢獲法眼淨於是世尊又為廣說苦集滅道四聖諦法於是耶舍即於座上得漏盡意解證無學果便即發言荅世尊曰如佛所說色受想行識者乃是無常苦空無我之法世尊知彼實已得證漏盡解脫猶著在家寶飾之衣乃為耶舍說伽陁曰

若得正道　猶戀莊嚴　雖行梵行
未名息心　若能調伏　執杖自驚
雖婆羅門　是真沙門

尒時耶舍宿有黠慧又證無學纔聞佛說此妙伽陁乃自思惟世尊說此正為於我猶著在家寶飾之衣乃白佛言世尊我今於佛法中願為沙門世尊大慈惟見聽許佛言善來苾芻鬚髮自落袈裟著身成沙門形儀相具足時俱梨迦長者始及天曉見彼左右忩忩報言長者子耶舍不待天曉出自舍去今不見迴未委所至時俱梨迦長者聞是語已驚怪非常乃私自念我子夜出得非不正之人而

相謗耶又問侍人我子所履所服爲常非常耶侍人對曰彼所常服妙衣寶履不在常處必著隨身是時俱梨迦長者又復思惟我子耶舍著寶裝履及上妙衣必無惡事我今宜速詣處尋覓於是令諸僮僕分頭尋覓兼自出城門至嚩囉迦河岸訪問尋求忽於岸邊見子所著寶裝之履又聞彼岸有佛及將弟子於彼遊止心自思惟我子決定在彼而住時俱梨迦長者即自脫履渡河訪覓將至佛所佛亦遥見知來尋子既至佛前覩佛光明又見異相未及言子唯即驚歎世尊方便承其發心乃先諭言善來長者得無疲勞且可就坐今與汝語時俱梨迦長者初覩世尊威光相好又蒙軟言慰諭但益瞻仰全忘覓子世尊告曰我有妙法汝樂聞耶俱梨迦長者言願佛哀愍唯垂宣示佛言布施持戒生天之因天之果報非爲究竟若斷煩惱可趣聖道俱梨迦長者我今問汝色是常非常耶是苦非苦耶是空非空耶有我無我耶又曰受

想行識是常非常耶是苦非苦耶是空不空耶有我無我耶尒時世尊廣爲解說汝可觀察實言報我時俱梨迦長者曰我今實知色受想行識乃是無常苦空無我之法尒時世尊又爲廣說四諦之法時俱梨迦長者因是除去塵垢得法眼淨身心適悦歡喜無量

尒時世尊知彼長者心意開解恩愛淡薄若見其子作沙門相必無愛著乃發問言俱梨迦汝何因緣來至於此俱梨迦長者具以上事告於世尊佛呼苾芻耶舍即出是時長者見耶舍出作沙門形復知漏盡證無學果乃作是言我子快哉初能自利又能利他使我得聞殊妙之法遠離塵垢法眼清淨皆由我子獲斯妙利於是俱梨迦復白佛言我今住家願佛垂戒佛言善哉善哉我今爲汝受於三歸汝當諦受

佛言俱梨迦汝歸依佛歸依法歸依僧伽汝盡形壽不得違悔俱梨迦言我今歸依佛歸依法歸依僧伽佛言

俱梨迦汝今於吾受得三歸依竟當爲世間第一優婆塞尒時俱梨迦蒙佛爲說種種之法乃得遠塵離垢法眼清淨又蒙與受三自歸已心意泰然歡喜無量即白佛言我於來日就自居舍備辦供養唯願世尊及聖衆等慈悲愍念同賜降赴佛即默然時俱梨迦知佛受請歡喜踊躍旋遶三匝禮佛而退彼俱梨迦既請佛已速至家中告彼妻子男女并諸眷屬彼耶舍夜出渡嚩囉迦河投佛出家已作沙門兼已得證阿羅漢果我尋耶舍亦到於彼便蒙世尊爲我說法獲離塵垢得法眼淨又爲我受三自歸法我已請佛來日供養佛與聖衆必來降赴汝諸眷屬今當爲我速淨舍宅香水灑地無令塵坌及速備辦種種飲食乃至香花供養之具汝等專至亦獲大利既至來朝明相現已家内營辦一一皆畢俱梨迦長者即於庭際執爐焚香遥白世尊飲食已辦願佛垂降

尒時世尊即告拘捉諸羅漢等可共

往赴俱梨迦請又告耶舍曰汝歸本家形服非舊毋親眷屬心必悲惱汝今出家已證無學宜以方便化令歡喜佛誡勑已即與同詣家中受食時俱梨迦長者立於門首顒望佛至佛既至門俱梨迦長者頂禮佛足焚香迎引至第二門時耶舍母及乳母眷屬悉出迎接初覩世尊相好端嚴威光殊異又見耶舍及諸羅漢法服嚴身威儀詳審凡諸進止有殊異道圍繞瞻仰歡喜無極俱梨迦長者請佛就座諸羅漢等亦復就座是時長者與諸眷屬次第禮足禮畢瞻仰各住一面

尒時世尊為耶舍母及諸眷屬如應說法使其歡喜又令發起菩提之心乃告之曰布施持戒得生天上雖復快樂未出輪迴欲出輪迴當斷煩惱於生滅法而須了知汝等諦聽深心思惟我今為汝分別廣說

佛言色是無常是苦是空是無我法又言受想行識是無常是苦是空是無我法汝等知否如是世尊廣為分別時耶舍母及乳母等皆已宿植善本今遇世尊為說妙法如潔白衣染成衆色隨其所染皆得鮮妙耶舍母等亦復如是世尊乃至廣為演說苦集滅道四聖諦法耶舍母等不起於座得法眼淨斷除貪愛離諸疑惑而於諸法知見無导即從座起住立佛前白言世尊五蘊三毒苦空無我無常之法我已實知

尒時世尊即為受其三歸受三歸竟歡喜踊躍禮謝於佛而又白言食時已至佛即默然於是長者及耶舍母悉持所辦上妙香美種種飲食自手奉上佛及聖衆佛與聖衆食畢澡盥清淨已竟是時長者及耶舍母即於佛前各坐卑座請佛說法佛即化利令心歡喜時俱梨迦長者與耶舍母等復白佛言我有少疑欲伸啓問願佛開說斷我等疑今我子耶舍當有何因而獲是果乃於家中忽發此心會遇世尊為說妙法而得法服莊嚴其身獲諸漏盡證羅漢果

尒時世尊告長者等言過去世時彼羅柰國不近不遠有一仙人於彼而住有慈悲心利益衆生恒入城中持鉢乞食時彼仙人曾於一日於四衢道見一死蟲覩其壞爛又復臭穢過往之者不可瞻近彼仙忽起思念我身無常不異於此遂於輪迴而生猒離當此之時有一童子亦見死蟲同彼仙人猒輪迴苦而彼仙人及以童子既猒輪迴後勤修習解脫正道彼仙人者即我身是彼童子者即耶舍是是故耶舍今遇於我得聞妙法證無學果於是俱梨迦長者及諸眷屬聞佛說已歡喜信受禮謝而退於是世尊將諸聖衆還歸鹿野仙人住處

尒時俱梨迦復有四子一名布曬努二名尾摩羅三名誐鉸鉢帝四名蘇摩舸見彼耶舍投佛出家證羅漢果咸作斯念我等云何猶戀貪愛不求解脫又復思惟若今世間無最上覺復有何人說最上法我等輪迴無能斷絕今值佛法宜生正信當共捨家如彼耶舍以求解脫於是布曬努等兄弟四人出波羅柰國同詣佛所頂

禮佛足却住一面而白佛言我俱梨
迦子耶舍之弟今來投佛欲爲沙門
唯願世尊慈愍聽許
尒時世尊即令弟子與剃鬚髮著袈
裟衣既爲沙門又與說法佛言布囉
努汝爲沙門當行苦行攝心不亂求
眞諦法令心無我而於諸法決定了
知盡生死源永斷輪轉以趣解脫時
布囉努等聞佛世尊說是法已正信
決定精勤修習獲諸漏盡得心解脫
所作已作梵行已立我生已滅永斷
輪迴證羅漢果是時乃有十大阿羅
漢
尒時波羅奈國中復有大族諸長者
子正五十人與俱梨迦子常爲朋友
忽聞俱梨迦子耶舍及布囉努等隨
佛出家證於道果咸作是念彼長者
子耶舍及布囉努等種族尊勝巨富
難倫聰慧過人端嚴罕匹常受快樂
無諸苦惱猶能捨家學道以求解脫
我等云何猶懷戀耶諸長者子作是
念已出波羅奈國同詣佛所至佛所
已頂禮佛足住立一面諸長者子同

白佛言我諸長者子正五十人今欲
於佛法出家而爲沙門願佛慈悲哀
愍聽許佛言善哉汝長者子捨家爲
道今正是時即令弟子與剃鬚髮著
袈裟衣度爲沙門是時世尊又與說
法令求勝果佛言汝長者子各各捨
家爲沙門者當須一身行於苦行攝
心不亂求眞諦法令心無我而於諸
法決定了知盡生死源永斷輪轉以
趣解脫諸長者子得聞世尊說是法
已正信決定精勤修習獲盡諸漏心
得解脫所作已作梵行已立我生已
滅永斷輪迴悉皆證得阿羅漢果於
是世間始有六十大阿羅漢
尒時世尊觀諸弟子而告之曰我從
無量劫來勤行精進乃於今日得成
正覺正爲一切衆生解諸繫縛汝等
今日悉於我處得聞正法漏盡解脫
三明六通皆已具足天上人間離其
繫縛可與衆生爲最福田宜行慈愍
隨緣利樂所言未竟時彼罪魔名摩
拏嚩迦即便遥知今日瞿曇沙門與諸
弟子在鹿野苑中而共商議謂言汝

等天上人間得離繫縛宜各隨緣而
行利樂我今若不令其惑亂必定化
盡世間衆生時彼罪魔摩拏嚩迦自
變其身同世間人如展臂頃即至佛
所住立佛前說伽陁曰
汝解脫相非解脫　得此解脫非沙門
汝今自處大繫縛　當欲解脫於何人
尒時世尊知是罪魔摩拏嚩迦來相
惑亂徒自作業何能壞我即說伽陁
荅罪魔曰
我於天上及人間　已能解脫諸繫縛
乃至無學離繫縛　汝之罪魔不能破
時魔摩拏嚩迦聞是語已即自思惟
此瞿曇沙門知他心事必不能亂唯
自苦惱隱没而退
尒時世尊告諸苾芻我已語汝汝等
已於天上人間離諸繫縛可愍念衆
生而行化導汝等速去時諸羅漢奉
佛教勅禮辭而去
尒時世尊與諸羅漢皆離鹿苑適悅
之地佛即獨行往詣西曩野你聚落
烏嚕尾螺池邊迦囉波娑林下經行
宴坐時聚落中有六十賢衆在西曩

野你中將諸妓女及彼音樂日日作樂無有停罷忽有一女於此快樂心生猒離捨衆逃避不知所至時六十賢衆善根成熟因尋此女入迦囉波娑林忽於樹下見佛世尊驚訝非常手相謂曰今此沙門身如金山光明晃耀面目端正諸相具足吉祥尊貴無有倫匹嘆不能已即前行詣而發問言沙門止此還曾見一女人來否佛言賢衆此處寂靜非女所遊汝今來此爲尋女人何不自爲尋其身耶是時賢衆聞佛所說即有省悟乃知前非而荅佛言我等先尋女人誠是過咎今自尋身願垂指示佛言賢衆汝既如是且可安坐我今爲汝宣說法要是賢衆等即禮佛足退坐一面佛言賢衆布施持戒生天之因雖復快樂非爲究竟苦求出離當斷煩惱亦復分別生滅之法時彼賢衆纔聞是說蓋障即除心內思惟欲善無量佛知其意即爲廣說苦集滅道四聖諦法彼賢衆等如潔白衣易染衆色隨彼所染皆得鮮好而賢衆等即於座上證四聖諦微妙之理既於諸法而得知見貪愛息滅疑惑永斷乃於佛法證四無畏即從座起偏袒右肩合掌向佛而作是言唯願世尊慈哀知察我歸依佛歸依法歸依僧自今已去永不殺生畢身奉持優婆塞戒時六十賢衆於世尊所得聞法已頂禮佛足歡喜而退

佛說衆許摩訶帝經卷第八

乙巳歲高麗國大藏都監奉
勅雕造

佛說衆許摩訶帝經卷第八

校勘記

一　底本，麗藏本。

一　三六三頁上一三行「警覺」，資、磧、普、南、徑、清作「驚覺」。

一　三六三頁中一二行第六字「致」，石作「置」。

一　三六四頁中一〇行「愛苦」，諸本作「憂苦」。

一　三六六頁中一行第一三字「今」，磧作「人」。

一　三六七頁上九行「女人」，資、磧、普、南、徑、清作「女入」。

佛說衆許摩訶帝經卷第九　卿

西天譯經三藏朝散大夫試鴻臚少卿明教大師臣法賢奉　詔譯

尒時世尊度彼六十賢衆已復思何人先可受化乃憶西曩野你聚落之中有難那及長女并眷屬等堪先受化憶念我昔苦行去時經過彼舍時難那及長女并眷屬等共持乳粥及酥蜜等來獻於我今觀彼等根緣已熟堪可化度作是念已世尊翌日伺候食時執持應器入西曩野你聚落之中次第乞食至難那舍時彼難那及長女等見佛至門踊躍歡喜即謂佛曰善來世尊聖體安否世尊大慈暫過我舍佛即入門難那并女爲佛敷座世尊昇座彼難那及女并諸眷屬即以頭面禮佛雙足各各禮已退坐一面

尒時世尊即爲說法佛言難那汝等諦聽布施持戒生天之因雖感欲樂終當退失汝等當斷一切煩惱以求出離又復廣爲分別生滅之法而令了知佛說是時彼難那等根緣成熟蓋障即除深心思惟歡喜無量佛即又爲廣說苦集滅道四聖諦法時難那并女及眷屬等即於座上得法知見證四諦理斷諸疑惑貪愛永除一向信佛即從座起合掌頂禮白言世尊我於世尊所說諸法實得知見我今歸佛歸法歸依僧伽願爲近事永不殺生又白佛言食時已至願佛大慈受我供養佛即默然時彼難那并眷屬等見佛默然知已受請持種種香花飲食手自奉上世尊食畢澡漱已竟難那眷屬復處卑座樂欲聽法佛即方便種種說法難那眷屬復得聞法歡喜踊躍禮佛而退

尒時世尊於西曩野你聚落化難那等已即復思念欲詣摩伽陁國隨緣利樂時摩伽陁國有善相師烏嚕尾螺迦葉壽年三百歲自謂已得阿羅漢道居尼連河側弟子眷屬有五百人摩伽陁國王及輔相一切民衆皆尊重供養更無有上彼摩伽陁國有無量人衆由如盲冥黑暗障蔽常依烏嚕尾螺以爲引導彼諸人衆雖承化

導無由出離我今化彼烏嚕尾螺迦葉及彼人衆使見正道既思惟已行詣摩伽陁國尼連河側烏嚕尾螺迦葉住處時烏嚕尾螺迦葉忽見世尊來至住處又見相好具足威德殊異即前迎接復加恭敬而謂佛言善來大沙門先住何處今忽至此即為世尊敷座請坐世尊就坐彼烏嚕尾螺迦葉亦自就坐即以種種言辭慰問世尊世尊亦以種種方便開導教化談論未竟日已西暮佛即告言今已日暮我於汝舍有寂靜處欲寄一宿烏嚕尾螺迦葉白言大沙門我諸房舍眷屬在中唯一靜處堪沙門宿然此靜處毒龍在中雖不惜恐有所損請自思之佛告烏嚕尾螺迦葉言但願見借必無傷害烏嚕尾螺迦葉告言若能尒者當自隨意於是世尊即詣龍舍佛於舍外自洗足已便入龍舍自布淨草跏趺而坐佛即便入三摩地時彼毒龍忽見世尊在舍中坐即發嗔怒乃作煙霧徧舍內外於是世尊以神通力亦化煙霧毒龍轉怒舍內火著佛以神力亦化其火佛與毒龍二火俱熾時彼龍舍周徧內外成大火聚火焰上騰明照遠近時彼迦葉常於夜分出觀星象乃復觀見龍舍成大火聚即便傷嘆苦哉苦哉彼端正沙門不聽我語龍火熾盛百倍於常可惜沙門必被傷害時烏嚕尾螺迦葉及與眷屬皆見大火熾盛之相時彼毒龍知於世尊不能損害又以自身亦大疲乏乃息惡毒火便消滅世尊是時亦攝神力毒龍降伏收於鉢內天曉之後烏嚕尾螺迦葉與眷屬等行詣龍舍觀於沙門既到龍舍見佛端然而白佛言汝大沙門宿夜安否佛言我安汝大沙門鉢中何物佛言此舍之龍佛又告言汝言此舍有是毒龍人不敢止我今降伏收於鉢中汝可審觀了知其實烏嚕尾螺迦葉自以耆年德重行苦學優凡所見知無有過者及見世尊龍火不傷又能降置鉢內乃讚歎曰奇哉沙門有大威力我所見聞希有此事是大沙門是大丈夫亦是阿羅漢

尒時世尊降毒龍已至第二日即於烏嚕尾螺迦葉住處不遠就一樹下經行宴坐即於是夜有四大天王下來聽法時迦葉夜出觀於星象乃見佛前有四大火聚迦葉即謂諸弟子曰彼大沙門亦事於火諸弟子曰師何由知迦葉告言我夜觀星象乃見大沙門前有四大火聚我知沙門事火無疑時烏嚕尾螺迦葉纔至天曉速詣佛所而白佛言汝大沙門亦事火耶佛即報言我不事火迦葉又言我夜中觀星見沙門前有四火聚若不事火此乃何用佛即報言此非是火是四大天王下來聽法是彼四天身光之耳迦葉驚曰奇哉沙門有是事也此大沙門有斯威德感得天王俱來聽法此亦是阿羅漢耶至第三日帝釋天主乃於夜分來至佛所頭面禮足退坐一面佛為帝釋如應說法帝釋天主得聞法已歡喜踊躍還歸天宮時烏嚕尾螺迦葉夜觀星象又見樹下世尊前面有一火聚極大熾盛光明照耀如日初出而彼迦葉

謂弟子曰而此沙門定事於火至天曉已與諸弟子速詣佛所而白佛言汝大沙門我昨夜出觀於星象又見火聚熾於座前火光上騰如日初出我今定知沙門事火佛即報言我非事火昨夜帝釋下來聽法是彼身光之所照耀迦葉歎曰奇哉沙門有大威德此實希有我今定知亦得阿羅漢果至第四日烏嚕尾螺迦葉出門觀星又復觀見沙門座前有大火聚光明照耀如日正中是時迦葉還告弟子我於今夜又觀星象復見沙門座前有火光明照耀轉倍於前如日正中等無有異審察是相定事火也至天曉已行詣佛所而白佛言我夜觀星亦見沙門座前有火我知沙門定事火也佛言迦葉我無所求何用於火昨夜之中彼娑婆世界主大梵天王下來聽法在我前坐汝所見者是彼身光時彼迦葉還復歎曰此大沙門乃有如是大威德力能感梵王下來聽法實為希有我定得知亦證阿羅漢果至第五日時烏嚕尾螺迦葉弟子摩拏嚩迦等五百人衆俱事三火各有三鑪其鑪共有一千五百是時世尊在彼樹下又值彼衆用火祭天彼五百人常式發火火不能然彼弟子衆即速告師至烏嚕尾螺所而白言曰師可知否我等然火火終不然不知今日何因若此烏嚕尾螺迦葉思惟是事而彼沙門在此近住恐彼威力而有所制即與弟子同詣佛所而白佛言汝大沙門我之弟子摩拏嚩迦五百人衆常式用火而為火祀今且然火終不能著我疑此事定是沙門威力所制佛即荅言汝欲火然迦葉荅言欲然佛言汝去火當自然迦葉還家火已然矣時彼迦葉及與弟子皆稱讚曰此大沙門有力如是必應亦得阿羅漢果用火祭訖欲滅其火火不能滅盡其彼力終不能滅摩拏嚩迦諸弟子等疾詣烏嚕尾螺迦葉之所白言我師知否火雖得然今不能滅迦葉報言此必還是沙門所為迦葉復來至世尊所白言沙門火雖得然今不能滅莫是沙門而復制也佛即報言汝欲滅耶迦葉告言欲令火滅佛言汝但還去必自滅迦葉迴還火已滅矣又復歎曰此大沙門有是神力亦阿羅漢也至第六日烏嚕尾螺迦葉自欲用火祭其火天火又不然即自入定欲令火然火亦不然來至佛所而白佛言我自用火常式得然今不能然莫是沙門力所制也佛言迦葉汝欲火然荅言欲然佛言但去火必自然迦葉迴還火已然矣用火事訖欲滅其火火又不滅又復入定欲令火滅火終不滅事不獲免來白佛言火雖得然今又不滅必是沙門力所制也佛言汝欲滅耶迦葉告言欲令火滅佛言但去火必自滅及至還家火已滅矣火滅已後以彼餘炭積於一處移時之後其炭自然與諸弟子同滅其火盡其力分終不能滅又來白佛汝大沙門火適得滅今還自然熾盛倍常我不能滅此必沙門力所制也佛言火又然耶荅言火然汝不能滅耶荅言我不能滅佛即報言汝但迴去火自息

滅迦葉即迴火已自滅迦葉歎曰奇哉沙門有斯力也我欲然火火不能然告以得然我欲滅火火不能滅告以得滅今火再著不能再滅今火得滅亦由彼力是大沙門有大威德此實希有必應亦是阿羅漢也過是日已烏嚕尾螺迦葉作外道法設七日會彼摩伽陁國王仕庶皆悉聞知迦葉思惟今大沙門在此近住前所火祀皆能力制今所作法莫復制耶若彼沙門七日不來我法必成若復來者或恐被制又作是念彼大沙門相好端嚴威德殊勝國中仕庶若見殊勝或恐捨我而事於彼以斯事故思念再三佛即尋知佛於七日他處遊化雖在近住迦葉及衆於七日中不見世尊時彼迦葉作七日法國中仕庶悉持香花及與財寶廣作供養作法既畢設會亦終却復思念彼大沙門七日不見我今設會多有餘長沙門若來甚有供養作是念已佛知其意即便行詣迦葉住處迦葉纔見心即歡喜此大沙門我思便至乃白佛言沙

門來耶佛言我來又曰七日之中何以不來佛言汝作是念我設七日法會若彼沙門來者恐法不成我知汝意是以不來今汝思念作法已畢沙門若來甚有供養我亦知尔是以此來迦葉思惟此大沙門是大聖者悉知我意必定亦是阿羅漢也佛與迦葉言論已竟尋還所止迦葉於後以虔潔心造諸飲食極令香美異其常品待至來日自詣佛所白言沙門我以專心備辦食竟願過我舍而受供養佛受請已而告之曰汝但先去吾當便至迦葉既去世尊入三摩地由如壯士屈伸臂頃於贍部洲界取贍部樹果盛滿鉢已迴還先至迦葉住處跏趺而坐迦葉後至見佛先到驚而言曰沙門來耶佛言我來久矣迦葉又言從何道來佛即報言我從住處往贍部洲界取贍部樹果還來於此迦葉言大沙門乃有如是神通迅疾於少時間能往於彼取果還來此大沙門亦是阿羅漢也佛即以果示之迦葉汝曾見不迦葉言我未曾見

佛言汝樂食不荅言樂食佛言隨意迦葉食果歎未曾有食果已竟即以所造種種飲食自手奉上佛喫食已澡漱亦畢即為迦葉說偈祝願訖尋迴樹下又第二日請佛受供佛即依前入三摩地往弗婆提取菴摩羅果先至迦葉住處又第三日請佛受供佛入三摩地往西瞿陁洲取得尾螺迦閇他果還來先至迦葉住處至第四日請佛受供佛即入三摩地如屈伸臂頃往北俱盧洲取自然米飯鉢中持來先至迦葉住處安坐已久迦葉方來迦葉又問自何道來佛荅迦葉我適往彼北俱盧洲取自然米飯持來至此迦葉歎曰此大沙門有是神通必是亦得阿羅漢果佛還問言北洲之飯汝樂食耶荅言樂食佛言隨意迦葉食已歎未曾有於是以自所辦種種飲食奉上於佛佛受食竟澡漱亦畢即為迦葉說偈祝願已還歸樹下世尊來日乃自持鉢往四大王天直至忉利天取天酥味還來所止樹下而食喫食既畢思水澡漱帝

釋天主知佛思水如屈臂頃來至佛所白世尊言欲水用耶佛言欲水帝釋即觀近地先有涸池以手指之水即湧出清淨香潔無與等者佛即澡漱隨意受用帝釋天主還歸天宮迦葉忽見驚恠非常而此涸池無水已久今復水滿不知何來遠至佛所而白佛言大沙門此池久涸水因何有佛即報言今日食畢無水澡漱帝釋遍知乃下天來為我出水迦葉歎言未曾有也食從天取水令天出能感如是此必亦得阿羅漢也迦葉乃立池名謂之播把佉多佛於後時入池澡浴池岸之側先有大樹名阿祖嚩曩佛以袈裟挂於樹上迦葉來至見佛袈裟挂於樹上知佛澡浴即來瞻覩佛既浴訖出水上岸即展其手欲攀樹枝時阿祖嚩曩枝便低亞迦葉乃見還復歎曰此大沙門實不思議感得無情自然低亞沙門亦得阿羅漢也世尊後時思欲洗衣云何得石而為用耶帝釋遙知尋至佛所白言世尊佛欲洗衣而用石耶佛言要石

帝釋即令夜叉於大山中取石一塊脩令平正復使光潔置於池側佛即洗衣洗已欲曬帝釋又令夜叉別取一石置於池岸佛洗衣竟就石曬之迦葉來至又見池岸忽然有石乃自驚恠池岸先無今從何來而白佛言大沙門池岸之石自何而有佛即報言我欲洗衣為無石故即起思念帝釋下來為我安置我又思念無處曬衣彼天帝釋又安一石二石所來皆帝釋也迦葉大歎此大沙門凡是所作非世之有必已證得阿羅漢也然其所證應莫超吾迦葉之心似有省悟世尊又以方便更現異相教化迦葉令入正道佛即化彼尼連河水忽然汎溢居河左右人多漂溺枯涸陂池處處皆滿佛所止處正居其內佛以神力令水環遶四面壁立中心塵起迦葉是時見河汎溢最盛於常即思念言彼大沙門得不漂溺由是乘船速至佛所乃見世尊樹下經行步步塵起又以環水壁立不能下船歎異揩常遍相慰曰沙門安否得無憂

惱耶佛言我無憂惱勞相諭也復思念言此大沙門自有神通何不離此迦葉又言莫欲乘船離於此耶佛言欲離於此迦葉白言若欲離者當自上船佛以神力如彈指頃已在船中跏趺而坐迦葉見佛已坐不見所來所入迦葉歎言沙門是大丈夫有大威德乃有神通能如是也迦葉白言我自亦得阿羅漢果然不及沙門所證之道佛知迦葉決定迴心便即告言汝自言證阿羅漢者非實證也迦葉忽聞世尊發如是語身毛皆豎轉自尅責此大沙門悉能知我種種之事今宜師之以進其道作念已定而白佛言大沙門願知我意今欲於大沙門法中出家而為僧伽稟奉教勅修持梵行唯願慈悲特賜聽許佛知迦葉證道時至又以方便化彼徒衆乃謂迦葉曰汝欲於吾法中出家學道為沙門者還曾令諸弟子悉知已否迦葉荅言弟子未知佛言汝為人師不得卒暴且可歸還與弟子議若讚然者即可再來斯亦未晚迦葉奉

欽還至住處乃與摩拏𡀔迦等五百弟子同集一處告而言曰彼大沙門相好異常神通難及凡所動止天悉遥知或來座前而聽其法或有要用皆能給送累見神變我實不如今欲師彼出家以進其道吾已決定汝等如何細自籌量以實報我摩拏𡀔迦白迦葉言彼火龍暴惡首先降伏神異他心衆人目覩我等所業悉自師傳師既未如弟子何説師若決志我等皆隨師若違彼宗源亦願垂於濟度我等已決衆共一心今或可行不可失也於是迦葉知衆誠願乃令弟子取事火具護摩杓等種種之器及鹿皮衣樹皮衣淨瓶拄杖革屣等物悉棄尼連河中以示不迴之相師徒相率同詣佛所頂禮佛足退立一面尒時世尊謂迦葉曰汝復來耶迦葉荅言今與弟子同來欲於大沙門法中出家修學佛已懸知乃更審曰汝諸弟子誠心以否迦葉荅言我與弟子皆悉誠心唯願慈哀咸垂濟度佛即默許度為沙門又復報言汝等今朝是眞出家是眞梵行披袈裟衣而實沙門

尒時烏嚕尾螺迦葉身著袈裟成沙門相又聞佛言汝今是眞出家是眞梵行私自慶喜我心全滅又復思惟往昔大仙嘗説斯事世稀有佛出興於世得無上覺具一切智是大聖人天上人間悉能利樂我於前時夜小覩星有大火聚謂其事火與我同宗乃是梵王帝釋四天王等夜來聽法今惟此事是大聖人比非大聖孰為聖也於是迦葉易沙門稱呼佛為世尊也

佛說衆許摩訶帝經卷第九

校勘藏經字學沙門臣惠藤證義
講上生經唯識論賜紫沙門臣鑒證義
講法華經百法唯識論賜紫沙門臣遵證義
講法華經因明論賜紫沙門臣譽證義
講法華經百法論演教大師賜紫沙門臣賀證義
講維摩經百法論演教大師賜紫沙門臣遽證義
講維摩上生經百法論宣教大師賜紫沙門臣達證義

佛說衆許摩訶帝經卷第九

校勘記

一　底本，金藏廣勝寺本。三六八頁中一、二行原版漫漶，以麗藏本換。

一　三七〇頁中一二行第四字「且」，諸本作「旦」。

一　三七〇頁下二行第一三字「必」，徑作「火必」。

一　三七一頁上九行「前所」，曹作「前近」。

一　三七一頁下二一行「四大」，磧、曹、南、徑、清作「四天」。

一　三七二頁上一六行末字「瞻」，徑作「贍」。

一　三七三頁中八行末字「小」，諸本作「出」。

一　三七三頁中一三行末字「也」，資、曹、南、徑、清無。

一　三七三頁中卷末譯者名録，諸本無。

佛說衆許摩訶帝經卷第十

西天譯經三藏朝散大夫試鴻臚少卿明教大師臣法賢奉　詔譯

尒時烏嚕尾螺迦葉有其二弟一名曩提迦葉二名誐耶迦葉是二迦葉各有二百五十學徒悉在尼連河下流岸側而住各於師法勤加修習是二迦葉一日於尼連河中忽見烏嚕尾螺迦葉祀火之具護摩杓等及鹿皮樹皮衣乃至淨瓶拄杖革屣等物悉從尼連河中流下乃驚怪思念我兄迦葉得無王難耶得無賊難耶乃至水火等難因是難故退失修行若不尒者云何祀火之具種種之物棄於水中任自流下審知今日必見差異於是二弟思議再三共行尋兄原其的實至兄住處不見迦葉及弟子輩唯餘所居空寂而已時二迦葉倍極悽然即詣隣人訪其所以隣人報言烏嚕尾螺捨棄仙道將諸弟子歸於沙門我等諸人不知其事請自詣彼詢其因由時二迦葉聞此說已手相謂曰我亦聞有沙門近來此處凡諸舉止皆異常人儻或我兄及與弟子若實然者極為稀事今可往彼自觀虛實二人相將同到佛所方見其兄烏嚕尾螺及與弟子被袈裟衣成沙門相悉坐佛前瞻仰聽法時二迦葉目覩斯事因知其實心驚毛竪足不能進佛見曩提誐耶來尋其兄又見立於會前足不能進即遣烏嚕尾螺自起迎接時二迦葉既覩其兄離席迎接即趨進前來禮足問訊二迦葉言我兄耆年有德久已修行博學該通世無等者摩伽陁國王及大臣乃至士庶皆謂我兄證阿羅漢道常持種種香花飲食上妙衣服及以珍寶而來供養凡有言說莫不諦信如何今日忽棄已道便隨他教我本修行依兄指授乃至弟子咸無異轍兄今自棄本所修習我等云何更堅進趣處大疑網願賜開解作是說已顒住一面時烏嚕尾螺迦葉告曩提誐耶等言往世無佛由若冥夜人無慧目不知沉墜我於是際苦節修行事火為功每祈聖證復以此道轉教汝

曹餘人無能得過我道便即自謂證阿羅漢有大沙門曰佛世尊身長丈六金色晃耀相好具足威德特尊哀愍我故來近止住凡所動靜天悉遙知四天大王乃至梵釋咸來聽法又見神足於剎那頃往復四洲乃至天上取酥陁味悉皆示我又復知我實未證得阿羅漢道以斯事故我道不如省悟宜先誠懇後悔乃与弟子投誠出家哀愍我故便垂救濟令著法服度為僧伽先不告汝吾之過矣時曩提迦葉誐耶迦葉根緣已熟便生信向聞是語已悲喜交至乃謂兄言我本修行因兄教授兄今棄捨我亦願隨又復言曰無佛出世寧聞正法雖止老耄亦希出離烏嚕尾螺告言善哉善哉今正是時曩提迦葉誐耶迦葉即前詣佛頭面著地禮雙足已退住一面白言世尊我兄烏嚕尾螺先是本師今者出家已為沙門我今亦欲出家願賜濟度佛雖默許還令導彼徒衆而告之曰汝等弟子悉知已否二迦葉言未知佛言汝可令知

還來度汝時二迦葉承佛教勅還歸所住各集弟子告而言曰摩拏嚩迦汝還知否有大沙門其名曰佛來近我師迦葉止住累以神通顯現異相皆令我師二目覩又以法力制其所作我師省悟知法不如將諸學衆投彼出家我因見其所棄受用隨水流下乃自訪尋委其緣由及到於彼已見我師迦葉及五百弟子悉著袈裟成沙門相在會而坐聽其說法我見是事初大驚怪不能前進我師迦葉離席來迎具說前事我聞殊勝亦願出家載念汝曹迴來相報吾意如此汝等思之以信實心各報於我彼二迦葉說是語已時摩拏嚩迦弟子之衆白迦葉曰我等修學從師所受師辯勝劣弟子寧知師尚投彼出家我等去何執守如或決定亦願相隨於是曩提迦葉誐耶迦葉各領弟子同詣佛所至佛會已頂禮佛足退住一面

尒時世尊告迦葉言汝等來耶時二迦葉荅言已來又白佛言我等各各

將諸弟子同來投佛於正法中願得出家稟奉尸羅修持梵行願佛大慈哀愍聽許佛即攝受度爲沙門佛又報言汝等今朝是眞出家是眞梵行時迦葉等聞是語已歡喜踊躍不能自勝各各禮佛旋繞畢已瞻仰而住

尒時世尊度迦葉等千苾芻已即離適悅之地將耆年迦葉等一千苾芻往誐耶山頂塔處經行到誐耶已佛爲諸苾芻等現三種事一者神通二者說法三者調伏於是世尊入三摩地現神變相於本座沒而於東方虛空之中現行住坐臥四威儀事又於身上出五色光所謂青黃赤白及與紅色又復身上出水身下出火身上出火身下出水乃至南西北方皆現是相見神變已於剎那間還復本座尒時世尊又與說法謂諸苾芻汝於心意識等諸法之中有疑無疑有念無念可滅不滅於斯諸法汝決定行又復告曰汝等當知眼識爲緣貪於諸色因色觸故內心發生即有苦樂或非苦非樂乃至耳鼻舌身意亦復

如是諸苾芻貪火既尒嗔癡亦然由是輪迴生老病死憂悲苦惱諸苾芻三火熾盛由我爲本欲滅三火當斷我本我本若斷三火自息於是三界輪迴一切諸苦自然斷絕時三迦葉及千苾芻又蒙世尊現神變相及說正法得諸漏盡得心解脫所作已辦捨諸重擔正得己利永斷輪迴悉皆證得阿羅漢道

尒時世尊於誐耶山頂度三迦葉及弟子千人皆證阿羅漢道已時民弥娑囉王及輔相大臣乃至士庶悉知世尊在誐耶山頂有弟子衆數滿千人有一大臣告於王曰我聞國人近有言論彼釋族中生一童子初生之時有雪山邊娑儗囉體河岸往昔迦毗羅仙住處有一善相婆羅門相而言曰今此童子相好具足福慧圓滿必爲金輪聖王王四天下盡大海際悉在統御正法理世民行十善復有輪寶摩尼寶女寶主兵寶主藏寶象寶馬寶如是諸寶自然出現恒常隨逐又有千子色相第一具大勇猛能

破寃敵四洲畏威悉皆降伏然或出家剃除鬚髮著袈裟衣正心修行必成無上正等正覺具以上事悉白於王請早圖謀勿令後悔如能殺者保國終吉時民弥娑囉王在正殿上獨坐思惟常念五種之事一者常願如來應供正徧知明行足善逝世間解無上士調御丈夫天人師佛世尊出於世間二者早得往彼瞻禮隨喜三者到已便得聞法四者如所說法悉能了知五者為我受戒受已稟持方念斯事忽聞大臣計議之言傷嘆良久報而言曰汝實愚人欲於如來起極惡心是大愚癡汝可速去勿更發言時彼大臣聞是語已知不聽從慙懼而退

尒時民弥娑囉王即顧左右親位大臣福相圓滿有智慧者而告之曰汝去往彼誐耶山頂世尊之所代我恭敬而請世尊如我辭曰民弥娑囉王稽首雙足恭肅無量問訊世尊少病少惱起居輕利安樂行否今請世尊降臨宮城微受供養當使於我及彼

人民獲大利樂唯願世尊及與聖衆耆舊大德皆悉降臨當盡此生奉以飲食湯藥乃至臥具及僧伽梨等一切供給不使乏少願大慈悲無辭勞屈如是說已頂禮佛足顒聽聖言佛即默然時彼使人知佛受請作禮旋繞辭已而還

尒時民弥娑囉王聞使迴旋速御前殿受使朝拜君臣禮畢遠發問言世尊來耶使人近前而奏王曰臣奉王旨詣誐耶山請佛及衆具以王言白於世尊佛巳默然必來降赴時王降勅左右大臣便可嚴潔宮殿及與城隍乃至四衢悉令清淨復設種種名香妙花以備迎接尒時世尊與耆舊迦葉及千阿羅漢離誐耶山詣於王城去城不遠有杖林塔佛與大衆至塔而住時民弥娑囉王得聞世尊與諸聖衆至杖林塔安住巳定即令所司嚴整車駕前後導從與自眷屬及諸羣臣欲出於城詣杖林塔所出宮未遠王所乘車地忽有坑輪陷不進王自思念我必往昔曾造不善致於

今日有斯事也纔起是念即聞空中有聲告曰汝於往昔無不善業但為見在諸牢獄中多有禁繫車輪之陷正為此也王聞空言定知賢聖既蒙指諭心極感重即遣使人散詣諸獄以罪輕重等第赦之車駕前進至於城門王之寶冠又忽破壞復思念言我定往昔曾作不善乃於今日疊有不祥王發是意空中賢聖又復告言天子汝於往昔無不善業但緣前來所放禁繫之人輕者巳放重者雖沽由繫別處冠破之祥乃為此也王聞賢聖空中語巳便令使人諸處詔喚咸到車前悉赦有之罪人獲免歡喜踊躍稱王之德時王部從及諸眷屬所乘之車有一萬二千復有國中婆羅門長者及諸人民亦有百千車同出城門詣世尊所時王至杖林塔於近苑內取迦俱那花五朶自手執持傘蓋劍仗之類使令相隨既至佛所詣於佛所去佛不遠下車徒步免去偏袒右肩合掌向佛三自稱言我是民弥娑囉王佛亦三印如是如是王

即以五朶花奉上於佛然後頭面著地禮其雙足又以種種言辭而伸讚歎佛即報言請王就坐王昇座已其王眷屬及婆羅門長者士庶等次第禮佛歡喜踊躍各以偈讚於世尊讚詠畢已却住一面時烏嚕尾螺迦葉先是王及大臣一國士庶所尊重者今爲沙門侍立佛側王及人民莫不疑怪咸起念曰耆年迦葉事火修行勤苦弥久智慧道德皆出人右今在衆會生我等疑爲是如來奉迦葉教耶爲是迦葉奉如來教耶作此念時佛即玄鑒乃謂迦葉曰汝自知時迦葉承佛聖言不起於座入三摩地於本座沒現於東方作行住坐臥四威儀相又復身放光明而有五色所謂青黃赤白紅其色間雜由如玻瓈又復身上出水身下出火身上出火身下出水南方西方乃至北方皆亦如是現神變已忽然之間還來衆會合掌向佛說伽陁曰

我本修行　奉事於火　弥歷年歲
疑設勤勞　心常自謂　已證羅漢

執著我相　不能解脫　佛大慈悲
而來濟度　制火不然　又令不滅
初謂同我　亦事於火　言無所求
事火何用　天上人間　無所愛戀
我設法會　爲求利養　欲來不來
皆知我意　又於四洲　及彼天界
取果及飯　悉與我食　我執事火
迷於正行　猶若盲者　復如死人
無有見知　定趣隊墮　摩訶牟尼
猶如大龍　布精進雲　灑甘露雨
利益一切　有情無情　我欲出離
求作沙門　蒙佛大悲　說清淨法
於最上句　使令知覺　我今實證
阿羅漢果　佛爲我師　我是弟子
諸人當知　勿生疑念　此誠實言
宜應諦信

尒時迦葉說伽陁已頂禮佛足還復本座時會大衆王及人民實知迦葉是佛弟子佛知衆會疑心已息乃謂王曰我今爲汝演說法要汝當諦聽善思念之王及衆會受教而聽佛言大王汝今當知如王身色有生有滅當審觀察生滅二相令實了知復觀

受想行識亦同於色善男子若能於此如實了知是生滅已當復觀察是非生滅若能了知色非生滅即知受想行識亦非生滅善男子色受想行識本非生滅無去無來若能如實了知本非生滅無去無來亦復不住非生非滅無去無來大王若於此法如實知已即得無數阿僧祇寂滅之法時彼會衆一切婆羅門長者士庶中有生疑念者世尊今說色受想行識本無者云何有我相人相衆生相壽者相布捺誐羅相摩拏嚩迦相主宰承事等相若此我人衆生壽者等相亦實無者云何知彼衆生所作善不善業二種因果捨此蘊已復趣他蘊尒時世尊知彼衆中起心念已即謂迦葉等曰諸苾芻所有我人衆生壽者等見乃是凡夫愚人若有是見當感其苦若知苦生當求苦滅諸苾芻種種有爲因果之法乃從種寂而轉生故我自知已欲令衆生於生滅法亦同我知諸苾芻佛眼清淨過於天等所有衆生好相惡相及生貴賤善

願惡願隨衆生業我今一一如實了知衆生身業具如是事口業具如是事意業具如是事略說衆生邪見起於邪業或於佛法而生毀謗由斯業故命終之後墮於惡趣備受衆苦諸苾芻若有衆生於其身口作諸善業具正見正行正業而於佛法常欣讚譽由斯善故命終之後生善逝天諸苾芻我有如是知見非不能知我相人相衆生相壽者相布捺誐羅相摩拏嚩迦相乃至主宰承事等相或諸所作善惡因果捨此蘊已復趣他蘊如是等事亦無所有我先已說種種有爲因果之法從因發生從因得滅所謂因於無明緣生於行行緣生識識緣生名色名色緣生六入六入緣生觸觸緣生受受緣生愛愛緣生取取緣生有有緣生生生緣生老死憂悲苦惱以是因緣得一大苦蘊生諸苾芻若滅其因一切皆滅所謂無明滅則行滅行滅則識滅識滅則名色滅名色滅則六入滅六入滅則觸滅觸滅則受滅受滅則愛滅愛滅則取滅

取滅則有滅有滅則生滅生滅則老死憂悲苦惱滅如是則一大苦蘊滅諸苾芻集因滅故苦自然滅若苦止息得涅槃樂又復我相永斷正滅非轉了苦非有滅云何滅是得止息是得清涼離一切句是則涅槃

佛說衆許摩訶帝經卷第十

乙巳歲高麗國大藏都監奉
勑雕造

佛說衆許摩訶帝經卷第十

校勘記

一 底本，麗藏本。

一 三七五頁上一八行「執守」，石作「執手」。

一 三七五頁上二〇行「退住」，石作「退坐」。

一 三七六頁上九行第三字「間」，石無。

一 三七六頁中七行末字「還」，資、磧、普、南、徑、清作「退」。

一 三七七頁中七行第六字「與」，資、磧、普、南、徑、清作「於」。

佛説衆許摩訶帝經卷第十一　　尸

西天譯經三藏朝散大夫試鴻臚卿明教大師臣法賢奉　詔譯

尒時世尊復謂民弥娑囉王曰汝觀色是常非常耶王曰非常佛言是苦非苦耶對曰是苦世尊又言受想行識是常非常耶對曰非常又曰是苦非苦耶對曰是苦佛言色受想行識悉是非常是苦是顛倒法一切無我佛又告言大王當以正智正慧觀其眞實彼色受想行識有過去現在未來耶有内外麁細貴賤遠近耶對曰色受想行識非過去現在未來亦非内外麁細貴賤遠近等佛言善哉大王若能於此五蘊如實了知是非常苦空無我之法復以正智觀其眞實知非過去現在及以未來乃至内外麁細貴賤遠近等又能不著不捨者斯眞解脱大王得斯解脱者是智解脱梵行巳立所作巳辦我生巳盡永不復趣輪迴之道尒時世尊説是法時民弥娑囉王及八萬天人遠離塵垢得法眼淨及有婆羅門長者士庶等百千人衆亦離塵垢得法眼淨於是民弥娑囉王得法知見巳於法堅固斷其貪愛除去疑惑正信不退即從座起偏袒右肩合掌向佛白言世尊我心柔順歸依佛法及以僧伽持近事戒永不殺生今請世尊常住我國願盡形壽奉上衣服飲食臥具湯藥常無乏少乃至聖衆盡生供養佛即黙然時王見佛黙然受請歡喜踊躍不能自勝即以頭面禮佛雙足旋繞畢巳辭别而退尒時諸苾芻衆見民弥娑囉王蒙佛世尊爲説妙法不起於座遠塵離垢得法眼淨心皆生疑此王云何遇佛世尊便得聞法證法眼淨除去塵垢作是念巳佛即玄知告而言曰諸苾芻此民弥娑囉王乃於過去作大善業所作决定果報無差今爲人王具大福德乃宿世因感果如是諸苾芻地水火風外界熟時蘊界六根一切好醜隨其所作善惡之業悉皆獲得果報不虚尒時世尊即説偈言

衆生之所作　善惡經百刼　因業不可壞

摩訶帝經第十一　第二　尸

果報終自得
諸苾芻過去世時有佛出世名阿囉
曩毗十號具足為人天師時佛世尊
為諸衆生說種種法化利畢已即入
涅盤彼諸弟子收其舍利擇清淨地
建立妙塔復以種種香花而恒供養
過是已後久歷年歲有轉輪王出於
世間名羯里計時有兵衆十八俱胝
常領是衆飛空巡幸復有七寶常為
先導後於一日經過塔上有虛空神
捉其輪寶住空不進時羯里計王思
惟是事今我乃行輪寶自住恐是福
盡感應斯現彼虛空神乃告之曰大
王汝非福盡下有阿囉曩毗佛舍利
塔端指輪寶不得直進時羯里計王
與十八俱胝飛空兵衆同時降下詣
於塔所王及眷屬各以妙衣共拭佛
塔得清淨已散諸妙花及梵寶香又
作種種音樂而為供養以頭面禮發
其誓願以我今日師事於佛所設供
養種種功德果報不虛當來獲得諸
苾芻於意云何彼羯里計轉輪聖王
并諸眷屬者即民弥娑囉王及眷屬

等是諸苾芻以彼供養阿囉曩毗正
覺之塔種種功德當感無數百千俱
胝劫受天上人間最上快樂以本願
力今值於我復作供養所獲功德乃
與阿囉曩毗正等正覺平等無異諸
苾芻一切衆生作黑業者黑業相續
作白業者白業不斷或作雜業亦復
如是諸苾芻所獲果報悉從因業汝
等當知廣為人說尒時會中諸苾芻
衆以民弥娑囉王見佛聞法遠塵離
垢又聞說彼往昔之事乃於烏嚕尾
螺而起疑心云何世尊為現神通種
種教化方得迴心彼曩提誐耶隨言
受化佛大慈悲具一切智必能斷除
我等疑惑作是念已將欲發問佛即
告言修因感果定不虛尒諸苾芻過
去劫中人受土萬歲時有佛出世名
曰迦葉如來應供正徧知明行足善
逝世間解無上士調御丈夫天人師
佛世尊彼佛亦在波羅奈國鹿野苑
中作大佛事化利畢已即入涅盤時
世有王名羯里計常於彼佛恭敬供
養佛既入滅王以種種香木荼毗世

尊復以乳汁灑滅餘火即收舍利貯
四寶瓶又選勝地起大寶塔其塔高
聳量一由旬王及人民常作供養時
彼國中有一長者家中巨富等毗沙
門天眷屬衆多自在快樂先與別族
長者而為明友常於佛塔廣興供養
後娶其門以為姻戚歲月綿久乃生
三子於後長者年耄有疾服藥不差
漸漸羸困乃趣無常三子以禮葬於
尸林是時三子思憶訓誨旦暮啼泣
又念家富共議追福長兄慳悋先未
知善忽聞欲施初即遲疑以孝存心
尋便允可長兄言曰布施之外分充
受用二弟應諾即持金銀種種財物
詣於塔所作最上供養如是施已同
發誓言願以善根所生果報於當來
世以今正等正覺迦葉之稱為其姓
氏佛出世間亦得值遇聞法信解證
於菩提發誓願已禮拜旋繞歡喜而
歸是故迦葉今得此姓值遇於我而
為沙門復聞正法證無學果諸苾芻
烏嚕尾螺初難化者以彼宿世欲檀
施時心有遲疑是故我現種種神變

方得省悟曩提譏耶而易化者亦由往昔檀施之時心本清淨始終無異諸苾芻是故烏嚕尾螺及曩提譏耶復爲兄弟得迦葉姓又值於我聞法證道此往昔事汝等諦信

尒時世尊說是迦葉往昔事已離杖林塔於王舍城不遠就一樹下與千苾芻衆圍繞而住時民弥娑囉王以佛近住欲立精舍安佛及僧而久住止民弥娑囉王爲太子時常出城外而爲遊戲去城至近有一園苑林樹蓊鬱泉池清淨雖復四序花竹恒茂太子愛樂而欲求買園主長者自恃耆耄兼亦家富太子逼取終不允從出言悖慢聞於太子我寧離此國不捨此園太子聞已謂左右曰今此耆耄言甚不遜我若紹位無得忘也於後父王摩賀鉢納摩崩已即灌頂傳寶號民弥娑囉王既紹其位乃憶前事下令所司發使奪取時彼長者速得心病便趣無常命終之後以其憤怨積聚毒惡乃於園内生虵趣中含毒伺隙欲酬前恨後於一日王因遊

戲將諸嬪婇遊幸彼園盡極歡娛以肆其意王方疲困寢息園中時彼毒虵謂其得便疾出窟穴欲來螫王時諸嬪嬙散行遊冶王有親近内侍一人執劒侍衛防其不虞時有飛禽名迦蘭那迦飲啄翱翔常在園内忽見虵出相呼鳴噪執劒内侍見虵出已即斷其命禽衆極噪王亦驚寤問執劒者緣何喧擾執劒者曰適有毒虵欲來螫王迦蘭那迦相呼驚噪我既目見已斷虵命王聞是語心驚毛豎令詔太子及諸大臣共議斯事古剎帝利灌頂大王或於身命欲致危害有能忠力濟其難者當何賞賜大臣對曰能於身命脫其難者可分半國以賞其功王乃允從分其半國與迦蘭那迦用賞其功大臣對曰彼迦蘭那迦飛禽之類與國境土當何所用王謂大臣此事如何大臣對曰可就窠巢多植竹木使其遂性勿令傷害如斯可矣餘不能爲王聞曰善遂從其奏乃於園外別擇一處廣種竹樹安迦蘭那迦令人守之不得傷害王

有親舅本事仙道常求淨處進其修習王以迦蘭那迦竹林無諸雜穢權令安處及見世尊將諸苾芻近城樹下露地宴息思欲捨彼造立精舍王乃嚴駕自詣佛所禮雙足已却住一面

尒時世尊爲王說法以種種方便化令歡喜復勸精進當求最上寂靜快樂時王聞法歡喜頂受即起於座偏袒右肩合掌頂禮白言世尊我今請佛及諸聖衆於我宮内來晨受食唯願慈悲哀愍聽許佛即默然尒時大王見佛默然知已受請歡喜踊躍禮拜而歸乃下所司即於是夜疾速備辦種種飲食及與香花皆令倍常美妙清淨復勅宮城内外乃至四衢道巷之中悉使嚴潔纔至明旦即遣使人白於世尊飯食已辦請佛降臨於是世尊與千阿羅漢著衣持鉢前後圍繞行詣王宮王於門首執鑪焚香待世尊至佛既到已迎入就座諸聖衆等亦各就坐王與眷屬瞻禮畢已奉上飲食焚香散花歡喜供養佛與

聖衆食畢澡手王及眷屬樂欲聽法佛爲說法各各諦聽歡喜信受王復離座合掌白佛我今欲以迦蘭那迦竹林作佛精舍願佛納受世尊默然王知佛許即取金瓶灌於佛手奉施畢已願佛隨意即爲世尊廣作嚴飾佛與聖衆隨意而住迦蘭那迦竹林精舍因茲所立

尒時世尊後於一時爲利樂故與諸聖衆離迦蘭那迦竹林精舍往寒林中經行宴坐時王舍城有一長者請佛及衆來晨供養乃於是夜與諸眷屬及僮僕侍人共辦飲食香花等事時給孤長者因有事故到王舍城經過彼家遇夜止宿見其長者家中老幼皆不寢寐辦造飲食珍饌之類怪而問曰長者之家老幼不寐辦造飲食當何所用爲請王耶爲請大臣莫爲姻親而有聚會長者報言我不請王及大臣等亦無姻親聚會之事今爲有佛出於世間將一千聖衆遊化此國王及眷屬大臣士庶悉皆歸向丈第供養我爲彼佛及與聖衆來晨設

寤是不寢寐給孤長者聞此語已歎異非常又復問言云何名佛對曰彼釋族中有王淨飯生一童子號悉達多具輪王相棄捨出家苦行修習證得阿耨多羅三藐三菩提斯即佛也又復問言云何聖衆對曰有刹利族或婆羅門族乃至毗舍輸陁如是之族善男子輩投佛出家剃除鬚髮被袈裟衣正信修行聞法悟解悉皆證得阿羅漢道此是隨佛一千聖衆我所供養正爲此也給孤長者聞是說已身毛皆竪歡喜踊躍又復問言如我云何得見彼佛及與聖衆對曰明旦咸來我舍受食給孤長者雖聞是語有若心狂不待天曉欲往佛所時方半夜值月明朗即便出門行詣寒林未至中途月忽雲蔽又至一門不敢前進給孤長者以天陰黑便生怕怖佇立思量得無非人之類而來惱我耶心欲退還足不前進時有天人發聲告曰長者但去勿得退心唯有吉祥定無惱亂於意云何譬如百車百馬種種裝嚴可令衆生見者愛樂

以斯布施不如向佛前進一步十六分之一分功德又復告言長者但去勿得退心唯有吉祥無惱亂事於意云何譬如一百金象衆寶裝嚴以斯布施不如向佛前進一步十六分之一分功德長者乃至百童女以眞珠瓔珞衆寶嚴身以斯布施亦復不及向佛一步十六分之一分功德時彼天人即發身光照耀途路自彼門所直至寒林如月威明等無有異給孤長者乃問天曰是何聖賢能作斯事天人告曰我昔曾爲舍利子母名捺誐嚩也命終之後生四天王界今名摩度娑健馱摩拏嚩迦見守此門願勿疑慮長者可去必獲吉祥給孤長者聞是語已讚言善哉稀有斯事我今定去見佛無疑給孤長者又復思惟若無正覺出於世間無由得聞最上妙法於是長者得其光明無所障礙直至寒林世尊住處

尒時世尊在寒林外經行時長者見佛威德相好異於常人即便合掌而發問言是世尊否佛荅言是長者身

心歡喜無量又復問言世有何人而
得安睡佛說伽陁而荅之曰
若人心寂靜　一切得安睡　若人繫染欲
熱惱心不止　染欲熱惱除　解脫無所繫
心意調伏已　得息得安睡
尒時世尊說伽陁已與給孤長者同
入林中佛還本座長者即前禮佛雙
足於一面坐樂欲聽法佛乃勸發令
心歡喜尒時世尊告長者言布施持
戒得生天上雖五欲自在非為究竟
欲免輪迴當斷煩惱於善惡法廣為
分別是時長者得聞是法以宿善力
深心思惟蓋障即除心喜無量佛知
是已即為廣說苦集滅道四聖諦法
是時長者不起於座證四諦理如潔
白衣易染其色隨彼所染皆成上妙
長者得法知見永斷疑惑於佛法僧
深信堅固即從座起偏袒右肩合掌
頂禮白言世尊我今歸依佛法及苾
芻衆持近事戒永不殺生尒時世尊
問長者言汝何名字長者對曰我於
國中少有資產或是貧匱孤獨之人
來丐求者我施飲食及彼資具國人
名我為給孤獨汝國何名對曰舍衛願
佛及衆來降我國當以衣服飲食臥
具湯藥一切受用畢生奉施佛言長
者我與苾芻數踰千人彼無精舍何
以安住長者對曰佛若降臨速當建
立唯願大慈不違我請佛即默然給
孤長者見佛默然知已受請歡喜踊
躍頭面禮足旋遶而退於是長者入
王舍城營搆事畢將欲還家再詣寒
林請佛及衆勿慮精舍願早垂降言
已還家自此日後一切皆停於舍衛
城周徧內外求覓殊勝清淨之地欲
建精舍安佛及僧唯有祇陁童子園
苑最勝何以故此童子園其地寬廣
無諸穢惡竹樹蓊鬱泉池清淨寒風
暑氣俱不能侵又無蚊蝱含毒之蟲
唯有吉祥飛走之類又復王城不遠
不近非求法人不能到此若建精舍
斯為最勝思念已竟即詣園主祇陁
童子而告之曰童子勿怪我有勝事
欲以上聞童子可容方敢陳說童子
告言有事可說長者起立謂童子言
欲買茲園當為世尊及千聖衆造立
精舍而請安住尊若容允價即稟言
祇陁童子告長者曰一切可得唯園
勿言長者又曰我聞佛言一切無常
無有主者以不堅法宜易堅牢童子
報言非我所知勿復更說長者又曰
佛者難值園即易求今或遲疑後施
無及祇陁童子雖聞此說心未能捨
乃以要言阸彼長者君能以金布滿
其地我即與汝任自所為長者審知
恐未誠信報而言曰童子若尒可聞
市官當使兩情執無反覆童子俛仰
共聞市官時四天王遥知斯事佛今
出世舍衛城中給孤長者買祇陁園
造立精舍兩人商議取正市官我今
變身與成其事天王變身作市官已
來於市肆顯望給孤與童子至二人
至已給孤先言我買彼園欲造精舍
令以黃金布徧其地若能尒者即可
相與今來取正此價云何市官言曰
二人之心得可否未對言已定市官
言曰善哉善哉童子收金長者得園
童子默然更無違悔長者即日速以
車乘象馬之類乃至僮僕般運黃金

夗夗布訖唯前面少許而未周足長者籌慮取何藏金可徧此地如是之際童子告言汝已迴意便可收金長者報言我意不迴思何藏金可徧此地以斯事故籌慮少時童子思惟奇哉長者能捨如是大財為佛及僧造立精舍又復思惟我曾聞說若非正覺出於世間一切衆生不聞正法斯可助施理必相容即謂長者勿更取金欲迴此地我施作門美可共成功亦圓滿長者報言我非無金童子亦者誠為甚善布金纔畢方欲命工外道悉知速來惑亂謂長者曰瞿曇沙門今在摩竭陁國王舍城居此舍衛城地貴名高非彼所住勿立精舍勿得迎請長者即慈報外道曰此舍衛城非汝所有何關汝事外道聞已知不從心復詣於王王亦不允諸外道輩面懸無色心極煩惱復詣長者而告言曰我先所説不為園苑但以彼衆非我同儔長者今日若是堅執斯有所報請不相違我聞瞿曇有大弟子先已到此可與論義即辯勝劣如

彼得勝精舍可為若其不勝何用迎請我此所説君見如何長者告言此説甚善若定勝劣足得相依清濁要分真偽斯辯

佛說衆許摩訶帝經卷第十一

佛說衆許摩訶帝經卷第十一

校勘記

一　底本，金藏廣勝寺本。

一　三八〇頁中一五行「疑感」，諸本作「疑惑」。

一　三八〇頁中一七行「受土萬歲」，石作「受二萬歲」；資、磧、普、南、徑、清、麗作「壽二萬歲」。

一　三八〇頁下六行「明友」，諸本作「朋友」。

一　三八一頁下一行「常求」，徑作「常來」。

一　三八一頁下二二行第一一字「瞻」、徑作「贍」。

一　三八二頁中末行「裝嚴」，資、磧、普、南、徑、清作「莊嚴」。本頁下四行同。

一　三八三頁上一五行末字「潔」，南作「素」。

一　三八三頁中一五行第五字「竹」，資、磧、普、南、徑、清作「行」。

一　三八三頁下二二行第一三字「速」，磧作「遠」。

一　三八三頁下末行「般運」，徑、清作「搬運」。

一　三八四頁上末行首字「手」，諸本作「子」。

佛說衆許摩訶帝經卷第十二 户

西天譯經三藏朝散大夫試鴻臚少卿明教大師臣法賢奉 詔譯

尒時世尊在於寒林受給孤長者請預知舍衛國中有諸外道各各苦行又復聰明雖勤修習不得解脫根緣已熟受化是時世尊又觀誰可往彼唯舍利弗乃有宿因此若先行必有大利於是世尊喚舍利弗令先往彼舍衛大城助給孤獨建立精舍尊者受命往舍衛城詣長者所事皆糸議給孤長者承外道意來白尊者彼欲論義於理如何又云此國之人素未知佛於法勝劣宜其宣揚舍利弗曰善哉善哉斯言誠諦尊者於是入定觀察諸外道輩及舍衛國人根緣成熟有幾時分見彼人衆唯餘七日尊者出定告長者曰請語外道過七日已可來論義長者具告外道思惟立七日限斯有二事一者知已非勝設計私逃二者或求本朋來共商攉如是思已我今云何不求明侶由是諸處親自訪尋乃得一人名赤眼婆羅門

而告之曰彼瞿曇沙門有大弟子索我論義汝婆羅門應宜相助何以故若自得勝利養猶存彼或勝時我等何往彼即問言何時論義報曰後當七日至時相報必來助汝然婆羅門憂其墮負心甚煩惱發信諸處求告朋黨七日滿已給孤長者就寬靜處權立論塲即爲舍利弗尊者排師子座爲彼外道對排高座列座既畢遠近咸集若公若私追及少長有百千人集彼論處亦有別國外道婆羅門亦來會所給孤長者手執香爐焚以妙香與眷屬等同爲擁從迎舍利弗上師子座尊者坐定一切瞻仰覩其威容悉皆讚歎時彼外道與衆相隨亦昇高座安坐已定尊者告言汝欲何作外道言我現神通我既現已汝當亦現尊者報言我所作者天上人間所不能作云何汝言能同我作尊者又言赤眼婆羅門汝所作者我悉能破赤眼婆羅門化作花樹如寶芳能豔治動衆尊者神力出微少風其花根苗吹散異處又化一池水滿

澄湛蓮花徧發人讃異常尊者化出大象膚體端正入池蹂踐須臾狼藉外道又化一龍而有七首張鱗努目奮惡拏空尊者化金翅王從空飛下坐於龍首龍自降伏時彼外道乃於最後化羅刹身立在衆前醜惡異常人見恐怖尊者持呪神力縛之羅刹苦惱翻生瞋怒外道驚怖身毛皆立恐惡自傷發言求救告尊者言我今歸依願賜救護尊者解呪羅刹怒息時赤眼婆羅門得脫羅刹怖畏之難又復覺知本所修習非是正行告舍利弗曰願於尊者正法出家而爲沙門尊者大慈哀愍聽許舍利弗即與攝受度爲沙門後修梵行斷盡煩惱雖居三界而離貪毒其心平等由如虛空觀金如土而無別異於後修習得三明六通證阿羅漢果乃得帝釋諸天而來供養時大衆驚怪目注心凝異口同聲讃舍利弗是論義師無人能敵猶如牛王處於衆群一切瞻仰無有猒足時舍利弗知衆心意及其種性即爲廣説苦集滅道四聖諦

法是會大衆有發三歸心者有發聲聞菩提心者有發辟支菩提心者有發無上菩提心者亦有出家證得須陁洹果有證斯陁含果有證阿那含果有證阿羅漢果論義畢已會衆皆散諸外道中有執性者以其論義不勝辱於屈伏潛共計議欲謀不軌可投長者請作工人或得便時殺彼尊者設計已定白長者言汝已斷我一切利養令者無所歸趣却願相愍收作工人或察卑心且住鄉土或不從允各去他邦哀告再三傷不忍聽長者於是具述彼意白舍利弗仁可思察於理如何舍利弗即入三昧觀彼根縁證道非遥遠云無患長者即退録其姓名遣作工夫倒與其直時舍利弗化出一人於工夫中便爲首領尊者於後觀知根熟來彼役所就一樹下安詳而坐時彼外道初爲得便各各心喜欲來親近而彼首領執杖驅策不得前進役既疲苦乃發聲言聖大尊者救我救我舍利弗曰汝等疲勞可自歇息諸外道此大尊者我發

殺心欲謀其命今亦知我而令止息實自慚懼無以再言時舍利弗察其追悔又知根性成熟時分乃呼近前便與説法即爲演説苦集滅道四聖諦法外道聞已所有身見如二十山峯以金剛智悉破無餘應時獲得須陁洹果復言尊者欲於正法出家爲僧舍利弗攝受度爲沙門漸漸進修精持梵行見於輪迴趣其究竟斷盡煩惱證阿羅漢果其心平等猶如虛空觀彼金土兩物不異棄捨世利得大清涼當受帝釋諸天一切供養介時舍利弗化外道已即與給孤長者共持一繩各執其頭量度精舍都大界至界至已定給孤長者所感果報於兜率天現金宮殿給孤長者不達聖意謂舍利弗曰今此精舍不獨只爲諸阿羅漢我爲如來應正等覺舍利弗曰我本所作正爲如來及阿羅漢又謂長者曰汝此封地天報已現即借天眼令其自見長者見已驚喜無量於是復發上上品心舍利弗又自持繩一頭令長者還執一頭於中

分擘十六殿堂六十小堂佛僧住處各各已定彼金宮殿變寶莊嚴尊者借通復令觀見長者歡喜乃自歎曰我此所作當感如是福德之利長者自見當來福報重重有異復更於事轉倍精勤擘殿堂已及備其中一切受用精舍事畢復白尊者世尊行住其量云何尊者報言用輪王儀於是長者自舍衛國至王舍城每十俱嚕舍各造一宮以備如來止宿之地及置庫藏收貯一切所受用物復令主者而恒守護以白檀水日日灑淨伺候如來令其香潔處處如是皆使嚴備辦事畢已即發一人詣王舍城請佛及衆謂所去人汝到於彼代我詞曰給孤長者稽首雙足白于世尊少病少惱起居輕利安樂行否所立精舍今已嚴備願佛及衆愍念降臨當盡此生奉上僧伽梨飲食湯藥并卧具種種受用不使乏少佛正徧知願鑒虔切去人領意到於佛所以長者言具白世尊復倍虔心而伸告請傳意已畢五體著地禮佛雙足旋繞三

匝顒住佛前佛利樂故默然許之去人知佛決定赴請速還舍衛具於長者而白言云世尊默然必來降赴長者歡喜於是陳列傘蓋幢幡名香妙花處處迎接

尒時世尊告諸大衆阿羅漢等可共往赴給孤之請佛領大衆前後圍繞離王舍城詣舍衛國瞻顧左右告羅漢等我此眷屬是調伏是離欲是善解脱是阿羅漢是佛眷屬譬如牛王處於衆羣亦如象王衆象圍繞師子王師子圍繞鵝王鵝衆圍繞金翅王金翅圍繞又如衆學隨師衆病求醫衆兵輔將衆商依主又如轉輪聖王千子圍繞持國天王樂神圍繞增長天王鳩盤茶鬼圍繞廣目天王龍衆圍繞多聞天王夜叉圍繞日天千光圍繞月天星宿圍繞帝釋天衆圍繞梵王梵衆圍繞乃至復如悉帝弥魚處於海中亦如海神攝聚衆水如來之身三十二相八十種好具足圓滿光明莊嚴如千日光照耀一切行步巍巍猶如寶山具足大悲十力四無

畏等一切諸法尒時世尊成就如是殊勝威德解脱眷屬次第行化至舍衛國時給孤長者與其眷屬將諸侍人各各執持幢幡寶蓋及妙香花出舍衛城遠迎世尊及大聖衆復有國中長者士庶若男若女百千人衆亦來迎接又有無數諸天在虛空中隨喜讚歎尒時世尊入城門時即以右足蹈其門閫於是大地六種震動放大光明照耀世間天鼓自鳴雨衆天花所謂優鉢羅花鉢捺摩花俱母那花奔拏里迦花乃至曼陀羅劫樹等花又降沉檀及多摩羅等衆妙香粖又復舍中種種音樂不鼓自鳴盲者得視聾者聞聲啞者能言不完具者皆得完具迷醉者得醒食毒者自安相憎者和解禁縛者解脱懷妊者得生乃至貧者得豐資財世尊入城之時乃有如是百千吉祥瑞應利益之事至長者宅佛與大衆次第而坐長者所有若親若踈一切眷屬皆來焚香散花禮拜供養種種畢已給孤長者執爐焚香引佛世尊入於精舍佛

昇寶座諸阿羅漢亦皆就坐時給孤長者即取金瓶欲灌世尊纖鞔之手瀉水不出長者思惟我莫昔有不善業耶乃於今日致有斯事佛告長者無不善業但為此地汝於過去正等正覺已曾捨施修為精舍勿作住心今為能施若離此者水必流出長者對曰如佛所說作是語已瓶水出聲具五功德灌佛手已願佛隨意又復白言請為立名時祇陁童子亦在佛會作是念曰佛若知者先說我名佛應所思立精舍名號祇樹給孤獨園祇陁童子得聞是以乃於如來轉倍發心歡喜愛樂更以四寶裝嚴其門祇樹給孤精舍之名因此所立

介時舍衛國主勝軍大王聞佛遊化來入其國受給孤長者請住於精舍歡喜踊躍詣於佛所以種種語讚歎世尊禮拜旋繞却坐一面作是言曰我聞瞿曇沙門知自心相證得阿耨多羅三藐三菩提瞿曇沙門依法喜論說彼所有心亦得名邪亦得名正亦可作善亦可作惡而此心相無有去來不可知不可說是甚深法云何可知佛言王所說者乃是真實而彼心者亦得名邪亦得名正亦可作善亦可作惡而此心相無有去來不可知不可說是甚深法我知是心證得無上正等正覺王言瞿曇沙門云何乃作如是之說彼有耆舊迦葉摩蹉梨娑舍離子散惹曳尾囉致子阿吩多計舍劒末羅迦俱那迦旦也二合野曩祢議囉陁倪也二合帝子彼等亦知心相尚不證無上正等正覺云何沙門少年始新出家言證無上正等正覺佛言大王勿作是說世有四事不得輕慢何者為四一者王子不得輕慢二者龍小不得輕慢三者火小不得輕慢四者僧小不得輕慢何以故而彼王子生刹利種具足王相有大福德於後成長必紹尊位愚人無智謂小可慢彼處寶位獲罪無悔又復龍者稟性毒惡變現不恒或隱大身作小形貌愚人不識輕慢觸惱須臾恚怒翻被傷害又復火者能燒一切或見微少不得輕慢人若輕者後必蔓延聚落山林皆悉燒壞又復僧者清淨自守雖是年少不得輕慢見道證果非止老幼亦復不擇久近貴賤世人無慧不辯凡聖遇阿羅漢輒起毀辱所獲罪報如斷多羅樹頭不得再生雖勤懺謝亦不除滅時勝軍王得聞如來說是四法深心信受追悔言過即以頭面禮佛雙足懺謝旋繞歡喜而退

介時世尊於舍衛國化利畢已思欲往彼迦毗羅城時勝軍王承佛化道心堅歸向遂發使奉書上淨飯王汝皇太子悉達多證得無上甘露法味於世出世間咸蒙濟度淨飯王聞已遽即思慮雖喜我子已成正覺今若遣使定化出家以手搘頤再三詳審時有大臣名烏那曳曩見王如是而發問言大王云何搘頤不樂王即報言我非不樂有所思事勝軍大王有書報我悉達太子已成正覺在舍衛國給孤精舍有千弟子皆阿羅漢我昔為彼苦行去時發人尋求至今不迴今若遣使定是不復云何可知有

如此事彼悉達多聰明智慧咸悉遍
人凡所言說誰不諦信我以此事而
思慮之烏那曳曩即白王言臣今請
行願勿為慮王曰唯汝一人我常在
念若能尒者誠為大善王即親手而
修書曰汝一切義成是我親子既猒
煩惱棄國出家為求無上正等正覺
已聞成道教化衆生思念之心日時
相續令他人得樂唯我若惱譬如大
樹因地而生既有根苗終望果實汝
心已遂宜憶往願昔者所言若不證
無上菩提寂靜之道誓不再入迦毗
羅城大行已成宜應慜我及眷屬等
烏那曳曩從王受書速至舍衛行詣
精舍既至佛所白言世尊父王淨飯
致書於佛言訖捧上佛乃親受開封
披讀須臾默然時烏那曳曩又白佛
言今請世尊去迦毗羅城佛言我去
烏那曳曩即五體投地方伸禮敬禮
已再禮以至於極又白佛言世尊若
去斯亦無言或不去者必堅請去尒
時世尊為烏那曳曩說伽陁曰
佛眼淨能見　無所著之者　見無邊不往
汝何能將往
佛眼見無邊　不著貪愛者　精進力無往
汝何能將往
若人心不亂　彼亦無降伏　無邊智無步
汝何能堅往
若人有得無降伏　彼亦無有不降伏
如佛進力步無邊　汝以何步能堅往
時烏那曳曩白世尊言我欲持此所
說偈頌聞淨飯王佛告烏那曳曩我
意不尒又曰若不尒者其意云何佛
言欲汝出家又曰我本來時與王有
約若是見佛定須迴還佛言汝勿違
約要去可去但剃髮染衣斯亦無导
烏那曳曩言世尊為菩薩時尚依父
母師長之所教授我今何敢不依教
也今求出家願佛濟度佛即應時度
為沙門佛便告言烏那曳曩汝今可
往若到本國至宮城門不得便入但
立門外請報於王或問何名稱釋迦
苾芻王或呼召乃可前進又若問言
汝實是釋迦苾芻否即荅是實若問
一切義成亦如是像耶荅言亦尒又
問一切義成來否言來當在何時便
言後當七日言訖便出若留者亦不
得住王曰一切義成若來住宮內否
荅言不住王曰樂住何處荅曰林野
或住精舍若問何名精舍便可如祇
樹給孤精舍具以聞奏佛教示已烏
那曳曩欲行佛又告言王者一言便
成富貴天起心念一切皆得一切聖
人亦復如是佛借神力烏那曳曩於
剎那頃到迦毗羅城如佛所教心住
正念到宮城門住立不進謂閽吏曰
汝可奏聞有釋迦苾芻詣門不進王
令呼入時烏那曳曩蒙召即入淨飯
纔見怪而問曰烏那曳曩汝出家耶
荅言出家王言汝當去時何言奏我
荅曰奉命即尒本不出家世尊威神
方便開化佛世難值正法難聞皇子
尚捨至尊小臣何可固執王言似責
心實不瞋又以儀相非常不以舊臣
見待即命上殿執手慰勞乃令近臣
敷座盥淨奉上湯藥及果實等烏那
曳曩威儀非凡舉止有則言必詳審
情極和暢王以初覩烏那曳曩剃髮
易服言論久之全忘問佛及至於此

而復問言我子一切義成善相威儀亦如此耶答言以我喻佛由將芥子等須弥山又如牛跡比於大海乃至窓牖之明同彼日光王聞是語思念於子不覺悶絕仆於地上近臣以水灑面方穌良久復問我子來耶答來又曰何時到來後當七日王即下勑潔淨內宮嚴飾殿宇以備世尊及聖衆至烏那曳曩白大王言世尊若來不住宮內王曰樂住何處若非林野即住精舍王曰何名精舍烏那曳曩即以精舍次第白於王曰十六殿堂六十小堂世尊居中聖衆四布諸受用具悉使備足王聞說已遣使速往你也(二合)誐嚕馱林克日併工如給孤精舍次第建立倍持珍寶而嚴飾之

尒時世尊至時遣大目揵連汝可徧告諸苾芻衆我今欲往迦毗羅城宜各受持袈裟應器或可為見父母宗親而行化利大目揵連奉佛教勑具以佛言徧告一切阿羅漢等已佛領大衆出給孤精舍往赴迦毗羅城父王之請諸阿羅漢前後圍繞佛即瞻

顧謂阿羅漢等曰我此眷屬是調伏是離欲是善解脫是阿羅漢是佛眷屬譬如牛王處於衆羣亦如象王衆象圍繞師子王師子圍繞鵝王衆鵝圍繞金翅王金翅圍繞又如衆學隨師衆病求醫衆兵輔將衆商依主又如轉輪聖王千子圍繞持國天王樂神圍繞增長天王鳩盤荼鬼圍繞廣目天王龍衆圍繞多聞天王夜叉圍繞日天千光圍繞月天衆星圍繞帝釋天衆圍繞梵王梵衆圍繞乃至復如悉帝弥魚處於海中亦如海神攝聚衆水如來之身三十二相八十種好具足圓滿光明莊嚴如千日光照耀一切行步巍巍猶如寶山具足大悲十力四無所畏等一切諸法

尒時世尊與是眷屬隨路而去次第遊化至迦毗羅城不遠有嚕賀迦河時淨飯王將諸眷屬及大小臣同在河邊預嚴寶蓋幢幡擊鈸吹貝廣設妓樂焚香散花顒望世尊又復自嚕賀迦河至你也(二合)誐嚕馱林乃至城中及與鄰外王勑士庶預令嚴潔丘

墟沙礫悉使除去布以淨土灑以香水量其遠近各置香爐侯佛經過焚香供養時迦毗羅城士庶長者若男若女各各執持殊妙香花立於路次供養世尊是彼人衆咸謂世尊昔為太子今得成佛歡喜踊躍欲覩儀範又有起念父子相見其禮云何若子拜父與世無殊若父拜子國禮未可太子修道苦行成佛必應與世有別異也人衆填噎路無間隙佛與聖衆將至河次知王眷屬悉在彼處乃自思惟今迦毗羅城父王眷屬及人民等各各念言太子去時百千天人前後圍繞乘空而去雪山修行又云已成正覺領衆化導今徒步歸國有何奇特我今宜應現其神足令父王見及使人民歎異歡喜王及眷屬目見大衆方欲奔趨迎接世尊佛於是時入三摩地出於東方虛空之中現行立坐臥四威儀相或身上出水身下出火身上出火身下出水復於身中放大光明或青或黃或赤或白及與紅等間雜諸色猶如玻瓈互相映徹

乃至南西北方亦復如是又諸苾芻各各現通踊身上昇高七多羅樹世尊於中亦現一身諸苾芻衆現通不等或六多羅樹或五或四或三二一佛恒高出與衆有異如是現已佛與聖衆忽然隱沒如彈指頃已在本處王及眷屬倍生信仰既前迎接王見大衆皆被袈裟儀相相似初不辯認誰是世尊孰爲弟子時烏那曳曩引淨飯王至世尊前王見世尊尚存子想烏那曳曩乃謂王曰如來斷煩惱習心得自在如日照世住於虛空乘眞如乘證最上覺圓滿十力具一切智相好光明清淨照物於法自在利益無邊請王歸仰當求聖道時淨飯王聞此語已惺悟諦信五體投地禮佛雙足說伽陁曰

生時大地皆振動　樹影覆身不隨日
復以普眼觀衆生　是故我禮最尊足

時諸釋衆見淨飯王禮佛足已即有言曰世尊云何背於世法化衆生也王聞衆議告而言曰汝豈不聞悉達生時大地咸皆六種振動一切世間光明普照所有黑闇日不到處諸威德光亦所不及是時光明皆悉照耀彼黑闇處所有衆生皆以惡業而墮於中忽因光照乎得相見各各有言此中何時更生衆生於此之時我已頂禮最尊之足是悉達多未出家時行詣贍部樹下而坐清淨無欲離不善法已斷一切分別疑惑樂住無諍寂靜之定一切林樹影隨日轉贍部樹影蔭身不移我既得見驚怪非常乃於此時又禮尊足我今所禮方在第三

佛說衆許摩訶帝經卷第十二

較會藏經字學沙門臣　雲勝　證義
講上生經唯識論賜紫沙門臣　顯超　證義
講法華經百法唯識論賜紫沙門臣　守遵　證義
講法華經因明論賜紫沙門臣　慧嵩　證義
講法華經百法論演教大師賜紫沙門臣　宗顗　證義
講維摩經百法論演教大師賜紫沙門臣　惠建　證義
講維摩上生經百法論宣教大師賜紫沙門臣　惠達　證義
講百法論明信大師賜紫沙門臣　守和　證義

梵學傳大教明梵大師賜紫沙門臣　金總　筆授
梵學傳大教通梵大師賜紫沙門臣　清沼　筆授
應　制慧通大師賜紫沙門臣　智逮　綴文
左街副僧錄知教門事智照大師賜紫沙門臣　惠溫　證義
西天譯經三藏朝散大夫試鴻臚少卿傳法大師臣　施護　譯
西天譯經三藏朝散大夫試鴻臚少卿傳教大師臣　法天　證梵義
[illegible]供奉官銀青光祿大夫檢校兵部尚書兼御史大夫上柱國監譯經臣　張　美
[illegible]臣　楊礪
朝奉大夫行尚書戶部郎中柱國賜紫金魚袋臣　張　洎　潤文

佛說衆許摩訶帝經卷第十二

校勘記

一　底本，金藏廣勝寺本。

一　三八五頁中二一行「明侶」，諸本作「朋侶」。

一　三八五頁下二二行第四字「治」，諸本作「冶」。

一　三八六頁上五行首字「坐」，磧作「治」。

一　三八六頁上八行「皆立」，資、磧、普、南、徑、清作「皆竪」。

一　三八六頁上一九行「諸天」，資、磧、普、南、徑、清作「梵天」。

一　三八六頁上二〇行首字「凝」，資、磧、普、南、徑、清作「疑」。

一　三八六頁中末行「外道」，南、徑、清作「外道言」。又第一〇字「大」，南無。

一　三八七頁上三行「歡喜」，徑作「歎喜」。

一　三八七頁上一一行「收貯」，麗作「牧貯」。

一　三八七頁下一二行「奔拏」，磧作「奢拏」。

一　三八七頁下一八行第二字「乃」，普、南、徑、清作「男」。

一　三八八頁上二行「絅輓」，資、磧、普、南、麗作「綗輓」；徑、清作「綗縵」。

一　三八八頁上一四行「裝嚴」，資、磧、普、南、徑、清作「莊嚴」。

一　三八八頁中九行「未羅迦」，諸本作「末羅迦」。

一　三八八頁下四行末字「輒」，南、徑、清作「輕」。

一　三八八頁下一一行第一〇字「王」，磧作「主」。又「化道」，諸本作「化導」。

一　三八八頁下一八行「楮頤」，普、南、徑、清作「撍𩑛」。

一　三八九頁上九行第三字「今」，南、徑、清作「令」。

一　三八九頁下二〇行「果實」，資、磧、普、南、徑、清作「果食」。

一　三九〇頁上一五行「克日」，麗作「刻日」。

一　三九〇頁中一一行「天衆」，磧作「大衆」。

一　三九〇頁中二〇行「擊鈸」，南、徑、清作「擊鼓」。

一　三九〇頁中末行「鄭外」，資、磧、普、南、徑作「鄭外」；清作「郊外」；麗作「郭外」。

一　三九〇頁下一一行第五字「知」，徑作「諸」。

一　三九〇頁下一七行「目見」，普、南、徑作「自見」。

一　三九一頁上一〇行「尚存」，磧作「向存」。

一　三九一頁中一行「不到處」，磧作「不能照」。

一　三九一頁中八行末字「詣」，徑、清作「諍」。

一　三九一頁中至本頁下卷末譯者名錄，諸本無。

佛說衆許摩訶帝經卷第十三

西天譯經三藏朝散大夫試鴻臚少卿明教大師臣法賢奉　詔譯

尒時淨飯王說是語已心有所思忽然淚下復說伽陁問世尊曰

往昔住宮中　多人同衛護　山野中怖畏
一身云何住

世尊荅曰

聖者十種住　我悉已安處　牢繫今解脫
非住人王宮

王曰

象牀金寶飾　昔爲汝所寢　山野唯草木
云何得安眠

荅曰

解脫之卧具　菩提今莊嚴　眠睡甚適悅
無一切熱惱

王曰

象馬及輦輿　昔出入所乘　一切棘刺地
今去何可行

荅曰

我有神足車　精勤來往復　雖行一切地
不見煩惱刺

王曰

迦釋迦妙衣　嚴身昔自在　今袈裟麤衣
云何忍被服

荅曰

僧伽梨麤衣　牟尼山中服　著已善相生
見者皆深悅

王曰

金寶器中食　恒食最上味　今自持麤器
所食知云何

荅曰

等引法味最　食之得出離　已斷世間愛
愍世故行化

王曰

乳糖水甘美　飲之昔無猒　今所飲冷熱
清濁知云何

荅曰

王貴戚之水　世間人爭飲　飲已或增染
如我無愛樂

王曰

寶殿及樓閣　昔者隨心住　今獨處山林
云何得無怖

荅曰

已斷煩惱本　諸怖畏不生　極微我亦無
隨處得安住

王曰

清淨妙香水　昔時恒沐浴　今獨山野中
誰浴牟尼王

荅曰

戒香清法水　有德人恒浴　潔身到彼岸
無量聖所說

王曰

昔妙香塗身　及著迦釋衣　恒處內宮殿
離彼非相稱

荅曰

戒香最微馥　用塗身莊嚴　我今非愚迷
離寶衣嚴飾

王曰

何處得輕慢　何處可怖畏　無事及有事
今問願當說

荅曰

老病死三法　可怖勿輕慢　當求適悅境
無事應愛樂

尒時淨飯王聞是說已歡喜無量讚言善生釋族於世八法而皆不染復以頭面禮如來足又復思惟我得善利我子乃證如是功德王與眷屬奉送世尊入你也(二合)誐嚕馱林精舍

尒時世尊既至精舍登法座已王及大臣乃至士庶圍繞瞻仰虛空諸天歡喜讚歎佛觀會衆各各心意及與根性如實知已廣為解說四聖諦法時白淨飯王及釋衆等七十七千人皆證須陁洹果世尊又觀何處緣熟彼梵現林時可說法佛與大衆悉詣彼處無量人衆相隨聽法世尊廣說四諦行相彼斛飯王迨於釋衆乃至人天有七十六千人又證須陁洹果世尊復詣嚕呬怛迦林亦有無量天人釋衆眷屬人民士庶隨佛聽法世尊同前廣演四諦甘露飯王及釋衆等乃至人天有七十五千人證須陁洹果餘有證斯陁含果者有證阿那含果者有證阿羅漢果者有發聲聞菩提心者有發辟支菩提心者有發無上菩提心者亦有出家斷諸煩惱後證阿羅漢果者乃至有發三歸心者時提婆達多既見世尊現於神變及說妙法自無所證乃生姤心發不善言謂釋衆曰一切盲人樂斯幻化此幻化事一切能作有一釋衆名鉢

囉摩拏野告提婆達多言汝勿於世尊大丈夫所發如是惡言提婆達多尋便默然時淨飯王起心思惟昔者天人阿脩羅為世間供養今佛出世真是世間恭敬供養有釋童子說偈讚佛曰

釋種大僊大丈夫　能降妙法甘露雨
救濟墮落黑闇者　開解脫門爲引導

尒時淨飯王聞此童子說偈讚佛深心歡喜然於真實而未見諦唯去世尊是大丈夫具大威德誰有聖子而同我耶世尊思惟父淨飯王不見真實乃為二事一者我心二者分別心若能離此可見真實佛觀大目虔連於淨飯王而有宿因佛謂大目虔連曰汝以方便化淨飯王令離我執於是大目虔連即詣王處王見尊者心便歡喜尊者應時入三摩地隱於王前乃出東方虛空之中現行立坐卧四威儀相又復身中放五色光猶如玻瓈手相映澈或身上出水身下出火或身上出火身下出水如是種種現於神變東方若此南西北方亦復

如是作神變已没於虚空如彈指頃
已在王前王曰佛弟子中更有如尊
者否時大目虔連即說偈曰
世尊弟子大威德　三明六通皆自在
解脱三界阿羅漢　聲聞牟尼如我多
時淨飯王初謂世尊獨有是事心中
常存我執之相及大目虔連現神變
已乃知弟子亦有斯證王之我心由
此得滅於是世尊即以方便作世間
心云何得梵王帝釋及淨光天來我
為說法於意云何如來之心非聲聞
菩薩之所能知所以然者世間之心
下至蟻子尚令得知何況諸天於是
帝釋告毗首羯磨天子言汝化你也
二合誐嚕馱林作大法會其中臺殿樓
閣悉安師子之座咸以衆寶而為嚴
飾復開四門各以四寶裝鋑復令四
天大王而守護之時毗首羯磨天子
承帝釋命變大法會種種嚴飾如帝
釋教仍令四王為守門者作變化已
白於世尊法會已成請佛往彼是時
世尊與自眷屬及梵王帝釋淨光天
等無數百千之衆還你也二合誐嚕馱

林佛既到已入於寶殿昇師子座即
說妙法時尊者大目虔連與淨飯王
同詣佛所至法會門尊者直入王即
止住王曰何故障我對曰佛為淨光
天等說法凡人不得預會王曰汝何
賢聖居此守門對曰我是持國天王
時王乃問東門即尒南門可否對曰
不知既至南門復不得入王乃問言
何故如是對曰佛為淨光諸天說法
凡人不得預會又問汝何賢聖居此
守門對曰我即增長天王故守南門
王自惟曰我去西門應恐得入既至
於彼亦不得入王又審問何故如是
對復如前又問汝何賢聖荅曰我是
廣目天王淨飯王長息歎曰聖凡相
隔雖近至遠既心切見佛更往北門
至彼同前止不令入王即厲聲　謂守
門者曰賢聖勿是北方天王否對曰
我即毗沙門也時淨飯王聞此語已
追將悶絶又復思惟我雖　至親令則
踈遠我親分别從此泯滅於是世尊
知無分别又察情極若不時見恐致
無常佛以神力變樓臺殿閣乃至垣

牆悉成玻瓈清淨映徹内外相覩無
所障㝵王得見佛心極歡喜即便禮
拜於一面坐
尒時世尊種種方便化其父王令無
我心及除分别即為廣說苦集滅道
四聖諦法王得聞已所有身見如二
十山峯以金剛智破滅無餘便證須
陁洹果王思念曰我今所證非天非
仙非父非母亦非親愛一切眷屬之
所獲得當從如來慈孝所致又復思
惟我於過去輪迴生死骨聚如山血
淚成海或復墮落諸惡趣中今日乃
入解脱門預於聖道又復言云善哉
世尊往昔修行無數苦行不顧身命
為利衆生我今更求殊勝天報佛即
悲念王令云何求斯報也時淨飯王
即從座起合掌頂禮白世尊言今欲
請佛及諸聖衆於我宮中來晨受食
唯願大慈咸垂降赴佛即默然王知
許已禮謝而歸纔至宮中詔白淨飯
王告而言曰我已證道不樂王位汝
受灌頂代我理國白淨飯王問何時
證耶荅曰適於你也二合誐嚕馱林間

法得證白淨飯王曰世尊初到彼林
我已得證王太代位我實不能又詔
斛飯王曰汝可灌頂代我理國對曰
我於梵現林中聞法證果所言代位
誠不樂也又謂甘露飯王曰汝受灌
頂代我理國對曰我於嚕呬多迦林
聞法證果今亦不樂處王位也淨飯
王曰若如是者當令何人守宗社也
諸王咸言釋族之中有賢德者可令
守之議事已畢淨飯王曰速令所司
辦造種種珍饌飲食令極香美又勅
潔淨內外除去葷穢於正殿上當以
清淨茵褥及上妙衣敷置如來及聖
衆坐位復設香花及淨水瓶無使闕
備既至來晨遣使白佛今食已辦請
佛及衆同賜降臨
尒時世尊與諸聖衆前後圍繞行詣
王宮受食供養佛至宮門王與眷屬
執爐焚香引世尊入佛昇座已諸聖
衆等次第就坐時淨飯王與諸眷屬
禮拜問訊讚歎訖即親手奉上種種
飲食而伸供養食畢澡漱供心圓滿
時淨飯王即取金瓶灌世尊手白言

奉施你也二合誐嚕馱林精舍願佛隨
意瓶水出時有五功德聲佛亦施願
云以所施福王及釋族一切所求隨
意獲得王及眷屬聞是語已歡喜踊
躍禮佛而退佛及聖衆迴還精舍後
於一日世尊復在王宮受食王之眷
屬互相謂曰今世尊左右皆是耆年
善相威儀誠堪仰重然侍奉世尊未
為允當可於釋族選其年少有賢善
者便令出家侍佛左右貴得相稱時
淨飯王勅下親族內外臣佐令一切義
成捨轉輪王位苦行修習為大法王
宜各選其賢子捨令出家侍從世尊
以成其美時斛飯王有二子一名阿
你嚕馱二名摩賀曩摩彼摩賀曩摩
能理王務然貪財利阿你嚕馱常處
宮中隨意受樂時斛飯王以勅旨宣
下乃呼摩賀曩摩汝可出家以奉王
命子曰我不出家彼阿你嚕馱常在
宮中受其快樂可令出家父言彼子
福德汝勿指陳子曰此是父母愛憐
所許若實有福當可試驗父曰當何
試驗子曰常式送食今可空盤送之

若其有福食自然出父即對面封以
空盤令宮嬪送之誡曰若問何食但
對種種在內時天帝釋觀知此事阿
你嚕馱昔曾以食供辟支佛今日云
何令其無食乃化種種珍美品饌滿
彼空盤女使至彼阿你嚕馱問言何
物宮嬪心瞋不依誡勅荅言無物阿
你嚕馱即思念曰父母云何送空盤
耶乃開封視之異饌滿中人所罕見
馨香馚馥園苑皆滿阿你嚕馱意亦
深怪問彼女言本有食耶本空盤耶
女曰空盤遂却以此食奉上父母父
母見食亦大驚怪又以此食示摩賀
曩摩汝看此食是彼化出彼阿嚕馱
人皆愛樂我言大福非汝等力汝初
不信今已驗知摩賀曩摩白父母言
彼既大福可令出家我今無福非出
家者父母即謂阿你嚕馱曰王令有
勅汝出家否對曰出家有何利益在
家有何過失父母言出家之人當證
涅盤可受天上人間第一供養若人
在家出家真實離欲亦得天上人
間供養若是在家妄稱出家當感三

惡道報對曰出家在家得利失利我已曉了今欲出家上副王命父母告曰汝言大善時阿你嚕馱有一同年名曰賢王最相知見乃往彼處而相告白至賢王門方聞品琴又值絃斷五音不足阿你嚕馱擅琴之聲止立不進待其調品令人入報賢王請入謂阿你嚕馱曰汝來何時荅曰琴絃初斷我已到門待其調品方令入報賢王稱善執手請坐汝今何來對曰淨飯王有勑令釋族出家意欲眷屬侍佛左右以汝慕善故來相報賢王曰勑旨纔下尋亦便知汝既出家我亦同往汝可今夜宿於我舍阿你嚕馱隨言即止賢王令人為敷卧處至夜眠睡無少安樂明晨相見賢王問言得安睡否報言不得安睡又問何故如是對曰牀所鋪者病觸之衣是以令我不獲安寢賢王即喚所司侍人問其緣由自何而得對曰王初生時敷設餘長後因疾患曾已受用習王歎曰善哉釋族生此異子又言我出家者提婆達多次當王位乃令左右呼提婆達多到已問言我等奉勑咸去出家未委汝今當何所作時提婆達多私自念曰若或我言不出家者即令賢王亦不出家便以誑言我亦出家時彼賢王速以公文奏淨飯王王乃下勑告示內外令賢王阿你嚕馱及提婆達多等釋種五百人出家咸可知悉勑出之後中外歡喜唯提婆達多獨自苦惱意云本作方便欲令賢王出家今或違言有妄語過使我將來不得王位於是剛忍隨衆出家時淨飯王欲令後代知族尊貴宣告內外凡是街衢迨及城隍一切嚴飾皆使殊勝布以淨土灑以香水復排幢幡傘蓋散花燒香以擬賢王等五百釋種出家經過彼釋種等各各父母於衢路側及城門首敷設觀看亦命相師各相其子誰可出家誰當不可賢王先出相師稱歎此若出家必證聖道阿你嚕馱次行出城相師亦云得聖非久提婆達多出至城門頭上寶冠忽然墮地相師見已此惡業人定入地獄又不善人名曰海壽纔剃門際驢作惡聲相者知之此有口業曾謗聲聞當來果熟定墮惡趣烏波難陁次出乘象方至門首瓔珞墮地乃自下象親手收取相師言曰此鄙悋人當入地獄如是五百釋種各各出已相師皆見咸以善惡具告父母時釋衆等出迦毗羅城復遊園苑次至佛處各各白佛云求出家世尊思惟今此釋衆雖求出家有志樂者有不樂者佛以四法度為苾芻時淨飯王有承事人名烏波梨善能剃髮王即遣與釋衆剃髮既至彼處不肯與剃乃作色煩惱又復悲泣賢王問言何以如是烏波梨曰我奉一人非衆所使可寧捨命髮不能剃賢王諫曰勿作是言汝奉王命非衆可使此有善利請無煩惱賢王復以方便告釋衆曰汝等出家寶冠妙衣及裝嚴具今日已去咸無所用都置一處與烏波梨彼聞得者或可歡喜衣冠既集乃成大聚時烏波梨即與剃髮及覩釋衆各各年少捨其富貴我今卑族何所戀耶宜可棄彼恩愛去離煩惱

免其輪迴生滅之患於是稽顙再三
忖度尊者舍利弗見而問曰汝何稽
顙似有不樂荅言非是不樂有所思
念具以情實告舍利弗舍利弗謂曰
世尊度脫非間尊卑今正是時宜其
猛利世尊預知專期根熟舍利弗將
烏波梨來至佛前五體投地伸其禮
敬白言世尊令烏波梨欲於正法出
家願佛哀愍佛告烏波梨言汝得梵
行世尊言訖鬚髮自落袈裟著身後
七日中鬚髮再出威儀庠序如百臘
苾芻自說伽陁曰

我今於如來　正法求出家　佛言得梵行
鬚髮尋自落　袈裟亦著身　此即從善本
今日方成熟　故我為苾芻

尒時世尊告大衆言今出家者可依
夏臘次第守其尊卑乃至未來禮不
得闕於是烏波梨平視諸釋時彼賢
王次第禮衆至烏波梨前不肯禮拜
來白世尊令烏波梨是承事人令我
禮者是不順也佛言汝旣出家當除
我相彼是上臘宜伸禮敬賢王纔禮
地六振動次提婆達多亦不肯禮又

來白佛佛言出家之人當除我相彼
是上臘宜可禮足於是諸釋無不禮
者諸苾芻等各各心疑令賢王禮拜
地六種動有何因緣唯願世尊解諸
疑網佛言過去世時此閻浮提波羅
奈國有王統御名曰梵壽國界豐盛
人民快樂時彼城中有一昌女名跋
捺囉色相端嚴人所愛羨有一男子
名孫那囉摩拏嚩迦往彼女處言意
相慕女即報云備五百金錢可來相
見是人貧匱莫副所言別以方便而
親附之遂移居相隣時奉花果後因
節序男女作樂嚴身戴花各衒其美
時跋捺囉起思念曰孫那囉摩拏嚩
迦彼人若來共作喜樂須臾來至女
即喜曰可取花來與汝作樂孫那囉
摩拏嚩迦此日有事心極煩惱通宵
無睡及天將晚熟寐不覺衆人取花
好者已盡乃得尸利沙花將與彼女
彼女不悅即說偈言

戒不精進業　怠墮重睡眠　衆採好花去
得尸利沙花

又復告言汝求別花時初秋月暑氣

猶鬱乃再去尋花以至中午採花唱
歌都不覺熱值梵壽王入草詣林避
熱忽聞歌唱令人尋求見已呼來乃
謂之曰日光下照如火燒腦云何歌
唱都無所苦即以伽陁對曰

我心迷故　非日不照　為事有少
故不知苦

時王思惟此採花人能言乃留與語
王曰我出值熱來此求涼汝可以言
解我熱惱孫那囉摩拏嚩迦本有智
慧所言稱旨乃說征伐之利投王心
機王聞歎奇即忘熱惱宣問大臣有
於刹帝利灌頂王所假身命難者最
上之賜國有何典大臣對曰可與儲君
即勅大臣冊居其位告報內外准式
備儀禮赴春宮尊處儲貳凡百受用
無非珍寶寢臥之所茵褥異常孫那
囉摩拏嚩迦私自惟曰儲君若此尊
極可知便起貪心欲謀大寶纔發斯
念便自覺知我或如斯堪云來報由
是追悔寢不安處乃施麤席臥於地
上至明旦已王即遣使觀其動止乃見
孫那羅摩拏嚩迦臥於地上速來白

摩訶帝經第十三　第八　尸字

王此非儲君乃賤人尓王曰何知具事上聞王曰此大智人非是賤士乃令詔來詢問其故王曰夜不寢牀臥於地者何意對曰貴非究竟所以不樂王曰汝意如何今欲出家王復言曰未知此事云何出家有何功德荅言於寂靜處苦節修行亦無聖師亦不求侶觀緣究理證獨覺菩提王即稱善放令出家後證道果來至王前於虛空中現神變相王覩是事深生歸信五體投地以伸敬禮即說伽陁曰

善哉智慧人　非惡業能繫　求寂靜修行
證獨覺菩提

說伽陁已又復言云若有諸摩拏嚩迦出家求道我即隨喜時有近臣名殑誐波羅聞此偈已忻樂非常記憶在心誡其貪愛王因此後亦自勗勵乃踈宮室多樂寂靜殑誐波羅後按王喜遂求出家王既允許拜辭而出即詣深山逢苦行仙人便隨學道精勤策勵亦證五通徑來王前現其神變王乃問曰汝得如是功德耶荅曰

摩訶帝經第十三　第九　尸

我證王謂證聖便禮其足頭纔至地地即振動是時王毋察此非真乃為殑誐波羅說伽陁曰

若根本出家　禮事於沙門　寂默及精進
苦行成緣覺　一切罪永滅　一切福業生
後於諸世間　廣利樂衆生

佛告諸苾芻昔梵壽王者今賢王是殑誐波羅者烏波梨是往昔禮拜地已振動今日致禮與本無殊諸苾芻此過去現在種種之事今為汝等弁分別說汝等聞者宜其諦信時諸苾芻聞此說已歡喜踊躍禮佛而退

佛說衆許摩訶帝經卷第十三

佛說衆許摩訶帝經卷第十三

校勘記

一　底本，金藏廣勝寺本。
一　三九三頁下七行首字「金」，磧作「今」。
一　三九三頁下一〇行末字「愛」，普、南、徑、清作「受」。
一　三九四頁上一七行末字「境」，磧作「憶」。
一　三九四頁上二一行末字「善」，磧、普、南作「得」。
一　三九五頁上一七行「裝鉸」，資、磧、普、南、徑、清作「莊」。
一　三九五頁上一八行首字「天」，南作「大」。
一　三九五頁上末行「你也」，磧作「作也」。
一　三九五頁下一六行首字「悲」，磧、普作「非」；南、徑、清作「作」。
一　三九五頁下一八行「我宮」，磧、普作「宮宮」。

一 三九六頁下一三行第五字「大」，資、磧、普、南、徑、清作「不」。

一 三九七頁中二一行「非夊」，諸本作「非久」。

一 三九七頁下一八行「裝嚴」，資、磧、普、南、徑、清作「莊嚴」。

一 三九八頁上一一行「橬頤」，磧、普、南、徑、清作「撍頤」。下同。

一 三九八頁上五行第六字「聞」，資、磧、普、南、徑、清作「問」。

一 三九八頁中四行「六種動」，磧作「六震動」。

一 三九八頁中五行第九字「此」，磧作「北」。

一 三九八頁中七行「昌女」，石、麗作「娼女」；磧、普、南、徑、清作「倡女」。

一 三九八頁中一一行「所言」，南作「所有」。

一 三九八頁中一八行「將晚」，資、磧、普、南、徑、清、麗作「將曉」。

一 三九八頁下一六行第一二字「百」，石、資、磧、普、南、徑、清作「曰」；麗作「日」。

一 三九八頁下二二行「明旦」，南作「明日」。

一 三九九頁中二行首字「地」，資、磧、普無。

一 三九九頁中六行首字「後」，南作「人」。

大宋新譯三藏聖教序

御製

大矣哉我佛之教也化導群迷闡揚宗性廣博宏辯英彥莫能究其旨精微妙說庸愚豈可度其源義理幽玄眞空莫測包括萬象譬喻無垠綜法網之紀綱演無際之正教拔四生於苦海譯三藏之秘言天地變化乎陰陽日月盈虧乎寒暑大則說諸善惡細則比於恒沙含識萬端弗可盡述若窺像法如影隨形離六情以長存歷千劫而可久須彌納藏於芥子如來坦蕩於無邊達磨西來法傳東土宣揚妙理順從指歸彼岸菩提愛河生滅用行於五濁惡趣拯溺於三業途中經垂世以難窮道無私而永泰雪山貝葉若銀臺之耀目歲月煙蘿起香界之自遠巍巍罕測杳杳難名所以道貫十聖德被三賢至道起於乾元衆妙生乎太易揔繁形類殼鑿昏明絕彼是非開茲蒙昧有西域法師天息災等常持四忍早悟三乘翻貝葉之眞詮續人天之聖教芳猷重啓運偶昌時潤五聲於文章暢四始於風律堂堂容止穆穆輝華曠劫而昏塾重明玄門昭顯軌範而彌光妙法淨界騰音利益有情俱登覺岸無成障礙救諸疲羸冥昧慈悲浩汗物表柔伏貪佷啓滌昏愚演小乘聲聞合其儀論大乘正覺立其性含靈悟而蒙福藏教缺而重興幻化迷途火宅深喻雖設其教不知者多善念生而無量潛臻惡業興而隨緣皆墮調御四衆積行十方澍花雨於金輪護恒沙於玉關有頂之風不可壞無際之水弗能漂澄寂湛然圓明清淨之智慧性空無染妄想解脫之因緣可以離煩惱於心田可以得清涼於宇宙朕懃非博學釋典微聞豈堪序文以示來者如爢螢爝火不足比之於皎日將微蠡量海未能窮盡於深淵者哉

佛說月光菩薩經

西天譯經三藏朝散大夫試鴻臚少卿明教大師臣法賢奉　詔譯

如是我聞一時佛在王舍城竹林精舍與大苾芻衆而爲說法時舍利弗大目乾連前詣佛所五體投地禮佛足已白佛言世尊我等今者不忍見佛入於圓寂而於此時先入滅度尒時衆中有一苾芻合掌向佛而作是言世尊舍利弗大目乾連有何因緣今於佛前先欲入滅唯願世尊爲解衆疑

尒時世尊告苾芻言汝今諦聽吾爲汝說舍利弗大目乾連貪瞋癡等諸漏斷盡所作已辦梵行已立不受後有非唯今日先欲入滅於過去世北印度內有一大城名曰賢石長十二由旬廣闊亦尒彼有國王名爲月光壽四萬歲有天眼宿命通身色端嚴諸相具足光明照耀如天滿月所往之處不假燈燭日月之明故號月光統領四洲六萬八千國土時世豐熟人民安隱金銀珍寶飲食衣服象馬車乘悉皆盈滿於城四門皆有樓閣戶牖軒窻俱用衆寶而爲嚴飾街巷道陌掃灑清淨豎立幢幡寶蓋眞珠瓔珞復有沉香粖香栴檀之香微風

時起吹其香氣周徧國城車馬行人不聞穢氣處處復有花果樹木多摩羅樹迦尼迦囉樹無優樹貝多樹娑羅樹帝羅迦樹龍花樹末俱羅樹阿底目伽樹播吒羅樹繁欝茂盛鸚鵡舍利迦陵頻伽俱計羅鳥等於諸樹間作微妙音於城內外流泉浴池常出好花優鉢羅花俱母那花奔吒利迦花等如是富貴種種裝嚴佛告苾芻尒時月光天子於市肆街巷及城四門堆聚金銀珍寶象馬車乘飲食衣服卧具醫藥種種莊嚴之物即擊金鼓告令衆人月光天子以種種財物普施一切隨意所須求者相給尒時南贍部洲一切衆生皆至王城求其所施無不豐足得大富貴無一貧乏及徒行者尒時月光天子復自思惟雖諸衆生無有貧乏對我所用猶未齊等復以細妙衣服最上珍寶頭冠瓔珞卧具飲食等施諸衆生富貴莊嚴皆如月光天子身城邑宮殿樓閣園林種種嚴飾如忉利天有七十二百千那由他人常止此城有二千

五百大臣有二輔相一名大月二名持地容皃端正福德淳厚智慧深遠高才博識恒以十善化諸衆生是時六月於夜睡眠而作一夢王戴天冠變黑煙色復有鬼來就王頭上奪冠而去作是夢已憂惶驚懼恐有不祥而自思惟我王慈愍惠施一切求者不違必有惡人來乞王頭作是念已即用七寶造一寶頭如有乞者以此代之時持地輔相亦作一夢見月光身四體分散即召婆羅門占夢凶吉婆羅門曰此夢甚惡必有遠人來乞王頭持地聞已悲泣感傷云何我王有斯大禍尒時一萬二千五百親位大臣俱作惡夢幢幡倒地金鼓不鳴恩愛別離悲啼哭泣如是夢已共相議曰王若不吉一切衆生誰為救濟我等云何而得安隱時月光天子又告大臣盡我壽命施於衆生不得間斷

尒時香醉山中有大婆羅門名曰惡眼聰明多智善解技術知月光天子於城四門大開施會擊鼓宣令普告四方求者供給而無乏少我今往彼

乞於王頭作是語已下香醉山山有天人知婆羅門來乞王頭悲痛傷歎苦哉苦哉此王心懷慈愍利樂群生如若命終世間薄祐作是語時天地昏黑日月不現泉井枯乾暴風卒起吹砂走石樹木摧折大地震動有如是不祥之相去城不遠有一仙人身具五通名弥濕嚩蜜怛囉與五百眷屬常以慈愍護念衆生見此徵祥甚懷憂惱告摩拏嚩迦曰必有災禍臨於民主我等去何而為救護虛空中緊那羅衆及諸天人皆悉下淚如降微雨一切人民心懷驚怖時惡眼婆羅門將欲至城護城天人詣月光天子前今有惡人從香醉山來懷殺害心欲乞王頭不得聽之宜保愛自身固安聖體王既聞已心生踊躍歎言善哉令我圓滿檀波羅蜜時惡眼婆羅門即入王城守門天人見婆羅門神情醜惡隔住門外終不放入時月光天子知彼來至不放入城即告宰臣大月有婆羅門從香醉山來欲見於我令彼門司不得障礙大月受教白守

門天人卽令放入大月見已問婆羅門曰汝來至此有何所求婆羅門言我聞月光天子慈愍有情設大施會若有所求一切無悋今來至此欲乞王頭大月告言婆羅門王頭膿血所成終歸爛壞汝今乞得有何所用我有七寶頭復有種種金銀珍寶俱奉施之乃令子孫永得大富婆羅門言我本乞頭非為珍寶時二大臣啼泣雨淚悲痛憂惱我等云何得免斯害時婆羅門卽詣王前見已頂禮住立一面合掌白言聞王慈愍普施一切我今遠來只乞王頭願垂慈愍歡喜布施而說偈言

菩薩志求無上智　安住最勝清淨法
願垂慈愍速捨頭　圓滿檀度波羅蜜

時月光天子卽起合掌而說偈言

父母所生不淨身　汝求我頭歡喜捨
滿尒本願攝心歸　令我速成菩提果

說此偈已白婆羅門言勿嫌我頭骨髓膿血皮肉相連無有清淨而卽施之滿汝本願時婆羅門心大歡喜王欲截頭卽去頭冠是時南贍部洲一

切頭冠悉皆落地人各驚惶輔相二人不忍見王捨棄身命卽於彼處自盡其壽以善根力生大梵宮時善摩夜叉於虛空中高聲唱言苦哉天子今將命終復有百千億人奔詣王宮啼泣下淚傷愛別離王卽說法安慰令發道心婆羅門言王若捨頭宜於淨處王卽告言我有一苑名摩尼寶藏花果茂盛流泉浴池種種莊嚴最為第一於斯捨頭汝意云何婆羅門言宜速往彼王卽携劒往彼苑中立贍蔔樹下告婆羅門言我今捨頭汝來截之婆羅門曰王不自斷令我持刃非布施行時有護苑天人見是事已悲泣涕淚告婆羅門曰汝大惡人此處害天子命王告天人莫作是言月光天子慈愍一切普利群生何以障礙勝事我於過去無量生中為大國王於此苑內千度捨頭時諸天人皆無障礙昔濟餓虎捨身命等超於慈氏四十劫彼時天人亦不障礙汝於今日發隨喜心當獲勝利月光天子復告天龍八部一切賢聖我今捨

頭不求輪王不求生天不求魔王不求帝釋不求梵王為求無上正等正覺令未受化者迴心受化已受化者速得解脫得解脫者圓證寂滅究竟彼岸又願命終之後舍利如白芥子於摩尼寶藏苑建一大塔令一切衆生禮拜供養見聞隨喜命終之後皆得生天發菩提心出生死界發是願已婆羅門曰王捨內財甚為稀有於未來世速成佛道作是語時王以首髮繫無憂樹枝卽執利劒自斷其頭尒時三千大千世界六種振動於虛空中天人讚言善哉善哉今月光天子當得成佛復雨優鉢羅花鉢納摩花俱母那花曼陁羅花及沉香粖香栴檀之香種種供養卽以栴檀香木焚燒遺體收其舍利於摩尼苑及四衢路各起一塔恒時供養現在未來一切衆生於此苑中行住坐卧及於塔前瞻禮供養命終之後生六欲天及梵天上

尒時佛告諸苾芻往昔月光天子者今我身是大月持地二輔相者今舍

利弗大目乾連是惡眼婆羅門者今提婆達多是由是因緣先於佛前而請入滅時諸苾芻聞佛所說皆大歡喜信受奉行禮佛而退

佛說月光菩薩經

乙巳歲高麗國大藏都監奉
勅雕造

佛說月光菩薩經　第一張

佛說月光菩薩經
校勘記

一　底本，麗藏本。
一　四〇一頁上一行至本頁中二〇行序文，資、磧、普、南、徑、清無。
一　四〇一頁中二一行經名，石作「佛說月光菩薩經一卷」。卷末經名同。
一　四〇一頁中二二行譯者，資、磧、普、南作「西天譯經三藏朝散大夫試鴻臚卿明教大師臣法賢奉詔譯」；徑、清作「宋西天三藏朝散大夫試鴻臚卿明教大師法天奉詔譯」。
一　四〇一頁下一六行末字「往」，徑、清作「住」。
一　四〇二頁上三行「無優樹」，資、磧、普、南、徑、清作「無憂樹」。
一　四〇二頁上四行「未俱羅樹」，諸本作「末俱羅樹」。
一　四〇二頁上九行「裝嚴」，石、徑、清作「莊嚴」。

佛說金光王童子經　戶

西天譯經三藏朝散大夫試鴻臚少卿明教大師臣法賢奉　詔譯

如是我聞一時佛在迦毗羅城(你也二合)
識嚕馱林精舍時釋族中有一童子
名金光王色相端嚴身肢圓滿光明
晃耀由如日月聰明殊異儁利過人
尊重自然精勤匪懈師友耆耄用律
其心富有一切異寶珍玩雖常受用
而不貪著與自眷屬嬪嬙伎女千五
百人常處宮中受其快樂時彼童子
忽於一日聞人說言世尊往昔為見
三界輪迴苦惱捨輪王位出家苦行
佛道圓滿坐於樹下降四種魔證無
上覺童子聞已心大歡喜即將眷屬
及與侍從前後圍繞往詣佛所望精
舍門除去憍慢與諸眷屬徒步趣進
既至佛所合掌頂禮而歎佛曰如來
之身由如金山復如寶幢眾寶嚴飾
面如秋月圓滿清淨三十二相八十
種好光明遠照由如千日尊貴吉祥
大智精進具大功德福慧雙備知一
切法斷一切疑具一切智為人天師

是三界父救諸有情現於世間見者
歡喜是時童子作此讚已旋繞三匝
禮佛雙足却坐一面欲聞妙法又復
起心我生王宮有斯福報具大力勢
因果云何尒時世尊知金光童子心
中所念及在會眾願欲聞法便為
廣說十二因緣及四聖諦初中後善
言辭巧妙其義深遠純一無雜具足
清白梵行之相演是法已復說金光
童子本生因果報應之事謂童子曰
往昔過去九十一劫有毗婆尸如來
應供正徧知明行足善逝世間解無
上士調御丈夫天人師佛世尊出於
世間說法教化利樂眾生作佛事已
即趣涅槃時有一人種田為業雖復
勤苦而常不足然於眾善好樂修習
於身口分減積財賄作毗婆尸像以
用供養所獲果報我今說之諸苾芻
彼田業人所獲之福於百千生為轉
輪聖王王四天下乘空飛行具足七
寶得大自在身放光明生生之中受
最上樂受此福已又生六欲天中為
彼天主經百千生受大快樂又百千

佛說金光王童子經　第二張　戶

生為梵天王百千生為淨光天主百
千生為四無色界主於如是時受天
妙樂後降人間生剎帝利婆羅門毗
舍之族常處王位得大自在諸苾芻
今此童子從天界來又生王宮先作
福業無能侵損亦無墮落後獲無漏
證於寂滅諸苾芻其造像人即金光
童子是所有因果我已說之又復有
人或以玻胝迦寶或末尼寶或金或
銀或鍮或銅乃至木石或象牙等鑄
寫雕鏤作佛形像或有舍利或無舍
利或短或長或大或小乃至香泥印
作佛像且致如是造像果報諸苾芻
若有善男子善女人以所造像隨得
一種志心清淨以妙香水如法沐浴
所獲功德我今說之是善男子善女
人捨身受身常於剎帝利婆羅門毗
舍首陁上族中生福德圓滿人相具
足得宿命智獲善眷屬至於奴婢車
馬珍寶財物一切受用無不具足一
切眾生為依為主見者歡喜言皆隨
順諸佛菩薩辟支佛阿羅漢恒常憶
念凡所願求一切皆得諸苾芻是人

佛說金光王童子經　第三張　戶

福蘊尚不能喻何況造像至於嫉妬
憎愛貪瞋癡等一切煩惱速得解脫
漸漸修行證無上覺尒時世尊重說
偈言

我於滅度後　若男若女等　用衆寶造像
妙香水沐浴　又以適悅花　志心而供養
於後生生中　感得端嚴報　一切諸衆生
瞻仰而無足　獲種種果報　尊貴及快樂
以此餘善業　遠離諸煩惱　癡暗雲翳除
如月住虛空　後復承勝力　往生於天界
作天之主宰　百劫受快樂　於彼壽命盡
下生爲輪王　色相如天身　福德而殊勝
七寶恒隨逐　有神通自在　巡遊四洲境
一切得隨心　後入於聖道　乃至證涅槃
又復有衆生　得遇於佛塔　中有設利羅
細與微塵等　是人心歡喜　作種種供養
當獲大福聚　如前等無異　如來變化身
普徧於三界　是人供養福　所感諸果報
乃至得名稱　亦徧於十方　身色如眞金
光明恒晃耀　於天上人間　受無量快樂

尒時金光童子聞佛廣說微妙法已
及聞往昔因緣果報乃於眷屬心無
戀著猒離富貴棄捨快樂於正法中

佛說金光王童子經　第四張

求欲出家佛即應時度爲沙門尋便
證得阿羅漢果所將眷屬亦於坐中
皆證道果
佛說是經已金光童子并諸眷屬及
在會衆歡喜信受禮佛而退

佛說金光王童子經

乙巳歲高麗國大藏都監奉
勅雕造

佛說金光王童子經　[illegible]　戶

佛說金光王童子經

校勘記

一　底本，麗藏本。
一　此經，資、磧、普、南、徑、清均未收錄。
一　四〇五頁上一行經名，石作「佛說金光王童子經一卷」。卷末經名同。

大宋新譯三藏聖教序　上含　户

御製

大矣哉我佛之教也化導群迷闡揚宗性廣博宏辯英彥莫能究其旨精微妙說庸愚豈可度其源義理幽玄眞空莫測包括萬象譬喻無垠綜法網之紀綱演無際之正教拔四生於苦海譯三藏之祕言天地變化乎陰陽日月盈虧乎寒暑大則說諸善惡細則比於恒沙含識萬端弗可盡述若窺像法如影隨形離六情以長存歷千刼而可久須彌納藏於芥子如來坦蕩於無邊達磨西來法傳東土宣揚妙理順從指歸彼岸菩提愛河生滅用行於五濁惡趣拯溺於三業途中經垂丗以難窮道無私而末奉雪山貝葉若銀臺之耀自歲月煙蘿起香界之自遠巍巍罕測杳杳難名所以道資十聖德被三賢至道起於乾元衆妙生乎太易捴繁形類竅鑿昏明絶彼是非開茲蒙昧有西域法師天息災等常持四忍早悟三乘翻貝葉之眞詮續人天之聖教芳猷重啓運偶昌時潤五聲於文章暢四始於風律堂堂容止穆穆輝華曠刼而昏墊重明玄門昭顯軌範而彌光妙法淨界騰音利益有情俱登覺岸無成障礙救諸疲羸冥昧慈悲浩汗物表柔伏貪佷啓滌昏愚演小乘聲聞合其儀論大乘正覺立其性含靈悟而蒙福藏教缺而重興幻化迷途火宅深喻雖設其教不知者多善念生而無量潛臻惡業興而隨緣皆墮調御四衆積行十方澍花雨於金輪護恒沙於玉關有頂之風不可壞無際之木弗能漂澄寂湛然圓明清淨之智慧性空無染妄想解脫之因緣可以離煩惱於心田可以得清涼於宇宙朕懃非博學釋典微閑豈堪序文以示來者如爝螢爝火不足比之於曉日將微蠡量海未能窮盡於深淵者哉

佛說布施經

西天譯經三藏朝散大夫試鴻臚少卿明教大師臣法賢奉　詔譯

如是我聞一時佛在舍衛國祇樹給

佛說布施經　第一張　户

孤獨園與大苾芻衆說布施法有三十七種一以信重心而行布施當得離衆嫉妬人所崇敬二依時施得三業清淨四時安隱三常行施得身心適悅無散亂失四親手施得手指纖長身相端正五爲他施復得他人行大捨施六依教施心離取相得無爲福七以妙色具施得身色端嚴衆所愛樂八以上妙香具施恒得旃檀之香受用供養九以上味施得味中上味充益肢體十如法尊重施得安隱快樂衆人喜見十一以廣大心施得無量廣大之福十二以美食施得離飢饉倉庫盈溢十三以漿飲施得所往之處無諸飢渇十四以衣服施得上妙衣莊嚴身相十五以住處施得田宅寬廣樓閣莊嚴十六以臥具施得生貴族資具光潔十七以象馬車輦施得四神足無擁妙用十八以湯藥施得安隱快樂無諸疾病十九以經法施得宿命等通二十以花果施得七覺支花二十一以花鬘施得離貪瞋癡垢二十二以香施得離煩惱臭穢二十三以傘蓋施得法自在二十四以鈴鐸施得言音美妙二十五以音樂施得梵音深妙二十六以然燈施得天眼清淨二十七以繒綵疋帛施得解脫衣服二十八以香木灑如來塔廟二十九以香水浴如來身三十以香油塗飾佛像共得三十二相八十種好三十一以香木施浴衆僧得富貴家生少病安樂三十二以慈心施得顏貌和悅無諸瞋恨三十三以悲心施得離殺害三十四以喜心施得無所畏遠離憂惱三十五以捨心施得離罣礙證寂滅樂三十六以種種施得種種福三十七以無住無相心施得無上正等正覺佛告諸苾芻如是三十七種智者所行微妙施行汝今受持

尒時舍衛國王白佛言世尊我等云何而行布施佛言大王若求勝妙福報而行施時慈心不殺離諸嫉妬正見相應遠於不善堅持禁戒親近善友閉惡趣門開生天路自利利他其心平等若如是施是眞布施是大福田復次行施隨自心願獲其報應或以妙色名香珍味軟觸親手布施得衆人尊重眷屬圓滿富貴安樂之報或以飲食布施而得大力或以酥油之燈布施而得天眼或以音樂布施而得天耳或以湯藥布施而得長壽或以住處布施而得樓閣田園或以法說布施而得甘露佛言大王若以十善行施復得十種報應十善者不殺生不偸盜不婬欲不妄語不綺語不惡口不兩舌不貪不瞋不癡而得命不中夭財無散失眷屬清潔所言誠諦離諸嫉妬人所喜見親友和睦不墮貧賤顏皃端正智慧相應獲報如是佛言大王若以上妙飲食供養三寶得五種利益身相端嚴氣力增盛壽命延長快樂安隱成就辯才如是南贍部洲一切衆生父母妻子男女眷屬如上布施隨願所求無不圓滿說此法已皆大歡喜作禮而退

佛說布施經

佛說布施經

校勘記

一　底本，金藏廣勝寺本。

一　四〇七頁中一行至本頁下二〇行序文，諸本無。

一　四〇七頁下二一行經名，石作「佛說布施經一卷」。

一　四〇七頁下二二行譯者，資、磧、普作「三藏法師法賢奉詔譯」；南作「宋三藏法師法賢奉詔譯」；徑、清作「宋西天三藏法師法天奉詔譯」。

一　四〇八頁上一九行第六字「神」，資、磧、普、南、徑、清作「禪」。

一　四〇八頁下八行第六字「而」，資、磧、普、南作「若」。

一　四〇八頁下一五行「上妙」，資、磧、普、南、徑、清作「上妙樂」。

大宋新譯三藏聖教序　户

御製

大矣哉我佛之教也化導群迷闡揚宗性廣博宏辯英彥莫能究其旨精微妙說庸愚豈可度其源義理幽玄眞空莫測包括萬象譬喻無垠綜法網之紀綱演無際之正教拔四生於苦海譯三藏之秘言天地變化乎陰陽日月盈虧乎寒暑大則說諸善惡細則比於恒沙含識萬端弗可盡述若窺像法如影隨形離六情以長有歷千刧而可久須彌納藏於芥子如來坦蕩於無邊達磨西來法傳東土宣揚妙理順從指歸彼岸菩提愛河生滅用行於五濁惡趣拯溺於三業途中經垂世以難窮道無私而永泰所以道貫十聖德被三賢至道起於雪山貝葉若銀臺之耀日歲月煙蘿起香界之自遠巍巍罕測杳杳難名乾元衆妙生乎太易揔繁形類竅鑿昏明絶彼是非開發蒙昧有西域法師天息災等常持四忍早悟三乘翻貝葉之眞詮續人天之聖教芳猷重啓運偶昌時潤五聲於文章暢四始於風律堂堂容止穆穆輝華曠刧而昏墊重明玄門昭顯軌範而彌光妙法淨界騰音利益有情俱登覺岸無成障礙救諸疲羸冥昧慈悲浩汗物表柔伏貪佷啓滌昏愚演小乘聲聞合其儀論大乘正覺立其性含靈悟而蒙福藏教缺而重興幻化迷途火宅深喻難設其教不知者多善念生而無量潛蹤惡業興而隨緣皆隳調御四衆積行十方澍花雨於金輪護恒沙於玉關有頂之風不可壞無際之水弗能漂澄寂湛然圓明清淨之智慧性空無染妄想解脫之因緣可以離煩惱於心田可以得清涼於宇宙朕慙非博學釋典微閑豈堪序文以示來者如磨螢爝之火不足比之於昧日將微蠡量海未能窮盡於深淵者哉

第一張　户

捷稚梵讚

西天譯經三藏朝散大夫試鴻臚少卿明教大師臣法天奉　詔譯

夜布里鍐二合冒地謨隸引曬尾誐摩

曩波替引摩引囉誐引誐凌二合誐
誐引誐凌一二合誐誐引誐凌二合誐引
誐誐引誐里二合伽曩伽伽曩伽伽里
二合馱馱撒曩馱迦刹二夜悉怛里三合
鼻里祢二合尾野二合嚕韈引里努努
鉢底努努鼻里努二合努努鼻里努
二合努鼻三合昝畔迺嚩努夜引多酥囉
曩囉曩曩弥多鉢引多嚩設引枳野
二合僧賀四
夜建那里波二合訥婆二合曩引喃引迦
賀迦賀迦迦賀引賀引四賀底鉢囉二合
賀引賽一里野二合悉弥二合曩曩引拏賓
二合摩囉赦引曩致多多致怛吒引怛引
致致底鉢囉二合羅引韈二俱怛俱二合
度度俱怛俱二合啝怛俱二合囉啝俱
賀囉啝多枳二合迦囉引赦引左嚩引
訥鼻三合努引怛怛囉二合酥窣覩二合
喋引摩野二合酥嚕二合多婆迦羅扇
引多曳引冒引謨你寅二合捺囉四合
部嚕二合刹引播引波紺引二合誐畔誐
婆摩二合囉舍囉娑羅婆怛波二合
刹摩二合多引囉引刹波引帯引一
鉢闍二合嗏引喃涜誐曩引喃引羅

隷多部惹羅多引羅引娑隷羅引
鉢旦誐引二娑沒里二合拏引娑悉弥
二合堵訖帝引二合迦羅沒里二合努末度
囉引謨引那囉昧引嚩祖引鼻三
部覽二合早啝引堵引曩啝怛賴二合
婆摩二合囉嚩羅惹曳努野寫怛婆
昧引二合曩謨引窣覩二合四
烏里尾二合撒左引羅演多佉囉尸囉
你迦里界引二合娑他引二合那演墖引怛多
二合里彝一入嚩二合羅引鼻骨嚕二合馱
嚩四你二合入嚩二合囉多捺捨祢舍芻
引婆演堵引沒囉始二四引路怛佉
引二合多引悉作羯囉二合羯囉二合迦左
鉢跓囉嚩引囉引尾尼所二合摩引
囉尾囉引三昧引怛里二合設悉怛里引三合
拏曳引曩鉢囉二合娑婆摩鼻吤
多引鉢引多冒引噪引謨你寅二合捺
囉四二合
尾塞普二合里惹敢二合惹多俱引波
鉢囉二合迦致多尾迦吒引塞普引二合
吒你里瞿引二合沙瞿引囉一誐里惹敢
三合吤謨多惹羅鉢囉二合迦吒誐惹伽
遰吒句引二合波嚩探引馱迦引覽二撒

那里布引二合那引摩嚩四你二合塞普二合
囉那悉枳囉尼所二合訥婆二合悉多
引世引沙尾孕二合鉿三補瑟閉引二合數
賽引你野二合謨截引昨賀二合致底
尾伽致旦曳引曩没馱三冒引弟野
引二合多四
祢吠囉引迦隣拏二合布里迦摩羅
那羅你鼻波刹摩二合隷羅引尾路引
賴引一娑引嚩悉你二合誐吠引二合里尾二合
那誐吠引二合鉢囉二合左隷多羅隷帯
婆悉弥二合帯引里部二合尾羅引賽
引二你引怛賴二合里摩引二合覽誐曩引喃
引波里誐多囉婆賽引里路引二合四旦引
帯引囉扇引帯引三曩引訖里二合瑟吒
二合薩里嚩二合他引野婆多二合摩賀没
里二合史嚩覽摩引多努釤曩摩引
弥四努引訥婆覽引三合旦野寫啝旦塞
普二合吒尾迦吒婆致界引二合僧迦致界
引二合里路二合羅吤賀吠引一二合摩里界二合
輸羅引誐囉二合賀悉帯二合里誐二合
惹覩囉誐目契引僧賀婆引里努二合
羅嚩訖怛賴二引三合鉢囉二合你愈二合摩
多二合迦引摩祢引嚩悉怛里三合拏嚩

那誐尼堵引曳引曩僧娑引囉鼻習
三三沒馱播引覩愈瑟曼引二合尾野二合
波誐多嚕數引路引迦曩引度引謨
你寅二合捺囉二合四
阿芻引娑野引二合野寫沒弟里馱囉
尾曩誐曩祢娑誐覽部引馱囉訥
鼻一二合里誐二合里惹二合訥鼻二合里摩
引二合囉尾里引里尾二合尾嚩設多目
契引里瞿二合囉嚕輩引囉喃帶二引
曳引曩引喿引補瑟波二合計引都
悉怛里三合拏嚩那誐尼多薩里嚩
二合尾弟多囉引誐二娑室里二合曼
引沒馱尾囉迦嚕沙婆野賀囉鉢覩
冒你里尾二合迦引囉四
摩引囉引你引計引里摩二合護引契
引囉悉波囉秝馱努設訖帝二合輸去
羅引誐囉二合賀悉帝引一二合嚕迦引波
引帶引囉你引計引里那二合重賀曩
波跓囉吠引里鼻二合瑟尼所二合里
鼻二合摩曩引逦引二曩芻特鍐二合
野寫喞旦諾里里嚩曩左楞識引嗏
波里演二合迦嚩淡三旦曼祢引晚那
你演怛里二合婆嚩婆野賀覽沒馱

尾覽酥尾覽四
烏載引囉吒吒賀賽引鉢囉二合迦
吒波跓怛吒引滿馱健吒引囉赧旦一
散吒引波引塞普引二合吒吒降二合迦
塞普二合吒惹致羅惹緊迦囉引
俱引吒囉引刹引二娑誐喃二合迦里
覩二合曩設訖多引二合波跓波吒賀跓
娑頗引二合羅曩野寫冒引冒杲二二合怛
里二合鉢多引二合喃引誐里二合馱囉俱
致波跓波吒賀波跓酥娑多二合冒引
沒馱里囉四
俱引建赧囉引摩覽赧鉢囉二合底
娑野俱賀赧涅里波二合拏赧囉拏
赧引一赧曼泥淫二合曼拏泥淫二合摩
尼所二合賀尼所二合賀迦尼所二合惐
悉怛覽三合誐羅悉怛覽三合二誐羅娑
怛覽三合昨賀二合沒覽二合砌沒覽二合
昨賀二合砌沒覽二合佉謨佉謨具具曼
引具具曼引共具曼共三噎鼻里嚩
引二合逦引里曩二合鼻多酥囉囉囉
弥多半引多嚩設枳野二合僧賀四
焰摩引囉左引囉馱引囉二摩野娑
摩引覽婆三覽婆目訖旦二合一曩訖旦二合二

迦喃三引冒馱喃引扇引底四引覩引鉢
囉二合底囉拏底摩四囉引嚩演底
嚩僧健四
噎沙引尾賀囉始佉里引鉢囉二合尾
嚕引底巘尼一弥引伽娑嚩二合你嚩
俱嚕帝引底摩努詣野二合瞿引沙
二引摩引帝引嚩嚩怛娑二合羅多夜
引酥嚩四里誐二合旦引室左二合二補怛
覽二合引娑摩引賀嚩二合野底部引惹
曩迦引羅巘尼四
僧娑引囉作羯囉二合波里摩里那二合
曩多怛波二合囉寫一沒馱寫薩里
嚩二合娛拏囉怛曩二合尾部史怛寫
二曩引難迦嚕底酥囉努捺囉二合
鼻覩羅野二合瞿引沙二引巘尼娑摩
娑多二合努里多你尾那引囉演底四
膾沙引四巘尼囉拏帝引曩誐赧一
二冒引嚩你祢引嚩曩囉引酥囉引
赧二引娑捺囉引二合室里二合尼所二合特
鍐二合酥誐怛寫巘尼二摩引布里旦
引鼻芻誐妳引娑摩誐里四引二合
曩引詣引三曼里多二合迦羅芻鼻多
惹羅馱囉引迦引羅嚩馱喻引二合弥

尼摩嚩怛鉢囉二合賛拏四
夜室左二合怛鑁二合曩湼里二合紫怛
鑁二合惹弥惹弥尼所二合尼所二合曼
里寅二合惹尼寅二合喃引尼曩引尼一
赦曼泥淫二合曼拏泥淫二合曼拏婆
拏婆尼所二合尼所二合畔曩引尼婆
曩引尼畔赦二覽尼寅二合嚕泥淫二合
嚕嚕泥淫二合野囉羅嚩佉佉曼佉
佉曼佉佉曼佉三夜室左二合怛吠引二合
吟嚩路引計引捺舍嚩羅嚩隷諾
閉拏野二合帝引摩引羅賽引你野
二合四
部劒布引怛劒一合波惹引多引鉢
囉二合左隷多嚩酥嚩引劒波帝引弥
引嚕囉引惹引一烏怛囉二合婆多引二合
祢引嚩僧伽引誐囉二合賀誐拏計囉
拏引曩引誐囉引惹引三摩婆多二引二合
酥嚕二合怛嚩引二合嶮尼鉢囉二合賛赦
引尾尾馱婆野迦里寅二合底里體二合
迦喃三引冒馱喃引扇引底四引覲引鉢
囉二合底囉拏底摩四囉引嚩演底
嚩僧健四
噎沙引尾賀囉始佉里引鉢囉二合尾

嚕引底嶮尼一弥引伽婆嚩二合你嚩
俱嚕帝引底摩努諂野二合瞿引沙
二引摩引帝引嚩嚩怛婆二合羅多夜
引酥嚩四里誐二合旦引室左二合三補怛
覽引二合婆摩引賀嚩二合野底部引惹
曩迦引羅嶮尼四
僧婆引囉作羯囉二合波里摩里那二合
曩多怛波二合囉寫一没馱寫薩里
嚩二合娛拏囉怛曩二合尾部史怛寫
二曩引難迦嚕底酥囉努捺囉二合
鼻覩羅野二合瞿引沙三引嶮尼婆摩
婆多二合努里多你尾那引囉演底四
噎沙引四嶮尼囉拏帝引曩誐赦一
三冒引嚩你祢引嚩曩囉引酥囉引
赦二引婆捺囉引二合室里二合尼所二合特
鑁二合酥誐怛寫嶮尼三摩引布里旦
引鼻芻誐妳引婆摩誐里二合四引
曩引諂引三曼里多二合迦羅芻鼻多
惹羅馱囉引迦引羅嚩馱喻引二合弥
你二合枳囉尼一引二合迦悉弥二合囉特鑁
二合設商迦引婆野左計多惹曩引
婆多二合怛鉢囉三合底迦引囉四引堵
引二俱里鑁二合底野二合你野引二合閉野

寫引特嚩二合你謨波舍弥多引始引
沙底里體引二合嚩隷焰三婆引嶮尼鉢
多喻瑟曼引二合婆迦羅謨你嚩里界
二合引婆他引二合閉多引達里摩二合没里
二合泰引四
噎沙引酥囉引酥囉摩護引囉誐婆
怛訖里三合怛寫一扇引底波囉引謨
波誐怛寫怛他引誐多寫二嶮尼囉
拏底野二合摩囉嫩努鼻覩羅野二合
瞿沙三引訖里二合嚩你野二合底里他二合
四里二合那引野引你尾那引囉演底四
布羅野二合怛波二合囉摩引曩婆引
婆嚩多部婆嚩二合凌誐引二合波嚩里
誐二合鉢囉二合祢引一波半引努凌誐二合
底那引野劒俱嚕多摩引路引迦室
左二合楞哜尾旦二伊瑹摩地野二合你
隷曩部凌二合誐尾嚕帶引里惹二合
羅半二合曩夜引野啷覽三摩引囉
引里室左二合囉拏引惹喻引尾你四
多補瑟半引二合惹隷半引多嚩四
捫左訥鼻二合俱婆摩引二合你怛里二合里
野二合囉尼帶引囉引野訥鼻二合里
粖二合輸引祖引祖寅引二合迦引囉布

囉婆里界二合酥囉誐妳引設羯囉二合
祢鼻婆那里界二引二合娑嚩二合夌誐二合引
你野二合寫部鍐計羅引嚩多囉睹
引難多引努夜引怛囉二合唧覽三怛寫
引嚩焰二合迦嚕拏引你地引里婆二合
誐嚩睹引巘尼鉢囉二合賛拏引惹
誐多四
誐怛嚩二合引娑鉢多二合曀那引你曼引
多嚕那覽引你瑟迦囉三合引多摩引
怛囉二合娑嚩二合演一僧娑囉弟囉底
孕二合迦嚕底野二合賀引弥底布嚕二合
引嚩引左腧引曩羅波二合尾二野寫
引曩羅波二合娑尾嚩部嚩嚩左喃
部囉引二合𡃤瑟拏二合鼻嚩𡃤旦三部
夜引馱酥誐怛寫怛寫惹曳努巘尼
多摩欠尼你四
𡃤怛嚩二合引摩引囉嚩楞摩賀引婆
野迦覽訖里二合怛嚩二合左努引沙叉
焰一薩里嚩二合詣野二合波那摩引波
野二合酥嚕唧覽怛怛賴二合引地引囉引
怛囉二合引嚩四二怛寫始引沙娛拏引
迦囉寫酥地腧引没馱寫秫馱引怛
擘二合努三巘尼欠尼多賛拏枳囉

尼二合沙多夜引弟部帝野引二合涅里
二合赧引四
没囉二合㗚摩引二合伊嚩引婆嚩酥囉娛
嚕誐里鍐二合惹護引薩里嚩二合他引一
薩里嚩二合佉里嚩二合摩底里嚩二合
部嚩婆誐鍐引尾瑟拏室賛二合
拏瑟尼二合誐多二伊瓅演娛拏枳
里多二合你引數尾没馱引夜引旦引
四里二合夜引謨迦旦引三巘尼怛寫謨
你引里惹二合喃婆野鼻那波引夜引
那播引演引惹曩引曩四
夜寫引惹敢二合摩你祢曩祢曩
摩多野鉢囉二合布輸賛底里體迦
一引賀里沙二合尾始沙嚩弟多尾腧
引冐杲二合馱引達里二合底孕二合禮
鼻里二引夜引摩引娑引你野二合娛
拏引鉢囉二合演引底尾多底孕二合
努引沙引没囉二合惹敢二合底乂焰三
娑巘尼迦隷迦羅枳隷計二合沙賀
囉引部夜引訥婆二合嚩部多曳引四
演引曩怛嚩二合尾尾馱尾秫弟摩多
腧引誐瓅底孕二合旦殑誐底孕一二合野
婆焰二合利鉢囉二合多覽鉢囉二合

演引底尾嚩舍引薩里味引二合尾波又
引乂焰二特嚩二合娑多引二合尾野二合娑
多二合娑摩酥謨引賀波吒羅引娑引
達里摩二合巘尼謨你三三部野引
訥婆二合嚩婆引尾二没馱娑底祢
愈瑟摩引二合迦摩引愈瑟摩二合旦引四
酥嚕二合怛嚩引二合演引鉢底多引摩
四引多羅摩楞没囉二合㗚摩引二合那
野引娑嚩二合里部二合嚩一劒波帝引
馱囉尼馱囉引刹帝囉閉刹鉢囉
二合誐多引刹摩引二合多楞二底里體引二合
喃引婆野迦引里尼波囉四多鉢囉
引二合覽婆秫馱引怛摩二合喃引三冐杲二合
馱引曩引謨波扇引多曳引娑波祢
舍撒多引你野二合旦引巘尼劒四

犍稚梵讚

犍稚梵讚

校勘記

一　底本，金藏廣勝寺本。四一二頁下原版殘缺，以麗藏本換。

一　四一〇頁中一行至本頁下二〇行序文，資、磧、普、南、徑、清、麗無。

一　四一〇頁中七行首字「綱」，石作「網」。

一　四一〇頁中一一行末字「有」，石作「存」。

一　四一〇頁中二〇行第六字「乎」，石作「孚」。

一　四一〇頁下一九行首字「昳」，石作「皎」。

一　四一〇頁下二一行「犍稚」，南、徑、清作「犍椎」。下同。

一　四一〇頁下二二行譯者，資、普作「西天譯經三藏朝散大夫試鴻臚卿明教大師臣法賢奉詔譯」；磧、南作「朝散大夫試鴻臚卿明教大師臣法天奉詔譯」；徑、清作「宋朝散大夫試鴻臚卿明教大師法天奉詔譯」。

大宋新譯三藏聖教序

御製

大矣哉我佛之教也化導群迷闡揚宗性廣博宏辯英彥莫能究其旨精微妙說庸愚豈可度其源義理幽玄眞空莫測包括萬象譬喻無垠綜法網之紀綱演無際之正教拔四生於苦海譯三藏之祕言天地變化乎陰陽日月盈虧乎寒暑大則說諸善惡細則比於恒沙含識萬端非可盡述若窺像法如影隨形離六情以長存歷千劫而可久須彌納藏於芥子如來坦蕩於無邊達磨西來法傳東土宣揚妙理順從指歸彼岸菩提愛河生滅用行於五濁惡趣拯溺於三業途中經垂世以難窮道無私而永泰雪山貝葉若銀臺之耀日歲月煙蘿起香界之自遠巍巍罕測杳杳難名所以道貫十聖德被三賢至道起於乾元衆妙生乎太易揔繁形類寂嘿昏明絕彼是非闢茲蒙昧有西域法師天息災等常持四忍早悟三乘翻貝葉之眞詮續人天之聖教芳猷重啓運偶昌時潤五聲於文章暢四始於風律堂堂容止穆穆輝華曠劫而皆熟重明玄門昭顯軌範而彌光妙法淨界騰音利益有情俱登覺岸無成障礙救諸疲羸冥昧慈悲浩汗物表柔伏貪假啓滌昏愚演小乘聲聞合其儀論大乘正覺立其性含靈悟而蒙福藏教欽而重興幻化迷途大宅深喻難設其教不知者多善念生而無量潛臻惡業興而隨緣皆墮調御四衆積行十方澍花雨於金輪護恒沙於王闕有頂之風不可壞無際之水弗能漂澄寂湛然圓明淸淨之智慧性空無染妄想解脫之因緣可以離煩惱於心田可以得淸涼於宇宙朕慙非博學釋典微關豈堪序文以示來者如縻螢爝火不足比之於皎日將微蠡量海未能窮盡於深淵者哉

毗婆尸佛經卷上

西天譯經三藏朝散大夫試鴻臚卿傳教大師臣法天奉　詔譯

尒時佛告諸苾芻於過去劫有大國

王名滿度摩有一太子名毗婆尸久處深宮思欲出游告御車人瑜識言與我如法安置車馬今欲出外游觀園林瑜識聞已即往廄中安置車馬控太子前乘之出外見一病人太子曰云何此人顏皃羸瘦氣力劣弱瑜識荅言此是病人太子曰云何名病瑜識荅言四大假合虛幻不實稍乖保調即生苦惱此名爲病太子曰我能免不瑜識荅言俱同幻體四大無別如失保調亦不能免太子聞之情思不悅即迴車馬却至王宮端坐思惟病苦之法真實不虛心無安隱尒時世尊而說頌曰

毗婆尸太子　遊觀於園林　忽見病患者
形色而憔悴　即問御車人　太子亦難免
端坐自思惟　病苦而無醫

尒時世尊說此偈已告苾芻言時滿度摩王即問瑜識云何太子出迴不悅瑜識荅言太子出外游觀園林見一病人形色瘦惡心神不安太子不識問言何人瑜識荅言此是病人又復問言我能免不瑜識荅言俱同幻體四大無別如失保調亦不能免太子聞已即迴車歸宮思惟病法是故不樂時滿度摩王聞是事已憶念往日相師之言若得在家即紹灌頂輪王之位若或出家信樂修行而成佛果如是念已即於宮內施設種種上妙五欲娛樂太子令彼愛著斷出家意尒時世尊而說頌曰

滿度摩父王　知子游觀迴　身心而不樂
恐彼求出家　即以上妙樂　色聲香味觸
悅於太子情　令後紹王位

尒時世尊說此偈已告苾芻言時毗婆尸太子告瑜識言與我如法安置車馬今出城外游觀園林瑜識聞已即往廄中安置車馬控太子前乘之出城見一老人鬚髮皓白身心昧劣執杖前行呻吟無力太子曰此是何人瑜識荅言此是老人太子曰云何名老瑜識荅言五蘊幻身四相遷變始自嬰兒童子不覺長成老年眼暗耳聾身心衰朽名之爲老太子曰吾免此不瑜識荅言貴賤雖異幻體無別日往月來亦須衰老太子聞之不樂而歸入定思惟老苦之法無能免者尒時世尊而說頌曰

毗婆尸太子　忽見一老人　鬚髮皆皓然
執杖乏氣力　入定審思惟　一切有爲法
刹那而不住　無有免斯者

尒時世尊說此偈已告苾芻言滿度摩王見太子不樂問瑜識言我子云何情不樂耶瑜識荅言太子出外見一老人太子曰此是何人瑜識荅言此是老人太子又問云何名老瑜識荅言五蘊幻身四相遷變始自嬰兒童子不覺長成老年眼暗耳聾身心衰朽名之爲老太子曰我還免不瑜識荅言貴賤雖異幻體無別日往月來亦須衰老太子聞已不樂而歸入定思惟實無免者所以不悅王聞是事憶念往昔相師之言若得在家必作輪王若也出家必成佛果尒時滿度摩王如是念已復以五欲妙樂娛悅太子令彼愛著斷出家意尒時世尊而說頌曰

滿度摩父王　見子心不悅　憶昔相師言
恐彼求出家　即以妙五欲　種種悅其心

如彼天帝釋　受樂歡喜園
尒時世尊說此偈已告苾芻言時毗婆尸太子告瑜誐言與我如法安置車馬今欲出外游觀園林瑜誐聞已即往廄中安置車馬控太子前乘之出外見有多人圍繞車輿舉聲大哭太子曰此是何人瑜誐荅言此是死相太子曰云何名死瑜誐荅言人生浮世壽有短長一旦乖離氣絶神逝永別恩愛長處荒郊眷屬悲啼此名為死太子曰我能免不瑜誐荅言三界無安未逃生死太子之身亦不可免太子聞已身心不悅迴車歸宮入定思惟無常之法不可愛樂我今云何得免斯苦尒時世尊而說頌曰
毗婆尸太子　見彼命終人　即問御車者
無能免斯苦　獨坐自思惟　眞實而不謬
我身復云何　得免無常患
尒時世尊說此偈已告苾芻言滿度摩王問瑜誐言太子云何而不樂耶瑜誐荅言太子出城見一死人聞言此是何人瑜誐荅言此是死相太子曰云何名死瑜誐荅言人生浮世壽

有短長一旦乖離氣絶神逝永別恩愛長處荒郊眷屬悲啼名之為死太子曰我能免不瑜誐荅言三界無安未逃生死不可免也太子聞已迴車歸宮入定思惟實無免者是以不樂王聞是事憶念昔日相師之言若得在家必作輪王若是出家必成佛果復以五欲之樂娛悅太子令彼樂著捨出家意尒時世尊而說偈言
滿度摩國王　毗婆尸太子　見彼命終人
嗞嗟而不悅　王以上妙樂　色聲香等境
娛悅令愛著　捨離出家意
尒時世尊說此偈已告苾芻言時毗婆尸太子告瑜誐言與我如法安置車馬今欲出外游觀園林瑜誐聞已即往廄中安置車馬控太子前乘之出外見一苾芻剃除鬚髮身被袈裟太子曰此是何人瑜誐荅言此是出家人太子曰云何名出家人瑜誐荅言悟老病死入解脫門行忍辱慈悲求涅槃安樂永別親愛願作沙門名出家人太子聞已歡喜至前善哉善哉行慈悲忍辱平等善法能背塵勞

趣求安樂我亦願為言已歸宮即發信心行出家法作沙門相尒時世尊而說頌曰
太子出王城　游觀諸園苑　忽見老病人
及彼無常者　念念不久停　恒受種種苦
復覩出家人　剃除於鬚髮　服壞色袈裟
進止身儀雅　常行平等慈　忍辱諸善法
是故求出家　棄捨五欲樂　父母并眷屬
國城諸珍寶　即作沙門相　忍辱自調伏
息除貪愛心　勤求解脫樂
尒時世尊說此偈已告苾芻言滿度摩城八萬人衆見毗婆尸捨父王位出家剃鬚為沙門相而各思惟太子上族棄捨五欲而修梵行我等今者宜亦出家彼八萬人如是思已即時出家為沙門身尒時世尊而說頌曰
大智最上人　其數有八萬　隨順毗婆尸
出家修梵行
尒時世尊說此偈已告苾芻言時毗婆尸菩薩既出家已與彼八萬人離自國城游行諸處至一聚落結夏安居過是夏已而自思惟我今云何如迷醉人游行諸處作是念已心得清

淨至本住舍於夜分中復自思惟我今何用此世間富貴衆生愛著輪迴生死苦蘊相續無有窮盡又復思惟此老死苦因何緣所生而得老死入三摩地諦觀此法從生支有又復思惟此生苦因何緣所生入三摩地諦觀此法從有支有又復思惟此有苦因何緣所生入三摩地諦觀此法從取支有又復思惟此取苦因何緣所生入三摩地諦觀此法從愛支有又復思惟此愛苦因何緣所生入三摩地諦觀此法從受支有又復思惟此受苦因何緣所生入三摩地諦觀此法從觸支有又復思惟此觸苦因何緣所生入三摩地諦觀此法從六入支有又復思惟此六入苦因何緣所生入三摩地諦觀此法從名色支有又復思惟此名色苦因何緣所生入三摩地諦觀此法從識支有又復思惟此識苦因何緣所生入三摩地諦觀此法從行支有又復思惟此行苦因何緣所生入三摩地諦觀此法從無明支有如是無明緣行行緣識識緣名色名色緣六入六入緣觸觸緣受受緣愛愛緣取取緣有有緣生生緣老死憂悲苦惱如是集成一大苦蘊尒時毗婆尸菩薩又復思惟此老死苦因云何得滅入三摩地諦觀此法生滅則老死滅又復思惟此生苦因云何得滅入三摩地諦觀此法有滅則生滅又復思惟此有苦因云何得滅入三摩地諦觀此法取滅則有滅又復思惟此取苦因云何得滅入三摩地諦觀此法愛滅則取滅又復思惟此愛苦因云何得滅入三摩地諦觀此法受滅則愛滅又復思惟此受苦因云何得滅入三摩地諦觀此法觸滅則受滅又復思惟此觸苦因云何得滅入三摩地諦觀此法六入滅則觸滅又復思惟六入苦因云何得滅入三摩地諦觀此法名色滅則六入滅又復思惟名色苦因云何得滅入三摩地諦觀此法識滅則名色滅又復思惟此識苦因云何得滅入三摩地諦觀此法行滅則識滅又復思惟此行苦因云何得滅入三摩地諦觀此法無明滅則行滅如是無明滅則行滅行滅則識滅識滅則名色滅名色滅則六入滅六入滅則觸滅觸滅則受滅受滅則愛滅愛滅則取滅取滅則有滅有滅則生滅生滅則老死憂悲苦惱滅如是一大苦蘊而自不生尒時世尊而說頌曰

毗婆尸菩薩　思惟老死苦　以智推彼因
何緣何法生　入定審諦觀　知從生支起
乃至行苦因　知從無明有　復觀從何滅
無明滅行滅　乃至老死盡　苦蘊悉皆無

尒時世尊說此偈已告苾芻言時毗婆尸菩薩復觀色受想行識生滅不住如幻如化無有眞實智觀現前業習煩惱一切不生得大解脫成正等覺尒時世尊而說頌曰

毗婆尸菩薩　復觀蘊等法　入彼三摩地
智觀現前時　惑業業習氣　一切皆不生
如飄兜羅綿　剎那不可住　成就佛菩提
涅槃吉祥果　如月大圓明　光徧十方界

尒時世尊說此偈已告苾芻言時毗婆尸先在因位一疑自身猶如迷醉二疑貪等煩惱展轉增多如是思惟緣生之法得大解脫尒時世尊而說

頌曰

彼佛如來身　難成能得成　觀察緣生法

復斷貪瞋癡　究竟於彼岸　成就大解脫

如日在山頂　徧照於一切

第十二張

毗婆尸佛經卷上

毗婆尸佛經卷上

校勘記

一　底本，金藏廣勝寺本。

一　四一六頁中一行至本頁下二〇行序文，諸本無。

一　四一六頁下二二行譯者，石作「西天譯經三藏朝散大夫試鴻臚少卿傳教大師臣法天奉詔譯」，下卷同；磧、南作「朝散大夫試鴻臚卿明教大師臣法天奉詔譯」；普作「西天譯經三藏朝散大夫試鴻臚卿明教大師臣法天奉詔譯」；徑、清作「宋朝散大夫試鴻臚卿明教大師法天奉詔譯」，下卷同。

一　四一七頁中二行第八字「宮」，磧、普、南、徑、清作「當」。

一　四一七頁中四行第八字「在」，石無。

一　四一八頁上一八行第二字「身」，石作「今」。

一　四一八頁中一一行首字「嗞」，南作「茲」；徑、清作「咨」。

一　四一八頁中末行第一二字「背」，磧作「皆」。

一　四一九頁下一八行首字「智」，普作「香」。

毗婆尸佛經卷下　王十

西天譯經三藏朝散大夫試光祿卿明教大師臣法賢奉　詔譯

尒時世尊說此偈已告苾芻言時毗婆尸佛既成道已即作是念我於何處先應說法利益有情諦觀思惟滿度摩王所都大城人民熾盛機緣純熟作是念已即從座起整衣服手執應器次第行乞往滿度摩城詣安樂鹿野園中暫住止息自在無畏尒時世尊而說頌曰

二足正徧知　自在行持鉢　安住鹿野園　無畏如師子

尒時世尊說此偈已告苾芻言時毗婆尸佛告守門人曰與我往欠拏太子及近臣帝鮴嚕處吾今現在安樂鹿野園中我欲相見時守門者聞是語已即詣欠拏太子及近臣帝鮴嚕處具陳上事毗婆尸佛成正覺道往滿度摩城安樂鹿野園中我欲相見欠拏太子聞是語已與帝鮴嚕即乘車騎出滿度摩城往安樂鹿野園中詣毗婆尸佛前頭面禮足瞻仰尊顏目不暫捨尒時毗婆尸佛欲令欠拏歡喜信受開示妙法佛言如過去諸佛所說若布施持戒精進修行能離欲色煩惱過失得生淨天時欠拏太子帝鮴嚕聞是語已心得清淨如毗婆尸正等覺心生正解心不疑心善心歡心廣心無㝵心無邊心清淨心復為宣說苦集滅道四諦法行種種開示時欠拏太子帝鮴嚕通達四諦見法知法得法堅牢法依法住法不動法不捨法不空法譬如白㲲無諸塵垢悟法之心亦復如是尒時欠拏太子帝酥嚕白毗婆尸佛言如來應正等覺我願出家受善逝戒佛言善哉今正是時即與剃髮受具足戒如是彼佛為彼二人現三種神通令發精進趣向佛慧一現變化神通二現說法神通三現調伏神通如是現已欠拏太子帝鮴嚕勇猛精進經須臾間眞智相應斷盡諸漏成阿羅漢尒時世尊而說頌曰

毗婆尸世尊　說法鹿野園　欠拏帝鮴嚕　俱來至佛所　即以頭面禮　瞻仰而一心

開示施戒門 苦集滅道法 聞已深信受
了達無生滅 俱求於出家 即受善逝戒
復觀神通力 速發精進心 須臾諸漏盡
成就阿羅漢

尒時世尊說此偈已告苾芻言汝今諦聽滿度摩城人民熾盛宿植善本有八萬人聞欠拏太子帝蘇嚕正信出家佛爲說法現通而成聖果如是思惟有如是出家如是梵行如是說法如是調伏世所希有得未曾聞我等今者亦願出家作是念已時八萬人俱捨家緣出滿度摩城往安樂鹿野園毗婆尸佛所頭面禮足却住一面合掌瞻仰目不暫捨佛爲說法令生信心佛言如過去諸佛所說妙法若人布施持戒精進修行能離欲色煩惱種種過失得生淨天時八萬人聞是語已心得清淨如毗婆尸佛正等覺心生正解心無疑心軟心善心廣心無身心無邊心清淨心復爲宣說苦集滅道四諦法行種種開示彼八萬人通達四諦見法知法得法堅牢法依法不壞法住法不動法不捨法不空法譬如白氎離諸塵垢彼等之心亦復如是時八萬人俱發聲言如來應正等覺攝受我等令得出家受善逝戒佛即攝受剃髮受戒復爲彼衆現三神通令發精進一變化神通二說法神通三調伏神通如是現已時八萬人勇猛精進不久之間漏盡意解成阿羅漢尒時世尊而說頌曰

滿度摩城內 衆有八萬人 聞於欠拏等
出家成聖道 俱發清淨心 而來詣佛所
聞法心歡喜 速起勇猛心 合掌白世尊
願聽我出家 受持於戒律 應時爲攝受
剃髮而受戒 復爲現神通 斷盡諸結縛
如滅尸利林 熾焰永不生 成就大解脫
如是衆苦依 當得滅無有

尒時世尊說此偈已告苾芻言毗婆尸佛度彼衆已出安樂鹿野園往滿度摩城八萬苾芻亦往滿度摩城詣世尊前頭面禮足於一面坐佛即具說得道因緣令其堅固尒時世尊而說頌曰

難作極難作 輪迴盡輪迴 如是八萬人
永斷衆結縛 亦如帝穌嚕 欠拏太子仙
精進求出家 俱獲解脫果

尒時世尊說此偈已告苾芻言時毗婆尸佛而作是念此大苾芻衆住滿度摩城宜應減少令六萬二千苾芻往詣諸方遊行聚落隨意修習經六年後歸滿度摩城受持波羅提目叉作是念時於虛空中有一天子知佛心念告毗婆尸佛言善哉若令六萬二千苾芻遊諸聚落隨意修行經六年後復還本國受持波羅提目叉今正是時佛即告言汝苾芻衆中令六萬二千人遊諸聚落隨意修行經六年後復還本國受持波羅提目叉時六萬二千人聞是語已出滿度摩城隨方游止尒時世尊而說頌曰

無漏無等等 調御大丈夫 導引於群生
令至寂靜道 令遣苾芻衆 最上佛聲聞
六萬二千衆 出彼滿度城 遊行諸聚落
如龍大威勢 隨意自修行 六年復本國

尒時世尊說此偈已告苾芻言彼六萬二千人即時出城往諸聚落隨意修行如是過一年二年至第六年彼

諸苾芻互相告言六年已滿宜歸本國作是語時空中天人復告言曰今正是時歸滿度摩城受持波羅提目叉於是六萬二千苾芻以自神力及天威德經須臾間至滿度摩城尒時世尊而說頌曰

彼佛大苾芻　六萬二千衆　遊諸聚落中
隨意六年滿　自思欲往還　天人普告示
令歸滿度城　受持清淨戒　聞之大忻慶
身毛皆喜竪　即運神通力　如乘大龍象
須臾還本城　自在無所礙　無上二足尊
出生於世間　善說衆律儀　度脫諸群品
今當爲敷演　波羅提目叉

尒時世尊說此偈已告苾芻言彼六萬二千人至滿度摩城詣毗婆尸佛前頭面禮足却坐一面佛言諦聽我今演說波羅提目叉曰

忍辱最爲上　能忍得涅槃　過去佛所說
出家作沙門　遠離於殺害　身口七支過
持此戒具足　發生大智慧　得佛清淨身
世間無有上　出生無漏智　盡苦苦生死

尒時世尊說此戒時復有諸天天子以天威力來下天宫詣毗婆尸佛前

作禮合掌聽受波羅提目叉尒時世尊而說頌曰

無漏不思議　破闇到彼岸　釋梵一切天
俱聽大僊戒

尒時世尊說此偈已告苾芻言我於一時在王舍城七葉巖邊住止淨室而忽思惟過去毗婆尸佛說毗奈耶藏時恐有諸天不來聽受大僊戒者今往諸天問諸梵衆作是念已我於彼時入三摩地如大力士展臂之間至善現天彼之天子頭面禮足而作是言善哉世尊久不來此我是毗婆尸佛正等正覺聲聞弟子彼佛姓刹帝利信心出家憍陳族壽八萬歲父名滿度摩王母名滿度摩帝大挐太子帝穌嚕出家受戒成阿羅漢大賢第一侍者名阿輸迦三會說法廣度聲聞第一大會六萬二千人得阿羅漢第二大會十萬人得阿羅漢第三大會八萬人得阿羅漢毗婆尸佛有如是最上如是出家如是證菩提如是說法如是調伏令諸弟子著衣持鉢修諸梵行遠離五欲斷煩惱得解

脫證無生法成阿那含復次尸棄佛毗舍浮佛拘留孫佛拘那含牟尼佛迦葉佛說法調伏著衣持鉢修諸梵行遠離五欲斷煩惱證無生法成阿那含亦復如是尒時世尊有無數百千天子恭敬圍繞往善見天彼天見佛頭面禮足與無數百千天子恭敬圍繞往色究竟天時彼天王遥見世尊五體投地禮世尊足而作是言善哉世尊久不來此我是毗婆尸佛正等正覺聲聞弟子彼佛姓刹帝利憍陳族壽八萬歲父名滿度摩王母名滿度摩帝城亦名滿度摩大挐太子帝穌嚕出家受戒成阿羅漢大賢第一侍者名阿輸迦三會說法廣度聲聞第一大會度六萬二千人得阿羅漢第二大會度十萬人得阿羅漢第三大會度八萬人得阿羅漢毗婆尸佛有如是最上如是出家如是梵行如是證菩提如是說法如是調伏令諸弟子著衣持鉢修諸梵行遠離五欲斷煩惱證無生法成阿那含復次尸棄佛毗舍浮佛拘留孫佛拘那含

牟尼佛迦葉佛如是著衣持鉢說法調伏修諸梵行遠離五欲證無生法成阿那含今大牟尼說法梵行調伏衆生亦復如是尒時天子而說頌曰

無上三足尊　而入三摩地　速運大神通
離彼閻浮界　來至善現天　譬如大力士
速展於手臂　刹那到此間　世尊甚希有
無漏無障㝵　清淨解脫身　如蓮不著水
百千世界中　無與佛齊等　降伏大魔王
如河漂細草　善現等諸天　俱來頭面禮
歸命最上尊　正覺大慈悲　調伏諸衆生
六根皆清淨　出生無上慧　依法精進行
過去毗婆尸　正等正覺尊　所宣微妙法
三會度聲聞　律儀及梵行　守護無缺犯
清淨而圓滿　如夜十五月　尸棄佛世尊
毗舍浮如來　賢劫拘留孫　拘那含牟尼
及彼迦葉佛　如是諸如來　所度聲聞衆
皆已得漏盡　無復諸煩惱　恒修七覺支
及行八正等　能離五欲過　通達大智慧
衆所皆知識　如彼毗沙門　常服甘露味
如玉得灌頂　永破諸闇冥　如日放光明
一一佛世尊　威儀及法行　利益諸群生
種種開方便　引導無有異

尒時世尊說此偈已告苾芻言我往彼天聞是事已知諸天人諸佛法會皆來隨喜若復有人愛樂受持行住坐臥思惟讀誦無諸迷惑永斷輪迴解脫安樂佛說此經已皆大歡喜信受奉行

毗婆尸佛經卷下

二合

毗婆尸佛經卷下

校勘記

一　底本，金藏廣勝寺本。

一　四二一頁中二行譯者，資、磧、普、南作「三藏法師法天奉詔譯」。

一　四二一頁中一〇行第五字「頌」，資、磧、普、南、徑、清作「偈」。

一　四二二頁上二行第七字「求」，石作「來」。

一　四二二頁中八行末字「頌」，南作「偈」。

一　四二四頁上七行「世尊」，資、磧、普、南、徑、清作「世間」。

一　四二四頁上二一行第二字「玉」，諸本作「王」。

大宋新譯三藏聖教序

御製

大矣哉我佛之教也化導群迷闡揚宗性廣博宏辯英彥莫能究其旨精微妙説庸愚豈可度其源義理幽玄眞空莫測包括萬象譬喻無垠綜法綱之紀綱演無際之正教拔四生於苦海譯三藏之祕言天地變化乎陰陽日月盈虧乎寒暑大則説諸善惡細則比於恒沙含識萬端弗可盡述若窺像法如影隨形離六情以長存歷千劫而可久須彌納藏於芥子如來坦蕩於無邊達磨西來法傳東土宣揚妙理順從指歸彼岸菩提愛河途中經垂世以難窮道無私而永泰生滅用行於五濁惡趣拯溺於三業雪山貝葉若銀臺之耀目歲月煙蘿起香界之自遠巍巍罕測杳杳難名所以道資十聖德被三賢至道起於乾元衆妙生乎太易總繁形類竅鑿昏明絶彼是非開茲蒙昧有西域法師天息災等常持四忍早悟三乘翻

貝葉之眞詮續人天之聖教芳猷重啓運偶昌時潤五聲於文章暢四始於風律堂堂容止穆穆輝華曠劫而昏蟄重明玄門昭顯軌範而彌光妙法淨界騰音利益有情俱登覺岸無成障礙救諸疲羸冥昧慈悲浩汗物表柔伏貪假啓滌昏愚演小乘聲聞合其儀論大乘正覺立其性含靈悟而蒙福藏教缺而重興幻化迷途火宅深喻雖設其教不知者多善念生而無量潛臻惡業興而隨緣皆墮調御四衆積行十方澍花雨於金輪護恒沙於玉闕有頂之風不可壞無際之水弗能漂澄寂湛然圓明清淨之智慧性空無染妄想解脱之因緣可以離煩惱於心田可以得清涼於宇宙朕懇非博學釋典微聞豈堪序文以示來者如麏螢爝火不足比之於昳日將微蠡量海未能窮盡於深淵者哉

佛説文殊師利一百八名梵讚

西天譯經三藏朝散大夫試鴻臚卿傳教大師臣　天奉　詔譯

我今宣説　文殊師利　一百八名

殊勝功德　一日三時　受持讀誦
所求意願　決定現前　依法課持
身恒清淨　罪障消除　或入軍陣
諸怖畏中　文殊現身　為作守護
若常誦念　速證菩提

梵讚第一
鉢　囉二合尼鉢恒也二合牟你母里馱
曩一三合酥鉢囉二合三你曩吻多娑二引
嚩叉也二合引摩也二合阿你也二合曩摩引
你三三没泰囉覩嚩囉尼且四

梵讚第二
酥嚕布嚕波馱里左一薩里嚩嚕布
賀也二合凍多囉二薩里嚩二合洛叉拏
三布囉拏三二合曼祖室里二合朧多摩
室里二合野四

梵讚第三
阿進恒也二合進恒也二合尾誐多一阿進
恒瑜引二合部多尾羯囉二合莫二阿進
恒也二合薩里嚩二合達里摩引二合拏三
阿進恒瑜引二合摩引曩　娑薩怛二合他
引四

梵讚第四
戍你也二合多引婆引尾多引恒摩二合

唵一戍你也二合達里摩二合娑滿地多
二戍你也二合摩地毋訖底二合室左三二合
戍你也二合恒里二合婆嚩祢引捨迦四

梵讚第五
薩里嚩二合倪也二合薩里嚩二合捺里世
二合一左一薩里嚩二合部弥鉢底里尾二合部
二曼祖室里二合嚩舍嚩里底二合左三
鉢　納摩二合訖叉二合鉢　納摩二合三婆
嚩四

梵讚第六
鉢　納摩二合緊惹敢切迦嚩囉拏二合室
左一二合鉢　納摩二合波里焰二合迦摩引
娑曩二你路恒波二合羅馱囉布多三
波尾怛囉二合設引多摩引娑曩四

梵讚第七
鉢囉二合恒也二合迦没度引没馱娑恒
鑁一三合阿祢没度引你嚕左也二合帝二引
乙里二合弟𭦟引麼尸多鉢囉二合鉢名
三二合室賛二合覩薩恒瑜二合波那舍迦四

梵讚第八
路迦播引囉婆賀娑囉二合乞叉一二合伊
濕嚩二合囉娑怛鑁二合鉢囉二合惹鉢
帝引二尸嚩娑怛鑁二合薩里嚩二合部

多引喃三引娑怛鑁二合尾部虞拏娑
誐囉四

梵讚第九
乙里二合史娑怛鑁三合奔尼也二合室里
引二合瑟跓二合左一濟瑟跓二合惹底娑
摩二合囉娑怛二合他二引尾曩野俱引
尾你引多引左三昤曩補怛嚕二合引昤
曩恒摩二合惹四

梵讚第十
婆引覩娑賀娑囉二合囉濕弥二合娑
怛鑁一三合酥引摩娑恒鑁三合左物里二合
賀娑鉢二合底二馱曩努引嚩嚕拏
室載二合嚩三娑怛鑁二合尾瑟拏二合
娑怛鑁二合摩四濕嚩二合囉一四

梵讚第十一
阿難覩引曩誐囉引惹娑恒鑁一三合
娑建二合度細引曩引鉢底娑多二合
他二引吠摩唧恒囉二合酥里捺囉二合
娑恒鑁三合婆引摩設訖囉二合多
那娑恒二合他引四

梵讚第十二
薩里嚩二合祢引嚩摩瑜尾囉一薩里
嚩二合祢吠引曩摩塞訖里三合多二路引

迦達里摩(二合)摩羅(引)底覩(三)娑怛鑁(三合)路計(引)左(引)誐囉(二合)補那誐(二合)囉(四)

梵讚第十三

路迦誐也(二合)路迦尾誐也(二合)覩(一)惹帝喃(引)鉢囉(二合)嚩魯嚩囉(二)嚩囉努羅野曩怛囉(二合)拏(三)阿度里(二合)沙瑜(二合)摩囉迦里弥(二合)赦(四)

梵讚第十四

儼鼻囉室左(二合)曩嚩你也(二合)室(二合)(一)迦羅也(引)(二合)拏弥怛囉(二合)(三)播那(二)吠捺也(二合)娑怛鑁(三合)舍羅也(二合)窣里多(二合)左(三)曩囉難摩也(二合)酥娑(引)囉體(四)

梵讚第十五

摩底舍誐底舍室載(二合)嚩(一)沒弟舍室左(二合)尾左乞叉(二合)拏(二)奔拏也(二合)鑁蝎羅波(二合)沒里(二合)乞叉(二合)室左(三)(二合)冒地孕(二合)誐補澁波(二合)曼尼多(四)

梵讚第十六

尾目訖底(二合)頗羅(三)半曇曩(一)阿娑囉(二合)野薩里嚩(二合)你(四)喃(二引)摩努賀魯摩努誐也(二合)室左(二合)(三)阿曩里具(二合)沒囉(二合)撼摩(二合)左里赦(四)

梵讚第十七

計覩娑怛鑁(二合)誐囉(二合)賀室里(二合)瑟吒(二合)娑怛鑁(二合)(一)里史鼻毋你布誐嚩(二)囉嚩囉(引)惹鼻史訖多(二合)怛鑁(三)那舍部弥濕嚩(二合)嚕鉢囉(二合)部(四)

梵讚第十八

娑(引)里他(二合)嚩湊誐拏室里(二合)瑟吒(二合)(一)你里嚩(二合)尼所(二合)多摩祢舍迦(二)佉娑摩(二合)摩地也(二合)蝎羅波(二合)娑怛鑁(二合)(三)怛嚩(二合)帝吩嚩(引)喻里嚩左(四)

梵讚第十九

怛鑁(二合)進多(引)摩尼薩怛嚩(二合)喃(一)薩里嚩(引)(二合)舍波里布囉迦(二)曩謨窣覩(二合)帝(引)摩賀尾你也(二合)(三)薩里嚩(二合)部多曩摩塞訖里(二合)多(四)

佛說文殊師利一百八名梵讚

佛說文殊師利一百八名梵讚

校勘記

一　底本，金藏廣勝寺本。

一　四二五頁中一行至本頁下二〇行序文，諸本（不含石）無。

一　四二五頁下二二行譯者，磧、南作「朝散大夫試鴻臚卿明教大師臣法天奉詔譯」；普作「西天譯經三藏朝散大夫試鴻臚卿明教大師臣法天奉詔譯」；徑、清作「宋朝散大夫試鴻臚卿明教大師法天奉詔譯」。

大宋新譯三藏聖教序

御製

大矣哉我佛之教也化導群迷闡揚宗性廣博宏辯英彥莫能究其旨精微妙說庸愚豈可度其源義理幽玄真空莫測包括萬象譬喻無垠綜法網之紀綱演無際之正教拔四生於苦海譯三藏之祕言天地變化乎陰陽日月盈虧乎寒暑大則說諸善惡細則比於恒沙含識萬端弗可盡述若窺像法如影隨形離六情以長存歷千劫而可久須彌納藏於芥子如來坦蕩於無邊達磨西來法傳東土宣揚妙理順從指歸彼岸菩提愛河生滅用行於五濁惡趣拯溺於三業途中經垂世以難窮道無私而永泰雪山貝葉若銀臺之耀目歲月煙蘿起香界之自遠巍巍罕測杳杳難名所以道貫十聖德被三賢至道起於乾元衆妙生乎太易總繁形類竅鑿昏明絕彼是非開茲蒙昧有西域法師天息災等常持四忍早悟三乘翻貝葉之真詮續人天之聖教芳猷重啓運偶昌時潤五聲於文章暢四始於風律堂堂容止穆穆煇華曠劫而昏墊重明玄門昭顯軌範而彌光妙法淨界勝音利益有情俱登覺岸無成障礙救諸疲羸冥昧慈悲浩汗物表柔伏貪很落獼昏愚演小乘聲聞合其儀論大乘正覺立其性合靈悟而蒙福藏教興而重與幻化迷途火宅深喻雖設其教不知者多善念生而無量潛臻惡業興而隨緣皆墮調御四衆積行十方澍花雨於金輪護恒沙於玉關有項之風不可壞無際之水弗能漂澄寂湛然圓明清淨之智慧性空無染妄想解脫之因緣可以離煩惱於心田可以得清涼於宇宙朕懃非博學釋典微闡其茲序文以示來者如螢爝火不足比之於暎日將微露呈海未能窮盡於深淵者哉

佛說聖觀自在菩薩梵讚

西天譯經三藏朝散大夫試鴻臚卿傳法大師臣法賢奉　詔譯

歸命佛法僧　　頂禮觀自在

我今稱讚彼　大悲功德林

梵讚第一

部嚩曩怛囉二合野暁祢多路迦虞
隴阿摩囉地波底孕二合窣覩二合帝
没囉二合憾摩二合嚩覽毋你囉引惹
覽度魯二合嚩悉地迦覽鉢囉二合拏
摩引弥嚩路吉多曩引他嚩覽

梵讚第二

酥誐多阿蜜里二合多魯波酥魯波
馱嚩虎洛叉拏部史多祢引賀嚩
覽迦拏建引惹尾部史多嚩引摩迦
覽俱胝羅引摩羅閉孕二合誐羅冐
多惹知降二合

梵讚第三

舍尸尾孕二合摩弥冐入嚩二合羅布囉
拏二合目欠羯摩羅引野多路左曩左
引魯嚩覽吅摩欠拏地半拏囉囐拏
布知降二合蜜里二合誐囉引惹尾冐
地多嚩娑怛囉三合瑜囐

梵讚第四

鉢囉二合他摩引魯拏覽吽多囉引
惹三鉿阿嚩覽嶷多半迦吽曩努三
鉿娑嚩二合囉難毋那誐吽多弥伽
魯且嚩護洛叉拏部史多娑嚩也二合
迦覽

梵讚第五

多魯俱摩羅娑引馱羅波引尼多
楞蜜里二合誐左里摩你尾瑟胝二合多
嚩引娑迦覽戍伴軍拏羅曼叉尼多
路羅馱覽尾摩楞迦摩路那囉曩
引鼻多楞

梵讚第六

摩尼曼尼多弥佉羅吅摩嚩覽迦致
尾瑟計二合多唧怛囉二合酥嚩悉怛囉
二合嚩覽吽曩誐也二合拏摩護那地
波囉誐旦嚩護奔拏也二合毋波阿里
吽二合多囉摩馱波難

梵讚第七

入嚩二合囉嚩也二合地賀覽嚩護爍
佉也二合迦覽怛里二合婆嚩阿囉他二合迦
覽娑嚩覽尾尾馱俱羅你里吽二合多
摩引囉嚩楞嚩囉努布囉攝祢多波
引那嚩覽

梵讚第八

誐惹滿多尾覽弥多城娑誐帝孕二合
波里布囉拏二合摩賀蜜里二合多羅
没馱二合誐帝孕二合嚩囉刹囉摩護
那地嚩囉拏二合馱覽室里二合布多
羅迦地你嚩引娑迦覽

佛說聖觀自在菩薩梵讚

佛說聖觀自在菩薩梵讚

校勘記

一　底本，金藏廣勝寺本。
一　四二八頁中一行至本頁下二〇行序文，諸本無。
一　四二八頁下二一行經名，石作「佛說聖觀自在菩薩梵讚一卷」。卷末經名同。
一　四二八頁下二二行譯者，資、普作「西天譯經三藏朝散大夫試鴻臚卿明教大師臣法賢奉詔譯」；磧、南作「朝散大夫試鴻臚卿明教大師臣法天奉詔譯」；徑、清作「宋朝散大夫試鴻臚卿明教大師法天奉詔譯」。

大宋新譯三藏聖教序 六張 封

御製

大矣哉我佛之教也化導群迷闡揚
宗性廣博宏辯英彥莫能究其旨精
微妙說庸愚豈可度其源義理幽玄
眞空莫測包括萬象譬喻無垠綜法
網之紀綱演無際之正教拔四生於
苦海譯三藏之祕言天地變化乎陰
陽日月盈虧乎寒暑大則說諸善惡
細則比於恒沙含識萬端弗可盡述
若窺像法如影隨形離六情以長存
歷千劫而可久須彌納藏於芥子如
來坦蕩於無邊達磨西來法傳東土
宣揚妙理順從指歸彼岸菩提愛河
生滅用行於五濁惡趣拯溺於三業
途中經垂世以難窮道無私而永泰
雪山貝葉若銀臺之耀日歲月煙蘿
起香界之自遠巍巍罕測杳杳難名
所以道貫十聖德被三賢至道起於
乾元衆妙生乎太易摠繁形類發鑿
昏明絕彼是非開茲蒙昧有西域法
師天息災等常持四忍早悟三乘翻

貝葉之眞詮續人天之聖教芳猷重
啓運偶昌時潤五聲於文章暢四始
於風律堂堂容止穆穆輝華曠劫而
昏墊重明玄門昭顯軌範而彌光妙
法淨界勝音利益有情俱登覺岸無
成障礙救諸疲羸冥昧慈悲浩汗物
表柔伏貪佷啓滌昏愚演小乘聲聞
合其儀論大乘正覺立其性含靈悟
而蒙福藏教缺而重興幻化迷途火
宅深喻雖設其教不知者多善念生
而無量潛臻惡業興而隨緣皆墮調
御四衆積行十方澍花雨於金輪護
恒沙於王闕有項之風不可壞無際
之水弗能漂澄寂湛然圓明淸淨之
智慧性空無染妄想解脫之因緣可
以離煩惱於心田可以得淸凉於宇
宙朕慙非博學釋典微開豈堪序文
以示來者如麋螢爝火不足比之於
昳日將微蠡量海未能窮盡於深淵
者哉

佛說解憂經

西天譯經三藏朝散大夫試鴻臚卿傳教大師臣法天奉詔譯

稽首歸依正等覺　能度無邊大苦海

恒以甘露潤群生　令得涅槃我頂禮
稽首歸依正法藏　能止無邊苦惱因
顯示過失利衆生　令獲寂靜我頂禮
稽首歸依大苾芻　能與世間爲福聚
發行勤修安樂因　善斷輪迴我頂禮
愛別離最苦　憂火鎮燒然　若欲自安心
端居作觀想　譬如群鳥獸　暫聚各分飛
生死人亦然　云何懷憂苦　只白一有死
衆人皆長生　別離痛不任　親姻須啼泣
三界大輪迴　無有免斯者　平等受無常
云何懷憂苦　若人生貪愛　孰知貪火燒
如彼犛牛身　愛尾遭人殺　世人多迷醉
欲逃發惡道　設盡方便心　不能免離苦
如彼野麞鹿　常被師子逐　究竟不能逃
云何懷憂苦　大地及天上　三界與四生
未曾得見聞　不受無常者　亦如山野火
焚燒草木時　不擇花果林　俱時成灰燼
愚癡諸衆生　顛倒生妄想　身繫無常繩
無人能可解　色界梵世中　禪味爲安樂
亦如樹臨河　不久風水壞　百億轉輪王
千萬天帝釋　念念即無常　如風吹燈焰
過去大神仙　五通心自在　往復騰空行
猶被無常取　金剛堅固身　尚自不寂滅

凡識如芭蕉　云何欲久住　大地妙高山
及以四大海　劫壞亦歸空　何況衆生趣
龍居深海裏　眷屬常圍繞　金翅鳥能食
別離苦亦尒　或人往他界　欲避於無常
如入摩竭魚　口中求安隱　如是欲色界
及彼非非想　未有於一物　不被無常吞
唯有正等覺　是真依仗處　信受汝諦聽
能解諸憂惱

如是我聞一時佛在舍衛國祇樹給孤獨園尒時世尊告苾芻言衆生無數輪迴無邊如蟻循環無有窮盡衆生貪愛無明障閉如陷泥中而不能出過去有情輪迴往復數不能知苾芻所有大地之土都聚一處和爲泥丸大小如豆數彼衆生無始劫來所生父母子孫每一人下一泥丸如是泥丸下盡父母子孫數不能盡苾芻如是無邊輪迴衆生貪愛無明顛倒陷愛欲泥中生死輪迴不知其數是故令汝學斷輪迴佛言苾芻如是補特伽羅輪迴衆生以骨作聚如妙高山不壞不爛如是無學聲聞證四聖諦了知此苦真實爲苦苦滅諸苦聖

諦彼補特伽羅見此屍骨不知是苦亦不能滅三界煩惱若滅三界煩惱證須陁洹不空法決定得菩提由於七生天人之中作斷輪迴除滅煩惱七生滿已聖諦現前正見智慧滅盡餘惑到涅槃寂靜彼補特伽羅方得解脫輪迴之苦

佛言苾芻如人眷屬互相愛樂以貪愛故廣造諸業生死輪迴譬如野象陷泥坑中無有出期又彼眷屬如恒河沙父母養育皆如親子至後世中隨其報應各各不同或爲僕從或爲冤家互相瞋恨撲辱打罵或爲傍類互相食噉或被殺害如是種種諸趣輪迴如七仙衆或聚或散亦如天雨生其水漚或生或滅如是衆生愚癡大力遂惑顛倒不了輪迴於其眷屬妄生衆想造種種業未有須臾得清淨住又彼有情無始輪迴入地獄中所飲銅汁過大海水如彼豬狗食不淨物如妙高山又彼有情生死別離愛戀泣淚亦如海水又彼有情更相殺害積聚彼頭過梵天界蟲食膿血

亦如海水又鹹鬼趣以宿慳貪受飢渴苦如遇飲食即成煙焰鬼報滿已設生人中貧窮飢困種種苦惱說不能盡又彼有情以修福善生忉利天等境界殊勝恒受快樂貪愛熾盛如火燒乾草報壽盡時即墮惡趣譬如飛禽折其兩翼刹那落地受種種苦是故汝等學斷輪迴速求解脫

佛言苾芻譬如江河大地日月星辰須弥盧山及諸聚落世界未壞而得久住常在世間今此經典亦復如是世界未壞法亦久住於意云何為與一切有情止息輪迴故苾芻聞已信受奉行

佛說解憂經

佛說解憂經

校勘記

一 底本，金藏廣勝寺本。

一 四三〇頁中一行至本頁下二〇行序文，諸本無。

一 四三〇頁下二一行經名，石作「佛說解憂經一卷」。卷末經名同。

一 四三〇頁下二二行譯者，資、磧、普作「三藏法師法天奉詔譯」；南、徑、清作「宋三藏法師法天奉詔譯」。

一 四三一頁中一五行「如豆」，資、磧、普、南、徑、清作「豆如」。

一 四三一頁中二〇行第四字「學」，石作「覺」。

一 四三一頁下一〇行第二字「泥」，磧、普、南作「陷」。

一 四三一頁下一三行首字「寃」，徑作「怨」。

一 四三一頁下二二行第四字「漉」，磧、普、南、徑、清作「淚」。

一 四三二頁上一一行第七字「今」，南、徑、清作「令」。

大宋新譯三藏聖教序

御製　　九敘　封

大矣哉我佛之教也化道羣迷闡揚宗性廣博宏辯英彥莫能究其言精微妙說庸愚豈可度其源義理幽玄眞空莫測包括萬象譬喻無垠綜法網之紀綱演無際之正教拔四生於苦海譯三藏之祕言天地變化乎陰陽日月盈虧乎寒暑大則說諸善惡細則比於恒沙含識萬端非可盡述若窺像法如影隨形離六情以長存歷千劫而可久須彌納藏於芥子如來坦蕩於無邊達磨西來法傳東土宣揚妙理順從指歸彼岸菩提愛河生滅用行於五濁惡趣拯溺於三業途中經垂世以難窮道無私而永泰雪山貝葉若銀臺之耀目歲月煙蘿起香界之自遠巍巍罕測杳杳難名所以道貫十聖德被三賢至道起於乾元衆妙生乎太易摠叢形類竅鑿昏明絕彼是非開茲蒙昧有西域法師天息災等常持四忍早悟三乘翻貝葉之眞詮續人天之聖教芳猷重啓運偶昌時潤五聲於文章暢四始於風律堂堂容止穆穆煇華曠劫而昏墊重明玄門昭顯軌範而彌光妙法淨界騰音利益有情俱登覺岸無成障礙救諸疲羸冥昧慈悲浩汗物表柔伏貪佷啓滌昏愚演小乘聲聞合其儀論大乘正覺立其性含靈悟而蒙福藏教欽而寘興幻化迷途火宅深喻難設其教不知者多善念生而無量潛臻惡業興而隨緣皆遣調御四衆積行十方樹花雨於金輪護恒沙於玉關有項之風不可壞無際之水弗能漂澄寂湛然圓明清淨之智慧性空無染妄想解脫之因緣可以離煩惱於心田可以得清涼於宇宙朕慙非博學釋典微聞豈堪序文以示來者如廢螢爝火不足比之於皎日將微蠡量海未能窮盡於深淵者哉

佛說大三摩惹經

西天譯經三藏朝散大夫試鴻臚少卿傳教大師臣法天奉　詔譯

如是我聞一時佛在迦毗羅林與大

苾芻衆皆阿羅漢諸漏已盡所作已辦逮得已利盡諸有結心得自在如是五千五百人俱

尒時十方復有釋梵大威德諸天與諸眷屬恭敬圍繞身色端嚴光明照耀來迦毗羅林詣世尊前頭面禮足住立一面時四大梵王各以伽陁而頌佛德第一梵王而說偈言

此大三摩惹　宣揚妙法音　我佛無能勝
天人普來集

第二梵王而說頌曰

歷大僧祇劫　修行深信心　守護眼等根
不住諸塵境

第三梵王而說頌

戒定慧具寶　清淨無垢染　如帝釋金剛
堅固不可懷

第四梵王而說頌曰

若人歸依佛　永不墮惡道　彼人命終時
速得生天上

尒時世尊以淨天眼普觀大會人天之衆無量無數告苾芻衆言過去如來應正等覺集會人天而為說法亦復如是我於今日普集人天欲為說

法汝等受持若人勇猛決定無畏猶如師子深信堅固而無所著大地山間乃至梵世皆得涅槃說是法時復有一千七百有學天人及無數諸天光明照耀來詣佛所佛告苾芻汝等諦聽我觀彼等諸來天衆應以聲聞所樂之法而可度之

尒時復有七千大藥叉具大神通威德光明照耀與諸眷屬恭敬圍繞來迦毗羅林

復有六千大藥叉住金山上具大神通威德光明照耀與諸眷屬恭敬圍繞來迦毗羅林

復有三千大藥叉住娑多山具大神通威德光明照耀與諸眷屬恭敬圍繞來迦毗羅林

復有供毗羅等百千藥叉住王舍城尾布羅山具大神通威德光明照耀與諸眷屬恭敬圍繞來迦毗羅林

復有濕嚩弥怛囉半左始尾濕嚩弥嚩等藥叉大將具大神通威德光明照耀與諸眷屬來迦毗羅林

復有東方護世天王乾闥婆主名地

里多囉瑟姹囉具大神通無量威德身色妙好光明熾盛與其眷屬恭敬圍繞來迦毗羅林集會聽法南方護世天王鳩盤拏主名尾嚕荼迦具大神通無量威德身色妙好光明熾盛與其眷屬恭敬圍繞來迦毗羅林集會聽法西方護世天王是大龍主名尾嚕博叉具大神通無量威德身色妙好光明熾盛與其眷屬恭敬圍繞來迦毗羅林集會聽法北方護世天王大藥叉主名俱吠囉具大神通無量威德身色妙好光明熾盛與其眷屬恭敬圍繞來迦毗羅林集會聽法復有四大天王侍從鬼神所謂摩野迦致尾枳致跋里虞跋里俱致等皆有神通勢力我慢無明形貌醜惡種種變化與其眷屬恭敬圍繞來迦毗羅林集會聽法

復有藥叉神將所謂印捺囉謨嚩嚕拏鉢囉惹鉢帝婆囉捺嚩惹伊舍曩嬖難曩曩迦麼悉里瑟吒俱你建吒你建吒滿尼摩尼摩尼左囉鉢囉拏那烏波半左迦娑多儗里海摩嚩多

布囉拏佉袮囉俱尾吒虞僕波羅藥叉阿吒嚩俱曩囉囉惹吟曩里沙婆唧怛囉細曩孅馱里嚩袮里伽設帝摩多隸半左羅孅拏穌謨摩曩弥里具并其眷屬怛里頞梨怛里建吒計乃至世間行者俱有神通威德光明照耀恭敬圍繞來迦毗羅林集會聽法

復有諸大毒龍所謂怛乂迦劍末羅濕嚩多嚕鉢羅鉢多鉢囉惹虞莎虞曩娑賀捺那娑俱地里多囉瑟吒囉俱祖羅薆囉嚩尼龍等瞋恚暴惡有大神通威德光明熾威與諸眷屬恭敬圍繞來迦毗羅林集會聽法

復有金翅鳥名曰無畏與其飛禽清淨眼等并諸眷屬亦具神通威德光明照耀恭敬圍繞來迦毗羅林集會聽法

復有無能勝金剛手海內住者一切怖畏藥叉并其眷屬皆具神通威德光明照耀恭敬圍繞來迦毗羅林集會聽法

復有阿修羅衆所謂尾摩唧怛囉穌唧怛囉鉢囉賀那毋唧隸及一百末隸阿修羅子并諸眷屬具大神通無量威德光明照耀恭敬圍繞來迦毗羅林集會聽法

復有四大王天忉利天夜摩天兜率陁天化樂天他化自在天及諸天衆皆具神通威德光明照耀恭敬圍繞來迦毗羅林集會聽法

復有名天所謂嚩嚕拏天嚩嚕尼天穌摩天畢里瑟吒天阿誐摩天蜜怛囉嚩嚕尼天地天水天火天風天如是十天具大威德神通變現并其眷屬光明照耀恭敬圍繞來迦毗羅林集會聽法

復有那羅延天娑賀梨左天日天月天星宿天帝釋天莫伽天一切最尊賢聖天并二眷屬天等如是十天具大神通無量威德光明照耀恭敬圍繞來迦毗羅林集會聽法

復有諸天女等所謂娑啝迦天女如火焰天女阿里瑟吒天女穌摩天女烏多摩天女補瑟波嚩悉你天女左囉迦天女穌跋捺羅天女羯乂阿左踰多天女鉢囉捺踰麼曩天女莎你迦等無數天女并諸眷屬具大神通無量威德身相端嚴光明照耀恭敬圍繞來迦毗羅林集會聽法

復有大藥叉女所謂含摩藥叉女摩賀舍摩藥叉女摩耨沙藥叉女摩耨數怛摩藥叉女訖里拏藥叉女鉢羅談沙藥叉女摩曩鉢囉努沙迦藥叉女末囉賀藥叉女摩賀末囉藥叉女婆芻辛尼迦藥叉女如是十大藥叉女亦具神通威德光明照耀與諸眷屬恭敬圍繞來迦毗羅林集會聽法

復有十大藥叉女所謂輸訖羅藥叉女羯拏末羅藥叉女迦嚕拏藥叉女你羅迦嚩悉你藥叉女阿嚩那多計舍藥叉女鉢囉目契閉多迦嚩悉呢孽叉女娑那摩多藥叉女賀里帝藥叉女嚕唧迦藥叉女如是藥叉女等亦具神通威德光明照耀與諸眷屬俱恭敬圍繞來迦毗羅林集會聽法

復有賀里帝及童男童女眷屬亦具威德神通光明照耀與諸眷屬恭敬圍繞來迦毗羅林集會聽法

如是十方梵王帝釋天人八部諸天

苾芻無量無數皆來集會

尒時會中有大黑神名祖鑮那具大神通勇猛暴惡惱害人天障脩善事以手拍地發大惡聲於虛空中化大風雲電雹雷閃種種惡相衆皆驚怖佛即觀察說聲聞法魔既聞已歸依息惡與諸苾芻同住聲聞乘是時衆會見佛降魔踴躍歡喜信受奉行

佛說大三摩惹經

佛說大三摩惹經

校勘記

一 底本，金藏廣勝寺本。

一 四三三頁中一行至本頁下二〇行序文，諸本無。

一 四三三頁下二一行經名，石作「佛說大三摩惹經一卷」。

一 四三三頁下二二行譯者，石作「西天譯經三藏朝散大夫試鴻臚少卿傳教大師臣法天奉詔譯」；資、磧、普、南作「西天譯經三藏朝散大夫試鴻臚卿明教大師臣法天奉詔譯」；徑、清作「宋西天三藏朝散大夫試鴻臚卿明教大師法天奉詔譯」。

一 四三四頁上二行首字「辮」，資、磧、普作「辯」。

一 四三四頁上八行「偈言」，石、資、磧、普、南、徑、麗作「頌曰」；清作「頌言」。

一 四三四頁上一四行末字「頌」，諸本作「頌曰」。

一 四三四頁上一六行末字「懷」，諸本作「壞」。

一 四三四頁中五行第六字「詣」，資、普作「諸」。

一 四三四頁下一五行末字「勢」，普作「熱」。

一 四三五頁上四行第一三字「里」，資、磧、普、南、徑、清作「怛」。

一 四三五頁中一六行第五字「二」，南、徑、清作「其」。

一 四三五頁下一九行首字「俱」，諸本無。

一 四三六頁上五行「電雹雷閃」，資、磧、普、南、徑、清作「雷雹電閃」。

佛說聖曜母陀羅尼經　封

西天譯經三藏朝散大夫試鴻臚卿傳教大師臣法天奉詔譯

如是我聞一時佛在阿拏迦嚩帝大城尒時有無數天龍夜叉乾闥婆阿修羅迦樓羅緊那羅摩睺羅伽人非人及木星火星金星水星土星太陰太陽羅睺計都如是等二十七曜恭敬圍繞此大金剛三昧莊嚴道場復有無數千菩薩摩訶薩衆其名曰金剛手菩薩金剛忿怒菩薩金剛軍菩薩金剛播尼菩薩金剛主菩薩金剛莊嚴菩薩金剛明菩薩金剛敷菩薩觀自在菩薩普觀世菩薩吉祥菩薩蓮華幢菩薩蓮華藏菩薩蓮華目菩薩慈氏菩薩文殊師利法王子菩薩摩訶薩如是等諸大菩薩恭敬圍繞佛爲說法初善中善後善其義深遠其語巧妙純一無雜具足清白莊嚴如意

尒時金剛手菩薩摩訶薩即從座起以神通力右繞世尊無數百千匝頭面作禮結跏趺坐以清淨眼觀彼大衆作金剛合掌安向心問白世尊言有諸宿曜形貌醜惡心多忿怒惱害衆生或斷命根或耗人財寶或減人精神或促人年壽如是損惱一切衆生唯願世尊說正密法爲作擁護佛言善哉善哉汝能慈愍利益一切衆生問於如來最上祕密之法汝今諦聽善思念之我爲汝說金剛手如是諸惡宿曜及天龍夜叉乾闥婆阿修羅迦樓羅緊那羅摩睺羅伽人非人等應以最上閼伽及音樂等依法加持一一供養令彼歡喜滅除諸惡時釋迦牟尼佛於自心中出大光明名慈悲光入諸宿曜頂刹那之間一切宿曜及日月等即從座起頭面禮足右膝著地合掌恭敬白佛言世尊如來應正等覺願賜攝受爲說正法我等若聞擁護有情令無災害所有禁縛刀劍毒蟲一切不害我結地界而爲守護尒時釋迦如來即說供養宿曜眞言

唵引銘引齲引攞迦二合引野娑嚩二合引賀引

唵引尸引旦引舍尾引娑嚩引二合賀引

唵引洛訖旦二合引誐俱麼引囉引野娑嚩二合引賀引

唵引冒引馱野冒引馱野娑嚩引二合賀引

唵引步引誐引娑波二合那野娑嚩二合引賀引

唵引阿穌囉薩多麼引野娑嚩引二合賀引

唵引訖里二合瑟拏二合嚩囉拏引二合野娑嚩引二合賀引

唵引阿沒里二合多鉢里二合夜野娑嚩二合引賀引

唵引乳引底計引多吠引娑嚩引二合賀引

尒時世尊說眞言已告金剛手菩薩言如是九曜眞言念者皆得成就先須依法以香水塗曼拏羅闊十二指或金銀器或銅器瓦器等獻閼伽供養星曜用前眞言各念一百八徧所求之事而悉成就佛告金剛手菩薩我今復說陀羅尼名聖曜母有大明力能爲擁護一切宿曜聞悉歡喜若有苾芻苾芻尼優婆塞優婆夷聞此

經典於曼拏羅獻閼伽供養念此眞
言七徧即得富貴長壽若日日持誦
彼一切宿曜能滿有情一切意願宿
曜母陁羅尼曰
曩謨引囉怛曩二合怛囉二合夜野曩
謨引沒馱野曩謨二合嚩囔二合馱
囉引野曩謨鉢捺麼二合馱囉引
野曩謨薩嚩仡囉二合賀引赦薩
嚩商引波哩布囉迦引赦引曩謨
引諾乞叉二合怛囉二合赦曩謨引訥嚩
二合那舍囉引尸引南引怛你也二合他
引唵引沒弟引嚩日里引二合嚩日里引二合
鉢捺銘引二合娑囉娑囉鉢囉二合娑囉
鉢囉二合娑囉三麼二合囉三麼二合囉
訖里引二合拏野訖里引二合拏野末里那二合
野伽引多野伽引多野薩嚩尾覲曩
二合引俱嚕俱嚕親那親那頻那頻那
刹跛野刹跛野扇引帝引扇引帝引
難引帝引難引帝引那引麼野那引
麼野訥嚕二合怛那哩舍引野怛麼二合引
南麼麼咯乞叉二合咯乞叉二合薩嚩薩
怛嚩二合室左二合薩嚩諾乞刹二合怛
囉二合仡囉二合賀引閉赦引麼引你

聖曜母陁羅尼經

哩嚩引二合囉曳婆誐嚩底麼賀引麼
引曳鉢囉二合娑馱野薩嚩播引播引
你弥引薩嚩薩怛嚩引二合南賛捉賛捉
都嚕都嚕婆誐嚩帝賛捉賛捉穌母
穌母祖母祖母婆嚩婆吠烏仡哩引二合
烏仡囉二合多閉布囉野麼麼薩嚩
薩怛嚩引二合難引左麼努引囉他薩嚩
怛他引誐多引地瑟恥二合多三摩曳
娑嚩引二合賀引唵引娑嚩二合賀吽娑
嚩二合賀引紇凌二合娑嚩引二合賀引通
娑嚩引二合賀引定娑嚩引二合賀引嚩囔
二合馱囉引野娑嚩引二合賀引鉢捺麼二合
馱囉引野娑嚩引二合賀阿轄底也二合野
娑嚩引二合賀引穌麼野娑嚩引二合賀馱
囉捉穌多引野娑嚩引二合賀引母馱
野娑嚩二合賀勿里二合賀薩波二合多
曳娑嚩引二合賀引速訖囉二合野娑嚩
二合引賀引訖哩二合瑟拏二合嚩囉拏二合引
野娑嚩引二合賀引囉賀吠娑嚩二合賀引
迦多吠娑嚩引二合賀引沒馱野娑嚩二合引
賀嚩囔二合馱囉野娑嚩引二合賀引鉢
那麼馱囉引野娑嚩引二合賀引俱麼
囉二合野娑嚩引二合賀諾乞叉二合怛囉

聖曜母陁羅尼經

二合赦娑嚩引二合賀薩里舞波那囉二合
嚩赦娑嚩引二合賀引唵薩哩嚩二合尾
祢吽發吒娑嚩引二合賀

介時世尊說此陁羅尼巳告金剛手
菩薩言今此眞言最上祕密能與衆
生滿一切願若有人求長壽等於八
月七日起首受持齋戒至十四日夜
依法供養宿曜至十五日一晝夜中
讀誦此陁羅尼彼人得長壽至九十
九歲所有雷電龍鬼諸惡星曜皆不
能怖復得宿命智所願如意介時一
切宿曜聞佛所說讃言善哉善哉甚
爲希有我等受持即以頭面禮世尊
足忽然不現

佛說聖曜母陁羅尼經

乙巳歲高麗國大藏都監奉
勅雕造

聖曜母陁羅尼經

佛說聖曜母陁羅尼經

校勘記

一　底本，麗藏本。

一　四三七頁上一行經名，石作「佛說聖曜母陀羅尼經一卷」。卷末經名同。

一　四三七頁上二行譯者，石作「西天譯經三藏朝散大夫試鴻臚少卿傳教大師臣法天奉詔譯」；資、磧、普作「西天三藏大師法天奉詔譯」；南、徑、清作「宋西天三藏大師法天奉詔譯」。

一　四三七頁上六行「太陰」，資、磧、普、徑、清作「太陰星」。

大宋新譯三藏聖教序

御製

大矣哉我佛之教也化導群迷闡揚宗性廣博宏辯英彥莫能究其旨精微妙說庸愚豈可度其源義理幽玄眞空莫測包括萬象譬喻無垠綜法網之紀綱演無際之正教拔四生於苦海譯三藏之祕言天地變化乎陰陽日月盈虧乎寒暑大則說諸善惡細則比於恒沙含識萬端弗可盡述若窺像法如影隨形離六情以長存歷千劫而可久須彌納藏於芥子如來坦蕩於無邊達磨西來法傳東土宣揚妙理順從指歸彼岸菩提愛河生滅用行於五濁惡趣拯溺於三業途中經垂世以難窮道無私而永泰雪山貝葉若銀臺之耀日歲月煙蘿起香界之自遠巍巍罕測杳杳難名所以道貫十聖德被三賢至道起於乾元衆妙生乎太易總繁形類寂鑿昏明絕彼是非開茲蒙昧有西域法師天息災等常持四忍早悟三乘翻

貝葉之眞詮續人天之聖教芳猷重啓運偶昌時潤五聲於文章暢四始於風律堂堂容止穆穆輝華曠劫而昏墊重明玄門昭顯軌範而彌光妙法淨界勝音利益有情俱登覺岸無成障礙救諸疲羸冥昧慈悲浩汗物表柔伏貪佷啓滌昏愚演小乘聲聞合其儀論大乘正覺立其性含靈悟而蒙福藏教缺而重興幻化迷途火宅深喻雖設其教不知者多善念生而無量潛臻惡業興而隨緣皆墮調御四衆積行十方澍花雨於金輪護恒沙於玉關有頂之風不可壞無際智慧性空無染妄想解脫之因緣可以離煩惱於心田可以得清涼於宇宙朕慙非博學釋典微閑豈堪序文以示來者如麼螢爝火不足比之於皎日將微蠡量海未能窮盡於深淵者哉

佛說長者施報經

西天譯經三藏朝散大夫試鴻臚少卿傳教大師臣法天奉　詔譯

如是我聞一時佛在舍衞國祇樹給

孤獨園尒時有長者名給孤獨來詣佛所頭面禮足於一面坐佛告長者若復有人以上妙飲食如法布施或自手施或恒時施不能獲於廣大福報於意云何以其彼人心求富貴及快樂故若復有人不爲衣食臥具富貴快樂以妙飲食如法布施當得大富及得妻子男女僕從眷屬孝順侍養於意云何以其彼人爲諸有情而行布施佛言長者過去世時有長者婆羅門名弥羅摩行大施會以八萬金盤滿盛金屑而行布施復以八萬銀盤滿盛銀屑而行布施復以八萬金盤滿盛銀屑而行布施復以八萬銀盤滿盛金屑而行布施復以八萬銅盤滿盛種種細妙珍味飲食而行布施復以八萬乳牛而行布施復以八萬童女以上妙衣服眞珠瓔珞種種莊嚴而行布施復以八萬金牀銀牀象牙牀木牀安置種種細妙絪褥而行布施復以八萬輦輿車乘敷以白氎及憍尸迦衣種種嚴飾而行布施

佛言長者彼弥羅摩如是行施不如有人以其飲食施一正見人所得果報勝前果報於意云何以其此人不墮邪見故

佛言長者彼弥羅摩如是行施不如有人以其飲食施一正見人一正見人不如施百正見人所得果報勝前果報

佛言長者彼弥羅摩如是行施不如有人以其飲食施一正見人一正見人不如施百正見人百正見人不如施一須陁洹所得果報勝前果報

佛言長者彼弥羅摩如是行施不如有人以其飲食施一正見人一正見人不如施百正見人百正見人不如施一須陁洹一須陁洹不如施百須陁洹所得果報勝前果報

佛言長者彼弥羅摩如是行施不如有人以其飲食施一正見人一正見人不如施百正見人百正見人不如施一須陁洹一須陁洹不如施百須陁洹百須陁洹不如施一阿那含所得果報勝前果報

佛言長者彼弥羅摩如是行施不如有人以其飲食施一正見人一正見人不如施百正見人百正見人不如施一須陁洹一須陁洹不如施百須陁洹百須陁洹不如施一阿那含一阿那含不如施百阿那含所得果報勝前果報

佛言長者彼弥羅摩如是行施不如有人以其飲食施一正見人一正見人不如施百正見人百正見人不如施一須陁洹一須陁洹不如施百須陁洹百須陁洹不如施一阿那含一阿那含不如施百阿那含百阿那含不如施一阿羅漢所得果報勝前果報

佛言長者彼弥羅摩如是行施不如有人以其飲食施一正見人一正見人不如施百正見人百正見人不如施一須陁洹一須陁洹不如施百須陁洹百須陁洹不如施一阿那含一阿那含不如施百阿那含百阿那含不如施一阿羅漢一阿羅漢不如施百阿羅漢所得果報勝前果報

佛言長者彼弥羅摩如是行施不如有人以其飲食施一正見人一正見人不如施百正見人百正見人不如施一須陁洹一須陁洹不如施百須陁洹百須陁洹不如施一阿那含一阿那含不如施百阿那含百阿那含不如施一阿羅漢一阿羅漢不如施百阿羅漢百阿羅漢不如施一緣覺所得果報勝前果報

佛言長者彼弥羅摩如是行施不如有人以其飲食施一正見人一正見人不如施百正見人百正見人不如施一須陁洹一須陁洹不如施百須陁洹百須陁洹不如施一阿那含一阿那含不如施百阿那含百阿那含不如施一阿羅漢一阿羅漢不如施百阿羅漢百阿羅漢不如施一緣覺一緣覺不如施百緣覺所得果報勝前果報

佛言長者彼弥羅摩如是行施不如有人以其飲食施一正見人一正見人不如施百正見人百正見人不如施一須陁洹一須陁洹不如施百須陁洹百須陁洹不如施一阿那含一阿那含不如施百阿那含百阿那含不如施一阿羅漢一阿羅漢不如施百阿羅漢百阿羅漢不如施一緣覺一緣覺不如施百緣覺百緣覺不如施一如來應正等覺所得果報勝前果報

佛言長者彼弥羅摩如是行施不如有人以其飲食施一正見人一正見人不如施百正見人百正見人不如施一須陁洹一須陁洹不如施百須陁洹百須陁洹不如施一阿那含一阿那含不如施百阿那含百阿那含不如施一阿羅漢一阿羅漢不如施百阿羅漢百阿羅漢不如施一緣覺一緣覺不如施百緣覺百緣覺不如施如來應正等覺施如來應正等覺不如施佛及隨佛大苾芻衆所得果報勝前果報

佛言長者彼弥羅摩如是行施不如有人以其飲食施一正見人一正見人不如施百正見人百正見人不如施一須陁洹一須陁洹不如施百須陁洹百須陁洹不如施一阿那含一阿那含不如施百阿那含百阿那含不如施一阿羅漢一阿羅漢不如施百阿羅漢百阿羅漢不如施一緣覺一緣覺不如施百緣覺百緣覺不如施如來應正等覺施如來應正等覺不如施佛及隨佛大苾芻衆施佛及隨佛大苾芻衆不如施四方一切持鉢僧食所得果報勝前果報

佛言長者彼弥羅摩如是行施不如有人以其飲食施一正見人一正見人不如施百正見人百正見人不如施一須陁洹一須陁洹不如施百須陁洹百須陁洹不如施一阿那含一阿那含不如施百阿那含百阿那含不如施一阿羅漢一阿羅漢不如施百阿羅漢百阿羅漢不如施一緣覺一緣覺不如施百緣覺百緣覺不如施如來應正等覺施如來應正等覺不如施佛及隨佛大苾芻衆施佛及隨佛大苾芻衆不如施四方一切持鉢僧食施四方一切持鉢僧食不如施四方一切僧園林所得果報勝前果報

佛言長者彼弥羅摩如是行施不如有人以其飲食施一正見人一正見人不如施百正見人百正見人不如施一須陁洹一須陁洹不如施百須陁洹百須陁洹不如施一阿那含一阿那含不如施百阿那含百阿那含不如施一阿羅漢一阿羅漢不如施百阿羅漢百阿羅漢不如施一緣覺一緣覺不如施百緣覺百緣覺不如施如來應正等覺施如來應正等覺不如施佛及隨佛大苾芻衆施佛及隨佛大苾芻衆不如施四方一切持鉢僧食施四方一切持鉢僧食不如施四方一切僧園林施四方一切僧園林不如施四方一切僧精舍所得果報勝前果報

佛言長者彼弥羅摩如是行施不如有人以其飲食施一正見人一正見人不如施百正見人百正見人不如施一須陁洹一須陁洹不如施百須陁洹百須陁洹不如施一阿那含一阿那含不如施百阿那含百阿那含不如施一阿羅漢一阿羅漢不如施百阿羅漢百阿羅漢不如施一緣覺一緣覺不如施百緣覺百緣覺不如施如來應正等覺施如來應正等覺不如施佛及隨佛大苾芻衆施佛及隨佛大苾芻衆不如施四方一切持鉢僧食施四方一切持鉢僧食不如施四方一切僧園林施四方一切僧園林不如施四方一切僧精舍施四方一切僧精舍不如盡形志心歸依佛法僧所得果報勝前果報

佛言長者彼弥羅摩如是行施不如有人以其飲食施一正見人一正見人不如施百正見人百正見人不如施一須陁洹一須陁洹不如施百須陁洹百須陁洹不如施一阿那含一阿那含不如施百阿那含百阿那含不如施一阿羅漢一阿羅漢不如施百阿羅漢百阿羅漢不如施一緣覺一緣覺不如施百緣覺百緣覺不如施如來應正等覺施如來應正等覺不如施佛及隨佛大苾芻衆施佛及隨佛大苾芻衆不如施四方一切持鉢僧食施四方一切持鉢僧食不如施四方一切僧園林施四方一切僧園林不如施四方一切僧精舍施四方一切僧精舍不如盡形志心歸依佛法僧盡形志心歸依佛法僧不如盡形不殺生不偷盜不婬欲不妄語不飲酒所得果報勝前果報

佛言長者彼弥羅摩如是行施不如有人以其飲食施一正見人一正見人不如施百正見人百正見人不如施一須陁洹一須陁洹不如施百須陁洹百須陁洹不如施一阿那含一阿那含不如施百阿那含百阿那含不如施一阿羅漢一阿羅漢不如施百阿羅漢百阿羅漢不如施一緣覺一緣覺不如施百緣覺百緣覺不如施如來應正等覺施如來應正等覺不如施佛及隨佛大苾芻衆施佛及隨佛大苾芻衆不如施四方一切持鉢僧食施四方一切持鉢僧食不如施四方一切僧園林施四方一切僧園林不如施四方一切僧精舍施四方一切僧精舍不如盡形志心歸依佛法僧盡形志心歸依佛法僧不如

盡形不殺生不偷盜不婬欲不妄語不飲酒盡形不殺生不偷盜不婬欲不妄語不飲酒不如有人於十方世界徧一切處行大慈心饒益衆生離諸分別心無相故所得果報勝前果報

尒時世尊説此語已告長者言往昔弥羅摩婆羅門行大施會者非別沙門婆羅門等則我身是

時給孤獨長者聞佛説已無我見人見衆生見壽者見遠離惑想心得淸淨悟寂滅忍

佛説長者施報經

佛説長者施報經

校勘記

一 底本，金藏廣勝寺本。

一 四四〇頁中一行至本頁下二〇行序文，石、南、徑、淸、麗無。

一 四四〇頁中二行小字「佛説長者施報經」，諸本無。

一 四四〇頁中六行第一二字「拫」，磧、普作「垠」。

一 四四〇頁下四行第二字「墊」，磧、普作「藝」。

一 四四〇頁下一二行「花雨」，磧、普作「花雨」。

一 四四〇頁下二一行經名，石作「佛説長者施報經一卷」。

一 四四〇頁下二二行譯者，石作「西天譯經三藏朝散大夫試鴻臚少卿傳教大師臣法天奉　詔譯」；資、普作「西天譯經三藏朝散大夫試光祿卿明教大師臣法天奉　詔譯」；磧、南作「朝散大夫試鴻臚卿明教大師臣法天奉　詔譯」；徑、淸作「宋朝散大夫試鴻臚卿明教大師法天奉　詔譯」。

一 四四二頁下八行第三字「所」，資、磧、普、南作「人」。

一 四四三頁中三行「施如來」，資、磧、普、南作「如來」。二〇行同。

佛說七佛經　封

西天譯經三藏朝散大夫試鴻臚卿傳教大師臣法天奉詔譯

如是我聞一時佛在舍衛國祇樹給孤獨園尒時有大苾芻衆持鉢食時詣迦里梨道場共坐思惟過去世時有何佛出現族姓壽量其義云何如是思已互相推問而不能知尒時世尊知此苾芻思惟是事即從座起詣迦里梨道場結跏趺坐時諸苾芻頭面禮足住立一面合掌恭敬一心瞻仰世尊問曰汝諸苾芻於意云何苾芻荅言我等思惟過去世中有何佛出世族姓壽量皆不能知佛告諸苾芻汝等樂聞苾芻荅言今正是時願為宣說佛言汝等諦聽我今說之過去九十一劫有毗婆尸佛應正等覺出現世間三十一劫有尸棄佛毗舍浮佛應正等覺出現世間於賢劫中第六劫有俱留孫佛應正等覺出現世間第七劫有俱那含牟尼佛應正等覺出現世間第八劫有迦葉波佛應正等覺出現世間第九劫我釋迦牟尼佛出世間應正等覺復次過去劫中毗婆尸佛尸棄佛毗舍浮佛宣說尸羅清淨戒律成就智慧最上之行復次賢劫中俱留孫佛俱那含牟尼佛迦葉波佛亦說清淨律儀及禪定解脫之法我所說法亦復如是汝諸苾芻過去毗婆尸佛剎帝利姓發淨信心而求出家成正覺道尸棄佛毗舍浮佛亦剎帝利姓俱留孫佛俱那含牟尼佛迦葉佛婆羅門姓我生淨飯王宮剎帝利姓尒時世尊欲重宣此義而說頌曰

我說過去世　九十一劫中　時有毗婆尸
出現於世間　三十一劫中　尸棄毗舍浮
如是正等覺　皆姓剎帝利　俱留孫如來
婆羅門之姓　俱那含迦葉　其姓亦復然
我處閻浮提　而為淨飯子　雖證佛菩提
亦姓剎帝利

尒時世尊說此偈已告苾芻衆言汝等諦聽我今復說七佛如來應正等覺所有族號毗婆尸佛尸棄佛毗舍浮佛憍陳族俱留孫佛俱那含牟尼佛迦葉波佛迦葉族釋迦如來瞿曇族尒時世尊重說頌曰

毗婆尸如來　尸棄毗舍浮　如是彼三佛
悉是憍陳族　俱留孫如來　俱那含迦葉
如是彼三佛　悉是迦葉族　我處閻浮界
生於淨飯宮　出家證菩提　是彼瞿曇族

尒時世尊說此偈已告苾芻衆言汝等諦聽我今復說七佛如來應正等覺壽量長短毗婆尸佛應正等覺出現世間壽八萬歲尸棄佛應正等覺出現世間壽七萬歲毗舍浮佛應正等覺出現世間壽六萬歲俱留孫佛應正等覺出現世間壽四萬歲俱那含牟尼佛應正等覺出現世間壽三萬歲迦葉波佛應正等覺出現世間壽二萬歲我化五濁衆生壽百歲故尒時世尊重說頌曰

毗婆尸如來　尸棄毗舍浮　俱留孫世尊
俱那含迦葉　如是出世時　各自人壽量
八萬次七萬　六萬及四萬　三萬至二萬
如是釋迦佛　而出於五濁　人壽一百歲

尒時世尊說此偈已告苾芻衆言汝等諦聽我今復說七佛如來父母國城種姓名字毗婆尸佛父名滿度摩

王母名滿度摩帝城亦名滿度摩尸
棄如來父名阿嚕拏王母同名阿嚕
拏城名阿嚕嚩帝 毗舍浮如來父名
穌鉢囉底都王母名鉢囉婆嚩底城
名阿努鉢麼俱留孫佛父名野倪也
那多母名尾舍佉王名剎謨剎摩城
名剎摩俱那含牟尼佛父名野倪也
那覩母名烏多囉王名輸部城名輸
婆嚩帝迦葉如來父名穌沒囉賀摩
母名沒囉賀摩虞鉢多王名訖里計
城名波羅奈我今應正等覺父名淨
飯王母名謨訶摩耶城名迦毗羅尒
時世尊重說頌曰

毗婆尸如來　彼佛本生處　滿度摩為父
滿度摩帝母　所都大城郭　亦名滿度摩
時豐國富盛　人民恒快樂
尸棄佛世尊　阿嚕拏王父　阿嚕拏嚩帝
是佛母之名　所居城同號　阿嚕拏嚩帝
人民甚熾盛　大富常安隱
毗舍浮如來　父王及母名　穌鉢囉帝都
鉢囉婆嚩帝　所都之國城　名阿努波摩
其世亦安隱　一切無災害
俱留孫世尊　彼父所立名　野倪也那多

尾舍佉為母　剎謨剎摩王　都彼剎摩城
時彼諸眾生　崇重於賢善
俱那含牟尼　野倪也那覩　而是父之名
母號烏多囉　國王名輸部　輸婆嚩帝城
縱廣多嚴飾　有情無諸惱
迦葉波佛父　穌沒囉賀摩　母立沒囉賀
摩虞鉢多名　訖里計國王　都波羅奈城
其中諸眾生　晝夜常安隱
我今所生處　淨飯王為父　摩訶摩耶母
城名迦毗羅　如是正等覺　七佛諸如來
父母及國城　今別名如是

尒時世尊說此偈已告苾芻眾言汝
等諦聽我今復說七佛如來聲聞弟
子毗婆尸如來應正等覺大智弟子
名欠拏底寫聲聞中第一尸棄如來
應正等覺大智弟子名部三婆嚩聲
聞中第一毗舍浮如來應正等覺大
智弟子名野輸多囉聲聞中第一俱
留孫如來應正等覺大智弟子名散
吟嚩聲聞中第一俱那含牟尼如來
應正等覺大智弟子名穌嚕努多囉
聲聞中第一迦葉波如來應正等覺
大智弟子名婆囉特嚩惹聲聞中第

一我今應正等覺大智弟子名舍利
弗聲聞中第一尒時世尊重說頌曰

毗婆尸如來　有大智慧子　名欠拏底寫
尸棄佛世尊　有大智慧子　名部三婆嚩
毗舍浮如來　有大智慧子　名野輸多囉
俱留孫如來　有大智慧子　名曰散吟嚩
俱那含牟尼　有大智慧子　穌嚕努多囉
迦葉佛世尊　有大智慧子　婆囉特嚩惹
我今應正覺　有大智慧子　名曰舍利弗
如是七佛子　於諸聲聞中　各各為第一

尒時世尊說此偈已告苾芻眾言汝
等諦聽我今復說七佛如來侍者弟子
毗婆尸如來應正等覺侍者名阿輸
迦尸棄如來應正等覺侍者名剎摩
迦嚕毗舍浮佛應正等覺侍者名烏
波扇覩俱留孫佛應正等覺侍者名
沒提諭俱那含牟尼佛應正等覺侍
者名穌嚕帝里野迦葉如來應正等
覺侍者名薩里嚩蜜怛囉我今應正
等覺侍者名阿難陁尒時世尊重說
頌曰

佛子阿輸迦　剎摩迦嚕等　并烏波扇覩
沒提諭之者　穌嚕帝里野　薩嚩蜜怛囉

及彼阿難陁　皆爲佛侍者　常行慈悲心
成就三摩地　通達諸法相　具足大智慧
多聞而聰敏　爲大法之師　衆中居第一
名聞於十方　人天皆歸敬　精進力堅固
斷盡諸煩惱　而證無生滅　承侍佛世尊
恒獲於己利　如是諸如來　成就眞佛子
尒時世尊說此偈已告苾芻衆言汝
等諦聽我今復說七佛如來所度聲
聞之衆毗婆尸如來第一會說法有
六萬二千苾芻得阿羅漢果第二會
說法有十萬苾芻得阿羅漢果第三
會說法有八萬苾芻得阿羅漢果尸
棄如來第一會說法十萬苾芻得阿
羅漢果第二會說法八十億苾芻得
阿羅漢果第三會說法七萬苾芻得
阿羅漢果毗舍浮如來第一會說法
八萬苾芻得阿羅漢果第二會說法
七萬苾芻得阿羅漢果第三會說法
六萬苾芻得阿羅漢果俱留孫如來
一會說法四萬苾芻得阿羅漢俱那
含牟尼佛一會說法三萬苾芻得
阿羅漢果迦葉如來一會說法二萬
苾芻得阿羅漢果我今一會說法一

千二百五十苾芻得阿羅漢果尒時
世尊重說頌曰
毗婆尸如來　尸棄毗舍浮　俱留孫世尊
俱那含迦葉　并釋迦牟尼　各各出世時
所度聲聞衆　數有七十億　九萬餘三千
二百五十人　皆得阿羅漢　不受於後有
尒時世尊說此偈已告苾芻衆言汝
等諦聽毗婆尸佛尸棄佛毗舍浮佛
乃至我今出現世間住持教化宣說
法教調伏有情戒行儀範受持衣鉢
求證菩提無有少法而各別異尒時
世尊而說頌曰
如是過現劫　毗婆尸等佛　所度衆苾芻
成就大智慧　勤修於正道　菩提之分法
五根與五力　四念四神足　七覺八聖支
及彼三摩地　寂靜眼等根　通達於法藏
開悟諸群生　增長於慧命　如是賢劫中
皆嘆未曾有　佛以大悲智　自覺覺於他
威德大神通　所說皆如是
尒時世尊說此偈已與諸苾芻即從
座起還給孤獨園過是夜已至平旦
時諸苾芻衆從其本舍往迦里梨道
場手相推問過去如來入大涅槃離

諸戲論永斷輪迴而無過失如是大
丈夫有如是智慧如是持戒如是三
摩地如是解脫如是威德如是種族
降世利生甚爲希有不可思議尒時
世尊知諸苾芻心之所念從座而起
詣迦里梨道場結跏趺坐告苾芻衆
言於意云何時諸苾芻白世尊言我
等聞說過去如來入大涅槃離諸戲
論永斷輪迴而無過失如是大丈夫
有如是智慧如是持戒如是三摩地
如是解脫如是威德如是種族降世
利生甚爲希有不可思議佛言苾芻
汝今所說何以故苾芻白言佛有清
淨法界證眞覺智無不了知願爲解
說佛言苾芻汝等諦聽我今說之於
過去世有大國王名滿度摩彼王妃
后名滿度摩帝尒時毗婆尸佛從兜
率天降下閻浮入於母腹住胎藏中放
大光明照諸世間無有幽暗而諸惡
趣一切地獄日月威光亦不能照佛
光所及忽得大明而彼有情乎得相
見即發聲言何故此間有別衆生尒
時世尊而說頌曰

菩薩從兜率 下降閻浮時 如雲亦如風
須臾至母腹 身放大光明 照耀人天界
地獄鐵圍山 皆悉無幽暗 佛剎眾境界
隨住於母身 如是大仙眾 亦來俱集會
尒時世尊說此偈已告苾芻眾言汝
今諦聽彼菩薩摩訶薩從兜率天下
降閻浮入母胎時部摩夜叉高聲唱
言此大菩薩大威德大丈夫捨天人
身及阿修羅身處彼母胎而受人身
如是四天王天忉利天夜摩天乃至
梵輔等天聞此唱言菩薩降神處母
胎中皆悉來集尒時世尊而說頌曰
菩薩從兜率 降神母胎時 部摩大夜叉
唱言彼菩薩 棄捨天中身 及於修羅質
處此母胎中 即受人世報 四王忉利天
夜摩及兜率 乃至於梵世 皆悉聞斯事
菩薩降人間 微妙真金色 諸天悉來集
心懷大喜慶
尒時世尊說此偈已告苾芻眾言汝
今諦聽彼菩薩摩訶薩從兜率天降
閻浮時有四大天子威德具足身被
甲冑手執弓刀擁護菩薩人非人等
皆不侵害尒時世尊而說頌曰

菩薩降生時 忉利天帝釋 遣彼四天王
各具大威力 身被金甲冑 手執弓刀槍
恒時常衛護 羅刹非人等 不敢作惱害
安住母腹中 如處大宮殿 恒受諸快樂
尒時世尊說此偈已告苾芻言汝今
諦聽彼菩薩摩訶薩從兜率天下降
閻浮處母胎時其身清淨光明照耀
如摩尼珠母心安隱無諸熱惱尒時
世尊而說頌曰
菩薩處胎時 清淨無瑕穢 猶如瑠璃珠
亦如摩尼寶 光明照世間 如日出雲翳
成就第一義 出生最上智 令母無憂惱
恒行眾善業 有情皆歸仰 安處剎帝利
尒時世尊說此偈已告苾芻眾言汝
今諦聽彼菩薩摩訶薩從兜率天下
降閻浮處母胎時未曾得聞母有染
欲色等五塵而無所著尒時世尊而
說頌曰
菩薩處胎時 令母心清淨 不聞染污名
遠離五欲過 斷除貪愛根 不受諸苦惱
身心恒安隱 常得於快樂
尒時世尊說此偈已告苾芻眾言汝
今諦聽彼菩薩摩訶薩從兜率天下

降閻浮處母胎時母自受持近事五
戒一不殺生二不偷盜三不婬欲四
不妄語五不飲酒於其右脇誕生菩
薩母後命終生天界中尒時世尊而
說頌曰
菩薩處胎中 母自持五戒 右脅生童子
無彼諸苦惱 譬如天帝釋 受妙五欲樂
於後命終時 速得生天上
尒時世尊說此偈已告苾芻眾言汝
今諦聽彼菩薩摩訶薩右脅生時大
地震動身真金色離諸垢染放大光
明普照世間一切境界所有惡趣黑
暗地獄忽然大明彼中眾生手得相
見各各疑云何故此間有別眾生尒
時世尊而說頌曰
菩薩降生時 大地皆震動 身相如真金
不染諸塵垢 威德大神通 光明照一切
幽暗業眾生 而才得相見
尒時世尊說此偈已告苾芻眾言汝
今諦聽彼菩薩摩訶薩右脅生時母
無疲困不坐不臥尒時菩薩大威德
大丈夫心不昏昧足不履地有四大
天子捧 童子身尒時世尊而說頌曰

菩薩降生時　母意無散亂　不坐亦不臥
自在而適悅　威德大丈夫　心離諸暗昧
四天捧其身　足不履於地
尒時世尊說此偈已告苾芻衆言汝今諦聽彼菩薩摩訶薩右脅生時身體清淨如瑠璃寶遠離一切膿血洟唾不淨之物亦如摩尼珠憍尸迦衣諸塵垢等而不能著尒時世尊而說頌曰
菩薩降生時　身器悉清淨　遠離諸穢惡
膿血洟唾等　譬如憍尸衣　及彼摩尼寶
瑩淨體光明　塵垢皆不住
尒時世尊說此偈已告苾芻衆言汝今諦聽彼菩薩摩訶薩右脅生時有二天子於虛空中降二種水一冷二溫沐浴童子尒時世尊而說頌曰
菩薩降生時　空中有二天　沐浴童子身
降彼二種水　溫冷各相宜　表圓於福慧
成就大無畏　普徧視衆生
尒時世尊說此偈已告苾芻衆言汝今諦聽彼菩薩摩訶薩右脅生時具三十二相身色端嚴眼根清淨見十由旬尒時世尊而說頌曰

佛說七佛經　第十三張

菩薩降生時　諸相悉具足　目淨復端嚴
遠視十由旬
尒時世尊說此偈已告苾芻衆言彼菩薩摩訶薩右脅生時見忉利天彼天帝釋見此童子是真佛身執白傘蓋覆童子身寒熱風塵一切諸惡而不能侵尒時世尊而說頌曰
童子初生時　遠視於忉利　帝釋復觀之
手執白傘蓋　即來覆其身　寒熱風日等
及彼諸毒惡　一切不能侵
尒時世尊說此偈已告苾芻衆言汝今諦聽彼菩薩摩訶薩右脅生時本母乳母養母及諸宮人圍繞保護澡浴塗香種種承奉尒時世尊而說頌曰
童子初生時　乳養有三母　及彼諸宮人
四面常圍繞　澡浴復塗香　令彼常安隱
如是晝夜中　無暫而捨離
尒時世尊說此偈已告苾芻衆言汝今諦聽彼菩薩摩訶薩右脅生時身色端嚴具三十二相滿度摩王即召相師占其童子婆羅門言若令在家受灌頂輪王之位主四天下具足千子威德無畏不以兵杖弓劒能降他軍若復出家堅固修行成正等覺尒時等而說頌曰

佛說七佛經　第十四張

相師婆羅門　占此天童子　告彼父王言
具相三十二　如月出衆星　世間甚希有
若常在宮殿　必紹轉輪位　主領四大洲
復生千太子　如是出家時　速成無上覺
尒時世尊說此偈已告苾芻衆言汝今諦聽彼菩薩摩訶薩右脅生時身真金色諸相端嚴如水生蓮塵垢不著一切有情瞻仰不足所出言音微妙細密清雅流美譬如雪山迦尾囉鳥食花而醉所出音聲雅妙清響衆生聞者無不愛樂童子言音亦復如是尒時世尊而說頌曰
童子初生時　身相真金色　亦如紅蓮華
塵垢不能染　言音甚微妙　如迦尾羅聲
衆人得聞之　愛樂無猒足
尒時世尊說此偈已告苾芻衆言汝今諦聽彼菩薩摩訶薩爲童子時遠離邪妄心意純直自覺覺他恒行正法衆人侍奉如帝釋天主宗敬父母由此名爲毗婆尸尒時世尊而說頌

佛說七佛經　第十五張

曰
毗婆尸如來　爲彼童子時　通達大智慧
遠離於邪妄　自覺及覺他　修習正法行
衆人常愛敬　如彼帝釋天　侍養於父母
名聞滿世間　是名毗婆尸　利益諸含識

佛說七佛經

乙巳歲高麗國大藏都監奉
勅彫造

佛說七佛經　第十七張　致

佛說七佛經

校勘記

一　底本，麗藏本。

一　四四五頁上一行經名，石作「佛說七佛經一卷」。卷末經名同。

一　四四五頁上二行譯者，石作「西天譯經三藏朝散大夫試鴻臚少卿傳教大師臣法天奉詔譯」；資、普作「西天譯經三藏朝散大夫試鴻臚卿明教大師臣法天奉詔譯」；磧、南作「朝散大夫試鴻臚卿明教大師臣法天奉詔譯」；徑、清作「宋朝散大夫試鴻臚卿明教大師法天奉詔譯」。

一　四四五頁上一一行首字「[礻卬]」，諸本作「仰」。

一　四四六頁中四行第一二字「娑」，諸本作「婆」。

一　四四六頁中六行第一三字「沒」，資、磧、普、南、徑、清作「波」。

一　四四七頁上二〇行「阿羅漢」，資、磧、普、南、徑、清作「阿羅漢果」。

一　四四八頁中一一行「世間一」，諸本作「世間」。

一　四四八頁下一八行第七字「牙」，諸本作「互」。

一　四四八頁下末行「天子」，南、徑、清作「天王」。

一　四四九頁上一七行第八字「有」，徑作「可」。

一　四四九頁中三行第一三字「言」，徑作「言汝今諦聽」。

一　四四九頁中九行第四字「傘」，石作「散」。

一　四四九頁中末行第八字「主」，南、徑、清作「王」。

一　四四九頁下一八行第六字「愛」，石作「受」。

大宋新譯三藏聖教序

御製　　封

大矣哉我佛之教也化導群迷闡揚宗性廣博宏辯英彥莫能究其旨精微妙說庸愚豈可度其源義理幽玄眞空莫測包括萬象譬喻無垠綜法網之紀綱演無際之正教拔四生於苦海譯三藏之祕言天地變化乎陰陽日月盈虧乎寒暑大則說諸善惡細則比於恒沙含識萬端弗可盡述若窺像法如影隨形離六情以長存歷千劫而可久須彌納藏於芥子如來坦蕩於無邊達磨西來法傳東土宣揚妙理順從指歸彼岸菩提愛河途中經垂世以難窮道無私而永泰生滅用行於五濁惡趣拯溺於三業雪山貝葉若銀臺之耀日歲月煙蘿起香界之自遠巍巍罕測杳杳難名所以道貫千聖德被三賢至道起於乾元衆妙生乎太易揔繁形類竅鑿昏明絕彼是非開茲蒙昧有西域法師天息災等常持四忍早悟三乘翻貝葉之眞詮續人天之聖教芳猷重啓運偶昌時潤五聲於文章暢四始於風律堂堂容止穆穆輝華曠劫而昏墊重明玄門昭顯軌範而彌光妙法淨界騰音利益有情俱登覺岸無成障礙救諸疲羸冥昧慈悲浩汗物表柔伏貪佷啓滌昏愚演小乘聲聞合其儀論大乘正覺立其性含靈悟而蒙福藏教缺而重興幻化迷途火宅深喻雖設其教不知者多善念生而無量潛臻惡業興而隨緣皆墮調御四衆積行十方澍花雨於金輪護恒沙於玉闕有頂之風不可壞無際之水弗能漂澄寂湛然圓明淸淨之智慧性空無染妄想解脫之因緣可以離煩惱於心田可以得淸涼於宇宙朕懃非博學釋典微關豈堪序文以示來者如爝螢爝火不足比之於皎日將微蠡量海未能窮盡於深淵者哉

佛一百八名讚

西天譯經三藏朝散大夫試鴻臚卿傳教大師臣法天奉　詔譯

歸命一切智　一切世間師　牟尼大法王

一百八名號　無邊功德海　具足衆吉祥
能滅諸有情　罪業諸煩惱
我今歸命禮　一切大吉祥　救度諸群生
令得大安樂
我今歸命禮　悲愍二足尊　圓滿於衆生
一切吉祥事
我今歸命禮　無相無上尊　成就天中天
祕密大明義　如來正等覺　利樂於世間
最上百八名　我今集彼說
南無一切義成就南無正等覺南無
一切智南無大釋子南無一切法自
在無畏南無大金僊南無功德海南
無如來南無應供南無善逝南無世
尊南無一切世間解南無離一切垢
染南無最上法燈南無無畏淨飯王
子南無甘蔗王種南無瞿曇南無日
族南無吉祥大牟尼南無嚐覺儗囉娑
族南無天人師南無十力降魔軍南無
離過除毒南無調御丈夫南無妙解
脫南無除障暗南無止息降諸根南
無清淨戒南無無垢王南無滅罪無
我相南無無驚怖畏南無第一法
圓滿南無無邊無可喻南無大論師
南無希有不思議精進南無三界親
慈父南無三明知三世南無滅三毒
南無具足三變通南無說三乘菩提
南無無相亦無老南無無我無二執
南無無怨無戲論南無無業無怖南
無施願無畏南無法師子二足尊南無
調伏除煩惱南無最上意清淨南無
明行足南無自在變化王南無調伏
心清淨南無離塵無上士南無止息
一切罪南無得清涼南無得寂靜南
無救度世間師南無勇猛大清淨智
南無圓滿吉祥相南無能除怨南無
沙門月南無釋師子南無作善清淨
業南無六佛法莊嚴南無六根清淨
眼南無第一六神通南無六趣海到
彼岸南無無師自然覺南無善逝德
成就南無一切世間爲愛樂南無無
等大智慧南無恒入三摩地南無一
切有情利益王南無眞實降諸根南
無一切世間尊南無普徧有情精進
者南無永過輪迴苦南無圓滿諸所
求南無降伏得最勝說四諦南無到
彼岸度他大龍王南無得最上涅槃
南無尊師大梵行南無第一寂靜樂
南無祕密最勝大丈夫南無調伏聲
聞者南無利益諸有情南無世間供
養出世智南無聖智照世間南無離
世法利養南無出世爲如來南無大
法主南無大法王南無調御明南無
救度第一二足尊南無行忍辱南無
善意端嚴相南無善持善戒相南無
金色光善逝南無善逾愛尊重南無
人師子吉祥雲南無佛陁南無無畏
獨除闇南無無邊利世間南無無等
三有師南無能斷諸結縛南無無我
最第一南無普照一切眼南無證理
淨慧眼南無三慧眞實眼如是一百
八名若復有人於其辰朝發志誠心
或讀誦或禮念或憶持或聽聞獲得
最上吉祥福德所有一切煩惱及諸
罪業速得清淨不受輪迴當得解脫
乃至成佛
此大牟尼功德名　我今讀誦及禮念
普將迴施與群生　同得證成菩提果

佛一百八名讚

佛一百八名讚

校勘記

一　底本，金藏廣勝寺本。

一　四五一頁中一行至本頁下二〇行序文，諸本無。

一　四五一頁下二一行經名，石作「佛一百八名讚一卷」；徑、清作「佛一百八名讚經」。

一　四五一頁下二二行譯者，石作「西天譯經三藏朝散大夫試鴻臚少卿傳教大師臣法天奉詔譯」；資、磧、普作「三藏法師法天奉詔譯」；徑、清作「宋三藏法師法天奉詔譯」。

一　四五二頁中一九行第六字「主」，磧、普、南、徑、清作「王」。本頁下六行第二字，資、普、南同。

一　四五二頁下一八行第一一字「當」，磧、南、徑、清作「常」。

一　四五二頁下末行末字「讚」，石作「讚一卷」；徑作「讚經」。

大宋新譯三藏聖教序 毗沙門天王經 封
御製
大矣哉我佛之教也化導群迷闡揚
宗性廣博宏辯英彥莫能究其旨精
微妙說庸愚豈可度其源義理幽玄
眞空莫測包括萬象譬喻無垠綜法
網之紀綱演無際之正教拔四生於
苦海譯三藏之秘言天地變化乎陰
陽日月盈虧乎寒暑大則說諸善惡
細則比於恒沙含識萬端弗可盡述
若窺像法如影隨形離六情以長存
歷千劫而可久須彌納藏於芥子如
來坦蕩於無邊遶磨西來法傳東土
宣揚妙理順從指歸彼岸菩提愛河
生滅用行於五濁惡趣拯溺於三業
途中經垂世以難窮道無私而永泰
雪山貝葉若銀臺之燿目歲月煙蘿
起香界之自遠巍巍罕測杳杳難名
所以道資十聖德被三賢至道起於
乾元衆妙生乎太易總繁形類竅鑿
昏明絕彼是非開茲蒙昧有西域法
師天息災等常持四忍早悟三乘翻

毗沙門天王經 第二張 封字号
貝葉之眞詮續人天之聖教芳猷重
啓運偶昌時潤五聲於文章暢四始
於風律堂堂容止穆穆輝華曠劫而
昏蟄重明玄門昭顯軌範而彌光妙
法淨界騰音利益有情俱登覺岸無
成障礙救諸疲羸冥昧慈悲浩汗物
喪柔伏貪佷啓滌昏愚演小乘聲聞
合其儀論大乘正覺立其性含靈悟
而蒙福藏教欽而重興幻化迷途少
宅深喻雖設其教不知者多善念生
而無量潛臻惡業興而隨緣皆煙調
御四衆積行十方澍花雨於金輪護
恒沙於玉關有頂之風不可壞無際
之水弗能漂澄寂湛然圓明清淨之
智慧性空無涤妄想解脫之因緣可
以離煩惱於心田可以得清凉於宇
宙朕懃非博學釋典微閑豈堪序文
以示來者如麋螢爝火不足比之於
皎日將微蠡量海未能窮盡於深淵
者哉

佛說毗沙門天王經
西天譯經三藏朝散大夫試鴻臚卿傳教大師臣法天奉 詔譯
如是我聞一時佛在舍衛國祇樹給

孤獨園尒時毗沙門天王與百千無數藥义眷屬於初夜分俱來佛所放大光明照祇陁園一切境界五體投地禮世尊足住立一面合掌向佛以偈讚曰

歸命大無畏　正覺二足尊　諸天以天眼
觀我無所見　過現未來佛　三世慈悲主
一一正徧知　我今歸命禮

尒時毗沙門天王說此偈已白佛言世尊有諸聲聞苾芻苾芻尼優婆塞優婆夷或於曠野林間樹下經行坐臥我此藥义非人之類有信佛言者有少信之者復有無數諸惡藥义不信佛言惱亂有情令不安隱善哉世尊所有阿吒曩胝經能為明護若有苾芻苾芻尼優婆塞優婆夷及諸天人受持讀誦禮敬供養廣為人說皆能衛護為作吉祥尒時會中有諸正信藥义之衆合掌白言唯願天王說此經典我等樂聞時毗沙門天王默然受請即向佛前頭面禮足承佛威神告藥义言今此經典若有所得宣布流通能除衆生一切煩惱是故我

今歸依頂禮

東方世界有乾闥婆主名曰持國具大威德身放光明譬如日出普照世間統領眷屬乾闥婆衆恭敬圍繞歌舞作唱而受快樂有九十一子同名帝釋有大勢力勇猛暴惡見佛世尊歸依頂禮尊重恭敬觀此非人而能禮敬彼持國天王守護東方如佛行行如是護世是故我今稽首歸命正徧知明行足無上寂靜

南方世界有鳩盤拏主名尾嚕荼迦具大威德身有光明如日照世亦如大海深廣無邊彼諸凡夫不可測度統領眷屬鳩盤拏衆恭敬圍繞歌舞作唱而受快樂有九十一子同名帝釋有大勢力勇猛暴惡見佛世尊歸依頂禮尊重恭敬觀此非人而能禮敬彼鳩盤拏主守護南方如佛行行如是護世是故我今稽首歸命正徧知明行足無上寂靜

西方世界有大龍主名尾嚕愽义有大威德光明遠照統領眷屬諸大龍衆恭敬圍繞歌舞作唱而受快樂有

九十一子同名帝釋有大勢力勇猛暴惡見佛世尊歸命頂禮尊重恭敬觀此非人而能禮敬彼大龍主守護西方如佛行行如是護世是故我今稽首歸命正徧知明行足無上寂靜

北方世界有藥义名俱吠羅有大威德身光熾盛如大火焰統領眷屬藥义之衆恭敬圍繞歌舞作唱而受快樂有九十一子同名帝釋有大勢力勇猛暴惡見佛世尊歸依頂禮尊重恭敬觀此非人而能禮敬彼藥义主守護北方如佛行行如是護世是故我今稽首歸命正徧知明行足無上寂靜

復次北方世界人壽千歲命不中夭地無耕種人不執作飲食自然色香具足資益諸根身體光潤處處皆有花果樹木流泉池沼隨意遊戲如受天樂如是東方持國南方尾嚕荼迦西方尾嚕博义北方俱吠囉各以威德護四大洲

復次乾闥婆主有藥义女衆有乘象者有乘馬者有乘駝者有乘水牛者

有乘辛者有乘蛇者有乘飛禽者有
乘童男者有乘童女者以象前引於
虛空中密詣諸方種種變化隨意自
在亦能守護人不可見若諸藥叉形
容醜惡種種差異亦如飛禽往虛空
中自在遊行亦密護人其名曰阿吒
曩吒俱曩吒波里俱娑曩吒曩拏曩
拏布里迦等及藥叉女衆皆住北方
阿拏迦嚩帝大城又此大城有一宮
殿於其四邊有九十九池水甚深廣
名曰地池泉源通流亦能降雨復有
多種花果樹木所謂供俱婆迦俱囉
囉迦麼花等果味甘美衆所愛樂頻
伽孔雀種種諸鳥常出妙音彼有天
子名曰勇猛并諸眷屬亦住是宮守
護國界時毗沙門天王承佛慈力次
第宣說眞言曰
怛你也二合他引伊梨弥梨伊隸緊
吒母隸呬賴緊致母隸賀那弥護努
里努二合弥矯里巘馱引里虞努呬你
烏枳護枳娑嚩二合引賀引
尒時毗沙門天王說眞言已白佛言
世尊復有諸大乾闥婆衆與我而爲

兄弟其名曰欲麼覩樂麼覩歌麼多
麼羅麼覩麼度麼多花醉恒醉吉祥
醉財醉難祢迦青蓮華白蓮華月半
尼羅俱枳羅成凍母嚕五髻妙色金
麼拏尾輸俱蜜里二合賀娑波二合帝王
野嚩帝惹誐覩誐帝如是等乾闥婆
衆迷惑惱亂一切衆生若有惱亂有
情而不捨離者聞此眞言頭破作七
分如阿梨樹枝眞言曰
怛你也二合他引供覩梨供覩羅嚧呬
娑那引曼底計娑那伴尼底計底瑟
吒二合努瑟吒二合滿度細娑嚩二合引
賀引
世尊若有聲聞苾芻苾芻尼優婆塞
優婆夷於此經中受持讀誦禮敬供
養廣爲人說彼乾闥婆及父母兄弟
男女眷屬等皆不能爲害常來親近
侍奉衛護若有惱害者即失威力不
得乾闥婆三昧頭破作七分如阿梨
樹枝亦不得往阿拏迦嚩帝大城中
住
世尊若有聲聞苾芻苾芻尼優婆塞
優婆夷於此經中受持讀誦禮敬供

養廣爲人說彼閉舍左及父母兄弟
男女眷屬等皆不能爲害常來親近
侍奉衛護若有惱害者即失威力不
得閉舍左三昧頭破作七分如阿梨
樹枝亦不得往阿拏迦嚩帝大城中
住眞言曰
怛你也二合他引護弥引護弥引護弥
羅引嚩帝曳引娑嚩二合引賀引
世尊復有鳩盤拏衆其名曰難多烏
波難多訖里二合計輸麼賀波囉輸二合
摩俐那囉捺舍賀娑覩二合部弥左
嚕末麼訖里二合瑟拏二合路呬多阿
婆囉嚩囉拏尾麼路祢里伽二合囉
拏誐里惹曩惹致路捺舍難尼阿里
祖二合諾迦麼迦麼迦嚧羅巘拏訖里二合
野虞般多怛囉野二合劍末羅跋
捺里二合迦薩里嚩二合嚂誐唧怛囉二合
芻等如是鳩盤拏衆迷惑惱亂一切
有情若有惱亂者聞此眞言頭破作
七分如阿梨樹枝眞言曰
怛你也二合他引悉里尾悉里悉里星
悉里訖里二合瑟拏二合蹉誐隸迦囉
尼畢孕二合誐隸娑嚩二合引賀引

世尊若有聲聞苾芻苾芻尼優婆塞優婆夷於此經中受持讀誦禮敬供養廣爲人說彼鳩盤拏衆及父母兄弟男女眷屬等皆不能爲害常來親近侍奉衛護若有惱害者即失威力不得鳩盤拏三昧頭破作七分如阿梨樹枝亦不得往阿拏迦嚩帝大城中住

世尊若有聲聞苾芻苾芻尼優婆塞優婆夷於此經中受持讀誦禮敬供養廣爲人說彼必隸多及彼父母兄弟男女眷屬等皆不能爲害常來親近侍奉供養若有惱害者即失威力不得必隸多三昧頭破作七分如阿梨樹枝亦不得往阿拏迦嚩帝大城中住眞言曰

怛你也(二合)他(引)喻弥喻喻弥隸喻弥羅嚩帝曳娑嚩(二合引)賀(引)

世尊我今復說諸大龍衆其名曰難努波難努難祢嚩嚩穌計里䟦捺囉(二合)惹敢(二合)迦里孕(二合)識路那地迦囉拏卯捺囉(二合)嚩護莎悉帝(二合)迦阿輸俱弥多輸迦尾鉢囉(二合)目訖覩惹焰鉢帝必里(二合)兔多羅唧怛囉(二合)多羅必里(二合)兔鈴唧怛囉(二合)鉢囉(二合)賀嚩吽麼賀頗尼所(二合)惹喻底囉穌麼賀訖里瑟拏部惹敢(二合)識麼阿惹播羅怛乞叉(二合)嚩摩訖里(二合)瑟拏(二合)舍野摩秝俱(二合)乃至世間行者如是龍等惱亂有情聞此眞言頭破作七分如阿梨樹枝眞言曰

怛你也(二合)他(引)唧隸尾唧隸唧隸尾唧隸虞里巘馱里摩鄧霓賛拏(引)隸娑嚩(二合引)賀(引)

世尊若有聲聞苾芻苾芻尼優婆塞優婆夷於此經中受持讀誦禮敬供養廣爲人說彼諸龍衆及彼父母兄弟男女眷屬等皆不能爲害常來親近侍奉衛護若有惱害者即失威力不得龍中三昧頭破作七分如阿梨樹枝亦不得往阿拏迦嚩帝大城中住

世尊若有聲聞苾芻苾芻尼優婆塞優婆夷於此經中受持讀誦禮敬供養廣爲人說彼羯吒布怛曩及彼父母兄弟男女眷屬等皆不能爲害常來親近侍奉供養若有惱害者即失威力不得羯吒布怛曩三昧頭破作七分如阿梨樹枝亦不能往阿拏迦嚩帝大城中住眞言曰

怛你也(二合)他(引)阿閉嚩賀你(引)嚩帝曳(引)娑嚩(二合引)賀(引)

世尊我今說彼藥叉大將其名曰印捺囉(二合)穌謨嚩嚕拏鉢囉(二合)惹鉢帝婆囉捺嚩惹伊舍曩室左(二合)難曩迦麼室里瑟姹俱你建跓你軍吒摩尼里摩尼里摩尼左囉鉢囉(二合)拏那烏波半左迦娑多凝里呬麼嚩多布囉拏佉祢囉俱尾吒虞波羅野叉阿吒嚩俱曩囉囉祖吩那里沙婆唧怛囉(二合)細曩曩巘馱里舞(二合)祢里伽(二合)舍訖帝(二合)摩多隸半左羅巘拏穌摩曩祢里伽(二合)野叉弁諸眷屬帝里(二合)頗隸左帝里(二合)建吒等乃至世間行者俱是眷屬若惱亂有情而不捨離者聞此眞言頭破作七分如阿梨樹枝眞言曰

怛你也(二合)他(引)呬隸弥隸呬弥隸吉里帝(二合引)母隸呬隸吉里帝(二合)母隸

唵涑弥引涑弥引烏涑麼烏涑弥引烏企弥企虞引努引呬引耶婆二合誐里乙里二合史散多你娑嚩引二合賀引

世尊若有聲聞苾芻苾芻尼優婆塞優婆夷於此經中受持讀誦禮敬供養廣為人說彼諸藥叉及彼父母兄弟男女眷屬等皆不能為害若有惱亂者即失威力不能得藥叉三昧頭破作七分如阿梨樹枝亦不能往阿拏迦嚩帝大城中住

世尊若有聲聞苾芻苾芻尼優婆塞優婆夷於此經中受持讀誦禮敬供養廣為人說彼諸羅刹及彼父母兄弟男女眷屬等皆不能為害常來親近侍奉供養若有惱亂者即失威力不能得羅刹三昧頭破作七分如阿梨樹枝亦不能往阿拏迦嚩帝大城中住真言曰

怛你也二合他呬隸呬隸護嚕護嚕喻弥喻弥羅嚩帝曳引娑嚩引二合賀引

毗沙門天王說此阿吒曩胝經已禮世尊足却住一面

尒時釋迦牟尼佛於夜分中告苾芻衆言如是此經有大威力能為明護彼毗沙門天王與無數百千藥叉眷屬放大光明照祇陁園一切境界說伽他曰

歸命大無畏　正覺三足尊　諸天以天眼
觀我無所見　過去未來佛　三世慈悲主
一一正徧知　我今歸命禮

說此偈已而白佛言有諸聲聞苾芻苾芻尼優婆塞優婆夷於曠野林間樹下經行坐卧有諸藥叉非人之類有信佛言者有少信者有極惡不信者惱亂有情令不安隱說此經典利樂衆生汝諸苾芻諦聽諦聽此經真實有大威力能為救護乃至天人常得密護汝當受持廣宣流布說是語已天龍藥叉人非人等皆大歡喜信受奉行

佛說毗沙門天王經

佛說毗沙門天王經

校勘記

一　底本，金藏廣勝寺本。

一　四五四頁中一行至本頁下二〇行序文，諸本無。

一　四五四頁下二一行經名，石作「佛說毗沙門天王經一卷」。

一　四五四頁下二二行譯者，資、普作「西天譯經三藏朝散大夫試鴻臚卿明教大師臣法天奉詔譯」；磧、南作「朝散大夫試鴻臚卿明教大師臣法天奉詔譯」；徑、清作「宋朝散大夫試鴻臚卿明教大師法天奉詔譯」。

一　四五五頁中一行第四字「頂」，資、磧、普、南、徑、清無。

一　四五五頁中一二行第五字「身」，磧、普、南作「我」。

一　四五六頁中三行第一三字「月」，徑無。

一　四五六頁中末行末字「供」，徑作

「恭」。

一 四五六頁下一八行首字「芻」，資、磧、普、南、徑、清作「苾芻」。

一 四五七頁上六行「三昧」，磧作「三時」。

大宋新譯三藏聖教序　二　唐　八

御製

大矣哉我佛之教也化導群迷闡揚
宗性廣博宏辯英彥莫能究其旨精
微妙說庸愚豈可度其源義理幽玄
眞空莫測包括萬象譬喻無垠綜法
網之紀綱演無際之正教拔四生於
苦海譯三藏之祕言天地變化乎陰
陽日月盈虧乎寒暑大則說諸善惡
細則比於恒沙含識萬端弗可盡述
若窺像法如影隨形離六情以長存
歷千劫而可久須彌納藏於芥子如
來坦蕩於無邊達磨西來法傳東土
宣揚妙理順從指歸彼岸菩提愛河
生滅用行於五濁惡趣拯溺於三業
途中經垂世以難窮道無私而永泰
靈山貝葉若銀臺之耀日歲月煙蘿
起香界之自遠巍巍罕測杳杳難名
所以道資十聖德被三賢至道起於
乾元衆妙生乎太易摠攀形類寂鑿
昏明絕彼是非開玆蒙昧有西域法
師天息災等常持四忍早悟三乘翻
貝葉之眞詮續人天之聖教芳猷重
啓運偶昌時潤五聲於文章暢四始
於風律堂堂容止穆穆輝華曠劫而
昏墊重明玄門昭顯執範而彌光妙
法淨界騰音利益有情俱登覺岸無
成障礙救諸疲羸冥昧慈悲浩汗物
表柔伏貪很啓滌昏愚演小乘聲聞
合其儀論大乘正覺立其性含靈悟
而蒙福藏教缺而重興幻化迷途火
宅深喻雖設其教不知者多瞀念生
而無量潛臻惡業與而隨緣皆墮調
御四衆積行十方澍花雨於金輪護
恒沙於玉闕有頂之風不可壞無際
之水弗能漂澄寂湛然圓明清淨之
智慧性空無染妄想解脫之因緣可
以離煩惱於心田可以得清涼於宇
宙朕懃非博學釋典微閑豈堪序文
以示來者如摩螢爝火不足比之於
皎日將徹蠡量海未能窮盡於深淵
者哉

聖多羅菩薩梵讚

西天譯經三藏朝散大夫試鴻臚卿傳法大師臣施護奉詔譯

曩莫入薩多二合引嚩引囉引怛曩二合吽鉢娑誐嚩帝

嚩囉提引惹曳引袮嚩乃怛踰二合
囉儗孕二合捺囉二合引袮跋訖帝二合鉢
囉二合拏摩引矩攞引地也引二合曩多
路攞袒拏摩尼摩踰二合砌多引旦引
多建引多鉢囉二合婆惹引攞迦引
黎荼播引難引役哈具囉薩婆引囉
姤野引蘭拏二合晚引多哩誐二合姤多
引哩多引尸沙路建引多囉引隸摩護
鉢捺囉二合嚩伽引多曩引踰你也二合
帝引嚩引摩播引屋娑他二合布蘭拏
二合悉帝寅二合袮嚩囉引謨那魯沒
特二合黎博乞义二合你攞引魯攞建
引多引攞建引帝引訖哩二合播引尾
瑟吒二合喞帝引波囉引囉他二合鉢
囉二合沒哩二合帝引設囉拏曳二合嚩
囉袮引尾泊訖怛也二合曩摩引弥
鉢囉二合細那引努劍波莎鉿引悉多
佉囉曩枯囉引誐囉二合鼻昇摩引毗
伽引多捺尾二合䭾引頻那滿帝引婆
供婆引娑體二合摩娑底二合瑟迦二合
半迦蹉攞鞭切身訖多二合囉訖多二合
蹉吒引播引吒引攞引怛演二合多婆引
濕嚩二合蹉吒朗尾舍引攞引寫嚩沒

囉二合娑他二合囉訖多引二合捺囉二合娑
引嚂誐鈴引薩佉朗佉囉伽二合囉沒
特二合曩滿怛囉二合悉多引囉拏也
二合摩引鑁誐補旦入嚩二合攞捺皐
二合摩你哩冒二合摩迦引攞引曩攞
引囉唧二合囉入嚩二合朗旦鉢囉二合
袮鉢旦引二合多你去聲怛囉二合捺嚩二合
野婆引酥嚂具囉能瑟吒囉二合迦
囉攞引曩喃尾娑普二合蘭旦你旦引
多鉢囉二合焚具拏蜜哩二合儗孕香捺
囉二合夠䭾引囉凍二合誐囉二合散旦
嚩你去迦引多囉婆怛嚩三合捺虞二合
屋所切伽引努惹引多婆蜜哩二合帝
鉢設底娑眈二合毗旦怛剎祓你室左
二合朗泊訖底二合欲訖多二合鉢囉二合
摩引曩誐黎多迦引囉吒那引曩
播引曩引怛囉二合袮演引二合多悖凌
二合誐引嚩黎去目訖多二合囉鄰二合
迦引囉曩引那引呬多骨嚕二合䭾
吠虞左囉滿捺囉二合儗鼻囉建吒
特嚩二合你特喚二合多部弥陁蘭多
囉你二合供祖那囉引波引多伽引
翊蹉朗伽囉伽二合囉摩踰二合

摩祢瞉切身比具囉引囉嚩引迦
蘭拏二合曩怛囉二合引薩曩瑟姹引二合
鉢囉二合帝頻捺囉二合欲訖三毋怛
迦二合蘭拏二合多引攞娑多二合摩引
攞引毗你魯尾舍引魯怛鈴引誐娑
他二合攞引部誐跛誐喃二合俱舍引
虞嚕二合尾沙引拏引誐囉二合僧祖
蘭屋二合多引你去迦祢引護呬祢引嚩
訥囉嚩引二合囉屋那引嚕屋所切摩
引囉拏引踰你也二合姤比怛埵囉捺
毗二合囉婆二合踰捺跛蘭引二合多你引
怛嚩二合三毋怛囉二合婆多二合誐引怛
噸二合囉曩哩二合毗婆怛嚩三合捺虞
二合拏努婆蜜哩二合帝引室凌二合佉
攞引攞引你姤你室左二合洛剎摩引二合
達嚕引淥囉引二合野帝引鉢囉二合嚩
攞左梨多嚩引多吠引誐引賀姤度
多旨摩引嚩梨嚕䭾袮誐婆引二合誐
部嚩䭾迦引嚩達儗怛踰二合砌多引
具蘭屋二合多入嚩引二合攞滿多婆普
二合囉捺吠二合婆普二合凌昂婆普二合
吒捺吠二合屋所二合尾婆普二合咕迦
引囉尾怛囉二合婆多二合曩引哩紇

哩二合娑引訖蘭二合那賀引賀引囉
嚩引布哩多引商虎多引商尾曩引
輸你也二合且具囉迦攞波二合引曩攞引
哩唧二合入嚩二合朗旦鉢囉二合祢鉢旦
二合惹曳引祢引尾多引哩引怛也二合朗
曩引摩摩引怛嚫二合你哩二合拏佗
哩二合賀曩二合撍引埵鉢囉二合娑引
那引没没哩二合瑟致二合酥口帝引迦
嚕尾乞叉二合拏捺娑多二合鼻帝
孕二合曩蘭引俱胝攞嚩那曩尾
跛囉二合摩跛蘭二合引多尾婆薩補璨
三摩尾瑟訖哩三合多骨嚕二合馱目
訖多二合頻怛迦引二合囉嚩引多引努
尾捺喻二合捺嚩二合多引儗你二合娑
普二合囉捺尾二合娑普二合破誐尾
唧怛嚫二合誐畔昂摩賀引伽娑摩
二合嚫引誐部惹敢二合誐地波尾娑普
二合囉左所切攞吟賀鑁二合左攞捺
部二合誐娑引誐引誐囉二合僧誐曩
二合囉怛曩二合怛尾二合彭惹引攞蓋
囉引没那二合姤凍誐賛左怛頻二合拏
作訖囉二合嚩引朗摩賀引尾跛囉二合
摩俱鉢祢引鉢且二合多你去怛嚫二合

聖多羅菩薩梵讚　第七張

訖哩二合旦引多誐囉二合賀誐囉二合
娑多二合迦引魯誐囉二合難拏引努
嚕半尾嚕半尾嚕播引乞叉二合建
吒捺喻二合丁訥瑟吒二合摩引尸尾刪
你哩尾二合尸部多摩引演多摩仙
那摩引娑建二合那底丁逸切埵引摩努
娑蜜哩二合怛也二合祢引尾乞叉二合赧
曩瑟吒二合鼻底補摩引曩嚩那
曩俱賀囉你哩誐二合多吒吒賀引
酥蘭拏二合娑引怛也引二合嚩迦入嚩
引二合攞摩引軍拏黎部多嚩迦怛囉
二合跛嚕二合鑁具囉能瑟吒囉三合迦
囉引朗迦囉引瓦嚕二合特哩二合旦引
怛囉引二合嚩黎惹引攞摩引吠瑟胝
二合多摩也引二合攞嚩黎尼二合你嚩度
馱多引凝你二合鉢囉二合婆引冰誐
攞路攞嚩引朗迦囉引朗迦頻攞引
哩捺囉三合敝馱引哩赧夜引靚嚩
引喃尾馱引喃俱達婆引陁陁引喃吠
引提馱引嚩曩引娑他二合誐哩二合
呬姤誐囉二合設娑怛嚫二合尾嚩娑
怛嚫三合刎馱引囉怛喃三合三毋怛
囉二合娑演旦怛他引鉢設姤必埵訥

聖多羅菩薩梵讚　第八張

捺誐哩三合多滿怛囉二合引乂囉囉嚩
也引一合曳努祢引呬努祢引尾多引哩
引多晚引摩鉢囉二合娑引那引捺
娑二合焰乃嚩敝惹引野帝引尾
惹曩曩誐賀曩曩播引那波鉢嚫二合引
多建引多引具囉引特嚩二合酥馱
引地多引俱波囉訖旦二合多你去
怛囉二合引訥囉引魯攞嚩訖囉二合引酥
敝曩曩馱誐引怛囉二合引薩輸攞引悉
賀娑多二合引尾唧怛囉二合引欲晚引誐
娑摩引冰誐攞濕摩二合輸嚕二合嚩
入枳引唧訥祛多元誐捺喻二合底設
也引二合摩朗引嚩地數尾提數具囉俱
難拏迦惹也引二合你哩伽二合瑟吒引二合鉢
囉二合俱瑟吒引二合尾賀孕二合賽迦佗
瑟姹引二合娑摩引没哩二合怛也二合僧
誐哩二合呬也二合未嚩切身多引你去野
多引滿多迦引嚩引娑弥怛踰二合訖
底二合毗哩祢引二合尾你哩婆二合蹉演多
骨嚕二合馱引尾娑普二合嚫多薩怛
鑁二合嚫姤比憾姤捺踰二合多引娑多
二合娑迦二合囉引弥怛囉二合旦引演引
底補薩娑多二合晚引摩鉢囉二合

拏引摩引塞訖淩二合曩引摩娑枳
哩多二合喃引俱比多你哩二合鉢底
具囉吽迦引囉僧祖那曩引難毅
嚕駄切身尾多骨嚕二合馱尾囉引那
囉引訖哩二合瑟吒二合枳舍引誐囉二合
賀誐囉二合娑多二合佉娑多引二合嚩
曩輸嚕二合多給引誐薩播引瑟戹
二合鉢囉二合播引多引契洛芻祢旦
引誐伊嚩砌寅二合曩曩博乂引毗部多
引室左二合攞捺鼻二合摩迦引攞引
野娑薩淩一合佉攞引那引摩散那
引你帝引曩引哩捺囉二合枳孕二合
惹引攞迦二合獄彈引馱魯沒馱引二合
梨摩引攞引三摩引陵儗多引沒惹
二合馱曳引乃嚩乃娑孕二合你也二合
娑引誐捺紇哩二合欲誐弥引二合曩佁
惹引多訖哩二合蹉嚩也二合他引尾
訖攞二合尾部多引唧多引曩囉引
滿馱曩引誐引囉摩特曳引二合薩體
二合多引迦引攞努帶哩嚩引乞乂二合
盡去囉引沒哩二合多引祢引尾多引
哩引惹曳引滿馱喃引目乞乂二合层
攞引嚩嚩娑蜜哩二合怛也二合給引

多乞乂二合祓曩瑟吒二合鼻底訖囉
二合摩引鉢囉二合攞野波嚩曩賛拏
賛拏引你魯度多你哩度二合迦魯
努丑所切攞摩引攞引俱隸僧俱隸作
訖囉二合作訖哩二合囉底骨嚕二合囉
曩引儗孕二合捺囉二合頗怛迦引二合囉
嚩四你二合娑普二合淩虞怛迦二合哩
去補瑟波二合訥誐囉二合娑多二合尾
畔娑黔薩踰二合蹉攞怛補二合蹉馱
引囉引賀姤度多尾去唧去左野引捺
尾二合跋囉二合摩怛塔二合曩賓拏引
层去半引拏哩引訥薩多二合哩引娑
引誐哩寅二合多囉四二合多引尸引沙俱
隸引尾舍引隸娑毋祛多播引多引
攞誐哩多二合娑體二合多引嚩哩多二合
三跋蘭引二合多波哩也二合娑多二合布多
引捺哩二合帝薩埵嚩迦引多嚩祢引
尾多引哩引曩嚩鉢囉二合波也二合
帝引誐引達摩引惹引努捺伽喃
二合摩賀引部你提伊底戍嫈嚩囉
祢去惹曳惹引多吠祢去鉢囉二合謨
祢去惹誐怛囉引二合拏祢去布瑟致二合
祢沒哩二合地祢目訖底二合祢去部底

跋捺哩二合酥跋捺哩二合訖哩二合播引
捺哩二合酥賛捺囉二合引娑嚩訖哩引二合
室吠引尾濕嚩二合嚕閉去度多怛
㦽也二合特嚩二合嚕閉度嚕二合吠引
舍也引二合摩嚩蔺层引二合設囉层曳引二合
酥奔层曳二合酥鉢囉二合沒提引度
多特鑁引二合多三沒馱囉怛曩二合鉢
囉二合婆引氷誐計引尸引賀多引尸
引沙努沙尾戍馱引囉他二合嚩引儗引
濕嚩二合哩地也引二合曩踰儗去濕嚩二合
哩鉢羅二合鉢多二合嚩捺曳二合曩嚩
捺曳引二合底逮刹弥引二合嚩哩引祢引尾
帝引難拏迦娑姤二合怛囉二合弥引
帝引曩奔尾曳引二合曩路俱詰路捺
誐曩二合努刪達努阿淡覩二合昌馱
寫難曩曩左踰二合旦你惹覽沒囉二合
憾摩二合嚕捺隣二合捺囉二合尾瑟拏
嚩引三合祢毗哩鑁二合祢旦布吩多努哩
吩二合旦薩哩嚩二合路迦引尾劍嚩覽
薄訖底二合尾吩引曩左引憾娑嚩焰
怛嚩引謨伽引播引難引沒惹引羅引
達曩引多怛波二合嚕去那引曩尸
攞乞乂二合摩引地也引二合曩尾哩也引二合

聖多羅菩薩梵讚　第十二張　八字号

祢曬吠室贊引二合尾多薩哩嚩二合訥佉引多訖凌二合薩哩嚩二合薩覩怛摩薩哩嚩二合薩埵引囉他二合迦引理吟二合曩寫引摩賀婆誐嚩怛也二合阿引哩也二合多引囉引野引難拏迦婆拏二合怛囉二合三摩引鉢多二合

聖多羅菩薩梵讚

聖多羅菩薩梵讚

校勘記

一　底本，金藏廣勝寺本。

一　四六〇頁中一行至本頁下二〇行序文，石、南、徑、清無。

一　四六〇頁中二一行「蒙昧」，磧、麗作「蒙昧」。

一　四六〇頁下二一行經名，石作「聖多羅菩薩梵讚一卷」。卷末經名同。

一　四六〇頁下二二行譯者，資、磧、普、南作「西天譯經三藏朝散大夫試鴻臚卿傳教大師臣施護奉詔譯」；徑、清作「宋西天三藏朝散大夫試鴻臚卿傳教大師施護奉詔譯」。

大宋新譯三藏聖教序　八

御製

大矣哉我佛之教也化導群迷闡揚宗性廣博宏辯英彥莫能究其旨精微妙說聾愚豈可度其源義理幽玄眞空莫測包括萬象譬喻無垠綜法網之紀綱演無際之正教拔四生於苦海譯三藏之祕言天地變化乎陰陽日月盈虧乎寒暑大則說諸善惡細則比於恒沙含識萬端非可盡述若窺像法如影隨形離六情以長存歷千劫而可久須彌納藏於芥子如來坦蕩於無邊達磨西來法傳東土宣揚妙理順從指歸彼岸菩提變河生滅用行於五濁惡趣拯溺於三業途中經垂世以難窮道無私而永泰雪山貝葉若銀臺之耀目歲月煙蘿起香界之自遠巍巍罕測杳杳難名所以道資十聖德被三賢至道起於乾元衆妙生乎太易摠諸形類發鑒昏明絕彼是非開茲蒙昧有西域法師天息災等常持四忍早悟三乘翻貝葉之眞詮續人天之聖教芳猷重

啓運偶昌時潤五嚮於文章暢四始於風律堂堂容止穆穆輝華曠劫而昏墊重明玄門昭顯軌範而弥光妙法淨界騰音利益有情俱登覺岸無成障礙救諸疲羸冥昧慈悲浩汗物表柔伏貪很啓滌昏愚演小乘聲聞合其儀論大乘正覺立其性含靈悟而蒙福藏教缺而重興幻化迷途火宅深喻雖設其教不知者多善念生而無量潛臻惡業興而隨緣皆墮調御四衆積行十方澍花雨於金輪護恒沙於玉關有頂之風不可壞無際之水弗能濡澄寂湛然圓明清淨之智慧性空無染妄想解脫之因緣可以離煩惱於心田可以得清涼於宇宙朕尠非博學釋典微闌豈堪序文以示來者如麼螢爝火不足比之於皎日將微毫量海未能窮盡於深淵者哉

一切如來說佛頂輪王一百八名讚

西天譯經三藏朝散大夫試鴻臚卿傳法大師臣施護奉　詔譯

尒時一切如來說無量功德大明呪王

轉輪王一百八名即說讚曰

歸命最上師　一切世間主　恒懷大慈悲
顯揚大名稱　十力大丈夫　福德超三界
具足一切相　天人常恭敬　攝受諸衆生
與作大福聚　復名大自在　一切佛頂王
轉一切呪輪　成就正法句　聖智普通達
一切悉解脫　恒爲大主宰　出過一切天
爲大禪定像　平等視衆生　具足無邊智
無寶無不寶　無一亦無二　號曰大儀天
世所甚希有　本來寂滅相　清淨而無垢
善入無盡性　廓然無怖畏　不斷亦不破
無想亦不空　能捨於萬有　不著如虛空
妙色即空色　善相爲善瑞　寂靜常決定
善意生妙覺　爲彼天中像　自在廣無邊
功德無邊量　心口難思議　無等無等等
具像廣無邊　究竟無能勝　無邊世界中
一切皆恭敬　一切呪像主　此像未曾有
善像難有像　天眼及三眼　具寶三解脫
實語實寂靜　實法住實際　思惟妙法身
湛然常堅久　無垢性決定　風天與月天
日光及妙意　文字三文字　一呪一字玉
一智一切智　自在大自在　梵天那羅延
一佛一法相　一天居一衆　一定一相應
一切世間中　高談衆妙法　以此神通光
化光一切處　大光威德力　爲一切天主
一切佛法主　一切法智主　無盡功德聚
是名一百八

一切如來說佛頂輪王一百八名讚

一切如來說佛頂輪王一百八名讚

校勘記

一　底本，金藏廣勝寺本。

一　四六五頁中一行至本頁下二〇行序文，諸本無。

一　四六五頁下二一行經名，石作「一切如來說佛頂輪王一百八名讚一卷」；資、磧、普、南、徑作「佛說一切如來頂輪王一百八名讚」；清作「佛說一切如來頂輪王一百八名讚經」。

一　四六五頁下二二行譯者，資、磧、普作「三藏傳法大師施護奉詔譯」；南、徑、清作「宋三藏傳法大師施護奉詔譯」。

一　四六六頁中末行經名，石、清作「一切如來說佛頂輪王一百八名讚經」；徑作「佛說一切如來頂輪王一百八名讚經」。

大宋新譯三藏聖教序　八　平

御製

大矣哉我佛之教也化導群迷闡揚宗性廣博宏辯英彦莫能究其旨精微妙說庸愚豈可度其源義理幽玄眞空莫測包括萬象譬喻無垠綜法網之紀綱演無際之正教拔四生於苦海譯三藏之祕言天地變化乎陰陽日月盈虧乎寒暑大則說諸善惡細則比於恒沙含識萬端弗可盡述若窺像法如影隨形離六情以長存歷千劫而可久須彌納藏於芥子如來坦蕩於無邊達磨西來法傳東土宣揚妙理順從指歸彼岸菩提愛河生滅用行於五濁惡趣拯溺於三業途中經垂世以難窮道無私而永泰雪山貝葉若銀臺之耀目歲月緜羅起香界之自遠巍巍罕測杳杳難名所以道資十聖德被三賢至道起於乾元衆妙生乎太易總繁形類竅鑿昏明絕彼是非開茲蒙昧有西域法師天息災等常持四忍早悟三乘翻

貝葉之眞詮續人天之聖教芳猷重啓運偶昌時潤五聲於文章暢四始於風律堂堂容止穆穆輝華曠劫而皆墊重明玄門昭顯軌範而弥光妙法淨界勝音利益有情俱登覺岸無成障礙救諸疲羸冥昧慈悲浩汗物表柔伏貪俱啓滌昏愚演小乘聲聞合其儀論大乘正覺立其性含靈悟而蒙福藏教缺而重興幻化迷途火宅深喻難設其教不知者多善念生而無量潛臻惡業興而隨緣皆墮調御四衆積行十方澍花雨於金輪讃恒沙於玉關有頂之風不可壞無際之水弗能漂澄寂湛然圓明清淨之智慧性空無染妄想解脫之因緣可以離煩惱於心田可以得清涼於宇宙朕懇非博學釋典微閑豈堪序文以示來者如傑螢爝火不足比之於皎日將微蠡量海未能窮盡於深淵者哉

增慧陀羅尼經

西天譯經三藏朝散大夫試鴻臚卿傳法大師臣施護奉　詔譯

如是我聞一時大慧菩薩住須彌山

頂尒時諸天子等來詣菩薩恭敬圍繞而為聽法時有菩薩名童子相合掌恭敬白大慧菩薩惟願慈悲為我等故說增慧陀羅尼所有一切少智鈍根愚昧衆生令使得聞增彼智慧

時大慧菩薩即為宣說陀羅尼曰

怛你也二合他唵引閉祖閉祖鉢囉二合倪也二合嚩哩馱二合你惹囉惹囉弥馱引嚩哩馱二合你地哩地哩沒弟嚩哩馱二合你娑嚩二合賀引

尒時大慧菩薩說此陀羅尼已告童子相言若諸衆生智慧鈍劣根性暗昧多所忘失發志誠心於此增慧陀羅尼受持讀誦書寫供養此人速得廣大智慧明記不忘若人以此真言誦七徧或二七徧加持水三合於卯時飲日日如是飲至七箇月或八箇月自然日記千頌如不恒飲水亦能日記五百頌智慧漸增根性明利

尒時童子相菩薩及諸天人信受奉行

增慧陀羅尼經

增慧陀羅尼經

校勘記

一　底本，金藏廣勝寺本。

一　四六七頁中一行至本頁下二〇行序文，諸本無。

一　四六七頁下二一行經名，[石]作「增慧陀羅尼經一卷」。卷末經名同。

一　四六七頁下二二行譯者，[資]、[磧]、[普]作「三藏傳法大師臣施護奉詔譯」；[南]、[徑]作「宋三藏傳法大師臣施護奉詔譯」；[清]作「宋西天譯經三藏朝散大夫試鴻臚卿傳法大師施護奉詔譯」。

一　四六八頁上一三行「志誠」，[徑]、[清]作「至誠」。

大宋新譯三藏聖教序 八

御製

大矣哉我佛之教也化導群迷闡揚宗性廣博宏辯英彥莫能究其旨精微妙說庸愚豈可度其源義理幽玄真空莫測包括萬象體言無垠綜法綱之紀綱演無際之正教拔四生於苦海譯三藏之祕言天地變化乎陰陽日月盈虧乎寒暑大則說諸善惡細則比於恒沙含識萬端靡可盡述若窺像法如影隨形離六情以長有歷千劫而可久須彌納藏於芥子如來坦蕩於無邊達磨西來法傳東土宣揚妙理順從指歸彼岸菩提愛河生滅用行於五濁惡趣拯溺於三業途中經垂世以難窮道無私而永泰雪山貝葉若銀臺之耀目歲月遷蘿超香界之自遠巍巍罕測杳杳難名所以道貫十聖德被三賢至道起於乾元衆妙生乎太易總繁形類竅鑿昏明絕彼是非開茲蒙昧有西域法師天息災等常持四忍早悟三乘翻貝葉之真詮續人天之聖教芳猷重啓運偶昌時潤五聲於文章暢四始於風律堂堂容止穆穆輝華曠劫而音塵重明玄門昭顯軌範而弥光妙法淨界勝音利益有情俱登覺岸無成障礙救諸疲羸冥昧慈悲浩汗物表柔伏貪很啓發昏愚演小乘聲聞合其儀論大乘正覺立其性合靈悟而蒙福藏教缺而重興幻化迷途火宅深險雖設其教不知者多善合生而無量潛臻惡業興而隨緣皆墮調御四衆積行十方澍花雨於金輪護恒沙於玉關有頂之風不可壞無際之水弗能漂澄寂湛然圓明清淨之智慧性空無染妄想解脫之因緣可以離煩惱於心田可以得清涼於宇宙朕慙非博學釋典微聞豈堪序文以示來者如螢爝火不足比之於皎日將蠡量海未能窮盡於深淵者哉

佛說四無所畏經

西天譯經三藏朝散大夫試鴻臚卿傳法大師臣施護奉　詔譯

如是我聞一時佛在舍衛國祇樹給

孤獨園尒時世尊告諸苾芻汝等諦聽如來應正等覺成就四無所畏於大衆中轉大法輪如師子吼自在無畏時諸苾芻聞是語已五體投地頂禮佛足合掌白言云何如來四無所畏

佛告苾芻我於往昔在大衆中而作是言如來成就正等正覺如是說時沙門婆羅門魔梵天人俱發言曰此所宜說非依法教未曾見聞有如是事尒時世尊於彼衆中無驚無怖心得安樂住無所畏又復告言我身清淨諸漏已盡如是說時沙門婆羅門魔梵天人俱發言曰此所宜說非依法教未曾見聞有如是事尒時世尊於彼衆中無驚無怖心得安樂住無所畏復次告言二障雜染能障道果此障若滅聖道自現如是說時沙門婆羅門魔梵天人俱發言曰此所宜說非依法教未曾見聞有如是事尒時世尊於彼衆中無驚無怖心得安樂住無所畏

復次告言修戒定等能出生死盡諸苦報如是說時沙門婆羅門魔梵天人俱發言曰此所宜說非依法教未曾見聞有如是事尒時世尊於彼衆中無驚無怖心得安樂住無所畏佛告苾芻是名如來轉大法輪四無所畏復次苾芻亦於八大衆中具足成就四無所畏云何為八昔於一處有無數百沙門衆或住或立或行或坐手相言曰往昔佛說如是法相甚深難解未曾見聞為是為非為虚為實尒時如來聞彼言已心無怯懼身無毛竪自在無畏如山不動復次無數百婆羅門衆無數百刹帝利衆無數百居士衆無數百四天王衆無數百忉利天衆無數百魔王衆無數百梵天衆如是八衆或住或立或行或坐手相言曰往昔佛說如是法相甚深難解未曾見聞為是為非為虚為實尒時如來聞彼言已心無怯懼身無毛竪自在無畏如山不動佛言苾芻是名八部大衆之中得無所畏即說頌曰

如來自在轉法輪　皆能成就四無畏
天人魔梵及沙門　聞師章句懷猶豫
身心不動得無畏　利樂一切諸有情
令發無上菩提心　恭敬修行到彼岸

尒時諸大苾芻聞佛所說信受奉行

佛說四無所畏經

佛說四無所畏經

校勘記

一　底本，金藏廣勝寺本。

一　四六九頁中一行至本頁下二〇行序文，諸本無。

一　四六九頁下二一行經名，石作「佛說四無所畏經一卷」。卷末經名同。

一　四六九頁下二二行譯者，石作「西天譯經三藏朝散大夫試鴻臚少卿傳法大師臣施護奉詔譯」，徑、清作「宋西天譯經三藏朝散大夫試鴻臚卿傳法大師臣施護奉詔譯」。

一　四七〇頁上一七行第七字「二」，麗作「一」。

一　四七〇頁中七行第八字「爲」，石作「名」。

一　四七〇頁下四行第四字「大」，磧、南無。

大宋新譯三藏聖教序　八中

御製

大矣哉我佛之教也化導群迷闡揚宗性廣博宏辯英彥莫能究其旨精微妙說庸愚豈可度其源義理幽玄真空莫測包括萬象譬喻無垠綜法網之紀綱演無際之正教拔四生於苦海譯三藏之祕言天地變化乎陰陽日月盈虧乎寒暑大則說諸善惡細則比於恒沙含識萬端弗可盡述若窺像法如影隨形離六情以長存歷千劫而可久須彌納藏於芥子如來坦蕩於無邊達磨西來法傳東土宣揚妙理順從指歸彼岸菩提愛河生滅用行於五濁惡趣拯溺於三塗途中絕垂世以難窮道無私而永泰雪山貝葉若銀臺之耀目歲月標羅起香界之自遠巍巍罕測杳杳難名所以道貫十聖德被三賢至道起於乾元衆妙生乎太易總繁形類啟發昏明絕彼是非開茲蒙昧有西域法師天息災等常持四忍早悟三乘翻貝葉之真詮續人天之聖教芳猷重啓運偶昌時潤五聲於文章暢四始於風律堂堂容止穆穆輝華曠劫而昏墊重明玄門昭顯軌範而弥光妙法淨界騰音利益有情俱登覺岸無成障礙救諸疲羸冥昧慈悲浩汗物表柔伏貪佷啓滌昏愚演小乘聲聞合其儀論大乘正覺立其性含靈悟而蒙福藏教欽而重興幻化迷途火宅深喻雖設其教不知者多善念生而無量潛臻惡業興而隨緣皆道調御四衆積行十方榭花雨於金輪護恒沙於玉關有頂之風不可壞無際之水弗能浮澄寂湛然圓明清淨之智慧性空無染妄想解脫之因緣可以辯煩惱於心田可以得清涼於宇宙朕慙非博學釋典微閑豈堪序文以示來者如摩瑩燭火不足比之於皎日將微蠡量海未能窮盡於深淵者哉

　　　聖最勝陀羅尼經　第二張　八中

佛說聖最勝陀羅尼經

西天譯經三藏朝散大夫試鴻臚卿傳法大師臣施護奉　詔譯

如是我聞一時佛在波囉鉢多國星

左大城虞弥曩精舍過是夏已至九月二十日有一苾芻名嚩野佉曩時彼苾芻出星左大城往支那城相去四由旬於其路中見一大人身長三丈面長四尺知是文殊師利菩薩即時禮足長跪合掌白菩薩言云何現身而來至此必有因緣菩薩答言如是如是苾芻此閻浮提内諸衆生等當有病苦阿修羅迦樓羅等住須弥山王一面與諸天人手相交戰是故虛空中日月無光星辰不現天人敗已修羅獲勝時諸鬼神因斯得便化女人形惱亂衆生生諸疾病或頭痛腹痛眼耳鼻痛或生癰瘡瘰癧痔漏疥癩瘡癬或復瘫病其癰發時或隔一日二日三日四日乃至風癀瘓瘡一切惡病又閻浮提内降大風雨或寒或熱或澇或旱五穀不豊人民飢儉悉皆中夭復現虎狼師子競拏等獸侵損有情奪人精氣如是衆難競來逼惱

尒時大人說是事已告苾芻言我有聖最勝陁羅尼增長善根能除諸惡若復有人發清淨心以香花等供養三寶及諸賢聖於七晝夜潔淨齋戒誦此陁羅尼是諸衆難即得消除陁羅尼曰

曩謨婆誐嚩覩尾摩攞沒地儞鼻囉誐哩吩二合多囉引惹寫怛他誐多寫怛你也二合他尾摩羅誐哩吩二合帝尾摩羅踰你始引阿攞誐帝阿羅誐帝娑嚩引二合賀曩摩娑哩嚩二合你嚩囉拏尾瑟鈕二合毗曩薩怛二合他引誐多寫怛你也二合他引呬摩呬摩賀引摩呬娑嚩引二合賀引曩謨虞拏迦囉寫怛他引誐多寫怛你也二合他引誐誐曩引迦哩誐誐曩三婆吠誐誐曩枳哩底二合帝引娑嚩引二合賀引曩謨三滿多嚩度多摩寫怛他引誐多寫怛你也二合他引三摩曳引娑嚩二合賀引曩謨阿波囉引吩多誐引弥曩娑怛二合他引誐多寫怛你也二合他引阿摩引摩呬引娑嚩引二合賀引曩謨摩曩娑攞二合娑寫怛他引誐多寫怛你也二合他引摩曩尾戍弟鉢訥祢二合濕嚩二合哩許訥摩二合三婆吠緊迦哩呬旦迦哩曳引娑嚩引二合賀引曩謨薩哩嚩二合沒馱冒地薩怛嚩引二合喃引曩謨阿哩也二合曼祖室哩二合野怛你也二合他引惹曳引惹曳引羅麼地二合呬引摩呬引摩賀引摩呬引娑嚩引二合賀引曩謨阿哩也引二合嚩路枳帝引濕嚩二合囉寫冒地薩怛嚩二合寫怛你也二合他引誐誐曩引荼曳二合誐誐曩三婆二吠引誐誐曩摩特曳二合誐誐曩尾訖蘭二合帝引嚧賀曳二合呬娑嚩二合賀引曩謨阿哩也二合三滿多跋捺囉二合寫怛他引誐多寫怛你也二合他引呬跋捺哩二合摩賀引跋捺哩二合阿蜜哩二合多跋捺哩二合尾誐多囉惹細摩賀引尾誐多囉惹細婆嚩引二合賀引曩莫入阿哩也二合尾摩羅枳哩底二合怛寫怛他引誐多寫阿你枳哩底二合多薩哩嚩二合吩你去嚫嚩曩羅二合三婆吠嚩曩羅二合鼻捺迦哩娑嚩引二合賀引曩莫薩哩嚩二合沒馱冒地薩怛嚩引二合喃引怛你也二合他引羯多迦囉濕鼻入嚩二合羅你

曳娑嚩(引二合)賀(引)惹敢(切)婆你娑擔
(二合)婆你謨賀你奔拏哩迦(引)野娑
嚩(引二合)賀(引)謨賀難帝難娑你曳(引)
娑嚩(引二合)賀(引)努囉尾努哩曳迦(引)
羅尾訖哩(二合)帝娑嚩(引二合)賀(引)撒(引)
帝(引)娑尾(二合)你哩嚩(二合)波你曳(引)
娑嚩(引二合)賀(引)努囉尾努哩曳娑嚩
(引二合)賀(引)覽摩祖拏(引)野娑嚩(引二合)賀
(引)路枳迦路俱多囉(引)野娑嚩(引二合)
賀(引)阿倪也(二合)曩尾輸達你曳(引)
娑嚩(引二合)賀(引)馱(引)覩迦哩曳(引)娑
嚩(引二合)賀(引)弥(引)伽娑普(二合)吒曩(引)
野娑嚩(引二合)賀(引)沒囉(二合)憾弭(二合)誐
囉(二合)賀(引)野娑嚩(引二合)賀(引)薩哩嚩(二合)
迦哩摩(二合)毗始訖多(引二合)野娑嚩(引二合)
賀(引)薩哩嚩(二合)沒馱毗僧娑訖哩(三合)
多(引)野娑嚩(引二合)賀(引)曀迦室淩(二合)
誐(引)野娑嚩(引二合)賀部多(引)野娑嚩
(引二合)賀(引)阿部多(引)野娑嚩(引二合)賀(引)
薩哩嚩(引二合)訥契波舍摩(引)野娑嚩
(引二合)賀(引)

尒時文殊師利菩薩說此聖最勝陁羅尼已告苾芻言汝等依此正法儀

則每日志誠發清淨心供七比丘供養三寶及諸賢聖於初夜分作護摩燃火能除災患速得消散若有善男子善女人於此正法受持讀誦廣為人說一切諸病皆得除愈

復次文殊師利菩薩告苾芻言汝今諦聽此聖最勝陁羅尼有大明力廣利衆生於閻浮提所有國界城邑聚落匬瘋流轉令諸衆生聽聞受持若善男子善女人能於此經讀誦一徧自身病苦速得除愈若讀兩徧妻子男女所有病苦悉得除愈若讀三徧一切眷屬所有病苦悉得除愈若讀四徧一國人民所有病苦悉得除愈若讀五徧王之封境諸小國土一切人民皆獲安樂無諸疾病

復次文殊師利菩薩言今此正法利益廣大甚為希有速為流傳令諸有情獲上功德若於此經心生輕慢不為受持讀誦不為人演說流傳國界之内一切衆生如不得聽聞者彼人獲過如五逆罪是故苾芻於聖最勝陁羅尼信敬受持無令忘失彼須弥山王一面住者夫及阿修羅乾闥婆等我自調伏使閻浮提衆生獲大安樂時文殊師利說是法已忽然不現嚩野佉曩苾芻聞其所說心大歡喜信受奉行

佛說聖最勝陁羅尼經

佛說聖最勝陀羅尼經

校勘記

一　底本，金藏廣勝寺本。

一　四七二頁中一行至本頁下二〇行序文，諸本無。

一　四七二頁下二一行經名，石作「佛說聖最勝陀羅尼經一卷」。卷末經名同。

一　四七二頁下二二行譯者，資、磧、普、南作「西天譯經三藏朝散大夫試鴻臚卿傳教大師臣　施護奉詔譯」；徑、清作「宋西天譯經三藏朝散大夫試鴻臚卿傳法大師施護奉　詔譯」。

一　四七三頁上四行末字「三」，磧、普、南、徑、清作「一」。

一　四七三頁上一四行末字「漏」，徑作「瘻」。

一　四七四頁中一行「志誠」，徑、清作「至誠」。

一　四七四頁中九行「流轉」，石作「流傳」。

大宋新譯三藏聖教序　[illegible]八

御製

大矣哉我佛之教也化導群迷闡揚宗性廣博宏辯英彥莫能究其旨精微妙說庸愚豈可度其源義理幽玄眞空莫測包括萬象譬喻無垠綜法網之紀綱演無際之正教拔四生於苦海譯三藏之祕言天地變化乎陰陽日月盈虧乎寒暑大則說諸善惡細則比於恒沙含識萬端弗可盡述若窺像法而影隨形雖六情以長存歷千劫而可久須彌納藏於芥子如來坦蕩於無邊達磨西來法傳東土宣揚妙理順從指歸彼岸菩提愛河生滅用行於五濁惡趣拯溺於三業途中經垂世以難窮道無私而永泰雪山貝葉若銀臺之耀日歲月煙華起香界之自遠巍巍罕測杳杳難名所以道資十聖德被三賢至道起於乾元衆妙生乎太易總繁形類竅鑿音明絕彼是非開發蒙昧有西域法師天息災等常持四忍早悟三乘翻貝葉之眞詮續人天之聖教芳猷重啓運偶昌時潤五聲於文章暢四始於風律堂堂容止穆穆輝華曠劫而昏墊重明玄門昭顯軌範而弥光妙法淨界騰音利益有情俱登覺岸無成障礙救諸疲羸冥昧慈悲浩汗物表柔伏貪佷啓滌昏愚演小乘聲聞而蒙福藏教缺而重興幻化迷途火宅深喻雖設其教不知者多善念生而無量潛臻惡業興而隨緣皆墮調御四衆積行十方澍花雨於金輪護恒沙於玉關有頂之風不可壞無際之水弗能漂澄寂湛然圓明清淨之智慧性空無染妄想解脫之因緣可以離煩惱於心田可以得清涼於宇宙朕慙非博學釋典微開豈堪序文以示來者如爝螢爝火不足比之於皎日將微蠡量海未能窮盡於深淵者哉

佛說徧照般若波羅蜜經

西天譯經三藏朝散大夫試鴻臚卿傳法大師臣施護奉　詔譯

如是我聞一時世尊得一切如來金

剛三昧智得一切如來種種具足最上寶冠得一切如來大自在相應金剛智受三界灌頂一切如來智印乃至圓滿一切衆生所欲之願種種變化大明平等智慧毗盧遮那常住三世平等一切如來金剛身語意業稱讚一切如來

尒時世尊住欲界他化自在天宮而此宮殿以種種妙色大摩尼寶種種眞珠瓔珞種種幢幡寶蓋懸掛種種寶鈴如是具足一切莊嚴有菩薩摩訶薩衆其名曰金剛手菩薩觀自在菩薩虚空藏菩薩金剛拳菩薩發同心轉法輪菩薩識識曼孥惹菩薩破一切魔王菩薩文殊師利菩薩如是等六十八俱胝菩薩摩訶薩衆恭敬圍繞而爲説法初善中善後善其義深遠其語巧妙純一無雜具足清白宣説菩薩一切清淨法門若諸有情於欲清淨是菩薩故愛纏清淨是菩薩故一切行清淨是菩薩故見性清淨是菩薩故愛樂清淨是菩薩故貪清淨是菩薩故瞋清淨是菩薩故癡清淨是菩薩故藏清淨是菩薩故文字清淨是菩薩故意樂清淨是菩薩故觀清淨是菩薩故身清淨是菩薩故語清淨是菩薩故意清淨是菩薩故色清淨是菩薩故聲清淨是菩薩故香清淨是菩薩故味清淨是菩薩故觸清淨是菩薩故於意去何一切法自性空自性清淨般若波羅蜜亦自性空自性清淨

佛告金剛手菩薩於此般若波羅蜜一切清淨法門有秘密吽字攝盡一切法

佛告金剛手菩薩一切清淨法門般若波羅蜜若人於此聽受讀誦彼人即入菩提道場所有業障報障煩惱障地獄惡趣及一切蓋纏皆悉不生一切苦惱皆悉滅盡若復有人日日受持讀誦一心思惟彼人現生得一切法平等金剛三昧得一切自在愛樂安樂入菩薩位速證佛果是故得名持金剛佛如是所説一切法行攝入祕密吽字義門

尒時徧照如來告金剛手菩薩此般若波羅蜜經説一切如來寂法菩提所謂金剛平等菩提金剛堅固義平等菩提一義法堅等菩提一切法自性清淨菩提皆是大菩提能除一切妄想等若有人聽受讀誦恭敬供養所有一切罪障皆得消除乃至得坐菩提道場速證阿耨多羅三藐三菩提如是所説一切法行攝入祕密盎字義門

尒時釋迦如來爲調伏一切惡説一切法平等最勝般若波羅蜜經貪所戲論應見其貪癡所戲論應見其癡一切法戲論應見一切法般若波羅蜜應如是知如是所説一切法行攝入祕密鉿字義門

佛告金剛手菩薩若有人於此般若波羅蜜聽聞受持讀誦憶念假使彼人殺盡三界一切衆生彼所造罪無量無邊以此持誦功德之力速得消除當證阿耨多羅三藐三菩提如是所説一切法行攝入祕密吽字義門

尒時自性清淨如來復説一切法聚集觀自在智印般若波羅蜜經世間

一切貪清淨故一切瞋清淨一切垢清淨一切罪清淨一切衆生清淨一切法清淨一切智清淨般若波羅蜜清淨

佛告金剛手菩薩若有人於此般若波羅蜜聽聞受持讀誦憶念彼人雖在一切貪欲泥中貪欲煩惱而不能染如紅蓮華淤泥不著故如是不久當成阿耨多羅三藐三菩提尒時一切三界主如來說一切如來灌頂生智藏般若波羅蜜經若施灌頂當得三界之內一切王身若施利行當得所欲之願一切圓滿若以法施速證一切平等之法若以財施於身口意一切快樂如是所說一切法行攝入秘密怛覽字義門

尒時得一切智印常持一切密法如來說一切如來住金剛智印般若波羅蜜經若受一切如來身印即成就一切如來若受語印即成就一切法門若受心印即成就一切三摩地若受金剛印即成就一切如來最上金剛身口意業佛告金剛手菩薩若有

人於此經中聽聞受持讀誦思惟彼人速得成就具足富貴速得成就金剛身口意密不久證成最上阿耨多羅三藐三菩提如是所說一切法行攝入秘密惡字義門

尒時一切法戲論如來說轉輪字般若波羅蜜經一切法無性故無相一切法無相故無作無作故無願無願故一切法本來清淨般若波羅蜜清淨如是所說一切法行攝入秘密暗字義門

尒時一切內輪如來說入大輪般若波羅蜜經若入金剛平等故亦得入一切如來輪若利金剛平等入故亦得入一切大菩薩輪若法平等入故亦得入一切法輪若入一切平等故亦得入一切輪如是所說一切法行攝入秘密嚩覽字義門

尒時一切供養儀廣大生如來說一切如來最上供養般若波羅蜜經發菩提心廣伸供養一切如來救度一切衆生令受一切如來妙法書寫供養受持讀誦復得一切如來廣大供

養如是所說一切法行攝入秘密唵字義門

尒時平等調伏一切如來說金剛手調伏一切衆生正智藏般若波羅蜜經說一切衆生平等故瞋亦平等一切衆生調伏故瞋亦調伏一切法平等故瞋亦平等一切衆生平等故金剛亦平等於意云何為菩提故如是調伏一切衆生如是所說一切法行攝入秘密娍字義門

尒時住一切法平等如來說最上一切法平等般若波羅蜜經說一切平等故般若波羅蜜亦平等一切利故般若波羅蜜亦利一切法故般若波羅蜜亦法一切業故般若波羅蜜亦業如是所說一切法行攝入秘密紇凌字義門

尒時丗主如來說一切衆生住般若波羅蜜經一切衆生如來藏即普賢大菩薩藏一切自性故即金剛藏金剛灌頂故即法藏轉一切語故即業藏作一切方便事故如是所說一切法行攝入秘密紇凌字義門

尒時無量無邊究竟如來住無邊究竟法說一切法住平等究竟金剛般若波羅蜜經般若波羅蜜無邊故一切如來亦無邊一切如來無邊故般若波羅蜜亦無邊乃至般若波羅蜜如一故一切法如一般若波羅蜜究竟故一切法亦究竟佛告金剛手菩薩若有人於此般若波羅蜜聽聞受持讀誦憶念彼人得入究竟清淨菩薩行位一切蓋障究竟不生即得名為持金剛如來如是所說一切法行攝入祕密眡焰字義門

尒時大徧照如來得一切如來祕密法悟一切戲論法說大樂不空金剛三昧平等般若波羅蜜經最上法門夲來無物無上中下若能成就一切如來菩提法樂降伏魔怨三界自在乃至救度一切衆生令得最上利樂是即名為大地菩薩如是所說一切法行攝入祕密娑鑁字義門

復次金剛手菩薩彼大菩薩乃至住在輪迴亦作一切利益度諸衆生令住方便智慧所作事業悉得清淨貪欲煩惱皆不能侵如蓮在水淤泥非染自在安樂堅固不退如是所說一切法行攝入祕密賀字義門

復次金剛手菩薩若人於此般若波羅蜜經正心思惟日日讀誦乃至隨喜聽聞是人得一切快樂復能成就金剛三昧不空大樂如是所說一切法行攝入祕密吽字義門

尒時世尊徧照如來白金剛手大祕密主言我今復說二十五種般若波羅蜜祕密法門汝今諦聽眞言曰

唵引曩謨薩哩嚩二合沒馱目地薩埵喃引

唵引目地唧多嚩日哩二合

唵引穌囉多娑怛鑁二合

唵引三滿多䟦捺囉二合左哩也二合尾部摩你

唵引阿你嚕提

唵引惹引底尾嚩哩帝二合引

唵引摩賀引囉引誐達哩弥二合引

唵引尾哩也二合迦嚩唧去

唵引薩哩嚩二合誐引弥

唵引嚩鼻二合捺哩二合荼迦嚩左唧帝引吽引

唵引薩哩嚩二合怛他引誐帝引

唵引莎婆引嚩戍提

唵引達哩摩二合多引倪也二合曩尾戍馱

唵引迦哩摩二合尾輸達你吽引

唵引你避婆嚩日哩二合叱吽發吒半音

唵引迦引摩囉引儗

唵引惹引賀嚩日哩引二合

唵引薩哩嚩二合那引曳你

唵引紇麥二合

唵引阿迦引囉目契去

唵引鉢囉二合倪也二合波引囉弥帝引惹敢切昂吽引

唵盎

唵引薩哩嚩二合怛他引誐多迦引野誐哩引二合

唵引薩哩嚩二合怛他引誐多嚩引尾輸馱你

唵引薩哩嚩二合怛他引誐多唧多嚩日哩引二合阿入

唵引三尾引誐野薩哩嚩二合薩埵喃謨乂野薩哩嚩二合播引野誐

帝引毗也二合薩哩嚩二合三摩野嚩
日囉二合吽怛囉二合吒引音
尒時世尊說此眞言已告金剛手菩
薩言如是印呪能破一切罪障能作
一切吉祥一切如來金剛祕密最上
成就若人得此持誦聽聞是即名爲
持金剛淸淨如來若有衆生於此般
若波羅蜜經受持讀誦隨喜聽聞是
人已曾於無量佛所種諸善根植衆
德本
復次金剛手菩薩若人聞此般若波
羅蜜經一四句偈得八萬俱胝那由
他恒河沙等如來恭敬供養何況解
義爲他演說彼人持經之處如佛塔
廟一切天人阿修羅等恒來作禮若
人流通此經展轉讀誦獲宿命智能
知過去俱胝劫事一切衆魔諸惡患
難皆不能侵常有四大天王及諸賢
聖而作衛護彼人臨命終時心不顚
倒一切諸佛及大菩薩俱來迎接十
方淨土隨意往生
復次金剛手菩薩如是般若波羅蜜
經聖要法門成就如是最上法行勝

妙功德佛說是經已金剛手菩薩摩
訶薩及天人阿修羅乾闥婆等皆大
歡喜信受奉行
偏照般若波羅蜜經

佛說偏照般若波羅蜜經
校勘記

一　底本，金藏廣勝寺本。
一　四七六頁中一行至本頁下二〇行序文，諸本無。
一　四七六頁下二一行經名，石作「佛說偏照般若波羅蜜經一卷」。卷末經名同。
一　四七六頁下二二行譯者，徑、淸作「宋西天三藏朝散大夫試鴻臚卿傳法大師施護奉　詔譯」。
一　四七八頁上二〇行第六字「受」，資、磧、普、南、徑、淸作「諸」。
一　四七八頁中二行第三字「得」，資、磧、普、南、徑、淸無。
一　四七八頁中一四行第六字「若」，磧、普、南、徑、淸作「若入」，一五行第九字同。又第一二字「入」，磧、南、徑、淸無，一五行第一三字同。
一　四七九頁上二二行末字「令」，麗作「一」。
一　四八〇頁中末行卷末經名，徑、淸作「佛說偏照般若波羅蜜經」。

大宋新譯三藏聖教序　八

御製　三合

大矣哉我佛之教也化導群迷闡揚宗性廣博宏辯英才莫能究其旨精微妙說庸愚豈可度其源義理幽玄眞空莫測包括萬象譬喻無垠綜法網之紀綱演無際之正教拔四生於苦海譯三藏之祕言天地變化乎陰陽日月盈虧乎寒暑大則說諸善惡細則比於恒沙含識萬端弗可盡述若窺像法如影隨形難六情以長存歷千劫而可久須彌納藏於芥子如來坦蕩於無邊達磨西來法傳東土宣揚妙理順從指歸彼岸菩提愛河生滅用行於五濁惡趣拯溺於三業途中經典出以難窮道無私而永泰靈山貝葉若銀臺之燿目歲月煙蘿起香界之自遠巍巍乎測杳杳難名所以道貫十聖德被三賢至道起於乾元衆妙生乎太易攄繁形類寂鑒昏明絕彼是非開茲蒙昧有西域法師天息災等常持四忍早悟三乘翻貝葉之眞詮續人天之聖教芳猷重啓運偶昌時潤五聲於文章暢四始於風律堂堂容止肅肅輝華曠劫而昏墊重明玄門照顯軌範而弥光妙法淨界騰音利益有情俱登覺岸無成障礙救諸疲羸冥昧慈悲浩汗物表柔伏貪假啓蒙愚演小乘聲聞合其儀論大乘正覺立其性含靈悟而蒙福藏教缺而重興幻化迷途火宅深喻雖設其教不知者多善念生而無量潛臻惡業興而隨緣皆墜謂御四衆積行十方樹花雨於金輪護恒沙於玉關有頂之風不可壞無際之水弗能漂澄寂湛然圓明清淨之智慧性空無染妄想解脫之因緣可以離煩惱於心田可以得清涼於宇宙朕慚非博學釋典微閑豈堪序文以示來者如摩螢燭火不足比之於皎日將微露量海未能窮盡於深淵著哉

佛說帝釋般若波羅蜜多心經

西天譯經三藏朝散大夫試鴻臚卿傳法大師臣施護奉詔譯

如是我聞一時佛在王舍城鷲峯山

中有無數大苾芻衆復十俱胝童子相菩薩摩訶薩

尒時世尊告帝釋天主憍尸迦此般若波羅蜜其義甚深非一非異非相非無相非取非捨非增非損非有煩惱非無煩惱非捨非不捨非住非不住非相應非不相應非煩惱非不煩惱非緣非不緣非實非不實非法非不法非有所歸非無所歸非實際非不實際憍尸迦如是一切法平等般若波羅蜜亦平等一切法寂靜般若波羅蜜亦寂靜一切法不動般若波羅蜜亦不動一切法分别般若波羅蜜亦分别一切法怖畏般若波羅蜜亦怖畏一切法了知般若波羅蜜亦了知一切法一味般若波羅蜜亦一味一切法不生般若波羅蜜亦不生一切法不滅般若波羅蜜亦不滅一切法虛空妄想般若波羅蜜亦虛空妄想色無邊般若波羅蜜亦無邊如是受想行識無邊般若波羅蜜亦無邊地界無邊般若波羅蜜亦無邊如是水界火界風界空界識界無邊般若波羅蜜亦無邊金剛平等般若波羅蜜亦平等一切法不壞般若波羅蜜亦不壞一切法性不可得般若波羅蜜亦不可得一切法性平等般若波羅蜜亦平等一切法無性般若波羅蜜亦無性一切法不思議般若波羅蜜亦不思議如是布施波羅蜜持戒波羅蜜忍辱波羅蜜精進波羅蜜禪定波羅蜜方便波羅蜜願波羅蜜力波羅蜜智波羅蜜亦不可思議三業清淨般若波羅蜜亦清淨如是般若波羅蜜其義無邊

復次憍尸迦所有十八空何等十八空內空外空內外空空空大空勝義空有爲空無爲空無際空無變異空無始空本性空自相空無相空無性空自性空無性自性空一切法空頌曰

如星如燈翳　夢幻及泡露　如電亦如雲
應作如是觀　我今略說此　般若波羅蜜
不生亦不滅　不斷亦不常　非一非多義
非來亦非去　如是十二緣　止息令寂靜
正等正覺說　恭信最上師　歸依十方佛
過現及未來　三寶波羅蜜　無量功德海
供養諸如來　大明眞秘密　眞言曰

怛你也(二合)他(引)鉢囉(二合)倪鉢羅(二合)倪摩賀(引)鉢囉(二合)倪鉢囉(二合)倪嚩婆(引)細鉢囉(二合)倪魯迦迦哩(引)阿倪也(二合)曩尾馱摩你(去)悉提(引)穌悉提悉馱(切身)覩鈐婆誐嚩帝薩哩鑁(引二合)誐遜那哩(去)跋訖帝(二合)睌婆隸(引)鉢囉(二合)娑(引)哩多賀悉帝(引二合)三摩(引)娑嚩(二合)娑迦哩悉馱(切身)悉馱(切身)没馱没馱劍波劍波左攞左攞囉(引)嚩囉(引)嚩阿(引)誐蹉阿(引)誐蹉婆誐嚩帝摩(引)尾攞莎婆嚩(引二合)賀(引)

曩謨達哩謨(二合)撩誐(二合)多寫冒地薩埵寫摩賀(引)薩埵寫摩賀(引)迦嚕尼迦寫曩謨婆那(引)鉢羅(二合)嚕祢怛寫冒地薩埵寫摩賀(引)薩埵寫摩賀(引)迦嚕尼迦寫曩謨(入)鉢囉(二合)倪也(二合)波(引)囉弥多(引)曳(引)怛你也(二合)他牟你達哩弥(二合引)僧誐囉(二合)賀達哩弥(二合)阿努誐囉(二合)賀達哩弥(二合)尾目訖多(二合)達哩弥(二合)

薩埵引努誐囉二合賀達哩弥二合吠室
囉二合嚩拏達哩弥二合三滿多引努波
哩嚩哩多二合曩達哩弥引二合虞拏誐
囉二合賀僧誐囉二合賀達哩弥引二合薩
哩嚩二合怛囉引二合努誐多達哩弥引二合
薩哩嚩二合迦引羅波哩鉢囉引二合波
拏達哩弥引二合婆嚩引二合賀引鉢囉
二合倪也二合波引囉弥多引曳引怛
你也二合他引阿佉你曩佉你阿佉
曩你佉你阿嚩羅晚馱你半那你
半那你鉢捺哩婆嚩引二合賀引
曩謨鉢囉二合倪也二合波引囉弥多
引曳引怛你也二合他引昂誐引昂誐
引曩帝囉引昂誐引曩帝曩引嚩
婆引婆昂誐引婆嚩引二合賀
曩謨鉢囉二合倪也二合波引囉弥多
引曳怛你也二合他引室哩二合曳引室
哩二合曳引牟你室哩二合曳引牟你
室哩二合野細婆嚩引二合賀引鉢囉二合
倪也二合波引囉弥多引曳引怛你
也二合他唵引嚩囉二合末隸引婆
嚩引二合賀引
曩謨鉢囉二合倪也二合波引囉袮多
引曳引怛你也二合他引唵紇凌二合室
凌二合特凌二合室噜二合帝特哩二合
帝婆蜜哩二合誐帝尾曳引惹婆
嚩引二合賀引
曩謨鉢囉二合倪也二合波引囉弥多
引曳怛你也二合他引鑁嚩哩鑁嚩哩
摩賀引鑁嚩哩度噜度噜摩賀引
度噜婆嚩引二合賀引
曩謨鉢囉二合倪也二合波引囉弥多
引曳引怛你也二合他引虎帝虎帝虎
多引設你薩哩嚩二合迦哩摩二合嚩囉
拏你婆嚩引二合賀引
曩謨鉢囉二合倪也二合波引囉弥多
引曳引怛你也二合他引唵引阿噜黎迦
婆嚩引二合賀引
曩謨鉢囉二合倪也二合波引囉弥多引
曳引怛你也二合他引唵引薩哩嚩二合
尾覩入聲婆嚩引二合賀引
曩謨鉢囉二合倪也二合波引囉弥多引
曳怛你也二合他引誐帝誐帝波引嚕
誐帝波引囉僧誐帝冐地婆嚩引二合
賀

尒時世尊說此經已帝釋天主及諸
菩薩摩訶薩天人乾闥婆阿脩羅等
一切大衆聞佛所說皆大歡喜信受
奉行

佛說帝釋般若波羅蜜多心經

乙巳歲高麗國大藏都監奉
勑雕造

佛説帝釋般若波羅蜜多心經

校勘記

一　底本，金藏廣勝寺本。四八三頁下原版殘，以麗藏本換。

一　四八一頁中一行至本頁下二〇行序文，諸本無。

一　四八一頁下二一行經名，石作「佛説帝釋般若波羅蜜多心經一卷」；資、磧、普、南作「帝釋般若波羅蜜多心經」。卷末經名同。

一　四八一頁下二二行譯者，資、磧、普、南作「西天三藏朝散大夫試鴻臚卿傳法大師臣　施護　奉　詔譯」；徑、清作「宋西天三藏朝散大夫試鴻臚卿傳法大師施護奉詔譯」。

大宋新譯三藏聖教序并

御製　八

大矣哉我佛之教也化導群迷闡揚宗性廣博宏辯英彥莫能究其旨精微妙説庸愚豈可度其源義理幽玄眞空莫測包括萬象譬喻無垠綜法綱之紀綱演無際之正教拔四生於苦海譯三藏之祕言天地變化乎陰陽日月盈虧乎寒暑大則説諸善惡細則比於恒沙含識萬端弗可盡述若窺像法如影隨形離六情以長存歷千劫而可久須彌納藏於芥子如來坦蕩於無邊達磨西來法傳東土宣揚妙理順從指歸彼岸菩提愛河生滅用行於五濁惡趣拯溺於三業途中經垂世以難窮道無私而永泰雪山貝葉若銀臺之耀日歲月煙蘿起香界之自遠巍巍罕測杳杳難名所以道資十聖德被三賢至道起於乾元象妙生乎太易總繁形類發鑿昏明絶彼是非闢玆蒙昧有西域法師天息災等常持四忍早悟三乘翻貝葉之眞詮續人天之聖教芳猷重啓運偶昌時潤五聲於文章暢四始於風律堂堂容止穆穆輝華曠劫而昏墊重明玄門昭顯執範而弥光妙法淨界騰音利益有情俱登覺岸無成障礙救諸疲羸冥昧慈悲浩汗物表柔伏貪佷啓滌昏愚演小乘聲聞合其儀論大乘正覺立其性含靈悟而蒙福藏教缺而重興幻化迷途火宅深喻雖設其教不知者多善念生而無量潛鎔惡業興而隨緣皆墮調御四衆積行十方澍花雨於金輪護恒沙於玉關有頂之風不可壞無際之水弗能漂澄寂湛然圓明清淨之智慧性空無染妄想解脫之因緣可以離煩惱於心田可以得淸涼於宇宙朕慙非博學釋典微閑豈堪序文以示來者如糜螢爝火不足比之於映日將微蠡量海未能窮盡於深淵者哉

佛説五十頌聖般若波羅蜜經

西天譯經三藏朝散大夫試鴻臚卿傳法大師臣施護奉　詔譯

如是我聞一時佛在王舍城鷲峯山

中與大苾芻衆千二百五十人俱皆
得阿羅漢諸漏已盡無復煩惱心善
解脫通達智慧如大龍王斷諸有結
去除重擔所作已辦逮得已利心得
自在
尒時佛告尊者須菩提若有善男子
善女人及諸聲聞緣覺愛樂修學無
上菩提者汝等之人於此般若波羅
蜜經聽受讀誦分別演說速獲正覺
須菩提此般若波羅蜜經具足方便
通達一切諸佛菩薩甚深法藏應如
是學如是修行須菩提若有菩薩摩
訶薩於此般若波羅蜜經隨喜聽聞
受持讀誦應如是學如是修行何以
故此經廣說一切諸佛菩薩阿耨多
羅三藐三菩提甚深法藏須菩提又
此般若波羅蜜經所有聲聞法緣覺
法菩薩法菩提分法及一切諸佛一
切般若波羅蜜法聚集攝受平等
如一
尒時須菩提白佛言世尊云何所有
聲聞法緣覺法菩薩法菩提分法及
一切諸佛一切般若波羅蜜法聚集

攝受平等如一
佛告須菩提所有布施波羅蜜持
戒波羅蜜忍辱波羅蜜精進波羅
蜜禪定波羅蜜智慧波羅蜜內空外
空內外空大空勝義空有為空無為
空無變異空無相空自相空有際空
無際空性空本性空無性空自性空
無性自性空一切法空四念處四正
斷四神足五根五力七覺支八聖道
四聖諦四無色八解脫九分法空解
脫門無相解脫門無願解脫門一切
三摩地摠持門四智五通一切如來
十力四無所畏大慈大悲十八不共
法須陁洹果斯陁含果阿那含果阿
羅漢果緣覺果菩薩一切道智如是
一切善法一切般若波羅蜜悉皆聚
集平等攝受如一無異
尒時須菩提聞佛所說白世尊言今
此經典聚集攝受一切善法一切般
若波羅蜜多平等如一甚深微妙
意趣深遠難解難知佛言須菩提如
是如是如汝所說須菩提若有不種
善根諸惡朋友鈍根懈怠無智愚癡

少解少聞初學淺識及樂小乘智慧
狹劣者於此般若波羅蜜經難解難
入而不信受汝等當知
復次須菩提若有善男子善女人於
此般若波羅蜜經隨喜聽受讀誦演
說如持過去未來現在諸佛不久速
成阿耨多羅三藐三菩提佛說是經
已尊者須菩提及諸菩薩天人阿修
羅等聞佛所說皆大歡喜信受奉行

佛說五十頌聖般若波羅蜜經

佛說五十頌聖般若波羅蜜經

校勘記

一　底本，金藏廣勝寺本。

一　四八五頁中一行至本頁下二〇行序文，諸本無。

一　四八五頁下二一行經名，石作「佛說五十頌聖般若波羅蜜經一卷」。卷末經名同。

一　四八五頁下二二行譯者，資、磧、普作「三藏大師施護奉　詔譯」；南作「宋三藏大師施護奉　詔譯」；徑、清作「宋西天譯經三藏朝散大夫試鴻臚卿傳教大師施護奉　詔譯」。

大宋新譯三藏聖教序　　八

御製

大矣哉我佛之教也化導群迷闡揚宗性廣博宏辯英彥莫能究其旨精微妙說庸愚豈可度其源義理幽玄真空莫測包括萬象譬喻無垠綜法網之紀綱演無際之正教拔四生於苦海譯三藏之祕言天地變化乎陰陽日月盈虧乎寒暑大則說諸善惡細則比於恒沙含識萬端弗可盡述若窺像法而影隨形離六情以長存歷千劫而可久須彌納藏於芥子如來坦蕩於無邊達磨西來法傳東土宣揚妙理順從指歸彼岸菩提愛河途中經垂世以難窮道無私而永泰生滅用行於五濁惡趣拯弱於三業雪山貝葉若銀臺之耀日歲月湮蘼起香界之自遠巍巍罕測杳杳難名所以道資十聖德被三賢至道起於乾元衆妙生乎太易總繫形類竅鑿眘明絕彼是非開遊蒙昧有西域法師天息災等常持四忍早悟三乘翻貝葉之真詮續人天之聖教芳猷重啓運偶昌時潤五聲於文章暢四始於風律堂堂容止穆穆輝華曠劫而昏塾重明玄門昭顯軌範而弥光妙法淨界騰音利益有情俱登覺岸無成隳凝教諸疲羸冥昧慈悲浩汗物表柔伏貪佷啓滌昏愚演小乘聲聞合其儀論大乘正覺立其性含靈悟而蒙福藏教缺而重興幻化迷途大宅深喻雖設其教不知者多善念生而無量潛臻惡業興而隨緣皆墮謂御四衆積行十方樹花雨於金輪護恒沙於玉關有頂之風不可壞無際之水弗能漂澄寂湛然圓明清淨之智慧性空無染妄想解脫之因緣可以離煩惱於心田可以得清涼於宇宙朕懃非博學釋典微開豈堪序文以示來者如蠡蠡爝火不足比之於皎日將微蠡量海未能窮盡於深淵者哉

大乘舍黎娑擔摩經

西天譯經三藏朝散大夫試鴻臚卿傳法大師臣施護奉　詔譯

如是我聞一時世尊在王舍城鷲峯

山中與大苾芻衆千二百五十人俱復有菩薩摩訶薩衆慈氏菩薩而爲上首

尒時世尊觀舍黎娑擔摩已告諸苾芻言若有苾芻於十二緣生而能見了是名見法見是法已即名見佛世尊作是說已默然而住

尒時舍利子尋作是念今我世尊說如是法當云何義云何了知即往詣慈氏菩薩所到已相見各用軟語手相問訊即與慈氏菩薩坐大石下時舍利子白慈氏言今者世尊爲諸苾芻說舍黎娑擔摩經言諸苾芻若於十二緣生而能見者是名見法見是法已即名見佛菩薩我今不解斯義何等名十二緣生云何名法云何名佛唯願菩薩略爲解說

尒時慈氏菩薩告尊者舍利子言如來法王具一切智隨宜所說甚深微妙汝今間我我今略說舍利子如世尊言若有苾芻於十二緣生而能見了是名見法若見是法即名見佛舍利子十二緣生者所謂無明緣行行緣識識緣名色名色緣六入六入緣觸觸緣受受緣愛愛緣取取緣有有緣生生緣老死憂悲苦惱如是生者即一大苦蘊生舍利子彼無明滅即行滅行滅即識滅識滅即名色滅名色滅即六入滅六入滅即觸滅觸滅即受滅受滅即愛滅愛滅即取滅取滅即有滅有滅即生滅生滅即老死憂悲苦惱滅如是滅即一大苦蘊滅舍利子世尊如是說爲十二緣生舍利子言云何名法菩薩告言聖八正道名之爲法所謂正見正思惟正語正業正命正勤正念正定舍利子是八正道果報涅盤是故世尊略說名法舍利子言云何名佛菩薩告言若知一切法名之爲佛如是得聖慧眼見菩提分法乃證法身

復次云何見十二緣如佛所說若人恒見此十二緣無生無滅無作無爲無取無著如實不顛倒寂靜無怖大聖無盡止息悉皆無性若如是見是人見法若能如是恒見無生無滅無作無爲無取無著如實不顛倒寂靜無怖大聖無盡止息見法無性彼人是見無上法身佛是得正法正智上息三昧

復次舍利子白言以何故名爲十二緣菩薩告言以有因有緣名十二緣舍利子是法亦非因非緣亦非不因緣又從緣有子今略說其相如來出生及不出生是因緣法常住平等如實非虛是真實法離顛倒故又舍利子如是緣生分爲二義何等爲二一者從因二者從緣此二種義分爲內外外緣從因所生者謂從種生芽從芽生苗從苗生莖從莖生枝從枝葉生華果若無種子即不生苗乃至華果亦無所有若有種子即生苗莖乃至華果無不有故舍利子彼種子不作念我能生芽芽亦不作念我能生苗莖如是乃至華亦不作念我能生果果亦不作念我能從華生如是外因緣從因生法可見又舍利子外因緣從緣生者謂緣六界合集故云何六界所謂地界水界火界風界虛空界時界彼地界能安立水界能滋

潤火界能溫煗風界能動搖空界能無礙時界能成就如是六界各各緣合種子得生芽苗華實無不具足如是六界一不合者種即不生乃至華實亦不可得然彼六界各無有我彼地不言我能安立水亦不言我能滋潤火亦不言我能溫煗風亦不言我能動搖空亦不言我能無礙時亦不言我能成就然彼種子不言我能生芽芽亦不言我從諸緣得生彼芽等所生非自作非他作亦非自他合有非自在天所化亦非時化亦非緣生亦不一事生亦非不因生然彼地水火風虛空時分及種子華實而彼從生不即不離無盡滅故此外緣生復有五義何者爲五謂不常不斷雖滅不盡少因多果互爲所緣云何不常謂種子與芽名別異故云何不斷謂從種有芽芽生枝葉故云何雖滅不盡雖滅者謂種壞似滅不盡者謂傳種生芽云何少因多果謂一子爲因果實繁倍云何互爲所緣謂因種有芽乃至華實相似連鎖復爲種子故

復次云何內十二緣此十二緣復有二義云何爲二謂一從因二從緣云何從因所爲因於無明乃生於行乃至生老死憂悲苦惱若無無明行亦不立乃至無老死憂悲苦惱而彼無明不作念我能生行行亦不作念我從無明生乃至生亦不作念我能生老死憂悲苦惱老死等亦不作念我從生生是謂從因所生之相云何從緣所生所謂緣於六界得和合故何等爲六謂地水火風空識此六界合時是名從緣生故云何名地界謂身堅實此名地界若身滋潤此名水界若身溫煗此名火界若出入息此名風界若身無障礙此名空界眼識乃至第八識此名識界如是等六界緣和合故乃生其身然彼地界不作念我能堅實水界亦不作念我能滋潤火界亦不作念我能溫煗風界亦不作念我能出入息空界亦不作念我能無障礙識亦不作念我能成就身亦不作念我從衆緣生然非衆緣身亦不立而彼地界無我無人無衆生無

壽命非男非女亦無自無他乃至水火風空識界亦無我無人無衆生無壽命非男非女亦無自無他又復若於如是六界而作一想凡夫想常想實想久想樂想我想人想衆生想壽命想儒動想由無智故作如是等種種之想是故說名無明由無明故即生貪慾瞋恚無明緣行行亦如是著於假名生諸妄想名識識生名色名色生六入六入生觸觸故生受受故生愛愛故生取取故生有以有故能生後蘊名生生已衰變爲老蘊敗壞故爲死以愚癡故即發生憂悲苦惱又以衆苦集聚逼切身心處大黑闇名爲無明造作爲行分別爲識安立相爲名色六根門爲六入對塵名觸得苦樂名受飢渴名愛追求名取復生業爲有後蘊生爲生蘊熟爲老彼壞爲死思懼爲憂慘切爲悲衆苦爲苦勞擾爲惱又復翻眞實爲虛妄以邪見爲正見以是無智故名無明行有三種謂福行非福行無相行作福行得福行智作非福行得非福行智

作無想行得無想行智如是乃至老死憂悲苦惱此十二緣各各有因有果非常非斷非有為不離有為非心法非盡法非滅法本來自有所生不斷譬如江河流注無絶

尒時慈氏菩薩復告舍利子言彼十二緣復以四緣增長所謂無明愛業識等彼識種子以自性為因以業為地以無明愛煩惱覆蓋識種發生彼業與識為地愛與識為滋潤無明覆蓋識得成就彼業不作念我能與識種子為地愛亦不作念我能與識種子為滋潤無明亦不作念我能與識種子為覆蓋以是緣故識種成就識亦不作念我從衆緣生復次業為識地愛為滋潤無明覆蓋種子乃生處母胎中為名色芽彼名色芽非自生非他生非自他合生亦非自在天生亦非時化生亦不從本所生亦非無因緣生是法實從父母衆緣和合得生然彼名色芽本無主亦無取捨自性因緣如虛空幻化

復次眼識所生有五種因緣何者為

五謂眼色明照虛空意念以此五緣而生眼識以眼為所住以色為所著以明得觀照以虛空得無礙是故意念起諸為作以是緣故眼識得生若眼色明照虛空意念等緣不和合眼識不生然眼不作念我能為眼識所住色亦不作念我能令識之所著明亦不作念我能令識得觀照空亦不作念我能令識無障礙意亦不作念我能令識起為作識亦不作念我能從衆緣生然眼識實從衆緣和合而生如是諸根次第所生皆亦如是

復次無有法從今世至後世但以業果因緣妄想所生又如明鏡照面面現鏡中實無面入鏡内由妄想因緣而顯現故又如滿月高處虛空去地四万二千由旬影現衆水非月沒彼而生此水亦由妄想因緣故現又如取火得薪即燃薪盡即滅

復次舍利子無有衆生從此世至後世亦非後世至此世但以業結成識種子處處得生託母胎藏生名色芽此因緣法本來無主無我無取無捨如

虛空如幻化無有實法而善惡之業報應不亡

又十二緣復以五事說何等為五謂無常不斷無減少因多果相似云何無常謂此蘊滅彼蘊生滅即非生生即非滅生滅異故故名無常云何不斷謂如秤高下此滅彼生故云不斷云何不滅謂衆生界所作因業皆不滅故云何少因多果謂凡所造因亦如事田專心勤力故獲果廣多云何相似謂所造因業不獲異報故云相似復次舍利子如佛所說若有能觀十二因緣者名為正觀正智慧云何正觀正智慧謂觀過去未來現在三世所生不作有無之想來無所從去無所至若沙門婆羅門及世間人能觀是法不生不滅無作無為無取無捨不顛倒寂靜止息無性若能如是見法寂靜了知無病無癢如晦息闇我見即除如斷多羅樹頭不復更生是得不生滅法舍利子是人獲法忍具足如來應供正等正覺明行足善逝世間解無上士調御丈夫天人師

大乘舍黎娑擔摩經　第十二張　八字號

佛世尊當爲授阿耨多羅三藐三菩
提記
爾時慈氏菩薩說是法已尊者舍利
子及天人阿修羅乾闥婆等歡喜信
受頂禮而退
大乘舍黎娑擔摩經

大乘舍黎娑擔摩經　第十三張　八字號

[illegible]

中散大夫守太僕少卿柱國賜紫金魚袋[illegible]

小王忠　張成　吳氏　共雕經八片

大乘舍黎娑擔摩經
校勘記

一　底本，金藏廣勝寺本。
一　四八八頁中一行至本頁下二〇行序文，諸本無。
一　四八八頁下二一行經名，石作「大乘舍黎娑擔摩經一卷」。卷末經名同。
一　四八八頁下二二行譯者，資、磧、普、南作「西天譯經三藏朝散大夫試鴻臚卿傳教大師臣施護奉詔譯」；徑、清作「宋西天三藏朝散大夫試鴻臚卿傳法大師施護奉詔譯」。
一　四八九頁下二行末字「上」，諸本作「止」。
一　四八九頁下一九行「果果」，磧、南作「果」。
一　四八九頁下二〇行第二字「因」，徑、清無。
一　四八九頁下二一行第二字「緣」，徑、清無。
一　四九〇頁中三行「乃生」，石作「乃至」。
一　四九一頁上一行第三字「想」，諸本作「相」。第七字同。
一　四九一頁下四行第六字「滅」，磧作「減」。
一　四九一頁下七行第四字「秤」，石作「枰」。
一　四九二頁上卷末三行小字，諸本無。

大宋新譯三藏聖教序

御製

大矣哉我佛之教也化導群迷闡揚宗性廣博宏辯英彥莫能究其旨精微妙説庸愚豈可度其源義理幽玄眞空莫測包括萬象譬喻無垠綜法網之紀綱演無際之正教拔四生於苦海譯三藏之祕言天地變化乎陰陽日月盈虧乎寒暑大則説諸善惡細則比於恒沙含識萬端弗可盡述若窺像法如影隨形離六情以長存歷千劫而可久須彌納藏於芥子如來坦蕩於無邊達磨西來法傳東土宣揚妙理順從指歸彼岸菩提愛河生滅用行於五濁惡趣拯溺於三藥途中經垂世以難窮道無私而永泰雪山貝葉若銀臺之耀日歲月煙蘿起香界之自遠巍巍罕測杳杳難名所以道資十聖德被三賢至道起於乾元衆妙生乎太易攄繁形類寂爨昏明絶彼是非開茲蒙昧有西域法師天息災等常持四忍早悟三乘翻貝葉之眞詮續人天之聖教芳猷重啓運偶昌時潤五聲於文章暢四始於風律堂堂容止穆穆輝華曠劫而昏墊重明玄門昭顯執範而弥光妙法淨界騰音利益有情俱登覺岸無成障礙救諸疲羸冥昧慈悲浩汗物表柔伏貪佷啓瀞昏愚演小乘聲聞合其儀論大乘正覺立其性含靈悟而蒙福藏教缺而重興幻化迷途火宅深喻雖設其教不知者多善念生而無量潛臻惡業興而隨緣皆墮調御四衆積行十方樹花雨於金輪讓恒沙於玉閣有頂之風不可壞無際之水弗能漂澄寂湛然圓明清淨之智慧性空無染妄想解脱之因緣可以離煩惱於心田可以得清涼於宇宙朕愬非博學釋典微聞豈堪序文以示來者如麋螢爝火不足比之於昳日將微蠡量海未能窮盡於深淵者哉

佛説諸佛經

西天譯經三藏朝散大夫試鴻臚卿傳法大師臣施護奉　詔譯

如是我聞一時佛在王舍城鷲峯山

中時尊者大目乾連食時欲至著衣持鉢將詣王城忽作是念我於今日先往色究竟天問少因緣却來乞食於是尊者大目乾連入三摩地等引譬如力士屈伸臂頃到色究竟天既至彼已與天相見以種種軟語互相問訊時尊者大目乾連乃問天言經於何時有佛世尊出現於世證無上菩提於是有百色究竟天主同聲荅言滿百千劫有佛出世證無上菩提尒時尊者大目乾連聞已信受即入三摩地譬如力士屈伸臂項從色究竟天還到王城即如常日次第乞食食畢澡漱收衣鉢已往詣佛所即以頭面禮佛雙足修敬畢已在一面坐合掌瞻仰而白佛言世尊我於今日食時欲至入三摩地往色究竟天問彼天人經於何時有佛出世證無上菩提彼百天主同聲告我滿百千劫有佛出世證無上菩提世尊我雖信受是事云何唯願世尊為我開說

尒時世尊告大目乾連汝今諦聽當為汝說大目乾連彼色究竟天主知見甚少乃謂汝言滿百千劫有佛出世證無上菩提此非正言未可深信大目乾連我念往昔最初值遇六十俱胝諸佛如來出現於世而彼諸佛住世利生或久或近各各隨緣次第入滅如是相繼復有八十俱胝佛出現於世同名妙華我於如是一一佛前發大誓願及持梵行於此佛後復有五百佛出現於世同名正梵於此佛後復有八百佛出現於世同名燃燈於此佛後復有一万五千佛同名督嚕沒出現於世於此佛後復有一千佛出現於世名號族姓各各不同我於如是佛前復發誓願修持梵行於此佛後復有六千佛出現於世同名蘇鉢囉多波於此佛後復有九万佛出現於世同名妙迦葉於此佛後復有一千佛出現於世同名為日於此佛後復有一千佛出現於世同名粲沒嚩野於此佛後復有八万佛出現於世同名時羅嚩帝於此佛後復有七万佛出現於世同名帝釋於此佛後復有一佛名德出現於世我於此佛與諸聲聞弟子同發誓願恭敬供養經于多歲於此佛後復有八十俱胝那由他辟支佛出現於世大目乾連彼辟支佛在於我前發大誓願及有轉輪聖王名曰徧照亦於我前先得值遇四十同名無能勝佛大目乾連我於德佛滅後值遇一佛亦名無能勝於此佛世我為轉輪聖王名為百號與無能勝佛聲聞弟子同發誓願恭敬供養經歷多年佛入滅後我以七寶建塔供養舍利如是修行經無量時大目乾連我於是時得證菩提

復次大目乾連彼色究竟天少知少見無能勝佛滅度之後復有一佛出現於世名曰持世後復有佛出現於世名曰持地後復有佛名大能仁出現於世後復有佛名曰妙現出興於世後復有佛名曰師子出現於世後復有佛名最上希有出現於世後復有佛名斷一切憂出現於世後復有佛名一切義成就出現於世後復有佛名曰得勝出現於世後復有佛名

佛說諸佛經　第六張　八字号

曰寶光出現於世後復有佛名曰意稱出現於世後復有佛名烏波底室囉出現於世後復有佛名底室嚕出現於世後復有佛名曰圓光出現於世後復有佛名爲月光出現於世後復有佛名曰天光出現於世後復有佛名阿提部出現於世後復有佛名阿提野輸出現於世後復有佛名無滅通出現於世後復有佛名曰最勝出現於世後復有佛名底室嚕多嚕出現於世後復有佛名曰上華出現於世後復有佛名阿哩瑟吒出現於世後復有佛名阿提部出現於世後復有佛名曰燃燈出現於世後復有佛名曰降寃出現於世後復有佛名曰金曜出現於世後復有佛名曰金光出現於世後復有佛名曰寶眼出現於世後復有佛名蓮華眼出現於世後復有佛名最上蓮華出現於世後復有佛名大蓮華出現於世後復有佛名曰蓮華出現於世後復有佛名毗婆尸出現於世後復有佛名曰尸棄出現於世後復有佛名毗舍浮

佛說諸佛經　第七張　八字号

出現於世後復有佛名拘留孫出現於世後復有佛名俱那含牟尼出現於世後復有佛名曰迦葉出現於世今我釋迦牟尼出現於世大目乾連我先發誓願於如是等諸佛以七寶華而散供養已然後方成正等正覺大目乾連彼一一佛從初發心乃至成等正覺皆是經歷無數之劫我從發心至今成佛劫數甚多不可筭計彼色究竟天少知少見汝勿生疑尒時世尊說是經已大目乾連疑心即除歡喜踴躍禮佛而退

佛說諸佛經

佛說諸佛經　校勘記

一　底本，金藏廣勝寺本。

一　四九三頁中一行至本頁下二〇行序文，諸本無。

一　四九三頁下二一行經名，石作「佛說諸佛經一卷」。卷末經名同。

一　四九三頁下二二行譯者，石作「西天譯經三藏朝散大夫試鴻臚少卿傳法大師臣　施護奉　詔譯」；資、磧、普、南作「西天三藏朝散大夫試鴻臚卿傳法大師臣　施護奉　詔譯」；徑、清作「宋西天三藏朝散大夫試鴻臚卿傳法大師施護奉詔譯」。

一　四九四頁中七行「如是」，資、磧、普、南、徑、清作「是時」。

一　四九四頁中一三行「各各」，資、磧、普、南、徑、清作「名名」。

一　四九四頁中一六行第五字「多」，資、磧、普、南、徑、清作「名」。

一　四九四頁中二〇行首字「染」，資、磧、普、南、徑、清作「深」。

一　四九四頁中二一行第六字「時」，諸本作「曀」。

大宋新譯三藏聖教序　八

御製　二合

大矣哉我佛之教也化導群迷闡揚宗性廣博宏辯英彦莫能究其旨精微妙詮庸愚豈可度其源義理幽玄眞空莫測包括萬象譬喻無垠綜法網之紀綱演無際之正教拔四生於苦海譯三藏之祕言天地變化乎陰陽日月盈虧乎寒暑大則說諸善惡細則比於恒沙含識萬端靡可盡述若窺像法如影隨形離六情以長存歷千劫而可久須彌納藏於芥子如來坦蕩於無邊達磨西來法傳東土宣揚妙理順從指歸彼岸菩提愛河生滅用行於五濁惡趣拯溺於三葉途中經垂世以難窮道無私而永泰雪山貝葉若銀臺之耀目歲月煙蘿起昏界之自遠巍巍罕測杳杳難名所以道貫十聖德被三賢至道起於乾元衆妙生乎太易摠繁形類竅鑿昏明絕彼是非開茲蒙昧有西域法師天息災等常持四忍早悟三乘翻

貝葉之眞詮續人天之聖教芳猷重啓運偶昌時潤五聲於文章暢四始於風律堂堂容止穆穆輝華曠劫而昏蟄重明玄門昭顯軌範而弥光妙法淨界騰音利益有情俱登覺岸無成障礙救諸疲羸冥昧慈悲浩汗物表柔伏貪佷啓滌昏愚演小乘聲聞合其儀論大乘正覺立其性含靈悟而蒙福藏敎缺而重興幻化迷途火宅深喻雖設其教不知者多善念生而無量潛臻惡業興而隨緣皆墮調御四衆積行十方澍花雨於金輪護恒沙於玉關有項之風不可壞無際之水弗能漂澄寂湛然圓明淸淨之智慧性空無染妄想解脫之因緣可以離煩惱於心田可以得淸涼於宇宙朕慙非博學釋典微開豈堪序文以示來者如摩螢爝火不足比之於皎日將微蠡量海未能窮盡於深淵者哉

佛說大乘戒經

西天譯經三藏朝散大夫試鴻臚卿傳法大師臣施護奉　詔譯

如是我聞一時佛在舍衛國祇樹給

孤獨園介時世尊告苾芻言有破壞戒行壽命者有斷滅善根者出家難值發精進心堅固守護若諸苾芻等於佛法中求解脫者遠離一切諸惡苦惱如佛所說寧捨身命而趣無常不得縱心犯其戒律若人捨命只壞一生若復破戒令百萬生沉淪惡道若人持戒當得見佛戒為最上莊嚴戒為最上妙香戒為歡喜勝因戒體清淨如清冷水能除熱惱戒法最大世間呪法龍虵之毒而不能侵持戒得名聞持戒獲安樂如是命終時復得生天上佛言苾芻若犯律儀譬如盲人不見衆色亦如無足不能行道遠離涅槃不到彼岸若持戒人成就一切法寶譬如賢瓶圓滿堅固能成一切珍寶如是破損珍寶散失若破律儀則捨一切善法先曾犯戒而後心欲求涅槃如去眼耳對鏡照面何所堪能佛言苾芻女人無信不可親近王恩雖勝不可恃怙水沫無實不可撮摩富貴無常不可久住色相如花須臾變異壽如熟菓不可久停急流渡船如朽屋暫住寧食毒藥不得飲酒寧入大火不得嗜慾佛說是經已時彼苾芻及諸菩薩皆大歡喜信受奉行

佛說大乘戒經

佛說大乘戒經

校勘記

一　底本，金藏廣勝寺本。

一　四九六頁中一行至本頁下二〇行序文，石、磧、南、徑、清、麗無。

一　四九六頁下二一行經名，石作「佛說大乘戒經一卷」。卷末經名同。

一　四九六頁下二二行譯者，資、磧、普、南作「西天譯經三藏傳法大師施護奉　詔譯」；徑、清作「宋西天譯經三藏朝散大夫試鴻臚卿傳法大師施護奉　詔譯」。

一　四九七頁上九行「歡喜」，磧、南、徑、清作「勸喜」。

一　四九七頁上二一行「水沫」，石、磧、清、麗作「水沬」。

一　四九七頁中一行「急流」，諸本作「如急流」。

聖六字增壽大明陁羅尼經　八

西天譯經三藏朝散大夫試鴻臚卿傳法大師臣施護奉　詔譯

如是我聞一時佛在舍衛國祇樹給孤獨園尒時尊者阿難有大疾病佛自知已即詣彼所敷座而坐告阿難曰汝今諦聽我有六字大明陁羅尼能消災患增益壽命汝若受持非但自身復令四衆苾芻苾芻尼優婆塞優婆夷長夜安隱遠離衆苦

復次阿難此六字大明陁羅尼七十七俱胝佛并六大威德師同所宣說六大師者一如來應正等覺二帝釋天主三多聞天王四持國天王五增長天王六廣目天王如是聖賢異口同音說陁羅尼曰

難底黎難底黎難覩哩(去)都摩哩半拏哩俱嚂致(引)摩度摩帝(引)娑嚩(二合引)賀(引)

佛告阿難此六字大明章句有大威力若復有人王法難中驚怖大水難中驚怖大火難中驚怖賊劫難中驚怖冤家難中驚怖衆惡難中驚怖鬪戰難中驚怖惡曜難中驚怖如是諸難害身之時一心稱念大明章句擁護某甲令得解脫作是語已是諸衆難速得消除

復次阿難若諸有情患諸疼痛頭痛項痛眼耳鼻痛牙齒舌痛脣口頰痛胷脇背痛心痛肚痛腰痛胯痛徧身疼痛及瀉痢痔瘻風黃痰癊諸惡重病如前稱念大明章句佛大威德令一切日月星曜羅漢聖賢發眞實言與某甲弟子應作擁護息除災患令得安樂所有刀劒毒藥虎狼師子蚖蛇蝮蠍諸惡禽獸皆不爲害瘧病不著亦不中夭乃至阿波娑摩囉部多毗舍左鳩盤茶等一切鬼將悉皆遠離不敢爲患

復次阿難若諸有情鬼魅所著連年積月而不捨離以此眞言加持於線繫患人手時金剛手大藥叉主以忿怒力破鬼魅頭令作七分又令大智舍利弗大神通目乾連持戒羅睺羅及汝阿難陁皆來擁護令得安隱若不尒者須弥山王離於本處大海枯

竭日月墮落大地崩裂如來應正等覺無有妄語阿難此六字大明陁羅尼神通威德得未曾有若隨喜聽聞是人恒得長壽無病衆惡不侵何況受持讀誦書寫供養是名成就最上增益之法阿難聞已信受奉行

聖六字增壽大明陁羅尼經

乙巳歲高麗國大藏都監奉
勑雕造

聖六字增壽大明陁羅尼經

校勘記

一　底本，麗藏本。

一　四九八頁上一行經名，[石]作「聖六字增壽大明陀羅尼經一卷」。卷末經名同。

一　四九八頁上二行譯者，[磧]、[南]作「西天三藏大師施護奉詔譯」；[清]作「宋西天三藏大師施護奉詔譯」。

一　四九八頁上末行「寃家」，[清]作「怨家」。

一　四九八頁中二行「章向」，[磧]、[南]、[清]作「章句」。

一　四九八頁中八行「風黃」，[清]作「風癀」。

一　四九八頁中一四行「中天」，[石]、[磧]、[南]、[清]作「中夭」。

大宋新譯三藏聖教序

御製

縣平

大矣哉我佛之教也化導群迷闡揚宗性廣博宏辯英彥莫能究其旨精微妙説庸愚豈可度其源義理幽玄眞空莫測包括萬象譬喻無垠綜法綱之紀綱演無際之正教拔四生於苦海譯三藏之祕言天地變化乎陰陽日月盈虧乎寒暑大則説諸善惡細則比於恒沙含識萬端弗可盡述若窺像法如影隨形離六情以長存歷千劫而可久須彌納藏於芥子如來坦蕩於無邊達磨西來法傳東土宣揚妙理順從指歸彼岸菩提愛河生滅用行於五濁惡趣拯溺於三業途中經垂世以難窮道無私而永泰雪山貝葉若銀臺之燿目燦月煙蘿起香界之自遠巍巍罕測杳杳難名所以道資十聖德被三賢至道起於乾元衆妙生乎太易總繁形類竅鑿昏明絶彼是非開茲蒙昧有西域法師天息災等常持四忍早悟三乘翻貝葉之眞詮續人天之聖教芳猷重啓運偶昌時潤五聲於文章暢四始於風律堂堂容止穆穆輝華曠劫而昏塾重明玄門昭顯軌範而彌光妙法淨界騰音利益有情俱登覺岸無成障礙救諸疲羸冥昧慈悲浩汗物表柔伏貪佷啓滌昏愚演小乘聲聞合其儀論大乘正覺立其性含靈悟而蒙福藏教缺而重興幻化迷途火宅深喻雖設其教不知者多善念生而無量潛臻惡業興而隨緣皆墮調御四衆積行十方澍花雨於金輪護恒沙於玉關有頂之風不可壞無際之水弗能漂澄寂湛然圓明清淨之智慧性空無染妄想解脱之因緣可以離煩惱於心田可以得清涼於宇宙朕愧非博學釋典微閑豈堪序文以示來者如麼螢爝火不足比之於皎日將微蠡量海未能窮盡於深淵者哉

佛說大乘無量壽莊嚴經卷上

西天譯經三藏朝散大夫試光祿卿明教大師臣　賢奉　詔譯

如是我聞一時佛在王舍城鷲峯山

中與大苾芻衆三萬二千人俱皆得阿羅漢具大神通其名曰尊者阿若憍陳如尊者馬勝尊者麼烝比拏尊者大名尊者跋多婆尊者稱天尊者離垢尊者妙臂尊者布闍拏枳曩尊者憍梵波提尊者優樓頻螺迦葉尊者那提迦葉尊者舍利子尊者大目乾連尊者摩訶迦栴延尊者摩訶俱絺羅尊者劫賓那尊者摩訶劍那尊者弥多羅尼子尊者阿那律尊者喜尊者緊鼻哩拏尊者須菩提尊者哩嚩帝尊者佉祢囉嚩你枳曩尊者摩賀囉倪尊者波羅野尼枳曩尊者嚩拘隸曩尊者阿難陀尊者羅睺羅尊者善來如是等三萬二千人俱

尒時尊者阿難即從座起偏袒右肩右膝著地合掌頂禮白佛言世尊如來應正等覺諸根清淨面色圓滿寶剎莊嚴如是功德得未曾有云何所行廣大妙行及過去未來諸佛所行願爲宜說佛告阿難善哉善哉汝爲利益一切衆生憐愍心能問如來微妙之義汝今諦聽善思念之如來應供正徧知今爲汝說

佛告阿難如過去無量無邊不可思議阿僧祇劫尒時有佛世尊出現於世名曰然燈如來應正等覺彼然燈佛前復有世尊出現世間名鉢囉多波野輸如來又彼佛前有佛出世名發光如來又彼佛前有佛出世名贊那曩誐囉護如來又彼佛前有佛出世名須彌劫如來又彼佛前有佛出世名月面如來又彼佛前有佛出世名無垢面如來又彼佛前有佛出世名無著如來又彼佛前有佛出世名龍主如來又彼佛前有佛出世名日面如來又彼佛前有佛出世名山響音王如來又彼佛前有佛出世名須彌峯如來又彼佛前有佛出世名金藏如來又彼佛前有佛出世名火光如來又彼佛前有佛出世名不動地如來又彼佛前有佛出世名瑠璃光如來又彼佛前有佛出世名月王如來又彼佛前有佛出世名日音如來又彼佛前有佛出世名散花莊嚴如來又彼佛前有佛出世名吉祥峯如來又彼佛前有佛出世名持海慧自在通王如來又彼佛前有佛出世名施光如來又彼佛前有佛出世名大香象光如來又彼佛前有佛出世名離一切垢如來又彼佛前有佛出世名勇猛峯如來又彼佛前有佛出世名寶光如來又彼佛前有佛出世名持多德得通如來又彼佛前有佛出世名過日月光如來又彼佛前有佛出世名最上瑠璃光如來又彼佛前有佛出世名慧花開心行出生如來又彼佛前有佛出世名大華林通王如來又彼佛前有佛出世名一月光如來又彼佛前有佛出世名破無明黑暗如來又彼佛前有佛出世名眞珠珊瑚蓋如來又彼佛前有佛出世名三乘法自在王如來又彼佛前有佛出世名師子海峯自在王如來又彼佛前有佛出世名梵音聲自在王如來又彼佛前有佛出世名世自在王如來應正等覺明行足善逝世間解無上士調御丈夫天人師佛世尊而於法中有一苾芻名曰作法信解

第一明記第一修行第一精進第一智慧第一大乘第一尒時苾芻離自本處來詣佛前頭面禮足於一面立即以伽他讚佛面色端嚴復發廣大誓願頌曰

如來微妙色端嚴　一切世間無有等
光明無量照十方　日月火珠皆隱曜
願我得佛清淨聲　法音普及無邊界
宣揚戒定精進門　通達甚深微妙法
智慧廣大深如海　內心清淨絕塵勞
超過無邊惡趣門　速到菩提究竟岸
亦如過去無量佛　威光普照衆生界
爲彼羣生大導師　度脫老死令安隱
常行布施及戒忍　精進定慧六波羅
未度有情令得度　已度之者使成佛
我以一切伸供養　百千俱胝那由他
恒河沙數佛世尊　令我成就寂滅果
復有十方諸佛刹　恒放光明照一切
殊勝莊嚴無等倫　願我成就刹羣品
所有無邊世界中　輪迴諸趣衆生類
速生我刹受快樂　不久俱成無上道
願我精進恒決定　常運慈心拔有情
度盡阿鼻苦衆生　所發弘誓永不斷

尒時世尊告阿難言彼作法苾芻說是偈已白世自在王如來我今發阿耨多羅三藐三菩提心樂求無上正等正覺唯願世尊說諸佛刹功德莊嚴若我得聞恒自修持嚴土之行尒時世自在王如來告作法苾芻言汝自思惟修何方便而能成就佛刹莊嚴苾芻白言我智慧微淺不能了知嚴刹之行如來應正徧知願爲宣說諸佛刹土莊嚴之事時世自在王如來即爲宣說八十四百千俱胝那由佛刹功德莊嚴廣大圓滿之相經於一劫方可究竟尒時阿難聞是事已白佛言世尊彼世自在王佛壽量長短云何說土經於一劫佛告阿難彼佛壽命滿四十劫阿難彼作法苾芻聞佛所說八十四百千俱胝那由他佛刹功德莊嚴之事明了通達如一佛刹即時會中頭面禮足辭佛而退往一靜處獨生思惟修習功德莊嚴佛刹發大誓願經於五劫尒時作法苾芻復詣世自在王如來所五體投地禮世尊足禮已合掌白佛言世尊如是八十四百千俱胝那由他佛刹功德莊嚴所行行願我今成就時世自在王如來告苾芻言善哉善哉汝之行願思惟究竟今正是時爲衆解說時諸菩薩聞是法已得大善利能於佛刹修習莊嚴

尒時作法苾芻聞佛聖旨偏袒右肩右膝著地合掌向佛即爲宣說世尊我發誓言願如世尊證得阿耨多羅三藐三菩提所居佛刹具足無量不可思議功德莊嚴所有一切衆生及焰摩羅界三惡道中地獄餓鬼畜生皆生我刹受我法化不久悉成阿耨多羅三藐三菩提一切皆得身眞金色

世尊我得菩提成正覺已十方世界所有衆生令生我刹如諸佛土人天之衆遠離分別諸根寂靜悉皆令得阿耨多羅三藐三菩提世尊我得菩提成正覺已十方世界所有衆生令生我刹得大神通經一念中周徧巡歷百千俱胝那由他佛刹供養諸佛深植善本悉皆令得阿耨多羅三藐

三菩提世尊我得菩提成正覺已所有衆生令生我刹一切皆得宿命通能善觀察百千俱胝那由他刼過去之事悉皆令得阿耨多羅三藐三菩提世尊我得菩提成正覺已所有衆生令生我刹一切皆得清淨天眼能見百千俱胝那由他世界麤細色相悉皆令得阿耨多羅三藐三菩提世尊我得菩提成正覺已所有衆生令生我刹一切皆得他心通善能了知百千俱胝那由他衆心心所法悉皆令得阿耨多羅三藐三菩提世尊我得菩提成正覺已所有衆生令生我刹一切皆得住正信位離顛倒想堅固修習悉皆令得阿耨多羅三藐三菩提世尊我得菩提成正覺已所有衆生令生我刹所修正行善根無量徧圓寂界而無間斷悉皆令得阿耨多羅三藐三菩提世尊我得菩提成正覺已所有衆生令生我刹離佳聲聞緣覺之位往百千俱胝那由他寶刹之内徧作佛事悉皆令得阿耨多羅三藐三菩提世尊我得菩提成正覺已所有衆生令生我刹一切皆得無邊光明而能照曜百千俱胝那由他諸佛刹土悉皆令得阿耨多羅三藐三菩提世尊我得菩提成正覺已所有衆生令生我刹命不中夭壽百千俱胝那由他刼悉皆令得阿耨多羅三藐三菩提世尊我得菩提成正覺已所有衆生令生我刹無不善名聞無量無數諸佛刹土無名無號無相無形無所稱讚而無疑謗身心不動悉皆令得阿耨多羅三藐三菩提世尊我得菩提成正覺已所有衆生求生我刹念吾名號發志誠心堅固不退彼命終時我令無數苾芻現前圍繞來迎彼人經須臾間得生我刹悉皆令得阿耨多羅三藐三菩提世尊我得菩提成正覺已所有十方無量無邊無數世界一切衆生聞吾名號發菩提心種諸善根隨意求生諸佛刹土無不得生悉皆令得阿耨多羅三藐三菩提世尊我得菩提成正覺已所有衆生令生我刹皆具三十二種大丈夫相一生令得阿耨多羅三藐三菩提世尊我得菩提成正覺已所有衆生令生我刹若有大願未欲成佛爲菩薩者我以威力令彼教化一切衆生皆發信心修菩提行普賢行寂滅行淨梵行最勝行及一切善行悉皆令得阿耨多羅三藐三菩提世尊我得菩提成正覺已所有衆生令生我刹於一切處承事供養無量百千俱胝那由他諸佛種諸善根隨意所求無不滿願悉皆令得阿耨多羅三藐三菩提世尊我得菩提成正覺已我刹土中所有菩薩皆得成就一切智慧善談諸法秘要之義不久速成阿耨多羅三藐三菩提世尊我得菩提成正覺已我居寶刹所有菩薩發勇猛心運大神通往無量無邊無數世界諸佛刹中以真珠瓔珞寶蓋幢幡衣服卧具飲食湯藥香花伎樂供養承事迴求菩提速得成就阿耨多羅三藐三菩提世尊我得菩提成正覺已我居寶刹所有菩薩發大道心欲以真珠瓔珞寶蓋幢幡衣服卧具飲食湯藥香花伎樂承事供養

他方世界無量無邊諸佛世尊而不能往我於今時以宿願力令彼他方諸佛世尊各舒手臂至我刹中受是供養令彼速成阿耨多羅三藐三菩提世尊我得菩提成正覺已我居寶刹所有菩薩隨自意樂不離此界欲以真珠瓔珞寶蓋幢幡衣服卧具飲食湯藥香花伎樂供養他方無量諸佛又復思惟如佛展臂至此受供劬勞諸佛令我無益作是念時我以神力令此供具自至他方諸佛面前一一供養尒時菩薩不久悉成阿耨多羅三藐三藐三菩提世尊我得菩提成正覺已我居寶刹所有菩薩身長十六由旬得那羅延力身相端嚴光明照曜善根具足成就阿耨多羅三藐三菩提世尊我得菩提成正覺已我居寶刹所有菩薩為諸衆生通達法藏安立無邊一切智慧斷盡諸結悉得證成阿耨多羅三藐三菩提世尊我得菩提成正覺已我居寶刹所有菩薩以百千俱胝那由他種種珎寶造作香爐下從地際上至空界常以無價栴

檀之香普薰供養十方諸佛令得速成阿耨多羅三藐三菩提世尊我得菩提成正覺已所居佛刹廣博嚴淨光瑩如鏡悉能照見無量無邊一切佛刹衆生覩者生希有心不久速成阿耨多羅三藐三菩提世尊我得菩提成正覺已我居寶刹所有菩薩晝夜六時恒受快樂過於諸天入平等趣持門身光普照無邊世界不久得成阿耨多羅三藐三菩提世尊我得菩提成正覺已所有十方無量無邊無數世界一切女人若有厭離女身者聞我名號發清淨心歸依頂禮彼人命終即生我刹成男子身悉皆令得阿耨多羅三藐三菩提世尊我得菩提成正覺已所有十方無量無邊無數佛刹聲聞緣覺聞我名號修持淨戒堅固不退速坐道場成就阿耨多羅三藐三菩提世尊我得菩提成正覺已所有十方無量無邊不可思議無等佛刹一切菩薩聞我名號五體投地禮拜歸命復得天上人間一切有情尊重恭敬親近侍奉增益功德

成就阿耨多羅三藐三菩提世尊我得菩提成正覺已所有衆生發淨信心為諸沙門婆羅門浣衣洗衣裁衣縫衣修作僧服或自手作或使人作作已迴向是人所感八十一生得最上衣隨身豐足於最後身來生我刹成就阿耨多羅三藐三菩提

佛說大乘無量壽莊嚴經卷上

譯經三藏朝散大夫試鴻臚卿傳教大師臣[illegible]奏　證梵義
[illegible]張　美
[illegible]
中散大夫守右諫議大夫柱國賜紫金魚袋臣張洎　潤文

佛說大乘無量壽莊嚴經卷上

校勘記

一 底本，金藏廣勝寺本。

一 五〇〇頁中一行至本頁下二〇行序文，石、資、磧、普、南、徑、清無。

一 五〇〇頁中八行第一三字「手」，麗作「乎」。

一 五〇〇頁下二一行「佛說」，普無。

一 五〇〇頁下二二行譯者，徑、清作「宋西天三藏朝散大夫試光祿卿明教大師法賢奉 詔譯」。卷中、卷下同。

一 五〇二頁中一一行「那由」，石、徑、清作「那由他」。

一 五〇二頁中一五行第四字「土」，磧作「上」；南作「此」。

一 五〇二頁中二〇行「處獨」，石作「獨處」。

一 五〇三頁上二行末字「通」，徑、清作「智通」。一〇行第九字同。

一 五〇三頁上八行「阿耨」，石作「阿藐」。一二行同。

一 五〇三頁下一五行「所有」，資、磧作「所存」。

一 五〇四頁上一二行「三藐」，石、資、磧、普、南、徑、清無。

一 五〇四頁下卷末譯者名錄，諸本無。

佛說大乘無量壽莊嚴經卷中　騎

西天譯經三藏朝散大夫試光祿卿明教大師臣法賢奉　詔譯

尒時作法苾芻白世尊言我得菩提成正覺已所有一切衆生聞我名號永離熱惱心得清涼行正信行得生我刹坐寶樹下證無生忍成就阿耨多羅三藐三菩提世尊我得菩提成正覺已所有十方一切佛刹諸菩薩衆聞我名號應時證得寂靜三摩地住是定已於一念中得見無量無邊不可思議諸佛世尊承事供養成就阿耨多羅三藐三菩提世尊我得菩提成正覺已所有十方一切佛刹聲聞菩薩聞我名號證無生忍成就一切平等善根住無功用離加行故不久令得阿耨多羅三藐三菩提世尊我得菩提成正覺已所有十方一切佛刹諸菩薩衆聞我名已生希有心是人即得普徧菩薩三摩地住此定已於一念中得至無量無數不可思議諸佛刹中恭敬尊重供養諸佛成就阿耨多羅三藐三菩提世尊我得菩

提成正覺已於我刹中所有菩薩或樂說法或樂聽法或現神足或往他方隨意修習無不圓滿皆令證得阿耨多羅三藐三菩提世尊我得菩提成正覺已所有十方一切佛刹聞我名者應時即得初忍二忍乃至無生法忍成就阿耨多羅三藐三菩提

尒時作法苾芻向彼佛前發如是願已承佛威神即說頌曰

我今對佛前　而發誠實願　獲佛十力身
威德無等等　復為大國王　富豪而自在
廣以諸財寶　普施於貧苦　令彼諸群生
長夜無憂惱　出生衆善根　成就菩提果
我若成正覺　立名無量壽　衆生聞此號
俱來我刹中　如佛金色身　妙相悉圓滿
亦以大慈心　利益諸群品　願我智慧光
廣照十方刹　除滅諸有情　貪瞋煩惱闇
地獄鬼畜生　悉捨三塗苦　亦生我刹中
修習清淨行　獲彼光明身　如佛普照耀
日月珠寶光　其明不可比　願我未來世
常作天人師　百億世界中　而作師子吼
如彼過去佛　所行慈愍行　廣無量無邊
俱胝諸有情　圓滿昔所願　一切皆成佛

發是大願時　三千大千界　震動徧十方
大人空界中　散南一切花　栴檀及沉水
稱讚大苾芻　願力甚希有　決定當作佛
廣利衆生界
復次阿難時作法苾芻對世自在王
如來及天人魔梵沙門婆羅門阿修
羅等發是願已住眞實慧勇猛精進
修習無量功德莊嚴佛剎入三摩地
歷大阿僧祇劫修菩薩行不生慳貪
心瞋恚心愚癡心亦無欲想瞋想癡
想色聲香味觸想心不迷亂口不瘖
瘂身不懈怠但樂憶念過去諸佛所
修善根行寂靜行遠離虛妄堅守律
儀常以愛語饒益衆生於佛法僧信
重恭敬調順柔軟依眞諦門植衆德
本了空無相無願無爲無生無滅善
護口業不譏他過善護身業不失律
儀善護意業淸淨無染所有國城聚
落男女眷屬金銀珍寶乃至色聲香
味觸等都無所著恒以布施持戒忍
辱精進禪定智慧六度之行利樂衆
生軌範具足善根圓滿所生之處有
無量無數百千俱胝那由他珍寶之

藏從地勇出攝受無量無數百千俱
胝那由他衆生發阿耨多羅三藐三
菩提心如是之行無量無邊說不能
盡復次阿難作法苾芻行菩薩行時
於諸佛所尊重恭敬承事供養未曾
間斷爲四大天王恒詣佛所恭敬禮
拜承事供養爲忉利天王恒詣佛所
恭敬禮拜承事供養爲夜摩天王兜
率天王化樂天王他化自在天王乃
至大梵天王等恒詣佛所恭敬禮拜
承事供養復次阿難處閻浮提爲轉
輪王受灌頂位及大臣官族等恒詣
佛所恭敬禮拜承事供養爲剎帝利
婆羅門等恒詣佛所恭敬禮拜承事
供養如是經無量無數百千萬億劫
親近諸佛植衆德本所集阿耨多羅
三藐三菩提
復次阿難作法苾芻行菩薩行時口
中常出栴檀之香身諸毛孔出優鉢
羅花香其香普薰無量無邊不可思
議那由他百千由旬有情聞此香者
皆發阿耨多羅三藐三菩提心復次
阿難作法苾芻行菩薩行時色相端

嚴三十二相八十種好悉皆具足復
以一切珍寶莊嚴兩臂手中恒出一
切衣服一切飲食一切幢幡一切傘
蓋一切音樂乃至一切最上所須之
物利樂一切衆生令發阿耨多羅三
藐三菩提心
尒時阿難聞佛說彼作法苾芻菩薩
之行白世尊言作法苾芻爲是過去
佛耶未來佛耶現在佛耶世尊告言
彼佛如來來無所來去無所去無生
無滅非過現未來但以酬願度生現
在西方去閻浮提百千俱胝那由他
佛剎有世界名曰極樂佛名無量壽
成佛已來於今十劫有無量無數菩
薩摩訶薩及無量無數聲聞之衆恭
敬圍繞而爲說法彼佛光明照於東
方恒河沙數百千俱胝那由他不可
稱量佛剎如是南西北方四維上下
亦復如是復次阿難彼佛無量壽若
化圓光或一由旬二由旬三由旬或百由
旬千由旬百千由旬或俱胝那由他
百千由旬乃至徧滿無量無邊無數
佛剎復次阿難今此光明名無量光

無礙光常照光不空光利益光愛樂光安隱光解脫光無等光不思議光過日月光奪一切世間光無垢清淨光如是光明普照十方一切世界天龍藥叉乾闥婆阿修羅迦樓羅緊那羅摩睺羅伽人非人等見此光明發菩提心獲利樂故佛告阿難我住一劫說此光明功德利益亦不能盡復次阿難無量壽如來有如是百千萬十萬百萬一俱胝百俱胝千俱胝緊迦囉數頻婆囉數那由他數阿由他數毗婆訶數嚩娑那數擭伽數阿僧祇數十阿僧祇數百阿僧祇數千阿僧祇數百千阿僧祇數阿摩你野數不可思議數如是無量無數聲聞之衆譬喻筭數數不能及阿難彼大目乾連神通第一三千大千世界所有一切童男童女於一晝夜悉知其數假使百千俱胝聲聞神通之力皆如大目乾連又一一聲聞壽百千俱胝那由他歲盡其壽命數彼聲聞百分之中不及一分復次阿難譬如大海深八萬四千由旬廣闊無邊假使有人

出身一毛碎爲百俱胝細如微塵以一一塵投海出水水在塵上形量亦尒如是投盡毛塵於意云何毛塵水多海中水多阿難白佛言世尊毛塵出水未及半合海水無量佛言阿難彼目乾連等聲聞之衆盡其形壽數知數者如毛塵之水數未盡者如海中水如是彼佛有如是無量不可筭數聲聞弟子又彼佛國土大富無量唯受快樂無有衆苦無地獄餓鬼畜生焰魔羅界及八難之報唯有清淨菩薩摩訶薩及聲聞之衆復次阿難彼佛國土有種種寶柱皆以百千珍寶而用莊嚴所謂金柱銀柱瑠璃柱頗梨柱眞珠柱硨磲柱瑪瑙柱復有金銀二寶柱金銀瑠璃三寶柱金銀瑠璃頗梨四寶柱金銀瑠璃頗梨眞珠五寶柱金銀瑠璃頗梨眞珠硨磲六寶柱金銀瑠璃頗梨眞珠硨磲瑪瑙七寶柱復次阿難彼佛國土復有種種寶樹根莖枝幹黃金所成花葉菓實白銀化作亦有寶樹根莖枝幹白銀所成花葉菓實瑠璃化作亦有

寶樹根莖枝幹瑠璃所成花葉菓實頗梨化作亦有寶樹根莖枝葉頗梨所成花葉菓實眞珠化作亦有寶樹根莖枝幹眞珠所成花葉菓實硨磲化作亦有寶樹根莖枝幹硨磲所成花葉菓實瑪瑙化作亦有寶樹根莖枝幹瑪瑙所成花葉菓實黃金化作亦有寶樹黃金爲根白銀爲身瑠璃爲枝頗梨爲梢眞珠爲葉硨磲爲花瑪瑙爲菓亦有寶樹白銀爲根瑠璃爲身頗梨爲枝眞珠爲梢硨磲爲葉瑪瑙爲花黃金爲菓亦有寶樹瑠璃爲根頗梨爲身眞珠爲枝硨磲爲梢瑪瑙爲葉黃金爲花白銀爲菓亦有寶樹頗梨爲根眞珠爲身硨磲爲枝瑪瑙爲梢黃金爲葉白銀爲花瑠璃爲菓亦有寶樹眞珠爲根硨磲爲身瑪瑙爲枝黃金爲梢白銀爲葉瑠璃爲花頗梨爲菓亦有寶樹硨磲爲根瑪瑙爲身黃金爲枝白銀爲梢瑠璃爲葉頗梨爲花眞珠爲菓亦有寶樹瑪瑙爲根黃金爲身白銀爲枝瑠璃爲梢頗梨爲葉眞珠爲花硨磲

為菓如是極樂世界七寶行樹復次阿難彼佛國土清淨嚴飾寬廣平正無有丘陵坑坎荊棘沙礫土石等山黑山雪山寶山金山須弥山鐵圍山大鐵圍山唯以黃金為地

尒時阿難聞是語已白世尊言四大王天忉利天依須弥山王住夜摩天等當依何住佛告阿難夜摩兜率乃至色無色界一切諸天皆依空界而住阿難白言空界無礙云何依住業因果報不可思議佛告阿難汝身果報亦不可思議衆生業報亦不可思議諸佛聖力不可思議彼佛國土雖無大海而有泉河處處交流其水或闊十由旬二十由旬三十由旬乃至百千由旬深十二由旬其水清淨具八功德出微妙聲譬如百千萬種音樂之聲徧諸佛剎一切衆生聞者適悅得大快樂又水兩岸復有無數栴檀香樹吉祥菓樹花菓恒芳光明照耀若彼衆生過此水時要至足者要至膝者乃至要至項者或要冷者溫者急流者慢流者其水一一隨衆生意令受快樂又於水中出種種聲佛聲法聲僧聲止息聲無性聲波羅蜜聲力聲無畏聲通達聲無行聲無生聲無滅聲寂靜聲大慈聲大悲聲喜捨聲灌頂聲出如是種種微妙音聲衆生聞已發清淨心無諸分別正直平等成熟善根永不退於阿耨多羅三藐三菩提心又彼佛剎其中生者不聞地獄聲餓鬼聲畜生聲夜叉聲鬪諍聲惡口聲兩舌聲殺生聲偷盜聲一切惡聲而彼衆生色相端嚴福德無量智慧明了神通自在宮殿樓閣園林池沼衣服臥具如他化自在天最上快樂之具一切豊足復次阿難彼土衆生思香花等欲供諸佛作是念時花香瓔珞塗香末香幢幡傘蓋及諸伎樂隨意即至滿佛剎中若思飲食湯藥衣服臥具頭冠耳環之具珠羅網等隨念即至亦徧佛剎又復思念摩尼寶等莊嚴宮殿樓閣堂宇房閣或大或小或高或下如是念時隨意現前無不具足

復次阿難譬如有人少有財寶對受灌頂位剎帝利王所有威勢悉皆不現又剎帝利對天帝釋前所有威勢悉皆不現又天帝釋對他化自在天所有威勢悉皆不現又他化自在天等及色無色界一切威勢對無量壽如來極樂國土悉皆不現如是彼土功德莊嚴不可思議

復次阿難彼佛國土每於食時香風自起吹動寶樹樹相振觸出微妙音演說苦空無常無我諸波羅蜜復吹樹花落於地上周徧佛剎高七人量平正莊嚴柔軟光潔行人往來足蹋其地深四指量如迦隣那觸身安樂過食時後是諸寶花隱地不現經須臾間復有風生吹樹落花布地面上如前無異初夜後夜亦復如是

復次阿難彼佛國土無其黑闇無其星曜無其日月無其晝夜無其取捨無其分別純一無雜唯受清淨最上快樂若有善男子善女人若已生若當生是人決定證於阿耨多羅三藐三菩提於意云何彼佛剎中無三種失一心無虛妄二位無退轉三善無

唐捐
復次阿難東方有恒河沙數世界諸佛如來出廣長舌相放無量光說誠實言稱讚無量壽佛不可思議功德南方亦有恒河沙數世界諸佛如來出廣長舌相放無量光說誠實言稱讚無量壽佛不可思議功德西方亦有恒河沙數世界諸佛如來出廣長舌相放無量光說誠實言稱讚無量壽佛不可思議功德北方亦有恒河沙數世界諸佛如來出廣長舌相放無量光說誠實言稱讚無量壽佛不可思議功德如是四維上下恒河沙數世界諸佛如來出廣長舌相放無量光說誠實言稱讚無量壽佛不可思議功德阿難於意云何欲令衆生聞彼佛名發清淨心憶念受持歸依供養求生彼土是人命終皆得往生極樂世界不退轉於阿耨多羅三藐三菩提
復次阿難若有善男子善女人聞此經典受持讀誦書寫供養晝夜相續求生彼刹是人臨終無量壽如來與諸聖衆現在其前經須臾間即得往生極樂世界不退轉於阿耨多羅三藐三菩提
復次阿難若有善男子善女人發菩提心已持諸禁戒堅守不犯饒益有情所作善根悉施與之令得安樂憶念西方無量壽如來及彼國土是人命終如佛色相種種莊嚴生寶刹中賢聖圍繞速得聞法永不退轉於阿耨多羅三藐三菩提
復次阿難若有善男子善女人發十種心所謂一不偷盜二不殺生三不婬欲四不妄言五不綺語六不惡口七不兩舌八不貪九不瞋十不癡如是晝夜思惟極樂世界無量壽佛種種功德種種莊嚴志心歸依頂禮供養是人臨終不驚不怖心不顛倒即得往生彼佛國土有無量無數諸佛世尊稱讚無量壽佛功德名號聞是法已永不退於阿耨多羅三藐三菩提

佛說大乘無量壽莊嚴經卷中

佛說大乘無量壽莊嚴經卷中

校勘記

一　底本，金藏廣勝寺本。
一　五〇六頁下一六行「慈心」，磧、南、徑、清作「悲心」。
一　五〇六頁下一八行第六字「悉」，普作「愍」。
一　五〇七頁上一行第一三字「徧」，徑作「變」。
一　五〇七頁中一行「勇出」，諸本作「湧出」。
一　五〇七頁下七行第七字「說」，資、磧、普、南、徑、清作「所說」。
一　五〇九頁上七行「王天」，石作「天王」。

佛說大乘無量壽莊嚴經卷下　勝刀

西天譯經三藏朝散大夫試光祿卿明教大師臣法賢奉詔譯

復次阿難，東方恒河沙數佛剎，一一剎中有無量無數菩薩摩訶薩，及無量無數聲聞之衆，以諸香花幢幡寶蓋，持用供養極樂世界無量壽佛。南方恒河沙數佛剎，一一剎中亦有無量無數菩薩摩訶薩，及無量無數聲聞之衆，以諸香花幢幡寶蓋，持用供養極樂世界無量壽佛。西方恒河沙數世界，一一佛剎亦有無量無數菩薩摩訶薩，及無量無數聲聞之衆，以諸香花幢幡寶蓋，持用供養極樂世界無量壽佛。北方恒河沙數佛剎，一一佛剎亦有無量無數菩薩摩訶薩，及無量無數聲聞之衆，以諸香花幢幡寶蓋，持用供養極樂世界無量壽佛。四維上下亦復如是，各禮佛足，稱讚佛土功德莊嚴。尒時世尊即說頌曰：

東方世界恒河沙　一一剎中無數量
菩薩聲聞發勝心　各以香花寶蓋等
持至莊嚴佛剎中　供養如來無量壽
供已禮足而稱讚　最上希有大福田
如是西南及北方　四維上下恒沙界
聲聞菩薩數亦然　皆以香花伸供養
禮足旋繞懷敬愛　復讚如來宿願深
積集功德音莊嚴　無量無邊極樂國
諸佛國界雖嚴飾　難比如來寶剎中
復以天花供養佛　花散虛空爲傘蓋
縱廣量等百由旬　色相莊嚴無有比
徧覆如來寶剎中　互相慶慰生歡喜
曾於過去百千劫　積集無量衆善根
捨彼輪迴三有身　今至解脫清淨剎
尒時彼佛無量壽　化導他方菩薩心
密用神通化大光　其光從彼面門出
三十六億那由他　普照俱胝千佛剎
如是人天普照已　即入如來頂髻中
時會一切諸衆生　敬歎佛光未曾有
各各俱發菩提心　願出塵勞登彼岸

尒時世尊說此偈已，會中有觀自在菩薩即從座起，合掌向佛而作是言：世尊以何因緣，無量壽佛於其面門放無量光，照諸佛剎？唯願世尊方便解說，令諸衆生及他方菩薩聞是語

已生希有心於佛菩提志樂趣求入
不退位

尒時世尊告觀自在菩薩言汝今諦聽吾爲汝說彼佛如來於過去無量無邊阿僧祇刧前爲菩薩時發大誓言我於未來成正覺時若有十方世界無量衆生聞我名號或頂禮憶念或稱讚歸依或香花供養等如是衆生速生我刹見此光明即得解脫若諸菩薩見此光明即得受記證不退位手持香花及諸供具往十方界無邊淨刹供養諸佛而作佛事增益功德經須臾間復還本土受諸快樂是故光明而入佛頂

復次阿難無量壽佛應正等覺所有菩提之樹高一千六百由旬四布枝葉八百由旬根入土際五百由旬花菓敷榮作無量百千珍寶之色於其樹上復以月光摩尼寶帝釋摩尼寶如意摩尼寶持海摩尼寶大緑寶莎悉帝迦寶愛寶瓔珞大緑寶瓔珞紅眞珠瓔珞青眞珠瓔珞及金銀寶網等種種莊嚴

復次阿難每於辰時香風自起吹此寶樹樹相敲觸出微妙音其聲普聞無量世界衆生聞者無其耳病乃至成就阿耨多羅三藐三菩提若有衆生見此樹者乃至成佛於其中間不生眼病若有衆生聞樹香者乃至成佛於其中間不生鼻病若有衆生食樹菓者乃至成佛於其中間舌亦無病若有衆生樹光照者乃至成佛於其中間身亦無病若有衆生觀想樹者乃至成佛於其中間心得清淨遠離貪等煩惱之病佛告阿難如是佛刹花菓樹木與諸衆生而作佛事皆是彼佛過去大願之所攝受

復次阿難彼佛刹中所有現在及未來生一切菩薩摩訶薩一生令得阿耨多羅三藐三菩提若有菩薩以宿願故入生死界作師子吼利益有情我令隨意而作佛事

復次阿難彼佛刹中一切菩薩及諸聲聞身相端嚴圓光熾盛周迴照耀百千由旬有二菩薩身光遠照三千大千世界阿難白言此二菩薩有大

身光其名云何佛告阿難二菩薩者一名觀自在二名大精進現居此界作大利樂命終之後當生彼國

復次阿難彼佛刹中一切菩薩容貌柔和相好具足禪定智慧通達無礙神通威德無不圓滿深入法門得無生忍諸佛祕藏究竟明了調伏諸根身心柔軟安住寂靜大乘涅槃深入正慧無復餘習依佛所行七覺聖道修行五眼照眞達俗辯才摠持自在無礙善解世間無邊方便所言誠諦深入義味度諸有情演說正法三界平等離諸分別無相無爲無因無果無取無捨無縛無脫遠離顛倒堅固不動如須弥山智慧明了如日月朗廣大如海出功德寶熾盛如火燒煩惱薪忍辱如地一切平等清淨如水洗諸塵垢如虛空無邊不障一切故如蓮花出水離一切染故如雷震響出法音故如雲靉靆降法雨故如風動樹發菩提芽故如牛王聲異衆牛故如龍象威難可測故如良馬行乘無失故如師子坐離怖畏故如尼

掬擲裂復除大故如須弥山八風不動故如金剛杵破邪山故如梵王身生梵衆故如金翅鳥食毒龍故如空中禽無住處故如慈氏觀法界等故如是菩薩徧滿佛刹吹法螺竪法幢擊法皷然法燈離過清淨無迷無失手中出生花鬘瓔珞塗香抹香一切供具持往百千俱胝那由他佛刹供養諸佛復於手中別出寶花撒虛空中化成寶蓋廣十由旬或二十由旬乃至百千由旬徧諸佛刹經須臾間還來本國無愛無著無取無捨身心寂靜

佛告阿難此諸菩薩我土五濁之所無有經百千俱胝劫說不能盡

佛告阿難吾今此土所有菩薩摩訶薩已曾供養無量諸佛植衆德本命終之後皆得生於極樂世界阿難汝起合掌面西頂禮尒時阿難即從座起合掌面西頂禮之間忽然得見極樂世界無量壽佛容顔廣大色相端嚴如黃金山又聞十方世界諸佛如來稱揚讚歎無量壽佛種種功德阿

難白言彼佛淨刹得未曾有我亦願樂生於彼土世尊告言其中生者菩薩摩訶薩已曾親近無量諸佛植衆德本汝欲生彼應當一心歸依瞻仰作是語時無量壽佛於手掌中放無量光照于東方百千俱胝那由他佛刹於此世界所有黑山雪山金山寶山目真隣陁山摩訶目真隣陁山須弥山鐵圍山大鐵圍山大海江河叢林樹木及天人宮殿一切境界無不照見譬如日出明照世間亦復如是尒時會中苾芻苾芻尼優婆塞優婆夷天龍藥叉乾闥婆阿修羅迦樓羅緊那羅摩睺羅伽人非人等皆見極樂世界種種莊嚴及見無量壽如來聲聞菩薩圍繞恭敬譬如須弥山王出于大海尒時極樂世界過於西方百千俱胝那由他國以佛威力如對目前又見彼土清淨平正譬如海面無有丘陵山谷草木雜穢唯是衆寶莊嚴聖賢共住

復次阿難又彼無量壽佛與諸菩薩聲聞之衆亦皆得見我身及娑婆世

界菩薩聲聞人天之衆

尒時世尊告慈氏菩薩言汝見極樂世界功德莊嚴宮殿樓閣園林臺觀流泉浴池不慈氏汝見欲界諸天上至色究竟天雨種種香花徧滿佛刹作莊嚴不汝見菩薩聲聞淨行之衆而作佛聲演說妙法一切佛刹皆得聞聲獲利樂不汝見百千俱胝衆生遊處虛空宮殿隨身不慈氏菩薩白佛言世尊如佛所說一一皆見慈氏白言云何此界一類衆生雖亦修善而不求生佛告慈氏此等衆生智慧微淺分別西方不及天界是以非樂不求生彼慈氏白言此等衆生虛妄分別不求佛刹何免輪迴佛言慈氏極樂國中有胎生不慈氏白言不也世尊其中生者譬如欲界諸天居五百由旬宮殿自在遊戲何有胎生世尊此界衆生何因何緣而處胎生佛言慈氏此等衆生所種善根不能離相不求佛慧妄生分別深著世樂人間福報是故胎生若有衆生以無相智慧植衆德本身心清淨遠離分別

求生淨刹趣佛菩提是人命終剎那
之間於佛淨土坐寶蓮花身相具足
何有胎生慈氏汝見愚癡之人不種
善根但以世智聰辯妄生分別增益
邪心云何出離生死大難復有衆生
雖種善根供養三寶作大福田取相
分別情執深重求出輪迴終不能得
佛告慈氏譬如受灌頂位剎帝利王
置一大獄於其獄內安置殿堂樓閣
鉤欄窻牖牀榻座具皆以珍寶嚴飾
所須衣服飲食無不豐足尒時灌頂
王驅逐太子禁閉獄中復與錢財珍
寶羅紈匹帛恣意受用
佛告慈氏於意云何彼太子得快樂
不慈氏白言不也世尊彼中雖有堂
殿樓閣飲食衣服錢帛金寶隨意受
用身閉牢獄心不自在唯求出離佛
告慈氏若灌頂王不捨其過彼諸大
臣長者居士等可令太子免禁獄不
慈氏白言王既不捨云何得出佛言
如是如是彼諸衆生雖復修福供養
三寶虛妄分別求人天果得報之時
所居器界宮殿樓閣衣服臥具飲食

湯藥一切所須悉皆豐足而未能出
三界獄中常處輪迴而不自在假使
父母妻子男女眷屬欲相救免終不
能出邪見業王無能捨離若諸衆生
斷妄分別植諸善本無相無著當生
佛刹永得解脫慈氏菩薩白佛言世
尊今此娑婆世界及諸佛剎有幾多
菩薩摩訶薩得生極樂世界見無量
壽佛成就阿耨多羅三藐三菩提
佛言慈氏我此娑婆世界有七十二
俱胝那由他菩薩摩訶薩已曾供養
無量諸佛植衆德本當生彼國親近
供養無量壽佛成就阿耨多羅三藐
三菩提
復次阿難難忍佛剎有十八俱胝那
由他菩薩摩訶薩生彼國土寶藏佛
剎有九十俱胝那由他菩薩摩訶薩
生彼國土火光佛剎有二十二俱胝那
由他菩薩摩訶薩生彼國土無量光
佛剎有二十五俱胝那由他菩薩摩
訶薩生彼國土世燈佛剎有六十俱
胝那由他菩薩摩訶薩生彼國土龍
樹佛剎有一千四百菩薩摩訶薩生

彼國土無垢光佛剎有二十五俱胝
那由他菩薩摩訶薩生彼國土師子
佛剎有一千八百菩薩摩訶薩生彼
國土吉祥峯佛剎有二千一百俱胝
那由他菩薩摩訶薩生彼國土仁王
佛剎有一千俱胝那由他菩薩摩訶
薩生彼國土花幢佛剎有一俱胝菩
薩摩訶薩生彼國土光明王佛剎有
十二俱胝菩薩摩訶薩生彼國土得
無畏佛剎有六十九俱胝那由他菩
薩摩訶薩生彼國土悉皆親近供養
無量壽佛不久當成阿耨多羅三藐
三菩提佛言慈氏如是功德莊嚴極
樂國土滿彼筭數無量之劫說不能
盡若有善男子善女人得聞無量壽
佛名號發一念信心歸依瞻禮當知
此人非是小乘於我法中得名第一
弟子
佛告慈氏若有苾芻苾芻尼優婆塞
優婆夷天龍藥叉乾闥婆阿修羅迦
樓羅緊那羅摩睺羅伽人非人等於
此經典書寫供養受持讀誦爲他演
說乃至於一晝夜思惟彼剎及佛身

功德此人命終速得生彼成就阿耨多羅三藐三菩提

復次慈氏今此經典甚深微妙廣利衆生若有衆生於此正法受持讀誦書寫供養彼人臨終假使三千大千世界滿中大火亦能超過生彼國土是人已曾值過去佛受菩提記一切如來同所稱讚無上菩提隨意成就

佛言慈氏佛世難值正法難聞如來所行亦應隨行於此經典作大守護為諸有情長夜利益莫令衆生墮在五趣莊嚴獄中令諸有情種修福善求生淨刹尒時世尊而說頌曰

若不往昔修福慧　於此正法不能聞
已曾供養諸如來　是故汝等聞斯義
聞已受持及書寫　讀誦讚演并供養
如是一心求淨方　決定往生極樂國
假使大火滿三千　及彼莊嚴諸牢獄
如是諸難悉能超　皆是如來威德力
彼佛利樂諸功德　唯佛與佛乃能知
聲聞緣覺滿世間　盡其神力莫能測
假使長壽諸有情　命住無數俱胝劫
稱讚如來功德身　盡其形壽讚無盡
大聖法王所說法　利益一切諸羣生
若有受持恭敬者　佛說此人眞善友

尒時世尊說此法時有十二俱胝那由他人遠塵離垢得法眼淨八百苾芻漏盡意解心得解脫天人衆中有二十二俱胝那由他人證阿那含果復有二十五俱胝人得法忍不退復有四十俱胝百千那由他人發阿耨多羅三藐三菩提心種諸善根皆願往生極樂世界見無量壽佛復有十方佛刹若現在生及未來生見無量壽佛者各有八萬俱胝那由他人得然燈佛記名妙音如來當得阿耨多羅三藐三菩提彼諸有情皆是無量壽佛宿願因緣俱得往生極樂世界佛說是語時三千大千世界六種震動雨諸香花積至于膝復有諸天於虛空中作妙音樂出隨喜聲乃至色界諸天悉皆得聞歎未曾有尒時尊者阿難及慈氏菩薩等并天龍八部一切大衆聞佛所說皆大歡喜信受奉行

佛說大乘無量壽莊嚴經卷下

佛說大乘無量壽莊嚴經卷下

校勘記

一　底本，金藏廣勝寺本。

一　五一一頁下六行第二字「集」，【徑】作「聚」。

一　五一一頁下一二行第八字「今」，【徑】、【清】作「令」。

一　五一二頁上一六行「四布」，【資】、【磧】、【南】作「四根」；【普】作「四相」。

一　五一二頁中二一行「周迴」，【資】、【磧】、【普】、【南】、【徑】、【清】作「周遍」。

一　五一三頁上七行「秣香」，【徑】、【清】作「末香」。

一　五一三頁上一七行「德本」，【石】作「得本」。

一　五一三頁下一二行第三字「求」，【徑】作「來」。

一　五一四頁上一〇行第二字「欄」，【徑】作「闌」。

一　五一四頁中四行第七字「無」，【資】、【磧】無；【普】、【南】、【徑】、【清】作「未」。

大宋新譯三藏聖教序

御製

大矣哉我佛之教也化導群迷闡揚宗性廣博宏辯英彥莫能究其旨精微妙說庸愚豈可度其源義理幽玄真空莫測包括萬象譬喻無垠綜法網之紀綱演無際之正教拔四生於苦海譯三藏之祕言天地變化乎陰陽日月盈虧乎寒暑大則說諸善惡細則比於恒沙含識萬端弗可盡述若窺像法如影隨形離六情以長存歷千劫而可久須彌納藏於芥子如來坦蕩於無邊達磨西來法傳東土宣揚妙理順從指歸彼岸菩提愛河生滅用行於五濁惡趣極溺於三業途中經垂世以難窮道無私而永泰雪山貝葉若銀臺之燿目歲月煙蘿起香界之自遠巍巍罕測杳杳難名所以道貫千聖德被三賢至道起於乾元衆妙生乎太易摠繁形類竅鑿昏明絶彼是非開茲蒙昧有西域法師天息災等常持四忍早悟三乘翻貝葉之真詮續人天之聖教芳猷重啓運偶昌時潤五聲於文章暢四始於風律堂堂容止穆穆輝華曠劫而昏塾重明玄門昭顯軌範而彌光妙法淨界騰音利益有情俱登覺岸無成障礙救諸疲羸冥昧慈悲浩汗物表丞伏貪很啓滌昏愚演小乘聲聞合其儀論大乘正覺立其性含靈悟而蒙福藏教缺而重興幻化迷途火宅深喻雖設其教不知者多善念生而無量潛臻惡業興而隨緣皆懵調御四衆積行十方澍花雨於金輪護恒沙於王關有頂之風不可壞無際之水弗能漂澄寂湛然圓明清淨之智慧性空無染妄想解脫之因緣可以離煩惱於心田可以得清涼於宇宙朕慙非博學釋典微聞豈堪序文以示來者如際螢爝火不足比之於皎日將微蠡量海未能窮盡於深淵者哉

佛說佛母寶德藏般若波羅蜜經卷上

西天譯經三藏朝散大夫試光祿卿明教大師臣法賢奉　詔譯

行品第一

尒時世尊爲令四衆各得歡喜說是
般若波羅蜜經使獲利樂即說伽陁
曰
所有菩薩爲世間　滅除蓋障煩惱垢
發淨信心住寂靜　當行智度彼岸行
諸江河流閻浮提　華果藥草皆得潤
龍王主住無熱池　彼龍威力流江河
亦如佛子聲聞等　說法教他方便說
樂最聖行求果報　此諸如來勝威德
云何佛說此法眼　令諸弟子如佛學
自證教他及方便　此亦佛力非自力
最上般若不可知　非心可知非菩提
如是聞已不驚怖　彼菩薩行知佛智
色受想行識皆無　不著纖塵無處所
彼若不住一切法　行無受想得菩提
菩薩若求出家智　照見五蘊無實相
知此不求於寂靜　彼是菩薩之行智
復次云何智所得　照見一切法皆空
不著不驚照見時　自覺覺他諸菩薩
色受想行及識蘊　是蘊見行而不知
菩薩照見蘊皆空　行無相化不著句
無色受想行識等　不行是名無相行
若行不得最上智　無相寂靜三摩地
若菩薩行自寂靜　過去諸佛咸授記
身苦樂等皆不及　由知因果法本性
若行於法不可得　行如是行乃佛智
行無所行了知已　是行最上般若行
彼無所有不可得　愚癡著相謂有無
有無二法皆非實　出此了知乃菩薩
菩薩若知諸幻化　色受想行識亦然
寂靜行離種種相　此名最上般若行
善友方便令知覺　使聞佛母不驚怖
惡友同行及化他　坏器盛水非堅牢
云何得名爲菩薩　一切樂行皆無著
求佛菩提無所著　是故得名爲菩薩
云何得名摩訶薩　得第一義衆生中
斷衆生界諸邪見　是故得名摩訶薩
大施大慧大威德　佛乘最上而得乘
發菩提心度衆生　是故得名摩訶薩
幻化四足俱胝數　多人衆前悉截首
一切世界皆幻化　菩薩知已得無怖
色受想行識纏縛　知不實已不求解
行菩提心無所著　此名最上諸菩薩
云何得名爲菩薩　乘大乘行度衆生
大乘體相如虛空　菩薩由得安隱樂
大乘之乘不可得　乘涅槃往諸方所
行已不見如火滅　是故名爲入涅槃
菩薩所行不可得　初後現在三清淨
清淨無畏無戲論　是行最上般若行
大智菩薩行行時　發大慈悲爲衆生
爲已不起衆生相　是行最上般若行
菩薩起念爲衆生　修諸苦行有苦相
是有我相衆生相　此非最上般若行
知自及諸衆生等　乃至諸法亦復然
生滅無二無分別　是行最上般若行
乃至所說世界等　名離一切生滅法
最上無比甘露智　是故得名爲般若
菩薩如是所行行　了知方便無所求
知此法本性非實　是行最上般若行
若不住色亦無受　亦不住想亦無行
復不住識住正法　是名最上般若行

佛母寶德藏般若伽陁帝釋品第二

歡喜地攝布施波羅蜜伽陁

常與無常苦樂等　我及無我悉皆空
不住有爲及無爲　住無相行佛亦然
若求聲聞緣覺等　乃至佛果亦復然
不住此忍不可得　如渡大河不見岸
若聞此法彼定得　成等正覺證涅槃
見於一切如自身　是大智者如來說

佛子當住四補特伽羅　是行大智行
一ゝ眞實善法　二不退心
三應供離垢無煩惱無求
四善友同等
大智菩薩如是行　不學聲聞及緣覺
樂學如來一切智　是學非學名爲學
學不受色不增減　亦復不學種種法
攝受樂學一切智　若此功德出離者
色非有智非無智　受想行識亦復尒
色性自性如虛空　平等無二無分別
妄想本性無彼岸　衆生之界亦復然
虛空自性亦同然　智慧世間解亦尒
智慧無色佛所說　離一切想到彼岸
若人得離諸想已　是人語意住眞如
彼人住世恒沙劫　不聞佛說衆生聲
衆生不生本淸淨　是行最上般若行
佛說種種之語言　皆具最上般若義
過去佛爲我受記　於未來世證菩提

佛母寶德藏般若伽陁持無量功德建塔品第三

無垢地攝持戒波羅蜜伽陁

若人常受持般若　所作上應諸佛行
刀劍毒藥水火等　乃至諸魔不能爲
若人於佛滅度後　建七寶塔以供養
如是圓滿千俱胝　佛刹恒沙等佛塔
衆生無邊千俱胝　以妙香華塗香等
供養三世無邊劫　所有功德之數量
不及書寫於佛母　諸佛由此而得生
若受持讀誦供養　功德倍勝於佛塔
大明般若諸佛母　能除苦惱徧世界
所有三世十方佛　學此明得無上師
行般若行利有情　使學大智證菩提
有爲無爲諸快樂　一切樂從般若生
譬如大地植諸種　得和合生種種色
五波羅蜜及菩提　皆從般若所生出
又如輪王出行時　七寶四兵爲導從
若依佛母最上行　一切功德法集聚

佛母寶德藏般若伽陁功德品第四

發光地攝忍辱波羅蜜伽陁

帝釋有疑問佛曰　恒河沙數等佛刹
佛界圓滿如芥子　能受佛刹般若力
如是了知般若已　此界云何不供養
譬如人王人所重　住般若者合亦尒
佛界般若摩尼寶　具一切德價無比
經函安處經有無　供養悉獲寶功德
佛滅供養於舍利　不及供養於般若
若樂受持供養者　是人速得證解脫
首行布施波羅蜜　次戒忍進及禪定
受持善法不可壞　彼一一生一切法
如閻浮提種種樹　百千俱胝無數色
雖一一樹影皆別　無量影同一名攝
五波羅蜜五名異　般若波羅復一名
一切迴施爲菩提　一味同歸菩提名

佛母寶德藏般若伽陁福量品第五

焰慧地攝精進波羅蜜伽陁

彼色受想行識等　菩薩觀照悉無常
各各現行而不知　非法非生智者見
無色無受想行識　是法無得復無生
了知一切法皆空　是名最上般若行
如化恒沙等佛刹　諸衆生證羅漢果
若能書寫此般若　令他受持功德勝
如佛修行云何學　信重般若諸法空
速證聲聞及緣覺　乃至無上正覺尊
世間無種不生樹　枝葉華果悉無有
無佛誰指菩提心　亦無釋梵聲聞果
如日舒光照諸天　普使成就種種業
佛智菩提心亦然　從智生諸功德法
如無熱池無龍主　即無河流閻浮提
無河華果悉不生　亦無大海種種寶
世間無佛無大智　無智功德不增長

亦無佛法諸莊嚴　無菩提海等等實
譬如世間螢有光　一切螢光集一處
比日一光照世間　微塵數分不及一

佛母寶德藏般若伽陀隨喜功德品第六

難勝地攝定波羅蜜伽陀

所有聲聞衆功德　布施持戒觀照行
不及菩薩發一心　隨喜福蘊之少分
所有俱胝那由他　無邊佛刹千俱胝
過去現在佛說此　法寶爲斷一切苦
先發最上菩提心　至成正覺及入滅
彼量所有佛功德　咸成方便波羅蜜
及彼聲聞學無學　有漏無漏諸善法
菩薩等一普迴施　當爲世間證菩提
菩薩施已不住心　住心即名衆生相
有見有念名著相　非是菩薩之迴施
如是施非無相施　是法當知有滅盡
若作非法非施心　乃可得名爲迴施
作有相施非眞施　無相迴施證菩提
如上妙食雜毒藥　自法著相亦如是
是故迴施應當學　如佛衆善悉當知
若生若相若威力　悉皆隨喜而迴施
以功德施佛菩提　菩薩之施皆無相
此施佛許而印可　如是得名勇猛施

佛母寶德藏般若伽陀地獄品第七

現前地攝智慧波羅蜜伽陀

無量盲人不見道　無一得入於城郭
修六度行闕般若　無力不能成菩提
譬如畫像不畫眼　因無眼界無功德
若有受行於智慧　得名有眼及有力
有爲無爲黑白法　如微塵等不可得
智慧觀照如虛空　故名般若出世間
菩薩諦信行佛行　度那由他苦衆生
如是若著衆生相　此非般若最上行
菩薩若行最上行　過去未曾求大智
今聞般若如佛想　速證寂靜佛菩提
過去信佛那由他　不信般若波羅蜜
或生瞋恨或誹謗　是人少智墮阿鼻
若人樂證諸佛智　不能信重諸佛母
如賈入海欲求寶　返失於本而復還

佛母寶德藏般若伽陀清淨品第八（此品攝第九歎品）

遠行地攝方便波羅蜜伽陀

色清淨故果清淨　果色二同一切智
若一切智清淨時　如虛空界不斷壞
菩薩出過於三界　斷盡煩惱而現生
無老病死現滅度　斯即是行般若行
世間欲色之淤泥　愚人處中如風旋

亦如鹿在屋中轉　智者如禽飛虛空
若不著色無受想　亦無行識乃清淨
如是離諸煩惱垢　解脫名佛大智行
菩薩如是行大智　得離諸相脫輪迴
如日解脫羅睺障　光明普徧照世間
火燒草木及樹林　如一切法性清淨
作如是觀亦非觀　如是最上般若行

佛母寶德藏般若伽陀稱讚功德品第十

不動地攝願波羅蜜善慧地攝力波羅蜜伽陀

帝釋天主問佛言　云何菩薩行智慧
佛答微塵數蘊界　無此蘊界之菩薩
菩薩久行應可知　於俱胝佛作勝緣
新學聞此生邪疑　或不樂求而不學
又如人行深惡道　忽見邊界牧牛人
心得安隱無賊怖　知去城郭而非遙
若聞最上般若已　復得樂求佛菩提
如獲安隱得無怖　心超羅漢緣覺地
譬如人往觀大海　先見大山大樹林
見此所愛祥瑞境　必達大海知非遠
菩薩若發最上心　聞此般若波羅蜜
雖未授記於佛前　此諸菩提亦非遠
如見春生諸草木　知有華實而非遙

若人手得此般若　得證菩提亦非遙
亦如女人懷其妊　十月滿足必誕生
菩薩若聞寶德藏　速成正覺之祥瑞
若行般若波羅蜜　見色非增亦非減
見法非法如法界　不求寂靜即般若
行者若不思佛法　不思力足及寂靜
離思非思無相行　是行最上般若行

佛母寶德藏般若伽陁魔品第十一

法雲地攝智慧彼岸伽陁

佛告善現汝諦聽　凡夫聲聞緣覺地
斯即多為如來地　一切如一彼無疑
所有稱讚離言說　從彼徧照如來時
乃至成所之作智　住持大金剛佛地
觀察無相住虛空　應知不斷佛種故
善現白佛言世尊　云何菩薩之魔事
佛言菩薩魔事多　我今為汝略宣說
有無數魔種種變　當書最上般若時
速離天宮如電滅　來於世間作魔事
或有示現樂欲說　或不聽受返瞋恨
不說名姓及氏族　如是魔事咸應知
愚癡無智無方便　無根寧有枝葉等
聞般若已別求經　如棄全象返求足
如人先得百味食　或得稻飰為上味
菩薩先得般若已　棄捨樂求羅漢果
或為樂求於利養　心著族姓留蹤跡
捨彼正法行非法　是魔引入於邪道
若人聞此最上法　當於法師深信重
法師知魔不應著　身適悅及不適悅
復有無數種種魔　嬈亂無數苾芻衆
欲求持誦此般若　不能獲得無價寶
佛母般若實難得　初心菩薩欲樂求
若十方佛而攝受　一切惡魔不能為

佛母寶德藏般若伽陁卷上

佛說佛母寶德藏般若波羅蜜經卷上

校勘記

一　底本，金藏廣勝寺本。
一　五一六頁中一行至本頁下二〇行序文，諸本無。
一　五一六頁下二一行「佛說」，磧、普、南、徑、清無。
一　五一六頁下二二行譯者，資作「西天譯經三藏朝散大夫試光禄卿明教大師法賢奉詔譯」；徑、清作「宋西天譯經三藏朝散大夫試光禄卿明教大師法賢奉詔譯」。
一　五一七頁上八行「教他」，徑、清作「教化」。
一　五一七頁上一八行「復次」，徑作「復此」。
一　五一七頁中五行「所有」，資、磧、普、南、徑、清作「所行」。
一　五一七頁下一六行品名「佛母寶德藏般若伽陁」，徑、清無。以下品名例同。

一　五一八頁上一八行「受記」，徑、清作「授記」。
一　五一八頁中一九行「亦介」，石作「亦然」。
一　五一八頁下二一行第七字「主」，磧、南、徑、清作「王」。
一　五一九頁上五行第五字「定」，徑、清作「禪定」。
一　五二〇頁上一一行「多爲」，諸本作「名爲」。
一　五二〇頁中末行「伽陁」，磧、南、徑、清作「波羅蜜經」。

佛母寶德藏般若波羅蜜經卷中　縣

西天譯經三藏朝散大夫試光祿卿明教大師臣法賢奉　詔譯

般若伽陀現世品第十二

如母愛子子疾病　當令父母心憂惱
十方諸佛般若生　般若攝受亦復尒
過現未來三世佛　徧十方界亦復然
皆從佛母般若生　衆生心行無不攝
如是世間諸如來　乃至緣覺及羅漢
迨及般若波羅蜜　皆一味法離今別
過現大智諸菩薩　各各住此法空行
彼諸菩薩如實已　是故如來名作佛
般若園林花菓咸　佛依止故甚適悅
十力諸根等淨衆　乃至聲聞衆圍繞
般若波羅蜜高山　十力諸佛而依止
三塗衆生悉救度　度已不起衆生相
師子依山而大吼　諸獸聞已皆恐懼
人師子依般若吼　外道邪魔悉驚怖
如日千光住虛空　普照大地諸相現
法王住般若亦然　說度愛河之妙法
色無相以受無相　乃至想行亦復然
識亦如是五法同　是法無相佛佛說
起虛空見衆生相　虛空無相不可得
佛說法法非相應　不說非有非無相

佛母寶德藏般若伽陀不思議品第十三

若如是見一切法　一切我見悉皆捨
佛行法及聲聞等　皆從般若而成就
如王不行於國邑　所有王務而自辦
菩薩離相依般若　自然獲佛功德法

佛母寶德藏般若伽陀譬喻品第十四

若菩薩發堅固心　修行最上般若行
超過聲聞緣覺地　速能證得佛菩提
如人欲渡於大海　所乘船舫忽破壞
不依草木命不全　若得依附達彼岸
若人不發堅信心　依於般若求解脫
溺輪迴海無出期　處生老死常苦惱
若有信心持般若　解有無性見真如
是人獲福智有財　速證最上佛菩提
如人擔水用坏器　知不堅牢速破壞
若用堅牢器盛水　而無破壞無憂怖
不見具信諸菩薩　遠般若行求退墮
能發信心持般若　證大菩提超二地
未有賈人欲入海　不造堅固大船舫
依堅固船無怖畏　獲多珍寶到彼岸
信心菩薩亦如是　離般若行遠菩提
若修最上大智行　當得無上菩提果

如百歲人復病患　是人不能自行立
若得左右扶侍者　隨意行往無所怖
菩薩般若力微劣　往菩提岸不能到
兼行最上方便行　得佛菩提無罣礙

佛母寶德藏般若伽陁天品第十五

所有菩薩住初地　發信心行般若行
為求無上菩提故　親近善友及智者
大智功德云何獲　當從般若波羅蜜
如是一切諸佛法　功德皆從善友得
修行六度般若行　一一迴施於菩提
佛蘊非有不可求　初為初地如是說
菩薩修行功德海　救度世間無度者
求菩提意離顛倒　說最上法如電光
發於最上菩提心　不求名稱不瞋恚
離蘊識界及三乘　不退不動不可取
於如是法得無礙　達甚深理離妄想
聞般若信及化他　知此菩薩住不退
彼甚深法佛難知　無有人得不可得
為利益故證菩提　此非初心衆生知
衆生愚癡復貪　樂住世間求境界
法無所住無取得　從無所住生世間

佛母寶德藏般若伽陁如實品第十六

東方虛空界無邊　南西北方亦如是
乃至上下及四維　無種種相無分別
過去未來及現在　一切佛法及聲聞
一切如實不可得　不可得故無分別
菩薩樂求如是法　應行方便般若行
離種種相即菩提　菩薩離此無由證
如鳥能飛百由旬　折翅翼故飛無半
切利天及閻浮人　志失般若故自墜
雖修前五波羅蜜　經多俱胝那由劫
復以廣大願資持　離方便情聲聞位
樂行佛智心平等　猶如父母觀一切
當行利益及慈悲　常宣善軟妙言教

佛母寶德藏般若伽陁不退地祥瑞品第十七

此品攝普徧光明佛地

時須菩提瞻仰問　不退菩薩何殊勝
離言聲相云何說　願佛說彼功德藏
不住沙門婆羅門　及行十善離三塗
大智離於種種相　如山谷響聲相應
若欲法無礙行化　一向善說諸言教
行住坐卧四威儀　一念觀心悉通達
三業清淨如白衣　不為利養故樂法
降魔境界及化他　觀四禪定而不住
不求名譽無瞋恚　乃至在家塵不染
或為富貴及脫命　不染纖毫之欲塵
本來寂靜無所有　男女乎相業所緣
若求清淨不退時　當行最上般若行
求正徧知心柔順　不求二地離邊地
為法捨命如須弥　是名不退之菩薩

佛母寶德藏般若伽陁空品第十八

色受想行識甚深　本來寂靜而無相
如海之深杖莫測　得般若蘊亦如是
菩薩知此甚深法　住真如乘不可染
六塵十二界體空　無蘊寧有所得福
如人思彼染欲境　心著女色如目見
乃至日日心所行　菩薩思覺亦如是
若多俱胝劫布施　羅漢緣覺持戒者
不如說行般若法　百千万分不及一
若菩薩觀般若理　安住說法而無相
迴施一切證菩提　彼三界師無有等
所說成就而無相　非空非實不可得
若如是行名覺智　得受成就義無邊
於一念知一切法　信佛所說及他說
演說俱胝那由劫　法界不增亦不減
出得名佛波羅蜜　菩薩於中而說法
如名施已心不著　亦不言證無上覺

佛母寶德藏般若伽陁昂識天姊品第十九

譬如燈光從衆緣　假以膏油炷火等

光非芯火及膏油　非火非芯光不有
或有菩薩初發心　不求無上菩提果
豈唯不得證菩提　亦復不得寂靜故
從種生樹及華菓　無種華菓悉皆無
發心不爲佛菩提　修行終遠菩提果
從種子生麥穀等　彼果非有亦非無
佛菩提果亦如幻　離彼有性及無性
譬如涓滴水細微　漸次必能盈大器
初心爲求無上果　久修白法終能證
行空無相無願行　不求寂靜無行相
亦如船師善濟渡　不著兩岸非中流
菩薩修行無所著　乃得受佛菩提記
譬如疾疫飢饉道　菩薩中行無怖畏
後入知已悉往來　得無苦惱如微塵
若了菩提非所有　此即是行佛般若

佛母寶德藏般若伽陁善解方便品第二十

菩薩奉行佛般若　了知本來蘊不生
佛法衆生界悉空　以空三昧起悲智
如人有德力最勝　善解一切幻化法
乃至器仗及工巧　而能一向爲世間
彼人父母妻及子　遊行遠路多寇中
是人勇猛衆所知　安樂還家無怖畏
大智菩薩爲衆生　安住第一三摩地
降伏四魔離二乘　亦復不求佛菩提
譬如虛空無所有　風水大地皆依住
世間衆生得快樂　虛空無意住非住
菩薩住空亦如是　現於世間種種相
以衆生智及願力　非彼寂靜非空故
若菩薩行大智時　住空寂靜三摩地
此中不見一切相　亦復不見彼非相
菩薩行此解脫門　非求寂靜非行相
如鳥飛空而往來　非住虛空非住地
亦如有人習射法　習之不住經多歲
射法久習得盡妙　一一箭發無不中
最上般若行亦介　修習智慧及方便
直至衆善悉圓滿　方獲最上神通力
若苾芻證神通力　現神變化住虛空
行住坐臥四威儀　經俱胝劫不退倦
住空菩薩亦如是　修無相行到彼岸
行種種行現世間　經俱胝劫不退倦
如人經險遇大風　二手持蓋心專注
是人怖險不能行　直至無風乃前進
大智菩薩住大悲　智慧方便爲二手
執空無相願法蓋　見法不住於寂靜
如人求寶往寶洲　獲寶安隱而還家
是人心足而快樂　豈有眷屬心苦惱
詣空寶洲亦如是　獲得根力禪定寶
菩薩不住歡喜心　令諸衆生離苦惱
賣人爲利悉所經　聚落國城諸里巷
雖達寶所亦非住　大智善道而復還
大智菩薩悉了知　聲聞緣覺解脫智
乃至佛智亦非住　何況行彼有爲道
大智菩薩爲世間　住空無相願三昧
若得寂靜無所著　乃可得知於無爲
譬如人生人未識　稱其名故衆乃知
菩薩若行解脫門　於解脫門衆知識
菩薩聞彼甚深法　而於諸根悉照明
住空無相無願法　無退無思無授記
觀於三界如夢幻　不求聲聞緣覺地
如佛說法爲世間　名不退地應授記
知諸衆生憎三塗　發願剎那滅惡道
以眞實力滅火蘊　名不退地應授記
諸惡宿曜及鬼神　作種種疫惱世間
眞實願力悉滅除　無我能作應授記

佛母寶德藏般若伽陁魔業品第二十一

我得授記非能所　是實願力得增長
若見授記及能所　是名執著及少智
菩薩有執魔即知　現親友相來嬈惱
或作父母七代人　言汝名此佛可證

魔所現作無數相　皆云憨汝作利樂
菩薩聞已有所忻　是名少智魔所著
或住城隍及聚落　山林曠野寂靜處
自稱已德毀他人　應知少智為魔作
雖住城隍聚落中　不求聲聞緣覺證
此心為度衆生故　我說是名為菩薩
五百由旬山險深　共諸惡獸多年住
若見逼迫著我慢　若無分別知菩薩
菩薩住彼為世間　得力解脫三摩地
彼著山野寂靜行　此亦知彼魔所作
雖住城隍及山野　樂佛菩提離二乘
修如是行利世間　一念如秤名菩薩

佛母寶德藏般若伽陁善友品第二十二

有大智者依師學　速疾得證無上覺
亦如良醫除衆患　學從善友心無疑
菩薩行佛菩提行　依彼善友波羅蜜
此最上地能調伏　為二種事證菩提
過去未來十方佛　行此正道無異路
行佛菩提最上行　說波羅蜜如電光
如彼般若空無相　知諸法相亦如是
了知一切法皆空　此即名行佛般若
繫著色欲及飲食　常在輪迴不休息
此愚迷人所見倒　於不實法生實想
譬如得食疑有毒　以虛妄見而不食
愚人妄心生我想　以我想故有生死
亦如恒說諸煩惱　於諸煩惱不著相
煩惱清淨俱無有　如是菩薩知般若
如閻浮提諸衆生　皆發無上菩提心
多千俱胝刧布施　迴施一切證菩提
若復有人於一日　奉行最上般若行
千俱胝施不及一　行般若功無為故
菩薩大悲行般若　度衆生故不起想
恒行乞食於國城　是得一切名大智
菩薩欲度於人天　乃至三塗極苦衆
皆令速到於彼岸　晝夜勤行於般若
如人欲求無價寶　必過大海諸險難
無心忽尒而獲得　憂惱皆除喜無量
求菩提寶亦如是　勤行般若諸功德
得無取捨無上寶　菩薩速證於菩提

佛母寶德藏般若經伽陁卷中

佛母寶德藏般若波羅蜜經卷中

校勘記

一　底本，金藏廣勝寺本。
一　五二二頁中一行「佛母」上，資、磧、普、南冠以「佛說」二字。
一　五二二頁中二行譯者，資、磧、普、南作「西天譯經三藏朝散大夫試光祿卿明教大師法賢奉詔譯」；徑、清作「宋西天譯經三藏朝散大夫試光祿卿明教大師法賢奉詔譯」。
一　五二二頁中三行「般若伽陁」，徑、清無。
一　五二二頁中八行「乃至」，普、徑作「乃到」。
一　五二二頁中一三行「十力」，磧、普、南、徑、清作「十方」。又「諸根」，徑作「諸佛」。
一　五二二頁下二行品名「佛母寶德藏般若伽陁」，徑、清無。以下品名例同。
一　五二二頁下九行首字「超」，資、普、

徑、清作「起」。

一　五二三頁上二行「扶侍」，磧、南、徑、清作「扶持」。

一　五二三頁中五行「菩薩」，徑作「菩提」。

一　五二三頁中一九行末字「達」，石作「違」。

一　五二三頁下一行「男女手」，麗作「更互相」。

一　五二四頁上一五行「後人」，麗作「小人」。

一　五二四頁中二行第一〇字「大」，徑、清、麗作「火」。

一　五二四頁中一八行末字「注」，清作「住」。

一　五二四頁下七行「相願」，徑作「相緣」。

一　五二四頁下一二行第二字「空」，資、磧、普、南、徑、清作「於」。

一　五二五頁上二行第七字「忻」，徑作「欣」。

一　五二五頁上一二行「如秤」，徑作「如稱」。

一　五二五頁中二行「妄心」，資、磧、普、南、徑、清作「忘心」。

一　五二五頁中末行「伽陁」，磧、南、徑、清作「波羅蜜經」。

佛母寶德藏般若波羅蜜經卷下

西天譯經三藏朝散大夫試光祿卿明教大師臣法賢奉詔譯

法王品第二十三

日出光明照世間　雲幻焰散黑闇滅
所有螢光及衆星　乃至滿月皆映蔽
菩薩住空無相願　行於最上大智行
羅漢緣覺證皆超　一切邪見俱能破
譬如王子施財寶　自在能利諸衆生
衆生歡喜悉隨順　無異當得嗣王位
菩薩勤行大智行　施甘露法利羣生
一切人天悉愛樂　決定當證法王位

佛母寶德藏般若伽陀我品第二十四

魔恐菩薩證法王　雖處天宮常憂惱
放火霹電現諸相　欲令菩薩生退懼
大智菩薩心不動　晝夜常觀般若義
如鳥飛空心泰然　一切魔事無能為
菩薩若起瞋怒心　於晝夜分或鬭諍
時魔歡喜而精勤　菩薩是遠於佛智
菩薩或諍或瞋怒　毗舍左鬼得其便
入彼菩薩身心中　令退菩提魔所作
菩薩授記未授記　或起瞋怒或鬭諍
乃至心念皆過失　知已倍更勤修行

菩薩思念於諸佛　皆從忍辱證菩提
懺悔如說持正行　是如佛法而修學

佛母寶德藏般若伽陀戒品第二十五

若學戒法有作相　而於戒法不善學
知戒非戒無二相　如是乃名學佛法
若有菩薩住無相　受持不離名持戒
於佛法學樂承事　是名善學而無著
是大智者如是學　心永不生不善法
如日虛空而往來　放百千光破黑闇
若學般若住無為　能攝一切波羅蜜
六十二見身見攝　般若攝受亦復尒
譬如有人具諸根　命根滅故諸根滅
若諸菩薩行大智　亦行一切波羅蜜
聲聞緣覺諸功德　大智菩薩悉皆學
雖學非住亦非求　所學之學此為義

佛母寶德藏般若伽陀紀花品第二十六

若發志心而隨喜　最上菩提不退行
三千須弥重無量　隨喜善法重過彼
衆生為求解脫法　一切隨喜作福蘊
作佛功德法迴施　當為世間盡諸苦
菩薩不著諸法空　了知無相無罣礙
內心亦不求覺智　是行最上波羅蜜
如虛空界無障礙　無所得故亦不有

大智菩薩亦復然　住寂靜行如虛空
如有幻師作幻人　衆人見幻而皆喜
幻人雖現種種相　名字身心俱不實
行般若行亦復然　爲世間說諸菩提
乃至種種所作事　如幻師現悉無著
佛佛化現諸佛事　所作皆無彼我相
菩薩大智行亦然　一切現行如幻化
如木匠人心善巧　一木造作種種相
菩薩大智亦復然　無著智行一切行

佛母寶德藏般若伽陁妙義品第二十七

大智菩薩行如是　天人合掌恭敬禮
乃至十方佛刹中　亦得功德歸供養
假使恒河沙佛刹　所有衆生皆作魔
一一毛變無邊相　不能嬈動於菩薩
大智菩薩有四力　而彼四魔不能動
空行亦不捨衆生　菩薩慈悲處利樂
佛母般若波羅蜜　菩薩了知深信重
內心眞實而奉行　應知是行一切智
法界如實不可得　由如虛空無處所
如天宮殿應念生　亦如飛禽思巢樹
大智菩薩如是行　住彼寂靜之功德
法不可見亦無說　菩提非得非不得
所有聲聞及緣覺　修行寂靜三摩地
愛樂寂靜得解脫　唯佛超出於一切
菩薩依禪到彼岸　不住寂靜行如空
如禽飛翔不墮地　如魚水中行自在
菩薩若爲諸衆生　當求未曾有佛智
施與最上第一法　此名最上行行者

佛母寶德藏般若伽陁散華品第二十八

如來說戒波羅蜜　一切戒中爲第一
智者欲奉一切戒　當學佛戒波羅蜜
今此法藏諸佛母　爲最第一快樂所
過現未來十方佛　生此法界而無盡
一切樹林華菓等　皆從大地而生長
大地不猒亦不著　不減不增復不倦
佛及聲聞緣覺等　天及世間安隱法
皆從般若之所生　般若無增亦無減
世間上中下衆生　一切皆從無明生
因緣和合轉苦身　無明無增亦無減
乃至方便諸法門　皆從般若所生出
彼方便法隨緣轉　般若無增亦無減
菩薩了知十二緣　乃至般若無增減
如日雲中放光明　破無明障證菩提

佛母寶德藏般若伽陁聚集品第二十九

大菩薩修四禪定　如所愛樂而無住
或復不住於四禪　當得最上之菩提
得最般若住禪定　四無色等三摩地
爲得最上大禪定　而復不學諸漏盡
此功德藏未曾有　行三摩地而無相
住彼不破於我見　有心所思生欲界
譬如南閻浮提人　未生諸天生北洲
見彼境界而求生　作彼住已而復還
菩薩所修之功德　三摩地行而相應
雖同凡夫住欲界　由如蓮華不著水
菩薩度脫於衆生　圓滿淨土波羅蜜
不求生於無色界　而求菩提波羅蜜
譬如天人獲寶藏　雖得不生愛樂心
或言天人而起心　欲收彼寶不可得
大智菩薩不樂住　四禪寂靜三摩地
出彼寂靜三摩地　而入欲界爲世間
若菩薩行三摩地　不樂羅漢及緣覺
乃至散亂兇惡心　無知迷亂無功德
色聲香味觸五欲　及彼緣覺聲聞等
如是之法悉遠離　等引不離菩提心
菩薩一向爲衆生　修行精進波羅蜜
由如奴僕事其主　利於衆生亦如是
如僕事主志專注　雖被瞋辱而無對
凡所動止常在心　唯恐彼主責其過
菩薩爲求佛菩提　如奴事主利衆生

證得無上菩提已　利生如火燒草木
晝夜勤行利他行　利已內心無我相
如母愛子常衛護　與身雖苦心無倦

佛母寶德藏般若伽陁常歡喜品第三十

菩薩愛樂為眾生　修治佛剎清淨行
恒行精進波羅蜜　無如微塵心退倦
大智菩薩俱胝劫　久修苦行為菩提
不離精進波羅蜜　無懈怠心終得證
從初發心求菩提　乃至得彼寂靜證
恒於晝夜行精進　大智菩薩應如是
有言能破於須弥　方證無上菩提果
聞已懈怠而退心　是彼菩薩之過失
大智菩薩聞是言　謂須弥盧甚微小
於一念間可破壞　亦不住證佛菩提
於身心語行精進　度脫世間作大利
或著我相起懈怠　而不能證佛菩提
無身心相無眾生　離諸相住不二法
為求無上佛菩提　是行精進波羅蜜
大智菩薩行利樂　令人聞言悉歡喜
說法無說無聽人　名最上忍波羅蜜
譬如寶滿三千界　施佛緣覺及羅漢
不如知法忍功德　百千万分不及一
持忍菩薩得清淨　三十二相到彼岸
一切眾生悉愛樂　聞法信受而調伏
或有眾生以栴檀　塗菩薩身為供養
或有持火遍燒然　行平等心無瞋喜
大智菩薩持是忍　或為緣覺及聲聞
乃至世間諸眾生　悉皆迴向佛菩提
譬如世間貪五欲　甘忍三塗無邊苦
菩薩為求佛菩提　今何不勤持忍辱
割截首足劓耳鼻　禁縛枷拷諸楚毒
如是苦惱悉能忍　是住忍辱波羅蜜

佛母寶德藏般若伽陁出法品第三十一

持戒當得高名稱　亦復證得三摩地
持戒為利諸眾生　後當證於佛菩提
心重緣覺及聲聞　及見破戒說他過
雖實持戒為菩提　是名持戒行五欲
欲證菩提功德法　持戒具足行利樂
若行毀破於尸羅　是則滅壞於菩提
菩薩雖樂受五欲　歸命佛法及聖眾
念我當證一切智　是住尸羅波羅蜜
菩薩經歷俱胝劫　奉行十善無間斷
心樂緣覺及羅漢　是犯彼羅夷重罪
持戒迴向佛菩提　而不作念求自益
但念利他諸眾生　是則持戒波羅蜜
菩薩若行諸佛道　於眾生難種種相
不見破戒諸過患　此為最上善持戒
菩薩要離於諸相　無我無人及壽者
不著戒相及行相　是則持戒之殊勝
如是具足而持戒　一切無礙無分別
頭目手足施無吝　一切所愛皆無著
了知法本空無我　乃於此身無戀著
況外財物而不捨　及彼非處而嫉妬
於內外施生我慢　是菩薩病非為施
或起嫉妬生鬼趣　或得為人處貧賤
知彼眾生貧賤因　菩薩發心恒布施
施如四洲草木數　如是廣大亦無相
大智菩薩行施已　復念三有諸眾生
菩薩亦為彼眾生　悉皆迴向於菩提
如是行施無所著　亦復不求於果報
名大智者為一切　施因雖少果無量
乃至三有諸眾生　一切皆以尊重施
如供養佛及菩薩　緣覺聲聞之功德
大智菩薩以方便　用彼施福行迴向
當令一切眾生類　皆悉證得無上覺
如假琉璃寶大聚　不及一真琉璃寶
迴施世間一切眾　不及迴施無上覺
菩薩行施於世間　不作我慢無所愛
修行而得大增長　如月離障出雲中

佛母寶德藏般若伽陁善護品第三十二

菩薩布施濟貧乏　令得富盛度苦惱
果報永滅餓鬼趣　及得斷除諸煩惱
持戒遠離畜生趣　捨八非念得正念
忍辱當得最上色　如金世間悉愛樂
精進善法獲無邊　所有功德不可盡
修行禪定離五欲　從等持得神通明
智獲無邊佛法藏　慧了諸法本來因
佛知三界諸過咎　為轉法輪滅諸苦
菩薩此法得圓滿　佛刹清淨衆生淨
受持佛種并法種　聖衆種及一切法
醫世間病最上師　以智慧說菩提方
寶德藏有種種藥　令衆生服悉證道

佛母寶德藏般若波羅蜜經卷下

佛母寶德藏般若波羅蜜經卷下

校勘記

一　底本，金藏廣勝寺本。

一　五二七頁中二行譯者，石、麗作「西天譯經三藏朝散大夫試光祿卿明教大師臣法賢奉詔譯」；資、磧、普、南作「西天譯經三藏朝散大夫光祿卿明教大師法賢奉詔譯」；徑、清作「宋西天譯經三藏朝散大夫試光祿卿明教大師法賢奉詔譯」。

一　五二七頁中七行第五字「證」，徑作「正」。

一　五二七頁中一二行品名「佛母寶德藏般若伽陁」，徑、清無。以下品名例同。

一　五二七頁中二一行「授記」，徑、清作「受記」。下同。

一　五二七頁下八行第九字「永」，石作「求」。

大宋新譯三藏聖教序　　縣

御製

大矣哉我佛之教也化導群迷闡揚宗性廣博宏辯英彥莫能究其旨精微妙說庸愚豈可度其源義理幽玄具空莫測包括萬象譬喻無垠綜法網之紀綱演無際之正教拔四生於苦海譯三藏之秘言天地變化乎陰陽日月盈虧乎寒暑大則說諸善惡細則比於恒沙含識萬端非可盡述若窺像法如影隨形離六情以長存歷千劫而可久須彌納藏於芥子如來坦蕩於無邊達磨西來法傳東土宣揚妙理順從指歸彼岸菩提愛河途中經典以難窮道無私而永泰生滅用行於五濁惡趣拯溺於三業靈山貝葉若銀臺之耀目歲月煙蘿起香界之自遠巍巍罕測杳杳難名所以道資十聖德被三賢至道起於乾元衆妙生乎太易攝繁形類歆馨昏明絕彼是非開兹蒙昧有西域法師天息災等常持四忍早悟三乘翻貝葉之真詮續人天之聖教芳猷重啓運偶昌時潤五聲於文章暢四始於風律堂堂容止穆穆輝華曠劫而昏塾重明玄門昭顯軌範而彌光妙法淨界騰音利益有情俱登覺岸無成障礙救諸疲羸冥昧慈悲浩汗物表柔伏貪佷啓滌昏愚演小乘聲聞合其儀論大乘正覺立其性含靈悟而蒙福藏教缺而重興幻化迷途火宅深喻雖設其教不知者多善念生而無量潛臻惡業興而隨緣皆墮調御四衆積行十方尚花雨於金輪護恒沙於王闕有頂之風不可壞無際之水弗能漂澄寂湛然圓明清淨之智慧性空無染妄想解脫之因緣可以離煩惱於心田可以得清涼於宇宙朕勲非博學釋典微聞豈堪序文以示來者如然螢爝火不足以之於畋日將微蠡量海未能窮盡於深淵者哉

佛說薩鉢多酥哩踰捺野經

西天譯經三藏朝散大夫試光祿卿明教大師臣法賢奉　詔譯

如是我聞一時佛在毗舍梨國猴

井樓閣精舍尒時世尊告苾芻言汝今諦聽諸行無常是生滅法無堅無實是不究竟是不堪任是不可樂汝等當知勤加精進而求解脫苾芻時不久住念念遷移過此已後劫欲末時天不降雨人間元旱大地所有樹木叢林百穀苗稼一切花菓皆悉枯乾都不成就苾芻當知諸行無常是生滅法無堅無實是不究竟是不堪任是不可樂汝等宜令勤加精進而求解脫苾芻劫相末時二日出現炎照世間熱相轉盛大地所有樹木叢林根莖枝葉一切破壞都無所有苾芻如是無常不可久保汝等今者宜加精進速求解脫

復次苾芻劫相末時三日出現炎照世間熱相盛前損物轉甚大地所有諸小江河一切泉源悉皆竭盡無餘少水苾芻當知如是無常誰能可免是故我今殷勤勸汝速求解脫

復次苾芻劫相末時四日出現炎照世間熱相盛前大地所有無熱惱池四流大河恒河信度河細多河縛芻河悉皆乾枯無餘少水苾芻當知如是無常誰能可免汝自思惟無復怠慢速求解脫

復次苾芻劫相末時五日出現炎照世間熱相盛前大地所有大海之水漸漸減少一百由旬二百由旬三百由旬至一千由旬日既炎盛天雨弥愆海又復減至二千由旬三千由旬乃至七千由旬如是減已海中餘水亦有七千由旬

復次苾芻如是海水七千由旬漸漸復減至六千由旬五千由旬四千由旬乃至有七百由旬

復次苾芻如是海水七百由旬漸漸復減至六百由旬五百由旬四百由旬乃至有七由旬

復次苾芻如是海水七由旬漸漸復減至六由旬五由旬四由旬乃至有七俱盧舍

復次苾芻如是海水七俱盧舍漸漸復減至六俱盧舍五俱盧舍四俱盧舍乃至有七多羅樹

復次苾芻如是海水七多羅樹漸漸復減至六多羅樹五多羅樹四多羅樹乃至有七人量

復次苾芻如是海水七人量漸漸復減至六人量五人量四人量乃至一人量至人項至人腋至人臍至人腰至人膝至人踝至人一指量耶時枯乾於是世間唯有大地山川別無所有佛言苾芻諸行無常生滅不住無實無堅汝等於斯速求解脫

復次苾芻劫相末時六日出現大地炎熱山石銷鎔須弥山王微有煙生如燒瓦窑黑煙上起亦復如是於是世間無堪觀察苾芻如是無常生滅不住汝等宜應勤加精進捨貪愛心速求解脫

復次苾芻劫相末時七日出現炎熱至極忽然火起如燒十束柴百束千束万束百千萬束乃至小千世界及六欲諸天都為火聚燒欲界已梵世初禪火亦自起焚燒器界所有宮殿高百由旬或二百由旬三百由旬乃至高七千由旬如是宮殿皆為火聚隣及二禪彼有新生梵衆見下火焰

心大驚怖求避火難尒時二禪先生
天曰汝以宿善來生我宮但自安心
莫生驚怖此下地火不久即滅如是
言已忽起大風吹去煙焰及其灰燼
都無所有譬如有人於虛空中以其
酥油然一燈燭燈焰滅後黑煙與灰
全無少許彼火滅後亦復如是佛言
苾芻有爲之法生滅不住是顛倒法
無堅無實是不究竟是不可樂遠離
貪愛速求解脱若無貪愛何因何緣
大地諸天破壞不現
復次苾芻如過去世有佛出現名妙
眼如來有無量無邊聲聞之衆及諸
梵天離欲神通外道之衆彼妙眼如
來爲諸聲聞說甚深了義清淨梵行
之法時諸苾芻等得一切戒法圓滿
隨意修行或作四無量觀斷下欲染
生於梵世或有隨意樂生他化自在
天樂生化樂天樂生兜率天樂生夜
摩天樂生忉利天樂生四天王天樂
生刹帝利家樂生婆羅門家樂生長
者居士之家尒時妙眼如來作是念
我今令彼聲聞衆等同行同生同其

威力入於慈氏第二禪定如是念已
即入慈氏第二禪定時諸無量百千
聲聞及外道等皆修彼定俱得生於
梵天之上佛言苾芻往昔妙眼如來
者非別有佛即我身是彼諸衆等雖
生二禪免下火難未離貪瞋癡種不
能解脱生老病死苾芻如來應正等
覺爲天人師遠離貪瞋癡等一切煩
惱解脱生老病死憂悲苦惱復爲梵
天聲聞衆等隨應宣說清淨法行各
各聞已或有斷盡分別及欲俱生證
阿那含果或有斷盡分別及三品俱
生證斯陁含果或有雖盡分別未斷
俱生證須陁洹果受天人報經七生
已成阿羅漢佛言苾芻如是出家如
是梵行如是證果得離苦際而成解
脱汝今志意捨離貪愛趣求覺路
尒時世尊說此法已時彼苾芻聞佛
所說心大歡喜信受奉行

佛說薩鉢多酥哩踰捺野經

佛説薩鉢多酥哩踰捺野經

校勘記

一　底本，金藏廣勝寺本。

一　五三一頁中一行至本頁下二〇行序文，諸本無。

一　五三一頁下二二行譯者，徑、清作「宋西天譯經三藏朝散大夫試光祿卿明教大師法賢奉　詔譯」。

一　五三二頁上一五行第五字「求」，磧、普無。

一　五三二頁上末行末字「芻」，資、磧、普作「苾」。

一　五三三頁上一五行「梵行」，徑作「萬行」。

一　五三三頁中一二行「三品」，石、麗作「六品」。

大宋新譯三藏聖教序

御製

大矣哉我佛之教也化導群迷闡揚宗性廣博宏辯英彥莫能究其旨精微妙說庸愚豈可度其源義理幽玄眞空莫測包括萬象譬喻無垠綜法網之紀綱演無際之正教拔四生於苦海譯三藏之祕言天地變化乎陰陽日月盈虧乎寒暑大則說諸善惡細則比於恒沙含識萬端弗可盡述若窺像法如影隨形離六情以長存歷千劫而可久須彌納藏於芥子如來坦蕩於無邊達磨西來法傳東土宣揚妙理順從指歸彼岸菩提愛河生滅用行於五濁惡趣拯溺於三業途中經垂世以難窮道無私而永泰雪山貝葉若銀臺之耀目歲月煙蘿起香界之自遠巍巍罕測杳杳難名所以道貲十聖德被三賢至道起於乾元衆妙生乎太易摠繁形類毀鑒昏明絕彼是非開玆蒙昧有西域法師天息災等常持四忍早悟三乘翻貝葉之眞詮續人天之聖教芳猷重啓運偶昌時潤五聲於文章暢四始於風律堂堂容止穆穆輝華曠劫而昏墊重明玄門昭顯軌範而彌充妙法淨界騰音利益有情俱登覺岸無成障礙救諸疲羸冥昧慈悲浩汗物表柔伏貪佷啓滌昏愚演小乘聲聞合其儀論大乘正覺立其性含靈悟而蒙福藏教缺而重興幻化迷途火宅深喻雖設其教不知者多善念生而無量潛臻惡業興而隨緣皆墮調御四衆積行十方澍花雨於金輪護恒沙於玉關有頂之風不可壞無際之水弗能漂澄寂湛然圓明清淨之智慧性空無染妄想解脫之因緣可以離煩惱於心田可以得清涼於宇宙朕懃非博學釋典微閑豈堪序文以示來者如爝螢爝火不足比之於皎日將微蠡量海未能窮盡於深淵者哉

第二張

佛說金剛手菩薩降伏一切部多大教王經卷上

西天譯經三藏朝散大夫試鴻臚卿傳教大師臣 賢 奉 詔譯

眞實 變化大勢身 大身堅牢能破他

智日壞刼大熾燃　菩薩圓光亦如是
功德清淨大寶海　善能安住佛刹中
時我一心歸命禮　降伏部多最上主

尒時佛告三界主金剛手菩薩說降伏一切部多大教王成就之法時金剛手菩薩言若有持誦之者求成就法於二河岸或尸陁林中或大樹下或賢聖宮觀或金剛手菩薩宮殿之內如是等處所作之法必得成就若諸部多經刹那間不令成就我即往彼破壞部多尒時大自在天合掌向前頭面禮足白菩薩言爲我說此大金剛手忿怒主殺諸部多祕密神呪尒時金剛手菩薩讚言善哉善哉汝能請我說彼降伏一切部多祕密之法我今說之眞言曰

唵引嚩囉入嚩二合引鑠去賀曩賀曩薩哩嚩二合部旦引吽發吒半音

尒時金剛手菩薩說此眞言已於身毛孔中出無數金剛熾焰出彼焰時一切部多及諸眷屬於其身分悉皆乾枯而得命終所有一切天人帝釋梵王那羅延等亦復命終一切如來悉皆驚怪俱發聲言善哉善哉大吉祥金剛手三界主於如來法末之時善能調伏一切部多及諸眷屬尒時金剛手菩薩復說甘露祕密眞言令諸部多速得還命眞言曰

唵引嚩囉二合引喻試娑囉娑囉涇弥去

時金剛手菩薩說此眞言於自手臂出大甘露風入一切部多及彼眷屬身中即得還命從地而起驚怖顫掉見大菩薩威德熾盛告言菩薩救我尒時大部多主無能勝亦起合掌頭面禮足告菩薩言願垂慈愍救護我等菩薩告言汝等部多及其眷屬依我法教利益一切衆生我即救汝所有四大洲界閻浮提內一切衆生作法持誦悉令成就所求聖藥聖寶或金銀眞珠瑠璃鉢訥摩囉誐寶酥哩也達底寶賛捺囉達底寶及最上飲食衣服好香花等悉令充足部多荅言如是作法持誦之者如上珍寶我令充足亦復親近承事供養菩薩告言若持此一切如來教法所須香花衣服及諸珍寶悉得受用部多復言所有王怖冤敵怖乃至虎狼師子等怖悉令解脫無諸障礙菩薩復言無能勝大部多主汝等諦聽於末世中所有懈怠有情破戒之人作惡業人大妄語人等如所作法悉令成就若不成就汝部多女天女龍女夜叉女阿修羅女緊那羅女摩睺羅伽女迦樓那女毗舍遮女乾闥婆女等我令不空大金剛破碎頭目速得命終墮八大地獄尒時一切如來讚言善哉善哉金剛手爲未來世一切衆生作大利益善說大菩薩不空成就精進大威力善轉一切法輪除一切苦種種廣大儀則印呪幢像成就之法尒時金剛手菩薩復說還命眞言曰

唵引羯荼羯荼羯囉羯囉蜜哩二合旦哈去嚩引波野紇哩二合

說此眞言已一切天人迷悶躃地大怖顫動從地起已時大自在天白菩薩救我尒時金剛手菩薩安慰彼言莫怖莫怖我爲汝等降伏部多主故令一切天人歡愛故尒時一切諸天天女亦作是言金剛手大忿怒主

救我救我菩薩告言汝等天女若後有人受持我法速令成就當爲承事及與金銀瑠璃眞珠珍寶鉢訥摩羅識寶等一切財物時諸天女天童女夜叉女等俱發聲言於未來世若有受持菩薩法者我等當爲承事所求財寶一切給與若違教言不爲給事令我種族悉皆破壞菩薩復言若違我教則謗一切如來汝等及一切部多頭目破壞即得命終墮八大地獄尒時金剛手大忿怒主讚言善哉善哉汝諸女等於後末法之時若有受持之者親自護衛承事供養尒時復有無能勝大部多主及彼眷屬皆從座起合掌向前禮彼金剛手大忿怒主足說自本心眞言曰

唵(引)室哩(二合)摩賀(引)部多俱羅遜捺哩吽

唵(引)室哩(二合)尾慧野遜那哩紇哩(引二合)

唵(引)室哩(引二合)尾摩攞遜那哩阿(引)

唵(引)室哩(引二合)囉底遜那哩嚩(引)

唵(引)室哩(引二合)摩努賀囉遜那哩尾(引)

唵(引)室哩(引二合)馱嚩攞遜那哩莾

唵(引)室哩(引二合)作乞芻(二合)滿曩遜那哩帝(引)

此眞言攝如是大部多主能施持誦之人冨貴吉祥尒時復說緊那羅女成就之法若人持誦須臾之間速得成就復誦金剛手菩薩名号一切部多及彼眷屬皆來承事如爲婢從菩薩復言若汝等眷屬不依我三昧者汝等眷屬皆令破壞時無能勝大部多主白菩薩言白今我等皆依菩薩三昧而住所有世間一切持誦之者悉獲成就若爲障礙所作不成我等種族速得破壞復獲背一切如來三昧大罪令忿怒金剛破碎我頭命終之後墮八大地獄

尒時金剛手菩薩復說八大部多主最上成就處所或河岸上或尸陁林或金剛手菩薩宫殿内於此作法一切部多女等決定俱來令得成就無復疑惑復說成就印法左手作堅固拳舒出中指此印用召請及供養令最上部多速與成就以二手合拳舒頭指此印能令持三昧者部多女速與成就以左手作堅固拳竪小指此印能令一切部多現前與作成就復舒左手頭指如鉤捺大母指此印能降伏一切部多以左手頭指及無名指舒展能鉤一切部多及除一切魔以左手作拳竪大母指此印能現前一切部多女以右手作拳竪小指此是部多女三昧印能作一切事以二手各舒用右手安膺側左手安右肩上此是最上根本心一切部多女大印結印之間得一切部多女速來現前若不速來身分乾枯不久命終尒時金剛手忿怒主復言若有部多女不依我三昧者以此忿怒眞言與前眞言同誦眞言曰

唵(引)羯茶阿(引)羯茶寧龍(二合)紇哩(引二合)吽嘇吒(半音)

誦已稱部多女名復誦此呪如是誦八百徧諸部多女悉皆速來若彼不來眼目頭面破壞乾枯不久命終若作法之處於二河岸上用白檀香塗曼拏羅即散香花燒安悉香誦此眞言八千徧必得成就若於夜分誦此眞言一千徧決定速來隨意

所求悉皆充足至旦却迴復留黃金百兩

復次於河岸上用白檀香塗曼拏羅用酪飯出生加持八百徧如是七日之內彼決定來用閼伽水淨手令彼歡喜彼女告言子呼我何作持誦者言我要求官衣食豐足世所崇重部多女言汝願我從復次往金剛手菩薩殿內用迦囉尾囉花散上燒安悉香誦真言八千徧必得成就復次於夜分寂靜之處加持一千徧部多女速來即獻花座問訊彼女汝今善來與我為妻女即隨意及與最上聖藥聖物等能除一切冤家女即背負其夫詣諸天宮獲其壽命滿一萬歲復次往彼河岸用白花白香乳香焚燒誦真言八千徧即得成就

復次於夜分誦真言一千徧彼女定來即以香花水淨手然後告言與我為姝女即為姝復與聖藥聖物等所有千由旬內所要女人即時取來復於賢聖空閑殿內依法出生志心供養誦真言八千徧速得成就或誦一千徧彼女定來即以為妻曰與千錢後背負於夫往詣遠處夫得一切自在獲壽五千歲命終之後得生王宮

復次往二河合流之岸獻酒肉食散迦囉尾囉花燒安悉香誦真言八千徧速得成就

復次夜分中作廣大供養復燃酥燈誦真言一千徧時部多女丑女從來持誦者曰與我為妻彼女默然許之若彼不允即得破壞日日背負於夫往詣諸天令得自在壽五千歲命終之後得生王宮復次成就法於河岸上用恭俱摩香作曼拏羅燒沉香依法出生誦真言八千徧所作成就

復次作廣大供養誦真言一千徧彼部多女放大光明四遠照曜而來現前以白檀香水灑淨女即歡喜而自問言呼我何作持誦者曰為我作母女遂許之如法養育日贍五百人供給所須獲壽一萬歲命終之後生婆羅門家

復次成就之法於二河合流之岸作廣大供養燃於酥燈於夜分誦真言八千徧時部多女放大光明而來現前問言呼我何作持誦者曰我欲自在受於快樂彼女即允日與金錢十萬獲壽一萬歲命終之後生為人主此是八大部多女主成就之法

尒時住尸陁林部多女從座而起五體投地禮金剛手菩薩足恭敬合掌說自根本真言曰

唵引紇哩二合吽賀入復說住尸陁林部多女句召真言曰

唵引吽羯荼羯荼薩哩嚩二合部引多引喃薩摩野摩鞞波引羅野賀囉賀囉滿馱滿馱阿引訖囉二合摩訶引迦哩沙二合野普摩賀引嘮捺哩二合尾涅摩二合舍引曩嚩引悉你阿引誐蹉尸伽朗二合度嚨登吒半音

復說一切部多女三昧真言曰

唵引度曩度曩左羅左羅左引羅野左羅野鉢囉二合尾舍鉢囉二合尾舍賀羅賀囉底瑟吒二合底瑟吒二合三摩野摩鞞波引羅野部涅摩二合舍引曩鉢囉二合吠去姹你吽吽嚉吒半音嚉吒半音娑嚩二合引賀引

復說難瑟吒囉引二合羯囉引紇哩多女
真言曰
唵引左羅左羅達迦達迦摩賀引部
底你去娑引達迦引喃必哩二合夜引拽
娑囉娑囉尾娑囉尾娑囉羯荼羅
荼惹仁左反羅播二合波野惹羅播二合波野
伴惹伴惹覽誐覽誐仡哩二合恨拏二
仡哩恨拏二合吽吽發吒發吒半音紇哩
二合娑嚩二合賀引
復說具羅目矩部多女真言曰
唵引具囉目矩濕摩二合引發嚩引
始你去娑達迦引搦俱鵌去阿鉢囉二
底賀多唵引拏曩莫入娑嚩二合賀引
復說部多女真言曰
唵引惹哩惹二合囉目矩尾囉尾囉犀
囉𡀔多引哩𡀔二合多薩哩嚩二合設咄嚕
二合娑演迦哩去賀曩賀曩捺賀捺賀
鉢左鉢左摩引囉野摩引囉野阿迦
引羅盛哩二合怛蹄二合娑演迦哩薩哩嚩
二合曩引誐娑演迦哩引阿吒吒賀西你
引薩哩嚩二合部帝濕嚩二合哩他引他引
他引他引馱引馱引馱引馱引唵引吽
引唵引唵引娑嚩二合引賀引唵引迦摩

羅路左你
如是真言若人志心依法持誦此部
多女悉能愛護一切衆生令離苦惱
彼持誦者若以酒食魚肉及種種美
饌出生供養即得歡喜親近承事如
婢從等日與持誦者衣服一對金錢
一文乃至百由旬内所須女人即時
將至承事供給直至命終彼方捨離
如是金剛手大教王降伏毗舍遮女
成就之法
尒時讚拏迦怛也野你大惡部多女
於大會中即從座起五體投地禮金
剛手大忿怒主足合掌恭敬說自根
本心真言曰
唵引骨嚨二合吽發吒半音
復說酥囉迦怛也引二合野你部多女
真言曰
唵引吽入嚩二合羅吽發吒半音
復說摩賀迦怛也引二合野你部多女
真言曰
唵引紇哩引二合紇哩引二合吽吽呬引呬引
發吒半音發吒半音娑嚩二合賀引
復說嘮捺囉迦怛也引二合野你部多女

真言曰
唵引嚕拷囉二合娑演迦哩去阿吒吒賀
引西你引娑引馱迦必哩曳摩賀引扆
進怛囉二合嚕閉囉怛曩引二合誐哩引
酥嚩羅拏二合賀悉底二合野摩你紇
哩二合多你薩哩嚩二合穆佉鉢囉二合舍摩
你唵引唵引唵引吽吽吽尸伽羅二合
悉地鉢囉二合野蹉紇哩引二合嗡入娑
嚩引二合賀引
復說贊拏迦怛也引二合野你部多女
真言曰
摩賀引部帝引濕嚩二合哩引唵引野
摩你仡哩二合旦你阿迦引羅蜜哩二合
踰二合你嚩引羅屋引揭切身捺誐二合輸羅
賀悉帝二合尸伽覽二合悉地孕二合那那引
覩旦娑引達迦摩引倪也引二合波野底紇
哩引二合娑嚩二合賀引
復說嚕捺囉迦怛也引二合野你部多女
真言曰
唵引呬引摩軍拏梨尾馱迦尾馱迦
入嚩二合羅入嚩二合羅袮麽也二合軍拏羅
部始帝囉引嚩拏摩他你引婆誐鑁
曩引倪也二合波野底娑嚩二合賀引

復說軍拏羅迦怛也二合野你部多女眞言曰

勃哩二合俱胝目邦引羯吒羯吒馱引嚩馱引嚩入嚩二合羅入嚩二合羅虎多引設曩目邦誐蹉誐蹉吠多引拏烏怛他二合引波你引阿引尾舍阿引尾舍吽吽吽發吒半音娑誐鑁引曩引波野底紇哩二合娑嚩二合賀引

復說惹野目邦迦怛也二合野你部多女眞言曰

唵引必底哩二合摩他你迦賀迦賀惹野薩哩嚩引二合酥囉布你帝吽賀入婆嚩二合賀引

復說戍娑迦怛也引二合野你部多女眞言曰

唵引輸娑必哩二合戍祢麼也二合路引左祢引迦引弥引瑳嚩二合哩惹誐誐謨賀你酥婆儗建引左曩摩引羅尾部沙尼釋布囉娑没提二合阿引尾舍阿引尾舍嚩西嚩西布囉娑引馱迦必哩二合戍紇哩二合娑嚩二合賀引

此是八大迦怛也二合野你部多女眞言若人依法持誦必得成就

復次金剛手大祕密主降伏部多大教王說八大迦怛也二合野你部多女印相法以二手作拳以小指相交舒頭指復鉤此是迦怛也二合野你部多女印復用二手合交令頭指如鉤此是摩賀迦怛也二合野你部多女印用前印以中指相捻內入小指此是破壞一切不信法者部多女印信者令生敬愛以前印各舒二頭指此是跋捺囉迦怛也二合野你部多女印用香花塗香供養復用酒人魚肉出生剎那之間一切部多皆令成就復用二手作堅固拳以二頭指相交此是賛拏迦怛也二合野你部多女印此印同用能禁縛一切部多復舒左手頭指能降伏一切部多女復用二手作拳以二小指相交舒二頭指復如鉤此印能鉤召三界諸天乃至大自在天大梵王等悉皆降伏速得成就如是金剛手大忿怒主大教王說八大迦怛也二合引野你部多女印相之法

復次金剛手大忿怒主說迦怛也二合引野你部多女成就法於尸陀林中誦前眞言八百徧至三日內令部多女速來即用人髑髏滿盛其血以為閼伽彼即歡喜而問之言呼我何作持誦者曰願為我母女即許之如法養育一切所須皆得圓滿壽五百歲命終之後生為人王

復次往金剛手菩薩宮殿內於夜分中誦眞言八千徧時部多女速來現身如天女相所求之事一切成就

復次於夜分中往大自在天宮殿中誦眞言一千徧第一日聞鈴鐸聲第二日部多女現天女相第三日彼女言曰汝欲何求持誦者曰要汝承事女即承事盡彼命壽時背負持誦者往須弥山大海上至毗沙門天王宮取其財寶供給充足如是閻浮提內端正童女須者與之令作歡娛壽五百歲命終之後得生王宮

復次往二河合流之岸於夜分中誦眞言八千徧得最上部多女及彼眷屬速來現前永為妻子日與金錢五文名衣一對令其受用

復次於夜分中往於園林之內誦眞

言八百徧誦至第三日聞鈴鐸聲第四日遍見彼女第五日來至面前第六日與金錢五文第七日於自卧牀頭邊作曼拏羅燒安悉香誦眞言八百徧復有最上部多女速來親近同作歡樂當結爲妻復與最上眞珠瓔珞留於牀上日與金錢二十五文名衣一對能除一切冤家獲壽五千歲命終之後生於王宮

復次往空閑賢聖宮殿於夜分中誦眞言八百徧如是至三日後時部多女與八百眷屬同來彼處用白檀香水獻閼伽彼即歡喜尋與爲妻復給衣服飲食供贍八百眷屬及聖藥等獲壽五千歲命終之後往生王宮

復次於王舍城内誦眞言八百徧已得精熟後更五夜用迦羅尾囉木爲柴及摩羅帝花用作護摩八百徧時大部多女與五百眷屬莊嚴其身速來彼處即用花水獻閼伽令其歡喜或求爲母或求爲姊妹或求爲妻隨持誦者意若彼爲妻現童女相若彼爲母如親子想能滿誦人一切所願

壽一萬歲命終之後生於王宮

復次十五日於夜分中往諸宮觀誦眞言一萬徧即獻廣大供養至明旦時彼女即來用血爲閼伽令得歡喜即爲娣從日給金錢五文及上味飲食壽命五百歲如是八大迦怛也(二合引)野你部多女成就之法

復次金剛手大教王降伏一切部多僕從成就之法眞言曰

唵(引)囉(引)虎囉(引)虎摩賀(引)唧吒迦(引)喃捺哩捺囉(二合)枚哂多(引)囉他(二合引)野唵(引)虎虎虎虎虎仡哩(二合)恨拏(二合)曼娑悉地孕(二合)弥鉢囉(二合)野瑳娑嚩(二合引)賀(引)

持誦者於夜分時將黑羖羊肉八兩往尸陁林中誦眞言八百徧加持於内然後以眼視四方高聲唱言我今賣肉即時尸陁林住部多女變身爲婆羅門告誦者曰汝大丈夫賣肉欲要何物持誦者曰我要黃金女與金八兩即收金與肉女不授肉邊金剛手勑女即命終

尒時有大自在天與無數俱胝天人

圍繞復有無數天女龍神緊那羅摩睺羅伽等在大會中尒時大自在天即從座起五體投地禮金剛手大忿怒主足右繞三帀白菩薩言復爲我說調伏三界一切部多及天龍藥叉天人衆等令生大怖除諸魔障能殺一切星曜及吠多拏布怛曩成就祕密曼拏羅法尒時文殊師利菩薩讚言善哉善哉大自在天汝能利益未來法末之時閻浮提内一切衆生能問菩薩調伏三界諸惡部多天龍夜叉緊那羅等成就祕密大曼拏羅法時金剛手菩薩即爲說此曼拏羅成就法作四方曼拏攞四方作於四門上置樓閣具足十六分外置金剛界中安大忿怒明王身有圓光徧體熾焰作大青色四臂右第一手擲金剛杵左第一手竪頭指禁伏一切部多以二手結本印面大惡相利牙髑髏爲冠以八大龍王莊嚴其身作降伏三界相足踏無能勝部多王立如舞踊勢或時大笑大叫光明焰赫如一俱胝日爲三界主以二手作印二無

名指相交令二頭指如鉤小指中指以大母指壓之此名最上秘密冨貴印能降三界印

復於明王前安大自在天明王右邊安那羅延天明王後安大梵天明王左邊安迦哩帝迦天東北隅安頻那野迦東南隅安日天放千光明西南隅安羅睺西北隅安難林計濕嚩二合囉曼拏囉第二重供養一切賢聖身色如金一切莊嚴作歡喜相顧視忿怒主明王左邊復安烏摩女天明王前安福女天以手執花明王右邊安底路怛摩女天手執香鑪一切莊嚴明王後面安月女天手執燈莊嚴最上耳璫環釧東南隅安寶莊嚴女天手執塗香一切莊嚴西南隅安辯才女天有無數音樂種種歌舞西北隅安夜叉女主手執寶鬘名酥囉遜那哩是一切夜叉主東北隅安部多女名阿虎底你是一切部多身相端正廣目少年莊嚴具足頭髮如大青色敬愛修行者復於曼拏羅第三重東方安帝釋天東南隅安火天南方安閻魔王西南隅安羅刹主西方安水天西北隅安風天北方安毗沙門東北隅安月天如是曼拏羅各安本位儀則已時阿闍梨頂戴青衿身著青衣以右手擲金剛杵發是願言我為利益一切衆生故剎那之間速得成就此是金剛大忿怒主依三昧住住諸賢聖時阿闍梨結大忿怒印即入曼拏羅誦此請召真言曰

唵引嚩曩二合發吒半音

復誦安住三昧真言曰

唵引底瑟吒二合悉地孕二合吽

誦此真言已引弟子入曼拏羅用青帛蓋於頭面時阿闍梨結忿怒明王印安弟子頂上即誦覺悟真言曰

唵引鉢囉二合尾舍骨嚕二合馱吽吽惡入

此真言持誦之時能令須弥山震動海水傾搖彼弟子能知三世之事知已能說即時與去蓋頭散花供養得見本尊此名灌頂學法供養降伏一切部多曼拏羅儀軌已

佛說金剛手菩薩降伏一切部多大教王經卷上

佛說金剛手降伏一切部多大教王經卷上　[illegible]　家字号

應　制校會藏經字學[illegible]門臣[illegible]

講法華經百法論賜紫沙門臣[illegible]

講維摩金剛般若經[illegible]大師[illegible]

講法華經百法唯識論正法大師賜紫沙門臣[illegible]

講八經四論法濟大師賜紫沙門臣[illegible]

應　制慧通大師賜紫沙門臣[illegible]

講維摩上生經因明唯識論[illegible]大師[illegible]

講圓覺經起信唯識論崇梵大師賜紫沙門臣[illegible]

講維摩上生經百法論[illegible]教大師賜紫沙門臣[illegible]

梵學光梵大師賜紫沙門臣[illegible]

梵學傳大教通梵大師賜紫沙門臣[illegible]

左街副僧錄知教門事智照大師賜紫沙門臣[illegible]

西天譯經三藏朝散大夫試鴻臚卿傳法大師臣[illegible]

西天譯經三藏朝散大夫試光祿卿明教大師臣[illegible]

[illegible]

[illegible]

[illegible]

佛説金剛手菩薩降伏一切部多大教王經卷上

校勘記

一　底本，金藏廣勝寺本。

一　五三四頁中一行至本頁下二〇行序文，石、資、磧、普、南、徑、清無。

一　五三四頁下二二行譯者，清作「宋西天譯經三藏朝散大夫試鴻臚卿傳教大師法天奉詔譯」。卷中、卷下同。

一　五三五頁上一三行第七字「殺」，資、磧、普、南、徑、清作「教」。

一　五三五頁下六行第七字「女」，徑作「主」。

一　五三五頁下一〇行「八大地獄」，徑作「入大地獄」。次頁上一〇行及頁中一五行同。

一　五三六頁中末行末字「遠」，石、磧、南、徑、清作「速」。

一　五三七頁下四行首字「萬」，磧、南、徑作「方」。

一　五三九頁中一四行「同用」，石、磧、普、南、徑、清作「用時」；資作「用用」。

一　五三九頁下一行「八百」，資、磧、普、南、徑、清作「八千」。

一　五四〇頁上一四行「聖藥」，普、徑作「聖樂」。

一　五四〇頁中一行第八字「後」，徑作「終」。

一　五四〇頁中二一行「牧金」，諸本作「收金」。又「不授」，清作「不受」。

一　五四一頁上一〇行第一三字「視」，資、磧、普、南、徑作「現」。

一　五四一頁中一行首字「闕」，諸本作「闍」。

一　五四一頁下譯者名録，諸本無。

佛說金剛手菩薩降伏一切部多大教王經卷中

西天譯經三藏朝散大夫試光祿卿明教大師臣法賢奉　詔譯

尒時金剛手菩薩說降伏諸部多觀想成就之法於十五日月圓之時想彼月中有一吽字字有光明圓滿照曜即誦眞言曰

唵(引)悉馱嚩囉(二合)吽

此眞言滅一切罪業復想囉字如彼日輪光徧熾盛作此觀時即誦此眞言曰

唵(引)賀那尾特網(二合)娑野曩(引)舍野播(引)半吽登吒(半音)

誦此眞言已復作空觀然後想一淨帛如軍那花如頻胝迦復想吽字變成八葉蓮花光明徧滿即誦動靜覺悟明王眞言曰

唵(引)骨嚕(二合)馱(引)吠(引)舍吽吽吽惡

復結覺悟明王印誦此眞言曰

唵(引)嚩囉(二合)吠舍阿(引)吠舍播(引)多曳(引)吽

誦此眞言已復想本尊形像印結忿怒明王印安自身分誦六字眞言曰

唵(引)賀曩嚩囉(二合)吽

想此眞言安於頭上

唵(引)那賀嚩囉(二合)吽

想此眞言安於頂上

唵(引)祢(引)鉢多(二合)嚩囉(二合)吽

想此眞言安於眼上

唵(引)嚩囉(二合)嚕沙吽

想此眞言安於心上

唵(引)捺哩(二合)荼嚩囉(二合)吽

想此眞言爲鎧甲作擁護

唵(引)賀曩那賀跛左骨嚕(二合)馱嚩囉(二合)薩哩嚩(二合)訥瑟吒(引)(呑)摩囉野吽登吒(半音)

想此眞言爲器仗如是大忿怒明王六分觀想眞言作此觀已請召曼拏羅中大賢聖即以二手相交舒二頭指復曲如鉤誦此眞言曰

唵(引)嚩囉(二合)馱囉摩賀(引)骨嚕(二合)馱三摩野摩努播羅野尸伽覽(二合)阿(引)識蹉紇哩(二合)弱吽登吒(半音)娑嚩(二合)賀(引)

誦此眞言普請一切賢聖已復別誦此眞言曰

唵(引)薩哩嚩(二合)祢嚩多(引)鉢囉(二合)細那吽

誦此眞言獻閼伽水已復誦此眞言

曰

唵(引)曩(引)舍野訥瑟吒(二合引)那賀跛左娑悉弭(二合)俱嚕吽吽發吒(半音)發吒

誦此真言時作忿怒相復誦此真言曰

唵(引)嚩囉(二合)骨嚕(二合)馱摩賀(引)室賛(二合)拏滿馱滿馱那舍祢舍(引)吽發吒(半音)

誦此真言令作結界復誦請召諸天真言令說大自在天真言曰

唵(引)部哩普(二合)嚩娑嚩(二合引)賀(引)

那羅延天真言曰

唵(引)阿室哩(二合)嚩囉(二合)播拏曳(引)娑嚩(二合引)賀(引)

大梵天真言曰

唵(引)祢(引)嚩虞嚕祢(引)嚩(引)馱囉(引)野娑縛(二合引)賀

迦哩帝計野天真言曰

唵(引)紇哩(二合)骨嚕(二合引)左舍吉底(二合)馱哩尼發吒(半音)娑嚩(二合引)賀

頻那夜迦天真言曰

唵(引)乞囕(二合)誐拏鉢多曳(引)娑嚩(二合引)賀(引)

日天真言曰

唵(引)室哩(二合)薩賀娑囉枳囉尼娑嚩(二合引)賀(引)

羅睺真言曰

唵(引)賛捺囉(二合)野設訖囉(二合)波囉(引)訖囉(二合)摩(引)野吽發吒(半音)

曩致溼嚩囉天真言曰

唵(引)曩致(引)溼嚩(二合)囉(引)野曩吒紇哩(二合)娑嚩(二合引)賀(引)

復說天女根本心真言底路怛摩天女真言曰

唵(引)塞蜜哩(二合)布曩莫(入)室哩(二合)祢摩也(二合)唵(引)室哩(二合)曩莫(入)

月天女真言曰

唵(引)室哩(二合引)倪也(二合)曩莫(入)

藍婆女天真言曰

唵(引)室哩(二合)莎曩莫(入)

辯才女天真言曰

唵(引)娑囉莎帝曳(二合引)誐(引)野怛哩(二合)薩哩鍐(二合)娑嚩(二合)賀(引)

酥囉遜那哩夜叉女真言曰

唵(引)藥翅溼嚩(二合)哩翅孕(二合)娑嚩(二合)賀(引)

大部多女真言曰

唵(引)阿部底紇哩(二合)

復說八部多女守門真言曰

唵(引)惡室哩(二合)嚩(引)摩娑嚩(二合)賀(引)

餘七真言如前所說如是部多女根本心真言能降伏一切部多曼拏羅成就儀軌已

介時金剛手復說降伏諸部多大教王印相法以二手相交竪二頭指如針此印能除一切業障復用二手作合拳以二頭指相交此是忿怒明王覺悟印於刹那間悉能覺悟三界衆生復以二手作合拳以二中指直竪此是前想六字身分印復用二手作合拳以二中指直竪此是前安頭上真言印復用二頭指竪如針此是前安頂上真言印復用大母指捻頭指節以右手印安字右眼上左手印安字左眼上復以二手作合拳以二小指相交二頭指直竪安於心上復用二手各作拳以左頭指安左臂上右大母指捏小指甲餘指並舒安右臂上此是前結界真言印

復說諸天印相以二手平仰以二頭指二無名指並屈入掌中此是大自

在天最上眞言印復用二手平仰以二頭指相交復如鉤此是那羅天眞言印

復用二手相交作拳舒二小指此是大梵天眞言印復用左手作拳舒中指此是迦哩底迦天眞言印復用左手作拳舒頭指中指以中指復屈一節此是頻那夜迦印復用二手平仰大母指捻頭指此是日天印復用右手舒頭指及無名指復屈指節此是羅睺印復用右手作金剛拳作舞勢復用左手作拳舒頭指中指以大母指捏無名指及小指此是那致濕嚩囉印復用二手作平掌安自頂上此是烏摩女天印復用二手作合掌向虛空擲散此是吉祥女天印復用二手合掌小指與頭指相交此是月女天印復用二手合拳舒二頭指以二頭指相捻如寶形安在額上此是寶莊嚴夜叉女印復用二手各各作拳以二小指相捻此是月天印誦此月天眞言曰

唵引囉恒曩二合室哩二合娑嚩二合引賀引

復說辯才女天印以二手相交舒二頭指安口上復用二手右旋舞安頂上此是底路恒摩女天印復用二手平安心上此是藍婆女天印

尒時復說外曼拏羅中安賢聖位眞言曰

唵引設訖囉二合引野娑嚩二合引賀引

此是帝釋眞言安東方

唵引阿誐曩二合曳引娑嚩二合引賀引

此是火天眞言安東南隅

唵引野摩引娑嚩二合賀引

此是夜摩天眞言安南方

唵引囉引叉娑引地波多曳惹野娑嚩二合引賀引

此是羅叉主眞言安西南隅

唵引嚩嚕拏曩引誐地波多曳賀曩賀曩娑嚩二合引賀引

此是水天龍主眞言安西方

唵引嚩引野吠也二合左攞左攞娑嚩二合引賀

此是風天眞言安西北隅

唵引俱吠引囉引野藥叉地波多曳引娑嚩二合引賀引

此是毗沙門天王眞言安北方

唵引賛捺囉二合野娑嚩二合引賀引

此是月天眞言安東北隅

尒時金剛手菩薩復說諸夜叉女主印相用二手合掌小指如環此是酥囉遜那哩印復用二手合拳以二小指相交頭指亦如環此是一切部多女主印復用二手作拳以二頭指相交此是八守門部多女印復說曼拏羅賢聖位印以右手平仰以大母指捏小指甲餘指各相離此是帝釋印以左手平仰微動此是火天印用右手作拳舒頭指此是夜摩印用右手作拳舒頭指中指此羅刹主印用左手作拳舒頭指復如環此是火天印用左手作拳舒頭指中指此是風天印用右手作拳舒大母指此是毗沙門天王印用二手各作拳以二頭指相捻此是月天印用左手作拳以大母指捻小指甲餘指並舒此是三叉印用二手作合拳此是圓滿印眞言曰

唵引悉地嚩囉二合布囉野布囉野吽引

復用二手作拳以二小指相交頭指
如環此是句召印即誦此句召成就
真言曰
唵引嚩囉二合嚕沙摩賀引骨嚕二合馱
悉馱迦哩沙二合野吽弱入悉馱引迦哩
沙二合拏滿怛囉二合骨嚕二合馱悉地摩智
囉引惹悉地三摩野娑引誐囉悉馱
覩怛娑二合祢引嚩多尸伽囉二合悉地
滿努多囉引
誦此真言時擲金剛杵復說部多獻
座印相用左手平仰豎立毋指復拳
右手執左毋指豎立右毋指此無能
勝部多主在金剛手菩薩雙足下捧
足而坐是名獻座誦此真言曰
唵引惹野惹野摩賀引骨嚕二合馱引
地波底骨嚕二合引馱囉引惹伊難部
多引娑喃捺哩舍二合野囉叉野娑嚩
二合引賀引
復說賢聖座印用二手作合掌復離
開十指此是蓮花座印誦此真言曰
唵引鉢訥謨二合引訥婆二合鑁你始引
捺薩哩嚩二合祢嚩旦引娑嚩二合賀引
誦此真言已以前蓮花印復搖動二

毋指此是發送賢聖印即誦此真言
曰
唵引娑囉娑囉誐蹉誐蹉薩哩嚩二合
你引嚩旦引室哩二合嚩囉二合馱囉薩摩
引倪也二合波野帝娑嚩二合賀引
誦此真言已即誦此偈曰
一切成就大忿怒　令得成就最上樂
我今已得成就法　唯願聖衆歸真寂
尒時金剛手菩薩大忿怒主說如是
言若復有人於此曼拏羅得見隨喜
是人不久成就三界之主若復有人
於此金剛手大教王受持供養是人
不久與金剛手菩薩神通威力悉皆
齊等設不齊等即得受於轉輪王
領四天下若復有人持誦金剛手菩
薩之名能令一切部多來為僕從承
事供給若誦忿怒明王真言一切天
龍夜叉羅刹諸惡鬼神皆令命終一
切天人恐怖避走
尒時金剛手菩薩復說成就法先於
淨處精習法事然後誦真言一洛叉
作自身擁護復於每月一日誦真言
一千徧至十五日隨力供養結忿怒

印竟夜持誦至明旦時大地震動印
現光明熾盛照曜於剎那間與金剛
手菩薩威力齊等如天人相不老不
死
復次金剛手菩薩說作天女成就法
先作天女形像持誦者用左足蹋天
女像即誦真言一阿庾多時彼天女
即來現身與持誦者種種聖藥及地
藏珍寶等復與持誦者為其妻子彼
女不為成就即用豬血塗天女像復
用左足蹋之誦此忿怒真言曰
唵引賀曩嚩囉二合摩引囉野阿毋
劒吽發吒半音
誦此真言八千徧即時天女頭面破
裂乾枯命終此真言亦能殺一切部
多及諸冤結
復次吉祥天女成就法如前作天女
像時持誦者以左足蹋之亦誦真言
一阿庾多彼女速來即獻花座告言
善來善來與我為妻女即隨意無所
違礙
復次持誦者用左足蹋陪囉嚩天女
像誦真言一阿庾多彼女即來一切

所求無不成就如前作法持誦令七摩底哩天女彼亦速來所求成就如是名為降伏部多成就之法

復次金剛手菩薩調伏最上難調大惡成就之法持誦者往大自在祠宮殿之内以足蹋自在天身誦前真言八千徧至七日内彼天即來若不到來即令命終如是那羅延亦以足蹋之誦真言八千徧至七日内彼即速來降伏承事如僕從等降伏梵王亦以足蹋梵王身誦真言八千徧彼即速來承事供給亦如僕從降伏帝釋亦以足蹋帝釋身誦真言八千徧速來承事若彼不來頭面破裂作於百分及彼眷屬皆悉命終

降伏迦哩帝計野天亦以足蹋之誦真言八百徧至七日内與諸眷屬速來供給亦如僕從復次若彼持誦之者欲殺部多如前作法稱彼名字復令還命亦稱彼名即得成就

復次如前作法持誦之者亦以足蹋頻那夜迦身誦真言八千徧彼頻那夜迦并諸眷屬速來給侍如僕從等若彼不來即得命終

復次持誦者亦以足蹋日天身誦真言八千徧至七日内能令持誦者所作自在

復次持誦者亦以足蹋月天身誦真言八千徧至七日後彼即速來日留金一兩

復次持誦者亦以足蹋陪囉嚩天身誦真言八千徧然後作廣大供養即獻人肉食燃人脂燈燒人肉為香時陪囉嚩天於夜分中作大惡聲而復大笑告持誦者言我今食汝若聞此聲不得驚怖如心怯懼但誦吽字即得無怖時陪囉嚩天而自降伏令彼行人為三界主此之吽字若人持誦一切世間人非人等皆生恐怖

復次持誦者以自足蹋曩致濕嚩囉天身誦真言八千徧至七日内速來降伏供給承事如僕從等復次如前作法足蹋大黑神誦真言八千徧并諸眷屬速來現前供給承事若不來時即得命終

復次往自在天祠四門殿内亦以足蹋自在天身誦真言一阿庾多至七日内時自在天與其眷屬即來現前凡有所須悉皆供給即負背行人往諂諸天復令烏哩摩尸天女承事供養及與種種聖藥如是金剛手菩薩降伏諸部多僕從成就之法

介時三界無量無邊一切天人等皆悉歸命是時金剛手菩薩為利益一切諸衆生故說彼一切懈怠不信及造惡業種種有情亦得成就之法令諸部多隨意承事利樂衆生

時持誦之人先於淨室持法精熟即得求於最上成就之法或求持明天地下寶藏如意寶珠及賢瓶瓔珞等皆得成就若為利益一切衆生故時阿闍梨依一切賢聖本尊持誦真言所有一切部多女夜叉女龍女緊曩囉女乃至一切諸惡鬼等刹那中間速來成就

時金剛手菩薩言若後末世或有破戒衆生不信佛法衆生造諸惡業衆生乃至毀謗三寶如是之人若欲依法持誦亦得成就一切所求皆得滿

願若復有人於金剛阿闍梨而行毀
謗所求之法定不成就
介時金剛手菩薩復說降伏部多最
上祕密眞言曰
唵引紇哩二合羯荼羯荼阿目劒吽吽
吽弱入
若持此眞言八百徧一切部多及其
眷屬速來成就或彼不來令彼部多
及其眷屬悉皆破壞不久命終復次
持誦者用牛黄畫彼部多女及餓鬼
女形像以自左足蹋彼畫像誦眞言
八千徧刹那之間彼女即來作大怖
之聲告言我欲命終我欲命終持誦
者汝呼我何作持誦者言我要汝等
爲其僕從即時彼女承事供給以盡
百年復次用牛黄於樺皮上畫前部
多等形持誦者以左足蹋之誦眞言
一千徧刹那之間彼女速來如不速
來用白芥子加持打彼像口時部多
女高聲啼哭身生惡病四體乾枯即
得命終復用酥蜜加持打彼像口速
得還命平復如故承事行人如僕從
等日給飲食衣服可贍三人有餘復

次逐日於寺門内夜分中持眞言八
千徧時部多女名軍惹嚩帝速現人
前彼女言曰呼我何作持誦者言與
我爲母女即允之如子養育至盡形
壽
復次金剛手大明王說彼降伏諸部
多利益一切貧窮有情成就之法有
八大部多女一名部底二名尾沙𡰱
三名星呬你四名訶悉你五名曩胝
六名囉帝七名迦弥溼嚩二合哩八名祢
吠此八部多女能爲持誦之者作成
就故若有行人於夜分中往其樹下
持誦眞言至第三日滿八千徧然後
作大供養燒安悉香復誦眞言至中
夜時尾部沙𡰱部多女即現人前用
白檀香水獻閼伽令彼歡喜若欲爲
母彼即爲母如子養育日給衣服飲
食可贍百人若欲爲妻忻悅和合日
給金錢一千若爲姊妹百由旬内所
有端正女人即爲將來及與聖藥寶
藏等悉充足復次於夜分中往尸陁
林中誦眞言一阿庾多時軍拏羅賀
哩尼部多女即現人前用血獻閼伽

令彼歡喜時持誦者求彼爲母女即
允之如子養育一切所須悉令豐足
復次往空閑宮觀之内誦眞言一阿
庾多時賀哩𡰱部多女即來現身與
彼爲妻同作歡樂日給金錢二十五
文名衣百件持誦人等一十二人豐
足有餘
復次往大自在天宮觀之内誦眞言
一阿庾多時星呬你部多女即來現
前女云呼我何作持誦者曰求汝爲
妻女即相允日給金錢八文名衣一
對及種種聖藥等
復次於金剛手菩薩前畫部多女像
散迦囉尾囉花供養誦眞言至中夜
時訶悉你部多女即來現身以白檀
香水獻閼伽令彼歡喜女曰呼我何
作行人言曰要爲僕從女即聽允衣
服飲食須者給足若畜積不使女不
復與
復次曩致部多女僕從成就法不作
持誦不作護摩亦不在先精熟法事
但念金剛手菩薩名號一切所用皆
悉成就

復次持誦者夜分中於本舍門前持誦眞言至三日內彼囉帝部多女即來現前一切承事而爲僕從乃至修補房舍及耕種等常自營辦

復次持誦者往寂靜之處於夜分用酒肉食而復出生誦眞言一千徧至第七日彼迦弥涇嚩哩部多女即現人前以血獻閼伽告言呼我何作持誦者言汝爲我妻女即允之滿一切願令得自在

復次往詣宮觀之内安置宿卧用白檀香惹帝花等作供養燒安悉香彼部多女即來現身作童女相金色一切莊嚴即爲妻子同作歡樂日給金錢八文名衣一對及上味飲食等又此部多女往毗沙門天王宮内取彼珍寶而以與之如是金剛手說降伏八部多女成就之法巳

歸命金剛手　忿怒大威力

說此祕密言　調比難調者

尒時金剛手菩薩復說殺一切天龍夜叉諸部多等眞言曰

唵（引）賀曩賀曩薩哩嚩（二合）摩（引）囉野嚩囉（二合）八嚩（引二合）鎫（引）吽發吒（半音）

尒時菩薩說此眞言之時變爲金剛熾焰徧滿三千大千世界復說此眞言曰

吽賀曩發吒（半音）

說此法時所有梵天那羅延天大白在天及無數持明天龍神夜叉必隸多必舍左巘馱哩嚩緊曩囉摩護囉識識嚕拏及一切天人悉皆破壞俱獲命終

尒時文殊師利菩薩摩訶薩覩斯神力怪未曾有而唱是言善哉善哉金剛手大祕密主能爲末法衆生作大利益降伏一切天龍鬼等令於有情廣行饒益尒時會中彼諸天女即從座起頭面禮金剛手足各各說自根本心真言曰

唵（引）室哩（引二合）舍始祢（引）麼也（引二合）

唵（引）室哩（引二合）底路（引）多摩（引）

唵（引）室哩（引二合）建（引）左曩摩（引）攞（引）

唵（引）室哩（引二合）紇哩（引二合）軍拏攞賀（引）哩（引）

唵（引）吽囉怛曩（二合）摩（引）攞（引）

唵（引）酥嚕（二合）烏哩嚩（二合）細（引）

唵（引）鑁（引）悉哩（引二合）部沙巳（引）

復說天女成就法時持誦者往山頂上結跏趺坐誦眞言一洛叉必得成就復次於十五日隨力作供養及燃酥燈竟夜持誦至明旦時彼女即來而現本身用白檀香水獻閼伽女即問云欲何所作行人言曰要汝爲妻女即聽允復與聖物聖藥等食此藥者獲壽千歲

復次持誦者食白檀香并乳然後誦眞言一阿庾多至第七日作廣大供養時底路怛摩天女即來現身所求成就復次於初八日往山頂上跏趺而坐竟夜持誦至明旦時彼女現端嚴相於面前立與持誦者默作歡樂

復有眞行人往詣諸天所爲自在

復次持誦者往二河合流之岸誦眞言八千徧至第七日作廣大供養燒安悉香復持誦竟夜至旦彼建左曩摩攞天女即來現前所求成就

復次持誦者不擇日月星辰亦不持齋戒即往山頂上誦眞言一阿庾多復誦眞言至中夜時彼軍拏攞賀哩

尸天女即現人前與彼為妻日給金鐵十萬復負行人詣四大洲及與聖藥聖物等所須滿願

復次持誦之者往宮觀內誦眞言八千徧至一月月盡日復誦至中夜時囉怛曩摩攞天女即來現身作鈴鐸聲即獻花座持誦者曰善來天女彼女言曰呼我何作持誦者曰我要為妻女即聽允盡心承事所求皆得獲壽一千歲

復次持誦者於月一日往寂靜處作供養用白檀香作曼拏羅燒安悉香日日三時誦眞言八千徧至十五日作大供養時嚧娑天女至明旦時現身而來即得為妻同作歡樂復與種種聖藥等若彼不來即得命終復令行人壽命一萬歲命終之後生於王宮

復次持誦者往宮觀內燒白檀香誦眞言一阿庾多至一月盡日隨力作供養復誦眞言夜至明旦彼烏哩嚩尸天女即現人前與獻花座告言善來女言呼我何作持誦者曰要汝為妻女即允之及與種種聖藥等壽命一千歲復次於潔淨處用樺皮上以恭俱摩香畫彼部沙尼天女形像燒白檀香誦眞言一月至月盡日作廣大供養復誦眞言至中夜時彼天女即現人前用作歡樂復與金銀眞珠及種種聖藥等曰給上妙飲食令其安隱如是金剛手菩薩說八天女成就之法

尒時金剛手菩薩復說是言若諸天女不為行人成就所求誦此忿怒明王眞言曰

唵(引)紇哩(二合引)阿(引)羯恭阿母劒吽嚩(入)登吒(半音)

誦此眞言之時彼諸天女皆令破壞身為百分復誦此眞言曰

唵(引)滿馱滿馱賀賀吽登吒(半音)唵左攞左攞嚩舍摩(引)曩野吽登吒(半音)

誦此眞言令諸天女深生敬愛

尒時金剛手菩薩為利益衆生故復說八天女成就之法若復有人於此法教信重三寶受持課誦得最上快樂所求成就彼部多女等或為母或為姉妹或為妻子僕從等皆現本身令彼有情悉獲利樂復說印相法以二手作拳以二手作旋舞以二中指如針此是八天女印能除一切苦惱復用二手如執劒此印降伏一切天女句召現前成就一切事復用二手作蓮花旋舞此印能降一切天女令作僕從等眞言曰

唵(引)薩哩嚩(二合引)鉢蹉(合一)囉婆(引)誐嗟吽弱(入)弱(入)

用此眞言句召天女復誦此眞言曰

唵(引)薩哩嚩(二合)薩哩嚩(二合)悉提部儗瑟嚩(二合)哩(引)娑嚩(二合引)賀(引)

此亦名句召眞言復說眞言曰

唵(引)迦(引)摩必哩(二合)夜(引)曳(引)娑嚩(二合引)賀(引)

誦此眞言能令天女速得現前復說眞言曰

唵(引)鑁(引)暗(引)吽(引)吽(引)弱(引)弱(入)

誦此眞言能降伏一切天女作種種事持誦之者必得成就

尒時會中一切夜叉女即從座起五體投地禮金剛手菩薩足各各說自

根本眞言曰

唵(引)阿(引)誐蹉酥囉遜那哩(引)娑嚩(二合)賀(引)

此是羯諾羯嚩帝夜叉女眞言復說迦弥溼嚩(二合)哩夜叉女眞言曰

唵(引)阿(引)誐蹉迦(引)弥溼嚩(二合)哩(引)娑嚩(二合)賀(引)

復說囉底夜叉女眞言曰

唵(引)囉底必哩(二合)曳(引)娑嚩(二合引)賀(引)

復說鉢訥弥你夜叉女眞言曰

唵(引)鉢訥弥(二合)你(引)娑嚩(二合引)賀(引)

復說曩致夜叉女眞言曰

唵(引)曩致(引)摩賀(引)曩致(引)酥噜波曩致(引)娑嚩(二合引)賀(引)

復說阿努囉擬你夜叉女眞言曰

唵(引)努囉(引)擬(引)抳(引)每(引)度曩鉢哩(二合)曳(引)娑嚩(二合引)賀(引)

是名夜叉女眞言祕密之法

復說八大夜叉女成就法持誦之人往金剛手菩薩宮殿之内燒安悉香每日三時誦眞言三千徧至一月内彼夜叉女即來現身用白檀香水獻閼伽時夜叉女或爲母或爲姊妹或爲妻子等隨行人之意若令爲妻不得別行邪慾彼即歡喜日給金錢十萬及與種種聖藥所作自在若爲姊妹亦與種種聖藥及聖物等復取最上天女令其承事又彼姊妹所有過去未來現在之事一一宣說令彼行人獲得種種快樂之事

佛說金剛手菩薩降伏一切部多大教王經卷中

佛說金剛手菩薩降伏一切部多大教王經卷中

校勘記

一 底本，金藏廣勝寺本。

一 五四三頁中二行譯者，資、磧、普、南、徑作「西天譯經三藏朝散大夫試鴻臚卿傳教大師法天奉詔譯」。

一 五四三頁下一五行第六字「即」，石無。

一 五四三頁下一六行第三字「曲」，清作「屈」。

一 五四四頁下一三行第三字「二」，磧、普、南、徑、清作「一」。末行第二字同。

一 五四四頁下二〇行第九字「並」，資、磧、普、南、徑、清作「普」。

一 五四五頁上一七行第三字「掌」，諸本作「拳」。

一 五四五頁中四行第九字「女」，資、磧、普作「是」。

一 五四五頁下一五行第一二字「火」，

一 石、麗作「水」。
一 五四六頁上二行「句召」，清作「鉤召」。下同。
一 五四六頁下一行末字「印」，徑、清作「即」。
一 五四六頁下九行第一二字「妻」，資、普、南、徑作「妾」。
一 五四六頁下一〇行第七字「用」，石作「爲」。
一 五四七頁上五行「自在」，石、清、麗作「自在天」；資、磧、普、南、徑作「自天」。
一 五四七頁下一行「至七」，徑作「致七」。
一 五四八頁中一四行「安悉香」，清作「安息香」。下同。
一 五四八頁中一八行第七字「欲」，徑作「能」。
一 五四八頁下五行第五字「作」，徑作「彼」。
一 五四八頁下一九行第二字「與」，徑無。
一 五四九頁下一九行「安悉香」，石作「安息香」。下同。
一 五五〇頁上一六行「不來」，徑作「不求」。
一 五五〇頁中三行第五字「盡」，資、普作「畫」。
一 五五一頁上一〇行「復説」，徑作「佛説」。

佛説金剛手菩薩降伏一切部多大教王經卷下　家

西天譯經三藏朝散大夫試光祿卿明教大師臣法賢奉　詔譯

復次持誦者往於河岸用白檀香作曼拏羅獻廣大供養時誦眞言一阿庾多至第七日復作廣大供養至夜半彼摩拏賀哩尼夜叉女即來現身甚大苦惱女言呼我何作持誦者言汝爲我婇女即聽允日給金錢一百贍彼行人等八人豐足使盡復與若不使盡不復與之

復次持誦者往彼足拘陁樹下以自飲酒肉食已不潔淨盥漱持誦眞言一千徧至第七日復誦眞言至中夜已來彼羯諾羯嚩帝夜叉女莊嚴具足與其僕從八百人俱悉現本身與彼行人同作歡樂即結爲妻給與衣服飲食及金錢八文贍彼行人等一十二人悉得豐足

復次持誦者於樺皮上用牛黄畫彼迦弥涅嚩(二合)哩夜叉女形像於寂靜處置一卧牀於此牀上誦眞言一千徧於月盡日作廣大供養燃以酥燈時誦者默然彼女即來隨行人意而爲妻子於卧牀上留最上莊嚴至明旦時却還本處持誦之者不得邪慾若有所犯即令破壞

復次持誦者於其㡧上畫彼女像身作金色一切莊嚴手執優鉢羅花如童女相用惹底花作供養燒安悉香誦眞言八千徧至月盡日隨力供養燃以酥燈復誦眞言至中夜時彼囉帝夜叉女即來現身同作歡樂即爲妻子日給金錢二十五文及聖藥等贍彼行人及其徒衆悉令豐足

復次持誦之者於自本舍卧牀頭邊用白檀香作曼拏羅燒安悉香誦眞言至一月於十五日夜隨力獻供養復誦眞言至中夜彼鉢訥弥你夜叉女即來現身隨誦者意以結爲妻即與種種聖藥及聖物等

復次持誦者往無憂樹下食於酒肉已用塗香好花作供養已誦眞言一千徧彼最致夜叉女即來現身或爲母或爲姊妹或爲妻子若得爲妻日給金錢八文及種種聖藥等若得爲

母供給衣食及金百兩若爲姊妹於千由旬内所須女人即爲取來及供給飲食衣服種種聖藥等

復次持誦者於樺皮上用恭俱摩香畫彼阿努囉儗尼夜叉女形於月初一日以香花燈及塗香等作供養一日三時持誦眞言至十五日燃以酥燈隨力作供養持誦夜至明旦彼夜叉女即來現身隨行人意即爲彼妻日給金錢一千及與種種聖藥壽命一千歲如是名爲所説降伏諸部多大教王夜叉女成就之法

尒時金剛手菩薩大祕密主言若有夜叉女不依我三昧任者誦此忿怒明王眞言決定破壞眞言曰

唵(引)度嚨(二合)羯茶羯茶阿目迦藥乞吒(二合)尼(引)紇哩(二合引)惹嚼(入)吽癹吒(半音)

誦此眞言一千徧彼女速來若不速來頭目俱破剎那命終墮八大地獄

復説印相法以二手作拳二小指相交此大不空忿怒鉤印能鉤三界

復説夜叉女印以二手平掌二中指顛倒以無名指出外頭指與小指相

捻此是一切夜叉女最上根本印結
此印時彼夜叉女速來現身復用此
印以右手母指作鉤召復誦此眞言
曰
唵引 紇哩二合引 阿引 誐蹉
誦此眞言能鉤召一切夜叉女復用
前印以左手母指作發遣誦此眞言
曰
唵引 紇哩二合引 誐蹉誐蹉藥乞叱二合
屋引 尸伽囉二合 補曩囉引 誐摩曩
引 野娑嚩二合引 賀引
復說印相以二手作拳舒二中指此
印能令一切夜叉女速來現前誦此
眞言曰
唵引 摩賀引 藥乞叱二合 屋引 昧上
曩必哩二合 曳引 娑嚩二合引 賀引
復用二手作拳舒二小指此印能令
一切夜叉女遠來親近眞言曰
唵引 迦引 摩善毦濕嚩二合 哩娑嚩二合引
賀引
復用二手如執刀劒勢此是一切夜
叉女心印誦此一字眞言曰 翅引入
復用二手作拳舒於頭指中指此是

一切夜叉女香花燈塗供養印誦此
眞言曰
唵引 薩哩嚩二合 摩努賀引 哩尼引 娑
嚩二合引 賀引
如是說此降伏諸部多大教王夜叉
女成就法已
尒時會中有龍女王即從座起五體
投地禮金剛手菩薩足各各說自根
本心眞言曰
普入 唵引 普入 阿難多目羿
普入 悉哩二合引 普入 嚩引 酥吉目羿引
普入 伊普入 鉢訥弥二合 你
普入 阿普入 摩賀引 鉢訥弥二合 你
普入 尾普入 鵝哩俱二合 吒迦目羿引
普入 摩普入 設始你野
普入 滐普入 入嚩二合引 攞目羿引
普入 骨嚕二合 普度摩入 目羿
復說八大龍女王成就之法
時持誦之者先於龍堂之內持誦眞
言一洛叉令法精熟得一切龍女心
大歡喜然後於月初五日往龍堂內
入於龍池用香花塗香及乳汁依法
作供養即誦八大龍女王眞言一千

徧時彼龍女速來池內用乳汁白檀
香水獻閼伽已持誦者言善來與我
爲妻女即聽允日給金錢八文或令
殺寃或令救護隨意無違
復次持誦之者往二河合流之岸用
酥乳爲食誦眞言八千徧時彼龍女
即來現身以其好花戴彼頂上告言
汝爲我妻龍女即允日給金錢五文
及上妙飮食等復次持誦者往龍堂
內誦眞言一千徧刹那中間令其龍
女患於頭痛速來言曰呼我何作行
人告言與我爲母龍女即允供給衣
服飮食可贍誦者徒衆五人俱足
復次持誦者往蓮池岸上誦眞言八
千徧龍女速來同作歡樂即得爲妻
日給金錢八文使盡復與若畜之不
用更不與之
復次持誦者往二河合流之岸於夜
分時誦眞言八千徧時彼龍女即來
現身行人言曰善來與我爲妻龍女
即允日給黃金一兩
復次持誦者往大海岸於夜分時誦
眞言八千徧時彼龍女即來現身行

人言曰汝爲姊妹女即允之日給金錢一文及衣服等

復次持誦者往彼龍堂復入龍池水至臍輪即誦真言八千徧時彼龍女即來現身以其好花戴彼頂上告曰汝爲我妻龍女即允日給金錢八文及上味飲食等

復次持誦者往彼龍堂內於夜分中誦真言至明旦時彼龍女莊嚴其身即現人前用花水獻閼伽告言善來汝爲我妻龍女即允與持誦者種種聖藥聖物等能滿一切願

復次持誦者往彼龍堂誦真言一阿庾多龍女即來同作歡樂誦者言曰汝爲我妻龍女即允日給金錢五文及上味飲食衣服等

復次持誦者於夜分中近彼龍堂誦真言八千徧龍女即來以龍花戴彼頂上持誦者曰與我爲妻龍女即允及與彼誦者最上莊嚴等

復說龍女三昧真言句召真言曰

唵引普阿誐蹉曩引擬你引普

復說塗香真言曰

馱嚫二合伊普

復說香真言曰

唵引普惡

復說一切龍女三昧真言曰

阿普摵引普鑁普

復說發送真言曰

普誐蹉誐蹉尸引伽嚫二合布曩囉引誐麼曩引野

復說印相法以二手仰合掌復合如頭鬚內入二頭指以二母指相捻此是龍女三昧印能作一切事亦是外三昧印及發送供養此印同用復次以左手作拳毋指舒左右手頭指竪立餘指並舒復用小指毋指捏指甲餘指並舒此亦是龍女三昧印如是所說降伏諸部多大教王龍女成就之法

尒時金剛手大祕密主作大忿怒相擲金剛杵說此真言曰

唵引鼻引沙拏嚩囉二合吽阿目枳引曩引擬你引阿引羯哩沙二合野吽吽發吒半音發吒半音

尒時金剛手菩薩說此真言之時一

切龍女迷悶倒地頭頂疼痛命欲將終菩薩復言汝等龍女若不依我三昧得大過失速令命終墮八大地獄如是金剛手說此降伏諸部多大教王龍女成就法已

尒時會中有緊曩囉女主即從座起五體投地禮金剛手菩薩足各說根本心真言曰

唵引摩努賀哩引娑嚩二合引賀引

唵引酥娑擬引娑嚩二合引賀引

唵引尾舍引攞你引怛哩二合引娑嚩二合引賀引

唵引酥囉多必哩二合曳引娑嚩二合引賀引

唵引阿濕嚩二合目羿引娑嚩二合引賀引

唵引尾迦引囉目羿引娑嚩二合引賀引

復說六緊曩囉女主成就法持誦者往山頂上誦真言八千徧作大供養用牛肉及安悉香同燒誦真言至中夜彼緊曩囉女即來現身持誦者不得怖畏彼女告曰呼我何作持誦者言與我爲妻女即聽允背負行人詣諸天界與上味飲食等

復次持誦者往於山下清齋誦真言

一阿庚多彼緊曩囉女即來現身捧
行人足種種承事即爲妻子日給八
文金錢及衣服等
復次持誦者往彼河岸誦眞言一阿
庚多竟夜至明旦時彼緊曩囉女即
來現身結爲妻子日給金錢五文
復次於夜分往二河合流之岸誦眞
言八千徧彼緊曩囉女即來現身第
一日捨施第二日面前住立而發言
語第三日同作歡樂即爲妻子供給
承事日與金錢八文及衣服等
復次持誦者往於山頂上食酒肉已
誦眞言一阿庚多彼緊曩囉女即來
現身如天女像面前而住默作歡樂
即得爲妻日給金錢八文及上味飲
食等如是說此降伏諸部多大教王
緊曩囉女成就之法
尒時金剛手大祕密主告大自在天
言汝今諦聽我已降伏三界諸天如
僕從等所有大惡諸天我亦降伏時
大自在天白菩薩言唯願說此降伏
三界大惡諸天眞言印相及幖像等
成就之法時會大衆讚大自在天言

善哉善哉能問菩薩降伏三界大惡
諸天成就之法
時金剛手菩薩即說大忿怒曼拏羅
成就之法先作四方曼拏羅開於四
門門安樓閣具足十六分外作金剛
界内安忿怒明王徧身熾焰如彼劫
火身大青色髑髏莊嚴作大笑大惡
相能怖畏三界有情於忿怒明王右
邊安大自在天身白如月亦如眞珠
色白乳色三目四臂手執三叉及拂
明王左邊安圓滿那羅延天手執輪
寶杖拂螺明王後安帝釋天主明王
面前安大梵天六面手執寶幢身白
如雪亦如軍那花及月色復次帝釋
前安龜座或安月色如眞珠及乳或
安迦哩底計野天作赤色以手執拂
帝釋天黃色身有千目一切莊嚴以
手執拂大自在天乘牛那羅延天乘
金翅鳥帝釋天乘象迦哩底計野天
乘孔雀外第二重曼拏羅安八部多
女其名曰鉢訥摩(二合)嚩怛也(二合引)摩賀(引)
鉢訥摩(二合)尼部沙尼酥囉賀(引)哩尼(引)
嚩囉賀(引)哩(引)摩賀(引)囉帝(引)部沙

尼(引)惹誐怛波(二合引)糝你(引)
此八部多女即爲大冨鉢訥摩嚩怛
也(二合引)及摩賀(引)鉢訥摩此二部多
女身作白色尾部沙尼及酥囉賀(引)
哩尼(引)此二部多女身作赤色餘四
部多女身皆金色
復次金剛阿闍梨身著青衣頂戴青
冠及戴青花如前儀軌誦忿怒明王
眞言爲一切衆生作大利益故剎那
中間決定成就
復說一切天人眞言曰
吽嚩曪(二合)發吒(半音)
持誦之間一切天人皆來成就
復次作忿怒相立如舞蹈勢即擲金
剛杵誦眞言曰
吽此一吽字持誦之時能破一切天
人尒時一切天女龍女夜叉女及部
多女等依金剛手菩薩言剎那中間
皆來成就復誦此眞言曰
唵(引)嚩曪(二合)袮(引)鉢多(二合)摩賀
(引)骨嚕(二合)馱賀曩捺賀鉢左摩(引)
囉野吽吽發吒(半音)
復次殺一切天魔及降伏彼等眞言

曰
吽吽癹吒(半音)癹吒(半音)
如是眞言決定破壞一切魔先用忿
怒明王印并眞言作於擁護然令弟
子入曼拏羅誦此覺悟眞言曰
唵(引)鉢囉(二合)尾舍鉢囉(二合)尾舍骨
嚕(二合引)馱吽吽惡(入)入嚩(二合引)攞(引)
摩(引)攞(引)倶攞(引)鼻(引)沙拏嚩囉(二合)
惡(入)
誦此眞言能句召降伏緊曩囉女等
復次說降伏諸部多大教王忿怒曼
拏羅儀軌眞言曰
唵(引)普室哩(二合引)星賀(引)捋嚩(二
惹馱(引)哩尼(引)紇哩(二合引)
誦此眞言安鉢訥摩(二合)嚩怛也(二合引)部
多女手執師子幢在忿怒明王東邊
唵(引)吽部曩(二合)摩賀(引)鉢訥摩(二合)
摩底達拏哩馱(二合引)哩尼(引)吽
誦此眞言安摩賀(引)鉢訥摩部多女
手執弓箭在忿怒明王西邊
唵(引)吽尾部(引)底盎倶舍馱(引)哩尼
(引)吽嗡(入)
誦此眞言安尾部沙尼部多女手執

佛說金剛手降伏一切部多大教王經卷下　第十三張　宋

金剛鉤在忿怒明王南邊
唵(引)吽部曩(引二合)酥囉賀(引)哩尼(引)
進多摩尼特嚩(二合)惹馱(引)哩尼(引)
誦此眞言安酥囉賀(引)哩尼(引)部多
女手執如意寶幢在忿怒明王北邊
唵(引)室哩(二合引)嚩囉賀(引)哩尼(引)布瑟
波(二合)賀悉帝(二合引)吽
誦此眞言安嚩囉賀(引)哩尼(引)部多
女手執花在忿怒明王東北隅
唵(引)室嚕(二合引)囉怛泥(二合引)溼嚩(二合)哩度
波吽
誦此眞言安摩賀(引)囉帝(引)部多
女手執香鑪在忿怒明王東南隅
唵(引)室哩(二合引)普(引)沙尼(引)嚩馱賀悉
帝(二合引)吽
誦此眞言安部沙尼(引)部多女手執
塗香在忿怒明王西南隅
唵(引)室哩(二合引)惹誐怛波(二合引)鑠泥(引)
惡(入)
誦此眞言安惹誐怛波(二合引)鑠你部
多女手執燈在忿怒明王西北隅
復次說八大部多女印相用二手作
拳舒二頭指此名摩竭金剛印復用

佛說金剛手降伏一切部多大教王經卷下　第十四張　宋

此印安腰側亦名弓箭印
復用右手作拳舒頭指復如鉤此名
鉤印復用左手作拳舒中指此名如
意寶幢印復用二手仰合掌以二頭
指如鉤此名花印復用指互相交舒
二頭指此名香印復用二手並舒各
安臂上此名塗香印復用右手作拳
竪之舒中指此名燈印
復次忿怒明王說降伏諸部多曼拏
羅儀軌已復說此八部多成就法眞
言無能勝部多眞言曰
唵(引)紇哩(二合引)嗡(入)
阿吩多部多眞言曰
唵(引)吽嗡(入)
布囉拏部多眞言曰
唵(引)紇哩(二合引)嗡(入)
阿布囉部多眞言曰
唵(引)部曩(二合)嗡(入)
尸陁林住部多眞言曰
唵(引)室曩(二合)嗡(入)
倶鑠(引)溼嚩(二合)囉部多眞言曰
唵(引)嚩嗡(入)
阿部帝(引)溼嚩(二合)囉眞言曰

佛說金剛手降伏一切部多大教王經卷下　第十五張　宋

唵引賀囉合二弱入

緊羯嚕怛莫部多眞言曰

唵引阿弱入

復次持誦者於金剛手前誦前眞言一洛叉令法精熟於十五日用酥酪糖乳爲飲食作廣大供養燒安悉香竟夜持誦至明旦時彼無能勝部多決定速來若彼不來刹那命終彼若來時告言呼我何作持誦者曰爲我僕從時彼部多即便承事復令行人即爲持明能降帝釋及設始天女復負行人詣諸天上居帝釋位壽命七劫復次持誦者往詣舍利塔前於夜分中誦眞言八千徧至第七日獻種種飲食燒安悉香復誦眞言時彼部多即來人前告言呼我何作行人言曰爲我僕從部多即允背負行人往四大洲所欲自在壽命千歲

復次持誦者往金剛手菩薩宮殿內誦眞言八千徧至第七日作廣大供養用素食乳酪等依法出生復誦眞言至中夜時布囉拏部多現身而來即獻閼伽令彼歡喜即爲僕從盡生

承事能滿一切願亦能作於吉凶隨行人意獲壽一千歲

復次持誦者往舍利塔前誦眞言一阿庾多以爲精熟然後於十五日隨力作供養誦眞言至中夜時布囉拏部多速來人前告言呼我何作行人言曰爲我僕從部多即允復令天女給侍承奉亦與現一切伏藏日給金錢五文及飲食衣服等壽命五百歲

復次持誦者往尸陁林於夜分中誦眞言八千徧至第七日用酒肉魚酥酪糖蜜乳粥及果子等依法出生燒安悉香誦眞言至中夜時有大惡聲行人若聞不得驚怖即時部多與自徒衆圍繞而來出生供養彼即歡喜得一切部多皆爲僕從能殺一切寃家日給金錢與彼行人獲壽一千歲

復次持誦者往宮觀內用紅色花供養燒安悉香誦眞言一阿庾多令法精熟復於二十九日夜分中用魚肉及種種飲食依法出生誦眞言至中夜彼俱賖引溼嚩合二囉部多即現人前熾焰徧身作大惡相不得怖之部

多言曰呼我何作行人言曰爲我僕從部多即允盡生承事每日三時給金錢五文及上味飲食獲壽五百歲

復次持誦者往大自在天祠宮殿之中於夜分時只以自身用紅色肉食用安悉香及蜜同燒誦眞言八千徧於第一日夢見第二日現本身第三日面前住立告言呼我何作持誦者曰爲我僕從部多即允復往諸天取無盡寶藏與彼行人及衣服飲食等復爲行人說三世之事壽命二千歲

復次持誦者往金剛手菩薩殿內於二十九日起首誦眞言一阿庾多至七日令法精熟然後持誦者用白檀香作曼拏羅燒安悉香用白食酥酪乳粥等以爲自食燃以酥燈坐吉祥草於初夜分持誦至中夜時彼部多即現人前用白檀水獻閼伽部多言曰呼我何作持誦者言爲我僕從部多即允復與上味飲食種種聖藥及伏藏等背負行者往詣諸天所欲自在壽命五千歲如是降伏諸部多大教王僕從成就法巳

復次阿闍梨為利益故降伏一切部多僕從如佛所說此法難作若凡夫人懈怠人作惡業人妄語人愚癡人貧病人短壽人及身心不定人等於此儀軌皆不得作作之不成若阿闍梨儀軌具足無彼缺犯依法持誦必得成就若求富貴種種聖藥帝釋天主三種之壇無不成就何況人王及伏藏等所有一切天女刹那之間俱來成就所有邊地懈怠一切衆生皆得快樂此中四字大祕密能作一切成就

復次說降伏八部多印相法以二手指相交豎中指如針此是無能勝部多印復用前印以中指入內舒二頭指復如鉤此是阿哜多部多印復用前印以二頭指如環二小指各舒此是布囉拏部多印復用十指相交此是阿布囉拏部多印復用前印二小指豎如針此是尸陁林住部多印復用前印各舒八指此是阿部帝澀嚩囉印復用前印毋指入內舒二小指此是俱鑅引澀嚩囉部多印復以二

手合掌二頭指如鉤此是緊羯嚕怛摩部多最上印如是說降伏大教王八大部多印尒時金剛手菩薩復說金剛阿闍梨為利益故令吉祥大部多女心生歡喜承事成就法復次持誦者於金剛手菩薩前誦眞言一洛叉令法精熟然後十五日隨力作供養燒安悉香誦眞言竟夜至旦彼部多女即現人前用白檀香水獻閼伽告言善來部多女言呼我何作行人言曰與我為妻女即允之給與種種聖藥聖物及寶藏等此名順善成就

復次說成就法持誦者用恭俱摩香於樺皮上畫吉祥大部多女像於夜分中獨自躶形往金剛手菩薩前誦眞言八千徧彼部多女速現人前行人作歡喜相令女歡喜背負行人往諸天宮與帝釋位亦能養育一國人民獲壽一萬歲若不為成就頭目破壞身體乾枯剎那命終

復次說殺一切部多女儀軌如前作曼拏羅畫忿怒殺相剎那中間能殺諸部多女此忿怒明王親說時持誦

者用恭俱摩香畫彼形像以左足蹋手擲金剛杵口誦吽字至七徧已剎那中間殺彼命終說此降伏諸部多大教王成就法已復說發遣賢聖儀軌持誦者依法讚歎恭敬禮拜誦此發遣眞言曰

野他引野他引摩賀引部覩引嘮捺囉二合娑他引二合喃鉢囉二合閉左覩娑嚩二合引賀引

復次承事賢聖及發遣部多儀軌用紅色飲食香花等出生用帛蓋於生盤誦呪生眞言三徧已如前依法讚歎恭敬作禮即發遣諸部多各還本處或住尸陁林宮觀廟宇或樹下河岸四衢道路及自在天祠等速令還位依我三昧各自守護若不還位我以大金剛杵破汝頭頂剎那命終墮大地獄復誦此眞言曰

野他引莎婆他二合曩誐蹉覩野他引酥欠娑嚩二合引賀引

如是發遣部多及大自在天時亦用音樂此是第二發遣儀軌已復說發遣儀軌所有住尸陁林宮觀內山頂

上四御道路諸部多等各令還位之時與彼出生誦此發遣眞言曰

三摩野底瑟姹(二合)覩部多(引)喃(引)三摩野滿怛嚩(二合)播(引)攞曩骨嚕(二合)達慧(引)閉(引)薩摩(引)倪也(二合)鉢也(二合)嘮捺囉(二合)娑他(二合)曩鉢囉(二合)悶左覩娑嚩(二合)(引)賀(引)唵(引)阿謨伽嚩日囕(二合)俱舍羯囉羯囉羯荼羯荼吽嚩(八)

誦此眞言時結此金剛鉤印督二頭指即爲發遣賢聖印此是降伏諸部多大教王第三發遣賢聖儀軌竟

佛說金剛手菩薩降伏一切部多大教王經卷下

乙巳歲高麗國大藏都監奉

勅雕造

佛說金剛手菩薩降伏一切部多大教王經卷下　第十二張　宗

佛說金剛手菩薩降伏一切部多大教王經卷下

校勘記

一　底本，麗藏本。

一　五五三頁上二行譯者，資、磧、普、南作「西天譯經三藏朝散大夫試鴻臚少卿傳教大師臣法天奉詔譯」。

一　五五三頁上一六行「即結」，磧、南、徑、清作「即給」。

一　五五三頁中七行「安悉香」，石、清作「安息香」。下同。

一　五五四頁下一行第二字「時」，資、磧、普、南、徑、清作「持」。

一　五五四頁下九行第二字「上」，資、磧、普、南、徑作「人」。

一　五五五頁上六行第七字「即」，資、磧、南、徑無。

一　五五五頁上二一行「句召」，清作「鉤召」。下同。

一　五五六頁上七行「復次」，清作「復次持誦者」。

一　五五六頁中九行「身白」，資、磧作「身自」。

一　五五六頁中一四行第七字「花」，資、磧、普、南、徑、清作「化」。

一　五五七頁下三行首字「鈎」，[illegible]、資、磧、普、南、徑作「句」。

一　五五八頁中一五行「徒衆」，資、磧、普、南、徑、清作「從衆」。

一　五五八頁下四行第九字「在」，石、資、磧、普、南、徑無。

一　五五九頁下一一行第一〇字「用」，清作「則」。

一　五五九頁下一六行第八字「守」，磧、普、南、徑、清作「中」。

最上大乘金剛大教寶王經卷上　　家

西天譯經三藏朝散大夫試鴻臚卿傳教大師臣法賢奉　詔譯

如是我聞一時世尊在廣嚴城菴羅樹園與大苾芻衆六十万人俱其名曰尊者大迦葉尊者優樓頻螺迦葉尊者那提迦葉尊者須菩提尊者尊那尊者大目乾連尊者舍利弗尊者劫賓那尊者摩呬捺囉尊者優波梨尊者阿難如是等苾芻衆六十万人俱復有菩薩摩訶薩其名曰師子威德菩薩摩訶薩地藏菩薩摩訶薩虛空藏菩薩摩訶薩普賢菩薩摩訶薩金剛手菩薩摩訶薩除蓋障菩薩摩訶薩觀自在菩薩摩訶薩妙吉祥菩薩摩訶薩寶星菩薩摩訶薩鉢訥摩俱母那菩薩摩訶薩常堅固身菩薩摩訶薩寶嚴海慧菩薩摩訶薩清淨妙音聲菩薩摩訶薩燈光明菩薩摩訶薩得妙音聲菩薩摩訶薩如意光明菩薩摩訶薩徧往世界如師子行菩薩摩訶薩清淨無垢金光明菩薩摩訶薩善威儀善行菩薩摩訶薩從地踊持世王菩薩摩訶薩天言說堅固音聲菩薩摩訶薩得一切法自在菩薩摩訶薩慈氏菩薩摩訶薩如是等菩薩摩訶薩六百万人俱

尒時世尊從於口中放大光明其光晃耀過於日月而有衆色所謂青色黃色白色紅色緑色有如是等無數種種色光照於無量無邊世界乃至梵世如是照已還從世尊頂門而入

尒時尊者阿難即從座起偏袒右肩右膝著地合掌恭敬白佛言世尊如來放光非無因緣世尊今日放大光明何因何緣唯願如來應正等覺大慈廣覆爲我等說

尒時世尊告阿難言如汝所說非無因緣汝當諦聽吾當爲汝廣分別說阿難今有無量無邊衆生得證無生法忍乃至得涅槃界由是因緣放斯光明說是語時有一天子名印捺囉部帝領四兵衆及持種種供養之具來詣佛所至佛所已持諸供具恭敬供養禮佛雙足住立一面作是思惟我今欲聞甚深之法復以頭面禮世尊足右膝著地合掌恭敬而白佛言

如薄伽梵三界大師乃是一切衆生之父我如小兒愚癡無慧復無方便又如盲人多於瞋恚唯願世尊哀愍於我云何方便令我諸根於諸境界當使獲得無生法忍尒時世尊讃彼王言善哉善哉知汝所問爲於當來末法衆生欲令彼等得無生忍於是世尊告大王言我有四種最上之法若有聞者必當獲得無生法忍

尒時阿難在大衆中得聞是語即前礼佛合掌白言世尊云何名爲四種之法佛言四種法者所謂聲聞乘緣覺乘此二乘者但能自利不能利他復有二乘謂方廣大乘及彼最上金剛大乘是名爲四尒時阿難又復問言是金剛大乘當云何性佛言阿難若有菩薩發於最上大菩提心是即名爲金剛乘性是菩提心能自利益復利於他如是菩薩摩訶薩行解於方便能於諸根各各境界所緣所作當獲無生法忍尒時彼王印捺囉部帝得聞世尊爲於阿難說是四法甚大歡喜次白佛言世尊云何菩薩摩訶薩解於方便能於諸根各各境界

所緣所作得無生忍佛言大王乃往過去無量無邊不可思議大劫之前時世有佛出興於世号曰清淨光明如來應供正等覺明行足善逝世間解無上士調御丈夫天人師佛世尊彼佛世界名大妙香是日清淨光明如來壽量住九万劫彼佛世界所有衆生智慧猛利皆悉發於大菩提心時世有王名精進授力如輪王領四兵衆前後導從詣彼佛所復持種種香花奉獻彼佛伸供養已作禮旋遶踟跪合掌白言世尊云何能令諸根境界所緣所作當得無生法忍佛言世尊皆亦説此方便解於諸根各各大王所有過去未來及與現在諸佛境界所緣所作而能獲得無生法忍時精進授復白佛言云何菩薩摩訶薩本性佛言菩薩性者即是大慈大悲大喜大捨而此四法是菩薩性菩薩樂行如是四法能爲一切衆生使獲無生法忍

尒時日清淨光明如來顧視左邊諸大菩薩摩訶薩告金剛手菩薩言金剛手汝可往彼精進授王宮中如王

所問金剛大乘汝當爲王及隨衆生種種根性演説菩薩摩訶薩行於方便使令獲得無生法忍金剛手菩薩聞佛告勑即從座起偏袒右肩右膝著地合掌向佛作如是言我今當承如來聖旨行往度脱時精進授王聞佛告語即向金剛手菩薩前頭面作礼而伸請曰唯願菩薩遵奉佛勑愍察志誠往詣我宮爲我演説金剛大乘使我開解證無生忍亦令當來一切衆生獲大利益時金剛手默然王知許已即整四兵前後導從即與菩薩同乘還宮及設傘蓋幢幡香花伎樂供養菩薩是時王城名曰最上城中人民聞菩薩來於所經路竟以香花供養菩薩既至宮已精進授王復設七寶師子之座請菩薩坐奉獻種種金銀珎寶及以寶瓶盛滿閼伽上妙香水及以五種供養奉上菩薩復有衆多苾芻之衆爲欲聞法亦持香花來獻菩薩時金剛手菩薩即如從佛所聞法式入大曼拏羅以金剛淨水與王灌頂精進授王得灌頂已復有諸苾芻衆及諸刹帝利婆羅門吠

舍首陁等皆悉來詣王宮至菩薩所爲欲聞法發菩提心入金剛乘時金剛手菩薩便即爲説菩薩摩訶薩行及諸根法種相及尼陁那方便等乃至如來部金剛部寶部蓮花部羯磨部依金剛乘相應及三摩地三摩鉢底等方便皆令得解盡涅槃界尒時南印度王精進授是王深信敬重樂求最上法入金剛大乘又復樂求隨衆生根性相應三摩地三摩鉢底解於方便獲無生忍盡涅槃界復有北印度王名尾哩野嚩哩摩亦如是東印度王名妙臂亦如是西印度王名百臂亦如是復有百千苾芻共持衆寶上妙衣服同時來詣菩薩之所供養恭敬作礼旋繞白菩薩言我等深心樂求最上金剛大乘亦復樂求隨衆生性相應三摩地三摩鉢底解諸方便證無生忍盡涅槃界是時復有國中人民之衆見聞隨喜之者亦皆發起大菩提心時世復有衆多金剛阿闍梨所謂覺龍覺授法龍賢授德授海授如是等阿闍梨得聞菩薩所

說相應之法皆悉證得無生法忍尒時東印度王妙臂與中宮后妃嬪嬙綵女乃至城中人民樂法之衆而於根本最上法中三摩地相應之法而得成就隱沒自在是印度中復有諸金剛阿闍梨所謂賢軍德軍寂靜軍烏多羅軍無邊藏天藏善力藏等復有諸婆羅門所謂捺多婆羅門訶哩三謨婆羅門奔荼利迦婆羅門鉢訥摩婆羅門如是等阿闍梨婆羅門等得聞菩薩所說金剛大乘及相應三摩地法皆悉獲得無生法忍時西印度王百臂及彼中宮后妃綵女等聞菩薩所說甚深金剛大乘及諸法要皆悉證得金剛智所攝相應三摩地成就法及隱沒自在彼印度中復有衆多金剛阿闍梨所謂智密善密賢密慧密慧賢無垢賢等亦有諸毗舍所謂善意毗舍印捺囉波毗舍印捺囉囉毗舍淨光毗舍等是阿闍梨及毗舍等得聞菩薩所說最上金剛大乘及諸妙法皆悉證得無生法忍北印度王尾哩野(二合)嚩哩摩與中宮后

妃綵女等及諸人民沙門婆羅門等樂入金剛大乘者於是法中得聞菩薩演說法要亦於金剛智所攝眞實相應三摩地成就及隱沒自在尒時金剛手菩薩爲彼諸王及沙門婆羅門乃至毗舍等於六年中演說金剛大乘及諸法要使彼諸王及樂法之衆悉獲利樂又復演說諸成就法謂八大聖藥眼藥劍羂索金剛輪金剛杵寶瓶草屣等及人修羅窟乃至敬愛諸成就法時諸王及一切沙門婆羅門等而常隨逐聽受教導

尒時金剛手菩薩告彼衆言今彼處有大名山号摩呬捺囉其山頂上平正廣闊亦有園苑池沼適悅之所汝等諸王及沙門婆羅門吠舍首陁等所有修學金剛大乘皆可同往彼山修習而往後於異時忽告衆曰彼日清淨光明如來應正等覺將入涅槃汝等今可與我同至佛所求受灌頂時修習金剛大乘諸會衆等即與菩薩共持種種殊妙香花往詣日清淨光明如來之所既至彼已奉上香花

作大供養旋繞讚歎頭面著地礼佛雙足脩敬畢已共坐佛前

尒時金剛手菩薩於衆會前偏袒右肩右膝著地金剛合掌安自心上白世尊言我承如來教勑往彼王宮爲諸王等及沙門婆羅門乃至一切發菩提心求學金剛大乘者即爲演說金剛大乘及於諸根境界所緣所作種種之法皆令獲得無生法忍世尊我今欲於如來金剛大乘法中與彼學衆求受灌頂唯願如來慈悲聽許

尒時日清淨光明如來左右顧視已即於口中放大光明其光五色於刹那間照於恒河沙等諸佛刹土上至梵世悉皆照耀如是照已尋復旋還却從世尊口中而入時彼光明所照佛刹一切如來悉皆稱讚作如是言彼金剛大乘即攝一切乘乃至過去未來現在亦復如是彼金剛大乘即攝一切乘時彼學衆即於金剛大乘悉得灌頂得灌頂已咸以頭面礼世尊日清淨光明如來及金剛手菩薩足復繞千帀歡喜讚歎各還本處

尒時日清淨光明如來於後不久入般涅槃佛涅槃後法住千歲時金剛手菩薩復往摩呬捺囉山中安住時一切金剛大乘學衆互相謂言我等本師菩薩還止彼山我等宜應同往彼山奉事供養及自修習金剛大乘一切事業時彼學衆一切沙門婆羅門等各持香花及諸供具即同往詣摩呬捺囉山金剛手菩薩所至彼山已各各奉上香花寶玩供養菩薩旋繞禮拜瞻仰而住於是菩薩見彼學衆咸來山中親近供養修習事業志意堅固即告衆曰汝等各各於我最上金剛大乘聞諸法要悉皆證得無生法忍盡涅槃界汝等諦聽我師日清淨光明如來已入涅槃衆生薄福無所恃怙我所告汝汝善遵行佛入滅後彼金剛阿闍梨是汝等師何以故彼阿闍梨而能護持佛刹復能護持金剛祕密法故能說四字名此即是如來相汝等大衆當於彼師常加尊重禮拜供養同於佛想即感一切如來常加擁護即是見前一切如來

汝等學衆常於彼師奉事供給凡所受用坐卧等具衣服湯藥一切所須無令闕乏雖常侍近不得足蹈師影所有同學無分親疎一心平等善男子若有學人及諸人等於金剛阿闍梨及金剛大乘諸學衆等生不信心發起惡念復加毀謗是人果報當墮地獄畜生及諸惡趣何以故以一切諸法從彼生故若有毀者是即毀法故獲是報若有衆生未斷輪迴來求學者當隨根性爲他演說金剛大乘當令得入金剛三昧金剛手菩薩又復告言此金剛大乘即是一切如來一切如來即是大智汝等學衆若有不依三昧違我教者令汝破壞由如灰燼於是菩薩即以金剛水與學衆等飲復結大忿怒印安著學衆頂上作加被已又復告言佛子汝今此身即爲金剛三昧所持若有違犯不依從者以我金剛三昧印及忿怒印令彼破壞又復菩薩即如先佛法式爲諸學衆授於灌頂復誦警覺眞言令其覺悟又復示與金剛杵自稱已名

與諸弟子身分八處而作加被時金剛大乘學衆於菩薩所受學一切法式畢已即向菩薩種種稱讚恭敬供養謝彼菩薩又復白言我等各各如菩薩教於金剛阿闍梨所承事供養恭敬讚歎一如聖旨尒時金剛手菩薩摩訶薩化事畢已即於彼處隱沒不現

最上大乘金剛大教寶王經卷上

乙巳歲高麗國大藏都監奉
勑雕造

最上大乘金剛大教寶王經卷上

校勘記

一 底本，麗藏本。

一 五六一頁上二行譯者，南作「朝散大夫試鴻臚卿明教大師臣法天奉詔譯」；徑、清作「宋朝散大夫試鴻臚卿明教大師法天奉詔譯」。

一 五六一頁上一七行「海慧」，資、磧、南、徑、清作「海悲」。

一 五六一頁下二二行第一一字「是」，南、徑作「於」。

一 五六二頁中末行末字「吠」，徑、清作「毗」。次頁中一六行第一〇字同。

一 五六三頁上三行「綵女」，南、清作「婇女」。下同。

一 五六三頁上一七行「智密」，資、磧、徑作「智蜜」。下同。

一 五六三頁中八行第二字「悉」，資、磧、南、徑、清作「志」。

一 五六三頁中一〇行第八字「人」，石、資、磧、南、徑、清作「入」。

一 五六四頁上一一行第四字「瞻」，資、磧、南、徑、清作「聽」。

一 五六四頁中三行第四字「乏」，資、磧、南、徑、清作「少」。

一 五六四頁中一五行「三昧」，資、磧、南、徑、清作「三時」。

最上大乘金剛大教寶王經卷下　家

西天譯經三藏朝散大夫試鴻臚卿傳教大師臣法賢奉　詔譯

尒時世尊復告印捺囉部帝大王言大王汝於往昔過去無量阿僧祇大劫之前日清淨光明如來法中已曾爲王號精進捷汝於是時與諸學衆於彼佛處已曾求學金剛大乘及諸法要汝今於此娑訶世界我釋迦牟尼佛所又復求學如是金剛大乘時印捺囉部帝聞此語已即復合掌白世尊言云何名爲菩薩摩訶薩佛言若有樂行大慈大悲大喜大捨是即名爲菩薩摩訶薩

尒時世尊說是語已顧視左邊告金剛手菩薩言汝可同彼過去劫前日清淨光明如來之時爲印捺囉部帝大王說金剛大乘及說菩薩摩訶薩行諸根境界等種種之法方便令解使獲無生法忍時金剛手菩薩摩訶薩即從座起偏袒右肩頭面著地禮世尊足已合掌當心而白佛言我今當承如來教勑而爲演說印捺囉部帝聞是語已身毛喜竪心大忻踊即從座起禮世尊足已復禮金剛手菩薩足禮已白言唯願菩薩遵奉佛勑往詣我宮爲我演說

尒時金剛手菩薩承佛教勑又復觀彼印捺囉部帝身心虔切默然許之印捺囉部帝知默許已即禮金剛手菩薩足歡喜踊躍禮佛而退即整四兵前後導從乃與菩薩同乘寶車及張傘蓋動種種樂尊敬供養還歸曼誐羅補覽大城於其城中菩薩所經之路一切人民各以香花奉獻供養既至宮已時印捺囉部帝預嚴七寶大師子座菩薩下車即昇彼座王及中宮后妃眷屬復設種種香花珎寶及殊妙衣作大供養復以寶瓶盛滿閼伽香水奉上菩薩

尒時金剛手菩薩摩訶薩即如從佛所聞金剛大乘祕密相應三摩地三摩鉢底種種諸法廣爲演說欲令王等證無生忍盡涅槃界是時復有衆多沙門婆羅門刹帝利毗舍首陁等亦來王宮爲欲聽聞金剛大乘及諸

妙法又有東印度摩羅嚩國法光大
王北印度無能勝王西印度月光大
王摩伽陁國頻婆娑羅王舍衛國波
斯匿王梨踶尾國梵授王等復有無
數沙門婆羅門刹帝利毗舍首陁及
無數發菩提心衆生欲聞法故亦來
王宮如是人等各於菩薩信重歡喜
來至王宮如是人等各各深信歡喜
踊銳自金剛手菩薩言我等樂入金
剛大乘及欲聽聞種種妙法於是金
剛手菩薩而於六年為於諸王及諸
人衆演說金剛大乘諸菩薩行及無
數百千俱胝相應三摩地三摩鉢底
乃至於諸境界所緣所作一切諸法
廣為演說
尒時印捺囉部帝得聞法故於一切
如來相應法中證三摩地三摩鉢底
得無生忍盡涅槃界及得隱没自在
乃至中宮后妃眷屬國内民庶得聞
金剛大乘及諸法要皆悉證得無生
法忍國中復有金剛阿闍梨所謂善
龍義龍寶髻戒髻發光髻復有婆羅
門所謂法龍力賢等得於金剛大乘

法中證無生忍盡涅槃界彼東印度
摩羅嚩國發光大王於最上金剛大
乘法中悟得最上根本相應法得無
生忍盡涅槃界及得隱身自在乃至
中宮后妃眷屬國中仕庶得聞金剛
大乘及諸妙法皆悉證得無生法忍
盡涅槃界是印度中復有金剛阿闍
梨名曰賢天始來天善天又有刹帝
利邪輸縛哩摩祢嚩嚩哩摩等亦於
金剛大乘法中得聞法故悉皆證得
無生法忍盡涅槃界
復有北印度無能勝王得聞金剛大
乘及諸法要乃於真實攝教中證得
相應三摩地得無生忍盡涅槃界及
得隱身自在亦有中宮眷屬后妃嬪
嬙乃至仕庶得聞金剛大乘一切妙
法皆悉證得無生法忍彼印度中亦
有金剛阿闍梨名曰賢喜蓮喜又有
刹帝利名曰烏那野嚩哩摩及有毗
舍名曰法密如是等衆於金剛大乘
得聞法故皆悉證得無生法忍盡涅
槃界
復有西印度月光大王於金剛大乘

聞諸法故證得金剛口相應三摩地
等得無生忍盡涅槃界及得隱身自
在亦有中宮后妃婇女乃至仕庶等
又有金剛阿闍梨名曰不空成就眷
成就如來成就等又有刹帝利名曰
善密及穌哩野嚩哩摩如是衆等於
金剛大乘聞妙法故皆悉證得無生
法忍盡涅槃界
尒時金剛手菩薩摩訶薩為彼諸王
及一切學衆演說金剛大乘一切諸
法又復演說八種成就之法所謂聖
藥眼藥華履劍胃藥金剛輪金剛杵
及寶瓶等成就之法又復演說入地
入修羅窟成就之法又復演說菩薩
摩訶薩依金剛大乘所行之行諸根
境界所緣所作種種之法令彼學衆
各各修習離於懈怠時金剛手菩薩
於六年中為諸王等及求學金剛大
乘一切學衆以種種方便譬喻言辭
演說諸法各令證悟已即告衆曰汝
等當知今彼處有大名山號乞乞那
其山頂上平正廣闊亦有林樹池沼
適悅之地我今先往汝等入金剛大

乘諸王沙門婆羅門毗舍首陁一切
學衆亦可於彼俱往集會是時學衆
於彼山頂皆集會已金剛手菩薩即
復告言今者世尊釋迦牟尼將入涅
槃汝等今可與我同至佛所求受灌
頂尒時學衆即與金剛手菩薩同離
彼山是時諸王將理四兵前後導從
及備種種諸大供養往世尊所尒時
世尊釋迦牟尼已在拘尸那城金剛
手菩薩摩訶薩與諸學衆至佛所已
設大供養奉獻世尊右繞三匝礼拜
讚歎於佛前坐時金剛手菩薩即從
座起偏袒右肩右膝著地作金剛合
掌白世尊言我奉佛勅以菩薩摩訶
薩行於金剛大乘法中為學衆說於
諸根境界所緣所作及種種諸法各
各證悟或得三摩地三摩鉢底或得
法忍盡涅槃界或得隱身自在世尊
我已如是說法利益今來佛所欲為
彼衆於如來處求受灌頂
尒時世尊左右顧視已即於頂門放
五色光其光晃耀於一剎那間照如
恒沙佛剎止至梵世如是照已尋復

旋還却從世尊頂門而入尒時十方，
光所照處一切如來異口讚言金剛
大乘即攝一切乘乃至過去未來及
與現在一切諸佛皆說如是金剛大
乘攝一切乘尒時世尊即以金剛水
與一切金剛大乘學衆灌頂諸學衆
等得灌頂已皆用頭面著地禮世尊
足及禮金剛手菩薩足禮已讚歎踊
躍繞百千匝各還本處
尒時尊者阿難白佛言世尊如是正
法當云何名云何受持佛言阿難今
此正法名為最上大乘寶王如是受
持尒時如來應正等覺釋迦牟尼說
是經已即於俱尸那城入般涅槃金
剛手菩薩於後却還乞乞那山亦有
衆多菩薩聲聞同來山中時金剛學
衆互相謂言我等本師金剛手菩薩
摩訶薩却復乞乞那山我等宜應亦
往彼山親近供養是諸學衆各持種
種香花寶玩同往彼山到彼山已各
以香花奉上供養禮拜旋繞恭敬讚
歎各一面坐
尒時菩薩觀視會衆沙門婆羅門剎

帝利毗舍首陁等已即復告言汝等
學衆諦聽汝已各各於此金剛大乘
悉得證悟皆是得金剛大乘法者汝
等當知佛涅槃後金剛阿闍梨是汝
等師亦如往昔無量劫前日清淨光
明如來出世之時彼大妙香佛剎中
有王名精進授彼時我亦如是說承
事金剛阿闍梨軌則今亦復說弟子
承事金剛阿闍梨軌則承事之則乃
有八種時印捺羅部帝白金剛手菩
薩言云何名為八種承事之則金剛
手言一者不得呼師名字二者常自
稱師足三者與師執持鞋履四者掃
灑房地五者為師敷置牀座六者五
體作禮七者不侵害師八者指授稟
信是名弟子承事金剛阿闍梨八法
彼阿闍梨以此八事觀察弟子以日
累月積月成歲若彼弟子於此八事
無有違背尊心不退阿闍梨然可攝
受
尒時金剛手菩薩又復告言譬如世
間蟲蚰飛蛾之類皆從緣生墮斯惡
趣何由出離亦如世間輪迴衆生云

何轉業得無生滅若不因從金剛阿闍梨攝受為説種種妙法何由能除一切煩惱證於寂滅得不退轉大王彼金剛阿闍梨先當觀察所攝弟子行相貴賤等乃可付與二諦之法王言云何名為二諦菩薩告言一者真諦二者俗諦王言何名真諦菩薩告言所謂内空外空内外空空空大空勝義空有為空無為空畢竟空無際空無變異空本性空一切法空無所有空無性空自性空自相空無性自性空大王是十八空者乃名真諦大王復言云何名諦菩薩告言若於此十八空知非常非無常是故名諦何以故謂不見内空不見外空不見内外空不見空空不見大空不見勝義空不見有為空不見無為空不見畢竟空不見無際空不見無變異空不見本性空不見一切法空不見無性空不見自性空不見自相空不見無所有空亦不見無性自性空於如是空不見二相中亦不可得非生非滅非縛非脱非行非住非明非暗非實

非虚非輪迴非涅槃亦不增亦不減我説如是種種皆離身口意是則名為真諦大王復言云何名為俗諦謂以四無量心於威儀本相五蘊四界六入五境行住三界是即名為俗諦王復問言更復何名真諦菩薩告言彼種種色相如幻化如陽焰如水中月如水上泡如鏡中像如夢如電如乾闥婆城乃至虹霓等若於色相得如是見是則名為真諦若於如是諸法受行不離苦行乃能證佛得一切智大王乃至徧六俱胝文字之義亦無二無分别一切如來皆如是説彼智金剛教汝已悉聞是等皆名真諦大王若於二諦不能如實觀察了知雖專修習經無量刼唐捐其功終不能到大智彼岸而此二諦乃是一切如來之所歸命為父為母為寂靜住及為涅槃為阿吠嚩哩帝迦為正徧知覺一切三摩地為精妙普門三摩地乃有如是等種種功德大王彼一切金剛大乘學衆必須專心揀選如法弟子乃可為説如是二諦是二諦

法難可得聞雖彼緣覺聲聞亦難得聞何況外道等尒時印捺囉部帝與金剛大乘學衆得聞是説悉以頭面禮謝菩薩時印捺囉部帝復白菩薩言揀選弟子當有何相菩薩告言有四種弟子有五補特伽羅王言四種弟子當云何説我今樂聞菩薩告言弟一佛乘弟二初乘弟三初學菩薩行弟四諸菩薩摩訶薩行此名弟子四種之相云何分别如是之相菩薩告言彼得安然非謗非信於真言印相一一曉了證於佛乘於意云何譬如盲者得人引導由得佛乘證解脱故弟子初依師學得一俗諦初相應法入三摩地未能了知顯密二教亦未知二諦十二因緣亦未知般若波羅蜜是名弟子初修習相王言云何菩薩五種補特伽羅菩薩言所謂囉怛曩補特伽羅賛捺囉補特伽羅鉢訥摩補特伽羅奔拏哩迦補特伽羅烏怛鉢攞補特伽羅是等於聞信戒施悉能具行為烏波薩迦王言菩薩此之名相去何分别菩薩告言於一

切法雖得聽聞而於少時皆悉忘失此名爲怛鉢攞補特伽羅若於祕密之法雖有所聞不能爲他分別演說譬如軍尼内藏明珠而不顯現此名奔拏哩迦補特伽羅或得信心大悲心聞法開解如竹無節受持通達此名鉢訥摩補特伽羅凡聞法義咸存我見譬如擊鼓空有其聲必有我見不能利他此名賛捺囉補特伽羅是四烏波薩迦而能一向專心求一切法信心受持住金剛乘復次心性猛利多聞持戒一切能捨了知眞實凡所說法能隨根機是名囉怛曩補特伽羅此一烏波薩迦常能爲諸弟子說種種法時金剛阿闍梨如是選擇弟子若得清淨殊勝如法弟子乃可傳付祕密大乘一切勝義當令修習不斷聖種印捺囉部帝又復問言云何分別祕密大乘菩薩告言彼瑜伽顯密二教曼拏羅有二十種皆悉得名祕密大乘我今略說灌頂曼拏羅次弟彼灌頂阿闍梨欲作灌頂法先自結淨選擇勝處安曼拏羅位後令

弟子結淨已然阿闍梨加持五色線五色粉絣地結界作曼拏羅安布賢聖位復加持閼伽瓶安方位已然請召賢聖依位坐畢即獻香花閼伽等然可引弟子入曼拏羅與授灌頂弟子得灌頂已即持種種香花珍寶奉獻阿闍梨弟子此後即是入金剛大乘處灌頂位當於自已身口意業深加省察若能了達是名五燈若不了達當名五闇復次分布火壇次弟所有使用種種之物先備播帝哩窣嚕嚩等及所鋪座吉祥草及護摩柴其柴當用青潤樹枝及五穀酥等或作護摩先燒祭火天然作護摩觀於火焰色相形像及聲香等若得吉祥是法成就若不吉祥是不成就其請召賢聖入曼拏羅及獻閼伽次弟諸式大略相同凡所有法皆從金剛大乘祕密流出所有三瑜伽五烏補捺伽多或六俱胝文字義或說法成就義或決定義或說本行尼陁那方便因等如是所說或四種或五種或七種或十二種種種不定皆不離二諦

復次說四密所謂密教密義密語密句若於四密無差所作成就或過九執大曜諸惡星宿及諸毒等持誦密句皆可大息或求敬愛或作增益或作降伏若爲人及四足多足無足等或降伏諸惡大部多夜叉乃至惡人等並可降伏若不降伏必當破壞親愛令離或有一切禁縛邪明一切破壞或有寃家興兵欲來侵害自然退散或爲大旱必能降雨如是種種一切所求持念密句悉得成就隨心如意凡持誦密句作金剛語音無令斷絶必滿所願王言云何名爲菩薩禪定菩薩告言禪定有種種持誦亦種種若知祕密句即是知禪定祕密者爲所誦文句具足及知印相若如是者有大威力是則白法知祕密者即攝眞實理由如虛空體寂靜故解於世法能顯眞理乃於印相觀想密句文義所作斷疑此持誦者乃名爲賢如是行人凡有見者皆如佛等彼人禪者不見密句不見印相不見賢聖想諸字輪體同鏡像王復問言云何

菩薩三摩地菩薩言彼菩提心及智慧方便乃至三明及無等等此皆是菩薩三摩地又復覩自本身及眞言印相賢聖形像一切莊嚴皆如虛空寂靜是菩薩三摩地菩薩入如是三摩地是名安住二諦

尒時金剛手菩薩摩訶薩爲印捺囉部帝及諸刹帝利一切入金剛大乘學衆說如是種種法已即依法作曼拏羅與王等及諸學衆受於灌頂彼諸學衆得灌頂已異口同聲各各白菩薩言我等稟教奉事金剛阿闍梨一如聖旨是學衆等於金剛手菩薩摩訶薩供養恭敬種種言辭誹讃謝已

尒時會中諸大菩薩及聲聞天人阿蘇囉誐嚕拏乾達嚩緊曩囉一切大衆聞菩薩說是經已歡喜信受作禮而退金剛手菩薩即於山中隱没不現

最上大乘金剛大教寶王經卷下

乙巳歲高麗國大藏都監奉

勑彫造

最上大乘金剛大教寶王經卷下

校勘記

一　底本，金藏廣勝寺本。五七〇頁下及次頁上共兩版，原版殘缺，以麗藏本换。

一　五六六頁中二行譯者，資、磧作「三藏法師法天奉詔譯」；南作「宋三藏法師法天奉詔譯」；徑、清作「宋朝散大夫試鴻臚卿明教大師法天奉詔譯」。

一　五六六頁下一行「忻踊」，南、徑、清作「欣躍」。

一　五六六頁下一五行「中宮」，南、徑、清作「宮中」。

一　五六七頁中五行「仕庶」，徑、麗作「士庶」。下同。

一　五六七頁中七行第五字「是」，南、徑、清作「彼」。

一　五六七頁中一四行第九字「忍」，資、磧、南、徑、清作「法忍」。

一　五六七頁下二〇行第五字「各」，資、磧、南、徑、清作「各各」。

一　五六八頁上末行「止至」，諸本作「上至」。

一　五六八頁下二二行第三字「[月*虫]」，徑、清作「蛆」。

一　五六九頁中五行第六字「住」，磧、南、徑、清作「往」。

一　五六九頁中九行第八字「霓」，資、磧、徑作「電」。

一　五六九頁下一三行「音者」，磧、南、徑、清、麗作「盲者」。

一　五七〇頁上二二行第三字「彼」，資、磧、南、徑、清作「授」。

一　五七〇頁中一三行第五字「青」，磧、南、徑、清作「清」。

一　五七〇頁下三行第二字「大」，資、磧、南、徑、清作「七」。

一　五七〇頁下九行第四字「寃」，徑、清作「怨」。

一　五七一頁上一〇行第一〇字「受」，徑、清作「授」。

一　五七一頁上一四行第一二字「訷」，資、磧、南、徑、清作「伸」。

佛說一切如來烏瑟膩沙最勝摠持經　家

西天譯經三藏朝散大夫試鴻臚卿傳教大師臣法賢奉　詔譯

如是我聞一時佛在極樂佛刹大善法堂中安庠而坐尒時無量壽如來應正等覺告聖觀自在菩薩摩訶薩言善男子所有一切衆生疾病苦惱及短壽者爲利益彼故所有一切如來烏瑟膩沙最勝摠持法門若人受持讀誦速得無病長壽安樂

即時觀自在菩薩摩訶薩從座而起合掌恭敬白佛言世尊我今樂聞此一切如來烏瑟膩沙最勝摠持法門善哉善說

尒時世尊觀察大會人天衆已入普照吉祥三摩地從定出已說此一切如來烏瑟膩沙最勝惣持法門曰

唵(引)曩謨婆誐嚩帝薩哩嚩(二合)怛頼(二合)路枳也(二合)鉢囉(二合)底尾始瑟吒(二合)(引)野沒馱(引)野帝曩莫(入)怛你也(二合)他(引)唵(引)部隴(二合)部隴(二合)部隴(二合)輸達野輸達野尾輸達野尾輸達野阿三摩三滿多(引)嚩婆(引)娑薩頗(二合)囉拏誐底誐誐曩莎婆嚩尾戍提阿

(毗)訖右觀鉿(引)薩哩嚩(二合)怛他(引)誐多(引)酥誐多嚩囉嚩右曩(引)沒哩(二合)多(毗)誐蜀摩賀(引)母捺囉(二合)滿怛囉(二合)波奈阿(引)賀囉阿(引)賀囉阿(引)欲散馱(引)囉尼輸達野輸達野誐誐曩婆(引)嚩尾戍提(引)烏瑟膩(二合)沙尾惹(仁左反)野波哩戍提(引)娑賀薩囉(二合)囉濕弥(二合)散祖祢帝(引)薩哩嚩(二合)怛他(引)誐多(引)嚩路吉你沙吒波(引)囉弥多(引)波哩布囉尼薩哩嚩(二合)怛他(引)誐多摩(引)帝捺舍部弥鉢囉(二合)底瑟致(二合)帝(引)薩哩嚩(二合)怛他(引)誐多紇哩(二合)那野(引)地瑟吒(引二合)曩(引)地瑟致(二合)帝(引)母捺哩(二合)母捺哩(二合)摩賀(引)母捺哩(二合)嚩日囉(二合)迦(引)野僧賀(引)多曩波哩戍提(引)薩哩嚩(二合)迦哩摩(二合)嚩囉拏尾戍提(引)鉢囉(二合)底你嚩哩多(二合)野(引)欲尾戍提(引)薩哩嚩(二合)怛他(引)誐多三摩野(引)地瑟吒(二合)曩地瑟致(二合)帝(引)唵(引)牟你牟你摩賀(引)牟你尾牟你尾牟你摩賀(引)尾牟你摩底摩底摩賀(引)摩底摩摩多(引)蘇摩底怛他(引)多(引)部多俱致波哩戍提(引)尾娑普(二合)吒沒提

戍提(引)吽吽惹野惹野尾惹野尾惹野娑摩(引)囉娑摩(二合)囉娑頗(二合)囉娑頗(二合)囉薩哩嚩(二合)沒馱(引)地瑟吒(引二合)曩(引)地瑟致(二合)帝(引)戍提戍提(引)沒提(引)嚩日哩(二合)嚩日哩(二合)摩賀(引)嚩日哩(二合)蘇嚩日哩(二合)嚩日囉(二合)誐哩毗(二合)惹野誐哩毗(二合)尾惹野誐哩毗(二合)嚩日囉(二合)入嚩(引二合)攞(引)誐哩毗(二合)嚩日嚕(二合)捺婆(二合)吠(引)嚩日囉(二合)三婆吠(引)嚩日哩(二合)嚩哈尼嚩日覽(二合)婆嚩覩摩摩(此稱名)舍哩覽薩哩嚩(二合)薩埵難(引)左迦(引)野波哩戍提哩婆(二合)嚩覩弥薩那(引)薩哩嚩(二合)誐底波哩戍提室左(二合)薩哩嚩(二合)怛他誐多(引)室左(一合)鉿三摩(引)濕嚩(引二合)娑演覩沒馱沒馱悉馱冐達野冐達野尾冐達野尾冐達野謨左野謨左野尾謨左野尾謨左野輸達野輸達野尾輸達野尾輸達野三滿多(引)哩謨(二合)左野三滿多囉濕弥(二合)波哩戍提(引)薩哩嚩(二合)怛他(引)誐多紇哩(二合)那野(引)地瑟吒(二合)曩(引)地瑟致(二合)帝(引)母捺哩(二合)母捺哩(二合)摩賀(引)母捺哩(二合)滿怛囉(二合)波祢(去)

娑嚩二合賀
善男子此一切如來烏瑟膩沙最勝總持法門能延壽命消除罪業速得清淨若以素帛或樺皮上書寫此總持法門安置塔中作廣大供養作供養已右繞千匝恭敬禮拜隨力供養獲增智慧若七日壽命延至七年若七年壽命延七十歲獲得如是長壽安樂無諸疾病得宿命通明記不忘若戴頂上如前所獲消除罪障
復次若以淨帛及樺皮上用牛黃書此總持及自名姓用栴檀作塔盛此總持安置房内獻廣大供養旋繞千匝誦此總持八百徧消除衆病延壽百歲
復次如無栴檀當用淨泥爲塔内畫羯磨杵外畫金剛界四門守護中書自己名及安置總持所獲功德如前無異或用牛黃書此總持安淨器内復以淨器蓋之安置房中作廣大供養長得衛護無諸災難
復次當用不著地瞿摩夷作四方曼拏羅以白花散上燃酥燈四盞安壇四隅焚沉香乳香滿鉢盛閼伽水復

用白花作鬘以此總持或安塔中或功德像中安於壇上持誦之人以左手按壇右手持數珠一日三時誦此總持二十一徧加持水三合以自飲之能消諸病延壽百年解諸冤結得妙音聲獲無礙辯生生常得宿命神通若將前加持淨水灑於王宮及自舍宅乃至牛馬等所住之處速得去除羅刹龍蛇之難常得衛護離諸怖畏若有病皆以水灑頂永得消除一切重病如是無量讚大總持如如所作必得成就
復用柳枝以此總持加持二十一徧即將揩齒獲得無病聰明長壽
復用淨器盛水加持二十一徧一日三時飲水三合每一度飲加持一徧除一切病安樂長壽
尒時聖觀自在菩薩摩訶薩繞無量壽佛三匝合掌恭敬而白佛言世尊云何善男子善女人造佛形像及彼塔廟護摩成就之法唯願説之
佛告聖觀自在菩薩善哉善哉大無畏一心諦聽如汝所問當爲汝説尒時無量壽如來亦入普照吉祥三摩

地從定出已即説一切如來無量壽總持法門曰
唵引阿密哩二合帝引阿密哩二合帝引阿密哩二合覩捺婆二合吠阿密哩二合多尾訖㘕二合帝引阿密哩二合多誐引弥你去阿密哩二合多喻哩那二合祢誐誐曩計哩帝二合羯哩引薩哩嚩二合吉梨二合引舍乂演羯哩曳引娑嚩二合引賀
時無量壽如來説此法門已告菩薩言若善男子善女人用此法門加持淨土以水和泥復更加持以泥作塔乃至相輪次第加持及獻供養能得廣大殊勝利益
復有最上塔廟之法或以金銀爲塔瑠璃爲塔鉢訥摩囉誐寶爲塔乃至種種珎寶之塔如法莊嚴高十二指安蓮花座於塔四面安護世四天王以手執幢於彼塔前安帝釋天主以手執弓復安淨居天子手執香花及塗香等於塔左面安觀自在菩薩右安金剛手菩薩各執白拂塔儀如是
復次別畫蓮花周圍書此一切如來烏瑟膩沙最勝總持安在塔内用香

水灑淨獻妙香花作千種供養若欲利益一切衆生延於壽命及增智慧故常於白月八日晝夜潔淨精持齋戒然後於寶塔前誦此總持一千徧每月如是滿六箇月獲壽千歲或志誠精進晝夜持誦得壽命長滿洛乂歲或日常持誦增壽無量有大勢力與天人阿修羅等無有異騰空自在獲斯功德復有儀軌於寂靜處取其淨土以香水和泥用作於塔或一二三四五乃至數滿百千書前總持安於塔內作百千種廣大供養誦此總持七百徧日增智慧延壽無量或爲一切衆生枷鏁繫閉誦此總持即得解脫

復次若有衆生於總持塔前倍興供養日日誦持滿八百徧發自利利他平等之心如是依法消除八難常得安樂延壽百歲衆人愛樂不久速得宿命神通是人命終不生地獄畜生焰魔羅界惡趣之中如蛇蛻皮即得生於極樂佛刹獲大果報受勝妙樂說不可盡亦復不聞地獄之聲何況

生彼

尒時無量壽如來復說成就慳像之法令諸衆生獲壽無量遠離輪迴解脫衆苦先用童女潔淨合線尺寸依法織成素帛用上好彩色畫彼烏瑟膩沙最勝總持功德形像并微妙字用像安於塔內身有千光坐蓮花月輪一切莊嚴面如滿月像有三面三目八臂右面善相金色左面作忿怒相利牙青蓮花色正面圓滿白色右一手在心執羯磨杵第二手執蓮花上有無量壽佛第三手執箭第四手作施願印左第一手作金剛拳執索竪頭指第二手執弓第三手結無畏印第四手執寶瓶頂戴塔於頭上安唵字心上安阿字額上安吽字臍上安怛嚩字足上安紇哩字惡阿囉乂娑嚩賀爲擁護於眞言下書巳名字於像兩邊畫觀自在菩薩金剛手菩薩手執白拂於像上面畫淨居天人降甘露雨於慳四面畫忿怒金剛不動尊明王吒枳明王你羅難拏明王大力明王各執劒鉤金剛杵金剛杖

令降惡魔如是志心畫於慳像若彼行人作此法時先自志心於舍利塔前經一晝夜精持齋戒即於慳像前獻千種供養從白月一日起首誦此總持一洛乂至十五日復獻千種供養於明旦時總持聖像化現人前一切所求無不成就

復次將此總持慳像於寂靜之處安置用香水灑淨獻於供養逐日誦此總持八百徧復於每月一度獻千種供養誦總持千徧得無量壽命無量威勢騰空自在日記千頌語不顚倒能去有情一切重病若人不能如前作法只於自住房舍就白月八日以香水灑淨安置慳像隨力供養志心像前誦此總持七百至八百徧每日三時復誦二十一徧增長智慧無病安樂延壽百歲得宿命通若自不能作法持誦請他令作亦得長壽聰明智慧

復次護摩之法爲利益有情故圓作火爐闊一肘深十二指外用金剛杵界以白檀香白土相和泥飾用白花

散於爐內於爐四邊安四盞酥燈即以香花四面供養復置閼伽瓶細妙如法於其瓶項纏白色衣用花果樹枝安於瓶口樹有白汁者取青色枝長十二指復用乾柴同燒即召請火天請訖用酥三合三度傾入爐內隨合誦火天眞言加持然後發送火天即觀想無量壽佛分明在於爐內復誦烏瑟膩沙最勝總持法門又如前作法用酥三合傾入爐內誦此眞言曰

唵引阿弥多引喻哩捺仁那娑嚩二合賀引

當用五穀以三指撮穀搵酥稱所求之願誦眞言一徧拋向爐內如是至八百徧一日三時作法亦然復誦一切如來烏瑟膩沙最勝總持辦一切病聰明長壽隨所願求無不成就

或初八日於像前一日三時作護摩法誦此眞言一千徧增壽千歲不得損害有情恒行布施如是儀軌能降冤家增長智慧得妙音聲若自不能作法請他令作息除一切諸惡災

患

復次成就法如前用五穀作護摩法即誦烏瑟膩沙最勝總持一洛叉作護摩已復誦一洛叉能延壽命一洛叉至俱胝歲或無量歲騰空自在降伏魔冤若求富貴吉祥如前作護摩法誦總持一洛叉永得大富貴若求官位用蓮花作護摩一洛叉得大官位復有成就劍法用前像安於舍利塔前獻千種供養誦此總持一洛叉用五鐵爲劍安向塔前復誦總持一洛叉加持於劍加持劍已即以右手執劍得如意通變化自在有大威勢增壽無量能爲一切衆生作於禍福

復次作法如前用金剛杵輪三股叉等皆得成就獲前殊勝無量功德此大總持是一切如來心甚爲希有如前所作必得成就若復有人於此一切如來烏瑟膩沙最勝總持法門每日三時持誦二十一徧獻供養已志心受持爲他解說令彼有情得大快樂長壽無病具大智慧得宿命通彼

人命終如蛇蛻皮即得往生極樂佛剎獲大果報耳亦不聞地獄等聲何況生彼佛說此經已一切世間天人阿修羅乾闥婆等聞佛所說皆大歡喜信受奉行

佛說一切如來烏瑟膩沙最勝總持經

乙巳歲高麗國大藏都監奉
勅雕造

佛說一切如來烏瑟膩沙最勝總持經

校勘記

一　底本，麗藏本。

一　五七二頁上二行譯者，資、普作「西天譯經三藏朝散大夫試鴻臚少卿傳教大(「大」，普作「法」)師臣法天奉詔譯」；徑、清作「宋西天譯經三藏朝散大夫試鴻臚卿傳教大師法天奉詔譯」。

一　五七二頁上一六行末字「曰」，普作「白」。

一　五七三頁上八行第五字「延」，徑、清作「延至」。

一　五七三頁中五行第一二字「寃」，徑、清作「怨」。

一　五七四頁上八行「騰空」，資、磧、普、南、徑、清作「勝空」。

一　五七四頁上二二行第一一字「受」，資、普作「愛」。

一　五七四頁中一六行第一三字「臍」，石作「安臍」。

一　五七四頁中一七行第八字「紇」，磧、普、徑作「訖」。

一　五七四頁中末行末字「杖」，磧、普、南、徑作「枝」。

大宋新譯三藏聖教序　家

御製

大矣哉我佛之教也化導羣迷闡揚宗性廣博宏辯英彥莫能究其旨精微妙說庸愚豈可度其源義理幽玄眞空莫測包括萬象譬喻無垠綜法網之紀綱演無際之正教拔四生於苦海譯三藏之祕言天地變化乎陰陽日月盈虧乎寒暑大則說諸善惡細則比於恒沙含識萬端弗可盡述若窺像法如影隨形離六情以長存歷千劫而可久須彌納藏於芥子如來坦蕩於無邊達磨西來法傳東土宣揚妙理順從指歸彼岸菩提愛河生滅用行於五濁惡趣拯溺於三業途中經垂世以難窮道無私而永泰雪山貝葉若銀臺之耀目歲月煙蘿起香界之自遠巍巍罕測杳杳難名所以道資十聖德被三賢至道起於乾元衆妙生乎太易惣繁形類竅鑿昏明絕彼是非開茲蒙昧有西域法師天息災等常持四忍早悟三乘斷貝葉之眞詮續人天之聖教芳猷重啓運偶昌時潤五聲於文章暢四始於風律堂堂容止穆穆輝華曠劫而昏塾重明玄門昭顯軌範而彌光妙法淨界騰音利益有情俱登覺岸無成障礙救諸疲羸冥昧慈悲浩汗物表柔伏貪假啓滌昏愚演小乘聲聞合其儀論大乘正覺立其性含靈悟而蒙福藏教缺而重興幻化迷途火宅深喻雖設其教不知者多善念生而無量潛臻惡業興而隨緣皆墮調御四衆積行十方澍花雨於金輪護恒沙於玉關有頂之風不可壞無際之水弗能漂澄寂湛然圓明清淨之智慧性空無染妄想解脫之因緣可以離煩惱於心田可以得清涼於宇宙朕慙非博學釋典微聞豈堪序文以示來者如麋螢爝火不足比之於皎日將微蠡量海未能窮盡於深淵者哉

菩提心觀釋

西天譯經三藏朝散大夫試鴻臚少卿傳教大師臣法賢奉詔譯

歸命本師　大覺世尊

我今略釋　　菩提心觀

如佛所說從心生一切法我今當議彼菩提心云何性荅離一切性云何一切性謂蘊處界等性彼菩提心離取捨故則法無我自性平等本來不生自性空故所言一切性者是我等性謂我人衆生壽者補特伽羅摩拏嚩迦等性而彼等性非菩提心於意云何謂彼我等而於自性離一切相中而生我見從我見生一切煩惱此不生彼心或言蘊處界等亦離取捨謂蘊處界等性眞實理不可得故云何色相等無實謂色蘊四大合成故四大者即地水火風界復生五色謂色聲香味觸彼地大等及五色等一一各自性不可得如是諸法皆然是故知色名虛假由此知色蘊空譬如因樹有影樹滅影亡色蘊如是受蘊亦然云何名受受有三種謂苦受樂受非苦樂受而此三受互相因緣復有二種謂身受意受身色蘊攝身不可得故若無身即無受亦不可言亦不可說非短非長非色非相無實無

著不可知故身受如是意受亦然受蘊如是見受蘊空想蘊亦虛假不實緣慮所攝而彼緣慮不可得故即非緣慮非緣慮故見想蘊空想蘊如是行蘊亦然心所造作善意記念等行無所有故彼心法所生色等蘊一一無所生是故知行蘊業相不實亦無主宰即見行蘊空行蘊如是識蘊亦然乃至眼耳鼻舌身意彼眼識等一一自性皆不可得彼眼緣有色從緣生識無緣即不生識而此眼色及彼色蘊等無分齊此分別眼色即非眼色識無所生眼識如是耳鼻舌身意亦然如是知此識依止摩曩識由依止摩曩識故即發生過去未來見在法故云何過去未來見在法謂過去已滅未來未生見在不住由是知識蘊空如是一一說蘊處界各各分別自性皆空彼非無性即眞實句喻無種子不生芽莖是故說彼蘊處界等亦離取捨云何菩提心無取無捨如佛所說告祕密主彼菩提心如來應正等覺了知彼心非青非黃非赤非

白非紅色非頗胝迦色非短非長非圓非方非明非暗非女非男非黃門等又祕密主菩提心非欲界性非色界性非天性非夜叉非乾闥婆非阿修羅非人非非人等性乃至一切智求亦不可得如是取心非有云何言有捨故又如佛說告祕密主菩提心非內非外非中間不可得故於意云何以自性寂靜故又祕密主彼菩提心一切智求不可得云何得取捨如是於法得離取捨平等無我如一切法無我亦然如佛所說菩提心亦然一切法空無相無我諸法寂靜無寂靜相心本平等本來不生亦非不生復云何性荅曰空性空云何性謂如虛空故如佛所說虛空之性空無喻故菩提之心亦復如是菩提之名非性非相無生無滅非覺非無覺若如是了知是名菩提心又如佛說告祕密主於自本心如實了知於無有法亦不可得是故名阿耨多羅三藐三菩提又告祕密主當於自心如實觀已然後發起方便觀於衆生知諸衆

生於自覺性不如實知起於疑妄顛倒執著受於種種輪迴大苦我由此故起大悲心令諸衆生於自心法如實證覺是即名爲菩提心是名利益心安樂心最上心法界善覺心以如是智攝諸衆生故名菩提心發此心故所獲福德亦如虛空無有邊際其功德海亦復無盡雖復劫盡功德無盡如是名爲發一切智相本最上菩提心

菩提心觀釋一卷

梵學傳大教通梵大師賜紫沙門臣 [illegible]

左街副僧錄知教門事智照大師賜紫沙門臣 [illegible]

譯經三藏朝散大夫試鴻臚卿傳法大師臣 施護

譯經三藏朝散大夫試光祿卿明教大師臣 法賢

[illegible]

[illegible]

[illegible]

菩提心觀釋

校勘記

一　底本，金藏廣勝寺本。

一　五七七頁中一行至本頁下二〇行序文，石、磧、普、南、徑、清、麗無。

一　五七七頁下二二行譯者，磧、南作「宋三藏法師法天譯」；普作「三藏法師法天奉詔譯」；徑、清作「宋西天譯經三藏朝散大夫試鴻臚卿傳教大師法天譯」。

一　五七八頁中末行第二字「等」，磧、普、南、徑、清無。

一　五七八頁下二一行第七字「名」，石作「名爲」。

一　五七九頁上九行「相本」，石、磧、普、南、徑、清、麗作「根本」。

一　五七九頁上一一行「一卷」，磧、普、南、徑、清無。

一　五七九頁上卷末譯者名録，石、磧、普、南、徑、清、麗無。

大宋新譯三藏聖教序

御製　　　　給

大矣哉我佛之教也化導群迷闡揚宗性廣博宏辯英彥莫能究其旨精微妙說庸愚豈可度其源義理幽玄眞空莫測包括萬象譬喻無垠綜法網之紀綱演無際之正教拔四生於苦海譯三藏之祕言天地變化乎陰陽日月盈虧乎寒暑大則說諸善惡細則比於恒沙含識萬端弗可盡述若窺像法如影隨形離六情以長存歷千刧而可久須彌納藏於芥子如來坦蕩於無邊達磨西來法傳東土宣揚妙理順從指歸彼岸菩提愛河生滅用行於五濁惡趣拯溺於三葉途中經垂世以難窮道無私而永泰雪山貝葉若銀臺之耀目歲月煙蘿起香界之自遠巍巍罕測杳杳難名所以道資十聖德被三賢至道起於乾元衆妙生乎太易總繁形類寂鑿昏明絕彼是非開茲蒙昧有西域法師天息災等常持四忍早悟三乘翻

貝葉之眞詮續人天之聖教芳猷重啓運偶昌時潤五聲於文章暢四始於風律堂堂容止穆穆輝華曠刼而昏墊重明玄門昭顯執範而彌充妙法淨界騰音利益有情俱登覺岸無成障礙救諸疲羸冥昧慈悲浩汗物表柔伏貪佷啓滌昏愚演小乘聲聞合其儀論大乘正覺立其性含靈悟而蒙福藏教缺而重興幻化迷途火宅深喻雖設其教不知者多善念生而無量潛臻惡業興而隨緣皆墮調御四衆積行十方澍花雨於金輪護恒沙於玉關有頂之風不可壞無際之水弗能漂澄寂湛然圓明清淨之智慧性空無染妄想解脫之因緣可以離煩惱於心田可以得清凉於宇宙朕慙非博學釋典微閑豈堪序文以示來者如蠹螢爝火不足比之於皎日將微蠡量海未能窮盡於深淵者哉

佛說護國尊者所問大乘經卷第一

西天譯經三藏朝散大夫試鴻臚卿傳法大師臣施護奉　詔譯

如是我聞一時佛在王舍城鷲峯山

中與大苾芻衆千二百五十人俱復
有菩薩摩訶薩衆五千人俱得大忍
辱無礙辯才降伏魔怨制諸外道發
大道心得三摩地揔持自在具四無礙
智通達四攝及最上甚深波羅蜜多
乃至一切佛法無量無邊諸善功德
其名曰
普賢菩薩普眼菩薩普觀菩薩普光
菩薩普照菩薩上意菩薩增意菩薩
無邊意菩薩廣意菩薩無盡意菩薩
持地菩薩世上菩薩勝意菩薩最上
意菩薩揔持自在王菩薩文殊師利
菩薩摩訶薩等復有賢護菩薩摩訶
薩等十六人俱復有娑婆世界主大
梵天王及帝釋天主護世四大天王
復有蘇尸彌天子安意天子及諸天
王龍王緊那羅王孃馱哩嚩王藥叉
王誐嚕拏王等各與若干百千眷屬
俱來會坐
尒時世尊坐於吉祥藏師子之座四
衆圍繞逾於須彌光明熾盛譬如日
月普照一切世間威儀具足梵行寂
靜譬如帝釋於諸天中威儀最勝亦

如輪王七寶具足離諸怖畏如師子
王善能談說諸法空義如大火聚破諸
幽暗如摩尼寶王遠照一切如是佛
光照於三千大千一切世界於其光
中出妙梵音告諸衆生我今所得一
切諸法最上波羅蜜說眞實義初善
中善後善文義殊勝純白圓滿梵行
清淨純一無雜
尒時喜王菩薩摩訶薩在大衆中安
詳而坐瞻仰世尊於師子座放大光
明譬如千日照耀一切心大歡喜深
信恭敬即從座起合掌向佛以頌讚
曰

佛身晃耀如金山　利益世間甚希有
菩薩聲聞緣覺衆　天龍八部皆圍繞
譬如須弥諸天居　出於大海而高顯
悲愍衆生而現身　放百千光常照耀
行梵天行即梵天　於彼梵天復爲王
行禪解脫三摩地　光照上位諸菩薩
亦如帝釋爲天主　威德儀容諸相異
牟尼光明照世間　相好莊嚴功德異
金輪四洲得自在　能善調伏諸有情
引彼衆生出苦輪　我佛慈悲亦如是

所有火光摩尼光　日月光等諸光明
如是百千日等光　不及佛日恒照耀
如月夜分放光明　普照世間悉清淨
佛面端嚴如滿月　映蔽一切光不現
譬如高山燃大火　能破夜暗顯諸方
大僊所有智慧光　破盡黑暗離諸有
如大師子曠野吼　衆獸聞之悉驚怖
佛說法空無我義　諸魔聞之亦如是
摩尼寶王放光明　諸餘摩尼光不現
佛身晃耀眞金色　映蔽一切世間光
一切世間賢聖中　無有最上與佛等
具福精進方便智　一切功德不可量
瞻仰大師功德海　威光普照諸群生
一心恭敬禮尊顏　是故我今頭面礼
我所讚佛歸敬心　世間功德無等等
盡將迴向法界中　一切世間成佛道

尒時喜王菩薩摩訶薩讚歎佛已合
掌向佛瞻仰尊顏目不暫捨心觀法
界其義甚深難知難見難言分別絕
諸戲論微妙難解不可思議如是觀想
一切法界唯佛如來觀智攝授現量
證知佛之境界無有等等如是觀見
所有如來不可思議方便境界皆攝

一相法界性中譬如虛空無有住處即衆生界亦如自性一切諸法亦復如是無礙解脱究竟寂靜諸佛世尊以善方便身變佛剎徧滿一切現衆生前諸如來身經無數俱胝劫而不可得時喜王菩薩摩訶薩如是觀佛功德已默然而住

尒時有一尊者名曰護國於舍衛大城安居三月過是夏已著衣持鉢與諸苾芻及初出家者初發心者出舍衛國詣王舍城鷲峯山中到彼山已即時護國尊者往詣佛所頭面礼足右繞三帀住立一面合掌恭敬而說此頌讚歎佛曰

稽首最上佛光明　稽首如空無礙意
稽首能斷諸結縛　稽首永超三有海
我佛無邊真色相　普徧俱胝剎土中
菩薩聞已歡喜來　恭敬供養佛功德
作此最上供養已　聽牟尼法離諸塵
各生歡喜還本土　稱讚世尊所說法
廣歷俱胝無數劫　利樂一切諸有情
如是身心不疲倦　為求無上佛菩提
恒行布施持戒行　忍辱精進禪定門

智慧方便到涅槃　是故我礼大覺尊
成就六通四神足　諸根十力解脱門
以此行及諸衆生　我今礼佛無等智
能知一切世間心　所行所作所成業
所有身口及言說　無上世尊悉觀見
貪癡過失不能斷　衆生因彼墮三有
因佛得成善逝業　能知世間諸善惡
所有過去諸佛事　及彼現在天人師
乃至未來功德海　一切諸法悉能知
清淨剎土衆圍繞　菩薩緣覺與聲聞
乃至諸佛壽較量　我佛一切悉能知
所有一切生滅法　所有供養作佛事
所有受持法藏法　我佛一切悉能知
佛有十力無礙智　現在常住於三世
如是一切方便法　我礼世尊智慧海
大覺世尊無等等　相好莊嚴大吉祥
如夜衆星現空中　我礼牟尼最上尊
色相端嚴無與等　光照諸天及世間
帝釋梵王究竟天　對彼佛前俱不現
無垢不動如金山　右旋螺髻紺瑠璃
佛頂高顯如金山　光明遠照生諸福
光徧俱胝那由他　顯現眉間白毫相
目若青蓮恒適悅　觀照世間運慈心

清淨滿月虛空中　佛面圓明亦如是
一切見者無猒足　我礼如來圓滿相
行如鵝王及鹿王　亦如牛王行步穩
振動大地無暫止　我礼如來堅固力
手指纖長網縵相　指甲清淨如赤銅
平立垂手過於膝　我礼金色大覺尊
佛行大地現好相　具足顯現千輻輪
足放光明照群生　蒙光悉得生天界
大聖法王施七財　能為施主心平等
調御世間依法行　我礼法王無上覺
慈悲決念心為鎧　持戒方便智慧弓
能斷煩惱諸群賊　生滅輪迴無有增
自利果滿復利他　令彼衆生亦解脱
究竟安樂出塵勞　得入善逝寂靜宗
無生無滅無諸苦　亦無生老愛別離
如是無為最上乘　佛為衆生慈愍說
我讚最上大牟尼　攝盡一切諸佛法
如是所有諸功德　願諸衆生證菩提

尒時尊者護國頌讚佛已偏袒右肩右膝著地合掌向佛恭敬頂礼白佛言世尊如來應正等覺我有所問唯願世尊慈悲聽許

尒時世尊告尊者護國言如汝所問

我為汝說滿所求願令生歡喜時尊
者護國聞佛語已身心適悅而發聲
言世尊有何等法為菩薩行法具足
能得一切最上功德無礙大智決定
辯才明了性相入一切智教化衆生
斷彼無明妄想煩惱決定眞實入一
切智發眞實語令彼有情依言所作
離諸愚暗念佛方便樂聞一切甚深
梵義受持諸法速得證於無上正智
尒時尊者護國即於佛前而說頌曰

菩薩所行決定行　彼行必有眞實法
眞法從佛智海生　最上如來為我說
佛身光明黃金相　最上無邊大福聚
救度六趣諸衆生　為說菩薩無垢行
何得無盡大覺智　攝持甘露生菩提
何得清淨智慧海　彼慧能斷衆生疑
俱胝多劫輪迴苦　衆生迷沒意無疲
觀此衆迷苦惱侵　為彼云何修十善
剎土清淨衆會滿　寶剎無邊壽命長
為衆恒宣微妙言　願說菩提無垢行
降伏邪魔生正見　拔彼愛河證解脫
清淨法眼照愚盲　令諸有情行上行
端嚴富貴大辯才　言辭柔軟聞歡喜

譬如甘露潤世間　願說甚深微妙法
梵音深妙斷諸惑　其聲和雅如頻伽
求法之衆佛所集　願說甘露濟群生
衆有菩提最上根　及彼聲聞緣覺性
願佛隨根方便說　師資遇會正是時
我今樂聞最上乘　唯佛知我菩提性
於此小乘不樂求　願說如來第一法

尒時尊者護國說此頌已佛言善哉
善哉尊者能問如來最上之義利益
多人令得安樂攝受未來諸菩薩摩
訶薩汝今諦聽善思念之我當為說
時尊者護國白言善哉世尊我今樂
聽唯願說之
尒時世尊告尊者護國言有四種法
具足清淨是名菩薩摩訶薩何等四
法一內二外三心四意如是四法稱理
眞實見諸衆生其心平等猶若虛空
無所分別依言所行是名菩薩摩訶
薩四種之法獲得清淨
尒時世尊重說頌曰

心意內外常清淨　不退菩提正道心
所作之善無唐捐　能得菩薩無邊智
觀彼衆生皆無我　生老病死悉來侵

如是三有大海中　廣運法船救群品
見諸衆生心平等　觀彼世間如一子
願令一切俱解脫　悉向菩提心不退
常談空義依空行　亦無人我無衆生
譬如夢幻等無實　令彼愚迷生智慧
如所宣說大覺智　依智而行所作事
調伏過失心寂靜　求證菩提為佛子

尒時世尊說此頌已告尊者護國言
復有四種法於諸菩薩令心安慰何
等四法一者於攝持法門志求修學
二者常近善友威儀無缺三者求諸
甚深無生法忍四者精進修行持戒
清淨如是四法令彼菩薩安慰其心
進修不退復說頌曰

若人愛敬攝持法　名聞遠響衆所歸
能持無上妙法門　一切如來同所說
智慧增明無忘失　如是速得無礙智
通達一切最上法　成就無為解脫門
皆因善友證菩提　出生七覺能修斷
增長八正作佛事　遠離惡友如怖火
聞甚深法證無生　能了諸法畢竟空
無我無人無衆生　如是永離一切見
律儀出生諸善本　堅持守護離破犯

彼行能成寂靜心　佛為衆生親演說

尒時世尊說此頌已告尊者護國言復有四種法於諸菩薩在輪迴中令心愛樂何等四法一者令諸菩薩愛樂見佛二者令諸菩薩愛樂說法三者令諸菩薩愛樂能捨一切所有四者令諸菩薩愛樂忍印無相深法如是四法於諸菩薩在輪迴中深生愛樂復說頌曰

菩薩得見二足尊　一切生中行正行
能善調伏諸世間　光明普照除愚暗
如是供養人中尊　深生愛樂常尊重
救度一切諸衆生　令入菩提無上道
若聞諸佛所說法　身心寂靜生愛樂
如是堅固心無退　依行速證佛菩提
能捨一切心無悋　見來求者生歡喜
國城妻子及身命　給施衆生作佛因
若聞無相甚深法　性離分別本來空
無我無人無衆生　如是於斯生愛樂

尒時世尊說此頌已告尊者護國言復有四種法於諸菩薩不得愛樂何等四法一者於其在家不得愛樂二者既出家已不得愛樂利養三者不

得愛樂上族中生四者不得愛樂小乘之人如是四法於諸菩薩不得愛樂復說頌曰

在家無邊大過失　捨離令心無所著
常樂山野寂諸根　勇猛勤修大智德
獨行清淨如利劍　能斷愚癡諸垢染
於彼種種大利養　常樂遠離無愛著
棄捨高貴上種族　觀如幻化陽燄等
昔為群生行布施　持戒忍辱等諸行
不惜身命及眷屬　志求正覺到彼岸
於小乘法無所著　於最上乘恒堅固
乃至割截於身體　其心不壞如金剛

尒時世尊說此頌已告尊者護國言復有四種法於諸菩薩而有損減何等四法一者破犯戒律二者不住山野而趣寂靜三者不依四乘之教邪妄推求四者雖樂多聞全無所得如是四法於諸菩薩而有損減復說頌曰

戒相清淨如摩尼　能引衆生到彼岸
菩薩於斯破律儀　迷沒不成無上覺
住持山野寂靜處　我人分別自然除
男女眷屬及已身　觀如草木無情愛

四乘教理無虛誑　一心清淨奉教行
必得具足衆功德　成就佛智大丈夫
觀彼輪迴諸有情　常處生死憂悲苦
恒運最上妙法船　度彼有情出苦海
若無救度彼衆生　迷沒沉輪無有盡
是故小乘非究竟　為生令發菩提心

尒時世尊說此頌已告尊者護國言復有四種法於諸菩薩明了修習何等四法一者發生諸佛平等之心而求善逝二者承事法師尊重供養於臥具等而不愛著三者不貪利養亦無所求四者於甚深法忍具足成就如是四法明了修習復說頌曰

彼有善逝大丈夫　天上人間無有等
平等導引諸羣生　如是修習行十善
尊重承事於法師　依師教授而修學
作大供養求佛智　無邊諸佛亦此生
常住深山無所畏　於斯利養不生貪
善能成就無礙智　通達深法離諸塵
聞佛功德深歡喜　如是行法堅固修
證彼寂靜無生忍　廣度衆生無量苦

尒時世尊說此頌已告尊者護國言復有四種法於諸菩薩行法清淨何

等四法一者身心決定志求菩提行法清淨二者離諸虛妄樂住深山行法清淨三者一切能捨不求果報行法清淨四者常隨法師晝夜求法行法清淨如是四法於諸菩薩行法清淨復說頌曰

貪瞋癡垢心皆盡　懈怠虛妄亦復無
一切過失令不生　決定求證菩提道
猒離本合憂惱斷　捨彼俗塵求出家
諸惡朋友不相逢　行住深山趣解脫
於彼山中修淨行　能成如來無礙智
於身命財無所著　自在無畏如師子
見彼有情生歡喜　譬如飛鳥聚還離
觀彼世間非久居　如是求大菩提道
身心清淨如虛空　所捨一切無驚怖
於彼利養無愛著　難發身心求解脫
世間恒處大嶮難　如鹿心驚不住地
觀此虛妄無真實　是故我行寂靜行
恒以軟語誘群生　慈親平等無分別
無著無住亦如風　是求菩薩最上行
無相解脫空無願　了彼有為如幻化
常行清淨廣大心　飲甘露味常歡喜
志求道法依師學　彼人五蘊恒清淨

衆苦逼迫無疲勞　如是證入總持門
解此所修菩薩行　成就所求令彼喜
若人不求於菩提　彼即少智百生失

尒時世尊說此頌已告尊者護國言復有四種法於諸菩薩而為難法何等四法一者心不尊重多行輕慢二者心無孝行懈怠背進三者心貪利養少於知足四者心樂虛妄邪求財利如是四法為菩薩難法復說頌曰

佛法本師及父母　全無信重多輕慢
不行孝敬心懈怠　常以愚癡行散亂
一向貪心於利養　復行虛妄為邪利
自讚德業誣他人　我能持戒及修行
互相鬪諍無慈愍　覆藏已過見他非
復行農業及經營　如是沙門無功德
末法之時人散亂　鬪諍相殺心嫉妬
沙門隱滅如來法　諸善甚深皆遠離
菩提妙道永不逢　五趣輪迴無有窮

尒時世尊說此頌已告尊者護國言復有四種法於諸菩薩宜應遠離何等四法一者懈怠二者不信三者嫉妬四者憎見他人如是四法宜應遠離復說頌曰

無信懈怠心愚迷　心懷嫉妬常瞋恚
見有沙門持戒律　却行癡詐出譏謗
於彼世間貴賤人　都無分別善惡事
一向只行於是非　如是過失從瞋得
遠離佛法諸功德　墮入惡趣大火坑
如是所行惡趣行　不依教法發斯營
是故常行菩提道　無令淪沒惡趣生
利益有情大金僊　多劫俱胝方出世
今時暫得遇牟尼　速捨諸過求解脫

尒時世尊說此頌已告尊者護國言有四種法於諸菩薩不應行何等四法一者惡友補特伽羅不應行二者有見補特伽羅不應行三者捨一切善法補特伽羅不應行四者樂著財利補特伽羅不應行如是四種補特伽羅不應行復說頌曰

若人遠離諸惡友　常得善友來親近
如夜圓月現當空　除瑕明顯菩提道
凡有所見常不斷　於已身命偏養育
如是毒氣能遠離　彼人成佛大智慧
若捨最上微妙法　不樂寂靜甘露味
如是名為不淨器　遠離求證大菩提
貪求財利衣鉢等　復與在家同營事

如是遠離此火坑　而能成就最上道
常樂降伏諸魔怨　恒轉法輪度群品
如是廣作大利益　常逢善友得善提
親踈毀讚常平等　利養嫉妬亦復然
如是無上諸佛智　彼人不久悉成就
尒時世尊說此頌已告尊者護國言復有四種法於諸菩薩爲苦報法何等四法一者輕慢教法二者執著我人三者心無信解四者於不淨境具足即持如是四法爲菩薩苦報法復說頌曰
若有受持微妙法　堪受世間諸供養
於彼輕慢無大智　當受無邊衆惡苦
於佛本師及父母　常懷人我不恭敬
如是大福心不求　當得不淨無知處
三寶最上良福田　而無信解行歸敬
純以虛誑昧世間　如是當獲罪惡苦
女人即是惡趣門　流浪生死無窮盡
無智愚癡作彼業　永沉地獄及畜趣
若人尊重向諸佛　能滅衆苦得無畏
復閉一切惡趣門　開引衆生得佛道

佛說護國尊者所問大乘經卷第一

佛說護國尊者所問大乘經卷第一

校勘記

一　底本，金藏廣勝寺本。

一　五八〇頁中一行至本頁下二〇行序文，石、資、磧、普、南、徑、清無。

一　五八〇頁下二二行譯者，徑、清作「宋西天譯經三藏朝散大夫試鴻臚卿傳法大師施護奉詔譯」；又末字「譯」，磧、普、南作「第二譯」。卷二同。

一　五八一頁中一五行第五字「緣」，普作「圓」。

一　五八一頁下二一行「攝授」，徑、清、麗作「攝受」。

一　五八二頁上一九行第八字「聽」，南、徑、清作「德」。

一　五八二頁中二行「神足」，磧、普、南、徑、清作「禪足」。

一　五八三頁上一九行第八字「寶」，麗作「實」。

一　五八四頁下五行「沉輪」，清、麗作「沉淪」。

一　五八五頁上九行第四字「合」，諸本作「舍」。

佛説護國尊者所問經卷第二　給

西天譯經三藏朝散大夫試鴻臚卿傳法大師臣施護奉　詔譯

尒時世尊告尊者護國言有四種法於諸菩薩而為縛法何等四法一者輕慢他人二者於世間事方便趣求三者散亂用心如行嶮難四者於其眷屬一心貪著如是四法為菩薩縛復說頌曰

若行輕慢於他人　方便唯求世間事
散亂如行嶮道中　如鳥陷身深泥裏
於自眷屬生愛著　常懷貪戀如狂醉
如是種種被纏縛　增長愚癡覆大智
若人怖苦猒生死　求出沉輪趣解脱
捨於輕慢世間等　是名菩薩所行道
滅盡無邊諸苦已　及彼煩惱諸眷屬
究竟安樂無所求　圓滿菩提寂靜道
所行六種波羅蜜　三身五智十力等
一切功德悉具足　如是永離無邊苦
過去修行無量劫　為衆生故求菩提
一切衆善悉皆修　遠離諸惡眷屬等
恒樂深山寂靜處　遠離聲色想真空
如是精進不間修　獲大丈夫圓滿慧
見彼世間衆生行　五趣輪迴無有窮
我於過去發慈心　捨自身命及妻子
國城大地及珍寶　如是求佛無數劫
我昔居山行忍辱　花菓池沼悉清淨
歌利王來截手足　心生慈忍無瞋恚
昔住深山名閑摩　我為仙人婆囉多
時有天子射我身　亦無瞋恨生其惡
不惜身命如頑石　志求菩提心不退
我昔曾為薩埵時　見彼餓虎欲食子
投崖捨命濟彼飢　天人稱讚大精進
常樂布施救衆生　不悋身命及財寶
我昔曾為摩尼囊縛　廣行布施盡寶海
捨大摩尼令富他　如是求證菩提果
往昔作大蘇摩王　名稱普聞我修行
尒時入縛為他人　於彼百王得解脱
我昔曾為能捨王　一切所求皆充足
乃至身命及珍財　令他大富離貧苦
昔有飛鴿來投我　即割身肉濟彼命
如是持刀割肉時　無驚無怖心安隱
亦於過去捨王位　盡世行彼波羅蜜
復自化身為妙藥　捨已身命濟群品
又昔曾為師子王　常為世間行利樂
棄捨王位及眷屬　一心志求無上道

又昔曾為妙牙王　當時獲壽於千歲
八十四年修苦行　發大精進施珍財
於佛塔前然己身　志心恭敬作供養
又昔曾為無垢王　時有惡眼婆羅門
來詣深宮乞我頭　即便捨頭而施與
又昔曾為月光王　普救衆生作善利
一切城隍聚落中　四衢道路施良藥
千女端嚴妙色相　金寶真珠廣莊嚴
捨彼千女自修行　如是所作福無等
又昔曾為輸婆王　所戴寶冠世希有
香花衆寶共莊嚴　捨施他人無所悋
細滑微妙色如蓮　手足柔軟如兜羅
又昔曾為寶髻王　捨自手足利衆生
又昔曾為安意王　時有商主名星賀
領諸商客泛海中　忽然漂墮羅剎國
彼有百千夜叉女　無慚大惡唯食人
商客不識夜叉女　見此端正生愛心
五百商旅將被食　我親救度俱脫難
又昔曾為妙眼王　四兆女人常圍繞
端正殊妙如天女　捨彼出家求佛道
又昔曾為福光王　無垢清淨黃金色
手指纖長世所希　捨此手指利群品
又昔曾為法財王　紺目清淨如青蓮

於身所愛最難捨　人來求者亦與之
又昔曾為蓮目王　慜見衆生在苦惱
時有女人懷憂病　我行悲愍令解脫
又昔曾為大醫王　常救病苦諸衆生
或出身血及髓腦　救療疾病令除愈
如是勇猛精進心　未曾暫捨於情物
又昔曾為成利王　以自所愛如蓮目
施諸衆生療彼疾　一心為求無上道
又昔為王名普現　慈愍有情行救度
尒時捨彼四大洲　國土人民及衆寶
乃至割身血肉等　施與衆生心歡喜
又為王女稱大智　身嚴金色體柔軟
時有一女名色相　此是商人所生女
飢羸困苦無飲食　我捨雙乳濟彼命
又昔為王號多聞　所有珍寶妙衣服
為馬車乘財帛等　如是布施無有數
復見商人漂海浪　我於海內救得彼
背恩復乞我眼睛　我亦施之無瞋恚
棄捨大地諸眷屬　觀彼不著如蟻子
如是往昔濟群生　心無退動生疲苦
復觀孤老貧窮人　給足所須而承事
恒行敬愛無慢心　亦無慚赧無人我
又昔曾作獼猴身　與彼同類共游行

時遇獵師縛彼身　我即替他令脫命
如是以我奉國王　王令後宮縻縶我
思念父母年孤老　所有飲饌無心食
如是忍苦懷慈孝　是故得脫王宮難
又昔曾作大熊身　常處深山行慈忍
忽逢樵士遭大雨　引彼山巖令迴避
過是七日至天晴　告彼樵人莫說我
尒時樵士安隱歸　招引獵師來殺害
如是背恩殺我身　亦無瞋恨生慈忍
又昔曾為白鳥王　求佛菩提行十善
時有獵師射我身　我即捨身心歡喜
昔有惡人帝哩子　以火焚燒大山野
我見此火運慈心　天雨香花火自滅
又昔曾為大鹿王　金寶莊嚴體殊妙
入彼河中救溺人　令得安隱全身命
告言勿說我居山　恐彼惡人來獵我
時彼溺人背其恩　指告國王令採捕
指已兩手俱墮地　我時無有少瞋恚
昔有五百商人衆　為求珍寶泛海中
商主所有資糧竭　商衆飢羸無飲食
是時我作大龜王　捨身濟彼商人命
以我慈心利他故　俱得安然到海岸
我昔變身為藥蟲　此蟲名曰俱蘇摩

一切疾病食我身　俱獲安隱無諸患
我昔復為師子王　大力無畏行慈愍
有大獵師射我身　亦無瞋恨無忿怒
我昔亦作白馬王　常行菩薩慈悲行
救彼商人羅剎難　擔負衆人出海中
昔作飛鳥軍拏羅　遠離色慾無散亂
令彼同類衆飛禽　亦復而行清淨行
又昔因中作兎王　與諸群兎宣法行
見一仙人飢無食　即捨自身濟彼命
又昔曾作鸚鵡身　常居花菓樹林中
時有惡人毀此林　以我力故復繁盛
又昔復作獮猴王　與衆獮猴而游行
時有國王來採捕　我救彼難現王前
又昔復為鸚鵡身　父母俱老無力飛
我於田中啣稻穀　養育二親行孝敬
於是田主懷瞋怒　捉彼鸚鵡而訶責
云何偷於我稻穀　此時須見汝捨命
鸚鵡告彼田主言　汝所種田濟一切
我持少分供二親　汝何言我為偷盜
尒時田主聞是語　陪與稻穀生歡喜
我作禽類汝為人　如是孝養未曾有
往昔所行菩薩行　經歷無數微塵劫
求趣佛果大菩提　未有少時生疲倦

如是捨施內外財　國城妻子及珠珍
頭目髓腦及身命　持戒忍辱精進禪
智慧方便願力等　如是諸度廣修習
未曾暫廢菩薩行　一切衆善悉無遺
如佛所說頭陀行　彼行亦為趣佛因
如是一一盡修習　精進而行無缺犯
於後末世諸衆生　雖作苾芻無僧行
常生我慢懈怠心　貪著聲色及財利
聞此大行勝妙因　返生誹謗不信受
輕笑言教告諸人　此之所說非佛教
我聞過去有一人　多聞學識立名海
聞佛所說不信受　以此法言問本師
彼師耆年亦多聞　於此佛言亦不信
展轉如是告他人　無我無人無衆生
此法非為真實教　虛受勤勞求出離
設尒持戒學威儀　如是修習何所為
既無衆生無我人　父母宗親亦不有
此是邪見外道言　非是真實解脫法
復次末世諸苾芻　而造諸過無慚愧
我慢貢高心散亂　憎嫉貪愛如火燒
三衣不整垂手行　拖拽袈裟入聚落
縱情放逸而飲酒　種種而行麁惡行
身被法服為佛使　不依戒律近王侯

馳騁書信往四方　侍官勢力求財利
退失如來功德林　墮彼三塗諸惡趣
或有經營於市肆　或有耕種住村方
佛言此類非沙門　清淨苾芻勿同事
常住供養財物等　如己所有非法用
見有具德諸苾芻　而起慢心行誹謗
同昧賢善破律儀　密於俗舍染邪行
畜養妻男種種為　恣行麁惡俗無異
如是廣造惡業因　非是沙門出家行
當墮三塗惡趣中　永劫沉淪受衆苦
於自諸根不調伏　貪著飲食及色慾
常被他人生輕賤　所學徒弟亦復然
未曾誨示修行法　亦無師資恭敬心
人前談已為慈悲　非要學徒行承事
或有風顛及癩病　六根不具醜惡人
如是攝受令出家　亦非沙門佛弟子
無戒無行無其德　彼等非俗非沙門
譬如負柴燒臭屍　清淨之者宜遠離
性本麤浮多散亂　亦如狂鳥失調伏
設處深山心不寧　貪火焚燒無暫住
悉失一切佛功德　方便智慧頭陀行
如是諸善悉不行　墮大阿鼻無有出
常談國城聚落中　官事賊事眷屬事

如是晝夜恒思惟　未曾時暫行三昧
復於精舍起貪心　廣修院宇及房屋
全無持誦及梵修　但為眷屬兼徒弟
若有苾芻依附我　我即與汝同居止
若欲持戒奉律儀　非我所為須遠離
所有卧具牀榻等　什物受用及飲食
藏隱深房映蔽之　言無所有令他去
如是末世愚癡人　令佛教法不久滅
貪求利養斷善根　此等苾芻極甚多
若有清淨智慧者　遠離彼等住深山
末法苾芻無戒德　不樂深山寂靜居
常處王城聚落中　唯務是非及鬬諍
反為王法所禁制　叱訶駈擯受慙耻
諸佛法教功德海　因此破戒悉枯竭
譬如寶海水清淨　或被淤泥而渾濁
亦如蓮花滿池開　或被狂風而推壞
如是末法破戒人　損減佛教亦如是
若有淨修梵行者　逢斯惡友常遠離
彼人命盡墮阿鼻　受苦百千無數劫
從此地獄受罪已　或生畜趣或為人
貧窮下賤及聾瘂　眇目矬陋多疾病
手足諸根不完具　見者悉皆生驚怖
無信無行無善根　晝夜飢寒常憂苦

復被衆人生瞋恨　以其瓦石而捶打
如是三苦常纏縛　一切罪業應遠離
常須親近佛法僧　淨持戒律頭陀行
如是名利并眷屬　如幻如化如影像
有為之法暫時間　不久乖離即散壞
唯有無上佛菩提　妙地十力波羅蜜
堅固修習勿生疑　未來究竟大安樂

尒時世尊說此頌已告尊者護國言若有補特伽羅於菩薩乘不依法行有是過失者當得不依法者而來敬愛懈怠者得懈怠人敬愛無智者得無智人敬愛如是互相敬愛貪著利養嫉妬貴族懈怠狂亂綺語兩舌諂佞他人虛誑父母及自師長或入王城及諸聚落不為利益衆生化諸群品一向妄言我是大智多聞博識誑惑有情唯求財利輕棄善法都無所獲猶如破器無堪貯用於彼衆人多生惡惡聽信邪言虛妄推度是法說非非法說是於佛正法無心愛樂生於下族貧賤之家為見少利來投佛法希求出家及得為僧行非梵行於佛法教全無所成何況大智佛告尊

者如是補特伽羅不應說法人天之善尚不能續何況菩提而得成就尒時世尊復告尊者護國言有八種補特伽羅遠離菩提不得為說殊妙之法護國白言何等八種補特伽羅唯願說之佛言一者蘗戾車處於彼受生二者貧窮之家於彼受生三者下賤之家於彼受生四者縱得人身醜陋癡鈍五者具足蓋纏身心憂慼六者弃背賢善親近惡友七者長有疾病身體尫羸八者衆苦逼迫直至命終如是八種補特伽羅遠離菩提不得說法於是護國復白佛言不應說法更有何義佛言護國若有補特伽羅無決定者我不說菩提於虛妄者我不說清淨行於懈怠者我不說菩薩行於慳悋者我不說供佛行於我慢者我不說波羅蜜清淨於無慧者我不說斷疑法於嫉妬者我不說心清淨於無信根者我不說總持法於無德者我不說善逝法於貪親愛者我不說身清淨於不善律儀者我不謗佛有過失法於妄言者我

不說語清淨於我慢者我不說恭敬法於無識者我不說修學法於為身命者我不說求於道法如是補特伽羅不應說法時護國白言於意云何佛言護國為此有情愚癡迷惑心識顛倒虛妄分別不依法教乃至天上人間不應為說尒時世尊而說頌曰

不定諸有情　補特伽羅等　我慢自貢高
貪著於利養　恒行不律儀　深著於五欲
增長諸煩惱　遠離佛菩提　退失於善法
懈怠不修習　猶豫多散亂　於其戒法言
而不生信受　因為貧窮逼　方便求出家
設得作苾芻　輕捨於道法　如棄金寶擔
荷負於麻擔　雖欲入深山　到彼寂靜處
無意樂修禪　邪思而散亂　障礙於辯才
沉沒大智慧　墜墮惡趣中　設復得人身
醜陋不具足　懈怠性愚癡　不行衆善法
諸根常暗鈍　墮大嶮難中　經彼俱胝劫
迷沒不解脫　若行邪利濟　得證佛菩提
調達不正知　應成善逝果　若人貪利養
墜墮於衆生　如空大風力　能墮諸飛鳥
邪福勢盡時　其義亦如是　無信破戒者
見善如盲人　譬如焚屍柴　不吉人嫌弃

雖復發善心　無彼廣大智　謗法不信故
解脫非究竟　譬如盡無際　莊嚴色不久
我慢自貢高　其義亦如是　若求佛菩提
不惜於身命　於法甚深言　勇猛勤習學
捨善行非法　所行增過失　墮於大火坑
若聞如是法　依法而受行　斷除貪愛心
修植衆德本　乃至於一句　通達悉明了
如是積功德　成就最上道　永離於愚盲

尒時世尊說此頌已告尊者護國言我於過去無量無邊不可說不可說阿僧祇劫時有佛出世號曰成義意如來應供正徧知明行足善逝世間解無上士調御丈夫天人師佛世尊尒時有大國王名曰發光主閻浮提其地廣闊一万六千由旬其中州城數滿二万其發光王所居城邑名曰寶光其城東西長十二由旬南北闊七由旬城有七重七寶所作彼王善行八正之道種族豪威有千俱胝其國人民壽十俱胝歲王有太子名曰福光諸根具足色相端嚴殊妙第一太子生時有千寶藏從地涌出內有一藏現王殿前滿中七寶高七人量

復令一切衆生所作如意乃至禁縛之者俱得解脫又彼太子生得七日一切伎藝工巧筭術皆悉明了乃至世出世間一切事業無不通解於夜分中有淨光天子來為說法告太子言福光諦聽汝須息心不應散亂於諸塵境常當遠離晝夜思惟有為之法當觀無常壽命盡時誰是救者於諸非法而生怖畏

佛說護國尊者所問大乘經卷第二

佛說護國尊者所問大乘經 卷第二

校勘記

一 底本，金藏廣勝寺本。

一 五八七頁中一行「所問經」，資、磧、普、南、徑、清作「所問大乘經」。

一 五八七頁中一三行「沉輪」，清、麗作「沉淪」。

一 五八八頁上一六行第九字「慙」，石作「暫」。

一 五八九頁上一行第九字「獲」，磧、普、南作「獵」。

一 五八九頁上八行末字「行」，磧、普、南、徑、清作「令」。

一 五八九頁上二〇行第八字「陪」，磧、普、南、徑、清、麗作「倍」。

一 五八九頁中七行第二字「後」，磧、普、南、徑、清作「是」。

一 五八九頁下一九行「性本」，磧、普、南、徑、清作「本性」。

一 五九〇頁中五行第七字「聞」，麗作「問」。

一 五九〇頁中六行「菩提」，磧、普、南作「菩薩」。

一 五九〇頁中二一行「來投」，磧、普、南、徑、清作「求投」。

一 五九一頁中二二行「千寶藏」，南、徑、清作「七寶藏」。

佛説護國尊者所問大乘經卷第三

西天譯經三藏朝散大夫試鴻臚卿傳法大師施護奉詔譯

尒時淨光天子而説頌曰

太子汝當知　莫著於迷醉　於此嶮難中
勤求於出離　如佛所説言　若離迷醉者
此人大勇猛　善行於律儀　清淨無瑕穢
所見諸衆生　心生慈愍行　成佛當不久
過去一切佛　現在及未來　皆從衆善生
遠離貪瞋癡　飲食及衣服　金銀摩尼寶
種種莊嚴具　捨施利衆生　廣歷俱胝劫
一心求菩提　未曾有疲懈　或捨於身分
頭目手足等　於彼求乞人　心生大歡喜
以此積功德　而成佛菩提　設處國王位
豪貴而最上　美女及眷屬　晝夜常圍繞
宮殿及國城　悉皆如幻化　譬如坏器等
陽焰水沫泡　其體不堅牢　非實非久住
如是無常法　虚妄汝當知　父母與妻男
誰能相救濟　所作善惡業　是人隨業行
如是無數劫　常況生死海　亦如無目人
於境而不了　虚受於勤勞　終墮嶮惡趣
菩提最上路　勇猛精進行　乃至於命終
不生三惡道　佛世人難值　正法難得聞
降伏煩惱怨　親近於善友　恒修八正道
安住菩提心　不退於佛道　如是行方便
世間無有上　過去一切佛　捨離於親愛
常處於深山　正念自思惟　堅固如金剛
志求無上道

尒時佛告尊者護國言淨光天子説此頌已彼福光太子年至十歲智慧明達而無戲論於世所有園林花卉流泉浴池歌舞作樂而不愛著乃至國城宮殿象馬車乘金銀財寶一切所欲之事悉皆遠離一心思惟我身虚幻四大假合無有堅實大地諸天悉非究竟九夫衆生常行非法愚癡迷惑分別親疎耽著欲樂無有猒足永處輪迴無解脱時我於如是愚迷人中而乃受生作是念已志意繫心專求解脱

尒時世尊復告尊者護國言彼發光王為其太子選擇最上淨妙福地建置一城名曰愛樂其城七重於其城中有七百街道純以七寶鈴鐸眞珠羅網徧覆其上復有六十衆寶妙蓋八萬寶幢於諸街巷次第行布一

一寶幢有六萬寶索一一寶索有十四俱胝樂器如是樂器微風吹動出妙音聲如百千天樂又於此城街巷衢路處處各住五百童女是諸童女身相端嚴顏貌和悅於諸音樂歌舞作唱一切悉能時發光王勑告之曰令諸童女晝夜作樂不得間斷所有四方一切人民來入此城見斯音樂快樂之事奔聚看翫令其太子心生樂著又復王言所有衆生求飲食者施以飲食求衣服者施以衣服求花鬘塗香者施以花鬘塗香求牀榻卧具者施以牀榻卧具乃至以金銀摩尼硨磲碼碯珊瑚真珠吠瑠璃等如是諸寶處處堆積復有象馬車乘以衆寶種種莊嚴令一切衆生隨意受用

尒時發光王復為太子於此城中修建一宮廣一由旬造四門樓戶牖軒窻皆以七寶種種莊嚴於此宮中置一大殿用百千珍寶周匝莊較於殿中間安四俱胝衆寶牀榻及以卧具復於城中置一大園花菓樹木其數甚多光翳蔚開敷世所希有於其中間排一切寶樹光明照耀無不愛樂又於園中有七寶池於池四邊有四界道四寶所成所謂金銀吠瑠璃玻瓈於池周匝置一百八師子口水從彼入復置一百八師子口水從彼出其中復生鉢訥摩花烏怛鉢攞花俱母那花奔拏哩迦花等種種名花恒時開敷於池周匝復有八百寶樹一一寶樹各懸寶索一一索上有俱胝數樂器微風吹動出妙音聲令諸衆生聞者愛樂復次寶樹懸掛八十百千珍寶妙幡又於池上置大寶網而以為蓋覆太子身令離塵坌

尒時發光王復令殿內以其七寶造四俱胝寶座一一寶座各以五百上妙之衣敷於座上於其中間置一大座高七人量以八十俱胝上妙寶衣敷設其上此是福光太子所登之座於諸座前各置香爐純金所成於爐周匝懸金鈴鐸及金蓮花摩尼寶網四面嚴飾光明照耀晝夜三時恒爇沉香及散妙花復於園內有九十九百千摩尼寶一一摩尼寶廣一由旬有大光明照一切世界

尒時世尊復告護國言福光太子園苑之內有種種飛鳥鸚鵡鴝鵒鴛鴦鵝鴨孔雀舍利俱枳羅鳥俱拏羅鳥迦陵頻伽命命鳥等如是衆鳥俱善人言每群飛時作微妙聲如衆音樂而無有異亦如天帝歡喜之園令諸天人受妙快樂彼發光天子復為太子修饌上味飲食逐日供給五百千車復令使命於諸城邑聚落選取童女年十六歲至二十歲者色相端嚴諸根具足不長不短不肥不瘦不白不黑身出白檀香口出優鉢羅花香言詞美善心意純直而無妬忌善解伎藝無不悉解如是童女得八十俱胝來入王城

尒時發光天子以此八十俱胝童女賜於太子王自宮中所有童女復賜一俱胝王諸親眷亦以一俱胝童女奉上太子宰輔重臣亦以一俱胝童女奉上太子國城庶民亦以一俱胝

童女奉上太子如是八十四俱胝童女俱令侍從承事及歌舞作樂悅樂太子

佛告尊者護國言尒時福炎太子見是事已於其國城宮殿樓閣園林池沼爲馬珍寶及諸童女歌舞唱妓種種作樂之事都不愛著而自思惟此諸女等於我身分爲大惡友斷我善根增諸煩惱常處輪迴無有自在譬如有人處於禁縛終不能出尒時太子見此過失於十年中於色聲香味觸五塵諸境而不愛著一心思惟諸惡友衆云何捨離而自修行得其解脫作是念已彼諸童女即詣王宮白父王言其福炎太子於諸婇女戲樂歌舞都不顧視獨坐思惟遠離聲色尒時發炎天子聞是事已心忽驚愕怪未曾有即時統領八萬小王及諸臣從來入太子所住宮中見彼太子孤處宮殿儀皃寂然涕淚悲泣心大苦惱迷悶躃地良久乃甦從地而起即說頌曰

子爲最上寶　云何不觀我　憂惱心惶亂
云何捨所愛　種種富樂事　此城妙莊嚴
衆寶爲嚴飾　宮殿妙樓閣　園林及浴池
爲馬七珍財　衣服及飲饌　如是無量數
而以供給之　復有諸童女　容顔甚奇妙
端正廣莊嚴　如彼天女相　心性善純直
通達諸伎藝　歌舞及音樂　人間無有比
所爲適悅汝　令其心快樂　云何無所著
於斯而捨離　獨處於深宮　顔皃甚寂澹
令諸童女等　各各懷憂惱　如彼蓮花萎
俱來而白我　太子汝當知　如是諸童女
端正俱年少　口出優鉢香　身有栴檀氣
兩目紺如蓮　善知人心意　令於晝夜中
親近作戲樂　今汝正是時　於此而厭弃
於汝意云何　爲我速宣說　又向園林中
安置摩尼寶　九十九百千　各廣一由旬
光明普照耀　寶樹懸寶幡　其數有八萬
花菓皆茂盛　具有衆飛鳥　孔雀及鵝鴨
迦陵頻迦等　皆出微妙音　復於諸樹間
各垂於寶索　一一寶索中　皆有妙樂器
微風吹動時　出於妙音聲　清響如天樂
云何而不戀　又此諸宮殿　皆以衆寶成
金銀摩尼珠　硨磲與碼碯　瑠璃真珠等
莊嚴甚微妙　於此寶殿中　安置金香爐

四面垂珠網　俱胝細妙衣　以用莊嚴上
晝夜三時中　長爇栴檀香　如彼天帝宮
善法堂無異　汝今不愛樂　違背於父母
都無孝敬心　令我增苦惱　言已而悲泣
爲我速宣說　太子見所問　稽首白父王
世間五欲境　墮積於衆生　纏縛於有情
增長大過失　永處於輪迴　無有得出離
我今求解脫　發大菩提心　遠離諸塵染
一切女人身　衆惡不淨本　我觀如惡家
貪瞋癡相隨　流浪於生死　聿繫諸衆生
常處大嶮路　又此女色相　皮膚裹不淨
血肉與骨髓　膓胃大小便　眵淚洟唾等
如是穢惡身　云何令愛樂　譬如毒藥樹
開花衆所愛　採花毒入身　不覺殞其命
國城與宮殿　音樂及歌舞　究竟不堅牢
如夢如幻化　亦如春樹木　滋茂蓁芬芳
繞至冬月時　凋落悉枯悴　女人及冨饒
不久亦如是　愚癡狂亂心　常沒貪欲海
鬪諍起憎嫉　互相行殺害　父王及眷屬
妻子并男女　於彼惡趣中　誰能行救濟
菩薩大智人　身心常寂靜　觀彼如草木
不動如須彌　常樂處深山　一心求正道
浮世不久住　如山水急流　人命若浮雲

須臾即散滅　墜墮三有中　迷沒於生死
我不著愚迷　遠離於虛妄　色聲五欲塵
非是菩薩境　福盡無福生　業盡復生業
如鳥禁籠中　長不得自在　六塵如毒蛇
損惱於衆生　四大不堅實　猶如空聚落
父王今當知　速捨虛妄境　歸趣真解脫
常運妙法船　度脫於三有　迷者令覺悟
禁縛得解脫　患苦使獲安　盲者與開目
貧窮賜珍財　悉令離憂苦　復爲衆有情
枯竭貪愛河　照燭黑暗路　廣布於雲雷
降霔甘露雨　除熱得清涼　成就最上智
父王今當知　何人懷慈忍　而欲作惡家
何人具智慧　怖見佛法僧　何人有眼目
入於嶮路行　何人得菩提　而欲作散亂
如斯有智人　必不行邪道　我寧上須彌
投身入大海　於此五欲塵　終不生染著
所有諸婇女　并及於眷屬　請王速將歸
於此勿久住　在家多過失　障蔽佛菩提
我捨於國城　及諸眷屬等　行詣於深山
修習清淨行　志求無上道

尒時佛告尊者護國言彼福光太子處於寶殿是諸童女圍繞侍從太子觀之深生厭離於三威儀中行住坐時求斷一切煩惱於月初八日於地而坐正意思惟離諸塵染作是觀已於中夜時忽聞空中淨光天子讚佛讚法及苾芻衆如是聞已身毛皆竪悲喜交并合掌向空以頌問曰

虛空諸天大慈愍　發聲稱讚讚何人
我要歸依求出離　願樂聽聞爲開演

尒時淨光天子於虛空中聞彼所問而爲太子說所讚事以頌答曰

我今稱讚大沙門　彼佛名曰成義意
常以十善化群迷　救濟孤獨諸有苦
方便智慧最爲上　功德神力無有比
常有十千那由他　苾芻之衆恒恭敬

太子復問淨光天　有何功德及相好
彼佛所行菩提行　重爲宣說我樂聞

尒時淨光天子復爲太子說佛功德相好以頌答曰

佛頂如須彌　出衆而高顯　螺髮而紺青
右旋俱齊整　眉間白毫光　照耀如千日
目紺淨分明　猶如青蓮葉　頷臆如師子
脣色勝頻婆　齒密無缺減　白類如珂雪
臍輪廣右旋　如淨頗胝寶　舌色如紅蓮
廣長而薄淨　舒展覆面輪　此相最微妙
梵音而清響　美妙出世間　一切諸天人
聞者皆歡喜　假使百千樂　莫等佛音聲
功德廣無邊　能斷衆生惑　令行菩提行
復次諸飛鳥　名曰緊那囉　鸚鵡俱枳羅
嚩哩呬拏鵝　具沙俱拏羅　迦陵頻伽等
各有色相嚴　佛相好亦然　佛以一言辭
隨衆各得解　近遠平等聞　如來法自在
項頸長細妙　量等於身分　臂膊而傭圓
垂手過於膝　如是妙端嚴　七處皆平滿
雙肱如象鼻　兩腨勝鹿王　陰相而藏隱
猶如龍馬王　身毛紺右旋　無畏如師子
佛頂如天蓋　嚴飾金色身　行步同牛王
足現千輻輪　莎悉帝迦相　如是廣端嚴
世間甚希有　汝今若親近　有德與無德
有福及無福　一一自當知　若有稱佛名
讚毀俱不著　如蓮在水中　淤泥不可染
我佛大導師　世間無有上

佛說護國尊者所問大乘經卷第三

[illegible]

講法華經百法唯識論正法大師賜紫沙門臣 蓮 證義

講八經四論法濟大師賜紫沙門臣 懋 證義

[illegible]慧通大師賜紫沙門臣 簡 證義

講維摩上生經因明唯識論證覺大師賜紫沙門臣 實 證義

講圓覺經起信唯識論崇梵大師賜紫沙門臣 辯 證義

講維摩上生經百法論宣教大師賜紫沙門臣 惠遠 綴文

梵學[illegible]梵大師賜紫沙門臣 淨 筆授

梵學傳大教[illegible]大師賜紫沙門臣 清 筆授

左街[illegible]知教門事智照大師賜紫沙門臣 惠[illegible] 證義

[illegible]三藏朝散大夫試鴻臚卿傳教大師臣 [illegible] 證梵文

[illegible]譯經三藏朝散大夫試光祿卿明教大師臣 法護 證梵義

[illegible]

[illegible]

[illegible]

佛說護國尊者所問大乘經卷第三

校勘記

一　底本，金藏廣勝寺本。

一　五九三頁中二行譯者，徑作「宋西天譯經三藏朝散大夫試鴻臚卿傳法大師施護奉詔譯」；清作「宋西天譯經三藏朝散大夫試光禄卿明教大師施護奉詔譯」。卷四同。

一　五九三頁下一三行「九夫」，諸本作「凡夫」。

一　五九四頁中一三行第三字「惱」，諸本作「幡」。

一　五九五頁上一七行「天子」，磧、南作「天王」。

一　五九五頁中三行首字「爲」，諸本作「象」。

一　五九六頁中一一行末字「若」，諸本作「苦」。

一　五九六頁中一三行「十千」，南、徑、清作「千千」。

一　五九六頁下一三行「端嚴」，石作「莊嚴」。

一　五九七頁上譯者名録，諸本無。

佛說護國尊者所問大乘經卷第四 給

西天譯經三藏朝散大夫試鴻臚卿傳法大師臣施護奉 詔譯

佛告尊者護國言尒時福光太子聞虛空中淨光天子讚佛法僧無量功德相好莊嚴之事心大歡喜正意繫心端坐思惟彼佛世尊具足功德所說妙法真實無謬聲聞弟子梵行清白又復思惟輪迴大苦一切衆生愚癡障蔽不覺不知常以身見起諸惑染廣增過失生死輪迴相續不絕諸有智者應當遠離又復思惟愚癡迷暗起三種思動發身語造善惡業熏識成種如是名色六入觸受苦報相續愛取纏潤增長有支如是結生老死誰免我觀生死少味多苦逼迫身心是可猒患速宜親近彼佛如來微妙之法斷諸煩惱求出輪迴若近惡友耽著欲樂人天之報尚不能得何況阿耨多羅三藐三菩提

尒時福光太子作是念已於此宮城深生猒離我今於此終不解脫宜應速捨別求靜處修習梵行時彼太子發此志已即便離殿欲往門出又慮親眷而爲留難遂却上殿面東而立遥告佛曰成就如來應正等覺具一切智神力廣大願賜慈悲救護於我我於此處擲身出外欲求解脫作是語已即便擲身佛以神足舒其右手放大光明照太子身其光化爲千葉蓮花承太子足又此蓮花復出百千微妙光明照於太子令心適悅經須臾間將至佛前彼光明蓮花不現

尒時太子如山而下即到佛所合掌恭敬旋繞世尊志心稱念南無成義意如來應正等覺所說妙法及苾芻衆我悉歸依作是語已五體投地禮佛千拜即以伽陀讚歎佛曰

稽首無上大醫王　我身大患久未除
願佛慈愍垂救度　少賜如來妙法藥
晝夜獨坐自思惟　一心求離五欲境
空界天人發聲言　勸導師依來佛所
佛爲出世大導師　何得衆生造過失
於大難中垂救護　令彼盲迷開智眼
我今雖發信佛心　貧乏如來功德寶
求出纏縛趣解脫　願佛慈悲垂攝受

於其暗室燃慧燈　破我疑惑無明等
宣揚清淨妙法門　如佛所行菩提道
稽首無比大醫王　滿我意願除諸病
一切妄想悉消除　拋離惡趣到彼岸
永出煩惱大海中　常行如來八正道
如是真實為我說　如佛所說我行之
志求無上大菩提　修習菩薩真實行
成就福德無盡報　捨於世壽為法壽
一切纏縛求斷除　究竟圓滿菩提道

佛告尊者護國言介時成義意如來見彼太子信心清淨善根純熟即為宣說菩薩行法福光太子聞是法已得總持門證妙解脫成就五通踊身空中散花供養作供養已從虛空中下合掌向佛讚歎如來即說頌曰

稽首我佛真金色　相好最上面如月
功德智慧無等倫　永離三有常清淨
牟尼標髮紺青色　高顯清淨如須弥
我觀無等無邊佛　眉間毫光普照耀
如軍那花及明月　過於珂雪與硨磲
如是皎潔大光明　除滅衆生諸罪暗
日淨輝朗如青蓮　常以慈顏顧我等
慈視無二平等觀　有情無情俱獲益
舌如赤銅而廣長　或覆面輪或大千
應機流演大小乘　普救世間諸有苦
我今頂禮如來齒　四十齊密白如珂
四牙鮮利若金剛　俱發光明濟群品
我今礼佛真實語　離諸虛誑綺言辭
通達性相甚深文　破暗除迷百千剎
梵王帝釋護世主　龍天八部及三塗
如是蒙光苦惱除　俱出輪迴生死海
我佛雙腨如鹿王　行似牛王舉步穩
下足登涉地面時　山川大地俱震動
我佛身相妙端嚴　皮膚柔軟真金色
一切世間無有比　衆生見者無猒足
佛於過去百千劫　能捨一切利衆生
俱令離苦出煩籠　我今歸礼大慈父
佛以法財施一切　持戒忍辱精進修
禪定智慧悉圓明　我今礼佛無等智
我佛無畏大師子　能破無邊煩惱魔
善療衆病悉消除　我今頂礼滅三毒
身口意業無塵染　三界無著出水蓮
梵音深妙如梵天　迦陵頻伽聲莫比
我今礼佛出三有　常觀世界如幻化
如夢如電非久停　無人無我無衆生
法本空寂無有生　不能知悟隨輪轉
垂慈廣為諸衆生　方便隨機宜妙法
大聖醫王衆所歸　恒治老死憂悲惱
如是普利諸衆生　各令善逝入天路
如是慈悲牟尼主　常慈輪迴六道中
如蟻循環無了期　引彼愚盲得正路
如是依法證菩提　具法自在利世間
如佛所說八正道　聞者適悅生敬愛
佛聲微妙過梵天　巘建哩嚩緊那羅
及諸天女美妙音　非似佛聲多方便
清淨語音功德普　衆生隨類各得聞
如是為乘趣菩提　一一離凡得解脫
種種上妙物供佛　獲得最上人天福
或為帝主或宰臣　常受大富大快樂
或作金輪王四洲　具足千子及七寶
恒行十善利世間　一切衆生皆隨順
或為護世或忉利　或處夜摩覩史陁
乃至他化與梵天　皆因供養諸佛得
如是見佛及聽法　俱能出離諸苦惱
令彼不墮惡道中　安樂寂靜無塵染
佛能安住諸世間　求福之者皆令福
如是獲福長相續　俱胝多劫不可盡
最上微妙莊嚴剎　衆生生者無塵垢
身光照耀勝天人　身口意業俱清淨

成就種種功德相　名聞流布諸世間
天上人間俱敬愛　彼人供養諸佛得
我佛久離諸苦惱　十方佛剎皆稱讚
一切徒衆悉歸依　無不愛樂慈悲相
我今稽首人中尊　湛然不動無爲相
今我獲證五神通　住立虛空伸讚佛
稽首無畏佛世尊　無垢清淨出世間
所有稱讚諸功德　迴施人天成正覺
佛告尊者護國言尒時發光天子於
其中夜忽聞福光太子宮城之内有
大哭聲驚愕憂惶莫知凶吉即時將
諸臣從及其眷屬來詣太子宮中問
諸宮人汝等云何夜來啼哭時彼宮
人即奏王言福光太子忽尒離宮莫
知所止憂懼悲痛是以啼哭尒時發
光天子聞是語已足如蹈噞忽然躃
地良久乃穌從地而起心生憂惱涕
淚悲泣欲往千城處處尋覓時愛樂
城中護城聖賢報於王言彼福光太
子往詣東方礼覲供養成義意佛時
發光天子聞是語已即將八十四俱
胝宮人婇女及百千那由他侍從眷
屬周帀圍繞往詣東方至成義意如

來處到已五體投地礼世尊足住立
一面合掌向佛以頌讚曰
稽首歸依功德海　妙湛總持無等尊
天龍八部衆所歸　一切觀佛無厭足
三十二相妙端嚴　七寶嚴身世希有
巍巍赫赫妙金山　超出世間歸命礼
過去難思俱胝劫　修行供養俱胝佛
深植德本廣無邊　成就佛身妙色相
布施持戒忍辱行　精進禪定善巧便
如是歷修勝行成　色相圓明光照耀
日月閃電摩尼寶　帝釋梵王身色光
如是等光對佛光　一時隱没俱不現
佛身如現水中月　變化隨機亦復然
託夢乘象入母胎　捨於覩史天王位
佛身無相如虛空　示生人世救群品
初生七步帝釋隨　天上人中為最上
彼佛無師不了知　亦無師學書自解
而成寂靜三摩地　救拔衆苦令解脫
捨離父母及親眷　出彼王城入深山
俱胝天衆圍繞佛　降伏四魔成正覺
觀彼世間不究竟　衆生沉溺處輪迴
垂慈為彼轉法輪　令離無常出苦難
佛證寂滅清淨法　成就福智及方便

牟尼起化現身光　如是佛相悉具足
我礼牟尼無邊智　我礼究盡法界法
雖知幻化無去來　垂慈普救諸含識
善哉佛說菩提道　引彼衆生得菩提
如是正法我所求　正法能度世間苦
我佛常處三有中　救療一切煩惱病
以我稱讚佛功德　迴向菩提及衆生
尒時佛告尊者護國言彼成義意如
來見此發光天子歸依讚歎信心堅
固求趣解脫即隨王意而為說法時
發光天子聞佛所說即於阿耨多羅
三藐三菩提得不退轉
尒時福光太子見是父王歸依彼佛
心生信敬即詣佛前合掌向佛而白
佛言如來應供正徧知唯願世尊往
愛樂城受我飲食供養時成義意如
來默然許之受太子請時福光太子
即告父王及諸眷屬我今請佛所有
宮殿園苑及一切珍寶莊嚴之具施
佛供養汝諸眷屬勿為障惱異口同
音起隨喜心尒時父王及諸眷屬俱
發聲言願捨所有施佛供養我皆隨
喜

尒時成義意如來與諸苾芻恭敬圍繞入愛樂城受彼供養時福光太子以五百千車上妙飲食供養世尊及苾芻衆復次福光太子為佛及衆廣以七寶造僧伽藍用無數摩尼寶網及傘蓋等四面嚴飾復置百千牀榻卧具以妙衣服敷設其上又於精舍左右行布花果樹木流泉浴池於其池中生奔拏哩迦花及優鉢羅花等復次於一一苾芻前頭面作礼獻僧伽梨衣日日三時亦復如是經三俱胝歲晝夜焚修亦不眠卧亦無疲惓亦不沐浴洗濯香鬘塗飾亦無瞋恚貪愛乃至為法不惜身命何況外財如佛所說如說而行乃至成義意如來入於涅槃尒時太子以赤栴檀荼毗如來於閻浮提內所有一切上妙名花及諸花鬘塗香粖香種種伎樂於荼毗處供養舍利尒時閻浮提內一切衆生俱以香花飲食皆來供養如是經百千歲

尒時福光太子收佛舍利以其七寶造九十四俱胝塔俱以真珠羅網周帀嚴飾又諸塔前竪立五百七寶傘蓋花果樹木及百千音樂又一一塔前置百千燈盆每一一盆中燃百千燈如是供養至一俱胝歲然後太子出家剃髮為苾芻相行頭陁行持鉢乞食伏斷煩惱常行法施滿四俱胝歲如佛所行無有疲倦時愛樂城中護城賢聖一切小王宫嬪眷屬及諸衆生皆數太子出家剃髮修清淨行時淨光天子互相告言一切小王及諸人民等悉皆出家我等往彼承事太子如供養三寶尒時成義意如來所說六十四俱胝法藏福光苾芻悉皆受持通達無礙如是福光苾芻已曾親近九十四俱胝百千那由他佛於諸佛所一一供養無空過者皆如成義意如來而無有異尒時發光天子者豈異人乎今無量壽如來是尒時福光太子者豈異人乎今我身是尒時愛樂城中護城賢聖者豈異人乎今阿閦如來是佛告尊者護國言一切菩薩摩訶薩欲求阿耨多羅三藐三菩提者應當學彼福光苾芻遠離貪愛親近善友修寂靜行勤供諸佛不久當得阿耨多羅三藐三菩提佛言護國若復有人貪著利養飲食衣服卧具醫藥尊重稱讚彼人愚癡則為我慢破犯戒律虛妄不實毀謗沙門遠離佛法於身口意而不相應唯有外相心不寂靜無慚無愧遠離佛刹遠離菩提是故護國聞如是法應如是知應如是學應如是行不得親近惡友及利養等尒時世尊而說頌曰

若人貪愛於利養　遠離真實精淨行
因斯退失佛菩提　永劫沉輪生死道
無慚無愧無知足　常愛常貪恒繫縛
不懼三塗苦惱侵　猶言我具諸德行
詐現寂靜住山間　心於名利常牽繫
衆人遠離如毒蛇　長處輪迴無解脫
若人不樂如來法　輕賤具德苾芻僧
永離天界墮惡道　縱生人世墮八難
俱胝劫數難值佛　所說正法亦難聞
剎那暫遇若依行　彼人必證菩提果
佛乘妙行德難思　一切如來從此出
若人厭離樂塵勞　永失菩提無上道

若人智慧及方便　遠離一切諸過非
愍救五趣諸衆生　是人所行同佛行
雖處深山寂靜處　詐現清高爲自身
擁他行業談已能　我常日誦俱胝佛
若於行法生尊重　不惜身命一心求
如我所說真實行　是人非遠證菩提
大優正法最上乘　永得消除於熱惱
如聞所行精進修　畢竟速證無上道

尒時世尊說此頌已告尊者護國言若諸菩薩於阿僧祇劫行五波羅蜜不如有人於此正法暫得聽聞信解受持如是功德勝前功德百分不及一千分不及一百千俱胝分不及一筭數分不及一乃至譬喻分亦不及一

佛說是經時會中有三十那由他天人發阿耨多羅三藐三菩提心得不退轉七千苾芻斷盡諸漏得無生忍

尒時尊者護國而白佛言今此經典甚爲希有云何受持當何名之佛言護國此經名爲大乘正法亦名廣大清淨不空誓願福光居士歡喜菩薩行如是受持佛說此經已尊者護國及天人阿蘇囉孽嚕拏緊那囉等聞佛所說皆大歡喜信受奉行

佛說護國尊者所問大乘經卷第四

佛說護國尊者所問大乘經卷第四

校勘記

一　底本，金藏廣勝寺本。

一　五九八頁下九行第一二字「悅」，諸本作「悅」。

一　五九九頁上一一行「純熟」，徑作「成熟」。

一　五九九頁上一七行首字「切」，諸本作「功」。

一　五九九頁下六行末字「聞」，諸本作「聞」。

一　六〇〇頁上六行第一二字「伸」，石作「神」。

一　六〇〇頁上一九行第七字「報」，諸本作「告」。

一　六〇〇頁中一一行「梵王」，徑作「梵天」。

一　六〇一頁下一六行首字「詐」，磧、南作「說」。

大宋新譯三藏聖教序

御製 給

大矣哉我佛之教也化導群迷闡揚宗性廣博宏辯英彥莫能究其旨精微妙說庸愚豈可度其源義理幽玄眞空莫測包括萬象譬喻無垠綜法綱之紀綱演無際之正教拔四生於苦海譯三藏之祕言天地變化乎陰陽日月盈虧乎寒暑大則說諸善惡細則比於恒沙含識萬端非可盡述若窺像法如影隨形離六情以長存歷千劫而可久須彌納藏於芥子如來坦蕩於無邊達磨西來法傳東土宣揚妙理順從指歸彼岸菩提愛河生滅用行於五濁惡趣拯溺於三業途中經垂世以難窮道無私而永泰靈山貝葉若銀臺之耀目歲月煙蘿起香界之自遠巍巍罕測杳杳難名所以道貴十聖德被三賢至道起於乾元衆妙生乎太易總繁形類竅鑿昏明詭彼是非開彼蒙昧有西域法師天息災等常持四忍早悟三乘翻

貝葉之真詮續人天之聖教芳猷重啓運偶昌時潤五聲於文章暢四始於風律堂堂容止穆穆輝華曠劫而昏墊重明玄門昭顯軌範而彌光妙法淨界騰音利益有情俱登覺岸無成障礙救諸疲羸冥昧慈悲浩汗物表柔伏貪佷啓滌昏愚演小乘聲聞合其儀論大乘正覺立其性含靈悟而蒙福藏教斂而重興幻化迷徒火宅深喻難設其教不知者多善念生而無量潛臻惡業興而隨緣皆墮詞御四衆積行十方澍華雨於金輪護恒沙於玉關有頂之風不可壞無際之水弗能漂澄寂湛然圓明清淨之智慧性空無染妄想解脫之因緣可以離煩惱於心田可以得清涼於宇宙朕慙非博學釋典微閑豈堪序文以示來者如麋螢爝火不足比之於皎日將微蠡量未能窮盡於深深淵者哉

佛說金剛香菩薩大明成就儀軌經卷上 給

西天譯經三藏朝散大夫試鴻臚卿傳法大師臣施護奉 詔譯

尒時世尊在覩史多天與無數百千

俱胝那由他菩薩共會一處時有無數百千俱胝那由他天所謂娑多儗哩四摩嚩多難你枳溼嚩囉摩訶迦攞摩醯溼嚩囉吠惹演多那羅延等復有無數天龍阿蘇囉誐嚕拏巘達哩嚩緊那囉摩護囉誐藥叉囉叉娑及諸星曜如是等衆皆悉來集在於佛會

尒時金剛手菩薩摩訶薩白佛言世尊今有一切羅刹行於世間作大怖畏惟願世尊愍於世間爲除怖畏說金剛香菩薩大明使彼羅刹及一切天龍八部乃至一切星曜行不饒益者見彼大明皆悉迷悶怖畏馳散於諸衆生不能爲害世尊豈唯如是等衆見已怖畏乃至帝釋亦失威力彼一切魔障現大忿怒諸惡相者悉皆破壞於諸有情不能侵害

尒時金剛手菩薩摩訶薩重白佛言世尊今正是時何以故一切魔等見在此會唯願世尊宣說金剛香菩薩大明是時世尊即入三摩地名普徧熾盛光大忿怒入此三摩地已即於眼中放大光明作種種色其光普照一切世界照已旋還於佛前住如大火聚即於光中化出大忿怒身光焰熾盛住於佛前現大惡相見者怖畏所有一切天龍藥叉囉叉娑巘達哩嚩阿蘇囉誐嚕拏緊那羅摩護囉誐等及一切部多所有威力悉皆破壞復次金剛手菩薩白佛言世尊如我所請願爲宣說亦令當來持誦行人一切所作皆得成就一切部多皆悉降伏凡有所求皆來給與乃至地中伏藏悉皆獲得世尊此大明威德之力降伏加臨一切人非人等令其入窖使作歌舞及爲給使無不隨意乃至破彼身分以充食噉亦不敢違世尊此大明力乃至加臨山石無情之類亦可震動現入窖相何況一切天龍八部人非人等如是等衆若違逆者皆令頭破

尒時化忿怒像於剎那須現身光明如日照曜於金剛手菩薩前立即說金剛香大明曰

曩麼室戰(二合)拏(一句)嚩囉(二合)播(引)拏曳(引二)摩賀(引)藥乞叉(二合)枲曩(引)鉢多曳(引三)唵(引)曩謨(引)婆誐嚩帝(引四)阿(引)哩也(二合五)嚩囉(二合)嚩(引)馱(引)哩(引六)阿你(引)迦囉溼弥(二合七)設多娑賀娑囉(二合八)鉢囉(二合)入嚩(二合)禮多(九)捻鉢多(二合)帝(引)惹(引)曳(十)沃仡囉(二合)鼻摩(十一)娑野(引)曩迦(引)曳(引十二)嘮(引)捺囉(二合)那哩舍(二合)曩(引)戍(引十三)尾迦囉(引)攞(引)曳(引十四)賛拏(引)曳(引十五)拶波攞(引)戍(十六)喻(引)藝(引)溼嚩(二合)哩(引)曳(引十七)鼻(引)瑟麼(二合)婆野(引)曩迦(引)戍(引十八)沙吒目(二合)佉(引)戍(引十九)訥嚩(二合引)那舍普惹(引)戍(引二十)訥嚩(二合引)那舍你(引)怛囉(二合引)曳(引二十一)尾枳(引)囉拏(二合)計(引)舍(引)戍(引二十二)阿你(引)迦嚕(引)波(二十三)尾尾馱吠(引)舍馱(引)哩抳(引)曳(引二十四)瞦呬曳(二合引)呬婆誐嚩底(二十五)麼賀(引)嚩囉(二合)巘(引)馱(引)里(引)怛囉(二合)野(引)喃(引二十六)囉怛曩(二合引)南(引)薩帝曳(二合引)曩(二十七)怛你也(二合)他(引二十八)唵(引二十九)阿(引)迦茶野阿(引)迦茶野(三十)嚩攞祢(引)嚩麼呬(引)溼嚩(二合)覽(三十一)誐嚕拏江(二合三十二)尾瑟女唵(二合三)

(三十三)俱麽(引)嚩(三十四)没囉(二合)憾麽(三十五)喃(引三十五)印捺嚩(二合三十六)賛捺嚩(二合)阿(引)祢底摋(二合三十七)藥嚩咯乞义(二合)僧(三十八)普(引)瑠(三十九)畢哩(二合引)瑠(四十)閉舍(引)感(四十一)矩伴(引)喃(四十二)阿仡寧(二合四十三)嚩(引)踴(四十四)野莽(四十五)嚩嚕喃(四十六)馱曩能(四十七)矩吠嚩(四十八)鉢囉(二合)惹(引)鉢底(四十九)地哩(二合)多囉(引)瑟吒嚩(二合五十)尾嚕荼劍(五十一)尾嚕播(引)乞册(二合五十二)吠(引武每切)室囉(二合)麽喃(五十三)商矩迦囉喃(二合五十四)訥尾(二合)迦囉喃(二合五十五)怛哩(二合)迦囉喃(二合五十六)尾迦囉喃(二合五十七)没哩(二合)賀迦囉喃(二合五十八)健吒(引)迦囉喃(二合五十九)訥嚕(二合)拏迦囉喃(二合六十)虞迦囉喃(二合六十一)摩賀(引)迦囉喃(二合六十二)摩賀(引)迦(引)朗(六十三)難祢計(引)瀣嚩(二合)嚩(六十四)勃陵(二合)儗哩(引)知盈(二合六十五)曩(引)野劍(六十六)尾曩(引)野劍(六十七)半卿劍(六十八)那麽劍(六十九)路賀劍(七十)謨(引)賀劍(七十一)沙瑟耻(二合)祢(引)吠孕(二合七十二)唵(引七十三)迦(引)陵(七十四)矩(引)知盈(二合七十五)儗哩(引)劍(引七十六)訥哩誐(二合七十七)惰麽(引)哩(引七十八)迦底也(二合引)以寧(引七十九)賛拏迦(引)底也(二合引)以寧(引八十)麽賀(引)迦(引)底也(二合引)以寧(二合八十一)野舍瀝弥(二合)寧(引八十二)愛舍(引)寧(八十三)乃哩底摋(二合八十四引)迦(引)礼(引八十五)麽賀(引)迦(引)礼(引八十六)乞蒭(二合)捺囉(二合)迦(引)礼(引八十七)嚩曩(二合)迦(引)礼(引八十八)跛捺囉(二合)迦礼(引八十九)袓攞迦(引)礼(引九十)阿儗你(二合引)摋(引九十一)嚩(引)野尾焰(二合引九十二)舍(引)礼(引)舍(引)礼(引)迦嚩(引)哩底(二合九十三引)囉(引)怛哩(二合九十四)扇底盈(二合九十五)爍訖鼎(二合九十六)設多(引)乞曬(二合九十七引)麽賀(引)設多(引)乞曬(二合引)印捺囉(二合引)抳(合九十八)没囉(二合)憾摩(二合引)抳(九十九)嬌(引)麽(引)哩(百引)麽(引)四(引)瀝嚩(二合)哩(一百一引)吠(引)瑟拏(二合下尾所切)尾(引一百二)酥婆誐(一引)右(引)捫抳(引一百四)嫪(引)捺哩(二合一百五)嚩(引)囉(引)四(引一百六)嬌吠(引)哩(引一百七)曳(引)右(引)你曳(二合引)麽麽(一百八)三麽曳(引)曩底瑟姹演(二合)底(一百九)擔(引)薩哩網(二合引)阿(引)嚩(引)賀(一百一十)以沙也(二合引)弥(一百十一)一尸伽嚩(二合)伽哩(二合)恨拏(二合)伽哩(二合一百一十二)恨拏(二合)仡哩(二合)恨拏(二合)跛野仡哩(二合)恨拏(二合)跛野(一百一十三)攞攞攞

攞攞(一百一十四)唵(引一百一十五)虞嚕虞嚕(一百一十六)虎嚕虎嚕(一百一十七)祖嚕祖嚕(一百一十八)母嚕母嚕(一百一十九)度努度努(一百二十)嚩麽嚩麽(一百二十一)達麽達麽(一百二十二)馱囉馱囉(一百二十三)摩囉摩囉(一百二十四)馱迦馱迦(一百二十五)攞虎攞虎(一百二十六)嚩誐嚩誐(一百二十七)嚩誐跛野(一百二十八)惹膩波(二合)惹膩波(一百二十九)惹膩播(二合引)跛野惹膩播(二合引)跛野(一百三十)布(引)囉布囉(一百三十一)布(引)囉(引)囉野布囉野(一百三十二)布(引)囉(引)跛野布(引)囉(引)跛野(一百三十三)攞虎攞虎(一百三十四)阿(引)曩野阿(引)曩野(一百三十五)阿(引)尾舍阿尾舍(一百三十六)阿(引)吠舍(引)野阿(引)吠舍野(一百三十七)唵(引一百三十八)曩謨(引)婆誐嚩帝(引一百三十九)麽賀(引)嚩囉(二合)嬾(引)馱(引)哩(引一百四十)阿你(引)迦囉瀝弥(二合一百四十一)設多婆賀薩囉(二合)鉢囉(二合)入嚩(二合)礼多(一百四十二)捻鉢多(二合)帝(引)惹詵(引一百四十三)惡馱室賛(二合)拏嚩囉(二合)播(引)抳(一百四十四)囉(引)倪也(二合引)跛野底(一百四十五)唵(引一百四十六)紇哩(二合一百四十七)四(一百四十八)郝郝郝郝

郝一百四十九斛引一百五十紇哩二合一百五十一吽一百五十二發吒半音一百五十三嚂嚂嚂嚂一百五十四娑嚩二合引賀引一百五十五

尒時化忿怒像説此大明已復説金剛香菩薩大明諸成就法若以此明加持安息香燒之能令一切入窹所有天人藥叉乃至魑魅等所執悉能除解

復次行者於大自在天像前誦此明復以忿怒相觀天像又以五淨水沐浴天像又用白檀香作塗香塗天像身以諸香花而作供養然以二手按像誦大明從初夜至明旦誦聲不輟其大自在天決定化身作外道形相來誦者前默然而立誦者見已即礼拜告言聖者善來其化像報言善來善來誦者即以所願求之天即與願一切皆得天像與行者願已隱沒不現行者得悉地已此後一切所作悉得遂意或作息災增益敬愛降伏及句召者決定成就若作息災當用不壞地瞿摩夷塗四方曼拏羅成已用銀鉢一口先磨白檀作塗香塗鉢內外令徧即盛淨水令滿安曼拏羅中誦大明一百八徧加持彼鉢鉢即入容或起離壇或動或顫知法成就即以此水灌於人頂或令人飲一切災難皆得息滅若以此水灑於城邑聚落其中人民災難皆息一切有情皆獲利益

復次若為國王及大軍衆作息災者當用路白麻子白粳米牛乳等相和作護摩一誦大明一稱王名一作護摩至千徧王及軍衆災難皆息

又法或畫金剛香菩薩身白色作為衆生降甘露雨相於此像前日三時誦大明復觀想此像得現前已後念斛字一切災難無不息滅或有冤家來相凌逼者當用牛乳作護摩誦大明千徧冤自退散災難息滅或用安息香白麻子并酥同作護摩息一切災

又法或作增益者當畫大羅剎女身作黃色有十六臂手中各有執捉一切殊妙嚴飾其身畫像成已用諸香花而作供養於此像前誦大明不輟至羅剎女自現可使句召一切夜叉羅剎并諸眷屬能滿行者一切所求財穀亦能出於地中伏藏隨意使用

復次畫夜叉像身作白色復以白色香作塗香塗彼像身以白花供養於此像前口誦大明手持白花一誦一擲打彼像身日三時滿七日誦明數滿八千徧彼夜叉出現為誦人僕從一切役使不敢違逆或時自送一切財寶或出地中伏藏當令誦人獲大富盛

復次作敬愛法畫金剛香菩薩像身作赤色有十二臂各有執捉以上妙大衣莊嚴其身畫像成已行人於像前作觀想觀畫像身放大赤光剎那之須徧照三界其中一切天人羅剎乃至一切人非人等皆悉敬愛作觀成已方可求事行人欲求敬愛者先誦大明滿一千徧然用赤檀木作彼形像安於金剛香菩薩像前行人取迦囉尾囉花於菩薩像前一誦大明一稱彼名一擲彼像誦滿七徧決定獲得彼之敬愛

又法用吉祥木造男女像或作童男童女像稱彼名用白芥子擲彼像至七晝夜必得敬愛

又法用白芥子白檀香相和誦大明八十万徧令一切人頂戴得一切敬愛

又法若欲令寃家失心狂亂者用人骨作金剛橛長八指以安息香及牛肉同燒薰橛埋寃家門前彼即三日内失心離家狂走或用牛肉狗肉牛尿相和爲塗作寃家像埋尸陁林中彼即并諸眷屬出離千由旬外

又法欲令寃家出本國者亦用人骨作金剛橛以人血染線纒橛打摩醯濕嚩囉頭上行人用左足踏摩呬濕嚩囉天用十四日或用八日行人誦大明不輟直至彼天出大苦聲其寃家失心狂亂并諸眷屬出於曠野由如獸群

又法欲極破寃家者當畫金剛香菩薩身黑色百臂作忿怒相手執旗旛金剛杵金剛鎚羂索三叉劍弓箭鉞斧大斧骨朶金剛鉤枯尸人頭髑髏等種種器仗及百千妙好嚴飾其身放大光明踰於日月作破一切寃家相彼一切藥叉羅刹娑及一切大惡鬼神皆悉破壞驚怖馳散若欲破壞寃家至死者行者先誦大明八千徧然後以人骨作金剛橛長二指作忿怒心晝夜不輟誦大明八千徧加持橛已用牛肉爲塗作寃家形像長八指用前橛釘其頂或口脇耳臍或陰及膝足等處經一七日彼寃家身決定破壞如阿梨樹枝乃至一切大惡悉能破壞

又法欲破壞寃家至極者用牛尿并鹽醋同煎成塗與淨土瞿摩夷或吉祥草相和作寃家像復用白芥子徧塗彼像以火炙至寃家得病決定至死

又法用佉你囉木作橛長八指加持八百徧稱寃家名釘彼形像於剎那須彼自禁縛或用尸灰作寃家像以人骨作金剛橛釘彼身分當得熱病乃至殞歿

又法用鐵作橛長二指加持百徧埋於寃家門外三日内定離本家或將前橛埋於大自在天廟中埋時稱寃家名彼即得大自在天魅或稱名埋於空舍中彼即得畢舍左魅或取黑虵口中沫塗坏器内令寃家食之須臾即死

又法或用鐵作骨朶長六指先稱寃家名誦大明七徧加持安息香用燒熏骨朶埋寃家舍中彼即得大苦惱若出去骨朶苦惱即解

又法用顊摩木作橛長十二指打頭臂脇三處及稱名又用牛毛爲香稱名燒之彼得毋鬼所魅

又法用阿栗迦木作寃家形像於腹中書本名以人骨作釘釘於頭臂脇三處彼即苦惱若去釘如故

又法用瞿摩夷作寃家形像用白芥子徧塗像身口誦大明直至像乾埋於尸陁林中於上誦大明八百徧加持白芥子散擲於上行者所求皆得成就

又法同前造像取人牛狗三肉并白芥子塗像安寃家本舍中彼即迷倒

永不入舍
復次行人若欲求現女鬼者往尸陁林中用毒藥及鹽并血相和誦大明作護摩日三時滿七日至夜於護摩爐內現一女鬼相貌端正光明照耀立行者前行者即備白食出生及閼伽等時女鬼言我甚飢行者即報言我已為汝辦訖即出生食及閼伽等與之云此依佛勑汝受隨意女鬼得食已告行者言汝所求事我悉令汝皆得成就女鬼言訖即隱身不現
復次說禁縛法用雌黃作冤家形像以尸灰徧塗像身及塗金剛杵行人以左足踏金剛杵右足踏彼像誦大明須臾冤家及眷屬失心狂亂去離本處
復次說發遣冤家法行者先持誦大明一百徧然後觀想根本微妙字化成駱駞復觀前字乘彼駱駞又想一人以骨棒打彼冤家然想自身在風輪內面南坐誦普字發遣誦聲不輟直至冤家隱沒不現此觀想法亦可發遣金剛薩埵豈況冤家若用白芥

子安息香相和加持一百徧作護摩者一切冤家速離本處
復說成就法行者先於帛上或髑髏上畫金剛香菩薩身赤色於足下畫冤家像踏之行者作忿怒相誦大明不輟復以棘柴白芥子鹽用作護摩冤家速得失心狂亂
又法於青帛上用人血調青畫冤家形像行者於八日或七日至中夜時出生食祭祀有來受此食者報行者言使我何作時行者即以冤家報之復以忿怒相稱冤家名誦大明作護摩至七日彼即破壞命終
又法用顊摩木作冤家像段段截之別用顊摩木為柴與像身同作護摩誦大明一誦一燒彼冤家其身破壞
復次於尸陁林中收取花鬘燒安息香誦大明八百徧加持彼鬘擲於冤家舍彼并眷屬悉患三日瘧或將鬘埋於冤家門前彼冤家速趣命終
或用燒安息香熏牛肉以此肉作護摩一誦大明一稱冤家名一擲火中至三夜彼冤家即患四日瘧若欲解

除用乳汁作護摩即瘥可如故
又法用尸灰塗曼拏羅又用尸灰作冤家像安曼拏羅中用紅色花打彼像一誦一擲至三日擲像於火中其冤家身即破壞

佛說金剛香菩薩大明成就儀軌經卷上

佛說金剛香菩薩大明成就儀軌經卷上

校勘記

一　底本，金藏廣勝寺本。六〇五頁中一版，原版殘缺，以麗藏本换。

一　六〇三頁中一行至本頁下二〇行序文，諸本無。

一　六〇三頁下二二行譯者，徑、清作「宋西天三藏朝散大夫試鴻臚卿傳法大師施護奉詔譯」。

一　六〇六頁上七行第七字「至」，資、磧、普、徑作「王」。

一　六〇六頁中一〇行「一作」，資、磧、普、南、徑、清作「一名」。

一　六〇六頁中末行「北像」，諸本作「此像」。

一　六〇六頁下一四行首字「大」，諸本作「天」。

一　六〇七頁上末行「骨棵」，徑、清作「骨朶」。下同。

一　六〇七頁下九行「宛家」，石作「怨家」。

一　六〇七頁下一九行首字「於」，資、磧、南、徑、清作「所」。

佛說金剛香菩薩大明成就儀軌經卷中　給

西天譯經三藏朝散大夫試鴻臚卿傳法大師臣施護奉　詔譯

復次作禁伏法先畫金剛香菩薩作圓滿相身黃色放大光明照虛空界住大山頂足踏寃家像行者於此像前作觀想得現前已一切寃家皆悉禁縛

又法於幔上同前畫金剛香菩薩以上妙香花而作供養用雌黃及淨土与水和遅作寃家像行者於菩薩幔前手執五股金剛杵作忿怒相足踏寃家誦大明一千徧一切寃家皆悉禁伏

又法用黃臘作寃家像行者以左足踏復作觀想彼寃家在百千由旬內復觀聖賢徧滿虛空得此觀現前已彼寃自然如癡不能為害此成就法若向諸佛作者諸佛亦不欲違何況一切聖賢及人非人等即說降伏大明曰

唵引一曩謨婆誐嚩帝二引摩賀引嚩囉二合嚩引馱引哩摩賀引末攞三塞你也二合娑擔二合娑你四引攞攞攞攞娑擔二合婆野薩哩嚩二合設咄嚨五二合曩曩引舍薩野八娑普引二合吒野七尾捺囉引二合鉢野八薩哩嚩二合曩曩引舍野九薩哩嚩二合訥瑟吒引二合你伽引怛野十摩摩薩哩嚩二合迦引哩也二合抳十一矩嚕十二矩嚕十三虎盧十四虎盧十五祖盧十六祖盧十七毋盧十八毋盧十九達摩二十達摩二十一嚩誐二十二嚩誐二十三尾捺囉引二合鉢野二十四尾捺囉引二合鉢野二十五薩哩嚩二合迦引哩也引二合抳弥引二十六祢哩引二合荼矩嚕二十七薩哩嚩二合悉地孕二合弥引二十八鉢囉二合野蹉二十九伊呬曳引二合呬三十娑誐嚩帝引三十一摩賀引嚩囉二合嚩引馱引哩引三十二一十郝入郝郝郝吽引發吒半音娑嚩二合引賀引三十三

由誦此明能成就一切事能破一切寃家復說成就法於月一日或初七日初八日行者食赤色食著潔淨衣誦大明千徧或百徧若得身毛喜豎或於夜分得見種種吉夢已此後當

依金剛香菩薩作法一切皆得成就欲令婆羅門敬愛者用生酥作婆羅門像然誦大明八百徧加持白茅子稱婆羅門名以白茅子打像彼則敬愛

又法用鹽加持八百徧當稱毗舍名每一稱名一誦大明用鹽一打彼像彼毗舍則敬愛

又法用黑豆誦大明加持八百徧用炭灰作首陁像然後一誦大明一稱彼名以豆一擲彼像滿八百徧彼自來敬愛

復次說金剛香菩薩成就根本大明印以二手各作金剛拳二小指相夾二頭指相交如鉤二拇指展舒成印此印有大威力能成就一切最上事能破一切寃家一切天人乃至宿曜見此印已驚怖欲死唯稱念佛以求覆護即說根本大明曰

唵引曩謨婆誐嚩帝引一句摩賀引嚩囉二合嫩引馱引哩引二入嚩二合攞三入嚩二合攞四阿引迦哩沙二合野五阿引迦哩沙二合野引娑擔二合婆野七娑擔二合婆野八悉馱路左額九引吽引發吒半音十

復說句召印不解前印以二頭指如鉤動搖成印此印能句召一切天龍藥叉囉叉娑及一切鬼神并宿曜等皆來可為僮僕乃至或有諸菩薩聞此大明句召之者於刹那之間即至即說句召大明曰

唵引曩謨婆誐嚩帝引句引摩賀引嚩囉二合嫩引馱引哩二引伊呬曳引二合呬阿引誐蹉二合三阿引誐蹉四摩摩三摩野五摩稱播引攞野六悉馱室贊二合拏嚩囉二合播引抳七引囉引倪鉢野底八紇哩二合引九郝郝郝郝郝十攞攞攞攞斛十一

若有行人為作種種饒益之事作曼拏羅已欲請本尊金剛香菩薩者當誦此明結印句召菩薩行人復於曼拏羅前瞑目作觀想菩薩於刹那須菩薩即來菩薩來時現忿怒相而有六面利牙外出種種嚴身光焰熾盛如日初出而有百臂手中各各執器仗欲破一切寃家之相行人審知菩薩來已即想奉上衆寶蓮花之座菩薩坐已觀知行人具真實意即時為說諸佛微妙三昧行人聞已歡喜礼謝

復次說三昧印以二手作金剛合掌舒二拇指二小指相夾二頭指如環成印若結此印三昧現前

復說沐浴印以二手合掌屈二頭指以二拇指捻二頭指甲如環成印每沐浴諸佛賢聖結此印即誦明曰

唵引曩謨引婆誐嚩帝一引蘇嚕二蘇嚕三捺囉二合嚩四捺囉二合嚩五婆嚩二合賀六引

復說獻香印二手合掌屈二頭指如月竪二拇指成印每獻香時結此印即誦明曰

唵引曩謨引婆誐嚩帝一引摩賀引嚩囉二合嫩引馱引哩二引婆囉三婆囉四尾婆囉五尾婆囉六尾捺踰引二合多野七尾捺踰引二合多野八娑摩引迦引舍嚩底娑嚩二合賀九引

復說獻花印以二手合掌舒二拇指

倒舒二無名指如針成印每獻花時
結此印復誦明曰
曩謨引娑誐嚩帝一引摩賀引嚩囉
二合嚩馱引哩二引虎盧三虎盧四
祖盧五祖盧六毋盧七毋盧八補瑟
波二合嚩底娑嚩引二合賀引
復說獻燈印以二手並作拳竪二拇
指成印每獻燈時結此印誦此明曰
唵曩謨引娑誐嚩帝引摩賀引嚩
囉二合嚩引馱引哩引入嚩二合羅入嚩
二合羅唧致唧致娑嚩二合賀引
復說塗香印以二手作堅固合掌二
頭指二中指中節相交以二拇指按
二頭指節成印每獻塗香結此印復
誦明曰
唵引曩謨引娑誐嚩帝一引三滿多
嚩馱娑嚩二合賀二引
復說出生印以二手作金剛縛二中
指竪如針屈二頭指以二拇指相按
二頭指附中指成印每出生時結此
印復誦明曰
唵引曩謨引娑誐嚩帝引摩賀引
嚩囉二合嚩馱引哩引娑囉三娑囉

四尾娑囉五尾娑囉六佉引捺七佉
引捺八婆入乞叉引二合鉢野九婆入
乞叉引二合鉢野十嘮捺囉十一二合引嘮
捺囉十二二合引曩入曩入娑嚩引二合賀引
復說大金剛香菩薩成就大明曰
唵引曩謨引娑誐嚩帝一引摩賀引
嚩囉二合嚩馱引哩二引阿你迦囉
溼弥三二合設多薩賀娑囉四二合鉢囉
二合入嚩㮈多五祢去鉢多二合帝引惹
引曳六引沃誐囉二合鼻摩七跋野引
曩迦引曳八引畢蹤摩二合跋野引你
引迦引曳九引摩賀引踰藝溼嚩二合
哩引曳十引沙吒目二合佉引曳十一引訥
嚩引二合捺舍部惹引曳十二引訥嚩二合引
捺舍你引怛囉二合引曳十三引尾枳引蘭
拏二合計引舍引曳十四引阿你引迦
嚕引波十五尾尾馱吠武每切沙馱引哩
尼引曳十六引噎呬曳二合引呬婆誐嚩底
十七摩賀引嚩囉二合嚩馱引哩十八引
怛囉二合夜引鄔引囉怛曩二合引喃
十九引薩帝曳二合曩二十怛你也二合引他
二十一引唵引阿引羯荼二十二阿羯荼二十三末
朗祢去鏝二十四摩呬引溼嚩二合嚩覽二十五

識嚕嚷二十六女江切尾瑟穰二十七女劬切俱摩
引嚩覽二十八沒囉二合憾摩二合赧引二十九
印捺嚩覽三十二合贊捺嚩覽卅一二合阿引祢怛
㮚二合藥乞叉卅二二合囉卅三乞叉二合儜
卅四嚩達哩挽卅五二合部旦卅六必哩二合
旦卅七必舍引贊卅八恭畔引赧卅九阿
蘇嚕四十阿屹囕四十一耶蟒四十二嚩嚕
赧四十三嚩引踊四十四俱吠引嚩覽四十五達
曩難四十六特哩二合多囉引瑟吒嚩覽
二合四十七尾嚕荼劒四十八尾嚕播引嚩
四十九商俱迦蘭赧二合五十尾迦蘭赧二合五十一
底哩二合丁逸切上迦囉赧二合五十二沒哩二合訶
怛迦蘭赧二合五十三健吒引迦蘭赧二合五十四
四訥嚕二合拏迦蘭赧二合五十五賀悉底
一迦蘭赧二合五十六作引迦蘭赧二合五十七
薩兜二合擺迦蘭赧二合五十八摩賀引
迦引朗五十九華祢計引溼嚩二合嚩覽
六十勃陵二合儗哩二合知孕二合六十一曩
引野劒六十二尾曩引野劒六十三般引
唧劒六十四那引摩劒六十五路賀劒六十六
讜賀劒六十七沙瑟耻二合祢去呼曆嚩俱
鼓六十八儗嚩誐六十九嚩引迦引哩引七十
訥嚕誐二合迦引怛也引二合以額引七十一贊

拏迦(引)怛也(二合)以穎(七十二)乃哩怛㨾
(二合引七十三)迦(引)陵(七十四)摩賀(引)迦(引)陵
(七十五)嚩(引)囉(二合)迦(引)陵(七十六)襪舍戍
穎(七十七)伊舍(引)穎(七十八)蘇迦(引)陵(七十
九)跋捺囉(二合)迦(引)陵(八十)祖(去呼)攞
迦(引)陵(八十一)阿(引)屹你(二合引)夜㨾(二合引八
十二)嚩(引)野麼㨾(二合引八十三)舍梨迦(引)嚩
哩底(二合八十四)扇(引)鼎(八十五)囉(引)底陵
(二合八十六)爍訖鼎(八十七)設多(引)穲(八十八)摩
賀(引)設多(引)佛(八十九)印捺囉(二合引)尼
(君疊切九十)沒囉(二合)㳚摩(二合引)尼(同上九十)㤹
吠(引)聆(引九十二)摩賀(引)憍吠(引)聆(九十三)
摩賀(引)摩係(引)濕嚩(二合)哩(引九十四)吠
(引)瑟拏(二合)微(引九十五)蘇婆誐(引九十六)訥
哩(二合)婆誐(引九十七)佐(引)惘拏(引九十八)嘮
捺哩(二合引九十九)嚩(引)囉(引)呬(一百)憍(引)
吠(引)綝(引一百一)愛(引)舍(引)你(一百二)乃哩
怛㨾(二合一百三)曳(引)佐(引)曩曳(二合引一百四)
摩摩三摩曳(引一百五)曩底瑟姹(二合)
底(一百六)旦(引)薩哩鑁(二合引一百七)阿(引)
嚩(引)賀以沙也(二合引)弥(一百八)尸伽
嚂(二合一百九)佗哩(二合)恨拏(二合一百一十)佗哩
(二合)恨拏(一合一百一十一)佗哩(二合)恨拏(二合引)

鉢野(一百一十二)佗哩(二合)恨拏(引二合)鉢野
(一百一十三)唵(引)攞攞攞攞(一百一十四)唵(引)
虎盧(一百一十五)虎盧(一百一十六)母盧(一百一十七)母
盧(一百一十八)祖盧(一百一十九)祖盧(一百二十)達摩
(一百廿一)達摩(一百廿二)度摩(一百廿三)度摩(一百廿四)
達曩(一百廿五)達曩(一百廿六)達囉(一百廿七)達囉
(一百廿八)囉摩(一百廿九)囉摩(一百卅)嚂誐(一百卅一)
嚂誐(一百卅二)嚂誐(引)鉢野(一百卅三)嚂誐
(引)鉢野(一百卅四)惹攞播(一百卅五)惹攞波(一百
卅六)惹攞播(二合引)鉢野(一百卅七)惹攞播
(一合引)鉢野(一百卅八)布囉(一百卅九)布囉(一百四十)
布囉野(一百四十一)布囉野(一百四十二)攞具
(一百四十三)攞具(一百四十四)阿(引)曩野(一百四十五)阿
(引)曩野(一百四十六)阿(引)尾舍(一百四十七)阿(引)尾
舍(一百四十八)阿(引)吠(引)舍野(一百四十九)阿(引)吠
(引)舍野(一百五十)唵(引)曩謨(引)婆誐嚩
底(一百五十一)摩賀(引)嚩囉(二合)囐(引)馱
(引)哩(引一百五十二)悉馱室賛(二合)拏(一百五十三)
嚩囉(二合)播(引)尼(一百五十四)囉(引)儗也(二合)
(引)鉢野底(一百五十五)怛你也(二合)他(引一百五
十六)唵(引)紇哩(二合引一百五十七)係(引)賀(引)賀
(引)郝郝郝郝(一百五十八)嚂嚂嚂嚂(一百
五十九)伊護(一百六十)吽吽吽發吒(半音)娑

嚩(二合引)賀(引一百六十一)曩謨(引)婆誐嚩底
(一百六十二)摩賀(引)嚩囉(二合)囐(引)馱(引)哩
(引一百六十三)阿你(引)迦囉經弥(二合一百六十四)設
多薩賀婆囉(二合)鉢囉(二合)底曼
尼多(一百六十五)設噞(引)哩(引一百六十六)悉馱室
賛(二合)拏(一百六十七)嚩囉(二合)播(引)尼
(一百六十八)囉儗也(二合引)鉢野底(一百六十九)唵
(引)紇哩(二合引一百七十)係(引)賀(引)賀(引)賀
(引)賀(引一百七十一)護護護護(一百七十二)吽郝
(一百七十三)吽吽吽(一百七十四)發吒(半音一百七十五)
囉囉囉囉(一百七十六)吽郝娑嚩(二合)賀
(引一百七十七)唵(引)娑擔(二合)婆你(一百七十八)娑
擔(二合)婆你(一百七十九)娑嚩(二合)賀(引一
百八十)唵(引)薩哩嚩(二合)噌(去呼)沙(一百八十一)
鉢囉(二合)設摩你婆嚩(二合)賀(引一
百八十二)唵(引)吽吽吽娑嚩(二合)賀(引一百八
十三)唵吽郝娑嚩(二合)賀(引一百八十四)唵(引)
紇哩(二合引一百八十五)賀(引)係(引)護吽發吒
(半音)娑嚩(二合)賀(引一百八十六)唵(引)紇哩(二合引一
百八十七)阿(引)鵝哩沙(二合)尼曳(引)娑嚩(二合)
賀(引一百八十八)唵(引)左攞(一百八十九)左攞(二合)
(一百九十)娑嚩(二合)賀(引一百九十一)唵(引)阿(引)
虎攞(一百九十二)阿(引)虎攞(一百九十三)紇哩(二合引)

娑嚩(二合引)賀(引一百九十四)唵(引)惹攞波(一百
九十五)惹攞波(二合一百九十六)娑嚩(二合引)賀(引一
百九十七)唵(引)唐唐唐(一百九十八)唐迦(引)哩
(引)拏你哩(二合)怛野(二合引)鉢野娑嚩
(二合引)賀(引一百九十九)唵(引)惹(仁感切下三字同)惹惹
惹(二百)惹娑你戌(引)娑嚩(二合引)賀
(引二百一)唵(引)娑瑺(二合)娑瑺(二合)娑瑺
(二合二百二)娑瑺(二合)娑你(引)戌(引)娑嚩(二合)
(引)賀(引二百三)伊餡(引)薩哩嚩(二合)訥瑟
吒(二合)喃娑嚩(二合)賀(引二百四)唵(引)過
吒吒賀(引)娑(二百五)摑左摑左(二百六)
摩賀(引)摑左娑嚩(二合引)賀(引二百七)唵
(引)度曩(二百八)度曩(二百九)勃瓏(二合二百一十)
佯惹(二百一十一)伴惹(二百一十二)怛頼(二合)路
枳也(二合)尾捺囉(二合引)鉢尼(引)娑嚩
(二合引)賀(二百一十三)

如是大明於佛族中猶如明月能破一切諸惡黑暗復能擁護佛法離諸障難

復次說大金剛香菩薩成就儀法如前持誦大明八千徧精熟已然後誦明加持安息香焚此香煙凡所觸人並得入宮使說善惡若有天人及藥

义等所魅者悉能解除乃至不淨鬼及作熱病瘧病小小鬼等所執持者纔誦大明速得除解若欲令彼一切入宮者亦須結界擁護已身及擁護入宮者所有諸惡星曜作災害者誦此大明亦速退解能成已事能斷他呪所有一切難事皆得成就是大明力悉得隨意

復次若有行人欲作諸成就法者行人潔淨常食赤色飲食然後備種種香花供養佛及本尊用白月一日起首滿七晝夜誦大明滿八千徧作先行已此後一切所作皆得成就若欲作敬愛者當撫彼名誦大明即獲敬愛若誦大明八千徧加持白茅子用茅子觸者皆得敬愛若誦大明八千徧加持麥觸刹帝利者則獲敬愛若欲婆羅門敬愛者誦大明八千徧加持炭灰撥婆羅門彼自敬愛若誦大明八千徧加持油與毗舍者彼自敬愛若誦大明八千徧加持鹽與首陁者彼自敬愛若有貴族夫妻不睦者誦大明八千徧加持白茅子用觸身

者即得和睦互相敬愛若誦大明加持柳枝作齒木用至一年者即得一切所言誠實言無蹇訥若軍人誦大明七徧加持頭髮者入陣得勝若誦大明加持白茅子作護摩者得一切敬愛若誦大明加持暗麻作護摩者得一切增益若誦大明加持酥作護摩者當息滅一切災若誦大明加持乳作護摩者當令牛馬及諸畜等無諸瘴疫

復次說摩摩枳菩薩印相

若有一切宿曜於諸衆生作災害者持誦行人立身作舞勢想如釘金剛橛以右手執金剛杵安於胷側成印此印一切宿曜見者所作災害皆悉退散又不敢前舞勢以二手頭指作鉤舒左足是名一切义印此印能成就一切事

復次說金剛香菩薩觀想根本大明字相安諸身分行人欲觀字相先立身作右舞勢心住三昧以二手作金剛鉤安於心上此是金剛香菩薩常相印若欲觀根本大明字裝嚴者當

觀金剛香菩薩或觀自身如彼金剛香菩薩身得現前已即觀□□賀賀二字現於二足次觀□□係係二字現於二膝次觀□□吽吽二字現於心上次觀□□呬呬二字現於口門次觀□□護嚕二字現於頂上次觀□□憾郝二字現於二手次觀□□憾賀二字爲笑容次觀□□吽吽二字能令他來作於承事次觀□□護嚕二字能化爲種種形相已復誦根本大明曰

唵引吽引吽引吽引吽引吽引郝曩

莫又觀智法觀□□護嚕二字現於心觀□憾一字現於兩眼□係一字現於頭上□吽一字現於頂上復觀□憾字爲甲冑□郝字爲器仗此觀智法門凡諸持誦行人欲持誦求諸成就者先須於此二種觀智習令精熟然誦根本大明滿一洛叉而爲先行誦數滿已然後可作種種成就之法若欲成就一切事作護摩者用迦囉尾囉木柴燃火用酥八百合誦大明作於護摩所作成就此法可使

三界之内一切皆令入寤來住虛空之中説於過去未來現在之事又或以瞿摩夷塗四方曼拏羅於四隅安鉢出生於中心安諸形像或閼伽瓶及鈴等磨赤檀塗像身及鈴等已然後燒安息香誦大明千徧彼鈴等即入寤然後更結金剛印作忿怒相高聲誦吽字即時虛空中有聲説三世之事若燒覩嚕瑟迦香誦根本大明千徧至於江河大山亦可振搖現入寤相若於曼拏羅中安髑髏行人誦大明滿千徧燒安息香作忿怒相高聲誦吽字髑髏即入寤起離曼拏羅住虛空中説善惡事又復於有伏藏處以不燼地瞿摩夷塗曼拏羅於上面中心燒安息香誦大明滿一千徧行人作忿怒相結忿怒印以金剛杵擊伏藏之地伏藏自現

佛説金剛香菩薩大明成就儀軌經卷中

佛説金剛香菩薩大明成就儀軌經卷中

校勘記

一　底本，金藏廣勝寺本。六一〇頁中下兩版，原版殘缺，以麗藏本換。

一　六一〇頁中二行譯者，資、磧、普、南作「西天譯經三藏朝散大夫試鴻臚少卿傳法大師施護奉詔譯」；徑、清作「宋西天三藏朝散大夫試鴻臚少卿傳法大師施護奉詔譯」。卷下同。

一　六一〇頁中一三行「禁伏」，徑作「禁縛」。

一　六一一頁上一四行末字「夾」，資、磧、普、南、徑、清、麗作「交」。下同。

一　六一一頁中八行第二字「説」，資、磧、普、南、徑、清作「誦」。

一　六一四頁下六行「腷麻」，資、磧、普、南、徑、清、麗作「脂麻」。

一　六一四頁下末行「裝嚴」，資、磧、普、南、徑、清、麗作「莊嚴」。

一 六一五頁中九行「覩嚕」，資、磧、普、南、徑、清作「覩曾」。

佛説金剛香菩薩大明成就儀軌經卷下

西天譯經三藏朝散大夫試光祿卿傳法大師臣施護奉　詔譯

復次行人欲作最上曼拏羅轉法輪相者行人先須自運志誠之心迴向無上菩提然後擇取勝地勝地者謂聖賢住處或聖賢古跡之地或古寺天祠或近有寶之處或河岸或池側是諸清淨之地得是地已發歡喜心即於阿闍梨起如佛想作礼供養請於建曼拏羅處誦明結界已然後可於此地作曼拏羅於曼拏羅中畫本尊金剛香菩薩作忿怒相或大笑相有四面面有三目放大炎炎如劫火有十二臂以八大龍王及衆寶衣裝嚴其身炎焰熾威現大惡相或大笑相以二手頭指直竪安當心餘手執捉器仗謂金剛杵鉤槍劒弓箭寶瓶三乂髑髏冐索等如是畫降三界相於菩薩東邊畫摩醯溼嚩囉天南邊畫那羅延天西邊畫迦哩底枳野天北邊畫烏摩女天於内四隅畫大梵天吉祥天帝釋天及部多主於曼拏羅外四隅畫七母鬼及曩致溼嚩嚕摩賀迦攞尾曩野迦等復畫部多及龍夜乂必舍左吠多拏塞建度烏摩捺阿鉢娑摩囉誐噜拏等如是依法次第畫曼拏羅及菩薩已即行人自潔淨著赤色衣入曼拏羅請本尊及諸賢聖先結金剛香菩薩印及誦大明請菩薩降臨曼拏羅次句召曼拏羅内諸天及賢聖等各依次第結印誦大明句召想降臨已即奉獻閼伽及香花等已然後説所求事以求成就初得勝地結界大明曰

唵引曩謨引婆誐嚩底一嚩曩二合孅引馱引哩二引咯乂三咯乂四摩賀引咯乂五烏哩馱二合滿馱六遏唐滿馱七袮舍引滿馱八娑囉九娑囉十嚩曩二合入嚩引二合攞引摩引里袮土吽引發吒半音十二

結界作曼拏羅畫像已行人初入曼拏羅誦此大明此明亦名句召明

曩謨引囉怛曩二合怛囉二合夜引野摩賀引嚩曩二合孅引馱引哩一引阿謨引伽伊係曳引二合四阿鉢囉二合底

賀多伊四阿引誐跢娑誐嚩底尸伽
覽二合四阿引尾舍阿引尾舍五鉢囉二合
尾舍鉢囉二合尾舍吽下引弱吽引登
吒半音娑嚩二合賀引七

誦此明已復誦根本大明曰

唵一引紇哩引二合吽二引

誦此明已復誦根本心明曰

唵一引吽二引阿引烏誾切吽三引

誦此明已復誦句召大明曰

唵引曩謨引囉怛曩二合怛囉二合
夜引野一引曩莫室贊二合拏嚩囉二合
播引拏曳二引摩賀引藥叉枭引曩
引鉢多曳三引唵引阿謨伽俱舍引曳
四引阿鉢囉二合底賀多舍引娑曩引
曳五引紇哩二合引羯囉七羯囉八羯茶
九羯茶十吽弱吽登吒半音十一

誦此明已想菩薩降臨曼拏羅已又想菩薩有種種字輪莊嚴其身初想

唵勃哩吒娑嚩賀在菩薩頂次想

吽登吒字在菩薩頭次想

唵娑普嚕娑嚩賀字在菩薩兩眼次想

紇哩曩莫娑嚩賀字在菩薩心次想

帝乂拏尾惹曳引郝字為菩薩種種種嚴身鎧甲次想

唵引吽引登吒半音字為菩薩所執種種器仗次想

唵引羯播引攞麼引哩你吽引登吒半音為菩薩初忿怒相次想

吽引登吒半音大明字為菩薩大忿怒相次想

唵引鉢囉二合賛拏吠引誐馱引哩抳引

紇哩引二合吽引郝

此大明字為菩薩根本極忿怒相次想菩薩誦微妙大明曰

唵引暗惹曩二合吽引

次想菩薩誦能破壞一切大明曰

唵引惹曩二合莎

如是作觀智得一一現前已行人身心歡喜以頭面作礼即捧閼伽獻菩薩獻閼伽明曰

唵引薩哩嚩二合悉提引毗踰二合引
曩莫娑嚩二合賀引

燒香獻菩薩明曰

唵引曩謨娑誐嚩底一度半仡哩
二合恨拏二合悉馱三摩曳三引吽引
曩莫娑嚩二合賀四

獻花明曰

唵引室哩引二合攞刹弥一二合引鉢囉二合
底仡哩二合恨拏二合鉿二切身踰鉢你
擔三補澁波二合娑嚩二合賀四引

獻燈明曰

唵引入嚩二合攞娑嚩二合引賀一引

獻塗香明曰

唵引戍毗一引戍毗二引[illegible]馱嚩引悉
你三引巘馱引哩四巘馱必哩二合曳
引娑嚩二合賀五引

獻食明曰

唵引祢麼也二合末搽引囉引惹引
野一祢引呬祢呬二娑縛二合賀三引
如是種種奉獻供養已次求菩薩施
於歡喜誦明曰
唵引曩謨嚩囉二合徽引馱引哩一
虎盧二虎盧三底瑟姹四二合底瑟姹
五二合吽癹吒六半音
誦此明已想於菩薩得施歡喜然後
行人隨意作法所求意願悉獲成就
復說能調難調大忿怒印相
頂印
以二手平掌二中指如鉢二無名指
安中指第三節二拇指屈入掌作拳
成印結此印時即想大明字相在菩
薩頂
眼印
不改前印舒二頭指成印結此印時
想大明字相在菩薩兩眼
鎧甲印
以二手作拳想如鶖翅相成印結此
印時想大明成鎧甲被本尊身而為
裝嚴器仗印
以右手作拳以拇指捏頭指甲成印

結此印時想大明成諸器仗在本尊
手此亦名心印亦名根本忿怒印
決定金剛鉤印
以二手作拳二小指相結二中指展
舒相交右頭指屈如鉤成印
金剛索印
以無名指與頭指作執索勢成印
金剛鈴印
以右手作拳作搖動勢成印
獻閼伽印
以二手合掌如捧物勢成印
獻花印
以二手作合掌屈二中指入掌內成
印
獻香印
不改前印相屈二中指頭成印
獻塗香印
以左手平掌展舒成印
獻燈印
以二手屈指展舒二小指成印
獻花鬘印
以二手仰掌如嫩蓮花成印
破壞一切魔障印

以二手當心各作拳復以左手拇指
捏小指甲展舒餘指成印
根本忿怒印
立身如舞勢以左手拇指捻小指作
如軍持相安於心上右手竪立展指
作如敍相口誦吽字成印此印能除
大魔亦能句召能開修羅窟能驚怖
諸龍能却他軍能斷他呪
大忿怒印
立身如舞勢以二手各作拳二臂相
交竪左拳安心上右拳亦竪立作忿
怒相口誦吽字成印此印作大降伏
用能怖一切大魔及大夜叉囉叉等
持數珠印
以二手各以拇指與頭指相捻成印
結此印時誦根本心明同用能令梵
天或那羅延天或摩醯濕嚩囉天等
出現或令入窟如是最上曼拏羅法
及能調難調諸印相等阿闍梨所欲
傳授者必須審察不許授與諸不忠
不孝不敬三寶不修衆善及患諸惡
疾者是等之人亦不許令聞何以故
如是之人以惡業故若聞是法返生

輕謗於當來世獲大苦報
復說金剛香三昧大明成就法即說
三昧大明曰
曩謨囉怛曩二合怛囉二合夜引野一
曩莫室贊二合拏嚩囉二合播引拏
曳二引摩賀引藥叉枲引曩引鉢多
曳二引祖攞祖攞四誐蹉誐蹉五摩賀
引末梨引娑嚩二合引賀六引布曩難
引誐摩曩引野七俱嚕俱嚕八誐蹉
誐蹉娑嚩二合引賀九引摩賀引朱絲
娑嚩二合賀十引嚩曩阿引鵝哩沙
二合野十一阿引迦哩沙二合野十二訖哩二合
恨拏二合佐哩二合恨拏二合十三尸伽嚂
二合阿引尾舍十四阿引尾舍娑嚩二合引
賀十五引摩摩嚩攞祢引鍐十六阿引
誐蹉阿引誐蹉十七母訥誐二合哩
引拏十八多引拏野十九沒囉二合
憾摩二合引赦二十阿引吠引舍二十一
阿引吠引舍二十二惡乞叉二合蘇底
哩二合拏二十三扇引底俱嚕二十四摩
係引涅嚩二合嚕覽二十五底哩二合戍梨
引曩二十六紇哩二合那焰尾那引囉野
二十七阿稱囉引伲引拏二十八薩哩嚩

二合薩怛鑁二合嚩尸俱嚕二十九迦引攞
俱吒尾試引拏三十謨賀野三十一謨
賀野三十二麼引囉野三十三麼引囉
野三十四俱麼引哩引赦覩三十五囉引
誐野三十六囉引誐野三十七印捺哩二合
引拏三十八達努嚩訥尾二合引波野三十九
贊捺哩二合引拏羯虞沙四十枳攞尾
二合沙四十一曩引舍野曩引舍野四十二
阿引祢帝曳二合引曩四十三薩哩嚩二合
嚕去聲吽昂引鉢囉二合賀引曩
野四十四鉢囉二合賀引曩野藥乞
吒引二合拏四十五薩哩嚩二合必鑠引二合
多引曩引四十六摩哩那二合野四十七摩
哩那二合四十八囉引陵覺切刹枲引曩四十九
薩哩嚩二合捺囉二合麼也引二合拏
五十跛乞叉二合野五十一跛乞叉二合
野五十二必舍引左引喃引五十三捺四
也二合摩引曩五十四薩哩嚩二合烏
底瑟姹二合五十五佐哩二合恨拏二合佐
哩二合恨拏二合五十六必嚩必嚩五十七恭
畔引拏引五十八女江切薩哩嚩二合訖鑠引二合
舍引鉢馱引曩引野五十九阿屹你
二哈薩哩嚩引二合虎鼎六十薩哩嚩二合

部多六十一薩哩嚩二合寧魯二合鼎
六十二曩引舍野六十三曩引舍野六十四
野芥薩哩嚩二合摩囉婆嚩曩六十
五阿蜜哩二合旦馱引囉野六十六馱引
囉野六十七嚩引踊薩哩嚩二合帝引
惹仁頡切六十八馱引囉野六十九馱引囉野
七十俱吠引嚩薩哩嚩二合囉引昂覩
引沙野七十一覩引沙野七十二達曩能
薩哩嚩二合嚩哩鈐七十三引薩哩嚩二合
囉怛曩二合引嚩哩沙二合野七十四嚩哩
沙二合野七十五特哩合多囉引瑟吒
嚂七十六三合捺瑟吒囉三合羯囉引鑠引
曩七十七薩哩嚩二合訥瑟吒二合七十八跋
乞叉二合野七十九跛乞叉二合野八十
尾嚕播引乞叉八十一你嚕波地口
引試引拏八十二覩引沙野八十三覩引
沙野八十四摩賀引鑠引曩八十五薩哩
嚩二合入嚩二合哩引拏八十六佐哩二合
恨拏二合佐哩二合恨拏二合八十七難祢
計引涅嚩二合囉八十八薩哩嚩二合
佉去聲切拏誐二合婆擔二合婆野八十九
尾曩引野計引曩九十薩哩嚩二合
尾覲曩引二合尾曩引舍野九十一尾曩

引舍野二九十半體劒薩哩嚩二合鉢
賀引囉三九十室躁二合引囉引赦四九十
摩哩那二合野五九十摩哩那二合野
九十六那引摩劒薩哩嚩二合設咄嚨
二合九十七曩引舍野九十八曩引舍野九十
九路引賀劒一百薩哩嚩二合捺囉二合
引嚩野一百一捺囉二合引嚩野一百二沙瑟
致二合祢引尾引阿引羯哩沙二合野
一百三阿引羯哩沙二合野一百四唵引迦引
哩一百五薩哩嚩二合誐旦佗引攞野一百六
佗引攞野一百七俱引致儗哩一百八迦引
摩畔惹切七去野一百九畔惹同上野一百一十
訥哩誐二合迦引怛也二合引以你一百十一
摩四寅二合捺嚩二合跋乞叉二合野
一百十二跋乞叉二合野一百十三賛拏迦
引怛也二合引以你一百十四莎婆嚩曩
一百十五阿引曩野一百十六阿引曩野一百
一十七迦引陵一百一十八摩賀引迦攞路
引拏野一百一十九路引拏野一百二十摩賀
引迦引陵一百二十一摩賀引曩引昂
引覩引沙野一百二十二覩引沙野一百二十三
嚩囉二合迦引陵一百二十四嚩引喻吠
引詣引曩一百二十五阿引吠引舍野一百

二十六阿引吠引舍野一百二十七拽舍戍你
一百二十八訥哩婆一合誐引路引拏野
一百二十九路引拏野一百三十蘇迦引陵一百卅一
訥哩茲二合乞捌二合嚩哩沙二合馱
引覽引捫左一百卅二捫左一百卅三蘇迦引陵
一百卅四薩哩嚩二合薩埵引哩他二合一百卅五蘇
佉鉢囉二合那引鉢野一百卅六鉢囉二合
那引鉢野一百卅七跋捺囉二合迦引陵一百
卅八薩哩嚩二合覩引一百卅九跋捺囉二合引摩
引曩野一百四十摩引曩野一百四十一祖引
攞迦引陵一百四十二薩哩嚩二合尾覲
曩二合引一百四十三祖引蘭拏二合野一百四十四祖
蘭拏二合野一百四十五阿引吃你二合操
引一百四十六薩哩嚩二合薩埵引哩他二合
阿訶邏二合捺曩一百四十七羯哩引曳
引娑嚩二合引賀引一百四十八舍引梨劒引一
一百四十九薩哩嚩二合達曩一百五十馱引你也
二合嚩哩達二合你引曳引娑嚩二合引
賀引一百五十一扇引底劒引一百五十二薩哩嚩二合
囉引誐訥吠二合沙一百五十三讃引賀
砌引那曩一百五十四羯哩引曳引娑嚩
二合引賀引一百五十五設訖底一百五十六薩哩嚩
二合欲馱引曩舍野娑嚩二合引賀

引一百五十七設路引傳一百五十八薩哩嚩二合怛
覽二合引一百五十九薩哩嚩二合摩也二合引提
一百六十捫左一百六十一捫左一百六十二娑嚩二合
引賀引一百六十三摩賀引設多引傳一百
六十四嚩怛踰二合鉢捺囉二合鑁引一百六
十五曩引舍野一百六十六曩引舍野娑
嚩二合賀引一百六十七印捺囉二合抳一百
六十八尾覲曩引二合俱嚕娑嚩二合引賀
引一百六十九沒囉二合引憾摩二合尼引一百七十沒
囉二合憾摩一合尾覲曩二合引野娑
嚩二合賀引一百七十一憍引摩引哩引一百
七十二建你也二合引摩引迦哩沙二合野
娑嚩引二合賀引一百七十三摩賀引憍引
摩引哩引一百七十四數五勞切鉢戍一百七十五
摩四鈐引一百七十六薩哩嚩二合嚕去昂
引曩引舍野一百七十七曩引舍野娑
嚩引二合賀引一百七十八摩四引澀嚩二合哩
引一百七十九薩哩嚩二合帝引喋體二合
迦訥瑟鴿二合引一百八十跋乞叉二合野一百
八十一跋乞叉二合野一百八十二吠戍切毋瑟
拏二合微引一百八十三訥哩婆二合昂引一百八
十四怛哩惹二合野一百八十五怛哩惹二合
野一百八十六蘇婆昂引一百八十七冐地耶旦二百

八鉢囉二合捫左野一百八十九鉢囉二合
捫左野一百九十佗引捫拏引一百九十一薩
哩嚩二合嘮捺囉引二合囉人訖瑠二合
一百九十二必嚩一百九十三必嚩一百九十四囉引
底陵二合一百九十五底哩散擻切身引囉乞
乂二合野一百九十六囉乞乂二合野一百九十七
七愛引舍引你引一百九十八囉乞乂二合
野一百九十九囉乞乂二合野二百乃哩
帝引二百一乃囉引藍麼也二合播引
攞野二百二播引攞野二百三
如是三昧大明能成就一切事若有
行人欲作種種成就法者先須受此
三昧如法修習已即於十四日持齋
戒潔淨已至夜分時於舍利塔前誦
大明一千八徧然後作種種法者皆
得成就若有行人欲起曼拏羅者先
須揀擇清淨之處或塔前或尸陁林
中或大樹下或四衢道中揀得地已
用瞿摩夷塗曼拏羅用五色粉作界
道成四方開四門依金剛香菩薩儀
安布賢聖位於賢聖位處各安標幟
安布位已隨力備辦種種香花而為
供養於四門外各安一所寶瓶瓶中

滿貯香水復備殊妙飲食於四門外
各置一分而為供養如是種種安布
定已行人即於曼拏羅前東南位右
膝著地結金剛鉤印誦心明一百八
徧彼大自在天及一切天等隨其句
召速來入曼拏羅中歡喜而住其金
剛鉤印以左手展舒以頭指如鉤安
髻側成印結此印時即誦句召心明
曰
唵引曩謨嚩囉二合播引拏曳一引
唵引伊係曳引二合呬二覩嚕覩嚕三
嚩日囕引二合俱始娑嚩二合賀引四係
引鈴引切身俱始娑嚩引二合賀引五
誦此明時當結前印無𤙖字加於
童男童女頭及頭者彼牙即入齋
若以鉢安曼拏羅中於諸賢聖前設
諸香花而作供養若欲令訥哩識天
女來入鉢中者行人立身如舞勢
燒安息香誦心明及結句召印彼天
女即速來入鉢中說所求事若求本
尊金剛香菩薩降臨者如前結印誦
明專注心不散亂觀想菩薩菩薩須
臾來降鉢中身赤色面相圓滿種種

裝嚴作歡喜相觀於行人目不暫捨
持誦行人得菩薩如是降臨歡喜已
即別設上妙香花而為供養說所求
事必獲成就行人即誦金剛鑠明以
求安住金剛鑠明曰
曩謨囉怛曩二合怛囉二合夜引野
一曩莫室戰二合拏二嚩囉二合播
拏曳二引三摩賀引藥乞乂二合四枲曩
引鉢多曳五引俱嚕俱嚕六撥吒撥
吒七撥攞撥攞八娑囉娑囉九底
瑟吒底瑟吒十摩賀引嚩攞十一三摩
曳引滿馱二合囉十二悉馱室
戰二合拏十三嚩囉二合播引尼十四
囉倪也引二合鉢野你娑嚩引二合賀引十五
若以此明加持安息香作三丸如蓮
子用丸搵芥子油擲火中作護摩者
得一切成就得成就已然後礼謝菩
薩依法發遣奉送又復若以此明加
持花及水散灑宿曜者即速禁縛復
說大明曰
曩謨引嚩囉二合播引捉一攞攞
賀引枲二賀引三嚩日哩二合乇四嚕
羅嚕囉五劒波劒波六左攞左攞

七惹攞波二合惹攞波八娑嚩引二合
賀引
若欲令鉢說一切事者誦大明七徧
加持香水灑鉢鉢即有聲說一切事
或被宿曜執持不說事者即復加誦
此明必有聲說事明曰
唵引嚩囉二合引地播引怛囉二合怛
囉二合吒半音
誦此明時并用印以二手作金剛拳
打鉢彼執持宿曜以大明威力即速
現身得出現已復以二手作金剛拳
當心作忿怒相如欲打勢復報言汝
應作舞後當說事彼即作舞舞已說
事復以冰誐攞大明加持水三合灑
宿曜身即得解脫復用妙花獻彼宿
曜復用冰誐攞大明發遣令還本宮
冰誐攞大明曰
曩謨引囉怛曩二合怛囉二合夜引
野一曩謨室戰二合拏嚩囉二合播
拏曳二引摩賀引藥乂枲引曩引
鉢多曳三引祖盧祖盧四誐跣誐跣
五摩賀引佉攞娑嚩二合賀六引布曩
囉引誐摩曩引野七俱嚕俱嚕八

誐跣誐跣娑嚩二合引賀九引
誦此七徧加持沉香焚燒同用發遣
復說金剛香菩薩速行大明曰
曩謨引嚩囉二合播引拏曳一引鉢
野鉢野二誐跣誐跣三婆誐嚩底四
摩賀引藥乂引地鉢底五尾引哩
六引唧哩唧哩七呬哩呬哩八阿尾覲
曩二合俱嚕娑嚩引二合賀九引
復說大明曰
曩謨引囉怛曩二合怛囉二合夜引
野一曩莫室戰二合拏二嚩囉二合播
引拏曳三引摩賀引藥乂枲引曩引
鉢多曳四引曩謨引婆誐嚩怛曳二合引五
摩賀引嚩囉二合嫩引馱引哩曳二合引六
阿你引迦囉濕弥七二合設多娑賀娑
囉二合八鉢囉二合入嚩二合隸多九
祢鉢多二合帝引惹引曳十嘮捺
囉二合捺哩沙二合曩引曳引十一尾
迦囉引攞引曳引十二贊拏引曳引十三
撥波攞曳引十四摩賀引瑜引藝濕
嚩二合哩引曳引十五沃佗囉二合鼻
引摩十六婆野引曩引曳引十六沙
吒曰二合佉引曳引十八訥嚩引二合捺

舍部惹引曳引十七訥嚩引二合捺舍
你引怛囉二合引曳引二十尾枳引蘭拏
二合計引舍引曳引二十一阿你引迦嚕
波尾尾馱二十二尾唧怛囉二合吠引
沙馱引哩挹引曳引二十三曩謨引窣
覩二合帝引二十四婆誐嚩帝引二十五怛囉
二合夜引赦引囉怛曩二合引喃引二十六薩
帝曳二合引曩阿引羯荼野引二十七阿引
羯荼野二十八嚩攞祢引嚩二十九摩呬引
濕嚩二合囉三十誐嚕嚷三十一尾瑟拏
二合三十二俱摩引嚩三十三沒囉引二合憾摩
二合娜三十四印捺嚩三十五二合贊捺嚩三十六二合
阿引你怛揬三十七二合阿佗顊三十八二合嚩
嚕赦三十九嚩引踊四十俱吠引嚩四十一
藥叉四十二囉引乞叉二合四十三僧部旦
四十四必囉二合旦四十五必舍引贊四十六恭
吽引赦四十七特哩二合底囉引瑟吒覽
三合四十八尾嚕荼劍四十九尾嚕播引㗚
五十商俱羯蘭赦二合五十一底哩二合羯囉
赦五十二薩鬼攞羯蘭赦二合五十三摩賀引
迦朗五十四難祢枳引濕嚩二合嚩覽五十五
穀陵二合儗哩引知孕五十六二合曩引野
劍五十七尾曩引野劍五十八那引摩劍

九十九路引賀鋼卒沙瑟恥二合引祢引尾
引俱引胝引六十一儗哩迦引六十二訥哩誐
二合引迦引怛也二合引野你引六十三摩賀引
迦引怛也二合引野你引六十四愛舍引你
引六十五乃哩帝引六十六迦𩕳六十七摩賀引
迦引𩕳六十八跋捺囉二合迦引𩕳六十九
嚕捺囉二合迦引𩕳七十祖攞迦引
哩七十蘇迦引𩕳七十二拽舍戍你七十三
阿佗𩕳二合引夜引七十四嚩引野麽也二合引七
十五舍引𩕳迦引嚩哩底二合設訖底
二合七十六摩賀引設訖底二合七十七設多引
佛七十八摩賀引設多引佛七十九印捺
囉二合引抳八十没囉二合撼摩二合抳
引八十一憍吠引哩引八十二摩賀引憍吠
引哩引八十三摩呬引濕嚩二合哩引八十四
吠引瑟拏二合微引八十五蘇婆昂引八
十六佐引抳拏引八十七嘮捺哩二合引八十八嚩
引囉引呬引八十九曳引佐引你曳二合
九十三摩曳引九十一曩底瑟姹二合底
九十二旦引薩哩鑁二合引九十二阿引嚩引
賀野九十四三摩野九十五薩他引二合鉢
野九十六虎盧虎盧九十七祖盧祖盧
九十八左囉左囉九十九度摩度摩一百

摩賀引嚩囉二合巘引馱引哩引一百一
尾你也二合引囉倪鉢野底淡嚩二合引
賀引一百二

此大明力不可思議若有行人欲作諸成就者於月一日起首作法食赤色食復以香花供養於佛誦大明至初八日持誦大明滿一千八徧若志心專注一切所作皆得成就或有宿曜所執者誦此明加持彼人即解若欲令宿曜來降入𥧌者行人如前專注持誦數滿復立身如舞勢結金剛鉤印觀想吽字變為金剛杵熾焰徧滿已燒安息香誦大明彼宿曜在百千由旬外聞召即至即誦金剛鏁大明令住然後使入𥧌說諸善惡說事已即燒沉香誦冰誐羅大明加持水灑宿曜身即解縛令去

復次若復有人被星曜所執魅者行人立身如舞勢右手執金剛杵先安心上想自心如日輪照耀熾盛作忿怒相復移金剛杵安胷側即口誦摒左摒𠰒彼星曜所執自解

復說破一切所執魅大明曰

難祢枳引濕嚩二合囕一勃陁二合儗
哩引致二曩引野迦三尾曩引野
迦四那摩迦五路引賀迦六誐賀迦
七沙瑟恥二合引祢引微引八俱摩引哩引
俱致儗哩引迦引九訥哩誐二合迦引
怛也二合引野你十贊拏迦引怛也二合引
野你引十一迦引𩕳十二摩賀引迦引𩕳
引十三嚩囉二合迦引𩕳十四拽舍戍你十五
蘇迦引𩕳十六祖攞迦引𩕳十七阿佗
𩕳二合夜引十八扇引底引迦引嚩哩
底十九設訖底二合二十設多引佛二十一印
捺囉二合引抳二十二没囉二合撼摩二合引
抳二十三憍摩引哩引二十四摩呬引濕嚩二合哩
引二十五吠引瑟拏二合微引二十六蘇婆誐二引
十七佐引抳拏引二十八嘮捺哩二合引二十九嚩引
囉引呬引三十憍引吠引哩引三十一愛舍
引你引三十二乃哩帝引三十三曳引佐引你
曳二合引三十四三摩曳引曩底瑟吒二合
底三十五跢引阿引嚩引賀以沙也二合
弥三十六尸伽覽二合佗哩二合恨拏二合
佗哩二合三十七恨拏二合三十八唵引虎盧虎
盧三十九攞攞攞攞四十虞盧虞盧
四十一祖盧祖盧四十二母盧母盧四十三喻盧

喻盧(四十三)達囉達囉(四十四)度摩度摩(四十五)嚩誐(引)鉢囉鉢囉(四十六)嚩誐嚩誐(四十七)鉢野(四十八)嚩誐(引)鉢野(四十九)惹攞波(二合)惹攞波(二合)(五十)惹攞播(二合)鉢野(五十一)惹攞播(二合)鉢野(五十二)布(引)囉布(引)囉(五十三)布(引)囉野布(引)囉野(五十四)攞具攞具(五十五)阿(引)曩野(五十六)阿曩野(五十七)阿(引)尾舍(五十八)阿(引)尾舍(五十九)阿(引)吠(引)舍野(六十)阿(引)吠(引)舍野(六十一)婆誐嚩底(六十二)摩賀(引)嚩日囉(二合)獻馱(引)哩(引)(六十三)悉馱室戰(一合)拏(六十四)嚩日囉(二合)播(引)捉囉(引)倪鉢野底(六十五)紇哩(二合引)(六十六)郝郝郝郝(六十七)吽(引)吽(引)吽(引)發吒(半音)發吒(半音)發吒(半音)(六十八)囉囉囉囉娑嚩(二合)賀(引)

如是大明有大威力若有行人欲作諸成就法者但專注持誦依法修習皆得成就

尒時世尊說是金剛香菩薩成就儀軌巳時金剛手菩薩及無數俱胝菩薩摩訶薩及無數天龍阿蘇囉誐嚕拏巘達哩嚩緊那囉摩護囉誐藥乂囉乂娑及宿曜等聞佛所說奉教信受作礼而退

佛說金剛香菩薩成就儀軌經卷下

佛說金剛香菩薩大明成就儀軌經卷下

校勘記

一　底本，金藏廣勝寺本。

一　六一七頁中二行譯者，資、磧、普、南作「西天譯經三藏朝散大夫試鴻臚少卿傳法大師臣施護奉詔譯」。

一　六一七頁中一七行第二字「捉」，資、磧、普、南、徑、清作「投」。

一　六一七頁中二一行「比邊」，資、磧、普、南、徑、清、麗作「北邊」。又第五字「烏」，資、磧、南、徑、清作「鳥」。

一　六一八頁上一八行「裝嚴」，磧、普、南、徑、清作「莊嚴」。次頁上二二行同。

一　六一八頁中五行末字「種」，磧、普、南、清無。

一　六一九頁上一一行末字「印」，磧、普、南無。

一　六二二頁下一行「裝嚴」，磧、普、南、徑、清、麗作「莊嚴」。

一　六二四頁中一五行第二字「令」，磧、普作「今」。

一　六二五頁中一行第三字「娑」，磧、普作「婆」。

一　六二五頁中末行「成就」，磧、普、南、徑、清作「大明成就」。

大宋新譯三藏聖教序　金剛薩埵說頻那夜迦天成就儀軌經　千

御製

大矣哉我佛之教也化導群迷闡揚宗性廣博宏辯英彥莫能究其旨精微妙說庸愚豈可度其源義理幽玄真空莫測包括萬象譬喻無垠綜法網之紀綱演無際之正教拔四生於苦海譯三藏之祕言天地變化乎陰陽日月盈虧乎寒暑大則說諸善惡細則比於恒沙含識萬端弗可盡述若窺像法如影隨形雖六情以長存歷千劫而可久須彌納藏於芥子如來坦蕩於無邊達磨西來法傳東土宣揚妙理順從指歸彼岸菩提愛河生滅用行於五濁惡趣拯溺於三業途中經垂世以難窮道無私而永泰雪山貝葉若銀臺之耀目歲月煙蘿起香界之自遠巍巍罕測杳杳難名所以道貫十聖德被三賢至道起於乾元衆妙生乎太易總繁形類毀鑿昏明絕彼是非開發蒙昧有西域法師天息災等常持四忍早悟三乘翻

貝葉之真詮續人天之聖教芟䒷重啓運偶昌時潤五聲於文章暢四始於風律堂堂容止穆穆輝華曠劫而昏塾重明玄門昭顯軌範而彌充妙法淨界騰音利益有情俱登覺岸無成障礙救諸疲羸冥昧慈悲浩汗物表柔伏貪很啓發昏愚演小乘聲聞合其儀論大乘正覺立其性含靈悟而蒙福藏教缺而重興幻化迷途火宅深喻雖設其教不知者多善念生而無量潛𧼈惡業興而隨緣皆墮調御四衆積行十方澍花雨於金輪護恒沙於王關有頂之風不可壞無際之水弗能漂澄寂湛然圓明清淨之智慧性空無染妄想解脫之因緣可以離煩惱於心田可以得清涼於宇宙朕慙非博學釋典微開豈堪序文以示來者如爝螢爝火不足比之於皎日將微毫蠡量海未能窮盡於深淵者哉

金剛薩埵說頻那夜迦天成就儀軌經卷第一

西天譯經三藏朝散大夫試光祿卿明教大師臣法賢奉　詔譯

尒時金剛薩埵說此最上第一儀軌

能於一切衆生作種種成就利益之事乃至息災增益敬愛調伏等無不成就於意云何此大金剛薩埵祕要法門有大威德志心依法必得成就金剛薩埵言若持明者降伏設咄嚕造頻那夜迦天像用芥子油塗彼天像以羊毛合繩繫彼像項持明者以身躶形於木架上懸彼天像下焚屍柴火炙彼天像即誦大明稱設咄嚕名午時作法至日沒彼寃速得禁縛一切所爲隨行人意若欲止息解下天像彼得如常

復用前像以尼俱陁樹乳浸過復用阿嚟迦樹乳塗彼天像即誦大明及稱設咄嚕名彼寃不久速患疥癩疾病者欲除病用漿水淨洗像身以酥塗之燒安悉香薰彼天像速得除差

復次成就法用顐摩木作頻那夜迦天像長三指二臂三目頂戴冠髮髻淸潤坐於蓮花用生產衣裹彼天像將往大自在天祠內幡竿上以索繫懸持明者稱彼人名即誦大明已彼人速離本國乃至百歲更不還家直至命終若欲令歸用酥蜜洗彼天像即得如故

復用前像持明者依觀自在教法先作觀想然後用摩度迦花柈塗天像身復用毒藥芥子鹽及曼陀羅花等和合一處燒薰彼像已埋設咄嚕舍內或彼聚落之中持明者即誦大明彼設咄嚕悉得身心迷悶若欲救彼用金剛淨水沐浴彼像即得如故

復用前像持明者往大自在天祠前作一坑以像合面埋之即誦大明稱設咄嚕名已彼得瘖瘂若欲救彼取出天像彼復如故

復用前像用脂麻粇米顐摩樹葉同入酒內細研塗彼天像以五淨水灑淨用毛繩繫於天像將往空舍中持明者躶形被髮即誦大明稱彼人名用左手牽拽天像彼設咄嚕速得繫縛枷鏁在身作大怖畏若人如是作法假使帝釋天主亦須驚怖何況常人若欲止息以酒漯像復得如故

復用前像用樺皮纏於像身持明者密藏身中往彼囉惹處得大供養及財寶等若密藏身中常日受持於一切之處經行往來如捧王勅見者恭敬承事供養復用前像於白月八日對天像前依本法受三昧法以飲食供養已持明者左膝著地合掌供養即誦大明求一切事隨意成就如是天像行人頂戴入於囉惹佉哩賀時彼囉惹及與眷屬恭敬瞻仰生大敬愛

復次成就法用燒屍柴作頻那夜迦天像長十二指二臂三目頂戴頭冠髑髏嚴身以齒齩脣作忿怒相著人皮衣右手執利劒左手作奇剋印復用必隸多萎花鬘纏天像身持明者以屍灰塗自身中於臥牀頭邊用摩賀囉訖多作曼拏羅燒摩賀滿娑香即誦大明時彼天人現於人前持明人獻閼伽酒天人歡喜即說過去未來現在之事行人告曰於某甲人令生重病如是言已於三日內彼得疾病乃至殺害發遣向召降伏等隨行人意皆得成就若欲止息用酥塗像燒安悉香薰復得如故

復用前像掘地坑深至膝以像面合
下埋之持明者著黃色衣及黃絡腋
持誦大明稱設咄嚕名彼處聚落人
皆鬪戰若欲止息取出天像鬪戰自
止
復用前像安置於酒肆幡竿之上若
人遥見彼竿其酒悉壞持明者於幡
竿上書彼人名執往聚落次第循行
竿到之處其酒皆壞若欲止息用羖
羊角洗彼天像復得如故若欲求端
正童女以彼天像埋童女門前彼之
童女不樂嫁於別人
復用前像以芥子油塗彼天像以屍
火燒佉你囉柴炙於天像時彼童女
生大熱病夢嫁彼人行人以乳汁沐
像而得成就
復用前像以倶舍草繩繫像安彼牛
欄內以繩牽拽所有牛畜悉皆生病
若欲止息用一器物滿盛乳汁安像
在中復得如故
復用前像以繩繫像於市肆牽行所
有街市人民悉皆躶形被髮作舞
復用前像持明者以左手齎持見負
水女人時自作舞旋轉彼女見之躶
形負水及作舞旋轉經兩箇月若欲
止息用水浴像即得如故
復用前像以屍衣纏裹用屍火炙稱
彼人名及誦大明彼人速得大病無
人救得若以金剛淨水沐浴天像即
得平復
復次成就法持明者用佉你囉木作
頻那夜迦天像四面八臂右第一手
執利劒第二手執鉞斧第三手執金
剛杵第四手執箭左第一手執三叉
第二手執羂索第三手執摩嚕
迦第四手執弓如是作此像已於二
陣交戰之時以水沐浴天像兵戰自
止
復用前像以佉你囉木𥹳爲埿彼天
像已用羖羊乳煑彼天像即誦大明
告所求之事而彼天像於城邑聚落
一切人民悉皆託夢有某甲持明人
今來此處宜應迎待恭敬供養如是
言已悉皆承迎如法供養
復用前像用蘿蔔枝葉擣如泥塗彼
天像已復用漿水浸彼天像即誦大
明得一切婆羅門敬愛
復用前像用脂麻𥹳白粇米訥哩嚩
草同和合如泥塗彼天像已用鉢羅
舍木燒火炙即誦大明得刹帝利及
囉惹等皆生敬愛尊重供養
復用前像用沙糖塗像以火炙即誦
大明復用魚煙薰即得吠舍首陁等
悉皆敬愛
復次成就法用顰摩樹上寄生木作
頻那夜迦天像長如大拇指四臂三
目右第一手執利劒第二手執鉞斧
左第一手執羂索第二手執歡喜摶
食鉢作絡腋口出千牙如是作已用
黑豆𥹳爲泥塗彼天像即誦大明已
以此像密埋他人門前所有二足四
足等見於大惡之相驚躑驚怖無人
可止持明人得大財利即與止住
復用前像持明者加持已密埋寺門
外令苾芻衆作大惡夢悉皆驚怖若
取天像以漿水洗淨即得如故
復用前像加持已密埋牛欄內令彼
牛畜等見怖畏相終不入欄內取出
彼像即得如故

復用前像懸木架下用蕎麥稈火炙彼天像即誦大明令諸寡女皆生敬愛

復次成就法用吉祥果樹上寄生木作頻那夜迦天像二臂三目安牛角內用毒藥鹽芥子及五種甘露藥塗之以帛纏裹誦大明加持已密埋於婬舍門前一切人民並皆不入

復用前像加持已密埋於酒肆門前並無一人入彼酒肆乃至油醋店等一切行鋪門首埋此天像頓無買賣入皆不來若取出天像即得如故

復次成就法用鐵木作頻那夜迦天像用毒藥鹽芥子及五種甘露藥同和如泥塗彼天像即誦大明已復用屍衣上畫八葉蓮花安天像於蓮花內於他人舍下安置已持明者未還本處彼人速來敬愛

復用前像以屍衣裹用佉你囉木火炙彼天像誦大明加持纔須臾間起大風雨若欲止息用金剛水沐浴彼像燃於酥燈即復如故

復用前像以毒藥塗之持明者躶形

被縛於木架上懸掛天像以麥糠火炙已用佉你囉木橛釘彼天像即誦大明稱彼人名須臾之間彼人速來隨行人意所欲成就

復用前像用羖羊毛為繩繫彼像項持明者以繩牽像或行或坐稱彼人名誦大明一百八徧彼人速得熱病復以火炙彼天像於八時中經一時間即得命終

復用前像以俱舍草為繩繫彼天像懸於木架下以煎油炙彼天像即誦大明稱彼人名至一時已來彼人速得禁縛身心驚怖以水洗像即得如故

復用前像持明者用牛骨為橛橛上作穴以毒藥芥子及天像同入橛內或出行時繫於臂上即誦大明得一切人見者歡喜若入軍陣禁彼器仗皆無作用若有諍訟論其公理常得勝他乃至諸惡之人見者適悅

復次成就法用蘇伴惹曩木揑天頻那夜迦天像以胡樹粖為泥塗彼天像用末羅木津及芥子油灌於像口

以屍火炙已用三辣味及芥子鹽屍灰曼陁羅花果同和如泥塗彼天像於四衢道路深埋彼像持明者觀想焰鬘得迦明王立作右舞勢用芥子油塗自身左足蹋像誦此大明曰

唵引 仡哩二合引 瑟致哩三合引 尾訖哩希多引 曩曩曩阿毋迦摩引 囉野吽癈

誦此大明已復誦大明曰

唵引 迦引 嚕波吽登吒半音

誦此大明已於七日至半月內發遣彼冤速得大病不久命終持明者運慈悲心取出彼像復得如故

復用前像安置枯髑髏內復用毒藥填滿已用一枯髑髏蓋之以繩繫縛懸木架下用火炙像持明者入於河內即誦大明以前髑髏飲水所有設咄嚕等或自走去或得重病悉皆除滅並無蹤跡誦此大明曰

唵引 迦引 羅努帝吽登吒半音

誦大明已時持明者志心依法必得成就或持明者用燒瓦器灰塗自身以屍衣裹頭往入海者江河內以右手持前天像左手持人骨數珠誦大

明一阿庾多持明者得爲地主或爲囉惹或爲軍主等

復用前像持明者用俱舍草作指環安像於環中復坐俱舍草持大明阿庾多得囉惹迦你也敬愛或與大富貴若彼不依用華繩繫彼天像前緊水淋之持誦者觀想自身作焰鬘得迦明王得囉惹驚怖與前迦你也隨行人意如來成就用黃膽裹彼天像以鉼釘像用佉你囉木火炙彼像身三日之內王與迦你也同獲快樂

復次成就法用華鐵作頻那夜迦天像用芥子油毒藥和如泥塗彼天像以鉗夾像於枯木火上炙即誦大明令彼兔人得大疾病若持明者將於天像往他舍中經須臾時却還本舍於一日中供養句召彼人速來現前承事供給一切隨意

復次成就法用儞摩吏作頻那夜迦天像持明者安於枕而睡之所有城隍聚落過去未來現在之事悉能說之若持明者以手持像入大軍陣搶劒器仗等悉不能傷乃至一切惡人皆不能害

復用前像安於屍灰中持明者以金剛水灑淨已身及飲彼水已即誦此大明曰

唵(引)迦(引)羅嚕波吽發吒(半音)

誦此大明已及稱所求之事時彼聚落人民一切心亂如患風癲罔知善惡持明者若取出彼像即得如故

復次成就法用驢伴惹最木作頻那夜迦天像十二臂四足手執種種器仗麼忖捺哩蟲皮爲衣以齒齩臂作大惡相作此像已用水牛肉於屍火內誦大明作護摩一萬徧已持明者食五種甘露藥及塗自身以左手持酒右手持水牛肉觀想自身如甘露軍荼利明王諸相具足交足而立以利劒截斷彼像即時設咄嚕等身皆兩段此成就法亦能於彼交戰之處託夢和勸速令息諍

復用前像持明者以繩繫像左足懸於木架之下即誦大明亦能降伏設咄嚕等隨行人意若解前像即得如故

復用前像用鐵索緊縛密埋囉惹門前彼舍僕從皆如繩縛而不能動取出彼像即得如故

復次成就法用菩提樹上寄生木作頻那夜迦天像長八指四臂三目頂戴頭冠右第一手執金剛杵第二手持數珠左第一手摸捺迦第二手執建捺迦作此像已用瞿摩夷作四方曼拏羅於曼拏羅內覆面安置天像持明者以左足蹋像一日三時持誦大明至一月已復取天像安庫藏內能令庫藏財寶盈滿復用左足蹋像稱名持誦得成無盡藏永世受用無所乏少若不用足蹋作於災難持明者即告像言若不依我教令焰鬘得迦明王大金剛杵破碎汝頭如是言已復於庫藏內一日三時獻閼伽香花等如法供養復告像言休三昧住此如刼火不得超越如是言已行人持此天像往田野中穀麥場內乃至市肆行鋪等所到之處常念焰鬘得迦明王一切財寶悉皆豐足受用無盡

復用前像持明者若隨身受持將往諸𧺆城邑聚落乃至乘船江海經營求利倍獲財利無諸障難一切隨心如還於本舍常以香花飲食及閼伽等如法供養保護敬重如父母等若不供養敬重必作災難

復用前像以繩繫像懸木架下用豆萁火炙持明者臝形被髮作大忿怒相用毛繩打像所求之事必得成就

復用前像用麥麩火炙從此後日日能得上味飲食乃至所有眷屬悉得充足若不隨意必爲災難越於三昧成就之法

復次成就法持明人用佉你囉木作彼天像長十指身有一十二臂手執種種器仗立作舞勢二手持蘇囉摩娑迦是作已持明者往尸陁林或空舍内或大自在天祠内用左足蹋彼天像一日三時持誦大明曰

唵(引)紇哩(二合)瑟室哩(三合引一)尾訖哩(二合)多(引)曩曩曩(二)阿目𠼝(三)摩(引)囉野(四)滿馱野(五)輸沙野(六)烏蹉(引)那野(七)誐囉(二合)娑(八)誐囉(引二合)娑野(九合)(引)吽吽癹(十)

持明者誦此大明加持天像滿三箇月所有百由旬外設咄嚕速令除滅持明者所作成就

復用前像用毒藥芥子鹽曼陁羅子同和如泥塗於像身持明者用屍灰塗自身飲酒少許作忿怒明王大無畏相以青石兩片合像石中行人如甘露軍拏利明王安住其身誦大明滿三箇月所有設咄嚕等如帝釋威力者亦須滅亡

復用前像用毛繩繫彼像項以物蓋像頭目已覆面埋於屍灰之内持誦大明稱設咄嚕名持明者觀想自身如焰鬘得迦明王立於像前刹那之間四大洲界所有人民默然如瘂禁閉眼目都無所見乃至囉左所有惡人殺其妻子亦不能言如被禁縛若欲止息取出天像即得如故

復用前像於黑月十四日或八日持明者往尸陁林中用一髑髏滿盛酒以口潠像一日三時即誦大明至第七日囉惹及與眷屬悉來供給種種供養及財寶等

復用前像用樺皮纏裹以像擲於乳蜜即誦大明彼囉惹等作大敬愛如父無異

復用前像用米粉塗像入酥内煎已用佉你囉木燒火炙彼天像得囉惹女承事供給

復用前像持明者用鐵針徧針像身以芥子油灌彼像懸一竿上誦大明已持明者以此像竿立於他軍陣前彼軍衆等見大煙霧罔知方隅

復次成就法用娑羅多迦木作一臼盛滿乳汁用佉你囉木作杵於杵頭作童女相端正莊嚴以杵擣乳即誦此梵讚曰

阿三摩佉羅(一引)薩摩多(二)娑囉達哩弭(二合)拏(三)迦嚕拏(引)怛摩(引二合)迦(四引)惹誐底穆佉賀(引吽)拏(五)阿三滿多(六)薩哩嚩(二合)虞拏(七)悉地那(引)度你(八)阿三摩(引)左羅(九引)薩摩嚩囉(引)誐囉(二合)達哩弭(二合)拏(上)

誦此讚已即擣乳至一日二日降大風雨晝夜不絕滿七日若欲止息燒

安悉香其雨自止

復次成就法用前天像令童女合線用繫天像頭髻以乳灌像及塗像身持明者以其梵音誦鉢邏羅龍王得义迦龍王等名已用水乳毒藥一處和合復令數人童男童女塗藥身上入江河内手執鐵棒打於水面稱前龍王名即誦大明每日三時如是作法十方世界闇大雷聲降澍大雨充滿國界若欲止息解彼天像鬚髻用灰塗之須臾即止

復次成就法用阿波摩哩識木作頻那夜迦天像長如拇指二臂三目右手執𦀚捺迦左手執謨捺剛用阿羅說多迦葉裹彼天像以漿水煮即誦大明已持明者於道路行時見有人來即自下路以手旋轉天像彼路上人速得迷惑罔知天地至於七日若欲止息沐浴彼像即得如故

復用前像以牛皮裹之擲於井内一切聚落皆有大水悉皆漂沒若欲止息取出天像其水自止

復用前像埋於酤酒家酒甕之下忽有水入漂流酒甕人救不及若取出彼像其水自止

金剛薩埵說頻那夜迦天成就儀軌經卷第一

千字號

金剛薩埵說頻那夜迦天成就儀軌經卷第一

校勘記

一　底本，金藏廣勝寺本。六三〇頁下一版，原版殘缺，以麗藏本換。

一　六二六頁中一行至本頁下二〇行序文，資、磧、南、徑、清、麗無。

一　六二六頁下二二行譯者，資作「西天譯經三藏朝散大夫試鴻臚卿傳法大師法賢奉詔譯」；磧、南作「西天譯經三藏朝散大夫試鴻臚卿傳法大師臣法賢奉詔譯」；徑、清作「宋西天三藏朝散大夫試鴻臚卿傳法大師法賢奉詔譯」。

一　六二七頁上八行「木架」，磧作「木樹」。

一　六二七頁上一〇行末字「縛」，磧、南作「嚩」。

一　六二七頁上一三行第一一字「浸」，資、南、徑、清作「没」。

一　六二七頁上末行末字「直」，麗作

「首」。

一 六二七頁中末行第一一字「大」，磧、南、徑、清作「天」。

一 六二八頁上一〇行第八字「得」，資、磧、南、徑、清無。

一 六二九頁中一行「麥糠」，資、磧、南、徑、清作「麥糖」。

一 六二九頁中二一行第一三字「天」，磧、清、麗作「作」。

一 六三〇頁上四行「大明」，資、磧、南、徑、清、麗作「大明一」。

一 六三〇頁上九行「如來」，資、磧、南、徑、清、麗作「如未」。

一 六三〇頁上一五行「免人」，資、磧、南、徑、清、麗作「寃人」。

一 六三〇頁中一一行第三字「忖」，資、磧、南、徑、清作「恃」。

一 六三一頁下一四行「裝嚴」，磧、南、徑、清作「莊嚴」。

一 六三二頁上八行「二時」，磧、南、徑、清作「三時」。

金剛薩埵說頻那夜迦天成就儀軌經卷第二　千

天譯經三藏朝散大夫試光祿卿明教大師臣[illegible]賢奉詔譯

復次成就法用白檀香作頻那夜迦天像長四指八臂三目六足右第一手執劍第二手執金剛杵第三手執箭第四手執劍左第一手作奇剋印第二手執弓第三手執羂襧誐第四手執拏摩嚕迦如是天像用上好色裝畫持明者以左手持像往流至海者江河內水至項頸已即誦大明一洛叉得見祥瑞復誦吽字能引河水隨行人流

復次成就法持明者或見聚落內及山野中有大火起持明者作奇剋印即誦大明彼火速移別處

復次成就法所有諸惡象馬等傷害於人難以禁止持明者作奇剋印剋於彼舌彼惡象等速自馳走如鼠入穴更不可見

復次前像繫於獼猴項上即誦大明已放往州城之內及彼野外如是一切人民各見沒囉賀摩羅剎皆悉馳走作大驚怖若解下天像即得如故

復用前像繫癩惡人項上遊行城邑一切人民皆見必舍佐徧於舍宅若解下彼像即得如故

復次成就法用水牛角作頻那夜迦天像長四指四臂三目右第一手持數珠第二手執捍難迦左第一手執三叉第二手執謨那剛面如滿月白色如法裝畫已用猪毛為繩穿天像鼻選一旃陁羅童子以像繫童子右足上令彼經行城邑所有人民悉皆禁口如彼瘂人扃戶不出經八日後方得出門皆作悲泣

復用前像安於船頭其船旋轉猶如水輪終不前行若去彼天像即得如故

復用前像以繩繫於象馬項上乃至有千里脚者悉不能動如彼壞像若解去彼像即得如故

復用前像如兩陣交戰之時以像繫於馬項擊大鼓聲他兵聞者皆不能動如彼癡人

復用前像用芥子油塗像持明者扠

不落地裡摩夷作四方曼拏羅於曼拏羅內燒猛火炙彼天像已用熱水灑像即誦大明稱彼人名某甲速得熱病如是言已速得重病若取天像以水沐浴即得如故即誦此大明曰

唵引呬囕摩娑嚩引一合弭你一引摩賀引誐拏鉢多曳二引酤酤三尾酤酤四佉囉二合悉佉囉二合五悉瀘吽登吒六半音紇哩引二合瑟窒哩二合七尾佉哩二合多引八曩曩九吽登吒半音娑嚩引二合賀十引

如是誦大明已悉得息災若誦登字當作殺冤法誦吽字當作驚怖及禁冤求雨止雨等悉皆同用

復次成就法持明者用吉祥木作頻那夜迦天像長四指三目頂戴頭冠右第一手執金剛杵第二手持數珠左第一手執謨捺剛第二手執蘿蔔如是作已用貓兒皮繫像懸於木架上用水牛血塗彼天像至黑月八日或十四日於四衢道中掘土一肘深埋彼天像即誦大明所有女鬼行過此路悉皆禁住若欲止息取出天像

復得如故
復次成就法持明者於屍衣上畫四
方曼拏羅分爲九位每一位上書一
誐字中位書一誐字及書彼人名外
畫揭摩杵以爲結界外復畫須弥盧
山圍繞用黃色粉塡於像腹持明者
依法觀想摩呬捺囉摩拏羅巳埋像
於四衢道中若他軍至此悉能禁住
所有隨身器仗並不能用
復次成就法用米粉爲摶作頻那夜
迦天像以水牛生酥塡於像腹復用
吽踰二合底瑟摩油煎彼天像即誦
大明巳持明者食彼天像誦此大明
曰
唵引瘂摩摩目羿底一摩摩嚕你
底一摩拏嚩舍摩引曩野三阿目剛
瘂娑嚩二合引賀引
若依此法志心持誦能殺一切魔冤
決定成就
復次成就法用蕎麥及三種鹽同作
頻那夜迦天像以芥子油煎彼天像
取僕從脚下土與像同埋於四衢道
中所有百由旬外或男或女句召速

來永不遥於住處持明人如是依法
亦能去除虎狼惡獸等難
復次成就法用紅粇米作頻那夜迦
天像用蠻灌於像腹復用紅粇米作
自妻形巳即誦大明用水牛生酥塗
彼天像及自妻形巳持明者即食彼
二像常得自妻愛敬親近承事而不
暫離
復用前像用進啝迦果塡滿像腹即
誦大明巳用油煎像亦自食之或與
他人論義常得勝他
復用前像以酥煎復用米粉作一瓠
子用芥子油煎巳誦此大明即用米
粉像入瓠子内埋於灰中稱彼人名
經須臾間得大腹痛若欲止息取出
彼像即得如故
復次成就法用薩惹囉娑藥作頻那
夜迦天像用粆糖塗彼像巳於瓦器
内畫八葉蓮花於蓮花上書六明連
一吽字及誐字書彼人名用前天像
安於蓮花器内復用一瓦器蓋覆天
像持明者持此天像入於水内至項
頭巳來於泥下埋彼天像所有彼人

或在本國或在外方悉禁彼口而不
能言如彼瘂人
復用前像及鹽擣羅爲粖以芥子油
煎所有男子女人等狂亂放逸用前
藥粖入於飲食内令彼食巳即寧靜
身心調柔
復次成就法用白俱枳羅乂欒根迦
羯惹伽藥囉惹樹皮及白粇米同擣羅
爲粖用肉裹以酥煎巳持明人自食
其藥若有瘂者令彼能言乃至羅刹
部多毗舍佐等所作執魅亦能去除
令彼遠離一切所作隨行人意
復次成就法用一人屍脚踹骨作一
穴入前四味合和之藥即誦大明用
左手執此踹骨之藥晝夜經行以藥
於自頭上旋轉得隱身法無人能見
復次成就法用尾毗多枳滿惹藥酥
嚩囉拏祖拏頗羅滿惹藥及喻鐵同
擣羅用蝦蟇脂和作頻那夜迦天像
如一藥丸復用牸血和前藥粖別作
一頻那夜迦天像亦如藥丸持明者
用二手各執天像一丸復用瞿摩夷
相並作二曼拏羅廣闊四肘或五肘

第一曼拏羅於四隅各安劒一口第
二曼拏羅內安四劒鞘持明者手執
二像漸漸起立作左舞勢已漸漸相
並二手所有第一曼拏羅四劒飛入
第二曼拏羅內劒鞘之中以像藥爲
香燒薰燈像像乃震動法既成就持
明者能作廣大希有之事此成就法
有大威力一切所爲皆得隨意
復用前藥及用毒柴藥依法勾召無
不來者乃至江河大水亦須逆流而
來何況常人
復次成就法用稗子作頻那夜迦天
像於彼像腹塡三辢藥以鐵籤籤像
用火炙熱以進佐藥重裹埋前像即
誦大明稱彼人名令彼有情聞於自
身大臭穢氣或用芥子油煎彼天像
稱名某甲我當食汝言已即食至一
時之間彼人速自降伏供給承事若
不降伏速得命終
復次成就法用粟米或蕎麥或稗子
作頻那夜迦天像即誦大明以利劒
切斷於屍火內作護摩稱彼人名速
得身分疼痛此名下品成就法

復次成就法用鉢羅舍木燒火以阿
溼嚩他樹枝兩頭搵於三蜜作護摩
一千八徧得囉惹敬愛乃至轉輪聖
亦生敬愛尊重供養
復次用阿哩瑟吒樹枝燒火以白芥
子白粳米作護摩一百徧亦得剎帝
利降伏及敬愛等
復次用阿波摩哩誐藥樹枝燒火以
蕎麥鹽同作護摩一萬徧得吠舍降
伏
復次用惹行帝藥樹枝及粳米鹽同
作護摩一萬徧得首陁降伏
復次成就法持明人於白月一日起
首持誦至白月八日用五種甘露作
曼拏羅持明者觀想自身在曼拏羅
中間睡即持誦大明至七日內時頻
那夜迦天現身而來告持明人言汝
起與汝成就法時持明人尋時起已
用五種甘露藥獻閼伽後第二日以
上味飲食齋同三昧持誦者三五人
已求於成就先擇鬼宿直日或太陽
太陰直日用獨手象孫出白阿嘌迦
藥根作頻那夜迦天像長如拇指節

二臂三目蛇爲絡腋右手執蘿蔔左
手執椀器身作金色鼻赤色坐寶蓮
花頂戴頭冠鬚髮青潤腹形廣大諸
相具足安前曼拏羅內持明者堅持
齋戒即誦大明六洛叉如是精熟得
一切所願皆獲成就
復用前像持明者以自頂戴入囉惹
舍中速得敬愛或奉王事遠出往來
一切所爲常得已勝乃至道路所有
狼虎賊盜等見此行人悉皆驚怖避
路遠去如是持明者能離一切怖畏
得囉惹等一切敬愛供給承事悉皆
豐足若持明者依法儀軌令法精熟
必得成就若不精熟終不能成
復次成就法用羖羊肉作頻那夜迦
天像用三辢藥塗像以酥煎即觀想
觀自在菩薩已食彼天像復飲於酒
所有閻浮提內一切人民悉皆狂亂
若用此法經剎那之間一時止住至
十二年
復用前像用鹿肉猪肉以三辢藥搵
過用芥子油煎已作八大龍王用人
脂細研塗彼龍王復用芥子油煎已

書彼名入像腹內持明者用雲母石貼已身上觀想已身如大力明王即食彼天像及飲甘露藥不久之間降澍大雨

復依前法持明者選於旃陁羅女往尸陁林中如前食像亦降大雨

復用前像持明者往龍潭內或山中有龍神居處先觀想自身如焰鬘得迦明王已即稱彼龍名我今食汝如是言已不久之間即降大雨

復用前像以水牛肉作一龍王入天像腹內持明者往深山寂靜之處鋪俱舍草安坐持誦已觀想自身如甘露軍荼利明王即食天像及飲甘露藥不久之間降大風雨

復用前像用嚕呬魚肉裹阿波邏羅龍王像入天像腹內用酥煎持明者於舍利塔前或佛像用五種甘露藥作曼拏羅以彼天像安曼拏羅中用香花飲食如法供養恭敬旋繞至七日內降大風雨摧山拔樹等若依此法及誦吽字能枯竭江海如是頻那夜迦天像祕密儀軌能成一切事乃至那羅延天大自在天悉能禁縛令彼降伏若持明者於斯儀軌寡識虛謬不善法教設用志誠供養持誦終不成就復生災難是故持明之人通達祕密持法精熟依教修習無不成就

復次成就法持明者於白月八日或十四日收不到地瞿摩夷作四方曼拏羅以香花供養已用白阿嚛迦根作頻那夜迦天像安曼拏羅內復安閼伽瓶插花果綠枝復獻上妙飲食種種名花持明者敷俱舍草座持齋三日誦大明三洛叉然後不食誦大明四洛叉如是精熟必得現前所求成就若彼行人無我人分別依法所作無不滿願

復次成就法用赤檀香作頻那夜迦天像長如栂指節用樺皮裹密藏身內志心受持得大敬愛衆人恭敬乃至彼人親眷悉皆歸仰持明者觀想自身如太虛空觀想虛空即是我身我與虛空不一不異凡所作法無諸魔難於意云何既觀色空平等離諸分別無我無著是名真持明者成就一切微妙之法純一無雜不缺不臟於最上道究竟解脫如此行人設不依法及持誦印相亦得一切所欲滿願如佛說言無為大智體離分別無有二法若分別取相即為外法今此儀軌引發觀智能與衆生出生勝行是故行人依法儀則作曼拏羅慳像及彼護摩二種圓滿皆獲成就

復次成就法用屍骨作頻那夜迦天像長八指四臂三目右第一手作施願印第二手執滿髑髏血左第一手執羯椿誐第二手執人頭如是作像已用三辣毒藥芥子鹽曼陁羅子同和如泥塗彼天像作三角護摩爐燒佉你囉木火以人肉作護摩於此火上炙彼天像不久之間所有他軍自各馳走悉皆除滅

復用前像用毒藥塗像以屍火炙稱彼名字得吠多拏鬼執魅彼人受大苦惱

復用前像用獼猴皮裹於屍火中炙稱彼名者即得執魅

復用前像以粆糖芥子油塗懸木架
上持明者稱彼名字令得大怖而自
降伏若欲止息取像用乳及水洗浴
即得如故
復用前像用人脂油塗已燒天祠内
菱花薰彼像或男或女等速得敬愛
復用前像用雞肉裹煎脂麻油薰彼
像已於彼人門前埋於天像彼人於
舍内躶形被髮東西馳走如風狂人
復取出像即得如故
復用前像用黑鴟梟肉裹燒人屍薰
持誦者於紙上書彼名字及書大明
然後躶形被髮以左手執彼天像稱
彼人名用稗草稈打於天像已至半
夜中金剛拏吉你於設咄嚕身作大
災害令彼驚怖受大苦惱至明旦時
未能除愈若沐浴天像即得如故
復次前像以繩繫彼像項用三辢藥
塗已用油煎持明者於黑月内以皂
帛皂線纏裹天像用左手持像往詣
諸處得隱身法令一切人不能得見
復用前像於白月内用白檀香粖塗
彼天像持明者身著白衣隨意經行

亦得隱身無人能見乃至天像不蓋
衣服亦不能見持明者依頻那夜迦
天如是作法必得成就
復用前像用五種甘露沐浴及塗像
身復用象馬牛驢駝駞五種肉爲香
燒薰彼天像或用狗肉爲香亦得如
是香薰已安像於曼拏羅内持明者
用左足蹋即誦大明稱彼人名某甲
爲我作如是如是事三稱述已隨行
人意作一切事
復次成就法用人骨作頻那夜迦天
像以八大龍王爲嚴飾復用不落地
瞿摩夷及吠嚕左曩裹塑彼像次用
七處白蟻土裹塑後用淨土裹塑以
金剛淨水灑淨用乾吠嚕左曩燒薰
天像以栴陁羅菱花獻閼伽即誦大
明於龍潭前作大音樂用天像擲於
潭内經須臾間潭内出大音聲猶如
雷震空中讚言善哉善哉持明人聞
是語已即還本處未至之間降大風
雨充滿大地時彼龍女化作人形來
問持明者善解妙法有何所欲我當
隨意持明者言如我所欲願施成就

龍女復言滿汝所願言已不現
復用前像用尸陁林中土塗彼天像
以逆剌棘針打於彼像稱彼人名所
有象馬等當生疾病如是言已彼象
馬等即生疾病若以酥人肉作護摩
即得如故
復用前像用蜜塗像於木架上倒懸
以猛火炙稱彼人名而能息災若用
乳煮得大增益若用醎水煮得愛別
離用蜜粆糖煮得降伏敬愛
復次成就法用人肋骨作頻那夜迦
天像長八指八臂三目四足右第一
手執鉤第二手執髑髏第三手執拏
摩嚕剛第四手作施願印左第一手
執蝎椿誐第二手執髑髏第三手執
鉞斧第四手執惹誐羅如是作像已
持明人用五種藥塗自身上即誦大
明一洛叉隨意所欲無不滿願若持
明者口誦大明心真實理依理起行
離諸法相能作一切出世間事何況
世間之事所有衆生見者恭敬尊重
承事猶如僕從如是真實最上甘露
廣濟有情諸持明者如實了知

復次成就法用人肋骨作頻那夜伽天像二臂一足一目髑髏爲嚴飾右手執三股金剛杵左手作奇剋印如是作像已持明者以右手持像觀想自身如虛空界即誦誐字能令大海離此岸地五牛吼遠持明者復往彼海誦於賀字彼海轉離遠處依如是法或遇狂象即誦誐字像作惡聲怖畏馳走或遇虎狼賊難當誦誐字亦復恐怖自然遠去復依前法持明者入江河内觀想空想大智想無盡智作此觀時彼河上面有水於水下面廣五由旬地無水流持明者復入河内如前作觀河即乾枯水流別處

復用前法持明者入大自在天祠中以左足蹋於天像作大惡聲誦於吽字時彼天像即離本位如蝦蟇鼠馳走而去

復次如前依法持明人入於毋鬼舍中作奇剋印於毋鬼頭上旋轉已作奇剋相彼毋鬼等即離本舍馳走十方如前依法持明人入那羅延天祠中用左手作奇剋相以左足蹋彼天像像之身分自然破裂如前依法持明人入於佛殿内作觀想法已佛及菩薩各自轉身相背而坐

復次持明者入頻那夜迦天祠内不得速出至得成就以手持天像出於舍外入囉惹舍誦呬呬字彼囉惹及其眷屬胡跪合掌恭敬承事如僕從等持明者言囉惹諦聽自從今後歸依三寶信重佛法於苾芻僧莫生輕慢囉惹白言我依敎旨无有所作隨行人意

復次持明者如前作法或遇大雨手持天像於自頭上旋轉已顧視虛空所降大雨忽然頓止

復次持明者欲要降雨作龍王像以五種甘露藥及五種三昧藥白蟻子土作百頭龍王亦是頻那夜迦天化以此龍王安自臥牀頭邊燒人内薰剎那中閒即降大雨持明者作是念言請龍王於某處地中降大風雨流澍漂溺作是念已是時龍王即往彼處降大風雨隨行人意如是南閻浮提作法餘三洲中皆得降雨此成就法能作一切事頻那夜迦天變化甘露軍拏利明王行菩薩行見諸有情少聞少智少福少慧於大秘密持明法門未能曉了以慈悲利益故說最上成就法眞實不虛不得越此三昧此大明法亦不得於愚癡邪見人中爲他宣說彼得聞已心生疑惑而懷輕慢彼人不久得大疾病盲聾瘖瘂不可醫救

金剛薩埵說頻那夜迦天成就儀軌經卷第二

乙巳歲高麗國大藏都監奉
勅雕造

金剛薩埵説頻那夜迦天成就儀軌經卷第二

校勘記

一　底本，麗藏本。

一　六三四頁上二行譯者，徑、清作「宋西天譯經三藏朝散大夫試光祿卿明教大師法賢奉　詔譯」。

一　六三四頁中一二行「八日」，徑作「八百」。

一　六三四頁中末行末字「扠」，磧、普、南、徑、清作「收」。

一　六三四頁下三行「某甲」，磧作「某曰」。

一　六三五頁上末行「句召」，石、磧、南、清作「勾召」。

一　六三六頁中二一行第二字「求」，資、磧、普、南、徑、清作「來」。

一　六三六頁下末行第二字「細」，資、磧、普、南、徑、清無。

一　六三七頁下一四行第一三字「了」，諸本作「子」。

一　六三九頁上五行第三字「如」，資、磧、普、南、徑、清無。

一　六三九頁上一三行第二字「五」，徑、清作「至」。

金剛薩埵説頻那夜迦天成就儀軌經卷第三　千

西天譯經三藏朝散大夫試光祿卿明教大師臣法賢奉詔譯

復次成就法用五種甘露藥五種三昧藥同和一處用塗自身飡五味食然後持明者觀想自身本尊已至黑月八日或十四日用前天像入於酒器内將往尸陁林中三度白言尸陁林中諸鬼神等當來買酒如是言已時彼林中所有鬼神必舍佐羅刹及羅刹女等各現本形悉來買酒持明者見彼惡相不得驚怖於酒内取出天像羅刹鬼等見此天像一切倒地而即問言持明者有何所欲行人即問過去未來現在之事或書隨我所欲皆得成就羅刹等書滿汝所願

復用前像以芥子油塗及用瀨淨用佉你囉木火炙稱彼人名即誦愛吒字除佛像功德其餘所有一切廟宇鬼神及大自在天祠等悉皆下淚徧身出汗乃至龍神尼乾天等塑畫之像作大哭聲不住本舍往彼修像施主處託夢而言有某甲持明人今來我舍破壞於我我今馳走遠避大難

復次用前像於國城中間掘坑深至膝以像覆面埋之經一時之間持明者得為城邑之主若取埋像長為彼主

復用前像持明者作一地坑安蓮花座用彼天像仰面安蓮花上如是天像常在坑内持明者子孫等常為城邑之主

復次成就法持明者以樺皮裹於天像於囉惹門外掘坑埋之時囉惹所有國事不問他人唯問持明者如是一切人間天上悉為行人作成就事持明者如是依法持誦所有夜叉女等獻閼伽已當日即得成就法若持明者了知頻那夜迦天本像成就法不久即得大持明天

復次成就法用前天像持明者面向天像持誦滿一洛叉心念一洛叉是名洛叉數持明者先須冥契眞理入祕密門於一切明無不成就長得作為世間之主是故持明人了知出世眞法依頻那夜迦天最上儀軌出世

妙法行大乘行必得成就若有毁本
三昧謗阿闍梨少聞少智心不眞實
輕慢三寶如是下劣人等不得爲說
此法若復有人持本三昧達無相際
持戒堅固喜捨慈悲除小根聲聞及
闡提補特伽羅依法修習無不成就
復次成就法持明者用瓦師輪上泥
作頻那夜迦天像十二臂十二目六
足髑髏爲裝嚴人皮爲衣乘必隸多
作大惡相右第一手執輪羅第二手
執鉞斧第三手執摩摩嚕迦第四手
執剛迦羅第五手執人頭第六手執
劒左第一手執劒第二手執三叉第
三手執人肉第四手執髑髏第五手
執骨朶第六手作奇尅印如是頻那
夜迦天像用六種色裝畫諸天覩之
怖畏如來見之歡喜持明者至黑月
八日或十四日用五種三昧藥及五
種甘露藥持明者即觀想諸法唯一
眞理體離分別然後以此藥作大供
養安像於自卧牀頭邊以飲食獻於
天像已即自之決定成就而無虛謬
復次成就法用人骨作頻那夜迦天
像四臂三面面各三目頂戴頭冠鬚
髮青潤人皮爲衣現大惡相奇尅十
方持明者於彼像前用吠嚕左曩鑾
作曼拏羅用羖羊肉以芥子油煎已
而自作念我今當食某甲及彼眷屬
血肉如是念已即食羖羊肉等一日
三時如是作法三日之内彼人速得
身分乾枯不久命終如是成就之法
諸持明者志心修習所求隨意
復次成就法若有狂惡象馬等奔衝
傷人及他軍兵欲來侵害用前頻那
夜迦天像懸掛竿上即得禁止不敢
傷害獲得安隱
復用前像持明者見彼國城聚落有
大災難人民不安用一器物滿盛其
乳以三蜜塗像入此乳器内用屍灰
外畫羯磨杵圍界以香花供養如法
持誦至第二日國城聚落所有諸惡
災難悉得消除
復用前像持明者以酥塗像用乳内
煮彼囉惹及其眷屬皆生敬愛
復用前像持明者用鉢羅舍木爲臼
滿盛酥蜜復用阿羅羯多葉裹彼天
像安此臼内經一宿已取彼天像稱
囉惹名埋像泥中時囉惹及彼眷
屬常作恭敬種種供養
復用前像持明者用屍衣及人皮裹
彼天像入於軍陣作奇尅相他軍見
已心生恐怖四散馳走無所禁止
復次成就法持明者作於二象用頭
相對心自作念令二象鬪戰令此
象鬪退彼象作念之間象自相鬪彼
象即退隨行人意
復次成就法持明者令二童男或二
童女使彼鬪戰持明者心自作念令
彼童男爲二囉惹相對鬪戰願此囉
惹鬪退彼人作念之間彼人即敗此
人得勝隨行人意
復次成就法用前天像以脂麻油塗
用末度梨蟲皮纏裹天像以麥麩火
炙當稱名者得必舍左執魅
復次成就法持明人用水牛肉作油
餅子以酥煎稱設咄嚕名而作心念
令拏吉你母鬼食彼設咄嚕如是念
已食於油餅及飲於酒所有百由旬
外設咄嚕等至半月内必得命終

復次成就法用鷄肉作天像如烏形以芥子油煎穪設咄嚕名第一日彼得熱病第二日作喘息大哭聲第三日即彼命終

復次成就法持明者用人肉作頻那夜迦天像如鷲鳥形用芥子油煎已持明者先食像右手時設咄嚕雙手自落次食像頭腹臍輪等彼人速得命終

復次成就法持明者用雜肉作頻那夜迦天像八箇皆如雀形至黑月八日或十四日持明者食彼天像及少飲酒至七日内彼設咄嚕有大勢力如天帝釋亦須命終若欲止息用麨糖水灑設咄嚕身即得如故

復用前像以素摩囉油塗用猛火炙所穪名者即得癩病若欲止息用乳洗像即得如故

復用前像以猫兒血塗用童子衣繫像安漿水器内懸掛架上彼人即得鬼魅所執若欲止息以乳洗像即得如故

復次成就法持明者用没囉撼摩野瑟致藥根作大自在天像四臂二目頂戴天冠垂髮髻右第一手持數珠第二手執滿髑髏血左第一手執三叉第二手執朅椿誐作此像已用前頻那夜迦天像乘大自在天皆用三辢藥塗之持明者以迦囉尾羅樹枝打彼天像穪設咄嚕名令彼得大疾病

復次成就法用孔雀肉作頻那夜迦天像如鯉魚形用鹽及三辢藥塡像腹内用芥子油煎持明者躶形被髮塗芥子油獨往四衢道中食前天像飲酒少許觀想虛空大智徧滿如是作法至三日内所有百由旬外設咄嚕速得命終

復次成就法持明者用人肉作頻那夜迦天像如魚形用酥煎以芥子塡滿像腹持明者躶形被髮食前天像飲酒少許穪名者至二日内速得命終

復次成就法用鴿肉作頻那夜迦天像如猫兒形作二十一摶用芥子油煎持明者當自食之隨摶飲酒少許所穪名者速得破壞

復次成就法用鳩肉作二十一頻那夜迦天像如雀形用紅色麻油煎彼天像至黑月八日或十四日持明者往旖陁羅舍中躶形被髮行繞旖陁羅食彼天像及飲酒所穪名者即自馳走不能還於本處於三日内速得命終

復次成就法用馬肉作頻那夜迦天像至黑月八日或十四日持明者著青色衣及青絡腋往設咄嚕門前左脅而臥食前天像及飲酒所穪名者經須臾之間速得命終

復次成就法用旖陁羅等下賤人肉作頻那夜迦天像長一磔手用苦辢藥塡彼像腹持明者於黑月八日或十四日用屍灰塗身躶形被髮往尸陁林中觀想一切衆生如彼虛空然後食彼天像五百由旬内所有設咄嚕經須臾間速得命終持明者若作此法乃至設咄嚕居大海底深山中隔大恒河亦須命終勿生疑惑

復次成就法用染師肉及皮作人肉作頻那夜迦天像長一磔手用辢油

塗像以芥子油煎於黑月八日或十四日持明者以吠嚕左曩藥塗於自身往皮作人舍內左手持天像於口左邊食彼天像稱設咄嚕名而作是念我今食某血肉作念已即食彼像所有設咄嚕須臾之間即得命終

復次成就法如前人肉作頻那夜迦天像長一磔手四臂如狗形持明者用左手小指甲掐破天像臍輪以三辢藥塡像臍中於黑月八日或十四日往尸陁林中用紅麻油煎彼天像持誦大明及稱大惡設咄嚕名持明者漸漸食天像及飲酒所有輕慢三寶謗阿闍梨斷善根滅佛法者須臾中間速令命終此無解法

復次成就法用邊方人肉作頻那夜迦天像長八指用鹽芥子塗像以辢油煎持明者往四衢道中躶形被髮用辢油塗身而作是念我今食彼某甲設咄嚕血肉作是念已即食天像及飲血經一夜內彼設咄嚕身血肉都盡唯有骨鏁至日出時即得命終彼設咄嚕在一由旬外當作此法

復次成就法用前肉作七箇頻那夜迦天像如油餅形第一像用粆糖芥子塗第二像用水牛生酥塗第三像用羖羊生酥塗第四像用黃牛生酥塗第五像用鬱金自然汁塗第六像用酥糖滓塗第七像用阿羅訖怛迦藥自然汁塗復次第一像用辢油煎第二像用麻油煎第三像用黃牛生酥煎第四像用熟酥煎第五像用羖羊生酥煎第六像用紅麻油煎第七像前酥油內隨取一般煎彼天像持明者往四衢道中而自作念我今當食某甲設咄嚕作是念已即食第一像彼設咄嚕經一時中命終持明者躶形乘象以二足展舒手持第二像顧視設咄嚕方位作是念云我今令彼設咄嚕怖畏馳走作念已食第二像經七日內彼設咄嚕怖畏馳走持明者於月四日或五日八日以一足而立作念云我今當食某甲設咄嚕作念已即用二足立地食第三像至三日內能破壞設咄嚕持明者復作念云我今當食某甲設咄嚕令得大病如是念已往彼舍中躶形被髮食第四像於當日內得大疾病持明者往四衢道中並足正立作念云我今禁縛某甲設咄嚕作是念已剎那中間即得禁縛持明者用不到地瞿摩夷於婬女門前作曼拏羅持明者作曼拏羅步作是念云我今當與某甲人作於息災如是念已即食第六像當日即得息災持明者用吠嚕左曩藥及五種三昧藥作曼拏羅用香花等供養曼拏羅賢聖已持明者發寂靜心作念云我今一日內作降伏敬愛法如是念已食第七像及飲酒已當日得一切見者降伏敬愛供給供養

復次頻那夜迦天持明者隨意作息災增益等法內心觀想護摩無性之火有大勢力是故教中所說內心護摩能禁他軍

復次持明者先觀想他軍象馬人物甲仗等然後以右手無名指與拇指安自舌尖上復想彼軍人馬等入自腹內如是想已彼軍人馬等悉皆禁止一無施勇

復次成就法持明者欲破他軍用髑髏滿盛尾誐怛羅室䃽沙摩僧賀拏及酒肉等持明者躶形被髮秉獨牙象用右手持此髑髏往奔他軍處面向軍住以左手取髑髏內物擲自舌上以舌上物埀向他軍不過二十五埀彼軍人馬等各見五股金剛杵來打已身悉皆倒地

復次成就法用象馬牛驢及人肉等持明者食此肉已及飲酒復用前肉塗於自身往彼陣前面向他軍作舞彼軍見已悉皆禁止不能征戰自軍獲勝還歸已持明者復更作舞以二手不住相拍彼軍自相交戰馳走遠去

復次成就法用甘露藥及鉢囉他摩布瑟鞞多賛拏䃽迦囉設多畫頻那夜迦天像四臂右第一手作施願第二手持囉訖多左第一手執三叉第二手執髑髏復用淨行人囉訖多畫一天像二臂三目與前天像同掛竿上立彼陣前彼軍見者悉皆驚怖四散馳走經六箇月不能歸還本國

復次成就法持明者見二軍列陣將欲交戰如前作法畫二幡像用頭髮為繩以二幡相背縛之掛一竿上於兩陣中間掘坑深一人量埋立幡竿彼軍若見此竿可一箭地悉皆馳走或持明者執幡竿右旋轉之時彼二軍自然鬪戰幡竿若住二軍亦止

復次成就法用前藥法畫頻那夜迦天像一頭四身各有四臂四手執設咄嚕頭餘手執種種器仗作破壞相持明者於黑月十四日如前用甘露藥及三昧藥等塗自身已用物裹此幡像持明者手持幡像隨意經行得隱身法乃至諸天亦不能見何況凡人持明者於此法中勿生疑惑若生疑者是人破金剛薩埵勅此成就法是頻那夜迦親說有大威力

復次成就法持明者用猫兒肉雞肉同作頻那夜迦天像依前法煎已食彼天像於竟夜中思惟所作善惡之事復觀想自身作甘露軍拏利頻那夜迦天依金剛薩埵勅能作一切事

復次成就法持明者於幡像前用屍灰麩油塗自身兩乳用屍火熨當稱名者即得癰病

復次成就法持明者用吠嚕左曩藥塗於自身已取前幡像用帛裹已稱囉惹名心念勾召於彼復用屍火熨二十二徧至須臾時得囉惹等速來供給隨行人意

復次成就法依法如前用牛血畫頻那夜迦天像持明者用甘露藥及三昧藥塗於自身手持幡像食於牛肉次以手旋肉夜至明旦所有見者悉皆敬愛

復次成就法用牛肉及五種甘露藥三昧藥同和作曼拏羅用前幡像鋪展曼拏羅內持明者幡像上坐食鵻狐及烏肉已稱童女名顧視十方心作觀想從夜至旦法得成就彼之童女不欲事於他人愛敬持明者

復次持明者用人血於屍衣上畫頻那夜迦天像八臂四面四足面各兩目被頭髮於天像一邊畫囉惹形天像右第一手執金剛杵第二手執劒第三手覩摩囉第四手作無畏印左

第一手執髑髏第二手執弓第三手
執羂索第四手執羿吒迦如是畫已
用童女血出眼光持明者於寂靜處
安彼㡧像如法供養已裸形被髮加
持紅花以花打像得囉惹等尊重敬
愛持明者如前作法用白花打像速
得息災用黃花打像能作禁法用青
花打像能作調伏用煙色花打像能
作發遣用黑色花打像能作觀想若
以前法殺冤乃至有大威力如帝釋
天亦須命終
復次成就法持明者用羊肉安悉香
及五種甘露藥同和作丸持明者口
含藥丸手持㡧像隨意經行他人見
者皆得魑魅眼不見物耳不聞聲心
無分別如憨癡者乃至自家妻子男
女他人取去亦不顧錄
復次成就法持明者作頻那夜迦天
像十二臂六足獨髻右第一手執撥
嚕迦第二手執鉞斧第三手執輸羅
第四手執箭第五手作施願第六手
執拏摩嚕迦左第一手執三叉第二
手執劍第三手執羯樁誐第四手執

人頭瀝血第五手執髑髏第六手執
人皮如是畫已持明者安寂靜無人
處乃至父母妻子男女及一切人皆
不得令見方得成就持明者觀想食
於人肉及火已復言我令於某處聚
落舍宅等悉皆焚燒如是言已彼人
舍宅悉皆焚燒
復次持明者於㡧像前食於人肉半
肉已及飲酒二十口稱設咄嚕舍以
火焚燒言已即作哭聲經須臾間即
得焚燒此名火難成就法
復次水難成就法持明者令旃陁羅
童女合線淨去除毛髮等織成疋帛
長三肘闊一肘半具其頭者當作㡧
像用旃陁羅童女血於㡧四邊畫三
重金剛杵為界中間畫頻那夜迦天
像六臂六面一面如焰鬘得迦明王
作大忿怒相一面作甘露軍拏利明
王相一面作大黑神相一面作頻那
夜迦天相餘二面作頭明王相口出
利牙復作一㡧亦用童女血畫呬嚕
迦相如是二㡧內書名字相並懸掛
持明者於㡧像前觀想十方有大水

漂溺如是想已食水牛肉及人肉飲
酒如是此法於黑月八日起首至後
月八日法成能作大水漂溺人物水
不能竭
復次成就法用羖羊肉及鷄猪兎肉
等作頻那夜迦天像或二箇或四箇
持明者同前肉及乳同研塗於自身
以幹油洗於手足及塗頭上至黑月
八日或十四日持明者行次食前天
像至七日內所有大水悉皆乾枯
復次成就法持明者於黑月十四日
持一狗頭往尸陁林中埋之於埋狗地
上種白芥子候熟收子及曩泥左子
紅花子麻羅鉢怛囉藥母娑多藥後
用哩覩嚩底輸泥多同合為眼藥若
人得此藥點眼速得隱身能作種種
事有大勢力猶如王子隨意自在所
欲勾召一切皆來見者歡喜

金剛薩埵說頻那夜迦天成就儀軌經卷第三

金剛薩埵説頻那夜迦天成就儀軌經卷第三

校勘記

一　底本，金藏廣勝寺本。

一　六四一頁中二行譯者，徑、清作「宋西天三藏朝散大夫試光祿卿明教大師法賢奉詔譯」。卷四同。

一　六四一頁中四行第一一字「飡」，石作「喰」。

一　六四一頁中一三行至一四行「即問」，磧、南作「聞得」。

一　六四二頁上九行「裝嚴」，石、徑作「莊嚴」。

一　六四二頁下六行第五字「怖」，麗作「怗」。

一　六四四頁中九行第七字「爇」，資、磧、普、南、徑、清作「熱」。

一　六四四頁中一七行「第二」，徑、清作「第三」。

一　六四四頁下三行第六字「足」，磧、南作「見」。又第一三字「令」，徑、清作「今」。

一　六四五頁上末行「歸還」，徑作「奔還」。

一　六四五頁中二〇行第七字「中」，磧、南、徑、清作「不」。

一　六四五頁下五行「勾召」，磧、普、南、清作「句召」。

一　六四五頁下一八行「愛敬」，石作「敬愛」。

一　六四六頁上四行末字「加」，徑作「堅」。

一　六四六頁上一二行「安悉」，徑作「安息」。

一　六四六頁下一三行第八字「收」，資、磧、普作「牧」。

[illegible]

金剛薩埵說頻那夜迦天成就儀軌經卷第四

西天譯經三藏朝散大夫試光祿卿明教大師臣　賢　奉　詔譯

復次成就法持明者用牛肉人肉同和爲第一分鷄肉羖羊猫兒駝驢等肉爲第二分象馬驢狗鷲狐狼鼠牛肉等爲第三分努摩賛拏㩙哩摩迦羅肉等爲第四分如是等肉得周備已持明者觀想自身即作五如來之體或四親近菩薩身若依頻那夜迦天法我身即是一切如來之體心離二相如虛空界持明者無復疑惑如是觀想真實空法人法俱無絕諸戲論是名善作法者若持明人樂大乘法身心寂靜三業相應無二智相所作之法無不成就依諸佛如來大智教相用前四分藥及吠嚕左曩藥同作頻那夜迦天像爲四面以酥煎持明者著白衣於其舍内就一隅坐食此天像當稱名者速得息災若用前藥作一人形長一磔手於舍内經行之次即食彼像當稱名者速得增益復用前藥別入一分金剛水作於天像用麻油三辢藥同和塗彼天像復用三辢油煎持明者當稱國城聚落人民婆羅門等名已持明者作是念云我今當食噉彼等作是念已以右顋牙嚼噉天像如是一切所欲隨持明人意

復次用前藥別入一分血同作天像如鷄形後用乾薑及華茇糕塡於像腹用芥子油煎持明者對佛像前食彼天像及飲酒所稱名者得阿波娑摩囉病若欲止息令童男童女飲此乳即得如故

復次用前藥及甘露藥同和作男子女人二像長一磔手一像用酥煎一像用辢油煎持明者作念云我今於某甲二人作愛別離苦作是念已從頭食噉彼像未食一半即得愛別離苦

復次成就法持明者先作觀想觀自心爲匹帛想帛爲八幅輪於輪中間有毗盧遮那如來及八大明能作一切事如是想已然後依觀畫輪𣅜像持明者用街道中人棄故帛及生塋

衣或尸陁林中衣得此衣已作八幅
輪同囉惹娑嚩嚓囉訖多用吠嚕左
曩及甘露於前帛上畫毗盧遮那如
來及八大明如是畫已能作一切事
若用此幡安曼拏羅南方作法能除
設咄嚕若安西方能作息災若安北
方能發遣設咄嚕若安東方能作愛
別離若若安東南隅能作一切事若
安西南隅能作魑魅於此曼拏羅方
隅等安前輪像持明者所作之法決
定成就諸持明者隨儀作法須要了
知二種曼拏羅内心觀空爲出世法
外畫作法即世間法如是二諦眞俗
等觀是則善解如來最上大乘儀
軌能作一切方便利益之事
復次成就法持明者用摩蹬伽女屍
行人於黑月十四日往尸陁林中作
八箇佉你囉木橛以油及牛皮裹於
木橛打於八方用屍坑内瓦礫屍灰
屍炭作三角曼拏羅每角上畫一三
叉豎立於曼拏羅中間畫必隸多主
三面六臂眉赤黃色眼目瑩淨利牙
齩脣作驚畏十方相復於曼拏羅中

依法安前摩蹬伽女已持明者以五
如來三昧藥及吠嚕左曩等藥塗自
身已起首作成就法持明者用五箇
魚殺羊肉人肉於曼拏羅前安坐食
魚肉等及飲酒已即誦大明求隨意
成就法時摩蹬伽女經一時間作於
大笑時有鬼等所化鷲鳥野狐獯狐
及鼠等圍繞曼拏羅作種種惡聲持
明者見聞如是大惡祥瑞不得怖畏
即告彼言善來汝女持明者用五種
三昧藥及五甘露獻閼伽彼女受閼
伽已現本相而住持明者告彼女言
施我一切成就所有聖劍聖鉞斧罥
索骨朵頻尼波羅輪羯拏野槍檮杵
旗幡花鬘聖藥眼藥吠嚕左曩藥塗
足藥及囉惹位乃至降伏夜叉夜叉
女部多部多女嚱馱哩嚩女天女龍
女及羅刹女等如是一切願得成就
尒時持明者復獻閼伽已所欲之事
悉得隨意諸持明人得成就已勿爲
自身利益安樂一切衆生如是持明
者清淨勇猛心無畏者於諸佛前安
慰稱讚唯發菩提心諸佛見已讚美

行人善哉善哉汝能得於最上成就
之法世間無有能破汝者
復次成就法持明者先收一端正福
相不損壞者人屍然後於黑月八日
或十四日往尸陁林中或寺院内用
屍炭屍灰瓦礫人骨同爲粉畫一曼
拏羅作四方四隅安四門樓用必隸
多鬘爲嚴飾以人肉爲幢安前人屍
以紅色花供養然後求最上成就持
明者於黑月八日或十四日躶形被
髮用油及前藥等塗於自身即内觀
空智不生不滅離於取捨外觀儀軌
依法具足如是於黑月八日或十四
日起首作法持明者手執利劍作大
無畏相以左足踏前屍胷上專心顧
視如前持誦已食於酒肉内心志求
成就或半時一時二時中於曼拏羅
四門次第出現必隸多及必隸多鬘
内亦有諸必隸多各各現自本形作
大惡賀賀等聲白持明者言汝於此
處求何成就當爲我說時持明者聞
是語已作念所求中間時諸必隸多
悉皆起立身長百千多羅樹高作大

惡相持明者見此惡相不得恐怖但依三時而住告彼頻那夜迦天言汝今善來依我所願當施成就所有十方夜叉羅刹鬼神等降伏承事皆隨我意乃至囉惹之位及彼聖劒寶棒箭鉤種種聖藥隱身通入大龍宮降阿蘇囉女獻馱哩嚩女夜叉女天女持明天女等種種所求之事與我成就作是語已時持明者所願圓滿悉能勾召降伏阿蘇囉等一切鬼神一切天女及聖藥等皆得自在無有難作如金剛薩埵而無有異

復次成就法持明者先擇作法成就之地或尸陁林中鬬戰之地或努摩舍旃陁羅舍或四衢道三衢道或大自在天神祠内如是等處當須寂靜持明者晝一最上曼拏羅已求一無損壞摩蹬伽女屍裝嚴其身用尾目怛囉塗彼女屍安於曼拏羅中心於曼拏羅東西二方安擐嚕迦南北二方安賀娑多周匝安烏那囉鬘外畫金剛界圍四隅安立四箭持明者如是作曼拏羅已食五種三昧藥及飲酒已獨自作法若用同伴人依法揀擇心無怖畏斷除疑惑言行真實樂行布施堅固不退具大智慧明了祕密先受灌頂住此三昧者可得同作成就之法若不具前行非三昧住者終不成就譬如食風而無所濟因行既戲果報寧有是故持明者依此軌儀持法精熟必得成就時持明人於摩蹬伽女前起首作法先用葷辛飲食為十方鬼神出生已即用毗盧遮那五如來等五種三昧藥以為飲食及塗自身已發清淨心勇猛無畏躶形披髮於摩蹬伽女左邊而坐食人肉殺羊肉飲酒持明者於此飲食心無二相離妄分別食如非食作成就法彼摩蹬伽女心思馳走時持明者知此法成復作儀法彼摩蹬伽女忽然而立告持明者言善哉善哉善解妙法持明者聞已不得共語時同作法人作大無畏相問彼女言汝作何事彼女荅言持明者未有教旨我無所作時摩蹬伽女見彼默然作大戲笑所有十方必隸多鬘一切亦作大笑告持明者言何不與意旨如是言時同伴作法者手執人骨劒亦作大笑作金剛步經行十方以劒盤旋時一切鬼神等見大聖劒滿虛空界從空來下各斷本身作大怖畏時持明者即誦發吒當食人肉及殺羊肉飲酒已前一切鬼神等告持明者言救護我等時持明者面向鬼神以左手撫背而作安慰如前復食時摩蹬伽女言汝得成就法一切所欲隨行人意持明者即誦三吽字已復食如前時摩蹬伽女歡喜親近推拓行人持明者發菩提心安住三昧心無二相作此法已告同伴人言汝持座來彼人聞已誦紇哩紇哩字而作歡喜之間現自本身帶甲騎馬以手執劒即取劒出鞘作大忿怒利牙齧脣誦三吽字時持明者即舒右手向前接劒劒既入手具大神通騰空往復一切自在所有眷屬及同伴人俱得神通隨持明者往諸天界入彼八十俱胝持明天女宮中彼諸天女與同伴人為眷屬承事當得灌頂王位及其眷

屬當受快樂騰空自在於瞬息間從閻浮提界往西瞿耶尼北俱盧洲東勝身洲已復過七重大海及七金山日宮月宮至妙高山上乃至他化自在天那羅延天如是復至崑崙山中入補陁落迦山見觀自在菩薩於菩薩處聽聞妙法因緣成熟得於世間最上成就所有世間虛空界内聖劒持明天中此持明人得爲彼主

復次成就法持明者用佉你囉木爲劒或人骨爲劒以手執劒及娑哩也同三布吒巳於黑月八日或十四日選風雨日作成就法令持明者速得成就若復有人殺十婆羅門及屠殺牛羊等乃至獵師種種殺害如是罪惡之人或遇善緣見聞佛教迴心向善依法儀軌作成就者於半時中即得成就除小根衆生不見佛不聞法邪魔外道少智寡聞不受佛勅不受灌頂妄言我受灌頂及得師盲不樂大乘毁謗眞理如是等人於此一切智智甚深祕密成就之法不得見聞及隨喜等

復次說成就法持明者於黑月八日或十四日起首作法用涤家女或皮作家女或旃陁羅家女或拏摩等女所用皆得持明者往摩蹬伽舍中用咻嚕左曩等五種藥及酒人肉狗肉猪鷄等肉復用囉惹莎隸囉訖多如是同和作曼拏羅闊五弓量形如圓月用前具相摩蹬伽女安曼拏羅中令彼女手執利刀及滿髑髏血於曼拏羅周匝作人肉幢於四方各安一酒瓶復用前肉安曼拏羅五處持明者裸形被髮誦於吽字繞曼拏羅次食於前肉及飲酒渠彼女口高聲唱言此地國城聚落所住鬼神等我今請召飲食供養如是三召已持明者作舞時國城聚落所有部多及部多女唧吒唧致羅刹羅刹女剛目吟你必舍唧夜乂女等悉來告言童女汝今速起食此飲食如是言已童女即起與彼衆會同食飲饌皆生歡喜告持明人言呼我何作復言汝爲驚怖耶求童女耶汝即小根無上品成就法即得下品法時持明者即作是念我身即是頻那夜迦天依法承事作成就法云何與我下品法作是念已即誦吽字獻彼閼伽即皆驚怖所有夜乂女孈馱哩嚩女部多及部多女必舍左如是鬼神等悉皆施與持明行人成就之法各還本位巳持明者發大無畏心坐摩蹬伽女身上食於酒肉至須臾間聞空中言當求何事持明者聞巳觀想所求之事用左手小指按彼女身時頻那夜迦天白持明者言汝得成就法時持明者聞是語巳用左手拖彼女身即得騰空神通自在往孈馱哩嚩城彼有無數百千那由多孈馱哩嚩持明者得爲彼王此成就法若有不持齋戒福德尠薄作大罪業不得師教者但能了知三昧通善儀軌者作頻那夜迦天成就法所作皆成何況受持禁戒違師教旨豈不成耶

比丘禪甫樹德謹板

復次成就法持明者用産衣於衣上畫頻那夜迦天像八臂三目頂戴冠鬘髻青潤右第一手持金剛杵第二手執金剛鑠第三手執箭第四手

執鉤左第一手執輪羅第二手執弓
第三手執鉞斧第四手執曰月索及骨
朵坐必鵜多身上食於究冢作驚怖
三界大惡相能守護諸佛三昧能施
行人一切成就除小根衆生不得成
就非此大乘儀軌之器若持明者畫
前像已於此像前依本法儀軌著紅
色衣以紅香塗身獻紅色花先於内
心作護摩求降伏敬愛然後用阿鉢
摩哩誐木燒火用阿羅訖多迦藥八
百以酥搵過作護摩八百徧所稱名
者至三日内速得降伏敬愛若用鉢
羅舍木如前作護摩所稱名者即得
熱病若要止息用蜜作護摩速得如
故若用燒屍柴搵芥子油作護摩八千
徧所稱名者速自馳走不久除滅復
用酥作護摩復得如故
復次用顉摩木燒火以攮狐烏及曼
陁羅子粹油同和作護摩所稱名者
即得心風身分乾枯東西馳走不久
命終
復次用屍柴燒火以酥滿杓作護摩
一百徧後用毒藥鹽芥子曼陁羅子
顉摩樹葉同和作護摩至七日滿所
稱名者得愛别離苦
復次用骨搵芥子油作護摩至七日
内彼得命終
復次用阿說他木燒火以油麻蕎麦
用毒藥水同和已作護摩八百徧彼
設咄嚕速得惡瘡疾病若用象皮爲
粖以酪同和作護摩亦得前病此護
摩儀是中成就法諸持明者欲作此
法以慈悲爲本利樂爲先饒益有情
方便攝化可作成就若用究觀之見
取捨之情而作此法定不成就復招
重罪
復次護摩成就法爲持明者出世之
行持明者先受五如來五種三昧藥
當自食及塗身已用前藥於屍火内
作護摩所稱名者速來敬愛若用羖
羊肉持明者自食及塗身已復用餘
肉作護摩所稱名者乃至囉惹與其
眷屬及人民等皆悉降伏尊重敬愛
復用人肉持明者自食及塗身已餘
者爲香燒及作護摩所稱名者當得
敬愛
復次持明者食象肉及作護摩所稱
名者得於魑魅家財隳散人物别離
都無顧視
復次持明者食於馬肉及塗身餘爲
香燒及作護摩所稱名者速得敬愛
如是作法若滿七日得設咄嚕速離
本國永不得還
復次持明者用驢牛等肉自食塗身
及作護摩心所求願悉得滿足
復次持明者用猪血鵝肉及五種三昧
藥同和作護摩所稱名者得大怖畏
來求意旨欲作何事隨行人意
復次持明者用孔雀鵝鴿頭及指爪
及馬膽水牛舌同以屍柴燒爲灰當
用塗身得天人夜叉等降伏敬愛
復用松脂必哩焰虞香雄黃娑哩惹
囉娑香象脂酥以羖羊尿和合陰乾
爲香燒熏癘病者所有隔一日二日
三日四日乃至隔一月者癘及常發
者癘速得消除如是等香是頻那夜
迦天祕密儀法作大利益觀關之者
勿生疑惑
復次隱身成就法用蘇嚕多悉曩糵

佩惹哩吒及頻婆果兎眼馬汗沫同和為香用屍火燒香煙初起而得隱身乃至天眼亦不能見何況凡人

復次隱身法於黑月內用黑水牛胎衣黑沉香黑牛馬膽用漿水和為香以屍火燒於黑月內遊行即得隱身如前無異

復次白月內隱身法於白月內用白水牛膽及衣及白沉香亦用漿水和為香如前法燒持明者於白月內而自遊行速得隱身

復次成就法用黃牛胎衣陰乾以麻油和為五丸復用五種三昧藥搵彼五丸藥後用旃陁羅迦你也切鉢囉他摩布瑟波囉詵多以燕脂搵過復用三鐵裹前藥丸持明者含藥一丸隨意遊行所在之處而得隱身無人能見唯聞語聲若以藥丸戴在身邊得囉惹心生敬愛

復次持明者此頻那夜迦天成就之法若人不依儀軌受持我法自非了知而生謗毀非是上法得不成就此是愚癡寡學根器淺劣非法器者我於千界所說經法種種性相皆歸一義一義湛然入真實際非世間心思量所及是無上法與一切諸佛所說妙法不增不減本來無二是故佛說無上金剛薩埵頻那夜迦天成就儀軌

金剛薩埵說頻那夜迦天成就儀軌經卷第四

金剛薩埵說頻那夜迦天成就儀軌經卷第四

校勘記

一　底本，金藏廣勝寺本。

一　六四九頁中二〇行「悉得」，[石]作「悉皆」。

一　六五〇頁上三行「當施」，[徑]作「當時」。

一　六五〇頁上一〇行首字「能」，[石]作「皆」。又「勾召」，[磧]、[普]、[清]作「句召」。

一　六五〇頁上一三行第八字「者」，[資]、[磧]、[普]、[徑]、[清]作「不」。

一　六五〇頁上一八行「裝嚴」，[徑]作「莊嚴」。

一　六五〇頁中七行至八行「軌儀」，[徑]、[清]作「儀軌」。

一　六五一頁上四行「妙高」，[徑]作「高妙」。

一　六五一頁下二一行末字「䄂」，[石]、[資]、[磧]、[普]、[徑]、[清]、[麗]作「冠」。

一　六五二頁中一五行第八字「如」，[石]作「如施主」。

大宋新譯三藏聖教序　千

御製

大矣哉我佛之教也化導羣迷闡揚宗性廣博宏辯英彦莫能究其旨精微妙說庸愚豈可度其源義理幽玄真空莫測包括萬象譬喻無垠綜法綱之紀綱演無際之正教拔四生於苦海譯三藏之秘言天地變化乎陰陽日月盈虧乎寒暑大則說諸善惡細則比於恒沙含識萬端弗可盡述若窺像法如影隨形離六情以長存歷千劫而可久須彌納藏於芥子如來坦蕩於無邊達磨西來法傳東土宣揚妙理順從指歸彼岸菩提愛河生滅用行於五濁惡趣拯溺於三業途中經垂世以難窮道無私而永泰雪山貝葉若銀臺之耀日歲月煙蘿起香界之自遠巍巍罕測杳杳難名所以道貫十聖德被三賢至道起於乾元衆妙生乎太易總繁形類嚴鑒昏明絕彼是非開茲蒙昧有西域法師天息災等常持四忍早悟三乘翻貝葉之真詮續人天之聖教芳猷重啓運偶昌時潤五聲於文章暢四始於風律堂堂容止穆穆輝華曠劫而昏墊重明玄門昭顯軌範而彌光妙法淨界騰音利益有情俱登覺岸無成障礙救諸疲羸冥昧慈悲浩汗物表柔伏貪佷啓滌昏愚演小乘聲聞合其儀論大乘正覺立其性合靈悟而蒙福藏教缺而重興幻化迷途火宅深踰雖設其教不知者多善念生而無量潛臻惡業興而隨緣皆墮調御四衆積行十方澍花雨於金輪護恒沙於玉闕有頂之風不可壞無際之水弗能漂澄寂湛然圓明清淨之智慧性空無染妄想解脫之因緣可以離煩惱於心田可以得清涼於宇宙朕慙非博學釋典微開豈堪序文以示來者如麋螢爝火不足比之於皎日將微蠡量海未能窮盡於深淵者哉

佛說妙吉祥最勝根本大教經卷上

西天譯經三藏朝散大夫試光祿卿明教大師臣法賢奉　詔譯

焰鬘得迦忿怒明王成就儀軌分第一

尒時妙吉祥　化身大明王　名焰鬘得迦
徧身熾焰光　甚惡大怖畏　令諸大明王
驚怖器杖落　天人阿修羅　恐怖而合掌
悉皆歸命禮　稱讚俱胝數　見斯大焰光
熱惱心如火　如是而白言　唯願大明王
止息大惡相　光明大熾焰　徧照於十方
三界諸天人　及彼修羅等　驚怖歸三寶
頂禮佛法僧　即時大明王　息惡化善相
具足大威德　妙吉祥化身　天人修羅等
俱白大明王　云何行精進　種種而承事
恭敬供養等　而得大歡喜　方便為開演
斷除我等疑　尒時大忿怒　焰鬘得迦王
如是聞彼語　告天修羅等　汝各具威德
歸依佛法僧　三寶勝功德　信順如來勅
利益諸衆生　我止大惡形　化為妙善相
已受三歸者　當發菩提心　我有根本教
大明成就法　七字十字等　如是成法句
一切諸天人　及彼阿蘇囉　汝等當受持
所願皆成滿　此焰鬘得迦　忿怒根本教
我親所說時　大地皆震動　江海悉沸騰
一切諸天人　夜叉羅叉娑　及以必舍佐
身心俱顫掉　怖畏大明王　各發恭敬心
合掌俱作禮　受持大忿怒　焰鬘得迦王

根本心大明　為護世正法　於彼三界中
一切人天內　作成就儀軌　最勝最第一
焰鬘得迦王　親自而宣說　一切諸天人
信受俱歡喜　天上及人間　恭敬頭面禮
百千菩薩衆　依法自修習　廣行慈悲行
如是此大教　妙吉祥根本　清淨儀軌法
成就第一分

焰鬘得迦必隸覩得羯吒曼拏羅成就儀軌分第二

復次最上曼拏羅儀軌能於三界作大怖畏能施所求一切滿願此名必隸覩得羯吒曼拏羅成就法持明行人先須揀擇所樂之地或大樹之下或尸陁林中或空舍內或四衢道路之傍或於山間或二塔中間或園林內或山頂上或河岸海岸或牛欄內或鬬戰之地或大自在天祠及諸寂靜之處隨自意樂當建曼拏羅復須依法潔淨於彼地內所有荆棘瓦石砂礫骨髮檝木等不潔之物悉皆除去然後以五藥淨水合瞿摩夷塗曼拏羅地時持明者經宿沐浴淨持齋戒志意專心誦此大明作自擁護復

次以兜羅綿或麻合三股線絣四方曼拏羅先從東方起首四方四隅次第依法如是絣已用屍灰粉於曼拏羅四方四隅作於四門唯開南門餘三常閉曼拏羅中心粉一蓮花復於東北隅起首依法次第以屍灰畫諸賢聖及寶杖印於曼拏羅四門各畫一必隸多形中間蓮花上畫第五必隸多形以髑髏為裝嚴如是曼拏羅中一一依法悉令周足復次曼拏羅有其八種闊一肘曼拏羅為常供養儀闊二肘曼拏羅為消災增益儀闊三肘曼拏羅為發遣設咄嚕儀闊四肘曼拏羅為敬愛句召儀闊五肘曼拏羅為攘災除病儀闊六肘曼拏羅為除魔及宿曜儀闊七肘曼拏羅為句召諸天敬愛儀闊八肘曼拏羅為一切所求成就儀如是八肘已上作者非依儀軌必不成就持明者畫曼拏羅已以滿鉢盛香水滿鉢盛種種妙花及沉香旃檀香安息香酥燈油燈如是依法次第安置必得成就

復次或作大惡曼拏羅法持明者用

涅哩鉢娑為燈以酒肉魚及種種飲食當用出生即行人作禮諸佛發菩提心時持明者依法自畫曼拏羅內賢聖形像及標幟等如不能畫依法觀想曼拏羅蓮花之上有微妙字化成必隸多得羯吒復想曼拏羅四隅各一寶杖四門各一必隸多即誦必隸多大明如是誦已復想曼拏羅內八種標幟其名曰賀悉多波那尸囉娑建馱部惹羯嚕吒親那左哩摩捺囉設嚩摩攞如是想已誦此大明而作現前然後請召焰鬘得迦大忿怒明王入自心中身黑色大惡相具大威德徧身熾焰六面各有三目目作赤黃色頭髮及眉皆赤黃色六足足踏必隸多十二臂右第一手作施願印第二手執鉤第三手執三叉第四手執劍第五手執寶杖第六手執鉞斧左第一手執髑髏第二手執旗第三手執部摩嚕第四手執罥索第五手豎頭指第六手執寶杖用半乾半潤人頭為鬘飾虎皮為衣身大腹廣面作種種忿怒相惡色變動如海沸騰

現相不定或作忿怒相或作善相或作大惡相或作怖畏相或開口出舌或露現牙齒如是依法粉畫觀想亦然如是想已以香水獻閼伽及紅色花於必隸多頂上復用赤檀香花及花鬘獻焰鬘得迦明王頂上即誦焰鬘得迦明王心大明持明者觀想此明王心大明入自心中誦頭大明想在頭上誦頂大明想在頂上誦甲胄大明想為甲胄如是觀想已復誦香大明即獻香然後於曼拏羅四方四隅各燃於燈供養即以種種飲食及上妙香花獻焰鬘得迦忿怒明王復以種種飲食出生獻必隸多及一切鬼神等復用滿鉢淨水滿鉢好香安置曼拏羅外然後依法令受法弟子沐浴潔淨已即誦忿怒明王大明加持一花令彼弟子以二手指執此一花而復用帛覆於頭面念三寶名時阿闍梨引弟子入曼拏羅內令發菩願即便拋花向曼拏羅中與去面帛認本尊阿闍梨與弟子說寶秘印及三寶秘密三昧即即以香花水

灌弟子頂復以香花供養所有忿怒明王心大明授與弟子時弟子受大明已頭面作禮隨力布施供養阿闍梨弟子所願之事必得成就復用滿鉢香水安曼拏羅東邊獻明王閼伽水時阿闍梨即誦發送大明發送焰鬘得迦大忿怒明王歸於本位於曼拏羅獻閼伽水如是依法常作能得世間廣大無等之福

忿怒明王必隸覲得羯吒曼拏羅大明成就儀軌分第三

復說曼拏羅中第一必隸多大明曰

唵引薩莫薩哩嚩二合怛他引誐帝引毗藥一二合必隸二合多目佉二佉引那迦婆嚩引二合賀三引

復說曼拏羅東門必隸多大明曰

唵引必隸引二合覲引攞迦引二合野一吽引登吒半音二

復說曼拏羅南門必隸多大明曰

唵引必隸引二合多鼻引鬘引怛迦一吽引登吒半音二

復說曼拏羅西門必隸多大明曰

阿引唵引必隸引二合多一入嚩二合攞二登吒半音三

復說曼拏羅北門必隸多大明曰

唵引乞叱二合鉢囉二合必隸引二合覲一引得羯二合吒二吽引登吒半音三

復說曼拏羅四隅寶杖大明曰

唵引曩莫沒馱達哩摩二合僧祇毗藥一二合薩哩嚩二合怛他引誐帝引毗藥二合阿引骨嚕引二合馱尾惹野三引佗你二合入嚩二合哩多四吽賀嚩引五二合必隸二合引多始囉六吽引登吒七半音

請召焰鬘得迦明王大明曰

唵引曩謨引沒馱達哩摩二合僧祇引毗藥一二合骨嚕引二合達嚩羅尾引囉二合沙二三摩曳引曩三阿誐蹉四引誐蹉五唵引阿引吽六引賁難必隸二合引多娑𡁠七必隸二合引覲引得羯二合吒八嚕乞嚕乞叉二合娑嚩引二合賀九引

必隸多鬘大明曰

唵引曩莫薩哩嚩二合怛他引誐帝引毗藥一二合必隸二合引多摩引隸二引尾訖哩二合帝三引虞嚕四也二合閉四引尾迦引囉目邦五薩哩嚩二合洛乞劍二合鉢祖切仁抳悉䏶二合引六吽引登叉吒七半音

十七徜妙字大明曰
阿(一引)骨嚕(引二合)提(引)迦焰曼(引)得迦(二)
賀曩(三)摩他(四)吽惹(五)吽(引)發吒(引半音六)
明王心大明曰
唵(引)阿(一引)吽(引二)此明爲擁護
觀想明王頭大明曰
唵(引)迦(引)攞吽發吒(一半音)
觀想明王頂大明曰
唵(引)野曼得枳(引)羯尾(引)囉(一)吽(引)發吒
(半音)
觀想明王甲冑大明曰
唵(引)入嚩(引二合)攞(一引)入嚩(引二合)里多尾佗囉
(一合)賀(二)吽(引)發吒(三半音)
觀想明王器仗大明曰
唵(引)伏(引)嚩莎旦(引)多迦(一)吽(引)發吒(二半音)
如是焰曼得迦明王六明於身五處
觀想
獻閼伽大明曰
唵(引)伊迦尾(引)囉(一)野曼(引)怛迦(二)尾
娑囉(二)尾娑囉(四)娑嚩(引二合)賀(五引)
獻塗香大明曰
唵(引)囉訖多(一二合)唧底(二)輸尼多(引)哩
捺囉(三二合)蘇嚩馱(四)尾佗囉(二合)賀

佛說妙吉祥最勝根本大教經卷上　第十張　六

娑嚩(引二合)賀(引五)
獻花大明曰
唵(引)祢摩也(一二合)薩囉(二合)佗摩(引二合)
攞也(引二合)馱(引)哩尼(引)娑嚩(引二合)賀(三引)
獻香大明曰
唵(引)唧底一度波(二)必哩(二合)夜(引)野娑
嚩(引二合)賀(三引)
獻燈大明曰
唵(引)祢麼也(一二合)吩蹹(引二合)底瑟摩(二合)
帝娑嚩(引二合)賀(二引)
一切飲食出生大明曰
唵(引)薩哩嚩(引二合)弥試(引)阿嚩賀(引)哩
尼(二引)娑嚩(引二合)賀(三引)
獻一切飲食及出生大明曰
唵(引)祢摩焰(引二合)曩部(引)弥你(一引)賀
囉賀羅(二合)訥凌(引三合)訥凌(引三二合)訥凌(引二合)羯娑嚩
(引二合)賀(引四)
必隸觀得羯吒曼拏羅中獻食及出
生大明曰
唵(引)窟窟你一必隸(引二合)覲(引)得羯(二合)
吒(二)必哩(二合)多摩(引)隸(三引)攞里你(一)窟
朗(引二合)窟朗(引二合)窟朗(引二合)窟朗(引五二合)必勵(引六二合)必
勵(引二合)底始吠(引七)訥凌(引二合)訥凌(引二合)訥

佛說妙吉祥最勝根本大教經卷上　第十一張　千

凌(引八二合)窟窟你(九)佗哩(二合)根拏(十二合)
末凌娑嚩(引二合)賀(引十一)
忿怒明王必隸觀得羯吒寶杖印曼
拏羅祕密供養儀軌分第四
復次妙吉祥化身焰曼得迦明王
大無畏身有無量光明依三寶儀
法以手結印右手安前而現三昧
拇指常密餘指緊作拳此是寶杖
印時持明人用心大明或別明與
此印同用不得違越此寶杖大明曰
曩謨(引)沒馱達哩摩(二合)僧祇(引毗藥)
(一二合)阿(引二)薩哩嚩(二合)怛他(引)誐多(三)
骨嚕(引二合)達尾慧野(四)阿佗你(二合)
入嚩(二合)里多嚩賀嚩(五二合)必隸多始
囉(六)吽(引)發吒(七半音)
此寶杖明并印亦名忿怒明王心明
能作清淨能化器仗能調伏諸魔
復說必隸覲得羯吒曼拏羅內寶杖
印儀時持明者依法用屍灰於寶杖
尖上畫一必隸多頭只得在曼拏羅
內畫外不得畫兼持明人求成就者
若求此杖一切所須無不成就
復說彼寶杖印成就法如前必隸觀

佛說妙吉祥最勝根本大教經卷上　第十二張

得羯吒曼拏羅作四方四隅及於中間九處各安寶杖印如是句召供養與此明王大明同用而為最上大明曰

唵引唵引曩謨引沒馱達哩摩二合僧枳引毗藥二合阿引阿二引薩哩嚩二合怛他引誐多三骨嚕二合引馱尾惹野引仡你吽二合入嚩二合里多吽賀嚩二合必蘇引二合多始囉吽引吽引發吒半音五

此寶杖印大明於一切成就法中最上最勝能作廣大成就復說供養觀想法想畫一蓮花花作八葉為四方四隅從東方起首依法次第於四方四隅及花中間各安微妙字復作結界想吽字在寶杖必隸多頭上想唵字而作現前想唵曩莫字為供養阿上聲字為焰鬘得迦明王最勝三昧

大明曰

唵引曩謨引沒馱達哩摩二合僧枳毗藥二合一薩哩嚩二合沒馱引毗二僧寧覩二合多三

先誦此明為歸命三寶然後用一切

寶杖各各本明及本三昧而作忿怒顧視於剎那間一切所求皆悉成就此是如來所化

復次依法各誦本大明已誦阿上聲字作最勝焰鬘得迦明王顧視為本三昧後誦吽字所有息災增益敬愛句召調伏發遣等一切成就若持明人作息災法先用唵字及本大明後誦別大明此是如來三昧能息一切災難若先誦大明後誦吽字及焰鬘得迦大明此是如來相能作最上事若敬愛法依大明本法後誦莎賀字能令諸天敬愛行人欲求大富當誦如來部大明如是常作必得大富若作增益法亦誦本大明後誦吽字速得增益若殺設覩嚕先誦吽字後誦發吒字即能殺彼若欲發遣先誦吽字後誦本大明及發吒字作祕密供養而能發遣如是前曼拏羅四方四隅及中間九處所有寶杖雖以香花供養飲食出生若不持誦大明終不得成如是增益敬愛息災調伏殺冤等法彼持明者了知祕密印法及曼拏羅等儀軌

周足不在擇日擇時占觀星曜亦不假志持齋戒沐浴清淨等自然成就滿一切願若持明者發善提心以香花果子飲食等隨力供養焰鬘得迦明王誦彼心大明滿六箇月隨意所求皆得成就

忿怒明王必隸多曩毗寶杖印曼拏羅祕密供養儀軌分第五

復次持明者於夜分往尸陁林中以屍灰畫四方曼拏羅作四門上用絲帛為仰塵懸拂鏡花鬘復於八方安八髑髏燃燈八盞中畫半屍屍上畫寶杖印別畫一必隸多此名必隸多曩毗曼拏羅能作一切成就時持明者依法出生供養即誦大明一洛叉令法精熟以髑髏滿盛輸尼帝獻寶杖印持明者用赤檀塗身潔淨已著赤色衣以大明甲冑為自擁護後用有辯辯勇猛精進者三人為同伴於黑月八日持明者止息諸根令心寂靜與前三人同入必隸多曩毗曼拏羅持明者安定而坐以手結印誦此大明或見種種魔境不得怯怖竟夜

持誦必得成就降魔除冤最爲第一
乃至難成之法速得成就
復次持明人持焰鬘得迦大明已即誦吽字及誦賀曩尾娑怖吒伴惹伴惹等大明時持明者作忿怒相立如彝勢經刹那間能令山岳及州城樓閣等悉皆破壞
復次持明者先誦吽字次誦捺囉尾娑怖吒伴惹伴惹等大明能破裂山河大地及開阿蘇囉宮門乃至一切所求皆得隨意
復次先誦吽字次誦鉢左尾特鑁娑鑰沙野等大明能枯涸流泉池沼乃至江河大海
復次先持吽字次誦娑播娑能禁伏一切魔事若誦兩徧能禁他軍全無動用如壁畫人
若先誦吽字次誦訥麥能令設咄嚕惶亂或與前二句同用所作皆成若作忿怒相持誦能令他軍自亂馳散
若先誦吽字次誦底瑟吒底瑟吒此明能禁伏羅惹若先誦吽次誦賀曩尾特鋑二合娑婆摩囉野發吒等能滅

他軍若先誦吽字次誦揭揭佉呬佉呬等能令他軍速自作亂若先誦吽字次誦發吒吒訥凌二合訥凌二合鄭鄭訥凌二合訥凌二合如是此明能殺設咄嚕
若先誦吽字次誦賀賀賀引賀引吠微多囉發吒若先誦吽字次誦賀賀賀引賀引等發吒此二種明能成就世間一切之事
若先誦吽吽次誦訥凌二合訥凌二合鄭鄭訥哩發吒此明能一刹那間廣利世間如是明王所說儀軌印法脩習精熟持誦之間護持一切菩薩三昧作一切事隨意成就
復次持明者起首作成就法先誦一洛叉令法精熟即便作法若法奉成用前如來三昧及句召大明後用頂禮大明及唵字已復唵字爲第一阿引字爲第二吽字爲後句如是誦忿怒明王大明句已復誦吽字次誦唵字阿引字後誦吽字如是誦已復誦如來大明即密結印法誦大明一洛叉能作一切成就此是依法精熟

儀則若不成就當復依前法作若不依法作持明者自得破壞
此最勝焰鬘得迦明王法印所在之處彼持明者依法持誦能成就一切事乃至世間出世間能作成壞眞實不虛於七由旬外能調伏魔冤及部多必舍多吠多拏等皆能破壞乃至句召諸天息災除患殺設咄嚕依此三昧心印儀軌具足明王歡喜以大威勢能令行人所作成就此是焰鬘得迦最上大無畏明王心印亦名寶杖印秘密法

佛說妙吉祥最勝根本大教經卷上

乙巳歲高麗國大藏都監奉
勅雕造

佛說妙吉祥最勝根本大教經卷上

校勘記

一　底本，麗藏本。

一　六五四頁上一行至本頁中二〇行序文，磧、普、南、徑、清無。

一　六五四頁中二二行譯者，徑、清作「宋西天三藏朝散大夫試光祿卿明教大師法賢奉詔譯」。以下各卷同。

一　六五四頁下二二行第五字「掉」，普作「悼」。

一　六五五頁上二行「人天」，磧、徑、清作「天人」。

一　六五五頁上一八行首字「静」，石作「淨」。

一　六五五頁中九行「裝嚴」，普作「莊嚴」。

一　六五五頁下四行「摽幟」，磧、普、南、徑、清作「幖幟」。九行同。

一　六五六頁上一二行「飲食」，磧、普、南、徑、清作「餘食」。

一　六五六頁上一八行「手指」，石、磧、普、南、徑、清作「手指」。

一　六五六頁中二行第一三字「受」，普、南、徑、清作「授」。

一　六五八頁上一七行正文第五字「焰」，石作「焰焰」。

一　六五九頁上三行第五字「人」，磧、普、南、徑、清作「又」。

一　六五九頁上九行第三字「吒」，徑作「叱」。

一　六五九頁上一一行「隨意」，徑作「成就」。

一　六五九頁上一二行末字「娑」，磧、普、南、徑、清作「婆」。

一　六五九頁上末行「婆娑」，石、磧、普、南、徑、清作「娑娑」。

一　六五九頁中七行第六字至次行正文第五字「若……吒」，徑無。

佛說妙吉祥最勝根本大教經卷中

吠多梨印成就句召儀軌分第六

西天譯經三藏朝散大夫試鴻臚卿明教大師臣法賢奉　詔譯

復次焰鬘得迦明王根本十七字大明名吠多梨祕密心印能於焰鬘得迦大無畏明王作大歡喜彼持明者或於禁縛之地或尸陁林等如是處所現前持誦必得成就此吠多梨印法焰鬘得迦明王自說

以二手指相交二無名指入掌內二頭指屈如鉤二拇指安小指上復二拇指作顛倒展舒如是吠多梨印法真實不虛有大威力時持明人於賀賀部多曼拏羅中依法持誦十七字大明用此吠多梨印一切所欲能施成就今說忿怒曼拏羅如前必隸覩得羯吒曼拏羅作四方四隅只闕一肘不得增減於彼八方各燒其火曼拏羅四門各安戍攞於戍攞上各安一必隸多曼拏羅中間亦安一必隸多散被頭髮復安必隸多鬘如前必隸覩得羯吒曼拏羅儀軌

時持明者想十七字大明在曼拏羅半屍上化成焰鬘得迦明王十二臂六面六足徧身熾焰作大惡相如是想巳誦必隸覩得羯吒大明以香花供養然後用摩賀滿娑而為出生以葷茹為香別物非儀時持明人結吠多梨印以香花供養及出生等復於曼拏羅外八方燃燈用尸陁林中木柴或木簽柴及摩賀帶攞用佉祢羅木為杓於曼拏羅南門作護摩七徧如是作巳復作明王成就法時持明者但能明善曼拏羅法雖不持誦精熟亦得成就

時持明者用不損壞者薩埵一箇安置曼拏羅南門行人安想吠多梨印於薩埵心上即以明王大明加持淨水沐浴薩埵用赤色及青色香花而伸供養復結吠多梨印想焰鬘得迦明王身上五分作自擁護時持明人手執利劒作大無畏相以左足踏薩埵心手結期剋印即誦焰鬘得迦明王大明曰

唵(引)阿(引)骨嚕(引二合)提迦焰鬘怛迦

賀曩摩他畔惹吽引發吒半音
持明者誦此大明一十七字直至薩
埵身漸振動起立現大惡相不住作
大惡聲時持明人以所執利劍割截
自身血肉用爲閼伽獻於薩埵時彼
薩埵知持明者意受閼伽已立於部
多曼拏羅內現大惡相此是持誦大
明之力感焰鬘得迦大無畏明王訖。
貧現相持明者見此相已即結吠多
梨印時明王見此本印息大惡必隸
多相然後施持明者一切願所欲成
就尒時明王即自隱身薩埵倒地變
黃金身與彼同伴三人隨意受用如
是成就之法須是有大德行之人可
許作法若無德行欲作此法及同伴
人俱獲除滅若有行德不善印法亦
被除滅若有德行善知吠多梨心印
是名最上持明阿闍梨於如來三昧
具足成就時忿怒明王決定現前能
施行人一切所願俱獲成就復說大
明曰
唵引曩謨引沒馱達哩摩二合僧祇
毗藥二合引一阿二引骨嚕二合引提引迦三

焰鬘得迦四賀曩五摩他六畔惹七
吽引八吠引多引梨九引唅乞叉二合十
唅乞叉二合唅引十怛他引誐覩引
倪也引二合缽野底娑嚩二合引賀引十二
此是如來三昧吠多梨大明印勅持
明者於曼拏羅內結吠多梨印誦此
大明尒時明王決定現前行入作大
無畏相所欲之事隨意成就
復次大明吠多梨印法亦受一薩埵
用大三昧安曼拏羅內行人復依前
法或於焰鬘得迦明王前或曼拏羅
中或功德像前或尸陁林內或空閑
舍中隨自意樂如是依法持誦一洛
叉令法精熟已依吠多梨印三昧於
空舍內用屍灰作賀賀部多曼拏羅
彼空舍內若有他人暫住其中見此賀
賀部多曼拏羅於七日內必得破壞
依必隸觀得羯吒曼拏羅儀則次第
作供養從曼拏羅南門及北門持誦
吠多梨大明及結本印依本三昧於
黑月八日持明者安定而坐持誦大
明至日出時即得成就能滿一切願
此是最上大明句忿怒明王親說能

作一切事乃至寶杖印作法亦然如
是所說吠多梨印是中等成就法
復次爲貪苦衆生說第三成就法如
是依法次第隨行人所樂之處盡妹
妙必隸觀得羯吒曼拏羅於其中間
安吠多梨印及想忿怒大明字作善
相歡喜即結吠多梨印作供養誦十
字祕密明或十字已上最勝求成就
者當誦此大明曰
唵引阿引吽引覩吠引多引梨唅乂
唅乂鉿引娑嚩二合引賀引
此是吠多梨本心大明依法持誦十
洛叉所在處所隨意作法皆得成就
此祕密明功能廣大能作一切事
復次依焰鬘得迦明王所說大儀軌
法所有禁縛魑魅敬愛調伏殺害咄
嚕發遣鬭諍息災增益句召幻化等
依儀所作必得成就時持明者依法
次第先須持誦精熟然後作此吠多
梨法必得成就又此儀軌有其多種
今此成就法用孔雀尾一百莖令童
女合線繫孔雀尾爲拂以新好佉祢
囉木爲其拂柄柄安一塔於拂皮上

以牛黃畫吠多梨安彼塔中於月蝕
夜往河岸上作必隸觀得羯吒曼拏
羅持明者顧視月黑匈即誦大明至
月蝕退時以左手執拂魔不能障令
孔雀尾自然溫暖漸有煙焰若拂有
溫暖此是成壞之相皆是明王所化
時持明人能為一切眾生作大利益
與諸菩薩而無有異若見煙焰彼人
得如意通能隱沒自身亦能變身如
天女相不老不死證得持明天大吉
祥神通騰空自在常得夜叉女恭敬
圍繞於一切持明天中最上第一能
作一切事亦是明王威力所化時持
明人若見他軍欲來殺害以拂揮擲
他軍即止而不能行乃至所有虎狼
師子毒惡龍象及一切鬼神搖拂之
間悉能禁止不能為害若以背拂復
得如常隱於功用
復說最上吠多梨印祕密眼藥成就
法持明者用摩賀嚩舍安髑髏內至
日月蝕時取此摩賀嚩舍為油以赤
馬藥為燈炷用旃陁羅舍中火燃
燈以髑髏收此燈煙加持一晝夜復

加持一銅箸子已以箸搵藥點於自
眼左右顧視能見障外一切色境如
彼天眼而無有異以水洗眼即得如
常此名最上眼藥成就法
復說魑魅成就法用阿哩迦藥根曼
陁羅藥根過稅摩嚩藥木香謨賀曩
藥根摩賀你擇藥根設囉半元藥必
隸多萎花囉惹捺多藥如是藥等復
用悉帝哩布嚕沙等而行虞呬也事
於黑月八日令童子研前藥為粖後
用悉帝哩囉惹搵前藥粖或搵佉囉
噤多然後於黑月八日用屍灰畫必
隸覩得羯吒曼拏羅加持前藥八千
徧即得成就此藥能令一切人及鬼
神作於魑魅若於鬪諍劫害及火難
王怖之難能於自身而作擁護若以
藥塗彼身至善法堂中帝釋天主亦
令作魑魅若過河澗等即無本力
復說能令一切部多等悉皆入悟能
說種種事成就法用虎皮及你哩謨
迦冒囉誐毒藥欝金謨賀曩藥根
並擣羅為粖用羖羊毋祖囉合和作
丸如豌豆大作七丸或八丸用恭俱

摩香搵或搵兔血如是搵已以藥丸
安在髑髏內於黑月八日夜加持彼
藥八百徧已上別用一器物以恭俱
摩香塗之取前藥安此器內復持誦
八千徧此藥法則決定成就有大威
力然後行人以藥打者剎那之間令
彼入悟說種種事如彼眼見彼入悟
已却收前藥入本器內
復說最上敬愛成就法時持明人須
目適悅然後用喏訖多根奢囉半佉
嚟囉惹捺多溼哩波藥烏鈸嚩多藥
藁及蜂翅如是藥等令一童女擣篩
為粖用巴哩多搵彼藥粖安蓮花內
於黑月八日執持此藥誦大明一千
徧必得成就能令囉惹心生敬愛持
明者以少許藥密入他食他人食已
而生敬愛或以藥粖糝彼衣上亦得
敬愛乃至帝釋天主亦可令彼生其
敬愛如是此藥不能至彼食中及衣
服者或以土木彫塑彼形用於前藥
同以擣羅盛一器內而復加持至七
晝夜彼入自來敬愛歡喜即獻財帛
珍寶等

復次調伏設咄嚕法用孔雀尾摩嚕建祖迦藥馬毛水牛毛曼陁羅子阿私摩嚩花及葷茇如是藥各等分并用囉惹薩同研然後為丸持明者於夜分中依法加持八千徧已復用馬毛猫兒毛同處燒煙以煙熏藥若欲調伏設咄嚕用藥一丸復杵為粖搽彼頭上即得調伏此法是焰鬘得迦明王親說調伏法中此法最上

復次殺設咄嚕最勝法持明者依法相應必獲成就但在志誠無復疑惑如有破滅三寶損滅正法五逆殺害如是惡人可用此法而以調伏非此之類不許作法彼持明者發菩提心作大利益許作此法此是如來三昧利益有情斷除衆惡守護三寶救度四生依法受持乃至龍宮亦能成就若人心懷嫉妬不識良善隨意損他欲作此法乃至夢中莫能成就若彼行人身心清淨崇賢重善具大慈悲廣行救濟導引衆生歸正覺路即許作此成就之法彼持明者取破壞三寶人足下土取得土已發忿怒心用水牛毋怛囉和為泥作彼形像以屍灰塗彼形像用炭棘糠骨等填塞彼像心腹之內乃至耳鼻口眼悉皆填滿於彼像身逆書發吒字時持明者以左足踏彼形像結吠多梨印稱設咄嚕名誦大明八千徧彼諸惡人設咄嚕等速自除滅若作此法害他持三昧等者作法者自得破壞

復說發遣設咄嚕法當用佉祢囉木作橛長八指以橛搵芥子油搵已塗於屍灰用自死烏皮裹彼橛上以赤色線繫之時持明者於夜分中向彼橛前結吠多梨印稱彼人名即誦發遣大明八千徧然將此橛釘埋彼人門前彼設咄嚕自遠而去此發遣儀威力最勝乃至帝釋天主見此儀軌亦須遠離何況惡人

復次有破壞三寶及五逆惡人令互相闘諍皆得磨滅法持明者當用猪血及跛攞怛迦藥如是等藥擣篩為粖用涅哩嚩舍合和已結吠多梨印誦大明八千徧以此藥為香於爐內燒所有破壞三寶造惡之人聞斯香氣互相闘諍種種捶打直至身終及彼妻子眷屬闘諍命終亦復如是乃至州城聚落及彼他軍聞斯香氣破壞亦然

復次幻化之法持明者用屍灰兎血合和一處同入一髑髏內然後作曼拏羅如必隸覩得羯吒曼拏羅內安吠多梨印而作廣大供養於曼拏羅南門隨力用酥及前屍灰作護摩誦大明八千徧作護摩亦八千徧如是作已至明旦時見護摩爐如乾闥婆城即用爐內灰塗白色花上以花擲於空中能現諸佛並在樓閣之內若塗黃花擲於空中能現千數大阿羅漢或塗赤色花擲於空中能現諸天天人或塗青色花擲於空中能現夜叉囉叉娑乃至必隸多拏枳尼恭畔拏等一切能現隨行人意復用淨水加持七徧灑於虛空所現幻法悉皆止息復用烏翅七隻作拂以骨為柄用屍灰塗柄望空搖拂隨意觀想所欲之事隨心化現一切皆成或現人過江河大海或現高之樓閣墮下人

物或現龍王宮殿或現象人聚會或現軍馬交戰如是種種之事俱獲成就若欲止息以左手執拂悉皆不現如是幻法明王自說

復次息災法或為自身或為他人用白色妙花以白檀為塗香塗於白花依法結吠多梨印誦大明一千八徧加持已行人於貫海流者江河即往河中用前白花每朵加持一百八徧即擲河中如是作法大惡災難速得消除乃至國界州縣隍城聚落王臣黎庶一切災難依法持誦悉得消除

復次增益法持明者於舍利塔前周匝排列香花作大供養或為自身或為他人或男或女等一一稱名某甲等求增益事即結吠多梨印持誦大明一阿庾多此儀是佛所說無不成就持明者於彼塔前作四方曼拏羅八方燃燈散種種妙花及獻飲食焚安悉香發菩提心諦信清淨作禮諸佛面向舍利塔每日三時遶佛塔像速得息災

復次增益法持明者不得為自身發慈悲意普為一切有情令離諸苦如母愛子利生亦然持明者用牛黃及巳身囉訖多合和如塗香盛髑髏內於月初蝕時加持此藥直至蝕盡以手捧藥復誦大明至月蝕退盡之時行人以此藥少許點於眉間每見國王大臣皆生敬愛乃至一切有情見者崇重歡喜瞻仰

復次句召法是妙吉祥化身忿怒明王親說時持明者當用自死童女頭髮合髮為索於黑月八日安髑髏中然後日日持誦大明至月蝕日往閻牟曩河岸潔淨之處作必隸覩得羯吒曼拏羅獻大供養作吠多梨印持誦大明以種種飲食為諸鬼神出生至髮胃索震動起立法必成就時持明人執此胃索句召諸天及帝釋等剎那中間速來現前隨行人語所欲之事一切成就又彼行人以持誦力復得五通所有夜叉女乾闥哩嚩女及天女等以索句召剎那即來行人所欲無不隨意如欲歡樂女即同歡不得樂著凡女身體不淨多諸穢惡持明者宜應遠離若句召諸天及夜叉囉叉娑等即來現前周匝圍繞復將行人往諸天界及本住處所求皆得或要宮殿樓閣種種聖藥及無數百千劫樹一一皆得而自受用彼持明人增其壽命一阿哩沒䭾數永離飢餓疾病及愛別離等苦惱之難若胃索震動起立是法成之相彼索不動其法未成亦能作得世間所欲之事豈況成就耶或句召男或句召女即舒開胃索稱彼人名持誦大明數滿百徧復誦訖哩字彼即速來譬如飛鳥無暫停住乃至囉惹并諸眷屬及一切諸趣有情財帛金寶象馬車乘花果等物若見若聞行人句召悉皆來至隨意受用若彼行人依此大明三昧而以句召在百由旬外亦令速來勿生疑惑如是胃索成就之法

焰鬘得迦吠多梨印修行儀軌分第七

復次依法次第所有焰鬘得迦吠多梨印最上修行儀軌於持明者能施成就此是妙吉祥所化忿怒明王親

說而此大明有大威力或誦七字至十字已上天人聞者俱獲安樂彼持明者依法次第先誦大明六洛叉而得精熟然後作於㡧像復誦大明三洛叉依此儀軌起首持誦隨意所求無不成就此焰鬘得迦大無畏明王能除一切魔能施一切願能除一切災時持明者沐浴潔淨齊整三衣發志誠心日日依仗明王恭敬供養作自擁護然後想微妙字在於心中復想此字變成蓮花想自身坐於蓮花之上想於吽字次想唵字在於頭上想阿字在於眼上如是觀想為自擁護然後持誦大明或七字至十字已上或入軍陣結本部印想心大明想頭大明想頂大明想身大明而為甲胄想二手大明化成器仗依大明三昧結焰鬘得迦明王吠多梨本印想在本心右手結寶杖印作大惡相時持明者發淨信心以種種上妙香花及諸珍果供養必隸覩得羯吒曼拏羅中功德㡧像等能施一切願所求成就

復次造像儀軌能施一切願持明者先持誦精熟然後造像凡所造像或用金銀鍮石生銅熟銅乃至瑠璃玻瓈及一切珍寶等所成之像皆得成就廣大功德福報之事若持明者求囉惹位當造金像身高八指必得成就若求富貴當造銀像身高十指欲除疾病當作生銅像身高十六指若欲所求隨意當作熟銅像身高二十指若除寃結及求富貴當作鍮石像身高二十二指若欲能施一切所欲之事當作瑠璃像身高十六指若欲身心精進及息災增益當作玻瓈像身高十二指若欲成就劍法及入阿蘇囉窟當作衆寶像身高八指如是尊像如法用心巧妙裝嚴諸相具足依法供養一切所求無不成就如前金銀等所造明王聖像手執本部器仗乘於必隸多身有六面大惡顧視十二臂六足身戴三頭必隸多以為鬘飾著虎皮衣復掛絡腋立如左舞勢如是儀軌依法所求一切成就

復次以木為明王聖像依法儀軌亦能滿於一切所欲之願若造明王聖像通用一切諸木若以白檀木及松木造像最上身高十二指能施一切願若用白阿哩迦木根造像身高十六指所求皆得若高十四指必獲富貴安樂若用無憂樹木造像身高五指能作敬愛若用松木作像身高六指能句召降伏諸天及阿蘇囉王令生敬愛若以龍花樹木造像身高七指能除疾病及滅寃惡若用人髑髏造像身高十二指持明者不須法事精熟但一向供養能成就一切事是名造像之法

復次畫㡧像法時持明者收亡人衣以水洗淨已用作㡧像長一肘以亡人頭髮為筆不得以五色畫之唯用兎血及赤土畫於㡧像中心畫焰鬘得迦明王作大惡怖畏相足踏必隸多立如左舞勢六面各三目頭髮竪立眉廣目廣俱作赤黃色六足十二臂右第一手作施願印第二手執三叉第三手執劒第四手執鉞斧第五手執寶杖第六手執鉤左第一手作

期剋印第二手執槍第三手執覩摩囉第四手執寶棒第五手執髑髏第六手執罥索以虎皮爲衣口出利牙於明王左右復畫心印明於明王右邊畫寶杖心印明身作大惡相頭髮豎立作赤黃色手結寶杖印以爲器仗立如左舞勢亦作期剋印面戴顰眉於明王左邊畫吠多梨心印明徧身熾焰有大威力瞻視明王面有三目顰眉頭髮豎立腹形廣大手執三叉作期剋印奉佛教勅降伏諸魔難調者能調如是畫已安置於寂靜深密之處以香花飲食日日供養依此寶杖心印及吠多梨心印儀軌作法必得成就此心印幰像作曼拏羅時持明者展開供養隨意所求無不滿願復次焰鬘得迦明王幰像法持明者當用必綵多衣以水淨洗而作幰像廣闊一肘用上好色畫焰鬘得迦明王如青雲色如是畫已於深靜之處懸掛幰像及安置諸佛賢聖如法供養持明者坐吉祥草而作能持瞻仰幰像手執金剛子數珠專志持誦大明三洛叉如身心勞惓暫時止息然後復誦至三洛叉滿已往山頂上復誦大明勤修苦行必得成就依儀所說中品及下品成就法若不勤修苦行必不成就彼持明人修苦行時作尊那菩薩無畏想持鉢食已修牟尼行止息諸根然後持不損破者佉祢囉木棒經行嶮道離諸危難時持明者作忿怒明王無畏行誦焰鬘得迦大明滿六箇月得最上成就如是長時受持忿怒明王無畏行能殺諸魔或作法持誦之時若有魔境現前作種種相不得怖畏或現天女端嚴之相勿共言語心不散亂發菩提意持忿怒大明彼諸魔等自然破壞滅沒不現是名最上成就所求如意持明之人一心受持

佛說妙吉祥最勝根本大教經卷中

佛說妙吉祥最勝根本大教經卷中

校勘記

一　底本，金藏廣勝寺本。

一　六六一頁中二行品名與三行譯者，石、磧、普、南、徑、清、麗互置。

一　六六一頁下一七行末字「仲」，南作「神」。

一　六六二頁上九行第三字「相」，石作「想」。

一　六六三頁上六行「成壞」，徑、清作「成就」。

一　六六三頁上一四行「欲來」，磧、南、徑、清作「欲求」。

一　六六三頁上二二行第五字「芯」，徑作「苾」。

一　六六三頁中二一行第二字「胃」，磧、普、南、徑、清作「冒」。

一　六六三頁中二二行第七字「股」，磧、普、南、徑、清、麗作「羖」。

一　六六三頁下八行「本器」，徑作「木器」。

一六六四頁上一四行第六字「彼」，徑作「時」。

一六六四頁下一四行第二字「黄」，徑作「色」。

一六六四頁下末行「高之」，石、磧、普、南、徑、清、麗作「高大」。

一六六五頁上二行「夬戰」，磧、普、南、徑、清作「交戰」。

一六六五頁上一一行「隍城」，徑、清作「城隍」。

一六六五頁上二一行「安悉香」，磧、普、徑、清作「安息香」。

一六六五頁上二二行第一二字「造」，磧、普、南、徑、清作「逸」。

一六六五頁下末行末字「嚫」，磧、南、麗作「親」。

一六六六頁上五行「儀軌」，磧、普作「儀執」。

一六六六頁上九行首字「志」，徑作「至」。

一六六六頁上一七行首字「曾」，石、磧、普、南、徑、清、麗作「冑」。

一六六六頁上一九行第一三字「相」，磧、普、南作「想」。

一六六六頁中一六行「裝嚴」，磧、普、徑、清作「莊嚴」。

一六六七頁上七行「面戴」，麗作「面帶」。

一六六七頁上一九行「上好」，磧、普、南、徑、清作「上妙」。

佛說妙吉祥最勝根本大教經卷下

焰鬘得迦明王本法儀軌分第八

西天譯經三藏朝散大夫試光祿卿明教大師臣法賢奉　詔譯

復說造像供養儀軌持明者先於寂靜之處一心正意觀想功德已用好香花如法供養於此像前求爲囉惹復用白檀沉香塗功德身以奔拏哩迦花烏怛鉢羅花瞻波迦花摩利迦花安悉香酥隨力作供養及誦大明至六箇月決定成就囉惹之位設未成就亦爲地主復得金錢一洛叉永世受用

復次求富貴成就法用白檀香沉香恭俱摩香塗前功德像復用花鬘白色花乳香安悉香如是香花日日供養別獻妙解脫花一洛叉誦大明一洛叉加持彼花如是依法得大富貴

復次除病法用赤檀香塗前功德像燒松木香以上妙花種種飲食如法供養及誦大明所爲自身病苦或爲他人悉得消除若持明者各用本法如前供養持誦大明滿六箇月能施一切願所有息災增長敬愛勾召調伏發遣殺害等及求財寶種種之物悉皆成就

復次忿怒明王三叉成就法持明者依法用花鐵作三叉長三十指修製如法鋒刃明利持明者往山頂上展前幡像用屍灰作必粦覲得迦吒曼拏羅已如法供養復用摩蹉滿婆爲諸護世出生至黑月八日以赤檀塗彼三叉安置曼拏羅內復用上妙香花種種供養已持明者手執三叉面向幡像而坐即誦三叉甘露大明一百八徧已復於淨處燃燈持誦隨力作護摩一千徧已手執三叉作無畏堅固相端身而坐復誦大明加持三叉至三叉竪立出大光明如日照曜現此祥瑞時一切持明天恭敬供養所執三叉隨行人意皆得成就若三叉暖熱得隱身法若出煙焰天人阿蘇囉等如見劫火悉皆驚怖

復次成就法持明者用花鐵作劍長三十二指巧妙利刃持明者執此劍往山頂上如前依法作大供養及隨

力作護摩以手執劒持誦大明至劒出光明行人得持明天劒有煙焰得隱身法劒若煖熱得降龍法壽命一百歲若法得成能殺魔冤能破軍陣能殺千人於法生疑定不成就

復次寶杖成就法用俱尾捺羅木或佉祢嚩木作一杖如焰𩠐天長四十二指持明者執此杖往屍陁林以香花飲食等如法供養及隨力作護摩研赤檀塗於杖用花鬘纏於杖身即誦大明加持至杖動搖現明王忿怒相乘水牛鬚青如螺相身作青雲色富貴圓滿有大神通威德無畏出大惡聲若有天人等不依明王教者杖自殺之

復次鉞斧成就法用花鐵作鉞斧長六指柄長十六指如前作法必得成就

復次鉤成就法用花鐵作鉤長四指柄長一十八指於黑月十四日夜以香花飲食如法供養已往山頂上以黃芥子隨力作護摩以手執鉤持誦大明至鉤出光明乃至起立能降伏

諸天如爲僕從或鉤出煙焰持明者有大威力壽命三俱胝歲隨意變化一切自在諸持明天及夜叉等俱來供養具足一切快樂鉤若暖熱即誦大明獲大吉祥能召帝釋天龍夜叉緊那囉必隸多吠多拏天女巘達哩嚩女及諸鬼神種種聖藥等悉來現前依佛教勑隨行人意乃至普徧世間天人宮殿園林池沼一切富樂之事無不成就

若持明者於寂靜處持誦大明加持於鉤設不成就亦能句召船車花果樹木乃至八百由旬外所有童女剎那之間句召現前

復次髑髏成就法前說三叉鉤劒鉞斧杖等並用右手執捉持誦今說髑髏須用左手執捉加持持明者用木作一髑髏廣闊二十指修事圓滿以香花飲食等如法供養及隨力作護摩已然後以左手執於髑髏以右手覆之即誦大明至髑髏出現光明得上品成就爲三界主若出煙焰得隱身法若髑髏暖熱所求隨意若法不成

以此髑髏安木牀上用以帛蓋覆已觀想種種上味飲食滿彼髑髏復誦大明八千徧已日日以上妙飲食貯滿髑髏經宿加持已取彼飲食此名甘露食若人食者除諸病苦獲大安樂若行人自食身心適悅永無病苦復次搶成就法用花鐵作一槍長三十二指於你摩曩誐河岸清淨之處依前三等儀軌作法必得成就

復次作覩摩囉成就法用花鐵作一覩摩囉鋒刃快利持明者隨力作護摩已用赤檀塗之往山頂上夜分中如前作法必得成就

復次期剋印成就法持明者至月蝕夜安定端坐左手作期剋印右手作祕密持誦至印出光明得爲持明天印出煙焰得隱身法印若暖熱得爲地主設印法未成亦能作種種成就之事

復次降伏設咄嚕法持明者結前期剋印作忿怒顧視之間即彼迷悶倒地若欲救彼即以右手摩觸彼身速

得如常如是此印能止他軍能降毒龍能摧山岳能破大石及樹木等能隨行人施一切願

復次罥索成就法用自死人頭髮合作一索如前依法必得成就

復次寶棒成就法用吉祥木作一棒長二十六指修事華妙以金裹棒頭身嚕鉢捺摩囉誐摩泥持明者往深山上隨力作護摩於夜分依法持誦至棒出光明得上品成就法若有煙焰及暖熱所獲成就如前無異

復次聖劒成就法用卒亡者人屍一箇洗浴令淨以香花飲食如法供養已持明者於尸陁林中作必隸覩得羯吒曼拏羅於南門外復散香花於其花上以屍頭南而臥持明者手持摩賀嚩娑油用蘇嚕嚩戚油灌於屍口依法作護摩一百徧即誦大明至屍口出舌持明者以刀截舌舌離屍口即自變為三十二口聖劒剎那之間得持明天延壽七劫於持明天中最為第一或持明者如前作必隸覩得羯吒曼拏羅如法供養已以卒亡屍洗浴令淨如前臥於曼拏羅南門外持明者坐於亡屍心上誦大明七字至十字一千八百徧已屍自起立即獻閼伽用左手摩娑屍頂口有藥出如雄黃色或如火色時持明者速收彼藥用塗屍身屍自變化為黃金身成為聖藥以此聖藥給與同伴人經剎那間得持明天神通自在而為第一持明者所得聖藥分為三分一分供養三寶一分施同伴一分自已受用得如意通所求皆得

復次眼藥成就法持明者受持齋戒滿三晝夜然後往尸陁林中如前儀軌作曼拏羅用香花飲食如法供養作自擁護已用屍灰塗自身與同伴知法人以眼藥安於必隸多頭上以亡人衣覆之用左手按於藥上即誦大明至藥出光明持明者得持明天若出煙焰得隱身法若暖熱能殺一切魔亦能還命設不成就亦能降伏一切世間令生敬愛之事

復次眼藥成就法當用牛黃黃丹雌黃雄黃如是等物依前眼藥儀軌志心作法皆得成就

復次屍衣成就法持明者於尸陁林作曼拏羅已用香花飲食如法供養於夜分中持明者身著屍衣持誦大明至衣出光明得大神通如彼明王隨意變現若出煙焰得隱身法衣若暖熱得世間神通有大威勢主一天下壽命百歲無病安樂設不成就亦能降伏世間見者承事如彼僕從

復次降伏夜叉女成就法持明者於尼俱陁樹下作曼拏羅已裸形被髮於黑月八日用上味飲食充滿一鉢復以鉢食先作七摶每摶各誦大明七徧加持彼食及稱蘇囉遜捺哩夜叉女名持明者以彼摶食獻夜叉女已鉢內餘食復作七摶如前加持七徧持明人自食彼夜叉女速來現前即獻花座閼伽水及香花飲食如法供養夜叉女言善哉善哉呼我何作如有所為我即隨意若要為母給與雄黃聖藥等欲為姊妹供給花果甘露飲食及聖藥等欲為同伴即現宮殿樓閣等欲為妻子即現端正之相

乃至百由旬外所有女人剎那之間速得現前受於快樂

復次必捨左女成就法持明者於大樹下作曼拏羅以香花飲食如法供養已時持明者臝形被髮用尸陁林木柴於曼拏羅外作護摩八千徧誦大明八千徧已迦嚕枳祢必捨左女即來現前作大惡相不得怖畏即獻閼伽彼女復現端嚴之相具大威力能與行人作一切事彼女所欲行人依之若違彼意即被殺

復次龍女成就法持明者往蓮花池側如前作必隸觀得羯吒曼拏羅以香花飲食獻大供養已用烏曇摩木柴燃火及龍花為粖於夜分作護摩八千徧龍女即來現怖畏相行人所求皆得成就

復次阿蘇囉女成就法持明者往阿蘇囉窟門前如前作曼拏羅以香花飲食如法供養用必隸虞木燃火以恭俱摩香揾白芥子即誦大明作護摩八千徧已時阿蘇囉女衆出於窟門引彼行人入於窟內施大富貴得

大快樂

復次尸陁林夜叉等成就法持明者先收自死人肉如前作法為自擁護已以左手執刀右手持肉於夜分往尸陁林中作無畏相高聲唱言我今賣肉心念熖鬘得迦大明時彼林中所有大惡夜叉羅剎鬼神等聞高聲賣肉悉皆出現具大威力作種種大惡相彼持明者不得怖畏即告彼言汝等善來止息惡相而化善相夜叉言曰高聲賣肉欲求何事行人言曰我有所願欲求眼藥及聖藥等如是言時心須猛利勿生疑惑彼夜叉等即收其肉已一切所求皆得成就

復次禁止兵亂成就法用死人衣一事染為青色長十六指用竹為柄長一肘作一吹惹衍帝於尸陁林中依法作曼拏羅已持明者於夜分時安定而坐即誦吹惹衍帝至明旦行人執吹惹衍帝往究軍處彼軍亦見悉皆禁止如彼癡人槍劒器仗全不能用乃至象馬四兵禁止亦然

復次禁兵法持明者於夜分往尸陁

林中燒人處臝形被髮右繞燒屍用左手收屍灰一合手內拳之還歸本舍不得左右迴顧或別空舍亦得即誦大明至明旦復用新器盛於屍灰專心護持不得放於地上以此屍灰隨風颺起彼諸軍馬吹灰至身悉皆禁止如彼癡人刀槍弓箭皆不能用

復次敬愛成就法持明者於尸陁林中作曼拏羅以香花飲食如法供養用摩賀噂舍為油燃燈以髑髏覆燈收煙安別器內夜誦大明至明旦時用此燈煙點眼已一切諸人見者歡喜供給承事如僕從等

復次[口*豈]哩迦成就法持誦者用[口*豈]哩迦安於死人口內將往空舍中即誦大明加持[口*豈]哩迦至明旦時現種種魔惡之相行人勿得怖畏以紅色衣裹[口*豈]哩迦藥以香花供養如欲降伏以[口*豈]哩迦藥書前人名即得速來待從供給一切隨順

復次金丸成就法持明者作一金丸或見舁出死人以丸安彼口中至尸陁林內獨自加持已用火焚屍然後

以左手執金丸加持至明旦得法成就若欲用時以左手拳執金丸舒其頭指用指觸者皆自降伏如爲僕從隨行入意

復次芥子成就法持明者用吉祥木作一器物盛白芥子日日持誦加持芥子至太陰直日依法作曼拏羅以香花飲食作廣大供養已依前加持至芥子作聲及破裂法方成就持明者所欲破裂大地震動大地摧倒山岳枯竭江河涌沸大海狂亂龍宮禁止天火乃至求雨止雨及一切所爲之事但擲芥子皆得成就如是之法能施一切願唯自了知如前所說二心印法設不修行亦得成就此焰鬘得迦明王儀軌眞實不虛威力廣大但依法供養日日持誦不在供前無爲行但發菩提心一切所求無不成就

焰鬘得迦明王最上儀軌分第九

復次成就最上儀軌明王自說不假衆行依法持誦皆得成就持明者受持七字至十字大明如前依法畫於氎像如法供養即誦大明八洛叉畢以香花飲食供養三寶及彼明王定獲成就持明者乃至思念部多宿曜及諸毒惡鬼神等所求所欲皆得成就行人不得以此法教害同學持明者及吉善之人作意中間速得自害若有毀謗三寶十惡五逆如是之人可用此法降伏彼等乃至龍虵所蟄及水火等一切諸難思念明王所作悉皆能除

復次童子入悟成就法持明者揀一諸相具足端嚴童子令洗浴清淨莊束嚴飾飲五淨水經宿受持齋戒至明旦時復令洗浴以妙香塗身著衣嚴飾已令童子面東坐吉祥草而作供養然後以花搵白檀香令童子二手捧花即燒沉香持明者速誦大明依法令童子入悟童子應時入悟行人問曰知見何事童子即說過去未來現在之事眞實不虛或說世間之事可作不可作及持誦法功力未成令復誦大明速得增長如是說已持明者於焰鬘得迦明王前獻閼伽及以香花即誦佛三昧童子聞此三昧忽然倒地法得成就持明者喚起童子復令洗浴已與其飲食及種種財物等還送本處然後持明者依此儀軌所作成就

復次求囉惹敬愛成就法如前所作氎像前用屍灰畫彼囉惹形像持明者坐彼形像一心持誦大明一阿庾多當稱彼名某甲生於敬愛復誦娑賀字如是常誦大明稱彼名字即得敬愛如僕從等供給所須及財物等如前誦一阿庾多令婆羅門亦生敬愛若誦六洛叉得叉怛哩及吠舍等而生敬愛如前誦一阿庾多及童女等生於敬愛

復次令設咄嚕愛別離成就法持明者畫彼二設咄嚕形相並行人以二足踏坐二設咄嚕像心上即誦焰鬘得迦大明稱彼二名某甲某甲速作別離如是依法即得別離

復次調伏成就法所有五逆十惡損害他人及謗三寶者持明者誦發吒字一千徧已復誦忿怒大明即用屍

灰畫彼惡人形像及書彼名以佉祢囉木為橛加持八百徧用橛釘於畫像心中即稱彼名持誦大明一阿庚多後句誦吽登吒字彼等惡人速得除滅復取木橛還復如故彼持明者作於此法不得以已私讎損害他人須發菩提心利樂有情興隆三寶守護正法若有造業惡人即作此法若不依法損惱好人反過及已速得惡報如是妙吉祥所化焰鬘得迦大明王言若彼行人作此儀軌發菩提心守護三寶救濟有情宣通法教必得增長智慧斷諸障深超越輪迴獲大無畏於無上道不久成就時持明者如實了知依法修行利樂世間斷除煩惱作此儀軌必得成就

復次發遣設咄嚕成就法持明者用屍灰畫彼設咄嚕形像已行人坐於蓮花對彼像前持誦大明一阿庚多稱彼名字即誦吽登吒字發遣於彼

復次調伏設咄嚕成就法亦用屍灰畫彼設咄嚕形行人以左足踏彼像心面向日持誦大明剎那之間彼得熱病持明者復為作息災法速令如故不為作息災經七日內受大苦惱即得命終如是等法彼諸惡人如降伏已起慈愍心復為息災除彼煩惱行人所作必得成就

復次息災增益法持明者先於佛像及塔廟前作曼拏羅如法供養恭敬禮拜依法持誦發菩提心普令一切衆生恭敬信受歸命三寶乃至自所作善焚修禮誦傳通法教行衆三昧香花供養最上功德迴施一切苦惱有情令得安樂如是堅固身心決定深入所緣一切法藏廣為衆生息災除患增益福壽是人不久成無上覺於焰鬘得迦明王大明儀軌必得成就

持明者作此法時對尊像等前恭敬作禮安定而坐即誦大明稱自名我某甲為他某甲等作息災增益法所求成就如是復誦大明一千徧即得息災增善福業若為國王城隍聚落息災誦大明二千徧若為像馬牛羊等息災誦大明一千徧若為一切衆情息災誦大明一阿庚多皆得成就

復次增益成就法持明者依法於明王前安一淨器滿盛好乳用殊妙花搵白檀香加持一千徧擲花乳器內持明者稱名我某甲為他某甲求增益事所願成就

復次求富貴成就法持明者先以慈心行利他行如前儀軌作大供養燒沉香用好花搵白檀香日日供養持誦即得大富或持明者依前儀軌誦曩莫莎賀字一阿庚多已往海岸或入殑伽河中水至臍輪用白蓮花搵白檀香誦大明加持彼花擲於河內滿一洛叉得大富貴或用紅蓮花搵赤檀香如前作法擲於河內得無盡寶藏

或持明者用阿底目羯多迦花如前作法擲於河內滿一洛叉即得金錢一洛叉或如前依法擲花三洛叉亦能降伏諸夜叉女隨行人意作一切成就

或持明者如前依法用上好惹帝迦花搵白檀香擲於河內滿一洛叉於

大地之內所求皆得
復次成就用三種蜜搵白蓮花依法作護摩已得彼福天來現本身施一切願
復次成就法用酥蜜爇火作護摩七晝夜獲七大聚落
復次成就法用五穀及酥作護摩一洛义得無盡財寶能作一切事
復次成就法用吉祥果子作護摩一洛义於天上人間得大利養
復次成就法用努哩嚩青草搵牛乳即誦大明及誦莎賀字得壽命延長
復次成就法用鉢攞捨木爇火以酥作護摩如是日日作法能增壽命及增智慧明記不忘有大勢力衆所稱讚若用一切飲食作於護摩亦得有大勢力名譽流布衆人稱讚一切所欲皆得成就

妙吉祥化身焰鬘得迦明王儀軌略出分第十

尒時焰鬘得迦明王所說大明七字至十字令持明者於寂靜處依法持誦作無畏行所欲之事皆得成就今說一吽字大明持明者依法持誦作無畏行所求之法必得成就今此吽字是焰鬘得迦明王微妙心具大威勢功德難思能與行人爲吉祥事若先持十洛义一一如前七字依法持誦一切所求皆得成就
復次唵字於明王幡像前依法持誦必得成就
復次幡像當用疋帛可長一肘以水洗淨已塗上妙香用上好顏色畫焰鬘得迦明王身作青雲色面作大惡忿怒相面有三目作赤黃色頭髮竪立亦赤黃色髑髏莊嚴虎皮爲衣徧身熾焰一切圓滿秉水牛二手二足右手執杖左手作期剋印前畫種種供養如是畫已持明者先以香花飲食一心供養然後往一石巖之內展彼幡像頭面作禮於彼像前安定端坐志心持誦至幡像動搖或作笑容或出光明現此祥瑞之時獲真實成就時持明者具大吉祥能作一切事破壞山岳枯竭江河大海發遣究魔句召龍天如是一切所爲皆得隨意彼持明者雖得成就最上勝法常爲衆生作大利益廣度群生傳流法教其心平等遠離愛憎精進修行所獲功德普施有情俱令解脫如是行人不久當成無上佛道如是妙吉祥化身焰鬘得迦明王所說儀軌一切如來同共宣說是故行人及諸衆生聞此儀軌無復疑惑依法受持一切所求皆得成就

佛說妙吉祥最勝根本大教經卷下

佛說妙吉祥最勝根本大教經卷下

校勘記

一 底本，金藏廣勝寺本。

一 六六九頁中二行品名與三行譯者，石、磧、普、南、徑、清、麗互置。

一 六六九頁中九行「安悉香」，磧、普、南、徑、清作「安息香」。下同。

一 六六九頁下一〇行第八字「内」，磧、普、南作「依」。

一 六六九頁下一五行「端身」，石作「端正」。

一 六七〇頁上八行「屍陁林」，磧、普作「尾陀林」。

一 六七〇頁中一五行末字「鍼」，石、磧、普、南、徑、清、麗作「鉞」。

一 六七〇頁下一行「木牀」，石作「木架」。

一 六七一頁中四行「摩娑」，徑、清作「摩挲」。

一 六七一頁中六行首字「收」，磧、南、徑、清作「以」。

一 六七二頁上一行第七字「所」，磧、普、南、徑、清無。

一 六七二頁中一九行「明旦」，磧、普、南、徑作「明早」。

一 六七二頁下一四行第一〇字「誦」，徑、清作「明」。

一 六七三頁中六行第三字「吉」，徑作「言」。

一 六七三頁中一九行首字「人」，麗作「乂」。

一 六七四頁中二二行第一一字「像」，磧、普、南、徑、清、麗作「象」。

一 六七五頁上二行「成就」，徑作「成就法」。

大宋新譯三藏聖教序　千

御製

大矣哉我佛之教也化導群迷闡揚宗性廣博宏辯英彦莫能究其旨精微妙詭庸愚豈可度其源義理幽玄眞空莫測包括萬象譬喻無垠綜法網之紀綱演無際之正教拔四生於苦海譯三藏之祕言天地變化乎陰陽日月盈虧乎寒暑大則說諸善惡細則比於恒沙含識萬端弗可盡述若窺像法如影隨形離六情以長存歷千劫而可久須彌納藏於芥子如來坦蕩於無邊達磨西來法傳東土宣揚妙理順從指歸彼岸菩提變河生滅用行於五濁惡趣拯溺於三業途中經垂世以難窮道無私而永泰雪山貝葉若銀臺之輝自歲月煙蘿起香界之自遠巍巍罕測杳杳難名所以道資十聖德被三賢至道起於乾元衆妙生乎太易總繁形類竅鑿昏明絕彼是非開茲蒙昧有西域法師天息災等常持四忍早悟三乘翻貝葉之眞詮續人天之聖教芳猷重啓運偶昌時潤五聲於文章暢四始於風律堂堂容止穆穆輝華曠劫而音塾重明玄門昭顯軌範而彌光妙法淨界騰音利益有情俱登覺岸無成障礙救諸疲羸冥昧慈悲浩汗物表柔伏貪佷啓滌昏愚演小乘聲聞合其儀論大乘正覺立其性含靈悟而蒙福藏教缺而重興幻化迷途火宅深喻雖設其教不知者多善念生而無量潛臻惡業興而隨緣皆攝調御四衆積行十方澍花雨於金輪護恒沙於玉闕有頂之風不可壞無際之水弗能漂澄寂湛然圓明清淨之智慧性空無染妄想解脫之因緣可以離煩惱於心田可以得清涼於宇宙朕慚非博學釋典微闡豈堪序文以示來者如麋螢爝火不足比之於皎日將微蠡量海未能窮盡於深淵者哉

千字號

佛說幻化網大瑜伽教十忿怒明王大明觀想儀軌經

西天譯經三藏朝散大夫試鴻臚卿明教大師臣法賢奉　詔譯

尒時世尊在淨光天清淨大樓閣之中於彼樓閣以金剛柱及最上珍寶種種裝嚴如是嚴飾供養悉是如來神通變化尒時會中有如是阿閦寶生無量壽不空成就等如來

尒時大毗盧遮那如來胎藏於四面門出生諸大菩薩衆及諸大明者無數賢聖復有忿怒明王與其眷屬唧吒唧致訥多訥帝緊羯囉緊羯哩等復有天龍夜叉巘達哩嚩阿蘇囉誐嚕拏緊那羅摩護囉誐等無數之衆俱來在會圍繞世尊尒時大毗盧遮那如來常住安樂三摩地常不離大智大行大慈大悲救度衆生

尒時大毗盧遮那如來於大會中觀彼金剛手菩薩已放大光明照於衆會時金剛手菩薩從座而起偏袒右肩瞻仰如來以右手擲金剛杵右膝著地合掌作禮而白佛言何因何緣如來放大光明若無因緣佛非放光我見此光心生疑惑時會大衆懷疑亦然唯願世尊作師子吼善說妙法斷我疑網

尒時世尊毗盧遮那如來受金剛手菩薩請已告言我今放光欲說此大智大自在幻化網瑜伽大教王金剛手此金剛大智方便行一切義海所作最勝於一切教中上中最上能善安樂一切有情如是說已即入智慧方便大自在金剛救度大樂金剛三摩地從定出已說大幻化網瑜伽大教三昧曼拏羅中十忿怒明王觀想儀軌法

復次持明行人以吽[illegible]字爲大智想此吽[illegible]字化成焰鬘得迦忿怒大明王光如劫火身作大青雲色六面六臂六足身短腹大作大忿怒相利牙如金剛面各三目以八大龍王而爲嚴飾虎皮爲衣髑髏爲冠乘於水牛足踏蓮花驕赤黃色有大辯才頂戴阿閦佛自在而坐大惡相顧視正面笑容右面黃色舌相出外左面白色齩脣是妙吉祥菩薩化身右第一手執劍第二手執金剛杵第三手執箭左第一手執羂索復竪頭指第二手持般若波羅蜜多經第三手執弓於此

明王下想諸天魔怖畏作禮身有日輪圓光變化諸佛如雲若持明者如是依法觀想及誦大明彼人行住坐臥常受五欲快樂而無過失譬如虛空物不能著此名能成壞大智金剛調伏三摩地

復次世尊大毗盧遮那如來爲一切如來之首入大智大毗盧遮那如來金剛三摩地從定出已以三金剛門說此焰鬘得迦大忿怒明王大明曰

曩莫悉底哩(三合中一字丁逸切)嚩日囉(二合引)菝(一引)唵(引)揭(切身)揭(二)佉(引)呬佉(引)呬(三)薩哩嚩(二合)訥瑟吒(二合四)薩埵那摩迦(五)阿西毋娑攞(六)鉢囉戍(七)播(引)舍賀娑多(二合八)拶覩哩部(二合)惹(九)拶覩哩目(二合)佉(十)沙吒左(引二合)囉拏(十一)阿誐蹉阿(引)誐蹉(十二)薩哩嚩(二合)訥瑟吒(二合十三)鉢囉(二合引)拏(引)鉢賀(引)哩拏(十四)摩賀(引)尾覲曩囊(二合十五)伽(引)怛迦(十六)尾詵哩(二合)路(引)曩曩(十七)薩哩嚩(二合)部(引)多(十八)嚩商羯囉(十九)阿吒吒賀(引)娑(二十)曩(引)祢你(引二十一)麼也(二合引)伽囉(二合)左

哩摩(二合二十二)儞嚩(引)娑曩(二十三)俱嚕
俱嚕(二十四)薩哩嚩(二合)羯哩摩(二合)
覩曩覩曩(二十五)薩哩嚩(二合)滿怛囉
(二合引)頻那頻那(二十六)波囉母捺囉(二合)
(引二十七)阿(引)羯哩沙(二合)野(二十八)阿羯
哩沙(二合)野(二十九)薩哩嚩(二合)部(引)
旦(引三十)儞哩摩(二合)他(三十一)儞哩摩
(二合)他(三十二)薩哩嚩(二合)訥瑟鵮(二合引三
十三)鉢囉(二合)吠(引試每切)舍野(三十四)
鉢囉(二合)吠(引)舍野(三十五)曼拏攞
滿提曳(二合三十六)吠(引)嚩薩多(三十七)吽
(去)尾旦(引)怛羯囉(三十八)俱嚕俱
嚕(三十九)摩摩(引)迦(引)哩惕(二合四十)
賀曩賀曩(四十一)那賀那賀(四十二)鉢
左鉢左(四十三)摩(引)尾藍麼野(四十四)
摩(引)尾藍麼野(四十五)摩摩三摩野
(四十六)摩努婆摩(二合)囉(四十七)吽(引)吽
(引四十八)發吒(半音)發吒(半音四十九)娑怖(二合)
(引)吒野(五十)娑怖(二合)吒野(五十一)薩
哩嚩(二合引)商(五十二)波哩布(引)囉迦(五十
三)吽(引)吽(引)婆誐鑁(五十四)緊唧囉(引)
野洗(五十五)摩摩薩哩嚩(二合引)哩他(二合)
(五十六)娑(引)達野娑嚩(二合引)賀(引五十七)

尒時大毗盧遮那如來說此大明已
一切諸佛大威德菩薩歎未曾有唯
念大金剛毗盧遮那佛如見此大智
大變化金剛大忿怒焰鬘得迦大威
力出世如是持明者依法結界能除
諸惡而為最上
復次持明者作成就法當用自死人
髑髏取只一片圓滿而成者及兩耳
通過者堪為作法若兩片成髑髏及
兩耳不通過不堪作法取設咄嚕足
下土為塗作設咄嚕形入於髑髏內
持明者以足踏之誦此大明勾召速
來依此觀想而自降伏
尒時世尊大毗盧遮那金剛如來復
說無能勝大忿怒明王觀想法鉢囉
弖字為大智觀想鉢囉弖字化成無
能勝大忿怒明王三面各三目六臂
身黃色日輪圓充廣大照耀自在而
住以八大龍王為裝嚴正面笑容右
面大青色微有忿怒相左面白色嚙
脣現大惡相右第一手執金剛杵第
二手執寶杖第三手執箭左第一手
執罥索復豎頭指第二手持般若波

羅蜜多經第三手執弓如是觀想而
作成壞之相頂戴阿閦佛若依法持
誦速成正覺此名無能勝大智金剛
三摩地
尒時世尊大毗盧遮那如來說此觀
想已入大不空成就金剛首甘露忿
怒金剛三摩地從定出已以三金剛
門說此無能勝大忿怒明王大明曰
曩莫三滿多沒馱(引)喃(引一)曩謨(引)
嚩日囉(二合)骨嚕(二合)馱(引)野(二)摩
賀(引)能瑟吒嚕(二合引)怛羯(二合)吒(三)
陪囉嚩(引)野(四)遏西母娑攞(五)鉢
囉戍播(引)舍(六)賀娑路(二合引)野(七)
唵(引)阿蜜哩(二合)多(八)軍拏梨(九)
諾羯(十)佉(引)呬佉(引)呬(十一)底瑟吒
(二合)底瑟吒(二合十二)滿馱滿馱(十三)賀
曩賀曩(十四)誐哩惹誐哩惹(二合十五)尾
娑怖(二合引)吒野(十六)尾娑怖(引二合)吒
野(十七)薩哩嚩(二合)尾覲曩(二合十八)尾曩
(引)野劍(引十九)摩賀(引)誐拏鉢底(二十)
吽(去)尾旦(引)怛羯囉(引)野(二十一)吽發
吒(半音)娑嚩(二合引)賀(引二十二)
尒時世尊大毗盧遮那如來說此無

能勝大忿怒明王大明已一切諸佛大威德菩薩皆悉讚歎一切邪魔外道等作大驚怖身心顫掉唯念大毗盧遮那佛

復次持明者作成就法用旋風內樹葉及設咄嚕足下土相和作頻那夜迦形持明者以足踏之依法誦此大明以吽(引)字發吒字與明同用亦能發遣諸佛菩薩何況設咄嚕

復次觀想法吽(引)字為大智觀想化成鉢訥鬘得迦大忿怒明王三面各三目八臂正面笑容右面大青色舌相出外如金剛杵左面黃色利牙歘脣虎皮為衣右第一手執金剛杵第二手執寶杖第三手執迦那野第四手執箭左第一手執羂索竪頭指第二手持般若波羅蜜多經第三手持蓮花第四手執弓觀想如成壞相能變化無數佛頂戴阿閦佛若依法觀想必得成就此名最上馬頭金剛三摩地尒時寶生大金剛如來入寶化大智金剛三摩地從定出已說此鉢訥鬘得迦大忿怒明王大明曰

曩莫三滿多沒馱(引)喃(引)唵(引)吽曩哩胝(二)吒吽(引)吽(三引)發吒(半音)娑嚩(引二合)賀(四引)

尒時世尊大毗盧遮那如來說此鉢訥鬘得迦大忿怒明王大明已諸佛菩薩皆悉讚歎羅乂娑部多拏枳你婆建馱諸宿曜等悉皆驚怖及畏顫掉彼持明者依法持誦而作一切成壞之相

復次說此尾覲難得迦大忿怒明王觀想法吽(引)字為大智觀想化成尾覲難得迦大忿怒明王大青雲色三面六臂面各三目正面笑容右面白色左面黃色作忿怒相歘脣右足踏諸魔左足踏蓮花右第一手執利劍第二手執鉞斧第三手執箭左第一手執羂索竪頭指第二手持般若波羅蜜多經第三手執弓頂戴阿閦佛具大神通能降一切魔變大慈悲雨如是依法觀想除一切魔此名最勝大金剛三摩地

尒時世尊無量壽大金剛如來入無量功德寶藏大金剛三摩地從定出已說此尾覲難得迦大忿怒明王大明曰

曩莫三滿多沒馱(引)喃(一引)唵(引)吽(引)吽(二引)路(引)嚕攞(三)尾嚕羅(四)薩哩嚩(二合)尾沙伽(引)怛迦(五)入嚩(二合)里多尾娑普(二合)陵誐(六)遏吒吒賀(引)娑(七)計(引)娑哩(八)娑吒(引)誅波(九)鵲迦(引)囉(十)嚩日囉(二合)祛囉你哩伽(引二合)多(十一)左里多(十二)嚩蘇馱(引)怛攞(十三)你渥嚩(二合)娑(十四)摩(引)嚕姤得叱(二合)鉢多(十五二合)達囉尼(引十六)達囉吡(引)沙拏(十七)遏吒吒賀(引)娑大阿波哩弥多末攞(十八)波囉(引)訖囉(二合)摩(十九)阿(引)哩也(二合)吡(二十)(引)多(二十一)部(引)多誐拏(二十二)達踰(二合)始多(二十三)沒馱(二十四)賀野誐哩(引二合)嚩(二十五)佉(引)那佉(引)那(二十六)鉢囉滿怛㘕(二合二十七引)覲那覲那(二十八)悉地孕(二合)弥(引)祢舍(二十九)阿(引)吠(引)舍野(三十)薩哩嚩(二合)入嚩(二合)囉(三十一)必舍(引)左喃(三十二)薩哩嚩(二合)誐囉(二合四引)數阿鉢囉(二合)底賀覲(引)娑嚩(三十三)嚩日囉(二合)

能瑟吒囉三合緊唧囉引野洗三十四伊難訥瑟吒二合誐囉二合臧三十五訥瑟吒二合薩哩謗二合嚩引三十六度曩度曩三十七摩他摩他三十八摩吒摩吒三十九鉢吒鉢吒四十播引吒野播引吒野四十一滿馱滿馱四十二沒馱達哩摩二合四十三僧伽引努倪也二合引旦四十四羯哩餘俱嚕尸伽囕二合四十五賀野佗哩二合嚩引野癹吒半音四十六嚩日囉二合引野癹吒半音四十七嚩日囉二合誐引怛囉二合引野癹吒半音四十八嚩日囉二合你怛囉引二合野癹吒半音四十九嚩日囉二合能瑟吒囉三合引野癹吒半音五十嚩日囉二合祛囉引野癹吒半音五十一嚩日囉二合祛囉二合五十二你哩伽引二合多曩引野癹吒半音五十三波囉滿怛囉二合尾曩引設曩引野癹吒半音五十四怛嚩二合路枳也二合五十五婆煬羯囉引野癹吒半音五十六薩哩嚩二合羯哩弥二合引數五十七阿鉢囉二合底賀路引野癹吒半音五十八嚩日囉二合俱攞五十九怛囉二合引娑曩羯囉引野癹吒半音六十吽引吽引吽引六十一癹吒半音癹吒半音癹吒半音六十二

尒時世尊無量壽如來說此尾覲難得迦大忿怒明王大明已時大衆會悉皆驚怖唯念大智大金剛大慈悲毗盧遮那佛若持明者觀想掌內有蓮花於蓮花中想其吽引字有大熾焰徧滿如是依忿怒明王三摩地能除三界一切諸毒

復次世尊大毗盧遮那如來說此不動尊大忿怒明王觀想法憾引字為大智觀想化為不動尊大忿怒明王眇目童子相六臂三面各三目作童子裝嚴正面笑容右面黃色舌相出外上有血色左面白色忿怒相而作吽字聲身作翡翠色足踏蓮花及寶山立作舞勢能除一切魔徧身熾焰日輪圍遶右第一手執劍第二手執金剛杵第三手執箭左第一手執罥索竪頭指第二手持般若波羅蜜多經第三手執弓頂戴佛所是阿閦如來所化具大神通變化諸佛如雲彼持明者如是觀想無上菩提不久成就此名發生一切諸佛如來不動大智大自在金剛三摩地

尒時世尊大毗盧遮那如來入金剛燈熾威大光明金剛三摩地從定出已說此不動尊大忿怒明王大明曰

曩莫三滿多沒馱引喃引唵引阿左攞迦引拏拏二曩吒曩吒三謨引吒謨引吒四娑吒娑吒五怛吒怛吒六咄吒咄吒七謨引賀謨引賀八娑賀娑賀九賀曩賀曩十底瑟吒二合十一阿引尾舍阿引尾舍十二摩賀引末路引播引攞十三度曩度曩十四底尼底尼十五佉引那佉引那十六尾覲曩引二合摩引囉野十七摩引囉野十八訥瑟餲二合婆乞义二合野十九婆乞义二合野二十捺哩鑁二合俱嚕俱嚕二十一枳哩枳哩二十二摩賀引尾沙摩二十三嚩日囉二合娑怖引二合吒野二十四娑怖引二合吒野二十五吽引吽引吽引二十六底哩二合嚩里多嚩誐曩哩多二合迦二十七暗引高聲切暗同上暗引二十八惹引呼郎切下同惹引惹引二十九阿左攞唧引吒三十娑怖引二合吒

野三十娑怖引二合吒野二三十二吽引三十三阿三滿底迦怛囉二合吒半音三十四摩賀引末攞三十五舍引怛野三十六三摩揚三十七鉿引怛嚩二合引訖引難引三十八戍迸覩路迦寧覩二合三十九沙也二合覩嚩日哩二合引四十曩謨引寧覩二合四十一阿鉢囉二合底賀多末嚩引毗藥二合四十二入嚩二合引攞野怛囉二合吒半音四十三阿娑賀曩莫娑嚩二合引賀引四十四

尒時世尊大毗盧遮那如來說此不動尊大忿怒明王大明已所有一切天龍夜叉囉叉娑緊那囉及諸魔等皆大怖畏如大火燒迷悶躃地唯念大毗盧遮那佛如是不動尊大忿怒明王能句召諸天童女令皆怖畏速作種種所欲之事即是毗盧遮那如來神通所化

復次大毗盧遮那如來說此吒枳大忿怒明王觀想法吽𤙖字為大智觀想化為吒枳大忿怒明王三面各三目六臂頂戴寶冠冠上有佛明王垂髮正面笑容右面黃色顰眉左面白色忿怒相齩脣身青雲色日輪圓光

左右二手結於本印右第二手執金剛杵第三手執箭左第二手持般若波羅蜜多經第三手執弓足踏蓮花立如舞勢變化一切佛下面諸魔作怖畏彼持明者依法觀想速證菩提此名句召一切最勝金剛三摩地

尒時世尊毗盧遮那如來入普徧熾盛藏金剛三摩地從定出已說此吒枳大忿怒明王大明曰

曩莫三滿多沒馱引喃一引唵引吒枳二吽引弱三

尒時世尊大毗盧遮那如來說此吒枳大忿怒明王大明已所有一切諸佛菩薩悉皆讚歎一切諸魔悉皆迷悶不覺躃地

復次說成就法時持明者依不空成就佛作法以右足踏設咄嚕形發大忿怒相顰眉能句召一切諸魔及破一切呪法令諸衆生發敬愛心故

尒時世尊不空成就大金剛如來說此你羅難拏大忿怒明王觀想法吽𤙖字為大智觀想化成你羅難拏大忿怒明王三面各三目六臂正面青色作笑容左面黃色右面白色齩脣身青雲色以八大龍王為裝嚴髮髻青潤頂戴於佛足踏蓮花立如舞勢右第一手執金剛杵第二手執寶杖第三手執箭左第一手執罥索竪頭指第二手持般若波羅蜜多經第三手執弓日輪圓光變化諸佛如雲此名降除魔怨大智金剛三摩地

尒時世尊不空成就大金剛如來入不空出生最上寶幢大摩尼大金剛三摩地從定出已說此大你羅難拏大忿怒明王大明曰

曩莫三滿多沒馱引喃引唵引伊係曳引二合呬娑誐鑁二嚩日囉三你引攞難拏二覩嚕覩嚕四攞虎五賀引賀引六虞盧虞盧七虞攞引波野八虞攞引波野九訖囉二合摩十訖囉二合摩十一娑誐鑁引喻吠引諳引曩十二部引𨁈引尸伽嚩二合十三那賀那賀十四那囉十五嚩賀嚩賀十六鉢左鉢左十七吒鉢吒十八播引乜野播引吒野十九摩吒摩吒二十摩吒引波

野(二十一)摩吒(引)波野(二十二)薩哩嚩(二合)
羯哩摩(二合引)抳(二十三)親那親那(二十四)
頻那頻那(二十五)婆乞叉(二合)婆乞叉
(二合二十六)弥(引)那摩寫(二十七)嚕提囉滿
(引)娑(二十八)弥(引)那摩惹(二十九)嚕提囉
必哩(二合)野(三十)伊係曳(二合引)吅婆誐
鑁(三十一)薩哩嚩(二合)尾覲曩(二合引)你
(三十二)薩哩嚩(二合)尾你也(二合引)你(三十三)
薩哩嚩(二合)滿怛囉(二合引)抳(三十四)薩哩
嚩(二合)迦哩摩(二合引)抳(三十五)薩哩嚩(二合)
暮攞誐囉(二合)賀(引三十六)賀曩賀曩
(三十七)吽惹吽惹(三十八)摩哩那(二合)摩
哩那(二合三十九)伊難弥(引)迦(引)哩瑒(二合)
娑(引)達野(四十)吽(引)你(引)攞(引)野
(四十一)你(引)攞嚩日囉(二合)難拏(引)野
(四十二)覩嚕覩嚕(四十三)尾覲曩(二合)尾
曩(引)野迦(四十四)曩(引)舍迦(引)野(四十五)
虎嚕虎嚕(四十六)袮(引)鉢多(二合)賛拏
(引)野(四十七)薩哩嚩(二合)設咄嚕(二合)赧
(引四十八)紇哩(二合)那野(引)你閉(引)拏
野(四十九)親那親那(五十)尾你也(二合)喃(引)
砌(引)那迦吽(引五十一)尾你也(二合)喃(引)
始瑟吒(二合)羯哩摩(二合)娑摩(二合)囉

(五十二)三摩焬(五十三)嚩日囉(二合)達囉嚩
左喃(引五十四)摩哩摩(二合引)抳你訖凌(二合)
多野(五十五)吽(引)吽(引五十六)賀曩賀曩
(五十七)那賀那賀(五十八)覩嚕覩嚕(五十九)
俱嚕俱嚕卒虎嚕虎嚕卒(二)癹
吒(半音)癹吒(半音六十二)吽(引)吽(引六十三)訖
哩(二合)旦(引)怛曳(引六十四)袮(引)嚩哩始
(六十五)尾捺囉(二合引)鉢曩曩迦(引)野(六十六)
賀曩賀曩(六十七)嚩日囉(二合)難抳
(引)曩娑嚩(二合引)賀(引六十八)

介時世尊不空成就大金剛如來說此你羅難拏明王大明已所有十方剎土一切魔宮皆大震動唯念三金剛大毗盧遮那佛彼持明者依一切印及此大明作法皆得成就若持此大明八百徧能殺一切魔怨

復次說大力忿怒明王觀想法吽(引)字為大智觀想化成大力大忿怒明王三面各三目八臂身作青雲色以八大龍王而為裝嚴熾焰徧身鬚皆竪立目作大赤色頂戴阿閦佛正面笑容右面金色左面白色嚬脣足踏蓮花作大忿怒相諸天怖畏馳散諸方曰輪圍忿右第一手執金剛杵第二手執寶杖第三手執劍第四手執箭左第一手執羂索竪頭指第二手持般若波羅蜜多經第三手執骨朵第四手執弓變化諸佛如雲此觀想名大力大智最勝大金剛三摩地

介時世尊阿閦大金剛如來入普徧變化莊嚴大金剛三摩地從定出已說此大力大忿怒明王大明曰

曩莫三滿多沒駄(引)喃(引一)唵(引)吽
(引)吽(引)吽(引二)癹吒(半音)癹吒(半音)癹
吒(半音三)唵(引)唵(引)沃仡囉(二合)戍(引)
攞播(引)抳吽(引)吽(引)吽(引五)癹吒
(半音)癹吒(半音)癹吒(半音六)唵(引)吽(引)
踰(引二合)底你哩曩(引二合)那(七)吽(引)吽
(引)吽(引八)癹吒(半音)癹吒(半音)癹吒
(半音九)摩賀(引)末攞(引)野娑嚩(二合引)
賀(引十)

介時世尊阿閦如來說此大力大忿怒明王大明已一切天魔悉皆怖畏唯念大毗盧遮那金剛如來持明者誦此大明能施一切願乃至止雨求雨無不隨意

復次大毗盧遮那大金剛如來說此送婆大忿怒明王觀想法吽字爲大智觀想化爲送婆大忿怒明王身大青色以左右二手結於本印右第二手執劍第三手執箭左第二手持般若波羅蜜多經第三手執弓此大明王於三界之内威力最勝

尒時世尊大毗盧遮那如來說此送婆大忿怒明王大明曰

曩莫三滿多沒馱引喃一引唵引送婆你送婆吽二引佉哩二合恨拏吞佉哩二合恨拏二合吽三佉哩二合恨拏引二合鉢野四佉哩二合恨拏二合引鉢野吽五阿引曩野引護婆誐鑁引六尾你也二合囉引惹吽引發吒七半音

尒時世尊大毗盧遮那如來說此送婆大忿怒明王大明已所有一切天女悉皆驚怖擗明王足唯念大智大毗盧遮那佛而此大明有大威力能爲金剛索金剛鉤句牽一切天女等無不速來於句召法中此明最勝

尒時世尊大毗盧遮那如來復說嚩日囉播多羅大忿怒明王觀想法度丩字爲大智觀想化成嚩日囉播多羅大忿怒明王身白乳色六臂右第一手執金剛杵第二執金剛鉤第三手執箭左第一手執胃索竪頭指第二手持般若波羅蜜多經第三手執弓作調伏一切阿蘇囉相

尒時世尊大毗盧遮那如來說此嚩日囉播多羅大忿怒明王大明曰

唵引吽惹一薩哩嚩二合播引跛引攞乃怛也二合誐拏二吽引吽引吽引發吒三半音

尒時世尊大毗盧遮那金剛如來說此十大忿怒明王各有三面面各三目目大赤色作忿怒顰蹙相以黑色難那龍王及俱梨迦龍王繫於髮髻以金色得叉迦龍王爲耳環如赤金色摩賀鉢訥摩龍王爲手釧以白色羯哩俱吒迦龍王爲絡腋如紅蓮花色嚩蘇枳龍王爲腰縧白色如嚩鉢訥摩龍王爲足上鈴鐸如是八大龍王以爲裝嚴如是十大明王皆作大惡相以虎皮爲衣髑髏爲冠髮髻竪立作赤黃色頂戴阿閦如來各有日輪圓光及座正面笑容右面微現忿怒相左面大惡相利牙脣齩眉立如舞勢如是持明之者依法觀想一切所願無不成就

佛說幻化網大瑜伽教十大忿怒明王大明觀想儀軌經

佛説幻化網大瑜伽教十忿怒明王大明觀想儀軌經

校勘記

一　底本，金藏廣勝寺本。

一　六七七頁中一行至本頁下二〇行序文，石、資、南、徑、清、麗無。

一　六七七頁中一行小字「十忿怒明王觀想儀軌經」，磧、普無。

一　六七七頁下二二行「儀軌經」，石作「儀軌經一卷」。卷末同。

一　六七七頁下末行譯者，徑、清作「宋西天三藏朝散大夫試光祿卿明教大師法賢奉詔譯」。

一　六七八頁上三行「裝嚴」，南、徑、清作「莊嚴」。

一　六七九頁中一九行「裝嚴」，石、資、磧、普、南、徑、清作「莊嚴」。下同。

一　六八〇頁上一九行第五字「佛」，資、磧、普、南、徑無。

一　六八一頁中二二行「具大」，磧、普、南、徑、清作「廣大」。

一　六八三頁下四行末字「朵」，徑、清作「椂」。

一　六八四頁上二〇行第八字及次行第六字「句」，徑、清作「鉤」。

一　六八四頁中一行第一〇字「嚩」，南、徑、清作「縛」。

一　六八四頁中三行第九字「執」，南、徑、清作「手執」。

大宋新譯三藏聖教序　妙吉祥所問大乘法螺經　二合　十四

御製

大矣哉我佛之教也化導群迷闡揚宗性廣博宏辯英彥莫能究其旨精微妙說庸愚豈可度其源義理幽玄眞空莫測包括萬象譬喻無垠綜法網之紀綱演無際之正教拔四生於苦海譯三藏之祕言天地變化乎陰陽日月盈虧乎寒暑大則說諸善惡細則比於恒沙含識萬端弗可盡述若窺像法如影隨形離六情以長存歷千劫而可久須彌納藏於芥子如來坦蕩於無邊達磨西來法傳東土宣揚妙理順從指歸彼岸菩提愛河生滅用行於五濁惡趣拯溺於三業途中經垂世以難窮道無私而永泰雪山貝葉若銀臺之耀目歲月煙蘿起香界之自遠巍巍罕測杳杳難名所以道資十聖德被三賢至道起於乾元衆妙生乎太易摠繁形類竅鑿昏明絕彼是非開茲蒙昧有西域法師天息災等常持四忍早悟三乘翻貝葉之眞詮續人天之聖教芳猷重啓運偶昌時潤五聲於文章暢四始於風律堂堂容止穆穆輝華曠劫而昏埶重明玄門昭顯軌範而彌充妙法淨界騰音利益有情俱登覺岸無成障礙救諸疲羸冥昧慈悲浩汗物表柔伏貪佷啓瀹昏愚演小乘聲聞合其儀論大乘正覺立其性含靈悟而蒙福藏教欽而重興幻化迷途火宅深喩雖設其教不知者多善念生而無量潛臻惡業興而隨緣皆墮調御四衆積行十方澍花雨於金輪護恒沙於玉關有頂之風不可壞無際之水弗能漂澄寂湛然圓明淸淨之智慧性空無染妄想解脫之因緣可以離煩惱於心田可以得淸涼於宇宙朕懃非博學釋典微聞豈堪序文以示來者如麋螢爝火不足比之於皎日將微蠡量海未能窮盡於深淵者哉

佛說妙吉祥菩薩所問大乘法螺經　第二張　千

佛說妙吉祥菩薩所問大乘法螺經

西天譯經三藏朝散大夫試鴻臚卿明教大師臣法賢奉　詔譯

如是我聞一時佛在舍衛國普徧殿

内坐寶師子之座與大苾芻衆萬二千五百人倶復有菩薩摩訶薩及百千緣熟所度之衆

尒時妙吉祥菩薩摩訶薩承佛威神即從座起偏袒右肩右膝著地合掌頂禮而白佛言世尊有大福德云何校量如是大福有無量倶胝那由他百千之數緣熟所度之衆意願欲滿云何如來爲彼法螺

尒時世尊聞是語已告妙吉祥菩薩言妙吉祥不可思議行大智慧大慈大悲是大福德如是大福令一切聲聞緣覺發大方便精進持戒願行成就得最上三摩地觀想一切緣熟所度之衆即是如來法螺

佛告妙吉祥菩薩所有南閻浮提一切衆生持十善法所獲福德如是校量於彼福德積成百倍是即一金輪王福德而彼輪王統四大洲七寶具足所謂輪寶象寶馬寶摩尼寶玉女寶主藏寶主兵寶復有千子勇猛威德色相端嚴能破他軍妙吉祥彼金輪王有如是大威力

復次妙吉祥菩薩四大洲界所有一切衆生如是一一衆生各等一金輪王福德於彼衆生所有福德如是校量乃至千倍是即一帝釋天主福德如是帝釋有大威神福德之力

復次妙吉祥菩薩四大洲界所有一切衆生如是一一衆生各等一帝釋福德於彼衆生所有福德如是校量百千倍數是即一大力那羅延天福德如是那羅延天有大威神福德力故

復次妙吉祥菩薩四大洲界所有一切衆生如是一一衆生各等一大力那羅延天福德於彼衆生所有福德如是校量無數百千倍是即一欲界他化自在天魔王福德如是魔王宿種善根生彼欲天有大威力而能調伏諸天人故

復次妙吉祥菩薩四大洲界所有一切衆生如是一一衆生各等一魔王福德於彼衆生所有福德如是校量無數百千倍是即一二千世界梵天福德而彼梵天於二千世界行慈悲化故

復次妙吉祥菩薩於二千世界所有衆生如是一一衆生各等一二千世界梵天福德於彼所有福德如是校量無數百千倍是即一三千大千世界主大自在天及梵天福德彼大自在天及梵王於三千大千世界行慈悲化故

佛告妙吉祥菩薩汝應見此劫壞之時大火所燒經一中劫尒時大自在天及梵天王降澍大雨其水徧滿三千大千世界上至梵天而此大水即是大自在天及梵王威力所作如是大自在天及彼梵王種大善根得生彼天具智慧有大威力

復次妙吉祥菩薩所有三千大千世界一切衆生如是一一衆生各等一三千大千世界大自在天及梵王福德於彼衆生所有福德如是校量無數百千倶胝倍是即一大精進緣覺福德妙吉祥勿謂三千大千世界一切衆生皆如大梵王福德等彼緣覺而以爲多假使十方佛刹一切衆生

所有福德等一精進緣覺猶未爲多

復次妙吉祥菩薩於彼十方佛刹一切衆生所有福德如是一一衆生各等緣覺福德於彼衆生所有福德如是校量無數百千俱胝那由他倍是即一初發心菩薩福德妙吉祥勿謂無數百千俱胝那由他倍一切衆生福德等一初發心菩薩福德而以爲多假使十方盡虛空界所有卵生胎生濕生化生有色無色有想無想非有想非無想如是一切衆生所有福德無數百千俱胝那由他倍等一初發心菩薩亦未爲多

復次妙吉祥菩薩如是盡虛空界一切衆生各等初發心菩薩福德如是校量無數百千俱胝那由他倍是即如來一毛孔量福德諸佛如來身中毛孔各各復有九十九千細妙毛孔妙吉祥如是佛身一切毛孔所有福德而以校量無數百千俱胝那由他倍是即如來身分之中一種好福德如是佛身八十種好各各具足如前福德

復次妙吉祥菩薩如來八十種好所有福德而以校量無數百千俱胝那由他倍是即如來手足之下相文福德之量如是各各相文皆有八十種好顯現手足之下頌曰

傘蓋幢吉祥　鶖鴿冠寶杖　寶瓶象馬虎
金翅摩竭魚　龜魚及孔雀　迦陵頻伽鳥
命命佐沙鳥　撥俱羅鴛鴦　鸚鵡鵝鳩變
大藥擬努半　股羊龍牛王　寶山吉祥果
播那波鹿王　摩尼寶剎網　金剛杵弓旗
三叉梨鉞斧　擣杵箭首棠　虞擎與弥伽
梵天帝釋主　持國天水天　廣目多聞天
大仙吉祥日　火天月風天　蓮花萬字相
苾悉帝迦好　訥哩嚩賢座　鏡拂憍尸迦
童子童女天　鼓螺蜜哩誐　手劍及鈴鐸
耳環與指環　軍拏羅羅多　妙花王樹王
衆中釋師子　如是等八十　一一俱名好
出現手足下

佛告妙吉祥菩薩所有如是八十種好一切福德如是校量無數百千俱胝那由他倍是即如來身分之中一大丈夫相福德如是佛身三十二大丈夫相一一各有如前福德於佛身中分明出現頌曰

烏瑟膩沙相　螺髻髮紺青　滋潤而右旋
額廣而平正　眉間白毫光　皮膚妙柔軟
目廣青蓮葉　齒密而齊整　四十悉具足
四牙俱鋒利　白類如珂雪　腮臉并胷臆
上半如師子　舌相而廣長　身形妙圓滿
如尼拘陁樹　身毛順右旋　臍輪淨深隱
雙股俱平正　兩腨如鹿王　二足下平滿
手足俱柔軟　十指而纖長　俱有網鞔相
行步而直進　舌常得上味　善相屬著身
七處皆平滿　足下而平正　常現千輻輪
如是大丈夫　三十二種相

佛告妙吉祥菩薩如是三十二大丈夫相於此三十二相所有福德而以校量阿僧祇不可思議不可稱量無等等不可說不可說倍數爲緣熟度衆所願圓滿福德是故如來說因緣成熟所度之衆而爲法螺

佛告妙吉祥菩薩所有如來妙法螺音無量無邊阿僧祇世界一切衆生悉得普聞妙吉祥菩薩非唯螺音如是如來身光亦能照曜無量無邊阿僧祇世界令諸有情得見佛身如是

不可思議

佛告妙吉祥菩薩大智慧大慈悲是大福德一切聲聞緣覺善解願力行大方便清淨持戒得最上三摩地

復次妙吉祥菩薩佛身無爲離諸相故一切聲聞緣覺及諸菩薩不能見故如來所化色身有二種義故一者酬於因中度生願故二者所度有情今緣熟故是以如來化現色身所現之身清淨微妙令諸衆生親近供養得大利益

復次妙吉祥菩薩佛身最上故相好最上相好最上故光明最上光明最上故梵音最上梵音最上故說法最上說法最上故佛行最上是故如來所現色身令彼有情得大利益

復次妙吉祥菩薩如來身中具攝一切諸相隨諸衆生根欲性等利鈍不同所現色身各各有異令諸衆生各得親近樂聞妙法皆得度脫乃至行住之時常得見佛

佛告妙吉祥菩薩如來具足應供正等正覺出現世間慈愍有情利益安樂無量人天諸衆生故

尒時妙吉祥菩薩摩訶薩從座而起偏袒右肩右膝著地合掌向佛頂禮世尊而白佛言我今快得善利如是世尊三界無著最尊最勝利益一切衆生佛觀一切世法不動如須彌無著如虛空不可思不可議非見非不見

尒時世尊說此經已妙吉祥菩薩摩訶薩及諸苾芻并諸菩薩摩訶薩一切天人阿蘇囉巘達哩嚩等聞佛所說皆大歡喜信受奉行

佛說妙吉祥菩薩所問大乘法螺經

佛說妙吉祥菩薩所問大乘法螺經

校勘記

一　底本，金藏廣勝寺本。

一　六八六頁中一行至本頁下二〇行序文，諸本無。

一　六八六頁下二二行譯者，徑、清作「宋西天三藏朝散大夫試光祿卿明教大師法賢奉詔譯」。

一　六八七頁上二一行第六字「主」，徑、清無。

一　六八七頁中四行「天主」，普作「天王」。

一　六八七頁中一四行第六字「德」，徑、清作「復」。

一　六八七頁中二二行第二字「數」，南、徑、清作「量」。

一　六八七頁下一〇行「一中劫」，南、徑、清作「一劫中」。

一　六八八頁上六行末字「謂」，石作「爲」。

一　六八八頁上一八行首二字「毛孔」

下，南、經、清有「量福德諸佛如來身中毛孔」十一字。

一 六八八頁上末行「福德」，南、經、清無。

一 六八八頁中九行「股羊」，經、清、麗作「羖羊」。

一 六八八頁中一六行「妙花王」，石作「妙花玉」。

一 六八九頁上一五行「是故」，南、經、清作「佛行最上故」。

一 六八九頁中七行第二字「如」，南、經、清作「於」。

一 六八九頁中一一行第七字「巇」，南、經、清作「嵃」。

一 六八九頁中末行「法𤨏經」，石作「法螺經一卷」。

新譯三藏聖教序　八大菩薩經

御製

大矣哉我佛之教也化導羣迷闡揚宗性廣博宏辯英彥莫能究其旨精微妙說庸愚豈可度其源義理幽玄眞空莫測包括萬象譬喻無垠綜法網之紀綱演無際之正教拔四生於苦海譯三藏之祕言天地變化乎陰陽日月盈虧乎寒暑大則說諸善惡細則比於恒沙含識萬端弗可盡述若窺像法如影隨形離六情以長存歷千劫而可久須彌納藏於芥子如來坦蕩於無邊達磨西來法傳東土宣揚妙理順從指歸彼岸菩提愛河生滅用行於五濁惡趣拯溺於三業途中經垂世以難窮道無私而永泰雪山貝葉若銀臺之耀目歲月煙蘿起香界之自遠巍巍罕測杳杳難名所以道資十聖德被三賢至道起於乾元衆妙生乎太易揔縶形類竅鑿昏明絕彼是非開茲蒙昧有西域法師天息災等常持四忍早悟三乘翻

貝葉之眞詮續人天之聖教芳猷重啓運偶昌時潤五聲於文章暢四始於風律堂堂容止穆穆輝華曠劫而昏蟄重明玄門昭顯軌範而彌光妙法淨界騰音利益有情俱登覺岸無成障礙救諸疲羸冥昧慈悲浩汗物表柔伏貪佷啓滌昏愚演小乘聲聞合其儀論大乘正覺立其性含靈悟而蒙福藏教缺而重興幻化迷途火宅深喻雖設其教不知者多善念生而無量潛臻惡業興而隨緣皆墮詞御四衆積行十方澍花雨於金輪護恒沙於玉闕有頂之風不可壞無際之水弗能漂澄寂湛然圓明淸淨之智慧性空無染妄想解脫之因緣可以離煩惱於心田可以得淸涼於宇宙朕慙非博學釋典微關豈堪序文以示來者如摩螢爝火不足比之於睽日將微蠡量海未能窮盡於深淵者哉

佛說八大菩薩經

西天譯經三藏朝散大夫試鴻臚卿明教大師臣法賢奉　詔譯

如是我聞一時佛在舍衛國祇樹給

第三張

孤獨園與大苾芻衆千二百五十人俱復有八大菩薩摩訶薩其名曰妙吉祥菩薩摩訶薩聖觀自在菩薩摩訶薩慈氏菩薩摩訶薩虛空藏菩薩摩訶薩普賢菩薩摩訶薩金剛手菩薩摩訶薩除蓋障菩薩摩訶薩地藏菩薩摩訶薩以爲上首復有諸大菩薩摩訶薩其名曰

無能勝菩薩摩訶薩龍相菩薩摩訶薩喜意菩薩摩訶薩無垢藏菩薩摩訶薩無垢稱菩薩摩訶薩智王菩薩摩訶薩無邊軍菩薩摩訶薩智光菩薩摩訶薩慧光菩薩摩訶薩慧燈菩薩摩訶薩智燈菩薩摩訶薩梵授菩薩摩訶薩天冠菩薩摩訶薩如是等諸大菩薩皆來會坐

尒時世尊告舍利弗汝今諦聽過東方恒河沙數世界有一佛刹名無能勝彼土有佛名善精進吉祥如來應正等覺現爲衆生說微妙法

復次舍利弗又過東方十恒河沙世界有一佛刹名曰無我彼土有佛號普照如來應供正等覺現爲衆生說微妙法

復次舍利弗又過東方三恒河沙數世界有一佛刹名曰善愛彼土有佛號吉祥如來應供正等覺現爲衆生說微妙法

復次舍利弗又過東方三十四恒河沙世界有一佛刹名寂靜藏彼土有佛號印捺囉計覩特嚩惹王如來應供正等覺現爲衆生說微妙法

復次舍利弗又過東方五恒河沙世界有一佛刹名曰離塵彼土有佛號喜功德光自在王如來應供正等覺現爲衆生說微妙法

佛告舍利弗若有善男子善女人等於此經中聞是諸佛如來名號一心諦聽或自憶念或書寫讀誦爲他解說彼人命終不墮惡趣不生邊地邪見諸惡律儀下賤族中亦不生於長壽天中亦不生於五濁惡世飢饉疾病刀兵劫中亦無王難水難火難賊盜虎狼等難常生佛刹及天上人間身相端嚴諸根具足眷屬圓滿得宿命智具六波羅蜜行四無量法通達一切甚深法藏成最上道佛說此經已諸大菩薩舍利弗及諸苾芻天人阿修羅等聞佛所說皆大歡喜信受奉行

佛說八大菩薩經 第五張

佛說八大菩薩經

佛説八大菩薩經

校勘記

一　底本，金藏廣勝寺本。

一　六九一頁中一行至本頁下二〇行序文，石、磧、普、南、徑、清、麗無。

一　六九一頁下二一行經名，石作「佛説八大菩薩經一卷」。卷末經名同。

一　六九一頁下二二行譯者，徑、清作「宋西天三藏朝散大夫試光祿卿明教大師法賢奉詔譯」。

一　六九二頁中四行第七字「供」，磧、南、徑、清無。九行首字、一二行第一一字同。

一　六九二頁中八行第七字「覩」，南、徑、清作「都」。

大宋新譯三藏聖教序

十六紙 兵

御製

大矣哉我佛之教也化導群迷闡揚宗性廣博宏辯英彥莫能究其旨精微妙說庸愚豈可度其源義理幽玄眞空莫測包括萬象譬喻無垠綜法網之紀綱演無際之正教拔四生於苦海譯三藏之祕言天地變化乎陰陽日月盈虧乎寒暑大則說諸善惡細則比於恒沙含識萬端弗可盡述若窺像法如影隨形離六情以長存歷千劫而可久須彌納藏於芥子如來坦蕩於無邊達磨西來法傳東土宣揚妙理順從指歸彼岸菩提愛河生滅用行於五濁惡趣拯溺於三業途中經垂世以難窮道無私而永泰雪山貝葉若銀臺之耀目歲月煙蘿起香界之自遠巍巍罕測杳杳難名所以道資十聖德被三賢至道起於乾元衆妙生乎太易摠繁形類縠鑿昏明絕彼是非開茲蒙昧有西域法師天息災等常持四忍早悟三乘翻

第二張

貝葉之眞詮續人天之聖教芳猷重啓運偶昌時潤五聲於文章暢四始於風律堂堂容止穆穆輝華曠劫而昏墊重明玄門昭顯軌範而彌光妙法淨界騰音利益有情俱登覺岸無成障礙救諸疲羸冥昧慈悲浩汗物表柔伏貪佷啓滌昏愚演小乘聲聞合其儀論大乘正覺立其性含靈悟而蒙福藏教缺而重興幻化迷途火宅深喻雖設其教不知者多善念生而無量潛臻惡業與而隨緣皆墮調御四衆積行十方澍花雨於金輪護恒沙於玉關有頂之風不可壞無際之水弗能漂澄寂湛然圓明清淨之智慧性空無染妄想解脫之因緣可以離煩惱於心田可以得清涼於宇宙朕憨非博學釋典微開豈堪序文以示來者如爝螢爝火不足比之於皎日將微蠡量海未能窮盡於深淵者哉

佛說持明藏瑜伽大教尊那菩薩大明成就儀軌經卷第一

大明成就分第一

龍樹菩薩於持明藏略出

西天譯經三藏朝散大夫試鴻臚卿傳教大師臣法賢奉　詔譯

尒時世尊言此大明盧遮那如來瑜伽大教若有善男子樂欲修習諸成就法者應於是教尊那菩薩大明法中一心專注精懃修習於所願求無不成就若有行人欲作最上殊勝成就者先於大海岸邊誦尊那菩薩根本大明造沙塔六洛叉得數滿已於所求事必獲成就

復次若欲求見觀自在菩薩或多羅菩薩或金剛手菩薩等如前修習是諸菩薩必為現身安慰行人與滿所願乃至或作敬愛等法或求種種聖藥或求阿蘇囉玉位或求持明天位如是之事必獲成就若久久修習專注不退乃至菩薩之位亦可獲得

復次行人若於佛塔前或菩提道場所持誦大明一俱胝誦數滿已得阿羅漢現身與語獲大利益此後與阿羅漢同行亦同其威德又復行人往前正覺山頂於佛塔前常持鉢食誦大明一俱胝誦數滿已得見金剛手

菩薩菩薩自引行人入吉祥門告行人言汝入此門無諸魔難所求願滿離一切怖受大快樂而未將來得見慈氏問說妙法證菩薩地乃至或得阿吠嚩哩底迦菩薩之位又復行人或往尾補羅山頂一切潔淨常持鉢食於有舍利像前隨力備辦香花燈塗而作供養誦大明三洛叉至數滿已行人別備廣大供養行人倍加潔淨齋戒至十五日竟日連夜持誦不輟金剛手菩薩決定現身引接行人往自本宮及遊吉祥門令行人入得延壽命齊於日月又復行人往三道寶堦佛塔之處常持鉢食右繞佛塔誦大明一俱胝誦數滿已得見無能勝及訶利帝等所求如意其訶利帝接引行人往自本宮與種種聖藥其無能勝現身為行人說法令證菩提道及授與聖藥變行人身具殊勝相及得一切菩薩援引證道乃至速坐菩提道場此尊那大明乃是一切如來及諸菩薩同所宣說能與衆生作大利益乃至獲得無上正等正覺

復次若有衆生作大惡業無有善種於菩提心無由生起菩提分法永不獲得如是之人忽遇知識誦此大明一歷耳根重罪滅劣善種即生何況行人恒常持誦專注精懃如是之人求成就者決定獲得

觀智成就分第二

復次行人若欲修習諸成就法者先須修習觀智及諸印相皆令精熟無使謬誤方可求諸悉地若於尊那菩薩法中求悉地者先觀尊那菩薩根本微妙字輪安自身分所謂觀唵字安頭上觀左字安兩目觀隸字安項頭觀卒字安兩臂復觀隸字安心上觀尊字安於臍中觀祢字安兩股觀莎字安兩腨行人觀此尊那根本微妙字相於已身分一一分明已是人先身所作一切罪業悉能除滅所求悉地決得成就或作息災增益敬愛調伏等法所誦大明各各差別作息災法所誦大明曰

唵引左隸一引祖隸二引尊祢引莎引賀三引

作增益法所誦大明曰

唵引左𨁈一引祖𨁈二引尊祢引冐沙吒半三
作敬愛法大明曰
唵引左𨁈一引祖𨁈二引尊祢引曩莫三
作調伏法大明曰
唵引左𨁈一引祖𨁈二引尊祢引弱吅
吽發吒半音三
若作如上四法必須請召本尊及衆
賢聖作法竟却發遣
勾召大明曰
唵引左𨁈一引祖𨁈二引尊祢引仡哩二合引三
發遣大明曰
唵引左𨁈一引祖𨁈二引尊祢引吽三引
復次行人作曼拏羅時欲請本尊及
勾召壇中賢聖者先誦枳里枳里金
剛大明而作潔淨大明曰
唵引枳里枳里一嚩日囉二合吽引
發吒半音
誦此明作潔淨已行人觀想本尊尊
那菩薩於色究竟天下降來入曼拏
羅中又想曼拏羅中有師子之座蓮
花普徧種種裝嚴即結獻座印及誦
獻座明請菩薩坐已即結菩薩根本
印及誦根本大明供養菩薩行人即

言菩薩善來及獻閼伽等然後作法
持誦
又復行人依法作曼拏羅及結界灑
淨已行人於曼拏羅前端坐正念作
於觀想前根本微妙字輪安諸身
分初想一切如來在於頂上作此想
時用結三昧印次想左字在於兩目
當用佛眼印又想此字轉變成輪王
有大力勢次想𨁈字作黑色在於項
頸用結螺印即轉變成大忿怒不動
尊明王手執劒及羂索次想卒字現
於心上即變成佛身作赤色有四臂
二手作合掌頂禮相二手作說法印
降伏諸魔相復想𨁈字現於兩臂當
用莎悉帝迦印一臂上變成不空羂
索菩薩面有三目一臂上變成觀自
在菩薩身作黃色次想尊字現於臍
輪當用尊那本印變成本尊尊那菩
薩若觀十八臂身作白色若觀六臂
身作黃色若觀四臂身作赤色隨所
觀相得現前已想此菩薩能於三界
作大利益次想祢字現於兩股用吉
祥印即變成佛及菩薩能成辦一切

事次想莎字現於兩髀復用螺印劒
印左髀上變成佉囉賀覲祢右髀上
變成惹致你次想賀字現於兩足用
蓮花印即變成嚩日囉曩契明王手
執羂索次用佛眼菩薩印及佛眼菩
薩大明加持五處明曰
唵引嚕嚕娑普二合囉一入嚩二合攞
底瑟吒二合引二悉馱路左你三引薩哩嚩
二合引哩他二合娑引達你娑嚩二合引賀引四
復次行人作觀智已從座起立作合
掌頂禮印及誦大明曰
曩莫颯鉢多二合喃一引三藐訖三二合
沒馱俱胝喃二引曩莫左𨁈三引尊祢
引曩莫四
此大明力能破衆魔無有魔及魔天
敢違逆者次用發遣印發遣諸魔使
於行人無諸難事發遣魔印以左手
展舒作搖動令去勢右手作三昧金
剛相安在要右側以左足踏地作忿
怒誦大明曰
曩莫一阿左𨁈二引祖𨁈三引尊祢四引賀
曩五那賀六摩他七尾特網二合薩踰
娑引囉野多八吽引發吒九半音

次作結界印以二手於虛空十方上
下旋動如風相成印即誦大明曰
唵(引)左鑠(一引)祖鑠(二)尊祢(三引)達迦達
迦(四)入嚩(二合)攞入嚩(二合)攞(五)薩哩
嚩(二合)祢輸(六)滿馱滿馱(七)吽(八引)
此明可於一切處用結界次用一切
成就明加持塗香及淨水入曼拏羅
灑淨已即結樓閣印以二手平仰相
叉微屈舒二頭指二拇指附二頭指
側成印結此印時想最上殊妙宮殿
樓閣得現前已復想微妙字化成種
種殊妙蓮花裝嚴師子之座作觀成
已即誦請召大明請召本尊及衆賢
聖入中處座隨以本部安為中座若
以尊那為本部即以尊那為中座即
觀想尊那菩薩一十八臂身白如秋
月色著於白衣種種裝嚴以琿璪為
腕釧十指皆有環裝嚴面有三目最
上左右二手作說法相右第二手作
施無畏相第三手持劒第四手執寶
鐸第五手執尾惹布囉菓第六手執
鉞斧第七手持鉤第八手執金剛杵
第九手持數珠左第二手持如意寶

幢第三手持蓮花第四手持軍尼第
五手持冐橐第六手持輪第七手持
螺第八手持賢瓶第九手持般若波
羅蜜多經於右邊安佛眼菩薩及衆
賢聖左邊安金剛手菩薩觀自在菩
薩諸餘菩薩及衆賢聖隨意安布已
復用一切成就明及佛眼菩薩明加
持閼伽及香花焚香奉上本尊及衆
賢聖即白言菩薩及諸賢聖以我信
心及依三昧力所奉上閼伽香花等
唯願慈悲受我供養其閼伽水若作
息災法用乳汁大麥同作若作增益
法加脂麻若作調伏法加血及蕎麦
同作閼伽所用盛閼伽器亦差別即
說請召印以沐浴印改二拇指附頭
指側如鉤相成印請召大明曰
曩莫三藐訖三(一合)沒馱俱胝喃(引一)
伊呬婆誐嚩底(二)壹瑟吒(引二合)祢(引)
嚩多(引)地瑟致(二合)帝(三引)唵(引)左鑠
(四引)祖鑠(五引)尊祢(六引)[口*弱][口*弱]娑嚩(引二合)賀(七引)
誦此明已當誦獻座大明曰
唵(引)迦摩攞娑嚩(引二合)賀(一引)
次說劒印亦為不動尊明王印以左

手拇指無名指小指作拳舒頭指中
指以右手頭指中指入左拳中餘指
亦作拳成印不動尊大明曰
曩莫三滿多嚩日囉(引二合)赧(一引)唵(引)
阿左攞迦(引)拏(二)贊噥(女江反)娑(引)達
野吽(引)發吒(三半音)
次說三昧耶印以右手拇指捏小指
甲餘指如金剛杵相成印結此印誦
三昧耶大明曰
唵(引)商羯哩(一引)三摩曳娑嚩(引二合)賀(二引)
次獻閼伽印以沐浴印只改磔大拇
指安頭指側作合掌相成印大明曰
唵(引)左鑠(一)祖鑠(二)尊祢(三)阿哩伽
(二合)娑誐嚩底(四)鉢囉(二合)帝(引)蹉
娑嚩(引二合)賀(五引)
獻閼伽已行人合掌作是言大菩薩
唯願慈悲受此供養行人復以金剛
橛印結界除魔以金剛杵為界所結
界隨法作用或作大惡法時結此印
以右手頭指如鉤拇指如針安於下
面此是橛印大明曰
唵(引)尊祢你(一)計(引)攞野娑嚩(引二合)
賀(二引)

結金剛界印不改前印以右手頭指
如鉤左手頭指直竪成印於虚空中
旋動結金剛界大明曰
唵引尊祢引你一鉢囉引二合迦囉野
娑嚩二合賀二引
復次結金剛半惹囉印不改前印以
二頭指二中指相捻於頭上動搖成
印大明曰
唵引尊祢你　半惹囉娑嚩二合引賀一引
次結根本印念根本大明三徧次結
大印及誦大明七徧次結三叉印以
二手作拳各舒頭指中指無名指如
三叉成印大明曰
唵引尊娑嚩二合引賀一引
次結搗杵印以二手作拳以二拇指
相交成印大明曰
唵引左鵌引吽引
次結幡印以左手頭指中指各竪立
而作動搖成印大明曰
唵引尊
次結幢印以右手作拳直竪頭指中
指成印大明曰
唵引尊

次誦不動尊心明及金剛曩誐心明
加持香花等為灑淨供養不動尊心
明曰
唵引欱呼耶切引一吽引發吒二半音
次誦金剛曩俄心明曰
唵引吽曩吽俱一半音
次結塗香印以右手拇指捏頭指頭
展舒餘指結此印及誦明加持塗香
奉上本尊及衆賢聖大明曰
唵引鵌引娑嚩一合引賀一引
次結花印即不改前印誦大明曰
唵引尊娑嚩二合引賀一引
次結香印以右手拇指捏中指頭節
成印誦大明曰
唵引鵌引娑嚩合引二賀一引
次結出生印以左手拇指與頭指相
捻成印即誦獻食明曰
唵引尊娑嚩二合引賀一引
次結獻燈印以右手拇指捏中指第
一節成印大明曰
唵引祢引娑嚩二合引賀一引
如上所說奉獻佛及賢聖諸供養具
乃至飲食香花等所有印及大明各

隨本部先後次第施設若作息災等
法先用塗香等然後結獻供養印或
作觀想或内或外一切供養奉上賢
聖
次結大印以二手各作拳安於心想
二掌内各有阿字成印以此印獻諸
賢聖
次結蓮花印以二手相合八指各相
雜竪如蓮花相二拇指屈入掌成印
結此印獻諸賢聖大明曰
唵引左鵌一引祖鵌二引尊祢三引室哩
二合引洛刹弥二合引冐沙吒四半音
次結根本印以二手作合掌舒二拇
指入掌中成印根本明曰
唵引尊怛羅二合引野引阿嚩怛囉三合劒一
唵引祖底娑普二合囉二阿鉢娑怛
嚩覧二合唵引尊賀曩曩引囉賛三
次結八輻輪印以二手相倒展舒磔
開十指以右手壓左手背成印於頂
上動搖誦大明曰
唵引尊一鉢囉二合娑普二合囉作
訖嚩覧二合二
次結胃索印以二手相合以二無名

指如鎖成印誦大明曰

唵引 尊吽引 發吒半音一

次結鉤印以左手拇指無名指小指頭指屈如鉤成印誦大明曰

唵引 左𩕳引一 祖𩕳引二 尊祢引 紇哩二合引三

次結獻廣大供養印以二手合掌十指屈第三節各不相著成印安頂上

行人結此印時發不可思議心無我所心無取捨心復觀想世間一切殊妙香花珍寶乃至寶山及大海中寶藏一切之物悉皆現前用獻一切佛及菩薩以此功德迴施眞如法界復運心以我所作如是供養所獲福力展轉變成無量供養奉獻十方一切如來及諸菩薩大會之衆願佛菩薩不捨大慈攝受供養廣大普供養明曰

曩莫薩哩嚩二合一 怛他引 誐帝引 毗喻二合引二 尾濕嚩二合 目契引 𠷜藥二合三 薩哩嚩二合 他引四 揭五 三毋捺誐二合 帝引七 娑頗二合 囉四 䤋七 誐誐曩劍 娑嚩二合引 賀引八

佛說持明藏瑜伽大教尊那菩薩大明成就儀軌經卷第一

佛說持明藏瑜伽大教尊那菩薩大明成就儀軌經卷第一

校勘記

一　底本，金藏廣勝寺本。

一　六九四頁中一行至本頁下二〇行序文，[資]、[普]、[南]、[徑]、[清]無。

一　六九四頁中二行小字「尊那菩薩經卷第一」，諸本無。

一　六九四頁下二一行至二二行經名，[資]、[普]作「儀軌經卷第一」。

一　六九四頁下末行品名，[石]、[徑]、[清]置於次頁上二行譯者後。

一　六九五頁上二行譯者，[徑]、[清]作「宋西天三藏朝散大夫試光祿卿明教大師法賢奉詔譯」。以下各卷同。

一　六九五頁上七行「殊勝」，[石]作「殊聖」。

一　六九五頁下四行「滅劣」，[石]作「咸劣」。

一　六九五頁下七行「第二」，[石]、[徑]、[清]、[麗]作「第二之一」。

一　六九五頁下一四行「卒字」，[南]、[徑]、[清]作「祖字」。次頁中一一行同。

一　六九五頁下一五行第九字「祢」，[徑]作「彌」。次頁中二二行第七字同。

一　六九六頁中九行末字「項」，[磧]、[南]作「頂」。

一　六九六頁下二行「覲祢」，[石]作「覲你」；[徑]作「覲彌」。

一　六九六頁下三行第五字「你」，[資]、[磧]、[普]、[南]、[徑]、[清]作「禰」。

一　六九七頁中二一行第五字「當」，[石]作「當用」。

佛說持明藏瑜伽大教尊那菩薩大明成就儀軌經卷第二

觀智成就分之三

龍樹菩薩於持明藏略出

西天譯經三藏朝散大夫試鴻臚卿明教大師臣法賢奉　詔譯

復次讚歎三寶及諸賢聖

讚佛曰

我佛以大悲　調伏諸衆生
成福功德海　是故我讚禮

讚法曰

眞如之妙理　能壞諸惡趣
利生住寂靜　是故我讚禮

讚僧曰

堅固持戒行　證入解脫門
住最功德刹　是故我讚禮

讚尊那菩薩及諸賢聖

唵引洛乞叱弥二合攞乞义二合拏祢
尾一引薩哩嚩二合洛乞义二合拏曳尼
多二引奔拏也二合鉿誐攞鉿誐攞也
二二合設囉拏惹誐多必哩二合野四引
騃摩也二合蘇摩曩娑引祢嚩也一二合
嚩囉引賀嚩囉那引必哩二合野引二

鉢訥摩引二合娑曩引鉢訥摩二合目契
三引尾摩攞引尾摩黎引乞义二合拏四
俱摩引哩引迦引稅引多引婆引娑
一引烏那野引哩迦二合三摩鉢囉二合
婆二引惹曩你引誐哩惹一合你卑摩
三引摩賀引弥引具引伽嚩哩沙合二尼
四引阿弥多引阿蜜哩二合多引婆引
娑引阿惹囉引阿摩囉引麼嚕二合
嚩二引悉馱引悉馱引攞野引傲哩三引
播引怛囉二合賀娑多二合引吽帝寅
二合涅哩二合野四引捺舍波引囉弥多
引鉢囉二合鉢多一捺舍部引弥數
僧悉體二合多二引底哩二合路迦惹曩
你引達你也二合引三阿弥多引哩他二合鉢
囉二合娑引達你四引惹誐娑囉乞义
二合女捺喻二合訖多引二合一鉢囉野引
訖哩二合鉢野引祢多二引誐引野底
哩引二合薩哩嚩二合没馱引喃引三娑引
尾底哩二合左吽努囉娑引四怛囉
二合引拏部引多引惹誐馱引底哩一二合
莎哩誐二合摩引哩誐二合鉢囉合二捺
哩沙二合喃二壹蹉引嚕波摩賀引
摩引野三引曩引曩引你哩摩引二合

拏嚕閉尼引四
鉢囉二合帝賀引哩野二合摩護引
娑引賀引奔二合三娑引囉三敎
哩二合多二引惡乞合野引惡乞叉二合
囉引戍你也二合引二扇引多引建引多
怛閉引悉體二合多引四
皷切身引曩引賀引囉摩賀引薩埵
引一薩埵引曩引必哩二合底嚩娑攞
引二建引多引囉多引囉尼引訥哩
誐二合引三薩哩嚩二合商迦引鉢囉二合
謨左你四引惹演帝引惹引多吠引那
引左一没囉二合憾摩二合羯臘波二合
摩努惹嚩二引椒皷切身引迦引播引里
你引寫引摩二引摩曩娑引摩引曩
細部多引四昝惹散切虞梨曩引儗你
引虞呬也一二合蘇婆誐引必哩二合野
捺哩沙二合曩引二達囉尼引馱引
囉尼引尊那三引嚩你也引一合底哩二合
部引嚩你引莎哩引四憣引波室
祖引二合多引囉尼引布引瑟尼引一二合
紇哩二合瑟致二合那引扇引底那引
以你引二達哩摩二合誐哩娑引一合母你
嚩囉二引弥引馱引没提薩囉莎帝

謨乞叉二合尼引薩哩嚩二合薩埵引喃
一引那引攞你引薩哩嚩二合枳攞尾二合
沙引二砌引那引你引娑嚩鉢舍引喃引五
星賀没囉二合多鉢吒没哩二合多引四
阿波囉引吟多引路迦羯哩一引薩哩
嚩二合訥哩誐二合底你嚩引囉尼引二
驗引娑引誐也二合那引嚩虎部惹三引
底哩二合路迦惹曩你引室嚩引四訖
哩二合瑟拏引二合吟曩嚩底引阿引哩
也二合引一薩哩嚩二合摩引囉鉢囉二合摩
哩那二合你二引薩哩嚩二合没提引鉢
囉二合設婆多引二合野三三敎哩二合
多引野虞尼引哩虞二合寵四阿嚩
路吉多僧倪也二合野一曩謨引喆
切身怛也二合訖哩二合播引怛摩二合你
二引摩賀引嚩攞引野贊拏引野三尾
祢也二合引囉引惹引野娑引達吠四引訥
哩難二合引多那摩迦引夜引野五曩
莫悉帝二合引嚩日囉二合播引拏曳六引
復次行人如是讚三寶及本尊尊那
菩薩已合掌志心發露懺悔云某甲
自從無始已來至於今日輪迴諸趣
作大惡業行不善法自作敎他見聞

隨喜如是之業無量無邊對佛菩薩
發露懺悔從今已去更不敢作願佛
菩薩大慈大悲受我懺悔又復說言
我某甲從今已後直至坐於菩提道
場誓畢歸依正等正覺無上如來寂
靜法界乃至歸依四方所有阿吠嚩
哩底迦大菩薩衆乃至爲佛菩薩捨
於身命無所悔惜惟願慈悲攝受於
我又復說言我某甲從今已去直至
坐於菩提道場於蘊處界諸所有法
一切無我無取無捨離一切相自性
虛空本來平等亦復不生虛空之
心唯如諸佛及諸菩薩發菩提心又
如諸佛從初覺心知最上福謂以諸
佛菩薩緣覺聲聞等乃至盡衆生界
諸所有福悉皆隨喜我亦隨喜以此
功德願我當來亦於一切衆生之界
如佛大悲降大法雨種種方便於諸
世間作大利益利樂衆生以勇猛心
速於事業何以故此凡夫界是其難
地而不究竟我於此界一切衆生願
皆令得安樂寂靜出世間道已得道
者我更令得最上功德阿耨多羅三

藐三菩提行人如是讚歎懺悔隨喜迴向發願已即結大印結已復結三昧印以二手作拳相並二中指如針二頭指外如金剛杵相二拇指安頭指側成印結此印誦大明曰

唵(引)商羯哩(一引)摩賀(引)三摩曳(引)娑嚩(二合引)賀(引)

次結三摩地印以左手安臍輪右手安左手內二拇指與二頭指相著成印誦大明曰

唵(引)尊一

結三摩地印誦明已即入三摩地觀自心中如前出生一大蓮花眾寶所成於蓮花上有尊那菩薩具五分法身於彼身中出大光明其所出光隨所作法或白或黃或赤或黑隨現一色徧滿其身想彼光中出微妙字於微妙字出大光明其光變為金剛界行人自想已身與賢聖無異然後又觀鼻尖上有物專注其心作堅固慈微微出息正坐令頭頸脅微側住復於自心內觀有如來又觀如來心中現於日輪於日輪中現一開敷蓮花眾寶所成於蓮花中現尊那菩薩身如金色著白色衣種種裝嚴於尊那兩脇出大光明又想耳目口中出大熾焰作如是觀想得一一現前已使其分明無有錯謬然後收光頂禮奉上閼伽復誦佛眼菩薩大明七徧或二十一徧或作法時在曼拏羅內眠臥或得惡夢即誦佛眼菩薩大明八百徧當誦明時右手持珠左手執金剛杵大明曰

唵(引)度曩嚩日囉(二合)郝(一)

復次說加持數珠印以二手中指展舒以二頭指捏中指背以二拇指與二無名指小指持珠誦大明曰

唵(引)阿訥部(二合)帝(引一)尾惹曳(二引)悉提(引)悉馱哩替(引二合)娑嚩(引二合)賀(引三)

復以二手合掌安頂次安心上誦大明曰

唵(引)曩謨(引)婆誐嚩底(一)悉提(引二)娑達野(二)娑(引)達野(四)悉馱(引二合)哩替(二合引)娑嚩(引二合)賀(五引)

復次說造數珠法或用菩提子或硨磲玻瓈等當用一百八為數用童女合線以二十一條合成一條穿珠或持誦時以大拇指掐每掐一珠一誦大明其大明字亦有三種或用心月輪中大明字或用頂禮微妙字行人持誦時志心專注勿暫懈怠若作息災增益法時輕輕誦吽字及發吒字若作調伏法亦用吽字及發吒字唯起忿怒心厲聲持誦此為常則每作法持誦畢常誦佛眼大明而獻閼伽隨有所願至心祈求復作供養讚歎懺謝某甲上來供養絕無殊妙唯願菩薩布施歡喜又獻閼伽而作頂禮作法畢已發遣賢聖却用勾召印只以拇指而三搖動為發遣大明曰

野(引)呬野(引)呬底尾摩(引)曩(引)嚕根(二)尾薩哩惹(二合)曳(引三)

發遣賢聖已行人復作曼拏羅縛印擁護自身次作阿三鉢儗你印即以三昧印磔開拇指各如針左旋誦大明曰

唵(引)紇哩(二合引)阿三鉢儗你吽(一引)發吒(半音)

復結三昧印亦作擁護復誦無能勝大明此明能成就一切事大明曰

曩莫三滿多 沒馱(引)喃(一)唵(二引)虎嚧(三)癹拏(引)哩(四)摩撜儗娑嚩(二合引)賀(五引)

結印誦明作擁護已而作頂禮行人當持誦畢起出道場唯得讀般若波羅蜜多經及造佛像佛塔及塗曼拏羅等餘即止息行人每於食時常用大明加持八徧然後可食加持食大明曰

唵(引)嚩蘭捺祢(一引)帝(引)唥摩(引)里你娑嚩(二合引)賀(二引)

每食畢已餘食用大明加持已用獻不動尊明王大明曰

曩莫三滿多(一)嚩日囉(二合引)赧怛囉(二合)吒(二半音)阿謨伽賛拏(三)嚕(引)沙拏娑怖(二合引)吒野(四)吽(引)怛囉(二合)吒(半音)欱(吽引)餎(引五)

持誦行人作五藥淨水每一作半月為限日飲三兩以波羅舍葉為器飲水五藥者謂黃牛乳汁瞿毋怛囉瞿摩耶酪吉祥草水合和成已即誦大明加持已然後方飲大明曰

曩謨(引)婆誐嚩帝(引一)烏瑟膩(引)沙(二合引)野(二)唵(三引)尾戍提(三引)尾囉吟(引四)始吠(引五)扇(引)底迦哩(六)娑嚩(二合引)賀(引七)

行人以紅花染線用童女合以大明加持一千徧結七結已繫於膂側大明曰

唵(引)賀囉(一)賀囉(二)滿提戍訖囉(二合)馱(引)哩尼(三)悉提(引)娑嚩(二合引)賀(引四)

此明亦能禁伏戍訖囉及能破設咄嚕如是儀軌持誦行人可三時為限

復次行人於瑜伽法門若欲修習求諸悉地者先於自身種種作法懺除宿業令無鄣難若不如此聖道難就

又復行人欲作法時先須澄心離諸諠閙於已身分想微妙字使諸字相一一現前若得現前一切罪垢皆得消滅微妙字者先於口門想其餎字於右肩上想暗字於左肩上想惡字於頭上復想暗字於右肩上想阿(引)字左臂上想嚩字於臍輪中想吽字復於徧身想阿(引)字如是微妙字皆是梵字

復次行人每想如是字於身分現時即復誦大明曰

吽(引)左隸祖隸(引)尊祢(引)吽(一引)

此明若誦至一洛叉能除一切罪

又誦大明曰

唵(引)左隸祖隸尊祢(引)癹吒(一半音)

此明若誦至一洛叉得大智慧

又誦大明曰

曩莫左隸(引)祖隸尊祢(引)曩莫

此明常持能除一切塵垢

復次說佛菩薩根本微妙字所謂牟字是妙吉祥菩薩根本昧字是慈氏菩薩根本室哩字為如來根本又為哩吠賢聖根本暗字為普賢菩薩根本惡字為虛空藏菩薩根本阿(引)字為一切如來根本勃嚨字為大輪明王根本阿字又為觀自在菩薩根本又為金剛手菩薩根本吽字為焰鬘得迦忿怒明王根本唵字為毗盧遮那佛根本左字為大輪明王根本隸字為不動尊明王根本又為馬頭明王根本尊字為大尊那菩薩根本祢字為金剛薩埵菩薩根本莎字為伊迦惹吒根本賀(引)字為嚩日囉曩佉根本

復次演說諸印所謂擇地印犁印方

位印蓮花印三叉印鉢哩伽印罥索印鉤印羯杵印勃遜尼印寶杖印座印金剛座印及賢座印莎悉帝迦印惹縛曩囊印師子座印說法輪印師子步印師子臥印幡印扇印白拂印金剛鈴眞珠瓔珞印法鼓印吉祥子印螺印優鉢羅花鬘印經印忿怒寶印持世印迦伞迦印僧伽梨衣鉢印無畏印法輪印花印塗香印燈印食印請召本尊印發遣印供養印閼伽印衣服裝嚴印賢瓶印花鬘印神通印惹縛曩舍印七弥盧印菩提樹印安三昧印除魔印頭頂器仗印定印佛眼印摩摩枳印惹羅播波尼印涅哩怛也鉢你印怛羅輸達你印淨幡像印軍持印迦羅也拏印傘蓋印草屣印頂禮印沐浴印

如是等八十四印於所求事能施成就

復次說諸印相使諸行人修習圓滿得法成就行人欲作法時先須潔淨身心然後

復用塗香塗其二手方可結於印契行人面東正立合掌安頂上頂禮三寶後頂禮本尊大尊那菩薩次頂禮觀自在菩薩次頂禮金剛手菩薩如是頂禮諸佛菩薩已方可結印

經印以二手相合左手頭指中指直竪拇指無名指小指入右掌內以左手指相結成印此印於入三昧時及作成就法時用

方位印先正立作右舞勢右轉以右手作施願左手作三幡相安額上復作右舞勢復作左舞勢成印此印能伏師子龍虎及部多必舍左鬼等乃至賊盜等

次說法印二手合掌二拇指如針成印此印於供養本尊時用當得諸佛菩薩及天龍夜叉巘達哩嚩阿蘇囉誐嚕拏緊那羅摩護囉誐及諸持明天等皆悉歡喜能施成就

次蓮花印以二手相合如八葉蓮花相令手指相離以二拇指入掌中成印結此印時能令大威德諸天皆悉歡喜能施行人大吉祥事所願成就

次三叉印以左手作拳舒頭指中指無名指成印此印有大威力於作息災法時用

次鉢哩伽印以二手各安臂上各竪頭指成印此印能除一切瘧病

次罥索印以二手相並以無名指與拇指相鉤如鎖成印此印於敬愛法中作勾召有大功德

次鉤印以左手拇指頭指無名指小指屈節如鉤成印此印亦於敬愛法中作勾召用

次羯杵印以二手作拳相合以拇指相交成印此印當用息除大惡宿曜

次勃遜尼印以二手相並復相顛倒為拳二頭指頭相並內入二拇指如一成印此印能息除宿曜及退一切惡鬼

次誐那印以二手相並復顛倒各作拳復中指微屈入拇指內成印此印作調伏法中用能破壞設咄嚕及息除大惡宿曜夜叉等

次鉢致娑印以右手拇指與小指安於頭指頭成印此印能降伏阿蘇囉

次座印以右手屈無名指展舒餘指微屈拇指成印結此印時想成寶座

獻諸賢聖
次金剛座印以二手相竝作拳復作如針縛以拇指入於針下成印結此印時想成金剛座奉獻佛世尊
次賢座印先以左手平展安臍輪下以右手平展相倒安左手上成印此印作曼拏羅時及入定時用獻尊那菩薩及金剛手菩薩
次莎悉帝迦印先在蓮花座上坐以右足越於左足復用右手磔開捏左手拇指成印此印於作成就法時用能與行人悉地
次卷嚩曩印先正足立後却作右旋轉以二手各作拳舒中指作動搖成印此印若行人於大難中或被禁縛時用彼一切事無能爲害
次師子臥印先想蓮花上安坐作右顧視復却背坐後以右足越於左足以手觸地成印此印於作觀想時用
次幡印以左手頭指與中指直豎作動搖成印此印作供養時用
次幢印以右手作拳直竪中指成印此印鬭戰時或有大怖時用

次師子座印先以二手相竝復如合掌以中指與小指如針無名指頭指如環拇指直上而竪成印此印是世尊印爲降伏大夜叉用
次法印先作跏趺坐以左手作拳直竪拇指以右手執左手拇指安於臍輪成印此印求解脫用一切天人皆悉稱讚
次八幅輪印以二手展舒手指各相離於頭上旋轉如輪相成印此印威力能斷除一切大惡
次師子步印先正立如師子後以左手安背後復安右邊竪小指如針微屈二頭指展舒相著以拇指安頭指側成印此印於敬愛法中作勾召及發遣用
次尊那菩薩諸根本印以諸印想在菩薩身分
頂禮印先正立作合掌頂禮相成印此印是尊那頂禮爲最上印
次蓮花印不改前相合掌安尊那心即以兩足相顛倒成印此亦名最上印
次頭印先翹左足後以右膝著地右手安額上作動搖復以四指相竝以拇指安掌中成印
次頂印以中指如針與右拇指相捻成印此印若以甲冑大明同用亦名甲冑印
次尊那本印先以二手拇指動搖然以二手合掌以右拇指入掌內成印安於心上
次花印以二手作拳復二手竪如針以頭指與拇指俱合成印
次大印以二手相竝指不相著以拇指安小指第三節後作堅固拳成印以此印安本心即誦大明七徧能作一切法
次第二印即以前印竪二拇指展舒餘指各不相著成印
次第三印以前印以頭指各安中指第三節成印
第四印以二手指展舒復各屈中節復以中指無名指安拇指上復以中指無名指安中節成印
次經印以左右手拇指各捏小指甲復右手指安左手上成印

次螺印以二手頭指中指相著展舒小指捻拇指甲堅固成印

次定印先跏趺坐以二手展舒以右手在左手上二拇指甲相著安臍輪下成印

如是諸印相亦隨今演說修行行人虔心記憶習令精熟於作法時無令誤失若稍疑誤不成印契不成印契即賢聖不喜凡所祈求不獲成就

佛說持明藏瑜伽大教尊那菩薩大明成就儀軌經卷第二

佛說持明藏瑜伽大教尊那菩薩大明成就儀軌經卷第二

校勘記

一　底本，金藏廣勝寺本。

一　七〇〇頁中三行品名，石、徑、清置於五行譯者後，且徑、清作「觀智成就分第二之二」。

一　七〇二頁中八行第二字「或」，磧作「我」。

一　七〇二頁中一三行第九字「背」，麗作「持」。

一　七〇二頁中一七行第一二字「上」，南無。

一　七〇三頁中一二行「澄心」，南作「證心」。

一　七〇四頁下一一行末字「矅」，諸本作「曜」。

一　七〇五頁上一四行「動揺」，石作「揺動」。

一　七〇五頁中九行「八幅輪」，資、磧、普、南、徑、清、麗作「八輻輪」。

佛說持明藏瑜伽大教尊那菩薩大明成就儀軌經卷第三　兵

造幢像分第三

龍樹菩薩於持明藏略出

宋譯經三藏朝散大夫試鴻臚卿傳教大師臣法賢奉　詔譯

尒時佛言此大毗盧遮那如來瑜伽大教我已略說諸印相畢今復宣說畫像儀式若有行人於尊那法中修習求成就者亦復先須了達畫像儀式次第行人若欲畫像先須用上好純素疋帛其帛不得令有毛髮及間雜之物若從他買隨所索價便與其直不得論訓多少若得已即先須於稻穀聚中安七晝夜然後用五藥淨水浸三日或五日七日為上即別用淨水濯出復用香水浸一晝夜取出復以五淨水灑淨了又以五寶水洗方可上幢安排已行人自作歸命云南無七十七俱胝正等正覺亦令畫人預先潔淨至時同此歸命已方乃起首畫諸賢聖其幢行人先誦大明加持已然用白土及粉相和塗幢塗已安清淨處此後直至彩畫畢工常以香花閼伽供養若如是依法作者是最上品作所起首擘畫界道並須右旋先於幢下面畫蓮花池滿中蓮花仍有種種水族魚螺蚌龜之類兼有鴛鴦飛禽等即於池上面畫三蓮花座眾寶所成於中心蓮花上畫白佛頂世尊光焰普徧熾盛照耀右手作施願印左手作說法印圓光白色於臍輪中出大光明於其光中現尊那菩薩於佛右邊蓮花上畫第三佛頂有六臂右第一手作施願第二手執蓮花第三手持數珠左第一手執金剛杵第二手持經第三手作說法印身徧光明熾盛圍繞左邊蓮花上畫不空羂索四面八臂以虎皮為衣復為絡腋復以鹿皮為天衣面有三目頂戴寶冠髮髻下垂右第一手作施願印第二手持數珠第三手執羂索第四手作施無畏印左第一手持白蓮花第二手持經第三手作拳竪立頭指作期剋印第四手執鉤光焰徧身照耀熾盛下面畫難陀烏波

難陀二龍王皆有七頭手執佛座及蓮花莖於右邊畫寶賢頂戴天冠身有種種裝嚴手持寶珠次畫滿賢亦戴天冠身有光明種種裝飾於上面左右畫五佛塔塔中畫諸吉祥如來第一畫海吉祥如來第二畫天寶髻吉祥如來第三畫頂冠藏吉祥如來諸如來身皆作金色手作施無畏印又於左右各畫寶山於左面寶山上畫摩摩枳菩薩坐蓮花座手執金剛杵次後畫無能勝於上面畫吒枳明王執金剛杵又於左邊畫金剛鉤明王於佛世尊上左右畫雲現閃電相雲內畫諸天降彌寶雨又畫諸天獻歌樂相復於上面畫日月天又於空中降下眾花如雨次於右邊寶藏山上畫三界最勝聖觀自在菩薩手執蓮花於次右邊畫聖多羅菩薩手執青優鉢羅花次於右邊畫佛母摩耶於次後面畫大孔雀明王於次後左右畫舞孔雀又於上面右邊畫五如來第一畫法海行吉祥王如來第二畫善光明王如來第三慈氏裝嚴吉

祥如來第四燈光王如來第五眉間毫相吉祥如來如是五如來各坐蓮花座次畫一夜叉主次畫帝釋天持傘蓋如是依法次第畫佛菩薩及衆賢聖悉令圓滿威德自在使諸世間天龍鬼神見皆降伏如是畫像畢已持誦行人即於此幀像作安像慶讚行人於月初一日或十五日起首於一切聖賢求承威力即然後潔淨已身著新淨衣受持齋戒三晝夜或一晝夜或清齋不食或食菜或食乳等餘時常持鉢食復受八戒已然備種種香花塗香淨水復燃酥燈及用種種上妙衣服裝嚴寶飾等又用五閼伽瓶盛妙香水及盛五寶水五藥水以為閼伽乃至種種飲食等為供養行人即立起其幀安於所欲持誦之處即以上來供養之具供養所畫幀像如是作安像已行人此後逐便依法修行

復次又說尊那菩薩畫像法

持誦行人若欲畫本尊尊那菩薩像者先求新帛清淨純白者求得帛已

即令畫師預前潔淨至起首日令受八戒然後令用新器調上好彩色畫尊那菩薩身如秋月色面有三目有一十八臂著白衣種種裝嚴以阿跣為天衣硨磲寶為手釧十指有寶環上二手作說法印右第二手作施無畏印第三手執劍第四手執寶鐸第五手執尾惹布羅果第六手執鉞斧第七手執鉤第八手執金剛杵第九手持數珠左第二手執如意寶幢第三手執蓮花第四手執軍持第五手執罥索第六手持輪第七手執螺第八手持賢瓶第九手持般若波羅蜜多經於菩薩下面畫蓮花池於彼池內出生一大蓮花畫難陁烏波難陁二龍王手持蓮花莖花上畫尊那菩薩有大圓光熾盛徧滿菩薩面前畫持誦人手執香爐作瞻仰本尊相於上面畫淨居天人作雨花雨寶相如是畫像唯以潔淨專志為上於此像前作法者無不成就

尊那菩薩大明成就儀軌作曼拏羅法分第四

復次行人於尊那法中修習成就作曼拏羅者先依法擇得勝地已即掘去惡土砂礫灰炭及毛髮諸骨等别以好土填築令實使極平正然後於上分壁作曼拏羅其曼拏羅或十六肘或八肘或四肘三種不定所作大小皆須嚴飾其曼拏羅四方開四門門中各安法輪於中以五色線絣作內曼拏羅布八賢聖位所用粉作賢聖像當用五色寶粖如闕即以五色粉代之此曼拏羅中有三十三俱胝天於曼拏羅上分布閼伽瓶於一一閼伽瓶內想有一俱胝天又於曼拏羅門內安八大龍王於內曼拏羅中畫尊那菩薩諸餘賢聖次第安布於東北方安大輪明王於東南方安不動尊明王南方安金剛手菩薩北方安觀自在菩薩西北方安不空羂索菩薩西方安伊迦惹吒菩薩西南方安嚩日囉曩契菩薩於曼拏羅東邊安前幀像又於幀前地上畫八葉蓮花上作護摩爐行人於此爐中依法作其護摩行人先用稻穀花徧散其上

然用五藥水灑淨然後安外供養供養賢聖用香花塗香螺貝衣服幢幡等乃至閼伽瓶種種供具供養賢聖復用五寶水獻於本部潔淨已然用三白食謂酥乳酪調和為食食亦為三品若作上品法用上品供養若作中品用中品供養第三品法用第三供養雖云三品並須上味用獻曼拏羅內賢聖若有此會諸毋鬼羅剎娑部多必舍左隨其勾召自十方來者並須平等與其祭食勿得令其有所不足獻食器用亦各不同若獻曼拏羅中八如來及尊那等即各先獻如拇指大一金蓮花然用銅鉢滿盛酪蜜等及諸食奉獻佛菩薩已然用新瓦器盛祭食與彼十方來者必舍左等其祭食者用酒肉及魚或用全魚為祭所獻聖賢及必舍左等並須身心專注度至供養賢聖歡喜所求成就如是作已行人即入觀想想自己鼻尖上有物得現前已專注不散成堅固慈令出入息微細端坐低頭自顧已足即想心中現一日輪想日輪

中有開敷蓮花諸寶所成於蓮花中有尊那菩薩身作金色著潔白衣種種莊嚴又想菩薩於五分身中出大光明又想菩薩於九流門亦出光明其光熾盛照耀一切作觀成已收光而起復以香花及閼伽等奉上賢聖已恭敬作禮

復次行人畫像及作曼拏羅安布賢聖位種種所作皆稟阿闍梨指教一一不得違逆於此儀軌皆悉記憶無令差謬弟子即依教如儀安布賢聖備辦香花及種種之具供養賢聖已阿闍梨以帛覆弟子面令弟子捧花拋於曼拏羅上認花所著尅尊像永為擁護自身之主此後常誦此賢聖本明求其加護如是拋花認本尊已弟子即以鉢器盛滿五寶奉上阿闍梨用伸勞謝弟子於阿闍梨此後奉重過父千倍乃至以曼拏羅所供養物及諸寶貝施一切沙門此後於具德之人及諸尊長常加敬重亦不得於曼拏羅所用諸物乃至火及酥酪等而生輕慢亦不得足踏蓮花阿闍

梨如是誡約弟子已弟子禮謝此後弟子所欲作法依儀修習無不成就

護摩法分第五

復次行人若欲修習尊那護摩法者當於尊那菩薩及曼拏羅賢聖作大供養先備惹帝花摩梨花及種種名花與妙香等而為供養然後隨意依法作其護摩而是行人欲得所求一切成就者先於護摩爐中燒吉木柴然復用白檀龍腦及別妙香合和酥乳以青蓮花搵燒誦大明作護摩者即得如願大明曰

曩莫颯鉢多(引二合)南(一引)三藐訖三(二合)沒馱俱胝(引)喃(二引)唵(引)左隸(三引)祖隸(四引)尊祢(五引)

若為息災用阿沒羅樹葉搵酥乳同燒作護摩者即得如願若為增益當用阿說他木或鉢邏舍木烏訥麼囉木如是等木為柴搵酥蜜酪同燒作護摩者即得如願大明曰

唵(引)左隸(一引)祖隸(二引)尊祢(三引)唵(引)癹吒(半音)(四)

若為發遣設咄嚕者用凾木為柴搵油燒火復用識哩陁娑鍊拏一阿庚多誦大明作護摩者即得如願大明曰

吽引登吒半音左鉩一引祖鉩二引登吒三半音尊祢四引吽引登吒半音引五

若為破壞設咄嚕及禁其心者燒左祖攞木柴以血和芥子油用顭摩木樹葉及尾螺木鍼一阿庚多誦前發遣大明作護摩即得如意

復次欲一切成就者先須受其灌頂然後發堅固心常持尊那菩薩後作法者皆得成就

尊那菩薩持誦法分第六之七

復次行人欲於尊那法中修習持誦者即須先受三昧然結曼拏羅方可起首持誦當持誦時行人於每日平旦時先用大力明王大明加持拇指七徧擁護身已或往便痢亦加持頂及兩臂心喉五處已即入觸大力明王大明曰

囉怛曩二合嚩日囉二合曩底一唵引骨嚕二合達曩吽引弱二

入觸已用淨土及瞿摩夷作淨復誦甘露軍茶利大明七徧加持土洗身分并臍輪下及用洗下衣已又更洗手方得清淨取土誦大明曰

唵引你佉曩一嚩蘇達娑嚩二合引賀二引

取得土已安於淨處或用作淨即捻少許土洗手及洗足即誦作淨大明曰

曩莫三滿多一沒馱引喃二引唵引秫提三引哩訥二合輸達曩引野娑嚩二合引賀四引

誦此淨大明已作拳豎立拇指即誦甘露軍茶利大明加持身五處甘露軍茶利大明曰

曩莫囉怛曩二合怛囉二合夜引野一曩莫室賛二合拏二摩賀引骨嚕二合馱引野三唵引虎盧四虎盧五底瑟吒六二合底瑟吒七二合滿馱八滿馱九賀曩十賀曩十一阿蜜哩二合帝引吽引登吒半音娑嚩二合引賀引十二

誦此明已復誦三昧大明三徧或七徧三昧大明曰

曩莫薩哩嚩二合沒馱一冐地薩埵

引喃二阿引尾囉吤三阿引尾囉吤四摩賀引嚩日哩二合舍多五舍引多六娑引囉帝七引娑引囉帝八引怛囉二合曳九怛囉二合曳十尾達摩儞十三娑惹儞十二賀囉摩底十三悉馱引訖哩十四二合怛囉二合吒半音娑嚩二合引賀引十五

誦此明已取水一合用前甘露軍茶利大明加持已自灌其頂及淨其手用水之時復誦本部大明七徧大明曰

唵引卒紇哩引一二合

誦明作淨已復作拳以拇指安心誦心大明曰

唵引尊登吒一半音

誦心明已復誦甲冑大明擁護自身五處甲冑大明曰

唵尊滿馱一

誦此明已復誦甘露軍茶利大明加持水七掬灑淨及遣魔障復誦土甲冑大明加持身五處以為甲冑如得金剛手菩薩親自擁護無異土甲冑大明曰

曩莫三滿多一沒馱引喃二引唵引部
引入嚩二合引攞吽三引
誦此明已復誦如來部心明加持水
三掬獻於三寶如來部心大明曰
曩莫三滿多一沒馱引喃二引吩曩
吩俱三
誦此明已復誦佛眼大明加持水三
掬用灌自頂佛眼大明曰
曩莫薩哩嚩一二合怛他引誐帝引毗
藥二二合唵引嚕嚕娑普二合嚕三入
嚩二合攞底瑟吒二合四悉馱路左你五引
薩哩嚩二合哩他引二合娑達你六娑嚩引二合
賀七引
復誦甘露軍荼利心大明加持水三
掬用灌頂即成沐浴心大明曰
唵引阿蜜哩二合帝引吽
復誦前淨大明如前護身已復誦前
心大明二十一徧加持水用灑淨及遣
魔障然後隨意沐浴所用拭巾亦灑
令清淨又洗二手作潔淨已却入道
場近於賢聖行人所著衣亦用甘露
軍荼利大明加持又用常受衣大明
加持三徧或七徧已如常受用加持

衣大明曰
曩莫三滿多一沒馱喃二引唵引咯
乞叉三二合薩哩嚩二合怛他引誐多四
阿地瑟眡二合多引野唧嚩囉娑縛
引二合賀七引
行人如是種種潔淨已方再入賢聖
道場於賢聖前發志誠心合掌恭敬
乃至作禮然以五淨水灑吉祥草作
座而坐後用塗香塗二手依儀結印
擁護自身即先結諸部三昧印
佛部三昧印以二手相並復合掌次
以二頭指安中指側第三節成印結
此印隨印誦佛部三昧大明曰
唵引怛他引誐覩引訥婆二合嚩引野
娑嚩二合引賀一引
次結蓮花部三昧印先以二手作合
掌復散二手却以三中指相合如蓮
花相成印隨印誦蓮花部三昧大明
曰
唵引鉢訥謨引二合訥婆二合嚩引野娑
嚩引二合賀一引
次結金剛部三昧印以二手背相合
二拇指二小指相捻直竪餘指成印

隨印誦金剛部三昧大明曰
唵引嚩日嚕引二合訥婆二合嚩引野
娑嚩引二合賀一引
誦此明已復結甘露軍荼利印以二
手平仰二小指顛倒相交二無名指
與二中指屈入掌二頭指如金剛相
二拇指如針成印誦安於頂上隨印前
甘露軍荼利大明作自擁護

佛說持明藏瑜伽大教尊那菩薩大明
成就儀軌經卷第三

乙巳歲高麗國大藏都監奉
勑雕造

佛說持明藏瑜伽大教尊那菩薩大明成就儀軌經卷第三

校勘記

一　底本，麗藏本。

一　七〇七頁上三行品名，磧、南作「造幢像分第四」；徑、清置於五行譯者後。

一　七〇七頁上七行「今復」，石作「命復」。

一　七〇七頁上二一行第一二字「先」，磧、普作「生」。

一　七〇七頁下三行「裝嚴」，諸本作「莊嚴」。下同。

一　七〇七頁下三行第一〇字「次」，資、磧、普、南、徑、清作「以」。

一　七〇八頁上二二行「特誦」，諸本作「持誦」。

一　七〇八頁中二二行「尊那菩薩大明成就儀軌」，徑、清無。

一　七〇八頁中末行「第四」，資、磧、普、南作「第五」。

一　七〇九頁下一行「誠約」，資、磧、普、南作「諸約」。

一　七一〇頁上八行首字「祖」，磧、普、南、徑、清作「袒」。

一　七一〇頁上一〇行「大明」，磧、普、南作「木明」。

一　七一〇頁上一四行「尊那菩薩」，徑、清無。又「之七」，石、徑、清作「之一」；資、磧、普、南無。

一　七一〇頁上一九行「便痢」，南、徑、清作「便利」。

一　七一一頁中九行「後用」，資、磧、普、南、徑、清作「復用」。

一　七一一頁中一七行「三中指」，諸本作「二中指」。

一　七一一頁下五行「二小指」，磧、南作「一小指」。

兵

佛説持明藏瑜伽大教尊那菩薩大明成就儀軌經卷第四　十七紙

西天譯經三藏朝散大夫試光祿卿明教大師臣法賢奉詔譯

龍樹菩薩於持明藏略出

尊那持誦法分第六之二

次又結如來部三昧印以二手作拳竪二拇指成印隨印誦前如來部三昧明作自擁護

次結尊那菩薩根本印以二手作拳二中指如針二頭指安中指節二拇指安頭指側安頂上成印結此印時誦尊那菩薩根本大明而於自身作大擁護時行人於結印誦明時得尊那菩薩歡喜顧視

次結頭印以二手作合掌二拇指入掌中成印隨印誦頭大明曰

唵引尊紇哩二合引一

次結頂印以前印改右手拇指捻中指中節成印隨印誦頂大明曰

唵引尊吽一

次結心印以二手作拳微舒二頭指成印隨印誦心大明曰

唵引尊發吒一半音

次結甲胄印用前頂印復散手成印隨印誦甲胄大明曰

唵引尊滿馱一

次結本部母印亦名佛眼印以二手作合掌頂禮屈二頭指捻中指節二拇指入掌内成印隨印誦前甘露軍茶利大明

次結本部尊印以二無名指入掌動搖次以二中指如針直舒二頭指安中指背舒二拇指安頭指第一節成印隨印誦本部尊大明曰

曩莫三滿多一没馱喃二引俱攞紇哩二合三俱攞紇哩二合那野四

誦此明已取潔淨鉢滿感香水復用甘露軍茶利大明加持七徧於道場東北隅起首四方灑淨及發遣魔障

次結請召印用前根本印改二拇指屈如鉤成印以此印請召賢聖隨印誦請召大明曰

伊呬婆誐嚩底一尊那引馱引囉尼二阿引誐蹉三阿引誐蹉四摩摩薄訖怛也五二合怛三摩曳引曩佐引哩伽六二合

鉢囉二合帝引砌引難七鉢囉二合細
引那弥引八
誦此明已想諸賢聖隨召而至即誦
甘露軍茶利大明安住賢聖已次結
三昧印及誦大明獻賢聖座三昧印
以右手拇指捏頭指甲餘指如金剛
相成印隨印誦三昧大明曰
唵引商羯哩引三摩曳引娑嚩二合
引賀一引
誦此明已行人即言惟願菩薩處此
座已安住道場受我供養
次誦本部大明七徧加持香水用爲
閼伽誦本部大明曰
唵引左爍引一祖爍引二尊祢引二阿哩
伽二合婆誐嚩底四鉢囉二合帝引賤
娑嚩引二合賀引五
次結根本印密結二拇指平舒成印
及誦大明三徧加持前閼伽水然後
面東䠒跪奉獻賢聖大明曰
唵引迦摩攞娑嚩引二合賀引
獻閼伽已復用甘露軍茶利印及誦
甘露軍茶利大明結金剛界而作擁
護

次結十方界以二手相竝先用右手
中指無名指及左手頭指安左手小
指第一節却以左手中指無名指及
右手頭指安右手小指第一節餘頭
指小指如針復以拇指安頭指第一
節成印結此印時隨印誦結十方金
剛界大明曰
囉怛曩二合嚩日囉二合曩底一唵引
娑囉二娑囉三嚩日囉二合鉢囉二合
迦囉吽引發吒半音娑嚩二合引賀引四
次結金剛半惹囉印即用前印磔開
拇指成印隨印誦半惹囉大明曰
囉怛曩二合嚩日囉二合曩底一唵引
尾娑普二合囉二合二洛乞叉二合嚩日
囉二合播引囉三吽引發吒半音四
次下方結界印用前印改二拇指直
下如針成印隨印誦結下方界大明
曰
囉怛曩二合嚩日囉二合曩底一唵引
枳哩二枳哩三嚩日囉二合嚩日哩四
部嚩達你五引吽引發吒六半音
次結大烏瑟膩沙印以二手相竝二
無名指屈入掌二中指如針安二拇

指第三節復以拇指無名指如針以
小指捏第三節復以小指如針安頭
指如金剛相成印隨印誦烏瑟膩沙
大明曰
唵引商羯哩一引摩賀引三摩曳引
娑嚩引二合賀一引
以如是等印及大明作結界已行人
向於本尊賢聖恭敬作禮
次結根本印以二手拇指屈中節成
印結此印誦大明䠒跪獻閼伽用灌
沐賢聖大明曰
唵引左娑嚩引二合賀一引
次結塗香印以右手拇指安頭指第
一節復展舒成印結此印誦塗香大
明曰
唵引尊娑嚩引二合賀一引
次結花印以右手拇指與頭指第一
節相捻成印以此印獻花誦花大明
曰
唵引尊娑嚩引二合賀一引
次結香印以右手中指與拇指相捻
成印以此印獻燒香誦香大明曰
唵引爍引娑嚩引二合賀一引

次結燈印以左手拇指捏中指節成印結此印誦獻燈大明曰

唵引祢引娑嚩引二合賀引一

次結出生印以左手拇指安中指第一節成印結此印獻食誦獻食大明曰

唵引祖娑嚩引二合賀引一

如是結印誦明作種種供養奉獻𤚥拏羅中一切賢聖已復作觀想於一切世間見聞所有一切供具行人運心以此供養十方一切賢聖復結普供養印先合掌頂禮已復以二手指相交成印隨印誦普供養大明曰

曩莫薩哩嚩二合沒馱一冐地薩埵引喃引二薩哩嚩二合他引三烏訥誐二合帝引娑頗二合囉四誐誐曩劒娑嚩引二合賀引五

如是普供養已次以偈讚三寶及觀自在金剛手菩薩等

讚佛曰

我佛大慈悲　調伏諸有情
住福功德海　是故我讚禮

讚法曰

離慾樂寂靜　能斷諸惡趣
純一真如理　是故我讚禮

讚僧曰

堅固持尸羅　證得解脫道
住最功德剎　是故我讚禮

讚諸賢聖曰

怛鑁引二合祢引尾颯鉢多二合吽曩俱胝囉呲鉢囉二合瑜引誐一引捺也二合娑多二合捺也二合他引鉢那纔引曩左鞢引祖鞢曩二欲訖多摩試沙訥哩多鉢囉二合舍摩引野尊祢三引莎引賀引嚩帝引三摩囉底怛寫俱覩引尾鉢底四薩哩嚩二合沒馱戍二合鉢囉二合設娑多二合引野三勃哩引二合路引野虞尼引哩虞二合嚕五阿嚩路吉多塞倪也二合野曩謨引黠切身怛也二合摩賀引怛摩二合你六引摩賀引摩攞引野贊拏引野尾你也引二合囉引慧引野婆引達吠七引訥哩難引二合多那摩迦引野室左二合曩摩悉帝引二合嚩日囉二合播引拏戍八引

復次行人如是讚歎已復說懺悔云

弟子某甲自從無始已來至於今日在輪迴中造不善業或自作或教他乃至見聞隨喜一切不善今對三寶發露懺悔從今已去奉持禁戒更不復作又復今日已去所有諸大菩薩緣覺聲聞乃至一切衆生所作善法我悉隨喜作是說已即結根本印誦根本明三徧行人復合掌白言某甲上來所作供養多不周備或忘失次第不依法則惟願菩薩及衆賢聖大慈大悲布施歡喜

次結閼伽印用前根本印改拇指安頭指第一節成印隨印誦閼伽大明曰

唵左鞢一引祖鞢二引尊祢三引阿哩伽二合婆誐嚩底鉢囉二合帝引蹉娑嚩引二合賀四引

復次行人觀想已身為尊那菩薩先結印以二手作金剛拳以二頭指與小指如針次舒餘指亦如針成印結此印時觀想已身成尊那菩薩於頭上現唵字為如來烏瑟膩沙次於兩眼現左字成烏瑟膩沙大輪次於頸

上現鑁字成不動尊明王手執羂及罥索次於心中現卒字成觀自在菩薩次於兩臂復現鑁字成炎積明王次於心中復現鑁字成於賢聖面有三目手執蓮花罥索軍持等次於臍輪中復現卒字成本尊尊那菩薩次於兩股現祢字成金剛手菩薩次於兩腨現莎字成伊迦惹吒菩薩面有三目六臂身青色以象皮為衣次於兩足現賀字成嚩日囉曩契菩薩如玻瓈色

如是觀想已次即持誦持誦之法亦有二種一無相二有相無相持誦者先結禪定印跏趺而坐端身澄心項頭微低於鼻尖上想出入息非麁非細不緩不急心緣大明專注持誦勿令間斷亦勿令心有所勞惓如是持誦名為最上

有相持誦者即持珠定數每一持誦須及元數直至獲得悉地不得闕少一數若闕一數名為間斷於所求事不獲成就每欲持誦先結數珠印以無名指頭指屈中節與中指中節相捻成印隨印誦大明曰

唵(引)遏訥部(二合)帝(一引)尾惹曳(二引)悉提(三引)悉馱(引)哩替(二合引)娑嚩(二合引)賀(四引)

誦此明已即二手合掌捧珠誦大明七遍加持其珠大明曰

唵(引)曩謨(引)婆誐嚩底(一)悉提(引二)娑(引)達野(三)娑達野(四)薩哩嚩(二合引)哩他(二合)娑(引)達你(五)悉馱(引)哩替(二合引)娑嚩(引二合)賀(六引)

誦此明已即持珠頂禮三賢聖然後依法持誦誦數滿足復誦佛眼大明七遍結根本印復誦佛眼明三遍獻賢聖閼伽又復白言我今盡此持誦奉獻菩薩又獻香花燈塗而作供養次復用佛眼大明而自擁護及結界次用阿三鉢㘑你印護身五處阿三鉢㘑你印以二手相竝二無名指相顛倒入掌內二中指與小指如針復頭指如針安側二拇指直下復無名指入掌成印隨印誦阿三鉢㘑你大明曰

唵(引)阿三鉢㘑你(引)尾(引)囉(一)捺曳帝(二引)吽(引)發吒(半音)娑嚩(引二合)賀(二引)

次結根本印及誦大明以為發遣印相如前大明曰

誐蹉底(一)仡哩(二合)係怛吠(二合引)鉢(二)嚩唐補瑟半(三二合)度半末陵(四)鉢囉(二合)祢(引)半左(五)嚕乞义(二合引)鉢囉(二合)底賀多(六)嚩攞鉢囉(引)訖囉(二合)弥(引)娑嚩(二合引)賀(七引)

如是發遣已復持數珠向心前作擁護又結甘露軍荼利印而自擁護已然後頂禮諸佛菩薩而起出於道場唯得讀誦大乘方廣華嚴及佛母般若波羅蜜多經或塗曼拏羅及造塔像不得談說世俗典籍此為恒式行人食時恒用尊那菩薩根本大明加持已然後可食或睡眠時亦誦根本大明作擁護已即可睡眠根本大明曰

曩莫三滿多(一)沒馱(引)喃(二引)唵(引)嚩蘭那祢(三引)帝(引)哈踰(二合)摩(引)里你娑嚩(二合引)賀(四引)

復次宣說佛及賢聖微妙字觀想法此字皆是諸佛賢聖根本表眞實理乃至無相持誦及息災等四種之法

皆於尊那法中之所演說行人若作息災增益敬愛降伏等法於此諸法應須一一如儀了知今當略說微妙字於曼拏羅中安布九位次第之法第一於東北隅安唵字第二於東南隅安左字次隸字次卒字如是四隅安已次於中位安尊字次安隸字次安祢字次安莎字次安賀字此九字乃是根本大明成九賢聖

復次唵字爲無相法界左字爲大輪隸字爲不動尊卒字爲觀自在又隸字爲不空羂索菩薩尊字爲尊那菩薩祢字爲金剛手菩薩莎字爲伊迦惹吒菩薩賀字爲嚩日囉曩契菩薩如是等微妙字於一切大明若以唵字爲首者能成就一切法若左字於息災增益降伏三法有大威力隸字能破壞設咄嚕亦作發遣及擁護法功力最大卒字能作破壞及散他軍如金翅鳥能食於龍隸字破諸大惡有最勝力尊字能成就一切事能破堅固禁縛祢字能破魔怨及諸大惡亦能作入宿法莎字能自擁護及能破怨亦能令作鉢入宿法賀字能除大毒及一切病如是等字猶八正道能使有情解脫輪迴後得寂滅

復次行人觀想如是微妙字相於已身分一一現前或變色相或變形儀若得如是現前能滅身中一切罪業斷除煩惱初想唵字現於頭上作黃金色次想左字現於兩目亦作金色次想隸字現於頭上作深黑色次想卒字現於臍輪如紅蓮色或大青色其色所現隨彼作法次想隸字現於兩臂變賢聖像或作金色或作赤色次想尊字現於心上變成尊那菩薩身作白色想祢字現於兩股想莎字現於兩腨想賀字現於兩足想如是字於已身分一一現前得現前已斷諸煩惱滅一切罪乃至能使內心皎潔如塵覆像隨拂清淨精進諸天皆悉敬愛

復次觀微妙字變成本位賢聖觀字成尊那菩薩本身者身作白色面有三目有一十八臂熾焰徧身坐白蓮花而於身中能生諸佛若觀字成多羅菩薩者身大青色現忿怒相利牙外出象皮爲衣一手執劍一手執髑髏滿中咸血若觀字成伊迦惹吒菩薩者右第一手執寶棒第二手執羂索左第一手執朅椿誐第二手執澀血人頭若觀字成嚩日囉曩契者身色如月右二手執劍及鉞斧左二手執羂索及蓮花此嚩日囉曩契是馬頭明王所化有大威力若有被得义迦龍所螫者一切諸力無能救度唯嚩日囉曩契可爲救濟若復行人處用者皆得成就等如意寶一切隨心

復次於諸大明加字所用各各成就法若加唵字能爲警覺及作發遣若加唵隸吽三字力能斷截若加唵羅吽發吒五字者力能驚怖及能破壞亦能擁護若加唵祖曩莫四字者能成就敬愛法若加唵祖吽三字者能退他軍若加唵隸發吒四字者息大鬭戰

若作息災法用此大明曰

唵引 尊阿母羯冩扇鼎俱嚕娑嚩二合

賀引一
若作增益法用此大明曰
唵引尊阿毋羯寫洛叉祢俱嚕婆嚩二合
賀引一
若作敬愛法用此大明曰
唵尊曩莫
若為息大鬪戰用此大明曰
唵尊祢吽發吒
又作息災法隨誦大明兼稱彼名說
所求事大明曰
左鑠祖鑠尊祢阿毋羯寫扇鼎俱
嚕婆嚩二合賀引一
又作增益法隨誦大明兼稱彼名說
所求事大明曰
唵左鑠祖鑠尊祢婆嚩二合賀引一
又作敬愛法隨誦大明兼稱彼名說
所求事大明同增益法
又作降伏法隨誦大明兼稱彼名說
所為事大明曰
曩莫左鑠祖鑠尊祢阿毋羯嚩尸俱
嚕婆嚩二合賀引一
又作勾召法誦大明曰
唵左鑠祖鑠尊祢阿毋羯摩羯哩

沙野紇哩二合一
又驅逐怨家隨誦大明兼稱彼名說
所為事大明曰
唵左鑠祖鑠尊祢阿毋羯毋佐吒野
吽引一
又破壞魔怨法大明曰
唵左鑠祖鑠尊祢阿毋羯摩羅野
吽發吒半音一
又作極破壞魔怨法大明曰
唵左鑠祖鑠尊祢阿顛多摩羅尼娑
嚩二合賀引一
又作大息災法隨誦大明稱彼所成
就事大明曰
唵左鑠祖鑠尊祢婆嚩二合賀引一
又作大敬愛法隨誦大明稱彼名字
說所成就事大明曰
曩莫左鑠祖鑠尊祢曩莫阿顛多
嚩尸曳紇哩二合一
又作大勾召法大明曰
左鑠祖鑠尊祢紇哩二合一
又作極壞大怨法隨誦大明兼稱彼
名說所為事
吽唵左鑠祖鑠尊祢吽阿顛覩左吒

你發吒左鑠祖鑠尊你發吒半音
如是等大明各各隨所作法稱說其
事無不成就
諸佛所說大尊那教能滿一切衆生
之願以頌讚曰
尊那功德聚　寂靜心常持　一切諸大難
無能侵是人　天上及世間　受福如佛等
從茲如意寶　定獲無等等
佛說持明藏瑜伽大教尊那菩薩大明成
就儀軌經卷第四

佛說持明藏瑜伽大教尊那菩薩大明成就儀軌經卷第四

校勘記

一 底本，金藏廣勝寺本。

一 七一三頁中三行品名，[徑]、[清]作「持誦法分第六之二」，並置於五行譯者後。

一 七一四頁中二行第一一字「安」，[資]、[磧]、[普]、[南]作「用」。

一 七一四頁中一七行第五字「印」，[徑]作「應」。

一 七一五頁下九行「不周」，[石]作「不用」。又「忘失」，[石]作「妄失」。

一 七一六頁上二〇行「元數」，[麗]作「无數」。

大宋新譯三藏聖教序

御製

大矣哉我佛之教也化導羣迷闡揚宗性廣博宏辯英彥莫能究其旨精微妙說庸愚豈可度其源義理幽玄眞空莫測包括萬象譬喻無垠綜法網之紀綱演無際之正教拔四生於苦海譯三藏之祕言天地變化乎陰陽日月盈虧乎寒暑大則說諸善惡細則比於恒沙含識萬端弗可盡述若窺像法如影隨形離六情以長存歷千劫而可久須彌納藏於芥子如來坦蕩於無邊達磨西來法傳東土宣揚妙理順從指歸彼岸菩提愛河生滅用行於五濁惡趣拯溺於三業途中經垂世以難窮道無私而永泰靈山貝葉若銀臺之耀目歲月煙蘿起香界之自遠巍巍罕測杳杳難名所以道貫十聖德被三賢至道起於乾元衆妙生乎太易摠繁形類毀鑿昏明絕彼是非開茲蒙昧有西域法師天息災等常持四忍早悟三乘翻貝葉之眞詮續人天之聖教芳猷重啓運偶昌時潤五聲於文章暢四始於風律堂堂容止穆穆輝華曠劫而昏墊重明玄門昭顯軌範而彌光妙法淨界騰音利益有情俱登覺岸無成障礙救諸疲羸冥昧慈悲浩汗物表柔伏貪佷啓滌昏愚演小乘聲聞合其儀論大乘正覺立其性合靈悟而蒙福藏教欽而重興幻化迷途火宅深喻雖設其教不知者多善念生而無量潛臻惡業興而隨緣皆暨調御四衆積行十方澍花雨於金輪護恒沙於玉關有頂之風不可壞無際之水弗能漂澄寂湛然圓明清淨之智慧性空無染妄想解脫之因緣可以離煩惱於心田可以得清涼於宇宙朕慙非博學釋典微聞豈堪序文以示來者如麿螢爝火不足比之於映日將微蠡量海未能窮盡於深淵者哉

佛說妙吉祥瑜伽大教金剛陪囉嚩輪觀想成就儀軌經

曼拏羅分第一

尒時金剛陪囉嚩白佛言世尊我今爲欲利益諸衆生故演說一切成就之法願佛大慈賜我無畏佛言善哉陪囉嚩爲利益者恣汝宜說時陪囉嚩受佛勑已即於一切人天之會現大惡相演說一切成就之法若有持明之人爲欲修習我此法者先於一切衆生發於廣大利益之心即於金剛阿闍梨求受灌頂得灌頂已然於儀軌作種種法決定成就

復次持明之人若見惡業衆生悖逆王命恣爲禍亂不孝父母於阿闍梨及於師長心存很戾破滅三寶毀謗大乘及祕密法以輕慢心逾越三昧於諸有情輒生危害如是之人當用此法而調伏之或得悛心即與解釋又復持明之人自心不得愚癡憎嫉於諸有情具衆善人輒作是法爲惱害者當來感果入於號叫大地獄中受於衆苦經無量劫持明之人當須遠離如是過惡方可修習作曼拏羅求諸成就欲作曼拏羅者先須選擇勝地勝地者所謂大自在天像前或山頂或空舍或諸天祠或母鬼廟或尸陁林或河岸或大樹下或大戰地或四衢道或聚落中選得如是諸勝地已乃於此地建曼拏羅求諸成就成就法者所謂息災增益敬愛調伏乃至發遣禁縛等法又復求彼聖藥聖劒眼藥入龍宮聖藥及出伏藏又復降伏吠多拏必舍左夜叉夜叉女乃至降龍等法如是諸法持明之人若是專註依於儀軌定獲成就

復次持明人建曼拏羅者於前所得勝地當依摩呬沙目佉法於尸陁林取夜分時躶身被髮用屍灰作四方曼拏羅作於四門上作重樓以金剛寶及半月等乃至鈴鐸幢幡花鬘等種種嚴飾於曼拏羅中心畫八輻輪於輪中心分擘九位作圓月相準開一門餘門作閉相於輪中心安一舍嚩東位安室囉南位安賀娑多西位安頗怛囉北位安波捺東北隅安羯播羅東南隅安拶沙迦西南隅安蘇摩舍曩羯哩鉢吒西北隅安輸羅惹曩布嚕沙以如是慓幟安於輪中次於輪外東方安羯吒哩頻尼波羅沒娑羅措哩迦迦拏野益俱舍等南方安俱荼囉設囉誐捺揭椿誐作訖囉播舍等西方安嚩日囉拏摩嚕迦契吒迦馱努健吒馬多羯哩鉢吒北方安多哩惹祢帝哩鉢多迦誐惹拶哩摩嚩日囉沒捺誐囉軍多阿儗你軍拏等於四門四隅安摩賀吠多羅當用摩賀設嚩油燃燈曩囉佉囉烏荼悉哩誐羅摩呬沙誐惹阿説嚬弭沙沒哩誐蘇迦囉等必尸多爲食獻曼拏羅復用訖哩馱囉烏路迦羯細曩嚩迦窒致娑婆囉娑摩喻囉摩賀你怛哩摩賀設俱曩等必尸多爲食復獻曼拏羅如是持明人於獻食時虔心專註乃至作護摩時出生皆亦如是又復於曼拏羅外周徧用嚕地囉灑淨持明人如是依摩呬沙目佉法受其齋戒與彼助伴并已四人常須專註不得懈怠唯持明人獨用吠嚕左曩塗身躶形被髮於夜半時手執拏摩嚕迦擊作高聲其持明人

口稱賀賀作勇猛尊註入曼拏羅以求成就時持明人依法入曼拏羅已即用前所辦食奉獻本尊大金剛陪囉嚩其持明人即觀想陪囉嚩在曼拏羅中受彼所獻飲食供養如是觀想得現前已持明人即於曼拏羅前立身作左舞勢作無畏相專心誦十字大明不得間斷直至陪囉嚩出現本身而於中間若有種種魔境現可畏相欲作障難者持明之人勿得怕怖若有怖心魔即得便當令所求法不成就若無怖畏時金剛陪囉嚩歡喜出現告持明人言汝求何願我令與汝持明人白言我求聖劒及入龍宮種種聖藥等願施於我時陪囉嚩告持明人言汝所求者我悉施與時持明人或無福德於如是上品法不獲成就者於中下品事亦獲成就

一切成就法分第二

持明之人欲作調伏設咄嚕者先想自身如金剛陪囉嚩大忿怒相或遜婆曩依摩呬沙目佉法取屍衣用毒藥及血鹽芥子苦楝木汁曼陁羅花

汁合和為彩色以烏翅為筆於前屍衣上畫金剛陪囉嚩曼拏羅於中分十六位中位畫陪囉嚩像面南裸形被髮於此像前畫二火爐於二爐中間書設咄嚕名復書十字大明為界名字在中又書八吽字圍於彼名又於四隅書發吒字如是書已安髑髏內復以髑髏覆之後作三角爐以髑髏安上下用燒屍柴燃火燒之持明之人作前大忿怒相以左足踏髑髏誦十字大明彼設咄嚕速趣除滅

復次如前用種種藥物合和於屍衣上書設咄嚕名復加三十二字大明圍名書之又用迦鷄殘食及吠嚕左曩塗於衣上後埋尸陁林中其設咄嚕亦速除滅若埋大樹下即為發遣若大自在天像前即速愛別離苦若沉於水底即速禁伏若為息災埋於舍中若取彼衣洗淨一切如常

復次持明人取屍衣書焰摩大明已於尸陁林中或四衢道或大樹下或白蟻二土聚間或大自在天像前或囉惹門前於如是等處取土復用

吠嚕左曩嚩日嚕捺迦及燒屍炭和合作設咄嚕形長八指將前大明安於心內復於形五處用人骨作橛釘之復用棘針於身分肢節徧刺已安在髑髏內復以髑髏覆之然後取白中時或半夜時於七處取白蟻聚土作焰摩形長一肘面大惡相有二臂右手執劒被髮於此焰摩心中安設咄嚕形取夜半或日中時於燒屍坑中頭南覆面以深埋之其持明人還歸本處依摩呬沙法誦十字大明及稱設咄嚕名至滿三日決定除滅若出彼形像用牛乳洗淨即獲如常

復次同前用藥物等和合於癩村努哩蟲皮上書十字大明後於設咄嚕足下取土及於毋怛囉處取泥相和塡於皮內用人髮繫後用佉囉毋怛囉及吠嚕左曩同入於一瓶內於燒屍坑中深埋持明人作忿怒相依摩呬沙目佉法誦十字大明滿一日能令作遜婆此法不可解

復次於七處取白蟻聚土作水牛及馬形像作互相騎狀用水牛及馬血

相和同前書大明安於牛馬心内埋在額摩樹下然後持明人作觀想想彼設咄嚕變别離於三日内定如所作

復次同前於七處取白蟻聚土作䭾𩢊形同前法書大明安䭾𩢊心内持明人觀想邦字成於風輪如半月相在䭾𩢊上又想設咄嚕坐風輪上又想焰摩在設咄嚕後執杖打趂彼設咄嚕南去於七日内其設咄嚕自然遠去

復次持明人取芥子油於太陽直日以油塗於象身繫象於額摩樹下却用鉡鉿刮取塗象身油後於大自在天廟中取幡燒之加令作焰收此煙與前油相和塗設咄嚕足或衣等須臾遠去

復次持明人取烏翅為筆以烏血為墨於㨫皮上畫風輪於風輪中心書設咄嚕名繫於烏項持明人依摩呬沙目佉法作觀想向南放烏彼設咄嚕猶如烏飛須臾遠去

復次持明人用大小便相和作設咄嚕像復用骨粖塗彼像身持明人於夜半時躶形入尸陁林中將前像段段截之依摩呬沙目佉法於燒屍坑内或就焚屍火作護摩彼設咄嚕即自除滅

復次持明人用前諸藥為墨於屍衣上書焰鬘得迦明王大明復用摩賀鉢囉你波及吠嚕左曩相和作設咄嚕像將前所書大明安像心内持明人依摩呬沙目佉法身塗吠嚕左曩往尸陁林中以利刀斷彼形像於燒屍坑前面南坐作護摩彼自除滅

復次持明人取烏皮或驢狐皮於此皮上用鐵筆書十字大明及書彼名其持明人於寂靜處稱設咄嚕名誦十字大明彼自離散

復次持明人用前藥物調和於屍衣上畫焰摩王曼拏羅復用屍灰作女像面醜惡相於像心内安前大明持明人以足踏像依摩呬沙目佉法稱彼女名誦十字大明速令禁縛

觀想分第三

復次持明人欲作觀想者先誦淨三業大明淨三業已然後以無我心於一切法作無我觀觀一切法得無我已稱眞如理觀於賢聖乃於自心想出邦字邦字現已變成風輪復想風輪其色如煙於彼輪上現第一字想第一字變成印捺囉曼拏羅於曼拏羅上想現提字又想提字成妙吉祥童子相又復於妙吉祥童子心中想現阿字變成日輪從日輪中出大光明徧往十方無邊剎土照於彼土佛及菩薩乃至持明王等於彼剎土普照耀已還復入於日輪之内如是觀想妙吉祥童子與諸如來無異無别在日輪内放大光明照耀百千由旬又想吽字黑色現日輪上有五色光周徧圍繞復想光中吽字變成大金剛杵黑色有大光明復想金剛杵化生諸佛如來及諸明王細如胡麻徧滿虚空具諸相好光明圍繞復想如是諸佛如來各度衆生皆成正覺度生畢已還復入於金剛杵内又復觀想從金剛杵化出大金剛陪囉嚩而有九面第一正面如摩呬沙目佉相

作大黑色於右邊設哩識上有三面中面青色右面赤色左面黃色皆忿怒相左邊設哩識上亦三面中面白色右面煙色左面黑色皆忿怒相二設哩識中間作第八面大赤色忿怒相次上作第九面作忿怒童子相黃色頭有五髻作童子裝嚴如是九面皆有三目現大惡相或大笑相吐舌外出眉相攢蹙躶身大腹頭髮豎立象皮為衣髑髏裝嚴具三十四臂右第一手執刀第二手執頻泥波羅第三手執擣杵第四手執鹿哩迦第五手執迦拏野第六手執斧第七手執椿第八手執人頭第九手執鉤第十手執寶棒第十一手執竭椿識第十二手執輪第十三手執金剛杵第十四手執金剛骨朵第十五手執劍第十六手執拏摩嚕迦左第一手執髑髏第二手執人頭第三手執契吒迦第四手執人足第五手執罥索第六手執弓第七手執頞怛囉第八手執鈴第九手執人手第十手執屍衣第十一手執鐵人第十二手執火爐第十三手

執拶沙迦第十四手作期剋印第十五手執幡第十六手執帆左右二手執象皮右一十六足右第一足踏人第二足踏水牛第三足踏黃牛第四足踏驢第五足踏駝駞第六足踏狗第七足踏羊第八足踏野狐左第一足踏鷲鳥第二足踏獯狐第三足踏烏第四足踏師子第五足踏細曩第六足踏你怛囉第七足踏摩賀俱曩第八足踏鶴身有光焰猶如劫火照耀熾威有大威力口稱發吒字聲如雷震人天聞見皆大怖畏此金剛陪囉嚩不惟食人血肉髓腦乃至三界諸天亦怖金剛持明之人作觀想時於寂靜處外絕異境正念專註稱真如理觀想賢聖得現前已想賢聖身即是我身已復如是住於無畏復觀心中現一日輪於日輪上觀大明字得字現已放光四照持明之人如是觀想得成就已乃可持誦持誦之時常食五種甘露之藥及摩賀鉢囉你波持誦根本大明滿三洛叉得數滿已方於此後作成就法若依儀軌無差譽者於一切法決定成就

畫像儀軌分第四

持明之人欲畫本尊大金剛陪囉嚩像者當先訪求巧妙畫匠而彼畫匠須是清淨無有懈怠輕慢之過兼具慈悲忍信之心求得如是有德人已持明之人隨彼畫人所索工直隨索便與不得詶價得畫匠已持明之人方可求彼勇猛正直人衣或求女人隱觸之衣或求女人產生衣若無如是等衣即用屍衣求得衣已即於寂靜無人到處令彼畫人擇日起首作慳畫像除持明人及畫匠外諸餘之人並不得見若令人見作法不成大金剛陪囉嚩相者一身九面躶形黑色三十四臂一十六足第一面者黑色摩呬沙目佉相右邊設哩識上有三面中青色右赤色左黃色皆忿怒相左邊設哩識上亦三面中白色右煙色左黑色二設哩識中間畫第八面赤色於第八面次上畫第九面作妙吉祥童子相黃色如是九面皆忿怒相具三十四手右第一手執刀第

二手執頻泥波羅第三手執擣杵第四手執顱哩迦第五手執迦拏野第六手執大斧第七手執槍第八手執箭第九手執鉤第十手執寶棒第十一手執揭椿誐第十二手執輪第十三手執金剛杵第十四手執骨朵第十五手執利劒第十六手執拏摩嚕迦左第一手執髑髏第二手執人頭第三手執契吒第四手執人足第五手執罥索第六手執弓第七手執頻怛囉第八手執鈴第九手執人手第十手執屍衣第十一手執鐵人第十二手執火爐第十三手執撥沙迦第十四手作期剋印第十五手執幡第十六手執帆左右二手執象皮右第一足踏人第二足踏水牛第三足踏黃牛第四足踏驢第五足踏駝驢第六足踏狗第七足踏羊第八足踏野狐左第一足踏鷲第二足踏麞狐第三足踏烏第四足踏師子第五足踏細曩鳥第六足踏你怛囉第七足踏摩賀誐俱曩鳥第八足踏娑囉娑於像前畫尸陁林中有種種囉乂娑鬼神吠多拏等又畫尼俱陁樹樹上有懸掛人屍及有鐵屍復於林下畫衆人屍有雜類飛鳥及狐狗等食衆屍相於本尊前畫持明人躶身被髮以髑髏為冠以五種甘露藥塗身手持拏摩嚕迦及髑髏揭椿誐等作瞻顧本尊陪囉嚩面復大笑行入尸陁林相如是畫像畢已將此幔安於深密寂靜之處常燒人肉為香供養持明人用人骨為數珠於此像前以虔心專註一日三時持誦大明滿三洛乂然後隨意作法決定成就此畫幔像不得寄於他人亦不得輙於人前開展令人瞻見持明之人以酒肉為食又復一日三時以吠嚕左曩裴及人血相和為香於幔前焚燒以為供養如是至誠不退者決定獲得最上成就

護摩法分第五

復次持明人欲作護摩求成就者先須預前持誦本尊根本大明先行滿足然後如儀備辦所用柴及一切物等具足已持明人然後於夜分時將諸護摩物獨往尸陁林中依法求其成就得悉地已此後隨意作一切法

復次持明之人於金剛陪囉嚩前用人肉和酒誦大明日日作護摩一百八徧滿六箇月持明人當得摩賀三滿多

復次持明人欲求大力囉惹及人民敬愛者當依摩呬沙月住法端坐觀想已身為陪囉嚩手執鉤及罥索復想此身中化出妙吉祥往彼所降人處牽引彼人來入身中又想十字大明赤色現彼人心中如大智相持明之人作是法時至於極大力者亦可敬愛乃至盡生一切隨意

復次持明人欲作息災者當於陪囉嚩像前作爐面東坐於爐中燒鉢羅舍木柴用酥蜜及訥哩嚩草相和誦大明作護摩一百八徧乃至國城皆得災息

復次持明人作增益法者當面東坐觀想本尊得現前已即於爐中燒烏曇摩木柴用脂麻白秔米酥相和日三時作護摩千徧速得增益

復次持明人欲作調伏者用孔雀獷

狐虵烏馬水牛等必尸多及頭髮㲉
糠等物爲藥於燒屍火内稱名誦大
明作護摩者速令調伏或取燒屍殘
柴及於䓛陁羅家取火於自舍内稱
彼名誦大明作護摩者於七日内亦
得調伏作此法者金剛薩埵亦可調
伏
復次持明人爲設咄嚕者當用人骨
吠嚕左曩誐囉拶娑羅拏逕嚩那羅
拏及棘針頭髮指甲等用油相和然
後於燒屍坑前面南坐稱名誦大明
一百八徧彼設咄嚕三日内除滅或
於深密寂靜之處作三角爐一切同
前用諸物等作護摩一百八徧亦可
除滅
復次持明人欲發遣設咄嚕者當用
烏肉及駝驢糞以酒相和持明人躶
形被髮入尸陁林中於燒屍坑前面
南坐先想風輪復想風輪上有設咄
嚕得觀現前已將前諸物於燒屍火
中作護摩一千徧速自遠去
復次作發遣設咄嚕者用烏肉及米
糠相和燒曼陁羅柴同作護摩七日

自去又用烏肉同前作護摩一千徧
三日自去
復次持明人取牛肉及血稱名誦大
明作護摩一千徧彼所稱名人速來
降伏承事或用狗肉和金剛水於夜
分時作護摩一百八徧亦速來降伏
及奉珍寶或用馬肉及吠嚕左曩相
和於深密處夜分時作護摩一百八
徧至七日得囉惹及一切人悉皆降
伏或用象肉及輸迦羅相和於夜分
時作護摩七日内一切人降伏
復次持明人用肉及魚和酒作護摩
一切悉怛哩皆來降伏
復次持明人觀想男女二人身紅色
稱名誦大明面西坐燒佉你囉木柴
用脂麻及白粇米以金剛水和作護
摩七日自來降伏親近承事
復次作勾召用芥子作彼像於佉你
囉木火中作護摩至七日所召必至
或用五種甘露藥和酥於佉你囉木
火中作護摩一百八徧所召速來
觀想成就分第六
復次持明之人欲作此法者先須習

此觀想令其精熟然後作法
復次持明人欲除滅設咄嚕者依摩
呬沙目佉法觀想囉字得分明現前
已即復變成火輪火焰熾盛於火輪
上想設咄嚕躶形被髮羸弱相持明
人又於已身中化出忿怒明王手執
利劒斷截設咄嚕身血肉而噉食之
其設咄嚕決定除滅如是作觀想法
誦大明至於七日非唯凡夫乃至金
剛薩埵亦可除滅
復次持明人先觀自身如摩呬沙目
佉已即同前想大火輪於火輪上想
設咄嚕作怖畏顫掉相又想有惹羅
剎食彼設咄嚕或想烏鷲狐狗之類
競來食噉之相彼設咄嚕當自除滅
復次持明人作發遣法先觀想鉢字
嚕在風輪上躶身被髮羸弱之相持
明人想自身如摩呬沙目佉亦在風
輪上又想風輪變成駝驢想設咄嚕
乘駝驢南去相復想有焰摩王被髮
手執寶杖隨後擊之如是觀想者經
七日非獨凡夫乃至聖賢亦可發遣

復次持明人依摩呬沙目佉法端坐觀想設咄嚕或乘鷲或乘烏復想有焰摩王右手執杖左手捉髮擲於向南作如是想經於七日發遣一切無不去者

復次持明人爲與除解蝕蠱大毒者即先觀想自心成八葉白蓮花上想有第三晉字却變成巳身白色復想一字現於頂上從一字中流出甘露灌被蠱之人又想八葉蓮花於八葉中現八大龍王於龍眼中復出甘露灌蝕蠱人身作此法時至於大毒滿於三界亦可除退持明之人若作此法乃至自食大毒亦無所害

尒時大金剛陪囉嚩說是種種儀軌法已復告衆言我先所說勿得違犯若違犯者現獲殃咎後受地獄無量之報陪囉嚩說是語已禮佛而退

佛說妙吉祥瑜伽大教金剛陪囉嚩輪觀想成就儀軌經

佛說妙吉祥瑜伽大教金剛陪囉嚩輪觀想成就儀軌經

校勘記

一 底本，金藏廣勝寺本。

一 七二〇頁中一行至本頁下二〇行序文，諸本無。

一 七二〇頁下末行品名，徑、清置於次頁上一行譯者後。

一 七二一頁上一行譯者，徑、清作「宋西天三藏朝散大夫試光祿卿明教大師法賢奉詔譯」。

一 七二一頁中一七行「八幅輪」，徑作「八輻輪」。

一 七二一頁中末行「安輪」，資、磧、普、南、徑、清作「安輸」。

一 七二一頁下三行「野盍」，資、磧、普、南、徑、清作「野益」。

一 七二二頁上八行「閒斷」，資、普作「間斷」。

一 七二二頁中一七行第九字「速」，徑、清作「速脱」。

一 七二二頁中一八行第一三字「埋」，麗作「理」。

一 七二三頁中二〇行第五字「踏」，諸本作「踏」。下同。

一 七二三頁下三行第一〇字「乃」，徑、清作「及」。

一 七二三頁下一〇行第一三字「土」，資、磧、普、南作「十」。

一 七二四頁上九行「竪立」，麗作「竪立」。

一 七二四頁上一三行第一三字「椿」，南、徑、清作「槍」。

一 七二四頁上一四行「人頭」，南、徑、清作「羽箭」。

一 七二四頁中五行「駝驢」，徑、清作「馳驢」。

一 七二四頁中八行首字「烏」，南作「鳥」。

一 七二四頁中二一行第二字「食」，麗作「飡」。

一 七二六頁下一七行「半月」，磧、普、南、徑、清作「半日」。

一　七二七頁上一四行第七字「毒」，石作「復」。

一　七二七頁上一八行第二字「般」，磧、南、徑、清、麗作「報」。

一　七二七頁上一九行「瑜伽大教」，徑、清作「瑜伽教」。

一　七二七頁上末行「儀軌經」，石作「儀軌經卷第一」。

大宋新譯三藏聖教序

御製

大矣哉我佛之教也化導羣迷闡揚宗性廣博宏辯英彥莫能究其旨精微妙說庸愚豈可度其源義理幽玄眞空莫測包括萬象譬喻無垠綜法網之紀綱演無際之正教拔四生於苦海譯三藏之祕言天地變化乎陰陽日月盈虧乎寒暑大則說諸善惡細則比於恒沙合識萬端弗可盡述若窺像法如影隨形離六情以長存歷千劫而可久須彌納藏於芥子如來坦蕩於無邊達磨西來法傳東土宣揚妙理順從指歸彼岸菩提愛河生滅用行於五濁惡趣拯溺於三業途中經垂世以難窮道無私而永泰雪山貝葉若銀臺之耀目歲月煙蘿起香界之自遠巍巍罕測杳杳難名所以道貫十聖德被三賢至道起於乾元衆妙生乎太易摠繁形類廢鑿昏明絕彼是非開茲蒙昧有西域法師天息災等常持四忍早悟三乘翻

貝葉之眞詮續人天之聖教芳猷重啓運偶昌時潤五聲於文章暢四始於風律堂堂容止穆穆輝華曠劫而昏墊重明玄門昭顯執範而彌光妙法淨界騰音利益有情俱登覺岸無成障礙救諸疲羸冥昧慈悲浩汗物表柔伏貪佷啓滌昏愚演小乘聲聞合其儀論大乘正覺立其性合靈悟而蒙福藏教欽而重興幻化迷途火宅深喻雖設其教不知者多善念生而無量潛蹤惡業興而隨緣皆墮調御四衆積行十方澍花雨於金輪護恒沙於玉闕有頂之風不可壞無際之水弗能漂澄寂湛然圓明清淨之智慧性空無染妄想解脫之因緣可以離煩惱於心田可以得清涼於宇宙朕愍非博學釋典微聞豈堪序文以示來者如麼螢爝火不足比之於皎日将微蠡量海未能窮盡於深淵者哉

佛說大乘八大曼拏羅經

西天譯經三藏朝散大夫試光祿卿明教大師臣法賢奉詔譯

如是我聞一時佛在補陁落迦山聖

觀自在菩薩宮中有無數百千俱胝
那由他菩薩恭敬圍繞尒時會中有
一菩薩名寶藏月光即從座起偏袒
右肩右膝著地合掌向佛而白佛言
世尊如來應供正等覺今有所問願
佛慈愍斷我疑惑
尒時世尊告寶藏月光菩薩摩訶薩
言汝今問我樂聞之法是義云何當
爲汝說時寶藏月光菩薩摩訶薩聞
佛語已而白佛言世尊若有善男子
善女人欲作八大曼拏羅云何受持
恭敬供養佛言善哉善哉若有善男
子善女人於此八大曼拏羅依法受
持恭敬供養有大功德出生智慧利
益無量乃至三際衆生皆得成就無
等正智善男子汝今諦聽當爲汝說
此八大曼拏羅具八大菩薩根本心
大明若常持誦恭敬供養所有五逆
重罪一切諸惡悉皆除滅而能成就
無上勝義大明曰
唵(引)摩賀(引)尾囉娑嚩(二合引)賀(引)
此是佛心大明安曼拏羅中心誦此
大明獻佛供養

復次聖觀自在菩薩心大明曰
唵(引)紇哩(二合)賀鉢捺摩(二合)室哩(二合)
曳娑嚩(二合引)賀(一引)
慈氏菩薩心大明曰
昧賀(引)囉尼娑嚩(二合引)賀(一引)
虛空藏菩薩心大明曰
阿誐哩婆(二合引)野娑嚩(二合引)賀(一引)
普賢菩薩心大明曰
莎紇哩(二合)惹野娑嚩(二合引)賀(一引)
金剛手菩薩心大明曰
怛尾囉娑嚩(二合引)賀(一引)
曼殊室哩菩薩心大明曰
室哩(二合引)暗囉伽娑嚩(二合引)賀(一引)
除蓋障菩薩心大明曰
你娑囉嚩娑嚩(二合引)賀(一引)
地藏菩薩心大明曰
叱賀(引)囉娑嚩(二合引)賀(一引)
如是八大菩薩根本心大明作如來
曼拏羅若有善男子善女人於此曼
拏羅依法受持志心持誦根本大明
彼人速得成就阿耨多羅三藐三菩
提

佛說大乘八大曼拏羅經

佛說大乘八大曼拏羅經

校勘記

一　底本，金藏廣勝寺本。

一　七二九頁中一行至本頁下二〇行序文，諸本無。

一　七二九頁下二一行經名，石作「佛說大乘八大曼拏羅經一卷」。卷末經名同。

一　七二九頁下二一行經名，資、磧、普、南、徑、清作「大乘八大曼拏羅經」。

一　七二九頁下二二行譯者，徑、清作「宋西天三藏朝散大夫試光祿卿明教大師法賢奉詔譯」。

一　七三〇頁上一一行末字「持」，磧、普作「特」。

一　七三〇頁中一八行「如是」，資、磧、普、南、徑、清作「爾時」。

一　七三〇頁下卷末經名，徑、清作「大乘八大曼拏羅經」。

大宋新譯三藏聖教序

御製

大矣哉我佛之教也化導群迷闡揚宗性廣博宏辯英彥莫能究其旨精微妙說庸愚豈可度其源義理幽玄眞空莫測包括萬象譬喻無垠綜法網之紀綱演無際之正教拔四生於苦海譯三藏之祕言天地變化乎陰陽日月盈虧乎寒暑大則說諸善惡細則比於恒沙含識萬端弗可盡述若窺像法如影隨形離六情以長存歷千劫而可久須彌納藏於芥子如來坦蕩於無邊達磨西來法傳東土宣揚妙理順從指歸彼岸菩提愛河生滅用行於五濁惡趣拯溺於三業途中經垂世以難窮道無私而永泰雪山貝葉若銀臺之耀日歲月煙蘿起香界之自遠巍巍罕測杳杳難名所以道資十聖德被三賢至道起於乾元衆妙生乎太易揔繁形類寂鑒昏明絕彼是非開茲蒙昧有西域法師天息災等常持四忍早悟三乘翻貝葉之眞詮續人天之聖教芳猷重啓運偶昌時潤五聲於文章暢四始於風律堂堂容止穆穆煇華曠劫而昏墊重明玄門昭顯軌範而彌光妙法淨界騰音利益有情俱登覺岸無成障礙救諸疲羸冥昧慈悲浩汗物表柔伏貪佷啓滌昏愚演小乘聲聞合其儀論大乘正覺立其性含靈悟而蒙福藏教欽而重興幻化迷途火宅深喻雖設其教不知者多善念生而無量潛臻惡業興而隨緣皆墮謂御四衆積行十方澍花雨於金輪護恒沙於玉關有頂之風不可壞無際之永弗能漂澄寂湛然圓明清淨之智慧性空無染妄想解脫之因緣可以離煩惱於心田可以得清涼於宇宙朕慙非博學釋典微閑豈堪序文以示來者如麼螢爝火不足比之於皎日將微蠡量海未能窮盡於深淵者哉

迦葉仙人說醫女人經

西天譯經三藏朝散大夫試光祿卿明教大師臣法賢奉詔譯

爾時唫嚩迦仙人忽作是念世間衆

生皆從女人而生其身而彼女人從初懷孕至滿十月或復延胎至十二月方始産生或於中間有其病患於病患時極受苦痛我今方便請問於師稟受方藥與作救療作是念已即詣於師迦葉仙人伸師資禮而作問言大師迦葉是大智者我今欲有所問願垂聽許迦葉仙言恣汝所問時吩嚩迦仙人白言女人懷孕期當十月或十二月日滿方生云何中間有諸病患遂致胎藏轉動不安或有損者苦惱無量我師大智願為宣説救療如是病苦方藥作是問已聽受而住

尒時迦葉仙人告吩嚩迦仙言女人懷孕不知保護遂使胎藏得不安隱我今為汝略説隨月保護之藥懷孕之人第一月內胎藏不安者當用旃檀香蓮花憂鉢羅花入水同研後入乳汁乳糖同煎溫服此藥能令初懷孕者無諸損惱而得安樂

復次告吩嚩迦仙言女人懷孕於第二月胎藏不安者當用青色憂鉢羅花俱母那花根蔆角仁鷄細嚕迦等藥諸藥等分擣篩為粖用乳汁煎候冷服之此藥能令胎藏不損疼痛止息晝夜安隱

復次女人懷孕至第三月胎藏不安者當用迦俱嚕藥吒囉迦俱嚕藥及蓖麻根等諸藥等分以水相和研令極細又入乳汁同煎令熟後入乳糖及蜜相和冷服此藥能安胎藏止息疼痛若有患者服之安樂

復次女人懷孕至第四月胎藏不安者當用蒺藜草根并枝葉等憂鉢羅花并及萆薢等分用之以水相和研令極細復用乳汁同煎令熟候冷服之此藥能安胎藏止息疼痛患者服之而得安樂

復次女人懷孕至第五月胎藏不安者當用瓠子根及憂鉢羅花各用等分擣篩令細後入蒲萄汁乳汁乳糖同煎候冷服之此藥能安胎藏止息疼痛患者服之而得安樂

復次女人懷孕至第六月胎藏不安者當用閉阿羅藥子摩地迦羅惹藥薩訖多嚩藥各用等分以水相和研令極細復入乳汁同煎後入乳糖及蜜候冷服之此藥能安胎藏止息疼痛患者服之而得安樂

復次女人懷孕至第七月胎藏不安者當用蒺藜草枝葉并根擣篩為粖用乳糖及蜜為丸用肉汁服之復以肉汁飡飰食之或食菉豆粥飰此藥及飰能安胎藏患者服食而得安樂

復次女人懷孕至第八月胎藏不安者當用三鉿識藥蓮花青憂鉢羅花蒺藜草各等分以冷水相和研令極細後入乳汁及糖蜜等同煎候冷服之此藥能安胎藏止息疼痛患者服之而得安樂

復次女人懷孕至第九月胎藏不安者當用蓖麻根迦俱嚕藥舍羅鉢皺尼藥洩哩賀底藥各等分以冷水相和研令極細入乳汁同煎候冷服之此藥能安胎藏止息疼痛患者服之而得安樂

復次女人懷孕至第十月胎藏不安者當用菉豆憂鉢羅花等分以水相

和研令極細復入乳糖及蜜并乳汁同煎候冷服之此藥能安胎藏止息疼痛患者服之而得安樂

復次女人懷孕延胎十一月胎藏不安者當用青憂鉢羅花婆路剗藥蓮花并莖等分以冷水相和研令極細後入乳汁乳糖同煎候冷服之此藥能安胎藏止息疼痛患者服之而得安樂

復次女人懷孕延至第十二月胎藏不安者當用迦俱嚕藥吒囉迦俱嚕藥甘草憂鉢羅花各等分擣篩令細以水同研後入乳汁相和煎熟候冷服之此藥能安胎藏止息疼痛患者服之而得安樂

爾時爾嚩迦仙人聞師説是女人懷孕保養法已歡喜信受作禮而退

迦葉仙人説醫女人經

迦葉仙人説醫女人經

校勘記

一　底本，金藏廣勝寺本。

一　七三二頁中一行至本頁下二〇行序文，諸本無。

一　七三二頁下二一行經名，石作「迦葉仙人説醫女人經一卷」。卷末經名同。

一　七三二頁下二二行譯者，徑、清作「宋西天譯經三藏朝散大夫試光禄卿明教大師法賢奉詔譯」。

一　七三三頁中二行第九字「粖」，資、普、徑、清作「末」。下同。

大宋新譯三藏聖教序

御製

大矣哉我佛之教也化導羣迷闡揚宗性廣博宏辯英彥莫能究其旨精微妙說庸愚豈可度其源義理幽玄眞空莫測包括萬象譬喻無垠綜法綱之紀綱演無際之正教拔四生於苦海譯三藏之祕言天地變化乎陰陽日月盈虧乎寒暑大則說諸善惡細則比於恒沙含識萬端弗可盡述若窺像法如影隨形離六情以長存歷千劫而可久須彌納藏於芥子如來坦蕩於無邊達磨西來法傳東土宣揚妙理順從指歸彼岸菩提愛河生滅用行於五濁惡趣拯溺於三業途中經垂世以難窮道無私而永泰雪山貝葉若銀臺之耀目歲月煙蘿起香界之自遠巍巍罕測杳杳難名所以道貫十聖德被三賢至道起於乾元衆妙生乎太易摠繁形類啟鑿昏明絕彼是非開茲蒙昧有西域法師天息災等常持四忍早悟三乘翻

第二張

貝葉之眞詮續人天之聖教芳猷重啓運偶昌時潤五聲於文章暢四始於風律堂堂容止穆穆輝華曠劫而昏墊重明玄門昭顯軌範而彌光妙法淨界騰音利益有情俱登覺岸無成障礙救諸疲羸冥昧慈悲浩汗物表柔伏貪佷啓滌昏愚演小乘聲聞合其儀論大乘正覺立其性合靈悟而蒙福藏教飲而重興幻化迷途火宅深喻雖設其教不知者多善念生而無量潛銷惡業與而隨緣皆遵調御四衆積行十方澍花雨於金輪護恒沙於玉關有頂之風不可壞無際之水弗能漂澄寂湛然圓明清淨之智慧性空無染妄想解脫之因緣可以離煩惱於心田可以得清涼於宇宙朕慈非博學釋典微聞豈堪序文以示來者如摩螢爝火不足比之於昳日將微蠡量海未能窮盡於深淵者哉

囉嚩拏說救療小兒疾病經

西天譯經三藏朝散大夫試鴻臚卿明教大師臣法賢奉詔譯

尒時囉嚩拏觀於世間一切小兒從

其初生至十二歲並在幼稚癡騃之位神氣未足鬼魅得便有十二曜母鬼游行世間於晝夜分常伺其便或因眠睡或獨行坐於此之際現作種種差異之相驚怖小兒令其失常喻取精氣因成疾病遂至夭我見是事深所哀愍我今爲說十二曜母鬼執魅小兒年月時分所患疾狀及說大明救療之法乃至作法出生祭祀儀則若復有人聞我所說有疾患者將持明人依於我法而作救療發至誠者定獲輕瘥安樂吉祥十二曜母鬼名者所謂

摩怛哩難那一蘇難那二哩嚩帝三目佉曼尼迦四尾拏謨五設俱你六布多曩七輸瑟迦八阿哩也迦九洛婆迦十必謨冰枷迦十一塞健馱十二

如是等十二曜母鬼執魅小兒爲求祭祀我今各各說其執魅相狀若復小兒於初生日初生月初生年被執魅者是摩怛哩難那母鬼所執其小兒先患寒熱身體瘦弱漸漸乾枯心神荒亂身常顫掉啼哭不食者持明人於二河岸取土作患小兒像於四方曼拏羅內面西安小兒像復於曼拏羅設種種香花及白色飲食乃至酒肉等復設七座幢燃七盞燈復用白芥子野狐糞猫兒糞安悉香虵皮以如是等藥用黃牛酥同和爲香燒薰小兒復用蓖麻油麻荊子或用葉及蓽茇羅樹葉嚩囉迦藥如是五藥以水煎之沐浴小兒即誦大明加持如上曼拏羅中祭食及種種物誦大明曰

唵引曩謨囉引嚩拏引野一怛賴二合二路枳也二合尾捺囉二合鉢拏引野二賀曩嚩曰哩引二合拏三沒囉二合娍摩二合難你曩四摩引哩迦二合嚕閉拏五摩引怛哩二合難那六引嚩囉嚩囉七輸瑟迦二合輸瑟迦二合八擲左擲左九俱摩引囉崗娑嚩引二合賀十引

如是誦大明加持已出於城外以日中時面東祭摩怛哩難那母鬼所有祭食香花等物隨處棄擲所患小兒速得除瘥

復次小兒於初生後第二日第二月第二年得患者是蘇難那母鬼所執其小兒先患寒熱作荒亂相合眼不食手足搐搦腹內疼痛吐逆喘息者持明人當用米粉一斗作病小兒像面西安曼拏羅中復於曼拏羅設種種上妙香花飲食及酒肉等復用白色幢四座燃燈四盞復用安悉香蒜虵皮白芥子猫兒糞酥同和爲香燒薰小兒又同前用五藥水沐浴小兒即誦大明加持如上曼拏羅中祭食及種種物即說大明曰

唵引曩謨囉引嚩拏引野一怛賴二合二路枳也二合尾捺囉二合波拏引野二賛捺囉二合賀引娑馱哩尼三入嚩二合囉多賀娑多引二合野四賀曩賀曩五那賀那賀六怛哩二合輸鈐曩曩努瑟吒二合屹囉二合賀七引你訖哩一合多野你訖哩多野八祖沙野祖沙野九賀曩賀曩十蘇難那擲左擲左十一俱摩引囉崗娑嚩引二合賀引十二

如是誦大明加持已出於城外以戌時面西祭蘇難那母鬼所有祭食香花等物隨處棄之所患小兒速得除

瘥

復次小兒於初生後第三日第三月第三年得患者是哩嚩帝母鬼所執其小兒忽然驚悸叫呼啼哭身體疼痛寒熱纏恒頭面顫動顧視自身漸漸羸弱不思飲食以至枯瘦者持明人當用種種上味肉食及生肉生魚酒等設紅色幢八座燃燈八盞復用尾螺樹葉安息香虵皮蒜貓兒糞白芥子等用酥同和燒薰小兒及同前五藥煎以水沐浴小兒即誦大明加持如上曼拏羅中祭食及種種物即說大明曰

唵(引)曩謨囉(引)嚩拏(引)野(一)捺舍嚩那曩(二)賛捺囉(二合)賀(引)娑(引)野(三)鉢囉(二合)入嚩(二合)嚩多賀娑多(引二合)野(四)賀曩曩賀曩(五)那賀那賀(六)摩哩那(二合)野摩哩那(二合)野(七)努瑟吒(二合)屹囉(二合)欣(八)護吒野護吒野娑嚩(引二合)賀(引九)

如是誦大明加持已出於城外以弍時面向北祭哩嚩帝母鬼所有祭食種種物等隨處棄之所患小兒速得除瘥

復次小兒於初生後第四日第四月第四年得患者是目佉曼尼迦母鬼所執其小兒先患寒熱欬瘷吐逆身顫垂頭啼哭手搖兩目顧視人面不思飲食饒大小便者持明人當於河兩岸取土作病小兒像面西安曼拏羅內復設種種香花及生熟肉食并酒果等又用紅色幢四座燃四盞燈復用兜羅子虵皮貓兒糞牛角虎爪白芥子等同和為香燒薰小兒復用同前五藥水沐浴小兒即誦大明加持如上曼拏羅中祭食及種種物即說大明曰

唵(引)曩謨(一)沒囉(二合)憾摩(二合引)尾鉢努(二合)摩呬濕嚩(二合)囉(二)塞剛(二合)那虎多(引)設曩(三)目佉曼尼迦(引四)賀曩賀曩(五)摩哩那(二合)野摩哩那(二合)野(六)你訖哩(二合)多野(七)你訖哩(二合)多野(八)佉(引)呬佉(引)呬(九)婆誐嚩帝(十)目佉曼尼迦(引)娑嚩(二合引)賀(引十一)

如是誦大明加持已出於城外用弍時面向南祭目佉曼尼迦母鬼所有祭食種種物等隨處棄之所患小兒速得除瘥

復次小兒初生後第五日第五月第五年得患者是尾拏鎍迦母鬼所執其小兒先患心神恍惚多發瞋怒寒熱不恒欬瘷吐逆身忽生瘡如水泡相眼視虛空不思飲食漸漸羸瘦腹脹不現者持明之人當造白色飲食及酒肉等設白色幢五座燃燈五盞并種種香花等復用安息香蒜虵皮貓兒糞白芥子等用酥同和為香燒熏小兒復用同前五藥水沐浴小兒即誦大明加持如上曼拏羅中祭食及種種物即說大明曰

唵(引)曩謨囉(引)嚩拏(引)野(一)怛賴(二合)路迦也(二合)尾捺囉(二合引)波拏(引)野(二)尾拏(引)鎍迦(引)尾拏(引)鎍迦(引)護乞叉(二合)野(三)護乞叉(二合)野(四)賀曩曩賀曩(五)賛捺囉(二合)賀(引)細曩曩(六)捫左(七)尾拏(引)鎍迦(引)娑嚩(二合引)賀(引八)

如是誦大明加持已出城外於日中時面西祭尾拏鎍迦母鬼所有祭食種種等物隨處棄之所患小兒速得

除瘥
復次小兒初生後第六日第六月第六年得患者是設俱你母鬼所執其小兒先患寒熱或笑或啼身體顫動而有微氣不思飲食漸漸羸瘦者持明人用米粉一斗作病小兒像面西安曼拏羅中復設種種香花飲食酒肉及乳粥等復設白色幢四座燃燈四盞復用安息香蒜皴皮猫兒糞白芥子酥同和爲香燒熏小兒復用同前五藥水沐浴小兒即誦大明加持如上曼拏羅中祭食及種種物即說大明曰

唵(引)曩謨婆誐嚩帝(一)囉(引)嚩拏(引)野(二)朗俱濕嚩(二合)囉(引)野(三)必哩(二合)多尾捺囉(二合)鉢拏野(四)嚩日哩(二合)等賀曩賀曩(五)設俱你捫左捫左(六)俱摩(引)囉(引)崗婆嚩(二合)(引)賀(七)(引)

如是誦大明加持已出於城外於戌等面向南祭設俱你母鬼所有祭食種種物等隨處棄之所患小兒速得除瘥

復次小兒初生後第七日第七月第七年得患者是布多那母鬼所執其小兒先患寒熱身體疼痛多大小便常拳二手不思飲食漸漸羸瘦者持明人用吉祥草作病小兒像面西安曼拏羅中復用種種紅色花及造紅色飲食酒肉等復設白色幢八座燃燈八盞復用安息香皴皮屍骸虎爪顭摩樹葉猫兒糞白芥子酥同和爲香燒熏小兒復同前用五藥水沐浴小兒即誦大明加持如上曼拏羅中祭食及種種物即說大明曰

唵(引)曩謨婆誐嚩帝(一)囉(引)嚩拏(引)野(二)朗俱濕嚩(二合)囉(引)野(三)必哩(二合)多尾捺囉(二合)(引)鉢拏(引)野(四)俱摩(引)囉屹囉(二合)賀(五)你訖哩(二合)覲(六)賀曩賀曩(七)祖蘭拏(二合)祖蘭拏(二合)婆嚩(二合)(引)賀(八)(引)

如是誦大明加持已出於城外以戌時面向西方祭布多那母鬼所有祭食種種物等隨處棄之所患小兒速得除瘥

復次小兒初生後第八日第八月第八年得患者是輸瑟迦母鬼所執其小兒先患寒熱作荒亂相身體疼痛眼不見物垂頭無力身出穢氣不思飲食者時持明人用米粉一斗作黑羖羊一頭以頭向西安曼拏羅內復用香花乳粥上味飲食及酒肉等復設白色幢五座燃燈五盞復用安息香娑惹囉娑皴皮蒜白芥子猫兒糞禾等同和爲香燒熏小兒復用同前五藥水沐浴小兒即誦大明加持如止曼拏羅中祭食及種種物即說大明曰

唵(引)曩謨囉(引)嚩拏(引)野(一)怛賴(二合)路迦也(二合)尾捺囉(二合)(引)鉢拏(引)野(二)入嚩(二合)羅入嚩(二合)羅(三)鉢囉(二合)入嚩(二合)羅鉢囉(二合)入嚩(二合)羅(四)賀曩賀曩(五)吽發吒(半音)娑嚩(二合)(引)賀(六)(引)

如是誦大明加持已出於城外於戌時面向南方祭輸瑟迦母鬼所有祭食種種物等隨處棄之所患小兒速得除瘥

復次小兒初生後第九日第九月第九年得患者是阿哩也迦母鬼所執其小兒先患寒熱身顫啼哭徧身疼

痛口吐涎沫吐逆不止或垂頭頸或目返視不思飲食者持明人用米粉一斗作白色羖羊一頭用白色香塗羊以頭向西安曼拏羅內復設種種香花上味飲食酒肉等復設白色幢四座燃燈四盞復用虵皮爲香燒熏小兒復用同前五藥水沐浴小兒即誦大明加持如上曼拏羅中祭食及種種物即説大明曰

唵引曩謨朗迦引地鉢多曳一朗舸涇嚩二合囉引野二賀曩賀曩三鉢左鉢左四吽吽五發吒半音娑嚩二合賀六引

如是誦大明加持已出於城外以弌時面向北方祭阿哩也迦母鬼所有祭食種種物等隨處棄之所患小兒速得除瘥

復次小兒初生後第十日第十月第十年得患者是染婆迦母鬼所執其小兒先患寒熱忽作惡聲吐逆不止多大小便饑患眼目及患牙齒不思飲食者時持明人取河兩岸土作小兒像用中黃塗像面西安曼拏羅中

復設種種香花及上味飲食酒肉等復用安息香雜翅牛角虵皮人骨猫兒糞白芥子酥同和爲香燒熏小兒復用同前五藥水沐浴小兒即誦大明加持如上曼拏羅中祭食及種種物即説大明曰

唵引曩謨婆誐嚩帝一嚩酥你嚩引二合摩拏呬摩嚕播野三賀曩賀曩四吽發吒半音娑嚩二合引賀引五

如是誦大明加持已出於城外以弌時面向南方祭染婆迦母鬼所有祭食種種物等隨處棄之所患小兒速得除瘥

復次小兒初生後第十一日第十一月第十一年得患者是冰砌迦母鬼所執其小兒先患寒熱身體顫動指節疼痛啼哭吐逆不思飲食仰視虛空漸漸羸瘦者時持明人當用黑豆粉一斗作患小兒像用赤檀香塗已面西安曼拏羅內復以種種香花飲食及酒肉等布作二十五分設二十五幢燃二十五燈復用鴿糞鴿翅

人髮羖羊角猫兒糞白芥子以酥同和爲香燒熏小兒復用同前五藥水沐浴小兒即誦大明加持如上曼拏羅中祭食及種種物即説大明曰

唵引曩謨婆誐嚩帝一囉嚩拏引野二贊捺囉二合賀引娑三嚩也二合屹囉二合賀娑多二合野四入嚩二合羅入嚩二合羅五鉢囉二合入嚩二合羅鉢囉二合入嚩二合羅六賀曩賀曩七努瑟吒二合屹哩二合賀娑嚩二合引賀八引

如是誦大明加持已出於城外以弌時面向西方祭冰砌迦母鬼所有祭食種種物等隨處棄之所患小兒速得除瘥

復次小兒初生後第十二日第十二月第十二年得患者是塞健馱母鬼所執其小兒先患寒熱瞋目視人又如期尅人相畜搦手足及畜腹肚漸漸羸瘦不思飲食者持明人用大麥麨作小兒像面西安曼拏羅內復以種種香花及上味飲食酒肉等并設紅色幢八座燃燈四盞復用牛角白芥

[illegible]十五引

子安息香蒜䖸皮猫兒糞酥等同和爲香燒熏小兒復用同前五藥水沐浴小兒即誦大明加持如上曼拏羅中祭食及種種物即說大明曰

唵引曩謨囉引嚩拏引野一怛哩二合布囉二尾曩引舍曩引野三能瑟吒囉三合引怛迦二合囉羅四婆引酥囉引野五贊捺囉二合加賀細曩六賀曩賀曩七摩哩那二合摩哩那八二合難尸曩九尾捺囉引二合鉢野十尾捺囉二合鉢野十一塞健二合馱十二捫左捫左十三俱摩囉尚十四叶叶十五癹吒半音癹吒半音溌嚩引二合賀引十六

如是誦大明加持已出於城外以戌時從於東方旋轉四方祭塞健馱母鬼所有祭食及種種物等隨處棄之所患小兒速得除瘥

尒時囉嚩拏說是救療小兒疾病經已歡喜而退

囉嚩拏說救療小兒疾病經

囉嚩拏說救療小兒疾病經

校勘記

一 底本，金藏廣勝寺本。

一 七三五頁中一行至本頁下二〇行序文，石、資、磧、普、南、徑、清無。

一 七三五頁下二二行譯者，徑、清作「宋西天譯經三藏朝散大夫試光祿卿明教大師法賢奉詔譯」。

一 七三六頁上六行第九字「殤」，資、磧、普作「傷」。

一 七三六頁上一二行第五字「瘧」，資、磧、普、南、徑、清作「瘧」。

一 七三六頁中二一行第一〇字「擲」，諸本作「擲」。

一 七三六頁下三行「畜搦」，磧、徑、清作「搐搦」。

一 七三七頁上五行「無恒」，磧、南作「無常」。

一 七三九頁上三行「一頭」，普作「二頭」。

一 七三九頁上二〇行第七字「忽」，資、普、南、徑、清作「忽」。

一 七三九頁中末行第三字「燃」，麗作「燒」。

一 七三九頁下二行第四字「燒」，石作「燃」。

一 七三九頁下一九行「畜搦」，磧、徑、清作「搐搦」。又「畜腹肚」，徑、清作「搐腹肚」。

一 七四〇頁上一行第一三字「同」，磧、南作「用」。

佛說較量一切佛刹功德經　兵

西天譯經三藏朝散大夫試光祿卿明教大師臣法賢奉　詔譯

如是我聞一時佛在王舍城法野菩提道場坐金剛摩尼寶師子之座有菩薩摩訶薩衆周匝圍繞復有十佛刹百千俱胝那由他衆聽佛說法尒時會中有一菩薩摩訶薩名不思議光王即從座起瞻視大會諸菩薩已而白衆言汝諸佛子今當諦聽此娑婆世界滿一大劫較量時分是彼西方極樂世界無量壽佛刹一晝夜佛子彼極樂世界一大劫較量時分是阿你彌沙世界縛日囉(二合)娑誐囉鉢囉摩哩那最如來佛刹一晝夜佛子彼阿你彌沙世界一大劫較量時分是不退輪光明世界敷蓮花身如來佛刹中一晝夜佛子彼不退輪光明世界一大劫較量時分是無塵世界法王如來佛刹中一晝夜佛子彼無塵世界一大劫較量時分是燈光世界師子如來佛刹中一晝夜佛子彼燈光世界一大劫較量時分是善光世界毗盧遮那如來佛刹中一晝夜佛子彼善光世界一大劫較量時分是難勝世界法數身如來佛刹中一晝夜佛子彼難勝世界一大劫較量時分是護賀世界一切通意王如來佛刹中一晝夜佛子彼護賀世界一大劫較量時分是現圓光世界讚歎如來佛刹中一晝夜佛子如是一切世界依劫筭數過十佛刹百千俱胝那由他微塵數劫已有世界名蓮花吉祥彼佛世尊名賢吉祥是彼佛刹中一晝夜佛子彼有菩薩地名普行地行如是無量菩薩行佛子若復有人於此較量一切佛刹功德經受持讀誦爲他解說彼人命終十方佛刹恒河沙數諸佛如來悉皆現前滿彼有情一切所願佛說此經已不思議光王菩薩及諸大衆聞佛所說皆大歡喜信受奉行

佛說較量一切佛刹功德經

乙巳歲高麗國大藏都監奉
勅雕造

佛說較量一切佛刹功德經　第二張

佛說較量一切佛刹功德經

校勘記

一　底本，麗藏本。

一　七四一頁上一行經名，石作「佛說較量一切佛刹功德經一卷」。卷末經名同。

一　七四一頁上二行譯者，資、普作「三藏法師法賢奉詔譯」；磧作「三藏法師法賢譯」；南作「宋三藏法師法賢譯」；徑、清作「宋西天譯經三藏朝散大夫試光祿卿明教大師法賢奉詔譯」。

一　七四一頁中一二行「地行」，資、磧、普、南、徑、清作「行地」。

難你計濕嚩囉天說支輪經　兵

西天譯經三藏朝散大夫試光祿卿明教大師臣法賢奉　詔譯

介時難你計濕嚩囉天普觀世間一切男女因於生時値諸宮宿所感善惡至壽命盡於其中間或貴或賤或富或貧有孝有忠好文好武至於端嚴醜陋愚鈍聰慧疾病夭枉鰥寡孤惸猛惡剛強溫柔恭順言正行直識愧知慙曉達天文明察世事或重佛法樂修善事或慕妖魔信邪造惡又或好遊山水遂性全眞又或樂作商估貿易寶貨或好布施或即慳貪並乃表於相狀顯著身肢爲幢爲螺作文作黶一切美惡並禀一身亦乃宿有因緣今値星曜恐其未曉略爲宣揚

復次天羊宮當火曜直在婁宿胃宿全分昴宿一分其日生者相貌端嚴身肢細妙孝於父母敬事尊長多眷屬饒僕從具勇猛有精神有大福德不柰飢寒樂於法知慚愧好布施心堅固言行眞實見解明了合得君王愛重衆人欽仰眼俊貪色多好遊歷一生多饒齒疾及有癀病壽或中夭於生後第四年合有火難至年十八亦合中夭至年二十五合有虎狼之難亦主海中死當夭難時若遇吉曜臨照即延壽命至一百歲於八月内値火曜及昴星直日夜半時命終

復次金牛宮當金曜直在昴宿三分畢宿參宿各二分其日男女生者相貌端嚴身分長細面有星黶合主大富常受快樂多饒眷屬亦多奴僕氣性剛強不宜妻妾少小辛苦晚年之後復得父母資財即受快樂有精神善工巧見識明了所作堅固好樂布施貪愛食味饒患喉病至二十五歲命合中夭若於是時復得吉曜臨照變惡爲善得延壽命至於百歲後患風狂病於九月中當水曜及畢宿直日終於聖跡之地

復次陰陽宮當水曜直在參宿二分觜宿井宿各三分其日男女生者禀性柔善身相端正所言眞實談對辯捷於其交友分義長遠偏好香花貪

愛食味禀性滑稽厚於女色目覩美麗神魂如失於諸幻術見者愛樂於成就法修習必得若學禁龍及呪水法於此二法最得精妙少小辛苦至中年後方有名譽見者愛重初生之後至第五年有中夭難於夭難時若遇吉曜臨照變惡爲善得延壽命至八十歲於十月内遇水曜及參宿直日於日中時因疾命終

復次於巨蟹宮當太陰直在井宿鬼宿柳宿全分其日男女生者身分長細禀性柔善有智慧能忍事孝順父母最得父母憐愛於手中足下合有蓮花紋螺紋輪紋及吉祥果紋相多有妻妾眷屬又多奴僕少年微賤晚歲豊富樂法勇猛好於布施供養賢聖及諸師長性好遠遊初生後至二十歲合於樹上落下因此傷夭當此之時若遇吉曜臨照變惡爲善得延壽命至八十歲於十一月當參宿及金曜直日夜半時命終

復次於師子宮當太陽直在星宿張宿翼宿各一分此日男女生者爲性

急躁舉措多瞋生二三子每所憐愛過於己命雖豊財寶心常知足好樂供養一切賢聖爲人不拘散誕自足偏好食肉亦好食魚或往他國亦不受飢寒恒怖疾病不懼大水年至十五有中夭難若遇吉曜臨照變惡爲善得延壽命至於百歲於十二月内當土曜及星宿直日於殑伽河北岸而趣命終

復次雙女宮當水曜直在翼宿三分軫宿角宿各二分其日男女生者猴面廣目肋下有黶人見敬愛樂法愛香花年少微賤晚歲豊財然多疾病偏饒患目好在他國不宜妻妾每覩美麗神嵬失次年至三十有中夭難當夭難時遇吉曜臨照變惡爲善得延壽命至八十歲於正月内因患瘡命終

復次天秤宮當金曜直在角宿二分亢宿氐宿各三分其日男女生者爲人孝順福祿自如稟性急躁多有瞋怒然識見明達審察微細復有氣義又能剛忍長於親友滑稽好色多遊

外國或於非次得快樂事合主手中有幢蓋紋相至二十二歲有中夭難於夭難時若遇吉曜臨照變惡爲善得延壽命至九十七於二月内值火曜及房宿直日命終

復次天蠍宮當火曜直在氐宿及房宿心宿各一分其日男女生者合主利根所學易成爲人氣義雖豊財寶或聚或散至年十八有蚰蠍虎狼之難至年二十再有中夭之難當夭難時若遇吉曜臨照變惡爲善得延壽命至七十七歲於三月内值火曜及房宿直日命終

復次人馬宮當木曜直在尾宿箕宿斗宿各一分其日男女生者合主身相端嚴兼有福黶稟性柔善持戒堅固凡所言說悉務眞實足智慧好論義一生之中常處大富於年少時又得伏藏至十八歲有中夭難於夭難時若得吉曜臨照變惡爲善即延壽命至七十七歲於四月内值金曜及牛宿直日因斷食投水而終

復次摩竭宮當土曜直在斗宿三分

牛宿女宿各二分其日男女生者身相端直隱處有黶爲性褊急常多瞋怒目相姣俊然有氣義智慧不群全忠孝多朋友心勇猛樂鬪戰愛歌舞好技術復愛香花多有妻妾年至三十有中夭難當夭難時遇吉曜臨照變惡爲善得延壽命至七十五於五月内值土曜及危宿直日命終

復次寶瓶宮當土曜直在女宿二分危宿室宿各三分其日男女生者合主大富常受快樂多有眷屬亦多奴僕而於父母志切孝養雖有妻室不守財物所生之子有夭歿者眼目姣俊然有氣義凡事明察所爲長久性不慳悋唯好布施所聚財物亦有破散生怖虎狼年至十八有虎狼之難於有難之際若遇吉曜臨照變惡爲善得延壽命至八十四於六月内值太陽及奎宿直日因患瘡而終

復次雙魚宮當木曜直在室宿壁宿奎宿各一分其日男女生者身分端正眼目姣俊多有妻妾眷屬復多僮僕稟性急躁常多瞋怒有筋力貪肉

食復好食魚然好布施及供養賢聖愛香花好技術貪著美色亦爲女如言多眞實亦合謗師圭患耳疾亦主長壽年至十八有上樹上牆墮落之難若遇吉曜臨照變惡爲善得延壽命至九十五於七月内值土曜及壁宿直日因患瘡而終

復說諸宿攝於三趣

所謂奎婁參井鬼軫亢房牛等九宿攝於天趣胃昴觜柳星角氐心尾等九宿攝羅刹趣箕室張畢女危斗壁翼等九宿攝於人趣若遇天趣諸宿照臨生者凡是男女皆勳富貴子孫昌盛一切吉祥最爲第一

尒時難你計溼嚩囉天爲於世間一切男女說支輪已歡喜而退

難你計溼嚩囉天說支輪經

乙巳歲高麗國大藏都監奉

勑雕造

難你計溼嚩囉天說支輪經　共七張　弁

難你計溼嚩囉天說支輪經

校勘記

一　底本，麗藏本。

一　七四二頁上一行經名，石作「難倆計溼嚩囉天說支輪經一卷」。卷末經名同。

一　七四三頁下一〇行第五字「各」，石作「有」。

大宋新譯三藏聖教序

御製

大矣哉我佛之教也化導群迷闡揚　高
宗性廣博宏辯英彥莫能究其旨精
微妙説庸愚豈可度其源義理幽玄
眞空莫測包括萬象譬喻無垠綜法
網之紀綱演無際之正教拔四生於
苦海譯三藏之祕言天地變化乎陰
陽日月盈虧乎寒暑大則説諸善惡
細則比於恒沙含識萬端弗可盡述
若窺像法如影隨形離六情以長存
歷千劫而可久須彌納藏於芥子如
來坦蕩於無邊達磨西來法傳東土
宣揚妙理順從指歸彼岸菩提愛河
途中經垂世以難窮道無私而永泰
生滅用行於五濁惡趣拯溺於三業
雪山貝葉若銀臺之耀目歲月煙蘿
起香界之自遠巍巍罕測杳杳難名
所以道貫十聖德被三賢至道起於
乾元衆妙生乎太易摠繁形類寂鑒
昏明絶彼是非開茲蒙昧有西域法
師天息災等常持四忍早悟三乘翻
貝葉之眞詮續人天之聖教芳猷重
啓運偶昌時潤五聲於文章暢四始
於風律堂堂容止穆穆輝華曠劫而
昏墊重明玄門昭顯軌範而彌光妙
法淨界騰音利益有情俱登覺岸無
戍障礙救諸疲羸眞昧慈悲浩汗物
表柔伏貪佷啓滌昏愚演小乘聲聞
合其儀論大乘正覺立其性含靈悟
而蒙福藏教缺而重興幻化迷途火
宅深喻雖設其教不知者多善念生
而無量潛臻惡業興而隨緣皆墮調
御四衆積行十方澍花雨於金輪護
恒沙於玉關有頂之風不可壞無際
之水弗能漂澄寂湛然圓明清淨之
智慧性空無染妄想解脱之因緣可
以離煩惱於心田可以得清涼於宇
宙朕勲非博學釋典微聞豈堪序文
以示來者如麋螢爝火不足比之於
皎日將微蠡量海未能窮盡於深淵
者哉

佛説瑜伽大教王經卷第一

西天譯經三藏朝散大夫試鴻臚卿傳法大師臣施護奉　詔譯

序品第一

如是我聞一時世尊大徧照金剛如
來在淨光天大樓閣中彼之樓閣衆
寶裝嚴清淨嚴飾金剛寶柱金剛鈴
鐸微風吹動出微妙音復有種種殊
妙供養以金剛輪寶等而爲裝嚴此
是徧照如來種種變化所成乃至如
來大智所生諸佛所謂阿閦佛大寶
生佛無量壽佛不空成就佛等
復次於四面門出生諸菩薩衆及諸
賢聖忿怒明王及唧吒唧致訥多訥
帝緊羯囉緊羯哩等無數眷屬彼佛
安住三摩地常不捨大智大慈大悲
發大精進救度衆生於彼會中復有
無數天龍夜叉乾闥婆阿修羅迦樓
羅緊那羅摩睺羅伽人非人等無數
眷屬圍繞世尊大徧照金剛如來
尒時世尊於會衆中顧視金剛手大
菩薩已放大光明普照衆會其光復
還入於佛身
尒時金剛手菩薩摩訶薩從座而起
偏袒右肩踊躍歡喜瞻仰尊顔擲金
剛杵右膝著地合掌恭敬作禮世尊
而白佛言何因何緣放大光明諸佛

如來若無因緣非放光明令見此光
我等衆會悉皆驚怖唯願世尊作師子吼爲我等故而與宣說

尒時世尊受金剛手菩薩請已入大三摩地其名大智變化瑜伽大教王於一切教中最上最尊所作之法不難成就此金剛智大樂方便一切眞實藏善作最勝智慧方便大樂金剛大變化金剛三摩地

尒時世尊從三摩地出已說瑜伽大教王經三昧曼拏羅及種種法所謂憕像法觀想法持誦法作忿怒儀顧視法三摩地法鉤召法禁伏法打諸惡魔法期剋法病患法熱惱法成事法究竟法灌頂法阿闍梨儀相法攝受弟子法如是種種祕密教法我今解說汝等一切志心諦聽

尒時彼一切如來及諸菩薩乃至衆會受敎而聽尒時世尊而說偈曰

先須親近阿闍梨　所作諸法皆能成
若不親近阿闍梨　所作諸法不可就
我今說彼闍梨德　汝諸菩薩及衆會
應當志心而聽受　尊重律儀大智慧

忍辱淳直無懈怠　善解密句及相應
粉壇儀式法則等　能了眞實十種義
施諸衆生常無畏　恒樂大乘秘密法
悉能了知諸外教　持戒修行具律儀
通達甚深大乘法　能攝秘密眞實義
若能具足前儀法　是故名爲阿闍梨
若無慈悲行利益　亦無正信心懈怠
破戒散亂不律儀　見聞敎法而誹謗
如是愚惡無善根　不堪行法爲師敎
若具如前儀相法　當爲弟子親敎師
此可粉壇爲闍梨　一切教法令指授
所說密句皆能成　弟子具德亦如是
常樂禪定微妙法　恭敬孝順阿闍梨
恒以供養諸賢聖　云何承事阿闍梨
如見諸佛等無異　常持金剛阿闍梨
當是實生大如來　如是闍梨大智海
出如意珠施大財　常讚闍梨大功德
勿見過失及誹毀　如是尊重得法成
違法輕慢終不就　若人驀踏於師影
彼人壞塔罪無異　所作所求皆不成
諸佛賢聖皆不許　勿令毀謗阿闍梨
乃至夢中亦不得　若有愚癡謗闍梨
常被諸魔來驚怖　如是惡業愚癡人

智者宜應常遠離　所說地獄阿鼻等
墮彼地獄無出期　謗阿闍梨獲此果
是故志心求菩提　供養承事阿闍梨
恭敬尊重常孝順　能施難思最上果

佛說瑜伽大教王經曼拏羅品第二

尒時世尊大徧照金剛如來顧視衆會已入大瑜伽智變化最上祕密金剛三摩地從定出已佛告金剛手大菩薩汝今諦聽金剛手此瑜伽大教王經大曼拏羅王一切曼拏羅中最上最尊其名大智光明藏金剛能成曼拏羅若復有人於此曼拏羅中受灌頂者彼人當受一切曼拏羅中灌頂法

佛告金剛手菩薩若復有人見此曼拏羅中五色粉彼人得恭敬供養一切如來若復有人入此曼拏羅中彼人如入諸佛刹中得一切如來授成佛記時阿闍梨先用結界法依法儀則擁護己身及用一切裝嚴之具嚴飾其身然後作忿怒顧視本身忿怒明王右手擲金剛杵左手執金剛鈴振動作金剛步旋繞而行曼拏羅地

口誦吽字然後告言我今發遣一切諸魔乃至天人阿修羅等言已復想本身如忿怒明王即誦此真言曰

阿波娑蘭覩跋晚多一曳引枳唧祢引嚩引酥囉二藥乂囉引乂娑三必頖二合多必舍引左四阿波三摩引二合囉部引多五拏引枳你引烏娑多引二合囉迦六摩賀羅哥七摩貝里迦八引摩賀引哩提二合迦引訥左囉九鉢哩沙二合那引誐嚕拏緊那囉十緊布嚕沙滿怛囉悉馱一引十阿怛囉二合必哩二合體尾引鉢囉二合祢引世引十二阿目迦引左引哩曳二合拏十三阿目迦室捨寫十四三冐地波哩布蘭拏二合阿哩湯二合十五薩哩嚩二合薩埵十六阿努怛囉倪也二合曩邏婆四引都十七阿目迦曼拏羅囉引惹引曩十八摩引里詰多摩夜二合彌底十九怛祢引嚩訥嚩二合日囉二合達囉引倪也二合牽嚕二合埵引十二尸謁囉彌引嚩引波訖囉二合摩多二十一踰引曩鉢訖囉二合摩底二十二怛寫嚩日囉二合播引

尼二十三鉢囉二合入嚩二合里多二十四酤必多吽哥引囉嚩那曩二十五阿引祢引鉢多二合鉢囉二合必帝二合曩二十六摩賀引倪也二合曩嚩日哩二合拏二十七謀引哩馱曩三合設多馱引二十八尾羯哩引欲哩底二十九

時阿闍梨誦此真言三徧已如前作金剛步旋繞而行結界發遣諸魔成金剛地然後行如左舞踏勢及右舞踏勢每舍珂曼拏羅勢平足立勢龜步勢金剛嚩日嚕吡羯哩沙拏勢翅足舞勢旋綱舞勢師子步勢師子變身勢金剛鑠勢金剛索勢金剛忿怒勢金剛鉤勢金剛舞勢金剛陪囉嚩勢金剛吠多梨步勢金剛骨朶勢捗覩哩目珂地瑟吒那步金剛軍拏梨步幻化步金剛塞怖吒步大力鉤步金剛牙步金剛笑步金剛鈴步復作持鉤勢持金剛勢持輪勢持杵勢持幡勢持索勢持蓮花勢持杖勢作無畏勢持鉤勢持牌勢持槍勢持弓勢挽弓勢射箭勢持頻尼波羅旋繞而行勢施願勢持爍訖帝勢持羯諾野

勢頂禮勢入定勢金剛坐勢蓮花坐勢結跏趺坐勢無畏坐勢賢坐勢蹲坐勢戲坐勢現前勢背向勢時阿闍梨作如是一一行步坐勢已用無邊無能勝明王乃至大力明王等即依法作撅打曼拏羅地圍結界十方如是作已復想曼拏羅地即成金剛地徧滿熾盛如是觀想已時阿闍梨即稱已名同誦吽字如是微妙字於一切教中最上最尊然後以本真言依法祈請地天真言曰

怛網二合祢引尾娑引吡部多引悉一薩哩嚩二合沒馱引努多引以曩二引左哩也引二合那野尾試引尸引數三部引彌播引囉彌多引穌左四薩哩嚩二合悉提鉢囉二合沒哩二合斅引切身哩湯五二合曼拏蘭左𨤏引珂夜引藾摵六

時阿闍梨誦此真言三徧已運至誠心復請召諸佛如來真言曰

三滿多引訶囒覩鉻引沒馱一迦引嚕拏四多際怛薩二部引彌引波哩佗囉二合賀迦引哩也三二合薩補怛賴

二合薩賀阿引誐摩四
時阿闍梨誦此眞言三徧已於曼拏羅地中間以塗香作圓相曼拏羅作此曼拏羅時當誦大輪明王眞言然後請召諸佛賢聖獻大種種妙供養祈求諸佛而作歡喜時阿闍梨出曼拏羅外於十方出生然後弟子經宿入於曼拏羅中依法作擁護以香水灌頂復用塗香塗於心中想已心中羯磨杵右手繫擁護線與齒木揩牙地鋪吉祥草加持已安座而坐時阿闍梨與弟子受三歸依懺悔罪障迴向發願乃至弟子以身命布施發大菩提心即說三歸伽陁曰

我今歸敬於三寶　我佛曠劫超三有
妙法能除煩惱根　獲成聖衆離欲尊
我昔所作諸罪業　今對三寶至誠懺
迴施功德利群生　誓願求證菩提果

時受法弟子誦此伽陁滿三徧已阿闍梨復爲弟子隨力隨意開導說法令彼至誠發大菩提心然後如前依法作於供養發送賢聖
時弟子於曼拏羅地右脇而臥於其

夢中必見境像第二日阿闍梨用鮮淨五色線絣曼拏羅時阿闍梨觀想其線即眞法界性徧照自性王如來即一切如來藏法界清淨故離諸塵垢能淨衆生界所用五色粉即五如來觀想已阿闍梨先下粉然後令弟子同作第一結界地第二與弟子受三歸第三令弟子入曼拏羅第四作發送法其曼拏羅有三品法上品千肘量中品五百肘下品五肘乃至二肘一肘其相四方作四門四樓中心作八輻輪安置徧照如來東方安阿閦佛南方安寶生佛西方安無量壽佛北方安不空成就佛復次於輪四隅安四親近菩薩東北隅安佛眼菩薩東南隅安摩摩枳菩薩西南隅安白衣菩薩西北隅安多羅菩薩復次於第二重曼拏羅安四菩薩東方安薩埵金剛菩薩南方寶金剛菩薩西方法金剛菩薩北方羯磨金剛菩薩復次於曼拏羅四隅安四菩薩東北隅安尊那菩薩東南隅安寶光菩薩西南隅安嚬眉菩薩西北隅安金剛鏁

菩薩復次於第三重曼拏羅安十六大菩薩東方位安四菩薩慈氏菩薩妙吉祥菩薩香象菩薩智幢菩薩南方位安四菩薩賢護菩薩海意菩薩無盡意菩薩辯積菩薩復次西方位安四菩薩得大勢至菩薩滅一切罪障菩薩破諸憂闇菩薩熾盛光菩薩復次北方位安四菩薩月光菩薩甘露光菩薩虛空藏菩薩除蓋障菩薩復次於曼拏羅東門安焰鬘得迦明王南門安鉢囉研得迦明王西門安鉢訥鬘得迦明王北門安尾覲難得迦明王復次於其四隅安四明王東北隅安不動尊明王東南隅安吒枳明王西南隅安你羅難拏明王西北隅安大力明王復次於外曼拏羅外四隅中各安置一金剛杵內第一輪用白粉畫第二重曼拏羅用黃白青三色粉畫第三重曼拏羅用五色粉如是作大曼拏羅已然後爲弟子受灌頂法
復次別作二重曼拏羅四方作四門中心畫八葉蓮花於彼蓮花內東位

安金剛杵南位安寶西位安蓮花北
位安劍如是作曼拏羅已阿闍梨即
自沐浴潔淨齋戒種種裝嚴於身時
用閼伽瓶盛滿香水插諸花果枝葉
以鮮淨衣蓋閼伽瓶阿闍梨依法加
持其瓶入五寶五藥五穀香水充滿
第一閼伽瓶名最勝瓶即是本尊餘
有四瓶是即四親近菩薩及諸護門
明王亦各有閼伽瓶若不隨諸賢聖
位安置瓶者只置五瓶當用一切成
就真言加持閼伽瓶以閼伽水灑淨
諸衆生然後獻香花燈塗及種種飲
食出生供養復次於曼拏羅四隅各
安一閼伽瓶第一最勝瓶安置曼拏
羅心中時阿闍梨以金剛鉤本印及
誦真言請召諸佛　如來入於曼拏羅
時阿闍梨復想獻座諸佛如來於曼
拏羅內各處本位而坐復次想曼拏
羅外以金剛橛釘之而成結界即用
閼伽水香花等供養各結本印時阿
闍梨讃嘆諸賢聖振金剛鈴獻種種
音樂已勞謝諸佛賢聖告言我今求
一切成就法言已令弟子入曼拏羅

內時阿闍梨即誦五如來祕密真言
安置弟子身分五處真言曰
唵一引吽入㗰反曩吽入俱二半音
唵一引嚩日囉二合特哩二合俱二半音
唵一引囉怛曩二合特哩二合俱二半音
唵引阿嚕力俱二半音
唵一引鉢嚩二合倪也二合特哩二合俱二半音
如是真言等各結本印安彼弟子五
處以作甲冑時阿闍梨以帛覆弟子
面引至壇前誦此伽陁曰
壹難覩曼拏朗娑引嚂一嚩日囉
二合倪也二合那寫鉢囉引二合鉢囕
二鉢囉二合吠引始覩摩夜引室睒
三薩哩嚩二合怛他引誐旦補嚂四
誦此伽陁已時令弟子結薩埵金剛
印拋花於曼拏羅中誦此真言曰
唵一引鉢囉二合帝引蹉嚩日囉二合呼二
誦此真言已與去除覆面帛復誦
伽陁曰
壹難怛怛曼拏羅鉢舍　室囉二合
馱引昧遨那咮引那左二沒馱晚舍
酤路半那三引母捺囉二合滿怛嚹二合
囉提瑟致一合旦四三半帝引薩哩

嚩二合悉提引曩五三摩夜引杭嚕
二合引娑尾設底六嚩日囉二合鉢訥
摩引二合屹囉二合遜里旦七引滿底哩二合
引沙嚩二合引囉引達曩酤嚕八阿泥
那紇哩二合那曳引那捘舍嚩日囉
二合鉢旦底九
誦伽陁已令弟子拋花花落之處當
為本尊以香花燈塗衣服幢幡傘蓋
印塵等殊妙供養復用微妙音樂吉
祥偈讃時阿闍梨先用最勝閼伽瓶
與弟子灌頂銷除塵垢後與四親近
閼伽瓶灌頂已復誦吉祥偈讃告弟
子言
我今振鈴諸佛前　諸佛徧滿如芥子
諸佛受持閼伽瓶　施汝灌頂妙法門
心曼拏羅真實智　如是觀想無相法
汝今頂受此法門　永出塵勞生死界
時阿闍梨誦此吉祥讃已示於弟子
設邏哥輪螺金剛杵經法乃至金銀
等物皆為除彼蓋障若無設邏哥等
物當結嚕必尼印示與弟子然後與
三昧法三昧真言曰
阿鞔切身鉢囉二合勃哩二合忞怛納二合

嚩蹉一吤引尾帝引哩馱二合悉體二合一
毗薩那二引薩達哩摩二合冒提喞旦
左三阿引左引哩也二合摩嚩摩䩉
切身那四引嚩日囉二合婆引底哩
二合數遬囉顇五訥瑟鴿二合昧帝
哩二合尾囉引誐多六引鉢囉二合那
引䩉必帝引嚩蹉七那迦引哩也二合
昧羯那引左那八伊帝引那訖哩二合
帝引那吠沒馱九引那囉哥杌嚕引二合
播引多引野帝帝十

時阿闍梨誦此三昧眞言巳勸化弟子令施財寶以報師恩或金銀瑠璃摩尼眞珠珊瑚琥珀乃至身命等復說頌曰

弟子應當行孝順　報荷闍梨令歡喜
師若歡喜法得成　此外世間無有尊

時弟子聞此頌巳從座而起供養諸佛及阿闍梨然後阿闍梨依法作護摩其護摩供養物持誦觀想法依息災增益等儀供養諸佛賢聖然後發送賢聖及三世諸佛巳收彼壇中五色粉弃擲江河中於彼曼拏羅地以瞿摩夷塗之曼拏羅所用之物盡施阿

闍梨弟子不得受若有受者當破三昧唯阿闍梨隨意受用

佛說瑜伽大教王經眞言品第三

尒時世尊大徧照金剛如來復入轉眞言輪金剛三摩地從此三摩地出巳告金剛手大菩薩言汝今諦聽今此眞言精妙字爲汝演說志心受持時金剛手菩薩合掌向佛而白佛言世尊善說善逝善說爲利益一切衆生故尒時世尊即說大徧照金剛如來根本眞言曰

唵引阿引

復說阿閦如來眞言曰

唵引牛引

寶生如來眞言曰

唵引怛囕二合

無量壽如來眞言曰

唵引紇唎二合

不空成就如來眞言曰

唵引元引

佛眼菩薩眞言曰

唵引誐誐那路左你引吽引

摩摩枳菩薩眞言曰

唵引枳哩枳哩摩引摩計吽引

白衣菩薩眞言曰

唵引羯致引尾羯致一引你羯致引羯鴿羯致二引羯嚕吒尾哩曳引二合娑嚩二合引賀二引

多羅菩薩眞言曰

唵引多引哩引咄多引哩一引咄哩引娑嚩引二合賀二引

薩埵金剛菩薩眞言曰

唵引薩埵嚩日哩二合吽引

寶金剛菩薩眞言曰

唵引囉怛曩二合嚩日哩引二合吽引

法金剛菩薩眞言曰

唵引達哩摩二合嚩日哩引二合吽引

羯磨金剛菩薩眞言曰

唵引羯哩摩二合嚩日哩引二合吽引

尊那菩薩眞言曰

唵引左黎祖黎一引尊祢引娑嚩引二合賀二引

寶充菩薩眞言曰

唵引囉怛努二合勤計引一二合囉怛曩二合入嚩引二合里你引娑嚩引二合賀二引

嚩眉菩薩眞言曰

唵引勃哩二合酤致引勃陵引二合
金剛鏁菩薩眞言曰
唵引嚩日囉二合室哩二合韈里引一
吽引發吒半音娑嚩二合引賀引二
慈氏菩薩眞言曰
唵引昧引
妙吉祥菩薩眞言曰
唵引蒙
普賢菩薩眞言曰
唵引三滿多跋捺囉二合吽引
香象菩薩眞言曰
唵引巘馱賀悉帝二合你引吽引
智幢菩薩眞言曰
唵引倪也二合引那計引覲一倪也二合引
那摩底吽二引
賢護菩薩眞言曰
唵引跋捺囉二合嚩底一跋捺囉二合
播引羅吽引二
海意菩薩眞言曰
唵引娑引誐哩一引摩賀引娑引
誐哩引吽引二
無盡意菩薩眞言曰
唵引惡乂曳一引吽吽引二惡乂野羯

哩摩引二合嚩囉拏三尾輸達你引娑
嚩二合引賀引
辯積菩薩眞言曰
唵引鉢囉二合底娑引你一引鉢囉
二合底娑引那酤致引吽二引
得大勢至菩薩眞言曰
唵引娑他二合引弭一引摩賀引娑他
二合引弭二引娑他二合引摩嚩底娑嚩二合
引賀引三
除一切罪障菩薩眞言曰
唵引薩哩嚩二合引播引野惹呬一引薩
哩嚩二合引播引野輸引馱你引吽一引
破一切憂闇菩薩眞言曰
唵引薩哩嚩二合引輸引哥怛誐一你
哩伽引二合怛那末底吽二引
熾盛光菩薩眞言曰
唵引惹引里你一引摩賀引惹引里
你引吽引二
善財菩薩眞言曰
唵引酥達那室哩二合引野吽引
月光菩薩眞言曰
唵引贊捺哩二合引酥贊捺哩二合引一贊
捺囉二合吽引嚩嚕吉帝娑嚩二合引

賀引二
甘露光菩薩眞言曰
唵引阿弭多鉢囉二合毗一引阿弭多
末底吽二引
虛空藏菩薩眞言曰
唵引誐誐你一引誐誐那嚩囉嚕
左你引吽二引
除蓋障菩薩眞言曰
唵引薩哩嚩二合引你引嚩囉拏尾瑟
劍二合鼻尼吽引
復說焰鬘得迦明王眞言曰
唵引焰鬘引得迦吽引
鉢囉二合研得迦明王眞言曰
唵引鉢囉二合研得迦吽引
鉢訥鬘得迦明王眞言曰
唵引鉢訥鬘得迦吽引
尾覲難得迦明王眞言曰
唵引阿密哩二合多軍拏里一尾覲難
二合引得迦吽二引
不動尊明王眞言曰
唵引阿左羅吽引賀引
吒枳明王眞言曰
唵引吒枳吽引弱仁作尺

你羅難拏明王眞言曰
唵引你引羅難拏一摩賀引難拏
吽二引
大力明王眞言曰
唵引骨嚕馱那吽引嚩上同
如是等諸大菩薩及大明王精妙字
眞言安曼拏羅中如是所說無數俱
胝精妙字等從三摩地乍時阿闍梨
依法觀想已用金剛鉤印請召諸佛
如來用金剛印請召諸菩薩及諸賢
聖用結輪印請召諸明王用結索印
請召諸唧吒唧致用結鉤印請召訥
多訥希等此是瑜伽大教王請召儀
則

佛說瑜伽大教王經卷第一
乙巳歲高麗國大藏都監奉
勅雕造

佛說瑜伽大教王經卷第一　第二十二張

佛說瑜伽大教王經卷第一
校勘記

一　底本，麗藏本。
一　七四五頁上一行至本頁中二〇行序文，石、資、普、南、徑、清無。
一　七四五頁中二二行譯者，徑、清作「宋西天三藏朝散大夫試光祿卿明教大師法賢奉詔譯」。
一　七四六頁中六行第七字「法」，磧作「大」。
一　七四六頁中末行「驚恠」，石、資、普、徑、清作「驚怖」。
一　七四六頁下五行品名上經名「佛說瑜伽大教王經」，徑、清無。下品例同。
一　七四六頁下一九行「先用」，磧作「此開」。
一　七四七頁中一〇行「珂曼」，資、磧、普、南、徑、清作「阿曼」。
一　七四七頁中一四行「金剛鉤」，徑作「金剛劍」。
一　七四七頁下二〇行第五字「諸」，磧、南作「請」。
一　七四九頁上一〇行首字「位」，磧、南作「依」。
一　七四九頁中一〇行第七字「此」，磧、徑作「陀」。
一　七四九頁中一八行末字「誦」，諸本作「誦此」。
一　七四九頁下九行首字「印」，諸本作「仰」。
一　七五〇頁上一五行第九字「荷」，諸本作「阿」。
一　七五〇頁上二一行「賢聖」，諸本作「聖賢」。
一　七五〇頁中七行第一〇字「說」，諸本無。
一　七五二頁上一二行「唧吒唧」，諸本作「唧唧吒」。

佛說喻伽大教王經卷第二　高

宋西天譯經三藏朝散大夫試光祿卿明教大師臣法賢奉　詔譯

三摩地品第四

尒時世尊大偏照金剛如來入大智力變化圓滿三摩地從定出已告金剛手大菩薩言汝今諦聽我今為汝說一切眞言祕密三摩地法所為持明者於曼拏羅畢竟了知粉畫佛像等依法觀想當得畢竟大智不難證得無上菩提何況所求成就之法今說三摩地法於本身想出唵字變成大智以慧開引大智變成大偏照如來身眞金色有其三面善相圓滿頂戴寶冠垂於髮髻身有六臂二手結禪定印左第二手持般若經第三手持弓右第二手持輪第三手持箭身光熾盛天人悉怖化佛如雲復攝化佛入偏照佛身時阿闍梨念微妙字觀想眞理

復次說三摩地法復想口中阿字阿字變成無量壽佛其身白色六臂三面面各三目頂戴寶冠冠有偏照如來而垂髮髻一切裝嚴二手開蓮花右第二手持金剛杵第三手持數珠左第二手持般若經第三手執軍持光明熾盛偏身普照變化金剛杵諸魔驚怖迷悶躃地如是阿闍梨觀想口金剛非久證菩提此名一切相最上廣大法藏三摩地

復說三摩地法時阿闍梨想自本心而為月輪月輪變成吽字吽字變成阿閦佛身翡翠色八臂三面面各三目頂戴寶冠色相妙善一切裝嚴右第一手持金剛杵第二手持利劍第三手持鉤第四手持箭左第一手持鈴第二手持般若經第三手持羂索第四手持弓如是想阿閦佛偏滿虛空時阿闍梨若常以金剛定心觀想不久證大菩提此名超老死大心圓滿力金剛無邊三摩地

復說三摩地法時阿闍梨觀想恒覽二合字變為大智大智化成寶生佛身現赤色四臂三面面各三目善相圓滿頂戴寶冠身嚴衆寶結跏趺坐二手結禪定印右第二手持金剛

杵左第二手持如意寶偏滿虛空悉現寶生如來降大寶雨及化諸菩薩此名寶生大智金剛三摩地

復說三摩地法時阿闍梨觀想亢字變為大智大智化為不空成就佛身現綠色四臂二手結禪定印右第二手持利劍左第二手持鉤變化諸佛如雨滿空悉作一切成就法放大光明與智海無異如是觀想虛空藏大牟尼彼人與虛空等離一切有為法此名虛空性大智金剛三摩地如是說五如來三摩地法已

復說四親近菩薩觀想法時阿闍梨觀想朗字變為大智大智化成佛眼菩薩身眞金色一切裝嚴八臂三面面各三目善相圓滿右第一手作施願印第二手作無畏印第三手持金剛杵第四手持箭左第一手持羂索頭指竪立作期剋印第二手持寶樹枝第三手持數珠第四手持弓放赤色光明化佛如雲如是觀想大智金剛諸天驚怖悉皆合掌作禮如是觀想佛眼菩薩以菩提分力而為裝

嚴此名佛眼變化大智金剛三摩地
復說三摩地法時阿闍梨觀想丸捨
字變為大智大智化成摩摩枳菩薩
身如優鉢羅花色六臂三面面各三
目放赤色光明右第一手作無畏印
第二手持金剛杵第三手持箭左第
一手作期剋印第二手持羂索第三
手持弓變化諸佛如雨滿空如是觀
想三身大力金剛從於無相而現有
相此名幻生大智力甚深三摩地
復說三摩地法時阿闍梨觀想丈邦
字變為大智大智化成白衣菩薩身
現白色六臂三面面各三目一切裝嚴
右第一手作無畏印第二手持金剛
杵第三手持箭左第一手持蓮花第
二手持數珠第三手持弓結跏趺坐
觀想蓮花化佛如雲滿虛空界如是
觀想此三摩地是人當得最上菩提
此名蓮花神通最勝佛智金剛三摩
地
復說三摩地法時阿闍梨觀想文當
切丁江字變為大智大智化成多羅菩
薩諸相圓滿身現綠色六臂三面面

各三目結跏趺坐放赤色光徧滿熾
盛變化諸佛徧滿虛空觀想菩薩為
一切衆生之母右第一手作無畏印
第二手持金剛杵第三手持箭左第
一手作期剋印第二手持優鉢羅花
第三手持弓此名降伏一切衆生大
樂智金剛三摩地
復說三摩地法時阿闍梨觀想四親
近菩薩所謂薩埵金剛菩薩寶金剛
菩薩法金剛菩薩羯磨金剛菩薩如
前想已不久證大菩提此名四聖諦
歡喜三摩地
復說三摩地法時阿闍梨觀想才尊
字變成大智大智化成尊那菩薩七
俱胝如來三身讚說此菩薩真言成
九字亦成九分法成九大菩薩身如
秋月色衆寶裝嚴諸相圓滿能度一
切賢聖此菩薩二十六臂三面面各
三目正面善相微笑右面大青色作
忿怒相利牙如初月舌如閃電左面
黃色皺脣此菩薩或坐或立如戲舞
勢二手結本印安於心中右第二手
作無畏印第三手持劍第四手持寶

瓔珞第五手持海甘果第六手持箭
第七手持鉞斧第八手持寶棒第九
手持骨朶第十手持鉤第十一手持
金剛杵第十二手作期剋印第十三
手持數珠左第二手持如意寶幢第
三手持蓮花第四手執軍持第五手
持羂索第六手持弓第七手持爍吉
帝第八手持輪第九手持螺第十手
作期剋印第十一手持賢瓶第十二
手持頻尼波羅第十三手持般若經
坐蓮花座徧身光明著阿蹉哥衣徧
袒掛絡腋及種種衣服裝嚴變化諸
佛徧滿虛空如是尊那菩薩具大神
通力諸天魔等見之驚怖悉皆向前
合掌頂禮如是阿闍梨若常觀想持
此真言彼人不久證大菩提若入此
三摩地剎那之間能除一切罪何況
別成就法此名無邊勝大智尊那大
力金剛最勝三摩地
復說三摩地法時阿闍梨觀想才嚩覽
字變成大智大智化成寶光菩薩身
真金色結跏趺坐六臂三面面各三
目諸相圓滿面顏微笑衆寶裝嚴二

手持寶寶放光明右第二手作無畏印第三手持箭左第二手作期剋諸惡印第三手持弓身有赤色光明化佛如雲徧滿虛空如是觀想此菩薩最上妙法藏能除諸惡不久成菩提此名寶雲佛智光照三摩地

復說三摩地法時阿闍梨觀想吒勅零二合字變成大智大智化成顰眉菩薩能度諸怖畏身如秋月色六臂三面面各三目現喜怒相光明熾盛右第一手持金剛杵第二手持寶杖第三手持箭左第一手持羂索及作期剋印第二手執軍持第三手持弓化佛如雲如是行住坐臥恒作觀想能除一切怖畏必得菩提此名能除一切怖畏大智金剛三摩地

復說三摩地法時阿闍梨觀想𤙖吽字變成大智大智化成金剛鑠菩薩此即諸佛母能降惡衆生身現綠色六臂三面面各三目作微笑相衆寶裝嚴右第一手持金剛杵第二手持金剛鑠第三手持箭左第一手作期剋印第二手持羂索第三手持弓化

佛如雲如是觀想金剛鑠菩薩彼人不久證大菩提何況別成就法此名金剛鑠解脫大智金剛三摩地

復說三摩地法時阿闍梨觀想彐昧字變成大智大智化成慈氏菩薩四臂三面面各三目於蓮花上結跏趺坐二手結說法印右第二手作施願印爲利衆生故左第二手持龍花枝變化諸佛及化菩薩如雲滿空如是觀想所獲功德如前無異此名慈氏力大智最勝三摩地

復說三摩地法時阿闍梨觀想彐蒙字變成大智大智化成妙吉祥菩薩作童子相具大辯才智慧第一善說妙法三面面各三目頭有三髻頂戴阿閦佛於蓮花上結跏趺坐以種種花嚴飾其身諸相圓滿而作微笑身有六臂右第一手作施願印第二手持劍第三手持箭左第一手持般若經第二手持優鉢羅花第三手持弓化佛如雲如是觀想得大勝利與前無異此名大智慧光妙金剛三摩地

尒時世尊說此三摩地法已復說諸善

薩摩訶薩觀想之法所謂香象菩薩智幢菩薩賢護菩薩海意菩薩無盡意菩薩辯積菩薩得大勢至菩薩除一切罪障菩薩破諸憂闇菩薩熾盛光菩薩月光菩薩甘露光菩薩虛空藏菩薩除蓋障菩薩如是等無數阿僧祇菩薩摩訶薩若諸衆生如前儀軌一一觀想諸微妙字變成大智大智化成菩薩各有三面面各三目或四臂六臂等各執幖幟神通變化若人志誠持誦依法相續彼人不久速得成就無上佛道利樂一切有情

復說諸大明王三摩地法時阿闍梨觀想𤙖吽字變成大智大智化成焰鬘得迦忿怒明王以日輪爲圓光熾盛如劫火身色如青雲身短腹大六臂六足六面面各三目正面開口作大忿怒相金剛利牙出外舌如閃電頂戴阿閦佛右面出舌左面齩脣作忿怒相頂戴妙吉祥菩薩右第一手持利劍第二手持金剛杵第三手持箭左第一手持羂索及作期剋印第二手持般若經第三手持弓虎皮爲衣

以八龍嚴飾髑髏爲冠髮髻黃色乘於水牛飾以蓮花爲座而垂右足下面諸魔悉皆驚怖亦名能降焰魔王具大辯才充焰赤色化佛如雲如是阿闍梨於行住坐臥常作此觀設復受五欲樂心如虛空俱不染著所獲功德無量無邊此名成一切事大智金剛降伏焰魔王調伏諸魔三摩地

復說三摩地法時阿闍梨觀想可鉢囉(二合)字變成大智大智化成鉢囉研得迦忿怒明王六臂三面面各三目身黃色放赤色光蓮花上坐垂於一足以八龍王裝嚴其身正面微笑頂戴阿閦佛右面青色現忿怒相左面白色以齒齩脣右第一手持金剛杵第二手持寶棒第三手持箭左第一手持羂索及作期剋印第二手持般若經第三手持弓如是觀想變化神通已及恒持誦是人不久證大菩提此名無能勝大智金剛三摩地

復說三摩地法時阿闍梨觀想亢吽字變成大智大智化成鉢訥鬘得迦忿怒明王身現赤色八臂三面面各

三目正面微笑右面青色出金剛舌現忿怒顧視左面黃色利牙齩脣現忿怒相右第一手持金剛杵第二手持寶杖第三手持哥拏耶第四手持箭左第一手作期剋印第二手持般若經第三手持蓮花第四手持弓虎皮爲衣以八龍裝嚴坐於蓮花上而垂一足有大威力復能變化無數諸佛如是觀想決定成就所作一切事此名馬頭最勝金剛三摩地

復說三摩地法時阿闍梨觀想亢吽字變成大智大智化成尾覲難得迦忿怒明王身大青色六臂三面面各三目頂戴阿閦佛正面微笑右面白色現忿怒相左面如優鉢羅花色以齒齩脣現忿怒相右第一手持利劍第二手持鉞斧第三手持箭左第一手持羂索及作期剋印第二手持般若經第三手持弓左足踏諸魔右足踏蓮花具大神通能除諸魔化佛如雲徧滿虛空如是依法觀想所作所求一切如意此名除一切魔最勝金剛三摩地

復說三摩地法時阿闍梨觀想亢欣字變成大智大智化成不動尊忿怒明王作妙眼童子相身翡翠色頂戴冠冠內有阿閦佛六臂三面面各三目正面微笑右面黃色現忿怒相開口出舌舌如紅蓮左面白色以齒齩脣現大忿怒相右第一手持劍第二手持金剛杵第三手持箭左第一手持羂索及作期剋印第二手持般若經第三手持弓放赤色光徧滿照曜坐蓮花上垂於一足而彼座下有大寶山心念吽字能除諸魔具無邊神通化佛如雲徧滿虛空如是依法觀想彼人已踐聖道不久成佛此名一切如來證覺不動智變化金剛三摩地

復說三摩地法時阿闍梨觀想亢吽字變成大智大智化成吒枳忿怒明王身如青雲色六臂三面面各三目頂戴寶冠冠內有佛正面微笑右面現忿怒相左面白色以齒齩脣現顰眉忿怒相二手結吒枳印右第二手持金剛杵第三手持箭左第二手持般若經第三手持弓放赤色光徧

滿照曜坐蓮花上垂於一足化佛如雲徧滿虛空下有諸魔悉皆驚怖合掌作禮如是依法觀想當得最上大智此名善鉤一切衆生最勝金剛三摩地

復說三摩地法時阿闍梨觀想亢吽字變成大智大智化成你羅難拏忿怒明王身大青色六臂三面面各三目正面微笑右面黃色現忿怒相左面青雲色以齒齩脣頂戴寶冠冠內有佛右第一手持金剛杵第二手持寶杖第三手持箭左第一手持罥索及作期剋印第二手持般若經第三手持弓赤色圓光徧滿照曜入大龍王而為嚴飾坐蓮花上垂於一足化佛如雲徧滿虛空如是依法觀想所獲功德如前無異此名大智金剛三摩地

復說三摩地法時阿闍梨觀想亢吽字變成大智大智化成大力忿怒明王身如雲色八臂三面面各三目目作赤色鬚赤竪立頂戴阿閦佛正面微笑右面金色作忿怒相左面白色以

齒齩脣右第一手持金剛杵第二手持寶杖第三手持劍第四手持箭左第一手持罥索及作期剋印第二手持般若經第三手持骨朶第四手持弓坐於蓮花而垂一足日輪圓光徧滿照曜作忿怒顧視諸天覩之深生驚怖避走十方化佛如雲徧滿虛空如是依法志心觀想所獲功德與前無異此名大力大智最勝金剛三摩地

復說三摩地法時阿闍梨觀想亢勃龍二合字變成大智大智化成大輪佛頂身現金色有大圓光徧滿照曜三面面各三目手作禪定印金剛蓮花上坐於其座下有大寶山彼佛兩邊有四親近菩薩諸相圓滿面現笑容手持寶金剛杵優鉢羅花及蓮花等種種衣服而為裝嚴於大輪佛頂外復想輪圍於彼圍內而有五色金剛光明普徧照曜化佛如雲徧滿虛空如是依法觀想大輪佛頂若人樂求生佛剎土彼人決定隨願得生非久之間速證菩提此名裝嚴一切佛剎

大智大輪金剛三摩地

復說三摩地法時阿闍梨觀想亢惹字變成大智大智化成大夜叉主名寶藏神身黃色二臂三面頂戴寶冠冠內有五佛於冠左邊少有所損坐於蓮花上座下有賢瓶滿盛諸寶右手持海甘子左手持鼠囊兩邊有四夜叉女身貟端正衆寶裝嚴降一切寶雨化佛滿空如是依法觀想欲求財寶不久徧地現大財寶得大富貴復想已手掌中出甘露水施寶藏神此名施寶雨大智金剛三摩地

復說三摩地法時阿闍梨觀想亢鋡字變成大智大智化成日前菩薩形容如十六歲圓光熾盛身眞金色光明照耀踰於千日以種種寶裝嚴其身乘七馬車頂戴五如來冠以大神通力擁護十方六臂三面面各三目正面圓滿微笑右第一手持金剛杵第二手持針線第三手持箭左第一手持罥索及作期剋印第二手持無憂樹枝第三手持弓以神通力能禁縛一切諸惡衆生乃至縫彼眼耳

口鼻等如是常作觀想及持此菩薩根本眞言能降伏一切衆生能銷除一切煩惱乃至成無上菩提此名隱身諸惡最上大智金剛三摩地

復說三摩地法時阿闍梨觀想ㄓ邦字變成大智大智化成鉢蘭拏賒嚩哩菩薩身現金色坐於蓮花上頂戴五如來冠想降甘露雨身有圓光熾盛照曜以花鬘嚴飾六臂三面面各三目現喜怒相一切裝嚴右第一手持金剛杵第二手持鉞斧第三手持箭左第一手持羂索及作期剋印第二手持貝葉樹枝第三手持弓能變化忿怒明王如雲徧空而彼明王以熾盛光降諸惡曜復作忿怒熾盛勢其明王頂戴阿閦佛如是依法觀想能除諸魔驚怖及諸災障此名息除一切諸魔塵垢大智金剛三摩地

復說三摩地法時阿闍梨觀想ㄞ惹字變成大智大智化成穰虞利菩薩作童子相頭有七龍龍頭有如意珠光明徧照頂戴阿閦佛及種種花面現喜怒相以大龍蛇繫腰坐於蓮花上

身相金色放赤圓光六臂三面面各三目右第一手持金剛杵第二手持劍第三手作舞勢及持箭左第一手持羂索及作期剋印第二手持尾沙花第三手持弓如是菩薩復化五色虹光明徧滿如是持誦者若見有情遭惡毒所害觀想諸佛滿虛空中手持甘露瓶灌於彼人頂復想彼人口門有一ㄌ吽字其毒即除永獲安樂如是依法觀想不久證大菩提此名能斷除一切煩惱及諸惡毒大智龍王金剛三摩地

復說三摩地法時阿闍梨觀想ㄆ吽字變成大智大智化成訶邏曷羅菩薩身大白色八臂三面面各三目頂戴寶冠如半月相冠內有佛相好圓滿面現笑容作貢高勢右第一手執金剛杵第二手持數珠第三手持箭第四手持三叉左第一手持蓮花第二手持般若經第三手持弓第四手持髑髏內安種種花一切裝嚴身而彼菩薩於寶山巖中處紅蓮花座而垂一足以虎皮爲衣如是依法觀想

諸佛滿空作大神通及志心持誦設不持齋戒隨意飲食亦得速成大覺菩提此名能成就一切事訶邏曷羅大喜大智金剛三摩地

復說三摩地法時阿闍梨觀想ㄎ紫字變成大智大智化成降大千界菩薩彼菩薩能除一切有情諸惡及諸病苦身有千臂千面面各三目今現略相而有八臂四面面各三目身綠色作貢高忿怒勢右第一手作施願印第二手持劍第三手持鉤第四手持箭左第一手持蓮花花內有摩尼金剛杵第二手持羂索第三手持弓第四手持鉞斧發大精進力化本部佛徧滿虛空降千界魔如是依法觀想持誦眞言力以大熾盛光攝他象馬軍及能成一切事能作擁護及降伏等此名觀視大軍擁護一切及降大千界大智金剛三摩地

復說三摩地法時阿闍梨觀想ㄖ持網二合字變成大智大智化成最上寶幢菩薩身眞金色現忿怒相八臂四面面各三目右第一手持劍第二手

持擣杵第三手持輪第四手持箭左第一手持三叉第二手持金剛杵第三手持弓第四手作期剋諸魔印如是依法觀想此菩薩不久證大菩提此名降三界最上金剛三摩地
復説三摩地法時阿闍梨觀想𑖝鉢嚩𑖮字變成大智大智化成大隨求菩薩八臂四面面各三目身現金色具大威德作貢高無畏勢右第一手持劒第二手持輪第三手持三叉第四手持箭左第一手持金剛杵第二手持罥索第三手持鉞斧第四手持弓坐於蓮花上放大光明如千日輪能除諸惡此三摩地法所有女人胎中子死者時阿闍梨依法觀想自身為妙吉祥持彼祕密曼拏羅内諸賢聖閼伽瓶灌女人頂復想彼女胎中所有非人薄福之子以印及眞言為發遣淨除罪障已復想彼胎攝入福子時彼女人得子安隱此名觀察一切胎藏隨求大智最勝金剛三摩地
復説三摩地法時阿闍梨觀想𑖝䋞字變成大智大智化成持世菩薩其

身金色諸相圓滿一切裝嚴光明照曜作貢高勢身有六臂右第一手作施願印第二手持穀穗第三手持箭左第一手持如意寶第二手持弓第三手降寶雨乃至眷屬及僕從緊羯囉夜叉等亦悉降寶及五穀雨如是依法觀想此持世菩薩能降財穀雨廣七由旬量不久速成菩提此名降財穀雨廣智金剛三摩地
復説三摩地法時阿闍梨觀想𑖀尾字變成大智大智化成白蓮羅刹女身黑色腹大具大威勢有熾盛光如閃電相坐蓮花上垂於一足有十八臂十二面面各三目利牙出外鬚髮赤黃色頂戴阿閦佛髑髏為瓔珞現大忿怒相師子皮為衣龍為絡腋手持滿血髑髏及持劒鉤輪金剛杵三叉鈴幡寶棒罥索鉞斧等復以衆寶裝嚴於身能破諸惡有情如是依法觀想及持誦眞言為利益一切衆生故不久證大菩提此名除滅一切惡觀察佛刹最勝金剛三摩地

佛説瑜伽大教王經卷第二

乙巳歲高麗國大藏都監奉
勅雕造

佛說瑜伽大教王經卷第二

校勘記

一 底本，麗藏本。

一 七五三頁上二行譯者，清作「宋西天三藏朝散大夫試光祿卿明教大師法賢奉詔譯」。卷第三同。

一 七五三頁上八行「曼拏羅」，磧、普、南作「曼摩羅」。

一 七五三頁中二行第二字「右」，石作「左」。

一 七五三頁下五行「變爲」，資、磧、普、南、徑、清作「即變爲」。

一 七五四頁中二〇行第六字「如」，資、磧、普、南、徑、清無。

一 七五四頁下三行「骨朶」，資、磧、普、南、徑、清作「骨椂」。下同。

一 七五五頁下一一行末字「遠」，諸本作「速」。

一 七五六頁上二行首字「於」，徑無。

一 七五六頁下二行首字「宇」下，南、徑有音註「呼郎切」。

一 七五七頁上四行「善鉤」，磧、普、南、徑、清作「喜鉤」。

一 七五七頁中五行第一〇字「日」，資、磧、普、南、徑、清作「白」。

一 七五七頁中二一行第九字「佛」，資、磧、普、徑、清無。

一 七五七頁下六行第八字「賢」，資、磧、普、南、徑、清作「寶」。

一 七五八頁中五行第一二字「化」，徑作「作」。

一 七五八頁下二〇行末字「持」，諸本作「特」。

佛說瑜伽大教王經卷第三　高

西天譯經三藏朝散大夫試鴻臚卿明教大師臣法賢奉　詔譯

眞言大智變化品第五

尒時世尊大徧照金剛如來觀察一切如來已入寂靜無塵最勝金剛三摩地於此三摩地出已從金剛三昧說一切如來母佛眼大菩薩眞言曰

唵引娑誐嚩底一嚕嚕二塞普二合嚕三入嚩二合羅四底瑟吒二合五悉馱嚕左你六引薩哩嚩二合引囉他二合娑引達你娑嚩二合引賀七引

尒時諸佛如來及十地滿心大菩薩衆聞此眞言已悉皆歡喜一切魔軍驚怖迷悶唯念大徧照金剛如來今此眞言具足大智若者有持誦之者能作種種成就事乃至死者使令還命難成能成

尒時世尊復入三金剛最上熾盛三昧金剛三摩地從定出已說諸佛母摩枳菩薩眞言曰

唵引商羯哩一引扇引底羯哩二引崛吒崛吒三崛致你崛致你四哩伽二合引多野哩伽二合引多野五崛致你娑嚩二合引賀六引

尒時諸佛如來聞此佛母眞言已皆大歡喜唯念心金剛如來此眞言能成就一切息災增益等法能作擁護乃至能滅一切罪障

尒時世尊復入大樂無邊蓮花三金剛心變化三昧金剛三摩地於定出已從三金剛說諸法母白衣菩薩眞言曰

唵引羯致一引尾羯致一引你羯致三引鶡羯致四引羯嚕吒微哩曳二合引娑嚩二合引賀五引

尒時諸佛如來聞此眞言已悉皆出定唯念心金剛如來若人持誦觀想能作一切事能善擁護乃至增長微妙法藏

尒時世尊復入覺悟諸天平等三金剛大樂金剛三摩地從定出已說諸佛母大智多羅菩薩眞言曰

唵引多引哩一引咄多引哩二引咄哩引娑嚩二合引賀三引

尒時諸佛及諸菩薩聞此眞言皆大

歡喜唯念大徧照金剛如來若人持誦此菩薩眞言能令世間一切有情而爲僕從

尒時世尊復入一切如來最上智三摩地從定出已從三金剛說此焰鬘得迦大忿怒明王眞言曰

那莫悉底哩三合嚩日囉二合赦引一唵引揭揭二佉引呬佉引呬三薩哩嚩二合訥瑟吒二合四薩埵那摩迦五遏西毋娑羅六鉢囉輸播引舍賀悉多二合七撥覩哩部二合薏八撥覩哩目二合珂九殺吒左二合囉拏十阿引誐蹉阿引誐蹉十一薩哩嚩二合訥瑟吒二合鉢囉二合拏引鉢賀引哩拏十二摩賀引尾覲曩二合伽引怛迦十三尾訖哩二合跢引那那十四薩哩嚩二合部引多嚩商羯囉十五遏吒吽賀引娑那引祢你引十六吽引伽囉二合左哩摩二合你嚩引娑那十七酤嚕酤嚕十八薩哩嚩二合羯哩摩二合引十九覩那覩那二十薩哩嚩二合滿怛囉二合引二十一頻那頻那二十二鉢囉毋捺囉二合引二十三阿引羯哩沙二合野二十四阿引羯哩沙二合野二十五薩哩嚩二合部引旦引你哩摩二合他二十六你哩摩二合他二十七薩哩嚩二合訥瑟吒二合引鉢囉二合吠引舍野二十八鉢囉二合吠引舍野二十九曼拏羅末戟切身三十吠引嚩莎多你引尾旦引多羯囉三十一酤嚕酤嚕三十二摩摩阿迦引哩煬二合賀那賀那三十三捺賀捺賀三十四鉢左鉢左三十五摩引尾藍末野三十六摩引尾藍末野三十七摩摩三摩野摩摩嚩三摩二合囉三十八吽引吽引發吒半音發吒半音三十九塞怖二合引吒野四十塞怖引二合吒野四十一薩哩嚩二合引賒引波哩布囉哥四十二呬引呬引娑誐鑁引四十三緊唧囉引野西四十四摩摩薩哩嚩二合引哩湯二合四十五娑引達野娑嚩二合引賀引四十六

尒時一切諸佛及十地菩薩聞此大智種變化明王眞言已歎未曾有唯念大徧照金剛如來此出世大智神通變化焰鬘得迦忿怒明王能降伏大惡衆生若持誦人欲作降伏諸惡者當用一髑髏選擇不損壞無縫兩耳相通圓滿者或一縫至兩縫及耳不通者亦可作法得此髑髏已持誦人依法誦五如來及四親近菩薩眞言加持然後取惡人足下土威髑髏內持誦人以足踏之即誦焰鬘得迦明王眞言速得降伏

尒時世尊大徧照金剛如來復入大不空最勝金剛甘露忿怒金剛三摩地出此定已從三金剛說尾覲難得迦大忿怒明王眞言曰

那莫三滿多没馱引曩一引那謨嚩日囉二合骨嚕二合馱引野二摩訶引能瑟吒嚕二合引嗢羯二合吒三陪囉嚩引野四遏西毋娑羅五鉢囉輸播引舍賀娑多二合引野六唵引阿蜜哩二合多軍拏里七揭揭佉引呬佉引呬八底瑟吒二合底瑟吒二合引九滿馱滿馱十賀那賀那十一誐哩惹二合誐哩惹二合十二尾娑怖二合引吒野十三尾娑怖二合引吒野十四薩哩嚩二合尾覲那二合尾那引野剛引十五摩賀引誐拏鉢底十六吽引尾旦引多羯囉引野十七吽引發吒半音娑嚩二合引賀引十八

尒時一切諸佛及大菩薩聞此大忿怒明王眞言已歎未曾有一切魔衆悉皆驚怖唯念大徧照金剛如來

若持誦人欲作發遣諸惡魔法者當取旋風所吹樹葉於彼葉內畫明王輪如是畫已持誦者取惡魔足下土置於輪中以足踏之即誦明王真言彼惡魔等速自遠離

尒時大徧照金剛如來復入寶光變化大智金剛三摩地出此定已從三金剛說鉢囉研得迦忿怒明王真言曰

那莫三滿多沒馱(引)曩(一引)唵(引)吽(引)那哩徽(知以反二)吒牛(引)吽(引)登吒(半音)娑嚩(二合引)賀(引三)

尒時諸佛及諸菩薩聞此明王真言已歎未曾有唯念大徧照金剛如來若人於此真言依法持誦能降伏夜叉羅剎緊那羅部多娑健馱及宿曜等

尒時世尊復入甘露寶功德藏金剛三摩地出此定已從三金剛說鉢訥彌得迦忿怒明王真言曰

那莫三滿多沒馱(引)曩(一引)唵(引)吽(引)吽(引)吽(二引)跛(引)嚕羅(三)尾嚕羅(四)薩哩嚩(二合)尾沙伽(引)怛哥(五)入嚩(二合)里多尾塞普(二合)陵誐(六)遏吒吒賀(引)娑計(引)薩哩(七)薩吒(引)跓(引)波(八)嚩日囉(二合)窗囉你哩伽(引二合)多(九)左里多嚩酥馱(引)怛羅(十)你涅嚩(引二合)娑(十一)摩嚕覩(引)得吒(二合)鉢多(二合十二)馱囉尼(引)達羅毗(引)沙拏(十三)遏吒吒賀(引)娑(十四)阿波哩弥多(十五)末囉鉢囉(引)訖囉(二合)摩(十六)阿(引)哩也(二合)毗多部多誐拏(十七)沒辣(賀身)沒辣(十八)賀野佗哩(引二合)嚩(十九)佉(引)那佉(引)那(二十)鉢囉滿怛囉(二合二十一引)親那親那(二十二)悉提孕(二合)弥(引)祢舍(二十三)阿(引)吠(引)舍野(二十四)薩哩嚩(二合)入嚩(二合)囉(二十五)必舍(引)左曩(引二十六)薩哩嚩(二合)佗囉(二合)呬(引)數(二十七)阿鉢囉(二合)底賀覩(引)娑嚩(二十八)嚩日囉(二合)能瑟吒囉(二合二十九)緊唧囉(引)野洗(三十)壹難訥瑟吒(二合)佗囉(二合)賀(三十一)訥瑟吒(二合)薩哩那(二合)嚩(引三十二)突那突那(三十三)摩他摩他(三十四)摩吒摩吒(三十五)播(引)吒播(引)吒(三十六)播(引)吒野播(引)吒野(三十七)滿馱滿馱(三十八)沒馱達哩摩(二合)僧伽(三十九)阿褥倪也(引二合)當竭哩莽(二合四十)酤嚕尸(引)竭朗(二合四十一)曷野佗哩(引二合)嚩(引)野登吒(半音四十二)嚩日囉(二合引)野登吒(半音四十三)嚩日囉(二合)誐(引)怛囉(二合引)野登吒(半音四十四)嚩日囉(二合)你(引)怛囉(二合引)野登吒(半音四十五)嚩日囉(二合)能瑟吒(二合)囉(引二合)野登吒(半音四十六)嚩日囉(二合)窗囉(引)野登吒(半音四十七)嚩日囉(二合)窗囉你哩伽(引二合)多那(合)野登吒(半音四十八)鉢囉滿怛囉(二合四十九)尾那(引)設那(引)野登吒(半音五十)底嚩(二合)路枳路煬羯囉(引)野登吒(半音五十一)薩哩嚩(二合)羯哩弥(二合)數(五十二)阿鉢囉(二合)底賀多(引)野登吒(半音五十三)嚩日囉(二合)酤囉(五十四)怛囉(二合引)娑那羯囉(引)野登吒(半音五十五)吽(引)吽(引)吽(引五十六)登吒(半音)登吒(半音)登吒(半音五十七)

尒時一切大眾聞此明王真言已皆大怖畏唯念大徧照金剛如來持誦人欲解除一切毒者當依法想自手掌內有蓮花復想蓮花中生於欲字光明照曜依忿怒明王三摩地觀想能解除三界一切惡毒

尒時世尊復入不空成就最上寶幢金剛三摩地出此定已從三金剛說你羅難拏大忿怒明王真言曰

那莫三滿多沒馱引曩引一唵引
伊係曳二合引四二婆誐鑁引嚩日囉
二合你引羅難拏三覲嚕覲嚕四羅
虎羅虎五賀引賀六引件魯件魯
七件邏波野八件邏波野九訖囉
二合摩訖囉二合摩十婆誐鑁一引十
嚩引喻吠引詣引那十二部引旦引
尸竭朗二合十三那賀那賀十四那羅
那囉十五嚩賀嚩賀十六鉢左鉢
左十七必吒必吒十八播引吒野十九
播引吒野二十末吒末吒二十一末吒
引鉢野二十二末吒引鉢野二十三薩哩
嚩二合羯哩摩引二合尼四二十覲那覲那
二十五頻那頻那二十六薄叉薄叉二十七弥
引那末寫八二十嚕提囉末寫二十九弥引
那末惹三十嚕提囉必哩二合野三十一
伊係曳引二合吅婆誐鑁引三十二薩哩嚩二合
尾覲那引二合你三三十薩哩嚩二合尾馳
切身你四三十薩哩嚩二合滿怛囉引二合尼三十五
五薩哩嚩二合謨羅羯哩摩引二合尼三十六
薩哩嚩二合謨羅佗囉二合賀引三十七賀那賀
那八三十伴惹伴惹九三十摩哩那摩哩那
一合四十壹難弥引迦引哩煬二合四十一娑引達

野吽引四十二你引邏野四十三你引羅嚩日
囉二合難拏引野四十四覲嚕覲嚕四十五
尾覲那二合尾那引野引四十六那引設
迦引野四十七虎嚕虎嚕四十八祢引鉢多
二合賛拏引野四十九薩哩嚩二合設咄
嚕二合赦引五十紇哩二合那夜引你賓
拏野五十一覲那覲那五十二尾馳切身引
那引砌引那哥吽引五十三尾馳切身引曩
引室瑟吒二合羯咄摩二合五十四三摩二合囉
三摩煬五十五嚩日囉二合達囉嚩左曩
五十六摩哩摩引二合尼你訖哩二合怛野
五十七吽引吽引五十八賀那賀那五十九
那賀那賀六十覲嚕覲嚕六十一酤嚕
酤嚕六十二虎嚕虎嚕六十三發吒半音吽
引吽引六十四訖哩二合旦引怛曳引六十五祢引
嚩哩始六十六尾捺囉二合鉢迦引野六十七
賀那賀那六十八嚩日囉二合難尼引
那娑嚩二合引賀引六十九

尒時世尊說此大忿怒明王眞言巳所有一切佛剎悉皆震動一切魔衆悉皆驚怖唯念大徧照金剛如來若持誦人欲除諸魔者當依法誦此眞言八百徧及結本印能除一切魔者

尒時世尊大徧照金剛如來復入普徧發化裝嚴金剛三摩地出此定巳從三金剛說大力忿怒明王眞言曰

那莫三滿多沒馱引曩引唵引吽
引吽引吽引二發吒半音發
吒半音三唵引唵引沃佗囉二合輸引
羅播引尼四吽引吽引發吒半音發
吒半音五唵引唵踰二合引底你哩那二合引
那六吽引吽引吽引七發吒半音發
吒半音八發吒半音摩賀引末邏引野娑
嚩二合引賀引九

尒時一切魔衆聞此大力忿怒明王眞言巳皆大驚怖唯念大徧照金剛如來若復有人於此眞言印相依法持誦者是人能作一切成就法及能降雨亦能止雨

尒時世尊復入普徧熾盛金剛三摩地出此定巳從三金剛說吒枳忿怒明王眞言曰

那莫三滿多沒馱引曩引一唵吒枳
二吽引弱三

尒時一切諸佛及諸菩薩聞此明王眞言巳歎未曾有一切魔衆悉皆驚

怖迷悶躃地若持誦人欲作降伏法者當依羯磨法作魔形像以足踏之現忿怒相當結本印誦此真言即得降伏一切魔衆亦能解除他呪

尒時世尊復入利金剛熾盛光明金剛三摩地出此定已從三金剛說不動尊大忿怒明王真言曰

那莫(引)三滿多沒馱(引)曩(引一)唵(引)阿左羅際(引)吒(二)哥(引)拏拏(三)拏吒拏吒(四)謨(引)吒謨(引)吒(五)末吒末吒(六)怛吒怛吒(七)底瑟吒(二合)底瑟吒(二合)阿(引)尾設阿(引)尾設(九)摩賀(引)滿多波(引)羅(十)度那度那(十一)底尼底尼(十二)珂那珂那(十三)尾謁曩(引二合)摩(引)囉野(十四)摩(引)囉野(十五)訥瑟鵮(引二合)婆义野(十六)婆义野(十七)薩哩鑁(二合)酤嚕酤嚕(十八)枳哩枳哩(十九)摩賀(引)尾沙摩嚩日囉(二合二十)塞怖(二合)吒野(二十一)塞怖(二合引二)吒野(二十二)吽(引)吽(引)吽(引二十三)怛哩(二合)末里多嚩識難多哥(二十四)盎(引)盎(引)盎(引二十五)欱(呼郎切下同)欱欱(二十六)阿左羅際吒(二十七)塞怖(二合)吒野塞怖(二合)吒野(二十八)吽(引)阿三滿底哥怛囉(二合)吒(二十九)摩賀(引)末羅舍(引)多野(三十)三摩羊(三十一)拏(引)怛嚩(二合引)欱(引)曩(引三十二)輸迭覩嚕哥(三十三)寧覩(二合)設覩嚩日哩(二合三十四)那謨寧覩(二合)阿鉢囉(二合)底曷多嚩哩(引)毗藥(二合三十五)入嚩(二合)邏(引)野怛囉(二合引)吒(三十六)阿薩賀那莫娑嚩(二合引)賀(引三十七)

尒時一切天龍夜叉乾闥婆阿修羅迦樓羅緊那羅摩睺羅伽及諸魔軍等悉皆驚怖迷悶躃地身如火燃受大苦惱唯念大徧照金剛如來若人依法持誦此明王真言能鉤召諸童女及成就種種所欲之事而此明王即是徧照如來

尒時世尊復入大威力熾盛光明三身金剛智金剛三摩地出此定已說降伏三界忿怒明王真言曰

唵(引)遜婆你遜婆吽(引一)仡哩(二合)賀拏(二合)仡哩(二合)賀拏(二合)吽(引二)仡哩(二合)賀拏(二合)播野仡哩(二合)賀拏(二合)播野吽(引三)阿(引)那野斛婆誐鑁(引四)尾𩕳(引切身)囉(引)惹吽(引)發吒(五半音)

尒時一切天人聞此明王真言已心生驚怖迷悶躃地唯念大徧照金剛如來若人依法持誦此明王真言及觀想羂索金剛鉤能鉤一切天女此法於鉤召法中最上最尊

尒時世尊復入大智變化大精進金剛三摩地出此定已思念最上菩提所生三身諸佛現大神通化佛如雲時諸化佛各各手執羂索及金剛杵金剛鉤等此法能請召一切佛況諸菩薩時阿闍梨想自本身即真言相此真言相即真實智此智即是大徧照金剛如來於月輪上結跏趺坐身如月色相好圓滿如是依法觀想持誦悉能請召諸佛菩薩若欲鉤召一切童女及阿修羅女等當稱本名決定速來

復說三金剛所生嚩日囉(二合)播多羅明王鉤召法此明王能擁護下方世界手持三叉金剛杵羂索鉤等能降伏阿修羅能鉤召一切衆生若持誦人欲作鉤召法者當用朱砂或白石或雌黃日初出時向日而坐先觀想

大徧照金剛如來次想妙吉祥菩薩次想焰鬘得迦大明王手持金剛鉤徧身充明現大忿怒相已即誦明王真言加持朱砂等藥書所鉤者名乃至龍女夜叉女及那羅延天大自在天等皆生驚怖速來現前若不依法觀想持誦鉤召之法終不得成若依此教法持誦者所欲之事必得成就而說頌曰

金剛薩埵大菩薩　善能圓滿金剛心
依法持誦若相續　所作之事皆成就

介時世尊復入大智變化金剛三摩地出此定已從三金剛說大忿怒金剛菩薩真言曰

唵引輸引里你娑嚩二合引賀引一

介時一切龍女聞此真言已悉皆驚怖身如火燃唯念大徧照金剛如來此大菩薩真言若依法觀想持誦能鉤一切龍及諸龍女端正裝嚴悉來現前

介時世尊復入等虛空大海變化神通三昧三摩地出此定已從三金剛說大尊那菩薩真言曰

那莫颯鉢多二合引曩一引三藐訖三二合沒馱引酤引致引曩二引怛鑁切身他二引唵引左黎引祖黎引尊祢引娑嚩二合引賀引四

介時世尊說此尊那菩薩真言已諸佛剎土悉皆震動諸大菩薩悉出三摩地一切魔衆及諸夜叉阿修羅女等心生驚怖受大苦惱如火燃身唯念大徧照金剛如來此菩薩真言若復有人依法觀想志心持誦一切所求悉得成就

介時世尊復入虛空藏最勝金剛三摩地出此定已從三金剛說大法甘露顰眉菩薩真言曰

唵引跋野那引設你一怛囉二合引娑你二怛囉二合引娑野三怛囉二合引娑野四勃哩二合酤致怛致五吠引囉致六稅引帝七引稅多慕致你娑嚩二合引賀八引

介時一切持明天及諸天等聞此大菩薩真言已悉皆驚怖身心顫掉一切諸魔恐怖馳走唯念大徧照金剛如來此之真言若依法持誦亦能

鉤召大威力諸龍及龍女阿修羅及阿修羅女夜叉及夜叉女等悉來現前若持誦一俱胝能降諸魔及善作一切成就法若復有人毀謗阿闍梨及毀謗大乘經典乃至秘密真言等於此最勝法而作持誦者是人當被惡魔作諸鄣難法不成就復自破壞若人信重師法如佛觀想一切衆生而行利樂者是人所作所求一切成就而復不久證大菩提

復說成就法若持誦人欲作降伏法者當用嚕地囉染衣著此衣已觀想本身即是明王作忿怒相以二足踏魔形像持誦明王真言彼魔不久即自然除滅或用娑里羅染衣如前觀想明王作忿怒相以足踏魔持誦真言彼魔亦自除滅或用泯母怛囉二合染衣如前依法觀想持誦真言踏於魔像亦令除滅或用跋三摩染衣如前作大忿怒相持誦真言一千徧彼諸魔等悉皆除滅若持誦者善了印相儀則如前依法觀想持誦乃至三界有情悉能降伏

復次說持誦處所謂七母居處或尸陁林中或空舍內或天尊獨居處或一大樹下或四衢道中選擇如是之地當作降伏法持誦者先用人骨長八指者為橛取彼降伏人足下土作彼形像誦根本眞言八百徧加持橛已釘於彼像然後持此形像往彼人舍門外密埋地內經半月間速來降伏若不降伏速自破壞此不可解

復次成就法持誦者先用一髑髏無損壞圓滿者於髑髏內而書眞言依法加持已如前於降伏人舍門外密埋或聚落中亦得速能發遣彼降伏人

復次成就法持誦者用貝多葉或樺皮或匹帛上書於眞言如前儀法於彼人舍門外密埋速得降伏

尒時世尊大徧照金剛如來說此降伏法已復入一切如來三金剛橛大智金剛三摩地出此定已從身口意三金剛說一切三界大智橛眞言曰

唵引一 羯羯一羯引 怛野羯引 怛野二 薩哩嚩二合 訥瑟鴟引二合 登吒三半音 計引 羅野四 計引 羅野五 薩哩嚩二合 播那引 登吒六半音 吽引七 嚩日囉二合 計引 羅八 嚩日囉二合 達嚕引 儞也二合引 波野底九 哥引 野嚩引 骨喞二合 多十 嚩日囉二合 計引 羅野十一 吽引 登吒十二半音

尒時一切諸佛及諸菩薩聞此眞言已歎未曾有希念大徧照金剛如來此眞言能除一切魔時持誦人欲作法者當用人骨為橛或佉祢囉木或鐵等可得為橛橛既成就當用印相所謂大徧照金剛如來根本印或寶生佛印或焰鬘得迦明王印或吒枳明王印及大力明王印等然後觀想金剛薩埵菩薩徧身光明即作除魔法持誦者依金剛薩埵菩薩儀軌彼魔身從頂至足徧身釘金剛橛乃至滿虛空界皆是金剛橛如是依法觀想持誦三業相應此金剛薩埵大菩薩能釘一切魔

尒時世尊大徧照金剛如來復入身智變化金剛三摩地出此定已從身口意說身金剛三昧無二眞言曰

唵引 親那親那一 賀那賀那二 那賀那賀三 你引 鉢多二合 嚩日囉二合 作訖囉二合四 吽引 登吒五半音

時阿闍梨作金剛印觀想徧照佛復想此眞言如金剛橛作釘橛勢作法之間乃至諸佛皆出禪定歎未曾有一切魔衆悉皆降伏若不依此當即破壞

尒時世尊大徧照金剛如來復入大心大智金剛變化金剛三摩地出此定已從身口意三金剛說大忿怒橛眞言曰

唵引 嚩日囉二合 囉惹吽一引

時阿闍梨誦此眞言已想五股金剛杵徧滿虛空以此眞言力降伏諸魔復想作釘橛勢釘橛之間一切魔衆悉皆降伏若不依此法當即身壞

尒時世尊大徧照金剛如來復入無量壽語三昧變化金剛三摩地出此定已從身口意三昧說此釘橛眞言曰

唵引 紇哩二合引一 唵引 部哩普一合 嚩入二

時阿闍梨誦此眞言已觀想蓮華印

光明熾盛以眞言印相降伏魔冤想如釘橛勢如是依法持誦一切魔衆悉皆降伏若不依法必得除滅此眞實金剛橛假使滿虛空皆是諸魔冤悉能釘之

尒時大徧照金剛如來說此祕密觀想釘橛之法彼如來善利衆生心大歡喜而說頌曰

祕密妙法第一義　摠攝甚深眞實理
最上難思寂靜句　是即金剛大智橛
善釘一切邪魔呪　乃至不受佛勑者
如是諸佛釘橛法　皆從眞實妙智生

尒時世尊大徧照金剛如來說此頌已復入一切微妙字金剛三摩地出此定已說曰前菩薩眞言曰

唵引摩引哩引嚩戞引二合一祢引嚩多引戞婆嚩引二合賀二引

尒時一切佛及諸菩薩聞此眞言悉皆歡喜此眞言法能作一切事能除冤賊難若人依法受持於道路行一切諸惡不能得便

尒時世尊大徧照金剛如來復入降諸惡魔善度一切衆生大智力最勝金剛三摩地出此定已說降伏大千界菩薩眞言曰

唵引摩賀引薩賀娑囉二合鉢囉二合末哩那二合你一引嚩囉悉地那引戞計二摩尼嚩日哩二合引三吽引登吒半音娑嚩二合引賀四引

尒時世尊說此眞言已一切佛剎悉皆震動一切菩薩悉出禪定一切諸魔悉皆驚怖受大苦惱如火燃身而白佛言我等諸魔以眞言大威力故悉受苦惱從今已後所在之處若有持誦此眞言者誓不於彼爲其魔難長作擁護令增壽命

尒時世尊復入救帝釋降伏大力阿修羅最勝三摩地出此定已說最上寶幢陁羅尼曰

唵引娑誐嚩底一持嚩二合惹引佗囉二合計引喻哩二鉢囉塞䩛切身下同尾特網二合薩那濕哩三莎塞䩛切身鉢哩播引羅你四烏勒哥二合日契五揭揭六佉引四佉引四七鉢囉塞引䩛切身阿難多部吩引那九阿難多目契那十鉢囉二合賀囉十一鉢囉二合賀囉十二吽引登吒半音娑嚩二合引賀十三引

尒時世尊說此大寶幢陁羅尼已所有佛剎悉皆震動諸大菩薩悉出禪定一切夜叉羅刹及諸魔衆受大苦惱唯念大徧照如來俱白佛言世尊我等魔衆以大明力故受大苦惱如火燃身從今已後受佛三昧願作一切勝善之事

尒時世尊大徧照金剛如來復入安隱一切胎藏變化金剛三摩地出此定已說大隨求菩薩眞言曰

唵引摩尼達哩一引嚩日哩二合尼二摩賀引鉢囉二合底薩哩引娑嚩二合引賀三引

尒時世尊說此眞言已所有一切大惡魔冤及諸大力鬼神等常於人間侵害有情食彼胎子者聞此大明悉皆驚怖如火燃身往詣佛所悉皆禮足白佛言世尊我等諸魔受佛三昧從今已後不害衆生不食胎子擁護有情爲作安隱

尒時世尊大徧照金剛如來復入持

世大智金剛三摩地出此定已說持世菩薩真言曰

唵(引)嚩酥馱(引)哩(一引)摩賀(引)嚩酥馱(引)囉(二)沒哩(二合)瑟致(二合)儞播(引)底儞(三)嚩酥娑嚩(二合引)賀(引四)

尒時世尊說此真言已所有一切魔衆悉皆驚怖唯念大徧照金剛如來而白佛言世尊若人於此持世菩薩真言受持讀誦書寫供養及稱善薩名號者我等魔衆爲彼衆生雨衆珍寶令獲富貴

尒時世尊大徧照金剛如來復入一切方便調伏金剛三摩地出此定已說閃電熾盛炎大羅刹女心真言曰

唵(引)勞(轉舌呼)捺哩(二合)尼(一)鉢囉(二合二)酤必多賛尼(二引)摩賀(引)微(引)誐達哩(三)尾捺與(二合)唅吸微(引二合)摩呼(引)捺哩勞(同上)捺哩(二合五)割播(引)羅摩(引)邏(引)馱(引)哩尼(六引)惹吒(引)末酤吒曼尼帝(七引)那(引)那(引)鉢囉(二合)訶囉拏達哩(八)吽(引)吽(九引)登吒(半音)登吒(十半音)薩哩嚩(二合)怛他(引)誐多三摩野摩榑娑摩(二合)囉(十一)酤嚕(十二)吽(引)鉢囉(二合)摩哩那(二合)野(十三)薩哩嚩(二合)設咄嚕(二合)赦(引十四)輸(引)尼當必嚩(十五)鉢囉(二合)賛拏微(引)誐達哩(十六)鉢左多鉢左多(十七)尾枳囉尾枳囉(十八)舍(引)怛野吽(引十九)那賀那賀(二十)薩哩嚩(二合)設咄嚕(二合二十一)薩哩嚩(二合)訥瑟鴟(二合引)儞訖零(二合)爹(二十二)鉢囉(二合)娑(引)那野吽(引二十三)摩賀(引)微(引)誐嚩底(二十四)入嚩(二合)羅入嚩(二合)羅(二十五)吽(引)登吒(半音十六)一阿毋剛弥(引二十七)嚩舍摩(引)那野娑嚩(二合引)賀(引二十八)

尒時世尊說此大閃電熾盛羅刹女心真言已所有一切諸大魔冤悉皆驚怖受大苦惱如火燃身時持明人欲作此法者先用屍衣以血或赤土於屍衣上畫羅刹女形像已焚安悉香用赤色花及赤飲食出生供養已持誦心真言八百徧然後以此畫像密埋於尸陁林地及稱冤家名如是埋像之間所有魔冤等悉皆禁縛復成魍魅等法

尒時世尊大徧照金剛如來復入訶利帝夜叉女善作歡喜衆成就金剛三摩地出此定已說訶利帝夜叉女真言曰

唵(引)訶(引)哩(引)帶(引)摩賀(引)藥吒尼(引)挩(一引)訶囉訶囉(二)薩哩嚩(二合)播(引)煬(三引)薩哩嚩(二合)藥吒尼(四引)鉢囉(二合)吠(引)舍你娑嚩(二合引)賀(引五)

尒時世尊說此訶利帝大夜叉女真言已告諸衆言此真言能令諸夜叉女等爲持誦者作一切成就時持誦者作此法時觀想忿怒明王八輻輪輪中有訶利帝夜叉女及輪八輻上有八大夜叉女想已復想自身以鉤鉤召如是諸夜叉女等皆來現前作成就事

尒時世尊大徧照金剛如來復入銷除一切病最勝智金剛三摩地出此定已說鉢蘭拏舍嚩哩菩薩真言曰

唵(引)必舍(引)唧(引)鉢蘭拏(二合)舍(引)嚩哩(二)薩哩嚩(二合)摩(引)哩鉢囉(二合)設摩你(三引)吽(引)登吒(半音四)

尒時世尊說此真言已所有佛刹皆悉震動一切夜叉羅刹能作魔者皆

佛說瑜伽大教王經卷第三　第二十七張　高字號

悉驚怖迷悶躃地時持誦者欲作息
災法當用吉祥草脂麻乳汁及吉祥
花果樹枝長十二指者爲柴依息災
護摩法作於護摩復想此菩薩徧滿
虛空降甘露雨所有魔娆悉皆除滅

佛說瑜伽大教王經卷第三

佛說瑜伽大教王經卷第三

校勘記

一　底本，金藏廣勝寺本。七六一頁中原版殘，以麗藏本換。

一　七六一頁下七行「大樂」，資、磧、普、南、徑、清作「大乘」。

一　七六四頁下二行第四字「裝」，磧、普、南、徑、清作「莊」。下同。

一　七六四頁下三行首字「從」，磧、南、徑、清作「後」。

一　七六六頁上一九行「裝嚴」，石作「莊嚴」。

一　七六六頁中一三行第八字「三」，資、磧、普、南、徑、清無。

一　七六八頁上一五行第六字「前」，石作「箭」。

一　七六九頁下一四行首字「鉤」，石作「勾」。

佛說瑜伽大教王經卷第四　高

西天譯經三藏朝散大夫試光祿卿明教大師臣法賢奉　詔譯

印相大供養儀品第六

尒時世尊大徧照金剛如來告金剛手菩薩言汝今諦聽當爲汝說三金剛大智所生祕密印相法若持誦者依法結印能滅一切罪業復能觀想眞理即得證於無上菩提何況別求成就之事

復次作印相法先以二手作拳二拇指平竪立此是大徧照如來安身印不改前印以左手拇指入掌內右手拇指竪立此是無量壽佛安語印

不改前印以右手拇指入於掌內左手拇指竪立此是阿閦佛安心印

復以二手作拳左手頭指竪立入右拳內此是大徧照金剛如來根本印

復次半跏趺坐垂左足左手安臍輪垂右手觸地此是阿閦佛根本印

不改前印以右手作施願相此是寶生佛根本印

不改前印以二手安臍輪如禪定相此是無量壽佛根本印

不改前印以右手作無畏相此是不空成就佛根本印

復次以二手作金剛縛二中指竪立如針此是薩埵金剛菩薩印

不改前印二中指微屈頭節如寶形此是寶金剛菩薩印

不改前印二中指作環如蓮花形此是法金剛菩薩印

不改前印二中指如羯磨杵此是羯磨金剛菩薩印

復次以二手作合掌二頭指捻二拇指頭如目形此是佛眼菩薩印

復次以二手作金剛縛二中指展舒二頭指捻中指第三節如金剛形此是摩摩枳菩薩印

復次以二手合掌令十指頭各不相著微屈如蓮花形此是白衣菩薩印

復次以二手作合掌二頭指捻中指甲二拇指入掌內如優鉢羅花形此是多羅菩薩印

復次以二手作合掌二頭指捻於中指中節如環二拇指安二邊此是尊那

菩薩印

復次以二手作金剛縛二頭指與拇指各頭節微屈此是寶炎菩薩印

復次以二手展舒二拇指捏小指甲餘指不相著如金剛形此是蟬眉菩薩印

復次以二手作金剛拳小指與頭指相夾如鏁此是金剛鏁菩薩印

復次以二手作拳二拇指與小指如針二中指與無名指相背二頭指屈向拇指如環拇指亦微屈如輪此是焰鬘得迦明王印

復次以左手作金剛拳安心頭指竪立右手如敎勢此是鉢囉研得迦明王印

復次以二手作金剛拳二小指相交如鏁二頭指相背如針安於額上此是鉢訥鬘得迦明王印

復次以二手拇指捏小指甲餘指如金剛形二手相交安於髆上此是尾覲難得迦明王印

復次以左手拇指無名指與小指相捻指甲如劒鞘右手如取劒勢此是

不動尊明王印
復次二手作金剛拳右手在上二拳相背二小指相交如鏁二頭指竪立如降伏勢此是吒枳明王印
復次以左手作金剛拳安心頭指竪立右手展舒頭指亦竪立如杖勢此是你羅難拏明王印
復次以左手安心右手作拳如揮拳勢此是大力明王印
復次以二手各作拳頭指拇指中指微展舒如開花勢此是慈氏菩薩印
復次以二手作合掌頭指捻無名指甲如優鉢羅花勢此是妙吉祥菩薩印
復次以左手安臍輪右手如象勢此是香象菩薩印
復次以左手作拳竪立如幢右手如幡勢此是智幢菩薩印
復次處於賢座二手合掌安心此是賢護菩薩印
復次以二手展舒如龜行勢指鉤於掌內此是海意菩薩印
復次以左手作金剛拳安心右手作

施願相此是無盡意菩薩印
復次以左手作拳安於臍輪右手作彈指此是辯積菩薩印
復次以二手如圓滿蓮花形此是得大勢至菩薩印
復次以二手作磔撒勢此是除一切罪障菩薩印
復次以二手作合掌如打擲勢此是破一切憂闇菩薩印
復次以二手指展舒如熾焰勢此是熾盛光菩薩印
復次以右手作施願相左手如月輪勢此是月光菩薩印
復次以二手如持閼伽瓶作灌頂勢此是甘露光菩薩印
復次以左手作金剛拳安臍輪右手亦作拳旋轉捫摸虛空勢此是虛空藏菩薩印
復次以左手展舒右手頭指拇指安左掌中此是除蓋障菩薩印
復次以左手作金剛拳安心竪立頭指右手亦作金剛拳如揮拳勢現忿怒相此是鉢蘭那舍嚩哩菩薩印

復次以左手拇指與頭指如持物勢右手如持針勢此是日前菩薩印
復次以二手如勉頭形安頂上如纖蓋勢微現忿怒相此是穰虞梨菩薩印能除一切毒
復次如前吒枳明王印以二頭指竪立此是降三界明王印
不改前印右頭指如鉤現忿怒相此是金剛明王鉤印用此印法可請召一切如來
復次以二手作金剛拳小指屈如牙二手相交安口門如牙及出舌現忿怒顧視此是金剛牙明王印
不改前印屈二小指二頭指如鉤勢現忿怒顧視此是金剛拏吉你印
復次以二手作金剛拳二頭指展舒二手相交於頭上磔撒此是曼拏羅印
不改前印良久之間亦磔散手此是開門印
復次以二手作拳二拳相交以脅挾之現忿怒顧視右繞而行此是破一切惡曜印

復次以左手覆舒右手覆安左手背二拇指動搖此是破阿修羅呪法及降伏阿修羅女印

復次以二手拇指與小指相交如鏁餘指如幡勢現大忿怒相此是嚩日囉二合播多羅明王印

復次以左手作金剛拳頭指展舒此是金剛橛印

復次以二手作金剛縛二頭指展舒如釘橛勢此亦是金剛橛印

復次以右手作金剛拳如釘椎勢此是椎印亦成骨朶印

復次以二手作金剛拳二頭指展舒復如金剛縛勢此是一切如來金剛縛印

復次以二手作金剛拳復作揮拳勢此是金剛訖囉二合哥左印

復次以二手如持月勢捫摸於面復展舒現忿怒顧視此是閃電熾威羅刹女印

復次以二手相交如鏁頭指與拇指竪立如持刀勢此是金剛刀印此印能止風雨

復次以二手作拳二頭指屈如環現大忿怒相復展舒二手此是破壞他呪法印

復次以二手覆拇指入掌內餘指動搖如翅翼翹一足而立出舌現忿怒顧視連誦吽字依法行步此是金翅鳥印結此印時能解三界毒

復次以二手作金剛拳復如四方射箭勢此是金剛箭印此印能破壞他軍

復次以二手作拳二中指如針復屈如寶形二拇指展舒捻二頭指甲如環此是佛輪印此印能救軍陣之難

復次以左手作拳中指如針右手如開敷蓮花此是訶邏曷羅菩薩印

復次以二手作拳二小指相交二頭指如針相背安於額上此是嚕嚕哥明王印此入尸陁林能破諸鬼神

復次以左手如持髑髏勢右手如持三叉勢此是自在天印

復次以左手展舒指不相著如無畏勢拇指入掌內右手作拳竪立如持寶棒勢此是那羅延天印

復次以二手作展舒如蓮花形此是

大梵天印

復次以二手作花合掌此是一切族母印

如是薩埵金剛等四親近菩薩所結印相當與灌頂印同如是阿闍梨隨曼拏羅諸賢聖印法一一了知已復於曼拏羅祕密供養圓滿了知所有戲鬘歌舞香花燈塗隨彼菩薩各各供養作獻物勢如是種種裝嚴及種種殊妙衣服幢幡繖蓋閼伽水等悉皆各作獻物勢已手持鈴杵即振鈴而開曼拏羅門誦此真言曰

唵引 嚩日囉二合 健致引 羅拏一 鉢囉二合 囉拏二 三鉢囉二合 囉拏三 没馱叱怛囉二合 左引 里你四引 鉢囉二合 倪也引二合 播引 囉弥多五引 那引 捺 莎婆引 吠六引 嚩日囉二合 達囉紇哩二合 那野七 散都殺尼八引 吽引 吽引 吽引九

時阿闍梨誦此真言已以右手擲金剛杵左手振金剛鈴即以歌讚供養賢聖如是依金剛大乘作最上真實

供養巳諸佛賢聖悉皆歡喜彼諸如
來即說頌曰
若人斷除諸疑惑　常作菩提觀想行
恒以清淨身口意　供養聖賢爲最上
若人不斷諸疑惑　而復信重緣覺乘
修習小乘聲聞教　彼人供養非最上
依法供養諸如來　聖賢歡喜歎希有
尒時諸佛如來讚徧照佛言善哉善
哉能爲衆生分別顯示瑜伽大教菩提
之法而說頌曰
金剛徧照圓明智　隨機開演大乘門
能令除斷貪瞋癡　觀想菩提微妙理
善哉無上大乘法　甚深方廣濟群生
如是眞實法寶藏　彼佛大覺能宣演
尒時諸菩薩聞諸如來出微妙音頌
讚佛巳皆大歡喜亦以伽陁讚徧照
佛曰
佛身無邊無生滅　無住無說無文字
寂滅離相如虛空　有相是佛方便說
所說教相福含生　引導令登菩薩位
菩薩獲居佛剎中　皆因秘密三摩地
時諸佛及大菩薩各以伽陁讚歎佛
巳尒時大徧照金剛如來說妙歌讚

嚩惹虎惹(引)拏壹(一)穌訶烏鉢帝(引二)
娑(引)嚩尾娑(引)綱(三)末虎烏鉢帝(引四)
惹馨吠(武每切)嚕阿努(五)鉢荼謨剛
噞(引六)戍馱尾戍提(引七)顫弥阿没提(引八)
末虎尾訶嚕微孕(二合九)滿馱呼摩(引)
朗(十)鉢那摩訶當當(十一)摩(引)野惹
(引)朗(十二)嚩(引)仵鉢半際(引十三)耻烏
路伊薩嚕(十四)薩哩微(引二合)遏揭哩(引)
盤(引)妮烏輸薩嚕(十五)祢拏阿努捺
弥遏烏(十六)薩吧烏摩(引)你(引)微(引十七)
末虎尾訶哩提(十八)伊拏吧阿酤(引)微
(引十九)擭吧遏拏囉(引)阿努(二十)穌囉遏
薩訶(引)吠(引二十一)入舞(二合)尾壹遏薩
體(引二十二)薩冐提遏烏娑(引)吠(引二十三)那(引)
吧拏喝體(二十四)羯哩洗嚩儞(如和切二十五)嚩
(引)弥(引)健吒(引)囉尼阿穌薩儞(上同二十六)
薩阿遲你(引)微(引二十七)弥里阿(引)嚩儞(引)
三摩夜(引)播(引)微(引二十八)割哩阿(引)割儞
(引二十九)伊哥(引)陵誐拏(三十)嚩(引)嚩拏
喝他(引三十一)微(引)阿努囉(引)阿拏(三十二)
穌囉阿薩末他(三十三)帝(引)阿(引)酤(引)
吠(引三十四)潑羅虎摩(引)綠(引三十五)怛馨左
烏提(引)吻(微引切)達壹(三十六)蘇囉阿(引)嚩

拏(引三十七)儞伊馨倪(引三十八)伊馨儞(引)
娑(引)晚帝(引三十九)穌囉阿嚩惹(引)虎
(四十)帝(引)宰虎播(引)晚帝(引四十一)
尒時大徧照金剛如來說此妙歌讚
已復說供養眞言曰
唵(引)阿褥怛囉(一)薩哩嚩(二合)布(引)
惹(引)弥(引)伽(二)烏訥誐(二合)帝(引)塞
頗(二合)囉吧鉻(引三)誐誐那剛吽(引四)登
吒(半音)娑嚩(引二合)賀(引五)
時持誦者誦此眞言三徧巳想此供
養徧滿虛空即成一切供養獻於一
切賢聖皆大歡喜
佛說瑜伽大教王經觀想菩提心大
智品第七
尒時一切如來及諸菩薩異口同音
勸請世尊大徧照金剛如來唯願慈
悲演說甚深無上大覺菩提心法
尒時世尊受彼請已而告衆言諦聽
諦聽我今說之
佛言此菩提心即是身相身相性空
即眞菩提身既無別語相亦然尒時
諸佛如來聞佛說巳住一切如來身
口意三密相中心離取捨而說頌曰

希有普賢身語心　本無生滅亦無著
體無文字及諸相　遠離戲論絕分別
尒時諸佛說此頌已時世尊阿閦如
來入語相金剛三摩地從定出已說
菩提心本離生滅湛然清淨如虛空
故而說頌曰
菩提心本無生滅　性淨無法無所受
無著無染如虛空　是即堅固菩提心
如是阿閦如來說此頌已
尒時寶生如來入一切如來無相金
剛三摩地從定出已說菩提心頌曰
此性本來無有性　無相無為體凝寂
此法源從無我生　是即堅固菩提心
如是寶生如來說此頌已
尒時無量壽如來入最勝熾盛金剛
三摩地從定出已說菩提心頌曰
法界本來無所生　寂然無性亦無相
洞達空理無邊際　此即菩提眞實心
如是無量壽如來說此頌已
尒時不空成就如來入無上智金剛
三摩地從定出已說菩提心頌曰
諸法自性皆清淨　本來寂靜無所有
亦無菩提亦無佛　及彼衆生并壽者

有見如夢如幻化　無見之見亦復然
離有離無取捨亡　是即堅固菩提心
如是不空成就如來說此頌已
尒時慈氏菩薩等諸大菩薩聞諸如
來以金剛身語心說清淨菩提心法
歎未曾有而說頌曰
唯佛最上尊　善說微妙法　法從無我生
稽首菩提心　字從無字生　佛從無相顯
一切如幻夢　稽首金剛心
如是慈氏菩薩等說此頌已
尒時大徧照金剛如來復說觀想法
持誦者先跏趺坐觀想五趣處與非
處以淨三業眞言普皆清淨令住淨
法然後想自本心為其　吽字吽字
變成佛身佛身即自身現貢高勢以
金剛鉤請召賢聖已而現三昧作結
界法然後依法獻座及獻閼伽等種
種供養令一切賢聖生大歡喜然後
自作相應法此有三種一祈求諸佛
慈悲加護想微妙字化成佛相二起
自本身清淨菩提心成大智佛三所
成佛相及菩薩等依法了知印相圓
滿如是三種相應儀法具足剎那之

間神通變化成畢竟大智
復次持誦者先安住三昧已發大菩
提心洗除心垢誦淨三業眞言一剎
那中心垢清淨以眞言威力開發菩
提心觀一切法如幻如化本自性空
無有堅實依此菩提心想為月輪於
月輪上想有　唵字為身金剛次
想　阿字成語金剛　吽字成心金
剛如是三字成金剛身語心已想
鈝字化成蓮花乘此蓮花相好具足
想於佛身色相執捉儀法已想自身
作貢高勢我身即是金剛如來一切
裝嚴圓充照曜如是本身即是畢竟
菩提大智然後依五如來法以眞言
印相為弟子甲冑器仗即與授於灌
頂是時阿闍梨觀想諸佛徧滿虛空
作大神變復想十方各有明王部領
四兵一切諸佛及大明王各結本印
手持器仗徧滿十方作種種神變
此是五如來演暢瑜伽眞理四諦六
度諸波羅蜜等如羯磨金剛作大利
樂救濟衆生
時阿闍梨觀想諸佛徧滿虛空各坐

蓮花諸相圓滿一切裝嚴復想諸佛及彼花座相合為一此則佛身一多無二理事無礙法界同體然後依法儀則獻戲鬘歌舞香花燈塗等種種供養或作於觀想心有疲倦當即持誦須正定身心離諸散亂不急不緩文句周正或持誦疲倦即持鈴杵依法擲杵振鈴而作供養已發送賢聖乃至作已身擁護隨意行住或復再欲請召賢聖當用百字眞言時阿闍梨如是依法觀想持誦如天滿月無有虧盈不久之間證大菩提此人圓滿金剛乘成就羯磨法亦如寶生佛等五部如來為一切明主

佛說瑜伽大教王經卷第四

乙巳歲高麗國大藏都監奉

勑雕造

佛說瑜伽大教王經卷第四　第十六張　畜

佛說瑜伽大教王經卷第四

校勘記

一　底本，麗藏本。

一　七七一頁上二行譯者，資、磧、普、南作「西天譯經三藏朝散大夫試光禄少卿明教大師臣法賢奉詔譯」；徑、清作「宋西天三藏朝散大夫試光禄卿明教大師法賢奉詔譯」。

一　七七一頁上末行「二手」，徑作「右手」。

一　七七一頁下四行第一一字「捏」，徑作「捻」。

一　七七二頁上二行「二手」，徑、清作「以二手」。

一　七七二頁上二二行末字「印」，徑無。

一　七七三頁中一八行第一三字「如」，磧、南、徑、清作「加」。

一　七七三頁下二一行第一三字「擲」，徑作「執」。

一　七七三頁下末行末字「實」，磧、普、南作「寶」。

一　七七四頁上一行第一三字「諸」，資、磧、普、南、徑、清作「諸佛」。

一　七七四頁下一三行「佛說瑜伽大教王經」，徑、清無。

一　七七六頁上七行「周正」，石作「周王」。

佛說瑜伽大教王經卷第五　高

西天譯經三藏朝散大夫試光祿卿明教大師臣法賢奉　詔譯

相應方便成就品第八

尒時世尊大徧照金剛如來入一切如來智輪成就金剛三摩地從定出已說一切輪內外所作法

此瑜伽大教王經所作曼拏羅隨於本尊名號蓮金剛出生穪曼拏羅名然後作息災增益敬愛降伏等法當以本尊及諸菩薩觀想持誦二即作此法若作息災法當依佛眼菩薩尊那菩薩若作增益法當依寶光菩薩白衣菩薩若作敬愛法當依多羅菩薩金剛鏁菩薩若作降伏法當依顰眉菩薩摩摩枳菩薩

復次日前菩薩及鉢蘭拏舍嚩哩菩薩此二菩薩亦能除災若人依此持誦必得成就

如是諸菩薩具大威力與佛無異能作一切成就之法時持誦者欲作身災法各觀想本字化成佛眼菩薩及尊那菩薩相好圓滿一切裝嚴手持甘露軍持及數珠以甘露軍持灌於災障人頂如白清涼能除熱惱時持誦者想於自身即徧照如來善能息除一切災障

復次作增益法時阿閦梨觀想已身爲寶生如來身相金色廣大圓滿復想寶光菩薩及白衣菩薩亦作金色以手持寶兼執蓮花降甘露雨及雨珍寶能作最上增益之法

復次作敬愛法持誦者觀想無量壽佛身相赤色廣大圓滿復想多羅菩薩金剛鏁菩薩身亦赤色手持胃索及金剛鉤令人敬愛即以鉤索鉤牽如是依法速得敬愛

復次作息災法持誦者觀想日前菩薩及鉢蘭那賒嚩哩菩薩徧滿虛空降甘露雨即得災障消除

復文降伏法持誦者先想吽字化成不空成就佛身相綠色廣大圓滿復想顰眉菩薩及摩摩枳菩薩身相綠色徧身金剛光明現大忿怒相降大天火燒彼降人身而作驚怖相如是觀法相應經剎那間所降之人身得

損壞乃至除滅

復次薩埵金剛等四菩薩能與有情作灌頂法復有十六大菩薩於最上曼拏羅能作一切成就法復有諸大明王依法觀想能作降伏法

復次作外降伏法持誦者取所降伏人足下土及河兩岸土屍灰屍衣以揭囉毋怛囉同和爲泥作所降人像復用芥子毒藥鹽泯毋怛囉等同和塗彼像身已觀想彼像其心慌亂風吹在於虛空以金剛鉤鉤之以罥索繫縛稱所降人名用骨朶打以棘針徧身刺之復用人骨爲橛或佉祢囉木橛於所降人像頭額臂心頸如是五處釘之即用利劒從足截斷用顊摩木柴燃火已現大忿怒相以所截形像於彼火內當作護摩作此法時或夜半或日中所降伏人乃至諸佛聖力尚不能救何況諸天而救護之

復次作內降伏法持誦者依法先解除所降之人擁護已觀想諸天明王現忿怒相各持劒杖金剛杵擣杵罥

索輪弓箭等以明王罥索縛降伏人牽往南方行丈之間復有明王以金剛杵打之而作驚怖即以利劒開彼人腹出於腸胃已即誦此明王眞言曰

唵引吽引嚩日囉二合囉引乂婆一薄乂野薄乂野二

誦此眞言已復想金剛羅刹衆變爲鵄野狐鷲鳥等悉來聚集食彼降人復想彼人乘於驝駝在風輪上向南行之復有明王隨後打擲如是觀想彼降伏人速得除滅

復次辟除法持誦者依金剛舜拏明王相應法用旋風所吹樹葉上書眞言及所降人名復取彼人足下土與所書葉同處用足踏之即誦本尊眞言速得辟除乃至帝釋天不能救護何況諸凡人

復次辟除法持誦者用獯狐翅上書眞言及所降人名以淨行婆羅門髮纆之即誦眞言加持瘞埋地中復想二大明王於彼打之次想吽字化成微小金剛杵入所降人身變成羯磨

杵有大熾燄打彼降人身分肢節悉令乾枯又想諸金剛拏枳你悉來嗘所降人身血如是作法速得辟除誦此眞言曰

唵引嚩日囉二合拏引枳你一阿曰割寫囉訖多二合阿引羯哩沙二合野吽引發吒半音一

誦此眞言已依法相應彼降伏人速得身分乾枯乃至除滅

復次降雨法持誦者往西北隅以香水塗四方曼拏羅已用塗香點七點圓如星相以淨器蓋覆持誦者觀想金剛杵周迊徧滿復想野字成大風輪寂然不動如是依法能降大雨

復次降雨法持誦者觀想八葉蓮花上有八大龍王所謂阿難多龍王酤哩哥龍王嚩酥枳龍王怛乂哥龍王摩賀鉢訥摩龍王羯哩酤吒哥龍王商珂播羅龍王鉢訥摩龍王如是龍王如是龍王各各依法色相裝嚴及執挺等一一觀想已於夜分中往四衢道用香水以左拇指塗四方曼拏

羅於四隅中畫金剛鉤等時持誦者於曼拏羅前數座而坐復想八大龍王真言與名同誦如是依法能降大雨

復次降雨法持誦者想前八葉蓮花上有八大龍王蓮花中心有大忿怒明王身光熾盛化金翅鳥逼逐諸龍時持誦者誦吽吽字及龍王真言如是觀想持誦必降大雨

復次止雨法持誦者觀想自身如三昧火於眉間化出不動尊明王徧身熾焰光明如日亦如大徧照如來身有六臂右手持劒金剛杵箭左手持輪罥索弓復想化諸明王及輪劒索弓箭金剛杵如雨滿空即誦本真言如是依法相應大雨即止及除魔怖

復次除魔驚怖法持誦者用那囉嚕地囉及淨土相和作魔冤形像已誦概真言二十一徧依日前菩薩法觀想頻那夜迦入於降伏人口以擣杵打之即誦杵真言曰

唵引 宋娑嚩日囉二合一 母娑嚩引 那祖蘭拏二合 野二 那囉尾覲曩引二合

吽引 發吒半音三

如是依法持誦一剎那中魔自驚怖退散馳走

復次降雨法持誦者觀想帝釋天三面四臂身如月色乘八身千頭白象其象有千眼千牙右手執金剛杵左手持鈴安於腰側色相圓滿作大富貴相四天女圍繞在虛空中利樂衆生欲降甘雨告諸龍言汝速降雨復想金翅鳥逼諸龍王以觜啄之令降甘雨即誦此真言曰

唵引 嚩日囉二合 拏引 囉引 野那你哩嚩引二合 鉢野一 挽呬你二合 曼娑跢引 杵引 吽二引

誦此真言已即降大雨如瓶瀉水

復次止雨真言曰

唵引 摩賀引 鉢珂嚩日囉二合 底嚕吽引一

持誦者誦此真言作金剛縛依法觀想能成就最上利樂之事

尒時世尊大徧照金剛如來說此真言觀想微妙真實法已心大歡喜顧視大衆而以大智調伏諸衆故持金剛杵入大樂三摩地從定出已以善方便引發大智故以二手如蓮花安於頂上從自眉間放大光明現身口意三密之相

尒時阿閦佛寶生佛無量壽佛不空成就佛及十六大菩薩乃至一切諸大明王等入深法門通達三昧時金剛手菩薩摩訶薩合掌向佛白言世尊有何因緣放大光明普照衆會唯願世尊為我等說

尒時大徧照金剛如來出大妙音告菩薩等言汝今諦聽當為汝說此之光相顯於甚深祕密觀想微妙法門有大利樂成就金剛大智證菩提道而說頌曰

實相菩提非有無　亦無二邊無中道
離相寂靜如虛空　三世諸佛何所證
今說微妙大方便　令彼悟入菩提心
智離取捨觀諸蘊　唯顯真空大道心
最勝如來三身佛　真心不向身中得
一切諸法從心生　所生諸法即菩提
譬如幻師以幻心　作彼種種幻化法
如是皆從妄想生　菩提心相亦如是

金剛大智從心起　善作無上菩提因
煩惱疑惑染彼心　隨順衆生根性說
我見愚人分染淨　不了四大假合身
觀想無爲眞性空　究竟成就大菩提

尒時大徧照金剛如來說此頌已告金剛手菩薩言如是菩提本性清淨而有二義一非生煩惱諸蘊無實故二性如虛空思議不及故此眞菩提諸佛共說若人觀想即住大智能作獨磨成就之法

佛告金剛手菩薩若有持誦之者而常修習成就之法雖復勤求終難得成我今爲汝說彼調伏之法於大樂方便速獲成就持誦者當依金剛鉤大菩薩法金剛骨朶具大力金剛拳大猛利金剛橛能破壞金剛骨朶能搥打金剛哥梨印大勇猛如是等諸天見之悉皆驚怖此是佛之三昧若持誦者依法觀想誦於吽字發金剛鉤善入諸佛心見此三昧悉皆速來此法能請召諸佛菩薩何況凡夫衆生等時持誦者欲求成就作此降伏法觀想以金剛縛縛之以金剛哥利

印作期剋相以金剛堅固拳揮打復用金剛橛釘彼五處頂額頸心背以金剛骨朶而釘彼橛如是依法乃至大惡魔寃速自降伏最上成就必得圓滿佛果菩提不久克證

尒時金剛手菩薩等一切大衆聞是祕密相應成就法已心大歡喜異口同音讚言善哉善哉世尊此大相應祕密深固幽遠能爲衆生分別開示而說頌曰

善哉無上大無畏　徧照金剛大如來
善說眞實微妙法　利益一切諸衆生
大力金剛清淨鉤　能入大智諸佛心
成就金剛最上乘　通達祕密無爲相
若人依法而勤修　不久圓證菩提果

時金剛手菩薩等說此頌已大徧照金剛如來即說金剛鉤等眞言

唵(引)嚩日囉(二合引)酤舍阿哥哩沙(二合)野吽(引一)

唵(引)嚩日囉(一合)播舍滿駄吽(引一)

唵(引)嚩日囉(二合)哥(引)里怛哩惹(二合)野吽(引一)

唵(引)嚩日囉(二合)母瑟致(二合)佉哩(二合)

恨拏(二合引)鉢野吽(引一)

如是金剛鉤等眞言清淨微妙具大威力利益無量若人依法持誦無不成就於金剛大智中最爲殊勝不得傳於邪見等非法之人

佛說瑜伽大教王經護摩品第九

尒時世尊大徧照金剛如來復入一切成就法儀行相應金剛三摩地從定出已說入籬成就法時持誦者先於頂上想唵字口中想有阿字心中想有吽字復想嚩字化成風輪輪上有入籬者能說世間一切之事持誦者作貢高勢復想尊那菩薩即誦尊那菩薩眞言曰

那莫颯鉢多(二合引)曩(引一)三藐訖三(二合)没駄酤致(引)曩(引二)怛儞他(引三)唵(引)左隸(四)祖隸(五)尊祢(引)娑嚩(二合引)賀(引六)摩賀(引)尾哩民(二合引七)阿鉢囉(二合)底曷多舍(引)嬭你(引八)摩賀(引)末囉鉢囉(二合)訖囉(二合)弥(引九)過西播(引)舍鉢囉輸(十)佉哩(二合)係多曷悉帝(二合引十一)摩賀(引)骨嚕(二合引)提(引)說哩(十二)沃佉囉(二合)嚕閉(引十三)阿難多毋

契引四十薩賀引薩囉二合部吽引五十阿
吽帝引十六阿波囉引吽帝引十七阿具
哩引十八訥哩那二合弥引十九薩賀娑
囉二合悉翅引二十薩哩嚩二合怛他引
誐多阿地瑟吒二合引那阿地瑟耻二合
帝引二十一薩哩嚩二合祢引嚩多曩
引二十二滿祢多布吽帝引二十三鉢囉一合
娑引提帝引二十四嚩日囉二合具尼
引二十五嚩日哩二合嚩日囉二合嚩係
引二十六嚩日囉二合欲提引二十七嚩日
囉二合哥引弥你引二十八嚩日嚕引二合
你弥二合引哩多引翅引二十九悉叉乇
引三十遏具哩引三十一具囉嚕必尼引三十二
尾訖哩二合多捺哩舍二合你引三十三
嚩日囉二合吠引女哩也二合引朗訖
哩二合多設哩引嚩引三十四唵引婆
誐嚩底尊祢引三十五訥龍二合訥龍
二合三十六咄龍二合咄龍二合三十七沒龍二合沒
龍二合三十八窣龍二合窣龍二合三十九龍龍
四十佉哩二合恨拏二合佉哩二合恨拏
二合四十一阿引吠引舍野阿引吠引舍野
四十二佉哩二合恨拏二合引鉢野四十三佉
哩二合恨拏二合引鉢野四十四訶囉訶

囉四十五娑囉娑囉四十六摩引囉野
摩引囉野四十七訶那訶那四十八吽
惹吽惹四十九摩囉摩囉五十摩引
囉野摩引囉野五十一鉢左鉢左
五十二那賀那賀五十三佉哩二合恨拏
二合佉哩二合恨拏二合五十四嚧那訥
瑟吒二合誐囉二合欣五十五入嚩二合
覽伊哥引係剛五十六祢尾二合係剛
五十七底囉也引三合係剛五十八左引覩
哩他二合剛五十九祢爹入嚩二合覽二合
母虎哩底二合剛六十一誐囉二合賀
怖多尾多引拏六十二藥乂華乂
来六十三酤瑟二合引赦六十四喻你咎六十五
羯哩摩二合咎六十六娑他二合引嚩覽
六十七咎誐仕六十八曳鈐馨撒底計啣
訥瑟吒二合六十九當引薩哩嚩二合引娑
達野娑達野七十一末哩那二合野末
哩那野七十二喻沙野喻沙野七十三多
引鉢野多引鉢野七十四嗢蹉引那
野嗢蹉引那野七十五曷那曷那嚩
日哩二合拏七十六娑囉娑囉難尼引
那七十七摩引囉野摩引囉野羯尼
擬引二合那七十八吽引吽引吽引七十九沒

龍二合沒龍二合沒龍二合八十吒龍二合八十一
唵引抄拏怛拏尊祢引八十二薩哩
微二合引鈐引娑達野娑嚩二合引賀
引八十三

時阿闍梨誦此真言時持金剛杵振金剛鈴結金剛縛印以印動搖次想唵字化成摩馨捺囉二合曼拏羅復想曼拏羅中有八葉蓮花每一葉中有一阿字蓮花中心有四吽字以二器物感蓋於曼拏羅想如本尊降伏彼人即誦本真言復想嚩字以為界圍如是觀想持誦能禁縛一切衆生乃至天人等

復次說護摩成就法其火天想攝於諸天而皆恒住護摩真實之理善作種種事此護摩能祭一切天能作諸成就若持誦者文句闕少儀法不具者作此護摩即得圓滿是故三世諸佛十方菩薩皆悉稱讚護摩之法欲作息災增益敬愛三種護摩當用鑽木出火若作降伏等護摩當用㮈陁羅舍中火及尸陁林内火此護摩爐有四種相一如圓月相二如半月相

三四方相四三角相此四種爐各有
護摩印法於其爐内安輪金剛杵寶
蓮花等印相於護摩爐外依法安標
幟於爐右邊安播帝哩窣嚕嚩及諸
所用之物周遍敷吉祥草於爐左邊
安閼伽水鉢誦一切成就眞言加持
閼伽水以自淨手依法燃柴請召火
天誦此請召眞言曰
唵(引)伊係曳(二合引)呬(四)摩賀(引)部多祢
(引)嚩哩始(一)提惹撒怛摩(一)仡哩(二合)
係(引)埵(引)忽底摩(引)賀(引)嚩(引)覽(三)遏
悉銘(二合)撒你呬姤婆嚩(四)唵(引)遏
屹那(二合)曳(二引)祢馳(切身)祢馳(六)阿(引)
尾阿(引)尾(七)摩賀(引)室哩(二合引)曳(八引)
曷咩割咩(九)嚩(引)曷那(引)野娑嚩
(二合引)賀(十引)
持誦者誦此眞言以二手合掌右手
拇指動搖已用閼伽水以左手微灑
淨於火内即微作五供養想東南隅
火天來降身短腹大徧身赤色四臂
四面面各三目頂戴寶冠而垂鬚髻
坐大輪上徧身燄光右第一手作
施願印第二手持數珠左第一手執

軍持第二手持杖身嚴衆寶諸天
眷屬圍繞如是觀想已即請召火天
入護摩爐時阿闍梨以護摩物三度
擲於爐中而作護摩即以閼伽水淨
手獻供養已迴施功德勞謝火天即
告所欲成就之法然後辯認護摩火
焰善惡之相若火焰白色或如纖蓋
幢形或似閼伽瓶右旋者此皆善相
當成本法阿闍梨見此善相即誦微
妙歌讚誦此讚時以唵字爲首娑賀
字爲尾梵音相續嘹亮流美其法必
成若作息災法當起慈悲心若作增
益法當起堅固不退心若作敬愛法
當起敬愛心若作降伏法當現忿怒
相起心食三界如是阿闍梨各依法
持誦本部眞言文句周正獻種種廣
大供養於護摩儀一切了知若作護
摩先用酥滿播帝哩作護摩然後依
法次第若作息災增益敬愛三種法
當用吉善物作於護摩若作降伏法
當用凶惡物作於護摩如是瑜伽祕
密之法開觀想門入眞實際利樂有
情要妙之道而說頌曰

愚迷諸衆生　堅心造衆惡　如是罪業成
云何得善果　彼等愚迷者　而無方便智
於此祕密門　棄背不修習　深著於外境
起妄想愚癡　罪福無分別　此法本清淨
無生亦無滅　方便佛所說　爲淨衆生智
如人欲泛海　及彼江河等　須仗於船筏
方能到彼岸　如是度輪迴　四流漂溺難
須乘法行船　而至菩提岸　遠離疑惑網
成就甚深法　如來所說道　汝等勿生疑
輕毀不信受　沉淪生死海　無有解脫時
寂靜於身心　遠離於惑染　身口意相應
出生方便慧　除斷我人心　現證一切智

佛說瑜伽大教王經囑累品第十

尒時大徧照金剛如來入最上成就金
剛三摩地從定出已告金剛手菩薩言
汝當諦聽我今說一切三昧中金剛最
上大三昧成就法此祕密成就眞言觀
想相應儀則等善能成就一切如來
金剛身口意永不退轉
復次阿闍梨面前安輪持誦本眞言
已入徧照如來三摩地以此持誦及三
摩地威神之力即成聖輪從地而起光
明熾盛即誦佛眼菩薩眞言以手持

輪於剎那間即自變身如徧照如來
而無有異轉大法輪利樂有情令得
趣向三乘聖道
復次阿闍梨面前安金剛杵持誦本
真言已入阿閦如來三摩地以此持誦
及三摩地威神之力即成聖杵從地
而起光明熾盛以手持杵之間即自
變身如阿閦如來而無有異諸佛菩
薩悉皆圍遶持金剛杵行於三界而
住一切衆生心施一切衆生願
復次阿闍梨面前安寶持誦本真言
已入寶生如來三摩地以持誦及三
摩地威神之力即成聖寶從地而起
光明熾盛復誦寶光菩薩真言以手
持寶光照十方即自變身如寶生如
來而無有異持如意寶遊行佛剎降
大寶雨除諸衆生貧窮之苦
復次阿闍梨面前安蓮花持誦本真
言已入無量壽如來三摩地以持誦
及三摩地威神之力即成聖花從地
而起光明熾盛即誦白衣菩薩真言
以手持花即自變身如無量壽佛而
無有異居極樂世界面如滿月持法

甘露施一切衆生
復次阿闍梨面前安寶劒持誦本真
言已入不空成就如來三摩地以持
誦及三摩地威神之力即成聖劒從
地而起光明熾盛即誦多羅菩薩真
言以手持劒即自變身如不空成就
佛而無有異如月清涼遊行佛剎利
樂衆生除彼煩惱如是[illegible]等五種聖
法依教持誦皆得成就
復次世尊大徧照金剛如來入平等
住金剛三摩地從定出已顧視大衆默
然而住
尒時慈氏菩薩即從座起偏袒右肩
合掌禮佛而白佛言世尊若有阿闍
梨於此一切如來身口意祕密大瑜
伽教中受灌頂者諸佛菩薩當云何
觀佛言慈氏彼諸如來及諸菩薩觀
此受灌頂阿闍梨如觀菩提真心而
無二相何以故灌頂之法與菩提一故
佛言善男子汝今諦聽此阿闍梨所
有十方諸佛及諸菩薩現在說法者
一日三時來詣阿闍梨所獻大供養
如佛無異俱發聲言此阿闍梨即是

我等諸佛父母及爲我等諸佛之師
復次善男子所有十方世界諸佛世
尊現在說法者彼諸如來所有三業
福德何以故此阿闍梨一毛孔
積聚無量福德是等阿闍梨受瑜伽灌頂
已與一切佛智相應真心微妙無有
等故
尒時慈氏菩薩聞佛說已歎未曾有
住立佛前尒時阿閦如來寶生如來
無量壽如來不空成就如來大徧照
如來等入金剛阿闍梨三昧相金剛
三摩地從定出已告諸如來及彼菩
薩言諦聽諦聽所有三世諸佛皆來
詣阿闍梨所恭敬供養何以故此金
剛阿闍梨即是一切如來智主
尒時彼諸如來及諸菩薩聞佛說已
白佛言世尊一切如來金剛身語心
三密成就法當依何住佛言一切如
來金剛身語心三密成就法當依金
剛阿闍梨身語心住
復次諸菩薩白佛言世尊此金剛阿
闍梨身語心當依何住佛言當依虛
空住菩薩白言虛空當依何住佛言

依金剛阿闍梨心住菩薩白言心依何住佛言心本離相而無所住

尒時諸菩薩等聞佛說已心念希有默然而住佛告諸菩薩言今此瑜伽大教有十種祕密眞實之義一曼拏羅二三摩地三印相四行步五坐位六持誦七護摩八供養九本事十相應此之十法大智所生甚深祕密三世諸佛同共宣說若諸學法弟子及受灌頂者於阿闍梨恒行恭敬尊重供養所有三密瑜伽之教隨自根性依法受持展轉流傳利益安樂一切衆生佛言此瑜伽大教汝阿闍梨等勿得傳於無信根人及輕法愚癡之者若傳彼等法不成就及破三昧身壞命終墮大地獄若復有人不依此妙法甘露精進焚修是人不能除斷一切煩惱何況修諸苦行捨於頭目手足等若人於此教中隨修一法一行持誦精懃住於寂靜入三摩地能斷煩惱現證佛果

佛說此經已諸菩薩等及天龍夜叉乾闥婆阿修羅迦樓羅緊那羅摩睺羅伽人非人等聞佛所說皆大歡喜信受奉行

佛說瑜伽大教王經卷第五

佛說瑜伽大教王經卷第五

校勘記

一　底本，金藏廣勝寺本。七七七頁中原版缺，以麗藏本補。

一　七七七頁中二行譯者，資、磧、普、南作「西天譯經三藏朝散大夫試鴻臚少卿明教大師臣法賢奉詔譯」；徑、清作「宋西天三藏朝散大夫試鴻臚卿明教大師法賢奉詔譯」。

一　七七七頁中二〇行末字「身」，清作「息」。

一　七七七頁下二行「時持」，資、磧、普、南、徑、清、麗作「時時」。

一　七七八頁上九行第八字「泯」，石作「泥」。

一　七七八頁上二二行首字「除」，石作「降」。

一　七七八頁下二一行「如是龍王」，石、徑、清無。

一　七八〇頁下六行品名上經名「佛說瑜伽大教王經」，徑、清無。下品例同。

一　七八二頁下一〇行「沉淪」，徑作「沉輪」。

一　七八三頁上一七行第四字「除」，資、磧、普、南、徑、清、麗作「降」。

大宋新譯三藏聖教序

御製

大矣哉我佛之教也化導羣迷闡揚宗性廣博宏辯英彦莫能究其旨精微妙説庸愚豈可度其源義理幽玄眞空莫測包括萬象譬喻無垠綜法網之紀綱演無際之正教拔四生於苦海譯三藏之祕言天地變化乎陰陽日月盈虧乎寒暑大則説諸善惡細則比於恒沙合識萬端弗可盡述若窺像法如影隨形離六情以長存歷千劫而可久須彌納藏於芥子如來坦蕩於無邊達磨西來法傳東土宣揚妙理順從指歸彼岸菩提愛河生滅用行於五濁惡趣拯溺於三業途中經垂世以難窮道無私而永泰雪山貝葉若銀臺之耀目歲月煙蘿起香界之自遠巍巍乎測杳杳難名所以道貫十聖德被三賢至道起於乾元衆妙生乎太易攝繁形類竅鑿昏明絶彼是非開兹蒙昧有西域法師天息災等常持四忍早悟三乘翻

第三張

貝葉之眞詮續人天之聖教芳猷重啓運偶昌時潤五聲於文章暢四始於風律堂堂容止穆穆輝華曠刼而昏塾重明玄門昭顯執範而彌光妙法淨界騰音利益有情俱登覺岸無成障礙救諸疲羸冥昧慈悲浩汗物表柔伏貪佷啓滌昏愚演小乘聲聞合其儀論大乘正覺立其性合靈悟而蒙福藏教欽而重興幻化迷途火宅深喻雖設其教不知者多善念生而無量潛縶惡業興而隨緣皆調御四衆積行十方樹花雨於金輪護恒沙於玉關有頂之風不可壞無際之水弗能漂澄寂湛然圓明清淨之智慧性空無染妄想解脱之因緣可以離煩惱於心田可以得清涼於宇宙朕懇非博學釋典微聞豈堪序文以示來者如縻螢爝火不足比之於映日將微盞量海未能窮盡於深淵者哉

佛説大乘觀想曼拏羅淨諸惡趣經卷上

西天譯經三藏朝散大夫試鴻臚卿明教大師臣法賢奉　詔譯

歸命淨諸惡趣王　如來應供正等覺

一心敬禮釋師子　說曼拏羅滅惡趣
我今為利益諸衆生故於如來所說根本大教演說觀想淨諸惡趣大曼拏羅法阿闍梨欲作法時先擇靜處安坐澄心觀法無我得現前已然後想自頂上出大蓮花於蓮花上現出丂阿字復想阿字變成月輪又想月輪變成𑖮𑖳𑖽吽字吽字變成五股金剛杵又想此杵移於舌上方得名為金剛舌此後方得自在持誦次於二手中亦想丂阿字阿字變成月輪月輪變成𑖮𑖳𑖽吽字吽字變為白色五股金剛杵如是觀想得現前已方得名為堅固金剛手然後得用此手結一切印用金剛陪囉嚩法而作擁護用金剛室羽囉等而作金剛界以金剛圍繞如此結界利益衆生又觀想虛空亦復作結界中作曼拏羅於曼拏羅中有無數佛身量如芥子相好端嚴一一分明時阿闍梨即想塗香燒香名花及燈乃至上妙種種飲食而作供養又想虛空曼拏羅外復有天龍夜叉羅刹摩睺羅伽部多必隸多必舍左等皆來隨喜亦受供養如是作供養已將此功德懺悔迴向發願利樂衆生復以妙言讚於佛德即說偈曰

我佛最上尊　天人之大師　善哉以法力
能淨諸惡趣　衆生離惡趣　修行證菩提
天龍夜叉等　合掌禮於佛　各各禮佛已
隱身而不現

如是觀想一一分明得成就已次於心中觀想月輪於月輪上想有曼拏羅得現前已然後復想空中曼拏羅亦復分明已即結金剛鉤印攝入心中想二曼拏羅相合為一又結印安住即成畢竟相應曼拏羅於此曼拏羅中觀想本身為釋迦佛於佛心中復現圓月而於月中想有本尊微妙真言名淨諸惡趣此妙真言纔心念時於刹那須放大光明普照一切衆生之界下至地獄餓鬼畜生之趣而彼光明所照衆生應有罪業以光威力滅盡無餘又想光明滅惡趣已召彼衆生來入相應曼拏羅中時阿闍梨口誦灌頂微妙真言以法淨水與灌其頂令諸衆生悉成佛子又想以上妙供具普供養之時阿闍梨手持鈴杵於曼拏羅前而說讚言

稽首釋師子　善轉妙法輪　能滅三界中
一切諸惡趣
稽首金剛頂　演真言理　演出第一義
利益諸衆生
稽首寶生頂　等觀衆生界　徧三界有情
悉施與灌頂
稽首蓮花頂　妙觀察自性　憐愍諸衆生
降甘露法雨
稽首羯磨頂　自性所作受　善作種種業
息衆生苦惱
稽首光明頂　能普照三界　惡趣中衆生
善能為救護
稽首寶幢頂　持如意寶幢　財施諸衆生
能滿一切願
稽首利佛頂　能斷諸煩惱　降伏四魔軍
利生成正覺
稽首白繖蓋　諸相具足身　徧周三界中
唯佛一法王
戲驗與歌舞　香花及燈塗　常奉覲如來
今至誠稽首
護門諸賢聖　鉤索與鏁鈴　各住本方位

今至誠稽首
稽首歡喜地　乃至法雲等　十地大菩薩
今至誠稽首
梵王與帝釋　摩訶自在天　日月及火風
羅刹部多等　悉能護十方　我一心稽首
作讚歎已又復觀想盡三界空於風
與水際中間化成金輪於金輪上想
現宋字宋字宋字變成妙高山四寶所
成四方廣闊於彼山上想現教龍（二合）
字變成大曼拏羅名淨諸惡趣其
曼拏羅四方四門門上各有樓閣以
四繩為界四門四隅有金剛寶種種
嚴飾復有衆寶瓔珞及寶鈴鐸處處
懸掛寶幢幡蓋四邊圍繞於曼拏羅
中想有八輻輪於輪中心有蓮花花
中有師子寶座座上有月輪於月輪
中有釋迦佛以大慈悲智慧方便利
益衆生故現出真言相真言曰
唵（引）母你（引）母你（一引）摩賀（引）母你
（引）娑嚩（二合）（引）賀（引）（二）
時阿闍梨即復入三摩地名除蓋障
淨諸惡趣從三摩地出已誦前真言
王及結法輪印即以二手作金剛拳

却從檀慧次第而開當誦真言結印
之時能斷一切衆生輪迴之業又復
說偈喻曰
譬如衆蜂採蓮花　遇夜花合不能出
明旦日出其花開　彼採花蜂方得脫
衆生輪迴亦復然　常受禁縛於三有
釋迦師子大慈悲　與解禁縛令解脫
阿闍梨說此喻已復想心中月輪現
前即起首持誦從金剛大佛頂至金
剛鉤等真言曰
唵（引）那莫薩哩嚩（二合）訥哩誐（二合）底
波哩輸達那囉（引）惹野（一）怛他（引）
誐多（引）野（二）阿囉賀（二合）帝（引）三藐訖
三（二合）沒馱（引）野（三）怛鞔（切身下同）他（引）（四）輸
達你（五引）尾輸達你（引）尾輸達你（六引）
薩哩嚩（二合）嚩囉拏（引）尾輸達你（引）娑
嚩（二合）賀（引）（七）
誦此真言已復說真言曰
唵（引）嚩日囉（二合）吽（引）發吒（半音）（一）
誦此真言時想本心中生五色光與
真言同從口出普照一切世間其中
衆生所有苦惱悉皆息滅光與真言
合而為一其光還復入於本心復從

心中出生金剛大佛頂如來相好具
足其身白色光焰熾盛手作觸地印
安曼拏羅輪東輻之位
復誦真言曰
唵（引）囉怛那（二合）滿怛嚕（二合引一）
誦此真言時同前口門出光與真言
普照一切世間息滅衆生苦惱已還
復入於本心復從心中化出寶生頂
如來身大青色相好具足光明熾盛
手作施願印能與三界一切衆生授
其灌頂安曼拏羅輪南輻之位復誦
真言曰
唵（引）鉢訥謨（二合引）怛摩紇陵（二合一）
誦此真言時同前於口門出光與真
言普照三界一切世間息滅衆生苦
惱已還入本心本心復化出蓮花頂
如來身赤色相好具足光焰熾盛手
作禪定印憐愍三界一切衆生安曼
拏羅輪西輻之位復誦真言曰
唵（引）尾沙舞（二合引）怛摩惡（一）
誦此真言時同前於口門出光與真
言同照三界一切世間息滅衆生苦
惱已還入本心化出羯磨頂如來身

緑色相好具足光焰熾盛手作施無
畏印能成就種種事業救度衆生解
脱輪迴安於曼拏羅輪北輻之位
復次從心想出[梵]唵字從唵字出生
光明頂如來身赤白色相好具足光
焰熾盛照於三界右手持日輪左手
安腰側安曼拏羅輪東南隅輻位
復次從心想出[梵]吽字從吽字出生
寶幢頂如來身赤黑色相好具足光
焰熾盛照於三界手持如意寶幢能
淨衆生貪嫉之垢安於曼拏羅輪西
南隅輻位
復次從心想出[梵]提字從提字出生
利佛頂如來身如虛空色相好具足
光焰熾盛照於三界利益衆生右手
持劒左手持經安曼拏羅輪西北隅
輻位
復次從心想出[梵]訖陵二合字從訖陵
字出生白繖蓋頂如來身純白色相
好具足光焰熾盛照於三界手持白
繖蓋安曼拏羅輪東北隅輻位
如是輪輻之位諸如來皆坐衆寶蓮
花座復次從心想出[梵]吽　[梵]怛嚂

二合[梵]紇陵二合[梵]惡真言從此真言
出生四親近菩薩其身色儀相及手
印相並依法則安於輪外四隅之位
蓮花月上坐
復次從心想出香花燈塗戲鬘歌舞
八菩薩等於曼拏羅輪外次第各依
本位蓮花座上坐如是安已次誦真
言曰
唵引 薩哩嚩二合 僧塞哥二合 囉二波
哩秣馱達哩摩二合 帝二引 誐誐那三
毋訥誐二合 帝三引 摩賀引 那野四 波
哩嚩哩引 婆嚩二合引 賀五引
誦此真言時又復觀想出生慈氏等
十六大菩薩是菩薩等於曼拏羅四
方各安四位從初起首於曼拏羅東
門第一先安慈氏菩薩身作黃色光
焰熾盛右手執龍花樹枝左手執軍
持於蓮花月上跏趺而坐第二位安
不空見菩薩身黃色右手執蓮花左
手安腰側於蓮花上跏趺而坐第三
位安除一切罪障菩薩身白色光焰
熾盛右手執鉤左手執軍持於蓮花
月上跏趺而坐第四位安破一切憂

闍菩薩身黃白色光焰熾盛右手持
寶杖左手作拳安腰側於蓮花月上
跏趺而坐
復次於曼拏羅南門安四菩薩第一
位安香象菩薩身白緑色光焰熾盛
右手擎香象左手安腰側第二位安
勇猛菩薩身白玻璨月色右手持劒
左手作拳安腰側第三位安虛空藏
菩薩身如虛空色及黃白色右手持
蓮花花上有妙法藏左手安腰側能
持虛空性第四位安智幢菩薩身大
青色右手持如意寶幢左手作拳安
腰側是四菩薩皆於蓮花上跏趺而
坐
復次於曼拏羅西門安四菩薩第一
位安甘露光菩薩身如月色右手持
甘露瓶左手作拳安腰側第二位安
月光菩薩身白色右手持開敷蓮花
花上有月左手作拳安腰側第三位
安賢護菩薩身赤白色右手持熾盛
光明寶左手作拳安腰側第四位安
熾盛光菩薩身赤色二手持金剛半
惹羅是四菩薩皆於蓮花月上跏趺

而坐

復次於曼拏羅北門安四菩薩第一位安金剛藏菩薩身青白色右手執優鉢羅花花上有金剛杵左手安腰側第二位安無盡意菩薩身如軍那花及如月色二手持智閼伽瓶調伏諸衆生第三位安辯積菩薩身淺綠色右手持蓮花花上有寶積左手作拳安腰側第四位安普賢菩薩身黄色右手執寶樹技左手作拳安腰側是四菩薩皆於蓮花月上跏趺而坐此十六大菩薩具大慈悲能利益衆生

復次觀想四護門菩薩初想[illegible]弱字出生金剛鉤菩薩身如軍那花及如月色安曼拏羅東門位次想[illegible]吽字出生金剛索菩薩身黄色手持金剛索安曼拏羅南門位次想[illegible]鑁字出生金剛鏁菩薩身赤色手持金剛鏁安曼拏羅西門位次想[illegible]呼字出生金剛鈴菩薩身如玻瓈色手持金剛鈴安曼拏羅北門位此四菩薩具大慈悲皆於蓮花月上跏趺而坐

如是觀想法名為最上曼拏羅王三摩地亦名羯磨王三摩地釋迦師子現前安住一切曼拏羅淨諸惡趣為見衆生處於衆苦以本來法故分别說

復次演說印相及真言儀軌欲結印作法事時先誦此真言曰

唵(引)那莫薩哩嚩(二合)訥哩誐(二合)底(一)波哩輸馱那(引)囉(引)慧野(二)怛他(引)誐多(引)野阿囉曷(二合)帝(三引)三藐訖三(二合)沒馱(引)野(四)怛儞也(切身下同)他(五引)唵(引)輸達你(引)輸達你(六引)薩哩嚩(二合)播(引)波尾輸達你(七引)秫提(引)尾秫提(入引)薩哩嚩(二合)羯哩摩(二合引)嚩囉拏(九)尾秫提(引)娑嚩(二合引)賀(十引)

釋迦師子三昧印以二手作禪定相內心想真實成印

金剛佛頂印亦名金剛堅牢印以二手緊作金剛縛以中指頭相著成印

金剛炛明佛頂印不改前印以二中指如寶形又改如蓮花如前復如金剛形餘指如熾盛炛又改作合掌成印

法印不改前相以二無名指與小指立豎二頭指作蓮花形豎二中指如金剛半惹羅金剛杵安心又觀想於頭上出蓮花月想印在月上成印

作此法印時誦前真言同用

轉法輪印是釋迦佛印觸地印施願印禪定印無畏印如是四印倣法安第用炛明火佛頂印亦名三摩地印

以右手如持杖勢安心左手如持鉤勢又改以左手頭指豎立右手頭指展舒復以二手相合如繖蓋成印以前真言各各隨印同用

大菩提印依金剛觀想法及根本教香花燈塗戲鬘歌舞等八菩薩及四護門菩薩各依法用印

復次十六大菩薩印

慈氏菩薩印以二手作金剛拳相合改舒二頭指中指微屈如持花成印

不空見菩薩印以左手作拳安腰側右手頭指中指展舒如目形成印

除一切罪障菩薩印以二手作金剛拳舒二頭指微屈如鉤成印

破一切憂闇菩薩印以左手作拳安

腰側右手如持寶杖勢成印

香象菩薩印以左手作拳安臍輪右手如持蓮花勢成印

勇猛菩薩印以左手作金剛拳安腰側右手如持劍勢成印

虛空藏菩薩印以左手作金剛拳安心上右手亦作金剛拳於虛空右旋成印

智幢菩薩印以二手作金剛拳復改右手如持幢勢成印

甘露光菩薩印以二手如持閼伽瓶勢成印

月光菩薩印以左手作金剛拳安髀上右手亦作金剛拳安脇復改舒右拳以拇指小指相捻如月輪成印

賢護菩薩印以二手相向於心上如開敷蓮花相成印

熾盛光菩薩印以二手作金剛拳復改如甲冑安胸前成印

金剛藏菩薩印以左手作金剛拳安腰側右手亦作金剛拳安心上復舒右手中指竪立成印

無盡意菩薩印以左手作金剛拳安

心上右手作施願相成印

辯積菩薩印以左手作金剛拳安臍輪右手作彈指相成印

普賢菩薩印以左手作金剛拳安腰側右手作拳如寶形成印

如是諸印皆與前眞言同用或用摽幟若無摽幟用羯磨印當如是了知諸大印相

復次若初入曼拏羅時當先二手結金剛印并誦眞言淨身中諸罪眞言曰

唵(引)薩哩嚩(二合)尾咄(半音呼一句)嚩日囉(一合)阿提瑟吒(二合引)那(二)三摩曳(引)吽(引三)

誦此眞言時以印印心頂兩目眉間鼻耳腰膝腨二足及隱處以爲擁護

復誦眞言鉤取身中一切罪業眞言曰

唵(引)輸馱你(一引)薩哩嚩(二合)播(引)播(引)那野吽(二引)

復誦淨身中一切罪眞言曰

唵(引)薩哩嚩(二合)尾咄(半音一)薩哩嚩(二合)播(引)野尾輸(引)馱你吽(引)發吒(半音二)

復誦淨一切惡趣眞言曰

唵(引)薩哩嚩(二合)尾咄(半音一)咄嚕(一合引)吒吽(一引)

佛說大乘觀想曼拏羅淨諸惡趣經卷上

佛説大乘觀想曼拏羅淨諸惡趣經卷上

校勘記

一　底本，金藏廣勝寺本。

一　七八五頁中一行至本頁下二〇行序文，諸本無。

一　七八五頁下二二行譯者，徑、清作「宋西天三藏朝散大夫試光禄卿明教大師法賢奉詔譯」。卷下同。

一　七八六頁中二行「供養」，磧、普、南、徑、清作「供食」。

一　七八六頁中七行「而不現」，徑作「面不現」。

一　七八六頁下二一行首字「戲」，諸本作「戯」。下同。

一　七八七頁下一六行「還入本心本心」，諸本作「還復入於本心」。

一　七八八頁上二行「救度衆生」，資、磧、普、徑、清作「救諸衆生」；南作「救度汝衆生」。

一　七八八頁上三行「北輻」，徑作「比輻」。

一　七八八頁上一〇行「寶幢」，南、徑、清作「寶輪」。

一　七八八頁上一四行「色相」，資、磧、普作「色想」。

一　七八八頁下二行第九字「側」，徑作「則」。

一　七八九頁中三行第四字「住」，石作「位」。

一　七八九頁中四行第四字「處」，資、磧、普、徑、清無。

一　七八九頁中二一行第二字「寶」，資、磧、普、南、徑、清、麗作「實」。

一　七九〇頁上一九行第四字「曽」，徑無。

佛說大乘觀想曼拏羅淨諸惡趣經卷下　高

西天譯經三藏朝奉大夫試光祿卿明教大師臣法賢奉詔譯

釋迦佛眞言曰

唵(引)薩哩嚩(二合)尾啣(一半音)薩哩嚩(二合引)嚩囉拏尾輸馱你(引)毋吽(引)發吒(半音)

金剛大佛頂眞言曰

唵(引)薩哩嚩(二合)尾啣(一半音)吽(引)吽(二引)

寶生佛頂眞言曰

唵(引)薩哩嚩(二合)尾啣(一半音)怛囕(二合)怛囉(二合)吒(二半音)

蓮花佛頂眞言曰

唵(引)薩哩嚩(二合)尾啣(一半音)紇陵(二合一引二)

羯磨佛頂眞言曰

唵(引)薩哩嚩(二合)尾啣(半音)惡惡(二)

光明佛頂眞言曰

唵(引)薩哩嚩(二合)尾啣(一半音)唵(引)唵(二引)

寶幢佛頂眞言曰

唵(引)薩哩嚩(二合)尾啣(一半音)吽(引)吽(二引)

金剛利佛頂眞言曰

唵(引)薩哩嚩(二合)尾啣(半音)提發吒(二半音)

白繖蓋佛頂眞言曰

唵(引)薩哩嚩(二合)尾啣(一半音)訖梨(二合)發吒(一半音)

戲菩薩眞言曰

唵(引)薩哩嚩(二合)尾啣(一半音)摩賀(引)嚩日嚕(二合引)訥婆(二合)嚩(二)儞那波(引)囉弭多(引)布吽吽(三引)

鬘菩薩眞言曰

唵(引)薩哩嚩(二合)尾啣(一半音)摩賀(引)嚩日嚕(二合引)訥婆(二合)嚩(二)尸羅波(引)囉弭多(引)布吽(引)怛囕(二合三)

歌菩薩眞言曰

唵(引)薩哩嚩(二合)尾啣(半音)摩賀(引)嚩日嚕(二合引)訥婆(二合)嚩(二)羼底波(引)囉弭多(引)布吽也(引二合)紇陵(二合引三)

舞菩薩眞言曰

唵(引)薩哩嚩(二合)尾啣(一半音)摩賀(引)嚩日嚕(二合)訥婆(二合)嚩(二)微(引)哩遮(二合)波囉弭多(引)布吽也(引二合)惡(三)

香菩薩眞言曰

唵(引)薩哩嚩(二合)尾啣(一半音)薩哩嚩(二合引)播(引)野尾輸(引)馱你(引二)達摩達摩(三)度波野(切身)那波(引)囉弭多(引)布吽也(引二合)吽(引)發吒(四半音)

花菩薩眞言曰

唵(引)薩哩嚩(二合)尾啣(一半音)薩哩嚩(二合)訥哩識(二合)底輸馱你(二)訖里(引二合)輸

鉢訖里二合引設砌引那你二布瑟波
二合尾魯吉你四引鉢囉二合倪也引二合
波引囉弭多引布吩也二合五引怛
嚂二合吽引發吒六半音

燈菩薩真言曰

唵引薩哩嚩二合尾咄一半音薩哩嚩二合
引播引野尾輸馱你二倪也二合引那
魯哥哥哩三鉢囉二合尼地波引囉
弭多引布吩也四二合引紇陵二合引吽引
發吒五半音

塗香菩薩真言曰

唵引薩哩嚩二合尾咄一半音薩哩嚩
二合引播引野嚩馱那引設你二嚩日
囉二合嚩度播引野波引囉弭多引
布吩戉二合引三惡吽引發吒四半音

金剛鉤菩薩真言曰

唵引薩哩嚩二合尾咄一半音那囉哥
誐爹引野二阿引哥哩沙二合尼引
吽弱仁作切發吒三半音

金剛索菩薩真言曰

唵引薩哩嚩二合尾咄一半音薩哩嚩
二合那囉哥二嗢馱囉尼三吽引吽
引發吒四半音

金剛鏁菩薩真言曰

唵引薩哩嚩二合尾咄一半音薩哩嚩
二合引播引野滿馱那謨左你吽引鑁
發吒半音

金剛鈴菩薩真言曰

唵引薩哩嚩二合尾咄一半音薩哩嚩
二合引播引野誐底二誐賀那尾輸達
你吽引呼引發吒三半音

十六大菩薩真言

慈氏菩薩真言曰

唵引昧賀囉拏野娑嚩二合引賀一引

不空見菩薩真言曰

唵引阿謨引祇一引阿謨引伽那哩
丗二合引吽二引

除一切罪障菩薩真言曰

唵引薩哩嚩二合引播引野慈賀一薩
哩嚩二合引播引野輸引達你引吽二引

破一切憂闇菩薩真言曰

唵引薩哩嚩二合輸哥怛謨引你哩伽
二合多那摩底吽一引

香象菩薩真言曰

唵引巘馱賀悉底二合你吽一引

勇猛菩薩真言曰

唵引戍嚂誐弥引吽一引

虛空藏菩薩真言曰

唵引誐誐你一引誐誐那路左你引
吽二引

智幢菩薩真言曰

唵引倪也二合引那計引觀一倪也引二合
那引嚩底吽二引

甘露光菩薩真言曰

唵引阿蜜哩二合多鉢囉二合毗四引一
阿蜜哩二合多嚩底吽二引

月光菩薩真言曰

唵引贊捺囉二合悉掃引一二合贊捺
囉二合藥嚩路吉帝引娑嚩二合引賀一引

賢護菩薩真言曰

唵引跛捺囉二合嚩底一跛捺囉
二合播引里吽引二

熾盛光菩薩真言曰

唵引入嚩二合引里你一引摩賀引入嚩
二合里你引吽二引

金剛藏菩薩真言曰

唵引嚩日囉二合誐哩毗二合引吽一引

無盡意菩薩真言曰

唵引惡叉戉引發吒一半音惡叉野

羯哩摩二合引嚩囉拏二尾輸達儞
引婆嚩引二合引賀三引
辯積菩薩眞言曰
唵引鉢囉二合底婆引儞一引摩賀
引鉢囉二合底婆引儞二引鉢囉二合
底婆引那酤致引婆嚩二合引賀三引
普賢菩薩眞言曰
唵引三滿多跋捺哩二合引吽一引
阿闍梨每欲持誦如是諸佛及大菩
薩微妙眞言時起三種相應三摩地
觀想賢聖得現前已方作開門印其
印以二手作金剛拳舒二頭指二小
指相鉤如鏁即誦開門眞言曰
唵引薩哩嚩二合尾岀半音嚩日囉
二合訥嚩引二合嚕訥伽二合引吒野吽二引
誦此眞言已即掣手如開鏁勢然後
作說法金剛印以二手作金剛縛復
改左手作彈指作此印時心想釋迦
佛口誦眞言曰
唵引薩哩嚩二合尾岀一半音嚩日囉
二合作訖哩二合吽二引
如是作已隨意持誦
復次阿闍梨如前所說觀想曼拏羅

諸佛菩薩本身相貌眞言印契及變
化等種種之法皆須日別三時作其
觀想得相應已方可運心作種種法
如此經一月或三月乃至六月修其
先行令得精熟仍求諸佛賢聖威
力加被示現境像得吉祥已然後起
首擇地作曼拏羅及粉畫聖賢等
復次阿闍梨欲建曼拏羅須擇勝地
或寺舍或聚落園林等處或得曾結
界地不須修持如非結界地當掘深
至頸或至臍或至膝阿闍梨正視若
有灰炭糠骨乃至砂石之類當悉去
除別用香淨好土填滿平正阿闍梨
誦佛眼菩薩金剛夜叉明王及甘露
軍荼梨眞言加持水灑淨其地阿闍
梨即於彼處入金剛發遣諸魔三摩
地又想心中從眞言出生大忿怒明
王二目如日月手持羯磨杵炎焰熾
威作金剛步左右顧視於一刹那中
能降一切魔阿闍梨即左手持鈴右
手持金剛杵作金剛步行曼拏羅地
乃至金剛園又復結根本印誦遣魔
眞言及辨吽字如右舞勢及如明王

自在相旋繞彼地誦眞言發遣一切
魔眞言曰
唵引嚩日囉二合計哩吉哩一薩哩
嚩二合尾伽曩二合滿馱吽引發吒半音二
次誦金剛橛眞言以橛釘地眞言曰
唵引竭竭一伽引怛野伽引怛野二
薩哩嚩二合訥瑟鴟引二合發吒半音三
計引羅野計引羅野四薩哩嚩二合
播引誐發吒五半音嚩日囉二合計引
羅六嚩日囉二合達嚕倪也二合鉢野
底婆嚩引二合賀七引
阿闍梨作曼拏羅選得勝地已即先
以所為事量其大小若為國王當作
一百肘或五十肘若為大臣乃至庶
民可作二十五肘或十二肘若無力
者可作一肘如是量度已即用瞿摩
夷塗畢復用加持五淨水灑淨又用
塗香塗飾畢已然後阿闍梨沐浴潔
淨以香塗身著新鮮衣頂戴寶冠及
以花鬘裝飾嚴潔已即於曼拏羅地
先作護摩當用溼柴有刺長八指八
枚者復用毒藥芥子血人骨末等以
酥油調和與溼柴同燒作護摩以

右手作彈指誦眞言曰
唵引薩哩嚩二合尾咄一嚩日囉二合三
摩引惹𡁠仁作切吽引鍐呼
若得已結界地不須塡飾即先於彼
地量度廣闊可一牛皮用瞿摩夷塗
飾於上依法安五閼伽瓶作護摩法
當用澀栗及黃松木長十二指黑油
麻大麥小麥粇米飯酥等先作護摩
而告地天言我今爲國王或大臣乃
至弟子眷屬等於此地作曼拏羅爲
利益故汝等地天發慈悲心當爲於
我而作善事
如是護摩已能成一切事其阿闍梨
然後與其助伴執線絣量曼拏羅線
用五色以香水經宿浸漬然後用金
器盛二手捧持誦五佛頂眞言加持
已奉獻五佛復從五佛却求此線願
佛慈悲共賜與我即以五色都合爲
一誦伽陁曰
分別一切法　今正互相攝　眞實理無二
此線亦如是
又復此線短長之數隨曼拏羅量都
合成已即誦眞言加持眞言曰

唵引嚩日囉二合素怛囉二合阿引哥
哩沙二合野曼拏哩引吽引一
阿闍梨如是加持線已即與助伴立
曼拏羅西南隅誦眞言曰
唵引嚩日囉二合素怛囉二合一麼哥
哩沙二合野末底訖囉二合摩吽二引
誦眞言已阿闍梨持線一頭面東行
至東南隅立助伴持線一頭向北行
至西北隅立絣已次阿闍梨向北行
至東北隅助伴向南行至西南隅絣
線如是旋繞四方絣線第二第三重
亦同此次第絣線若依法者名爲具
足曼拏羅若不依法阿闍梨與助伴
俱有過失其曼拏羅四方四門門各
有樓於門樓上畫日月及寶瓔珞
隨意嚴飾於中心畫八輻輪輪外畫
金剛圍先於輪心畫釋迦佛東輻位
畫金剛大佛頂如來南輻位畫寶生
佛頂西輻位畫蓮花佛頂北輻位畫
羯磨佛頂如是畫四如來已次從東
南隅畫光明佛頂西南隅畫寶幢佛
頂西北隅畫金剛利佛頂東北隅畫
白繖蓋佛頂如是於輪八輻畫八如

來已次於輪四隅畫四親近菩薩於
第二重四隅畫戲鬘歌舞四菩薩於
第三重四隅畫香花燈塗四菩薩於
四門畫四護門菩薩次於四方畫十
六大菩薩於四門外各於類畫象及
師子於門二邊畫八吉祥於山圍內
畫八護世東方畫帝釋天右手持金
剛杵左手安腰側乘六牙白象兩邊
畫天女一名設尸二名烏哩嚩尸東
南方畫火天身赤色光明熾盛右手
執軍持左手執寶杖乘赤色羖羊南
方畫夜摩天身作綠色左手作拳安
腰側右手執寶杖乘於水牛兩邊畫
中天像西南方畫羅刹主身赤黑色
光如火聚右手執劒左手安腰側以
鬼爲座西方畫水天身黃白色頭上
現龍頭右手持羂索左手持妙寶乘
赤色摩竭魚兩邊畫龍女及眷屬等
西北隅畫風天身如虛空色手持幡乘
於鹿北方畫夜叉主身如金色右手
執寶樹枝左手持寶囊乘於白馬兩
邊畫夜叉女東北隅畫部多主身如
灰色右手持三叉左手持金剛子軍

持乘於黃牛於曼拏羅前下面畫地
天身如金色二手於胷前持甘露瓶
坐蓮花座於右邊畫阿嚕羅身赤黑
色被掛甲冑手執利劒乘酤里哥龍
於左邊畫大龍王身作白色坐於本
座手持寶器衆寶盈滿及畫二龍女
身作黃色具端嚴相手持般若經數
珠軍持及施願相於曼拏羅前上面
左畫日輪右畫圓月輪於山圍外東南
隅畫阿鼻等八地獄西南隅畫餓鬼
趣西北隅畫種種畜趣東北隅畫人
趣如是畫已阿闍梨於曼拏羅中獻
恭俱摩香及種種香花飲食等又用
滿閼伽瓶香水誦金剛夜叉眞言加
持及曼拏羅所用種種物各以本眞
言加持已奉獻諸賢聖皆悉令歡喜
復用金剛夜叉眞言加持曼拏羅已
即誦吽字四徧取出結界金剛橛即
壽以五色粉塡滿修令平正然後阿
闍梨從東北隅起首下五色粉作諸
佛賢聖像當下粉時以白青赤綠爲
次中心用黃色爲八輻輪東方純白
色南方大青色西方赤色北方綠色

如是粉賢聖像畢阿闍梨復同前觀
想虛空曼拏羅先以二手金剛指作
堅仰相及想已眞言起虛空曼拏羅復
同前想合爲一成畢竟曼拏羅已即
復於曼拏羅南門外別建一小臺四
方廣闊可一肘量以不墮地瞿摩夷
塗之後用五淨水灑淨復以白檀香
於臺中心塗曼拏羅如圓月相於上
獻香花飲食種種供養乃至出生等
復鋪青吉祥草上安閼伽瓶瓶內盛
五寶五穀五藥及摘種種花果樹枝
葉等於瓶項上繫一青衣然以本眞
言加持願以此水作大利益又誦本眞
言加持白芥子及白花等口誦眞言以
白芥子及白花擊人或擊人名及衣等
復以閼伽水灌灑如是所作息災增益
等事皆獲功德無量無邊乃至擊亡
人身骨及名當使亡人離諸惡趣往
生天界眞言曰

唵引薩哩嚩二合播引波捺賀那一
嚩日囉二合吽引發吒二半音

唵引薩哩嚩二合播引波尾輸達那一
嚩日囉二合吽引發吒一半音

唵引薩哩嚩一合鵝哩摩二合引嚩囉拏引
引你 跛攞弥二合引酤嚕吽引發吒二半音

唵引敎龍引二合尾那引舍野引嚩囉
拏引你一吽引發吒二半音

唵引娑龍二合尾輸達野阿嚩囉拏
引你一吽引發吒二半音

唵引入嚩二合羅入嚩二合羅一達哥
達哥二賀那賀那三阿引嚩囉拏引
你四吽引發吒五半音

唵引窣龍二合娑囉娑囉一鉢囉二合
娑囉鉢囉二合娑囉二阿引嚩囉
拏引你三吽引發吒四半音

唵引吽引賀囉賀囉一薩哩嚩二合
嚩囉拏引你二引吽引發吒三半音

唵引吽引發吒半音薩哩嚩二合阿
嚩囉拏引你一塞怖二合引吒野吽引
發吒二半音

唵引敎哩二合多敎哩二合多一薩哩
嚩二合阿嚩囉拏引你二吽引發
吒三半音

唵引怛囉二合吒半音怛囉二合吒半音
薩哩嚩二合阿嚩囉拏引你二吽引怛
囉二合吒一半音

唵引親那親那一尾捺囉引二合鉢野
尾捺囉引二合鉢野二薩哩嚩二合阿
嚩囉拏引你三吽引發吒四半音
唵引那賀那賀一薩哩嚩二合那囉
哥誐底呬引東吽引發吒二半音
唵引鉢左鉢左一薩哩嚩二合必嚕
二合引多誐底二呬引東吽引發吒二半音
唵引摩他摩他一薩哩嚩二合引帝哩
野二合誐底二呬引東吽引發吒三半音
復誦洗除罪障眞言誦眞言時以前
閼伽瓶水灌瀝以成洗除罪障眞言
曰
唵引那謨婆誐嚩帝一引薩哩嚩二合
訥哩誐二合底二波哩輸達那囉引
惹野二怛他引誐多引野四阿囉曷
二合帝引三藐訖三二合沒馱引野五
怛儞也切身他六引輸達你引輸達你七引
薩哩嚩二合播引波尾輸達你八引秫
提引尾秫提九引薩哩嚩二合羯哩摩
二合阿嚩囉拏十尾秫提引婆嚩二合
賀引十一
誦此眞言已若爲亡人者當復與誦
轉生淨土及淨道等眞言若爲增

益吉祥及灌頂事即不用之
轉生淨土眞言曰
唵引囉怛你二合囉怛你二合引一囉怛
那二合三婆微二引囉怛那二合枳囉尼
三引囉怛那二合摩引囉尾秫提四引輸
達野薩哩嚩二合播引那五引吽引怛
囉二合吒六半音
淨道眞言曰
唵引鉢訥弥二合鉢訥弥二合引一鉢訥
謨二合訥婆二合微二引酥珂引嚩怛
手二合引誐璨覩婆嚩二合引賀二引
復次如上建壇持誦求息災增益吉
祥等事當須一日三時以香花及種
種供具供養曼拏羅諸佛賢聖及以
吉祥讚歎奉讚諸佛賢聖專心不懈
或三日或五日或八日已方作護摩
求種種願若爲弟子授灌頂者即當
於安閼伽瓶地畫白蓮花花中畫八
輻輪於輪中心復安白色閼伽瓶執
中盛五寶五藥等種種物作灑淨水
復以本眞言加持已然後依法引弟
子入曼拏羅與授灌頂復施妙法等
乃至依法作相應觀想輪迴中一切惡

趣衆生悉得沐浴滅盡罪業成功德
身轉生忉利天或兜率天
復次說閼伽瓶當用白色覆唇長項
大腹者滿貯香水插衆花果樹枝及
盛五寶五藥五穀等鋪青吉祥草安
瓶於上瓶項繫一青衣此爲瓶法若
作護摩者當於曼拏羅東門如是安
瓶及上掛白繖蓋花鬘等復於四面
設五音幡於前作護摩爐爐廣闊二
肘下至一肘高低深淺顏色標幟悉
依根本大教法則護摩所用必利煬
虞香龍花吉祥菓及種種果黒油麻
大麥小麥粇米飯酥蜜酪具乳濯粲
等如是諸物悉具足已阿闍梨手執
金剛鈴杵按諸物上各以本眞言加
持一百八徧安像慶讚亦同此儀如
是護摩所用諸物悉安護摩爐右唯
出生鉢安於爐左阿闍梨依法作三
相應觀然後以淨水灑爐作灑淨已
即於爐內燃火得火熾已又用閼伽
水微灑火焰然後阿闍梨結印誦眞
言請召火天想火天現於火內然以
酥蜜酪及獻火天物三擲火中誦眞

言獻於火天然後結金剛輪印以二手作金剛拳復改作金剛縛成印并誦金剛輪眞言曰

唵引薩哩嚩二合尾咄半音一嚩日囉吞作說梨二合引悉迭底吽二引嚩除引嚩日囉二合薩摩引吩引那三嚩日囉二合跢吒尾謨引乂奈四引嗡轉舌呼吽引鍐呼五引

結印誦眞言時心想曼拏羅現於爐中諸佛菩薩一切賢聖皆悉現前阿闍梨即虔志以種種護摩物作一百八窣嚕嚩若唯用酥只辦七窣嚕嚩如是供養諸佛賢聖及作戲曼歌舞等八供養乃至作二十五種供養

阿闍梨如是作觀想曼拏羅及護摩種種之法或爲國王大臣士庶弟子等當隨所求事利益衆生乃至隨喜見聞皆獲無量功德

佛說大乘觀想曼拏羅淨諸惡趣經卷下

佛說大乘觀想曼拏羅淨諸惡趣經卷下　第十九張　高字号

講法華經百法論賜紫沙門臣慧圓　證義

講般若金剛般若心經明教大師賜紫沙門臣遵變　證義

講八經四論法濟大師賜紫沙門臣[illegible]　證義

講維摩上生經因明唯識論[illegible]大師賜紫沙門臣[illegible]　證義

講圓覺經起信唯識論紫梵大師賜紫沙門臣[illegible]　證義

[illegible]制慧通大師賜紫沙門臣[illegible]　綴文

右街[illegible]講經論[illegible]大師賜紫沙門臣[illegible]　證義

梵學賜紫沙門臣[illegible]　筆校

梵學賜紫沙門臣[illegible]　筆授

梵學光梵大師賜紫沙門臣[illegible]　筆受

梵學傳大教通梵大師賜紫沙門臣[illegible]　筆校

左街副僧錄[illegible]智照大師賜紫沙門臣[illegible]　證義

西天譯經三藏朝散大夫試鴻臚卿傳法大師臣[illegible]　證梵文

西天譯經三藏朝散大夫試鴻臚卿傳教大師臣法天　證梵義

[illegible]譯經臣楊[illegible]

右[illegible]譯經臣張[illegible]

中大夫給事中[illegible]臣張洎　潤文

佛說大乘觀想曼拏羅淨諸惡趣經卷下

校勘記

一　底本，金藏廣勝寺本。

一　七九三頁中九行「眞言」，石作「眞言曰」。

一　七九四頁上一八行末字「迦」，石無。

一　七九四頁中三行第四字「相」，資、磧、普、南、徑、清作「想」。

一　七九四頁中一八行第一一字「矜」，諸本作「杵」。下同。

一　七九四頁中二二行「根本」，諸本作「根本」。

一　七九五頁上一七行「復從五佛」，徑無。

一　七九五頁上二二行「又復」，資、磧、普、南、徑、清作「加持」。

一　七九五頁中七行「面東」，徑、清作「向東」。

一　七九五頁中一九行「比輻位」，諸本作「北輻位」。

一　七九五頁下七行第一一字「右」，資、磧、普、南、徑、清作「身」。

一　七九六頁上九行第九字「輪」，諸本無。

一　七九六頁中一一行第八字「搖」，資、磧、普、南作「摇」。

一　七九六頁中一五行「擊人或擊人名」，資、磧、普、南、徑、清作「繫人或繫人名」。

一　七九七頁下一一行末字「煬」，石作「焬」。

一　七九八頁中譯者名録，諸本無。

大宋新譯三藏聖教序

御製

大矣哉我佛之教也化導群迷闡揚宗性廣博宏辯英彥莫能究其旨精微妙說庸愚豈可度其源義理幽玄眞空莫測包括萬象譬喻無垠綜法網之紀綱演無際之正教拔四生於苦海譯三藏之祕言天地變化乎陰陽日月盈虧乎寒暑大則說諸善惡細則比於恒沙含識萬端弗可盡述若窺像法如影隨形離六情以長存歷千劫而可久須彌納藏於芥子如來坦蕩於無邊達磨西來法傳東土宣揚妙理順從指歸彼岸菩提愛河生滅用行於五濁惡趣拯溺於三業途中經垂世以難窮道無私而永泰雪山貝葉若銀臺之耀目歲月煙蘿起香界之自遠巍巍罕測杳杳難名所以道資十聖德被三賢至道起於乾元衆妙生乎太易總繁形類竅鑿昏明絕彼是非闢茲蒙昧有西域法師天息災等常持四忍早悟三乘翻

貝葉之眞詮續人天之聖教芳猷重啓運偈昌時潤五聲於文章暢四始於風律堂堂容止穆穆輝華曠劫而昏墊重明玄門昭顯軌範而彌光妙法淨界勝音利益有情俱登覺岸無成障礙救諸疲羸冥昧慈悲浩汗物表柔伏貪佷啓滌昏愚演小乘聲聞合其儀論大乘正覺立其性含靈悟而蒙福藏教缺而重興幻化迷途火宅深喻難設其教不知者多善念生而無量潛銷惡業興而隨緣皆墮調御四衆積行十方澍花雨於金輪護恒沙於玉闕有頂之風不可壞無際之水弗能漂澄寂湛然圓明清淨之智慧性空無染妄想解脫之因緣可以離煩惱於心田可以得清涼於宇宙朕勉非博學釋典微闡豈堪序文以示來者如麋螢爝火不足比之於皎日將微蠡量海未能窮盡於深淵者哉

佛說一切佛攝相應大教王經聖觀自在菩薩念誦儀軌一卷

西天譯經三藏朝散大夫試光祿卿明教大師臣法賢奉　詔譯

我今歸命佛菩薩　演彼相應大教王
略述觀音菩薩儀　能成所作利群品
尒時世尊為欲利益諸衆生故演說
諸佛相應大教佛言若阿闍梨及與
行人為欲修行菩提令法及種種成
就者當於觀自在菩薩法而修習之
若修此法先求靜處依於儀軌專心
不懈修其先行令得精熟然後依法
作其觀想及誦吽字擇地結界作法
遣魔巳乃於彼處敷草而坐時持誦
人將欲運心觀想賢聖先須淨其三
業即誦淨三業眞言曰
唵引哥引野嚩引酤半音唧多一句
嚩日囉二合莎婆引嚩引怛囉二合酤
引欱二呼耶切
誦此眞言巳復說譬喻伽陁曰
譬如清淨妙色蓮　雖生泥中不可染
如是衆生處煩惱　悉得清淨於三界
誦伽陁巳自想頂戴寶冠內有無量
壽佛次於本心想出開敷白蓮花於
彼花上想有月輪於月輪中想現[illegible]
唵字體如虛空唯眞實大智然後誦
開慧眞言曰

唵引唧多鉢囉二合底微鄧迦嚕弥一句
誦此眞言巳復想衆寶化成八葉蓮
花於彼花上想有月輪於月輪中現
出[illegible]紇陵字即是觀自在菩薩本身
結跏趺坐其身赤色而有二臂於菩
薩左邊想白衣菩薩手持蓮花次想
八方賢聖第一於蓮花東葉位想現
尾路吉你菩薩手持紅色蓮花菩薩
眞言曰
唵引尾路吉你阿嚩路哥野娑嚩
二合賀一引
於蓮花南葉位想現多羅菩薩手持
綠色蓮花菩薩眞言曰
唵引多引哩一引咄多引哩二引咄哩引
娑嚩二合賀三引
次於蓮花西葉位想部哩尼菩薩手
持優鉢羅花花內有八輻輪菩薩眞
言曰
唵引部引哩尼一摩賀引作訖囉二合
嚩哩底二合你引吽二引
次於蓮花北葉位想現嚬眉菩薩手
持黃色蓮花菩薩眞言曰
唵引敎哩二合酤致一怛致二末吒三半

吽三引
次於蓮花東北葉位想現鉢訥摩二合
嚩枲你菩薩手持緋色蓮花菩薩眞
言曰
唵引摩賀引室嘌二合曳一引摩尼鉢
訥弥引二合吽二引
次於蓮花東南葉位想現嚩日囉二合
鉢訥摩二合說哩菩薩手持白蓮花菩
薩眞言曰
唵引嚩日囉二合鉢訥弥引二合溼嚩二合
哩馱囉鉢訥弥引二合吽一引
次於蓮花西南葉位想現尾說鉢訥
摩二合菩薩手持黑色蓮花菩薩眞
言曰
唵引尾溼嚩二合鉢訥弥引二合紇哩二合引一
次於蓮花西北葉位想現尾說嚩日
囉二合菩薩手持羯磨杵菩薩眞言曰
唵引尾溼嚩二合嚩日哩引二合吽一引
次於蓮花中心復想觀自在菩薩現
大妙色身眞言曰
唵引紇陵引二合鉢訥摩二合那哩帝一合
引溼嚩二合囉吽一引
如是諸大菩薩及微妙眞言若持誦

人依法作其觀想及誦眞言專注不
退是人當來速證佛果設受五欲樂
亦能圓滿十波羅蜜及摠持門乃至
辟支佛十地菩薩佛寂靜句速得成
就勿生疑惑
復次持誦之人亦須常服五種大乘
之藥所謂冐地吻多鷄哩布二合囉
囉訖多二合賛捺那嚩日囉二合烏
那哥等若能常服如是之藥及持誦
不輟速離老病苦增長壽命變於色
相見者愛敬現世獲得成最上智
復次所有息災增益敬愛降伏乃至
勾召除滅諸魔發遣寃惡禁法打惡
之法乃至飛空自在及諸三摩地等
若修觀自在法悉皆成就
觀自在菩薩根本眞言曰
唵引紇陵引二合鉢訥摩二合那哩帝二合
澀嚩二合囉吽一引
復次若持誦人常念此觀自在菩薩
根本眞言曰誦一百八徧是人晝夜
所作之罪悉皆銷滅若日誦五百徧
能除一切病若日誦一千徧得壽命
增長若誦二千徧得衆人恭敬若持
誦三千徧衆人愛敬增長富貴若持
誦四千徧遠離貪苦若持誦五千徧
能令一切寃家身心慌亂若持誦六
千徧能降諸寃家若持誦七千徧能
降四魔若持誦八千徧能降諸天及
天女若持誦九千徧能降夜叉及夜
叉女若持誦一万徧能降天龍及人
若持誦二万徧諸隱身賢聖而作成
就若持誦三万徧能滿一切願若持誦
四万徧當得騰空自在若持誦五万
徧當得聖劒成就若持誦六万徧當
得持明天若持誦七万徧得爲世間
主若持誦八万徧當得鐵輪王位若
持誦九万徧當得金輪王位若持誦
一洛叉數當得菩薩位若持誦十洛
叉數當得自在滿十地位若持誦五
十洛叉數當證佛位若持誦一俱胝
數當得具足極樂世界無量壽佛身
口意等利樂衆生尒時世尊復說白
衣菩薩眞言曰
唵引半拏囉嚩引泉你一嚩囉祢
引吽二引
此白衣菩薩微妙真言若人常能持
誦所有一切罪業皆悉消滅若能依
法專注持誦滿一七日所有國城之
內一切人民皆悉奉重若持誦一月
獲大富貴如是持誦至一洛叉數當得
與菩薩威力無異
復次說尾路吉你菩薩眞言曰
唵引尾路吉你一阿嚩路哥野娑嚩
二合引賀二引
此菩薩微妙眞言若人依法持誦
万徧當得聖劒成就若持誦人有所
求事當取齒木加持二十一徧揩齒
而臥所求之事夢中皆說凡所說事
悉皆眞實
復次說多羅菩薩眞言曰
唵引多引哩一引咄多引哩二引咄哩引
娑嚩二合引賀三引
此菩薩微妙眞言若人依法持誦一
洛叉數是人能降三界一切天龍阿
修羅持明天及彼等女來爲僕使無
不隨心持誦人若欲作勾召彼天龍
及女等來者當想彼身赤色於其心
中有金剛鉤炎明熾威鉤於彼心又
想以罥索繫於項頸作怖畏相凡所

勾者隨持誦時必定速至有所求事悉得隨心

復次說部哩尼菩薩真言曰

唵(引)部哩尼摩賀(引)作訖囉(二合)嚩哩底(二合)你吽(引一)

此菩薩微妙真言若人持誦欲求成就者先當用尾拏嚩(二合)嚩日嚕(二合)那哥等藥塗曼拏羅如圓月相然後隨力備香花等於中而為供養持誦之人然後敷座而坐一心專注持誦不懈有所求事必獲成就見受快樂命終之後當得生於極樂世界

復次說禪眉菩薩真言曰

唵(引)教哩(二合)酤致一怛致(二引)末吒(半音)吽(三引)

此菩薩微妙真言若人持誦欲作調伏法者當取冤家足下土及河兩岸土復用毒藥芥子鹽血及尾拏嚩(二合)嚩日嚕(二合)那哥等同和為泥作冤家像用人骨為橛釘像身分肢節咸髑髏內用髑髏蓋於尸陁林中用燒屍火炙誦真言加持經三七晝夜決定調伏

復次說鉢訥摩(二合)嚩枲你菩薩真言曰

唵(引)摩賀(引)室哩(二合)曳(引)摩尼鉢訥弥(二合引)吽(引)

此菩薩微妙真言若持誦時當先以香花等五種供養已方可持誦能作一切擁護若於論義決定得勝得大自在與觀自在等若以蓮花一万數作護摩得為地主若用蓮花一洛叉數作護摩得輪王位

復次說嚩日囉(二合)鉢訥摩(二合)說哩菩薩真言曰

唵(引)嚩日囉(二合)鉢訥弥(二合引)說哩(一)嚩囉鉢訥弥(引二合)吽(二引)

此菩薩微妙真言若持誦人作心念時便能降伏勾召若持誦七徧能擁護己身若持誦千徧能除毒藥刀劒師子象虵火賊禁縛海鬼等難及除瘥珂哩枯(二合)那哥訥蹉哩祢(二合)多訥哩朗(二合)儗多等病及辟除一切惡毒眾生若持誦一洛叉又增長壽命老復成少身相圓滿眾人愛敬若境內元旱當於彼處擇地畫作龍池即於池前心念龍名以白芥子及鹽作護摩即降大雨一境豐稔

復次說尾說鉢訥摩(二合)菩薩真言曰

唵(引)尾溼嚩(二合)鉢訥弥(引二合)紇哩(二合引一)

此菩薩微妙真言若人專注持誦當得具足身口意業能成種種之事所謂禁伏法魑魅法釘橛法鉤他心法幻化法乃至開脩羅窟及隱身飛空自在悉能成就

復次說尾說嚩日囉(二合)菩薩真言曰

唵(引)尾說嚩日哩(二合)吽

此菩薩微妙真言若持誦人專注不懈依法持誦常能擁護自他及得一切敬愛乃至獲大辯才能勝他辯又此菩薩能於地獄餓鬼畜生等趣救度眾生發大精進如觀自在菩薩若有信重佛法者菩薩當如其母常為擁護佛言若復有人於此一切如來攝相應大教王經觀自在菩薩念誦儀軌心無疑惑堅固修行當得成就究竟之法又復有人不入曼拏羅乃至具煩惱兼薄福等是人隨意所欲行住坐立或語或笑不間是事恒發菩提心想真實理常當持誦所作之

法皆能成就又復持誦之人發善提心服五種聖藥所謂摩賀囉訖當二合羯哩布二合囉囉訖多二合賛捺那等聖藥依觀自在菩薩儀軌持誦及供養賢聖是人雖不作佛像亦能獲得最上相應成金剛薩埵菩薩之位速證菩提如是成就當有何相彼菩提分法及波羅蜜揔持門十地等自然成就若人悉能依於一切佛相應法持誦者即與一切佛無異

復次若持誦人心未寂靜不能了解相應之法我今為彼說幀像法若持誦人欲畫幀者先求巧妙畫人預令潔淨身心修持齋戒然用上好疋帛兩頭具其者長二肘量用上好彩色於帛上畫一月輪於月輪中畫衆色八葉蓮花於花中心畫觀自在菩薩身赤色三面六臂頂戴寶冠內有阿閦佛右面黑色微現忿怒相左面白色六臂依法執持於蓮花東葉位畫尾路吉你菩薩身白色左手持赤色蓮花右手持金剛杵南葉位畫多羅菩薩身綠色左手持綠色蓮花右手持寶西葉位畫部哩尼菩薩身金色手持傴鉢羅花內有輪北葉位畫嚩眉菩薩身紅白色手持黃色蓮花及持利劍東北葉位畫鉢訥摩二合嚩枲你菩薩身金色手持緋色蓮花東南葉位畫嚩日囉二合鉢訥弥二合說哩菩薩身如虛空色手持白蓮花及持玻瓈數珠西南葉位畫尾說鉢訥摩二合菩薩身秋月色手持黑色蓮花及持經法西北葉位畫尾說嚩日囉二合菩薩身種種色手持蓮花次於葉外四隅畫戲鬘歌舞四親近菩薩次於四門位想引弱吽引鑁引呼等四微妙字變成鉤索鎖鈴四菩薩護於四門

復次說畫像法如前選擇巧妙畫人於素帛上畫觀自在菩薩身秋月色具相圓滿頂戴寶冠內有無量壽佛有八臂右第一手持數珠第二手執寶杖第三手執三叉第四手作施願印左第一手執蓮花第二手執軍持第三手執羂索第四手持般若經以虎皮為衣龍為絡腋於蓮花上或立或跏趺坐於菩薩右邊畫持誦人手持閼伽鉢及香爐作恭敬相

復說畫像法如寶陁洛迦山相儀畫觀自在菩薩身白色具圓滿相白衣裝嚴右手持數珠左手拄頤作思念利益一切衆生相乘師子蓮花座左足垂下踏於蓮花右足在於蓮花座上

復說畫像法如前於素帛上畫觀自在菩薩身紅白色十臂右第一手持數珠餘四手作施無畏救衆生難相左第一手持雙莖赤蓮花上有般若經餘四手亦作施無畏救衆生難相乘師子蓮花座垂下左足以蓮花承於菩薩右面畫師子象火蛇左面畫賊禁縛海鬼等如是八難衆生過之作菩薩救度之相

復說畫像法如前用素帛畫觀自在菩薩處月輪中現種種色有十三頭各戴寶冠內有無量壽佛正面圓滿第十三面綠色現於馬頭有百臂手持種種羯磨器仗或畫百頭千臂亦復手持種種羯磨器仗如是一切畫像皆於右邊畫持誦人作胡跪恭敬

手持閼伽鉢及香爐等相

如上諸幀像持誦之人隨心所樂畫於一相一一皆須發最上殊勝之心畫得幀已即備辦殊妙種種香花飲食及一切供具於幀前敷設請阿闍梨依法作慶讚已持誦之人然後自作潔淨於此幀前安坐定心誦觀自在菩薩根本微妙真言若離諸疑惑專注不懈一切所作決定成就

復次阿闍梨爲作慶讚及與傳授根本微妙真言已彼持誦人以弟子禮當以種種珎寶金銀財物乃至國城及與身命皆可奉上阿闍梨以爲荅謝何以故爲如上法難得值遇何况傳授是故虔心求阿闍梨頗施歡喜又復此法不得傳授容易之人是人心不悲虔恐招惡報

佛說一切佛攝相應大教王經聖觀自在菩薩念誦儀軌一卷

佛說一切佛攝相應大教王經聖觀自在菩薩念誦儀軌一卷

校勘記

一　底本，金藏廣勝寺本。

一　八〇〇頁中一行至本頁下二〇行序文，諸本無。

一　八〇〇頁下二二行「一卷」，資、磧、普、徑、清作「經」；南無。

一　八〇〇頁下末行譯者，徑、清作「宋西天三藏朝散大夫試光禄卿明教大師法賢奉詔譯」。

一　八〇一頁上一九行「伽陁」，徑作「伽陀羅」。

一　八〇一頁上二二行第二字「字」，石作「引」。

一　八〇二頁中一行「愛敬」，石作「敬愛」。

一　八〇二頁中末行第一三字「能」，徑、清作「得」。

一　八〇二頁下五行末字「異」，資、磧、普、南、徑、清作「畏」。

一　八〇二頁下一〇行首字「万」，諸本作「一萬」。

一　八〇三頁下一行第二字「降」，徑無。

一　八〇四頁上六行「菩薩」，徑作「菩提」。

一　八〇四頁中一二行第二字「戯」，諸本作「戲」。

一　八〇五頁上末行「一卷」，南無；徑、清作「經」。

大宋新譯三藏聖教序

御製

高

大矣哉我佛之教也化導群迷闡揚宗性廣博宏辯英彥莫能究其旨精微妙說庸愚豈可度其源義理幽玄眞空莫測包括萬象譬喻無垠綜法網之紀綱演無際之正教拔四生於苦海譯三藏之秘言天地變化乎陰陽日月盈虧乎寒暑大則說諸善惡細則比於恒沙含識萬端弗可盡述若窺像法如影隨形離六情以長存歷千劫而可久須彌納藏於芥子如來坦蕩於無邊達磨西來法傳東土宣揚妙理頓從指歸彼岸菩提愛河途中經畫世以難窮道無私而永泰生滅用行於五濁惡趣拯溺於三業雪山貝葉若銀臺之耀目歲月煙華起香界之自遠巍巍罕測杳杳難名所以道資十聖德被三賢至道起於乾元衆妙生乎太易揔繁形類竅鑿昏明絕彼是非開茲蒙昧有西域法師天息災等常持四忍早悟三乘翻貝葉之眞詮續人天之聖教芳猷重啓運偶昌時潤五聲於文章暢四始於風律堂堂容止穆穆輝華曠劫而昏墊重明玄門昭顯軌範而彌光妙法淨界騰音利益有情俱登覺岸無成障礙救諸疲羸冥昧慈悲浩汗物表柔伏貪偎啓滌昏愚演小乘聲聞而蒙福藏教缺而重興幻化迷途火宅深喻雖設其教不知者多善念生而無量潛臻惡業興而隨緣皆惶調御四衆積行十方澍花雨於金輪護恒沙於玉闕有頂之風不可壞無際之水弗能漂澄寂湛然圓明清淨之智慧性空無染妄想解脫之因緣可以離煩惱於心田可以得清涼於宇宙朕懃非博學釋典微閑豈堪序文以示來者如爝螢爝火不足比之於皎日將微蠡量海未能窮盡於深淵者哉

第一會

聖金剛手菩薩一百八名梵讚

嚩日囉二合薩埵摩賀引薩埵一嚩
日囉二合囉怛那二合摩賀引末羅
二嚩日囉二合達哩摩二合摩賀引秫
馱三嚩日囉二合阿羯哩沙二合那謨
引窣覩二合帝四引

第二會

嚩日囉二合泥引怛囉二合摩賀引
作匊一嚩日囉二合梅底哩二合摩
賀引捺哩二合荼一嚩日囉二合藥叉
摩賀引帝引沒囉二合三嚩日囉二合囉
力翦刀又那謨引窣覩二合帝四引

第三會

嚩日囉二合母瑟致二合摩賀引母瑟
致一二合嚩日囉二合母瑟致二合摩賀
引蘇珂二嚩日囉二合賀引娑摩賀
引賀引娑三嚩日囉二合婆引沙那
謨引窣覩二合帝四引

第四會

冒地唧當摩賀引冒提 沒馱薩
哩嚩二合怛他引誐多二嚩日囉二合
夜引那摩賀引夜引那三嚩日囉
二合倪也一合引那那謨引窣覩二合帝四引

第五會

薩埵引哩他二合薩哩嚩二合薩埵引
哩他二合摩賀引薩埵引哩湯二合薩
沒哩二合底二薩哩嚩二合倪也引二合薩
哩嚩二合薩哩舞引二合誐多三二合薩哩
嚩二合悉提那謨引窣覩二合帝四引

第六會

嚩日囉二合引怛摩二合哥蘇嚩日囉
二合佗量二合字轉舌呼下一嚩日囉二合微引囉
蘇嚩日囉二合特哩二合酤二半音摩賀
引三摩野怛埵引哩他二合三摩賀引薩
爹那謨窣覩二合帝四引

第七會

嚩日囉二合酤舍摩賀引入嚩引一合
邏引一嚩日囉二合入嚩二合引邏引摩
賀引鉢囉二合婆二嚩日囉二合鉢
囉二合婆引鉢囉二合吉引捺踰引二合
多三沒馱鉢囉二合婆那謨引窣
覩二合帝四引

第八會

嚩日囉二合囉引惹引左切佗囉也二合
嚩日囉二合引佗囉也一二合每馳切身下同怛摩
佗囉也引三合佗囉也三合那嚕怛摩
二嚩日嚕引二合怛摩摩賀引佗囉也

引二合佗量二合嚩日嚕二合引怛摩那謨引
窣覩二合帝四引

第九會

嚩日囉二合馱引覩摩賀引玉四煬
一二合嚩日囉二合玉四野二合蘇玉四野
二合特哩二合酤二半音倪也引二合那嚩日
囉二合摩賀引嚩日朗三二合嚩日囉
引二合羯哩沙二合那謨引窣覩二合帝四引

第十會

沒馱引佗囉也二合沒馱嚩日囉引二合
佗囉也一二合冒提沒馱摩賀引沒達
二嚩日囉二合沒馱引野沒馱引野三合
冒提沒馱那謨引窣覩二合帝四引

第十一會

沒馱布惹引摩賀引布惹一引薩埵
布惹引蘇布惹引哥二合遏呼引播
引野摩賀引鉢囉二合倪也引二合摩
賀引悉馱那謨引窣覩二合帝四引

第十二會

怛他引誐多摩賀引哥引野一怛他
引誐多娑囉葜帝二引怛他引誐多
摩賀引唧多二嚩日囉二合嚩日囉二合
那謨引窣覩二合帝四引

第十三會
怛他引誐多摩賀引怛埵一部引多黠致引摩賀引那野二薩哩嚩二合鉢囉摩怛埵伲也二合三鉢囉摩引哩他二合哥那謨引窣覩二合帝引四

第十四會
三滿多跋捺囉二合囉引惹引仡囉也二合一摩引囉摩引囉鉢囉二合摩哩那二合哥二薩哩嚩二合引仡囉也二合三滿多伲也引二合那三薩哩嚩二合怛囉二合哥那謨窣覩二合帝引四

第十五會
沒馱吽引哥引囉吽引哥引囉一嚩日囉二合吽引哥引囉那引野哥二嚩日囉二合嚩日朗二合下一半力紅切誐三嚩日朗上同二合誐三嚩日囉二合播引尼那謨引窣覩二合帝

第十六會
嚩日囉二合播引尼娑多二合摩引鞑娑多一二合薩得哥二合哩多二合吽怛他引誐帶二引拽悉鉻二合薩哩嚩二合伲也二合多引唧多三冒提唧多薩怛二合徒引鉡帝引四

第十七會
訖哩二合多引提引哥引囉引四三沒馱引彌引怛塞怛鍛二合薩哩嚩二合捺哩沙二合儺二引三部引多引婆微引扇底三怛網二合摩引娑引鞑怛他引誐多四

第十八會
薩哩嚩引二合哥引囉伲也二合多引薩埵一捺哩二合馱引婆引嚩怛他引誐帝引二嚩日囉二合薩埵薩母昆瑟鶴二合三紇哩二合那野薩哩嚩二合祢引四曩引四

第十九會
壹帝引煬室囉二合馱帝引室囉引二合馱蘇嚩捺曳引二合煬薩怛二合他引誐帶二引薩哩嚩二合沒馱審唐窣都二合怛嚕覓三二合室哩二合引夜引鞑率噌二合努薩得訖哩三合當

第二十會
薩哩嚩二合播引波尾秫馱引怛摩一二合薩哩嚩二合冒提薩謨引訥婆二合微二引過泥引拏窣都引二合怛囉二合囉引唅吽二合那三拶覩粟訖多二合酥薄訖多二合哥引四

聖金剛手菩薩一百八名梵讚

聖金剛手菩薩一百八名梵讚

校勘記

一 底本，金藏廣勝寺本。

一 八〇六頁中一行至本頁下二〇行序文，諸本無。

一・八〇六頁下二二行譯者，資、普作「三藏大師法賢奉詔譯」；磧作「三藏大師法賢譯」；南作「宋三藏大師法賢譯」，徑、清作「宋三藏法師法賢奉詔譯」。

佛說俱枳羅陀羅尼經等一十二經　高

佛說消除一切災障寶髻陀羅尼經
佛說妙色陀羅尼經
佛說栴檀香身陀羅尼經
佛說鉢蘭那賒嚩哩大陀羅尼經
佛說宿命智陀羅尼經
佛說慈氏菩薩誓願陀羅尼經
佛說滅除五逆罪大陀羅尼經
佛說無量功德陀羅尼經
佛說十八臂陀羅尼經
佛說洛叉陀羅尼經
佛說辟除諸惡陀羅尼經

佛說俱枳羅陀羅尼經

西天譯經三藏朝散大夫試光祿卿明教大師臣法賢奉　詔譯

如是我聞一時佛在舍衛國祇樹給孤獨園與大比丘衆俱復有天人阿修羅乾闥婆等俱來會坐

尒時佛告尊者阿難言汝當諦聽我有陀羅尼名俱枳羅有大威力能作吉祥能破部多及惡曜等之所執持及能除瘥一切疾病所謂食病寒熱病頭痛半痛欬嗽喘氣乃至痔病白淋之病及種種瘡痍等阿難至於衆生命欲斷者亦能延續由是我今為汝宣說阿難若復有人聞此陀羅尼發堅固心讀誦受持是人所獲善利無量無邊尒時世尊即說陀羅尼曰

怛𩕳他一切身下同引唵引壹里蜜里二唧里弥引三嚩囉酤引計鵨引室哩二合末底四嵬拏鵨引五農訥毗六農訥毗七印捺囉二合嚩日囉二合擬你二合暮哩你八薩哩嚩二合嚩日囉二合擬你二合暮哩你九沒囉二合賀摩二合莎哩二合娑嚩二合引賀十引野他引抳嚕引二合浸馱十一薩埵引曩引尾囉引誐室哩二合瑟吒十二二合薩哩嚩二合達哩摩二合引枺二引誐拏鉢囉二合嚩二合囉十四商伽薩爹嚩引計曳引二合那十五邊你引那薩爹嚩計曳引二合那十六摩摩薩哩嚩二合薩埵引曩引十七邊悉當十八閉當十九珂你當二十阿引莎引你多引你二十一三藐酤半音窣契引那二十二波哩拏引莽誐㘓覩娑嚩引二合賀引二十三

尒時世尊說此陀羅尼已告阿難言是陀羅尼所在之處我不見有天上人間一切梵魔沙門婆羅門等敢有違越汝當受持為他人說俾使多人獲大利益阿難及與會中天人阿修羅乾闥婆等聞佛所說歡喜信受作禮而退

佛說俱枳羅陀羅尼經

佛說消除一切災障寶髻陀羅尼經

西天譯經三藏朝散大夫試光祿卿明教大師臣法賢奉　詔譯

尒時世尊告阿難言有陀羅尼名曰寶髻能與衆生作大利益能滅衆生極重罪業阿難往昔帝釋與修羅戰時天帝釋退敗奔走怖畏無量於是疾速來詣佛所哀告我言世尊大慈願垂愍察我怖修羅不能安住惟願大慈賜我安隱

阿難我聞帝釋作是語已即告之言汝當勿怖施汝擁護天主過去劫時有佛世界名曰觀照彼土有佛名觀自在如來彼佛授我寶髻陀羅尼是陀羅尼一俱胝佛異口同說有大威力能降吉祥若復有人書寫頂戴讀誦受持我知是人滅一切罪增無量

福常自擁護及能利他天主汝常憶
念書寫頂戴令汝所作一切隨心此
陁羅尼王亦名隨求能與衆生最上
善利彼阿修羅當自息心設來鬪戰
退敗降伏我即爲說寶髻陁羅尼曰
那謨引没馱引野引一那謨引達哩摩
二合引野二那莫僧伽引野三那莫颯
鉢多引二合曩引三藐訖三二合没馱引曩
引四薩室囉二合引嚩哥僧伽引曩引五
薩哩嚩二合没馱冐提薩埵引難引
左六怛魏他七引唵引惹野割哩八
没度引路引囉尼九鉢尾怛囉吞
目詰十薩哩嚩二合莽誐羅馱囉左
十一吽仵除切暮引帝引那引那引朗哥
引囉尾部引始帝二引十薩賀薩囉
二合部吽三引十薩賀薩囉引二合你引底
哩十四二合薩賀薩囉二合室哩五引十摩尼
崐拏鎓六引十撒那引賀撒捺提七引十
尾唧怛囉二合冐引梨達哩八引十賛
捺囉二合素哩也二合阿底哩引計引十
九阿引哥引舍誐誐那左引哩尼二十
莽誐羅室囉吽暮引帝引二十一鉢尾
怛囉二合訖哩二合多莽誐鎓引二十二部

引哩弥引馱引羯囉尼引二十三祖嚕祖
嚕二十四稅引多鉢致引二十五弥引嚕弥引
嚕二十六稅引多引嚩那提引二十七虎
嚕虎嚕二十八鉢尾怛囉二合目詰二十九
酤嚕酤嚕三十賛捺囉二合目詰三十一
阿引你爹嚩舍嚩哩底二合你三十二
昝仁敢切婆你三十三莽誐羅馱引囉
尼三十四塞擔二合婆你三十五薩哩嚩
二合尾魏引達囉摩引帝引三十六謨引
賀你三十七阿謨引伽播引舍賀悉
帝三十八薩哩嚩二合跋野尾謨引
左你三十九囉引惹賑引囉引儗你二合
四十尾踈引那哥跋野鉢囉二合設
摩你四十一哥引枯引哩那二合你嚩引
囉尼四十二唵引呬哩呬哩四十三惹仁左切下同
野哥哩四十四嚩羅哥哩四十五達那哥
哩四十六帝引惹塞哥二合哩四十七尾
嚩引那鉢囉二合設摩你四十八没馱
你嚩引囉尼四十九鉢囉作訖囉二合
鉢囉二合設摩你五十鉢囉賽魏
你嚩引囉尼五十一没度引跢引囉
尼五十二鉢囉二合部引多吠引邏摩
尾摩尼五十三摩賀引摩尼五十四摩尼

滿馱你五十五底哩二合路哥引路哥割
哩五十六底哩二合補囉那誐囉五十七
尾特網二合娑你五十八鉢囉賽魏尾
捺囉二合鉢尼五十九薩哩嚩二合訖哩
二合爹引哥哩摩二合你素捺你六十
咩引提曩引鉢囉二合設摩你引六十一
唵引唧鎓引六十二蜜鎓引六十三尾鎓引
娑嚩二合引賀引六十四唧里蜜里娑嚩二合引賀
引六十五左詰里六十六左詰里娑嚩二合引賀引六十七
賛拏引里弥致你娑嚩二合引賀引六十八
烏引哩馱二合計引室冰誐鎓引六十九
冰誐邏引嗤引捺提目詰娑嚩二合引
賀引七十婆囉婆囉七十一悉哩悉哩七十二
蘇嚕蘇嚕七十三捫左捫左七十四捫左
引鉢野七十五鉢囉二合設摩野七十六
没度引多引囉尼發吒半音七十七唧多
你哩摩二合羅哥囉尼發吒半音七十八阿
蘇囉你哩伽二合引怛你發吒半音七十九惹
野羯哩發吒半音八十室哩二合引羯哩發吒
半音八十一薩賀薩囉二合室哩引發吒半音
八十二薩賀薩囉二合敎吽引發吒半音八十三
薩賀薩囉二合泥去底哩二合引發吒半音
八十四薩哩嚩二合尾魏引達囉那莫

塞訖哩二合帶引發吒半音八十五薩哩嚩
二合設咄嚕二合那引詔你發吒半音八十六鉢
薩哩嚩跛野尾謨乂尼發吒半音八十七鉢
哩作訖囉二合你嚩引囉尼發吒半音八十八
鉢囉賽馳尾捺囉引二合鉢尼發吒
半音八十九薩哩嚩二合咩引提鉢囉二合設
摩你發吒半音九十薩哩嚩二合屹囉二合
呼引蹉引捺你發吒半音九十一犖
乂犖乂摩摩薩哩嚩二合沒馱冐
地薩埵引曩引帝引惹娑引九十二薩
摩引多引必底哩二合赦引九十三薩訥四
底哩二合赦引九十四素鉢娑他引二合以
哥引曩引九十五薩波哩縛引囉引赦
引九十六帝引惹娑引薩哩嚩二合咩引
提曩引九十七薩哩嚩二合設哩引嚂九十八
薩哩嚩二合跋踰引鉢捺囉二合吠引
毗藥二合九十九薩哩嚩二合欲提引毗藥
二合一百薩哩嚩二合咩引提毗藥一百一
薩哩嚩二合訥訖哩二合帝引毗藥二合
一百二薩哩嚩二合訖哩二合爹哥引枯引
祢引毗藥二合娑嚩二合賀引一百三薩哩
嚩二合尾誐引毗藥二合一百四蘖哩嚩二合
哥引野唧多閉拏引毗藥二合室

左二合一百五犖乂犖乂摩摩娑嚩二合
賀引一百六
時天帝釋得此陀羅尼已歡喜頂戴
憶念受持常與眷屬安樂而住阿難
此陀羅尼威力廣大不獨降伏阿修
羅王乃至一切天龍夜叉乾闥婆迦
樓羅緊那羅及部多吠多拏等惱
亂衆生者以陀羅尼威力擁護不能
爲害又復能除飢饉疾疫毒藥夭殁
夢寐不祥惡魔驚恐或復有人爲求
財寶或求子息持誦此陀羅尼者悉
得隨意財富無量眷屬增威阿難此
陀羅尼功德殊勝我若具說不可窮
盡

尒時阿難聞佛說此陀羅尼已志心
受持禮佛而退

佛說消除一切災障寶髻陀羅尼經

佛說妙色陀羅尼經

西天譯經三藏朝散大夫試光祿卿明教大師臣法賢奉　詔譯

尒時佛告阿難言有陀羅尼名曰妙

色乃是三世諸佛同共宣說能與衆
生作大利益若復有人聞是陀羅尼
生難遭想發勇猛心讀誦受持供養
恭敬是人現世獲大福聚晝夜安隱
又復有人以大悲心於寂靜處持種
種飲食而爲出生誦此陀羅尼七徧
加持已作如是言我今出生祭於世
間一切惡趣諸鬼願食此生者速離
惡趣說是言時即三彈指想彼諸鬼
得此食者各各飽滿變妙色身發菩
提心乃至當來漸成佛果即說陀羅
尼曰

那謨引婆誐嚩帝引一蘇嚕播引
野二怛他引誐多引野二阿囉曷吞
帝引三藐訖三二合沒馱引野四怛鞔
切身他引五唵引蘇嚕蘇嚕六鉢囉二合
蘇嚕鉢囉二合蘇嚕七三摩二合囉三
摩二合囉八婆囉婆囉九三婆囉三
婆囉十薩哩嚩二合必緣引二合多必舍
引左引曩引十一阿引賀引嚂捺那引
弥娑嚩二合賀引十二

尒時阿難聞佛說已歡喜信受作禮
而退

佛說妙色陀羅尼經

佛說栴檀香身陀羅尼經

西天譯經三藏朝散大夫試光祿卿明教大師臣法賢奉詔譯

尒時世尊告阿難言有陀羅尼名栴檀香身是陀羅尼有大威力能與衆生廣大福聚若復有人得此陀羅尼發至誠心讀誦受持堅固不退是人所有極重宿業悉得消滅當來獲得殊勝果報又復有人欲見觀自在菩薩者先於清淨之處持誦精熟然後擇吉祥日日初出時用白檀香塗曼拏羅於中焚栴檀香獻殊妙花即起首誦陀羅尼八千徧得數滿已即於曼拏羅前鋪吉祥草虔心而臥如是經於七日即得菩薩出現本身令持誦人所求成就又復有人以業報故身患疥病及惡瘡癬即於佛前誦陀羅尼三徧加持瞿摩夷及香泥作曼拏羅供養佛已然取曼拏羅香泥塗於已身所患瘡癩速得除瘥乃至宿業亦得除滅即說陀羅尼曰

那莫室贊二合那曩引誐野一怛他引誐多引野二阿囉曷二合帝引三藐訖三二合沒馱引野三那莫室贊二合捺囉二合鉢囉二合婆引嚩引野四酤摩囉部引多引野五那莫阿引哥引舍誐哩婆二合引野六冐地薩埵引野七摩賀引薩埵引野八那莫阿引哩也二合引嚩路吉帝引說囉引野九冐地薩埵引野十摩賀引薩埵引野十一摩賀引哥引嚕尼哥引野十二阿引哩也二合引嚩路吉帝引說囉寫上阿提瑟姹二合引你引那十三你引舍曳賒引弥十四怛馳他引十五尾誐底摩哩引唧計引十六訥哩馱二合摩弥引十七訥囉引努鉢囉二合尾瑟致二合十八引贊捺曩引誐吩引十九三滿多波哩輸達你二十秫馱尸梨引二十一佐引哩怛囉二合嚩底二十二摩賀引鉢囉二合多引閉引二十三薩哩嚩二合沒馱阿提瑟致二合帝引二十四婆誐嚩底二十五播引波尾那引囉你娑嚩二合引賀引二十六

尒時阿難聞佛說此大陀羅尼已歡

喜信受禮佛而退

佛說栴檀香身陀羅尼經

佛說鉢蘭那賒嚩哩大陀羅尼經

西天譯經三藏朝散大夫試光祿卿明教大師臣法賢奉詔譯

尒時世尊告阿難言我觀世間無量衆生多造罪業墮於惡趣經無量時方得出離縱生為人身肢不具設得完具薄福少慧常為惡魔及惡鬼神於晝夜中伺得其便種種惱害不得安隱我愍斯等與說鉢蘭那賒嚩哩大陀羅尼辟除惡魔及惡鬼神若有衆生得聞此陀羅尼發至誠心受持讀誦供養恭敬令彼惡魔及惡鬼神悉皆遠離災害消除無諸疾疫所住之處安隱快樂尒時世尊即說陀羅尼曰

那謨引囉怛那二合怛囉二合夜引野一那莫阿引哩也二合阿弥多引婆引野二怛他引誐多引野三阿囉曷二合帝引三藐訖三二合沒馱引野四那謨引

阿引哩也二合嚩路吉帝引說囉引野五冒提薩埵引野六摩賀引薩埵引野七摩賀引哥引嚕尼哥引野八那謨引摩賀引娑他引二合摩鉢囉引二合鉢多引二合鉢多引二合野九冒提薩埵引野十摩賀引薩埵野十一嚩引摩泥去聲呼埵引那莫瀉引弥十二怛絅引二合那摩瀉引弥嚩引摩泥去聲十三必舍引唧鉢蘭那二合舍嚩哩十四鉢蘭那二合舍嚩哩婆誐嚩底十五播引舍鉢囉引輸馱引哩尼十六夜引你哥引你左十七訥婆二合夜引你喻二合咄鉢二合殿帝引十八夜哥引唧祢引怛踰引十九夜引哥引唧咄摩二合踰引二十曳引計引唧訥鉢捺囉二合嚩二十一曳引計引唧訥播引夜引娑引二十二曳引計引唧捺毗藥切身引婆夜引二十三曳引計引唧訥波娑哩誐二合引二十四烏波娑哩誐二合三嚩無鉢切馱引嚩引二十五烏咄鉢二合殿帝引二十六薩哩嚩二合引尼多引你二十七薩哩嚩二合引娑多二合引二十八薩哩微二合帝引嚩引羅多二十九伊舞引咄鉢二合殿三十帝引那半尼多三十一怛捺泥去聲呼

那薩帝引那引三十二薩爹嚩引計引那三十三伊毗半尼多引提瑟吒二合引乃三十四摩賀引滿怛囉二合鉢奈引三十五惹上左切下同惹惹惹三十六摩摩薩波哩嚩引囉寫三十七拏羼酤嚕三十八玉鉢鼎鼎二合波哩播引羅曩曩三十九扇引鼎莎悉爹二合引野曩酤嚕四十怛鞞他引四十一唵引阿塗哩二合帝引四十二末說娑當二合引倪引四十三摩引末囉摩引末囉四十四設末鉢囉二合設末四十五烏波設末四十六咄努尾咄婆四十七咄餘引咄母餘引娑嚩二合引賀引四十八唵引鉢蘭那二合舍嚩哩娑嚩二合引賀引四十九那莫設嚩囉引赦引五十摩賀引舍嚩囉引赦引五十一必舍引唧鉢蘭那二合舍嚩哩五十二必舍引唧五十三遏設泥去聲呼末設泥娑嚩二合引賀引五十四唵引必舍引唧娑嚩二合引賀引五十五畚酤哩引莽酤哩引五十六鉢蘭那二合舍嚩哩娑嚩二合引賀引五十七那莫舍嚩囉引赦引五十八必舍引唧鉢蘭那二合舍嚩哩五十九必舍引唧娑嚩二合引賀引六十

爾時阿難得聞世尊說此陀羅尼已白言世尊願勿有慮我當憶持宣流於世使諸衆生獲大善利作是語已即用頭頂禮世尊足歡喜而退

佛說鉢蘭那賒嚩哩大陀羅尼經

佛說宿命智陀羅尼經

西天譯經三藏朝散大夫試光祿卿明教大師臣法賢奉詔譯

爾時世尊告阿難言有陀羅尼名宿命智若有衆生聞是陀羅尼能志心受持者所有千劫之中極重罪業皆悉消滅若能終身不間斷者是人於七俱胝生常知宿命即說陀羅尼曰

那謨引囉怛那二合室詰泥去聲下同一怛他引誐多引野二阿囉曷二合帝引三藐訖三二合沒馱引野三怛鞞他引四唵引囉怛泥二合囉怛泥二合五蘇囉怛泥引二合六囉怛努引二合訥婆二合末引七摩賀引囉怛那吞枳囉尼八去聲囉怛那二合三婆味引娑嚩二合引賀引九

爾時阿難聞佛宣說令諸衆生得宿

命智陀羅尼已歎未曾有歡喜無量即以頭頂禮佛而退

佛說宿命智陀羅尼經

佛說慈氏菩薩誓願陀羅尼經

西天譯經三藏朝奉大夫試光祿卿明教大師臣法賢奉　詔譯

尒時佛告慈氏菩薩言汝當諦聽有陀羅尼具大威神最上功德能令衆生解脫惡趣轉身當得受勝妙樂時慈氏菩薩白言世尊願爲宣說尒時世尊即說陀羅尼曰

那謨(引)婆誐嚩帝(一引)舍(引)吉也(二合)毋那曳(二引)怛他(引)誐多(引)野(三)阿囉曷(二合)帝(引)三藐訖三(二合)沒馱(引)野(四)怛𩕳他(五引)阿弥帝(六引)阿弥當惹曳(七引)婆囉婆囉(八)昧怛囉(二合)嚩路吉帝(九引)哥囉哥囉(十)摩賀三摩野悉帝(一引十)婆囉婆囉(十二)冒地曼叉挐微弥(三引十)三摩(二合)囉三摩吞囉(十四)阿娑摩(二合引)剛三摩煬(十五)冒地冒地(十六)摩賀(引)冒地娑嚩(二合引)賀(引十七)

佛說俱枳羅陀羅尼等經　第十六張　尚

尒時慈氏菩薩聞佛世尊說陀羅尼已白言世尊是陀羅尼有大利益能令衆生解脫惡趣時慈氏菩薩復發願言若有衆生於未來世末法之時能讀誦受持者設以宿業墮阿鼻獄者我成佛時當以佛力救拔出之復與授於阿耨多羅三藐三菩提記時慈氏菩薩說是語已禮佛雙足歡喜而退

佛說慈氏菩薩誓願陀羅尼經

佛說滅除五逆罪大陀羅尼經

西天譯經三藏朝散大夫試光祿卿明教大師臣法賢奉　詔譯

尒時世尊告阿難言有大陀羅尼具大威力功德無量能滅衆生五逆重罪若復有人聞是陀羅尼發至誠心盡此身命常能頂戴受持讀誦是人所獲功德如持千佛無異即說陀羅尼曰

那謨(引)囉怛那(二合)怛囉(二合)夜(引)野(一)那莫阿(引)哩也(引二合)嚩路吉帝(引)說囉(引)野(二)冒提薩埵(引)野(三)摩賀(引)薩埵(引)野(四)摩賀(引)哥(引)嚕尼哥(引)野(五引)怛𩕳他(六引)唵(引)秫提(七引)尾秫提(八引)蘇尾秫提(九引)嗤尼(十)補瑟閉(二合十一)蘇補瑟閉(二合引)嗤尼(十二下同)鉢哩惹路賀囉尼(十二)訶囉訶囉(十三)薩哩嚩(二合)阿嚩囉拏(引)你(十四)鉢左鉢左(十五)薩哩嚩(二合引)播(引)野薩他(二合引)那(引)你(引十六)鉢訥弥(二合)鉢訥摩(二合引)吒(十七)鉢訥摩(二合)尾舍(引)鞥(引十八)婆鞥(引)婆婆婆(十九)訶訶訶訶(二十)阿倪也(二合引)鞥(引)阿倪也(二合引)鞥(一引二十)悉馱惹鞥(引)娑嚩(二合引)賀(引二十二)

佛說俱枳羅陀羅尼等經　第十七張　尚

尒時阿難得聞如來宣說滅除五逆罪業陀羅尼已歡喜踊躍禮佛而退

佛說滅除五逆罪大陀羅尼經

佛說無量功德陀羅尼經

西天譯經三藏朝散大夫試鴻臚卿傳法大師臣法賢奉　詔譯

尒時世尊告阿難言汝當諦聽我今爲汝及末法衆生宣說無量功德陀

佛說俱枳羅陀羅尼等經　第十八張　尚

羅尼汝當憶念勿得忘失侯於當來
濁惡世中與諸衆生作大善利阿難
若有衆生得聞此陁羅尼每日晨朝
誦二十一徧是人於千刧中所積惡
業悉皆消滅見身獲得安隱快樂
若人志心持誦一洛义數是人當來
得見慈氏菩薩若持誦二洛义數當
來得見觀自在菩薩若持誦三洛义
數當來得見無量壽佛即說陁羅尼
曰
那謨引囉怛那二合怛囉二合夜引野一
那莫阿引哩也二合阿弥多引婆引野
二怛他引誐多引野三阿囉曷二合帝
引三藐訖三二合沒馱引野四怛𩕳他
五引阿弥帝引六阿弥覩引納婆二合味引七
阿弥多三婆味八阿弥多尾訖蘭二合引
帝引九阿弥多尾訖蘭二合引多誐引弥
你十誐誐那計引哩底二合羯哩一引十
薩哩嚩二合訖梨二合舍十二刹煬羯
哩二合曳引娑嚩二合引賀引十三
尒時阿難得聞如來說是無量功德
陁羅尼已歡喜信受禮佛而退
佛說無量功德陁羅尼經
佛說俱枳羅陁羅尼等經　第十九張　高

佛說十八臂陁羅尼經

西天譯經三藏朝散大夫試光祿卿明教大師臣法賢奉　詔譯

尒時世尊告阿難言世間衆生昧於
實智輪迴三界不知咎本恣身口意
造四重罪如是之人深可憐愍我有
十八臂大陁羅尼若有衆生得此陁
羅尼常持誦者是人所作根本罪業
皆悉除滅復能積集無量功德尒時
世尊即說十八臂陁羅尼曰
那謨阿弥多引婆引野一怛他引誐
多引野二阿囉曷二合帝三藐訖三
二合沒馱引野三那莫阿引哩也二合
阿嚩路吉帝引說囉引野四冐地
薩埵引野五摩賀引薩埵引野六摩
賀引迦引嚕尼迦引野七怛𩕳他八引
唵三滿多伴捺哩二合引九三滿多嚩嚕
吉帝引十尾尸沙哥哩引十一尾塞怖二合引
吒你引十二度那播波尾多哩剛二合引十三
摩摩薩哩嚩二合薩埵難左十四娑誐
嚩引那引哩也二合引嚩路吉帝引說囉
十五嚩羅末粽引嚩羅末粽引十六塞
怖二合引一吒你塞怖二合引吒你十七達髻
達髻大嘔度你哥引謨髻枳引十九嚩
佛說俱枳羅陁羅尼等經　第二十張　高

尸哥囉尼引二十薩哩嚩二合訥瑟吒
二合引那引嚩哩惹二合野二十一尾嚩哩
惹二合野二十二薩哩嚩二合訥瑟鵮二合引
十三嚩設摩引那野娑嚩二合引賀引二十四
曷羅曷羅二十五左羅左羅二十六鉢左
鉢左二十七嚩尸引黠嚕二十八薩哩嚩二合
部引多引難嚩引娑嚩二合引賀引二十九
尒時阿難聞佛世尊說此陁羅尼經
已歡喜信受作禮而退
佛說十八臂陁羅尼經

佛說洛义陁羅尼經

西天譯經三藏朝散大夫試光祿卿明教大師臣法賢奉　詔譯

尒時世尊告阿難言汝當諦聽今我
與汝宣說洛义陁羅尼是陁羅尼難
得值遇由如諸佛出於世間阿難若
有衆生得此陁羅尼能受持者是人
所獲功德如持洛义佛無異能與衆
生成大福聚能滅衆生無量重罪尒
時世尊即說洛义陁羅尼曰
那莫三滿多沒馱引曩引一唵引那
佛說俱枳羅陁羅尼等經　第二十一張　高

謨婆誐嚩帝二引尾布羅左那曩剛
引左努得叱二合鉢多二合鉢囉二合
娑引薩計覩毋哩你四二合怛他引誐
多引野五阿囉曷引帝引三藐訖
三二合沒馱引野六怛𩕳他七引冒地冒
地八薩哩嚩二合怛他引誐多虞引左
哩九引達囉達囉十曷囉曷囉十一鉢
囉二合曷囉鉢囉二合曷囉十二摩賀引
冒地唧多達哩引十三祖魯祖魯十四毋
魯毋魯十五設多薩賀薩囉二合十六囉
溼弭二合散祖引你帝引十七薩哩嚩二合怛
他引誐多娑引始帝十八虞尼引虞
拏嚩底十九沒馱虞拏引嚩娑引細
二十蜜里蜜里二十一薩哩嚩二合怛他引
誐多阿地瑟致二合帝引二十二那娑薩
多二合鑠二十三設摩設摩二十四鉢囉二合
設摩鉢囉二合設摩二十五薩哩嚩二合
播波鉢囉二合設摩你引二十六薩哩嚩
二合播波尾輸達你引二十七虎魯虎魯二十八
冒地摩引勒誐二合三鉢囉二合悉體
二合帝引二十九薩哩嚩二合怛他引誐多鉢
囉二合底瑟致二合帝引三十尾秫提引
娑嚩二合引賀引三十一唵引薩哩嚩二合怛

他引誐多三十二吽嚩魯引吉帝引三十三虎
惹野惹野娑嚩二合引賀引三十四唵引虎
嚕虎嚕三十五惹野目契引娑嚩二合引
賀引三十六

尒時阿難聞佛說是陁羅尼已歡喜
信受作禮而退

佛說洛叉陁羅尼經

佛說辟除諸惡陁羅尼經

西天譯經三藏朝散大夫試光祿卿明教大師臣法賢奉　詔譯

尒時世尊告阿難言我見世間災沴
起時遂生飛蝗及與毒蟲乃至蚊蝱
虎狼處處增盛致傷苗稼或傷菜果
遂令國內漸成飢饉惱害衆生不得
安隱我今爲汝宣說辟除諸惡陁羅
尼若有衆生志心持誦非獨自利亦
利他人若持誦人欲作成就法者先
須潔淨齋戒發誠諦心誦陁羅尼滿
十万徧巳成精熟然可隨處作成就
法若作法者復潔淨巳然誦諸佛菩
薩名号請求加被乃將少沙咸淨器

中誦陁羅尼八百徧加持前沙於有
毒蟲處散擲一切毒蟲皆悉辟除即
說陁羅尼曰

曩莫薩哩嚩二合沒馱冒地薩埵曩
引一帝引釤引曩莫塞訖哩二合埵引二
壹釤引尾𩕳切身鉢囉二合踰引惹
夜引弥三壹煬尾𩕳三蜜哩二合迭覩
弥引四怛𩕳切身他引五訶訶訶六黎黎黎
七鄰鄰鄰八鄰沙野九呬呬十詰詰十一
蜜哩蜜哩十二鉢囉二合拏迦引喃
引十三敦拏滿唐羯嚕弥娑嚩二合引賀
引十四薩哩微二合引釤引摩舍迦引喃引十五
薩哩微二合引釤引莽酤拏引喃引十六
薩哩微二合引釤引鉢輸迦引喃引十七薩
哩微二合引釤引遏說引喃引十八薩哩微
二合引釤引謨引沙迦引喃引十九薩哩微
二合引釤引戍迦舍引哩迦喃引二十薩哩
微二合引釤引蘇引羯囉引喃引二十一薩哩
微二合引釤引末哩羯二合吒引喃引二十二薩
哩微二合引釤引末羅曩引喃引二十三薩哩
微二合引釤薩寫伽引怛迦引喃引二十四敦
拏滿馱羯嚕弥娑嚩二合引賀引二十五
尒時阿難得聞世尊說是辟除諸惡

陁羅尼已歡喜信受禮佛而退

佛說辟除諸惡陁羅尼經

丙午歲高麗國大藏都監奉
勑雕造

佛說俱枳羅陁羅尼等經　第十三張　尙

佛說俱枳羅陀羅尼經等一十二經

校勘記

一　底本，麗藏本。

一　八〇九頁上一行至一二行經名目錄，石、徑無。

一　八〇九頁上一三行至本頁下六行佛說俱枳羅陀羅尼經全文，石無。

一　八〇九頁上一四行譯者，徑、清作「宋西天譯經三藏朝散大夫試光祿卿明教大師法賢奉詔譯」。以下各經譯者同。

一　八〇九頁下八行譯者，資、磧、普作「三藏法師法賢奉詔譯」；南作「宋三藏法師法賢奉詔譯」。以下各經譯者同。

一　八一三頁下一一行「消滅」，徑、清作「消除」。

一　八一五頁下一八行第三字「大」，南作「本」。

大宋新譯三藏聖教序

御製

大矣哉我佛之教也化導群迷闡揚宗性廣博宏辯英彥莫能究其旨精微妙說庸愚豈可度其源義理幽玄眞空莫測包括萬象譬喻無垠綜法網之紀綱演無際之正教拔四生於苦海譯三藏之祕言天地變化乎陰陽日月盈虧乎寒暑大則說諸善惡細則比於恒沙含識萬端弗可盡述若窺像法如影隨形離六情以長存歷千劫而可久須彌納藏於芥子如來坦蕩於無邊達磨西來法傳東土宣揚妙理愼從指歸彼岸菩提愛河生滅用行於五濁惡趣拯溺於三業途中經垂世以難窮道無私而永泰雪山貝葉若銀臺之耀目歲月煙蘿起香界之自遠巍巍罕測杳杳難名所以道貫十聖德被三賢至道起於乾元衆妙生乎太易總繁形類竅鑿昏明絕彼是非開茲蒙昧有西域法師天息災等常持四忍早悟三乘翻貝葉之眞詮續人天之聖教芳猷重啓運偶昌時潤五聲於文章暢四始於風律堂堂容止穆穆輝華曠劫而昏墊重明玄門昭顯軌範而彌光妙法淨界騰音利益有情俱登覺岸無成障礙救諸疲羸冥昧慈悲浩汗物表柔伏貪佷啓滌昏愚演小乘聲聞合其儀論大乘正覺立其性含靈悟而蒙福藏教欽而重興幻化迷途火宅深喻雖設其教不知者多善念生而無量潛臻惡業興而隨緣皆懺調御四衆積行十方澍花雨於金輪護恒沙於玉關有頂之風不可壞無際之水弗能漂澄寂湛然圓明清淨之智慧性空無染妄想解脫之因緣可以離煩惱於心田可以得清涼於宇宙朕慙非博學釋典微閑豈堪序文以示來者如麋螢爝火不足比之於昧日將微蠡量海未能窮盡於深淵者哉

佛三身讚 西土賢聖撰

曼殊室利菩薩吉祥伽陁 [illegible]

西天譯經三藏朝散大夫試鴻臚卿明教大師臣法賢奉 詔譯

法身

我今稽首法身佛　無喻難思普徧智
充滿法界無罣礙　湛然寂靜無等等
非有非無性眞實　亦非多少離數量
平等無相若虛空　福利自他亦如是

報身

我今稽首報身佛　湛然安住大牟尼
哀愍化度菩薩衆　勊會如日而普照
三祇積集諸功德　始能圓滿寂靜道
以大音聲談妙法　普令獲得平等果

化身

我今稽首化身佛　菩提樹下成正覺
或起變現或寂靜　或復往化於十方
或轉法輪於鹿苑　或現大炎如火聚
三塗皆報悉能除　三界無比大牟尼

迴向

如是佛身無漏智　我常信解淨三業
以無量慧大福行　一心垂愍諸群生
以今頌讚三身佛　所獲無漏功德種
願我速證佛菩提　盡引衆生歸正道

佛三身讚

曼殊室利菩薩吉祥伽陀

西天譯經三藏朝散大夫試光祿卿明教大師臣法賢奉　詔譯

鉢囉二合倪焬二合誐桑誐一黏里
絲引訥娑二合嚩二冒地唧大引三
曼儒切六祖室哩二合曳引尾末羅四
冒地窣珂阿毗世引蓋五引拽訥莾
二合誐羅吤仁切那嚩哩六引速窣大
引七窣儗當八怛訥莾二合誐朗婆
嚩覩九帝引波囉摩阿毗世引蓋十引
室哩引二合嚩日囉二合薩捶誐拏十一
曼拏羅三鉢囉二合吠武無切世曳
二合十二引邏引寫引祢毗十三部嚩那
娑引囉十四尾邏洗泥去聲呼毗十五
拽訥莾二合誐朗窣珂割嚩覽十六鉢
囉二合嚩嚩鉢囉二合儗引當十七
怛訥莾二合誐朗婆嚩覩十八帝引
波囉摩阿毗世引蓋九引十過爹引
多娑引䶳二十捗哩多引二十一底丁逸切
薩曳引囉世霜引二十二薩埵引尾冒
鞔身切十三薩怛多酥誐多阿毗世引
蓋二十四鉢訥莾二合誐朗酘囉嚩賴
引二十五囉必大引鉢囉二合儗引當二十六
怛訥莾二合誐朗婆嚩覩二十六帝引

波囉摩阿毗世蓋二十八室哩二合滿引
帝哩二合路哥尾惹仁左切曳引十九嚩
囉曼拏羅屹黎二合三十引帝賴二合引
路計也二合囉吤也二合三十一尾惹踰
引怛摩三十二那引他細引酤三十三拽
訥莾二合誐朗酥囉嚩賴引三十四颯
鉢囉二合拏帝引颯鉢囉三合詣
引當三十五怛訥莾二合誐朗婆嚩覩
三十六帝引波囉摩阿毗世引蓋三十七
那引那引惹誐訥尾二合那野三十八
薩嚕引惹播引尼卜引三十九三沒馱囉
怛曩二合四十末酤吒引彌怛他引毗世
引蓋四十一拽訥莾二合誐朗哥末羅
囉引誐四十二尾戍提詣引當四十三怛
訥莾二合誐羅婆嚩覩四十四帝引波
囉摩阿毗世引蓋四十五阿引哥引舍
誐哩婆二合四十六末尼囉怛曩二合四十七尾
部引底囉彌引四十八薩哩嚩二合哩他
二合悉提四十九窣珂那寫五十摩賀引
阿毗世引蓋五十一拽訥莾二合誐朗
戍婆尾部引底羯賴引五十二窣詣引
當五十三怛訥莾二合誐朗婆嚩覩五十四
帝引波囉摩阿毗世引蓋引五十五殺

竹作訖囉二合嚩哩底二合五十六秫娑莾
誐羅詣引底哥引踰五十七拽咄奔
二合尼也二合囉怛曩二合五十八摩摩埵
頓諒五十九末夜引鉢當二合帝引那
引窣覩二合六十薩哩嚩二合誐多部引
彌六十一摩賀引阿毗世引蓋六十二尾
秫馱嚩囉計引哩底一合六十三薩曼儒
那引他六十四

曼殊室利菩薩吉祥伽陀

乙巳歲高麗國大藏都監奉
勅雕造

佛三身讚
曼殊室利菩薩吉祥伽陀

校勘記

一　底本，麗藏本。

一　八一八頁上一行至本頁中二〇行序文，諸本無。

一　八一八頁中二一行小字，石無。

一　八一八頁中二一、二二兩行經目及小字，徑、清無。

一　八一八頁中末行經名，石作「佛三身讚一卷」，本頁下末行經名同。

一　八一八頁下一行譯者，資、磧、普、南作「西天譯經三藏朝散大夫試鴻臚明教大師臣法賢奉詔譯」；徑、清作「宋西天三藏朝散大夫試鴻臚明教大師法賢奉詔譯」。

一　八一九頁上一行經名，石作「曼殊室利菩薩吉祥伽陁一卷」。卷末經名同。

一　八一九頁上二行譯者，資、磧、普、南、作「三藏法師法賢奉紹譯」；徑、清作「宋三藏法師法賢奉紹譯」。

寶授菩薩菩提行經　冠

西天譯經三藏朝散大夫試鴻臚卿傳法大師臣法賢奉詔譯

如是我聞一時佛住廣嚴城大林樓閣中與大苾芻衆千二百五十人俱皆是大阿羅漢諸漏已盡無復煩惱逮得已利盡諸有結除諸重擔所作已辦如大龍王心善解脫慧善解脫得深解脫心達正道調伏諸根威儀詳審唯一補特伽羅尊者阿難受於佛記奉持法藏

復有大菩薩衆一千人俱皆得不退轉地揔持法門平等法忍是大智者具大信重言行相應斷諸疑惑面相圓滿亦無顰蹙常大歡喜具大精進是法王子知法自性說法無倦所說之法離諸戲論化度衆生發起佛智凡所導利功不唐棄得大忍辱離諸顛倒境界之法滿足十地善知三時明了自性不生不滅永斷纏縛威儀具足證得空三摩地無相三摩地無願三摩地雖出生死常行輪迴不樂聲聞緣覺之行唯以發起大菩提心應根說法其名曰

慈氏菩薩妙吉祥菩薩辯積菩薩寶手菩薩香光菩薩無邊光菩薩除蓋障菩薩勝義心菩薩得光王菩薩斷一切憂暗菩薩薩哩嚩尾沙摩那哩尸菩薩內行菩薩無邊意菩薩具大精進步意菩薩寶海菩薩裝嚴王菩薩具大神通王菩薩無差步菩薩勝意菩薩普滿菩薩阿那嚩囉拏那哩尸菩薩常喜菩薩上金光菩薩觀一切法意菩薩阿秫嚩馱那羅拘酥弥多菩薩首積菩薩無憂吉祥菩薩須弥藏菩薩觀自在菩薩香自在王菩薩歡喜王菩薩無邊慧藏菩薩持一切妙法藏菩薩師子吼音菩薩如是等大菩薩摩訶薩而爲上首

尒時世尊食時著衣持鉢與二千苾芻衆而共圍繞入廣嚴城乞食是時世尊入城門時以大慈悲現神通力放大光明照耀一切變廣嚴城而爲瑠璃令四衢道皆悉清淨其有衆生蒙光所照盲者得視聾者得聽瘖瘂之者皆悉能言迷惑之者咸得正念

天花如雨降滿城中天樂自鳴妙音清亮下至阿鼻地獄上至阿迦膩吒天其中衆生唯受大樂是時廣嚴城星賀里蹉尾王有子名曰寶授年始三歲乳母抱持在於殿上時彼寶授忽見光明希瑞之相又聞城中種種異事從其懷抱速下於地向乳母前端然而立說伽陁曰

何人威德力　現此希有相　如俱胝日光
照耀三千界　其中諸惡趣　一切得清淨
如是之神通　母速爲我說　天雨衆妙花
徧散於佛刹　復成妙傘蓋　懸覆於空中
十方有異鳥　翔鳴而萃集　男女皆大喜
異常而嚴飾　盲者復瞻見　聾者還聽聞
瘖瘂者得語　迷惑得正念　諸醜陋麤惡
變成妙色相　一切不善人　皆發慈悲心
何人行世間　發起神通力　此爲最上事
母速爲我說

尒時乳母荅寶授童子說伽陁曰

功德寶出現　清淨難思議　清淨最上行
無垢無增減　世尊爲眼目　視生如的親
化行於世間　無親踈分別　爲現乞食來
不住世間相　不染世間法　如蓮花在水

能斷衆生疑　慈悲常利物　衆生所有苦
唯佛悉能除　稱讚不生喜　譏謗亦不瞋
無障復無礙　行世如清風　來者世間師
最上大法王　善解甚深法　明了第一義
常說中道法　言離於取捨　法句最寂靜
遠離一切執　智積無我相　最上大福聚
善逝世間解　來者無邊相　佛身如須弥
高顯無倫匹　亦如尼俱陁　上下皆相稱
其色如真金　晃耀而璨爛　清淨若玫瑰
又如秋滿月　頭頂圓如蓋　鬢髮而紺青
髮相若螺紋　一一皆右旋　面相如滿月
湛然而清淨　眉間之白毫　右旋而宛轉
兩目如青蓮　光瑩善觀察　脣妙頻婆果
齒白正齊密　舌相如蓮葉　長廣覆面門
鼻高而脩直　額廣而平正　兩眉色紺青
延袤及於耳　兩耳極端正　輪朶垂至肩
如來梵音聲　清亮如頻伽　美妙復柔軟
衆生聞者喜　所有緊那羅　孔雀鵝鸚鵡
鴝鵒拘枳羅　拘那羅鴛鴦　唅母多命命
如是等音聲　及彼諸天樂　一切美妙聲
皆不及如來　於十六分中　不及於一分
項細復圓滿　兩臂而傭直　二手指纖長
具輪螺等相　軟如兜羅綿　甲妙赤銅色

胷臆廣平正　臍輪而深密　陰藏若馬王
藏覆而不現　乃至二足下　其色如紅蓮
平滿復柔軟　具千輻輪紋　及與鉤幢等
如是諸相備　百福悉莊嚴　具力大丈夫
一切世間師　常作師子吼　說於不二法
所出諸言辭　真實無差忒　愛語復柔順
衆生聞者喜　覺悟諸衆生　應根而啓發
有義利功德　爲最上第一　具如是莊嚴
名爲佛世尊　十方世界中　凡聖無有比

尒時寶授童子得聞乳母說是伽陁讚歎佛已即白母言云何令我得見於佛佛知其意速往宮門現身而立乳母指言斯即是佛寶授童子乃於殿上遥見世尊舉手頂禮即作是念若有衆生覩見如來如是具足功德之相不發大菩提心者難得已利又復思惟經於百千俱胝刧中難遇於佛我今值遇甚爲希有當捨此身而爲供養是時童子手持千葉金蓮即於殿上投身而下時彼童子佛力所持住於空中捧以金蓮用獻於佛是時金蓮離童子手乃於佛上虛空之中變成花蓋衆寶嚴飾殊妙第一

尒時寶授童子即於空中向佛合掌說伽陁曰

我所獻蓮花　不爲斷煩惱　及於一切法
唯爲佛菩提　如菩提不生　非有亦非無
非取亦非捨　我從佛現化　非愚迷所著
相與無相等　我離一切相　供養佛世尊
所獲諸功德　亦離一切相　今奉獻此花
不願證二乘　以彼第一乘　常轉於佛刹

尒時尊者大目乾連侍佛之右見是事已即說伽陁問寶授童子曰

如是釋迦佛　汝信重供養　汝何心顛倒
云菩提不生

尒時寶授荅尊者大目乾連說伽陁曰

諸法本不生　所施空無爲　法性本如是
云何有所生　圓頂被袈裟　住於羅漢相
如不能知空　佛智何能了　汝若有妄想
供養俱胝佛　雖供如是佛　實爲非供養
尊者至於今　猶不斷妄想　汝心當云何
無相稱有相

尒時尊者大目乾連復謂童子曰如來不證無上正等正覺耶亦不說法耶寶授童子曰夫大智者不住菩提

相不住如來相諸法性無為法本無
有生若如是了知是即知法性不驚
不怖捨離親踈無來無去無行無相
不住佛法不住緣覺法不住聲聞法
亦不住貪法不住瞋法不住癡法乃
至不住愚迷眾生無明煩惱等法亦
復不住有色無色有想無想有相無
相清淨不清淨及身口意平等不平
等一切諸法皆無所住
尒時尊者大目乾連又復問言寶授
童子如來於阿耨多羅三藐三菩提
莫有所證耶童子言不也若有所證
即住如來相住菩提相住解脫相若
住是相即為愚迷大目乾連言童子
我亦無相汝謂有相大目乾連又復告
言童子我前所問為俗諦故童子言
大目乾連一切眾生愚迷虛妄乃生
諸根不能調適大目乾連言若眾生
具足虛妄者法亦虛妄若虛妄者汝
云何說童子言大目乾連說法無相是
名說法如是說者無有所至亦無所
證亦無所知亦無所見大目乾連言
童子若如是者汝今何故供養如來

童子言大目乾連汝若如是見如來
相見施者相時大目乾連聞童子言
已默然而住尒時童子又復告言大
目乾連若復眾生見有是相者不能
解脫不得已利遠離如來寂靜涅槃
必當發趣聲聞乘也
尒時大目乾連說伽陁曰
童子雖年幼　智慧如大海　經於幾多時
學成無生法
尒時寶授童子荅大目乾連說伽陁
曰
所學即非學　一切學無性　大智如是學
我學亦如是　汝之所問我　著於眾生相
眾生本無相　諸法不可得　說有菩提相
愚迷非正見　尊者今云何　猶住於諸見
智者於諸見　一切悉清淨　佛法愚迷法
及彼種種法　如是觀皆空　是知諸法性
若住有無相　求證菩提者　法本非有無
菩提云何得　說法無邊際　眾生亦如是
不住差別相　斯即名涅槃　如是行輪迴
師資無所有　此無相法中　智者不迷惑
愚迷言得證　彼皆住輪迴　無明轉增長
是即為魔著　安坐菩提場　為示俗諦故

諸佛之所證　非俗非寂靜　菩提不可說
遠離見非見　若見如是實　彼能解妙法
尒時尊者舍利弗白佛言世尊此寶
授童子從於何時於法修行佛言舍
利弗我初發阿耨多羅三藐三菩提
心時此寶授童子已證無生法忍經
三百千劫又舍利弗我於往昔燃燈
佛處得授記時我初證得無生法忍
寶授童子於彼法中為大菩薩解空
第一舍利弗復白佛言世尊寶授菩
薩何因何緣經如是時不證阿耨多
羅三藐三菩提佛告舍利弗汝將此
義自問寶授菩薩必為汝說時舍利
弗承佛聖旨即伸問言寶授菩薩言
今云何不成佛耶寶授菩薩言尊者
阿耨多羅三藐三菩提不可得故由
是我不成佛舍利弗言寶授菩薩於
意云何如來成佛莫有相耶寶授菩
薩言如來若於菩提有所證者即是
取相若取相者即是妄想舍利弗言
寶授菩薩汝從尒來住何忍何行復
以何法化度平等寶授菩薩言我於
一法而尚不住何況有四舍利弗汝勿

謂我有法說耶證菩提耶是如來耶
得解脫耶舍利弗言希有善男子若
能於法如是了知汝向於佛宜可出
家尒時寶授菩薩說伽陁曰
諸有出家者　多著出家相　心妄想迷惑
稱謂有所得　執見於事法　修行布施因
欲求無為果　所證即有為　不了無相地
見有生不生　得與無得相　謂得甘露味
是人於佛法　乃名破法者　如來釋師子
說法寂無相　不住心非心　不住性無性
若見如是說　是即見佛說　若見有相者
斯人眼非淨　我見非解脫　智者不應行
我見即愚迷　執見有常相　以自有相見
謂得於涅槃　不識夢幻性　及背空無相
佛說如是人　是大無智慧　又復調諸根
持戒著禪定　起於妄想心　住相迷求果
此則法中賊　智者應當知　以斯種種法
我出家何益　法界本湛然　諸法無分別
譬如山響等　智者不見相　當住於如如
無別有性相　若了如是法　何住出家相
尒時妙吉祥菩薩告寶授菩薩言云
何說為菩提寶授菩薩言離諸語言
名為菩提妙吉祥言汝當云何作如

是說寶授菩薩言法本無言故作是
說妙吉祥言為初地菩薩當何所說
令云何學寶授菩薩言當如是說不
斷貪欲瞋恚不捨愚癡不斷煩惱乃
至五蘊六處等又復於智慧愚癡不
生疑惑不心念佛不思惟法不供養
眾亦不持戒不於用支而求寂靜乃
至諸難亦不越度妙吉祥當為初地
菩薩說如是法令如是學於意云何
亦復不應於是諸法而有住相若住
相者是為住法彼即愚迷起生滅法
若於是法說無疑惑即於法界知其
性也若能如是了法性者是得名為
說菩提也妙吉祥若有菩薩聞斯法
已不驚不怖當知是為得不退轉
尒時會中有八苾芻忽聞說此無相
正法心不愛樂出於法會吐血命終
皆墮阿鼻大地獄中
尒時妙吉祥菩薩白佛言世尊云何
此八苾芻聞此正法乃有如是大惡
相耶佛言妙吉祥莫作是說然此苾
芻經十千劫不曾聞法不近善友是
故今日聞此正法心不愛樂妙吉祥

此八苾芻當來之世於阿鼻獄中忽
思正法尋便命終生兜率陁天為彼
天子或生人間為轉輪王經六十八劫
當得承事十那由他佛於彼劫後有
佛出世號無垢光如來應供正等正
覺彼無垢光佛如我今日住廣嚴城
廣為人天說法授記時彼天子天耳
遥聞說法授記即與八万天子同詣
佛所到佛所已散眾天花徧廣嚴
城供養瞻禮却坐一面白佛言世尊
我等隨喜樂聞正法願佛為說菩提
之行時無垢光如來為說正法使令
發起大菩提心彼諸天子纔發心已
應時皆於阿耨多羅三藐三菩提得
不退轉是時廣嚴城中有八万四千
人亦於阿耨多羅三藐三菩提得不
退轉復有千二百人遠塵離垢得法
眼淨
尒時世尊告妙吉祥言假使菩薩於
百千劫修行六波羅蜜無方便慧不
如暫時聞此正法何以故聞此正法功
德無量何況愛樂聽受乃至書寫受
持讀誦為他廣說妙吉祥若復有人

樂求阿羅漢果及樂求辟支佛者於此法中不應修學若樂求阿耨多羅三藐三菩提者當學此法
尒時寶授菩薩知佛世尊及苾芻衆未有食食乃告乳母可於宫中速取食來用施佛僧於是乳母速取百味飲食盛滿一器授與寶授菩薩菩薩得食即於佛前發誓願言如來之所說一切法無盡斯言眞實者此食亦無盡乃至苾芻衆悉令得飽足尒時寶授菩薩即以飲食盛滿一鉢奉獻佛已告諸苾芻言尊者慈愍我故各各受食又復告言我所施者不以身施不以心施離於三業不求福果不住有爲法不住無爲法亦不著世法亦復不住聲聞緣覺及佛菩提時彼苾芻衆無有一人伸鉢受食者寶授菩薩言諸尊者當受此食尊者樂乞我今樂施我於尊者亦無所求時寶授菩薩復發願言佛語眞實如妙吉祥及百千俱胝菩薩當來之世於功德裝嚴王佛刹皆得成佛同一名號若眞實者令此器中所有飲食令諸

苾芻所持之鉢悉皆充滿此器中食願得無盡以願力故諸苾芻衆各各鉢中自然食滿時寶授菩薩復以器中餘食施廣嚴城中一切人民悉令飽滿器中飲食猶尚不盡
尒時世尊告寶授菩薩曰有五種寶於菩薩行施能令清淨何等爲五一者行施無有希望二者於施心無所著三者所施不起於相四者不見施之果報五者不令受者有所還報佛言復有四種寶行施菩薩應常思念何等爲四一者常念空三摩地二者常念於佛三者常念大悲四者常念於已不求果報菩薩若如是行施是爲淨施
佛告妙吉祥言此寶授菩薩於當來世過三十劫得成阿耨多羅三藐三菩提號不空力稱如來應供正等正覺明行足善逝世間解無上士調御丈夫天人師佛世尊出興於世彼佛衆會有無邊菩薩是諸菩薩皆住不退轉地威力無邊壽亦無量尒時世尊及大苾芻衆受彼食已還歸本處

尒時妙吉祥菩薩白佛言世尊當何名此經我等云何受持佛言此經名爲菩提行亦名一切法爲首如是受持
佛說此經已寶授菩薩并諸大衆天人阿修羅乾闥婆等聞佛所說皆大歡喜信受奉行

寶授菩薩菩提行經

乙巳歲高麗國大藏都監奉
勅雕造

寶授菩薩菩提行經

校勘記

一 底本，麗藏本。

一 八二一頁上一行經名，石作「寶授菩薩菩提行經一卷」。卷末經名同。

一 八二一頁上二行譯者，資、磧、普、南作「西天譯經三藏朝散大夫試鴻臚少卿明教大師臣法賢奉詔譯」；徑、清作「宋西天三藏朝散大夫試鴻臚卿明教大師法賢奉詔譯」。

一 八二二頁上一〇行「髮顯」，石作「髮鬚」；徑、清作「髮鬢」。

一 八二二頁上一一行「右旋」，資作「又旋」。

一 八二二頁下一〇行首字「事」，徑作「時」。

一 八二三頁上一〇行「問言」，普作「尚言」；南作「告言」。

一 八二三頁下一四行末字「言」，徑、清無。

一 八二四頁上一一行末字「者」，石、資、磧、普作「赤」。

一 八二五頁上一六行「菩提」，資、磧、普、南、徑、清作「菩薩」。

佛說八大靈塔名號經　廷

西天譯經三藏朝散大夫試光祿卿明教大師臣法賢奉　詔譯

尒時世尊告諸苾芻我今稱揚八大靈塔名號汝等諦聽當爲汝說何等爲八所謂第一迦毗羅城龍弥你園是佛生處第二摩伽陁國泥連河邊菩提樹下佛證道果處第三迦尸國波羅柰城轉大法輪處第四舍衛國祇陁園現大神通處第五曲女城從忉利天下降處第六王舍城聲聞分別佛爲化度處第七廣嚴城靈塔思念壽量處第八拘尸那城娑羅林內大雙樹間入涅槃處如是八大靈塔重說頌曰

淨飯王都迦毗城　龍弥你園佛生處
摩伽陁泥連河側　菩提樹下成正覺
迦尸國波羅柰城　轉大法輪十二行
舍衛大城祇園內　徧滿三界現神通
桑迦尸國曲女城　忉利天宮而降下
王舍大城僧分別　如來善化行慈悲
廣嚴大城靈塔中　如來思念壽量處
拘尸那城大力地　娑羅雙樹入涅槃

如是八大靈塔若有婆羅門及善男子善女人等發大信心修建塔廟承事供養是人得大利益獲大果報具大稱讚名聞普徧甚深廣大乃至諸苾芻亦應當學

復次諸苾芻若有淨信善男子善女人能於此八大靈塔向此生中至誠供養是人命終速生天界

尒時世尊復告諸苾芻汝等諦聽我今當說遊止國城及於住世而說頌曰

二十九載處王宮　六年雪山修苦行
五歲王舍城化度　四年在於毗沙林
二年惹里巖安居　二十三載止舍衛
廣嚴城及鹿野苑　摩拘梨與忉利天
尸輸那及憍睒弥　寶塔山頂并大野
尾努聚落吠蘭帝　淨飯王都迦毗城
此等聖境各一年　釋迦如來而行住
如是八十年住世　然後牟尼入涅槃

佛說八大靈塔名號經

佛說八大靈塔經　第二張　弭

八大靈塔梵讚

西天戒日王製

西天譯經三藏朝散大夫試光祿卿明教大師臣法賢奉　詔譯

惹(引)鼎冐亭鉢囉(二合)嚩囉末覩朗(一句)達哩摩(二合)作訖囉(二合)左囉蘱(二)載帝煬(二合)左(引)祢煬(二合)帝哩(二合)部嚩那摩呬當(三)室哩(引)(二合)摩賀(引)鉢囉(引一合)底賀(引)哩煬(四)(二合)薩他(二合)難際(引)曩呬摩儗哩你羅煬(五)祢(引)嚩祢(引)嚩(引)嚩多(引)囉(六)滿祢(引)喝鉢囉(二合)拏摩多室囉娑(引)你没哩(二合)多(引)拽怛囉(二合)没馱(七)(引)吠(引)舍(引)梁(外)達哩摩(二合)作訖麗(二合)室輸摩儗哩怛致(八)(引)毗(引)瑟摩(二合)哥(引)踰(引)迭帝(引)麗(九)(引)室囉(引)(二合)嚩薩爹(引)(二合)冐提暮梨(引)拘尸那誐囉嚩麗(十)(引)龍弥你(引)哥(引)必邏(引)契曳(二合)(十一)(引)憍睒(引)咩(引)薩兎(二合)羅酤瑟致(引)(二合)末吐囉嚩囉補麗(十二)(引)難那吴播(引)寫囉(引)瑟致麗(十三)(二合)(引)曳(引)左(引)戩(梵身下同)舍(引)宰覩(二合)載(引)爹(引)捺舍嚩羅嚩里那(十四)(引)薩旦(引)(二合)那莫寫(引)弥暮達那(十五)(引)(二合)割溼弥(引)(二合)麗(引)際(引)那祢(引)尸

佛說八大靈塔經　第三張　弭

(引十六)謁沙怛吒野拏泥(引)末哩嚩(二合)曩(引)星賀梨(引)嚩(引十七)邏(引)濃捺曩(引二合)辛度褒捺曩(二合十八引)三摩怛吒摩薩婁提(引)末揭梨(引)酤薩梨(引)嚩(引十九)泥(引)播(引)梨(引)哥(引)摩嚕閉(引)割羅舍嚩囉補曩(引二十)斡(引)唧蹬囉(引)瑟吒囉(二合)囉(引)瑟吒曩(三合二十一引)曳(引)左(引)戰(上同)馱(引)覩誐哩婆(引二合)捺舍嚩羅嚩里那(引二十二)薩旦(引二合)那莫寫(引)弥暮達那(二合二十三)該邏(引)細(引)係(引)末酤(引)致呬摩儗哩你羅曳(引二十四)滿捺曩(引)弥(引)嚕室淩(二合)詣(引二十五)播(引)怛(引)梨(引)昧惹演帝(引)達那鉢底你羅曳(引二十六)悉馱巘達哩嚩(二合)路計(引二十七)沒囉(二合)吽滿(引二合)尼(引)尾瑟女(二合)部耄(引)鉢輸鉢帝婆嚩泥(引二十八)贊捺囉(二合)素(引)哩也(引二合)袮路(引)計(引二十九)曳(引)左(引)戰(上同)馱(引)覩誐哩婆(引二合)捺舍嚩羅嚩里那(引三十)薩旦(引二合)那莫寫(引)弥暮(引)達那(二合三十一引)曳(引)左(引)瑟誅(吒俟切)馱(引)覩誐哩婆(二合)捺舍嚩羅嚩里那

(三十二)功婆僧倪也(二合)室左(二合)載爹(引三十三)盎誐(引)囉(引)契也(二合)薩怛(二合)他(引)戰(上同)呬摩囉惹多你婆(引三十四)寧都(二合引)波囉怛那(二合)鉢囉(二合)哥(引)舍(引三十五)播(引)多(引)梨(引)曳(引)左(引)部咩(引)儗哩室謁囉誐多(引三十六)薩哩嚩(二合)都(引)馱(引)覩誐哩婆(二合三十七引)沒馱(引)喃(引)夜(引)你泯摩(引)鉢囉(二合)底袮那摩設訖哩(二合三十八)多(引)你暮(引)達那(引二合)那摩(引)弥(三十九)阿瑟吒(二合)摩賀(引)載爹滿捺那三摩鉢多(二合四十)

八大靈塔梵讚

西天譯經三藏朝散大夫試光祿卿明教大師臣賢奉　詔譯

三身梵讚

踰(引)乃酤(引)那(引)鼈泥(引)哥(一句)莎波羅呬多摩賀(引)三鉢那(引)陁(引)囉部(引)都(二合)乃嚩(引)婆(引)至(引)那婆(引)嚩(三)謁彌嚩三摩囉蘇(引)訥哩尾(二合)婆(引)嚩莎婆(引)嚩(四)你哩梨(引二合)邦你哩尾(二合)哥(引)嚂始嚩末三摩三莾(五)咩必曩黠(切身)

鉢囉(二合)半左(六)滿袮(引)鉢囉(二合)爹(引)咄摩(二合)味(引)捺惕(二合)怛摩喝摩耨波莾(七)達哩摩(二合)哥(引)野吩那(引)喃(引八)路(引)哥(引)帝(引)多(引)末進爹(引九)速訖哩(二合)多三摩登朗摩(引)咄摩(二合)努(引)踰(引)尾部(引)鼎(十)波哩殺(二合)努末(二合)提(引)尾唧怛嚂(二合十一引)薩多(二合)鉢野底摩賀底提(引)末當(引)必嚴(二合)(引)底係(引)都(引十二)沒馱(引)喃(引)薩哩嚩(二合)路(引)哥(十三)鉢囉(二合)室哩(二合)多末尾囉都(引)那(引)囉薩達哩摩(二合)具(引)奕(十四)滿袮(引)三菩誐哥(引)惕(十五)怛摩喝弥喝摩賀(引)達哩摩(二合)囉(引)吩惕(二合)鉢囉(二合)底瑟吒(二合十六)薩埵(引)喃(引)播(引)哥係(引)都(引)聒唧那曩羅以嚩(引十七)婆(引)底踰(引)袮(引)鼈摩(引)那(十八)三冒枇達哩摩(二合)作訖曩(二合)聒唧捺必左補那(十九)囉捺哩(三合)設帝(引)搜鉢囉(二合)扇(引)當(二十)乃哥(引)哥(引)囉鉢囉(二合)沒哩(二合)當帝哩(二合)婆嚩跋野喝嚂(二十一)尾說嚕閉嚕

播(引)拽(引二十二)满袮(引)你哩嚩(二合引)拏
哥(引)野(二十三)捺舍袮誐稡誐當當摩
賀(引)哩湯(二合)牟泥(引)那(引二十四)薩埵
(引)哩台(二合)哥訖哩(二合)播(引)拏(二十五)
末波哩弥多摩賀(引)倪也(二合引)那奔
女(引)捺夜(引)曩(引二十六)哥(引)夜(引)曩(引)
蘇誐多(引)曩(引二十七)鉢囉(二合)底尾
誐多末努嚩(引)酤鉢(二合)他(引)曩(引)
怛囉(二合)夜(引)赧(引二十八)訖哩(二合)埵(引)
薄訖爹(引二合)鉢囉(二合)拏(引)莽(二十九)
酤舍羅毋波卿當拽拏摩夜(引)冐
提味(引)惹(三十)帝哩(二合)哥(引)夜(引)悉
帝(引二合)那謄没陁(引二合)惹誐袮那末
企朗(三十一)冐提摩(引)哩詣(二合)黠喻
惹(三十二)帝哩(二合)哥(引)野薩怛(二合)嚩
三摩(引)鉢多(二合三十三)

三身梵讚

乙巳歲高麗國大藏都監奉
勑雕造

佛說八大靈塔經　第七張　𢭏

佛說八大靈塔名號經
八大靈塔梵讚
三身梵讚

校勘記

一　底本，麗藏本。
一　八二七頁上二行譯者，徑、清作「宋西天譯經三藏朝散大夫試光祿卿明教大師法賢奉詔譯」。
一　八二七頁中二〇行經名，石作「佛說八大靈塔名號經一卷」。
一　八二七頁中末行經名，石作「八大靈塔梵讚一卷」。次頁中一二行經名同。
一　八二七頁下一行譯者，資、磧、普、南作「三藏法師法賢奉詔譯」；徑、清作「宋三藏法師法賢奉詔譯」。
一　八二八頁中一三行經名，石作「三身梵讚一卷」。卷末經名同。
一　八二八頁中一四行譯者，資、磧、普、南作「三藏法師法賢奉詔譯」；徑、清作「宋三藏法師法賢奉詔譯」。

大宋新譯三藏聖教序

御製

大矣哉我佛之教也化導群迷闡揚宗性廣博宏辯英彥莫能究其旨精微妙說庸愚豈可度其源義理幽玄眞空莫測包括萬象譬喻無垠綜法網之紀綱演無際之正教拔四生於苦海譯三藏之祕言天地變化乎陰陽日月盈虧乎寒暑大則說諸善惡細則比於恒沙含識萬端弗可盡述若窺像法如影隨形離六情以長存歷千劫而可久須彌納藏於芥子如來坦蕩於無邊達磨西來法傳東土宣揚妙理順從指歸彼岸菩提愛河生滅用行於五濁惡趣拯濟於三業途中經垂世以難窮道無私而永泰雪山貝葉若銀臺之耀目歲月煙蘿起香界之自遠巍巍罕測杳杳難名所以道貫十聖德被三賢至道起於乾元衆妙生乎太易撥繁形類竅鑒昏明絕彼是非開茲蒙昧有西域法師天息災等常持四忍早悟三乘翻貝葉之眞詮續人天之聖教芳猷重啓運偶昌時潤五聲於文章暢四始於風律堂堂容止穆穆輝華曠劫而沓塾重明玄門昭顯軌範而彌光妙法淨界騰音利益有情俱登覺岸無成障礙救諸疲羸冥昧慈悲浩汗物表柔伏貪假啓滌昏愚演小乘聲聞合其儀論大乘正覺立其性含靈悟而蒙福藏教缺而重興幻化迷途火宅深喻雖設其教不知者多善念生而無量潛臻惡業興而隨緣皆墮調御四衆積行千方澍花雨於金輪護恒沙於王闕有頂之風不可壞無際之水弗能漂澄寂湛然圓明清淨之智慧性空無染妄想解脫之因緣可以離煩惱於心田可以得清涼於宇宙朕勤非博學釋典微閑豈堪序文以示來者如麼螢爝火不足比之於皎日將微蠡量海未能窮盡於深淵者哉

佛說阿羅漢具德經

西天譯經三藏朝散大夫試光祿卿明教大師臣法賢奉 詔譯

尒時世尊在舍衛國給孤獨精舍之

内敷座而坐有諸苾芻及天龍八部人非人等圍繞世尊默然合掌聽佛所説尒時世尊告諸苾芻我今稱讚諸大聲聞能於佛法清淨修持而於自果皆具已德汝等諦聽善思念之吾當為汝次第宣説諸苾芻我弟子中有大聲聞棄捨王位久為出家最初悟道梵行第一憍陳如苾芻是復有聲聞少貪常喜持頭陁行大迦葉苾芻是復有聲聞具大辯才智慧第一舍利弗苾芻是復有聲聞修持精進具大神通目乾連苾芻是復有聲聞有所觀矚得大天眼阿你嚕䭾苾芻是復有聲聞具足定慧多聞第一阿難苾芻是復有聲聞善解軌儀能持律藏優波離苾芻是復有聲聞於大衆中能説妙法富樓那弥多羅尼子苾芻是復有聲聞坐卧等物悉皆具足捺羅瞞亡旦末羅子苾芻是復有聲聞説法之音如師子吼賓度羅跋囉墮舍苾芻是復有聲聞善解經律而能論義迦旃延苾芻是復有聲聞能於佛法信解第一末揭哩苾芻是

復有聲聞修持得果光顯氏族迦留陁夷苾芻是復有聲聞有所演説具大妙音跋捺哩哥苾芻是復有聲聞善解美語而能談論童子迦葉苾芻是復有聲聞四威儀中具大精進率嚕拏酤胝嚩蹉苾芻是復有聲聞於一切處能具速通嚩哩四哥苾芻是復有聲聞善能進趣悟道得果唧哩野哥苾芻是復有聲聞能具火界神通修伽陁苾芻是復有聲聞捨於上族而樂出家賢苾芻是復有聲聞釋氏王族而捨出家優樓頻螺迦葉苾芻是復有聲聞於靈塔處而先受請布薩那苾芻是復有聲聞隨所敷演而有大智俱絺羅苾芻是復有聲聞威儀端謹身貌圓滿烏波細那末揭梨子苾芻是復有聲聞唯於佛法解義第一半託迦苾芻是復有聲聞於四諦理能斷疑惑大半託迦苾芻是復有聲聞言直無隱警誡諸苾芻劫賓那苾芻是復有聲聞常行警誡諸苾芻尼難那哥苾芻是復有聲聞入多歸仰恒得財利細嚩羅苾芻是復

有聲聞諸根隱密人所莫測難努苾芻是復有聲聞善持戒律清淨無缺羅睺羅苾芻是復有聲聞於所受身少病少惱末酤羅苾芻是復有聲聞常行布施而能不滅解空第一須菩提苾芻是復有聲聞於一切時而能少語昂識帝哩野苾芻是復有聲聞於宿命智具足獲得所有往昔種種之事悉能解説輪睒多苾芻是復有聲聞能修淨行善住山巖護國苾芻是復有聲聞坐卧等物悉皆具足憍梵波提苾芻是復有聲聞於進趣中而能得定哩嚩多苾芻是復有聲聞修行能斷已生煩惱那羅陁苾芻是復有聲聞而能止息未生煩惱弥企哥苾芻是復有聲聞常具慈行梨婆多苾芻是復有聲聞能於苦中善行悲行畢陵伽婆蹉苾芻是復有聲聞具大捨行婆那梨苾芻是復有聲聞具大捨力得勝苾芻是復有聲聞於善惡法悉能了達鴉諸迦嚩蹉苾芻是復有聲聞於世貪欲悉能速斷難陁苾芻是復有聲聞於所嗔恚便能速除弥吟羅

苾芻是復有聲聞能修勝果速斷我慢摩那嚩苾芻是復有聲聞於愚癡法而能速斷娑囉墮惹摩那嚩苾芻是復有聲聞清淨修持善解因果摩那嚩苾芻是復有聲聞能修聖果具大利根盎掘摩羅苾芻是復有聲聞三業調順諸根柔軟薩哩波那娑苾芻是復有聲聞於微妙義善能荅問摩喝枳苾芻是復有聲聞有所言論具大辯才囉陁苾芻是復有聲聞以甚深義能問於母羯羅波苾芻是復有聲聞善閑法義結集伽陁嚩儗舍苾芻是復有聲聞所出語言悉皆真實尾舍珂半左梨子苾芻是復有聲聞以清淨心常樂求法達哩弥哥苾芻是復有聲聞修歡喜行具忍辱力布蘭拏苾芻是復有聲聞自內觀法善達本心野輸那苾芻是復有聲聞於世法中善解占相蜜哩誐尸囉苾芻是復有聲聞以殊勝心善解妙法達磨哥苾芻是復有聲聞於欲自在善了去來補特伽羅苾芻是復有聲聞於一切時而能善語波摩那 苾芻是復有聲聞方

便善巧能敷妙法達哩弥羅苾芻是復有聲聞得妙法義能次第說誐嚩捺多苾芻是復有聲聞於一切時說法無倦割閉怛計苾芻是復有聲聞恒肅容儀常懷歡喜無能勝苾芻是復有聲聞常具多喜正覺苾芻是復有聲聞唯於智慧而得解脫善生苾芻是復有聲聞而能獲得定慧解脫嚩濕波苾芻是復有聲聞能斷其貪瞋（[illegible]切）謨哥苾芻是復有聲聞具善解脫吠囉吒星賀苾芻是復有聲聞清淨修持知已信解又摩哥苾芻是復有聲聞於世間中最得殊勝摩呬哥苾芻是復有聲聞智解高深能破外論最勝苾芻是復有聲聞能具正見善破魔軍妳訖囉咩吟苾芻是復有聲聞能於智慧善破愚迷惹伽迦葉苾芻是復有聲聞常行平等憍虞哥苾芻是復有聲聞修清淨智漸漸少塵率嚕拏酤胝羯蘭拏苾芻是復有聲聞於進趣中具大清淨烏怛嚕苾芻是復有聲聞身貌無缺諸根圓滿昂儗盧苾芻是復有聲聞而於修持善解空法

仙授苾芻是復有聲聞於空法中深生信解尊那苾芻是復有聲聞於自果中唯具神通摩賀哥苾芻是復有聲聞善能觀於八解脫義信重苾芻是復有聲聞於威儀中樂妙色衣謨賀囉惹苾芻是復有聲聞廣談妙理具大眷屬散惹曳苾芻是復有聲聞定慧具足恒受人天供養善現苾芻是復有聲聞發心出家樂修聖行毗舍羅苾芻是復有聲聞因遇昔緣而乃出家沒度馳哥婆囉特惹苾芻是復有聲聞猒離輪迴而求出家遜那哩哥帝哩野酤苾芻是復有聲聞悟世不堅深生猒離遜那哩哥婆囉特惹苾芻是復有聲聞默然止息容儀端謹薩呬瑟努哥苾芻是復有聲聞清淨修持性淳少辯烏波祢那苾芻是復有聲聞恒獨進修具寂靜行難祢哥苾芻是復有聲聞善於定慧得大解脫頸必羅苾芻是復有聲聞於愚迷者能令清淨龍護苾芻是復有聲聞能修淨行最後出家須䟦陁羅苾芻是尒時世尊復說頌曰

梵行少貪欲 智慧與神通 天眼及多聞
清淨能持律 坐臥等安樂 具師子吼音
信解與甚深 善分別經律 光顯於氏族
具大微妙聲 精進力難思 善巧能談論
有大速通力 靈塔先受請 直言無隱行
警誡於僧尼 能隱密諸根 恒持清淨戒
於身少病惱 常行於布施 少語恒默然
具足宿命智 坐臥具豐足 常樂住山巖
已生煩惱斷 未生令止息 恒入三摩地
大慈及利益 過失悉能除 悲心息苦輪
常行善惡法 速除我慢相 能斷貪嗔癡
諸根利清淨 善解因果法 能問甚深理
柔軟一切根 具足大辯才 問毋甚深義
能宣真實語 善結集伽陀 忍辱力能堅
常樂甚深法 具足忍辱力 善達於本心
占相悉能知 具忍辱歡喜 所欲常自在
深入妙法門 善以慧解心 廣宣微妙法
說法依次第 無倦廣敷宣 歡喜及多喜
證得慧解脫 得定慧解脫 貪欲永已除
深得解脫門 了知自信解 世間得最勝
能破外論師 善開發愚迷 能破諸魔軍
出家捨苦惱 清淨智少塵 圓滿具諸根
解空無二法 具得神通力 善觀八解脫

愛樂妙色衣 有大親眷屬 受人天供養
信心而出家 常行平等行 厭世樂出家
深厭輪迴苦 常行寂靜心 具少分辯才
止息默然住 解脫行能深 清淨愚迷者
具如是功德 故名阿羅漢

尒時世尊說是頌已復告諸苾芻曰於此衆中而有十大聲聞我今稱說汝應善聽所謂憍陳如苾芻迦旃延苾芻富樓那苾芻薄拘羅苾芻離婆多苾芻盎堀摩羅苾芻耶輪耶苾芻蘇惹多苾芻酤胝羯蘭拏苾芻吠舍羅苾芻如是十大聲聞於此衆中而為上首

尒時世尊復告諸苾芻曰我今稱讚諸大聲聞苾芻尼亦於自果而修已德於我苾芻尼中有大聲聞苾芻尼弃於王族久為出家清淨威儀常修梵行摩訶波闍波提苾芻尼是少貪知足行頭陁行鉢吒左囉苾芻尼是智慧深廣有大辯才善相苾芻尼是能行善行威德無過蓮花色苾芻尼是於所修持善得天眼蘇摩苾芻尼是修聞思慧獲大多聞輸娑羯哩摩

囉女苾芻尼是善能持律軌範無虧訖哩舍苾芻尼是能於妙法善巧敷宣施法苾芻尼是恒以慈心宣揚妙法釋女達磨苾芻尼是精修聖因光顯族氏大白苾芻尼是志求大果信心出家室珂羅哥長者母苾芻尼是宿植良因具大福德羅睺羅母耶輸陁羅苾芻尼是恒慕修持具大精進螺髻苾芻尼是而於自果能具速通賢苾芻尼是智慧甚深善解經律妙頸苾芻尼是如是諸苾芻尼於大衆中而為上首

尒時世尊復告諸苾芻曰汝等諦聽我今稱說烏波薩哥於信心中亦修已行所謂初發信心歸依三寶布薩烏波薩哥跋梨烏波薩哥是住烏嚕尾螺具足能行清淨戒法那酤羅父烏波薩哥是住於婆儗數而於衆僧常行布施給孤獨長者是住於舍衛城最曩修聖因具大福德善授長者是住於舍衛城於衆僧中常施飲食最首長者是住於廣嚴城恒於佛法僧中而能種種布施同生長者是住於

王舍城恒為病苦者而施於湯藥大
名長者是住迦毗羅城能於信心中
常行慈悲行蜜荼哥長者是住於
大賢城能以四攝法善化衆會心賀
悉多哥長者及阿吒嚩哥是同住於
大野從初發信心而能具大智烏波
離長者是住那爛陁城能於衆會中
談論師子吼勇猛長者是住於王舍
城善有大智慧能破外論師訥哩目
珂栗跣尾長者是住於廣嚴城恒於
大衆中廣說微妙法嚩怛嚕長者是
住蘇波羅哥城有所談論具大辯才
勝軍王是都舍衛城於信心中利根
第一哥路王弟是住於舍衛城而於
信心中能具大智慧仙授烏波薩哥
是住於舍衛城於信心中能持梵行
布囉拏烏波薩哥是住於舍衛城珍
寶具足庫藏豐盈廣聚人民多聞第
一摩伽陁國頻婆娑羅王是都於王
舍城常於三寶發菩提心而於世間
多饒其子吩嚩哥長者是住於王舍
城信心精進能具速通無畏王子是
住於王舍城已斷根本而生信解摩

伽陁國車提希子阿闍世王是都於
王舍城如是烏波薩哥於大衆中而
為上首
尒時世尊復告諸苾芻汝等善聽我
今稱說烏波薩吉於信心中亦修已
行所謂初發信心歸信佛法僧難那烏
波薩吉及難那力烏波薩吉是住烏
嚕尾螺能起初心信解戒法諾酤羅
長者母是住於婆儗數恒於衆僧常
行布施毗舍佉母烏波薩吉是住於
舍衛城宿施因豐具大福德哩提羅
長者母是住於舍衛城修治湯藥施
病苦者大軍長者婦是住波羅柰城
於疾病者而能承事善愛長者婦是住
於波羅柰城久已發信心常行於慈
行奢摩嚩帝烏波薩吉是住憍睒弥
國而於衆會中多聞能第一酤沒儞
怛囉烏波薩吉是住憍睒弥國善能
敷妙法而有大辯才善意王女是住
於舍衛城久發信心能具大智尊那
王女是住於王舍城而於色相中端
嚴居第一正覺王女是住於王舍城
能生信解意善發菩提心沒怛囉長

者婦是住於王舍城於所住世多饒
其子吩嚩哥長者婦是住於王舍城
恒善能修持而具大精進率嚕拏長
者婦是住於瞻波城恒於衆僧中能施
住止𠠇難那長者女是住於竹林中
久發信心深解禪定哥路烏波薩吉
是住於竹林中如是烏波薩吉於大
衆中而為上首
尒時大苾芻衆及天人阿修羅等聞
佛所說皆大歡喜信受奉行

佛說阿羅漢具德經

佛說阿羅漢具德經

校勘記

一　底本，金藏廣勝寺本。

一　八三〇頁中一行至本頁下二〇行序文，諸本無。

一　八三〇頁下二一行經名，石作「佛說阿羅漢具德經一卷」。卷末經名同。

一　八三〇頁下二二行譯者，資、磧、普作「三藏法師法賢奉詔譯」；南作「宋三藏法師法賢奉詔譯」；徑、清作「宋西天譯經三藏朝散大夫試光祿卿明教大師法賢奉詔譯」。

一　八三一頁中三行首字「大」，磧、南、徑作「天」。

一　八三一頁中四行「談論」，磧作「談諭」。

一　八三一頁下四行第四字「末」，諸本作「未」。

一　八三二頁上五行末字「大」，磧作「人」。

一　八三二頁上七行第一二字「娑」，資、磧、普、南、徑、清作「婆」。

一　八三二頁上二一行末字「特」，石作「持」。

一　八三二頁中四行第四字「閑」，諸本作「閑」。

一　八三二頁中九行夾註「惹散切」，徑、清無。

一　八三三頁上一三行末字「義」，磧作「善」。

一　八三三頁中三行「常行寂靜心」，諸本作「恒行寂靜心」。

一　八三三頁中一〇行「耶輸那」，磧作「那輸那」。

一　八三三頁中一二行首字「羅」，石作「那」。

一　八三四頁中六行第九字「信」，諸本無。

大宋新譯三藏聖教序

御製

大矣哉我佛之教也化導群迷闡揚宗性廣博宏辯英彥莫能究其旨精微妙說庸愚豈可度其源義理幽玄眞空莫測包括萬象譬喻無垠綜法網之紀綱演無際之正教拔四生於苦海譯三藏之祕言天地變化乎陰陽日月盈虧乎寒暑大則說諸善惡細則比於恒沙含識萬端弗可盡述若窺像法如影隨形離六情以長存歷千劫而可久須彌納藏於芥子如來坦蕩於無邊達磨西來法傳東土宣揚妙理順從指歸彼岸菩提愛河生滅用行於五濁惡趣拯溺於三業途中經垂世以難窮道無私而永泰雪山貝葉若銀臺之耀目歲月煙蘿起香界之自遠巍巍罕測杳杳難名所以道貫十聖德被三賢至道起於乾元衆妙生乎太易揔繁形類殷鑿昏明絕彼是非開茲蒙昧有西域法師天息災等常持四忍早悟三乘翻

貝葉之眞詮續人天之 聖教芳猷重啓運偶昌時潤五聲於文章暢四始於風律堂堂容止穆穆輝華曠劫而昏墊重明玄門昭顯軌範而彌光妙法淨界騰音利益有情俱登覺岸無成障礙救諸疲羸冥昧慈悲浩汗物表柔伏貪倨啓滌昏愚演小乘辯闡合其儀論大乘正覺立其性含靈悟而蒙福藏教缺而重興幻化迷途火宅深喻雖設其教不知者多善念生而無量潛臻惡業興而隨緣皆諧調御四衆積行十方澍花雨於金輪護恒沙於玉關有頂之風不可壞無際之水弗能漂澄寂湛然圓明清淨之智慧性空無染妄想解脫之因緣可以離煩惱於心田可以得清涼於宇宙朕勉兹傳學釋典微闡豈堪序文以示來者如爍螢爝火不足比之於皎日將微蠡量海未能窮盡於深淵者哉

佛說無畏陀羅尼經

西天譯經三藏朝散大夫試鴻臚卿明教大師臣法賢奉　詔譯

尒時佛告諸苾芻汝等諦聽我今宣

說無畏陁羅尼是陁羅尼能與衆生
息除諸難 苾芻若人得聞及受持者
是人所獲功德無量無邊即說陁羅
尼曰
唵引 那莫阿引哩也引二合嚩路吉
帝引 說囉引 野一句 冐地薩埵引
野二 摩賀引 薩埵引 野三 摩賀引
迦引 嚕尼迦引 野四 怛鞥切身千同 他引
唵引 目訖帝二合引五 蘇目訖帝二合引六 砌
引 那你七 尾砌引 那你八 你哩摩吞
梨引九 莽誐梨引十 蘇莽誐梨引十一 蘇
目契引十二 尾目契引十三 薩哩嚩二合
跋野尾謨引 叉尼引十四 薩哩嚩二合
跋踰引 鉢捺囉二合 吠引 毗藥二合
尾謨引 叉尼引十五 囉惹跋煬十六
陁囉跋煬十七 摩囉拏跋煬十八 阿
必哩二合 野跋煬十九 設薩怛囉三合
跋煬二十 阿屹你吞 跋煬二十一 烏那
哥跋煬二十二 尾沙跋煬二十三 波囉作
訖囉二合 跋煬二十四 賽鞥跋煬二十五
設咄嚕二合 跋煬二十六 阿設你跋煬
二十七 賽那末馳誐都引 嚩引二十八 陁囉
末馳誐都引 嚩引二十九 星賀末馳誐

都引 嚩引三十 咩引 羯囉二合 末馳誐
都引 嚩引三十一 藥叉末馳誐都引 嚩
引三十二 捺微二合 波末馳誐都引 嚩引三
十三 賛拏末馳誐都引 嚩引三十四 訖
哩二合 瑟拏二合 薩哩波二合 末馳誐
都引 嚩引三十五 阿慧哥囉末馳誐都
引 嚩引三十六 喝悉底二合 末馳誐都引
嚩引三十七 三母捺囉二合 末馳誐都引
嚩引三十八 哥引 羅播引 設末馳誐都
引 嚩引三十九 你誐拏滿馱都引 嚩引四十
哥引 瑟吒二合 滿馱都引 嚩四十一 拶
哩摩二合 滿馱都引 嚩引四十二 尾沙訖
囉二合 蜜都引 嚩引四十三 訥哩僻二合 叉
都引 嚩引四十四 你誐拏滿馱都引 嚩
引四十五 波囉設婆怛囉三合 都引 嚩引四
十六 薩哩嚩二合 馳乃嚩跋曳數四十七
薩哩巫二合引 鉢捺囉二合 微引 數沒節
帝引四十八 薩哩嚩二合 跋野沒節帝引四
十九 嘩叉嘩叉摩摩薩哩嚩二合 薩
埵喃引五十 阿引 喻囉引 嚕引 倪五十一
室哩二合 煬嚩哩馱二合 底五十二 阿引
哩也二合引 嚩路引 吉帝引 說囉寫五十三
喝帝引 星喝帝引五十四 喝龘引 尾喝

龘引五十五 薩哩微二合引 鉢囉二合引 多
哩體二合 哥引 謨引 左你五十六 謨引
叉尼五十七 尾引 哩也二合 尼唵那莫
莎引 賀引五十八

尒時世尊說是陁羅尼已復告諸苾芻言若善男子善女人聞此陁羅尼發志誠心恭信供養讀誦受持若自手書若使人書及爲他說廣宣流布是人不爲王難水火難刀兵難寃賊難之所傷害又復不爲夜叉難禁縛難雷雹難閃電難大海漂沒難蟒蚰毒蠱難師子狂象難猛虎惡獸難飢饉疾疫難如是諸難皆不爲害乃至怖畏悉皆解脫

尒時諸苾芻衆聞佛所說歡喜信受作禮而退

佛說無畏陁羅尼經

佛說無畏陀羅尼經

校勘記

一　底本，金藏廣勝寺本。

一　八三六頁中一行至本頁下二〇行序文，石、磧、南、徑、清、麗無。

一　八三六頁下二一行經名，石作「佛說無畏陁羅尼經一卷」。卷末經名同。

一　八三六頁下二二行譯者，徑、清作「宋西天三藏朝散大夫試光禄卿明教大師法賢奉詔譯」。

一　八三七頁上三行第三字「所」，磧、南、徑、清作「能」。

大宋新譯三藏聖教序　　[illegible]

御製

大矣哉我佛之教也化導群迷闡揚宗性廣博宏辯英彥莫能究其旨精微妙說庸愚豈可度其源義理幽玄眞空莫測包括萬象譬喻無垠綜法網之紀綱演無際之正教拔四生於苦海譯三藏之秘言天地變化乎陰陽日月盈虧乎寒暑大則說諸善惡細則比於恒沙含識萬端弗可盡述若窺像法如影隨形離六情以長存歷千劫而可久須彌納藏於芥子如來坦蕩於無邊達磨西來法傳東土宣揚妙理順從指歸彼岸菩提愛河生滅用行於五濁惡趣拯溺於三業途中經垂世以難窮道無私而永泰雪山貝葉若銀臺之耀日歲月煙蘿起香界之自遠巍巍罕測杳杳難名所以道資十聖德被三賢至道起於乾元衆妙生乎太易總繁形類竅鑿昏明絶彼是非開茲蒙昧有西域法師天息災等常持四忍早悟三乘翻貝葉之眞詮續人天之聖教芳猷重啓運偶昌時潤五聲於文章暢四始於風律堂堂容止穆穆輝華曠劫而昏塾重明玄門昭顯軌範而彌光妙法淨界勝音利益有情俱登覺岸無成障礙救諸疲羸冥昧慈悲浩汗物表柔伏貪俍啓濬昏愚演小乘聲聞合其儀論大乘正覺立其性含靈悟而蒙福藏教缺而重興幻化迷途火宅深喻雖設其教不知者多善念生而無量潛臻惡業興而隨緣皆墮翻御四衆積行十方樹花雨於金輪護恒沙於玉關有頂之風不可壞無際之水弗能漂澄寂湛然圓明淸淨之智慧性空無染妄想解脫之因緣可以離煩惱於心田可以得淸涼於宇宙朕愧非博學釋典微聞豈堪序文以示來者如麋螢爝火不足比之於皎日將微塵量海未能窮盡於深淵者哉

佛說大愛陀羅尼經

[illegible]賢奉　詔譯

如是我聞一時佛在舍衛國祇樹給

孤獨園時有海神名曰大愛來詣佛所到佛所已頭面著地禮佛雙足却住一面而白佛言世尊我有所願利益衆生惟佛哀愍許我宣說

尒時世尊知大愛心有大利益而告之曰善哉善哉汝為利益隨汝意說

尒時大愛蒙佛聽許而白佛言我與眷屬住於大海多見衆生陷於海難慈念此等欲說陁羅尼令彼海難無能為害世尊若有善男子善女人乃至苾芻苾芻尼優婆塞優婆夷等聞此陁羅尼讀誦受持及得聞我我眷屬等名者所有大海一切危難悉皆解脫尒時大愛承佛威力即說陁羅尼曰

怛鞥切身他引一祖嚕祖嚕二吐薗達哩引三摩賀引謗哥悉體二合帝引四酤引你瑟哥二合引你瑟計二合五阿那護六拶鉢黎引七祖嚕祖嚕八三滿多跋捺哩二合引九阿屹你二合作訖里二合引十作訖囉二合多朗十一補囉擬你引娑嚩二合引賀引十二

尒時大愛海神承佛聖言說此陁羅尼已歡喜踴躍禮佛而退

佛說大愛陁羅尼經

佛說大愛陀羅尼經

校勘記

一　底本，金藏廣勝寺本。

一　八三九頁中一行至本頁下二〇行序文，諸本無。

一　八三九頁中二一行經名，石作「佛說大愛陁羅尼經一卷」。卷末經名同。

一　八三九頁中二二行譯者，徑、清作「宋西天譯經三藏朝散大夫試光禄卿明教大師法賢奉詔譯」。

大宋新譯三藏聖教序

御製

大矣哉我佛之敎也化導群迷闡揚
宗性廣博宏辯英彦莫能究其旨精
微妙説庸愚豈可度其源義理幽玄
眞空莫測包括萬象譬喻無垠綜法
網之紀綱演無際之正敎拔四生於
苦海譯三藏之祕言天地變化乎陰
陽日月盈虧乎寒暑大則説諸善惡
細則比於恒沙含識萬端弗可盡述
若窺像法如影隨形雖六情以長存
歷千劫而可久須彌納藏於芥子如
來坦蕩於無邊達磨西來法傳東土
宣揚妙理順從指歸彼岸菩提愛河
生滅用行於五濁惡趣拯溺於三業
途中經垂世以難窮道無私而永泰
雪山貝葉若銀臺之耀目歲月煙蘿
起香界之自遠巍巍罕測杳杳難名
所以道資十聖德被三賢至道起於
乾元衆妙生乎太易惣繁形類竅鑿
昏明絶彼是非開兹蒙昧有西域法
師天息災等常持四忍早悟三乘翻
貝葉之眞詮續人天之聖敎芳猷重
啓運偶昌時潤五聲於文章暢四始
於風律堂堂容止穆穆輝華曠劫而
昏墊重明玄門昭顯執迷而彌光妙
法淨界騰音利益有情俱登覺岸無
成障礙救諸疲羸冥昧慈悲浩汗物
表柔伏貪佷啓滌昏愚演小乘聲聞
合其儀論大乘正覺立其性含靈悟
而蒙福藏敎缺而重興幻化迷途火
宅深喻雖設其敎不知者多善念生
而無量積惡業興而隨緣皆墮調
御四衆積行十方澍花雨於金輪護
恒沙於玉闕有頂之風不可壞無際
之水弗能漂澄寂湛然圓明清淨之
智慧性空無染妄想解脫之因緣可
以離煩惱於心田可以得清涼於宇
宙朕懃非博學釋典微開豈堪序文
以示來者如爝螢爝火不足比之於
映日將微蠡量海未能窮盡於深淵
者哉

佛説妙吉祥菩薩陀羅尼
佛説無量壽大智陀羅尼
佛説宿命智陀羅尼

佛說慈氏菩薩陀羅尼

佛說虛空藏菩薩陀羅尼

佛說妙吉祥菩薩陀羅尼

西天譯經三藏朝散大夫試光祿卿明教大師臣法賢奉　詔譯

稽首最上普偏智　如來應供正等覺
心意清淨無等等　神通無礙未曾有
善能周徧十方界　隨根化度諸群生
稽首文殊大尊師　善除塵垢心已淨
無量功德裝嚴身　廣說妙法濟群品
天龍大力修羅等　悉皆捧足而頂禮

妙吉祥菩薩陀羅尼曰
那謨引曼儒如祖切瞿沙引野一摩
賀引冒地薩埵引野二摩賀引哥
引嚕尼哥引野三尾尾馱阿播引
野誐底四縛珂尾那引囉拏引野
五怛䩛切身下同他六引唵引善引善七引
摩賀引末尼八嚕嚩囉割邏波九
尾嚩怛囉二合十目訖多二合那摩十一
阿引朗訖哩二合多設嚫引囉十二
波囉摩薩埵謨引左哥十三怛他引
誐多酤引舍達囉十四鉢囉二合嚩囉
達哩摩二合臘没陀二合尾惹仁左切野十五
蘇囉多三菩吾引鉢那哩沙二合哥
十六訖㗚二合舍婆引囉鉢囉二合設
摩哥十七戍䭾多引達哩摩二合鉢
婆引嚩引努婆引黎八引十摩賀引
冒提薩埵嚩囉那十九嚩囉難捺
那二十奄引摩賀引播引舍鉢囉
二合娑囉一二十三摩三磨引難多引
三滿多跋捺囉二合十二二三滿多鉢囉
二合娑囉三十一娑囉娑囉一二十呼引呼
引二十五曼惹囉嚩二十六摩賀引嚩目
囉二合揭捺誐二合十七二親那親那二十八
頻那頻那九二十尾囉惹尾囉惹三十
骨哥哩謨引二合鉢設摩一三十哥囉哥
囉二三十酤嚕酤嚕三三十度嚕度嚕
四二十達囉達囉五二十突突突突六二十
摩賀引十七二謨引賀野八三十謨
引賀野九三十善引善十引一四眈引摩眈
引摩一四十難那難那二四十娑囉娑囉
三四十摩賀引冒地薩埵四四十謨左野
五四十未摩引那他六四十未縛室哩二合
多引十七四播引野誐底八四十訥珂窣元
那那九四十摩賀引哥引嚕尼哥十五
訥詰都引欣呼郎切下同五十一未那引吐
欣二五十薩囉儒仁祖切欣三五尾尾
訖都引二合欣四五十骨細引度欣五十
摩囉拏達哩謨引二合欣六五十怛鑁
二合跋誐鑁引七五訥詰多引喃八五引
十八窣珂那過那他引喃九五引十
娑引末哩他二合揭囉六十薩囉
惹娑引喃引十一六尾囉惹塞哥
一合囉二六十烏波訥嚕二合多引
喃引三十六薩哩舞引二合鉢捺囉二合
嚩訥珂四六十鉢囉二合設摩哥六十
五尾尾訖多二合喃引十六薩哩
嚩二合酤舍羅達哩摩二合三婆
引囉七六引波哩布引囉野多六引
十八骨細引那引喃引摩賀引尾
哩也二合那引多十九六摩囉拏達
哩摩引二合拏七十阿蜜哩二合多播
引那那引多一十七末摩引必婆
誐鑁引二十七那引吐引婆嚩七十二
設囉拏四七十鉢囉引野拏五七十
怛囉二合引多六十七引薩哩嚩二合訥
珂引你彌引那引舍野七十七薩哩
嚩二合訖㗚引二合舍囉惹洗彌十八引
阿波那野七十九薩哩嚩二合哥哩
摩二合阿嚩囉拏八十波哩嚩二合

多引你彌十一八尾詣引囉拏八十二
薩哩嚩二合酤舍畢達哩摩二合三
婆引囉八十三波哩布引哩引酤嚕
八十四摩賀引冒地薩埵八十五細引
尾多味引哩也二合八十六播引囉
彌多引喻引惹野八十七尾囉引
誐八十八尾囉惹達哩摩二合倪
也二合引那八十九鉢囉二合布引囉
野九十馱引囉野馱引囉尼
引九十一三摩珂九十二三摩惹羅你提
九十三三摩彌引嚕九十四薩摩賀引
冒地薩埵九十五嚩囉那九十六嚩
囉那娑嚩二合引賀引九十七

佛說妙吉祥菩薩陀羅尼

佛說無量壽大智陀羅尼

[illegible]

那謨引婆誐嚩帝引阿波哩
彌多引喻二倪也二合引那酥尾你
室嚩二合多三帝引儒切作相囉引
惹切作左野四怛他引誐多引野五

過囉賀二合帝引三藐訖三合沒
馱引野六怛他切身他引七唵引
薩哩嚩二合僧塞哥二合引囉八波
哩秫馱達哩摩二合帝九引誐誐那
三毋訥誐二合帝引十莎婆引嚩
秫提十一摩賀引那野十二波哩
嚩引哩引娑嚩二合引賀引十三

佛說無量壽大智陀羅尼

佛說宿命智陀羅尼

[illegible]

那謨引婆誐嚩帝引阿錫吠夜二合
引野一怛他引誐多引野二阿囉
曷二合帝引三藐訖三合沒馱引
野三怛他切身他引四唵惡刹曳引
惡刹曳五引惡刹野引嚩囉拏六尾
輸引達你引娑嚩二合引賀七引

佛說宿命智陀羅尼

佛說慈氏菩薩陀羅尼

[illegible]

怛他切身他引悉哩悉哩二娑囉
娑囉三酥嚕酥嚕四達囉達囉
五左囉左囉六摩賀引左囉七婆
囉婆囉八摩賀引婆囉九紺波紺
波十摩賀引紺波十一吽引末娑囉
達哩摩二合阿屹囉二合娑引誐囉
娑嚩二合引賀引十二

佛說慈氏菩薩陀羅尼

佛說虛空藏菩薩陀羅尼

[illegible]

那謨引尾補羅那曩一鉢囉二合
婆引哩多二那野那引嚩婆引娑
二酥囉儞叉多四誐誐那曼拏羅
五拽曷引阿引哥引舍誐哩婆二合引
野六誐誐那悟引左囉引野七薩
哥羅部引嚩拏曼拏羅八嚩舍
拽帝黎二合引九唵引莎悉帝二合末
邏引叱尾補囉三婆嚩十達哩摩

二合馱引覩悟引左囉引娑嚩二合引賀一引十

佛說虛空藏菩薩陁羅尼

佛說妙吉祥菩薩陀羅尼
佛說無量壽大智陀羅尼
佛說宿命智陀羅尼
佛說慈氏菩薩陀羅尼
佛說虛空藏菩薩陀羅尼

校勘記

一　底本，金藏廣勝寺本。

一　八四一頁中一行至本頁下二〇行序文，諸本無。

一　八四一頁下二一行至次頁上三行經名，磧、徑無。

一　八四二頁上三行經名，石作「佛說妙吉祥菩薩陁羅尼一卷」。八四三頁上一四行經名同。

一　八四二頁上四行譯者，資、磧、普作「三藏法師法賢奉詔譯」；南、徑、清作「宋三藏法師法賢奉詔譯」。以下各經譯者同。

一　八四二頁上七行首字「善」，資、磧、普、南、徑、清作「普」。

一　八四三頁上一五行經名，石作「佛說無量壽大智陁羅尼一卷」。本頁中八行經名同。

一　八四三頁中九行經名，石作「佛說宿命智陁羅尼一卷」。本頁中末行經名同。

一　八四三頁下一行經名，石作「佛說慈氏菩薩陁羅尼一卷」。本頁下一〇行經名同。

一　八四三頁下一一行經名，石作「佛說虛空藏菩薩陁羅尼一卷」。次頁上末行經名同。

佛說尊那經

西天譯經三藏朝散大夫試光祿卿明教大師臣法賢奉詔譯

如是我聞一時世尊在憍睒弥國瞿師羅林中尒時有大尊者名曰尊那來詣佛所到已致敬頭面禮足住立一面而白佛言世尊無盡功德還可得不唯願世尊爲我敷演尒時世尊告大尊者尊那言善哉善哉汝能問於如來無盡功德汝今諦聽當爲汝說尊那此無盡功德甚深微妙名稱普聞若人歸心獲大果報而此功德乃有七種名聞普徧甚深廣大若善男子善女人發至誠心能具足此法是人於四威儀中恒得增長無盡功德所增功德不可思議不可稱量何等爲七尊那若有善男子善女人發大信心布施園林池沼充四方衆僧經行遊止尊那此是第一無盡功德有大果報得大稱讃名聞普徧甚深廣大若善男子善女人能具足此法是人於四威儀中恒得增長無盡功德所增功德不可思議不可稱量

復次尊那若有善男子善女人發大信心於彼林中建立精舍令衆僧安止尊那此是第二無盡功德有大果報乃至名聞普徧甚深廣大若善男子善女人能具足此法是人於四威儀中恒得增長無盡功德所增功德不可思議不可稱量

復次尊那若有善男子善女人發大信心於彼衆僧精舍之内布施坐臥之具所謂牀椅氈褥衣被種種受用之物尊那此是第三無盡功德有大果報乃至名聞普徧甚深廣大若善男子善女人發至誠心能具足此法是人於四威儀中恒得增長無盡功德所增功德不可思議不可稱量

復次尊那若有善男子善女人發大信心於彼精舍之内能布施財穀供養衆僧尊那此是第四無盡功德有大果報乃至名聞普徧甚深廣大若善男子善女人發至誠心能具足此法是人於四威儀中恒得增長無盡功德所增功德不可思議不可稱量

復次尊那若有善男子善女人發大信心能於往來衆僧常行布施所須之物尊那此是第五無盡功德有大果報乃至名聞普徧甚深廣大若善男子善女人發志誠心能具足此法是人於四威儀中恒得增長無盡功德所增功德不可思議不可稱量

復次尊那若有善男子善女人發大信心於病苦者能行布施及看病者亦行布施尊那此是第六無盡功德有大果報乃至名聞普徧甚深廣大若善男子善女人發至誠心能具足此法是人於四威儀中恒得增長無盡功德所增功德不可思議不可稱量

復次尊那若有善男子善女人發大信心或見霜雪嚴凝風雨寒冷而見是已便能修撰種種飲食湯藥臥具衣物鞋履等於衆僧中供給供養如是衆僧風雨不侵不受寒冷承是供養得大安樂尊那此是第七無盡功德有大果報乃至名聞普徧甚深廣大若善男子善女人發志誠心能具足此法是人於四威儀中恒得增長無盡功德所增功德不可思議不可

稱量尊那如是七種無盡功德法若有善男子善女人發至誠心具足此法所獲無盡功德不可思議不可稱量功德甚多名大功德蘊尊那譬如五大河恒流其水所謂殑伽河閻母那河薩囉喻河愛囉嚩帝河末呬河而此河水不可限量如是河水乃至盛水之器百數千數百千億數其水甚多名為水蘊無盡功德亦復如是尊那此七種無盡功德法悉皆具足是善男子善女人所獲功德不可思議不可稱量具大名聞及大果報功德甚多名為大功德蘊

尒時大尊者尊那復白佛言世尊此無盡功德若人具足此法是實不虛獲大果報具大稱讚名聞普徧甚深廣大佛告大尊者尊那言如汝所說實獲此無盡功德果報如是

佛言尊那復有七種無盡功德法有大果報具大稱讚名聞普徧甚深廣大若善男子善女人發至誠心能具足此法是人於四威儀中恒得增長無盡功德所增功德不可思議不可

稱量何等為七

尊那若有淨信善男子善女人聽聞如來或聞聲聞眾在彼聚落或在城隍經行遊止聞如是已生大歡喜起大善意發菩提心尊那此是第一無盡功德法有大果報具大稱讚名聞普徧甚深廣大若善男子善女人能具足此法是人於四威儀中恒得增長無盡功德所增功德不可思議不可稱量

復次尊那若有淨信善男子善女人聽聞如來及聲聞眾或往聚落或詣城隍聞如是已生大歡喜起大善意發菩提心尊那此是第二無盡功德法有大果報乃至名聞普徧甚深廣大若淨信善男子善女人能具足此法是人於四威儀中恒得增長無盡功德所增功德不可思議不可稱量

復次尊那若有淨信善男子善女人聽聞如來或聲聞眾在於路次聞如是已生大歡喜起大善意發菩提心尊那此是第三無盡功德法有大果報乃至名聞普徧甚深廣大若善男

子善女人能具足此法是人於四威儀中恒得增長無盡功德所增功德不可思議不可稱量

復次尊那若有淨信善男子善女人聽聞如來或聞聲聞眾到於聚落或到城隍聞如是已生大歡喜起大善意發菩提心尊那此是第四無盡功德法有大果報乃至名聞普徧甚深廣大若善男子善女人能具足此法是人於四威儀中恒得增長無盡功德所增功德不可思議不可稱量

復次尊那若有淨信善男子善女人聽聞如來及聞聲聞眾或於聚落或在城隍自往親近禮拜瞻仰獲瞻仰已生大歡喜起大善意發菩提心尊那此是第五無盡功德法有大果報乃至名聞普徧甚深廣大若善男子善女人能具足此法是人於四威儀中恒得增長無盡功德所增功德不可思議不可稱量

復次尊那若有淨信善男子善女人到於佛所或至聲聞所禮拜瞻仰聽聞妙法聞是法已生大歡喜起大善

意發菩提心尊那此是第六無盡功德有大果報乃至名聞普徧甚深廣大若善男子善女人能具足此法是人於四威儀中恒得增長無盡功德所增功德不可思議不可稱量

復次尊那若有淨信善男子善女人於如來所或聲聞所聞是法已起大善意歸佛法僧歸三寶已乃至受於如來清淨戒法尊那此是第七無盡功德法有大果報乃至名聞普徧甚深廣大尊那若善男子善女人發至誠心能具足此法是人於四威儀中恒得增長無盡功德所增功德不可思議不可稱量

尊那如是七種無盡功德法若有善男子善女人能具足此法所獲功德不可限量尊那此七種無盡功德法若有善男子善女人發至誠心能具足此法所獲無盡功德不可限量如是功德名聞稱讚及大果報功德甚多名爲大功德蘊

復次尊那譬如有五大河恒河其水所謂殑伽河閻母那河薩囉喻河愛

囉縛帝河末呬河而此河水不可限量如是河水乃至咸水之器百數千數百千億數其水甚多名爲水蘊無盡功德亦復如是

尊那此七種無盡功德法悉皆具足是善男子善女人所獲功德不可思議不可稱量具大名聞及大果報功德甚多名爲大功德蘊尒時世尊而說頌曰

清淨修禪行　雅修聖跡中　採寶無過海
如河濟有情　河水無邊際　衆流還復源
布施獲多福　如河常流海

尒時大尊者尊那聞佛說已歡喜作禮信受奉行

佛說尊那經

乙巳歲高麗國大藏都監奉
勑彫造

佛說尊那經

校勘記

一　底本，麗藏本。

一　八四五頁上一行經名，石作「佛說尊那經一卷」。卷末經名同。

一　八四五頁上二行譯者，資、磧、普、南作「三藏法師法賢奉詔譯」；徑、清作「宋西天譯經三藏朝散大夫試光祿卿明教大師法賢奉詔譯」。

一　八四五頁下二二行第五字「人」，磧作「入」。

一　八四六頁中五行第九字「此」，資、磧、普、南、徑、清無。

一　八四七頁上末行「閻母那」，資作「閻母那」。

大宋新譯三藏聖教序

御製

大矣哉我佛之教也化導群迷闡揚宗性廣博宏辯英彥莫能究其旨精微妙說庸愚豈可度其源義理幽玄眞空莫測包括萬象譬喻無垠綜法網之紀綱演無際之正教拔四生於苦海譯三藏之祕言天地變化乎陰陽日月盈虧乎寒暑大則說諸善惡細則比於恒沙含識萬端弗可盡述若窺像法如影隨形離六情以長存歷千劫而可久須彌納藏於芥子如來坦蕩於無邊達磨西來法傳東土宣揚妙理順從指歸彼岸菩提愛河生滅用行於五濁惡趣拯溺於三業途中經垂世以難窮道無私而永泰雪山貝葉若銀臺之耀目歲月煙蘿起香界之自遠巍巍罕測杳杳難名所以道資十聖德被三賢至道起於乾元象妙生乎太易揔繁形類竅鑿昏明絶彼是非開茲蒙昧有西域法師天息災等常持四忍早悟三乘翻貝葉之眞詮續人天之聖教芳猷重啓運偶昌時潤五聲於文章暢四始於風律堂堂容止穆穆輝華曠劫而昏墊重明玄門昭顯軌範而彌光妙法淨界騰音利益有情俱登覺岸無成障礙救諸疲羸冥昧慈悲浩汗物表柔伏貪佷啓滌昏愚演小乘聲聞合其儀論大乘正覺立其性含靈悟而蒙福藏教缺而重興幻化迷途火宅深喻雖設其教不知者多善念生而無量潛臻惡業與而隨緣皆墮調御四衆積行十方澍花雨於金輪護恒沙於玉關有項之風不可壞無際之水弗能漂澄寂湛然圓明清淨之智慧性空無染妄想解脫之因緣可以離煩惱於心田可以得清涼於宇宙朕懃非博學釋典微聞豈堪序文以示來者如爝螢爝火不足比之於映日將微蠡量海未能窮盡於深淵者哉

大正句王經卷上

西天譯經三藏朝散大夫試鴻臚卿傳教大師臣法賢奉　詔譯

如是我聞一時尊者童子迦葉在憍

薩羅國遊行次第至於尸利沙大城之北尸利沙林鹿野園中止住是時有王名大正句都尸利沙城其王先來不信因果每作是言無有來世亦無有人復無化生常起如是斷見
尒時尸利沙大城中有大婆羅門及長者主等互相謂曰云何此沙門童子迦葉來至此城之北尸利沙林鹿野園中是時尊者迦葉於彼城中名稱普聞而彼城中一切人民素聞迦葉善說法要常說種種深妙之義巳得無病常行頭陁是即應供是大阿羅漢今既來此我等宜共往詣彼林禮覲供養於是城中大婆羅門及長者等咸出城共往詣尸利沙林鹿野園中欲伸參問
尒時大正句王在高樓上遙見城中婆羅門長者等同共出城行詣城北往尸利沙林鹿野園中王既見巳問侍臣曰云何城中婆羅門長者同共出城詣尸利沙林鹿野園中侍臣白王有一沙門名童子迦葉遊化至此大城之北尸利沙林鹿野園中而為

第三張　陪字

止住是故城中諸婆羅門及長者等同共出城禮覲供養王聞所奏即謂侍臣汝可往彼宣告彼衆婆羅門及長者等汝宜且止須臾小待我今速至當與汝等同共往彼禮覲沙門童子迦葉何以故如我意者或恐汝等婆羅門長者為彼沙門童子迦葉邪法引導不依智識妄稱有人及有他世復有化生時彼侍臣受王勑巳往婆羅門長者處宣示王勑謂彼衆言正句大王宣告汝等且止須臾我當速至與汝同往禮覲沙門童子迦葉人衆受勑不敢前進尒時侍臣傳王命巳復還王處而上奏言臣適奉命往婆羅門長者衆處具傳聖旨令婆羅門與長者等且止須臾王今速至當與汝等同禮沙門童子迦葉彼衆奉命巳止不進時正句王嚴整車駕出於宫城與婆羅門及長者衆同共往詣尸利沙林鹿野之園王心憍慢所乘車駕至不通處方乃下車徒步而進行至園中尊者住處時正句王與婆羅門長者衆等見於尊者童子

第四張

迦葉初未信重不甚恭肅王與尊者互伸問訊退坐一面時婆羅門長者衆等見王如是亦微鄭重咸共相與圍繞而住
尒時大王即伸問言尊者迦葉當聽我語如我意者無有來世復無有人亦無化生我意如是尊者云何迦葉荅言王若樂聞如是正義先當誠心諦信而住王即報言唯然受教
尒時迦葉告大王言王見日月為有無耶此世來世於理顯然不委大王當云何見當云何聞王言迦葉若此日月此世來世如我見聞同於尊者迦葉復言如王所見日月為有來世亦然大王不應執如前見迦葉復言大王如沙門婆羅門乃至應供世間解等須知定有若因若果此世來世以智自通如實了知大王不應如前執於斷見尒時大王迷執未省謂迦葉言汝今云何作如是言如我意者實無來世而汝迦葉勿復強言
復次迦葉報大王言即今王身為有無耶如王此身以為有者云何斷見

大正句王經卷上　第五張　陪字號

言無來世當以何喻證於此理大王
荅言尊者迦葉我今有喻證於此
理今身是有來世即無王言迦葉如
我親屬或淚疾病緾綿既久將趣命
終我時往彼問訊告言汝病深重定
知不可若是殞歿切有相囑我聞沙
門及婆羅門先有是言若人破戒造
惡業者命終之後墮於地獄如沙門
婆羅門等言若真實汝等親屬命終
之後必墮地獄何以故汝諸親屬破戒
造罪以此當知定落惡趣若在惡趣
當遣使來或復自來告語於我今在
地獄極受苦楚汝若來報我必往救
但有去人曾無來者迦葉如我之意
以此為喻定無來世
迦葉報言大王此喻雖陳未為正說
我今問王譬如有人犯於王法為巡
守者執之將至王所而白王言是人
違犯如是之罪不敢隱覆王聞所奏
即勑有司令將罪人及縛兩手牢固
其身駈往四衢多人聚處鳴鼓告示
今此罪人犯如是法東西南北徧於
城內咸使聞知後將出城依法處斷

有司奉命即將罪人反縛兩手牢固
其身駈往四衢多人聚處鳴鼓告示
今此罪人犯如是法東西南北徧於
城內准王宣命處處告示仕庶知已
駈領出城依法處斷如此罪人臨赴
法時告監守言願垂哀愍放我少時
暫至家中辭別親屬大王彼監守人
還敢暫放令歸家不王言不也迦葉
設使此人種種哀切彼監守人亦不
敢放何以故王法所錄無容暫赦尊
者迦葉復言大王王諸親屬以罪業
故命終之後墮地獄中以其罪業常
受苦楚是諸罪人告其獄卒乞暫相
放還歸人間至於王所求王救苦大
王是地獄卒還肯放不王言不也迦
葉復言大王義同世間無暫放理大
王勿將此喻同於來世執斷見者非
為正理是故當知有今世者定有來
世乃至沙門婆羅門應供世間解以
智自通了知真實不應更執如前之
見王復報言尊者迦葉斯言非當我
意未允不應更言實有後世
復次迦葉報大王言王意如是勿更

有喻可為證耶王言迦葉我今更有
親屬之喻可以為證迦葉如我親屬
淚於重病將其命斷還當付囑告病
人言我聞沙門及婆羅門常作是說
若人持戒修諸善法或有惠施三輪
清淨見他殊勝不生嫉意是人命盡
生於天界若彼沙門及婆羅門所言
誠實汝之命終必生天界何以故我
觀於汝常具戒品及修善法三輪清
淨而行惠施仍於他勝不生嫉意以
此當知定生天界若得生天當遣使
來或復自來用報於我即今已得生
於某天受於快樂迦葉我諸親屬若
實生天必來相報云何親屬但見終
歿無來報者以此當知定無來世迦
葉告大王言我今亦欲重說譬喻令
王得見實有來世大王譬如穢坑臭
不可近時有一人悞墮其中臭穢難
堪方便得出身既出已即用諸香煑
水沐浴復以塗香以塗其身身既香
潔又以殊妙迦尸迦衣及珎寶花鬘
莊嚴其身住於家中受其快樂大王
於意云何如是之人還復樂入前穢

坑不王言不也迦葉彼穢惡坑人非
所樂迦葉復言大王彼人生天亦復
如是既得生天豈復更思還來人間
復次大王人間百年等忉利天是一
晝夜大王親屬修諸善法既生天界
晝夜受樂豈復更思還來報王我
生天界晝夜受樂大王汝與天人壽
命長短爲相等不王言不也迦葉迦
葉復言大王天界人界本自懸隔不
應如愚顚望相報然後方可信有後
世大王彼沙門婆羅門應供世間解
乃至後世須知實有可以自智如實
了知不應更作無後世見王報迦葉
如尊者言亦未可信何以故所云人
間百年等忉利天爲一晝夜有何人
來告語於汝人間百年等忉利天爲
一晝夜迦葉復言如王所見喻生盲
人何以故生盲之人本自不見青黄
赤白細妙麁惡長短色相便作是言
本無如是青黄赤白細妙麁惡長短
色相又言我亦不知我亦不見是生
盲人以已不見便乃執云本無如是
青黄赤白乃至長短色相大王勿同

生盲執無色相王言迦葉如我意者
而彼天界若實有者我即言有既實
本無云何令我説云實有復言迦葉
汝非善人何以故我見本正云何喻
我同彼生盲迦葉汝前所説生天等
事我實不信若信此言如食毒藥如
刃臨身如上山墜身自害其命如是
諸惡我皆遠離

復次迦葉報大王言我念往昔有婆
羅門家中巨富又乃耆年唯有一子
年才十六母即喪亡彼婆羅門不能
鰥獨遂再婚娶未久之間妻乃有娠
妻未生産其婆羅門尋亦命終於是
其子白繼母言家中財物金銀珎寶
乃至一切受用之具悉屬於我更無
別人分我財物時彼繼母聞子語已
即告子言我今所懷汝父遺體待其
長育與汝均分其子時復再言其事
母起思念此子年幼情性癡騃雖與
深言未能分曉又以貪惜欲疾從身
多設方便求於速産日月未滿返損其
孕大王彼之女人以貪嫉故返損其
孕大王今者以愚癡故起於斷見王

復報言迦葉尊者莫如前言持戒修
善及行惠施命終之後得生天上壽
命長遠常處快樂我實不信我今若
信迦葉之語是食毒藥是受刀劒是
墜高山自害其命云何迦葉堅作是
語如我之意定無有人無有後世亦
無化生

復次迦葉告大王言莫復有喻證於
斯事王言迦葉我復有喻證於斯事
知無有人無有後世亦無化生迦葉
如我親屬或染重病我即往彼安慰
問訊命未斷者還與我語説其苦惱
及命終已無有與我説苦惱者以此
可知定無後世亦無化生迦葉告言
我念往昔有一聚落其中人民不識
螺相亦復未曾聞其螺聲忽有一人
從外而來到彼聚落而便止住是人
常持一螺以爲功業每日執螺詣於
聖像鳴螺供養供養已訖復還住處
時聚落中一切人民忽聞螺聲咸悉
驚怪互相謂曰此是何聲我等衆人
本所不聞大王時聚落中一切人衆
共往螺處問彼螺言尔從何來可依

實荅若不言實我當破汝螺知我意速說其由大王彼人民衆於其螺相及與螺聲本所不見本所不聞欲使其螺共為問荅螺既無情豈能言荅何以故亦如大王與命終人欲共言論人既命盡豈能再言大王不應執如是見謂無有人及無後世亦無化生迦葉復言有沙門婆羅門具天眼者以淨天眼悉見於人死此生彼受身好惡端正醜陋或得生天或墮惡趣大王如是等事皆可為證不應更言無有後世亦無化生王言迦葉雖說此喻我意未允如我之見定無有人亦無化生及無後世

復次迦葉告大王言若如是者復有何喻可證無人亦無後世及無化生王言尊者譬如官吏執法理人及廿臨蒞自違條制後被彈奏王遂具知乃勑法司將犯罪人依法斷理王復命言彼犯罪人可縛雙手將赴法處而苦治之以繩繫縛秤秤輕重割皮削肉懸置異處是人命在知其痛苦若命已斷自無聲息又彼罪人命未斷時身即柔軟命既斷已其身殭硬至於輕重死活不同尊者我以此知定無來世亦無有人復無化生迦葉復言大王於意云何譬如鐵丸亦有輕重軟硬之異其鐵熱時體輕而軟其鐵冷後體重而硬大王有情無情皆稟四大以彼四大有其合散是有軟硬冷熱之異勿將此理比於後世及化生等大王須知實有彼沙門婆羅門或具天眼者見於衆生死此生彼乃至端正醜陋或生天上或墮惡趣悉可證知實有來世及化生等王言尊者如汝所言未為誠信我之意者實無有人無有後世亦無化生

大正句王經卷上

大正句王經卷上

校勘記

一 底本，金藏廣勝寺本。

一 八四八頁中一行至本頁下二〇行序文，石、資、普、南、徑、清無。

一 八四八頁下二二行譯者，徑、清作「宋西天三藏朝散大夫試光祿卿明教大師法賢奉詔譯」。卷下同。

大正句王經卷下　陪

西天譯經三藏朝散大夫試光祿卿明教大師臣法賢奉　詔譯

復次迦葉告大王言勿更有喻證彼無人及無後世亦無化生王言我復有喻可證斯理尊者譬如有人犯極重罪近臣知已即白於王令有此人犯極重罪王既知已乃令所司捉縛罪人依法斷理法司奉命即將罪人縛其兩手鑊中煎煑復宣令曰待其糜爛徹見骨已可於鑊中以杖翻攪子細尋覔彼後世人及化生等出入之者法司奉命一依王旨至糜爛時乃於鑊中翻攪尋覔終不見有後世之人及化生等出入之者乃至展轉重重尋覔亦終不見王言尊者以此喻知實無有人無有後世亦無化生於是迦葉告大王言大王譬如有人於眠睡時夢一殊勝園林園中乃有種種樹木花果茂盛池沼清潔其人夢中甚可愛樂大王是彼園林為實有不又復看翫及彼出入為是實不王言不也迦葉如夢所見皆非真實

迦葉報言亦如大王所執斷見非為真實大王要須誠諦知實有人有後世有化生乃至實有沙門婆羅門具清淨天眼超越世間見諸衆生死此生彼端正醜陋或得生天或墮地獄斯是真實不應更執如前斷見王言尊者云何重重作如是說如我之意定知無人無有後世亦無化生

復次迦葉報大王言復有何喻可證無人無有後世復無化生王言尊者我復有喻以證斯理譬如有人執行王事自違條格近臣奏聞王乃具知令付法司鞫問情實其罪既重宣令害治即使先割皮肉後斷筋脉折骨挑髓尋覔於人及化生者法官奉命准法施行如王所言不敢違越一一次第於皮肉筋脉骨髓之內尋覔於人及化生等始終不見有人及化生等尊者以此喻知實無有人亦無化生復無後世迦葉告言大王我念昔時有一道人住於山中時有商人將多車乘載於財貨近道人菴止宿而去時彼道人乃於明旦觀彼宿處恐

遺財物果於是處見一童子纔離乳
哺未識東西是衆商人之所遺墜道
人慈愍恐彼童子飢渴所擯捋歸菴
中如親養育而彼道人事火爲行常
專其心添續柴薪未曾斷滅以彼童
子日來月往漸漸長大年十五六道
人思惟童子長大堪可委付一日道
人以緣事故當入城隍暫拋菴所即
誡童子我有事緣要須暫出菴中之
火如我每日添續柴薪勿令斷滅言
訖便行道人既出童子癡騃由貪戲
翫爲貪戲故忘其事火以無添續火
遂斷滅尒時童子見火滅已收拾柴
薪積於爐內發言祝曰汝火速出若
火不出我當壞汝是彼童子苦切求
哀火終不出火不出故更發惡言火
不出者亦當打汝是時童子求火不
出心即憂怖道人歸來必當辱我往
在一面思惟火事道人事畢歸還菴
中見子黙坐便知火滅謂童子言汝
貪放逸致火滅耶童子答言我暫忘
失火已滅矣火滅之後積薪於爐以
善惡言祈火不出道人言曰汝甚癡

騃火若滅已得火方燃未聞積薪於
冷灰中有火自出設汝爐中積無量
薪作多方便徒自疲勞無由得火大
王而此童子於火滅後灰中求火亦
如大王愚迷不迴於死屍中搜求於
人及化生者妄執無人起於斷見大
王應須知實有人及有化生有於後
世王言尊者莫如此言我或從汝言
有後世必爲人譏何以故今此都人
便作是語王自昔來不信因果常作
是語云無後世及無有人亦無化生
今日却隨迦葉所化迦葉復言大王
我念往昔有二商主皆有財實一國
無過後於一時相約爲侶同往他邦
貨鬻求利是二商主各集商人以爲
伴侶於是各各多裝車乘排比鞍馬
同日上路行赴前程去國既遙艱嶮
在近一人商主素知此路前有艱嶮
告一商主言汝今知不前路艱嶮無
有人煙商衆既多宜其預備二主議
已一主先行意在少人所須易足所
有米麪飲食之用乃至柴薪皆亦持
去前行之次忽逢一人相迎而來身大

黑色兩目皆赤頂髮稀疎衣服襤縷
駕一驢車其狀如鬼商主問言仁者
前路還有飲食柴薪等不彼人荅言
前路之中甚有飲食柴薪等物皆悉
無乏汝之所載咸可弃之免汝前行
爲重所滯是時商主聞此語已謂商
衆曰汝等人衆咸聞所言前路之中
飲食等物既不乏少何用賷持分外
之物困於車馬商主及伴皆非智人
便以所持弃之而去行第一日至於
日没唯有曠野不逢人煙四顧杳然
無所取給飲食既乏悉受飢渴忍苦
終夜強復前進於第二日又行至夜
但在曠野餘無所覩商衆共議前所
逢者恐其相負定知是鬼我等無智
便信彼言被妄惑人以致如是至第
三日人馬俱乏悉不能進相顧無語
待死而住彼一商主隔日而進亦逢
是人相迎而來乃問言曰前路之中
還有飲食所須物不彼人同前一一
妄說飲食所須皆不乏少何用所持
重滯車馬是物可弃汝宜知之後一
商主智慧聰明凡所施爲必先思慮

素知此路有大曠野艱嶮之處度其
地里嶮難非遠又察是人願負不常行
孚麁惡或恐娭妄不可信之与諸商
人議論而進至第三日忽於路次見
前商主及衆商人飢乏而住顧問所
以果是亦逢醜惡之人娭妄所悞商
衆共議即以所持飲食之分均分相
濟令彼商衆同度艱嶮大王彼一商
主以愚癡故信彼娭妄致於嶮路受
大苦惱大王以愚癡故自執斷見必
於長夜受大苦惱
尒時大王聞此語已告尊者言勿復
引喻我心不迴所以者何恐彼國人
謂我無定正句大王常作是語實無
有人及無化生亦無後世今日翻為
迦葉所化是故我今不易前見
尒時迦葉又告王言昔有二人薄有
財賄結伴經營錢物雖殊有利相報
結契已定擇日方行不日之間便達
他國彼地多麻價賤可販二人議畢
出錢收買如法裝結擔負而行言到
他邦有利即貨前至別國見兜羅綿
得利倍多可以迴麻作兜羅綿一人

有智尋易其麻買兜羅綿一人無智
謂同伴言我不易麻為兜羅綿何以
故以此麻擔用功裝結遠負而至是
故我實不能易也二人即日各負貨
物相次前進又至一國彼國多絲復
倍綿利彼有智者便貨其綿再易為
絲一無智者又說前言不能易麻更
求絲利二人持貨再復前行至一國
中疋帛至賤比於絲利倍數轉多其
有智者見利倍多便易其絲為於疋
帛一無智者由惜其麻自遠持來不
肯迴易二人負貨又復前行至一國
中唯有坑冶疋帛甚貴銀價至微易
帛為銀有百倍利一有智者賣帛買
銀期利百倍時無智者由謂此麻未
得厚價惜而不易彼一智者又聞人
言某國出金絕無有銀即呼伴云可
往彼國不經時序達彼國中時有智
者便易其銀還買黃金買得金已看
翫歡喜私自計云我昔離家錢物至
寡初始買麻已忻厚利不期至此獲
得黃金世之貴重不過於此將至家
鄉足以致富即呼伴言歲月只賒可

共還國隨其所得濟彼尊親時負麻
人謂同伴言我本買麻比望厚利及
其至此利轉輕微君今欲迴豈敢相
滯亦且擔負相逐而歸或遇價高隨
處貨賣議畢已擇日舊路而歸去國
匪遙宗親得信家人共出郊外相迎
忻喜非常各還所止獲金之家父母
妻兒問得何利家主報言得金可富
乃至宗親亦可給濟彼負麻者家人
亦問自尒經營當獲何利是人報言
唯得此麻更無別物家人聞已苦惱
其心謂彼人言似汝經營我等宗親
不免貧賤大王彼負麻人執性愚迷
雖覩真金不肯迴易致令親屬苦惱
長時亦如大王不自覺知執於斷見
長夜受苦後悔難追王聞此語告尊
者言我意不迴蓋有所以緣此國人
熟知我見著迴所執國人相議正句
大王常言無人無有後世亦無化生
今日翻為迦葉所化我定不能受斯
耻也迦葉報言大王我念往昔有不
律人畜養群猪求利為活忽往他處
覩糞穢多收拾負之欲將歸家以飼

群豢不期中路值雨淋漓穢汙滿身心便追悔大王彼不律人衆所輕賤以汙身故尚解迴心王覰尊位翻顧浮言專執其心不捨斷見

尒時迦葉復言大王我前種種巧説譬喻欲令大王捨於斷見知有後世及信三寶大王妄執強對於我今復為王更説譬喻汝若信者諦聽諦受善思念之王言尊者願為我説尒時迦葉告大王言我念往昔有猪名曰大腹時彼大腹引以群猪入深山野於山野中忽逢師子師子見猪告而言曰我是獸王汝速避路大腹報言令我避路事當不可要我鬭者必不相違且止須臾待我被甲時師子言汝何上族是何名字敢能如是索我相鬭所要被甲令隨汝意時彼大腹往穢坑中徧塗其身還師子前言與汝鬭是時師子報大腹言我是衆獸中王常以麞麃等獸而為食噉或劣弱者尚弃不食況汝不淨穢汙之身若與汝鬭實深汙我尒時師子即為大腹宣説偈言

汝本不淨身　今復加臭穢　汝意求鬭者

我即憧於汝

迦葉尊者報大王言王之所見由如彼猪與師子鬭我如師子先憧於汝時正句王聞尊者迦葉説是語已深心慙悔謂迦葉言尊者我從初聞日月喻時早已信伏但為欲聞尊者智慧辯才故以是言激引宣説唯願尊者察我誠心知我信伏誓願歸依迦葉尊者迦葉報言勿歸依我我歸依處謂佛法僧汝當歸依王復告言依尊者教歸佛法僧受近事戒從今已去誓不殺不盜不婬不妄復不飲酒終於身命持佛淨戒

尒時大王受化導已誠心向佛受三自歸永奉五戒與婆羅門長者等歡喜踊躍禮拜而退

大正句王經卷下

大正句王經卷下

校勘記

一　底本，金藏廣勝寺本。

一　八五四頁上八行第一一字「抛」，諸本作「拋」。

一　八五四頁中二〇行「預偹」，磧、普作「頂備」。

一　八五五頁上一四行「常作」，徑作「當作」。

一　八五五頁上二〇行「價賤」，資、磧、普、南作「價財」。

一　八五五頁中一三行第五字「治」，諸本作「治」。

一　八五五頁中末行第一二字「只」，資、磧、普、南、徑、清作「己」。

一　八五六頁上三行「汙身」，磧作「汗身」。

一　八五六頁上二〇行第一三字「或」，徑作「我」。

大宋新譯三藏聖教序

御製

大矣哉我佛之教也化導群迷闡揚宗性廣博宏辯英彥莫能究其旨精微妙說庸愚豈可度其源義理幽玄眞空莫測包括萬象譬喻無垠綜法網之紀綱演無際之正教拔四生於苦海譯三藏之祕言天地變化乎陰陽日月盈虧乎寒暑大則說諸善惡細則比於恒沙含識萬端弗可盡述若窺像法如影隨形離六情以長存歷千劫而可久須彌納藏於芥子如來坦蕩於無邊達磨西來法傳東土宣揚妙理順從指歸彼岸菩提愛河生滅用行於五濁惡趣拯溺於三業途中經垂世以難窮道無私而永泰雪山貝葉若銀臺之耀目歲月煙蘿起香界之自遠巍巍罕測杳杳難名所以道貫十聖德被三賢至道起於乾元衆妙生乎太易揔繁形類竅鑿昏明絕彼是非開茲蒙昧有西域法師天息災等常持四忍早悟三乘翻

貝葉之眞詮續人天之聖教芳猷重啓運偶昌時潤五聲於文章暢四始於風律堂堂容止穆穆輝華曠劫而昏塹重明玄門昭顯軌範而彌光妙法淨界騰音利益有情俱登覺岸無成障礙救諸疲羸冥昧慈悲浩汗物表柔伏貪俱啓濉昏愚演小乘聲聞合其儀論大乘正覺立其性含靈悟而蒙福藏教缺而重興幻化迷途火宅深喻雖設其教不知者多善念生而無量潛臻惡業興而隨緣皆惺調御四衆積行十方澍花雨於金輪護恒沙於玉關有頂之風不可壞無際之水弗能漂澄寂湛然圓明清淨之智慧性空無染妄想解脫之因緣可以離煩惱於心田可以得清涼於宇宙朕慙非博學釋典微閑豈堪序文以示來者如熒螢爝火不足比之於皎日將微蠡量海未能窮盡於深淵者哉

佛說聖多羅菩薩經

西天譯經三藏朝散大夫試光祿卿明教大師臣法賢奉　詔譯

如是我聞一時佛在香醉山五髻乾

闥婆王宮彼有種種鼓樂弦歌出微妙音

尒時世尊處大殿中與諸菩薩摩訶薩衆俱復有諸大聖衆皆來集會所謂有學無學諸聲聞衆并無量無邊天龍夜叉乾闥婆阿脩羅迦樓羅緊那羅摩睺羅伽人非人等復有無量無邊成就持明持金剛者金剛手及忿怒王持明王百千等衆復有具種種持明寶髻佛頂輪王等衆復有宿曜并母鬼母鬼主及諸釋梵大自在天那羅延天魔自在天大黑天神童子天夜摩天水天風天四天王天并五通仙人等俱來在會作廣大供養圍繞承事合掌恭敬

尒時世尊處於衆會譬如須彌顯于大海是時五髻乾闥婆王與七十二百千乾闥婆女作種種妓樂來詣佛所到已頭面禮足繞佛三帀却住一面合掌向佛而作是言世尊我今願聞利益之事唯願世尊為我宣說彼聖多羅菩薩即是諸佛如來之慈心是大明王降魔最勝是大持明是大輪王廣顯甚深具大勢力唯願世尊悲愍於我及天人阿脩羅等常得利益獲安樂故宜說聖多羅菩薩一百八名尒時世尊受五髻乾闥婆王請已讚言善哉善哉乾闥婆王汝能問於如來如是之義令諸天人一切衆會得大利益獲安樂故汝當諦聽善思念之我今為汝次第宣說時彼乾闥婆王聞佛語已受敎而聽

尒時世尊為彼乾闥婆王及一切衆會先說聖多羅菩薩陁羅尼曰

那莫三滿多那哩始二合眦藥二合一薩哩嚩二合怛他引誐帝引眦踰二合引二阿囉曷二合訥眦藥三合三三藐三沒提引眦藥二合四那謨引婆誐嚩帶曳二合引五阿哩也二合多囉曳引六唵引薩哩嚩二合怛他引誐多引七怛他多部引多酤引致八波哩戍提沒提引薩哩嚩二合怛他引誐多九薩哩嚩二合達哩摩二合多引十誐誐那阿末羅尾戍馱引達哩摩二合帝引十二摩賀引那野波哩嚩引哩涉賀引十二

尒時世尊說此陁羅尼已復為乾闥婆王及一切衆會宣說多羅菩薩一百八名而說頌曰

是多羅菩薩　本從阿字生　或生諸行相
不生亦不滅　是相如虛空　虛空性生故
隨應現卒相　相一多無礙　色相現無邊
善寂體純一　常現幻化相　密語眞實語
攝大眞實理　眞實行常行　施於無所畏
寂靜常除恚　離諸怖畏苦　善破煩惱籠
能解三有縛　苦海悉永離　成就法能為
自他俱成就　唯施最上法　摠持自在王
亦從摠持生　施摠持大義　相應大自在
心意具相應　不即相應相　相應相不離
定意常不動　有動皆寂然　常趣蓮華座
亦從蓮華生　目淨如青蓮　常為衆生目
清淨最殊妙　慈眼視衆生　佛慧眼無漏
具純一大悲　常發大悲心　常行大悲行
亦從大悲生　常具大悲心　難伏垂悲愍
以悲普徧降　所有苦惱者　除苦令歡喜
法施甘露味　濟苦獲安樂　苦海意清涼
是名自在母　普世為照耀　妙容熾盛光
衆寶珠髻冠　清淨光圓滿　摩尼眞珠飾
髮髻色紺青　螺文相右旋　莊嚴無為體
不善者令善　一切願皆圓　無缺莊嚴身

善意亦善逝　寂靜常安樂　大力如意通
六念具六通　得諸波羅蜜　善說四諦法
開迷大辯才　幻化皆海中　現行幻化相
持劒破煩惱　弓箭與三叉　鉾致仗及搶
都摩囉爍帝　浸誐囉金剛　種種諸器仗
觀視所持箭　悉施無所畏　手擲金剛杵
現作無礙通　能伏外敵軍　表剎現幢相
具大智慧力　善破勇猛軍　諸闇煩惱銷
魔冤賊悉破　智銷昏冥　是為上最勝
善度輪迴海　最上大吉祥　實際住唯眞
名聞稱普徧　常施愛敬願　自勝復勝他
歡喜施常行　微妙最善寂　是即如來智
普仰如意珍　戒相具足持　以戒行正道
梵音甚微妙　三世最上音　微妙一響聲
如虛空大藏　善生諸世間　無諍依怙者
三乘爲依怙　依行行三乘　解脫三乘教
諸佛依三乘　五面亦五眼　依五智性生
正覺成菩提　即是大正道　一切種種相
殊妙清淨身　皆隨應現生　照世如宿曜
自能達彼岸　亦善渡他人　隨意化百千
巧攝諸善義　百千福具足　純一化世間
善捨一切財　種種幻化相　世間大自在
吉祥諸天尊　持妙青色蓮　具戒施諸願

樂善常寂靜　大靜慧焰光　諸惡障永除
是一切魔主　度難畏安樂　無等平等心
鬭諍悉永除　善離怖畏死　部多主宰母
示作夜叉王　現身為大龍　具百頭千目
百舌大惡相　眞實無畏心　勝種具百千
地天善持世　常樂無畏語　疾疫毒永除
殊妙大光明　無垢常清淨　一切世間母
持法利世間　最勝灌頂王　所作皆已辦
具十波羅蜜　十地位常居　藏顯十法乘
十大眞實理　住十金剛句　表剎十法成
十智除闇冥　觀世自在眼　具大妙色相
等虛空無邊　或現五通仙　具戒自在相
離欲身應供　寂靜道常安　正覺所讚揚
是多羅菩薩

尒時世尊說此頌已告乾闥婆王及一切衆會此是多羅菩薩一百八名我已為汝宣說汝等應當至心受持此多羅菩薩一百八名及陁羅尼過去未來諸佛已說當說為一切衆生利益悲愍故若有善男子善女人發至誠心於清旦時或為自他誦此多羅菩薩一百八名并陁羅尼乃至默念或用巫帛為幡或於淨壁依法以最上

妙色畫菩薩像或用檀香木作菩薩形以清淨心隨意成辦然後於菩薩像前設種種供養一日三時合掌作禮依法至心而作觀想誦此一百八名及陁羅尼此多羅菩薩具大勢力最上吉祥永銷諸罪善破魔軍於初中善而能施彼成就之法若復有人發至誠心持念一徧七徧乃至二十七徧當念誦時不闕文句是人一切富貴吉祥之事及成就法隨願獲得永無障礙得諸賢聖隱其本身常作擁護又復得天龍夜叉釋梵護世那羅延天大自在天并母鬼王大黑天神頻那夜迦魔自在天等乃至得諸佛菩薩緣覺聲聞一切忿怒王大威德明王等咸作是言善哉善哉善男子汝等具於諸佛菩薩之行當生蘇珂嚩帝佛剎是時五髻乾闥婆王歡喜踊躍心生信重即從座起自解已身無價瓔珞金銀眞珠摩尼珍寶種種嚴身之具供養於佛合掌恭敬瞻仰世尊而說讚曰

善哉世尊　甚奇善逝　常以悲心

救護一切　而能為我　及於衆會
說此衆上　真實之義
尒時世尊說是經已彼諸菩薩摩訶
薩及諸聲聞并持明者大忿怒王一
切明王諸天人衆及五蘊乾闥婆等
聞佛所說皆入歡喜信受奉行

佛說聖多羅菩薩經

佛說聖多羅菩薩經

校勘記

一　底本，金藏廣勝寺本。

一　八五七頁中一行至本頁下二〇行序文，諸本無。

一　八五七頁下二一行經名，石作「佛說聖多羅菩薩經一卷」。卷末經名同。

一　八五七頁下二二行譯者，資、磧、普、南作「三藏法師法賢奉詔譯」；徑、清作「宋三藏法師法賢奉詔譯」。

一　八五八頁上一一行第七字「主」，磧、普、南、徑、清作「王」。

一　八五八頁上一二行「魔自在天」，諸本作「慶自在天」。下同。

一　八五八頁下二行第五字「說」，磧、南、清無。

一　八五八頁下二〇行「是名」，普、南、徑作「是明」。

一　八五九頁上九行第八字「銷」，石作「鎖」。

一　八五九頁中一行末字「除」，資、磧、普、南、徑、清作「障」。

一　八五九頁中三行第一三字「主」，資、磧、普、南、徑、清作「至」。

一　八五九頁下三行「前設」，清作「前說」。

一　八五九頁下六行「永銷」，麗作「求銷」。

一　八五九頁下一三行第一二字「王」，石、資、普、南、徑、清、麗作「主」。

大宋新譯三藏聖教序

御製

大矣哉我佛之教也化導群迷闡揚宗性廣博宏辯英彥莫能究其旨精微妙說庸愚豈可度其源義理幽玄真空莫測包括萬象譬喻無垠綜法網之紀綱演無際之正教拔四生於苦海譯三藏之祕言天地變化乎陰陽日月盈虧乎寒暑大則說諸善惡細則比於恒沙含識萬端弗可盡述若窺像法如影隨形離六情以長存歷千劫而可久須彌納藏於芥子如來坦蕩於無邊達磨西來法傳東土宣揚妙理順從指歸彼岸菩提愛河生滅用行於五濁惡趣拯溺於三業途中經垂世以難窮道無私而永泰雪山貝葉若銀臺之耀日歲月煙蘿起香界之自遠巍巍罕測杳杳難名所以道資十聖德被三賢至道超於乾元衆妙生乎太易揔繁形類竅鑿昏明絕彼是非開茲蒙昧有西域法師天息災等常持四忍早悟三乘翻

貝葉之真詮續人天之聖教芳猷重啓運偶昌時潤五聲於文章暢四始於風律堂堂容止穆穆輝華曠劫而皆埶重明玄門昭顯軌範而彌允妙法淨界騰音利益有情俱登覺岸無成障礙救諸疲羸冥昧慈悲浩汗物表柔伏貪佷啓滌昏愚演小乘聲聞合其儀論大乘正覺立其性含靈悟而蒙福藏教缺而重興幻化迷途火宅深谿雖設其教不知者多善念生而無量潛臻惡業興而隨緣皆墮調御四衆積行十方灑花雨於金輪護恒沙於玉關有頂之風不可壞無際之水弗能漂澄寂湛然圓明清淨之智慧性空無染妄想解脫之因緣可以離煩惱於心田可以得清涼於宇宙朕懃非博學釋典微開豈堪序文以示來者如麋螢爝火不足比之於皎日將微毫量海未能窮盡於深淵者哉

佛說息除賊難陀羅尼經

西天譯經三藏朝散大夫試鴻臚少卿明教大師臣天息災奉　詔譯

如是我聞一時佛在摩伽陀國與諸

大衆圍繞經行到於菴羅樹園側韋提四山帝釋巖中時尊者阿難忽見大惡賊衆遥遠而來見已生大恐怖心懷憂惱身毛皆竪時尊者阿難疾往佛所到已合掌而白佛言世尊我今遥見有大惡賊唯願世尊為作救護

尒時世尊聞尊者阿難言已告阿難言汝怖賊耶阿難白佛言甚怖世尊佛言阿難汝勿得怖我有陁羅尼能除賊難是時尊者阿難聞佛語已心生歡喜作如是言唯願世尊為我宣說

尒時世尊即說大輪結界陁羅尼曰

怛[寧也]切身下同他一阿煬路哥二鉢囉路計三伊該阿提鉢底四藕引哩囐馱引哩五賛拏哩六摩登儗七惹虞哩八補哥細九

尒時世尊說是陁羅尼已告尊者阿難汝今可往以此陁羅尼面十二由旬當作結界令得安隱息除賊難乃至刀劒器仗等悉不能侵又復能令彼諸惡賊不離本處旋如陶家輪

又復阿難若人遇賊難時當用淨白線以此陁羅尼加持七徧結作七結過難即解所有賊衆皆如禁縛不能為難

尒時世尊說是經已尊者阿難及諸大衆聞佛所說皆大歡喜信受奉行

佛說息除賊難陁羅尼經

佛說息除賊難陀羅尼經

校勘記

一　底本，金藏廣勝寺本。

一　八六一頁中一行至本頁下二〇行序文，諸本無。

一　八六一頁下二一行經名，石作「佛說息除賊難陀羅尼經一卷」。卷末經名同。

一　八六一頁下二二行譯者，資、磧、普、南作「三藏法師法賢奉詔譯」；徑、清作「宋三藏法師法賢奉詔譯」。

佛說延壽妙門陀羅尼經　陪

西天譯經三藏朝散大夫試光祿卿明教大師臣法賢奉　詔譯

如是我聞一時佛在摩伽陀國成正覺地金剛座大靈塔處普光明殿大菩提道場與大聲聞衆千二百五十人俱其名曰尊者舍利子尊者大目乾連尊者大迦旃延尊者大迦葉尊者阿難尊者羅睺羅尊者護國尊者離婆多尊者周利盤陀伽尊者憍梵波提尊者跋羅惰舍尊者迦留陀夷尊者阿泥嚕馱如是等尊者皆是大阿羅漢復有無量無邊大菩薩衆其名曰

金剛幢菩薩摩訶薩金剛藏菩薩摩訶薩金剛手菩薩摩訶薩金剛步菩薩摩訶薩慈氏菩薩摩訶薩如是等菩薩摩訶薩皆是賢劫中大菩薩衆

尒時金剛手菩薩摩訶薩於大衆中從座而起詣世尊前合掌頂禮而白佛言唯願如來應正等覺當爲利益安樂一切衆生故宣說延壽妙門陀羅尼正法此陀羅尼正法乃與我及衆生作光明照復爲救護使彼一切惡魔伺求便者及諸惡等所謂惡心者瞋恚心者極惡心者罪業心者毕惱心者不慈心者乃至天龍夜叉乾闥婆阿脩羅迦樓羅摩睺羅伽羅剎部多毗舍遮必隸多鳩盤荼人及非人如是等諸惡心者皆不能侵又復刀兵毒藥一切疾病亦不能爲害又復行住坐臥或語或默於一切處救護安隱願爲我等宣說延壽妙門陀羅尼何以故此陀羅尼有大威力承此威力我於如來常深尊重承事供養及救護一切衆生世尊我今爲諸衆生作大利益是故勸請世尊若有善男子善女人求菩薩乘者得此陀羅尼至心受持是人當得如來覆護或在戰陣鬪諍疾病中夭如是等難皆不能侵害

尒時世尊即受金剛手菩薩請已讃言善哉善哉金剛手甚善甚善金剛手汝爲利益一切衆生至誠勸請汝今諦聽當爲汝說延壽妙門陀羅尼正法金剛手若有善男子善女人欲爲

受持讀誦延壽妙門陀羅尼正法者先須持誦如來灌頂陀羅尼即說灌頂陀羅尼曰

嚕酤没酤(一)嚕割羅末尼(二)滿馱你(三)末里左末你(四)末虎末虎里哥(引)莎(引)賀(引五)

尒時世尊宣說如來灌頂陀羅尼已告金剛手菩薩摩訶薩言此如來灌頂陀羅尼能令衆生身器清淨然後持誦延壽妙門陀羅尼得無障難功德成就即說延壽妙門陀羅尼曰

怛𩜾(切身下同)他(一引)嚩日哩(二合)嚩日哩(二合)嚩日哩(二合)嚩日囉(二合)達哩(三)嚩日囉(二合)嚩帝(四)嚩日羅(二合)嚩帝(五)嚩日囉(二合)嚩帝(六)作訖囉(二合)達哩(七)波哩提毗(八)你毗哩(九)母哩割哩(十)虎虎哩(十一)傍誐哩(十二)毗毗(十三)哩哩始(十四)嚕嚕(十五)拶哩拶哩(十六)祖哩(十七)半拏哩(引)莎(引)賀(引十八)怛𩜾(切身)他曼抳你(十九)誐誐哩尼(二十)曼拏你(二十一)蘇鉢囉(二合)曼拏你(二十二)戍(引)計(引)唧摩摩播波哥(引)哩尼夜(引二合)悉帝(二合)釤

那(引)設你鉢囉(二合)那舍你莎(引)賀(引二十三)摩摩薩哩嚩(二合)播波鉢囉(二合)那(引)設你(二十四)遏哥(引)羅沒哩(二合)怛踰(二合)鉢囉(二合)帝尸達你(二十五)薩哩嚩(二合)設咄嚕(二合)你嚩(引)囉尼(二十六)薩哩嚩(二合)訥莎鉢那(二合)鉢囉(二合)底尸達你(二十七)怛黤他(引)曵(引)計(引)啝咄(半音)播(引)波哥(引)哩拏(二十八)悉帝(二合)彭那(引)設你(二十九)尾那(引)設你(三十)鉢囉(二合)拏(引)設你(三十一)滿馱你(三十二)親那你(三十三)親那親那(三十四)尾哩(引)彌哩(三十五)喝怛你(引三十六)嚩哩(引)嚩哩(引三十七)𠺕(引)祢𠺕祢(三十八)𠺕哩𠺕哩(三十九)頻祢頻祢(四十)阿波哩娑囉尼(引四十一)左囉左囉尼(引四十二)左囉哥(引)拏曵(引四十三)沒囉(二合)賀摩(二合)嚩(引)哩尼(四十四)印捺囉(二合)嚩帝(四十五)狄提(引)囉野尼(四十六)那謨(引)摩嗢(引)說囉攞野你(四十七)哩始畔惹(午左切下同)你(四十八)畔惹你(四十九)哥(引)羅嚩(引)你你(五十)部(引)多嚩(引)你你(五十一)薩爹嚩(引)你你(五十二)薩爹割替(引五十三)蘇摩嚩帝(五十四)蘇摩

鉢囉(二合)𠺕(引)莎(引)賀(引五十五)摩摩祢(引)哩伽(二合引)喻瑟哥(二合)路(引)野(五十六)怛黤他(引五十七)訶囉訶囉嗢(引)際(引)莎(引)賀(引五十八)摩摩設咄嚕(二合)鉢囉(二合)底尸(引)達那路(引)野(五十九)怛黤他(引六十)誐底多(六十一)鉢底多(六十二)阿曵那(六十三)阿哩沓(仁感切)鼻那(六十四)割哩(二合)割哩(二合)那你(六十五)沒路(引)拏你(六十六)摩(引)哩誐(二合引)𠺕嚕喝你(六十七)虎沙嚩帝(六十八)補沙嚩帝(六十九)嗢哩嗢哩(七十)拽他阿吃你(二合七十一)拽他阿波蘭啝(七十二)拽他阿娑野(七十三)拽他(引)紇哩(二合)那野(七十四)末謨(引)波哩訥瑟吒(二合七十五)薩哩嚩(二合)訥瑟吒(二合七十六)鉢囉(二合)底尸達那路(引)野(七十七)

尒時世尊說是延壽妙門陁羅尼已告金剛手菩薩言此延壽妙門陁羅尼乃是過去諸佛正等正覺為利益一切衆生故常當受持為人宣說是過去諸佛互相隨喜發誠實誓我亦如是為欲利益一切衆生故說此陁羅尼正法

尒時世尊說是語已即於眉間放一大人相光普照十方一切佛刹而彼佛刹皆同一光光所照處諸佛世尊各離本土須臾之須悉來至此娑婆世界雲集如來說法之處是十方佛咸皆讚言善哉善哉世尊釋迦牟尼佛為利益一切衆生故宣說延壽妙門陁羅尼正法與諸衆生作於明照使令歡喜俾得記念亦能除滅一切魔冤此陁羅尼如佛所說我亦受持

復次若有善男子善女人發至誠心常能受持此陁羅尼於清旦時依法讀誦者是人獲得二十種功德若有愛樂如是功德者當懃精進依法讀誦如上功德決定獲得云何名為二十種功德一者當持諸佛二者承事供養諸佛三者所有一切罪業悉皆消滅四者深解妙法五者獲得長壽六者名稱普聞七者獲大富貴八者獲大勢力九者常得無病十者具大精進十一者諸天見重十二者諸佛憐愛十三者獲得善行十四者獲得善利十五者當作光明十六者令得

歡喜十七者令得記念十八者身具
相好十九者獲無所畏二十者具足
一切善根
復次佛告金剛手菩薩言此即一切
如來正等正覺最上祕密法陀羅尼
章句是陀羅尼故我宣說善除一切
魔冤一切諸佛咸皆受持
尒時金剛手菩薩發至誠心向佛合
掌白言世尊我今承佛神力欲為一
切衆生而作救護利益故亦隨喜宣
說延壽妙門陀羅尼章句世尊若復
有人至心受持於清旦時依法讀誦
是人常得擁護乃至諸魔伺求便者
而不能侵於一切處常得安樂即說
陀羅尼曰
怛鞕他一引 始詰始詰二 哩唧哩唧
三 左左左左四 苾苾苾苾五 婆婆婆
婆六 嚕嚕嚕嚕七 囉囉囉囉八 吣
吣吣吣九 惹仡左切下同 惹惹惹十 屹哩
二合 屹哩二合 屹哩二合 屹哩二合十一 屹囉
二合 屹囉二合 屹囉二合 屹囉二合十二 紇哩
二合 紇哩二合 紇哩二合 紇哩二合十三 訶訶
訶訶十四 摩摩摩摩十五 訶那訶那十六

薩哩嚩二合 鉢囉二合 爹哩體二合 尚
引十七 捺訶捺訶十八 薩哩嚩二合 設咄
嚕二合 嚩十九 鉢左鉢左二十 薩哩嚩
二合引 吅帶室拏引 莎引 賀引二十一
尒時世尊讚金剛手菩薩摩訶薩言
善哉善哉金剛手此延壽妙門陀羅
尼最上成就當為利益安樂一切衆
生故我亦受持若復有人以此延壽
妙門陀羅尼正法於清旦時依法讀
誦及隨喜者是人常得擁護增長壽
命
尒時會中有娑婆世界主大梵天王
向佛合掌白佛言世尊我亦承佛神
力隨喜宣說延壽妙門陀羅尼正法
若復有人於清旦時依法讀誦受持
者我當於此善男子善女人於一切
處常當擁護令得安隱即說陀羅
尼曰
怛鞕他一引 吅哩弥里唧里莎引 賀
引二 沒囉二合 賀摩二合 莎哩引 莎引
賀三引 沒囉二合 賀摩二合 鼻引 莎引
賀四引 蘇婆凝引 莎引 賀引五 補瑟
波二合 散悉多二合 哩引 莎引 賀引六

世尊若有善男子善女人受持此陀
羅尼者所有一切惡魔及諸鬼神等
伺求便者使不得便於一切處常當
擁護世尊我今為欲利益安樂諸衆
生故復說陀羅尼曰
怛鞕他一引 唧哩嚩囉尼二 捺摩蘭
尼三引 哩致致你四 慠哩巘馱引 哩五
薩哩引 摩賀那挽多嚕尼六 入嚩
二合引 羅引 摩引 里你七 作訖囉二合
嚩引 計八引 設嚩哩引 莎引 賀九引
尒時會中有毗沙門天王持國天王
增長天王廣目天王等各各向佛頂
禮而白佛言世尊我等四王承佛神
力亦欲利益安樂諸善男子善女人
等隨喜宣說延壽妙門陀羅尼此陀
羅尼若復有人於清旦時發至誠心
依法讀誦我等四王常當擁護使無
障礙令得安隱即說陀羅尼曰
怛鞕他一 補瑟閉二合引 蘇補瑟閉
二合引二 度摩波哩賀引 哩三引 阿哩也二合
鉢囉二合 設悉帝二合引四 扇引 帝引五
恭引 誐羅也二合 你目訖帝引 二合窣
覩二合 帝引 窣覩二合 帝引 莎引

賀 司六

尒時世尊即舒妙色右臂摩大梵天王及護世四王頂而作是言善哉善哉汝大梵王及護世等為欲利益安樂一切衆生故及為護持佛法善說如是陁羅尼微妙章句

復次佛告金剛手菩薩摩訶薩言若有善男子善女人發至誠心常於清旦依法讀誦如是等延壽妙門陁羅尼是人當得一切如來加持擁護乃至一切天王龍王夜叉王阿脩羅王迦樓羅王乾闥婆王緊那羅王摩睺羅伽王持明天王乃至一切人非人等悉皆愛重於一切處常當擁護獲得安隱

佛說是經已金剛手菩薩摩訶薩及諸聲聞乃至大梵護世一切天人阿脩羅乾闥婆人非人等聞佛所說皆大歡喜信受奉行

佛說延壽妙門陁羅尼經

乙巳歲高麗國大藏都監奉
勅雕造

佛說妙門陁羅尼經　第十張　陪

佛說延壽妙門陀羅尼經

校勘記

一　底本，麗藏本。

一　八六三頁上一行經名，石作「佛說延壽妙門陁羅尼經一卷」。卷末經名同。

一　八六三頁上二行譯者，徑、清作「宋西天三藏朝散大夫試光禄卿明教大師法賢奉詔譯」。

一　八六三頁中六行第七字「隸」，石作「隷」。

一　八六六頁上五行「護持」，磧作「護得」。

大宋新譯三藏聖教序

御製　書

大矣哉我佛之教也化導群迷闡揚宗性廣博宏辯英彥莫能究其旨精微妙說庸愚豈可度其源義理幽玄眞空莫測包括萬象譬喻無垠綜法綱之紀綱演無際之正教拔四生於苦海譯三藏之祕言天地變化乎陰陽日月盈虧乎寒暑大則說諸善惡細則比於恒沙含識萬端弗可盡述若窺像法如影隨形離六情以長存歷千劫而可久須彌納藏於芥子如來坦蕩於無邊達磨西來法傳東土宣揚妙理順從指歸彼岸菩提愛河生滅用行於五濁惡趣拯溺於三業途中經垂世以難窮道無私而永泰雪山貝葉若銀臺之耀目歲月煙蘿起香界之自遠巍巍罕測杳杳難名所以道資十聖德被三賢至道起於乾元衆妙生乎太易懲繁形類竅鑿昏明絕彼是非開茲蒙昧有西域法師天息災等常持四忍早悟三乘翻貝葉之眞詮續人天之聖教芳猷重啓運偶昌時潤五聲於文章暢四始於風律堂堂容止穆穆輝華曠劫而昏塾重明玄門昭顯軌範而彌光妙法淨界騰音利益有情俱登覺岸無成障礙救諸疲羸冥昧慈悲浩汗物表柔伏貪佷啓滌昏愚演小乘聲聞合其儀論大乘正覺立其性含靈悟而蒙福藏教斂而重興幻化迷途大宅深喻雖設其教不知者多善念生而無量潛臻惡業興而隨緣皆墮調御四衆積行十方樹花雨於金輪護恒沙於玉關有頂之風不可壞無際之水弗能漂澄寂湛然圓明清淨之智慧性空無染妄想解脫之因緣可以離煩惱於心田可以得清涼於宇宙朕懃非博學釋典微聞豈堪序文以示來者如爝螢爝火不足比之於皎日將微蠡量海未能窮盡於深淵者哉

佛說祕密八名陀羅尼經

西天譯經三藏朝奉大夫試光祿卿明教大師臣法賢奉　詔譯

如是我聞一時佛在舍衛國祇樹給孤

獨園與大比丘衆千二百五十人俱復有諸菩薩摩訶薩衆金剛手而爲上首

尒時世尊告金剛手菩薩大祕密主言如汝本部号金剛部於持明藏中冣上甚深祕密之法衆生淺識根器狹劣於祕密義難信難解汝已先說難信解法汝不依法非曰聖人得名不善示曰難調金剛手我今於汝金剛部中略說汝之祕密八名及陁羅尼是陁羅尼若持誦者於諸所求易得成就若人聞此陁羅尼經發至誠心受持讀誦者是人所有無間罪業悉皆消滅持是經時法威力故所有八万四千俱胝那由他諸惡魔衆退散馳走十方世界若人聞此陁羅尼歡喜願樂者是人不持戒者得戒完具非梵行者得成梵行非寂靜者得成寂靜乃至得見諸佛菩薩歡喜安慰施所求願令得成就

尒時金剛手菩薩蒙佛誨責頭面作禮白言世尊我先所說誠如聖旨唯願世尊不捨大悲普爲見在及與未來一切衆生宣說於我八種祕密名字及陁羅尼令諸衆生獲大利益

佛告金剛手言諦聽諦聽我於冣勝持明藏金剛部中說汝祕密八名一名象耳二名妙莊嚴三名功德寳海四名無動五名眞實雲六名可愛色相七名焰光八名妙色金剛手此即是汝祕密八名即說陁羅尼曰

那謨引沒馱引野一那謨引達哩摩二合野二那謨引僧伽引野三那謨引嚩日囉二合播引拏野四怛𪘨他五引過致六引渴囉致七引蘇引摩目契八薩哩嚩二合哥引哩也二合尼娑引達野九唧哩十彌哩十一啞尼十二悉殿覩滿怛囉二合鉢那引莎引賀引十三

佛告金剛手菩薩言如是祕密名及陁羅尼若復有人受持讀誦者是人於七俱胝那由他百千劫不墮地獄臨命終時諸佛菩薩現身面前安慰說法命終之後生兜率陁天

佛說是經已金剛手菩薩等諸菩薩及一切世間天人阿脩羅乹闥婆人非人等聞佛所說皆大歡喜信受奉行

佛說祕密八名陁羅尼經

佛說祕密八名陀羅尼經

校勘記

一　底本，金藏廣勝寺本。

一　八六七頁中一行至本頁下二〇行序文，資、磧、普、南、徑、清、麗無。

一　八六七頁下二一行經名，石作「佛說祕密八名陁羅尼經一卷」。卷末經名同。

一　八六七頁下二二行譯者，資、磧、普、南作「三藏法師法賢奉詔譯」；徑、清作「宋三藏法師法賢奉詔譯」。

佛說大吉祥陁羅尼經　陪

佛說寶賢陁羅尼經

佛說大吉祥陁羅尼經

西天譯經三藏朝散大夫試光祿卿明教大師臣法賢奉　詔譯

如是我聞一時佛在蘇珂嚩帝佛刹與諸大菩薩并部多衆俱尒時觀自在菩薩摩訶薩來詣佛所到已頭面禮足於一面坐復有菩薩摩訶薩名大吉祥亦詣佛所到已繞佛三币頭面禮足却坐一面

尒時世尊見大吉祥菩薩已告觀自在菩薩言此大吉祥菩薩有陁羅尼若閻浮提濁惡世中有比丘比丘尼優婆塞優婆夷等見聞隨喜讀誦受持信解此法思惟記念是貧苦者獲大冨貴乃至部多普令愛敬如是功德不可具說時觀自在菩薩聞佛語已歡喜踊躍即從座起合掌白佛言世尊我今樂聞唯願世尊爲我宣說

尒時世尊即說大吉祥陁羅尼曰

怛𩕳(切身下同)他(一引)洛叱弥(二二合)室哩(二合)鉢捺弥(二合)嚩呬捉(三引)馱曩(引)提鉢底(四引)藕哩(五引)摩賀(引)野舍(六引)鉢捺摩(二合)你怛哩(七二合)摩賀(引)你喻(二合)底(八)案曩(引)曳(九)囉怛曩(二合)鉢囉(二合)婆摩賀(引)室哩(十二合)婆野替(引)那(十一)屹哩(二合)你屹哩(二合)你(十三)薩哩嚩(二合)遏迦哩也(二合)爍弥(三引十)提你提你(十四)悉悉悉(十五)你底你底(十六)呬你呬你(十七)阿洛叉弥(十八二合)弥曩舍野(十九)薩嚩洛叉弥(二合)弥婆馱(切身引)那野莎(引)賀(二十)曩莫薩哩嚩(二合)沒馱(二十一)冐提薩怛吠(二合引)毗比野(二合)莎(引)賀(引二十二)

尒時世尊說是經已觀自在菩薩大吉祥菩薩并諸菩薩及部多衆聞佛所說皆大歡喜信受奉行

佛說大吉祥陁羅尼經

佛說寶賢陁羅尼經

西天譯經三藏朝散大夫試光祿卿明教大師臣法賢奉　詔譯

如是我聞一時佛在舍衛國祇樹給孤獨園與大菩薩衆俱是時有大夜叉主名曰寶賢來詣佛所到已頭面禮足合掌恭敬而白佛言世尊我有大祕密心陁羅尼樂欲宣說唯願世尊加哀覆護此陁羅尼若有比丘比丘尼優婆塞優婆夷等一日三時至心誦念者我爲彼人常作依怙於一切事皆得吉祥乃至飲食衣服卧具金銀珎寶財穀等我常供給及作一切勝利悉使成就亦令一切人衆普得愛敬唯除婬怒癡等惡不善法餘諸所作悉皆隨意

尒時世尊知此寶賢大夜叉主誠心信重爲欲安樂一切衆生貧苦惱故而告之言善哉寶賢大夜叉主能爲利益諸衆生故我亦樂聞隨意宣說時寶賢大夜叉主即說陁羅尼曰

那謨(引)囉怛那(二合)怛囉(二合)夜(引)野(一引)那謨(引)摩(引)尼跋捺囉(二合)野(二)摩賀(引)藥叉西那鉢多曳(三)薩曳替曩(四)呬哩摩(引)尼跋捺囉(五二合)呬哩呬哩摩(引)尼跋捺囉(六二合)枳哩摩(引)尼跋捺囉(七一合)枳哩枳哩摩(引)尼跋

捺囉二合八唧哩摩引尼跋捺囉
二合九唧哩唧哩摩引尼跋捺囉二合
十祖路摩引尼跋捺囉二合十一祖路
祖路摩引尼跋捺囉二合十二祖嚕摩
引尼跋捺囉二合十三祖嚕祖嚕摩引尼
跋捺囉二合十四覩嚕摩引尼跋捺囉二合十五覩
嚕覩嚕摩引尼跋捺囉二合十六酤嚕
摩引尼跋捺囉二合十七酤嚕酤嚕摩引
尼跋捺囉二合十八蘇嚕摩引尼跋捺
囉二合十九蘇嚕蘇嚕摩引尼跋捺囉二合
二十薩哩嚩二合阿哩湯二合弥娑引達
野莎引賀引二十一怛勒切身他引二十二鉢
多泥二十三蘇鉢多泥二十四蘇嚕弥二十五
蘇末帝二十六蘇囉替二十七速刹摩二合
閉呬哩計引二十八呬哩哥引哩二十九布
蘭尼二合引悉馱跋捺哩二合三十呬哩呬
哩莎引賀引三十一伊呬酤引你瑟計二合
三十二伊呬細引你瑟計二合引三十三伊呬虞
引尼瑟計二合莎引賀引三十四
是時寶賢大夜叉主說是陁羅尼已
復白佛言世尊此陁羅尼若有人依
法持誦七徧是人所作勝利皆得成
就又復有人於白月十五日潔淨持

佛說大吉祥陁羅尼經　第四張　陪

戒一日三時焚沉檀香誦此陁羅尼
滿八千徧是人隨願獲得金銀珎寶
悉皆如意尒時大夜叉主說是陁羅
尼已禮佛而退
佛說是經已諸菩薩衆聞佛所說皆
大歡喜信受奉行

佛說寶賢陁羅尼經

乙巳歲高麗國大藏都監奉
勑彫造

佛說大吉祥陁羅尼經　第五張　陪

佛說大吉祥陀羅尼經
佛說寶賢陀羅尼經
校勘記

一　底本，麗藏本。

一　八六九頁上三行經名，石作「佛說大吉祥陁羅尼經一卷」。本頁中一七行經名同。

一　八六九頁上四行譯者，徑、清作「宋西天三藏朝散大夫試光祿卿明教大師法賢奉詔譯」。

一　八六九頁上一八行首字「語」，徑作「說」。

一　八六九頁中一八行經名，石作「佛說寶賢陁羅尼經一卷」；徑、清作「寶賢陁羅尼經」。卷末經名同。

一　八六九頁中一九行譯者，資、磧、普、南作「三藏法師法賢奉詔譯」；徑、清作「宋三藏法師法賢奉詔譯」。

一　八七〇頁中一行第九字「香」，資、磧、普、南作「皆」。

大宋新譯三藏聖教序

御製

大矣哉我佛之教也化導群迷闡揚宗性廣博宏辯英彥莫能究其旨精微妙說肅恐豈可度其源義理幽玄眞空莫測包括萬象譬喻無垠綜法綱之紀綱演無際之正教拔四生於苦海譯三藏之祕言天地變化乎陰陽日月盈虧乎寒暑大則說諸善惡細則比於恒沙含識萬端弗可盡述若窺像法如影隨形離六情以長存歷千劫而可久須彌納藏於芥子如來坦蕩於無邊達磨西來法傳東土宣揚妙理順從指歸彼岸菩提愛河生滅用行於五濁惡趣拯溺於三業途中經垂世以難窮道無私而永泰雪山貝葉若銀臺之耀目歲月煙蘿起香界之自遠巍巍罕測杳杳難名所以道貫十聖德被三賢至道起於乾元衆妙生乎太易總繁形類竅鑒昏明絕彼是非開茲蒙昧有西域法師天息災等常持四忍早悟三乘翻貝葉之眞詮續人天之聖教芳猷重啓運偶昌時潤五聲於文章暢四始於風律堂堂容止穆穆輝華曠劫而昏執重明玄門昭顯軌範而彌光妙法淨界騰音利益有情俱登覺岸無成障礙救諸疲羸冥昧慈悲浩汗物表柔伏貪佷啓滌昏愚演小乘聲聞合其儀論大乘正覺立其性含靈悟而蒙福藏教缺而重興幻化迷途火宅深喻雖設其教不知者多善念生而無量潛臻惡業與而隨緣皆憤調御四衆積行十方澍花雨於金輪護恒沙於玉關有頂之風不可壞無際之水弗能漂溢寂湛然圓明淸淨之智慧性空無染妄想解脫之因緣可以離煩惱於心田可以得淸涼於宇宙朕懋非博學釋典微閑豈堪序文以示來者如麼螢爝火不足比之於皎日將微蠡量海未能窮盡於深淵者哉

佛說觀自在菩薩母陀羅尼經

西天譯經三藏朝散大夫試光祿卿明教大師臣法賢奉　詔譯

如是我聞一時佛在廣嚴城與大比

丘衆舍利子等五百人俱復有慈氏等大菩薩衆恭敬圍繞敷座而坐尒時會中有一菩薩名曰普賢從座而起詣世尊前偏袒右肩右膝著地合掌向佛白言世尊有觀自在菩薩母陁羅尼大明章句乃是過去現在未來諸佛世尊隨喜宣說我佛世尊爲菩薩時爲求正等正覺利益衆生故亦曾宣說此陁羅尼又復此陁羅尼與求菩薩善男子善女人爲父爲母亦如孤獨而得依怙無主宰者當得主宰彼陁羅尼若人得已讀誦受持者一切罪業悉得消滅一切行願皆得圓滿乃至修諸大明亦獲成就

佛告普賢菩薩言誠如汝說我念往昔爲菩薩時爲求正等正覺度如殑沙數無量無邊世界彼有佛土名蘇珂嚩帝彼土有佛号無量壽如來應供正等正覺是無量壽佛於今見在常說妙法利益衆生我於彼會爲婆羅門名自在光我時已得證發光地於彼會中已曾宣說此觀自在菩薩母陁羅尼當與百千那由他無量無邊衆生作大利益時在會中一切大衆聞是陁羅尼已有罪業者皆悉消滅未得宿命智者獲宿命智

尒時世尊復告普賢菩薩言汝爲利益當來末法五濁惡世百千俱胝無量無邊造無間業罪惡衆生得罪消滅令孤獨者有依怙故欲隨喜宣說觀自在菩薩母陁羅尼善哉善哉汝可宣說普賢菩薩蒙佛許已即說觀自在菩薩母陁羅尼曰

那謨引婆誐嚩帝阿弥多引婆引野一怛他引誐多引野二阿囉曷二合帝三藐三没馱引野三曩謨阿引哩野引二合嚩路吉帝說囉引野四冒地薩埵引野引摩賀引薩埵野五引摩賀引迦引嚕尼迦引野六引帝毗喻三合曩莫塞訖哩三合埵七伊鈐切身阿引哩野引二合嚩路吉帝說囉摩旦引八摩賀引陁囉尼滿怛囉二合鉢那引你九三鉢囉二合嚩又也二合弥伊弥引尾瓻切身三蜜哩二合毀覩十怛瓻他一引十伊弥十二弥𠻝二引十唧𠻝四引十弥𠻝五引十崐多羅十六崐多𠻝引十七尸哩引十八尸尸哩引十九藹哩二十誐埵引哩二十一摩登凝二十二補葛西二十三葛吒引野二十四摩賀引尾瓻二十五畣怛摩引𠻝顡二十六唧𠻝二十七顡唧𠻝引二十八虞嗼也二合二十九摻藾捺哩捨你引三十捺哩伽二合摩引曩摩引你三十一阿引哩野引二合諾吒拏普呤仁陵切三十二薩哩嚩二合尾瓻引難引鉢囉二合尾設也二合弥三十三薩哩嚩二合瓻引你引弥引說哩莎引賀引三十四

尒時普賢菩薩說是陁羅尼已白佛言世尊若復有人至心受持所有罪業悉皆消滅於一切怖畏時常得擁護若有行人欲求見我及諸成就者當加精進心不間斷一日三時專注持誦至滿七日我慜是人爲現本身又復行人如是專注心不間斷默念一月當得觀自在菩薩出現本身施所求願乃至得見無量壽佛多聞增長證宿命智所生之處不離佛法具大富貴乃至獲得不退轉地

佛說是經已普賢菩薩摩訶薩及諸

菩薩聲聞等一切會衆聞佛所說皆
大歡喜信受奉行

佛說觀自在菩薩母陀羅尼經

佛說觀自在菩薩母陀羅尼經

校勘記

一　底本，金藏廣勝寺本。

一　八七一頁中一行至本頁下二〇行序文，諸本(不含石)無。

一　八七一頁下二一行經名，徑、清作「觀自在菩薩母陀羅尼經」。卷末經名同。

一　八七一頁下二二行譯者，資、普作「三藏法師法賢奉詔譯」；磧、南作「三藏大師法賢奉詔譯」；徑、清作「宋三藏法師法賢奉詔譯」。

一　八七二頁上一二行「得已讀誦」，麗作「讀誦得已」。

大宋新譯三藏聖教序

御製

陪

大矣哉我佛之教也化導群迷闡揚宗性廣博宏辯英彥莫能究其旨精微妙說庸愚豈可度其源義理幽玄真空莫測包括萬象譬喻無垠綜法綱之紀綱演無際之正教拔四生於苦海譯三藏之祕言天地變化乎陰陽日月盈虧乎寒暑大則說諸善惡細則比於恒沙含識萬端弗可盡述若窺像法如影隨形離六情以長存歷千劫而可久須彌納藏於芥子如來坦蕩於無邊達磨西來法傳東土宣揚妙理順從指歸彼岸菩提愛河生滅用行於五濁惡趣拯溺於三業途中經垂世以難窮道無私而永泰雪山貝葉若銀臺之耀目歲月煙蘿起香界之自遠巍巍罕測杳杳難名所以道資十聖德被三賢至道起於乾元衆妙生乎太易撫繁形類竅鑿昏明絕彼是非開茲蒙昧有西域法師天息災等常持四忍早悟三乘翻貝葉之真詮續人天之聖教芳猷重啓運偶昌時潤五聲於文章暢四始於風律堂堂容止穆穆輝華曠劫而昏墊重明玄門昭顯軌範而彌光妙法淨界騰音利益有情俱登彼岸無成障礙教諸羸贏冥昧慈悲浩汗物表柔伏貪俍啓滌昏愚演小乘聲聞而蒙福藏教欽而重興幻化迷途火宅深喻雖設其教不知者多善念生而無量潛臻惡業興而隨緣皆墜調御四衆積行十方澍花雨於金輪護恒沙於玉關有頂之風不可壞無際之水弗能漂澄寂湛然圓明清淨之智慧性空無染妄想解脫之因緣可以離煩惱於心田可以得清涼於宇宙朕慙非博學釋典微閑豈堪序文以示來者如爝螢爝火不足比之於皎日將蠡蠡量海未能窮盡於深淵者哉

佛說戒香經

西天譯經三藏朝奉大夫試光祿卿明教大師臣法賢奉詔譯

如是我聞一時佛在舍衛國祇樹給

孤獨園與大比丘衆俱尒時尊者阿
難來詣佛所到已頭面禮足合掌恭
敬而白佛言世尊我有少疑欲當啓
問唯願世尊爲我解説我見世間有
三種香所謂根香花香子香此三種
香徧一切處有風而聞無風亦聞其
香云何
尒時世尊告尊者阿難勿作是言謂
此三種之香徧一切處有風而聞無
風亦聞此三種香有風無風徧一切
處而非得聞阿難汝今欲聞普徧香
者應當諦聽爲汝宣説阿難白佛言
世尊我今樂聞唯願宣説
佛告阿難有風無風香徧十方者世
間若有近事男近事女持佛淨戒行
諸善法謂不殺不盜不婬不妄及不
飲酒是近事男近事女如是戒香徧
聞十方而彼十方咸皆稱讚而作是
言於某城中有如是近事男女持佛
淨戒行諸善法謂不殺不盜不婬不
妄及不飲酒等具此戒法是人獲如
是之香有風無風徧聞十方咸皆稱
讚而得愛敬

尒時世尊而説頌曰

世間所有諸花果　乃至沉檀龍麝香
如是等香非徧聞　唯聞戒香徧一切
旃檀鬱金與蘇合　優鉢羅并摩隸花
如是諸妙花香中　唯有戒香而最上
所有世間沉檀等　其香微少非徧聞
若人持佛淨戒香　諸天普聞皆愛敬
如是具足清淨戒　乃至常行諸善法
是人能解世間縛　所有諸魔常遠離

尒時尊者阿難及比丘衆聞佛語已
歡喜信受禮佛而退

佛説戒香經

佛説戒香經
校勘記

一　底本，金藏廣勝寺本。
一　八七四頁中一行至本頁中二〇行序文，資、磧、普、南、徑、清、麗無。
一　八七四頁下二一行經名，石作「佛説戒香經一卷」。卷末經名同。
一　八七四頁下二二行譯者，資、磧、普、南作「三藏法師法賢奉詔譯」；徑、清作「宋三藏法師法賢奉詔譯」。
一　八七五頁上一二行末字「言」，磧、南作「言言」。

佛說一切如來名号陁羅尼經　陪

西天譯經三藏朝散大夫試光祿卿明教大師臣法賢奉　詔譯

如是我聞一時佛在摩伽陁國法野大菩提道場初成正覺與諸菩薩摩訶薩衆八万人俱復有八万四千大梵天子亦在道場悉皆圍繞瞻仰世尊

尒時會中有菩薩摩訶薩名觀自在從座而起偏袒右肩右膝著地合掌向佛而白佛言世尊有一切如來名号陁羅尼彼一切如來名号陁羅尼乃是莊嚴刧賢刧星宿刧中諸佛如來已說當說我今承佛威力亦為利益安樂諸衆生故欲宣說唯願世尊加哀覆護

尒時世尊讚觀自在菩薩摩訶薩言善哉善哉觀自在汝能為利益一切衆生發大悲心如意宣說時觀自在菩薩蒙佛許已復白佛言世尊若人欲誦彼陁羅尼先當至誠誦諸佛如來名号所謂寶師子自在如來寶雲如來寶莊嚴藏如來師子大雲如來雲師子如來須彌如來師子吼如來師子刹如來梵音如來善愛如來蓮華上如來燃燈如來蓮華生如來遜那囉如來持花如來持寶如來法生如來日光如來日照如來月光如來無量藏如來無量莊嚴藏如來無量光如來蓮華藏如來天妙音如來拘枳羅音如來如是等諸佛如來名号若人得聞為他宣說是人六十千刧不聞惡趣之名何況墮於阿鼻地獄時觀自在菩薩說是諸佛如來名号已即說陁羅尼曰

怛𡫸切身下同他引一拶覩囉引口引帝踰引惹仁左切下同那設多薩賀薩囉引二合尼二惹咤引娑引囉末酤吒引朗訖哩二合多二引馱引囉尼莎引賀四引薩哩嚩二合怛他引誐多毋哩底二合多五馱引囉尼引莎引賀六引阿嚩路吉帝引說囉引野莎引賀七引薩哩嚩二合怛他引誐都引烏瑟膩二合沙八引馱引囉尼莎引賀九引薩哩嚩二合怛他引誐多婆引始多十達哩摩二合塞建二合馱土馱引囉尼引莎引賀二引十薩哩嚩二合怛他引誐多婆引始多十三颯鉢多二合馱引囉尼莎引賀四引十鉢訥摩二合阿婆你哥野莎引賀五引十阿瑟吒二合摩賀引跋野馱引囉尼莎引賀六引十稅引多嚩蘭拏二合野莎引賀七引十薩哩嚩二合怛他引誐多那引摩馱引囉尼莎引賀八引十阿尸引帝鉢訥摩二合引設你哥引野怛他引誐多馱引囉尼莎引賀九引十鉢訥摩二合賀悉多引二合野莎引賀十二引薩哩嚩二合滿怛囉二合馱引囉尼引莎引賀二十一引

尒時觀自在菩薩說是陁羅尼已復白佛言世尊此一切如來名号陁羅尼若有善男子善女人受持讀誦思惟記念為他人說是人所有五無間業悉得消除命終之後生天為王壽八十四百千俱胝刧數然後得轉輪王位壽六十中刧過是刧已當得成佛名曰蓮華藏如來應供正等正覺

尒時世尊說是經已八万菩薩摩訶薩衆及八万四千大梵天子聞佛所

說皆大歡喜信受奉行

佛說一切如來名号陁羅尼經

乙巳歲高麗國大藏都監奉
勑彫造

如來名号陁羅尼經　第四張　階

佛說一切如來名號陀羅尼經

校勘記

一　底本，麗藏本。

一　八七六頁上一行經名，石作「佛說一切如來名號陁羅尼經一卷」；徑、清作「一切如來名號陁羅尼經」。卷末經名同。

一　八七六頁上二行譯者，徑、清作「宋西天三藏朝散大夫試光祿卿明教大師法賢奉詔譯」。

一　八七六頁中八行「拘枳羅音」，資、磧、普、南、徑、清作「枸枳羅等」。

一　八七七頁上卷末經名，南作「一切如來名號陁羅尼」。

大宋新譯三藏聖教序

御製

大矣哉我佛之教也化導群迷闡揚宗性廣博宏辯英彥莫能究其旨精微妙說庸愚豈可度其源義理幽玄眞空莫測包括萬象譬喻無垠綜法網之紀綱演無際之正教拔四生於苦海譯三藏之祕言天地變化乎陰陽日月盈虧乎寒暑大則說諸善惡細則比於恒沙含識萬端弗可盡述若窺像法如影隨形離六情以長存歷千劫而可久須彌納藏於芥子如來坦蕩於無邊達磨西來法傳東土宣揚妙理順從指歸彼岸菩提愛河生滅用行於五濁惡趣拯溺於三業途中經垂世以難窮道無私而永泰靈山貝葉若銀臺之燿目歲月煙蘿起香界之自遠巍巍罕測杳杳難名所以道貫十聖德被三賢至道起於乾元衆妙生乎太易揔繁形類竅鑿昏明絕彼是非開茲蒙昧有西域法師天息災等常持四忍早悟三乘翻貝葉之眞詮續人天之聖教芳猷重啓運偶昌時潤五聲於文章暢四始於風律堂堂容止穆穆輝華曠劫而聲教重明玄門昭顯軌範而彌光妙法淨界騰音利益有情俱登覺岸無成障礙救諸疲羸冥昧慈悲浩汗物表柔伏貪很啓滌昏愚演小乘聲聞合其儀論大乘正覺立其性含靈悟而蒙福藏教缺而重興幻化迷途火宅深喻雖設其教不知者多善念生而無量潛臻惡業興而隨緣皆墮調御四衆積行十方澍花雨於金輪護恒沙於玉關有頂之風不可壞無際之水弗能漂澄寂湛然圓明清淨之智慧性空無染妄想解脫之因緣可以離煩惱於心田可以得清涼於宇宙朕慙非博學釋典微閑豈堪序文以示來者如縻螢爝火不足比之於皎日將微蠡量海未能窮盡於深淵者哉

佛說頻婆娑羅王經

西天譯經三藏朝奉大夫試光祿卿傳法大師臣施護奉　詔譯

如是我聞一時佛在王舍城中與大

苾芻衆俱皆是法中耆舊大阿羅漢諸漏已盡所作已辦除諸重擔逮得已利盡諸有結證得解脫如是之衆滿一千人

尒時世尊而起思念我今可往杖林山中靈塔之處作是念已與苾芻衆俱往彼處到彼處已安居其中時摩伽陁國頻婆娑羅王聞佛世尊與諸耆舊大阿羅漢數滿千人住杖林山靈塔之處時王思念欲往聽法即令嚴駕不同常時乃有從車万二千乘妙服寶器万八千床八樂四兵導前從後眷屬臣佐圍繞而行時王出城往杖林山詣於佛所親近供養復有婆羅門及長者等亦隨於王詣於佛所尒時世尊見王到來亦現五相謂頂相傘蓋相摩尼相拂相寶劒等相莊嚴佛身尒時大王到佛會已除去王者自在之相至於佛前偏袒右肩右膝著地合掌向佛以妙言辭讚於佛德頭面著地禮佛足已旋遶三匝住立佛前自稱已名白世尊言我是摩伽陁國頻婆娑羅王又復白言我

是摩伽陁國頻婆娑羅王如是三白佛三報言如是如是汝是摩伽陁國頻婆娑羅王又以軟語勞慰於王請王就座王聞佛言歡喜踊躍退坐一面王之眷屬及與臣佐各各向佛跪膝合掌亦以妙言歎於佛德頭面禮已退坐一面諸婆羅門及長者等有以言辭讚歎禮拜者有但合掌頂禮者有遥覲佛默然者如是等衆各坐一面

尒時會中諸婆羅門長者等忽見耆舊優樓頻螺迦葉侍立佛側乃作是念嗚呼尊者耆舊優樓頻螺迦葉却於大沙門處修持梵行世尊知彼婆羅門及長者等心生疑念即便說偈問迦葉曰

汝優樓頻螺迦葉　往昔事火無間斷
見何利故得何法　此義速當為我說

尒時尊者迦葉說偈答言

世間所有飲食味　乃至慾樂人所樂
我見此利而志求　是故事火無間斷

佛又說偈問迦葉言

云何躭慼慾樂事　乃至貪於飲食味

人間天上心愛樂　是義速當為我說

尊者迦葉以偈答曰

我於寂上寂靜句　由不了故生退屈
唯躭五慾非如理　是故事火無間斷
圍陁事火證解脫　衆生由此心迷惑
盲者無異於死人　退失寂上寂靜句
我今見實無為法　大龍寂上師善說
能仁為大利益故　世尊出現大精進

佛復告言迦葉汝善來善住無諸邪念善能分別寂上之法迦葉汝今當可善化衆會於是尊者迦葉受佛勑已即入三摩地現大神通於衆會沒於東方虛空中出現四威儀行住坐臥乃至現火三昧於火界中出種種光謂青黃赤白及玻胝迦色等又復身上出水身下出火身下出水身上出火出沒顯現相續不斷如是南西北方於虛空中亦復現於行住坐臥四威儀相乃至入火三昧於火界中出種種光謂青黃赤白及玻胝迦色等又復身上出水身下出火身下出水身上出火出沒顯現相續不斷尒時尊者迦葉於四方虛空現神變已還

攝神力前詣佛所合掌頂禮而白佛言我師世尊我是大聲聞又復白言

我師世尊我是大聲聞佛報迦葉言我是汝師汝是大聲聞又復報言我是汝師汝是大聲聞汝可還位而坐

尒時衆中婆羅門長者等復作是念如是耆舊尊者優樓頻螺迦葉猶尚於佛大沙門處修梵行耶佛知其意告頻婆娑羅王言大王當知色有生有滅了知此色有生有滅受想行識亦復生滅而彼蘊法當知有生即知有滅大王此色蘊法若善男子能實了知有生即滅色蘊本空色蘊既空即非生生既無生滅何所滅色蘊如是諸蘊皆然若善男子了知此已即悟諸蘊不生不滅無住無行即無有我我說是人於無量阿僧祇劫中為眞寂靜者

尒時會中諸婆羅門長者等作如是念以何法故可得了知無我無受想行識何謂有彼我人衆生壽者乃至摩那嚩迦主宰作者生者起者無動者說者分別者知者如是等類何者

不生何者不滅又復彼類以何緣故所作善不善業而受果報

尒時世尊知彼婆羅門長者等起心念已即告諸苾芻言苾芻若無我說我是即愚癡少聞凡夫異生我相苾芻當知我本無我復無我者而諸苦法若作生想苦蘊即生若作滅想苦蘊即滅及與諸行若作生想諸行即生若作滅想諸行即滅此因此緣生諸行法以此行緣即有生滅我於如是如實了知生滅法已乃可告語一切衆生諸苾芻我以清淨天眼過於肉眼見諸衆生生滅好醜貴賤上下善趣惡趣衆生所作善惡之業所得果報皆如實知又復衆生具身口意三業不善毀謗賢聖起於邪見由此邪見作諸邪業行諸邪法以此因緣命終之後墮於惡趣受地獄苦又復衆生具身口意三業之善不謗賢聖起於正見由此正見作諸善業行諸善法由此因緣命終之後生於天界而為天人我如實知我如實見諸苾芻我時不言有我有人有衆生有壽

者又彼知者等類何生何滅作善惡業而受果報如是等法無有我想所有五蘊由有法想由彼法想乃生五蘊又彼無明緣於行法諸行法生集法乃生諸行法滅集法得滅諸苾芻如是行苦因集而有因集滅故行苦即滅苦法滅已非法皆滅更不復生如是苦法已盡邊際苾芻滅復何證即此苦邊是真寂滅是得清涼是謂究盡苾芻此寂靜句謂捨一切法愛法若盡欲法得滅是即寂靜涅槃

尒時世尊復告王言大王於意云何色是常非常耶王言色滅即是非常佛復告言是苦非苦耶王言世尊苦滅即非苦苦者是顛倒法此顛倒法是彼聲聞少知少聞乃稱我是大聲聞我是大智起此我想彼我想者不也世尊佛又告言受想行識是常非常耶王言滅即非常佛言是苦非苦耶王言苦法因顛倒生此顛倒法是即為苦是彼聲聞少知少聞而生我想是故稱我是大聲聞我是大智彼我想者不也世尊佛言大王如是如

是善思念之此色蘊法所有過去未來現在內外中間若大若小若高若下若近若遠彼一切法本來無有無相無我大王以彼正智當如實見佛復告言大王乃至受想行識所有過去未來現在內外中間若大若小若高若下若近若遠彼一切法本來無有無相無我大王如是以彼正智當如實見是時會中聲聞衆等聞此法已了色無常乃至受想行識亦復了知而生猒離由猒離故即得解脫證解脫已正智現前我得解脫我生已盡梵行已立所作已辦不受後有是時頻婆娑羅王聞說是法遠塵離垢法眼清淨會中復有八万天人及無數百千婆羅門長者亦得遠塵離垢法眼清淨

尒時頻婆娑羅王法眼清淨得正知見住法堅固離諸所欲離諸苦惱於佛法中得法無畏是時大王即從座起偏袒右肩向佛合掌諦信頂禮而白佛言世尊我得大利我得大利我誓歸依佛法僧衆受近事戒從今已

後盡形不殺乃至不飲酒等又復白言我今虔心請佛世尊還王舍城唯願世尊哀受我請當盡此生承事供養乃至衣服飲食臥具醫藥受用等物悉皆具足諸苾芻衆皆亦如是

尒時世尊受王請已默然而住大王見佛默然許已頭面著地禮佛而退

佛說頻婆娑羅王經

乙巳歲高麗國大藏都監奉

勅雕造

佛說頻婆娑羅王經　第十張

佛說頻婆娑羅王經

校勘記

一　底本，麗藏本。

一　八七八頁上一行至本頁中二〇行序文，諸本無。

一　八七八頁中二一行經名，石作「佛說頻婆娑羅王經一卷」。卷末經名同。

一　八七八頁中二二行譯者，徑、清作「宋西天譯經三藏朝散大夫試光祿卿明教大師法賢奉詔譯」。

一　八七八頁下一四行首字「徃」，資、磧、普作「住」。

一　八七八頁下一六行「示現」，資、磧、普、南、徑作「亦現」。

一　八七八頁下二一行「旋遶」，磧、普、南、徑、清作「遶佛」。

一　八七八頁下末行第五字「類」，諸本作「頻」。

佛說信解智力經　華

西天譯經三藏朝散大夫試光祿卿明教大師臣法賢奉詔譯

如是我聞一時佛在舍衛國祇樹給孤獨園與大苾芻衆俱尒時佛告諸苾芻言苾芻汝等當知所有信解力法此法能證眞實之理即是如來無所畏法唯佛能知苾芻或有聲聞作如是言我於此信解力法如實了知精進不虚離諸塵垢又復而言我能善說我善調伏我當說法今正是時是爲寂勝令他依止如是眞實應當修學應當勤行又復而言當如是知如是之法寂尊寂上無有等等當如是見如是聞如是覺如是知佛告苾芻汝等當知所有聲聞作是言者是即虚妄非如是見非如是聞非如是覺非如是知何以故此法即是諸佛眞理唯佛能解不共聲聞之法佛告苾芻信解法者所謂如來五力十力何等爲五一者信力二者進力三者念力四者定力五者慧力信解之法具此五力又復如來應供正等正覺具足如來十力是能了知佛無上處又復於大衆中作師子吼善爲衆生轉妙法輪云何名爲如來十力所謂於處非處如實了知而處非處若如實知是爲如來第一智力而此智力若諸如來應供正等正覺具足智力乃能了知佛無上處於大衆中作師子吼善爲衆生轉妙法輪

又復如來智力於過現未來諸法行業因緣果報皆如實知如是如來於過現未來諸法行業因緣果報如實知已是爲如來第二智力而此智力若諸如來應供正等正覺具足智力乃能了知佛無上處於大衆中作師子吼善爲衆生轉妙法輪

復次如來於禪定解脱三摩地三摩鉢底乃至煩惱業苦皆悉清淨如實了知如是如來於禪定解脱三摩地三摩鉢底乃至煩惱業苦皆悉清淨如實知已是爲如來第三智力而此智力若諸如來應供正等正覺具足智力乃能了知佛無上處於大衆中作師子吼善爲衆生轉妙法輪

復次如來於諸衆生種種根行皆如實知如是如來於諸衆生種種根行如實知已是爲如來第四智力而此智力若諸如來應供正等正覺具足智力乃能了知佛無上處於大衆中作師子吼善爲衆生轉妙法輪

復次如來於諸衆生種種信解皆如實知如是如來於諸衆生種種信解如實知已是爲如來第五智力而此智力若諸如來應供正等正覺具足智力乃能了知佛無上處於大衆中作師子吼善爲衆生轉妙法輪

復次如來於種種界趣皆如實知如是如來於種種界趣如實知已是爲如來第六智力而此智力若諸如來應供正等正覺具足智力乃能了知佛無上處於大衆中作師子吼善爲衆生轉妙法輪

復次如來於諸衆生所樂欲性皆如實知如是如來於諸衆生所樂欲性如實知已是爲如來第七智力而此智力若諸如來應供正等正覺具足智力乃能了知佛無上處於大衆中

作師子吼善爲衆生轉妙法輪
復次如來思念過去無邊行法所謂一生十生百生千生及百千生乃至無量無邊增劫減劫如是生數劫數所有衆生名字族姓飲食苦樂壽量長短或復久住死此生彼死彼生此如是體相業用無量無邊過去等事悉能思念如是如來於彼過去無邊行法所謂一生十生百生千生及百千生乃至無量無邊增劫減劫如是生數劫數所有衆生名字族姓飲食苦樂壽量長短或復久住死此生彼死彼生此如是體相業用無量無邊過去等事如實知已是爲如來第八智力而此智力若諸如來應供正等正覺具足智力乃能了知佛無上處於大衆中作師子吼善爲衆生轉妙法輪
復次如來以清淨天眼過於肉眼觀見世間一切衆生生滅好醜貴賤上下善趣惡趣所作之業乃至衆生具身口意諸不善業毀謗賢聖而復邪見作不善業行不善法皆是邪因所

起由此邪因緣故命終之後墮於惡趣受地獄苦又復衆生以身口意行十善業不謗賢聖起於正見作諸善業行諸善法皆是正因所起由此正見因緣故命終之後生於天界而爲天人如是等法皆如實知如是如來以清淨天眼過於肉眼觀見世間一切衆生生滅好醜貴賤上下善趣惡趣及所作業乃至衆生具身口意諸不善業謗諸賢聖起於邪見造不善業行不善法由此邪見因緣故命終之後墮於惡趣受地獄苦又復衆生以身口意行十善業不謗賢聖起於正見作諸善業行諸善法由此正見因緣故命終之後生於天界而爲天人是爲如來第九智力而此智力若諸如來應供正等正覺具此智力乃能了知佛無上處於大衆中作師子吼善爲衆生轉妙法輪
復次如來盡諸漏法無漏解脫智慧解脫以自神通了一切法我生已盡梵行已立所作已辦不受後有如是等事皆如實知如是如來盡諸漏法

無漏解脫智慧解脫以自神通了一切法我生已盡梵行已立所作已辦不受後有如實知已是爲如來第十智力而此智力若諸如來應供正等正覺具此智力乃能了知佛無上處於大衆中作師子吼善爲衆生轉妙法輪
尒時佛告諸苾芻是彼如來處非處力若有問言於處非處云何如來所有智力皆悉見聞覺知乃至成等正覺如是問者當爲實答又復所有一切衆生自業智力云何如來以業智力皆悉見聞覺知乃至成等正覺若有問者當爲實答又復所有禪定解脫三摩地三摩鉢底云何如來以禪定智力皆悉見聞覺知乃至成等正覺若有問者當爲實答又復所有一切衆生種種根性智力云何如來以根性智力皆悉見聞覺知乃至成等正覺若有問者當爲實答又復所有一切衆生種種信解智力云何如來以信解智力皆悉見聞覺知乃至成等正覺若有問者當爲實答又復所有

一切衆生種種界智力云何如來以界智力皆悉見聞覺知乃至成等正覺若有問者當爲實荅又復所有一切衆生樂欲智力云何如來以樂欲智力皆悉見聞覺知乃至成等正覺若有問者當爲實荅又復所有過去思念智力云何如來以思念智力皆悉見聞覺知乃至成等正覺若有問者當爲實荅又復所有一切衆生生滅等法云何如來以天眼智力皆悉見聞覺知乃至成等正覺若有問者當爲實荅又復所有漏盡智力云何如來以漏盡智力皆悉見聞覺知乃至成等正覺若有問者當爲實荅

復告諸苾芻此處非處智力我但爲彼等持者說而不爲彼非等持者之所宣說又此業智力我但爲彼等持者說而不爲彼非等持者之所宣說又此禪定解脫三摩地三摩鉢底智力我但爲彼等持者說而不爲彼非等持者之所宣說又此一切衆生種種根智力我但爲彼等持者說而不爲彼非等持者之所宣說又此一切

衆生種種信解智力我但爲彼等持者說而不爲彼非等持者之所宣說又此一切衆生種種界智力我但爲彼等持者說而不爲彼非等持者之所宣說又此一切衆生樂欲智力我但爲彼等持者說而不爲彼非等持者之所宣說又此宿命智力我但爲彼等持者說而不爲彼非等持者之所宣說又此天眼智力我但爲彼等持者說而不爲彼非等持者之所宣說又此漏盡智力我但爲彼等持者說而不爲彼非等持者之所宣說

佛告苾芻等持者是正道非等持者是非道是故汝等咸應當知佛說此經已彼諸苾芻聞佛所說信受奉行

佛說信解智力經

乙巳歲高麗國大藏都監奉
勑雕造

佛說信解智力經

校勘記

一　底本，麗藏本。

一　八八二頁上一行經名，石作「佛說信解智力經一卷」。卷末經名同。

一　八八二頁上二行譯者，資、磧、普、南作「西天譯經三藏朝散大夫試光祿卿明教大師臣法賢奉詔譯」；徑、清作「宋西天譯經三藏朝散大夫試光祿卿明教大師法賢奉詔譯」。

一　八八三頁中九行首字「趣」下，徑有「所作之業乃至衆生具身口意諸不善業毀謗賢聖而邪見作不善業行不善法皆是邪因所起由此邪因緣故命終之後墮於惡趣受地獄苦又復衆生以身口意行十善業不誹謗賢聖起於正見作諸善業行諸善法皆是正因所起由此正見因緣故命終之後生於天界而爲天人如是等法皆如實知如是如來以清淨天眼過於肉眼觀見世間一切衆生生滅好醜貴賤上下善趣惡趣」共一百四十九字。

佛說舊城喻經　　華

西天譯經三藏朝奉大夫試光祿卿傳法大師臣法賢奉　詔譯

如是我聞一時佛在舍衛國祇樹給孤獨園與大衆俱尒時佛告諸苾芻言苾芻我於往昔未證阿耨多羅三藐三菩提時獨止一處心生疑念何因世間一切衆生受輪迴苦謂生老死滅已復生由彼衆生不如實知是故不能出離生老死苦我今思念此老死苦從何因有復從何緣有此老死作是念已離諸攀緣定心觀察諦觀察已乃如實知今此老死因生而有復從生緣而有老死知此法已又復思惟生何因有復以何緣有此生法作是念已離諸攀緣定心觀察諦觀察已乃如實知生因有起復從有緣起此生法知此法已又復思惟有因何起復以何緣起此有法作是念已離諸攀緣定心觀察諦觀察已乃如實知有因取起復從取緣起此有法知此法已又復思惟取何因有復從何緣有此取法

作是念已離諸攀緣定心觀察諦觀察已乃如實知取因愛有復從愛緣有此取法知此法已又復思惟愛何因有復以何緣有此愛法作是念已離諸攀緣定心觀察諦觀察已乃如實知愛因受有復從受緣有此愛法知此法已又復思惟受何因有復以何緣有此受法作是念已離諸攀緣定心觀察諦觀察已乃如實知受因觸有復從觸緣有此受法知此法已又復思惟觸何因有復以何緣有此觸法作是念已離諸攀緣定心觀察諦觀察已乃如實知觸因六處有復從六處緣有此觸法知此法已又復思惟今此六處何因而有復從何緣有六處法作是念已離諸攀緣定心觀察諦觀察已乃如實知而彼六處因名色有從名色緣有六處法知此法已又復思惟今此名色何因而有復從何緣有此名色作是念已離諸攀緣定心觀察諦觀察已乃如實知而彼名色因識而有復從識緣有名色法知此法已又復思惟識何因有

復以何緣有此識法作是念已離諸攀緣定心觀察諦觀察已乃如實知如是識法因名色有從名色緣有此識法唯此識緣能生諸行由是名色緣識識緣名色名色緣六處六處緣觸觸緣受受緣愛愛緣取取緣有有緣生生緣老死憂悲苦惱是故一大苦蘊集知此法已又復思惟以何因故得無老死何法滅已得老死滅作是念已離諸攀緣定心觀察諦觀察已乃如實知若無生法即無老死生法滅已老死亦滅知此法已又復思惟何法若無生法得無何法滅已生法得滅作是念已離諸攀緣定心觀察諦觀察已乃如實知若無有法即無生法有法若滅生法亦滅知此法已又復思惟何法若無有法不起何法滅已有法得滅作是念已離諸攀緣定心觀察諦觀察已乃如實知若無取法有法即無取法滅已有法亦滅知此法已又復思惟何法若無取法得無何法滅已取法得滅作是念已離諸攀緣定心觀察諦觀察已乃

如實知若無受法即無取法受法滅已取法亦滅知此法已又復思惟何法若無得無受法何法滅已受法得滅作是念已離諸攀緣定心觀察諦觀察已乃如實知受法若無受法即無受法滅已受法亦滅知此法已又復思惟何法若無受法得無何法滅已受法得滅作是念已離諸攀緣定心觀察諦觀察已乃如實知觸法若無受法即無觸法滅已受法亦滅知此法已又復思惟何法若無觸法即無何法滅已觸法得滅作是念已離諸攀緣定心觀察諦觀察已乃如實知六處若無觸法得無六處滅已觸法亦滅知此法已又復思惟何法若無六處得無何法滅已六處亦滅作是念已離諸攀緣定心觀察諦觀察已乃如實知名色若無六處得無名色滅已六處亦滅知此法已又復思惟何法若無名色得無何法滅已名色亦滅作是念已離諸攀緣定心觀察諦觀察已乃如實知識法若無名色即無識法滅已名色亦滅知此

法已又復思惟何法若無識法得無何法滅已識法亦滅作是念已離諸攀緣定心觀察諦觀察已乃如實知行法若無識法即無行法若滅識法亦滅知此法已又復思惟何法若無行法得無何法滅已行法得滅作是念已離諸攀緣定心觀察諦觀察已乃如實知無明若無行法即無無明滅已行法亦滅由是無明滅則行滅行滅則識滅識滅則名色滅名色滅則六處滅六處滅則觸滅觸滅則受滅受滅則愛滅愛滅則取滅取滅則有滅有滅則生滅生滅則老死憂悲苦惱滅由是一大苦蘊滅二了知如是法已又復思惟我今已履佛所行道已被昔人所被之甲已到昔人涅盤之城

佛復告言諸苾芻譬如有人欲遠所詣即履昔人所行之道又被昔人所被之甲乃尋昔人舊所都城或行深山或行曠野行之不已到彼舊城其城廣大乃是往昔王之所都而此都城嚴麗依然池沼園苑皆悉殊好人

之見者心無猒捨是人見已即自思惟我今迴還詣於本國具以斯事上奏於王既至本國即奏王曰大王當知我被昔人所被之甲乃履昔人所行之道或行深山或行曠野行之不已到一舊城其城廣大乃是往昔王之都聚而彼城隍嚴麗依然池沼園苑皆悉殊好人所見者心無猒捨大王宜應往彼都止王聞語已即允所奏乃與臣佐尋都彼城而彼都城由王居止轉更嚴麗人民熾盛豐樂倍常諸苾芻我亦如是履於諸佛舊所行道被於諸佛所被舊甲行詣諸佛涅盤舊城諸苾芻何謂舊道何謂舊甲何謂舊城即是過去諸佛所行八正之道所謂正見正思惟正語正業正命正精進正念正定諸苾芻此八正道是即舊道是即舊甲是即舊城先佛所行我亦履踐乃可得見彼老死集是故我證得老死滅乃至觀見生有取愛受觸六處名色識等皆滅又觀行集亦令行滅行法滅已無明亦滅無明滅已即無所觀是時我以

自神通力成等正覺諸苾芻我所宣説如是正法汝等精勤應如是學應如是行記念修習成諸梵行天上人間宣布法化廣爲衆生作大利益乃至苾芻尼優婆塞優婆夷婆羅門外道尼乾子等亦應如是修習宣布廣爲衆生作大利益

尒時世尊説是經已一切大衆聞佛所説信受奉行

佛説舊城喻經

乙巳歲高麗國大藏都監奉
勅雕造

佛説舊城喻經 第七張 竹

佛說舊城喻經
校勘記

一 底本，麗藏本。

一 八八六頁上一行經名，石作「佛說舊城喻經一卷」。卷末經名同。

一 八八六頁上二行譯者，資、磧、普、南作「三藏法師法賢奉詔譯」；徑、清作「宋西天譯經三藏朝散大夫試光祿卿明教大師法賢奉詔譯」。

一 八八六頁中一一行第六字「何」，徑作「有」。

大宋新譯三藏聖教序

御製

大矣哉我佛之教也化導群迷闡揚宗性廣博宏辯英彦莫能究其旨精微妙説庸愚豈可度其源義理幽玄眞空莫測包括萬象譬喻無垠綜法綱之紀綱演無際之正教拔四生於苦海譯三藏之秘言天地變化乎陰陽日月盈虧乎寒暑大則説諸善惡細則比於恒沙含識萬端靡可盡述若窺像法如影隨形離六情以長存歷千劫而可久須彌納藏於芥子如來坦蕩於無邊達磨西來法傳東土宣揚妙理順從指歸彼岸菩提愛河生滅用行於五濁惡趣拯溺於三業途中經垂世以難窮道無私而永泰雪山貝葉若銀臺之耀日歲月煙蘿起沓界之自遠巍巍罕測杳杳難名所以道貫十聖德被三賢至道起於乾元衆妙生乎太易總繁形類寂鑿昏明絶彼是非開茲蒙昧有西域法師天息災等常持四忍早悟三乘翻

貝葉之眞詮續人天之聖教芳猷重啓運偶昌時潤五聲於文章暢四始於風律堂堂容止穆穆輝華曠劫而昏墊重明玄門昭顯軌範而彌光妙法淨界勝音利益有情俱登覺岸無成障礙救諸疲羸冥昧慈悲浩汗物表柔伏貪恨啓滌昏愚演小乘聲聞合其儀諭大乘正覺立其性含靈悟而蒙福藏教缺而重興幻化迷途大宅深喻雖設其教不知者多善念生而無量潛禁惡業興而隨緣皆墮調御四衆積行十方澍花雨於金輪護恒沙於王關有頂之風不可壞無際之水弗能漂澄寂湛然圓明清淨之智慧性空無染妄想解脱之因緣可以離煩惱於心田可以得清涼於宇宙朕懃非博學釋典微開豈堪序文以示來者如際螢爝火不足比之於皎日將徵蠡量海未能窮盡於深淵者哉

佛説信佛功德經

西天譯經三藏朝散大夫試鴻臚卿明教大師臣法賢奉詔譯

如是我聞一時佛在阿拏迦城菴羅

國中與大衆俱尒時尊者舍利弗食
時著衣持鉢入阿拏迦城於其城中
次第乞已復還本處收衣洗足敷座
而食飯食訖已往詣佛所頭面禮足
於一面立合掌向佛而作是言世尊
我今於佛深起信心何以故謂佛神
通㝡勝無比所有過現未來沙門婆
羅門等尚無有能知佛神通況復過
者豈能證於無上菩提
佛言善哉善哉舍利弗汝能善說甚
深廣義汝當受持於大衆中作師子
吼廣爲宣說舍利弗復白佛言世尊
我今於佛所起信心乃爲過去未來
現在無有能者亦無沙門婆羅門等
知於佛通過於佛者豈能證於無上
菩提
佛告舍利弗於意云何所有三世諸
佛如來應供正等正覺具清淨戒智
慧解脫神通妙行我以通力皆悉了
知彼諸如來應供正等正覺亦復如
是知我所有具清淨戒智慧解脫神
通妙行舍利弗汝勿謂今釋迦牟尼
佛獨具此通舍利弗言不也世尊我
不作是言唯佛具此神通我知三世
如來應供正等正覺清淨戒法智慧
解脫神通妙行皆悉同等佛言舍利
弗如是如是所有三世諸佛如來正
等正覺皆悉具此神通等法汝但爲
彼衆生宣布如是甚深之法一心受
持於大衆中作師子吼而爲廣說舍
利弗白佛言世尊我佛宣說廣大甚
深㝡勝妙法乃至善不善業及諸緣
生法我皆如實一一了知了一法已
復修一法修一法已復滅一法滅一
法已復證一法是故我今於佛起信
是眞正等正覺
佛告舍利弗汝今往問餘人過去世
中可有沙門婆羅門而能了智具實
通力等過佛者乃至成佛菩提汝當
往問彼作何荅
復次舍利弗汝復往彼問於餘人未
來世中可有沙門婆羅門與佛等者
乃至成佛菩提汝當往問彼作何荅
復次舍利弗汝可往彼復問餘人現
在世中可有沙門婆羅門與佛等者
乃至成佛菩提
復次舍利弗又復往彼問於餘人所
有過去未來現在世中沙門婆羅門
等歸依何人汝當往問彼作何荅
尒時舍利弗白佛言世尊是義不然
我從佛聞記念受持無有二佛並出
於世唯佛世尊是眞正等正覺是正
徧知者具足㝡上神通之力世尊我
不見有沙門婆羅門而能知此通力
況復過於佛者乃至成佛菩提
尒時舍利弗復白佛言我見世尊有
種種㝡勝之法㝡勝法者謂佛世尊
當說法時所得善利佛悉能知若有
沙門婆羅門等住於山野樹下塜間
及在空舍入三摩地斷諸煩惱修習
圓滿增益善法正心記念又彼沙門
婆羅門等斷諸惡法而修善法乃
至證得果位如是等法佛悉能知是
即名爲佛㝡勝法無有沙門婆羅門
知此通力過於佛者乃至成佛菩提
復次我佛世尊具㝡勝法謂佛世尊
善能分別十二處法及能爲他廣大
宣說無有沙門婆羅門能了知此十
二處法及能分別十二處者所謂眼

處色處耳處聲處鼻處香處舌處味處身處觸處意處法處如是等法唯佛世尊悉能了知是即名爲佛㝡勝法無有沙門婆羅門等過於佛者乃至成佛菩提

復次我佛世尊有㝡勝法謂佛世尊善能了知補特伽羅法理及爲他説無有沙門婆羅門等知如是法及爲他説補特伽羅法者而有七種所謂隨信行隨法行信解見至身證慧解脱俱解脱如是七種補特伽羅㝡上之法唯佛世尊悉能了知是即名爲佛㝡勝法

復次我佛世尊有㝡勝法謂佛世尊出真實語無有虚妄亦無綺語而不兩舌所出言辭是真大利是㝡勝法有因有緣能於大衆中出微妙音説甚深義如是㝡上真實之法唯佛世尊悉能了知是即名爲佛㝡勝法

復次我佛世尊有㝡勝法謂佛世尊以三摩鉢底觀有漏身不淨可惡所謂身分上下髮毛爪齒皮肉筋骨如是等種種不淨之物充滿其身佛悉

能知是不究竟是可厭離此名第一三摩鉢底

復次世尊若有沙門婆羅門等於身上下所有皮肉骨髓諸臭穢等有漏不淨能以智慧如實觀者是爲第二三摩鉢底

復次世尊若有沙門以智慧觀有漏身盡此一世而不究竟若能如是觀者是爲第三三摩鉢底

復次世尊若有沙門能以智慧觀有漏身今世不究竟乃至後世亦不究竟若能如是觀者是爲第四三摩鉢底

復次世尊若有沙門能以智慧如前觀察有漏之身今世後世皆不究竟乃至後後世亦不究竟不淨可惡若能如是觀者是爲第五三摩鉢底

復次世尊如是有漏不淨不究竟法唯佛世尊以清淨天眼過於肉眼悉見衆生生滅好醜善趣惡趣乃至生於天界皆如實知是即名爲佛㝡勝法

復次我佛世尊有㝡上勝法謂世尊

説法時若有沙門婆羅門歸向聽受求寂靜者彼皆依止七覺分七覺分者謂擇法覺分精進覺分喜覺分輕安覺分捨覺分念覺分定覺分如是七法唯佛世尊悉能了知是即名爲佛㝡勝法

復次我佛世尊有㝡勝法謂善分别四正勤法四正勤者謂已作惡令斷未作惡令止已作善令增長未作善令發生如是等法於天上人間廣大宣説而作利益是即名爲佛㝡勝法

復次我佛世尊有㝡勝法謂佛世尊能以正智現大神通其神通者謂從一現多攝多爲一或現空無所有或現城隍山石隨身而去或現從地以手捫摸虚空乃至梵界或現履水如地或現空中跏趺而坐或現行相譬如日月行於虚空如是神通若有沙門婆羅門等見此通力生不信者我説彼等皆是愚迷凡夫彼非聖者彼不具通不求正覺亦不樂求寂靜涅槃而此通力是即名爲佛㝡勝法

復次世尊世間所欲喜色善色等有
所求者如來爲彼衆生隨根而行是
即名爲如來神通
復次世尊世間所有喜不喜色善不
善色彼二俱離捨而不住善知宿命
是即名爲如來神通
復次世尊色中見色是即名爲如來
神通
復次世尊内無色想見諸外色是即
名爲如來神通
復次世尊身善解脱證得行住是即
名爲如來神通
復次世尊空無邊處決定證得是即
名爲如來神通
復次世尊識無邊處決定證得是即
名爲如來神通
復次世尊無所有處決定證得是即
名爲如來神通
復次世尊非想非非想處決定證得
是即名爲如來神通
復次世尊了知受想受想滅已是即
名爲如來神通如是等最勝神通境
界唯佛世尊悉能了知是即名爲佛
神通力
復次我佛世尊有最勝法謂沙門婆
羅門等所有過去一生多生所作因
緣果報思念等事乃至壽量我於
俱胝歲數而不能知唯佛世尊知彼
沙門婆羅門於過去時中處處所止
或色界中或無色界中或有想處或
無想處或非有想非無想處彼種種
所作因緣果報等事悉能了知是即
名爲佛最勝法
復次我佛世尊有最勝法謂世尊說
法時皆如實說或有沙門婆羅門等
以愚癡故生彼此意起疑惑心謂佛
說法皆以事相言說所說之法三世
同說若近若遠及心意法亦如是說
彼所說法皆不如實作是疑者佛悉
能知是則名爲佛最勝法
復次我佛世尊說法時若有沙門婆
羅門自不生疑後聞人言佛所說法
皆不如實聞是言已便復起疑亦謂
世尊以事相言說起是謗者佛亦能
知是即名爲佛最勝法
復次我佛世尊說法時若沙門婆羅
門等本不生疑不謂世尊事相言說
後聞人言隨彼生疑而復告語他人
令他亦生疑惑由疑惑故生彼此意
作如是言此事如前皆非眞實此是
衆生種種異心佛於如是皆悉了知
是即名爲佛最勝法
復次我佛世尊見有沙門在三摩地
無疑無說佛悉能知彼之行願又復
或見沙門從定而出佛亦能知彼所
有事及有疑惑故彼出定如是疑惑
佛皆決了是即名爲佛最勝法
復次我佛世尊有最勝法謂佛世尊
善能了知諸不究竟法若有沙門婆
羅門在於山中住等引心以自通力
知二十增減劫事彼作是念我於過
去世中所有增減劫事我悉能知世
尊彼沙門婆羅門而於未來及今現
在增減等事而不能知唯佛世尊具
知三世增減等事是名了知第一不
究竟法
復次世尊若有沙門婆羅門等止於
深山住等引心以自通力知四十增
減劫事彼作是念未來世中所有增

滅我已悉知世尊彼沙門婆羅門而不知彼過去現在增減劫事唯佛世尊具知三世是名了知第二不究竟法

復次世尊若有沙門婆羅門等在於深山住等引心以自通力知八十增減劫事彼作是念所有過去未來增減等事我悉能知世尊彼沙門婆羅門唯今現世所有邊際而不能知唯佛世尊一一了知三世邊際是即名為了知第三不究竟法如是世尊以清淨天眼過於肉眼悉見衆生生滅之法乃至生於天界是即名為佛最勝法

復次我佛世尊有最勝法謂佛世尊以調伏法了知諸補特伽羅心所樂法隨應為說是補特伽羅既了知已如理修行斷三煩惱不久證於須陁洹果逆生死流七往天上七來人間盡苦邊際如是世尊皆悉了知又復世尊知彼補特伽羅意樂之法如理修行斷三煩惱及斷貪瞋癡不久證於斯陁含果一來人間盡苦邊際如是世尊悉皆了知又復世尊善知補特伽羅意樂之法如理修行斷五煩惱及隨煩惱不久證於阿那含果如是世尊悉皆了知又復世尊善知補特伽羅如理修行非久漏盡證解脱法我生已盡梵行已立所作已辦不受後有如是等法世尊一一皆悉了知是即名為佛最勝法

復次我佛世尊有最勝法謂佛世尊善能了知四種胎藏一者不知入胎亦復不知住出二者有知入胎不知住出三者有知入住不知出胎四者有入住出皆悉了知如是四種知有差別唯佛世尊一一了知是即名為佛最勝法

復次我佛世尊有最勝法謂佛世尊善能了知諸補特伽羅隨所斷障而證聖果如是等法佛悉了知是即名為佛最勝法

復次我佛世尊有最勝法謂佛世尊了知有人已具信根戒行清淨智慧具足真實無妄無我無懈無諸幻惑亦無撒亂亦不貪欲不以邪道引示衆生常行正念如是等法唯佛世尊悉能了知是即名為佛最勝法

尒時舍利弗復白佛言世尊世間所有愚癡凡夫貪諸欲樂勞苦已身求無義利諸佛如來於此不然唯樂利他非求自樂善了心法見法寂靜住安樂句無欲無苦得四禪定是故世尊若有上根善男子等當如是見當如是聞當如是覺當如是知是即名為具上根者

尒時會中有一尊者名曰龍護手執寶拂侍立佛側時尊者龍護白佛言世尊我見諸邪外道尼乾子等於佛世尊先不起信唯於邪道競説勝能是故我今建立表剎宣示於世咸使聞知佛勝功德我佛世尊是大丈夫最尊最上無有等者

尒時世尊告尊者龍護言汝莫作是説莫宣示他人佛勝功德我今不欲如是稱揚於是尊者龍護讚世尊言善哉善哉是真正等正覺

尒時佛告尊者舍利弗汝當善以如是正法廣為苾芻苾芻尼優婆塞優

婆夷及諸沙門婆羅門流布宣說乃至諸魔外道尼乾子等所有邪見不信佛者聞此正法令起深信歸向於佛而生正見了知正法又復告言汝舍利弗應當如是流布宣說

尒時世尊謂尊者舍利弗言已黙然而住於是尊者舍利弗承佛威力說是法已禮佛而退時諸會衆得聞正法歡喜作禮信受奉行

佛說信佛功德經

佛說信佛功德經

校勘記

一　底本，金藏廣勝寺本。

一　八八九頁中一行至本頁下二〇行序文，諸本無。

一　八八九頁下二一行經名，石、徑、清作「信佛功德經」。

一　八八九頁下二二行譯者，資、磧、普、南作「西天譯經三藏朝散大夫試光祿卿明教大師臣法賢奉詔譯」；徑、清作「宋西天三藏朝散大夫試光祿卿明教大師法賢奉詔譯」。

一　八九〇頁上四行「往詣」，徑作「詣往」。

一　八九一頁下一六行第一三字「水」，徑作「氷」。

一　八九二頁中末行第七字「說」，徑作「記」。

一　八九三頁上六行「八十」，徑、清作「人十」。

一　八九三頁中二行第一三字「五」，徑作「三」。

一　八九三頁下八行「上根」，磧、普作「上相」。

一　八九四頁上八行「得聞」，諸本作「得聞」。

一　八九四頁上末行經名，石作「佛說信佛功德經一卷」；徑、清作「信佛功德經」。

大宋新譯三藏聖教序

御製

二合

大矣哉我佛之教也化導群迷闡揚宗性廣博宏辯英彥莫能究其旨精微妙觀庸愚豈可度其源義理幽玄真空莫測苞括萬象譬喻無垠綜法網之紀綱演無際之正教拔四生於苦海譯三藏之秘言天地變化乎陰陽日月盈虧乎寒暑大則説諸善惡細則比於恒沙含識萬端弗可盡述若窺像法如影隨形離六情以長存歷千劫而可久須彌納藏於芥子如來坦蕩於無邊達磨西來法傳東土宣揚妙理順從指歸彼岸菩提愛河生滅用行於五濁惡趣拯溺於三業途中經垂世以難窮道無私而永泰雪山貝葉若銀臺之燦日歲月煙蘿起香界之自遠巍巍罕測杳杳難名所以道貫十聖德被三賢至道起於乾元衆妙生乎太易愍繁形類敷鬘昏明絶彼是非開茲蒙昧有西域法師天息災等常持四忍早悟三乘翻貝葉之真詮續人天之聖教芳猷重啓運偶昌時潤五聲於文章暢四始於風律堂堂容止穆穆輝華曠劫而昏蟄重明玄門昭顯軌範而彌光妙法淨界勝音利益有情俱登覺岸無威障礙救諸疲羸冥昧慈悲浩汗物義柔伏貪假落濟昏愚演小乘聲聞令其儀論大乘正覺立其性含靈語而蒙福藏教缺而重興幻化迷途火宅深喻雖設其教不知者多善念生而無量習臻惡業興而隨緣皆墮調御四衆積行十方澍花雨於金輪護恒沙於玉關有頃之風不可壞無際之水弗能浸寂湛然圓明清淨之智慧性空無深妄想解脱之因緣可以離煩惱於心田可以得清源於宇宙朕懃非博學釋典微聞豈堪序文以示來者如麼螢爝火不足比之於皎日將微蠡量海未能窮盡於深淵者哉

佛說善樂長者經

西天譯經三藏朝散大夫試鴻臚卿明教大師臣法賢奉　詔譯

如是我聞一時佛在迦毗羅城與大

衆俱是時有一釋種長者名曰善樂住在本處而彼長者信重三寶歸依佛歸依法歸依僧唯信佛法僧不復信於諸餘外道唯求佛法僧善解苦集滅道見眞實理獲大果報而當非大耶證菩提時彼長者於所見色忽然不見

尒時善樂長者遥向世尊作是願言我佛世尊大慈大悲願施我眼目施我眼充明施我眼清淨除我眼昏闇發是願已又作是言我今歸依佛歸依善逝

尒時世尊以清淨天耳過於人耳遥聞彼長者發願言已即告尊者阿難言阿難汝今持我秘密神呪往彼釋種善樂長者處與作救拔護持令得寂靜安樂乃至與彼四衆亦作利益安樂故

尒時世尊爲善樂長者等說此清淨眼秘密大神呪曰

怛𩕳(如身下同)他(一引)呬里弥里企里(二)呬條(引)多(三)忽喻忽喻(四)忽夜(引)尾底(五)忽盧忽盧忽盧(六)訥訥訥訥盧(七)

以此清淨眼秘密神呪句力眼得清淨除去昏暗除去瞖郭乃至除去風毒眼病黃毒眼病痰毒眼病癃毒眼病無痛無腫無惱無苦無諸眵淚如是等病皆悉消除復以戒眞實力修行眞實力苦行眞實力秘密神呪眞實力緣生法眞實力苦法眞實力集法眞實力滅法眞實力道法眞實力須陁洹眞實力斯陁含眞實力阿那含眞實力阿羅漢眞實力緣覺眞實力菩薩眞實力佛眞實力法眞實力聖衆眞實力以如是等眞實力故眼得清淨除去昏暗除去瞖郭所有風毒眼病黃毒眼病痰毒眼病癃毒眼病皆不能侵無痛無腫無惱無苦無諸眵淚等

佛告阿難此秘密神呪是過去六正等正覺同共宣說所謂尾鉢尸如來正等正覺室棄如來正等正覺尾說鄔如來正等正覺訖囉葛村陁如來正等正覺葛那葛牟尼如來正等正覺迦葉波如來正等正覺我今第七釋迦牟尼如來正等正覺亦如是說乃至四大天王謂持國天王增長天王廣目天王多聞天王及帝釋天主娑婆界主大梵天王等皆亦隨喜宣說

佛告阿難我未見彼天界梵界及諸魔界乃至沙門婆羅門等界若有人持誦此秘密大神呪三徧者有諸病苦而能侵害所有昏瞖內外瞖郭等乃至天所作病龍所作病夜叉所作病阿脩羅所作病迦樓羅所作病乾闥婆所作病鳩槃茶所作病必隸多所作病富單那所作病羯吒富單那所作病毗舍左所作病羅刹所作病羯枯陁所作病吠多拏所作病星曜所持乃至中毒及諸邪呪法等悉皆消除又復阿難如是秘密大神呪法若有患者日念三徧是人眼得清淨如前見物此如是清淨眼秘密大神呪有大力故眼得如是清淨除去昏暗及內外瞖郭乃至風毒郭黃毒郭痰毒郭癃毒郭等皆悉消除無痛無苦無諸眵淚又復清淨戒眞實力修行眞實力五通仙眞實力賢聖眞實

力聖藥眞實力祕密句眞實力緣生法眞實力苦法眞實力集法眞實力滅法眞實力道法眞實力須陁洹眞實力斯陁含眞實力阿那含眞實力阿羅漢眞實力緣覺眞實力菩薩眞實力佛眞實力以如是等眞實力故眼得清淨

尒時世尊復說祕密神呪曰

那謨引沒馱寫一句娑誐嚩都引悉娶觀滿怛囉二合鉢那莎引賀二

佛告阿難此祕密大神呪若人日日三時与前神呪同共依法誦念是人所有眼病悉皆消除

尒時尊者阿難白佛言世尊我今承佛聖旨持此祕密大神呪往彼善樂長者處廣爲宣說与彼善樂長者及四衆等作大利益佛說是經已尊者阿難及諸大衆聞佛所說皆大歡喜信受奉行

佛說善樂長者經

佛說善樂長者經

校勘記

一　底本，金藏廣勝寺本。

一　八九五頁中一行至本頁下二〇行序文，諸本無。

一　八九五頁下二一行經名，石作「佛說善樂長者經一卷」。卷末經名同。

一　八九五頁下二二行譯者，資、磧、普、南作「西天譯經三藏朝散大夫試光祿卿明教大師法賢奉詔譯」；徑、清作「宋西天三藏朝散大夫試光祿卿明教大師法賢奉詔譯」。

一　八九六頁上六行首字「大」，磧、南、徑、清作「乂」。

佛說人仙經　章

西天譯經三藏朝散大夫試光祿卿傳法大師臣法賢奉詔譯

如是我聞一時佛在那提迦城崐左迦精舍中與大衆俱尒時尊者阿難獨止一處起如是念我佛世尊先說所有諸方諸國及諸城隍所謂畚議國摩伽陁國迦尸國憍薩羅國蜜唹沙國大力士國奔拏國蘇摩國阿說迦國嚩帝國俱嚕國半左國嚩蹉國戍囉西那國夜嚩那國甘謨惹國等而彼諸國所有聲聞已入滅者佛皆說彼生於某果報唯彼摩伽陁國所有上首諸優婆塞皆已命終彼摩伽陁國空廓無人我佛世尊未爲宣說生於何處是時尊者阿難作是念已即出自舍往詣佛所到佛所已偏袒右肩右膝著地即以頭面禮世尊足住立佛前白世尊言如先所說諸方諸國我從佛聞皆已了知乃至從佛聞所說法亦悉了知乃至那提迦城諸優婆塞所生之處佛亦說已又彼那提迦城次有五百優婆塞亦已命終彼優婆塞善斷三障證須陁洹果逆生死流七來人間七生天上了苦邊際決證菩提又彼那提迦城復有三百優婆塞亦次命終彼優婆塞亦斷三障及貪瞋癡一來人間了苦邊際證斯陁含果又彼那提迦城有二百五十優婆塞復次命終彼優婆塞能斷五種煩惱及隨煩惱證阿那含果不還人間不復輪轉如是等事亦悉了知唯獨摩伽陁國所有諸上首優婆塞命終之後摩伽陁國空廓無人云何世尊獨不說彼諸優婆塞所生之處唯願世尊爲我宣說摩伽陁國諸優婆塞今生何處所修行業得何果報世尊又彼摩伽陁國頻婆娑羅王一心向佛知於正法及奉僧伽盡於壽命常念不忘命終之後國中人民咸讃王德作如是言此是法王願此法王生於善世獲最勝樂世尊云何未說彼王所生之處及心所願乃至果位唯願世尊一一宣說又復白言世尊彼摩伽陁國乃是我佛成正覺地最勝無比而此勝地是王爲主唯願世尊爲說生處

尒時世尊受阿難請已默然而住時尊者阿難見佛默然即知受請便以頭面禮世尊足還於本處

尒時世尊過夜分已至於來晨食時著衣執持應器入那提迦城次行乞食得品饌已還於本處收衣洗足敷座而食飯食訖已而暫經行復還本座觀察阿難所問摩伽陁國王及諸優婆塞此處滅已當生何處以何行願得何果報作是觀時以佛神通於虛空中有聲稱名世尊我是人仙善逝我是人仙尒時世尊聞空聲已即從座起往聲聞處彼聲聞衆圍繞而坐阿難尊者來詣佛所偏袒右肩禮世尊足住立佛前而白佛言世尊何因何緣倍常適悅

尒時世尊告阿難言如汝所請爲摩伽陁國頻婆娑羅王及諸優婆塞此處滅已當生何處以何行願得何果報我以此義說時未至示同世間憶念而住過是夜分至於食時入城乞食迴還本處食訖經行復還本座以汝所問說時已至憶念觀察彼摩伽

陁國王及諸優婆塞死此生彼行願果報如是之次以我神通於虛空中有聲稱言世尊我是人仙善逝我是人仙佛復告言阿難汝於往昔聞有如是名否阿難白言世尊未聞有是名者我聞此名身毛喜竪尊者阿難說是語次又聞空中聲曰世尊我是頻婆娑羅王善逝我是頻婆娑羅王我今向佛二三稱說名字族氏世尊往昔人仙命終之後生於人間得爲人王證須陁洹果今第七生生毗沙門宮爲天王子亦名人仙世尊我爲毗沙門天王之子善能了知佛所說法微妙寂靜安樂之句當來證得斯陁含果佛即讃言善哉善哉而汝人仙甚善甚善汝能如是行無放逸先於何處以何因緣而能獲得須陁洹果人仙荅言我別無因亦別無緣唯知佛法微妙寂勝深信奉行乃證初果又復白言世尊我受持國天王命往彼南方增長天王處由是見知我佛世尊在崐左迦精舍獨處堂中觀察摩伽陁國王及諸優婆塞從此處

滅生於何處以何行願得何果報如是等事我佛欲說世尊我從父王毗沙門所親聞是事憶持不忘是故我今正以此緣來詣佛所欲說斯事

佛言人仙今正是時汝當廣說是時人仙承佛聖旨而白佛言世尊一時我聞父毗沙門天告於衆言汝等聖者當一心聽我於往昔在三十三天說法勝會諸天皆集及護世天亦在彼會各處本方持國天王處於東方面西而坐增長天王處於南方面北而坐廣目天王處於西方面東而坐我處北方面南而坐諸聽法衆坐護世前是時諸天及護世等皆爲聽法來赴勝會既聞法已欲還本宮忽有大光普照勝會諸天光明映蔽不現尒時帝釋天主告諸天言汝等當知今此大光普照勝會使我諸天光明色相映蔽不現是故汝等當知非久大梵天王來此會中於意云何大梵天王凡所行處先現祥瑞汝諸天等勿起本座知彼何緣現此光明時諸天衆及護世天白帝釋言我等承命

未起本座乃至了知所現光明時大梵王以童子形於彼勝會忽然出現頭有五髻色相具足於彼會中即便說偈告諸天曰

汝歸佛世尊　世間爲眼目　善說微妙法
令得寂靜句　汝等諸天衆　威力大色相
因持佛梵行　由是生天界　復有淨行者
具色壽名稱　是大智佛子　非久生此界
天衆聞是語　心生大歡喜　歸依佛世尊
信法中妙法　梵王說偈時　具五種妙音
甚深如雲雷　聞者樂眞實

大梵天王說偈之時具五種妙音所謂大梵音迦陵頻伽音大鼓音大雷音及愛樂音等又彼梵王於勝會中攝童子形復現大身於意云何大梵天王隨衆心樂而現其身所現大身有二種德具大色相普聞名稱譬如黃金有二種德謂色及名大梵天王於天衆中二種顯現亦復如是又復梵王到勝會時會中天衆不起本座亦不作禮時彼天衆合掌而住各起所念嗚呼娑婆世界主大梵天王於此會前以所現身復現大身是時梵王知

天衆心於大身中倍復現大於彼勝會上虛空中跏趺而坐譬大力士於地而坐大梵天王亦復如是
尒時大梵天王復告天衆所現大身是四神足力唯佛世尊悉知悉見能說能修亦復能現是故汝等亦當誠心修彼神足乃至現通作大利益四神足者謂欲勤心慧是時天衆又復心念嗚呼大梵天王願化我等天衆一一皆如梵天王身一一梵天懷中坐一天王尒時大梵天王知天衆心即以神力攝諸天身化梵王身各於懷中坐一天王是彼天衆所有心念皆悉滿足獲大安樂譬如刹帝利王受父灌頂而紹王位心念滿足獲大安樂彼諸天衆亦復如是
尒時大梵復告天衆汝等諸天及護世等當一心聽諸聖者唯佛如來正等正覺於四神足能廣宣說能久修習能大變現是故汝等當發誠心應勤修習自在變現作大利益是時梵王懷中所坐天王各生疑念唯有一大梵王我坐懷中云何言時諸天皆

言若彼默時諸天亦默又帝釋天主起如是念嗚呼大梵天王願攝我等天衆本形變一大身坐我懷中時大梵王知帝釋念攝天衆形現一大身帝釋懷中跏趺而坐大梵天王當以如是神足之力種種變現作化事已又復告彼諸天及護世等我佛世尊以此四神足力及聲聞法先所化度者即摩伽陁國八万優婆塞善斷三障盡苦邊際證須陁洹果於天上人間七返往來有生他化自在天者有生化樂天者有生三十三天者有生四王天者有生人間大刹帝利王宮者有生上首大婆羅門家有生上首大長者家又復諸天衆等有思念者嗚呼云何能得四佛出現於世復有思念嗚呼云何能得八佛出現於世大梵天王知彼天衆心之所念而復告言汝等天衆莫作是念思欲四佛出現於世乃至八佛出現於世是義不然汝等當知我從佛聞無有二佛同出於世何有四佛八佛同出世耶汝等但願我佛世尊無漏之體壽

命增長久住世間時彼諸天又復作念大梵天王云何一一實知我心彼諸天等即生驚怖心懷愁惱時大梵王告彼衆言汝諸天衆及護世等一心諦聽如來應供正等正覺宣說一乘正法令諸衆生遠離憂悲苦惱皆得清淨證眞實理又復告言有三種法如來悉知何名三種所謂有人先作身不善業意不善行後因親近善友聽聞妙法繫念思惟斷身不善造身善業斷意不善行意善行是人樂中生樂悅意中復生悅意譬如有人於喜生喜喜復生喜彼人悅樂亦復如是此謂第一種法復次有人先受五慾作不善業後親善友聽聞妙法繫念思惟棄於慾樂亦復不造諸不善業是人樂中生樂悅意中復生悅意譬如有人喜中生喜喜復生喜悅樂法者亦復如是此謂第二種法復次有人於不善法如實了知亦於善法如實了知乃至苦集滅道亦如實知後復親近善友於不善法及諸善法乃至苦集滅道於是諸法倍

復精曉是人樂中生樂於悅意中復生悅意譬如有人喜中生喜喜復生喜悅樂法者亦復如是此謂第三種法復次大梵天王又告諸天及護世等諸聖者當一心聽有四種法彼佛世尊悉知悉見何者爲四謂身受心法如來以慧觀是四法若內若外如實了知智慧現行修習圓滿善說菩提一乘正法令諸衆生咸得清淨離憂悲苦惱證妙法理

復次大梵天王又告諸天及護世等言諸聖者當一心聽有八正道法彼佛如來應供正等正覺悉知悉見何等爲八謂正見正思惟正語正業正命正精進正念正定如是八正道即是三摩地受用法若有如是得正思惟行於梵行修習圓滿獲梵天樂又復正語正一切言滿一切相正說梵行分別顯教得如實言宣說正語開甘露門示一乘法令諸衆生咸得清淨離憂悲苦證妙法理

介時人仙白佛言世尊如我所說種種法要皆是大梵天王於帝釋宮爲

三十三天及四護世諸天衆等如是宣說我父毗沙門天王迴還本宮爲我宣說我悉記憶無所忘失今承如來大威力故爲尊者阿難欲知頻婆娑羅王所生所滅行願果報我今對佛如實宣說佛即讚言善哉善哉汝能善說

介時人仙說是法已阿難尊者及諸會衆得聞是法歡喜信受禮佛而退

佛說人仙經

乙巳歲高麗國大藏都監奉
勅雕造

佛說人仙經

校勘記

一　底本，麗藏本。

一　八九八頁上一行經名，石作「佛說人仙經一卷」。卷末經名同。

一　八九八頁上二行譯者，資、磧、普、南作「西天譯經三藏朝散大夫試光祿卿明教大師臣法賢奉詔譯」；徑、清作「宋西天譯經三藏朝散大夫試光祿卿明教大師法賢奉詔譯」。

一　八九八頁中二三行「而此」，磧、普、南作「而比」。

一　八九九頁下七行第二字「持」，徑作「特」。

一　八九九頁下一七行第三字「德」，磧、普、南、徑、清作「福」。

佛說法身經　葦
西天譯經三藏朝奉大夫試光祿卿明教大師臣法賢奉　詔譯
尒時世尊於大衆中以微妙音作如
是言諸佛如來有二種身皆具河
沙功德何等爲二所謂化身法身而
化身者示從父母所生具三十二相
八十種好莊嚴其身以智慧眼普觀
衆生智者瞻仰心生適悅三業清淨
一一相好百福具足如是莊嚴百千
福聚大丈夫相皆色蘊攝又復具足
十力四無所畏三不空法三念住法
三不護法四無量法具大丈夫一一
毅勝那羅延力如是略說如來應供
正等正覺莊嚴功德具足圓滿是名
化身又復諸佛如來應供正等正覺
所有法身不可思議不可稱量而無
有人能廣宣說假使緣覺及諸聲聞
舍利弗等最上利根善解深法大智
明達了種種義而亦不能廣大宣說
法身功德諸佛如來爲三界師是大
悲者爲諸衆生作大利益平等護念
無所分別住奢摩他毗鉢舍那而復
善解三調伏法善度四難具四神足
而於長夜行四攝法離於五慾趣五
趣皆具六分法圓滿六波羅蜜開七
覺花演八正道善解九種三摩鉢底
具十智力以此智力名聞十方是故
稱爲第一義天於時方處晝三夜三
常善觀察如是諸佛內功德法無有
能者而爲廣說是故我今略說此法
是法身者純一無二無漏無爲應當
修證諸有爲法從無爲生如是眞實
無淨無染無念無依離諸方便而与
衆生作大依止一切衆生所作行法
無諸過失是眞善法離諸記念於無
邊三摩地門不動不搖而得解脫以
二種奢摩他毗鉢舍那於欲離欲而
得解脫無明欲法以慧解脫學無學
法以念了知以明解脫善達自性而
於諸法深能繫念善以阿鉢底而生
阿鉢底法善以三摩鉢底而生三摩
鉢底法於一切法無求無證離此二
法即無所緣復無所修而以盡智及
無生智畢竟成就三究竟法三善根
法三方便門離諸妄想得眞實生了
佛說法身經　第二張　葦
三種慧謂聞思修離三雜染謂煩惱
業苦有三種三摩地謂空無相無願
復名三解脫門即空無相無願解脫
門三種蘊法謂戒定慧蘊三種學法
謂戒定慧學有三種修謂戒修定修
慧修有學無學非有學非無學有三
種道謂見道修道無學道有三種根
謂未知根已知根具知根有三種行
法謂聖行天行梵行有三分別謂蘊
處界了三法已獲大福聚證得解脫
寂靜涅槃三不空念住如來於諸衆
生平等覆護三種蘊法有三補特伽
羅謂上中下諸佛如來具三種大悲謂
無緣大悲微妙大悲爲一切衆生大悲
有三種自在謂身自在世自在法自
在有三不護法謂諸如來身業清淨
離不淨法口業清淨離不淨法意業
清淨離不淨法有三種劍謂聞劍思
劍修劍有三種最上謂定最上慧最
上解脫最上有三種界法謂正斷離
欲寂滅復有三界謂欲界色界無色
界有三種無學明謂過去宿命明未
來天眼明現在漏盡明有三種無爲
佛說法身經　第三張　葦

法謂諸行無常諸法無我涅盤寂靜有三種菩提謂聲聞菩提緣覺菩提無上菩提有三種無學智謂盡智無生智正見智三寶三歸三最上智四念處四正斷四神足四信心法四解脫句有四種善法謂第一義善自性善發起善相應善四種修法四種智法四聖諦法四禪定四輪藏四法四依止謂親近善友聽聞正法繫念思惟如理修行復有四緣謂因緣等無間緣增上緣所緣緣四加行位謂煖位頂位忍位世第一位有四種道謂方便道無間道解脫道最勝道四沙門果四種聖族有四無量心謂慈悲喜捨復有四生四聖住四記念四威儀有四出生門謂出入寂靜正覺復有四證位有學五蘊五解脫處五度生法五聖智想有五三摩地分謂正斷分調伏分離過分離相分離性分復有五種最上分五現行三摩鉢底五蘊五界復五取蘊六功德法六通六念復六種法五種離欲六種修法六見道位六相續行六證明想七補特伽羅七

大丈夫行七識住七覺支七無過失法七三摩地受用法七種妙法七種界分七善解處七種修道八正道分八種補特伽羅八種別解脫戒復八解脫八處八智八道八戒八會及八種世法如來相續真常精進清淨無所染著復有九種過去三摩鉢底九信心法九證得法九名色滅九衆生住九種依法九無漏地九修道地十種補特伽羅謂四向四果第九緣覺第十正等正覺十大地善法十種有學法十如來力十善業道十惡業道十種聖住十如理作法十一功德相好思念法十一種起善解智具足法十一種具足戒法十二種出生言辭十二處十二緣十二刹那會證得聖法十三喜法十三出生法十三作業地十四種化心十五心見道十六心正念十七種相有學十七樂欲相十八界十八不共法十九分別地二十二根三十七菩提分法謂四念處四正斷四神足五根五力七覺支八正道四十四智法復七十七智法百六

十二道是謂修地如是等無量無邊相續真常之法離諸煩惱甚深廣大微妙難思是大智者如實了知而此佛法乃是殑伽沙數正等正覺殊妙之法是平等法若有求證正等覺智諸苾芻苾芻尼優婆塞優婆夷及諸外道尼乾子等具正智者如實了知復爲衆生廣大宣說如佛所化令無量無邊阿僧祇衆生悉皆證得寂靜無畏究竟涅盤

佛說法身經

乙巳歲高麗國大藏都監奉
勅雕造

佛說法身經
校勘記

一 底本，麗藏本。

一 九〇二頁上一行經名，石作「佛說法身經一卷」。

一 九〇二頁上二行譯者，資、磧、普、南作「三藏法師法賢奉詔譯」；徑、清作「宋三藏法師法賢奉詔譯」。

一 九〇二頁下二行「苦有」，資、磧、普、南、徑、清作「若有」。

一 九〇二頁下八行「具知根」，資、磧、普作「具知相」。

一 九〇三頁中二行末二字「七種」，資、磧、南、徑、清作「十種」。

大宋新譯三藏聖教序

御製

大矣哉我佛之教也化導群迷闡揚宗性廣博宏辯英彥莫能究其旨精微妙說庸愚豈可度其源義理幽玄眞空莫測包括萬象譬喻無垠綜法綱之紀綱演無際之正教拔四生於苦海譯三藏之秘言天地變化乎陰陽日月盈虧乎寒暑大則說諸善惡細則比於恒沙含識萬端弗可盡述若窺像法如影隨形離六情以長存歷千劫而可久須彌納藏於芥子如來坦蕩於無邊達磨西來法傳東土宣揚妙理順從指歸彼岸菩提愛河生滅用行於五濁惡趣拯溺於三業途中經垂世以難窮道無私而永泰靈山貝葉若銀臺之耀日歲月煙蘿起香界之自遠巍巍罕測杳杳難名所以道資十聖德被三賢至道起於乾元衆妙生乎太易總繁形類竅鑿昏明絕彼是非開茲蒙昧有西域法師天息災等常持四忍早悟三乘翻貝葉之已具詮續人天之聖教芳猷重啓運偶昌時潤五聲於文章暢四始於風律堂堂容止穆穆輝華曠劫而皆墊重明玄門昭顯軌範而彌光妙法淨界騰音利益有情俱登覺岸無成障礙救諸疲羸冥昧慈悲浩汗物表柔伏貪佷啓辯音愚演小乘聲聞合其儀論大乘正覺立其性含靈悟而蒙福藏教缺而重興幻化迷途火宅深窬雖設其教不知者多善念生而無量潛臻惡業興而隨緣甘憧調御四衆積行十方澍花雨於金輪護恒沙於玉關有頂之風不可壞無際之水弗能漂澄寂湛然圓明清淨之智慧性空無染妄想解脫之因緣可以離煩惱於心田可以得清涼於宇宙朕慙非博學釋典微閑豈堪序文以示來者如穈螢爝火不足比之於皎日將蠡量海未能窮盡於深淵者哉

佛說決定義經

西天譯經三藏朝奉大夫試光祿卿明教大師臣法賢奉　詔譯

如是我聞一時佛在舍衛國祇樹給

孤獨園與大苾芻衆千二百五十人
俱
尒時世尊告諸苾芻我今為汝宣説
甚深決定正義初善中善後善其義
深遠純一無雜具足清白梵行之相
汝等諦聽善思念之時諸苾芻白佛
言善哉世尊何等名為決定正義我
等樂聞惟願世尊為我解説
尒時佛告諸苾芻言決定義者所謂
五蘊五取蘊十八界十二處十二緣
生四聖諦二十二根如來十力四無
所畏四禪定四無色定四無量行四
無礙智四三摩地想四念處四正斷
四神足五根五力七覺支八正道如
是等法是名決定正義五蘊者謂色
蘊受蘊想蘊行蘊識蘊此等名為五
蘊五取蘊者謂色取蘊受取蘊想取
蘊行取蘊識取蘊此等名為五取蘊
十八界者謂眼界色界眼識界耳界
聲界耳識界鼻界香界鼻識界舌界
味界舌識界身界觸界身識界意界
法界意識界此等名為十八界十二
處者謂内眼處外色處内耳處外聲

處内鼻處外香處内舌處外味處内
身處外觸處内意處外法處此等名
為十二處十二緣生者謂無明緣行
行緣識識緣名色名色緣六處六處
緣觸觸緣受受緣愛愛緣取取緣有
有緣生生緣老死憂悲苦惱如是即
一大苦蘊集由此緣故即有蘊法若無
緣故蘊法即滅所謂無明滅即行滅
行滅即識滅識滅即名色滅名色滅
即六處滅六處滅即觸滅觸滅即受
滅受滅即愛滅愛滅即取滅取滅即
有滅有滅即生滅生滅即老死憂悲
苦惱滅如是則一大苦蘊滅此等諸
法無明為緣乃有生滅為緣者何所
謂先際不了後際不了中際不了内
法不了外法不了内外法俱不了善
業不了不善業不了善不善業俱不
了因不了果不了因果俱不了已生
緣法不了未生緣法不了現生緣法
不了於佛不了於法不了於僧不了
苦法不了集法不了滅法不了道法
不了善法不了不善法不了罪法不
了福法不了可行法不了不可行法

不了高下法不了有為無為法不了
如是不了不能於黑白法等起無相
智由此無明不能決了而為過失乃
至障如實智不能證得寂靜涅槃謂
此無明體性迷闇純一癡法猶如盲者
唯行闇道集諸塵垢損減智慧於諸
障法不能出離而此無明與明為障
無明為苦痛無明為毒器無明為縲
縛無明為毒根無明為毒樹無明為
根本煩惱無明為隨煩惱本無明是
顛倒處無明為黑闇室無明是癡闇
如是等義名為無明由此為緣行法
得起行法者行有三種謂身行語行
意行身行者謂出入息依止於身繫
屬於身由依身故而出入息得名身
行語行者謂論難分別即此分別論
難言辭故名語行意行者謂貪瞋癡
心所法等依止於心繫屬於心由依
心故得名意行復有三行何等為三
謂福行罪行不動行是名三行由行
為緣識法得起識法者識有六種謂
眼識耳識鼻識舌識身識意識此名
六識由識為緣名色得起名色者謂

色蘊受蘊想蘊行蘊識蘊色者謂內五塵皆四大所成四大者謂地水火風地體堅重水性流潤溫煖爲火動轉名風如是四大所成五塵名爲色蘊而此蘊法四蘊名名一蘊名色如是五蘊名爲名色名色爲緣六處得起六處者謂內六處眼處耳處鼻處舌處身處意處此名六處六處爲緣觸法得起觸有六種謂眼觸耳觸鼻觸舌觸身觸意觸此等名觸由觸爲緣受法得起受有三種謂苦受樂受捨受如是眼觸緣此三受乃至意觸亦復如是此名爲受由受爲緣愛法得起愛有六種謂眼觀色耳聽聲鼻齅香舌了味身覺觸意分別法由貪六法得名爲愛由愛爲緣取法得起取有四種謂欲取見取戒禁取我語取由愛增故得名爲取由取爲緣有法得起有法有三欲有色有無色有欲有者謂十惡趣及人天十惡趣者謂八地獄一等活二黑繩三衆合四號叫五大號叫六炎熱七極炎熱八無間九傍生趣十餓鬼趣如是十種名爲惡趣人趣者謂四大洲南贍部洲東勝身洲西牛貨洲北俱盧洲南贍部洲其量縱廣七千由旬此洲之相北闊南狹猶如車形東勝身洲其量縱廣八千由旬彼洲之相猶如半月西牛貨洲其量縱廣九千由旬彼洲之相猶如圓月北俱盧洲其量縱廣十千由旬彼洲之相四方徑直猶如池沼如是四洲名爲人趣天趣者欲界六天謂四王天忉利天夜摩天兜率天化樂天他化自在天如是名爲欲界六天此等諸趣名爲欲有色有者有十八天謂梵衆天梵輔天大梵天光天無量光天光音天淨天無量淨天遍淨天無雲天福生天廣果天無想天無煩天無熱天善現天善見天色究竟天此等諸天名爲色有無色有者有四種天謂空無邊處天識無邊處天無所有處天非想非非想處天此等諸天名無色有如是三有得名爲有由有爲緣生法得起生者謂諸有情捨此蘊已隨業果報復於界趣蘊相出現故名爲生由生爲緣老死得有老者謂諸有情蘊法果熟心識迷亂多所忘失髮白面皺身力羸弱舉動策杖喘息呻吟漸漸力微諸根衰朽是名爲老復何名死謂諸有情隨能招業壽量終盡識捨執受命根謝滅諸蘊離散是名爲死謂老無定相附死立支二法合一故名老死如是名爲十二緣法復何名爲四聖諦法謂苦諦集諦滅諦道諦苦諦者生苦老苦病苦死苦愛別離苦怨憎會苦求不得苦五盛陰苦如是等苦名爲苦諦集諦者謂貪愛法由此貪愛而生耽著以耽著故發業潤生招集爲因是名集諦滅諦者謂貪愛法及餘煩惱悉皆斷盡證寂滅理是名滅諦道諦者即八正道謂正見正思惟正語正業正命正精進正念正定此八正道名爲道諦如是四諦聖智可觀名四聖諦

又復何名二十二根謂眼根耳根鼻根舌根身根男根女根命根意根樂受根苦受根喜受根憂受根捨受根信根進根念根定根慧根未知當知

根巳知根具知根如是名爲二十二根

復何名爲十力謂如來智於諸有情處非處法如實了知是名如來第一處非處智力

如來復於過去現在未來世中所有衆生諸業行法處處所生因緣果報佛以智力悉皆了知是名如來第二業報智力

如來復於諸禪定法解脫三摩地三摩鉢底盡諸漏法佛以智力如實了知是名如來第三定力

如來復於諸衆生類根性勝劣種種差別佛以智力如實了知是名如來第四根勝劣智力

如來復於諸衆生類所有信解種種不同佛以智力如實了知是名如來第五信解智力

如來復於諸衆生類所有種種界趣差別佛以智力如實了知是名如來第六界趣智力

如來復於諸衆生類所有樂欲佛以智力如實了知是名如來第七樂欲智力

如來復於過去無量無數世中所有衆生種種之事謂一生十生百生千生及百千生乃至無數百千万生如是無數成劫壞劫其中衆生死此生彼死彼生此乃至族姓貴賤名字飲食苦樂壽量長短具如是相如是因緣如是過去無量世中種種之事佛以智力悉能了知是名如來第八宿命智力

如來復以清淨天眼觀見衆生貴賤上下好醜生滅或生善道或墮惡趣而彼衆生所作行業謂身不善業作諸邪行口不善業毀謗賢聖意不善業起於邪見由是因緣命終之後墮惡趣中又復衆生身作善業不行邪行口作善業不謗賢聖意作善業起於正見由是因緣命終之後生人天界如是等事如來天眼悉能觀見是名如來第九天眼智力

又復如來知彼衆生諸漏已盡諸無漏解脫智慧解脫以自通力證如是法我生已盡梵行已立所作已辦不受後有如是之法佛以智力悉能了知是名如來第十漏盡智力如是十力如來應供正等正覺由十力故於大衆中作師子吼轉大法輪

復何名爲四無所畏謂如來應供正等正覺於大衆中唱如是言我以自智乘如實道來成正覺作師子吼轉妙法輪無有沙門婆羅門天人魔梵而能等者是名如來一切智無畏如來已得安樂寂靜無上勝處功德果法諸漏已盡種習俱亡是名如來漏盡無畏

如來復爲諸聲聞衆開示苦道說離煩惱盡苦邊際是名如來出苦道無畏

如來復爲諸聲聞說所有障法令彼出離是名如來障道無畏如是名爲四無畏法

又復何名爲四禪定謂離諸欲及諸染法斷除疑惑分別之想是名第一離生喜樂定

復次離欲斷除分別想已當於外法悉皆泯絕內復寂定攝內外法悉皆歸一是名第二定生喜樂定

復次捨於喜樂思念之想於身喜樂

而無所受是名第三離喜妙樂定
復次捨苦樂法無憂喜想諸法清淨是名第四捨念清淨定如是名為四禪定法
復何名為四無色定謂修彼定厭下色相忻上無色由無色故惟有虛空乃觀虛空無有邊際作如是想是故名為空無邊處定
復次離彼所緣空無邊處已復想能緣識亦無邊是故名為識無邊處定
復次離彼能緣識已當復想於能緣所緣俱無所有是故名為無所有處定
復次離彼無所有已當復想於無彼麤想不無細想是故名為非想非非想定如是名為四無色定
復何名為四無量行謂慈無量悲無量喜無量捨無量若有苾芻具大慈心於諸有情無怨無親等能與樂如是常行慈無量心是故名為慈無量行
若有苾芻具大悲心於諸有情無怨無親等能拔苦如是常行悲無量心是故名為悲無量行
若有苾芻具大喜心於諸有情無怨無親等施歡喜如是常行喜無量心是故名為喜無量行
若有苾芻於諸有情無怨無親平等安住如是常行是故名為捨無量行如是名為四無量行
復何名為四無礙智謂辭無礙智辯才無礙智法無礙智義無礙智辭無礙者緣聲為境於諸音聲言辭無礙故名辭無礙智辯才無礙者謂四辯七辯凡有論難迅捷無滯是故名為辯才無礙智法無礙者緣名句文隨何教法無所不通是故名為法無礙智義無礙者緣義為境隨所詮義無所不曉是故名為義無礙智如是名為四無礙智
復何名為四三摩地想若有苾芻作如是觀我今此身從頂至足所有髮毛爪齒皮肉筋骨如是種種不淨之物所共合成譬如倉廩廣積糧斛人入其中善能分別是米是麥如是積聚名為倉廩苾芻觀想於自身中亦復如是作此觀者即得斷除貪欲之法是名第一三摩地想
又復苾芻觀想身已於三摩地得輕安味復作是觀此三摩地所得樂味亦無有想譬如蓮華從水而生彼無有想我從水生而有清涼苾芻觀想亦復如是能觀想者即得見法輕安樂味是名第二三摩地想
又復苾芻於三摩地作於明想觀察如日無餘闇冥如是觀察相續不斷晝夜明闇皆無有異作是明想清淨無雜譬如秋時雲翳陰闇日光不現若明眼人觀想日光清淨無雜苾芻觀想亦復如是能觀想者是人即得明智現前是名第三三摩地想
又復苾芻在三摩地作是觀想斷除苦樂乃至憂喜唯有捨念二種清淨譬如有人能馭車乘平坦地中行無所礙苾芻觀想亦復如是能觀想者即得智慧勝利現前是名第四三摩地想此等名為四三摩地想
復何名為四念處法謂身受心法若有苾芻觀身不淨穢惡充滿無有真實

如是觀察名身念處

又復觀於內外二法所有諸受悉皆是苦作是觀者名受念處

又復觀於心心所法皆悉無常作是觀者名心念處

又復觀於內外二法於是法中不生我想作是觀者名法念處如是名為四念處法

復何名為四正斷法謂已生惡法當起精進勤行除斷皆悉令滅是名第一正斷之法

又復未生惡法當起精進防護除斷皆令不生是名第二正斷之法

又復未生善法當起精進令諸善法皆得生長是名第三正斷之法

又復已生善法當起精進而令增長堅固圓滿是名第四正斷之法如是名為四正斷法

復何名為四神足法謂欲勤心觀若有苾芻於諸深法離其妄念於諸善法而起悕求進善無猒名欲神足復於善法勤修諸行正行不退名勤神足復於諸法離邪思惟心正令別名

心神足復以正智觀察內身內身無我復觀外境外境無法我法體無趣證二空名觀神足如是名為四神足法

復何名為五根謂信根進根念根定根慧根如是名五根

復何名為五力謂信力進力念力定力慧力如是名五力

復何名為七覺支法謂擇法覺支精進覺支喜覺支輕安覺支捨覺支念覺支定覺支是名七覺支法

復何名為八正道法謂正見正思惟正語正業正命正精進正念正定謂正見者信有施法信有父母有諸善行及不善行如是善不善業當有果報有今後世於其世中有諸衆生有阿羅漢如理修行以自通力見如是法我生已盡梵行已立所作已辦不受後有如是等事名為正見

何名正思惟謂離邪思邪思法者起不正見貪瞋癡遠離如是名正思惟

何名正語謂離妄言綺語兩舌惡口

等語是名正語

何名正業謂離殺生偷盜邪染等法是名正業

何名正命謂具正見正法出家被於法眼離諸邪行信於正法乃至受用飲食坐臥皆依正法是名正命

何名正精進謂離邪勤於具實法而起正勤是名正精進

何名正念謂離邪念常念正法記憶在心無所忘失是名正念

何名正定謂心心所不起散亂離諸攀緣於奢摩他毗鉢舍那決定正觀是名正定如是名為八正道法

尒時世尊說是法已復告苾芻衆言汝等當知我所宣說決定正法初中後善其義深遠純一無雜清淨圓滿是時苾芻衆聞佛所說皆大歡喜信受奉行

佛說決定義經

佛說決定義經

校勘記

一　底本，金藏廣勝寺本。

一　九〇五頁中一行至本頁下二〇行序文，石、資、磧、普、南、徑、清無。

一　九〇五頁中末行「二乘」，麗作「三乘」。

一　九〇五頁下二一行經名，石作「佛說決定義經一卷」。卷末經名同。

一　九〇五頁下二二行譯者，資、普、清作「宋西天譯經三藏朝散大夫試光祿卿明教大師臣法賢奉詔譯」，磧、南、徑作「西天譯經三藏朝散大夫試光祿卿明教大師臣法賢奉詔譯」。

一　九〇六頁中一二行末字「悲」，資、磧、普、南、徑、清作「愁」。

一　九〇六頁下九行第七、八字「無明」，徑作「無名」。

一　九〇七頁下一五行至一六行「滅諦道諦」，資作「道諦滅帝」。

一　九〇八頁中一九行第一三字「諸」，諸本作「證」。

一　九〇九頁中五行「苾芻」，清作「苾芻具大捨心」。

一　九〇九頁中六行「常行」，徑、清作「常行捨無量心」。

一　九〇九頁下一二行「秋時」，石作「秘時」。

一　九〇九頁下末行「穢惡」，磧、普、南、徑、清作「惡穢」。

一　九一〇頁上九行「復何」，資、磧、普、南、徑、清作「復有」。

一　九一〇頁中一四行第一二字「有」，石作「行」。

大宋新譯三藏聖教序

御製

大矣哉我佛之教也化導群迷闡揚宗性廣博宏辯英彥莫能究其旨精微妙說庸愚豈可度其源義理幽玄眞空莫測包括萬象譬喻無垠綜法網之紀綱演無際之正教拔四生於苦海譯三藏之祕言天地變化乎陰陽日月盈虧乎寒暑大則說諸善惡細則比於恒沙含識萬端弗可盡述若窺像法如影隨形離六情以長存歷千劫而可久須彌納藏於芥子如來坦蕩於無邊達磨西來法傳東土宣揚妙理順從指歸彼岸菩提愛河生滅用行於五濁惡趣拯溺於三業途中經垂世以難窮道無私而永泰雪山貝葉若銀臺之耀日歲月煙蘿超香界之自遠巍巍罕測杳杳難名所以道資十聖德被三賢至道起於乾元衆妙生乎太易揔繁形類敦鑒昏明絕彼是非開茲蒙昧有西域法師天息災等常持四忍早悟三乘翻

貝葉之眞詮續人天之聖教芳猷重啓運偶昌時潤五聲於文章暢四始於風律堂堂容止穆穆輝華曠劫而音塹重明女門昭顯軌範而彌光妙法淨界勝音利益有情俱登覺岸無成障礙救諸疲羸冥昧慈悲浩汗物表柔伏貪佷啓滌昏愚演小乘聲聞合其儀論大乘正覺立其性含靈悟而蒙福藏教缺而重興幻化迷途火宅深喻雖設其教不知者多善念生而無量潛銷惡業興而隨緣皆墮調御四衆積行十方澍花雨於金輪護恒沙於玉關有頂之風不可壞無際之水弗能漂澄寂湛然圓明清淨之智慧性空無染妄想解脫之因緣可以離煩惱於心田可以得清涼於宇宙朕敷非博學釋典微聞豈堪序文以示來者如麋螢爝火不足比之於皎日將微蠡量海未能窮盡於深淵者哉

佛說最上祕密那拏天經卷上

西天譯經三藏朝奉大夫試光祿卿明教大師臣法賢奉　詔譯

最上成就儀軌分第一

如是我聞一時佛在毗沙門宮與大菩薩摩訶薩衆俱大祕密主金剛手菩薩而為上首及無數天龍夜叉乾闥婆阿脩羅迦樓羅緊那羅摩睺羅伽及釋梵護世那羅延天大自在天寶賢天滿賢天力天大力天難你計說嚩天摩賀迦羅天醫王天及諸天后等各有無數百千眷屬俱復有大羅刹衆所謂金色羅刹主十頭羅刹主尾毗沙拏羅刹主寶密羅刹主行密羅刹主無邊密羅刹主普徧密羅刹主上授羅刹主惡牙羅刹主利牙羅刹主烏妮播枲羅刹主象頭羅刹主如是等羅刹主各領百千俱胝眷屬而來集會復有大夜叉衆所謂人仙夜叉主阿吒嚩夜叉主善調夜叉主發光夜叉主善容夜叉主妙光夜叉主妙目夜叉主尾瑟努夜叉主妙髮夜叉主惡相夜叉主得勝夜叉主熾盛夜叉主火頂夜叉主名稱夜叉主半喞迦夜叉主花授夜叉主花鬘夜叉主寶鬘夜叉主廣財夜叉主善覺夜叉主善行夜叉主妙臂夜叉主妙嚴夜叉主珠牙夜叉主酥哩野夜叉主日光夜叉主日喜夜叉主露齒夜叉主熾盛光夜叉主畏面夜叉主普照夜叉主如是等夜叉主具大威力騰空自在各領無數百千俱胝眷屬而來集會復有大持明天衆乃至諸大仙衆皆來集會大毗沙門天王與百千俱胝眷屬圍繞世尊是時有天名曰那拏色相殊妙面現微笑手持日月及諸器仗衆寶嚴飾光踰日月以難陁烏波難陁二龍而為絡腋得叉迦龍以為腰絛有大威力如那羅延亦來集會坐於佛前

尒時毗沙門天王從座而起以諸寶花及鉢訥摩花俱母捺花奔拏利迦花優鉢羅花捻嚩提迦花嚩哩始迦花瞻蔔迦花曼陁羅花摩訶曼陁羅花以如是等水陸諸花供養於佛旋繞千匝禮佛足已而白佛言世尊我見此會大夜叉衆大羅刹衆現種種相食噉人者復見大菩薩衆大持明天衆及大仙衆乃至天龍夜叉羅刹阿脩羅迦樓羅緊那羅摩睺羅伽如是等衆皆來集會圍遶世尊此大祥瑞我未曾見世尊今者欲說何法為說祕密曼拏羅法為說三昧之法世尊今正是時願廣宣說

尒時世尊受毗沙門天王請已而即告言天王我見世間一切衆生於晝夜中有大驚怖蓋為無量大惡夜叉羅刹伺求其便而作侵害天王彼等大惡夜叉羅刹今歸依我於我教中受三歸依及受戒法於諸有情不復侵害

尒時世尊如是安慰毗沙門天王已即入調伏夜叉熾盛普光三摩地於其定中身放大光其光普照三千大千世界所有一切大惡夜叉羅刹毗舍左部多及諸惡龍乃至宿曜等佛光照已悉皆警覺其光迴還遶佛三匝入於佛頂復從面門出七色光入那拏天頂時那拏天光入頂已即現大身如須弥山面忿怒相復大笑相而有千臂手持葛波羅及諸器仗以虎皮絡腋葛波羅而為莊嚴光明熾盛具大威力是那拏天現此身時大

地震動覩者皆怖時那拏天合掌向佛白言世尊我有心明善能調伏阿脩羅衆及一切夜叉羅刹部多毗舍左等乃至大梵天王那羅延天大自在天咸令歸伏亦能句召一切天龍之衆世尊我此心明是一切持明者最上成就之法是故我今於此會中欲對如來廣大宣說爲諸持明者令得成就速滿一切衆生心中所願世尊又此心明於一切處念誦皆得成就乃至得入一切曼拏羅及諸三昧所有如來部金剛部寶部蓮花部羯磨部於此諸部所有一切曼拏羅誦我心明皆得成就及一切三昧曼拏羅印法皆悉得入乃至得大揔持世尊於此諸部平等三昧曼拏羅法明言印相惟願世尊哀愍攝受聽許宣說

尒時世尊告那拏天言所有諸部平等三昧曼拏羅法明言印相我亦隨喜汝那拏天爲一切持明者速當宣說時那拏天承佛聖旨爲利益故遶佛三匝住立佛前即說心大明曰

阿他引都引入嚩二合里多忽路嚩呼必一怛鉢多二合葛那葛末尼室擺二羇𠻬曳二合𠻬酤必多阿吒吒賀引娑三末尼鉢囉二合朗嚩賀引囉引喋馱二合賀引囉囉唧當四顗切許葛栗路羅贊捺那引薩嚕咄嚕瑟哥二合五薩訖哩二合多撒那撥設離嚩六摩賀引弥嚕曼捺囉馱囉七嚩囉嚴毗囉引蘇囉薩拏你蘇捺囊八馱囉馱囉馱囉尼馱囉九嚴毗囉提囉毗囉毗囉十末毗囉末毗囉十一阿蘇囉薩拏你蘇捺赦十二末哩捺二合囊怛哩惹二合囊十三尾薩普二合陵薩阿引你爹吉囉拏引十四鉢囉二合娑引嘶囉唧多曼拏羅十五葛播擺嚩嚩唐十六惹吒引吒賀引娑酤朗十七你哩末二合朗三勒囉二合忙十八婆薩囉蘇迷嚕鉢哩嚩二合多十九多致多嚩薩二十薩辣羅室珂囉二十一馱覩曬羅播捺那葛嚩二十二散祖蘭拏二合那葛嚩二十三阿謨伽撥引捺舍你爹曼拏羅二十四設室吉囉拏毛嚇馱囉二十五阿左羅尾末羅

二十六薩葛羅儒薩那引二合捺訖哩二合多二十七阿嚩婆引娑酤朗二十八鉢囉二合末他囊二十九阿蘇囉娑嚩那酤羅那引設囊三十沒囉二合顗民二合捺囉二合嚕捺囉二合那末塞訖哩二合當三十一曼祢當布祢當阿哩唧當三十二薩哩嚩二合尾你也二合馱囉那莫塞訖哩二合當三十三喋沙搖沙地三十四悉馱𠴆馱哩嚩二合布祢當三十五摩賀引迷嚕昆拏羅馱嚩三十六嚩囉野眞鉢微多馱嚩三十七部穰薩多又葛三十八嚩引蘇吉娑薩囉三十九難奴鉢難捺曼馱葛播羅四十迷珂擺朗訖哩二合多葛致四十一薩捺喻二合提哩二合多葛播擺朗訖哩二合多設離朗四十二室嚩鉢囉二合撥㘑多毛𡂰馱嚩三四十三嚩引喻鉢嚩那微薩惹嚩引哩剛四十四二合撥覩嚩薩作葛囉二合撥囉赦四十五珂薩撥囉赦四十六阿鉢囉二合迷野嚩囉嚩日囉二合母薩羅四十七頻尼竭捺誐二合婀末囉作訖囉二合四十八阿悉母婆羅怛哩二合戍羅四十九母捺誐二合囉鉢囉二合賀引

囉菽五十那拏酤鉢嚂五十一嚩囉酤
鉢嚂五十二蘇微商蘇你怛嚂五十三蘇
嚩葛怛嚂三合五十四蘇虞吅也二合剛五十五
悉馱細那引鉢釘五十六那拏酤鉢嚂
五十七摩引嚩喋怛二合拽設也二合引銮
五十八怛馳切身他引唵嚕吅曳二合吅
婆誐鍐引五十九那拏酤鉢囉六十顗
娑顗娑六十一末娑末娑六十二酤嚕酤
嚕六十三咄嚕咄嚕六十四祖嚕祖嚕六十五
尾哩尾哩六十六唧致唧致六十七尾唧致
尾唧致六十八嚩日朗二合嚩日囉二合嚩
嚩日朗二合六十九吽吽吽七十虎多顗
那顗那七十一尾持網二合薩野尾持
網二合薩野七十二尾捺囉二合引鉢野尾
捺囉二合引鉢野七十三嗢蹉引捺野嗢
蹉引捺野七十四酤鉢囉酤鉢囉七十五
那拏酤鉢囉七十六嚩囉酤鉢囉七十七
酤鉢囉酤鉢囉七十八虞吅也二合酤
鉢囉七十九輸婆酤鉢囉八十蘖叉酤
鉢囉八十一虞吅也二合酤鉢囉八十二末
哩捺二合末哩捺二合八十三蘖娑哩惹二合蘖
哩惹二合八十四那哩左二合那哩左二合八十五
顗哩阿引那野顗那八十六顗哩顗哩

路左那八十七囉訖多二合路左那八十八
你羅路左那八十九悉多路左那囉訖
多二合路左那九十訖哩二合悉拏二合
路左那九十一尾訖哩二合多路左那九十二
祢嚩也二合路左那九十三蘇嚩蘭拏
二合路左那九十四悉地路左那九十五迷
伽瞿數努婆二合嚩母努婆二合嚩
九十六賀攞顗羅設沒捺二合葛羅引
鉢野九十七吅吅那拏酤鉢囉九十八係
係那拏酤鉢囉酤鉢囉九十九薩
羅酤鉢囉一百阿引尾捨阿引尾
捨酤鉢囉酤鉢囉一百一嚩囉酤鉢
囉一百二撈羅撈羅一百三毛鯠馱囉一百四
左引羅野左引羅野嚩日朗二合一百五
羅作羅作羅作揭捺昂二合一百六俱嚕俱
嚕一百七阿吒吒賀引娑引俱朗百
三俱羅俱朗一百九葛羅葛羅一百十吉
鯠吉鯠一百十一俱路俱路一百十二撊左
撊左一百十三設沒捺二合引俱朗一百十四那
拏母捺誐二合囉一百十五那拏酤鉢
囉一百十六嚩囉嚩囉嚩日囉二合馱
囉一百十七鉢捺摩二合馱囉一百十八毋
娑羅馱囉一百十九作訖囉二合馱囉一百二十

朗虞羅馱囉一百二十一鉢囉戍馱囉
一百二十二播設馱囉一百二十三阿喻毋娑羅
鉢囉二合賀引囉拏馱囉一百二十四馱
囉尼馱囉一百二十五贊捺囉二合蘇哩
也二合摩引攞馱囉一百二十六諾乂怛
囉二合路囉引誐囉二合顗曼拏羅
馱囉一百二十七接捺捨引祢爹入嚩
二合引攞帝惹葛囉一百二十八鉢囉二合
婆引穆囉唧多曼拏羅一百二十九娑引
蘖囉薩囉尾輸䟦拏葛囉一百三十
末且末葛囉室戍摩引囉一百三十一
訖哩二合多播引設馱囉一百三十二阿蘇
囉蘖拏引囊一百三十三末哩捺二合那
葛囉一百三十四供伴引拏藥乂囉乂
娑一百三十五紇哩二合捺喻那末二合捺
那葛嚂一百三十六薩怛鍐三合婆誐鍐
那拏酤鉢囉酤鉢囉一百三十七那哩左
二合那哩左二合一百三十八顗哩顗哩一百三十九
顗哩路左那一百四十嚩囉路左那一百四十一
路左那一百四十二尾訖哩二合多路左那
一百四十三蘇嚩蘭拏二合路左那一百四十四
悉馱路左那一百四十五阿引尾捨阿引
尾捨一百四十六戸伽嚂二合悉殿覩滿怛

囉二合 鉢捺娑嚩二合引 賀引一百四十七
尒時那拏天說此明已復白佛言世尊我此心明若有行人依法持誦得精熟已悉能成就千種之事若有行人欲止雷雹者當用刀劍或石榴枝或羯囉尾囉枝或水或灰如是等物以此明加持一徧然可用之即得止息

又法若有行人爲彼諸惡夜叉羅刹所執持者若遣除者當用安悉香以此明加持一徧然後焚燒熏彼執者聞此香已彼即說事便得止息

又法若復行人欲句召一切天龍夜叉乾闥婆阿脩羅迦樓羅緊那羅摩睺羅伽及羅刹部多毗舍左等當用安悉香誦此明加持一徧燒之句召即至若欲發遣者亦用安悉香誦此明加持一徧如前焚之發遣即去

又法若欲令鉢說事及舉動者當用鉢滿盛燒瓦灰安曼拏羅中誦此明加持安悉香焚燒復誦此明一徧其鉢作人言爲行人說事及能舉動

又法若欲令閼伽瓶說事及舉動者

當選純白閼伽瓶潔淨新好者用白檀及恭俱摩香等作塗香塗之滿盛淨水及插妙花誦心明加持一徧安曼拏羅中燒安悉香誦心明一徧其瓶同前說事復誦心明加持白芥子打瓶其瓶即舉離地八指隨意復還曼拏羅中

又法若欲令薩擔婆舉動者先用白檀及恭俱摩香等作塗香塗之然後燒安悉香彈指誦心明加持其薩擔婆自然舉動復還本處

又法若欲令傍生說事者當燒安悉香熏灰及白芥子誦心明加持二十一徧已然後復誦心明以灰芥子擲傍生身彼即說事

又法若欲令童女說事者當用不墮地瞿摩夷塗四方曼拏羅已然擇一童女相皃端嚴肢體具足者沐浴潔淨著新白衣坐曼拏羅中以衆花供養燒安悉香彼 即能說過現未來之事

又法若欲令童子說事者當用白芥子与唧帝灰相和誦心明加持一徧

燒安悉香熏已擲童子頂彼即說事

又法若欲制火不熱者當用木柴誦心明加持一徧燒安悉香熏已內於火中火即冷如雪

又法若欲制諸邪呪者當用潔淨白線誦心明加持一徧燒安悉香熏已繫行人左臂一切邪呪悉皆制伏

又法若欲令沒訥誐囉作成就法者當用不墮地瞿摩夷塗曼拏羅以沒訥誐囉安曼拏羅中用衆花供養燒安悉香熏誦心明加持一徧此沒訥誐囉能作成就之事復能令隨意舉動此沒訥誐囉若入戰陣自然得勝乃至樹林山石亦能摧壞凡是行人所作之事悉皆成就

又法若欲令弓作成就法者當用安悉香誦心明加持一徧焚燒熏之即能隨意作成就事

又法若欲令三叉作成就法同前作曼拏羅然後誦心明一徧加持安悉香焚燒熏三叉已安曼拏羅中復誦心明一徧時彼三叉即放光熾盛舉動離地向於四方然後迴還入曼拏

羅中作成就法隨行人意
又法若欲令劒作成就法者亦用安
悉香誦心明加持一徧焚燒熏之亦
能作一切成就之事
又法若欲令羯椿讖作成就法者當
用啣帝灰誦心明加持一徧塗羯椿
讖即能作一切成就之事
又法若欲令葛波羅作成就法者先
依法塗曼拏羅已即依法擇取葛波
羅潔淨者用白檀香塗之安曼拏羅
中燒安悉香誦心明一徧加持即所
作成就能令舉動復能說三世之事
又法當用利劒誦心明加持一徧燒
安悉香熏然後行人高聲誦吽字加
持彼劒劒即出光騰空而起復還本
處若入戰陣彼敵退敗
又法若欲令天祠形像遷動者於彼
像前燒安悉香誦心明一徧時彼天
像隨意遷動
又法若隨方處地行人疑有伏藏當
欲取者即於彼地作曼拏羅燒安悉
香誦心明一徧伏藏出現
又法或用白芥子誦心明加持一徧

以此芥子隨處擲之或聚落中或空
舍中或天祠像前或塔廟之處乃至
山巖龍潭等處隨所擲處燒安悉香
誦心明一徧彼有伏藏皆悉出現
又法用白芥子誦心明加持一徧以
此芥子擲於象身及燒安悉香熏
復誦心明一徧彼象隨行人意善能
作事或令破設咄嚕亦得隨意
又法若欲為人除瘧病及作擁護者
用灰及白芥子水和誦心明一徧加
持燒安悉香熏已戴於身上瘧病即
差及得擁護
又法若欲止一切怖者當用白線燒
安悉香熏誦心明加持一徧戴於頭
上諸怖即除
又法若欲除諸病者當用安悉香誦
心明加持一徧焚燒熏病者身諸病
即除
又法若欲設咄嚕令得入縛羅者當
用安悉香誦心明加持一徧即可令
千數設咄嚕皆得入縛囉
又法若欲令設咄嚕左都哩他哥入
嚩羅生者當用忤摩娑与安悉香焰

和誦心明加持一徧稱設咄嚕名作
護摩七徧即得左都哩他哥入縛囉
若欲令止息者亦用安悉香誦心明
加持一徧作護摩七徧即得止息
又法若欲令設咄嚕得屹囉賀執持
者當用安悉香將設咄嚕名與心明
同誦加持七徧已擲入火內即得屹
囉賀執持若欲令止息者當用灰加
持一徧戴於頂上即得止息
又法若欲除諸瘧病者當用黑線誦
心明加持一徧繫臂即差
又法若欲除諸疾病者當用七種穀
及白芥子相和搵酥誦心明作護摩
即差
又法若欲解諸毒藥所中者當用孔
雀尾誦心明加持已拂於彼身毒即
解除如上諸法皆用安悉香誦心明
加持悉得成就

佛說最上祕密那拏天經卷上

佛說最上祕密那拏天經卷上

校勘記

一 底本，金藏廣勝寺本。

一 九一二頁中一行至本頁下二〇行序文，諸本無。

一 九一二頁下二二行譯者，資、磧、普、南、徑作「西天譯經三藏朝散大夫試光祿卿明教大師臣法賢奉詔譯」；清作「宋西天三藏朝散大夫試光祿卿明教大師法賢奉詔譯」。清卷中、卷下同。

一 九一三頁上二行「金剛」，資、磧、普、南、徑、清作「大金剛」。

一 九一三頁上一二行第三字「上」，石無。

一 九一三頁上一四行首字「生」，石作「主」。

一 九一三頁中一四行「諸寶」，徑作「珠寶」。

一 九一三頁下一七行「悉皆」，石作「悉能」。

一 九一六頁下一行末字「事」，石作「是」。

一 九一六頁下四行第五字「冷」，資、普、南、徑、清作「令」。

一 九一七頁中二行「舍中」，資、普、徑作「室中」。

一 九一七頁中六行第六字「象」，石作「像」。七行第八字同。

一 九一七頁中一七行第一三字「諸」，資、普、清作「誦」。

一 九一七頁下一行第一〇字「設」，清作「說」。

佛說最上祕密那拏天經卷中

西天譯經三藏朝奉大夫試光祿卿明教大師臣法賢奉　詔譯

成就儀軌分第二

尒時那拏天復說大明曰

那謨引囉怛那二合怛囉二合夜引野一那謨吠設囉二合嚩拏寫二摩賀引囉引惹寫三那謨那拏酤鉢囉寫四虞呬也二合哥地鉢帝五那拏酤鉢囉摩引嚩嘌多二合拽沙也引二合蜜六嚕半阿耨鉢末嚕半蘇嚕半七那拏酤鉢囕酤鉢囉八贊捺嚕二合剛那嘌多二合剛九四末剛教囉引二合末剛十那拏那拏十一那拏酤鉢囕十二嚩囉嚩囉酤鉢囉十三摩賀引虞呬也二合剛十四嚩顊嚩二合朗嚩顊嚩二合朗十五布盧布盧十六母布盧母布盧十七酤鉢囉那拏酤鉢囉娑嚩二合引賀引十八

是時那拏天說大明已復白佛言世尊我此大明是㝡上大無畏善能調伏諸夜叉所作成就法決定悉皆成一念此大明圓滿㝡上事若有行人誦此大明得精熟已然後乃作種種之事若人欲離散設咄嚕者當用佉祢囉木作橛長八指以此大明加持一徧已於設咄嚕按囉釘之即速離散若欲解除者當出彼橛即得除解

又法若欲令設咄嚕嗢訥摩多者當用白芥子誦大明加持一徧已擲彼屹哩訶中彼即得嗢訥摩多若欲除解者當用安悉香誦大明一徧加持已於彼屹哩訶中燒即得除解

又法若欲復作離散者當用摩努沙阿悉帝作橛長八指誦大明加持一徧燒安悉香熏復以此橛釘彼按囉於三夜中彼即離散

又法若欲破壞設咄嚕者當用阿欲末野沒捺誐囉同彼名字誦大明加持一徧已釘於地中彼即破壞若欲解除當出沒捺誐囉即得除解或釘溼摩舍那中彼設咄嚕即部多執持若出沒捺誐囉即得除解或釘彌你也誐囉中彼得毗舍左屹囉賀執持出即除解或釘屹囉摩按囉前彼即捺哩野即得禁縛出即除解或釘野

中彼即離於本處奔入山野猶如麞鹿出即除解如是等法誦大明加持一徧燒安悉香皆速成就

又法若欲辟除夜叉羅剎者當作四方曼拏羅燒安悉香以没捺誐囉打曼拏羅彼夜叉羅剎并諸眷屬皆悉遠去

又法若欲駈使夜叉羅剎者當塑畫彼形像然後誦大明加持没捺誐囉一徧已用打形像彼夜叉羅剎即現本身隨行人意作種種事或有伏藏皆悉引示乃至財穀悉皆供給一切侍奉猶如僮僕

又法若欲求毗沙門供給者當塑畫彼像燒安悉香熏誦大明以没捺誐囉打之彼毗沙門即現本身當施行人一切所願財穀等事悉皆供給

又法若欲求毗沙門成就法者當往有毗沙門像處燒安悉香以手按毗沙門足誦大明七徧彼像即起若不速起頭破七分又加持白芥子打擲像面彼像即語行人所問隨意皆說乃至引示有伏藏處又復用白芥子及

灰相和誦大明加持七徧安毗沙門像頂燒安悉香復誦大明一徧彼毗沙門天與百眷屬持諸財寶現行人前所欲之事皆得成就

又法若欲求那羅延天成就法者當就有那羅延天像處行人燒安悉香手按像足誦念大明像即行動復誦大明加持白芥子打擲彼像時像即語當施行人一切所願皆得成就及能成就一切儀軌

又法若欲求大自在天法成就者當擇一葛波羅具法者用白芥子誦大明加持七徧已威於葛波羅內安大自在天像頂是時彼天當與行人一切成就復於像前燒安悉香誦此大明天像即語告行人言汝所欲事我皆為作乃至所須一切供給

又法若欲求梵天成就者行人往有梵天像處當用牛乳浴天像身燒安悉香誦此大明時彼梵天現於本相立行人前謂行人言隨汝所求一切儀軌成就之法皆悉與汝所有浴天像乳行人自食從此之後未聞之法

皆悉得聞多聞深廣譬如大海具微妙音如緊那羅三業清淨增壽千歲乃至一切成就儀軌皆得成就

又法若行人欲降龍者當塑作龍身安曼拏羅中以香花供養用葛囉尾囉枝誦大明加持一徧打彼龍身復誦大明加持彼龍即現本身降大甘雨乃至承受一切事

又法若欲止雷雹者當塑作龍身用石榴枝誦大明加持一徧已打彼龍身雷雹即止

又法若欲止風者當用掃箒誦大明加持已安樓閣上其風即止

又法若破設咄嚕者當用葛囉尾囉枝燒安悉香熏誦大明加持一徧打葛波羅彼設咄嚕即破以此法破一切部多夜叉羅刹等亦得隨意

如是大明所作成就法皆須燒安悉香加持悉得成就

最上成就儀軌分第三

尒時那拏天復說大明曰

那謨吠設囉(二合)嚩拏蘇哆野(一)那拏酤鉢囉(引)野(二)你尾也(二合)尾摩

引那拶哩路野三四末摩引攞昆拏
羅設利囉引野四藥叉囉引叉娑
曼你路野五怛納二合婆誐鍐阿引
嚩嘌多二合栧沙也二合蜜六怛鞄身
他引末尼末尼七骨吒骨吒八骨吒
骨吒九骨骨骨骨十鉢囉鉢囉十一
布囉布囉十二酤鉢囉酤鉢囉十三
那拏酤鉢囉十四你尾也二合尾摩引
那昆拏梨十五咄致咄致娑嚩二合引
賀引十六

是時那拏天說此大明已復說成就法若有行人欲求諸夜叉成就者當用尼拘陁樹木作板用上好綵色於板上畫彼所求夜叉像如菉豆色面大惡相利牙出口衆寶嚴身左手持葛波羅右手作施願如是畫像已然後行人當自潔淨唯食白食於此像前誦大明八千遍得數滿已夜叉現身立行人前行人即獻白食及閼伽等夜叉即言所求何事行人報言我求某事夜叉即言令汝隨意乃至騰空自在隨意行住壽五百歲

又法若行人欲求羅刹成就者　先當

擇取塋摩舍那地然後行人沐浴潔淨依法著衣於所擇地置出生食及閼伽鉢等以嚕地囉作護摩十二晝夜滿是日已即彼羅刹出現本身具大惡相而有四臂手執三叉戟斧擣杵鈴等乘於師子往行人前告行人言我今欲食行人若見勿得怖畏即手持食告羅刹言此食依那拏天言當如法食作是言已即獻食及閼伽羅刹受已告行人言汝何所求行人荅言為我作一切事羅刹即言如是如是汝所欲事我皆為作

又法若行人欲求聖藥成就者當用雄黃以嚕提囉相和盛於依法葛波羅內誦大明加持八百遍隨誦明時以葛羅尾囉枝攪藥若得葛波羅煖熱熾盛聖藥即成行人若用此藥點額成持明天騰空自在點於心即得隱身隨意行住無有障礙若點於眼一切伏藏皆悉得見乃至得入阿修羅窟及入龍宮若服此藥延壽百千劫變其身相如轉輪王具微妙音如緊那羅及如梵音若用塗身身即堅

固猶如金剛

又法行人欲成就聖藥者當用羖羊酥及黃牛酥相和依法然燈取其燈煤與揬尾囉藥相和已誦大明加持二十一遍即成聖藥若用此藥點眼是人獲大威力覩者愛重

又法若求聖藥成就者當用牛黃誦此大明加持二十一遍其藥即成若人以此聖藥點於額者是人獲大威力覩者愛重若服此藥是人於一切論義得勝乃至得成就一切事

又法行人若欲調伏設咄嚕者先當擇得塋摩舍那地於黑月十四日坐於彼地作句召法句召夜叉羅刹部多眦舍左等燒安悉香誦大明二十一遍數滿足已彼即現身立行人前行人復誦大明彼夜叉等告行人言汝召我何作行人報言汝等執某設咄嚕彼夜叉等即速往彼執設咄嚕若此執者無有能解若行人為解亦自得病

又法若行人欲除設咄嚕者當燒塋摩舍那灰熏那拏天足以此灰作

彼設咄嚕像以那囉阿悉帝撅釘設咄嚕紇哩捺野復以左足踏彼形像作忿怒心誦此大明所有設咄嚕伺其便者速得辟除

又法若行人欲降雷雹者當用赤色葛囉尾囉木依法作撅誦明加持已釘於樹下彼所釘處當降雷雹若欲止者出撅即止

如是諸法皆用安悉香加持焚燒即一切法皆得成就

最上曼拏羅儀軌成就法分第四

尒時那拏天復說最上大曼拏羅法此曼拏羅能成一切天乃至梵王那羅延天大自在天常來歸依乃至諸仙亦常稱讚諸佛菩薩皆為攝受所有夜叉羅刹等皆得三昧所有明言及一切儀軌皆悉得成若有行人欲作此曼拏羅者先當依法選擇吉祥成就之地然後於白月分吉曜直日然可起首行人先自沐浴潔淨著新白衣食白飲食已然後用不墮地瞿摩夷作三重曼拏羅外第一重縱廣三十二肘具足分量四方四門其曼

拏羅周徧圓滿內第二重以白檀香作縱廣八肘內第三重用龍腦及恭俱摩香作縱廣四肘於此內第三重曼拏羅中心畫釋迦佛執金剛杵及輪等於佛前畫那拏天具端嚴相有十六臂持諸器仗衆寶裝嚴內第二重依法畫諸大天大梵王那羅延天大自在天等於四隅畫四大天王外第一重畫大夜叉主於四門畫滿賢天寶賢天力天難你計說囉天如是畫像已然後先於佛前安四金鉢於外曼拏羅南方依法安二十五閼伽瓶二十五香爐八銀鉢乃至西北東方亦復如是次安種種花菓出生飲食等花菓各八百飣燃燈八百盞出生食八百分別出生食三十二分復獻六十四味食一百八分復安種種幖幟又與幖幟相間安八百鉢次安劍三十二口幡一百八首次安八沒捺誐囉八三叉四輪四螺四設訖底三十二金剛杵四犛杵四鈴四覩摩囉及種種香花等然後於四門四隅各立一人身被甲冑手持器仗於外

四面用五綵種種陳設裝嚴復排種種伎樂每獻食時動樂供養如是儀則依法安布已然後行人依法一日三時獻食出生其食並須加持七徧方獻賢聖行人然後用安悉香白芥子香油相和於曼拏羅前依法作護摩彼那拏天即現本身如前曼拏羅中相禮世尊已告行人言我今善來汝所願求我今當與即時行人奉獻閼伽已即說所願彼那拏天言隨行人意如汝所欲為持明天或天帝釋或護世轉輪之位乃至梵王大自在天那羅延天等行人乃至欲求如那拏天亦得隨意何況求世間長壽多聞珍寶財穀一切衆生崇重之事或制伏邪法辯傍生聲音或取伏藏並得隨意乃至降龍入龍宮入阿脩羅宮或求聖藥或隱身法乃至天眼宿命之智及夜叉羅刹等如是種種成就之法皆悉隨意或不作曼拏羅者行人但起上品勇猛堅固之心持誦大明數滿千徧所作皆成行人如是得願滿已即虔至勞謝一切賢聖已

即誦大明發送那拏天迴還本處大明曰

那謨(引)吠設囉(二合)嚩拏蘇多(引)野(一)那拏酤鉢囉(引)野(二)唵娑囉娑囉(三)尾娑囉尾娑羅(四)那吒(引)那吒(引五)蘖蹉蘖蹉莎婆嚩曩(六)那拏酤鉢囉野他(引)蘇珂薩怛網(三合七)藥僃捺囉(二合)莎賀(引八)

行人用花誦此大明加持一徧焚燒安悉香熏花獻那拏天即隱身不現

㝡上成就畫像儀軌分第五

尒時那拏天復說畫像法若行人欲畫那拏天像者當用新好素帛具茸頭者量方四肘得此帛已復依法選擇殊勝處所當令畫人齋戒清淨然可作㡧起首當用新淨器內調和彩色於㡧中心畫那拏天作端嚴相有十六臂各執器仗於左右畫大梵天那羅延天大自在天毗沙門天寶賢天滿賢天力天大力天吉祥天大辯天次下畫諸天子及諸天仙次外畫大夜叉主如是等依法畫已然後依法種種供養行人欲作諸成就法者於此像前誦大明一千徧所作皆得成就

佛說最上祕密那拏天經卷中

佛說最上祕密那拏天經卷中

校勘記

一　底本，金藏廣勝寺本。九一九頁下至九二〇頁中共三版，原版殘缺，以麗藏本換。

一　九一九頁中二行譯者，資、磧、普、南、徑作「三藏法師法賢奉詔譯」。卷下同。

一　九一九頁中三行「成就」，清作「最上成就」。

一　九一九頁下五行「除解」，徑作「解除」。

一　九二二頁上五行第七字「降」，資、磧、普、南、徑、清作「除」。

一　九二二頁上一五行第三字「常」，資、磧、普、南、徑、清作「當」。

佛說最上祕密那拏天經卷下　驅

西天譯經三藏朝奉大夫試光祿卿明教大師臣法賢奉　詔譯

最上成就供養大明分第六

尒時那拏天說獻閼伽大明曰

那謨吠設囉二合嚩拏蘇多引野一那拏酤鉢囉引野二唵那拏酤鉢囉坌惹莎賀引三

以此大明加持閼伽水七徧用獻賢聖復說結界大明曰

那謨婆誐嚩覩一那拏酤鉢囉引野二吠設囉二合嚩那蘇多引野三布哩網引二合你商囉僑覩野摩四捺咄那嚩引蘇你嚩五鉢室唧二合摩引嚩嚕妓六嗢怛囉引酤尾囉七阿度那引誐引八嗢嘌特網三合儒底九尾你輸嚩引踰十必哩二合瑟吒二合多引薩哩微二合虞呬也二合哥十一拏乂酤哩網二合覩曼拏朗十二怛鈍切身他阿悉致梨十三鉢囉二合悉致梨十四覩致覩致十五覩泥覩泥十六那拏那拏十七酤鉢囉酤鉢囉十八那拏酤鉢嚕倪也二合鉢野底十九底瑟鵮二合覩摩引底訖囉二合忙二十曼拏羅莎賀引二十一

誦此大明加持白芥子水七徧已當作結界復說獻香大明曰

那謨吠設囉二合嚩那蘇多引野一那拏酤鉢囉引野二多寫那莫塞訖哩三合埵三唵薩囉薩囉四那吒那吒五拏拏拏拏六度致度致七那拏酤鉢嚕倪也二合鉢野底莎賀引八

誦此大明七徧加持香焚燒

復說護摩大明曰

那謨婆誐嚩覩一那拏酤鉢囉野二吠室囉二合嚩那蘇覩野三唵頡那頡那四入嚩二合羅入嚩二合羅五引四那拏酤鉢囉酤鉢囉六入嚩二合羅酤鉢囉莎賀引七

誦此大明加持護摩物七徧作護摩

復說沐浴大明曰

那謨那拏酤鉢囉引野一唵契梨契梨二契契梨三入嚩二合梨你莎賀引四

誦此大明七徧加持白芥子水當作

沐浴

復說潔淨大明曰

那謨那拏酤鉢囉引野一唵頡那儗哩嚩嚕拏嚩底二爍乂酤鉢囉莎賀引三

誦此大明加持水七徧當作潔淨

復說花大明曰

那謨吠室囉二合摩那蘇多引野一那拏酤鉢囉引野二唵咄嚕咄嚕三布瑟波二合嚩底四母嚕母嚕五鉢囉摩虞呬也二合六那拏酤鉢囉莎賀引七

誦此大明七徧加持花當用供養

復說塗香大明曰

那謨那拏酤鉢囉引野一你尾也二合尾摩引那撈囉引野二吉哩吉哩三三滿多巘提四唵尾戍地莎賀引五

誦此大明七徧加持塗香當獻

復說燈大明曰

那謨那拏酤鉢囉寫一入嚩二合梨多帝惹猷囉寫二入嚩二合羅覩三唵咄致莎賀引四

誦此大明七徧加持燈當獻

復說出生大明曰
那謨那拏酤鉢囉寫一吠室囉二合
摩拏蘇多寫二唵尾葛吒野三尾
惹野鉢囉二合嚩囉四酤鉢囉引野
莎賀五引
誦此大明七徧加持出生食
復說室珂嚩馱大明曰
那謨那拏酤鉢囉引野一薩哩嚩二合
你嚩多滿你多引野二唵吉哩吉哩三
酤鉢囉酤鉢囉四底瑟致二合底瑟
致五二合室契莎賀六引
誦此大明七徧已當作室珂嚩馱
復說擁護大明曰
那謨那拏酤鉢囉寫一唵祖嚕祖嚕
二嚕嚕嚕三酤鉢囉酤鉢囉四阿引
訖囉二合摩設利嚩覽五囉叉囉乂六
摩摩薩哩嚩二合哥朗七度致度致
莎賀八引
誦此大明擁護已身及与他身或用
線或用水或白芥子或灰或燒安悉
香以如是等物加持二十一徧當作
擁護
㝡上成就印相大明分第七

尒時那拏天復說印相法此印相乃
是㝡上成就之法行人將欲作法結
印先須潔淨兩手復用塗香巳方可
結印
那拏天根本印
兩手作合掌中指雙起小指亦然拇
指如鈎中指復屈如環頭指亦如是
此大印有大威德善作一切事乃至
令諸類𤘽動說事及調伏夜乂羅刹
等亦可作句召如是等事悉得成就
亦能成就一切法結此印時誦大明
曰
唵咄致咄致酤鉢囉莎賀引
毋捺識囉印
又復前印以拇指頭屈中指如金剛
安於頂上結此印時誦大明曰
唵唧致唧致一唧唧致二毋捺識二合
囉吽三
此印及大明能成一切事
那拏天心印
不改前印以二手如金剛頭指屈如
月結此印時誦大明曰
唵咄嚕致咄嚕致莎賀引

此印及大明能調伏一切夜叉羅刹
及諸龍乃至諸惡等
諸天心印
不改前印屈二頭指竪二拇指成印
結此印時誦大明曰
唵那拏哩尼一你嚩惹野吽發吒
半音二
此印及大明能作一切成就法
一切夜乂羅刹心印
以二手平掌頭指中指拇指緊相著
成印結此印時誦大明曰
唵那謨窣覩二合帝部帝說囉引
野一那拏酤鉢囉寫引努摩覩二
摩賀引蘖那引地鉢底曩三吠設
囉二合嚩赧蘇多四吽唧致莎賀
五引
此印及大明善調諸曜及一切夜乂
羅刹部多等結此印及誦明時彼夜
乂等咸悉潰散若不尒者頭裂七分
諸天印
不改前印開二頭指舒二小指結此
印時誦大明曰
唵鉢囉孽虞呬也二合葛一入縛二合

羅入嚩二合羅二鉢囉二合入嚩二合
羅吽三
此印及大明亦能作一切成就法
那拏天心印
不改前印以二頭指如環二中指如
鉤磔開二小指成印結此印時誦心
明曰
唵顒囉顒囉一鉢囉二合顒囉莎
賀二引
尒時那拏天說是印明已復言若有
行人作諸成就法者當須常行三密
所謂三昧及印相大明等然可依法
作諸成就事所作皆成
扇上成就敬愛護摩法分第八
尒時那拏天復說大明曰
那謨那拏酤鉢囉引野一吠設囉二合
嚩那蘇多引野二怛馳切身他引誐
囉二合悉三摩賀引誐囉二合悉你四
呬梨呬梨呬梨五弥梨弥梨莎賀六引
阿毋剛迷薩呬囉撚七薩蘇嚩蘭赦
八二合薩契引你也六合普吟閉野九引
嚩薩怛囉三合朗哥囉引赦十嚩設
摩那野莎賀引十一

若行人欲作護摩當用嗢摩多木柴
及白芥子阿怛摩嚕地囉等誦大明
同作護摩一切所作皆得成就
又法若人欲得一切敬愛者當用安
悉香誦大明加持二十一徧焚燒熏
身一切見者皆悉敬愛
又法若行人欲於論義得勝者當用
菖蒲誦大明加持二十一徧含於口
中凡所論義一切得勝
又法若人欲入戰陣得勝者當用青
木香誦此大明加持二十一徧焚燒
熏身所向得勝
復說大明曰
阿嚩娑囉阿嚩娑囉一蘡跣蘡跣
說娑嚩曩莎賀二引
若欲發送那拏天歸還本處者先誦
前大明作護摩已復誦此大明七徧時
那拏天即還本處
大明曼拏羅成就儀軌分第九
尒時那拏天復說大明曰
那謨那拏酤鉢囉寫一吠設囉二合
嚩拏蘇多寫二摩賀引虞呬也二合
緊捺囉二合寫三弥尾也二合尾摩

引四那嚩引悉那寫四阿他引覩那拏
酤鉢囉寫五摩賀引虞呬也二合緊
捺囉二合寫六紇哩二合捺野摩引嚩
嘌多二合野沙也引二合弥七阿嚩引顒
曩八阿引尾舍曩九布囉引鉢曩
十嚩誐引鉢曩十一嚕捺引鉢曩十二
滿馱曩十三摩引囉赦十四怛囉二合引
薩曩十五多哩惹二合曩十六薩擔二合
婆曩十七沓婆曩十八謨顒曩十九
薩哩嚩引二合蜜怛囉引二合赦鉢囉二合
摩他曩二十那謨那拏酤鉢囉引野
一二十那謨吠設囉二合嚩那野二十二那
謨尾嚕博乂野二十三那謨尾嚕荼
迦野四二十那謨特哩二合底囉引瑟
吒囉引三二合野五二十那謨惹致羅引
野二十六那謨藥乂蘡那引野二十七
那謨摩引尼跋捺囉引二合野二十八那
謨布蘭拏二合跋捺囉引二合野二十九
那謨薩哩嚩二合尾你也引二合滿怛囉
二合布吟多引野三十摩賀引鉢囉二合
顒囉那馱囉引野三十一毗摩那引捺
引野三十二婆野鉢囉二合捺野三十三入
嚩二合梨多難那三十四鉢囉二合顒

囉那顩薩他二合野三十五蘇尾摩羅你室多三十六鉢囉二合賀引囉那朗訖哩二合設哩囉引野三十七薩哩嚩二合你嚩蘖那穪倪也二合引多引野三十八賛捺囉二合蘇哩也二合塞建二合馱達囉引野三十九那拏酤鉢囉引野四十醫吔曳二合引四十一沒囉二合摑摩二合薩底曳二合那四十二你嚩薩帝曳二合那四十三嚩引蹦部覲部塢引四十四鉢囉二合尾設鉢囉二合尾設四十五壹忙設利嚩薩哩嚩二合祢嚩引四十六壹忙誐囉二合賀引摩引嚩引顩演凍四十七阿引尾設演凍四十八嚩塢引鉢演凍四十九摩引囉引鉢演凍五十野祢蹦惹那設旦蘖覲五十一野你沒囉二合摑摩二合路葛蘖旦五十二野你嚩引嚩噜那引羅煬五十三印捺囉二合蘖覲嚩引五十四尾數努二合路葛蘖覲必嚩引五十五蘇摩蘇哩也二合蘖覲必嚩引五十六薩怛二合多娑怛網三合那拏酤鉢囉五十七阿引葛荼野五十八阿引哥哩沙二合野婆誐鑁五十九那拏酤鉢囉六十母捺誐二合囉母娑囉六十一作訖囉二合播尼囉

引倪也二合鉢野引底六十二布哩嚩二合你商印捺囉二合六十三捺乂那你室野摩六十四娑多二合他引你室鉢室左二合弥嚩嚕奴那引誐引六十五嗢多哩那吠室囉二合嚩那娑捺引六十六醫帝你設引播引羅引六十七阿引倪也引二合鉢野多你爹設六十八部部那拏酤鉢囉六十九摩哩捺二合摩哩捺二合七十鉢囉二合摩哩捺二合鉢囉二合摩哩捺二合七十一酤鉢囉酤鉢囉七十二布瑟波二合酤鉢囉七十三紇哩二合捺野酤鉢囉七十四呼覲呼覲七十五母覲母覲七十六顐那顐那七十七捺顐捺顐七十八鉢左鉢左七十九親捺親捺八十頻捺頻捺八十一賀引賀引賀引賀引八十二那拏酤鉢囉八十三係係係係八十四那拏酤鉢囉八十五布囉布囉八十六布囉野那拏酤鉢囉八十七你尾也二合酤鉢囉八十八阿引倪也二合鉢野覲虞吔也二合葛八十九那拏那拏那拏九十你屋你屋你屋九十一吽吽九十二多致多致九十三覲致覲致九十四唧致唧致九十五唧鉢致莎賀引九十六

此大明有大威力若以此大明加持安悉香焚燒作諸宿曜事皆得成就

又復行人先自潔淨然後誦此大明加持安悉香二十一徧以此香於那拏天畫像前燒及獻白食然行人誦此大明千徧得數滿已即畫像搖動及放光明報行人言汝於那拏天儀軌曼拏羅成就法悉得成就行人見此瑞已即奉獻閼伽自此以後行人所作一切成就

又法當用安悉香誦大明加持已焚燒熏劒及誦大明加持劒即舉動放光作種種事乃至三叉輪金剛杵擣杵母捺誐囉等器仗當如前法加持安悉香焚燒熏之即皆舉動放光能作種種事

又復用白芥子誦大明加持已打天像復誦大明燒安悉香熏像即放光乃至梵天那羅延天大自在天毗沙門天摩賀迦羅天等亦如前法燒安悉香熏及誦大明加持像皆放光

又復行人依法作曼拏羅用香花等

供養復依法取閼伽瓶滿盛香水
安於曼拏羅中燒安悉香誦大明
加持時閼伽瓶自然舉動乃至放
光
又復如前作曼拏羅以種種香花供
養然用明鏡背上塗香已安曼拏羅
中復用白芥子并粲花誦大明加持
已打於鏡面燒安悉香誦大明三徧
鏡即舉動放大光明乃於鏡中得見
過去現在未來之事亦得見於天界
四天王天下至龍宮等皆悉得見至
於自身及他人壽量亦能得知
又復行人先自齋戒潔淨著新好衣
已然後取一依法相好具足葛波羅
用香水沐浴極令清淨用塗香塗之
中間用香油塗已然後行人以五色
粉依法作四方曼拏羅於曼拏羅四
門安四閼伽瓶滿盛香水安四銀鉢
盛出生食安四鉢花安劒四口及五
色幡以如是等相間安布仍於曼拏
羅中心安三葛波羅然將前一葛波
羅誦大明加持七徧置三葛波羅上
復燒安悉香誦大明加持作三彈指

彼葛波羅即時放光行人覩之見如
前鏡中之事乃至得見那拏天及諸
眷屬與行人言說行人所求悉得隨
意如上曼拏羅乃至葛波羅等成就
法凡是男子女人發勇猛堅固利樂
之心作此法者皆悉成就除大五逆
及謗毀佛法不識恩德者不唯不得
成就亦復不得見聞是法
又復行人欲入阿脩羅宮及龍宮者
當依法誦大明二十一徧燒安悉香
皆悉得入又復燒安悉香誦大明及
用白芥子打於龍潭復用佉作囉木
作橛釘龍潭中即便禁制若欲如故
當出彼橛燒安悉香即得如故若欲
制伏怨陣當用鐵作橛依法誦大明
加持二十一徧燒安悉香熏釘一大
樹下怨陣即制若取彼橛即得如故
若欲解諸宿曜執持者當燒安悉香
熏所執人身誦大明加持白芥子及
水打灑彼身即得除解欲除諸瘧病
者當用五色線誦大明加持已燒安
悉香熏繫患者身瘧病即差
若欲解脫禁縛者當誦大明八百徧

一切禁縛皆得解脫若欲解脫枷鏁
誦大明加持焚燒安悉香熏白芥子
打之即脫若欲遣雷雹於他處者當
用石榴枝若欲止雨者當用葛囉尾
囉枝
若欲求擊者當用七種粲作護摩即
得隨意若欲降雨者當用脂麻及粳
米同作護摩即得降雨若欲辟除諸
夜叉者即用糠作護摩若欲除諸病
者當用脂麻油作護摩若欲以毒遣
他處者當用孔雀尾欲求安樂者但
當志意持念即常安樂
如是大明善作百千成就之法當依
法念誦及用安悉香所作皆成此法
於諸法中最為殊勝

佛說最上秘密那拏天經卷下

乙巳歲高麗國大藏都監奉
勑雕造

佛說最上祕密那拏天經卷下

校勘記

一　底本，麗藏本。

一　九二五頁中一〇行第二字「亦」，資、磧、普、南、徑、清無。

一　九二五頁下一八行第一二字「時」，資、磧、普、南、徑、清無。

一　九二六頁上一三行末字「成」，資、磧、普、南、徑、清作「成就」。

一　九二六頁中九行第二字「凡」，磧、南、徑、清作「於」。

一　九二七頁下一三行第五字「誦」，資、磧、普、南、徑、清作「諸」。

一　九二八頁下一二行第二字「志」，磧作「至」。

大宋新譯三藏聖教序 兵

御製

大矣哉我佛之教也化導群迷闡揚宗性廣博宏辯英彥莫能究其旨精微妙說庸愚豈可度其源義理幽玄眞空莫測包括萬象譬喻無垠綜法網之紀綱演無際之正教拔四生於苦海譯三藏之祕言天地變化乎陰陽日月盈虧乎寒暑大則說諸善惡細則比於恒沙含識萬端弗可盡述若窺像法如影隨形離六情以長存歷千刼而可久須彌納藏於芥子如來坦蕩於無邊達磨西來法傳東土宣揚妙理順從指歸彼岸菩提愛河生滅用行於五濁惡趣拯溺於三葉途中經垂丗以難窮道無私而永泰雪山貝葉若銀臺之耀目歲月煙蘿起香界之自達巍巍罕測杳杳難名所以道貫十聖德被三賢至道起於乾元衆妙生乎太易揔繁形類藪罄昏明絕彼是非開玆蒙昧有西域法師天息災等常持四忍早悟三乘翻貝葉之眞詮續人天之聖教芳猷重啓運偶昌時潤五聲於文章暢四始於風律堂堂容止穆穆輝華曠刼而昏墊重明玄門昭顯軌範而彌光妙法淨界騰音利益有情俱登覺岸無成障礙救諸疲羸冥昧慈悲浩汗物表柔伏貪佷啓滌昏愚演小乘聲聞合其儀論大乘正覺立其性含靈悟而蒙福藏教缺而重興幻化迷途火宅深喻雖設其教不知者多善念生而無量潛臻惡業興而隨緣皆墮謂御四衆積行十方澍花雨於金輪護恒沙於玉關有頂之風不可壞無際之水弗能漂澄寂湛然圓明清淨之智慧性空無染妄想解脫之因緣可以離煩惱於心田可以得清涼於宇宙朕尠非博學釋典微聞豈堪序文以示來者如麋螢爝火不足比之於畎日將微蠡量海未能窮盡於深淵者哉

佛說帝釋所問經

西天譯經三藏朝奉大夫試光祿卿明教大師臣法賢奉　詔譯

如是我聞一時佛在摩伽陁國王舍

城東菴羅園大婆羅門聚落之北毗提呬山帝釋巖中與大衆俱

尒時帝釋天主聞佛在摩伽陁國毗提呬山帝釋巖中即告五髻乾闥婆王子言汝可知不我聞佛在摩伽陁國毗提呬山帝釋巖中我欲與汝共詣佛所親近供養是時五髻乾闥婆王子聞是語已白帝釋言甚善天主作是言已即持瑠璃寶裝箜篌隨從帝釋時彼天衆聞帝釋天主與五髻乾闥婆王子發心往詣佛所親近供養亦各發心樂欲隨從往詣佛所親近供養尒時帝釋天主與五髻乾闥婆王子及彼天衆從彼天沒譬如力士屈伸臂頃即到摩伽陁國毗提呬山側是時彼山忽有大光普徧照耀其山四面所有人民見彼光已互相謂言此山何故有大火燃映蔽本相猶如寶山尒時帝釋天主告五髻乾闥婆王子言汝見此山有如是殊妙色不為佛世尊安止其中四事清淨又復此山所有堂殿悉皆寶成人所居者盡諸煩惱悉證聖果乃至大力諸

天亦常止此又復告言是故我等難逢難遇如先所說親近供養今正是時汝五髻乾闥婆王子可以所持之樂當作供養何以故過此已往實難值遇時乾闥婆王子聞是語已白帝釋言甚善甚善說是言已即起思念諸佛如來具天耳通無遠無近皆悉能聞作此念已即動所持瑠璃寶裝箜篌於其聲中而出伽陁於伽陁中說所樂事彼伽陁曰

汝日光賢女　當請求父王　與我為眷屬
是知汝賢良　我所愛慕汝　譬如熱惱者
思念於清涼　如渴人思水　如病者思藥
如飢者念食　如大象被鉤　而不能前詣
又如阿羅漢　樂求寂滅法　今我所求願
其義亦復然　愛欲增煩惱　此無有真實
不果所願求　受種種苦惱　我所作福業
供養阿羅漢　所獲得果報　當與汝共之
我求日光女　是意甚堅固　帝釋諸天主
當施我所願

尒時世尊於帝釋巖中以天耳通遙聞其聲即以神力遙告五髻乾闥婆王子言善哉善哉乾闥婆王子汝善

於樂鼓動絃時出微妙音如妙歌聲作歌聲時復如絃音以何因故久發音樂於彼絃中而出伽陁復於伽陁說三種音謂愛樂音龍音阿羅漢音

尒時五髻乾闥婆王子承佛神力遙聞佛語即白佛言世尊我念一時有乾闥婆王名湅毋囉其王有女名為日光我心所樂求為眷屬我時雖設種種方便亦不果願遂於女前動如是樂於樂絃中而出伽陁於伽陁中說三種音世尊我當動此樂時彼善法會有諸天衆互相謂曰此五髻乾闥婆王子不見不聞我佛世尊十号具足如來應供正遍知明行足善逝世間解無上士調御丈夫天人師佛世尊於是我謂諸天衆言汝等諸天善讚佛德諸天荅言五髻乾闥婆王子我等所有讚佛功德與汝共之五髻乾闥婆王子聞諸天言忽有省覺報言仁者我今歸佛世尊我以此事故向於佛動如是樂

尒時帝釋天主作如是念今此五髻乾闥婆王子根緣成熟未至佛前已

伸供養作是念已告五髻乾闥婆王子言汝持我語往詣佛所頭面禮足如我詞曰天主帝釋稽首雙足問訊世尊少病少惱起居輕利氣力安不進止無惱不我今與彼忉利天衆欲來詣佛親近供養當聽佛音是時五髻乾闥婆王子聞此語已白帝釋言甚善天主作是語已往詣佛所頭面礼足住立一面而白佛言世尊帝釋天主與忉利天衆遣我來此禮佛雙足問訊世尊少病少惱起居輕利氣力安不進止無惱不我等今日欲詣佛所親近供養故遣我來聽於佛音佛即荅言汝可迴還告語帝釋及彼天衆今正是時五髻乾闥婆王子承佛聖旨還帝釋處傳世尊言今正是時尒時帝釋及忉利天衆便詣佛所到佛所已禮佛雙足住立一面是時天主即起是念此帝釋巖其相迫窄天衆無數如何坐耶佛知其意即以神力令巖寬廣容諸天衆各不相礙帝釋天主及彼天衆各各禮佛次第而坐衆坐已定帝釋天主合掌白言

世尊我於長夜樂欲見佛樂聞正法世尊我念一時佛在舍衛國祇樹給孤獨園入火界三昧是時我在毗沙門宮見彼宮中有一夫人名曰妙臂見佛入是火界三昧合掌恭敬尊心念佛我見世尊未出三昧告妙臂言待佛世尊出於三昧傳我至誠問訊於佛少病少惱起居輕利氣力安不進止無惱不又復告言待佛出定傳我至誠勿使忘失世尊是事實不佛言帝釋此事實尒而彼夫人曾代於汝致敬問訊佛又告言天主我在三昧亦聞汝語其後非久即出三昧

尒時帝釋白言世尊我昔曾聞有佛如來正等正覺出現於世作大利益以大方便隨類引導或隱人相或現天身我今自知佛出世間作大利益以善方便隨類引導或隱或顯世尊所有聲聞從佛出家修持梵行命終之後生忉利天而彼天人樂三種事謂壽命色相及與名稱世尊昔有釋女名曰密行從佛出家持於梵行常猒女身求男子相命終之後生忉利

天為我作子名曰密行具大威力是大丈夫世尊復有三苾芻修聲聞行而未能斷貪愛之心命終之後生於天界作尾那乾闥婆子常來為彼密行天子作承事者時彼密行天向尾那乾闥婆子說伽陁曰

我昔為女人　具智名密行　猒女求男相
常供佛法僧　時見汝三子　而修聲聞行
今生於下族　為我作承事　汝等今當知
我為汝說實　汝昔為人時　四事咸豐足
不依佛禁戒　今可懷慙恥　了心即正法
唯智者能了　我昔汝同行　近佛聞正法
起信持佛戒　及供養聖衆　我因行正行
得為帝釋子　具天大威力　自知名密行
止殊勝宮殿　轉女成男相　汝乾闥婆子
從佛持梵行　聞佛最上法　却為承事者
我於天界中　未見事今見　修持聲聞行
而生於下族　汝乾闥婆子　受我密行化
汝等所受生　非彼諸佛子　乾闥婆子言
天所說誠實　我等因貪愛　憒乾闥婆趣
我今起精進　唯念佛正法　知貪愛生過
斷彼貪愛心　貪為煩惱縛　其力勝魔軍
棄佛真實法　故不生勝天　帝釋与梵王

坐於善法會　觀諸天勝行　經遊天界者
見我生下族　經遊於天界　我由行不正
而不獲勝果　尒時密行天　白父帝釋言
父王今當知　我佛最上尊　出現於世間
善降諸魔軍　名釋迦牟尼　此三乾闥婆
是彼佛之子　忘失於正念　墮乾闥婆趣
而於彼三中　惟一不正知　餘二歸正道
常向佛菩提　而行於正法　所見諸聲聞
無有能及者　彼遠離所欲　能斷於煩惱
惟念佛世尊　不復生餘想　所有未了法
彼二悉正知　當得勝果報　而生於梵天

世尊我於尒時聞密行天子說是偈已我於此事有所未決故來佛所欲伸請問願佛垂慈為我宣說

尒時世尊而作是念帝釋天主於長夜中無懈無廢無塵無垢如有所問是眞不知非作魔事彼有所問當為宣說作是念已即說伽陁告帝釋曰

帝釋今當知　汝心中所樂　欲有所問義
當問我為說

尒時帝釋天主即說伽陁白世尊曰

今蒙佛聽許　如我意所樂　我今當啓請
願佛為宣說

帝釋天主說伽陁巳白佛言世尊所有天人阿脩羅乾闥婆及諸異生等以何為煩惱佛言以憎愛為煩惱帝釋天主所有天人阿脩羅乾闥婆乃至諸異生等而作是念嗚呼我自於他先無侵害亦不怨枉不鬪不諍無訴無訟又不相持云何於我返作是事天主如是之事由憎愛起憎愛起故煩惱遂生帝釋白言世尊如是如是如佛所說我今從佛了知此義憎愛為煩惱斷於疑惑滿所樂心

尒時帝釋天主得聞佛說歡喜信受復白佛言世尊此憎愛煩惱何因何集何生何緣何因得有何因得無佛言天主此憎愛煩惱怨親為因怨親而集從怨親生怨親為緣由怨親故有憎愛煩惱若無怨親憎愛即無帝釋白佛言如是如是如佛所說我今從佛了知此義憎愛煩惱怨親為因若無怨親即無憎愛又復白言世尊怨親因何有從何集由何生依何緣何因得有何因得無佛告帝釋所欲為因從所欲集由所欲生依所欲緣

因其所欲故有怨親若無所欲怨親即無帝釋白佛言世尊如是如是如佛所說而彼怨親因所欲有又復白言世尊而此所欲何因而有從何而集由何而生依於何緣何因得有何因得無佛言帝釋所欲因疑惑有從疑惑集由疑惑生依疑惑緣因疑惑故而有所欲若無疑惑即無所欲帝釋白言世尊如是如是如佛所說所欲因疑惑有又復白言世尊疑惑何因何集何生何緣而此疑惑何因得有何因得無佛告帝釋以虛妄為因從虛妄而集由虛妄生依虛妄緣以虛妄故即有疑惑由疑惑故致有所欲因其所欲故有怨親由彼怨親遂有憎愛以憎愛故乃有刀劒相持訴訟鬪諍情生諂曲語不眞實起如是等種種罪業不善之法由此得一大苦蘊集天主若無虛妄即無疑惑若無疑惑即無所欲所欲既無怨親何有怨親不立憎愛自除憎愛無故刀劒相持訴訟鬪諍諂曲之情不實之語如是等種種罪業不善之法皆悉

得滅如是則一大苦蘊滅帝釋白佛言如是如是如佛所說因疑惑故則有虛妄復白佛言世尊虛妄之法以何法滅乃至苾芻當云何行佛告天主滅虛妄者謂八正道八正道者正見正思惟正語正業正命正精進正念正定由是八法虛妄得滅若諸苾芻行是法者是即名為滅虛妄行帝釋白佛言如是如是世尊滅虛妄者是八正道帝釋復白佛言世尊所滅虛妄法若苾芻行者當於別解脫法中有幾種法佛言天主虛妄法者於別解脫法中有六種法何等為六所謂眼觀色耳聽聲鼻齅香舌了味身覺觸意分別法天主眼觀於色有二種義謂可觀不可觀不可觀者謂於一切染法境界而不可觀可觀者謂於一切善法境界而可觀察如是眼觀色境乃至意分別法亦復如是世尊我今從佛了知此義不可觀者所有眼境不善之法若其觀者是即增長染法損滅善法其可觀者所有眼境一切善法若其觀者即是增長

善法損滅染法乃至意分別法亦復如是世尊我今從佛聞是法已滿所願樂斷於疑惑又復白言世尊若復苾芻欲滅虛妄者當斷幾法當行幾法佛言天主若有苾芻欲滅虛妄法者當斷三法當行三法一疑惑二怖望三無義語此三種法亦有可行者不可行不可行者謂於此三種不善之法當斷不行若復行者增不善法損於善法可行者謂於此三種不善之法勤行除斷即得不善損滅善法增長帝釋白言世尊如是如是我今從佛了知此義疑惑怖望無義語等三種之法若復行者損諸善法增長不善若復苾芻於此三法勤行除斷即得不善損滅善法增長又復白言世尊若有苾芻行滅虛妄法者有幾種身佛言天主若有苾芻行滅虛妄法有三種身三種身者謂適悅身苦惱身捨身適悅身者有其二義謂可行不可行可行者謂諸善法不可行者謂諸不善法苦惱身捨身亦復如是帝釋白佛言世尊如是如是我今

從佛了知此義若彼苾芻行滅虛妄法者於適悅身苦惱身捨身於此三身諸善法等可行諸不善法等皆不可行

尒時帝釋復白言世尊所有一切眾生樂欲憶念色相皆悉同不佛言不也天主一切眾生非同一欲非同一念非一色相天主一切眾生雖然各各居其界趣亦各不知界趣差別彼由不知界趣差別是故行於黑闇之道返執癡法以為真實此諸眾生不知界趣種種差別所了知者唯黑闇界難復了知而亦常行於黑闇道堅執癡法以為真實帝釋白言世尊如是如是如佛所說我今從佛了知此義一切眾生非同一欲非同一念非一色相由彼眾生不知差別故執癡闇而為真實

尒時帝釋復白佛言世尊所有一切沙門婆羅門等皆得究竟清淨梵行不佛言不也斯有二義天主若彼沙門婆羅門等不能盡彼愛法決定不獲究竟清淨梵行若彼沙門婆羅門

等有能盡彼愛法乃得無上解脫心正解脫是名獲得究竟清淨梵行帝釋白佛言世尊如是如是如佛所說我今從佛了知此義若沙門婆羅門等不盡愛法決定不獲究竟清淨梵行若有沙門婆羅門等盡彼愛法決定獲得無上解脫心正解脫是名獲得究竟清淨梵行

尒時帝釋復白佛言世尊我今云何當得永離諸見之病使不復生是諸見病從心識生我此心識當復云何我雖問佛種種之義云何不能獲聖果報得佛如來應正等覺唯願世尊為我斷除疑惑根本諸見之病佛言天主汝知之不於往昔時有沙門婆羅門亦問此義帝釋白言世尊我今憶念於一時中有大威力諸天集忉利天善法之會尒時會中有諸天人不知法者輙欲成佛以如是意告白世尊佛察愚闇不與記莂時彼諸天不滿所願心有恙別從座而起各還本界本界不現因遂墮落時彼諸天以墮落故即大驚怖心生疑惑各作是念本界不現定知墮落我若得見沙門婆羅門者即往請問汝是如來應供正等正覺不時彼諸天或有見我唯獨經行來詣我所而問我言仁者汝是何人我時荅言是帝釋天主時彼諸天心苦惱故白言天主豈不見我受於苦惱以我向佛應當問法而不能問應可歸依而不歸依以恙別心遂還本界本界不現定知墮落是故苦惱願見救護天主我從今日誓歸依佛為聲聞弟子我於尒時即說伽陁荅彼天曰

汝等起邪念　所言亦不正　求佛心恙別
由是長受苦　或見於沙門　及彼婆羅門
經行即請問　汝是正覺不　若是正覺者
我歸依供養　我即問於彼　當云何供養
所問不能知　佛如實正道　時彼諸天衆
心之所樂欲　心與心所法　疑惑而分別
我知彼心法　如世尊所說　我已當為說
於彼三界中　唯有佛世尊　是世間大師
善降大魔軍　能度諸有情　到湼槃彼岸
如來大覺尊　於天上人間　無有能等者
無畏大丈夫　普斷貪愛病　如來大日尊
汝今稽首禮

尒時帝釋天主說是事已佛復告言天主汝可知彼過去之事謂分別利及適悅利帝釋白言世尊我今憶念往昔一時天與脩羅而相鬪戰天人得勝脩羅退敗我作是念所有天人快樂及脩羅快樂我今獨受而獲適悅因獲如是適悅之利盡此生中當有鬪諍及刀兵相害是謂因彼適悅之利分別利者盡此一生無鬪無諍乃至刀兵不相持害此為分別之利帝釋復言世尊我今從佛聞是正法轉復深信發起行願願我壽終若生人間生富貴族巨有財穀多積珎寶輦輿車乘玩好之具眷屬熾盛種種具足常不乏少願我當生如是上族處智者胎身肢圓滿色相殊妙食於上味尊貴自在壽命長遠起正信心向佛出家剃除鬚髮被於法服而為苾芻常持梵行無所缺犯證須陁洹斯陁含果乃至獲得盡苦邊際世尊我復聞有色究竟天願我終於人間復生彼天佛言天主善哉善哉天主

如汝所願何因何緣有此殊勝所證之果帝釋白言世尊我別無因乃是從佛聞於正法發起深信以願力故證如是果世尊我今於此會中聞於正法以法力故增其智慧復增壽命是時帝釋發是願已遠塵離垢得法眼淨復有八万天人亦復獲得法眼清淨尒時帝釋天主聞法見法而能了知住法堅固斷諸疑惑如是證已從座而起偏袒右肩合掌頂禮而白佛言世尊我得解脫我得解脫從於今日盡其壽命歸佛法僧持優婆塞戒

尒時帝釋天主即於佛前迴語五髻乾闥婆王子言汝今於我快生善利及益多人由汝前來以彼妙樂供養佛故遂令我等聞法得果特我還宮滿汝所願

尒時帝釋天主復告忉利天衆言仁者汝等當作梵音三歸於佛於意云何今佛世尊已得梵住寂靜涅槃是時天衆隨於帝釋遶佛三匝即以頭面禮佛雙足住於佛前異口同聲乃

作梵音三歸佛曰

那謨那莫一薩多薩昧婆誐嚩帝怛他引誐多引野三阿囉訶帝引三藐三沒馱野四

帝釋天主與彼天衆三復歸依佛已及彼五髻乾闥婆王子等隱於會中迴還天界

尒時娑婆界主大梵天王過是日已至於夜分來詣佛所身光晃耀照帝釋巖到佛前已禮佛雙足却坐一面合掌頂禮說伽陁曰

帝釋爲多利　向佛問正法　佛以微妙音
爲除斷疑惑

尒時梵王說伽陁已白言世尊佛說正法時帝釋天主遠塵離垢得法眼淨八万天人亦得法眼淨佛言如是如是時娑婆界主大梵天王聞佛語已歡喜信受禮佛足已隱身不現還於天界

尒時世尊即於夜分往苾芻衆圍繞而坐告諸苾芻言過是日已於夜分中娑婆界主大梵天王來詣我所禮我足已合掌恭敬說伽陁曰

帝釋爲多利　向佛問正法　佛以微妙音
爲除斷疑惑

復謂我言帝釋天主聞正法時得法眼淨及八万天人亦得法眼淨我即告言如是如是時彼梵王聞我所說歡喜信受禮我足已隱身不現還於天界是時諸苾芻衆聞佛說是法已皆大歡喜禮佛而退

佛說帝釋所問經

講法華經沙門臣道一證義
講百法論金剛上生經賜紫沙門臣省賓證義
講法華經百法論文章賜紫沙門臣智照證義
講金剛經百法論賜紫沙門臣懷哲證義
知藏字學通慧大師賜紫沙門臣雲勝證義
講維摩金剛般若心經明教大師賜紫沙門臣道文證義
講八經四論法濟大師賜紫沙門臣懷德證義
講維摩上生經因明唯識論證覺大師賜紫沙門臣[illegible]實證義
講圓覺經起信唯識論崇梵大師賜紫沙門臣[illegible]微證義
應制慧通大師賜紫沙門臣智遜綴文
梵學賜紫沙門臣繁筆受
梵學賜紫沙門臣智浬筆校

佛説帝釋所問經

校勘記

一　底本，金藏廣勝寺本。

一　九三〇頁中一行至本頁下二〇行序文，諸本無。

一　九三〇頁下二一行經名，石作「佛説帝釋所問經一卷」。

一　九三〇頁下二二行譯者，資、磧、普、南作「三藏法師法賢奉詔譯」；徑、清作「宋三藏法師法賢奉詔譯」。

一　九三一頁上一二行「往詣」，普作「往諸」。

一　九三一頁下一三行「不見」，資、磧、普、南、徑、清作「而乃不見」。

一　九三三頁上四行「世間」，麗作「世閒」。

一　九三三頁上一四行第二字「請」，磧、普作「謂」。

一　九三四頁下七行「天主」，普作「天王」。

一　九三六頁下卷末譯者名録，諸本無。

佛說解夏經　驅

西天譯經三藏朝奉大夫試光祿卿傳教大師臣法賢奉　詔譯

如是我聞一時佛在王舍城迦蘭陀竹林精舍與五百苾芻衆俱皆是阿羅漢諸漏已盡所作已辦除諸重擔逮得已利盡諸有結心善解脫唯一苾芻現居學位世尊已爲授記見法得法當證滿果

尒時世尊安居既滿當解夏時於十五日與苾芻衆敷座而坐會衆坐已是時佛告苾芻衆言我今已得梵行寂靜是最後身以無上藥斷除諸病我之弟子了知諸法皆已通達是故我今說解夏法諸苾芻衆我於夏中所有身口意業汝等可忍

是時尊者舍利弗聞佛語已從座而起偏袒右肩右膝著地合掌向佛而白佛言世尊如佛所說我今已得梵行寂靜乃至身口意業可忍者我等知佛身口意業無諸過失我等苾芻今無可忍於意云何我佛世尊難調者能調無止息者善爲止息無安隱者而善安慰未寂靜者令得寂靜如來善了正道善說正道開示正道乃至我等樂聲聞菩提者佛爲善說令聲聞等如理修行而證聖果是故我等於佛世尊身口意法而無可忍

尒時尊者舍利弗白佛言世尊我今對佛身口意業所有不善求佛可忍

佛告舍利弗汝今所有身口意業我當忍可於意云何汝舍利弗具戒多聞少欲知足斷諸煩惱發大精進安住正念具等引慧聞慧捷慧利慧出離慧了達慧廣大清淨慧甚深慧無等慧具大慧寶未見者令見未調伏者令得調伏未聞法者而爲說法具瞋恚者而令歡喜能爲四衆說法無倦譬如金輪王子而受灌頂繼紹王位依法而治汝舍利弗亦復如是爲我之子受灌頂法紹法王位如我所轉無上法輪如我漏盡證得解脫是故汝舍利弗所有三業我今忍可時舍利弗聞佛忍可投誠禮謝復白佛言世尊如佛爲我忍可三業於此會中五百苾芻身口意業所有不善唯

願世尊亦如是忍佛告舍利弗五百苾芻所有三業我亦可忍於意云何此五百苾芻皆是阿羅漢諸漏已盡所作已辦除諸重擔逮得已利盡諸有結心善解脫唯一苾芻現居學位而此苾芻我已授記見法得法當證滿果舍利弗是故我於五百苾芻所有三業皆悉可忍

尒時舍利弗重白佛言世尊我與五百苾芻衆等所有三業佛已可忍我今有疑當復啓請願佛世尊爲我分別世尊此五百苾芻中幾苾芻得三明法復幾苾芻得俱解脫復幾苾芻得慧解脫

佛告舍利弗此五百苾芻中九十苾芻得三明法九十苾芻得俱解脫餘者苾芻得慧解脫舍利弗如是苾芻盡諸煩惱皆住眞實

尒時會中有一尊者名嚩儗舍作如是念我今對佛苾芻衆前以解夏伽陀伸於讚嘆是時尊者嚩儗舍作是念已從座而起偏袒右肩右膝著地合掌恭肅說伽陀曰

解夏十五日　清淨行律儀
五百苾芻衆　悉斷煩惱縛
皆盡諸漏法　而證聖果位
内寂外善調　解脫而離有
盡生死邊際　所作皆已辦
無明我慢結　斷盡無有餘
我佛最上尊　斷諸邪念法
及斷有漏法　善除愛病苦
愛滅不復生　離取大師子
盡諸有怖畏　惟我佛世尊
譬如金輪王　千子常圍繞
善治四天下　調伏四海邊
又如戰得勝　爲最上調御
聲聞得三明　離死法亦然
佛子皆知是　證滅不復生
我今禮法王　無上大日尊

是時嚩儗舍苾芻說此伽陀已復還本座

尒時尊者舍利弗與諸苾芻聞佛宣說解夏之法心生快利踊躍歡喜信受奉行

佛說解夏經

乙巳歲高麗國大藏都監奉
勅雕造

佛說解夏經　[illegible]

佛說解夏經
校勘記

一　底本，麗藏本。
一　九三八頁上一行經名，石作「佛說解夏經一卷」。卷末經名同。
一　九三八頁上二行譯者，資、磧、普、南作「西天譯經三藏朝散大夫試光祿卿明教大師臣法賢奉詔譯」；徑、清作「宋西天三藏朝散大夫試光祿卿明教大師法賢奉詔譯」。
一　九三九頁上一六行「法王」，磧、普、南、徑、清作「法主」。

佛說四品法門經　一　驅

西天譯經三藏朝散大夫試光祿卿明教大師臣法賢奉　詔譯

如是我聞一時佛在舍衛國祇樹給孤獨園與大衆俱尒時尊者阿難獨止靜室心生是念世間有情所有驚怖乃至災害障難疾病過咎已生當生者皆是愚人所有智者即無尊者阿難思惟如是事已從座而起往詣佛所到佛所已頭面禮足脩奉已畢住立一面而白佛言世尊我獨靜室心生是念世間所有驚怖等事皆是愚人所有智者即無惟願世尊為我解說

佛告阿難汝今諦聽當為汝說阿難白言唯然世尊願樂欲聞佛言阿難如是世間所有驚怖等事已生當生所謂災害障難疾病過咎等皆是愚人所有智者即無阿難譬如有人堆積乾草為火所燃而彼愚人驚怖等事亦復如是阿難如是過去未來現在世中愚人有災害智者無災害愚人有障難智者無障難愚人有疾病智者無疾病愚人有過咎智者無過咎阿難當知是愚人法是智者法知彼愚人法已當可遠離行智者法如是阿難汝應當學

阿難白佛言世尊何名愚人佛告阿難愚人者愚為不了世間愚人於法不了故名為愚不了者何不了法境有四品類所謂不了界法不了處法不了緣起法不了處非處法阿難於如是法不能了達是故得名為愚人也

阿難白言世尊如是如是不了四法得名愚人又復云何得名智者

佛告阿難言智人者於法揀擇善了是非故名智人善了者何善了法境亦四品類所謂善了界法善了處法善了緣生法善了處非處法善能了知如是等法是故得名為智人也

阿難復白佛言善了此法得名智者而此智者了何界法

佛告阿難汝能善問當為汝說言界法者而有多種所謂眼界色界眼識界耳界聲界耳識界鼻界香界鼻識

界舌界味界舌識界身界觸界身識界意界法界意識界如是十八界彼智慧者如實了達復有六界所謂地界水界火界風界空界識界如是六界彼智慧者如實了達復有六界所謂喜界樂界苦界捨界煩惱界無明界如是六界彼智慧者如實了達復有六界所謂貪欲界瞋恚界不瞋界殺害界不殺界出離界如是六界彼智慧者如實了達復有四界所謂受界想界行界識界如是四界彼智慧者如實了達復有三界所謂欲界色界無色界如是三界彼智慧者如實了達復有三界所謂下界中界上界如是三界彼智慧者如實了達復有三界所謂善界不善界無記界如是三界彼智慧者如實了達復有三界所謂有學界無學界學無學界如是三界彼智慧者如實了達復有二界所謂有漏界無漏界如是二界彼智慧者如實了達復有二界所謂有為界無為界如是二界彼智慧者如實了達阿難如是等界諸有智者善能了達

了達阿難白佛言世尊彼智慧者如是了達諸界法已又復云何了達處法

佛告阿難言處法者謂十二處眼處色處耳處聲處鼻處香處舌處味處身處觸處意處法處此十二處智慧之者如實了達

阿難白佛言世尊智者如是了達十二處已又復云何了緣生法

佛告阿難智者應知十二緣法從因緣起由因緣故即有諸法因緣者何所謂無明緣行行緣識識緣名色名色緣六處六處緣觸觸緣受受緣愛愛緣取取緣有有緣生生緣老死憂悲苦惱如是即一大苦蘊集若了如上緣生之法因緣性空緣聚即有緣散即無緣法無故即無諸法所謂無明滅即行滅行滅即識滅識滅即名色滅名色滅即六處滅六處滅即觸滅觸滅即受滅受滅即愛滅愛滅即取滅取滅即有滅有滅即生滅生滅即老死憂悲苦惱滅如是即一大苦蘊滅如是生滅之法智者應當如

實了達

阿難白佛言世尊彼智慧者於緣生法如實知已復云何了處非處法

佛告阿難非處法者謂身口意造不善業而獲所樂善果報者無有是處若身口意造諸善業而復獲於不善報者亦無是處言是處者謂身口意造諸善業而獲所樂勝妙果報斯有是處若身口意造不善業而獲所感不善果報亦有是處

又復阿難言非處者謂身口意造不善業如所希求殊勝之果由此因緣命終之後若生人天無有是處若身口意造於善業墮惡趣者亦無是處言是處者謂身口意造諸善業生人天者斯有是處若造惡業墮惡趣者亦有是處

又復阿難世間若有二佛出世無有是處一佛出世斯有是處又復世有二輪王出亦無是處一輪王出斯有是處如是若有女人為轉輪王治化世間乃至為彼四王天主忉利天主大梵天王及成緣覺無上菩提者如是

等事無有是處若有男子具大人相福慧莊嚴為轉輪王出於世間乃至得成無上菩提斯有是處

又復阿難若正見人殺父害母殺阿羅漢破和合僧出佛身血造於如是五逆業者無有是處若異生凡夫愚癡邪見造五逆者斯有是處

又復阿難若正見人受具戒品自犯戒已於阿闍梨而生毀謗作如是言此阿闍梨不善戒法亦復不能受持禁戒我當揀擇別阿闍梨受學戒法作是言已詣餘沙門婆羅門所選擇師受彼人或見沙門婆羅門作諸戲論不律儀者依稟於彼為阿闍梨而求寂靜出離三有無有是處如是等事若愚癡邪見作此求者斯有是處

又復阿難若人不斷根本煩惱及隨煩惱由煩惱故損減善根障礙智慧覆蓋涅槃真寂靜法彼人若了四念處者無有是處若人斷除根本煩惱及隨煩惱善能了解四念處法求趣涅槃者斯有是處

又復阿難若人不斷煩惱善了四念

處能證七覺支趣向涅槃者無有是處若人斷除煩惱法已了四念處證七覺支趣向涅槃若斯有是處又復阿難若人不斷煩惱而了四念處證七覺支盡苦邊際趣向涅槃成緣覺菩提乃至無上正等正覺者無有是處若斷煩惱了四念處證七覺支盡苦邊際趣向涅槃成緣覺菩提乃至無上正等正覺者斯有是處佛告阿難智者如是如實了達處非處法汝等應當如理而學

尒時阿難白佛言世尊我聞如是未曾有法得甘露味深自慶快世尊當何名此經我等云何受持佛告阿難是經名爲四品法門亦名法鏡亦名甘露鼓亦名多界如是名字汝當受持

尒時尊者阿難及諸大衆聞佛所說皆大歡喜信受奉行

佛說四品法門經

乙巳歲高麗國大藏都監奉

勑雕造

第七張

佛說四品法門經

校勘記

一　底本，麗藏本。

一　九四〇頁上二行譯者，徑、清作「宋西天三藏朝奉大夫試光祿卿明教大師法賢奉詔譯」。

一　九四〇頁中一二行「白言」，南、徑、清作「白佛言」。

一　九四〇頁中一六行第九字「界」，南、徑無。

一　九四〇頁下一三行第一一字「慧」，南、徑、清無。

一　九四一頁上一三行「六處六處」，南、徑、清作「六入六入」。

一　九四一頁中二二行「四王天」，南、徑、清作「四天王」。

一　九四一頁下一行「男子」，南、徑、清作「善男子」。

一　九四一頁下一七行至末行「及隨……煩惱」，南、徑、清無。

大宋新譯三藏聖教序　　穀

太宗神功聖德文武皇帝製

大矣哉我佛之教也化導群迷闡揚宗性廣博宏辯英彥莫能究其旨精微妙說庸愚豈可度其源義理幽玄眞空莫測包括萬象譬喻無垠綜法網之紀綱演無際之正教拔四生於苦海譯三藏之祕言天地變化乎陰陽日月盈虧乎寒暑大則說諸善惡細則比於恒沙含識萬端弗可盡述若窺像法如影隨形離六情以長存歷千刧而可久須彌納藏於芥子如來坦蕩於無邊達磨西來法傳東土宣揚妙理順從指歸彼岸菩提愛河生滅用行於五濁惡趣拯溺於三業途中經垂世以難窮道無私而永泰雪山貝葉若銀臺之耀目歲月煙蘿起香界之自遠巍巍罕測杳杳難名所以道資十聖德被三賢至道起於乾元衆妙生乎太易捴繫形類竅鑿昏明絕彼是非開茲蒙昧有西域法師天息災等常持四忍早悟三乘翻貝葉之眞詮續人天之聖教芳猷重啓運偶昌時潤五聲於文章暢四始於風律堂堂容止穆穆輝華曠刧而昏墊重明玄門昭顯軌範而彌光妙法淨界騰音利益有情俱登覺岸無成障礙救諸疲羸冥昧慈悲浩汗物表柔伏貪佷啓滌昏愚演小乘聲聞合其儀論大乘正覺立其性含靈悟而蒙福藏教缺而重興幻化迷途火宅深窬雖設其教不知者多善念生而無量潛瘵惡業興而隨緣皆憧調御四衆積行十方澍花雨於金輪護恒沙於玉關有頂之風不可壞無際之水弗能瀑澄寂湛然圓明淸淨之智慧性空無染妄想解脫之因緣可以離煩惱於心田可以得淸涼於宇宙朕懇非博學釋典微閑豈堪序文以示來者如麋螢爝火不足比之於皎日將微蠡量海未能窮盡於深淵者哉

繼作聖教序

御製

高明肇分三辰方乃序其次厚載初

定萬彙於以發乎端清濁之體既彰
善惡之源是顯然後以文物立其教
以正典化其俗利益之功同歸於理
於是乎像法來於西國真諦流於中
夏洞貫千古真實之理無以窮囊括
九圍玄妙之門莫能究言乎妄想則
五蘊皆空現乃真容則一毫圓滿廣
大之教豈能紀述者哉伏覩
太宗神功聖德文武皇帝法性周圓
仁慈普布化覃貊則萬邦輻湊躋蒸
民於仁壽之鄉崇教法則四海雲從
惠蒼生於富庶之域見尊經之浩汗
設方便以救沉淪知法界之恢宏行
精進而攝懈怠乃擇其邃宇挾彼真
文命天竺之高僧譯貝多之佛語象
管翻成於金字珠編復置於琅函龍
官之聖藻惟新鷲嶺之苾芻仰歎由
是三乘共貫四諦同圓盡苦空真正
之言顯秘密精研之義讚相相乎實
相論空空乎盡空華嚴之理合軌轍
金像之教同規矩朕纘嗣
丕構恭臨寶圖常翼翼而撫兆民每
兢兢而守

先訓以至釋典尤未精詳諒其幽深
曷能探測有譯經西域僧法賢奏章
懇切致意專勤以
先皇帝大闡真風高傳佛旨興前王
之墜典振覺路之頹綱欲旌天造之
功庸用廣
聖文之述作請予製序繼聖教焉自
聖考上僊追號罔息政事之外何暇
經心今已禫除思臻微奧雖紉承
慈誨奈夙乏通才焉窮乎法海之津
涯莫造乎空門之閫域略敷大意以
徇輿情踧踖不足擬浴日之波尺箠
豈能量昊天之影聊述短序以紀聖
功者焉

佛說護國經

西天譯經三藏朝奉大夫試光祿卿明教大師臣法賢奉 詔譯

如是我聞一時世尊在俱盧城出遊
化利漸漸至于覩羅聚落與大苾芻
衆安止其中時彼聚落有婆羅門大
長者等互相議曰此大沙門瞿曇桑
捨王位出家爲道果滿圓明名稱普
聞即是應供正等正覺明行足善逝
世間解無上士調御丈夫天人師佛
世尊於天魔梵沙門婆羅門人及非
人等界以自行願成等正覺流大悲
心宣說正法初善中善後善文義深
遠純一無雜具足圓滿梵行之相如
是具足最尊最上我等若見共獲善
利是故我等當詣佛所瞻礼稱讚衆
共議已同往佛會到佛所已有礼佛
者有但合掌者有種種稱讚者如是
之衆礼讚既已各坐一面

尒時世尊爲衆說法令衆心悅發大
道意時彼婆羅門大長者等聽受法
已咸皆忻悅發大道心即從座起合
掌向佛種種稱讚礼佛而退

尒時會中有大長者名曰護國聽慕
佛故不離法會作如是念我所聞法
堪可依憑必成正覺我若在家永處
輪迴佛難值遇以信出家爲求出離
是故我今離諸放逸發大精進依佛
出家淨修梵行我當志願剃除鬚髮
而被法服是時護國長者作是念已
即從座起前詣佛所頭面礼足合掌
向佛而白佛言我從世尊獲聞正法
厭輪迴苦起信樂心是故我今求佛出

家唯願世尊攝受於我佛言護國汝信出家父母聽不護國荅言不也世尊父母不聽佛言護國父母不聽不得出家護國復白佛言世尊雖父母未聽我當求請堅令聽許佛告護國如汝所願今正是時

尒時護國長者稟承佛旨礼佛而退還歸其舍白父母言父母慈念願聽我言我於佛會聞佛說法其所聞法我悉了知即起正信樂欲出家唯願父母當聽許我是時父母告護國言汝樂出家當求何利復有何得而求出家汝若出家勿為求匃而活命耶汝應當知我今財賄珍寶無量汝但在家捨財作福當受富樂何須出家如是父母善言誘勸是時護國又復白言父母當念我猒輪迴棄捨世榮志求出家唯願聽許如是護國再三求請是時父母又復告言汝所堅念志求出家勿為求匃而活命耶我家庫藏金銀珍寶衆多無量汝但在家捨財作福當受富樂何須出家如是父母三三誘勸是時護國又復告言父

母若不聽我從今已往誓不飲食乃至命終發誓願已即絕飲食是時護國衆多知識聞是事已即時共詣護國長者父母之所咸共白言長者主我等皆聞汝子護國愛樂出家彼雖志求汝不聽許我知汝子然愛富樂求道心堅今不聽許返受憂苦將趣命終當令汝起愛別離苦是故汝等宜應聽許隨彼出家時長者主見子知識志意求請即聽出家是時護國衆多知識受其父旨即詣護國而共告曰護國當知今汝父母已聽出家是時護國受父母旨歡喜踊躍即詣父母拜辝而出還至佛所到佛所已頭面礼足合掌一面而白佛言世尊今我父母已聽出家願佛慈悲垂哀攝受而為苾芻

尒時世尊告護國言善哉善哉今正是時為汝攝受是時護國鬚髮自落被袈裟衣成苾芻相脩持梵行除彼放逸離諸憂惱心自調柔證法清淨我生已盡梵行已立所作已辦不受後有是時尊者護國得漏盡已於十

夏中依止於佛滿十夏已著衣持鉢前詣佛所頭面礼足合掌一面而白佛言世尊我本生居覩羅聚落棄捨諸親以信出家我今思念欲還本處親近眷屬願俟佛言

尒時世尊知尊者護國心意所欲又觀護國其心志固欲廣利益況昔在家常離諸欲如是觀已即告之曰尊者護國今正是時可從汝意

尒時尊者護國受佛旨已歡喜踊躍繞佛三匝頭面礼足辝佛而退還本生處經遊次第到本聚落時經宿已於其辰時著衣持鉢次第乞食至於本舍見一女人在舍門外持滿器食而欲棄擲尊者見之告彼女人曰汝無慚愧勿棄於食豈如施我置於鉢中當獲利益是時女人聞尊者語心生歡重即施其食置於鉢中尊者受已詣大樹下敷座欲食時前女人作如是念是我主子尊者護國是時女人作此念已即詣長者主所白長者曰適在門外見長者子持鉢乞食詣大樹下敷座欲食時長者主聞是事

已心大歡喜即問女人言如汝所說是事實不女人荅言是事實尒是時長者速出本舍往大樹下既到彼已實見護國在彼欲食即告之曰我子護國捨離本家客遊於外如是經歷復至聚落不入本舍是義云何時彼護國即荅父言我沙門法儀式如是入於他舍非我所宜時長者主扶持護國還於本舍既到家已敷座令坐時護國母前詣子所愛念心切再三慰問告護國言我子云何堅意出家汝所出家今有何利復有何得正為求匃而活其命是故汝今不復離家捨財作福當受富樂是時慈母設諸方便留戀於子不能別離復以金銀種種珍寶積尊者前告於子言我子當知如是我有廣多財寶今我與汝何況父財而復無量以是義故何得出家汝今在家捨財作福受諸富樂是時尊者白於母言慈母當念是多金銀種種財寶諸過之本作此言已車載擔負棄於河內復白母言慈母當念如是財寶由貪戀故從此為

因生諸過失而致患難謂水火王賊惡子等難生如是等種種壞苦了此苦因不從其母時護國母戀子不捨復設方便作如是念子在家時所有妻室當令莊嚴珠寶飾身來護國所悅可子心作是念已詣其妻所而告之言汝夫護國昔在家時所有愛樂珍寶瓔珞莊嚴之具汝今莊嚴往護國所悅可其意時護國妻受其命已以衆寶具即時莊嚴詣護國所到彼白言長者子汝意云何所持梵行莫為求天女不護國告言不也大姊我持梵行為求道果如汝所說是義不然時護國妻聞呼姊聲即變容色負慚而退

尒時護國尊者作如是念食時欲至即白父言長者有何飲膳施於我食是時父母親持上味種種飲食供施尊者是時尊者飯食已訖洗鉢収衣敷座而坐乃為父母宣說正法令起悅心而生道意復以神通住虛空中說伽陁曰

觀此畫色像　以衆寶莊嚴　愚迷所執著

智者常遠離　貪欲如繩索　能縛於世間
愚者所迷惑　智者常遠離

是時尊者說伽陁已從空而降還大樹下安止而住

尒時有王名曰俱盧駕幸遊外將近覩羅聚落之側侍臣奏曰大王當知此聚落中有長者子名曰護國眷屬廣多財寶無量棄捨出家王聞是事即問聚落人曰卿等此處有長者子名曰護國棄捨親屬而為出家是事實不時聚落人即奏王曰大王當知是事實尒護國尊者在自聚落一大樹下常持梵行我等人民親近供養王聞奏已即往彼處聚落之中詣大樹下尊者所止是時尊者遥覩來命見俱盧王奔詣我所即從座起進步王前白如是言大王善來此之境界王所統領今請大王往彼樹下就於我座時王荅言護國我意如然欲往汝所就於汝座護國復言王意如是故我請王是時彼王同與尊者至大樹下就座而坐

尒時大王告護國言有四種法由是

四法而求出家其四法者一知親屬二知富貴三知病四知老是爲四法云何知親屬謂若有人眷屬廣大而忽散滅此人作念我之眷屬朋友知識皆已散滅唯已孤然我當出家此人了知無親屬故而求出家今汝護國眷屬廣大亦非孤獨不能了知何爲出家又復云何名知富貴謂若有人先有財寶是大富者而後竭盡貧苦隨生以貧窮故而作此念今貧窮故而作此念今貧窮苦我當出家此人了知以貧窮故而求出家今汝護國財富無量亦非貧窮不能了知何爲出家又復云何名知病苦謂若有人久寢於疾無能救療作如是念我此疾病深可痛苦是故我今當求出家此人了知以病苦故而求出家今汝護國少病少惱亦無憂苦不能了知何爲出家又復云何名知老朽謂若有人耆年衰邁作如是念我今老朽於諸富樂不能復利是故我今當求出家此人了知老朽不任而求出家今汝護國盛年少壯未受諸樂不能了知何爲出家護國當了如是四法乃可出家我今復問護國汝何見聞而爲出家

尒時尊者荅彼王言大王當知有四種法而求出家何等爲四謂老病愛死變壞非久名老疾苦無療名病無所猒足名愛捨盡諸境名死如是四法我佛世尊善了善見我亦從佛親見親聞我因此故發大信心而乃出家王言尊者如前略說我未能了唯願尊者爲我廣說令我開解是時尊者聞王言已告彼王曰大王甚善如汝意願我當爲說王言尊者變壞非久爲老是義云何尊者荅言大王於意云何若人從年二十三十滿四十時所有色相身力舉動進止是人云何王言尊者人從二十滿四十時具大色相身力壯盛進止勇健諸所施爲自謂無等若至耆年朽邁無堪色相變易身力劣弱進止衰敗尊者告言如王所說是爲老相變壞於世大王當知此即我佛說第一法又佛世尊善了善知善說此法我亦見聞於此正法愛樂志求信心出家時彼王言護國尊者我亦於此慶遇正法愛樂志求

又復王言護國尊者云何疾苦無療名爲病相尊者荅言如人有大財寶及諸親眷其數無量於意云何是人寢病受諸苦惱彼之親屬及諸侍從還有代其受苦惱不王言不也護國人若寢疾獨受諸苦無有代者亦無救療尊者告言如王所說無代無救是爲病相此即我佛說第二法又佛世尊善了善知善說此法我亦見聞於此正法愛樂志求信心出家時彼王言護國尊者我亦於此慶遇正法愛樂志求

王復問言尊者云何無所猒足而名爲愛尊者荅言大王於意云何王是富者國土城邑乃至東南西北所有人民居王所統皆是大富王言尊者如是如是尊者復言大王所統國城聚落如是大富設或有人泛海而來白大王言我見某國城邑廣大人民熾盛金銀珍寶奇異諸物象馬兵從

其數無量大王聞此於意云何王言尊者我聞是事若不自往即遣使討彼載以珍寶諸物益我庫藏時尊者言大王此無厭足是名為愛此即是佛說第三法又佛世尊善了善知善說此法我亦見聞於此正法愛樂志求信心出家時彼王言護國尊者我亦於此廣遇正法愛樂志求

王復問言尊者云何捨離諸境而名為死尊者答言大王於意云何我見有大珍寶是大富者彼人捨於此界而生他界所有珍寶能持往不王言不也尊者復言大王於此世中捨諸愛境生於他世是名為死此即是佛說第四法佛善了知善說此法我亦見聞於此正法愛樂志求信心出家王言尊者我亦於此廣遇正法愛樂志求

尒時尊者復告王言我於是義欲重宣說汝應善聽王言甚善願樂欲聞是時尊者說伽陁曰

我見世間人　貪愛而積聚　因財故得難
轉增於諸欲　王主領國邑　廣闢極海邊

如是尚無厭　而復伐他國　世間諸衆生
由貪愛故滅　憂惱生悲泣　嗚呼何速滅
如人聚財寶　返為火所燒　衆生亦隨業
所作而受報　財富不延命　亦復不免老
貧富者皆滅　尊幼悉無常　病不擇勇健
亦不擇尊幼　皆由貪愛故　是不免無常
譬如人竊盜　返為自損傷　如是見世間
自造諸惡因　如菓熟自落　老少壞亦然
歡悅意作業　苦惱而受報　時世愚癡人
作業不自覺　或生於他世　因憎愛得苦
胎中若命盡　何人能救護　設復親知友
命盡何能救　欲能壞能縛　生苦增諸怖
見世間幻法　是故我出家

尒時俱盧大王聞尊者說伽陁已歡喜信受而復白言護國尊者能善出離是故我今歸依尊者護國告言大王勿歸依於我我所歸依是佛世尊及法僧衆王當歸依王言如是如是我今歸依佛法僧衆盡形受持優婆塞戒是時大王作誓願已礼奉尊者還復王宮

佛說護國經

佛說護國經
校勘記

一　底本，金藏廣勝寺本。

一　九四三頁中一行至次頁中一四行，三藏聖教序及繼作聖教序，石、資、磧、普、南、徑、清無。

一　九四四頁中一二行第二字「興」，麗作「輿」。

一　九四四頁中一五行經名，石作「佛說護國經一卷」。卷末經名同。

一　九四四頁中一六行譯者，資、磧、普、南、徑作「西天譯經三藏朝散大夫試光祿卿明教大師臣法賢奉詔譯」；清作「宋西天譯經三藏朝散大夫試光祿卿明教大師法賢奉詔譯」。

一　九四六頁中一九行「飯食」，資、磧、普、南、徑、清作「飲食」。

一　九四七頁下二行「於此」，徑作「如此」。

一　九四七頁下一八行第七字「乃」，

資、磧、普、南、徑、清作「及」。

一　九四七頁下二二行末字「民」，石作「名」。

一　九四八頁上一五行第八字「知」，資、磧、普、南、徑作「善知」。

一　九四八頁中一二行第一〇字「缚」，資、磧、普、南作「嚩」。

一　九四八頁中一三行第四字「幻」，磧、普作「幼」。

一　九四八頁中二一行第三字「王」，石作「本」。

佛說最上根本大樂金剛不空三昧大教王經卷第一　轂

西天譯經三藏朝奉大夫試光祿卿明教大師臣法賢奉　詔譯

大三昧金剛眞實理儀軌分第一

如是我聞一時世尊大毗盧遮那佛在他化自在天宮而彼天宮衆寶所成懸鈴瓔珞幢幡珠珍種種寶蓋如是莊嚴徧滿虛空是佛世尊安住諸佛金剛三昧智衆聖之尊戴諸佛冠受三界法王灌頂成就諸佛一切智智是最相應自在無礙具諸佛平等印善作種種事業盡諸衆生界圓滿一切願三界平等究竟法身攝諸如來金剛三業諸佛稱讚是大慈悲大毗盧遮那如來與八俱胝大菩薩俱其名曰金剛手菩薩摩訶薩觀自在菩薩摩訶薩虛空藏菩薩摩訶薩金剛拳菩薩摩訶薩妙吉祥菩薩摩訶薩同心生轉法輪菩薩摩訶薩識那𢘱慈菩薩摩訶薩降諸魔菩薩摩訶薩如是諸大菩薩衆而共圍繞宣說一切清淨法門初中後善文義深遠純一無雜具足圓滿所謂妙樂清淨句是即菩提句貪欲清淨句是即菩提句一切富樂清淨句是即菩提句見清淨句是即菩提句愛樂清淨句是即菩提句莊嚴清淨句是即菩提句悅意清淨句是即菩提句明照清淨句是即菩提句身清淨句是即菩提句色清淨句是即菩提句聲清淨句是即菩提句香清淨句是即菩提句味清淨句是即菩提句觸清淨句是即菩提句所以者何諸法自性清淨亦復如是諸法自性清淨故般若波羅蜜多亦清淨

佛告金剛手菩薩若人得聞此一切清淨法門般若波羅蜜多者是人即得銷除諸障謂煩惱障法障業障諸障道法悉皆銷滅設造地獄之業亦不復受所有苦惱於刹那須滅盡無餘速能至於菩提道場若人受持讀誦記念思惟是人現世得一切法平等三摩地得一切法自在獲一切愛樂適悅歷十六大菩薩生而成正覺

尒時世尊大毗盧遮那佛欲令宣說諸佛最上大乘三昧法金剛界等一切曼拏羅最上之法一切有情最勝法盡無盡調伏法一切義成就法金剛手大三昧法無量秘密衆妙法如是等法是般若波羅蜜多清淨法門

尒時大毗盧遮那佛先現微笑左作高舉勢戲擲金剛杵復以金剛杵作鉤召勢安於本心說大樂不空金剛本心眞理三昧明曰

吽引

說此明時所有三界一切佛刹一切如來及諸菩薩悉皆悅樂鉤召入大毗盧遮那佛大曼拏羅中住佛三昧皆悉敬愛所有一切成就法皆令成就

尒時世尊大毗盧遮那佛結大樂金剛印已即入一切如來秘密金剛三摩地從定出已告金剛手菩薩言汝今宣說曼拏羅法是時金剛手菩薩受佛言已即入大秘密金剛三昧出生曼拏羅安想智印三摩地從定出已說大三昧眞實之理金剛安想大曼拏羅法即說頌曰

我今依佛言　略說曼拏羅　三昧眞實理
金剛安想法　四方與四隅　寶裝四門樓
尾提幟盛光　曼拏羅周圍　四隅門左右
安置半月相　種種寶嚴飾　懸鈴珠瓔珞
寶蓋及幢幡　明鏡衆花鬘　安外曼拏羅
內置八輻輪　分列八尊位　中位金剛手
是名金剛輪　於此曼拏羅　依法安尊像
月色及月相　幟盛光普照　手持金剛杵
而現高舉勢　處於蓮華座　周帀金剛圍
幟盛光焰照　持本尊心明　想起曼拏羅
乃至諸賢聖　亦持本心明　依金剛出生
寶像及畫像　安本尊周帀　先於中尊前
安金剛薩埵　身相紅白色　頂戴諸佛冠
手執金剛杵　現大鉤召勢　於右邊安置
枳里枳羅尊　身色如大日　衆寶嚴身相
於後復安置　念金剛大尊　其身青白色
手持摩竭幢　於左邊安置　金剛拳大尊
身如紫金色　二手金剛拳　四隅安四尊
執持花幖幟　蓮鉢與佛頂　外曼拏羅隅
安祢嚩建拏　四門各中間　或像或幖幟
內曼拏羅位　安金剛手等　盡彼金剛輪
徧滿佛世尊　復外曼拏羅　安欲界天衆
前置三界主　謂釋梵自在　依如是等儀

作曼拏羅法

復說入曼拏羅儀軌當依法選擇是大金剛阿闍梨入于道場夫阿闍梨者須善一切曼拏羅儀知一切三昧法於諸法相善能了知於諸軌儀悉能成就常自安想金剛手尊備受一切灌頂法通達一切智了種種供養事善知世出世間曼拏羅法已成諸密印結印皆成就設誤有過常在三昧所作現前不經師受而自了知一切供養如上諸相今略說之

若金剛阿闍梨心所願求最上成就法現世皆得乃至菩薩及一切智智皆能成就所以者何是大阿闍梨觀想金剛手尊常在本心復從於心鉤召入曼拏羅安住三昧歡喜悅樂自圓滿已召入曼拏羅現身愛敬所作皆成時阿闍梨結金剛印已作金剛觀視常持誦心明作大曼拏羅成就法後結金剛嬉戲印持誦心明作頂礼相阿闍梨先須潔淨著紅色衣種種莊嚴作金剛合掌金剛舞勢手持香花安心入曼拏羅中又復作嬉戲

相持誦心明然後以金剛視瞻仰於金剛手數座而坐依法求金剛手成就是時金剛手作大歡喜而現嵩相眉間微動身徧紅色面門出大光明復現種種神通現神通已方現本身施最上成就從是已後日日得一切法成就是人若坐若行諸天不能見不受諸禁制具足諸成就獲一切富樂通達無上智如是等事是金剛手皆令成就然後自作供養作供養已以金剛灌頂法自受灌頂次當觀想求請金剛手菩薩金剛杵既求請已金剛手菩薩即現本身親授與之是阿闍梨持此金剛杵求諸最上成就於一刹那中皆悉獲得若自持金剛杵持誦作最上成就者經其六月方得成就然後亦受如前金剛灌頂即作供養隨意所求當依此儀應如是常持此大曼拏羅成就法

又復宣說弟子入曼拏羅儀金剛智阿闍梨先須結妙樂金剛三昧印引弟子入曼拏羅而作禮敬有所願求應當思念求金剛手成就法當結大

印而作成就見其祥瑞諸成就法皆令得成如是弟子入曼拏羅已所得成就與阿闍梨等無有異然後如前持金剛杵是名金剛弟子當得受印法諸佛三昧法入諸賢聖法是時持以種種供養出生諸天食等入曼拏羅中如是隨力而獻供養及獻戲鬘歌舞依法晝夜絕於睡眠志心專注求法成就起平等心發大誓願普為一切衆生令證菩提

又復宣說金剛手成就法行人當從十五日起首於金剛手菩薩前結妙樂金剛印隨意結界以金剛語持誦一月而得精熟從是已後所作成就法皆得成就如金剛手眞實之語時行人依法造幔像如曼拏羅儀當晝金剛手菩薩及八大菩薩行人於幔像前從十五日起首先結大印持誦精熟滿十五晝夜不解其印持誦相續心心不斷至明旦時金剛手菩薩現其本身作大笑容身如月色住行人前施所求願

復說成就法當於幔內畫佛世尊及

金剛手菩薩與八大菩薩周匝復畫諸佛如來還依前法持誦即得一切成就

又復幔內以妙香畫金剛手菩薩行人於幔像前結印持誦一洛叉數得數滿已行人即成金剛薩埵

又復如前儀或唯畫佛世尊持誦即得佛成就

又復行人入曼拏羅持誦中間一切意願悉皆成就

又復行人依法持誦本心明天人皆愛敬持誦數滿一洛叉已身得擁護加持白芥子與他作擁護法加持金剛杵而作旋轉即一切人皆得擁護

又法作觀想如前曼拏羅想法結印現金剛視亦用芥子令一切魔衆皆被禁縛

若不出息持誦者諸魔迷亂皆悉制伏

若依金剛堅固法持誦者皆令鉤召

若閉目持誦一切魔衆自然除滅

若結金剛鏁印持誦一切魔衆皆悉印之

若結金剛拏吉你印持誦鉤召諸魔

之心

若速疾持誦魔衆皆怖畏

若結金剛陪囉嚩印持誦即得一切義成

若欲求大財寶者當結金剛瑜儗你印

若欲一切有情皆適悅者當作微妙音聲持誦即一切有情皆得適悅

若求十方諸佛如來作忻樂愛敬者當結金剛箭印持誦心明

若欲親愛堅固者當作堅固拳安本心持誦

若欲解諸恚怒者當作高舉勢結印持誦

若欲有情悅意者當作金剛拳安心持誦

若欲去除昏闇者當面東以金剛輪旋轉

若欲身安樂者當加持已身

若欲現諸色像者當結金剛色相印

若欲聞諸聲音者當加持金剛琴

若欲聞諸妙香者當想於香加持

若欲了最上味者當加持金剛杵

若欲作入寤法者當用加持二手或

撫掌或彈指
若欲解除諸執曜者當結金剛沒訥
譏囉印
若欲令諸星曜作執持者當於頻那
夜迦天像前作忿怒相高聲持誦
若欲解諸虐病者當現金剛視
若欲解諸毒者當用孔雀拂
若欲解諸毒藥者當用甘露印
若欲滅除諸惡魔者當現忿怒勢持
誦相續不令間斷
若欲解除諸鬼魅者當用金剛戲擲
印
若欲破諸邪印者當作忿怒勢
若欲召集一切拏吉你者當用金剛
羯播譏印
若欲破毋鬼及旻拏羅諸邪三昧呪
法者當用金剛忿怒明王足下之塵
若欲使諸鬼神作僕從者當於神祠
中現大忿怒相持誦
若欲降諸魔軍者當作金剛大忿怒
相復現大笑相
若欲破他軍者當加持金剛杵擲之
若欲入軍陣求勝者當用金剛計覩印

若欲作禁縛者當用加持衣服繫之
若要解除當稱其名
若欲破吠多拏鬼城者當用金剛眸
惹韈印
若欲解諸枷鏁者當用金剛卜鶏娑印
若欲出生火者當加持金剛日精寶
若欲枯涸處令出水者當加持金剛
月精寶
若欲求種種飲食衣服等者當觀視
虛空持誦一洛叉數
若欲見諸佛如來徧虛空者當須憶
念諸佛一心持誦
若欲空中現文字相見三世事者當
書阿字持誦一洛叉即見三世之事眼
得見巳意法所知亦復如是若持一
洛叉加持於眼即能覩於三世色像
若加持於耳即聞三世之聲若加持
於鼻即能分別三世之香若加持於
舌即善說三世之事若加持於意即
能了別眞實妙理
若欲成就諸佛像及見希有事者當
加持一洛叉數
若欲見幻化事者當用孔雀拂

若欲求一切受用之具者當往大自
在天祠中持誦一洛叉數
若欲見諸聖迹處者當用降三界之
印
若欲成就一切法者當用金剛智印
若欲見五通仙者當用金剛定印
若欲自身成就佛菩薩果位及四威
儀中現種種事者當用金剛戲通印
若欲覺悟諸天者當用金剛力印
若欲降諸龍者當往龍潭中持誦
若欲令諸夜叉為僕從者當用金剛
言印
若欲令諸部多調伏者當以足蹋大
自在天像現大忿怒勢持誦心明
若欲止雷雹者當用金剛他嚩拏印
若欲息除災火者當用顰眉菩薩印
若欲降雨者當往龍潭中持誦
若欲止雨者當用菱花於水中作護
摩
若欲起風雲者當畫龍形以香熏之
若欲求晴者當用金剛虛空佛眼印
若欲令枯涸處出泉水者當用究竟
金剛龍印

若欲出現伏藏者當用金剛𢷤䪁茗
印
若欲求諸伏藏者當用金剛義印
若欲成就一切曼拏羅者當用金剛
輪印
若欲成就諸印法者當用大樂金剛
三昧印
若欲成就諸三昧法者當用妙樂金
剛印
若欲成就諸持明天者當用金剛印
若欲成就金剛部菩薩者當用最上
根本金剛印
若欲成就諸菩薩者當用金剛心印
若欲成就金剛菩薩者當用金剛大
印
若欲求成就諸佛者當用金剛智拳
印
如上諸法皆須以心明加持
一切如來眞實理金剛三昧儀軌分第二
介時大毗盧遮那佛復自說此般若
波羅蜜多教諸佛菩提法門所謂金
剛平等菩提故是即菩提金剛堅固
義平等菩提故是即菩提第一義平

等菩提故是即菩提自性清淨諸法
平等菩提故是即菩提諸法無分別
亦復如是此四法門若人聽聞受持
讀誦所有諸障皆悉銷滅乃至道場
證得阿耨多羅三藐三菩提是時世
尊大毗盧遮那佛說此眞理法門已
復作智拳現大笑容說諸法平等心
明曰
阿引
說此心明中間所有諸佛如來悉皆
雲集圍繞大毗盧遮那佛依金剛薩
埵曼拏羅位次第而坐復有八大菩
薩在外曼拏羅八方而坐現大笑容
介時大毗盧遮那佛入一切如來曼
拏羅安想三摩地從定出已即說諸
佛如來金剛眞實理大曼拏羅法依
前金剛薩埵曼拏羅儀當作外曼拏
羅於此曼拏羅內畫金剛輪於其輪
內畫衆色蓮於彼蓮上安佛世尊於
世尊周圍復安八佛各坐日輪持金
剛杵又復外曼拏羅四方四隅依法
安置八大菩薩於其四門各安閼伽
瓶其瓶須依法選擇滿盛香水以妙

花菓挿於瓶內及以五寶五穀五藥
等安於瓶中以上色繒帛蓋覆瓶上
然後結諸佛金剛印獻於諸佛已方
以其瓶置於四門時阿闍梨依法觀
想已身同諸佛之身自謂我成金剛
阿闍梨從是已後於諸佛教中得一
切成就銷除諸障然後令其弟子入
曼拏羅依法以金剛杵灌頂五處是
名金剛灌頂即說此三昧誓頌曰
汝受灌頂已　當普爲衆生　增長諸佛法
住於平等心
然後隨其根性與四種幖幟當依法
而作如是說此三昧曼拏羅已復說
成就幀像法於其幀內畫大毗盧遮
那佛光明照曜二手結諸佛智拳印
餘佛菩薩皆依前曼拏羅儀畫然後
於此幀前隨意作成就法悉得最上
成就
又說幀像法於其幀內唯畫大毗盧
遮那佛於此幀前隨意持誦然後以
二手結智拳印晝夜持誦即得般若
波羅蜜多成就證菩薩位轉生即成
正等正覺如上皆爲已成就曼拏羅

者作如是說若爲未成就曼拏羅者今復說之

若欲求受佛供養者當施一切樂

若欲如菩薩受供養者當以妙花供養三寶幷須持誦心明

若欲求一切衆生作供養者當以慈心持誦

若欲攝一切法者當持誦般若波羅蜜多四句之偈

若欲降魔者當以堅固定心持誦

若欲求諸佛灌頂者當捨已身莊嚴之具

若欲具足諸法者當用金剛蓮觀視印

若欲求諸佛羯磨成就法者當用諸金剛羯磨印

若欲求成就諸佛者當用金剛智拳大印

如上諸法皆須持誦心明

佛說最上根本大樂金剛不空三昧大教王經卷第一

乙巳歲高麗國大藏都監奉勑雕造

[illegible]

佛說最上根本大樂金剛不空三昧大教王經卷第一

校勘記

一　底本，麗藏本。

一　九五〇頁上一行前，石、南、徑、清有繼作聖教序文；磧有大宋新譯三藏聖教序文及繼作聖教序文。序文內容參見前卷佛說護國經。

一　九五〇頁上三行譯者，徑、清作「宋西天三藏朝奉大夫試光祿卿明教大師法賢奉詔譯」。

一　九五〇頁上八行「徧滿」，普作「偏漏」。

一　九五〇頁中二〇行第五字「於」，徑無。

一　九五一頁上一三行第一二字「戴」，徑作「帶」。

一　九五一頁上一四行第七字「大」，磧、普、南、徑、清作「入」。

一　九五二頁上六行第一一字「等」，普作「寺」。

一　九五二頁上八行「志心」，磧、南、徑、清作「至心」。

一　九五三頁上六行「虐病」，徑作「瘧病」。

一　九五四頁下二一行「晝夜」，南、徑、清作「畫夜」。

佛說最上根本大樂金剛不空三昧大教　毅
王經卷第二
西天譯經三藏朝奉大夫試光祿卿明教大師臣法賢奉　詔譯
降伏三界金剛三昧大儀軌分第三
尒時釋迦牟尼佛說一切法平等最勝攝般若波羅蜜多法門謂貪無性故瞋亦無性瞋無性故癡亦無性癡無性故諸法亦無性諸法無性故般若波羅蜜多亦無性若人於如是般若波羅蜜多法門聽聞受持讀誦記念者是人設造殺害三界一切衆生所有之業亦不復受不墮諸惡趣速證阿耨多羅三藐三菩提

尒時金剛手菩薩聞佛說此眞實理法門已即現顰眉利牙喜怒之相於蓮花上立如張弩勢結降三界印而說心明曰

吽引

說此心明時三界諸天主及三界主乃至大自在天悉皆鉤召入於曼拏羅中以調伏法皆令調伏與作安慰令住三昧復現大忿怒相於是大自

在天及三界天主并諸眷屬見金剛手菩薩作大忿怒相降伏三界皆悉驚怖發聲告言金剛手菩薩救護我等我等歸依於佛受佛聖旨安住三昧所有諸摩怛哩等見菩薩現忿怒相皆大驚怖苦惱迷悶彼耶明耶印咸皆破壞乃至宿曜執持及諸病苦一切毒藥皆令銷除是時諸摩怛哩等亦發聲告言金剛手菩薩救護我等從今已後歸依於佛願賜加被

尒時金剛手菩薩現微笑相引諸天等入曼拏羅令住三昧以寶部法授與灌頂復以金剛部法授其灌頂令盡衆生界作大饒益事安外金剛部中是時金剛手菩薩化一明王作忿怒降三界相具種種莊嚴作大威猛利牙齩唇鬚髮赤竪執金剛杵鉤劒刀杖絹哩迦等是大明王依金剛手曼拏羅儀法而住彼諸天等安置於外曼拏羅此曼拏羅外安諸宿曜

尒時金剛手菩薩即入一切如來大悲方便金剛三摩地從定出已說此降三界最勝安想金剛大曼拏羅儀法頌

我今略說此　最勝曼拏羅　名降伏三界
能調難調者　依前說法儀　畫外曼拏羅
而於內輪中　分列八尊位　中安忿怒尊
身如青蓮色　具種種莊嚴　嚬眉出利牙
作忿怒微笑　立如張弩勢　是降三界祕
而於兩足下　左蹋自在天　右蹋於天后
熾盛光普照　內畫八幅輪　光明普照耀
依前外壇儀　畫外曼拏羅　四門各安置
大忿怒之相　弓箭與劍輪　是為四標幟
於外曼拏羅　安諸雁標幟　種種上味食
滿鉢為出生　安置青色鈴　并眾色幢幡
是時阿闍梨　當著青色衣　而現忿怒相
即結三昧印　入於曼拏羅　阿闍梨當須
依法作佛事　從是日已後　諸天不能見
能成壞一切　得其諸最勝　所有成就法
皆令得成就　是時引弟子　入於曼拏羅
當結金剛印　授金剛灌頂　即授金剛杵
而施與誓願　此金剛手杵　能調難調者
汝當常受持　成就最上法　施其誓願已
出於曼拏羅

說是頌已復說幡像法當依金剛曼拏羅儀畫金剛忿怒尊及畫大菩薩

諸天與摩但哩眾等是為最上成就幡像法然後於幡前依法供養敷座而坐結根本印持誦百千徧如是持誦所有世間出世間一切之法皆悉成就設復於法未得精熟但常持誦者是人能作敬愛鉤召入宿禁縛解除等種種之法復說諸成就法若欲破壞諸惡者當依金剛忿怒明王法

若欲破諸邪印者當現忿怒顧視而持誦之

若欲滅壞諸魔者當持金剛杵現大忿怒相持誦

若欲作禁制者當現忿怒相持誦復以金剛杵打其方位

若欲作諸離散者當依微妙金剛尾提鞠尊法

若欲鉤召諸惡宿曜者當現忿怒調伏相旋轉金剛杵

若欲令他憎恚者當以鐵末作護摩法

若欲發遣諸藥剎者當依大笑尊法持誦

若欲降諸龍者當以金剛杵打於地

面持誦

若欲調伏諸天者當依金剛你波多尊法持誦

若欲鉤召諸天及降伏破壞者當依降三界尊法持誦

若欲求毗沙門天王成就法者當以手按毗沙門天像而作忿怒相持誦

若欲求增長天王成就法者當依金剛補嚕沙法持誦

若欲成就欲天者當於欲天像前作忿怒相持誦

若欲成就大梵天者當用妙樂金剛印

若欲成就那羅延天者當用金剛輪鏁印

若欲成就大自在天者當用金剛戍羅鏁印

若欲成就諸魔怛哩眾者當依金剛眾囉剎法

若欲破壞諸外道邪壇呪法等者當依金剛大忿怒畔惹那尊法

若欲摧折一切山林乃至天祠者當現忿怒明王而顧視之若欲令復如

故者當依金剛忿怒明王法
若欲壞滅諸魔者當依金剛忿怒明王拳法
若欲令生諸怖畏者當依金剛忿怒明王法現大惡相
若欲壞滅他軍者當依金剛忿怒藥剎法
若欲破散他軍者當依金剛忿怒囉剎法
若欲破壞諸天者當用釘諸天像若成就天主者亦依此法
若欲令三界驚怖者當用金剛鉢囉羅印
若欲三界中勝者當依金剛忿怒明王法
若欲令三界作入㝯禁縛敬愛者當用金剛忿怒明王印
若欲令三界作鉤召敬愛成就者當依大樂金剛忿怒明王法

清淨諸煩惱三昧大儀軌分第四

尒時世尊釋迦牟尼佛復說一切法平等觀自在智印般若波羅蜜多法門謂煩惱清淨故諸垢亦清淨一切

垢清淨故一切罪亦清淨諸法清淨故一切眾生亦清淨一切智清淨故般若波羅蜜多亦清淨若人於此清淨法門受持讀誦記念思惟是人雖常處貪慾法中離諸煩惱譬如清淨蓮花不染諸垢當速得證阿耨多羅三藐三菩提

尒時觀自在菩薩聞釋迦牟尼佛說世眞實理清淨法門已即現微笑說此觀照諸法無染一切清淨法門眾色蓮花心明曰

紇哩引二合

說此心明時出現一切如來皆如觀自在相手持蓮花咸作觀自在菩薩本曼拏羅儀安住是時觀自在菩薩即入觀照諸法智自在印三摩地從定出已說此調伏一切世間曼拏羅法若人作此大曼拏羅成就法者當於外曼拏羅中畫內曼拏羅四方四隅列八尊位依法具足於其中間畫紅色蓮花其花八葉於其花上畫觀自在菩薩於菩薩前畫大蓮色天如天魔相其色紅赤手持蓮花俱穌摩花并

持弓箭右側畫大蓮忿怒自在天色相如大自在天於其後西畫大蓮黑天如那羅延天色相於左側畫大蓮娑婆主如梵天王色相東南隅畫大蓮持世天如持世天色相西南隅畫大蓮水天如大海龍王色相西北隅畫大蓮日天如大日天色相東北隅畫大蓮風天如風天色相又復外曼拏羅四隅畫四天像謂紇哩二合室哩二合嚩引提引如是諸天皆以左手持蓮花右手持本標幟於其四門各安標幟一者悉帝哩尾屹囉賀二者薩哩嚩尾屹囉賀三者鮮葛囉尾屹囉賀四者鉢訥摩尾屹囉賀如是畫曼拏羅已阿闍梨當令弟子著白衣以淨帛覆面即持妙花而結蓮花印引入於曼拏羅中令其弟子當至心鄭重以花散擲花所墮處即是本尊得本尊已依蓮花部灌頂之法當作灌頂然後誡其弟子曰汝觀諸法當如蓮花諸染煩惱清淨如此即說伽陁曰

譬如妙色蓮　處泥常清淨　貪瞋癡本性

無染亦如是　所有一切法　應知具觀察
諸法本清淨　當滅諸煩惱　常在諸三昧
成佛一切智　證如是法已　是名觀自在

說是伽陁已又復告言從是已後汝身清淨所求成就皆隨意願乃至成佛如是弟子欲成就智曼拏羅者亦依憍像法皆得成就

復說未精熟求成就法者若欲令悅樂一切人者當加持蓮花八千徧

若欲滅敵諸惡者當用大忿怒王蓮花印

若欲令魔魅迷亂者當用大蓮花嚩囉賀印

若欲淨諸煩惱者當用大蓮花觀想印

若欲降雨者當畫龍形行人坐其龍上持誦一洛叉數

若欲去除冥暗者當用大蓮花日光印

若欲起風及止息者當用蓮花摩嚕多印

一切寶灌頂大三昧儀軌分第五

尒時世尊釋迦牟尼佛復說一切如

來灌頂出生智藏般若波羅蜜多教

若施灌頂者獲證三界法王位若施珍財者獲滿一切願若施妙法者得諸法平等若施飲膳者得一切身口意快樂

尒時虛空藏菩薩聞佛說此眞理法門已現大笑容於自頂上結寶金剛灌頂鬘印結是印已說此一切灌頂三昧寶心明曰

怛嚩覽(二合引)

說此心明時出現一切灌頂義句等相如是出已依寶部曼拏羅儀現於菩薩像各處本位

尒時虛空藏菩薩入一切灌頂寶金剛三摩地從定出已說圓滿一切願大摩尼寶三昧大曼拏羅若人成就此曼拏羅者當依外曼拏羅法畫內曼拏羅於其中間畫八角寶柱如八曼拏羅相寶鬘爲嚴飾寶金剛作圍置種種莊嚴幢幡傘蓋等然後於曼拏羅中畫虛空藏菩薩乘車駕馬現大笑容身深紅色二手結灌頂印於菩薩前安諸如來及寶灌頂菩薩頂

戴寶冠右側安持諸寶藏菩薩於後面復安持法寶藏菩薩左側安持諸飲膳菩薩於其四隅安供養菩薩寶蓋幢幡種種妙樂等於外曼拏羅四門四隅依法安置閼伽瓶及灌頂摽幟供養等如是畫曼拏羅已阿闍梨當結寶印依法引弟子入曼拏羅以寶灌頂法授與灌頂及印相摽幟等從是已後所求成就皆得圓滿如上所說引弟子入曼拏羅法儀其寶金剛部中所作成就法亦應如是若未精熟法欲受諸灌頂者當授寶金剛灌頂印

若欲圓滿意願者當於日出時持誦

若欲了諸法義智者當觀諸法清淨皆如虛空而持誦之

若欲求種種上味者當想本身如虛空日誦千徧

若欲圓滿大願者當執寶蓋持誦百千徧

若欲求最勝者當用寶幢金剛印

若欲求大名稱者日常持誦

一切拳印三昧大儀軌分第六

尒時釋迦牟尼佛得諸佛智印持諸
佛智拳是諸佛究竟者復說一切如
來智印安想金剛般若波羅蜜多教
謂攝一切如來身印故即是一切如
來身攝一切如來語印故即得一切
法自在攝一切如來心印故即得一
切三摩地攝一切如來金剛印故即
得金剛三業最上成就
若人於此法門聽聞受持記念思惟
及為他宣說者是人得成就一切法
通達一切智圓滿一切事乃至金剛
三業得最上成就速證阿耨多羅三
藐三菩提
尒時金剛拳菩薩聞佛說此攝大三
時金剛印真實法已即現歡喜相即
說一切堅固金剛印成就三昧心明
曰
惡
說此心明時一切如來及諸衆會化
如金剛薩埵皆結金剛薩埵印以諸
佛如來最上成就印印之依金剛拳
菩薩金剛三業及大印三昧等依此
曼拏羅安住尒時金剛拳菩薩入一

切如來智印三摩地從定出已說此
一切印金剛三昧大曼拏羅法若人
建此曼拏羅者依前曼拏羅儀法畫
外曼拏羅於此中間畫八輻輪於其輪
中分列八位於中位安金剛拳菩薩
現歡喜相結三昧拳印於此菩薩前
安最上金剛身菩薩手持金剛杵於
金剛拳菩薩右安金剛舌菩薩於金
剛拳菩薩後面安金剛定菩薩手持
金剛杵於金剛拳菩薩左安最上金
剛菩薩持金剛杵復於曼拏羅東南
隅安印拳菩薩西南隅安義拳菩薩
西北隅安智拳菩薩東北隅安羯磨
拳菩薩如是菩薩皆結本印及持自
摽幟復於四門安金剛香等四菩薩
如是畫曼拏羅已設復有人未成就
此法者入此中已得具一切印成就
阿闍梨從是已後決定得一切法成
就速證阿耨多羅三藐三菩提若阿
闍梨當傳授弟子者即結金剛拳印
引弟子入曼拏羅中以金剛灌頂法
當授灌頂授灌頂已為說伽陀曰
金剛身口意　當觀如影像　諸印亦如是

此名三昧誓
如上所說弟子入曼拏羅儀所有此
部印相及成就曼拏羅法皆亦如是
復為未精熟者說成就法若欲成就
諸印相者當結金剛拳安心持誦
又復欲成一切印者當結大金剛拳
印
若欲得一切衆生愛敬者當結金剛
大樂拳印
若欲降諸衆生者當結金剛大拳印
若欲成就一切三昧者當結金剛吒
枳印
若欲禁縛諸惡者當結金剛縛印
若欲禁縛一切者當結金剛索印
若欲令昝婆那者當結金剛鏁波拳
印
若欲令卑拏那者當結金剛縛拳印
若欲滅壞諸惡者當結金剛忿拏拳
印
若欲踐乂那者當結金剛藥剎拳印
若欲破壞諸魔者當結金剛嚩卑拏
那拳印
若欲開通一切者當用金剛鑠拳印

若欲令一切入窟者當結金剛阿吠
舍拳印
若欲令作繫哩多者當結金剛繫哩
多拳印
若欲令一切語言者當結金剛語拳
印
若欲禁伏一切者當結金剛定拳印
若欲令他軍毋枳羯囉那者當結大
金剛語拳印
若欲解諸邪印者當結金剛解脫拳
印
若欲解諸拏吉你印者當結降三界
金剛拳印
若欲破諸惡印者亦結降三界金剛
拳印
若欲禁制諸印者當結金剛徹提拳
印
若欲令一切印堅固如金剛者當結金
剛拳印
若欲令印一切者當結金剛摩怛哩
拳印
若欲摧破諸魔者當結妙金剛拳印
若欲破諸惡者當結大惡忿怒金剛

拳印
若欲入水行住者當結金剛禁拳印
若欲現種種色像者當結衆羯磨金
剛拳印
若欲求隱身法者當結不可見金剛
拳印
若欲成一切行住所作事者當結虛
空金剛拳印
若欲騰空自在者當結金剛縛拳印
若欲成就持明天者當結金剛劍拳
印
若欲成就諸如來供養者當結金剛
羯磨拳印
若欲通達一切智者當結金剛智拳
印
若欲成一切義者當結金剛義拳印
若欲求成一切印主者當結金剛拳
印
若欲成就一切事者當結諸金剛拳
印
若欲成就一切曼拏羅者當結金剛
手拳印
若欲令說三世事者當結金剛舌拳

印
若欲成就金剛手者當結金剛高舉
印
若欲求成就佛者當結諸佛金剛拳
印

金剛字輪三昧大儀軌分第七

尒時釋迦牟尼佛復說諸法無性轉
字輪般若波羅蜜多教所謂諸法空
無自性故諸法無相以無相故生一切
法諸法無願故從無願生一切法諸
法自性清淨故般若波羅蜜多清淨
尒時妙吉祥菩薩聞佛說此眞理法
門已即現笑容以智慧劍表示諸佛
說此最上般若波羅蜜多心明曰
阿
說此心明時一切如來皆悉雲集依
前曼拏羅儀安住尒時妙吉祥菩薩
入一切法自性無性劍三摩地從定
出已說轉字輪三昧曼拏羅法若建
此曼拏羅者當於外曼拏羅中依法
畫八輻輪於此輪圍中次第書心明
後四方四隅分列八位於其中位安妙
吉祥菩薩如童子相身色瑩淨猶如

虛空有其四臂以智惠劒作表示法
光明普照於菩薩外安諸佛如來四
隅依法安四般若波羅蜜多經四門
安四標幟謂劒爍吉帝寶鉢經然後
阿闍梨結劒印或經印依法引弟子
入曼拏羅中授與智劒而作灌頂作
灌頂已為說法菩頌曰

汝當受智劒　等般若真理　觀佛如虛空
所表示速成　護持於佛法　廣度諸衆生
以劒斷業障　令永盡無餘

說此頌已又復告言由是妙法令汝
成就般若波羅蜜多速證阿耨多羅
三藐三菩提
若欲成就法曼拏羅者亦如前儀
復說成就法若欲證空三摩地者當
觀諸法如虛空故
若欲證無相三摩地者當觀諸法皆
無相故
若欲證無願三摩地者當觀諸法皆
無願故
若欲證自性清淨智法者當觀想般
若波羅蜜多理趣故
若欲斷一切煩惱者當觀想正法故

若欲得一切文字真實智者當觀想
無性法故
若欲於一切處不著文字觀法身者
當依摩字等自性觀想於空故
若欲證諸佛菩提者當結金剛劒印

一切曼拏羅金剛輪三昧大儀軌分第八

尒時釋迦牟尼佛復說攝一切如來
輪入大輪中般若波羅蜜多教所謂
入金剛平等故是即入一切如來輪
入義平等故是即入大菩薩輪入法
平等故是即入妙法輪入一切平等
故是即入一切輪
尒時同心生轉法輪菩薩摩訶薩聞
佛說此真理法門已即現笑容而說
轉金剛輪入一切金剛三昧心明曰
吽引
說此心明時所有一切如來及三界
一切有情皆悉雲集曼拏羅中復
從菩薩心出生一切曼拏羅三昧是
時諸佛菩薩依法安住
尒時同心生轉法輪菩薩入一切輪
印三摩地從定出已說此入一切三
昧輪大曼拏羅法建是曼拏羅者

當於外曼拏羅中畫金剛輪於其輪
中畫同心生轉法輪菩薩所有諸佛
如來及金剛手等諸菩薩衆亦依前
曼拏羅儀畫其曼拏羅四隅畫金剛
部四大菩薩謂金剛薩埵菩薩金剛
忿怒明王菩薩觀自在菩薩虛空藏
菩薩於四門畫四標幟如是畫曼拏
羅已然後阿闍梨依法結金剛輪印
引弟子入曼拏羅授以金剛輪令受
灌頂傳與四種曼拏羅及本部所有
三昧等法弟子儀法既尒金剛輪曼
拏羅所作成就亦應如是
復說成就法欲入一切曼拏羅者當
結金剛輪印安於面門
若欲入大曼拏羅者當結大輪印
若欲入諸印曼拏羅者當結一切如
來金剛印
若欲入三昧曼拏羅者當結大三昧
輪印
若欲入羯磨曼拏羅者當結諸金剛
輪印
又復作敬愛法降伏法印法破壞法
入一切處法供養法調伏諸惡法等

皆結八大菩薩印或結輪印

衆金剛三昧大儀軌分第九

尒時釋迦牟尼佛復說最上供養般若波羅蜜多教所謂發生菩提心故是即一切如來廣大供養救度一切衆生界故是即一切如來廣大供養攝一切法故是即一切如來廣大供養若人於般若波羅蜜多教書持讀誦記念思惟者是即一切如來廣大供養

尒時識識那㘑惹菩薩聞佛說此真實法門已即現微笑說此一切羯磨不空三昧心明曰

唵引

說此心明時所有一切供養徧滿虛空界復從空中化菩薩相還於識識那㘑惹菩薩前依曼拏羅而住

尒時識識那㘑惹菩薩入一切供養安想三摩地從定出已即說最上羯磨金剛不空三昧曼拏羅作是法者當於外曼拏羅中間畫八角寶柱於此中間畫識識那㘑惹菩薩身如月色現微笑容手持器仗

又復依法畫諸菩薩謂金剛手菩薩觀自在菩薩等八大菩薩各具本相印法具足復於四隅畫四供養菩薩四門畫四摽幟及種種寶具如是畫已阿闍梨當結羯磨金剛印依法引弟子入曼拏羅中以衆羯磨金剛灌頂法當授灌頂授灌頂已作四種供養一者身業礼拜二者語業稱讚真實妙理三者意業觀想法界之内皆成供養四者手結金剛印是名弟子入羯磨曼拏羅儀軌

復說成就法若欲以菩提心供養者當觀想心金剛故

若欲以三摩地供養者當觀想諸法清淨故

若欲以灌頂供養者當觀想衆羯磨金剛故

若欲以印供養者當觀想衆金剛故

若欲以虛空供養者當以阿字觀想故

若欲供養一切曼拏羅者當以衆金剛輪觀想故

若欲以一切具供養者當以衆金剛

觀想故

若欲調伏諸惡成供養者當現忿怒相加持以花擲之

金剛忿怒三昧大儀軌分第十

尒時釋迦牟尼佛能調難調者作大智拳印復說調伏一切有情藏般若波羅蜜多教所謂一切有情平等故是即忿怒平等一切有情調伏故是即忿怒調伏一切有情依法故是即忿怒依法一切有情自性堅固故是即忿怒自性堅固所以者何如是一切調伏是即菩提故

尒時降諸魔金剛藥剎菩薩聞佛說此調伏法門已即現笑容復現金剛藥剎相結金剛利牙印即說金剛忿怒大歡喜心明曰

郝

說此心明時所有諸惡皆悉調伏一切有情從菩薩心出依曼拏羅儀住

尒時金剛藥叉菩薩入一切方便調伏忿怒金剛三摩地從定出已說此調伏諸惡安想金剛藥剎曼拏羅法若成就此法者當依前外曼拏羅儀

盡曼拏羅於其中間以五色畫四方曼拏羅四門四隅畫八寶柱光焰熾盛於曼拏羅中依法畫金剛藥剎菩薩身大青色作大怖畏復大笑相利牙外出光明照耀於菩薩周匝畫金剛藥剎衆亦現大惡相及畫金剛部衆標幟復於外曼拏羅隅畫金剛利牙印於其四門各畫金剛標幟如是畫已阿闍梨結金剛利牙印或大笑印依法引弟子入曼拏羅當以金剛利牙灌頂法授其灌頂授灌頂已阿闍梨即作金剛藥剎勢以金剛杵打之即時金剛藥剎畫像作大笑聲若見此瑞相時阿闍梨定知得成金剛手菩薩大藥剎主阿闍梨即作成就法依法結印持誦獻種種供養及讀誦般若波羅蜜多教如是依法作供養已出於曼拏羅

復說成就法如金剛手菩薩曼拏羅儀所作成就法亦應如是

若欲調伏諸惡者當結金剛利牙印

若欲調伏一切有情者當作忿怒勢現大笑聲持誦心明

若欲印於一切者當結金剛拳印

若欲破壞諸惡者當作彼形加持已即能破壞

若欲破諸邪壇者當手持金剛杵入其壇中

若欲壞彼供養者當現忿怒勢持誦

若欲驚怖諸惡者當以陪囉嚩目顧視之

佛說最上根本大樂金剛不空三昧大教王經卷第二

佛說最上根本大樂金剛不空三昧大教王經卷第二

校勘記

一　底本，金藏廣勝寺本。

一　九五六頁中三行譯者，資、磧、普、南作「西天譯經三藏朝散大夫試光禄卿明教大師臣法賢奉詔譯」，以下各卷同；徑作「西天譯經三藏朝散大夫試光禄卿明教大師臣法賢奉詔譯」；清作「宋西天三藏朝散大夫試光禄卿明教大師法賢奉詔譯」。卷第三、卷第五、卷第六、卷第七同。

一　九五六頁下末行末字「頌」，諸本作「頌曰」。

一　九五七頁上五行末字「怨」，諸本作「相」。

一　九五七頁上七行第九字「幅」，清作「輻」。

一　九五七頁上九行「摽幟」，諸本作「幖幟」。下同。

一　九五七頁中四行「出世間」，徑無。

一　九五七頁下一〇行第九字「於」，石作「以」。

一　九五九頁上一二行第一三字「花」，資、磧、普、南、徑、清無。

一　九六〇頁上一五行首字「時」，諸本作「昧」。

一　九六〇頁中二〇行「傳授」，徑作「傳受」。

一　九六〇頁下一一行末字「吒」，徑作「叱」。

一　九六〇頁下一四行首字至末字「若……印」，徑無。

一　九六〇頁下一八行「忿拏」，磧、南、清作「忿怒」。

一　九六二頁上八行第三字「受」，清作「授」。

一　九六二頁中二二行首字「印」，資、磧、普、南、徑作「即」。

一　九六二頁下一八行「大三昧」，徑作「大昧」。

一　九六三頁下一八行第七字「有」，資、磧、普、南、徑、清作「有有」。

佛說最上根本大樂金剛不空三昧大教王經卷第三　　穀

西天譯經三藏朝奉大夫試光祿卿明教大師臣法賢奉　詔譯

一切樂三昧大儀軌分第十一

尒時釋迦牟尼佛復說一切法最上般若波羅蜜多教所謂一切行平等故是即般若波羅蜜多行平等一切義平等故是即般若波羅蜜多義平等一切法平等故是即般若波羅蜜多法平等成就一切事業故是即般若波羅蜜多事業成就
若波羅蜜多事業成就　多此一行

尒時金剛手菩薩聞佛說此真實法門已即入一切佛菩薩不空曼拏羅安想三摩地從定出已說此一切不空三昧心明曰

吽引

說此心明時所有一切如來諸曼拏羅法從心而出依於大三昧真實理大曼拏羅住是時金剛手菩薩頭面礼世尊足復說大三昧曼拏羅法儀若欲成就此法者當畫大曼拏羅內分別八位安降三界尊等諸菩薩如是畫已然後依法獻諸供養此名三昧曼拏羅法

金剛手菩薩又復宣說一切三昧金剛安想大曼拏羅儀法當畫外曼拏羅已於此中間畫金剛輪分列八位依法安諸尊像復於外曼拏羅四隅依法安金剛部諸菩薩四門各安本部標幟如是畫已然後依大三昧法獻種種供養

外金剛部儀軌分第十二

尒時釋迦牟尼佛復說安樂一切有情般若波羅蜜多教所謂一切有情如來藏故是即普賢菩薩一切有情金剛藏故是即金剛藏灌頂一切有情法藏故是即轉一切語輪一切有情事業藏故是即成一切事

尒時外金剛部衆聞佛說此真理法門已俱發大聲即說此金剛大自在心明曰

訥哩引二合

說此心明已復說曼拏羅法儀當依本法畫大曼拏羅四方四門四隅分量圓滿於其中間依法畫大自在天

外四方四隅畫八會主謂東方摩賀
哥囉南方難祢計說囉西方摩賀健
吒北方乃哩爹說囉東南隅曾捺囉
葛波羅西南隅賛尼說囉西北隅羯
播識播尼東北隅作割囉拏復於東
門畫難提說囉南門畫捫尼說囉
西門畫健吒葛囉拏北門畫摩賀摩
捺囉於此外畫諸部多衆如是畫曼
拏羅已阿闍梨當灌沐著新淨衣入
曼拏羅獻種種供養手持三叉持誦
心明然後依法引弟子入曼拏羅授
與三叉爲說三昧法頌曰

汝持此摽幟　當利益衆生　諸欲中自在
所作皆成就

說是頌已阿闍梨即以智印及出生
供養等法授其弟子從是已後弟子
當獲諸佛曼獲本部中一切成就得
大富貴獲諸適悅安隱快樂是時外
金剛部衆說此摩呬說囉天三叉曼
拏羅已復有諸摩怛哩衆各以頭面
礼釋迦牟尼佛足異口同音即說鉤
召一切成就三昧心明曰

毗蹹引二合

說此心明已復說曼拏羅法當畫四
方曼拏羅四門四隅依法列諸分位
於其中間畫摩賀哥羅主如作舞勢
於其像外四方四隅畫八摩怛哩所
謂東方勞捺哩手持三叉南方沒囉
吽弥手持數珠西方吠瑟拏尾手持
輪北方憍摩哩手持鈴東南隅哥哩
手持刀西南隅摩賀哥哩手持翎哩
西北隅薄义尼手持能瑟吒囉東北
隅囉刹細手持羯播識復於外曼拏
羅四隅畫四嚕捺囉拏吉你所謂東
南隅室嚩西南隅毗嚕尼西北隅賛
尼東北隅跋賜葛哩復於四門畫四
摽幟謂東門鉢訥摩波惹那南門過
悉帝商羯羅西門屹哩特囉北門尾
囉攞如是畫曼拏羅已阿闍梨當沐
浴香潔著新淨衣入曼拏羅依法獻
諸供養即結室嚩訥帝印持誦心明
時若聞毗蹹二合字大聲即是諸賢聖
皆已雲集阿闍梨即解前印復結摩
賀哥羅三昧印即令弟子手持妙花
淨帛覆面當引入曼拏羅中阿闍梨
近弟子前高呼毗蹹二合字之聲是

時弟子即生無言悟遂將花散擲花所
墮處即是本尊得本尊已除其覆面
之帛令徧觀視於曼拏羅即獻香花
而伸供養阿闍梨然後傳授與本尊
心明印相摽幟等法復爲說三昧誓
曰

當審諸衆生　勿妄傳心明　精進者成就
壞法者除滅　違是三昧者　須臾即破毀

說此頌已然後依法以飲食伎樂等
而獻供養如是法事畢已當出曼拏
羅是時諸摩怛哩衆說此一切成就
諸印曼拏羅已復有摩度迦囉衆即
於佛前頭面礼世尊足異口同聲說
自心明曰

莎

說此心明已復說曼拏羅法當畫外
曼拏羅四方四門於其中間復畫半
月相曼拏羅於此曼拏羅内畫摩度
迦囉三尊之像各現喜怒相身被甲
冑手持器仗復以種種莊嚴處師子
座光明熾盛於其四門畫四會主一
悉馱沒哩提二摩賀刹怛囉三賛拏
嚕沙屹囉四摩囉拏於四門外依法

安置鈴幢幡閼伽瓶等復置飲食香花伎樂種種供養如是安布已阿闍梨入於曼拏羅中依法獻諸供養禮拜復以梵音而伸讚曰

底哩(二合)路哥悉底哩(三合)婆嚩悉底哩野(四合)屹哩野(三合一句)悉底哩野(四合)播(引)野悉底哩野(四合引)摩呬悉底哩(三合)馱(引二句)作必都婆誐鑁悉馳(三句)薩哩嚩(二合)悉提數鞞(二合)爹舍(四句)

阿闍梨作是讚已依法引弟子入曼拏羅中授與三昧印法等即為說誓頌曰

越此三昧者　如殺父母罪　當墮惡趣中
無由得解脫　常近善知識　遠離諸惡者
精進求成就　勿妄傳心明

說此頌已弟子以飲食香花伎樂等而獻供養作供養畢從是已後所作成就是時摩度迦囉眾說此曼拏羅法已復有四賢聖異口同聲說自心明曰

薩鑁(二合引)

說此心明已復說曼拏羅成就法當畫曼拏羅圓滿如月輪分其四門列

於四位畫彼四賢聖東位囉帝其身紅色手持弓箭南位摩囉尼其身黑色手持利劍及契吒哥西位嚩囉(四)其身金色手持寶藏北位悉提迦尸其身白色手持拶沙迦及刀於其四門各畫摽幟如是畫已阿闍梨右手執鈴左手持羯磨誐入於曼拏羅持誦心明當獻飲食香花伎樂等種種供養即得所求成就獲如意事受諸供養感大富貴乃至所作敬愛成壞之法及取伏藏等皆悉獲得其弟子入曼拏羅儀法亦應如是

般若波羅蜜多教稱讚分第十三

尒時釋迦牟尼佛復說無量無邊不可盡如來眞實之義諸法平等金剛般若波羅蜜多教所謂般若波羅蜜多無量無邊故一切如來亦無量無邊般若波羅蜜多無量無邊故一切法自性堅固亦無量無邊般若波羅蜜多無二故諸法亦無二般若波羅蜜多究竟故一切事業亦究竟若人於此法門聽聞受持讀誦記念者是人所修諸佛菩薩行願未圓滿者即

得圓滿諸業障累滅盡無餘即證如來正等菩提是時釋迦牟尼佛說是法時一切如來皆悉雲集為欲顯發此正法不空願力作成就故咸皆稱讚金剛手菩薩而說頌曰

善哉金剛手　善哉大樂尊　善哉大乘理
善哉大智者　常住金剛界　能說此大教
諸佛眞實法　善調諸有情　最上大教王
若能受持者　諸天不能見　諸魔所稱讚
獲最上成就　乃至佛菩薩　如佛眞實語
不久咸成就

諸佛稱讚已金剛手菩薩即生大歡喜

金剛手菩薩最上祕密大曼拏羅儀軌分第十四

尒時世尊大毗盧遮那佛復說一切法無性大樂金剛不空三昧決定般若波羅蜜多教最上根本無性法門所謂最上大樂成就故是即諸菩薩最上大樂成就諸菩薩最上大樂成就故是即一切如來最上菩提成就一切如來最上菩提成就故是即諸菩薩摩訶薩降伏眾魔最上成就諸

菩薩摩訶薩降魔成就故是即三界主最上成就三界主最上成就故是即盡無盡衆生界清淨如是衆生界清淨故菩薩常處輪迴發大精進於無盡衆生界作大救護令得安樂最上成就是時世尊大毗盧遮那佛復說頌

菩薩無數劫　處在輪迴中　皆為利衆生
令證寂靜地　智惠方便力　發起真實智
了諸法清淨　諸有亦清淨　貪欲使調伏
所造業無性　彼既清淨故　三有自調伏
譬如妙色蓮　清淨性無染　智者亦如是
妄想不能染　貪欲清淨故　諸法亦清淨
諸佛真實智　具聖財富樂　為三界中主
堅固利衆生

尒時世尊說此頌已復告金剛手菩薩言若人聞此最上根本般若波羅蜜多正法已常於清旦時能讀誦受持思惟者是人即獲一切適悅快樂見世得大樂金剛三昧最上成就又復得一切如來金剛秘密最上成就乃至諸大菩薩法皆得成就亦復圓證此大樂金剛不空三昧根本一切

如來般若波羅蜜多法門

尒時金剛手菩薩聞佛說此真理法門已即現笑容作大自在相擲金剛杵如鉤召勢安于本心即說此大秘密最上成就大樂金剛不空三昧等一切儀軌及滅諸障法降伏諸魔法敬愛成就法最上成就大秘密法如是無性最上根本大教王是一切法中最勝無比大自在法是時金剛手菩薩復說頌曰

此大安樂天　是聖曼拏羅　安住若虛空
金剛寶常照　嚴淨而無垢　四方與四門
具四稱踰賀　尾提殊妙相　諸天等恭敬
微妙寶莊嚴　具足半月相　金剛普照耀
懸種種寶鈴　珠纓與明鏡　光照無窮盡
種種妙花鬘　幢幡并傘蓋　大樂金剛等
諸菩薩稱讚　是諸佛境界　金剛衆所居
號摩尼勝寶　於此寶宮中　大樂而安住
薩埵性清淨　是金剛大樂　即是普賢身
金剛手大主　常住三摩地　決定金剛性
如是衆方便　勤行菩薩道　為利衆生故
號金剛薩埵　亦名降魔主　亦名一切智
是金剛贊拏　亦名金剛手　亦名如來部

亦名金剛部　蓮華及寶部　大樂羯磨部
亦名諸解脫　了三時無礙　亦號三有尊
亦為勝三世　三界中最勝　一切處為最
具聖財堅固　心所願所行　諸作皆如是
從初大菩薩　施根本大樂　處妙蓮華上
跏趺坐三昧　即現勇猛勢　戲擲金剛杵
衆賢聖圍繞　成就大樂故　清淨諸煩惱
調伏有情界　一切法圓滿　最上尊三昧
諸佛所護持　印法清淨故　成金剛薩埵
行諸大方便　大福所增長　攝平等智印
最上大心明　是為大福聚　阿闍梨所行
亦復皆如是　所作諸成就　決定皆獲得
最上大樂法　金剛大秘密　堅固三昧法
能成一切事　一切義亦然　無初無後故
是名為根本　如心之所欲　隨諸境界生
皆受而不著　歸於勝義智　即諸佛境界
圓融法性故

尒時金剛手菩薩說是頌已即說自心明曰

吽引

說此心明時所有一切諸佛及諸菩薩摩訶薩諸明王等於剎那時皆悉雲集徧滿三界俱發聲言金剛手菩薩

云何世間得成就法是時金剛手菩
薩即說明曰
嚩日囉二合特哩二合俱句
此即世間得自成就善能成壞一切
事業說此明已又說頌曰
離欲調世間　未爲清淨法　云何清淨法
謂大欲大樂　是時諸如來　及諸明王等
聞菩薩語已　俱發聲告言　汝善設方便
菩提心爲主　是究竟清淨　真調伏之法
菩薩無數劫　常處輪迴中　爲利益衆生
令證寂靜地　若起諸分別　菩提是三有
菩薩饒益故　說金剛大樂　盡法界邊際
是大曼拏羅　初後而相應　以金剛三昧
依法作成就　由是諸如來　求成於大樂
諸欲清淨故　勸請金剛手　說大欲大樂
此大心明王　能成大妙樂　於是金剛手
復白諸如來　我今說大樂　金剛曼拏羅
阿闍梨先須　受三種三昧　然結金剛印
持金剛鈴杵　入其三摩地　安想曼拏羅
三種三昧印　當用作成就　一切成就中
最勝成就法　當振金剛鈴　警發諸賢聖
設或於儀軌　悞有所違缺　不生諸過咎
皆悉得圓滿　作是曼拏羅　依法得成就

以香花伎樂　隨意而供養　此最上根本
徧無量無邊　無上無與等　盡諸虛空界
悉化微妙字　前後際究竟　諸佛所出生
不增亦不減　一切平等故　無中亦無邊
離相如虛空　離中邊相已　是爲作成就
建想曼拏羅　盡法界爲量　法線作絣界
内生衆色蓮　四方與四門　寶莊四樓閣
具四祢踰賀　尾提殊妙相　四隅并四門
四祢踰賀側　安置半月相　及安種種寶
四方表四智　四門四念處　樓閣四禪定
尾提爲定門　金剛柱攝持　所有衆寶飾
表圓滿諸願　羯磨杵表示　諸佛之律儀
寶鈴幢幡蓋　爲諸妙法藏　明鏡大圓智
妙花七覺支　珠纓及花鬘　是成就心明
如是表諸法　大樂曼拏羅　依法而建立
最上解脫門　根本無性法　一切處平等
復外曼拏羅　内分八尊位　表其八解脫
發起菩提心　轉此最勝輪　普施諸成就
法線絣界道　想畫金剛輪　衆色蓮華中
安想金剛手　或安本心明　或置本摽幟
或安諸寶像　雕鑄或畫像　五色光晃耀
如是安布已　即時阿闍梨　潔淨莊嚴身
入於曼拏羅　而結跏趺坐　手執金剛杵

現大高猛勢　然以本心明　安置金剛手
而彼心明曰
唵引穌囉多薩怛鑁三合一句
復以四菩薩　圍繞金剛手　前大樂菩薩
身徧深紅色　持金剛器仗　金剛手之右
枳哩枳羅尊　二手結智印　金剛手之後
安念金剛尊　手持摩竭幢　金剛手之左
安欲自在尊　手作金剛拳　如是四菩薩
以心明安置　而彼心明曰
嚩嚩日囉二合嚩日囉二合涅哩二合瑟
致二合一句娑引野計引末吒二句
吽引嚩日囉二合枳里枳里引吽引二句
鑁嚩日哩二合尼三摩二合囉囉吒半音一句
呼引嚩日囉二合哥引弥訖哩引怛
囕二合引一句
於四隅安置　四供養菩薩　妙樂與大樂
佛眼及吉祥　手持四供養　謂香花燈塗
如是四菩薩　以心明安置　而彼心明曰
呬引嚩日囉二合囉底一句
摩賀引囉多嚩日哩二合呼引一句
唵引嚩日囉二合路引左你一句
摩賀引室哩二合引嚩日哩二合係引一句
於四隅復安　戲鬘及歌舞　如是四菩薩

以心明安置而彼心明曰
係引囉底一句嚩日囉二合尾邏引
洗係怛囉二合吒二半音句
係引囉底一句嚩日囉二合賀引細引
郝郝二句
係引囉底二句嚩日囉二合儗引帝引帝
引帝引句
係引囉底一句嚩日囉二合你哩二合帝引
吠引波吠引波二句
四門安四尊謂鉤索鏁鈴如是四菩薩
以心明安置而彼心明曰
嚩日朗二合引酤室弱一句
嚩日囉二合播引尸引吽引句
嚩日囉二合商葛梨引鑁引句
嚩日囉二合健致引呼引句
如是最上尊依法而現前由是金剛衆
獲大成就法
如是安布賢聖位已然後阿闍梨入
曼拏羅依法以明召請金剛部諸賢
聖衆召請明曰
弱吽引鑁引呼引鉢囉二合嚩哩多
二合煬一句
召請賢聖已復以大明請召本尊明

曰
吽引摩賀引穌珂嚩日囉二合薩埵
引野引四引尸竭囉二合一句摩賀引穌
珂嚩日囉二合阿目伽三摩野句二摩
耨播引攞野三句鉢囉二合沒馳鉢
囉二合沒馳四句穌囉多薩怛鑁三合五句
阿耨囉訖都二合引弥引娑嚩六句穌
都輸引弥引婆嚩七句穌補輸引弥
引婆嚩八句那那引你祢達那薩埵
九句薩哩嚩二合悉提弥引鉢囉二合野
蹉莎句十薩埵摩引訖哩二合設鉢囉
合一吠引舍句十一三摩曳哩嚩二合特嚩
引二合嚩尸引葛嚕弥句十二壹眜哩毋二合
捺囉二合鉢乃句十三弱吽引鑁引呼引十
四句
此大明召請本尊降曼拏羅已是時
本尊即施歡喜而現祥瑞及希有事
金剛阿闍梨先獻閼伽淨水後作金
剛合掌獻衆妙花復以寶鈴及紅色
幢幡如是獻已置於四隅又復依法
獻五閼伽瓶感五寶五藥五穀揷妙
花菓以明加持香水充滿其瓶獻已
即置四隅唯以一瓶置本尊前說此

加持香水大樂金剛不空三昧明曰
唵引摩賀引穌珂嚩日囉一句二合阿目
伽三摩踰引捺哥二句悉馳呲詵嗟
三句薩哩嚩二合蘇珂驗摩那寫嗚呫
播引二合捺野四句酤嚕酤嚕五句弱吽引
鑁引呼引阿引六句
以此大明加持所獻閼伽瓶香水二
十一徧若阿闍梨以此閼伽香水灌
自頂者即得清淨一切苦若用灑淨
或飲用者即得增長一切快樂設復
有人未成就阿闍梨法者得入此曼
拏羅已自然獲具金剛阿闍梨法復
說阿闍梨入曼拏羅頌曰
復次阿闍梨　出於曼拏羅　沐浴而潔淨
著於新淨衣　以衆寶嚴身　依法持妙花
復入曼拏羅　獻種種供養　若或阿闍梨
入曼拏羅時　迷誤不審知　懈怠及忘失
驀越金剛界　名破於三昧　是故須志心
專注於等引　此大曼拏羅　倍復加精進
何謂破三昧　為此金剛界　皆是諸佛印
違越於境界　是慎諸佛法　如是了知已
方入曼拏羅　依法而供養　旋繞禮敬已
復還於本座　即以妙伽陀　至誠伸讚歎

讚歎伽陁曰

大欲大樂法　金剛妙聖財　大智事業主

願成金剛手

阿闍梨以此伽陁伸讚歎已散花礼敬復以金剛手菩薩根本百八名讚而稱歎曰

波囉摩(引)虪摩賀(引)薩埵(一句)摩賀(引)囉多摩賀(引)囉底(句二)三滿多跋捺囉(二合)薩哩嚩(二合)怛摩(二合引 三句)嚩日囉(二合)誐哩嚩(引)(二合)鉢帝鉢帝(四句)唧多薩埵薩摩虪屹囉也(三合 五句)嚩日囉(二合)嚩日囉(二合)摩賀馱囉(六句)三滿多跋捺囉(二合)左哩野(二合引)屹囉野(二合 七句)摩(引)囉摩(引)囉鉢囉(二合)摩哩捺(二合)哥(八句)薩哩嚩(二合)冐地摩賀(引)沒馱(九句)沒馱(引)屹囉(二合)惹納摩(二合)惹(十句)嚩日囉(二合)吽哥(引)囉吽哥(引)囉(十一句)路吉說囉摩尼鉢囉(二合)捺(十二句)摩賀(引)囉(引)誐摩賀(引)璐契(十三句)哥(引)摩目叉摩賀(引)馱那(十四句)帝哩(二合)哥(引)羅帝哩(二合)跋嚩廝鏺囉(三合)屹囉野(三合 十五句)廝怛哩(三合)路哥(引)屹囉野(二合)廝怛哩(三合)馱(引)覩哥(十六句)塞他(引 二合)

嚩囉鉢囉(二合)跋鏺咩葛怛(二合 十七句)穌速乂摩(二合)廝吐(二合)羅薩散拶野(十八句)穰誐摩鉢囉(二合)嚩囉鉢囉(引 二合)補始(二合 十九句)跋嚩散娑(引)囉戍馱哥(二十句)阿那(引)祢你馱那(引)虪多(二十一句)乾(引)多鉢囉(引 二合)薩哩嚩(二合)僧悉體多(二十二)屹哩(二合)毋捺囉(引 二合)踰誐三摩野(二十三句)多埵薩參摩賀(引)摩郝(二十四句)怛他(引)誐多摩賀(引)悉地(二十五句)達哩摩(二合)葛哩摩(二合)摩賀(引)沒馱(二十六句)薩達哩摩(二合)薩葛哩摩(二合)拽他(二十七句)冐地唧多穌冐達葛(二十八句)嚩日囉骨嚕(二合)馱摩賀(引)骨嚕(一合)馱(二十九句)入嚩(二合引)羅(引)鉢囉(二合)羅野捺(引)摩葛(三十句)摩賀(引)尾那野穪瑟吒(引 二合)屹囉(二合 三十一)嚕捺囉(二合)勞捺囉(二合)乂煬葛囉(三十二句)薩哩嚩(二合)戍地摩賀(引)鉢訥摩(二合 三十三句)鉢囉(二合)倪踰(二合)播野摩賀(引)那野(三十四)囉(引)誐戍地薩摩(引)虪屹囉野(三合 三十五)尾說囉(引)誐摩嚩說囉(三十六句)阿(引)哥(引)舍難多你怛踰(二合)吠(三十七)薩哩嚩(二合)普多摩賀(引)羅野(三十八)尾普帝室哩(二合)哩尾(二合)覩囉(引)惹(三十九)

薩哩嚩(引 二合)舍鉢哩布囉葛(四十)那莫悉帝(二合)窣覩(二合)那莫悉帝(二合)窣覩(二合 四十一)那謨那莫(四十二句)跋骨始(二合)欣怛網(二合)鉢囉(二合)鉢虪(引)弥(四十三)嚩日囉(二合)薩埵(引)虪悉虪杜(四十四句)野伊忙窣覩(二合)怛囉(二合)囉(引)惹難(四十五)鉢囉(二合)參欣鉢囉(二合)鉢囉(二合)嚩哩多(二合)野(四十六)達哩摩(二合)嚩(引)左薩訖哩(二合)捺誐(引 二合)難(四十七句)悉地羅具多囉(引)跋尾(引 四十八)阿體砌悉馱踰你(引)那(四十九句)鉢囉(引 二合)怛哩(二合)散達煬(二合)祢你祢你祢你(句 五十)窣覩(二合)埵(引)薩哩嚩(引 二合)伽你目訖多(二合 五十一句)戍馱吒怛哩(二合)數悉虪底(五十二句)薩哩嚩(二合)穪珂唱嚕你怛煬(二合 五十三句)薩訖哩(二合)捘(引)囉鉢囉(二合)嚩哩多(二合)那(引 五十四句)薩哩嚩(二合)悉地數聯婆誐煬(二合 五十五)室哩(二合)三鉢捺鼻嚩哩馱(二合)那(五十六句)

是時阿闍梨以最上秘密一百八名讚

如是稱讚已　然以秘密具　嬉戲歌舞等

而供養菩薩　伸此供養已　以寶灌頂法

自受其灌頂　灌頂已作礼　即持誦本明

或誦大心明乃執金剛杵　誦灌頂明曰
嗡吽引鑁引呼引一句摩賀引穌珂引
嚩日囉二合薩埵二句阿鼻尸引計引
拏埵引摩引鼻昇詵左引三句薩哩
嚩二合嚩日囉引二合地鉢底怛尾二合四句
捺哩二合除弥婆嚩悉馳五句那莫悉
帝二合婆誐鑁摩賀引嚩日囉二合
達囉六句穌囉多薩怛網三合七句摩賀
引嚩日囉二合薩埵八句唵普哩普二合
嚩莎九句

誦如是明已　當復作此念　我從金剛手
親受灌頂法　今成阿闍梨　所作皆成就
隨所求意願　當作最上法　金剛歌舞等
供養皆得成　從是日已後　於金剛部中
德如金剛手　如是阿闍梨　速成一切法
金剛手善成　一切印自在　一切智金剛
已盡諸業障　其相不可見　善於一切法
所作皆成就　三界諸有情　皆令得成壞
亦一切愛敬　正智斷諸疑　受一切妙樂
具聖財自在　諸天及世人　令證一切智
常見金剛手　見獲成就法　常起清淨心
信樂真實理　本尊施歡喜　成就阿闍梨

金剛手菩薩說此入曼拏羅儀已復
說弟子入曼拏羅儀法阿闍梨令弟
子發大菩提心發菩提心已即當授
與諸佛菩薩發菩提心明曰
唵引薩哩嚩二合怛他引誐多一句波囉
摩摩賀引瑜誐二句冒地喞多母怛
波二合捺夜引蘗覩三句阿尸引沙引那嚩
尸引沙四句薩哩嚩二合薩埵馱引覩五句
鉢哩怛囉二合拏醯多六句穌庫多摩
悉地你弥多七句摩爹多婆引嚩三
悉地八句摩哈室左二合哩也引二合地鉢
帶也二合九句野引嚩薩哩侮二合多摩
摩賀引悉地十句摩哈室左二合哩也
引二合地鉢爹引野濟多野底十一句

當以此大明　發大菩提心　弟子恭敬師
等同諸如來　欲入曼拏羅　令弟子依法
淨帛覆其面　即舉金剛步　入于曼拏羅
師舉金剛步　當如金剛手　登此殊勝壇
一切皆成就　弟子入壇界　若迷惑無知
懈怠或忘失　踰越金剛界　是名破三昧
當須專注心　安想金剛步　智者應精進
依大法儀軌　況復曼拏羅　菱花與壇界
是諸佛印藏　若蕩越足步　是不成三昧
阿闍梨復須　結其閼伽印　入於曼拏羅
信心礼本尊　繞壇界三匝　以妙頌讚歎

頌曰

大欲大妙樂　成就諸世間　願我於今時
成就亦如是

然後以衆具　供養大樂尊　當引其弟子
入於曼拏羅　如阿闍梨儀　隨意獻供養
依於金剛部　求受灌頂法　是時其弟子
求請本尊曰
摩賀引囉多穌涅哩二合荼一句穌覩
舍也二合薩蘇枳句引二嚩日囉一合薩埵
引鞞悉馳佮句引三

智是求請已　即散擲妙花　隨花所墮處
是弟子本尊　是時阿闍梨　與去其面帛
依五部法中　授弟子灌頂　傳諸灌頂明
諸灌頂明曰
唵引薩哩嚩二合嚩日囉引二合地鉢底一
埵引摩鼻詵左引弥二句摩賀引嚩
日囉二合達囉三句呬嚩日囉二合那莫
四句悉馳三摩野薩怛鑁二合五句普哩普二合
嚩莎六句

傳授此明已　復傳諸密印　具足如是法
所作皆成就　諸求成就法　皆依金剛手
及弟子本尊　成其三昧法　乃至入壇儀

并諸世間法　及於出世間　悉皆得圓滿
依如是儀軌　入此壇場者　即證不退地
具大菩薩行　成就大樂故　如是阿闍梨
及灌頂弟子　隨意作供養　及與成就法
所作速圓滿

尒時金剛手菩薩說此最吉祥已復說頌曰

此普徧成法　所說如虛空　無喻大樂理
根本最上輪

佛說最上根本大樂金剛不空三昧大教王經卷第三

梵學摠持大師賜紫沙門臣黎　筆受
梵學宣奉大師賜紫沙門臣智　筆授
梵學光梵大師賜紫沙門臣遵　筆受
梵學傳大教通梵文大師賜紫沙門臣清　筆受
西天譯經三藏朝奉大夫試鴻臚卿傳法大師臣施護　證梵文
西天譯經三藏朝奉大夫試鴻臚卿傳教大師臣法天　證梵義

佛說最上根本大樂金剛不空三昧大教王經卷第三

校勘記

一　底本，金藏廣勝寺本。九七一頁中一版，原版殘缺，以麗藏本换。
一　九六六頁中八行第一三字「義」，資、磧、普、南、徑、清無。
一　九六六頁中末行「分別」，諸本作「分列」。
一　九六六頁下一行第一三字「名」，徑無。
一　九六六頁下八行「摽幟」，石、資、磧、普、南、徑作「標幟」。下同。
一　九六六頁下一七行「外金剛」，徑作「金剛外」。
一　九六七頁上五行首字「棒」，石作「椿」。
一　九六七頁中六行第一〇字「瑟」，磧、普、南、徑、清作「必」。
一　九六七頁下五行末字「誓」，南、徑作「頌」。
一　九六八頁上四行第六字「而」，徑無。
一　九六八頁上一四行第八字「善」，徑作「義」。
一　九六八頁中九行末字「諸」，資、磧、普、清作「諸受」。
一　九六八頁下一行第一二字「即」，資、磧、普、徑、清作「印」。
一　九六九頁上六行第八字「大」，磧、普、南、徑、清作「入」。
一　九六九頁上七行第二字「頌」，諸本作「頌曰」。
一　九六九頁中五行「大樂」，清作「是樂」。
一　九六九頁下一六行第七字「於」，石作「依」。
一　九七〇頁上八行第一三字「設」，資、磧、普、南、徑、清作「說」。
一　九七〇頁上一八行「三昧」，磧、普、南、徑、清作「三味」。
一　九七〇頁中二〇行第一〇字「明」，資、磧、普、南、徑、清作「用」。

一　九七三頁上一七行第二字「盡」，資、磧、普作「畫」。

一　九七三頁中二〇行第一〇字「步」，磧作「界」。

一　九七四頁上卷末譯者名錄，諸本無。

佛說最上根本大樂金剛不空三昧大
教王經卷第四　　轂

西天譯經三藏朝奉大夫試光祿卿明教大師臣法賢奉　詔譯

大樂金剛不空三昧大明印相成就儀軌
分第十五

尒時金剛手菩薩復說成就法頌曰
今說成就法　是最勝究竟　由此最勝故
見獲究竟法　是以諸菩薩　悉遠離輪迴
得成就自在　能成一切義　修諸菩薩行
而成正等覺　廣習諸餘法　莫能越此教
世間諸有情　無福難度者　雖遇佛菩薩
而不能度脫　此教最勝故　過諸佛菩薩
見聞者獲益　廣大如虛空　清淨出三有
得大欲大樂　利益廣無邊　所作皆成就
設復諸有情　無福懈怠者　見世得圓滿
此最上成就

金剛手菩薩說此法已復說不空最
勝成就法頌曰
若欲作成就　當作金剛手　塑像及畫像
金銀諸寶等　雕鏤及彩畫　作如是像已
行人於像前　依法作成就　當於清旦時
以衆祕密具　依法獻供養　然後想已身
如彼金剛手　即時結大印　持誦吽字明
即成金剛手　其法欲成時　尊像現祥瑞
或聞大笑聲　放光或動搖　隨願皆成就
以此成就法　所作皆圓滿　諸持明自在
最上最無礙　具一切聖財　是大欲大樂
能調難調者　善化度有情　成就中最勝
一切印自在　是金剛成就　一切大智海
其相不可見　善攝一切法　勝出於三界
能作諸成壞　一切愛敬首　通達一切智
能施諸成就　一切世界中　以神通變化
所作皆大勝　聖財得自在　色力等堅固
無比金剛手　世間咸恭敬　諸菩薩稱讚
若或諸有情　得遇金剛手　脫老病死苦
成佛菩薩道　隨欲而成就　見世獲安隱
世間出世間　所作諸儀軌　自作若他作
速成一切法

金剛手菩薩說此法已復說一切儀軌
不空大明印相成就法

若依法結大根本印安於本心而誦
明曰

湼哩二合茶素引都引舍一句薩囉訖
多二合穌布引輸引弥引婆嚩二

此名根本印成就誦此明者速成就

根本印故

若依法以衆香花伎樂等隨力供養
而發誓願志心持誦吽字大明者速
得一切成就

若復依法當結金剛手印發大精進
令作成就速得如意是名金剛手一
切印成就法

若復依法結三昧印而誦明曰

三摩野薩怛嚩三合弥底一句

此大明能成就三昧印是名一切三
昧成就法

若復以金剛歌舞等起大精進而作
成就是名一切羯磨最上成就所有
一切供養事見世得圓滿德如金剛
手乃至成就諸佛菩薩及諸餘法皆
速圓滿

金剛手菩薩說此如上法已復說一
切儀軌及一切智成就法

若欲作敬愛法者日日依法結大印
而作成就決定如意

若欲鉤召作成就者當依大樂金剛
現法

若欲得一切悅樂增長成就法者當

依大樂金剛法
若欲增長色力壽命者當依根本金
剛羅娑野那法
若欲求吉祥大富貴者當依根本金
剛成就法
若欲具大勢力者當依金剛摩賀咄
摩法
若欲常成就一切法者當依根本金
剛尾俱哩尾多法
若欲一切文字及形像出見聞語言
等者當依不空金剛眞實法
若欲諸根圓滿聞正法者當依根本
金剛不空眞實三昧法
若欲圓滿勝義者當依出生金剛法
若欲出見伏藏者當依根本金剛祢
波法
若欲圓滿諸根發五神通者當依金
剛化藥剎法
若欲令穀稼豐稔雨澤不愆令諸有
情獲大饒益者當依金剛自在法
若欲一切處行住作諸法者當依根
本金剛不空羯磨法
若欲見諸佛菩薩者當依根本金剛

佛說不空三昧大教王經卷四　第四張　毅

高舉勢法
若欲身如金剛手菩薩現種種相乃
至騰空自在者當依金剛羯磨法
若欲爲三界主而作種種事業者當
依根本降三界法
若欲出見諸天調伏敬愛令作種種
事者當依根本金剛薩埵法
若欲救護一切有情調伏敬愛令作
種種利益事者當依根本金剛祢鉢
多法
若欲鉤召諸藥剎調伏敬愛者當依
根本金剛鉢囉娑調伏法
若欲作諸善法入曼拏羅供養成就
者當依根本金剛薩埵法
若欲鉤召諸印法禁縛法堅固成就
等法者當依金剛成就法
若欲鉤召一切三昧入曼拏羅作成就
者當依金剛最上三昧法
若欲成一切事業令破魔冤得己身
堅固具大名稱者當依根本最上金
剛羯磨法
若欲一切金剛部賢聖鉤召入曼拏
羅安置堅固作敬愛成就者當依根

佛說不空三昧大教王經卷第四　第五張　穀

本金剛法
若欲大金剛薩埵鉤召入曼拏羅安
置堅固敬愛作成就者當依金剛薩
埵法
若欲請召諸佛如來入曼拏羅安住
敬愛作成就者當依根本金剛如來
法
若欲召請金剛手菩薩入曼拏羅安
住敬愛作成就者當依金剛手菩薩
法
說此成就法已復說頌曰
若復有行人　未入曼拏羅　設造諸罪業
志心求所作　最上不空法　一切皆成就
介時金剛手菩薩復說不空心明法
決定作一切事此金剛手菩薩是大
毗首羯磨善作諸法與諸佛等所作
成就剎那圓滿
若欲廣爲救護一切衆生息災安樂
增長壽命者當依金剛舞金剛薩埵
頂法
若欲作曼拏羅結界安住三昧堅固
擁護者當依金剛舞隨求法
若欲解除諸瘧及風黃痰癊等疾者

佛說不空三昧大教王經卷第四　第六張　穀

當依金剛舞入嚩囉法
若欲滅諸煩惱憂愁等苦者當依金剛舞穆枯鉢扇爹法
若欲解除諸毒令如甘露者當依金剛舞解毒法
若欲令諸宿曜入㾼及禁縛令受三昧法作擁護者當依金剛舞宿曜解脫法
若欲脫諸禁縛破壞一切令起伏者當依金剛舞金剛忿怒法
若欲破一切拏吉你印及脫宿曜執持令死者還命及救護國城者當依金剛舞隨印法
若欲銷除一切罪業及惡夢不祥等事者當依金剛舞眞實法
若欲令一切有情入㾼及語言敬愛發心成就者當用金剛舞一切入㾼印
若欲令一切魔冤起伏及成壞等事者當依金剛舞大拏吉你法
若欲令一切魔冤禁縛迷惑起伏者當依金剛舞大惡囉剎娑法
若欲令他軍降伏愛敬者當依金剛舞訖哩爹法

若欲息諸恚怒令作喜悅免諸怖畏及論義戰陣皆得勝者當依金剛舞幢莊嚴法
若欲起雲降雨及止息雷電風雹去除寒熱等者當依金剛舞主法
若欲求種種色聲香味觸等者當依金剛舞欲自在法
若欲一切處行住令作愛敬鉤召及降伏等事者當依金剛舞法
若欲作一切成就法謂出見一切賢聖降伏諸龍乃至息除一切藥叉部多摩怛哩等者當依金剛舞最上金剛身法
若欲堅固成就一切供養及調伏諸魔禁縛一切邪印乃至盡無盡最上成就法者當依金剛舞不空毗首羯磨最勝法
金剛手菩薩說此法已復說一切印成就儀行人當於清且時面東而坐依法結大印持誦本心明即成一切印然後依法作成就所作決定此大金剛手印能成一切印
設復有人未入曼拏羅者結此大印

亦皆成就
若復阿闍梨欲傳此大印當觀根性而傳授之何以故傳此印已即成菩薩設不依法而無諸過設作諸罪業者結大印時諸業銷除有所願求皆得圓滿

一切如來金剛菩提大儀軌分第十六

尒時金剛手　大秘密主尊　以大樂堅固
令有情清淨　攝諸有情界　皆令得清淨
以平等心化　令入如來部　無量無邊剎
一切諸如來　充滿如胡麻　皆廣利衆生
令世間清淨　以衆生之業　有種種差別
竟不能清淨　佛爲彼衆生　自業清淨故
哀愍而不捨　金剛手菩薩　以大秘密教
轉大捨法輪　此大金剛手　最上大樂尊
利益諸有情　令剎那覺悟　堅固菩提心
欲轉大法輪　盡諸有情界　令菩提堅固
時諸佛如來　以金剛語言　告彼金剛手
以大悲方便　當說菩提心　是時金剛手
受諸佛勸請　即發如是言　我今說大樂
最上曼拏羅　其量等三界　是根本大輪
能清淨諸有　說如是語時　三界諸有情
諸業皆清淨　悉得成就法　即時皆雲集

亦如諸如來　勸請金剛手　宣説如來部
最上大捨輪　由是諸衆生　住金剛三業
金剛手菩薩　以自性三業　平等爲衆生
説是大明曰
唵(引)部(引)元
説此大明時　復有諸如來　即時皆雲集
住菩提道場
尒時金剛手　即説曼拏羅　利益有情故
諸法中大樂　其大捨輪者　依外曼拏羅
畫八輻大輪　於此大輪中　當安佛尊像
用此大明曰
三摩野薩怛鑁(三合)呼(引一句)悉馳鈴(二引)
於佛尊像前　復安佛尊像　降伏諸魔相
於佛右安置　灌頂大菩薩　佛後復安置
轉法輪菩薩　於佛左安置　成最勝菩薩
各説心明曰
嚩日囉(二合)薩埵(一句)
嚩日囉(二合)囉怛那(二合一句)
嚩曰囉(二合)達哩摩(二合一句)
嚩日囉(二合)羯哩摩(二合一句)
而於四隅位　安四金剛寶　用四大心明
而彼心明曰
薩埵嚩日哩(二合一句)

嚩日囉(二合)囉怛你(二合一句)
嚩日囉(二合)鉢訥弥(二合)你(一句)
尾説嚩日哩(二合一句)
復於外四隅　安祢嚩建拏　鉤索鏁鈴等
如次安四門　畫此大輪已　先當起心業
出生及香花　志心而供養　手持衆妙花
結佛三昧印　而安于本心　頂礼本尊已
然以花散擲　次旋繞三匝　當召請賢聖
其召請明曰
唵(引)阿哥(引)嚕(引)目元薩哩縛(二合)達
哩摩(二合)拏(引一句)阿(引)馳阿穪怛半(二合)
那埵(二引)
誦此大明已　復以花供養　依法以妙言
志心而誦曰
惹誐那(引)他没馱冐提鉢悉馱曳(引一句)
以此普召集　一切諸如來　以諸無生法
施一切成就　入此曼拏羅　善得諸成就
如是法圓滿　現種種瑞應　若傳授弟子
令入此壇者　其儀亦如是　作諸供養已
然後出道場　可求成就法
復説成就法　依法造幢像　當畫佛世尊
降伏諸魔衆　行人於像前　依法結智印
以金剛語業　誦明百千徧　其數滿足已

隨意皆成就　見諸佛菩提　無復諸疑惑
復次金剛手菩薩説此諸三昧最上
成就儀法而説頌曰
當想金剛手　專注於本心　即誦三昧明
其三昧明曰
三摩野薩怛嚩(三合一句)
誦滿洛叉數　善獲諸成就
又復宣説一切羯磨成就法頌曰
佛降衆魔軍　轉大妙法輪　廣利益衆生
羯磨印成就
復説一切如來金剛三業諸佛最上
成就法所謂能除諸障累憂惱病苦
惡瘡諸毒瘧疾重病復能破諸邪呪
辟除諸惡夢寐不祥魔嬈等事無其
中夭之難解諸宿曜執持及拏吉你
如是災害皆悉除滅能令具善三業
獲大威力色相圓滿名稱吉祥人所
恭敬增長智慧精進勇猛諸見聞法
記念不忘具修善行住三摩地長養
殊勝三業圓滿十波羅蜜布施持戒
忍辱精進禪定慧方便願力智滿足
十地行入堅固出生陁羅尼門具諸
佛大樂印通達四智十八不共法作

毗首羯磨明了諸義性成就諸佛金
剛三業得諸佛最上成就以大菩提
心徧修普賢行令諸有情獲大利益
復現童真住出生嬉戲以難勝行坐
菩提場證佛十力降伏魔軍轉大法
輪摧諸外道勝出三界現諸神通作
大集會調伏諸惡住柔順地淨諸惡
趣演妙法義說三密藏示其儀軌作
一切諸成就法如是等事皆依一切
如來毗首羯磨印法所成即說頌曰
如是羯磨印　速證菩提道　諸修菩提行
不越此法印　具足大聖財　能作諸事業
難成義能成　所作皆無礙　諸佛最上教
當授諸有情　有能信解者　為傳此法印
設未入壇場　刹那亦成就

大金剛火焰日輪儀軌分第十七

金剛手菩薩　善作衆事業　降諸有情界
使令得調伏　如來部所生　常住如來定
以最上成就　寂靜於諸有　塵沙諸如來
皆起大悲願　欲廣利衆生　令居安樂地
以衆生諸行　有種種差別　不善之果報
隨業無定止　縱經無數劫　度脫難窮盡
是故諸如來　勸請金剛手　為作調伏故

宣說最勝法
尒時金剛手菩薩即說大明曰
烏底瑟吒二合三摩野骨嚕二合引馱一句
你遜波入嚩二合羅嚩日囉二合吽引二
金剛手菩薩　說此大明時　以金剛三業
出生大明王　住金剛手前　而結跏趺坐
光明普照曜　如劫火熾盛　現大威猛勢
手持金剛杵　亦現大光明　猛焰如火聚
戲擲金剛杵　變化於三界　猶大劫火中
出現忿怒相　以金剛語業　說金剛部明
唵引嚩日囉二合特哩二合俱半音一句怛帝
哩引二合曩摩賀引嚩日囉二合入嚩二合引
攞引那攞引哩哥二紇哩二合那焬吽三引
說此大明時　息除諸業障　如威火焚薪
大千皆振動　是時諸天衆　及大自在天
光明皆洞然　而不能安隱　聲聞及緣覺
皆求入涅槃　三界諸天衆　亦皆求救護
諸佛菩提力　不動而堅固　唯佛大慈悲
為有情方便　是時大明王　出金剛利牙
立如張弩勢　忿怒大惡相　髮髻如螺文
頂冠半月相　風火焰交熾　內現諸事業
結印作舞勢　出生大秘密　最上曼拏羅
相應拏吉你　安住於周匝　諸佛各依位

皆是金剛部　諸聖之軌儀　為成毗首行
復有諸聖衆　是時皆出現　亦光明熾盛
安住如諸佛　無量無邊界　所有諸有情
悉皆令覺寤　利益而召集　令成最上教
時三界天主　迷悶而躃地　不復還本心
金剛手菩薩　最上大自在　哀愍諸天故
為說最上法還命大明曰
唵引毋底瑟吒二合摩賀引祢鉢多二合
嚩日哩二合尼引一句尸引竭囉二合毋他
引鉢野吽引二
說此大明已　諸天即能起　皆復得本心
死者還其命　佛未調伏者　金剛手菩薩
悉令調伏之　復現忿怒相　戲擲金剛杵
即勑於諸天　令住我三昧　諸天受命已
而未能復知　告白金剛手　聖者不思議
我等咸驚懼　覩此忿怒尊　勑住於三昧
不知三昧法　云何而安住　是時金剛手
而白諸天曰　諸佛之所化　汝所不能知
故號金剛手　為汝作依怙　汝歸命諸佛
及法與聖賢　然後歸於我　當依我三昧
是時諸天主　及彼諸天衆　聞如是言已
而白金剛手　依菩薩聖言　願垂哀愍故
尒時金剛手　復現顰眉相　作大忿怒威

以高舉威勢　而以大音聲　降伏於三界
說最勝明曰
吽引
說此心明時　所有三界主　及其諸天衆
皆以降伏心　而住於三昧　授本部灌頂
受灌頂法已　勸請金剛手　說心明儀軌
是大壇場法　金剛手菩薩　即當為說之
於外曼拏羅　內畫金剛輪　具光明熾盛
中安降三界　其身大青色　而現喜怒相
出金剛利牙　當結跏趺坐　戲擲金剛杵
光焰普照曜　而復於四方　安金剛賢聖
手各持幖幟　謂大金剛杵　三叉及寶幟
衆色蓮華等　於四隅安置　箭及羯椿誐
輪并衆色幡　金剛部賢聖　依此大輪儀
各依位安置　先安七種聖　一謂金剛印
二号金剛明　三名金剛王　并餘諸眷屬
四持明歌舞　五護門明王　六金剛訥多
七謂藥剎王　於外曼拏羅　依法安諸天
摩度等三尊　亦安置本位　四隅及四門
安諸天女衆　鉤索等明王　各安於本位
畫此曼拏羅　如是安布已　是時阿闍梨
而作忿怒勢　戲擲金剛杵　入於曼拏羅
即誦吽字明　作大高舉勢　調伏忿怒者

得本尊歡喜　忿怒者成就　然後阿闍梨
手持衆妙花　結金剛鉤印　請召於本尊
及金剛賢聖　其請召明曰
唵引摩賀引嚩日囉二合攞引那攞引
哩哥二合夜引吅嗡一句薩哩嚩二合嚩日
囉二合酤攞引你鉢囉二合吠引舍野
吽二引薩哩嚩二合毋捺囉二合引誐赦鋑
馱那怛囉二合吒半音三薩哩嚩二合三
摩煬引娑引達野摩吒四半音薩哩
嚩二合訥瑟噹引二合賀那捺郝鉢左
跋悉銘二合骨嚕五摩賀引骨嚕
二合馱引屹你二合嚩日哩二合引拏吽引
發吒六半音阿阿阿七
如是召請已　明王即降臨　及金剛賢聖
施一切成就　是時曼拏羅　即現諸瑞相
或聞吽字聲　或復有警覺　時彼阿闍梨
結降三界印　引弟子入壇　而授諸大明
金剛鉤明曰
吽引吽引嚩日囉二合鉢囉二合賀
囉尾引摩吒一半音句
三叉大明曰
吽引嚩日囉二合戍邏引屹你二合頻
捺摩吒一半音句

金剛藏明曰
吽引嚩日囉二合酤引尸引親捺摩
吒一半音句
蓮華大明曰
吽引嚩日囉二合阿摩羅鉢訥弥引二合
摩吒一半音句
復說密印明　而有大威力　善印諸衆生
所作成就法　決定皆成就　而說大明曰
吽引嚩日囉二合王四也二合悉馱鉢
囉摩瑜引諳引說哩訥弥一二合句
吽引嚩日囉二合賛尼引說哩揭椿
誐阿悉摩賀引嚩日囉二合葛播引
羅摩引邏引末酤致引嚕盧嚕梨
引恨泥一二合句
吽引嚩日囉二合那引囉引野拏
吽一句
吽引嚩日囉二合鉢多引計引吽一句
此四拏吉你　最勝心印明　各以此本明
安置曼拏羅　說諸大明已　然以三昧誓
誡示於弟子　使之令諦聽　廣利益衆生
增長於佛法　調伏令得度　作金剛成就
說三昧誓已　當令其弟子　誦吽字大明
加持於頭指　使彼諸有情　及彼惡魔者

由是大明力　皆悉令調伏　然後當依法
授弟子灌頂　明王四種法　次第而傳授
印及印所用　壞滅并還命　當以此印明
而為作擁護　如是調伏已　諸惡不復生
既從是已後　諸善法增長　見成就諸法
復說成就法　行人於像前　戲擲金剛杵
誦明洛叉數　持誦其數滿　德如金剛手
忿怒大明王　離老病死苦　善調一切惡
於一切世間　無復諸怖畏
欲成就大明　於四威儀中　誦一洛叉數
所作成就法　現世得圓滿　諸成就自在
遠離諸苦惱　堪受妙供養　難調者能調
行住無所畏
若欲印成就　當結最上印　隨意誦大明
行人見世中　成大忿怒王　所作皆成就
若欲成三昧　行人當面東　結彼三昧印
持誦三昧明　隨意作諸法　皆速得圓滿
若欲求成就　最上羯磨法　誦明利樂故
速成諸事業
復次宣說最上成就法所謂發遣諸
魔禁伏邪法印諸有情調伏衆惡解
脫枷鏁差諸瘡病解諸毒藥散諸宿
曜欲作此等諸法者皆依降三界尊
儀法
又復若欲作一切入瘖及動搖嬉戲
歌舞書寫旋轉乃至鉤召三界等皆
依金剛忿怒明王印
若欲鉤召一切入於曼拏羅及破他
軍見幻化事改易時節開敷花菓或
令穀稼滋茂及解諸惡病毒藥宿曜
拏吉你令戰陣得勝結界擁護解脫
繫縛乃至敬愛等法皆依金剛忿怒
明王毗首羯磨印
若欲成就諸天降伏龍衆遣諸藥剎
而為僕使令一切囉剎生大驚怖調
伏拏吉你衆及摩怛哩哥宿曜執持
魔魅軍衆邪壇呪術悉令破滅使諸
勇猛皆令怖畏及能成就四大天王
帝釋大梵那羅延天大自在天等及
成就菩薩諸佛敬愛等事鉤召有情
令住三昧如是等種種之法皆依金
剛忿怒明王最上成就法即說頌曰
如是最上法　若欲成就者　當持誦心明
而見忿怒相

佛說最上根本大樂金剛不空三昧大教王經卷第四

乙巳歲高麗國大藏都監奉
勑雕造

佛説最上根本大樂金剛不空三昧大教王經卷第四

校勘記

一　底本，麗藏本。

一　九七六頁上三行譯者，徑、清作「宋西天三藏朝散大夫試光禄卿明教大師法賢奉詔譯」。

一　九七六頁中一二行第八字「感」，資作「成」。

一　九七七頁上八行第三字「常」，資、磧、普、南、徑、清作「當」。

一　九七八頁上二一行第一〇字「娑」，徑、清作「婆」。

一　九七八頁中一〇行第九字「謂」，資、磧、普、南、徑、清作「諸」。

一　九七九頁下一五行第二字「夭」，資、磧、普、徑作「天」。又末字「你」，石作「祢」。

一　九八〇頁上四行「戲以」，資、磧、普、南、徑、清作「以戲」。

一　九八〇頁中一四行「大明」，資、磧、普、南、徑、清作「三明」。

一　九八〇頁下五行第九字「擗」，磧、普、南、徑、清作「躃」。

一　九八一頁中一六行第九字「謦」，資、磧、普、南、徑、清作「驚」。

一　九八二頁上一四行第一三字「誦」，資、磧、普、徑、清作「調」。

佛說最上根本大樂金剛不空三昧大教
王經卷第五

西天譯經三藏朝散大夫試光祿卿明教大師臣法賢奉　詔譯

除諸業障一切智金剛儀軌分第十八

尒時觀自在　復說三摩地　最上清淨法
是即金剛手　調伏於諸惡　而現蓮華部
諸佛方便力　利益衆生故　忿怒大明王
清淨諸三有　以衆生性欲　未遠離諸染
諸佛無礙力　起大悲愍心　尚未能救度
是故觀自在　說此三摩地　是三世諸佛
大三摩地王　諸法之自性　名金剛智印
由是三摩地　諸佛所觀照　令一切有情
皆得大自在　菩薩摩訶薩　以大智悲愍
自在度衆生　現作自在相　左手持妙蓮
右手開蓮葉　觀照於自性　住此三摩地
猶衆妙色蓮　自性無諸染　無染清淨故
不著諸煩惱　三界貪欲生　貪欲亦清淨
一切衆生類　當隨其所應　此三摩地門
得諸佛自在　金剛手菩薩　及與諸菩薩
皆依勝定力　起大揔持教　即說觀想明
紇哩(二合引)
當想此心明　即自性清淨　所有金剛手

至於觀自在　觀想此心明　清淨如寶山
大觀衆色蓮　出生諸賢聖　徧清淨法界
成調伏大輪　衆業調伏已　三界皆清淨
爲利諸有情　說曼拏羅法　爲大法儀軌
安置佛賢聖　得如上清淨　成就無量法
時諸佛菩薩　勸請觀自在　說本蓮華部
金剛大法王　最勝自在者　即說曼拏羅
於外曼拏羅　內畫八葉蓮　於此蓮華中
安其觀自在　左持金蓮華　作大自在相
以衆寶嚴身　頂戴五佛冠　於菩薩周迴
畫八佛世尊　妙定及大蓮　定與觀照等
復於八佛外　當畫八賢聖　大力自在天
大梵與欲天　大蓮與馬頭　餉無妙法語
即說蓮華部　諸賢聖心明
薩哩嚩(二合)怛他(引)誐多鉢訥摩(二合)
弭吽(引一句)
嚩日囉(二合)鉢訥摩(二合)係(引句)
嚩日囉(二合)鉢訥摩(二合)鑁(引一句)
吽(引)鉢訥摩(二合)摩尼囉(引)惹(一句)
吽(引)鉢訥摩(二合)贊尼(引)詵囉吽(引)
發吒(半音一句)
係(引)摩賀(引)鉢訥摩(二合)尾詵布蘭
拏(二合)悉馳吽(引)發吒(半音一句)

紇哩引二合鉢訥摩二合鉢訥摩二合吽引
阿引一句
吽引鉢訥摩二合室作二合訖囉二合摩引
訖囉二合摩吽引弭一句
復於其四門　用鉤索鏁鈴　四心明如次
依大曼拏羅　儀法而安置　入曼拏羅已
觀彼開敷蓮　想心而頂礼　當以此大明
安置於本尊　即說大明曰
唵引尾輸馱達野戍提引一句薩埵馱引
都引薩哩嚩二合囉引誐引祢散左
曳二引唧旦弥引薩哩嚩二合達哩弥
二合引數嚩日哩二合尼引三
聞此大明已　觀自在歡喜　所求諸成就
皆悉得如意　然後結鉤印　誦此最上明
唵引薩哩嚩二合怛他引誐多引嚩路
吉帝引訖囉二合一句鉢捺摩二合賀娑多
二合引野二嚧尸伽囉二合弥昧嚩日囉二合
母捺囉二合引鉢乃三囉引訖哩二合沙
也二合鉢囉二合尾引設也四二合三摩
曳哩嚩二合馱引嚩尸葛嚕弥五弭
吽鑁呼六輸馱野薩哩嚩二合薩達野
七鉢捺鈴二合摩賀引嚩日囉二合達
囉薩怛鑁八三合

如是召請已　即時觀自在　降赴曼拏羅
所作皆成就　然後依儀法　引弟子入壇
傳授祕密教　善施諸成就　此三昧印明
根本圓滿故　速成觀自在　行人求此法
於隨所住處　乃至四威儀　想大蓮華尊
隨時以自力　而作成就法　任意之所欲
見世皆圓滿　及大勝欲樂　遠離老病苦
當證佛菩薩　與金剛手等　皆依觀自在
即得悉圓滿　若求印成就　當結印入定
成就三昧者　當結三昧印　求諸羯磨法
當結羯磨印　若諸成就法　有所難成者
皆依三摩地　依法得成就
若有一切業障惡夢不祥及諸災害憂悲苦惱散失財寶貧窮所逼鬪諍觸嬈疾病纏綿中夭之難如是等事欲遠離者皆依大蓮華具實三摩地法
又復欲除風黃痰癊及諸瘧病疥癩癰疽水腫乾痟乃至宿曜拏吉你等令滅除銷散者當依大蓮華印明法
若欲堅固一切者當依被甲佛頂印
若欲擁護已身結界曼拏羅作金剛圍等及置飲食衣服莊嚴等具者皆依大蓮華印法

若欲擁護一切增長色力壽命勇猛精進吉祥無病求財寶豐盈有大名稱一切愛敬通達三摩地有大智慧等者當依大蓮華最上成就法

圓滿一切願金剛寶儀軌分第十九

尒時金剛手　現大文字相　徧滿於虛空
施灌頂勝義　變化於寶部　安住三摩地
觀照清淨故　覺悟於諸法　根本諸勝義
盡空界有情　如水見星象　入寶三摩地
觀彼虛空界　如淨瑠璃色　金剛寶菩薩
從虛空藏生　是時以堅固　依本相而住
觀想三摩地　成就有情故　依諸佛軌儀
及與金剛手　欲以寶金剛　而作灌頂法
授賢聖灌頂　令滿一切願　諸賢聖灌頂
誦此灌頂明　即說大明曰
唵引薩哩嚩二合嚩日囉二合引地鉢底
引一句摩呬訖左引弥部引哩部二合嚩莎二
說此大明時　本部最上法　從寶金剛尊
出生諸賢聖　依寶金剛法　灌頂諸世間
授諸灌頂已　安住曼拏羅　佛菩薩隨喜
寶金剛部主　說最上儀軌　於外曼拏羅
內畫大月輪　其色如虛空　依法畫宿曜
於其月輪中　畫虛空藏尊　淨如瑠璃色

以衆光普照　左手持寶珠　安心如鉤召
右手作施願　於此尊四面　畫四親近尊
而復於四隅　當畫四菩薩　灌頂及寶藏
供養與吉祥　各持本標幟　四親近明曰
嚩日囉(二合)薩埵弱(一句)
嚩日囉(二合)囉怛那(二合)吽(引一句)
嚩日囉(二合)達哩摩(二合)鑁(一句)
嚩日囉(二合)羯哩摩(二合)呼(引一句)
四菩薩明曰
嚩日囉(二合)阿毗詵(引)計(引)喃(一句)
摩賀(引)嚩日囉(二合)你歌(引)泥(引)吽(一句)
嚩日囉(二合)摩尼囉怛那(二合一句)
特嚩(二合)惹阿屹囉(二合)計(引)喻(引)哩
鑁(一句)
摩賀(引)嚩日囉(二合)摩倈(引)呼(引一句)
如是諸所作　法皆依大曼拏羅儀已
然後阿闍梨　持衆寶花入於曼拏羅
依法獻供養　敬礼本尊而誦三昧明
曰
唵(引)悉馳部(引一句)悉馳部嚩(二)悉馳
莎(三)悉馳摩賀(引)嚩日囉(二合)囉怛
那(四二合)嚩左屹屹怛嚩(二合引五)
誦此大明時　虛空藏菩薩　施一切成

就然後阿闍梨依法結摩尼拳鉤印
而作請召虛空藏菩薩請召明曰
唵(引)部(引)阿(引)夜(引)呬弱(一句)部嚩鉢
囉(一合)尾舍吽(引二)莎屹哩(二合)恨拏(二合)
鑁(三)嚩嚩誐誐悉馳呼(引)怛嚩(二合引四)
誦此大明時　虛空藏菩薩速降曼拏
羅阿闍梨所求法皆悉得成就然後
令弟子持衆妙花結如前印引入曼
拏羅傳諸〻真實法弟子從是已後得
諸富樂所作皆成乃至出世閒法如
佛菩薩皆速成就
復說成就法　是金剛寶印　行人作成就
欲利益世閒　由此大印故　一切皆如意
寶自在印力　速離老病苦　如世大寶聚
能隨意欲成　三昧印亦然　能成種種事
當結三昧拳　獻衆妙供養　依法作成就
所作悉圓滿
復說成就法　諸儀軌中最　難成者能成
如是今當說
若欲鉤召諸部多　令入三昧安住堅
固敬愛隨所願　末淨諸惡趣成就最
上法等皆依金剛寶灌頂印明
若欲鉤召作諸吉祥安住堅固敬愛

等法皆依金剛寶吉祥印明
若欲鉤召求諸富樂安住堅固等諸
成就法皆依金剛寶富樂印明
若欲鉤召作諸供養安住堅固乃至
敬愛等法皆依金剛寶供養印明即
說頌曰
金剛手哀愍　利益諸有情　說此成就法
行人當受持
一切儀軌中最上成就儀軌分第二十
尒時金剛手　三界最上尊　欲淨貪等法
爲說此成就　滅此三毒已　世閒成甘露
復爲播說龍　而說曼拏羅　說此心明曰
普
當作曼拏羅　四方與四門　畫八大龍形
門各畫其二　龍首皆向門　引尾至壇隅
曼拏羅中畫　阿難陁龍王　其龍王八首
於外曼拏羅　畫八族龍王　如是安布已
即時阿闍梨　作大忿怒相　當想於己身
即爲大龍王　速入曼拏羅　誦鉤召大明
鉤召諸龍王　而彼大明曰
唵(引)紇哩(二合引)阿你羅惹嚩吠(引)誐(引一句)
必哩(二合)體尾埵囉試(引)沙(引)夜(引)呬
普(二)

薩哩嚩一合那引誐酤邏引寧也引那
野普一句
三摩曳引鉢羅二合吠引舍夜引吠引
誐野普一句
薩哩鑁二合娑引達野普一句
薩哩嚩二合那引誐補怛囉二合哥引
普一句
誦召請明已　諸龍皆雲集　入於曼拏羅
阿闍梨所有　三毒諸煩惱　即時皆銷滅
當為彼諸龍　說三昧誓曰
世間貪瞋癡　為汝等三毒　安住於三昧
三毒即銷滅
尒後阿闍梨　諸惡不能害　設服諸毒藥
而亦成甘露　具大力勇猛　如和修吉龍
一切諸毒法　亦皆能銷滅
復次金剛手　為利有情故　說降諸宿曜
諸惡宿曜等　以三毒所惱　不能利衆生
為執持等害　諸罪業皆生　降伏惡曜故
即說心明曰
吽引
當畫曼拏羅　四方安四門　於曼拏羅中
依法畫宿曜　如是安布已　然後阿闍梨
入其曼拏羅　作法而鉤召　召已設供養

而作忿怒相　金剛手立勢　持誦此心明
所有諸惡曜　即時皆調伏　尒後阿闍梨
得盡一切苦　衆惡不能侵　諸善皆增長
金剛手菩薩　於法大自在　為利益有情
復說曼拏羅　先說此明曰
吽引阿引呬四引紇哩引二合怛嚂二合引一句
說此大明時　最上大自在　一切最勝者
以五秘密法　為作調伏故　調伏世最上
我今當宣說　是大明首法　最上曼拏羅
諸法中自在　依法畫壇場　內畫金剛手
及金剛部衆　四邊四菩薩　各持本標幟
前謂那羅延　手持金剛輪　右贊尼說囉
手執於三叉　左金剛蓮華　手持金色蓮
後安虛空藏　手持金剛杵　復於其四隅
當畫四賢聖　謂金剛吉祥　與金剛偶梨
及金剛多羅　虛空金剛等　各有本心明
諸賢聖明曰
唵引嚩日囉二合那引囉引野拏親
捺親捺一句阿鉢囉二合底賀多嚩日
囉二合嚩訖哩二合拏呼二引婆誐鑁嚩
日囉二合怛他引誐多⿰口弱吽引鑁呼
引三
嚩日囉二合怛他引誐多吽引一句嚩日

囉二合骨嚕二合馱摩賀引瑜引詣引
你引誐尼引說囉二合摩賀引嚩日
囉二合戍邏阿屹囉二合播引尼引呼三引
婆誐鑁嚩日囉二合贊尼說囉阿四
賀賀賀賀係五引
嚩日囉二合達囉紇哩二合引一句嚩日囉二合
鉢訥摩引二合訥婆二合嚩呼二引婆誐
鑁嚩日囉二合阿嚩路引吉帝引說
囉摩賀引沒囉二合吽摩二合三悉馳
唵引部哩部二合嚩莎引莎悉帝二合
那莫莎賀五引
嚩日囉二合酤鯠摩引欲馱一句薩哩
嚩二合哥引摩引弥引娑引達野呼二引
婆誐鑁嚩日囉二合阿哥引舍誐哩
婆二合三嚩嚩吒吒怛嚂二合引四
那謨曳那薩帝也二合那婆誐嚩帝
引鉢囉二合倪也二合引播引囉弥多
引一句薩怖二合吒引親捺嚩日哩二合尼
作訖哩二合拏二帝那薩帝也二合那
播鉢剛三引唵引地室哩二合輸嚕二合
底薩蜜哩二合底尾惹曳引莎引
賀四引
淹引嚩日囉二合偶哩摩賀引尼

你踰二合怛哩二合路哥尾惹曳詵哩
二嚩日囉二合骨嚕二合馱引儗你吞
三摩曳三嚩日囉二合馱引哩那謨
窣覩二合帝四引怛鞔他五引醯絵弥
絵六絵引絵羅絵攞引絵七嚩日
囉二合哥引哩毋二合哥曳莎引賀
引八
那謨曳那薩帝也引二合那婆誐嚩
帝引句一沒馱冐地囉穪多囉二引嚩日
囉二合達哩摩二合鉢囉二合蹄儗拏
三帝那薩帝也二合那悉馳給四唵
引多引哩覩多引哩引覩哩引莎引
賀五引
唵引哥引摩嚩日哩二合尼悉馱引
悉句一尾戍馱引悉二誐誐怒訥婆二合
嚩蹄儗那悉馳給三引鉢囉摩引叉
哩四引怛鞔他五引誐誐怒訥婆二合尾六引
誐誐那尾輸提七薩哩嚩引二合阜鉢
囉引二合野鉢哩布囉尼引莎引賀八引
於外曼拏羅依位安標幟　天及摩怛哩
并護世天等　各依位安住　四隅及四門
安其十會主　各持歌樂具　皆以本心明
各安於本位　如是曼拏羅　安諸賢聖已

然後阿闍梨　依法入壇場　請召諸賢聖
當結鉤召印　誦召請明曰
唵引摩賀引穌珂嚩日囉一合薩埵
悉馳吽一句薩哩嚩二合怛他引誐旦
薩摩引哥哩沙二合野弱二薩哩嚩
二合嚩日囉二合倶攞地半三捺摩曳
埵引鉢囉二合尾引設野吽四薩哩
嚩二合路計說嚩鉢囉二合尾設也五二合
三摩抳哩嚩二合馱引那野鑁六薩哩
嚩二合囉怛那引二合地半摩尼囉引
惹引難七嚩尸引倶嚕呼引八吽惡
醯紇哩二合咄籠九二合
誦召請明時　五大祕密主　最上金剛手
并餘諸賢聖　即降曼拏羅　令堅固安住
於是諸賢聖　施最上成就　然後阿闍梨
當依前儀法　作成曼拏羅　及作諸成就
圓滿一切事　盡無量無邊　調伏無與等
以如上章句　一切義清淨　諸佛善宣說
甚深如來部　善獲諸妙樂　是最上寂靜
諸佛之隨喜

一切相應諸佛三昧曼拏羅儀軌分第二十一

金剛手菩薩　復說甚深法　微妙不思議
廣大最上明　清淨本無相　無作而無盡

是眞實究竟　最勝無有上　大適悅妙樂
以眞淨法界　而利益衆生　最上義妙字
施一切成就　善施安樂法　以金剛入寤
而覺寤衆生　是祕密勝義　決定金剛具
爲第一儀軌　最上無能勝　諸佛大三昧
而此大樂界　不思議所成　衆寶王莊嚴
依妙寂靜地　大牟尼所居　大適悅妙樂
自然天樂音　是最上愛樂　具種種供養
是最上適悅　無比寶宮殿　是最上安住
度無量衆生　是最上成就　演說微妙字
即金剛薩埵　修習普賢行　而引導衆生
證諸佛菩薩　最上諸成就　金剛手大主
所有妙欲樂　悉圓滿自在
金剛手菩薩即說最上心明曰
吽引
說是大明時　金剛手菩薩　五祕密出生
眞實印賢聖　常施諸欲樂　最上大自在
四大賢聖衆　皆化利衆生　此法於世間
最勝諸成就　勝義增長故　富有大聖財
能作大成就　施廣大利樂　無數諸賢聖
即金剛薩埵　今說諸賢聖　最上祕密明
怛鞔他引摩賀引囉多室哩二合
日囉引二合謨伽囉底一句三摩野引那

引莫嚩日哩二合尼二引摩賀引囉多
室哩二合引嚩日囉二合引誐伽囉底三三
摩野嚩日囉二合計隸引吉攞摩賀
引囉多四室哩二合引嚩日囉二合誐伽
囉底三摩野五尾惹野嚩日囉二合引
摩賀引多囉六室哩二合引嚩日囉二合引
誐伽引囉底三摩野七嚩日囉二合
哥引弥設囉引弥底八
如是祕密明　若有人受持　是人獲諸印
及成一切法
復說此究竟　是上成就法　由如是法故
所作得究竟　若有諸行人　悞犯諸罪業
亦未曾成就　於諸祕密法　若依此法行
即得皆圓滿　欲作成就者　一日或一月
乃至於一年　但隨分隨力　先當依法儀
畫金剛手像　其身如月色　於大蓮華上
而結跏趺坐　作大高舉勢　種種莊嚴身
衆色光熾威　如佛灌頂儀　左手持寶鈴
右執金剛杵　於前蓮華上　復畫四賢聖
左右各安二　皆作高舉勢　此名四親近
一作白蓮色　餘三如青蓮　金剛手後面
枳哩枳羅尊　而復於右邊　畫大金剛尊
右手擬箭勢　左手持寶幢　而復於左邊

畫波哩賀娑　如是諸賢聖　如寶灌頂相
畫此幡像已　或復作觀想　或復作供養
或能隨喜者　得究竟解脫　所作皆如意
如是金剛手　幡像祕密法　是最上大樂
若有愛樂者　當得最上樂　成就清淨法
以此清淨法　是真祕密義
復說曼拏羅　當擇清淨處　或上好園林
或伽藍精舍　擇如是處已　以衆寶莊嚴
懸鈴及瓔珞　幢幡并傘蓋　香花衆伎樂
依法而嚴飾　然後作成就　祕密曼拏羅
作成就法已　諸賢聖皆成　入此曼拏羅
大祕密中者　成金剛阿闍梨　諸所欲願樂
皆速得圓滿　阿闍梨先當　沐浴而潔淨
以妙香塗身　著新淨上衣　以寶瓔嚴身
手持衆妙花　誦金剛歌明　入於曼拏羅
即說歌明曰
鉢囉二合尾舍婆誐鑁一句摩賀引
穌珂謨引又補嚂二薩哩嚩二合悉
提穌元囉吽三鉢囉摩穌枯引怛
摩悉馳四引弱吽引鑁引鑁引呼引
鉢囉二合悉馳莎五
入曼拏羅已　手持衆妙花　而結佛眼印
即誦此心明　擲花而礼拜　其礼拜明曰

唵引波囉摩穌珂引舍野一句薩羅
哩多尾邏引娑那弥帶二引那摩引
弥婆誐嚩當三弱吽引鑁引呼四引呬
呬呬呬五鉢囉二合帝引蹉酤穌給引
惹里那引他六
擲花作礼已　依金剛薩埵　如作灌頂勢
持金剛鈴杵　誦灌頂三昧　其灌頂明曰
唵引薩哩嚩二合沒馱嚩囉囉怛那二合
撒左野一句鉢囉二合怛踰二合鉢多二合
祢吽摩酤吒引野那摩二阿毗詵左
給三引鉢囉二合嚩囉嚩日囉二合達
嚂四室哩二合引嚩日囉二合薩埵三摩
野薩怛鑁三合摩旅呼郍切五
杵表真實理　振鈴為法音　三昧是大印
安住誦心明　持此鈴杵者　即成金剛手
是大阿闍梨　金剛手無異　此最上祕密
三種三昧法　成就曼拏羅　最勝無倫比
復說成就法　最甚深究竟　由究竟法故
得決定成就　若復有行人　三業不清淨
未得成就者　皆悉得圓滿　行人當依法
覓作菩薩像　塑畫或雕鏤　於菩薩像前
獻種種供養　執金剛鈴杵　以三種三昧
請佝召大明　依儀軌作法　所有三三昧

諸鉤召大明皆以鉤召印亦用最上明
而彼大明曰
薩哩嚩二合怛他引誐多烏多摩悉
馳引哥哩沙二合拏二句鉢囉摩囉喝
寫三摩野二嚩日囉二合儗覩鉢賀
引囉弱三鉢囉摩馳嚩日囉二合達
囉四嚩日囉二合薩埵薩穌亢鉢囉
二合沒馳五穌囉多薩怛鑁三合摩欲六
鉢囉二合底沒馳沒馱四吽七嚩囉嚩
日囉二合哥里摩二合鉢囉摩引叉囉八
惡叉爍婆嚩九鉢囉二合悉地穌珂驗
摩那寫十三摩野　馳悉馳鉿引
鑁十一鉢囉摩引薩毋哩底二合達囉
十二薩哩嚩二合踰誐尾惹踰蹉囉二合野
十三鉢囉二合嚩囉戍地穌契婆嚩十四
鉢捺摩二合囉引惹四呼引十五鉢囉二合
嚩囉鉢覽鉢囉摩十六薩哩嚩二合悉
地鉢囉弥說囉十七鉢囉二合婆嚩
呬珂誐哩婆二合十八薩多且薩蜜哩二合
馳弥十九弱吽鑁呼引二十虎盧虎盧
二十一悉馳薩嚀引哥哩口二合覩二十二摩
賀引三摩拽二十三薩哩嚩二合怛他引
誐多三摩野二十四穌囉多薩怛鑁二合

摩欲二十五
根本大祕密三種三昧法然當依本尊
成就諸供養以供養大明而作歌舞等
即說諸如來聖最上成就大供養儀軌
大祕密三昧金剛歌舞等最上大明曰
薩哩嚩二合引穲囉引誐穌珂三摩那
三引一句怛鑁二合嚩日囉二合薩埵穌
囉多二三摩爍婆嚩弥三摩賀引穌
珂担哩二合除蹉囉二合野捺四鉢囉二合
底鉢馳悉馳左五羅虞鉢囉二合拏
多六
最上大祕密三種三昧法安住諸成就
此大法儀軌如彼本尊法用印亦皆然
持誦於心明即說諸如來安住成就法
最上真實義大祕密三昧金剛歌舞等
諸大勝法明而說彼明曰
唵引阿引哥引輸怛波二合捺唧賀
那二合埵引一句捺那引祢你馱那鉢覽二
摩賀引嚩日囉二合三摩野薩怛侮
二合引三嚩日囉二合薩埵鉢囉二合悉馳弥
四薩哩侮二合怛摩摩賀引悉地五摩
哈說哩也二合引地乃嚩多六薩哩嚩二合
嚩日囉二合馱噜囉引惹引七悉馳弥

鉢囉摩引叉囉八你哩祢二合設設引
說多室左二合悉九薩哩嚩二合囉引
誐引穲囉引誐拏十怛怛尾二合引那
悉馳婆誐鑁十一摩賀引囉引誐摩
賀引囉多十二阿爹爍二合怛戍馱薩
哩嚩二合十三誐囉阿祢目訖多二合薩怛
二合他誐多十四三滿多婆捺囉二合薩哩
嚩引二合怛摩二合十五引冐地薩埵鉢囉二合
悉馳弥六引十薩哩侮二合怛摩摩賀引
悉地十七哩摩二合哈說哩也引二合誐囉
合母捺囉二合野八引十悉馳嚩日囉
二合摩呼引怛哥二合哩沙二合十九嚩日囉
二合誐哩嚩二合阿鉢底摩摩二十
此根本大明　真實之理法　若人依法誦
是人成諸聖　得聖財自在　能成諸難事
此金剛薩埵　成最上祕密　播諸大成就
依勝法儀軌　速召金剛手　所成就諸法
而集大富樂　此勝法當就　即見衆色光
或出餘祥瑞　阿闍梨見已　即獲大富樂
諸儀軌成就　皆隨心所作　此名為根本
三種三昧法　作此成就事　諸賢聖降臨
依此本尊法　諸賢聖亦然　歌舞等諸儀
亦同前本尊　本尊生警寤　當以根本明

振鈴及歌舞　而以羯磨印　或用三昧印
如是諸儀軌　以金剛入悟　皆當令警覺
成一切三昧　出過本尊法　此最上祕密
三種眞實法　金剛歌舞等　是爲最成就
行人作法者　當隨意隨力　選擇殊勝地
宫殿及園林　或寶或衆花　嚴飾其勝地
行人當沐浴　著新淨妙衣　然後安尊像
彩畫或塑像　敷設布壇場　依法嚴佛事
行人於像前　以本尊儀法　持金剛鈴杵
而作於警覺　鉤召各安置　供養作成就
既作成就已　於四威儀中　語言及戲笑
處處皆隨意　最上祕密輪　隨所欲皆成
諸成就自在　脱老病死苦　即如金剛手
是金剛部王　一切印自在　其相不可見
解脱諸禁縛　攝一切有情　能作大主宰
善爲諸成壞　作一切愛敬　諸成就最勝
世間大自在　最上第一樂　如清淨蓮海
若能修習者　是即建法幢　高顯出三界
皆得善勝利　如是金剛手　説根本最上
三種三昧法　供養成就儀　及諸鉤召等
祕密大安樂　諸佛皆隨喜　金剛手心印
攝諸衆生心　是金剛薩埵　廣修普賢行
自在若虚空　從自性眞理　一法生無邊
如清淨蓮海　此最上妙樂　甚深大祕密
能作諸成就　是建妙法幢　獲如是成就
最上妙法樂

佛説最上根本大樂金剛不空三昧大教王經卷第五

佛説最上根本大樂金剛不空三昧大教王經卷第五

校勘記

一　底本，金藏廣勝寺本。
一　九八四頁中一一行末字「印」，麗作「明」。
一　九八五頁中一八行第六字「痏」，資、磧、普、南、徑、清作「病」。
一　九八五頁下二行第六字「病」，資、磧、普、南、徑、清作「痡」。
一　九八六頁上四行「標幟」，資、磧、普、南、徑、清、麗作「幖幟」。下同。
一　九八六頁中一行末字「印」，麗作「曰」。
一　九八六頁中六行末字「拏」，麗作「事」。
一　九八六頁中一九行第三字「今」，麗作「令」。
一　九八六頁下一行「印明」，徑作「明印」。
一　九八六頁下一二行第四字「説」，石、麗作「諸」。
一　九八七頁中一一行第一四字「標」，石作「幖」。下同。
一　九八八頁中二行第二字「結」，資、磧、普、南、徑、清作「給」。
一　九八八頁中二一行第一一字「羅」，磧、普、南、徑作「儀」。
一　九八八頁下一二行「大主」，資、磧、普、南、徑、清作「大王」。
一　九八九頁下二一行首字「竟」，諸本作「先」。
一　九九一頁上二〇行「三種」，資、磧、普、南作「二種」。

佛說最上根本大樂金剛不空三昧大教王經卷第六　轂

西天譯經三藏朝奉大夫試光祿卿明教大師臣法賢奉　詔譯

一切如來大三昧曼拏羅儀軌分第二十二

尒時金剛手菩薩摩訶薩復說諸佛大三昧法弟子灌頂儀軌凡當欲受諸佛大三昧祕密灌頂法者先須發起諸佛最上祕密阿耨多羅三藐三菩提心等同諸佛自性清淨阿闍梨先授弟子此最上祕密心明曰

唵(引)薩哩嚩(二合)踰(引)誐哥(引)野嚩(引)訖哪(二合)多毋怛波(引二合)捺夜(引)弥(一句)

授此菩提心明已即得諸佛不退轉地降伏一切邪魔外道即成諸佛菩薩次授此明曰

烏怛波(二合)捺曳捶波囉鉛冐地喞多摩耨多囉(一句)嚩日囉(二合)摩馳寫鉢囉(二合)底瑟吒(引二合)必煬(二二合)紇哩(二合)捺曳(引)紇哩(二合)捺曳(引)那覩(三)穌囉帝(引)三摩野薩怛嚩(三合)呼(引四)嚩日囉(二合)悉馳野他(引)穌元(五)

授此大明已欲求最上成就法者金剛手菩薩皆悉施之阿闍梨當依法傳授弟子令其弟子以淨帛覆面手持種種妙花然後引入曼拏羅内弟子當一心懇切發大誓願將所持花任意散擲隨花墮處即是本尊得本尊已乃去其面帛時阿闍梨即依佛部灌頂法以金剛淨水灌弟子頂次授三種三昧法然後授其三昧誓曰

汝受灌頂已　常住於三昧　即成一切法
此金剛鈴杵　當執持信受　住堅固三昧
發起(上)真實行　今此所傳授　祕密灌頂法
諸佛之密印　若生輕慢心　即墮於地獄

說此誓已即以金剛杵授其弟子為說持金剛杵明曰

唵(引)薩哩嚩(二合)怛他(引)誐多(一句)摩賀(引)三摩野(二)怛捶(引)地鉢底捶(引)摩阜誐左(引)弥(三)摩賀(引)嚩日囉(二合)達囉(四)伊捺旦薩哩嚩(二合)沒馱怛鑁(二合五)嚩日朗(二合)嚩日囉(二合)達囉寫咄(六)捶野(引)畢醯薩捺(引)馱哩煬(七二合)摩賀(引)嚩日囉(二合)達嚩沒囉(二合)多弥底(八)多祢難多薩哩嚩(二合)怛他(引)誐多(九)鉢囉摩摩賀(引)冐地喞多(十)摩寫(引)鉢哩多(引)誐(十一引)捺寫薩捺(引)馱(引)囉拏弥底囉喝薩煬(十二二合)醯(引)嚩日囉(二合)誐哩嚩(引二合)地鉢底(十三)室哩(引二合四)嚩日囉(二合)那(引)莫悉馳三摩野薩怛鑁(三合十四)普哩普(二合)嚩莎(十五)

傳此明已當隨弟子本尊灌頂而為立名立其名已至于菩提道場不退轉於阿耨多羅三藐三菩提故所以者何但由受此三種三昧法故此三昧法者實無所有不可得知大樂金剛薩埵普賢之行根本最上所出生故為說此最上(上)真實五種祕密法已復誡其弟子曰

此法最上是三有主　一切自在首無上真實道　諸佛如來清淨自性了一切眾生自性清淨故　三有自性亦清淨顯(上)真實理此最上祕密法即是金剛鈴而能覺悟諸佛如來及諸賢聖是法供養復能覺悟一切法復以此法覺悟諸有情銷除一切諸業障此名金剛覺悟法能作成就敬愛等事清淨三有最妙方便汝當於此最上祕密三昧諸儀軌中

深生信受此法於三有中能盡諸苦際令獲諸妙樂是大方便教而利益世間信受行之決定眞實行人修習此勝法者設在五欲受諸樂境但能依法修行而無障礙何以故一切如來無比祕密最上大乘妙三昧法是故應當勤修行之若不違此諸佛如來密印三昧者是人必住堅固地生不退心是名金剛薩埵得證阿耨多羅三藐三菩提即說頌曰

菩薩住世間　無量無數劫　為諸有情故
作廣大利益　住方便三昧　成就大福業
持明大自在　欲利益衆生　以此三昧法
隨意皆得成　設有罪業者　亦無諸障礙
當得成所欲　是金剛部王　最上自在者
盡成諸密法　若依此法行　能利益自他
善印於諸法　及作諸成就　決定皆圓滿
作諸相應法　得盡苦邊際　而獲無量樂
如是金剛手　祕密金剛杵　若能手持者
護諸成就事

復次阿闍梨當為弟子授記依諸佛金剛灌頂授記儀及用諸佛大印法弟子得記已即離諸有趣入諸佛境

界即說授記明曰

唵(引)伊數(引)欣咩(引)哥嚕弥怛鍐(二合引一句)嚩日囉(二合)薩埵薩怛(二合)他(引)誐多(二)娑誐鍐(引)訥哩誐(二合)多踰(引)特哩(二合)爹(三)遏典多婆嚩悉馱曳(引四)係(引)嚩日囉(二合)那(引)摩怛他(引)誐多(五)悉馳(三)摩野薩怛鍐(三合六)普哩普(二合)嚩莎(七)

若人得此諸佛授記大明印尊重信受是人即得諸佛如來諸大菩薩金剛手等皆悉降於曼拏羅授與阿耨多羅三藐三菩提記是人得受記已諸佛如來大菩薩衆皆悉敬愛施諸成就法諸佛如來安住法界猶如虛空廣大無邊是時諸佛同時安慰咸皆稱讚作如是言此阿闍梨得諸佛三昧同諸如來若人得此最上祕密安慰稱讚者所有一切罪業應時銷散滅盡無餘永離苦惱諸天不能見所行無畏盡三有苦成最上法而此最勝調伏之法常當護持安于三昧是即諸佛平等宣說不應捨離菩提之心金剛密印定成菩提此諸佛法

勿暫棄捨設有迷惑縱捨已身不得暫捨諸佛最上之法金剛鈴杵及諸密印亦勿捨離而生輕慢敬阿闍梨等同諸佛若輕阿闍梨者是輕諸佛當受衆苦無有威德被諸瘧病惡毒拏吉你魅宿曜執持及諸魔衆如是災害常所嬈亂命終之後當墮地獄是故當知阿闍梨者是為大師常當尊重愛敬供養如前所說衆苦惱等皆不能侵應當恭敬供養阿闍梨何以故此阿闍梨經阿僧祇俱胝劫數實難值遇由此阿闍梨開發菩提道得成佛果是故弟子依本法儀而常供養是即供養諸佛如來故成最上法見獲善果與諸賢聖等無有異見受灌頂證法王位作三界主降伏魔軍住寂靜地佛果菩提定無疑惑金剛手菩薩如是說此一切如來及諸菩薩灌頂曼拏羅已復作是言如先所說一切如來最上祕密安慰住一切如來三昧阿闍梨及弟子令發大菩提心即住不退地應當觀想如佛最上究竟所以者何謂阿闍梨及弟

子能發諸佛最上大菩提心由此發大心故即住不退地無復退轉由不退故決定證於阿耨多羅三藐三菩提由是見在證菩提故未來決定平等證彼阿耨多羅三藐三菩提

又復阿闍梨及弟子所有金剛薩埵相應之法皆悉具足所以諸佛如來以最上秘密而作安慰

又復如先所說住諸佛如來三昧者即證阿耨多羅三藐三菩提所謂諸佛如來根本三昧是最上成就法若住此三昧者即證諸佛如來是故若欲盡諸苦惱應於阿闍梨生貴重心常作護持信奉稱讚愛敬供養盡其形壽無暫懈退復令他人轉生信重承事供養當知此阿闍梨已具金剛三業常住諸佛三昧最上究竟此大秘密法唯除邪魔外道及聲聞緣覺等勿令傳授金剛手菩薩說此諸佛及諸菩薩真實法已復說頌曰

當於阿闍梨　起大信重心　其阿闍梨者

是無盡三昧　最上大樂本　諸佛等無異

由阿闍梨故　獲最上究竟

復次阿闍梨但當受諸富樂及種種飲食上味乃至歌舞戲笑等事而依法持誦用根本印作秘密供養得所求成就即說金剛薩埵秘密歌舞等供養明曰

吽引

諸佛如來秘密供養明曰

阿

降三界尊秘密供養明曰

呬引

蓮華藏尊秘密供養明曰

怛囕二合引

虛空藏尊秘密供養明曰

朅

如是等供養以此五心明得成秘密供養法

復說最上秘密呲首印供養及金剛薩埵等諸賢聖儀軌幖幟印法所有幖幟皆以金銀及吉祥木等各依本法而作安於曼拏羅是時弟子依呲首印法當作供養由此呲首儀故弟子所有苦惱瘧等諸疾惡毒拏吉你魅惡曜執持諸魔災害惡趣等業皆悉銷滅增長善業得究竟相應諸佛無上菩提依此金剛薩埵最上秘密呲首印供養儀所有諸賢聖各以入三昧歌而作供養是名一切呲首三昧最上成就供養即說根本金剛薩埵羯磨部入三昧金剛歌曰

薩哩嚩二合引耨囉引誐穌珂素引摩那散怛鑁二合一句嚩日囉二合薩埵穌囉多三摩野婆嚩弥二摩賀引穌珂涅哩二合除引卒野捺三鉢囉二合底鉢毂悉馳左羅具鉢囉二合挐多四

復說一切如來部最上秘密入三昧金剛歌曰

嚩日囉二合薩埵僧屹囉賀一句

嚩日囉二合囉怛那二合摩努多囉一句

嚩日囉二合達哩摩二合誐引野乃一句

嚩日囉二合羯哩摩二合羯嚕婆嚩一句

復說一切金剛部最上秘密入三昧金剛歌曰

吽引嚩日囉二合哥引哩母二合哥設囉引野那摩一句

室哩引二合嚩日囉二合囉引誐三摩夜野那摩一句

揭播誐引嚩日囉二合補羅夜野那
摩一句
室哩引二合嚩日囉二合健吒葛羅婆引
野那摩一句
復說一切蓮華部最上祕密入三昧
金剛歌曰
聒唧捺阜嚕捺囉二合嘮捺囉二合多
羄句一毋誐囉二合惹那引穌喝哩二引鉢
囉二合鉢翰西聒唧捺阜帝乂拏二合
作訖囉二合達囉毋哩底二二合惹誐地
你野散多多四聒唧捺鼻騷摩也二合
扇引多嚩布囉乂囉難五哥摩攞
摩那寫吠六聒唧捺阜祢引鉢多二合
哥引摩三摩野引鉢囉二合悉馳七
摩摩鉢捺摩二合囉引惹呬八
復說一切寶部最上祕密入三昧金
剛歌曰
薩哩嚩二合引阜尸哥鉢囉弥說囉多
句一僧悉馳左引乂野你地二鉢囉摩
薩哩嚩二合引誐囉二合計覲三尾惹踰
蹉囉二合野多四室哩引二合嚩日囉二合
囉怛那二合麥嚩弥穌珂捺五
復說摩度迦囉三尊歌曰

普哩普二合嚩莎一句
復說四賢聖歌曰
紇哩二合吽室哩二合毗踰二合一句
復說諸龍王歌曰
普普
復說金剛手大藥剎主諸閉伽供養
金剛歌曰
薩哩嚩引二合哩伽二合曼拏羅祢難一句
嚩日囉二合達囉引訖囉二合摩二尾
摩哩捺二合尾吉囉尾吉囉三伴儒
仁祚切蹉引捺野那引設野四喝那捺喝
鉢左五娑悉弥引二合俱嚕骨嚕二合欶
六吽哥引囉摩引怛哩二合拏盎七
復說最上自在大曼拏羅最上祕密
入三昧金剛歌曰
聒唧捺摩朗羄曼拏羅薩喝薩囉二合
嚕左引嚩布沙引尾囉引惹西句引鉢
囉二合羅野那羅引哩哥二合酤致哥
囉奔惹摩賀婆野祢引必底二合那
引聒唧二聒唧捺尾哥引底祢必底
二合穌珂扇引多摩那引祢惹那嚕鉢
馱引哩拏三引薩哩嚩二合惹誐蹉摩引
哩閉二合多穌嚕鉢勑哩二合多引達

囉播引尼那引聒唧四誐誐那弥嚩
薩哩嚩二合僧悉體覲惹誐旦尾那
踰翰覲尾戍達那引野五怛鍐二合
嚩日囉二合薩埵悉馳摩拽尸沙尾
那野尾捺誐馱二合薩穌契毗藥二合六
復說最上祕密儀中最上祕密三種
三昧金剛歌曰
唵引鉢囉二合尾設婆誐鍐一句摩賀
引穌珂謨引乂布囕二薩哩嚩二合悉
提穌珂波囉摩囕摩楊三二合波囉摩
穌枯引怛摩悉赧四引嚼吽引鍐引呼引
鉢囉二合悉馳莎五
以如是等最上甚深祕密三種三昧
眞實理金剛歌而作供養所求成就
皆得圓滿此一切如來最上祕密諸
儀軌中大毗首三昧供養以此供養
者金剛薩埵即時降赴得毗首相應
自在成就即說頌曰
此根本儀軌　善作諸事業　大祕密神通
能建大法幢　得無盡義味　果決成就事
獲具足聖財　圓滿究竟法　毗首大祕密
難成者能成　所有三摩地　靜住自在樂
得心之所欲　一切無罣礙　設或世間人

不修諸福業無其勝善力以罪業障故入此曼拏羅求所作成就依根本儀軌隨意所願樂皆悉得圓滿此法殊勝力諸法無能勝設復越三昧及造諸罪業或宿曜加臨若諸魔嬈事入此曼拏羅所作皆成就依法得大利若或未曾入成就曼拏羅若作此壇法兩寶勝數倍

一切相應儀軌分第二十三

尒時金剛手菩薩復說一切如來三種大三昧最上祕密成就法三種大三昧者所謂佛寶法寶僧寶是大妙樂是大究竟最上寂靜平等安住諸法出生若有行人依法造幢像內畫三寶如菩薩相被金剛甲執金剛器仗持衆妙寶以此畫像即成最上曼拏羅然後選擇勝處宮殿精舍嚴飾其地香花羅列行人依法而作成就即得圓滿即說一切如來三種大三昧最上心明曰

唵引部引元一句

說此明已復說此大明曰

怛摧那婆誐嚩覩醯一句冐地薩埵薩怛二合他誐多二稱捺哩二合瑟致二合難

醯多引哩他引二合野三你哩銮哩二合三釘捺哩設二合煬爹弥四阿尸沙屋那踰女誐五祢哩二合荼你室左二合野嚩哩弥二合多六引阿顛多婆嚩嚩引薩引誐囉二合七你嚩馱哥嚩左引捺野八怛哩二合囉怛那二合多引目鉢誐多九引沒馱達哩摩二合誐拏引伊底十阿顛多婆嚩僧悉馱十一尾戍馱室哩二合哥囉引鉢囉二引十伊底薩哩嚩二合怛他引誐多鉢囉摩虞四也二合嚩日朗二合十三阿他鉢囉摩虞四也二合達哩摩二合十四多引健吒引阿引哥引舍洛义赦十五薩哩嚩二合摩引哥引啇左引必也二合洛义赦十六阿引哥引舍三摩多引踰引誐引十七薩哩嚩二合誐囉二合三摩多引塞普二合致引底十八鉢囉二合倪也二合播引囉銮多十九引阿他摩賀引三摩野嚩囉弥底二十二薩哩嚩二合部引件引鉢部凝薩覩二合細引咩摩引乃毖摩引咄摩二合那二十一底哩二合囉怛那二合布引惹引波嚐摩引葛嚕弥引底嚩捺引摩賀弥底二十二

如是諸佛心明能作成就法以此方

便設諸儀軌依法而作隨意成就若人設受五欲樂建此曼拏羅隨其所願皆得成就

又復此諸佛最上祕密三種三昧心明及印相等法當傳諸弟子亦令隨意而求成就若時弟子依此祕密儀當設種種微妙供養於佛法僧及阿闍梨以殷重心求諸成就若自作若為他作皆令得成

復說金剛手忿怒明王最上祕密儀行人依本法畫忿怒明王色如金剛火大日輪坐衆色蓮華於蓮華上明王左右畫四親近菩薩其左一作緑色第二作金色其右一作紅白色第二青白色復於左右畫四菩薩各持本幖幟謂金剛杖輪鈴幡等各作喜怒相安住本法即說彼心明曰

吽引一句烏波紇哩二合捺野四引二

行人當手持金剛鈴杵誦此心明安置賢聖時即得幢像法圓就如是安置已即成最上祕密曼拏羅然後依儀法當誦三昧明曰

䶎爹囉引瞿捺婆二合嚩骨嚕二合馱一句

嚩日囉引二合儗儞二合塞健二合馱毋哩多
二合野二鉢囉二合祢引鉢多二合嚩日囉
二合摩賀引蹫誐三拏引吉儞也引二合薩
哩嚩二合覩入嚩二合攞伊底嚩日朗四二合
阿他達哩摩二合阿引哥引舍洛乂
赧五薩哩嚩二合摩引哥引啇左引
虌洛乂拏六摩引哥引舍三滿多蹫
儗七薩哩嚩二合弥嚩引怛囉二合娑引
達曳八薩哩嚩引二合哥引舍引誐囉二合
蹫儗那九薩哩嚩引二合哥引舍弥底沒
嚕二合鑁十毋捺哩二合旦嚩日囉二合毋
捺囉引二合阜十一怛哩二合路哥摩畢娑
乂曳祢底十二
此金剛賢聖最上祕密三昧明誦已
然後依如來部儀軌而用本印獻金
剛歌舞等供養行人依法作此成就
者悉得如意
復說觀自在菩薩最上祕密調伏儀
行人當作幰像內畫觀自在菩薩如
閃電光輪作金剛舞勢具足百臂圓
如輪相手持蓮華等諸幖幟於菩薩
周匝畫顰眉等賢聖皆作忿怒相亦
持蓮華并諸幖幟如是依法畫已即

成曼拏羅然後於像前誦此一切法
金剛三昧明曰
怛堆那婆誐鑁引沒馱一句阿嚩路
吉帝說囉二哥嚕底尾那蹫播引
野三戍地訖哩二合拏引鉢囉二合那
哩底二合多四弥底鉢囉忙嚩日朗五二合
拽他引囉葛旦二合醯哥摩朗六囉
引誐奴曬哩那二合綠虌帝七哩嚩引二合
薩奴曬哩嚩二合虎尾臺八薩怛二合
他引戍唐怛哩二合馱引覩引哥九
弥底鉢囉摩虞四也二合達哩摩二合
多十健乇引曳那曳乃嚩尾地那十一
惹誐地那野摩引嚩四鉢捺摩二合
戍勳誐囉二合蹫誐引怛摩二合十二引帝
那帝乃嚩輸達曳祢底十三
如是一切法金剛三昧大明誦已依
蓮華部法作種種供養所作皆成就
復說虛空藏菩薩成就一切儀軌幰
像法當於幰內依法畫大日輪於輪
中畫虛空藏菩薩身如瑠璃色而坐
衆色蓮華於其華上菩薩左右畫四
親近菩薩謂灌頂菩薩寶藏菩薩寶
幢菩薩大供養菩薩如是畫已即成

最上曼拏羅此微妙金剛大日輪普
照如來虛空藏菩薩善滿一切願法
寶祕密鈴菩施一切欲所有勝義意
願最上成就等皆由此法獲諸解脫
妙樂遂諸意欲若自作或為他作悉
皆圓滿此最上三昧以此法故速能
成就金剛薩埵此法於諸儀軌中成
就最勝故
復說一切成就金剛薩埵最上大印三
昧儀軌若有下根衆生造諸罪業作
不饒益行者見此法已罪業銷滅得
成大菩薩而能饒益衆生起大方便
如金剛薩埵住堅固眞實三業不越
於三昧安住金剛界然後當傳大印
受大印已獲得一切成就此大印法
至如諸佛亦不敢越於三昧諸求金
剛薩埵乃至求成佛者縱經俱胝劫
而不能得若以此最上大印力故速
能得成就諸佛菩薩而能隨其所
化衆生所有意願當為說諸成就法
此大印者是大方便善能圓滿諸法
故所以者何結此大印時諸佛菩薩
皆悉雲集於剎那間施諸所欲如是

施巳復讚歎言金剛薩埵是最上善巧微妙甚深廣大清淨無所有性無盡無竭最上至極出生盡虛空界大樂適悅決定不空盡諸衆生最勝成就是大自在以微妙字出生一切義以金剛覺悟法令諸衆生悟最上大樂以金剛祕密具令諸衆生安住第一法即說一切如來三昧成就最上祕密儀行人常於清旦時依法結大印持誦心明即得成就一切印

又復最上祕密成就法行人依法執金剛鈴杵當誦三種三昧明所求成就皆得圓滿

又復依法執持金剛鈴杵當結毗首印持誦明者即得諸印相成就其身得如金剛薩埵所有大自在成就法皆悉施之其諸印相速得圓滿乃至諸成就法皆亦得成隨其意願無不成者

復說最上祕密一切相應儀軌法門

所言相應者謂諸法之用謂從相應法出生諸界故云何出生謂從本尊正念出生故又復云何名為相應謂

即語也語體即聲聲者即大相應理也相應理者即是本尊正念由是相應是即本尊出生本尊出生故是名相應成就又此相應者所謂聚集相應一切印法相應等言聚集相應者謂諸法和合是名聚集相應譬如世間多財聚集諸法和合亦復如是聚集一切印法三昧等是名聚集相應又復一切印法相應者謂十方諸佛如體如相名一切印法此用者即最上成就故謂諸賢聖所有本印由此本印當各用故從是出生大相應法最上祕密成就行人當觀如本尊印法相應次想已身亦復如是即得圓證諸佛菩薩位故諸最上祕密成就儀是甚深最上成就法當如本尊相應攞大毗首印行人當觀已身亦復如是得成微妙字此諸法中最勝是大毗首三昧最上相應攞諸悅樂法又此最上祕密成就儀法中最上成就法當如金剛薩埵根本相應如體如相行人當想已身亦如是得成微妙字義由是獲諸佛清淨三昧即成一

切相應主諸成就中最如是相應法諸有所作無不成者設受五欲樂但想如本尊相應此即一切如來最上祕密無上大乘清淨大三昧所有諸如來大樂根本相應即是金剛決定三昧此相應法是大良藥有最勝功能故是成就中一切得自在行人當知若修此相應者即得如金剛薩埵精進悅樂而能增長色力壽命所有一切成就儀法於剎那間皆悉圓滿何以故修如是相應大印住如是相應即依本尊相應成就儀而作相應三昧成就事故又復行人當知心如幻化而無定止身如器具造作所成身非覺知與心相離故亦非相離故此印法相應亦復如是譬如色心之法本非一故身心合和作諸事業印法相應和合亦尔如是三昧及此相應乎作成就若諸行人以無我法修諸相應成就事者此諸行人即是如來

又復一切印相應者謂印體具大樂堅固由是大樂堅固成就諸樂相應

事若諸行人勤求此最上秘密成就法者但當精進發菩提心至意專勤勿以苦節加行而令疲極則生退轉但以悅樂心與大樂相應當作成就是名一切印相應法

又復樂相應者能作成就事謂諸樂法隨宜而受如本尊相應大樂法故一切如來最上秘密無上大乘大教王是金剛薩埵最上大樂相應法故

又復一切適悅相應者謂一切三昧相應成就故行人修此法者當與適悅心相應何以故若勤苦加行即於自體而生困苦由是於法而生散亂不能專注作諸成就是故修相應行者隨意隨力而於飲食受用乃至四威儀中戲笑語言於一切處無復罣礙設有未入曼拏羅及有諸障惱但當依本尊相應行修成就法者於剎那間皆悉圓滿此大欲樂三昧自在主諸金剛部王若求證諸佛及諸大菩薩由此相應法尚得成就何況求諸成就事此決定成就法一切皆得成能成諸密印能盡苦邊際以此相應

微妙是名金剛薩埵最上適悅法

又復一切堅固相應者謂一切法自性堅固原始至終唯一真智自性堅固自體無別故

又復一切堅固授記相應者謂依本尊相應大智方便當作一切法求諸成就事決定圓滿是為堅固授記相應又最上秘密堅固授記相應者即金剛薩埵大相應法作諸供養求種種事皆得圓滿是名授記相應即說頌曰

此真理最上　微妙相應法　甚深秘密中
最尊勝無比　若大阿闍梨　及上智弟子
有大菩提心　授此相應法　若遇無智人
雖受樂成就　於法無信解　勿得傳授之
此法非難成　非勤苦加行　但依法軌儀
而善作成就　起精進所修　是人獲大利
解脫諸魔事　諸天不能見　是金剛薩埵
成佛菩薩道　此最上相應　皆悉得圓滿

佛說最上根本大樂金剛不空三昧大教王經卷第六

丙午歲高麗國大藏都監奉
勑雕造

佛說最上根本大樂金剛不空三昧大教王經卷第六

校勘記

一　底本，麗藏本。

一　九九二頁上一四行「菩提」，徑、清作「菩薩」。

一　九九三頁上二〇行首字「護」，資、磧、普、南、徑、清作「獲」。

一　九九三頁中一三行第一三字「施」，資、磧、普、南、徑作「於」。

一　九九四頁中一九行首字「幖」，石作「標」。

一　九九四頁中二二行第六字「瘧」，資、磧、普、南、徑、清作「瘧」。

一　九九八頁中七行第六字「諸」，清作「謂」。

一　九九八頁下六行第一〇字「藥」，普、南作「樂」。

一　九九九頁上一五行「受用」，石、資作「授用」。

佛說最上根本大樂金剛不空三昧大教王經卷第七　轂

西天譯經三藏朝奉大夫試光祿卿明教大師臣法賢奉　詔譯

最上成就印相分第二十四

尒時金剛手菩薩宣說此決定不空最上善巧微妙廣大不可思議甚深之法所有盡無盡成就法皆悉能成行人當隨意隨處結跏趺坐心意調柔然後以左手結堅固一切智印安於左胯之側右手戲擲金剛杵以金剛三業成就故是即金剛薩埵依如是法儀速成堅固不退乃至諸大菩薩及如來地於諸成就得大自在如是金剛薩埵一切處堅固行人設復未入曼拏羅修此大印者得諸佛恭敬供養獲一切聖財大樂自在此大祕密印三界中最上成就此大印與金剛薩埵等無有異所有諸成就及種種事業大妙樂等以此大印故皆悉圓滿所求之法無不成就

復說金剛薩埵根本大印以此印故於一切曼拏羅所有三昧鉤召入啗敬愛等種種成就法皆得圓滿亦名金剛祕密三昧印其印當十指相合名爲金剛合掌又復十指相交如拳名爲金剛縛以此金剛縛展二頭指及二拇指復屈二中指入於掌内與二拇指相捻二頭指平正如金剛杵是名金剛薩埵根本大印即此根本大印復二中指如鉤安於本心如作鉤召勢是名金剛鉤印此金剛鉤印與金剛薩埵作大愛樂若用此鉤印及心明作鉤召時金剛薩埵生大愛敬速降曼拏羅當得金剛薩埵大欲大樂如是鉤召已所有一切如來及諸菩薩乃至一切有情悉皆平等速得鉤召若鉤召不降赴者速得破壞

復說大樂金剛三昧心關伽印先當二手作如金剛鈴相然結前金剛印後以二中指如花枝當以心明加持以此三昧關伽印若授灌頂者是人得一切自在此印功用亦如前印於一切法皆得用之

復說入曼拏羅幡印當右手竪三指如幡拇指與小指頭相捻作嬉戲歌

舞入於曼拏羅而先頂礼本尊若結此印入曼拏羅者即成金剛阿闍梨定成供養事然後隨力隨意以香華標幟等當獻供養復用結幡印頂礼於本尊而發是言我今頂礼本尊言已即作金剛合掌安於頂上頂礼金剛薩埵及諸如來而伸稱讚然後二手作金剛縛拇指相交各屈頭指安自頂上如戴寶冠復改金剛拳於頂左右而作繫鬘相復如垂帶勢作是印法已當想如金剛薩埵授已灌頂然後以大樂金剛甘露水自灌其頂作灌頂已所有金剛阿闍梨法皆得成就

又復若爲弟子授灌頂者當以金剛合掌作頂礼印以衆妙花授與灌頂如是印法及諸曼拏羅儀即成一切成就自在是名金剛薩埵印成就儀

復說印法若欲召請金剛薩埵者行人當跏趺而坐結大樂祕密金剛鉤印及誦心明而作鉤召然後依法獻種種歌舞等供養而伸稱讚復結嬉戲印作礼持誦以金剛歌舞等供養故所作之法即得成就即說最上祕密金剛歌曰

薩哩嚩(二合)努囉(引)誐穌珂素(引)怛摩(二合)那娑(引一)(句)怛鑁(二合)嚩日囉(二合)薩埵波囉摩穌囉多(二)娑嚩弥(引)摩賀(引)穌珂涅哩(二合)除(引)薩囉(二合)野捺(三)鉢囉(二合)底鉢爹悉馳左羅具鉢囉(二合)拏多(四)

如是金剛歌若常讚詠者得大樂尊堅固愛敬作諸成就此大祕密歌常持於本心若於讚歎時令脣齒相合依諸儀軌不離金剛語善成諸部法詠吽字等歌隨力而作隨其所欲以調順語葉微出其聲令梵音和雅歌詠金剛薩埵法此最上成就歌當於一切處隨意持誦當用金剛薩埵大印其印左手作智拳右手持金剛杵以此印明當作成就法

如是等印皆依本尊法及用心明所作皆成

復說一切如來印相其印以二手先作一切如來金剛智拳如金剛寶灌頂法而作灌頂灌於五處復作合掌如供養勢磔開其手却作二拳左拳向外竪立頭指右拳向內安於本心成印此一切如來智拳大印是決定不空結此印時獲不退地當證阿耨多羅三藐三菩提是人不可見遠離諸禁縛乃至諸魔軍亦不能嬈亂又復結此印者當觀如佛若供養此人當如供養諸佛菩薩如是大印儀所有三昧印蓮華印金剛印皆亦如是

所謂羯磨印者先二手平仰二拇指舒向於頭指安於本心已復作如寶灌頂成印

又復如前二手平仰各微屈頭節二中指相結如金剛蓮華即成法印即說此印明曰

阿(引)吽(引)怛嚩(二合)(引)紇哩(二合)(引)吽(引一)(句)

又復改羯磨印以左手作金剛拳屈拇指入拳內此成一切如來智拳大印

又復以右手如捻衣角鉤於本心而復展手作觸地相此成降諸魔軍印

又復不改此印而復仰手成印是名出生印亦名施願印亦名授記印復

以此印作捻叉角如開蓮華勢成印是名出生法印亦名清淨諸法印復以此印豎三指如幢即成幢印結此印時所有願求決定成就

復說一切如來智拳大羯磨印成就若用此印安病人身其病即差若安於心諸毒銷除乃至邪印法等悉皆滅壞即說明曰

唵引吽引句

用此明同前羯磨印法功能成就若結印持誦此明旋轉於身獲大辯才所有一切如來最上大密印悉得堅固如是若安於諸根得諸根圓滿若繫念諸佛已旋轉諸方復安於本心或自求成就或為他作皆悉得大悅樂乃至證佛菩提若結此印觀想諸佛當了五蘊如陶師輪然後身作礼敬口誦大明一心正念觀想住於捨念戒精進慈定智惠方便力堅固出生陁羅尼門滿足十地行四無礙解十八不共法以此首羯磨法廣饒益衆生以金剛三業作大佛事即說諸大明曰

唵引冐地唧多嚩日哩一合引一句

唵引三滿多跛捺囉二合左哩曳二合一句

唵引進多引摩尼一句

唵引阿鉢嚕提一句

唵引惹引底尾嚩哩帝二合引一句

唵引薩哩嚩二合尾倪也二合你引一句

唵引尾囉引誐達哩摩二合帝一句

唵引尾引哩也二合葛嚩濟引一句

唵引薩哩嚩二合誐引弥你引一句

唵引嚩日囉二合捺哩二合荼唧帝吽一句

唵引薩哩嚩二合怛他引誐帝一句

唵引莎婆引嚩戍馱達哩摩二合多引倪也二合引那尾戍地一句

唵引達哩摩二合尾輸馱鉢一句

唵引尾遜婆嚩日哩二合尼葛吒一半音句

唵引哥引摩囉引儗引一句

唵引弱嚩日哩二合引一句

唵引吽薩哩嚩二合捺引摩鉢

唵引紇哩二合一句

唵引阿哥引囉目契引一句

唵引鉢囉二合倪也二合引播引囉弥帝引一句

阿鑁吽唵引阿引一句

唵引薩哩嚩二合怛他引誐多哥引野儗哩一合引一句

唵引薩哩嚩二合怛他引誐多嚩引儗尾二合戍地引一句

唵引薩哩嚩二合怛他引誐多唧多嚩日哩二合引阿引一句

如是一切如來語印法鼓出微妙之音有微妙之義是大法語是諸佛悲能決定成就所作事業當依法持誦念諸佛已然後以一切如來正念及一切如來印而作成就

復說金剛火焰日輪印相先結金剛大印復改作三昧印後復作金剛縛已諸指皆如火焰輪二中指如金剛杵成印此印能調伏三界亦能作敬愛金剛薩埵

又復不改前印左手作拳頭指豎立如期剋相右手如鉤成印是名降三界印此印能鉤召一切

又復二手作忿怒拳已復作金剛鉤如期剋相成印是名金剛鉤印此印善作一切事能作諸成就

又復作金剛合掌十指如火焰成印是名蟬卑冐菩薩印此印善作種種事善

調伏諸惡
又復作金剛合掌復左手如鉤勢成印此印能鉤召一切亦能作入𡨋法悉得成就
又復左手作金剛拳右手如三叉成印此印能脫一切枷鏁禁縛
又復二手如開敷蓮華成印此印能斷一切煩惱
又復二手作金剛縛二拇指相並成印亦名降三界印此印善作鉤召調伏最上成就
又復右手頭指鉤左手頭指如挽弓勢成印此印善作鉤召亦能作諸敬愛
又復如降三界印右手作金剛拳展臂以小指安左手背成印此印善破諸惡邪印善作諸成就
又復二手作金剛縛柔軟緊密成印是名金剛成就印
又復二手作金剛縛二拇指與頭指如金剛杵成印此印能破壞諸惡所有幡印與鈴印皆作最勝法亦能破壞諸惡三界中殊勝是金剛薩埵灌

頂印
又復金剛部賢聖印二手作金剛拳依此法儀本部賢聖以金剛寶作灌頂作金剛合掌以淨帛覆面二拇指如金剛當作金剛灌頂已然後依法作礼受持金剛杵乃隨力獻阿闍梨供養即得成一切法
如是等諸部印相皆依法結同大明用即得所作成就
最上秘密儀軌分第二十五
尒時諸如來及大菩薩衆金剛賢聖等共異口同音發如是問言金剛手菩薩如仁者所說最上羯磨法善作諸成就其所說儀軌微妙真實理從無相之法而現諸儀軌是儀軌云何何名最上教復何為根本何名本無有復名金剛手以何為大欲復何名大樂何名為普賢何名高舉勢何名諸法中自在金剛手內外大心明云何而出生根本微妙歌何說復何義大金剛三昧此法名何等云何菩提心云何三摩地云何菩提行以何降魔軍云何證菩提云何本部生云何欲解脫何者三種名云何一切處

大金剛大樂何不空三昧何入曼拏羅當有何果利及成就儀軌大秘密真理以何而演說云何本尊法諸部復云何云何灌頂理云何賢聖衆云何五秘密何名虛空藏如何標幟法一切鉤召法云何諸供養云何見前法云何成就儀云何非勤苦如是諸秘密最上真實理為成微妙字而廣利衆生如上為宣說是時金剛手受諸佛勸請為利衆生故而說如上法
所言儀軌者謂諸法儀軌是無儀軌法饒益諸衆生而現諸儀軌由如是儀軌清淨諸法故
言最上教者謂攝一切法出生佛菩薩秘密真實理是名最上教
所言根本者謂即真實智徧滿虛空界如金剛堅固是大欲大樂最上微妙字即金剛薩埵諸儀軌實理
所言本無者如虛空本性謂金剛薩埵是大堅固身是名本無有
言金剛手者是即大自在善施諸成就是金剛部主愛樂微妙字
所言大欲者謂離諸過失了達究竟法

是名為大欲
所言大樂者　謂真實妙理　即金剛薩埵
出生所依故
所言普賢者　謂清淨法界　解脫諸如來
徧滿普賢身
其高舉勢者　謂所有成就　最上自在印
鉤召諸成就　是名高舉勢
所言諸法中　自在金剛手　謂即根本教
真實微妙理　若至心誦持　獲一切功德
是名諸法中　自在金剛手
所言菩提心　謂不可思議　廣大甚深法
成就諸妙樂　能變化一切　清淨菩提心
由是而堅固　作諸昧勝業　安住三摩地
即此三摩地　金剛智出生　從金剛所生
名金剛薩埵　此即諸佛身　是名菩提心
所言大金剛　謂攝諸有情　令修我教法
祕密真實理　若常修習者　即成大金剛
所言菩提行　謂觀諸有情　染著諸煩惱
為利益彼故　常行普賢行　是名菩提行
所言降魔者　謂即諸魔心　是心即如來
若能調伏心　無復諸魔嬈　是即降魔軍
所言證菩提　謂解悟本心　堅固菩提智
了真實妙理　即成等正覺　是名證菩提

又言金剛手　謂調伏諸惡　令迷者悟解
諸佛金剛杵　堅固菩提心　諸佛所付授
是法界真理　受持為器仗　成就諸法故
是名金剛手
所言本部生　謂智度為母　方便解為父
從金剛手法　出生諸部法　是名本部生
所言欲解脫　謂大欲大樂　善獲諸成就
諸成就樂句　是即大樂法　是名欲解脫
所言三種名　謂三世無邊　而悉能調伏
而作三界主　復名為三寶　復名為三界
能作諸成壞　是為三種名
所言一切處　大金剛大樂　謂一切有情
欲廣大利益　其心無定止　若於一切處
安住堅固心　了達真實義　是名一切處
所言根本歌　及內外心明　謂三有最勝
成就大自在　菩薩利有情　是大欲大樂
祕密微妙句　吽字歌心明　乃至外心明
皆真實理智　以外祕密心　而生悅樂故
所作皆成就　名根本歌等
其不空三昧　謂作成就法　以微妙大樂
所作獲成就　非勤苦而得　此大三昧法
諸佛不能越　名不空三昧
入曼拏羅者　謂隨其處所　但以隨分力

各稱彼根性　隨時作諸法　即現賢聖衆
其所得果報　獲大究竟福　作此曼拏羅
先觀察十方　當從此起首　而乃絣四線
分列八壇相　皆依本儀法　依本尊相應
想成曼拏羅　作諸成就法　即此曼拏羅
是大真實理
所言大祕密　謂諸祕密法　而本無所有
是大樂金剛　即同普賢身　金剛衆大主
是名大祕密
所言本尊法　謂根本最勝　曼拏羅之主
是最上大欲　是大適悅心　而常現笑容
其身如月色　衆寶嚴身相　光明普照耀
是三有最勝　施諸妙樂境　善成微妙句
故號為本尊
所言灌頂理　謂佛寶功德　三界無比法
雖此寶最勝　受佛灌頂者　而證法王位
是名灌頂理
所言三摩地　當結跏趺坐　而結禪定印
以左手押右　觀想金剛手　是名三摩地
所言賢聖衆　謂金剛賢聖　是皆真實義智
善悟解一切　謂成就最勝　一切大吉祥
具諸法聖財　一切法中最　所有成就法
皆賢聖印相　即金剛薩埵　祕密大主宰

所言五秘密　謂毗盧遮那　及不動如來
寶生無量壽　不空成就等　是名五秘密
所言諸部者　謂一切如來　眞實之妙理
成金剛薩埵　毗盧遮那佛　不動如來部
寶生無量壽　不空成就等　眞理亦如是
又金剛部主　善調諸惡者　以純善方便
如日而普照　此金剛部尊　饒益諸有情
善成諸教法　毗首金剛部　是攝大方便
觀自在菩薩　依眾蓮華部　獲最上成就
觀自在菩薩　即金剛薩埵　蓮華部眞理
攝三摩地智　蓮華部清淨　能淨諸有情
所言虛空藏　謂即大聖財　徧滿於虛空
虛空藏菩薩　是大灌頂法　所有寶生部
是無盡寶藏　大灌頂法幢　善攝一切願
即金剛薩埵　於諸曼拏羅　常施眞實理
金剛部灌頂　寶生無量壽　眞理亦如是
根本諸標幟　是最上成就　以妙眞實理
是自在器仗　五種大秘密　即是金剛杵
其諸部標幟　謂眞實理智　諸佛毗首行
即諸大菩提　而彼金剛部　寶部蓮華部
善攝一切義　成就秘密法
所言鉤召法　謂諸秘密儀　以金剛鉤鈴
而作於鉤召

所言諸供養　謂諸秘密儀　適悅而供養
種種歌舞等
所言見前法　謂諸秘密儀　各用於本印
然後當一心　持誦眞實理　又復諸如來
諸成就見前　以大三昧法　眞實微妙理
是根本眞空　金剛薩埵性　是即普賢身
亦爲金剛主
所言成就法　謂諸儀軌中　所作成就事
當依本尊法　而作諸成就　但隨所住處
諸儀軌皆成　依法持鈴杵　覺悟於世間
欲成就諸法　速成根本教
所言非勤苦　謂所作成就　而不須加行
隨意隨處所　隨欲隨飲食　乃至四威儀
語言及戲笑　但發至誠心　往等引相應
依本尊儀法　如是相應理　速成一切法
此根本大教　是甚深秘密　若依法修習
所願皆圓滿　所有諸如來　及諸大菩薩
常受持此法　是最上大樂　眞實微妙句
大欲大妙樂

佛說最上根本大樂金剛不空三昧大教王經卷第七

講法華經沙門臣道一　證義
講百法論金剛上生經賜紫沙門臣齊賢　證義
講金剛經百法論賜紫沙門臣懷哲　證義
講百法論賜紫沙門臣繁　證義
知藏字學通慧大師賜紫沙門臣雲勝　證義
講維摩金剛般若心經明教大師賜紫沙門臣遵吏　證義
講八經四論法濟大師賜紫沙門臣懋　證義
講維摩上生經因明唯識論法寶大師賜紫沙門臣守眞　證義
講圓覺經起信唯識論崇梵大師賜紫沙門臣徹　證義
講法華經百法論文章賜紫沙門臣[illegible]　綴文
梵學總持大師賜紫沙門臣綮　筆受
梵學宣密大師賜紫沙門臣[illegible]　筆受
梵學光梵大師賜紫沙門臣惟淨　筆受
梵學傳大教通梵大師賜紫沙門臣清沼　筆受
西天譯經三藏朝奉大夫試鴻臚卿傳法大師臣施護　證梵文
西天譯經三藏朝散大夫試鴻臚少卿傳教大師臣法天　證梵義

佛說最上根本大樂金剛不空三昧大教王經卷第七

校勘記

一　底本，金藏廣勝寺本。

一　一〇〇〇頁下一三行末字「及」，徑作「乃」。

一　一〇〇一頁上四行「標幟」，諸本作「幖幟」。下同。

一　一〇〇四頁上一三行第八字「昧」，諸本作「殊」。

一　一〇〇四頁下三行「從此」，諸本作「從北」。

一　一〇〇四頁下八行「大樂」，資、磧、普、南、徑作「大藥」。

一　一〇〇四頁下一六行「王位」，資、磧、普、南、徑作「王法」。

一　一〇〇五頁上六行「以純」，資、磧、普、南、徑、清作「以就」。

一　一〇〇五頁上一三行第七字「大」，徑作「即」。

一　一〇〇五頁上一七行第三字「諸」，資、磧、普、南、徑、清作「部」。

一　一〇〇五頁中一三行「飲食」，資、磧、普、南、徑、清作「欲食」。

一　一〇〇五頁下譯者名録，諸本無。

中華大藏經（漢文部分）

校勘凡例

一 《中華大藏經（漢文部分）》的底本以《趙城金藏》爲主；《趙城金藏》缺佚，則以《高麗藏》等作底本。各卷所用底本的名稱及涉及底本的其他問題，均在校勘記的第一條中說明。

一 《中華大藏經（漢文部分）》選用的參校本共八種，即《房山雲居寺石經》（石）、宋《資福藏》（資）、《影印宋磧砂藏》（磧）、元《普寧藏》（普）、明《永樂南藏》（南）、明《徑山藏》（徑）、《清藏》（清）、《高麗藏》（麗）。

一 校勘記中的「諸本」，若底本爲金藏，即包括石、資、磧、普、南、徑、清、麗全部八種校本；若底本爲麗藏，則包括石、資、磧、普、南、徑、清全部七種校本。其他情況若用「諸本」，校勘記中則另加說明。

一 校勘採用底本與校本逐字對校的辦法，只勘出經文中的異同及字句錯落，一般不加評注。參校本若有缺卷，或有殘缺、漫漶等字迹無可辨認者，則略去不校，校勘記亦不作記録。

一 一經多卷，經名、譯者、品名出現同樣性質的問題，一般只在第一卷出校，並注明以下各卷同；分卷不同時，以底本爲主出校。

一 古今字、異體字、正俗字、通假字及同義字，一般不出校。如：

古今字：宍（肉）；猗（倚）；距（跛）；鉾（矛）；誼（義）等。

異體字：脎（槃）；剎（刹）；皃（貌）；惱（惱）；导（碍、礙、閡）等。

正俗字：怪（恠）；滴（渧）；體（躰）；刺（刾）；閑（閇）等。

通假字：惟（唯）；嫉（疾）；頻（嚬、顰）；揣（摶）；尠（鮮）等。

同義字：言（曰）；如（若）；弗（不）等。